中國考古學會

1979

《中国考古学年鉴》编辑委员会

中国考古学年鉴

2010

中国考古学会编

文 物 出 版 社
北 京

封面设计：阚文青
责任编辑：蔡　敏　刘　昶
责任印制：陆　联

图书在版编目（CIP）数据

中国考古学年鉴.2010/中国考古学会编.—北京：文物出版社：2011.10
ISBN 978-7-5010-3206-8

Ⅰ.①中…　Ⅱ.①中…　Ⅲ.①考古学-中国-2010-年鉴
Ⅳ.①K87-54

中国版本图书馆CIP数据核字（2011）第130957号

中国考古学年鉴
2010

中 国 考 古 学 会 编
文 物 出 版 社 出 版 发 行
北京市东直门内北小街2号楼
http：//www.wenwu.com
E-mail：web@wenwu.com
北京中达兴雅印刷有限公司印刷
新　华　书　店　经　销
850×1168　1/32　印张：24.5
2011年9月第1版第1次印刷

ISBN 978-7-5010-3026-8　定价：98.00元

目　录

考古学研究

1　旧石器时代考古与古人类学研究　王幼平
15　新石器时代考古　朱延平
39　夏商周时期考古　王立新　陈小三
65　秦汉时期考古　杨哲峰　余雯晶
92　魏晋南北朝至明清时期考古　赵　超
123　甲骨文金文研究综述　严志斌

考古文物新发现

136　2009 年全国十大考古新发现名单

北京市

136　房山区东阎村战国汉代遗址及唐代与清代墓葬
137　延庆县西屯战国至明清墓葬
137　房山区窦店聚豪苑四期汉墓
138　大兴区新城北区 13 号地唐代与明清墓葬
139　宣武区大吉片辽金遗址
139　大兴区安定镇辽金墓葬
140　朝阳区三间房明代百户张钦与进士张英墓

天津市

141　蓟县小毛庄明清墓群
141　塘沽区明清大沽口炮台遗址

河北省

142　邢台市解村东新石器时代至明清时期遗址
143　永年县榆林龙山时代至汉代遗址
144　定州市南车寄商代遗址
144　大名县吴未城东周时期遗址
145　任丘市后赵各庄战国时期城址
146　徐水县林水村战国燕南长城
147　元氏县南吴会战国汉代及宋金遗址
147　元氏县南白楼战国及唐代与金代

墓地
148 张家口市响水铺汉代遗址
149 元氏县南程汉代墓地
150 深州市下博汉代遗址及汉唐墓葬
150 元氏县井下与北吴会汉代及金明清遗址
151 元氏县故城汉代至明清遗址
152 元氏县殷村东汉至曹魏时期墓地
152 邯郸市百家村东汉墓
153 徐水县南白塔东汉遗址
154 内丘县南中冯北朝及唐金明清墓地
155 磁县北齐皇族高孝绪墓
155 曲阳县定窑遗址
157 邱县邱城宋代遗址
158 元氏县南吴会宋金明清墓地
159 文安县孟家务宋金砖瓦窑址
160 康保县西骨头淖与丁家营辽金城址
161 高阳县北辛庄辽金元遗址
161 涞水县釜山道公禅师灵塔

山西省

162 山西省旧石器专题普查
162 吉县柿子滩旧石器时代晚期遗址
164 芮城县桃花涧新石器时代遗址及战国墓葬
165 稷山县郭家枣园新石器时代遗址
166 岢岚县窑子坡新石器时代遗址与战国时期墓葬
168 宁武县石家庄新石器时代及二里头文化时期遗址与汉代墓葬
169 岢岚县乔家湾龙山时代遗址
170 长治县小川龙山时代晚期遗址
171 岚县梁家庄东周及清代墓葬
171 壶关县北阳护战国汉代墓地
172 偏关县梨园战国汉代遗址
173 山西省汉代长城资源调查
174 右玉县汉中陵古城遗址
175 大呼高速公路右玉县右卫段汉代与明清遗址和墓葬
176 灵丘—山阴县高速公路应县段汉代墓葬
177 长治县沙峪宋金明清墓地
177 闻喜县北张金代与明清墓群
178 屯留县康庄元明清墓地
179 怀仁县尚希庆城庄和大同市墙框堡明清墓群与烽火台遗址
180 万荣县万泉明清墓群

内蒙古自治区

181 赤峰市魏家窝铺红山文化聚落遗址
182 赤峰市二道井子夏家店下层文化聚落遗址
184 呼和浩特市陶卜齐战国秦汉城址
185 巴林右旗辽代祖陵陵园遗址
187 正蓝旗元上都穆清阁遗址

辽宁省

188 长海县小珠山新石器时代贝丘遗址
189 凌源市田家沟红山文化墓葬群
190 阜新市界力花夏家店下层文化

遗址
191　阜新市代海青铜时代墓地
192　彰武县头道屯青铜时代遗址
192　西丰县东山青铜时代遗址
193　西丰县永淳早期铁器时代遗址和墓地
194　辽阳市肖夹河汉墓
195　灯塔市燕州城城址

吉林省

196　吉林省旧石器时代考古专题调查
197　镇赉县乌兰吐北岗新石器时代及辽金时期遗址
197　通化县秦汉长城
199　通化县赤柏松汉代山城
200　抚松县新安东汉及唐宋金时期遗址
201　通化市自安魏晋时期山城遗址
202　集安市高句丽时期国内城城址
202　珲春市八连城外城南门址
203　白城市孙长青唐宋时期遗址
204　白城市金家辽金遗址
205　柳河县罗通宋金时期山城
206　德惠市后城子金代城址
207　白城市永平金代遗址

黑龙江省

208　渤海上京城第 1 号街及其两侧坊墙遗迹
209　齐齐哈尔市奈门沁清代遗址及墓葬

上海市

210　松江区广富林新石器时代及周代遗址

江苏省

211　张家港市东山村新石器时代遗址
211　江阴市祁头山新石器时代遗址及宋清墓葬
212　苏州市夷陵河驳岸工程新石器时代至战国时期遗址
214　句容市城上村新石器时代及商周时期遗址
214　吴江市同里何家坟良渚文化遗址
215　宜兴市百合村周代土墩墓群
216　句容市中心山春秋时期土墩墓
217　苏州市同公湾小山春秋墓地
218　苏州市獾墩春秋大墓
219　宜兴市紫云山春秋土墩墓与六朝墓地
220　宿迁市青墩战国至汉代遗址
221　苏州市周家浜 D2 路段战国至明清墓葬
222　盱眙县大云山汉墓
223　张家港市黄泗浦六朝至宋代遗址
224　镇江市双井路宋元运河遗址
225　淮安市河下遗址龙泉窑瓷片堆积
226　武进区科教城工地明代家族墓地
226　宜兴市丁蜀镇新安窑窑址

浙江省

227 长兴县合溪洞旧石器时代遗址
228 萧山区新坝新石器时代及商周时期遗址
229 余杭区茅山新石器时代遗址
230 嘉兴市马家浜遗址
231 海宁市小兜里崧泽文化及良渚文化遗址
232 长兴县红卫桥崧泽文化与马桥文化及宋代遗址
233 余杭区玉架山良渚文化环壕聚落遗址
233 余杭区金花池良渚文化遗址
234 余杭区梅家里良渚文化及宋清遗址
235 德清县东苕溪流域商周时期窑址
237 长兴县窑岗岭与炮台山商周土墩遗存
238 湖州市杨家埠西周至六朝及明代墓葬
239 安吉县上马山西周至六朝墓葬
240 绍兴县会稽村战国至唐代墓葬
241 绍兴县下灶村战国至唐代墓葬
242 湖州市白龙山西汉至南宋墓葬
244 安吉县西山边汉晋墓
245 安吉县五福汉至六朝墓葬
245 上虞市积山东汉至六朝墓葬
246 安吉县梅家山与童家山东汉至宋代砖窑
248 上虞市后称山东晋与唐代墓葬
248 绍兴市下新埠六朝与宋墓

安徽省

249 固镇县垓下新石器时代及汉代遗址
250 宿州市芦城子新石器时代至唐宋遗址
250 蚌埠市禹会村龙山文化时期遗址
251 长丰县古城夏商周时期遗址
252 繁昌县板子矶周代遗址
253 肥东县公安战国西汉墓群
254 歙县宋代龙窑与清代民居及皖南清代本活字雕版

福建省

254 平潭县小练岛东礁村宋元沉船遗址
255 平潭县与漳州市沿海水下考古调查

江西省

256 靖安县老虎墩新石器时代遗址
257 临川区架上金钟新石器时代至商周时期及元明清遗址
258 万年县坐山商周遗址
260 德安县毛家岭商周遗址
260 大余县鹅湾里周代遗址
261 新建县大塧头东周时期遗址
261 乐平市珠形山汉晋至明清遗址
262 安义县东庄三国至清代墓群
263 高安市华林宋元明造纸作坊遗址
265 抚州市梦港河后龙山宋元明墓葬
265 铅山县外垅山宋至清代遗址
266 南城县金斗窠明清村落及白庙明清墓葬
267 泰和县上宏村明清村落遗址
268 武宁县花坟里明清墓葬群

山东省

269 临沭县东盘北辛文化及龙山文化至东汉遗址
272 即墨市北阡大汶口文化和周代遗址
273 青州市郝家庄龙山文化与岳石文化遗址
274 济南市张马屯商代遗址
275 寿光市双王城商代及宋元盐业遗址
276 高青县陈庄西周城址
278 临朐县陈家河周代遗址
279 青州市南辛战国墓
281 章丘市汉东平陵城遗址
282 临朐县山子坡汉至清代墓群
283 高青县胥家庙唐代寺院遗址

河南省

284 新密市李家沟石器时代遗址
285 淅川县沟湾新石器时代遗址
285 淅川县马岭新石器时代到清代遗址
286 确山县丁塘新石器时代到汉代遗址
287 洛阳市中沟新石器时代遗址
287 信阳市魏庄屈家岭文化遗址
289 淅川县六叉口龙山时期遗址
290 汝州市李楼龙山时期遗址
290 确山县吕庄新石器时代到商周遗址
291 漯河市马夫张新石器时代及汉代遗址
291 宝丰县朱庄周代与宋元遗址
292 洛阳市邙山东汉陵园及陪葬墓园遗址
293 洛阳市邙山大汉冢陵园
294 洛阳市邙山陵墓群内东汉墓
294 偃师市刘坡段东汉墓葬
295 孟津县朱仓东端东汉北魏墓葬
295 孟津县玉冢汉魏遗址
296 安阳市西高穴曹操高陵
297 洛阳市邙山西晋墓群及北魏墓群
298 孟津县汉魏洛阳故城北魏宫城二号建筑遗址
299 孟津县汉魏洛阳故城北魏宫城三号建筑遗址
301 孟津县汉魏洛阳故城北魏内城东北角城墙遗址
302 孟津县汉魏洛阳故城北魏宫城南侧铜驼街遗址
303 孟津县汉魏洛阳故城北魏宫城南侧铸铜作坊遗址
304 洛阳市红山工业园区唐贾敦赜墓

湖北省

304 郧县余嘴旧石器时代及东周遗址
306 郧县余嘴 2 号旧石器地点
306 郧县郭家院新石器时代遗址
308 郧西县张家坪新石器时代与周代遗址
309 郧县刘湾新石器时代及周代与汉代遗址
310 郧县店子河新石器时代至明清时期遗址
310 宜昌市柳家畈屈家岭文化遗址

311 郧县中台子石家河文化及东周与唐代遗址
312 大冶市蟹子地新石器时代至商周时期遗址
313 郧县辽瓦店子东周遗址及唐宋墓葬
315 随州市文峰春秋曾国贵族墓
316 武汉市丁家咀战国楚墓
317 云梦县徐杨湾秦汉墓地
318 云梦县城郊秦汉墓群
319 大冶市草王嘴西汉至六朝墓地
319 兴山县陈家湾东汉墓
320 武汉市流芳街富士康工业园区明代墓地

湖南省

321 辰溪县马鞭田旧石器地点
322 辰溪县沙田石器时代和商时期遗址
323 中方县岩匠屋新石器时代遗址
324 澧县优周岗新石器时代遗址
324 永州市望子岗新石器时代至商周时期遗址
325 临武县陶家商周遗址
326 永州市潇湘上游商周遗址群
327 宁乡县炭河里周代遗址
328 长沙县王家屋场东周时期遗址
329 中方县新屋战国宋明清墓葬
329 洪江市小江汉代墓地
330 祁阳县窑门前汉代官营瓦窑遗址
332 祁阳县蒋家山东汉墓群
332 宁远县淌塘村汉晋墓葬
333 岳阳市老屋宋代墓葬
334 道县楼田村宋至明清遗址
335 望城县狮子岭清代墓葬

广东省

336 汕头市新坡新石器时代及商周时期遗址
336 普宁市龟山新石器时代至商周时期遗址
338 珠海市淇澳岛小沙澳湾商时期遗址
338 惠州市纯洲岛造船湾商时期与北宋遗址
339 汕头市后沟商周时期遗址
340 广州市太和岗春秋汉唐五代墓葬
341 广州市大佛寺佛教文化中心工地先秦及汉六朝唐宋时期遗址
342 广州市西湾路汉南朝墓葬和唐宋时期遗址
343 广州市西湖路大马站路六朝至明清时期遗址

广西壮族自治区

344 贵港市孔屋岭汉墓
345 合浦县寮尾东汉至三国墓葬
345 贺州市凤凰岭东汉六朝明清墓葬

重庆市

346　彭水县漆树湾新石器时代至汉代遗址
347　彭水县徐家坝商周遗址
348　丰都县东方希望水泥厂商周至明清墓地
348　璧山县汉代画像石棺
349　丰都县转包汉墓群
350　丰都县狮子包汉至六朝墓群
350　大足县玉滩水库汉至明代墓葬
351　合川区黄泥塝汉至六朝及明代墓地
351　合川区钓鱼城宋蒙古战场遗址
352　合川区双槐电厂宋明墓群
353　荣昌县大坡地宋明墓群
354　潼南县塔湾院子明清墓群

四川省

354　汶川县龙溪寨新石器时代遗址
355　汶川县布瓦新石器时代遗址
356　汉源县龙王庙新石器时代遗址
357　汉源县麦坪新石器时代及商周时期遗址
359　屏山县叫化岩新石器时代及战国汉代与明清遗址
360　什邡市桂圆桥新石器时代至宋代遗址
361　成都市金沙文殊坊二期拆迁安置房地点新石器时代遗址
361　成都市金沙红色村新石器时代遗址
362　成都市金沙罡正二期地点商周遗址
362　郫县广福村李家院子商周至汉代遗址
364　汉源县桃坪商周至唐宋时期遗址
365　茂县城关粮站战国至汉代石棺葬墓地
366　成都市下东大街战国至明清时期遗址与墓葬
368　大邑县斜江学校秦汉遗址
369　绵阳市小横山子汉代墓地
370　郫县红专村汉代墓地
371　汶川县布瓦汉代石棺葬
372　成都市人民商场二期工地汉唐宋及明清遗址
373　昭觉县罗火热汉代遗址
374　金堂县黄天树山东汉至六朝崖墓群
375　三台县后底山隋代崖墓群
376　崇州市天福村唐代窑址
378　炉霍县呷拉宗石棺墓与吐蕃时期冶炼窑址
379　大邑县石虎村唐宋时期遗址
381　成都市清安街罗城宋元清代城墙遗址
384　嘉陵江渠江流域广安段考古调查
384　会理县城河下游考古调查

贵州省

385　习水县渔溪洞石器时代遗址
386　赫章县石器时代洞穴遗址群
387　毕节市大岩洞石器时代遗址
387　毕节市鸭池镇石器时代洞穴遗址群
388　纳雍县张口洞石器时代遗址

388 惠水县岩洞边新石器时代遗址
389 贞丰县坡们渡口新石器时代遗址
390 天柱县月山背新石器时代遗址
390 天柱县学堂背新石器时代遗址
391 天柱县坡脚新石器时代及战国秦汉宋代遗址
392 习水县与赤水市赤水河流域新石器时代至汉代遗址
394 镇宁县坝草新石器时代遗址
395 紫云县猫猫冲史前遗址及清代岩画题记
395 贞丰县沙坝商周至秦汉时期遗址
396 铜仁市锦江流域商周至汉代遗址
397 思南县乌江沿岸商周至汉代遗址
398 安龙县龙广战国秦汉时期遗址
399 安龙县龙广纳万营脚战国秦汉时期遗址
400 务川县镇南镇汉代遗存
400 天柱县瓦罐滩元代窑址
401 兴义市阿红战国至汉代遗址群
401 贵阳市花溪高坡岩洞葬
402 惠水县大龙岩画

云南省

403 临沧市那蚌新石器时代及青铜时代遗址
404 临沧市昔归新石器时代和元明时期遗址
405 昆明市白塔村新石器时代遗址与明清墓葬
406 澄江县金莲山石寨山文化墓群
407 玉龙县江凹石棺墓地

西藏自治区

408 墨脱县堆林磨制石器采集点
409 墨脱县墨脱村磨制石器采集点
409 墨脱县西亚磨制石器采集点
410 墨脱县德尔贡磨制石器采集点
411 墨脱县背崩村磨制石器采集点
412 昌都地区吐蕃石刻
413 墨竹工卡县唐加寺尼玛拉康早期壁画
414 工布江达县洛哇傍卡吐蕃时期摩崖石刻
415 吉隆县恰芒波拉康
416 聂拉木县喇普德庆寺
418 吉隆县宗嘎镇曲德寺遗址
419 工布江达县太昭古城遗址
420 察隅县华贡山清代摩崖题刻

陕西省

421 高陵县杨官寨新石器时代遗址
422 华阴县兴乐坊新石器时代遗址
423 横山县脑海圪堵新石器时代遗址
423 蓝田县新街新石器时代遗址
424 扶风县下康新石时代至商周时期遗址
425 岐山县凤凰山商周时期遗址
426 韩城市梁带村两周墓地
427 横山县黑水沟东周遗址
427 华阴县沙渠秦人墓地
428 富县桦沟口秦直道遗址
429 凤翔县秦公一号及六号陵园
430 临潼区湾李战国至明清时期墓地
430 西安市临潼区秦始皇帝陵园
431 西安市临潼区秦始皇帝陵园外城北门遗址

431　西安市临潼区秦始皇帝陵园内城东区北门遗址
432　西安市临潼区秦始皇帝陵园内城西区北门遗址
432　西安市临潼区秦俑一号坑
433　陕西早期长城资源调查
434　西汉帝陵
435　长安区凤栖原西汉家族墓地
436　三原县官道汉代墓地
437　勉县金寨汉墓
438　靖边县渠树壕汉代壁画墓
438　西安市雁塔南路汉唐明代墓葬群
439　西安市咸阳国际机场汉至明清古墓葬及宋金时期窑址
441　长安区韩家湾至高望堆东汉至明清墓葬群
442　西安市凤栖原北朝墓
442　富县广家寨寺院遗址及北朝至宋代佛教石刻造像
443　西安市凤栖原隋薛氏墓
444　西安市凤栖原隋柴恽墓
444　西安市凤栖原唐韦衡墓
445　唐代帝陵
446　西安市唐长安城通义坊遗址
447　神木县麟州故城遗址
448　蒲城县敬母寺遗址
449　蓝田县五里头北宋吕氏家族墓地
449　韩城市盘乐村宋代壁画墓
450　长安区夏殿村元代刘黑马家族墓地
451　潼关故城北城墙遗址

甘肃省

452　民乐县五坝村马家窑文化墓地
453　临潭县陈旗磨沟齐家文化与寺洼文化墓群
454　秦安县王洼战国时期墓群

青海省

455　兴海县羊曲水电站库区考古调查

宁夏回族自治区

455　固原市柳沟新石器时代遗址
456　彭阳县新集小河湾战国秦汉遗址与墓葬
457　固原市闫家庄汉代城址
458　盐池县张家场汉墓群
459　海原县石砚子汉代与元代墓葬
460　固原市杨庄东汉北朝清代墓地
461　盐池县深井明代墓地

新疆维吾尔自治区

462　玛纳斯县肯斯瓦特水利枢纽春秋战国时期墓地
463　尼勒克县一级水电站引水工程战国至汉晋时期墓地
463　阿勒泰市克孜加尔水利枢纽古墓群
464　乌恰县托云两汉时期墓地
465　库车县提克买克两汉时期冶炼遗址和墓葬
466　库车县苏巴什佛寺古墓群
466　高昌故城
470　吐鲁番市柏孜克里克千佛洞窟前

遗址
471 皮山县牙布依唐宋时期遗址

文物展览　学术动态

国内展览

472 青花的记忆——元代青花瓷文化展在首都博物馆展出
472 琢瓷作鼎碧于水——大窑龙泉窑发掘成果暨元明时期龙泉窑精品展在北京大学展出
472 模范中国——商周青铜器的技法、形制与纹样展在北京大学展出
473 建国60年安徽重要考古成果展在合肥展出
473 微笑的俑——汉景帝的地下王国展在台北展出
473 明代龙泉窑考古成果展在杭州展出
473 秦汉—罗马文明展在北京展出
474 千古探秘——考古与发现展在首都博物馆展出
474 早期中国——中华文明起源展在首都博物馆展出
474 重构与解读——江苏考古六十年成就展在南京博物院展出
475 古闽瓷风——翁洪武捐赠文物展在北京大学展出
475 丽山园遗珍——秦始皇陵园出土文物精华展在秦始皇兵马俑博物馆举办
475 锦上胡风——魏唐丝绸之路纺织品上的西方影响展在北京大学展出
475 二十一世纪吴文化考古新发现展在镇江博物馆展出
476 辽宁大学历史博物馆对外开放

国外展览

476 青州佛像之宝展览在新加坡展出
476 马王堆汉墓·古长沙国的艺术和生活展在纽约展出
476 华夏瑰宝展在突尼斯国立迦太基博物馆展出

学术会议

477 中国考古学会举行第十二次年会
484 湖南考古汇报会在南昌召开
485 第八届中国社会科学院考古学论坛·2008年中国考古新发现在北京召开
485 期刊建设与考古学的发展暨纪念《考古》创刊500期学术研讨会在北京召开
485 凤鸣岐山——周文化国际学术研讨会在陕西岐山召开
485 2009东亚古遗址保护国际学术研讨会在无锡召开
486 中国古代文明与国家起源学术研讨会在易县西陵召开

486　富弼家族墓地学术研讨会在洛阳召开
486　第二届中国南方基建考古区域协作会议在长沙召开
487　藏彝羌走廊暨中国西部石棺葬文化研讨会在西昌召开
487　2009 中国·乌珠穆沁边疆考古国际学术研讨会在东乌珠穆沁旗召开
488　吉林大学边疆考古研究中心举办第三届高校学生考古论坛
488　丝绸之路国际学术研讨会在银川召开
488　聚落与环境考古国际学术研讨会暨国际尧王文化论坛在山东召开
489　纪念北京猿人第一头盖骨发现80周年国际古人类学学术研讨会暨第一届亚洲第四纪研究学术大会在北京召开
489　南水北调中线工程考古发现与研究研讨会在郑州召开
490　汉唐西域考古：尼雅丹丹乌里克遗址国际学术研讨会在北京大学召开
490　田野考古信息技术应用研讨会在长沙召开
491　吴文化国际学术研讨会在镇江召开
491　第三届边疆民族考古与民族考古学论坛在贵阳召开
491　马家浜文化国际学术研讨会在嘉兴召开
492　东亚青铜器·初期铁器时代的诸问题研讨会在日本福冈九州大学举行
493　江苏省考古学会 2009 年年会在南京江宁召开
493　湖熟文化命名 50 周年暨纪念尹焕章先生诞辰 100 周年座谈会在南京江宁召开
493　中国聚落考古的理论与实践——纪念新砦遗址发掘 30 周年学术研讨会在新密召开

对 外 学 术 交 流

494　中国社会科学院考古研究所
495　河北省文物研究所
495　湖南省文物考古研究所
495　云南省文物考古研究所
495　陕西省考古研究院
496　秦始皇兵马俑博物馆
496　北京大学考古文博学院
497　吉林大学文学院考古及博物馆系
497　山东大学历史文化学院考古系
498　四川大学历史文化学院考古系
498　厦门大学人文学院历史系考古教研室
498　郑州大学历史学院考古学系

考 古 教 学

499 2009年毕业本科生人数
499 2009年毕业的硕士研究生
507 2009年毕业的博士研究生
补遗
510 2007年毕业的本科生人数
510 2007年毕业的硕士研究生
511 2007年毕业的博士研究生

本年逝世的考古学家

512 宋伯胤 顾 篔

考 古 学 文 献 资 料 目 录

中国社会科学院考古研究所考古资料信息中心

考古学书目

515 壹 总类
515 一 考古学通论
517 二 考古学方法
517 三 论文集
520 四 历史图谱、博物馆陈列说明和藏品图录
521 五 科技考古
522 六 文化遗产调查、保护及法规文件
525 七 文物保护与修复
526 八 工具书
526 贰 田野考古资料
526 一 调查发掘报告
533 二 出土文物图录
534 叁 考古学分论
534 一 人类起源及旧石器时代
534 二 新石器时代
535 三 夏商周时代
537 四 秦汉及汉以后各代
538 肆 考古学专论
538 一 甲骨卜辞（附：古文字研究）
539 二 商周铜器及铭文
541 三 简牍、帛书和出土文书
542 四 古代碑刻、墓志（含经幢）
543 五 古代玉器
543 六 古代货币
543 七 玺印、封泥
544 八 铜镜
544 九 古代兵器
544 十 铜鼓
544 伍 美术考古
544 一 通论

545 二 古代雕塑
547 三 石窟寺
547 四 古代建筑
548 五 陶瓷与窑址
550 六 古代绘画
551 七 古代书法
552 八 古代工艺美术
552 陆 古代科学技术
553 柒 古代文化生活
554 捌 宗教遗迹与遗物
556 玖 历史地理与名胜古迹
557 拾 中外关系与中外文化交流

考古学论文资料索引

558 壹 总论
558 一 综述
560 二 考古学史与考古学家传记
564 三 考古学方法与现代考古学技术
565 遗址的探查与发掘
565 年代测定
566 成分分析
571 计算机技术的应用
572 其他
572 四 文物保护与修复
572 综述
573 金属器的保护
575 石质文物的保护
576 古建筑的保护
577 壁画的保护
579 石窟寺的保护
580 漆木器的保护
581 纸质文物的保护
582 纺织品的保护
584 陶瓷器的保护
585 遗址的保护
588 其他
589 贰 考古学分论
589 一 综述
591 二 人类起源及旧石器时代
591 综述
591 人类起源
591 华北地区
592 东北地区
592 其他地区
593 三 新石器时代
593 综述
594 文明起源研究
595 黄河中游地区
597 黄河下游地区
598 长江中游地区
599 长江下游地区
601 闽台及两广地区
601 西南地区
601 西北地区
602 东北及内蒙古地区
603 四 夏文化探索
604 五 商殷
607 六 西周
609 七 东周
609 秦文化
610 晋文化
610 楚文化
611 吴越文化
612 八 夏商周时期周边地区青铜文化

612 东北及其周边地区
614 东南地区
615 西南地区
615 西北地区
616 九 秦代
617 一〇 汉代
620 一一 三国两晋南北朝
621 一二 隋唐五代
623 一三 宋辽金及以后各代
624 一四 其他
625 叁 考古学专论
625 一 甲骨文
630 二 青铜器与铭文研究
630 综述
632 夏、商殷
633 西周
635 东周
638 秦汉及以后
638 其他古文字研究
638 三 简牍、帛书、文书、写本
638 楚简
640 秦简
642 汉简
642 三国简
643 唐简
643 帛书
643 文书与写本
645 四 碑刻
645 综述
645 秦、汉
646 三国、两晋、南北朝
646 隋、唐、五代
647 宋、辽、金、元
647 明、清
648 附 墓志及地券
648 汉、魏、晋、南北朝
649 隋、唐、五代
651 宋、辽、金
651 明、清
652 五 玉器
653 新石器时代
654 夏、商、周
655 汉及以后
656 六 货币
656 综述
656 商、周
656 汉、南北朝
657 唐、五代
657 宋及以后
658 七 铜镜
660 八 度量衡
661 九 玺印与封泥
661 一〇 铜鼓
661 一一 兵器
663 一二 服饰
665 一三 其他
665 肆 田野考古
665 一 北京市
666 二 天津市
666 三 河北省
667 四 山西省
668 五 内蒙古自治区
669 六 辽宁省
670 七 吉林省
671 八 黑龙江省
671 九 上海市
672 一〇 江苏省
675 一一 浙江省
676 一二 安徽省
678 一三 福建省
678 一四 江西省
678 一五 山东省

679　一六　河南省
682　一七　湖北省
684　一八　湖南省
685　一九　广东省
686　二〇　广西壮族自治区
686　二一　海南省
686　二二　重庆市
686　二三　四川省
687　二四　贵州省
688　二五　云南省
688　二六　西藏自治区
688　二七　陕西省
690　二八　甘肃省
690　二九　青海省
690　三〇　宁夏回族自治区
691　三一　新疆维吾尔自治区
691　伍　美术考古
691　一　雕塑
691　画像石·画像砖
692　造像
693　金铜造像
693　石刻造像
694　泥塑造像
694　陶俑
695　陵墓雕刻
695　其他
695　三　石窟寺艺术
696　四　古代建筑
696　综述
697　专题研究
698　调查与研究
698　北京·河北·山西
698　浙江·福建·河南
699　甘肃·陕西·山东·广东
699　辽宁·内蒙古·四川·重庆
700　江苏·安徽·湖南·云南
700　五　陶瓷与窑址
701　汉及以前
701　三国两晋南北朝
701　隋唐五代
702　宋、辽、金、西夏
705　元、明、清
707　窑址的调查与发掘
708　藏品介绍
709　六　绘画
709　岩画
710　壁画
712　其他
712　七　书法
712　八　工艺美术
712　漆器
713　金银器
714　家具
714　文房四宝
714　纺织工艺
714　其他
715　陆　古代科学技术
715　一　综述
715　二　化学
715　三　天文与历法
715　四　冶铸
717　五　纺织
717　六　农业
718　农业起源
718　农业工具
719　七　畜牧业
719　八　水利
719　九　医药卫生
719　一〇　交通及交通工具
720　一一　其他
720　柒　古代文化生活

720 一 音乐
722 二 舞蹈
722 三 体育
722 四 饮食文化
722 捌 少数民族考古及民族志
722 一 西北地区
723 二 西南地区
724 三 东北地区
724 四 东南地区
724 玖 宗教遗迹与遗物
724 一 原始宗教
724 二 佛教
726 三 道教
726 四 其他宗教
726 拾 历史地理与名胜古迹
727 拾壹 中外关系与文化交流
728 拾贰 学术消息与文博工作
728 一 学术会议
731 二 文博展览
731 三 博物馆介绍
731 四 学术信息
731 拾叁 书刊评介
731 一 总述
732 二 史前考古
733 三 夏商周考古
733 四 秦汉及以后
734 五 古文字与文书
735 六 美术考古
735 七 其他

新发表古代铭刻资料简目

737 一 甲骨文
737 商
737 二 金文
737 商
737 西周
738 春秋
739 战国
739 汉
740 宋
740 元
740 明
740 清
740 附：金银器刻铭
741 三 玺印
741 汉
741 三国
741 十六国
741 附：汉封泥
742 四 墓志
742 南北朝
742 隋
743 唐及五代
745 宋
746 明
747 清
748 附：买地券
748 五 碑刻
752 附一：题记刻铭
755 附二：造像刻铭
756 六 有铭砖
758 七 陶器文字
760 附一：瓦当铭
760 附二：杂器铭

考古学研究

旧石器时代考古与古人类学研究

王幼平

2009年是中国旧石器时代考古很重要的一个年头。这一年距中国旧石器考古奠基者裴文中先生在北京周口店发现中国猿人的第一个头盖骨整整80年。裴先生的发现奠定了中国旧石器时代考古学与古人类学研究在国际学术界的重要地位，也揭开了中国旧石器考古发现与研究的序幕。80年来经过几代学者的不懈努力，远古人类及其文化在中国及东亚大陆发展的辉煌历史已经逐渐显露在世人面前，中国旧石器时代文化研究也已成为世界史前史的重要内容。80年来的学科发展，尤其是近年来中国旧石器考古学研究已经进入一个全新的研究阶段。2009年旧石器考古发现与研究充分反映了学科发展的成果与发展趋势。

综观2009年发表的有关中国旧石器及相关学科的研究报告与论文，既有近年来在中国旧石器考古几个热点地区的田野考古发掘的报告，也有深层次的研究论文的发表。从研究成果的发表数量来看，据对《人类学学报》、《科学通报》等专业和综合性学术期刊的不完全统计，本年度所发表论文的数量已超过50篇，还有《小孤山——辽宁海城史前洞穴遗址综合研究》（黄慰文等，科学出版社，2009年）与《柳州白莲洞》（蒋远金，科学出版社，2009年）等专著出版，是近年来发表成果较多的年份。

一　田野考古发现与研究

2009年中国旧石器时代早期重要的田野考古资料，是湖北郧西白龙洞遗址新近试掘与早前发掘与调查部分资料的整理（武仙竹等:《湖北郧西白龙洞古人类遗址初步研究》，《人类学学报》1期)。报道了2007年度野外工作发现资料的初步研究，也公布了保存在郧西县当地文物管理部门以往发现的石制品与哺乳动物化石的研究结果。白龙洞遗址自20世纪70年代发现直立人牙齿与石制品以来，一直受到学术界的关注，然而在该文发表以前，只有一些简单的报道或在一些综合性文章中有所论及。新发表的这篇研究报告为关注旧石器时代早期汉水上游地区古人类及其文化发展的研究者提供了非常重要的资料。

除了直立人的7颗牙齿化石之外，白龙洞在上两次发掘中还有数十件石制品发现。这些石制品与本次试掘的发现基本一致。石制品的原料为白色的脉石英和石英岩岩块。种类包括经过修整的工具以及石核、石片、断块和碎屑等。工具类主要是刮削器与砍砸器类。除一件体积稍大，重量为300多克的白色石英岩加工的砍砸器外，其余主要为形体较小，重量在数克到数十克的小型刮削器类。另外还有2件鉴定为雕刻器的小型标本。石核与石片也都形体较小，主要是锤击法剥片的产品，也见到砸击技术的存在。白龙洞石器工业的技术特点与文化面貌与邻近的郧县曲远河口发现的旧石器时代早期的砾石工业明显不同。

除石制品外，白龙洞的古人类文化遗存还有人工切割或砍砸骨片，以及烧骨与烧土等可能是人类用火的遗存。动物化石的遗存非常丰富。前两次发掘所获，现存于郧西县文物管理所的动物化石种类多达29种，其中大部分也见于本次试掘。动物化石的总体特征仍属于广义的大熊猫——剑齿象动物群，包括大熊猫、剑齿象、竹鼠、豪猪、犀牛、貘、水鹿、苏门羚、青羊、水牛等。这个动物群与邻近的曲远河口的郧县人动物群以及秦岭北侧的蓝田公王岭动物群均较相似，与前者共有的种属的比例高达70%以上，与后者也超过40%。动物群所反映的时代特征说明，白龙洞遗址的时代应更接近郧县人，属于中更新世较早阶段。

与白龙洞遗址邻近，时代也相近的丹江口北泰山庙遗址发现的石器工业却表现出完全不同的文化面貌与技术特征（周振宇等:《丹江口北泰山庙旧石器遗址发掘简报》，《人类学学报》3期)。2006年11月至2007年1月，中国科学院古脊椎动物与古人类研究所承担的南水北调工程的抢救性发掘，在丹江口市均县镇关门岩村的北泰山庙遗址揭露800平方米，发现277件石制品。该遗址位于汉水右岸3级阶地，堆积厚度超过10米，可见从上向下有褐红色至土黄色黏土、砂质黏土等5层，除第1层外，2～5层均可见到石制品。尽管没有动物化石以及其他可供测年的材料发现，但根据地层堆积与地貌特点，发掘者认为该遗址的时代也可暂定为中更新世。

在北泰山庙遗址发现的石制品有55件工具，43件石核，126件石片（含碎屑和断片）以及53件断块。从石核的情况观察，其原形均为砾石，形体较大，以重量计，平均重量超过900克，石皮保留的比例也较大，平均达72%。石片的大小差异较大，小者仅数克，大者则超过1千克。绝大部分为自然台面，打击台面者不足两成，且不见有意修理台面的痕迹。石核与石片的情况说明该遗址的古人类采用的是较为粗放的剥片策略，且普遍采用锤击法打片。工具也是砾石工业常见的种类，有砍砸器、刮削器、尖状器、手镐以及石锤等。砍砸器最多，占整个工具组合的4成以上，刮削器也接近4成。手镐的比例也较高，有1成多。总体看来，大型工具占据主导地位，石器毛坯也以砾石为主，与前述的白龙洞洞内发现的石器工业呈鲜明对照。

本年度在丹江口附近配合南水北调工程的旧石器考古发现资料还有李超荣等发表的《1994年丹江口库区调查发现的石制品研究》（《人类学学报》4期）。该文详细报道了1994年南水北调工程丹江口库区多处地点采集的600多件石制品。其中大部分是地表采集，但也有一成以上直接采自原生层位。除少数几件采自汉水的4级阶地，其余一半出自汉水3级阶地，另一半来自汉水或丹江的2级阶地。大部分地点采集石制品的数量均为数件到十几件，仅少数几处有30件以上的发现。由于没有哺乳动物化石可以确定相对年代参照，该文作者应用区域地层研究的成果，将这批材料中属于汉水3、4级阶地的发现归入旧石器时代早期，而2级阶地发现者则分别归入旧石器时代中期或晚期。尽管这批材料可能跨越的时代较为久远，但其文化面貌却仍较接近，主要仍当归入华南砾石工业传统。石制品中，工具所占比例甚高，达44%，其中有手斧、手镐、薄刃斧、砍砸器、石球、尖状器、刮削器以及石锤。尤其引人注目的是数量较多的手斧类工具的发现，对于探讨旧石器时代早期东西方文化关系与早期人类迁徙等课题，是十分难得的资料。

公布的华南砾石工业的新发

现还有《三峡库区池坝岭旧石器遗址2007年发掘简报》（《人类学学报》3期）。池坝岭遗址位于重庆丰都境内，长江左岸的3级阶地的堆积中。为配合三峡工程三期水位淹没线以下文物抢救工作，中国科学院古脊椎动物与古人类研究所等单位在该遗址进行抢救性发掘，揭露面积500余平方米，发现200多件石制品。

池坝岭的石制品的原料取自当地河滩的砾石层，以锤击法为主要的打片方法。石制品的主要类型包括，工具、石核、石片以及断块等。工具中，砍砸器与刮削器的数量最多，毛坯多为完整石片或石核。以硬锤直接打击技术为主，简单加工修理成形。加工方向也以正向为主，选择单端或单边集中加工。石器形体以大型为主，与前述的华南砾石工业传统相吻合。不过这个遗址所发现的石器毛坯之中，石片所占比例较大。石片在整个石制品的比例之中也明显偏高。根据遗址地层与所处地貌部位来看，参考本区已有的测年数据，该文作者马宁等推测，池坝岭遗址的时代也当属于中更新世的较晚阶段。

丰都冉家路口遗址与前者一样，也埋藏于长江左岸的3级阶地。地层堆积情况类似，石制品均埋藏在阶地堆积下部的砾石层中。不同的是，冉家路口已经过多次发掘，本年度报道是中国科学院古脊椎动物与古人类研究所等单位2007年第四度对此遗址发掘所获。发掘规模较大，分A、B两区揭露面积超过2000平方米，共发现石制品610件（《人类学学报》2期）。

冉家路口的石制品也以大型为主，按照A区的470件标本统计，大型标本（含巨型）高达70%以上，中型约占26%，小型标本的比例不足2%。石制品的原料也系就地取材，利用砾石层的石英岩、凝灰岩等不同岩性的砾石为原料，直接加工工具或剥取石片。从保存在石制品上的痕迹特征来看，研究者认为该遗址的原始居民可能使用了锤击、碰砧以及摔碰等多种技术剥取石片。A区石制品的种类包括石核、石片以及工具。在108件石核之中，单台面者超过三分之二，双台面和多台面者合计不足三分之一。从石核表面保留石皮的情况来看，亦平均超过60%。这些情况都说明石料的利用程度较低。石片多形体较大，平均长度近100毫米，宽度近120毫米，重量则超过600克。在115件工具中，刮削器的数量最多，差不多占工具总数的一半，其次是砍砸器，占近4成。还有手镐、尖状器与大型石刀等，数量均很有限。包括前述的池坝岭遗址，三峡地区发现的砾石工业与汉水上游地区相比，石器毛坯中石片的比例明显偏高。有学者已经注意到这一现象，并倾向于将其归为区域文化传统所致。该文再次论及这一问题，并认为形成此问题的机制尚待进一步探讨。

北方地区时代较早的新发现不多。辽宁本溪庙后山是20世纪70年代后期至80年代初期发掘并经过较系统研究的旧石器时代早期遗址。魏海波又报道了该遗址的新发现和年代学研究等新进展（《人类学学报》2期）。新发现的石制品包括2件石片，1件手镐和1件石锤兼石砧。现发现的哺乳动物化石有中国鬣狗、梅氏犀与硕猕猴等。新的铀系法年代测定说明，“庙后山遗址第4层上部、第5层下部新发现的石制品和动物化石的时代至少应该大于距今50万年”。

2009年度发表的旧石器时代晚期的发掘成果则较有限，仅见河北泥河湾盆地东缘的西沟遗址和吉林抚松新屯子西山遗址两处，且都是规模较小的试掘材料。

西沟遗址位于阳原县大田洼村西北侧的冲沟左侧，埋藏在类似阶地底砾层的残积——坡积含风化砂砾的土状堆积物中（卫奇：《泥河湾盆地西沟旧石器及其石片分类》，《文物春秋》2期）。堆积由上向下可见5层，文化遗存即发现在最上的褐黄色粉砂质的黄土地层中。该层的厚度约20米。层理不明显，垂直节理发育，类似风成黄土的特征。从上向下均有石制品发现。其北侧约200米的油坊遗址的石制品埋藏层位大致相当于此层的下部。据此研究者推断，两者的年代也应大致相近，约在距今2万年左右。

西沟的旧石器最初发现于1983年的调查，当年试掘10平方米，发现51件石制品。2006～2008年期间，又在遗址剖面采集242件石制品及1件哺乳动物化石。石制品中，多半是石片，断块约占四分之一以上，石核约占1成。经过修整的工具（含加工较细致的精制品与略作修整的粗制品）则只有24件，尚不足1成。据部分石核观察，可以见到类似细石叶的片疤，也有类似修理台面的痕迹。另外所选择的石料质地也较为均匀，剥片成功率高，且多次转换台面，显示当时的石器制作者已具备相当熟练的打片技术。精制品则仅见8件，原形均为石片。由于所发现的石片数量众多，研究者还以较多的篇幅专门讨论了石片的分类问题，提出自己对石片分类的具体方案。

抚松新屯子西山遗址位于抚

松县城北 20 余千米的一个狭长山间盆地内。附近是大黄泥河切割形成的谷地。地层堆积较薄，黑色表土层厚仅 15 厘米，其下的黄色亚黏土层即文化层，厚度也仅有 10～25 厘米，再向下即玄武岩基岩风化壳。该遗址的试掘面积虽然不算太大，所发现的石制品的数量也较有限，在 70 平方米的发掘区内仅见 30 余件石制品。然而一个形体巨大的石叶石核则是以往发现的中国旧石器时代遗存中所未见。另外一个玄武岩石块构成的石圈遗迹，也是很难得的发现。石圈遗迹是由石块围成的椭圆形，内径的东西长 5.6 米，南北宽 3.7 米。从石圈的分布特点来看，发掘者认为可能是与当时人类建筑窝棚有关。有趣的是，所发现的石制品，绝大部分也都发现在石圈的范围之内。其中还有两组可以拼合的标本。石制品中除前述的石叶石核外，还有一件细石叶，其余 28 件则均为石片。石叶石核的长度为 41.2 厘米，宽为 15.3 厘米，厚为 22.5 厘米，重达 17.4 千克，整体形状呈楔形。最大的工作面长达 38.6 厘米，最后剥落石叶片疤的长达 32.2 厘米，宽 4.4 厘米。所有石制品的原料均为黑曜岩。从当地的基岩分布情况来看，石料的来源当不会太远。

二 旧石器考古专题研究

本年度关于旧石器时代文化的研究，既有注重石器工业特点与文化关系等方面的研究成果，也有利用石制品、动物化石以及埋藏学等方面的资料，深入探讨早期人类行为与社会特点等全新视角的收获。后一类成果尤为引人注目，是本年度中国旧石器考古研究的新亮点，标志着学科发展的新方向。

1. 石器技术与文化关系等方面的探讨

有关旧石器文化传统与技术等方面的研究，在本年度也仍有讨论。黄慰文等所著的《中国旧石器文化的“西方元素”与早期人类文化进化格局》一文（《人类学学报》1 期），就集中讨论了关于旧石器时代的“西方元素”，即手斧、勒瓦娄哇与石叶等问题，以及这些标志性工具与技术的重叠与穿时现象。他们提出“西方旧石器文化的标志性技术和工具即西方元素，在相应的中国旧石器文化中都能看到。它们不是偶尔地、零星地，而是成序列地（阿修尔工业—莫斯特工业—石叶工业）和以成套工具的形式（如阿修尔工业的手斧、薄刃斧和手镐组合）出现在中国旧石器文化之中，扮演着中国旧石器文化的主角之一”。“中国旧石器文化的西方元素也具有西方一样的重叠与穿时性。正是这种特性使得旧大陆两侧的旧石器文化连成一体，难分东西”。该文作者倾向认为：“迄今已知的旧大陆旧石器文化是过去200多万年间，早期人类在其进化过程中应对全球气候波动所引起的生态环境变化而反覆进行的横贯大陆的双向迁移、交流与融合的结果”。

《广西百色枫树岛旧石器早期石制品石核石片技术学分析》（张璞、王颀：《贵州科学》2期）一文公布了对枫树岛及附近几个地点所发现石制品之中的石核与石片的研究成果。该文作者认为，枫树岛的石核既有为获取石片毛坯者，也有属于水平去薄者。前者属于“石核石片系统”，后者则是“砾石工具直接加工系统”。这两个系统均显示了“凸面预制”与“水平去薄”的技术特征，构成了枫树岛石核的特色。而枫树岛石核娴熟的凸面预制与水平去薄技术，至少与欧洲的勒瓦娄哇打片技术中的两个重要环节一致。另外，枫树岛石片工具较多，且出现工具多样化的趋势，是阿舍利早期文化的特点。由于凸面预制技术与水平去薄技术的存在，该文作者认为“在我国别的石器早、中及晚期遗址中，出现勒瓦娄哇石制品，将是一件正常的事”。

与前两篇论文的认识有所不同的研究成果是李英华等的《观音洞遗址古人类剥坯模式与认知特征》（《科学通报》19期）。该文作者应用近些年来法国学者提倡的技术认知学和技术经济学的方法，对发现在贵州黔西观音洞旧石器时代遗址的石核进行技术解读分析，通过对石核剥坯程序的复原认识，系统建立该遗址剥坯模式。分析结果显示，观音洞远古居民曾采用3种不同的操作程式来应对3种不同的石核预备方法。他们在对石核进行剥坯之时，“往往只选择石坯的一部分，也就是狭义上的‘石核’来获得可用的石片。这里的‘石核’是指石坯上被开发的有用部分，石坯上剩下的未用部分对该‘石核’的剥坯不起直接作用。当然，如果它具有合适的技术特征，也可能作为另一个‘石核’进行剥坯。不过，这两个‘石核’之间没有明显关联，不存在有意识地预制，它们所产生的石片均是需要的石片毛坯。对这些石片的特征打制者也可以进行一定程度的控制，如形态、大小及刃口的特征等，但这种控制是很有限的。在这样的剥坯模式下，尽管石坯的外在形态千差万别，但打制者所选‘石核’的技术特征却是相似的，是可以通过技术分析辨认出来的”。因此，该文作者将这一特征鲜明的石核剥坯模式和生产体系命名为“观音洞石核剥坯体系”。在此基础上，还进一步探讨了观音洞石核剥片体系与广泛分布在旧大陆西侧的勒瓦娄哇技术的区别，指出“其石核剥坯模式与勒瓦娄哇是两个完全不同的剥片概念和生产体系，反映了史前人类的两种不同的思维模式与认知行为”。

2. 早期人类行为的研究

用火与狩猎等活动是早期人类行为至关重要的特点，本年度有多篇论文对此进行讨论。这些研究注重与实验结果的对比，强调系统、科学的观察与定量分析，从实验考古、动物考古与微痕观察等多角度深入解析古人类的行为特点，认识中国境内早期人类发展历史与演化规律，展示了中国旧石器时代考古研究发展的新方向。

高星等发表了《水洞沟第12地点古人类用火研究》（《人类学学报》4期）。该文通过对水洞沟第12地点2007年度发掘出土自灰烬层的大量碎石块的形态观察、大小统计以及岩性分析，提出这些标本是被当时人类选择、加热利用之后而破碎的。本文作者进一步通过对同类石料进行模拟试验证实，这些石块是在经历高温热烧以后被浸入水中而崩解破碎，由此可以推测它们是当时人类用来烧水和烹煮液体食物的烧石。遗址所在地区地下水和地表水的水质检测结果显示当地生水大肠杆菌含量严重超标，不适合被直接饮用，但经过煮沸后则可以消除危害。与此同时，生态环境资料还显示，当地晚更新世以来所生长的多种植物的籽粒也必须是经过烹煮以后才可食用。因此，作者认为，该地点的烧石的大量出现，显然是当时人类为适应当地水质与生态环境所采取的适应策略。这项研究突破以往仅注重人类加工过石制品的研究的局限，将大量不见人工痕迹的破碎石块也纳入研究视线，并通过实验以及水文、生态环境等多学科的参考资料的多方面论证，对距今11000年前后古人类用火行为提出有说服力的解释，其学术意义是显而易见的。

动物化石遗存一直是旧石器考古学者关注的重点，近年来随着动物考古学研究的深入，动物骨骼遗存不仅仅是种类鉴定、说明当时人类狩猎利用动物资源的种类以及遗址年代与生态环境背景的参考背景资料，更成为探索古人类生产生活等活动与行为特点的解析对象。本年度的研究成果在这方面的进展尤为显著。

张双权等的《河南灵井许昌人遗址大型食草类动物死亡年龄

分析及东亚现代人类行为的早期出现》（《科学通报》19 期）一文就显示了这方面的努力。该文以近年来新发现的旧石器时代中期的灵井许昌人遗址的动物群为研究对象，通过埋藏学分析指出，原始牛和普通马是该动物群的优势属种，同时也是灵井遗址许昌人活动时期的主要狩猎对象。通过对死亡年龄分布模式分析结果显示，上述两种大型食草类动物都是以壮年个体占据绝对数量优势。这种情况显然说明当时人类已经是十分熟练的狩猎者。他们已经完全具备猎捕原始牛、普通马等大型食草类动物的能力。由此可见，“东亚旧石器时代中期及晚期的古人类在狩猎策略、能力以及群体组织等方面已经不存在明显差异，从而验证了这一地区现代人类行为起源的早期理论”。

张乐等的《马鞍山遗址动物群的死亡年龄研究》（《人类学学报》3 期）也是通过对动物群死亡年龄的分析来探讨该遗址古代居民行为特点的力作。该文通过对动物牙齿的萌出和磨蚀状况确定动物群的死亡年龄，采用三角图法展现死亡年龄分布，并对该遗址上、下文化层动物群的死亡年龄分布成因进行对比分析。进而提出“马鞍山遗址早期和晚期原始居民猎杀水牛、中国犀和水鹿时可能都采取了潜伏式狩猎或陷阱狩猎的策略，所以死亡年龄的分布均位于灾难型死亡年龄分布区；猕猴的死亡年龄分布点落入壮年居优型的分布区可能是晚期原始居民追求脂肪的高回馈率，而忽视了幼年个体的结果；东方剑齿象的死亡年龄分布点落入幼年居优型的分布区，可能是原始居民面对生命危险和狩猎机会时，做出折衷选择的结果，即放弃体型巨大的成年个体而狩猎攻击性较弱的幼年个体，但也有可能是基于可食用性的考虑而放弃口感较差、难以食用并且攻击性较强的成年个体，而捕猎肉较鲜嫩而且危险性较小的幼象的结果”。

张乐等撰写的另一篇关于马鞍山遗址动物群研究的论文《切割痕迹揭示马鞍山遗址晚更新世末人类食肉行为》，同样应用动物考古学方法，对马鞍山遗址出土的动物骨骼遗存进行研究。通过“对切割痕迹的确认、定位以及出现频率的计算显示，马鞍山遗址的第Ⅱ等级动物长骨骨干表面的切痕分布特征如下：（1）下文化层切割痕迹出现频率明显高于上文化层；（2）下文化层上部肢骨的切割痕迹出现频率最高，中部肢骨其次，下部肢骨最低；（3）上文化层长骨骨干切割痕迹出现频率及分布特征不及下文化层规律”。与西方学者相关研究的实验数据对比，作者认为，下文化层上、中、下部肢骨的切割痕迹出现频率与实验数据相似；而上文化层上、中、下部肢骨的切割痕迹出现的频率与实验数据则相差较大。由此作者认为，“在下文化层堆积时期马鞍山远古人类用石制品对第Ⅱ等级动物腿部肌肉开发较上文化层堆积时期彻底，参照骨骼表面炭化痕迹的研究，推测这可能与晚更新世末期远古人类烧烤行为的变化有关”。

3. 研究方法与理念的更新与探索

近年来在旧石器考古研究方法更新与探索方面的工作在本年度仍有进展。随着中国旧石器研究重点的转移，近年来石器生产操作链的研究越来越受到研究者们的关注。陈虹等的《石器研究中“操作链”的概念、内涵及应用》（《人类学学报》2 期）一文，系统介绍了有关操作链概念的形成、发展、内涵与研究方法，以及成功的研究实践与意义，并进一步讨论了与操作链相似的几种概念的异同。作者认为，操作链概念“是一种动态的综合的理论视角和研究体系，强调了石器技术系统的两个形位过程（技术表现和思维运作）和一个互动关系（操作序列）。实践应用和术语对比，为更好地运用操作链研究石器并复原史前技术体系提供了参考。”该文还指出操作链概念本身存在的问题，希望能够在今后的工作中得以完善。

李英华等的《旧石器技术研究法之应用》（《人类学学报》4 期）一文也展示了这方面的努力。该文以贵州黔西观音洞遗址发现的 P4119 号标本为例，系统介绍了法国旧石器研究者在操作链理念的基础之上进一步发展的石器技术研究方法，并指出其在中国旧石器研究中的应用前景。作者认为，“在史前石器技术研究中，无论是操作链的复原，还是对古人类认知特征的辨析，抑或对古人类生产行为的社会经济学解释，甚至对跨遗址、跨地域的文化比较，都建立在对石器进行技术解读的基础上。技术阅读分两个层次，首先是对单件石器的分析，然后是对相关层位和遗址石制品的整合研究”。该文展示了利用技术分析图分析观音洞 P4119 号石核标本的过程，以具体实例清楚地说明了该研究的基本操作方法，为相关的研究提供了范例。

关莹等在《旧石器时代残留物分析：回顾与展望》（《人类学学报》4 期）的综述文中，对西方石制品残留物分析研究史做了回顾与综述，并简要介绍了这种方法的概念、原理与相关技术问题。该文也对“中国旧石器时代石制品残留物分析的前景进行展望，希望对相关理论与方法的引进和应用起到铺垫和促进作用”。作者还进一步指出，“我国旧石器时代考古资源非常丰富，残留物分析在石器功能解读、遗址环境重建、古人类行为复原以及食谱分析等方面都会起到重要作用，成为破解很多学术疑点和难题的钥匙”。

微痕分析方法的研究应用在本年度也有成果。如王运辅等的《国外切割痕迹研究方法述评及在白龙洞的初步应用》（《考古》11期）、武仙竹等的《动物骨骼表面人工痕迹的三维数字模型及正投影等值线分析》（《科学通报》12期）等。

三　古人类学研究进展

本年度发表的《广西崇左江州木榄山智人洞古人类遗址及其地质时代》（《科学通报》19期）一文详细介绍了木榄山智人洞遗址的地质地理概况与地层堆积，探讨了动物群的性质、时代及其生态背景。该遗址在2007年发现猩猩及亚洲象化石以后即进行试掘，当年发现2颗人类牙齿化石，次年又有一件残破的智人下颌骨及大量共生的动物化石发现。据古人类学者的初步观察，这件“人类下颌骨已经具有处于形成过程的解剖学上现代智人的形态特征，是一件很难得很重要的古人类标本”。

本年度古人类学研究也主要集中在中国境内已经发现的化石材料的综合研究以及与国外相关材料的对比。吴新智新发表的《大荔颅骨的测量研究》（《人类学学报》3期）报道了大荔人头骨化石测量的一系列数据，“并且将其与中国，欧洲和非洲的中更新世人类的相应数据进行比较，发现大荔颅骨的测量数据大多没有超过中国和欧洲/非洲中更新世人的变异范围，有的与中国中更新世人接近，有的与欧洲和/或非洲标本更加接近”。该文作者认为，“将这些结果与大荔颅骨的与中国古人类共同具有的其他测量和观察特征进行综合考虑，建议大荔人群属于中国古人类连续进化链中的一员，并且表现出中国古人类与欧洲和非洲古人类之间基因交流的形态证据”。

有关南京汤山葫芦洞发现的直立人高耸鼻梁特征的讨论，本年度又有张银运等撰写的《南京直立人的高耸鼻梁和气候适应》（《人类学学报》3期），为了论证南京直立人高鼻梁是对气候的适应，该文检验了有关鼻骨的3种测量项目。研究结果表明，

"鼻尖指数和鼻根指数用来表达整个骨性鼻梁的外突程度是有价值的，但眶间宽高指数不能用来说明整个鼻梁的外突程度"。相关著作中有关"各人群鼻尖指数和鼻根指数数据和相应的气候资料表明，干燥地区人群的鼻比潮湿地区的要较外突，寒冷地区人群的鼻要比温暖地区的较外突。这种鼻的外突程度与干、寒气候的关系可以从人鼻的解剖学和呼吸生理学方面得到支持"。该文还列举了南京人化石地点古环境研究的证据，说明南京人生活在冰期的较寒冷的气候环境。因此认为"南京直立人鼻梁高耸是对寒冷气候适应的结果，未必是由于基因交流的结果；这是对南京直立人鼻骨高耸的成因的目前一个最合理的解释"。

有关直立人化石的研究还有邢松等的《周口店直立人下颌前臼齿齿冠形态结构及其变异》（《科学通报》19期）。该文采用形态观察和几何形态测量方法对周口店直立人及相关的人科成员的下颌前臼齿进行了对比研究。研究结果显示，"周口店直立人下前臼齿保留了许多早期人类的原始特征，包括齿冠舌侧不对称、明显的颊侧近、远中垂直沟等。此外，周口店直立人 P3 和 P4 齿冠形态存在明显的内部变异，主要包括程度不同的颊侧近、远中垂直沟，轮廓对称性、齿尖区相对于外轮廓的分布位置和跟座的大小比例。与亚洲其他地区直立人相比，周口店直立人的下前臼齿齿冠形态及轮廓形状与淅川标本以及印度尼西亚的 S－1 相类似，而与 S－6 差别较大。分析显示周口店直立人下前臼齿与欧洲更新世中期人类有相似的特征，但两者之间的差别更大"。

关于晚期智人的研究有刘武等的《湖北郧西黄龙洞更新世晚期人类牙齿》（《人类学学报》2期）。该文"对 2004～2006 年在湖北省郧西县黄龙洞发现的 7 枚更新世晚期人类牙齿进行了观测与分析，在此基础上与相关的化石人类及近代现代人类标本进行了对比。本研究发现：黄龙洞人类牙齿总体特征与现代人接近，同时也保留部分可能属于更新世晚期人类的特点，包括前部牙齿（侧门齿和犬齿）尺寸及粗壮程度都明显大于现代人。黄龙洞人类牙齿呈现的铲形门齿、双铲形门齿及臼齿釉质延伸说明，当时人类已经具备了东亚人群的典型牙齿形态特征"。

四　古环境与年代学研究

本年度对于中国早期人类生存环境与时代的研究也有新进展，发表了相关的成果。

1. 地层与古环境研究

更新世的地层与古环境研究也一直是旧石器时代考古关注的重要领域。本年度这方面的成果也较丰富。裴树文等的《泥河湾盆地东谷坨遗址古人类生存环境探讨》（《科学通报》19 期）就是其中有代表性的收获。该文对 2000～2001 年东谷坨遗址发掘剖面的孢粉、沉积物粒度和磁化率以及氧化铁等进行分析，提出“该遗址总体属于湖滨沉积环境，泥河湾层大致经历了 4 个环境变化阶段，气候由温暖湿润的森林草原环境→温凉湿润的森林草原环境→温凉较干的森林草原环境→温暖湿润的森林环境，适宜古人类生存，湖平面经历了相对较高→降低→升高→降低的过程，代表了泥河湾湖盆的扩展和收缩过程；湖泊消亡后为干冷的疏林草原环境。”作者还认为“古人类在该遗址活动的时间发生在距今约 1.10Ma，对应于环境演化的前 3 个阶段；古人类集中活动于湖平面相对较低的时期，生存方式由零星的石制品打制→原料采集→集中的石器制作和狩猎并肢解动物等生活活动。”这项研究对于认识早期人类在泥河湾地区的活动及其与古环境变化的关系等课题提供了十分重要的新资料。

刘德成等的《水洞沟遗址地层划分与年代测定新进展》（《科学通报》19 期）一文，通过对宁夏灵武水洞沟遗址地层的划分，并进行光释光与加速器质谱碳 14 测年等综合研究，结果说明，“水洞沟遗址 SDG1，SDG2 和 SDG7 地点含有丰富石制品的文化层主要埋藏于边沟河Ⅱ级阶地，沉积物以河流—浅湖—湖滨相堆积为主。旧石器文化层时代集中在距今 3.5～2 万年之间，属于旧石器时代晚期早段”。该文还提出“SDG1 的旧石器文化层时代略早于 SDG2 文化层，而 SDG2 文化层时代和 SDG7 的相当。”“边沟河Ⅱ级阶地粉砂质地层堆积时代跨度为 72～18ka，基本上对应于末次冰期地层堆积。SDG2 地层发育连续稳定，沉积厚度大，环境与文化信息丰富，可视为水洞沟地区晚更新世古人类生存环境研究的典型剖面”。

2. 年代学研究

最引人注目的是周口店北京猿人遗址时代的新数据的发表。沈冠军等在英国的《自然》杂志发表了应用铍铝埋藏测年方法测定北京猿人遗址的年代数据（Nature，2009，458：198－200）。这项工作的特点是在我国首次将石英样品的铍铝埋藏年龄测量方法应用于古人类遗址的年代学研究，其结果是该遗址的第

7～10 层的时代为距今 77.8 万年。这个结果将周口店北京猿人生存的时代向前提早了 20 多万年。

沈冠军等还撰文《26Al/10Be 埋藏测年法及其在我国早期人类遗址年代研究中的应用》（《人类学学报》3 期），系统介绍了基于原地宇生核素 Al 和 Be 埋藏测年的基本原理，并讨论了这一测年技术的假设前提和限制其应用的多种因素。作者认为，"试用该法于周口店第 1 地点第 7～10 层的结果为 770±80ka，支持洞穴方解石质谱铀系测年的结果。Al/Be 埋藏测年法理化基础坚实，独立于其他测年技术，应用范围正是我国年代研究的盲段，所需样品为广泛分布的石英矿物，应可为我国早期人类演化可信年代系列的建立做出重要贡献"。

周口店的最新年代数据引起广泛关注和讨论。陈铁梅等的《周口店北京猿人遗址的年代综述兼评该遗址的铝铍埋藏年龄》（《人类学学报》3 期）一文综合评述了对周口店第一地点的测年结果，着重探讨了"1）基于骨化石铀系、裂变径迹、古地磁和牙化石 ESR 测年的老年代框架与 2）基于钙板铀系和铍铝埋藏测年的新年代框架之间的差异。着重分析了铍铝埋藏年龄测量方法因假设前提不完全满足而可能引起测年结果偏老的系统误差"。该文也对周口店遗址年代学研究提出新建议。

泥河湾盆地早期人类文化的年代仍然是研究者们关注的焦点。刘春茹等的《泥河湾盆地东坡遗址 ESR 年代学初步研究》（《第四纪研究》1 期），采用 ESR 方法对泥河湾盆地东坡遗址的文化层测年结果为距今 321±15ka。

另一项新进展是日本学者长友恒人等的《泥河湾盆地几处旧石器时代文化遗址光释光测年》（《人类学学报》3 期）。这篇报告发表的是泥河湾盆地几个重要的旧石器时代中期和晚期遗址的年代数据，包括许家窑、油坊和虎头梁等。其测定的许家窑遗址文化层约为距今 6.9±0.8 万年，油坊为距今 1.3～1.4 万年（上层）、1.5～1.7 万年，虎头梁遗址上部层位（65039，即于家沟地点）为距今 0.9±0.13 万年。这几个遗址光释光年代数据与原有的年代数据均有所不同，且都是偏年轻，如许家窑遗址的铀系年龄为 10.4～12.5 万年，虎头梁的碳 14 年龄也在距今万年以上；油坊遗址虽尚未见到绝对年代的测定数据，但原研究者根据地层堆积等特点推测其也应距今 2 万年左右。所以，有关泥河湾盆地晚更新世旧石器遗址的年代学研究还需要更多的工作。

新石器时代考古

朱延平

2009年面世的新石器时代田野考古收获多数集中在中原、长江下游、长江中游和东北地区南部一带，发表的研究论述亦多围绕这些地区。

中原地区

陕西中南部田野收获 陕西高陵县杨官寨遗址现存面积80万平方米，2004～2008年发掘了1万多平方米（《考古》7期）。所获遗存分属庙底沟文化和半坡四期（半坡晚期）文化。庙底沟文化遗存的主体是一处圜壕聚落，圜壕的平面略呈梯形，周长近2000米，所环围的面积24.5万平方米。壕深2～4米，一般宽6～9米，最宽处13米。圜壕的西部有一处门址。门址附近的壕内堆积中出有大量遗物，重要者如动物纹彩陶盆、镂空人面覆盆形陶器、涂饰朱砂的人面陶器、巨型陶祖。半坡晚期文化遗存亦有特色，揭出排成一列的房址和穿插错落于各房之间的陶窑，多数房址可能为窑洞式，陶窑圆形，由火膛、火道、窑室组成，火道分中央直火道和紧贴周壁的环形火道两部分。H402这座袋形灰坑出有22件小口尖底瓶、19件罐、16件钵、9件盆、5件瓮以及1件陶轮盘，小口尖底瓶明显分两类，一类作喇叭口、无耳，另一类为葫芦形口、双耳，为半坡晚期文化罕见之例。总之，无论就庙底沟文化还是半坡晚期文化而言，杨官寨遗址的地位都十分重要。

位于泾水中游北岸的彬县水北遗址2005年发掘了2400平方米，揭出半坡文化、庙底沟文化、半坡晚期文化这3个时期的遗存。庙底沟文化遗存以一批半地穴和地面起建的房址最值称道。F1为地面建筑，主室平面近五边形，室内面积125平方米，地面以分别处理的上、下5层垫土铺筑而成，最上一层采用料姜石与沙土混合的材料，铺成硬度接近100号水泥的平整青灰色地面。房址周边筑有木骨泥墙，西、南墙体尚存0.15～

0.75米高，表面以紫红色矿物颜料涂饰。屋内中间应有一道廊柱，所见为排成一列的5组柱穴，每组基本为一大一小两柱穴，这道廊柱将室内分为南、北两半。灶坑设于室内南部，坑旁伸出的烟道以石板搭建，通过墙下与室外的排烟孔相连。主室的东侧尚有室内空间，但这部分存留的不多，当是F1的附属建筑。F4为半地穴式，平面也是五边形，室内面积35平方米。沿周壁密集地排列着柱穴，当是墙骨之遗痕。斜坡门道开设于南墙中部，外窄内宽，底铺石板。灶坑接近门道入口侧，向南伸出烟道，底部亦铺石板，和门道连为一体。半坡晚期文化的遗迹中有一横穴式陶窑，环形火道，窑室底部有若干条红烧土带，发掘者据此认为是倒焰窑，未必可从（《考古学报》3期）。

《西部考古》第四辑（三秦出版社）刊出2007～2008年扶风县案板遗址发掘简报，所报道的皆为案板三期遗存。较重要的遗迹有4座陶窑，均于沟壁掏挖而成，其中Y2和Y3南北紧邻，由火门、火膛、窑箅和窑室组成，窑室存高0.6米，圆形，底部直径0.65米左右，窑室内壁存留密集的刨土痕迹，似耒耜之类的工具印痕。Y3的火门外侧整齐地堆放着烧土块，多为边长0.15、厚0.1米的扁方体，可能与烧窑时的封门或封顶有关。Y2火膛底部则有一层白灰及若干石灰岩青石块。发掘者根据白灰和石灰岩块，推测这样小的竖穴窑，或许是专门用于烧制石灰。

地处丹江上游北岸的商洛市东龙山遗址，于1997～2002年发掘。新石器时代的遗存大体分属庙底沟文化、半坡晚期文化，以及相当于庙底沟二期文化和龙山时期的两个阶段。庙底沟文化和半坡晚期文化的遗存中都见有小口尖底瓶，但庙底沟文化的遗存缺乏彩陶，而和秦岭以北渭水流域的庙底沟文化有着一定的差别。龙山时期的遗存基本上属于客省庄二期文化，出土的遗物中尚有一些年代或许稍晚（《考古》12期）。

豫中田野收获　《西部考古》第四辑报道了伊川县大庄遗址2003年的发掘收获，从出土的陶器面貌看，基本属于秦王寨文化。新密市黄帝宫遗址2004年调查的采集物，含秦王寨文化和龙山时期两个阶段的遗存（《华夏考古》2期）。

晋南田野收获　垣曲县苗圃遗址2002年的发掘，揭出庙底沟文化和西王村三期文化的遗存，其中，以庙底沟文化为主，这与附近的小赵遗址甚是相近。

遗址坐落在亳清河北岸，与南岸著名的宁家坡遗址隔河相望。西王村三期文化阶段的H116所出彩陶罐的彩纹比较新颖（《而立集——山西大学考古专业成立30周年纪念文集》，科学出版社。下称《而立集》）。夏县辕村遗址2006年发掘出庙底沟文化遗存，遗迹以2米深以内的灰坑为主，尚见半地穴式房址，所出陶器与附近的西阴村遗址相比，彩陶的比重明显较少。动物遗骨中以鹿科最多（《考古》11期）。

王金平、杨及耘介绍了新绛县孝陵遗址2004年发掘陶窑群的情况，在730平方米的面积内共发掘到70余座陶窑，尽管叠压打破关系较为复杂，但仍可辨识出除极少数为陶寺文化外，余皆属庙底沟二期文化。此项发现为研究当时手工业生产的专门化水平提供了重要的新资料（《鹿鸣集——李济先生发掘西阴遗址八十周年纪念文集》，科学出版社。下称《鹿鸣集》）。

关于前仰韶时期的论述 河南渑池县班村遗址的新石器时代遗存分属前仰韶时期、庙底沟文化和庙底沟二期文化。张居中论述了前仰韶时期的遗存，其陶器略近裴李岗文化，亦不乏与老官台文化相似的成分，安有柱形或锥形錾的平底夹砂陶罐略显特色，故暂将此类遗存称作班村类型（《俞伟超先生纪念文集（学术卷）》，文物出版社。下称《纪念集》）。靳松安将裴李岗文化分为3期，并将此文化划为中部的裴李岗、西部的班村、南部的贾湖和北部的花窝这4个地方类型（《东方考古》第6集，科学出版社）。王兴堂等将裴李岗文化的陶鼎分为3期，指出该文化腹下有3个乳丁的圜底深腹钵或平底钵即是陶鼎的初始形态（《中原文物》2期）。张震统计河南舞阳县贾湖遗址各墓的随葬品，提出男性在社会生产和精神生活中起主导作用；人们之间地位的差别和年龄无关；聚落内已有专业劳动者群体；社会已出现某种不平等，但多半与各人的劳动技能有关（《华夏考古》2期）。来茵等通过统计贾湖遗址的生产工具，看出一、二两期以狩猎和捕捞业为主，三期之时农业的比重已超过渔猎业（《中原文物》2期）。陈崇斌分析了裴李岗遗址和贾湖遗址的石磨棒，前者作圆柱状，故为滚压器具，适于对圆体的粟粒进行脱颖，后者多具边棱，故只能搓压，适于对长体的稻米脱壳加工，故知用于粟、稻脱颖的磨棒形态是不同的。而用于滚压的圆柱体磨棒无疑需要更高的制作工艺，也正是由于滚压技术的先进性，导致了日后石磨的产生（《东南文化》6期）。

韩建业认为裴李岗文化向四周扩张，影响波及渭水流域的老官台文化、汉水流域的城背溪文化、黄河下游的北辛文化和北邻的磁山文化，以此影响而将黄河流域连为一体，形成了“早期中国文化圈”(《中原文物》2期)。李浪林提出三足器是黄河中游地区前仰韶时期的典型陶器，而同时段东、南方面盛行圈足器，东北方面以平底器见长，如此构成了前仰韶时期3种不同的文化面貌（《鹿鸣集》)。黄运明通过比较各遗址的陶器和石器，认定磁山文化的分布范围集中在冀南的洺河流域，河北易县北福地、容城县上坡等拒马河和大清河流域与磁山文化同期的遗存已被命名为北福地一期文化，它不属于磁山文化的范畴（《文物春秋》4期)。

关于仰韶时期的论述 严文明所著《仰韶文化研究（增订本)》（文物出版社）刊载了作者最近的一篇文章，将半坡文化的彩陶分作几何形和像生性两大类。将几何形彩陶分为由线形元素和块体元素构成的各种母题，器形简单的彩陶构图也较简单，多由单一母题或两个母题相间排列，较为复杂的器形，其彩陶构图则往往见有主体花纹和配套花纹；像生性彩陶花纹大体以突出主体、讲究对称、不变中求变、分割与双关这4个特点作为构图原则；几何形和像生性这两类彩陶都显示了从早期的严谨规矩到晚期的活泼奔放的演变规律，而绝对看不出从像生性花纹发展到几何形花纹的情况；半坡类型的彩陶与同时期仰韶文化其他类型相比是最发达的，它所在的渭水流域应是仰韶文化彩陶的起源地和发展中心。杨玥提出半坡文化彩陶中的人面鱼纹代表生死轮回的理念，鱼即引导灵魂重生之媒介（《中原文物》1期)。

田建文总结山西夏县西阴村遗址的发掘和研究历程，指出推广西阴文化（庙底沟文化）这一名称的必要性和可行性，并再次就枣园文化经过北橄一期遗存演变为西阴文化的各个环节做了说明（《鹿鸣集》)。王仁湘梳理了习见于黄河中游新石器时代特别是庙底沟文化的一种彩陶纹饰，其特征为二方连续的弯角状，即李济先生所称之“西阴纹”；以陕西华县泉护村遗址所出彩陶中有具象的鸟纹和抽象的弯角状纹共存之例，否定张朋川以往关于弯角状纹源自鸟纹的观点，并举证说明这类纹饰最早可溯至半坡文化晚期（《鹿鸣集》)。包括西阴纹在内的诸多庙底沟文化彩陶图形还见于长江中游两湖地区，这是庙底沟文化向南方传播所致，故而此时长江中游和中原地区一样，也应认同庙底沟文化彩陶所象征的意义，从而为日后统一的文明社会之形成植下根基（《江汉考古》2期）。王京燕以山西吉县沟堡遗址所出人面形筒状陶器和红山文化筒形器的相似性，认为庙底沟文化和红山文化的交流不仅是技艺方面的彼此影响，更在于观念的互渗（《鹿鸣集》）。

李国强、卓庆跃指出河南孟津县妯娌遗址所出铙形陶器的灰坑位于居住区和墓地之间的特殊的空白地带，此坑亦很特殊，故这3件形制相同、大小相次的铙形陶器当是祭祀重器（《中原文物》4期）。许永杰提出分布在垣曲盆地的仰韶晚期文化遗存是东关类型，它是解体后的西阴文化（庙底沟文化）在该地的延续，形成过程中又多受东面大司空文化和东南面秦王寨文化的影响；又因秦王寨文化的挤压，导致垣曲盆地的篮纹小口尖底瓶北传而至河套地区（《鹿鸣集》）。他赞成赵建龙关于大地湾遗址F901的“陶抄”是量器的观点，并分析了仰韶晚期的5件陶抄，认为这些量器的量度内容应是粟和黍，公用量器的出现说明存在对不同阶层进行社会产品再分配的情形，这是复杂社会的内容之一，甚或是中国文明起源的一个表现（《新果集——庆祝林沄先生七十华诞论文集》，科学出版社。下称《新果集》）。

关于龙山时期的论述 郭智勇将山西境内的庙底沟二期文化分为3期7段，历经公元前2900～前2300年前，表现为一脉相承的连续性，而陕、豫两地的庙底沟二期文化一般只具有其中的几个阶段；并划分成晋中、晋南和晋西南3区，晋西南是庙底沟二期文化的中心区；该文化的源头是西王村三期文化；庙底沟二期文化在发展过程中，接受了南面屈家岭—石家河文化系统和东面大汶口文化晚期的影响（《而立集》）。还从陶寺遗址反映出的贫富差别、礼乐制度、城乡对立、居住区的贵贱之分以及暴力行为等几个方面，推论当时已步入文明社会（《鹿鸣集》）。胡建从资源和人口等多个方面，分析出陶寺是陶寺文化的中心聚落，而丁村则是次级中心聚落（《而立集》）。何驽在发掘陶寺小城ⅡFJT1时，注意到某些遗迹显露出有关尺寸的线索，由此推及墓葬、城墙、房址乃至各类器物，认为陶寺采用的标准“尺”和“寸”分别相当于25厘米和2.5厘米，一般生活中甚至还运用了相当于2.5毫米的标准“分”这最小一级的长度单位

(《鹿鸣集》)。宫本一夫认为陶寺所出铜铃是中原地区特有的祭器，它的起源可溯至半坡文化时期的陶铃（如龙岗寺遗址所见)，二里头遗址的铜铃则是它的发展和延续（《鹿鸣集》)。

方燕明介绍了河南禹州市瓦店遗址所发现的长方形围壕，认为豫中的王城岗、瓦店、古城寨和新砦这4座城址的年代依次先后相接，分别为鲧之居（王城岗小城）及禹都阳城（王城岗大城)，禹、启之都阳翟，祝融之墟和启都黄台（《新果集》)。程平山则提出，王城岗遗址的小城规模过小，营造技术低陋，故不可能是某些学者所说的鲧作城，王城岗的大城应是崇伯鲧都阳城，而非夏人宗邑（《考古与文物》5期)。马世之认为河南温县徐堡城址可能是禹在覃怀治水时的重要城邑（《中原文物》2期)。王青在调查的基础上，提出河南博爱县西金城、修武县李固、温县徐堡、孟州市义井、沁阳市杨香、武陟县东石寺和赵庄这些龙山时期20万平方米以上的大型聚落，各为一方小区的中心，并采用西方的资源域分析法对西金城小区享用的资源做了推算（《新果集》)。何军锋论述中原地区方形城址的出现是社会发展中礼制建设的需要（《华夏考古》2期)。

其他论述 宋建忠分析新石器时代山西及其周边的文化遗存，指出就文化交流而言，从庙底沟文化起，主要表现为晋南对北方的影响，到了庙底沟二期文化，这种影响势头渐弱，至龙山时期两地交往的角色互易，北方强大的鬲文化直冲晋南（《鹿鸣集》)。戴向明简述垣曲盆地新石器时代和二里头文化及二里岗文化各时段的聚落情况，认为前仰韶时期到半坡文化之时，聚落数量少，规模不大，相当于“部落社会”；从庙底沟文化开始，出现大规模的中心聚落和可分为3个层次的不同等级的聚落，显示为“群体型酋邦”的复杂社会；庙底沟二期文化时聚落变小，人口退减，反映群体冲突趋于激烈；龙山时期聚落等级有所增加，呈现出社会控制力更趋集中，社会复杂化进一步发展（《鹿鸣集》)。王月前概述运城盐湖周边地带新石器时代6个阶段遗址的分布状况，总的来说遗址数量和规模在持续递增，而庙底沟文化和庙底沟二期文化这两个阶段出现聚落骤增的高潮，数千年的聚落演变与各阶段先民对食盐资源的争夺和利用是分不开的（《鹿鸣集》)。王俊、马昇梳理新石器时代的“土鼓”，认为山西柳林县榆皮塌H1所出土鼓年代最早，相当于西王村三期文化之时，土鼓是早期礼乐文明的象征（《鹿鸣集》）。

王晓毅、王小娟通过对晋南亳清河流域的上亳、苗圃、宁家坡3遗址所出陶片的成分分析，指出从庙底沟文化至庙底沟二期文化，这里的制陶原料没有大的变化，说明从早到晚选料标准基本一致（《鹿鸣集》）。成小林等对陶器成分进行鉴定，认为垣曲盆地新石器时代各期的制陶原料皆取自当地（《中国历史文物》3期）。杨苗苗等人鉴定河南渑池县笃忠遗址所出动物遗骸，其中有绵羊（《中原文物》2期）。

余翀通过对甘肃秦安县大地湾遗址各期骨器的统计，了解到古人选取兽骨的不同部位以制作适宜的骨器，大地湾各期的骨器在选料上显示出不同时期的倾向性（《农业考古》1期）。邵明杰认为大地湾四期F411的地画之含义可能是服用某种昆虫以求丰育（《内蒙古文物考古》2期）。

黄河下游和黄淮平原中、东部

田野收获 孙波介绍了山东沂源县扁扁洞遗址2005和2006年的发掘收获。洞内主要是新石器时代较早阶段的堆积，被叠压在和洞顶钟乳石连成一体的钙化板之下，所出陶片质粗胎厚，基本为素面，器类仅有釜和钵，分圜底和平底，石器中有磨盘和磨棒，动物遗骨可辨种属者主要是猪和鹿。亦见个别龙山文化和东周时期的陶片（《文物研究》第16辑，黄山书社）。滨州市卧佛台遗址出有早期大汶口文化和龙山文化的遗物（《华夏考古》1期）。博兴县利戴遗址2002年发掘到一些龙山文化灰坑，编号F1的圆坑底部所见陶器皆三足器，计有2件甗、2件盉、3件鬶和5件鼎及1件甗箅（《华夏考古》1期）。

江苏徐州市邳州区梁王城遗址2008～2009年的发掘，揭出近130座排列有序的晚期大汶口文化墓葬，成人墓皆土坑竖穴，有些较大的墓葬筑有二层台，有单人墓和合葬墓两种，其中54座墓的死者手中握有獐牙，以动物遗骨特别是猪下颌骨随葬的现象十分普遍，随葬品中尤以环、坠、蝉和管等一批玉器惹人注目（《中国文物报》2月20日）。

安徽固镇县垓下遗址总面积20余万平方米，2007和2008年的田野工作，确认了该遗址古城址的规模，东、西、南、北墙的长度分别为410、498、280、340米，除西墙外，其余各墙均较直。墙体主要采用堆筑法建成，未见版筑遗痕。经钻探了解到城址外侧有一圈壕沟，总长1600米，现存沟口宽14～30米，东、南两侧和西侧大部分系由人工挖成，北侧利用沱河的河道。每侧墙体均有一缺口，被认为是门址所在，北侧墙体的缺口直通沱河，应是此城唯一的水门。城内还发现有道路和夯土基址等设施（《中国文物报》7月10日）。此城址的年代为大汶口文化末期向龙山文化过渡之时（《文物研究》第16辑）。

有关论述 王锡平认为胶东半岛与内陆的鲁北地区在新石器时代的主要时段的文化面貌的差异都较明显，但二者之间的共性逐渐加强，到龙山时期终于发展成一个文化区；胶东半岛与辽东半岛之间一直有着联系，从邱家庄文化之时起主要是胶东半岛对辽东半岛输出影响，而辽东半岛文化的南传在多数情况下仅限于庙岛群岛；胶东半岛对朝鲜半岛和日本列岛的影响主要表现在石器方面（《新果集》）。

石荣传、陈杰通过对镞形器的比较，提出胶莱平原大汶口文化影响了汶泗流域的大汶口文化（《华夏考古》4期）。何德亮概述山东滕州市西公桥遗址的发掘收获，将所出大汶口文化遗存划分为3期，整体面貌接近枣庄市建新遗址和兖州市六里井遗址的大汶口文化（《华夏考古》3期）。于海广指出山东泗水县尹家城遗址的龙山文化遗存从早到晚大致经历了由起步发展到繁荣再至衰落的全过程（《纪念集》）。

华阳、霍东风建议将安徽蒙城县尉迟寺遗址相当于大汶口文化晚期的遗存命名为尉迟寺文化，其分布范围主要是皖北和豫东，年代为公元前2900～前2500年前（《文物研究》第16辑）。

长江下游地区

田野收获 太湖西部的骆驼墩、西溪、神墩这3处遗址刊出发掘简报，俱以马家浜文化时期的遗存令人瞩目。江苏宜兴市骆驼墩遗址现存25万平方米，不仅规模可观，且有马家浜、崧泽、良渚、广富林4种文化先后堆积于此。2001～2002年的发掘主要揭出马家浜文化的墓葬、瓮棺葬、灰坑、房址和祭祀遗迹，以及一处近300平方米的螺、贝壳堆积。发掘墓葬52座，分南、北两片，多数未见墓坑或仅有浅凹坑，单人一次葬为主，一般作仰身直肢，大部分墓葬不具随葬品。瓮棺葬除零星散布于成人墓地外，并设有集中的葬区。鉴于骆驼墩遗址的重要性，并考虑该遗址马家浜文化时期的遗存延续较长，发掘者提议将这个时期以平底釜为特征的环太湖西部的遗存统称作骆驼墩文化（《东南文化》5期）。

宜兴市西溪遗址坐落在高出周围约1米的长台地上，面积5万平方米。2002～2004年发掘千余平方米，马家浜文化的遗存主要有100多个灰坑，以及一些房址、灰沟和个别墓葬，尚有大面积的蚬蚌螺壳堆。所出陶器的年代基本相当于马家浜文化的早、晚两期，发掘者拟将该遗址的早、晚两段分别称为骆驼墩—吴家埠类型和西溪—神墩类型（《东南文化》5期）。

溧阳市神墩遗址2004～2006年发掘千余平方米，所获马家浜文化遗存包括250多座墓葬和90个灰坑，以及瓮棺葬、房址和灰沟。墓地的东北和西北边缘各有一具狗骨，单人一次葬为主，葬式以仰身直肢居多，侧身者其次，尚有少量俯身葬。死者大多数为成年，男性多于女性。约三分之二的墓葬具有随葬品，作为生产工具的石器多出自男性墓，纺轮一般属于女性，随葬玉器的墓也是女性略多。尚出现以他人体骨随葬之例，如一些墓主头枕人体肢骨，个别墓主下部置放人体盆骨。房址多为地面起建，先以红烧土颗粒铺垫，再于其上挖柱槽或柱穴，有的柱穴内存留木柱遗痕，直径30～90厘米，深24～110厘米，一些柱穴的填土中还见有残石器和陶片。以墓地为代表的这部分马家浜文化遗存与西溪遗址晚段的面貌雷同。该遗址还见有一些良渚文化的遗存（《东南文化》5期）。

《高城墩》（文物出版社）的出版是良渚文化研究的重要收获。该遗址位于江苏江阴市长江南岸，为高出周围地表的一座土墩。通过1100平方米的发掘，了解到此土墩系人工堆筑而成，其最初营建的年代至迟不过良渚文化早期。在良渚文化早期层之上，存留了一批属于良渚文化晚期的遗迹，包括14座土坑墓及其北邻的一个土台。墓葬出有玉琮、玉璧、玉钺等典型的良渚文化玉器，尤其是同时拥有此3类玉器的M5、M8、M11、M13（其中3座随葬两件或至少两件玉琮），其随葬品之丰富亦颇值关注。该报告对这14座墓葬详加介绍，地层亦很清楚。像H2这样的灰坑，出示的陶片则未免简单，令读者对其定年捉摸不定。报告第10页介绍“发现崧泽灰坑1座”，或即176页灰坑登记表中的“良渚文化早期”灰坑H3。

上海广富林遗址2008年的发掘收获颇丰。广富林文化的遗存首推密集的竹、木桩建筑遗迹，其他尚有地面起建的房址和干栏式建筑，以及9座墓葬，还在一大浅坑内发现稻壳，坑内黑土经检测，确认其中稻属植硅体的含量与水稻田基本一致（《中国文物报》1月16日）。

浙江余姚市田螺山遗址2008年的发掘再次揭出很可能与稻田有关的河姆渡文化遗存（《中国文物报》2月6日）。杭州余杭区灯笼山遗址2008年的发掘，了解到这是一处人工堆筑的土台遗址，面积1700多平方米。崧泽文化晚期始有居址，继而先后成为良渚文化早期和中晚期的墓地。共清理18座良渚文化墓葬，较重要的随葬品有玉琮、鲨鱼牙、漆木器等，还有一件带朱漆木柄的石钺（《中国文物报》1月2日）。

有关论述 崔英杰将江淮东部地区的新石器时代遗存分为3个阶段。第一阶段大约相当于7000～5500年前，以龙虬庄遗址一、二两期为代表，可称龙虬庄文化；第二阶段为5500～4600年前，分别以龙虬庄三期和陆庄遗址为其早、晚期的代表，如栾丰实所言，此阶段遗存主要表现为崧泽文化向良渚文化过渡时的面貌；第三阶段约相当于4300～3700年前，以南荡和周邶墩遗址的相关遗存为代表，其陶器群风格接近龙山文化王油坊类型（有的文章称南荡文化或南荡类型）；并对各阶段的经济形态和社会组织乃至宗教观念做了一定的探讨（《东方考古》第6集）。

林留根指出，骆驼墩文化分布于太湖西部山地向平原过渡的地带，早期以骆驼墩遗址第一、二两段和西溪、神墩两遗址的早段为代表，中期以骆驼墩遗址三、四两段和祁头山遗址的第一期墓葬为代表，晚期可以骆驼墩的第五段和西溪、神墩的晚段为代表；大体经历了距今7000～6000年前；它与同时期的马家浜文化、河姆渡文化、北阴阳营文化乃至长江中游的大溪文化都有过不同程度的交往（《东南文化》5期）。张童心则主张应将太湖西北部以平底釜为特征的遗存从马家浜文化中分离出来，命名为祁头山文化（《东南文化》5期）。卢建英认为在北辛文化和马家浜文化的相互影响中，以马家浜文化的影响更为明显（《东南文化》6期）。张童心、高文虹综述了上海地区史前文化的发展序列和源流（《而立集》）。

柴焕波认为浙江萧山跨湖桥遗址所出鹿角上的契刻，是《周易》卦画之始源（《湖南考古辑刊》第8集，岳麓书社）。刘斌在详细调查的基础上，提出作为良渚遗址群中心的良渚古城址辐射的范围可能达到数百平方千米，并据北城墙以北绵延5千米的土垣，推测良渚城址的外围还有外郭城（《新果集》）。黄翡等介绍了良渚遗址群中卞家山遗址的孢粉和植硅体分析记录，并对良渚文化时期当地的环境做出推论（《农业考古》1期）。

芮国耀分析良渚文化陶器的内涵，探索了这些陶器从日用品到礼仪用器的变化（《浙江省文物考古研究所学刊》第9辑，科学出版社）。程世华将习称耘田器的良渚文化石器推测为晒盐时的集盐工具，且根据《长江下游考古地理》一书标出的良渚文化时期海岸线，认为除钱山漾一例外，出这类石器的良渚文化遗址都濒临当时的海岸，从而推论良渚文化的海盐生产甚至已用于输出交易（《农业考古》1期）。

长江中游地区

田野收获 河南淅川县沟湾遗址（原称下集遗址）2007～2008年发掘出6个时段的新石器时代遗存，第一期的年代和陕西的零口遗存比较接近，第二、三、四期分别相当于半坡文化、庙底沟文化和半坡晚期文化的年代，第五、六两期分属屈家岭文化和石家河文化（《中国文物报》2月4日）。湖北郧县胡家窝遗址2006年发掘到两个阶段的新石器时代遗存，第一期的陶器群面貌接近河南淅川县下王岗最早阶段的遗存（《江汉考古》3期）。湖北竹山县小府坪遗址揭出石家河文化遗存（《江汉考古》4期）。

2008年开展的湖北大洪山南麓史前遗址调查，以天门石家河遗址为中心，在150平方千米的范围内发现73处史前遗址，分属油子岭文化、屈家岭文化、石家河文化和后石家河文化这4个时期，石家河文化的遗址达63处，该文化遗址的规模和等级也存在显著的差别（《江汉考古》1期）。湖北荆州市荆南寺遗址残存的部分经过发掘，揭出大溪文化和石家河文化这两个时期的遗存（《荆州荆南寺》，文物出版社）。

《巴东李家湾》（科学出版社）刊出湖北巴东县李家湾遗址2001年的发掘资料，新石器时代遗存中除少量为大溪文化外，大多数属于屈家岭文化，后者中最重要的遗迹是22座墓葬，这些墓葬分为东南和西北两区，随葬陶器习见杯、豆、圈足杯和圈足盘。《巴东雷家坪》（科学出版社）报道了巴东县雷家坪遗址除2003年以外7次发掘的全部资料，其中第一期遗存属于石家河文化。重庆市奉节县藕塘遗址发掘到年代较早的遗存，发掘者认为和玉溪下层比较接近（《考古与文物》5期）。酉阳县清源遗址出土的新石器时代遗存属哨棚嘴文化（《酉阳清源》，科学出版社）。

湖南长沙市南托大塘遗址1986年的发掘资料始有刊布，在90平方米的面积内出土了为数可观的陶器，以折沿圜底釜和圈足盘为代表，除绳纹外，习见戳印、模印和刻划而成的细腻繁复的纹饰，个别者绘有褐彩，其面貌应和皂市下层文化尤其是丁家岗一期遗存比较接近（《湖南考古辑刊》第8集）。临湘市托坝遗址1999年在8平方米内发掘出数十件陶器，以豆和圈足盘为主，戳印纹和镂孔纹为主要纹饰，尚有个别白彩，发掘者认为和堆子岭一类的遗存面貌相近，年代约当大溪文化之时（《湖南考古辑刊》第8集）。汉寿县马栏嘴遗址2008年的发掘，获大溪文化遗存，较重要遗迹有火烧过的地面，遗物以玉玦颇值称道（《中国文物报》2月13日）。石门县丁家山这处2万平方米的石家河文化遗址，1986年曾出一罕见的玉人首（《湖南考古辑刊》第8集）。资水下游的益阳市羊舞岭遗址亦出有石家河文化遗存（《湖南考古辑刊》第8集）。

四川郫县三观村2009年发掘出宝墩文化的木骨泥墙居址、无随葬品之墓、灰坑和沟等遗迹（《中国文物报》12月25日）。

有关论述 余西云分析长江中游及其周边地区较早的新石器文化遗存，提出甑皮岩文化直接发展为彭头山文化，后者又发展为城背溪文化，楠木园文化则是西部的城背溪文化在吸收了周围其他文化的影响后形成的；之所以促成彭头山文化系统的整体西迁，与洞庭湖西北部的文化格局之变动有关，在此一带，紧接彭头山文化之后的是来源不明的皂市下层文化，在皂市下层文化强劲的扩展之势下，导致了西面城背溪文化的生成；就在皂市下层文化鼎盛之时，沅水中游的高庙下层文化向北挺进，于洞庭湖周边形成了汤家岗文化，引起皂市下层文化的消失；文中还提到枝城北H1含有裴李岗文化因素，从而认为裴李岗文化可早到以八十垱遗存为代表的彭头山文化晚期（《新果集》）。

郭立新通过分析邓家湾遗址，认为屈家岭文化一期时筑起城墙，屈家岭文化二期和石家河文化一期社会分化加剧，直至石家河文化二期时祭祖一直是中心礼仪活动，而到石家河文化三期时，公众性祭祖活动停止，巫师成为主角（《江汉考古》3期）。刘俊男认为从出有栽培稻的湖南道县玉蟾岩之时起，整个新石器时代长江中游的农业生产在全国都一直处于领先地位（《农业考古》1期)。而手工业也在诸多方面获得明显的优势(《农业考古》4期)。陶大卫等通过对残留淀粉粒的提取和有关测试,得出湖北枣阳市雕龙碑遗址的陶研磨棒和刻槽盆都可能是植物加工工具的结论(《考古》9期)。

裴安平认为,澧阳平原史前私有制于6500年前起步;其核心是财富私有,而非生产资料私有;产生私有制的原因既非社会分工,亦非商品经济的发展,而是社会基本矛盾推动农业生产方式乃至生产关系的变革;汤家岗文化至大溪文化时期,以小型血缘家族为单位经营农作,屈家岭文化尤其是石家河文化时期转变为个体家庭;史前私有制的发展推动了生产力的进步(《纪念集》)。

贺刚论述湖南洪江市高庙遗址白陶的特征、艺术成就和祭器之性质,认为其上图像对后来的良渚文化乃至商代铜礼器都有影响,国内各地所见史前白陶均可溯源于沅水中上游高庙一类的遗存,是随着高庙文化先民的宗教观念的传播而流向各地的祭器(《湖南考古辑刊》第8集)。

黄河上游地区

吴文祥等考察环境变化对甘青地区史前文化的影响,提出6000~5000年前正值全球(至少北半球)降温期,但葫芦河流域却显现出空前的社会复杂化,这正说明在环境压力之下人们开始争夺资源,从而引发了对社会控制权的竞争;4000年前左右重又处于干冷期,这促使齐家文化的生成,但随着气候环境的愈益恶化,终于导致了齐家文化的消亡(《中原文物》4期)。

北方地区

郁金城论述北京东胡林遗址的堆积层和发掘所获遗存,从当地存在的更新世和全新世地层间侵蚀不整合接触关系推测该遗址在环境方面的成因(《北京历史文化论丛》第2辑,北京燕山出版社)。

陕西横山县魏家楼寨山遗址2004年的发掘,揭出若干窑洞式房址。典型者如F1和F4,窑洞由前、后室构成,整体平面略呈凸字形。F1陈设最为复杂,前沿砌有石墙,前室内设灶台和壁龛,并有下部砌石、上铺石板的石床,床上置骨器,床下放陶器。后室较小,近若龛状,存留陶器和石器,并有盛置炭化作物的陶缸,故被推测为储藏之所。遗址所出陶器有最晚阶段的小口尖底瓶,以及圜底近平的小口瓶,显示了阿善三期文化最晚阶段的特征,略近庙底沟二期文化之时(《考古与文物》5期)。

东北地区

田野收获　《北方文物》2期刊出内蒙古敖汉旗小河西、榆树山和西梁（亦即千斤营子）这3处遗址的发掘收获。小河西位于孟克河西岸，1987年发掘出3座房址，并了解到该处可能共有6排26座房址。榆树山和西梁位于孟克河东岸，1988年发掘。当年调查榆树山遗址约有10余排近50座半地穴房址，占地2万平方米，发掘10座房址。西梁发掘15座房址，1998年调查时确认此遗址面积近14000平方米，有房址不下80座。3处遗址所获遗存面貌基本一致，房址均为方形或长方形半地穴，室内面积多为20～40平方米，中央设灶坑。有些房址内部或附近还有一座土坑竖穴墓，死者皆单人一次葬，以蹲踞式较为多见。3处遗址所出陶器主要是敞口直壁筒形罐，基本为素面，少数陶片有乳丁、戳印、压划直线等简单纹饰。石、骨器与兴隆洼文化无大差别。报告执笔者暂将此类遗存称之为兴隆洼文化小河西类型。

内蒙古敖汉旗杜力营子遗址的调查获得赵宝沟文化和红山文化两种遗存。赵宝沟文化见于整个遗址，占地17万平方米，地表可见大体布列成32排的233处灰土圈（半地穴房址出露于地表的现象）。红山文化遗存分布于遗址西北隅，地表可辨圆角方形圜壕的迹象，壕宽1.2～2米，圜壕围绕的部分长、宽各约200米和140米，其内约有12排49处灰土圈。杜力营子是西拉木伦河以南目前所知最大的赵宝沟文化遗址，随文发表的近37厘米长的大型石耜，也从一个侧面说明此遗址的地位非同寻常。该遗址红山文化的年代大致相当于赤峰市西水泉和敖汉旗西台的同类遗存，而晚于赵宝沟文化（《内蒙古文物考古》2期）。

辽宁长海县小珠山遗址2006年和2008年重又发掘。所获遗存俱属新石器时代，被分为5期，各期陶器多为筒形罐。第一期陶器的质地以含滑石的夹砂陶为主，盛行之字形和席状压印纹，年代应在新乐文化和赵宝沟文化之时。第二期含滑石陶明显减少，压印纹也基本消失，转而流行刻划纹，当与后洼上层遗存接近。第三期陶器的陶质多含云母，纹饰仍以刻划纹为主，但纹饰所占面积减少，花纹式样却更繁多，并出现彩陶和鼎、鬶等大汶口文化因素，此期年代约当花厅期大汶口文化之时。第四期习见附加堆纹，附加堆纹和刻划纹共饰一器的现象尤为突出，文化面貌略近辽宁瓦房店市三堂一期遗存，年代亦应与之相近。第五期含云母的陶质已很少见，刻划纹和附加堆纹也都不多，占主要比重的是素面和施平行弦纹的陶器，同时，新出现了黑陶的钵、盆、豆等器类，此期伴有近似龙山文化的成分，故应处于龙山文化时期。此外，第一期遗存中有线索可再分早晚，与小珠山同处广鹿岛的柳条沟东山可能即是最早一段遗存的典型遗址（《考古》5期）。海城市小孤山洞穴遗址出有包括墓葬在内的新石器时代遗存，发表的陶片与小珠山第一期相近（《小孤山——辽宁海城史前洞穴遗址综合研究》，科学出版社）。

沈阳市炮师千松园发掘到偏堡子文化遗存（《沈阳考古文集》，科学出版社）。周向永披露了出自辽宁法库、康平两县的部分陶器，除明确为兴隆洼文化之属外，尚有与红山文化、偏堡子文化相似者（《沈阳考古文集》）。

有关论述 索秀芬、李少兵将目前了解到的兴隆洼文化遗址按占地面积分为大型、中型、小型、最小型这4种规模，大多数为小型和最小型，小型者最多，并对白音长汗、南台子等兴隆洼文化遗址的房屋功能、聚落人口和社会组织做了一定的探讨（《边疆考古研究》第八辑，科学出版社）。将上宅文化分为3期，认为其主要渊源是兴隆洼文化的东寨类型（《考古与文物》1期）。还通过对小河沿文化居址和墓地的分析，论述当时个体家庭已是最基础的社会单位，整个社会应步入父系氏族阶段（《内蒙古文物考古》1期）。张治强将河北迁西县西寨出土的遗存分为3期，认为一、二两期可称西寨类型，它的源头是以东寨遗址为代表的遗存，西寨三期则是赵宝沟文化最早的典型遗存（《北京历史文化论丛》第2辑）。索秀芬论述源于兴隆洼文化的赵宝沟文化在早期之时受到南面镇江营一期文化的影响，晚期受后岗一期文化和北辛文化的影响，赵宝沟文化的石耜来源于裴李岗文化（《新果集》）。

郭治中回顾红山文化的研究历程，并提出目前研究面临的主要问题（《内蒙古文物考古》1期）。韩建业论述晚期红山文化对外影响的三个层次，第一层次以陶器为主，玉器居次，仅波及邻近的内蒙古中南部至冀中一带，第二层次陶器和玉器并重，影响可至海岱地区，第三层次仅有玉器，远及江淮（《文物研究》第16辑）。

陈国庆论述小河沿文化最早一期的年代和红山文化晚期相重，其余各期则晚于红山文化

(《新果集》)。同时又认为小河沿文化的主要渊源是红山文化，并受到西面庙子沟文化、南面午方遗存和大汶口文化，以及西南面秦王寨文化的影响（《边疆考古研究》第八辑）。

张星德认为新乐文化属于辽西兴隆洼文化的一个分支，其后出现于下辽河地区的偏堡子文化主要源于辽东半岛小珠山下层文化（《边疆考古研究》第八辑）。陈俏蕾、常乐、张树范分别就沈阳市新乐遗址的木雕、新乐文化和偏堡子文化做了探讨（《沈阳考古文集》）。周阳生指出新乐遗址的木雕并非神器，而是束发的木簪（《中国历史文物》4期）。

张翠敏、王宇研究小珠山下层文化陶器的演变序列，提出该文化较早阶段的典型遗存是北吴屯下层，较晚阶段以后洼遗址下层和大岗遗址为代表。并公布了1999年海洋岛亮子沟遗址发掘所获部分陶片，以及20世纪60年代在獐子岛沙包子遗址采集的陶片。进而认为黄海诸岛的小珠山下层文化遗址有着从岸边向岛内腹地发展的统一规律，大陆方面黄海沿岸的遗址则呈现出由南向北年代渐晚的趋势（《东方考古》第6集）。

王立新等将吉林洮南县四海泡渔场的家属区采集的遗物分为两期，第一期以器表拍印麻点纹的砂质陶器为其特色，属双塔二期遗存，年代约当红山文化，第二期的年代不早于东汉（《边疆考古研究》第八辑）。

华南地区

《柳州白莲洞》（科学出版社）是对广西柳州市白莲洞遗址多年田野工作的总结性报告。该遗址包括旧石器时代晚期和新石器时代的遗存，约自该报告划分的第三期开始，就出现了经过一定磨制的环状石器（或称穿孔石器），第四期和第五期见有磨制石器和陶片，但陶片过于破碎，从纹饰看当不早于7000年前。作者还对柳州地区的112处遗址逐一做了介绍，并就白莲洞遗址乃至整个华南地区所反映的旧石器向新石器过渡的问题进行探讨，认为制陶术的产生和原始农耕的起源没有必然的联系，华南在史前时期就和日本列岛有过交往。

何安益等介绍了2007～2008年对广西崇左市冲塘、何村、江边3处遗址的发掘收获，将这些遗址所代表的遗存称为冲塘—何村类型，其主体成分与顶蛳山文化有着一定的联系（《中国历史文物》5期）。林强论述左江流域、红水河流域和浔江流域新石器时代文化遗存的特征及异同（《中国历史文物》5期）。

贵州贞丰县孔明坟遗址2007～2009年发掘出大量的石制品，并获墓葬和可能与居址有关的遗迹，墓葬流行二次葬，多见大块砾石压在尸骨之上的特殊现象。所出陶片不多，且很破碎。种种迹象显示该遗址和广西百色地区革新桥、都安北大岭等新石器时代遗址的面貌比较接近（《中国文物报》7月3日）。该县的鲁容村沙坝遗址2008年发掘出大量石制品，包括许多磨制石器，并有一定数量的陶片，发掘者推测此遗址的第6层可能属于新石器时代（《中国文物报》11月20日）。

东南沿海地区

《福建晋江流域考古调查与研究》（科学出版社）刊布了2005年泉州市考古调查的收获。作者在此次调查的基础上，提出闽台沿海地区的新石器时代应分别以壳丘头—富国墩、腊洲山、大帽山这3种从早到晚的文化遗存为代表。

焦天龙论述福建沿海地区新石器时代经济形态的演变，认为这里最早的新石器文化即壳丘头文化，它的产生和河姆渡文化的影响有关，但壳丘头文化农业经济的成分不明显，主营海洋捕捞业；到了5000～4300年前，北部和中部为昙石山文化，南部为大帽山文化，前者兼营稻作农业和海洋捕捞，后者仍主营捕捞和狩猎业，而无任何农业的成分；至4300～3700年前的黄瓜山文化，农业终于发展为主要经济，并出现大麦和小麦等新的作物（《福建文博》2009年增刊）。

综论

李伯谦认为灵宝西坡墓地不尚玉器的葬俗反映出缺乏宗教祭祀的精神，和红山文化、良渚文化形成明显的差异；故在5500～4500年前，虽然红山文化、良渚文化和仰韶文化都已步入古国阶段，但各自经历的道路不同，红山文化是以神权为主的古国，良渚文化是神、军、王权相结合而以神权为主的古国，仰韶文化则是军权和王权相结合而突出王权的古国；突显王权的国家一般不会无节制地将大量社会财富用于非生产性活动，能更自觉地把握社会可持续发展的方向，在这一基本点上显然要优于神权国家，因此，红山文化古国和良渚文化古国相继消亡，唯有突显王权的仰韶文化古国不断发展壮大，创建了成功的文明模式（《文物》3期）。

郭大顺将中国新石器时代3大文化区表述为：以彩陶、尖底瓶—鬲为特征，主营粟作的中原文化区，以鼎为特征，主营稻作的东南及南方文化区，以筒形罐为特征，主营采集渔猎的东北文化区；不同文化区的交汇促成文化重组，最终走向统一，这是文明起源的机制；作为中国早期国家的五帝时代应包括仰韶时代晚期和龙山时期（《纪念集》）。他在新著《红山文化考古记》（辽宁人民出版社）一书中总结了红山文化的重要研究成果，并重提红山文化是黄帝族的遗存之观点，认为五帝前期的重心在燕山南北，红山文化为其主要代表，五帝后期重心南移，作为陶唐氏遗存的陶寺文化为其主要代表。

乔梁论述了以后冈、西阴、红山这3处遗址早期遗存为标志的三大考古学文化的谱系源流；后冈文化和西阴文化是黄河流域东、西两大系统的强势文化，后冈文化在和黄河流域西部文化系统的接触中，导致了最终的退缩，遂向东北迁移，促成当地土著文化发生重组，生成新的红山文化；继后冈文化之后，西阴文化向东扩展，使得红山文化直接接触到黄河流域西部文化系统的先进成分，兼容了三大文化系统优势的红山文化自此发生剧变，迈出新的步伐；后冈、西阴和红山这3支文化的关联和变迁给予黄河流域及东北地区新石器时代考古学文化格局以重要影响（《鹿鸣集》）。

张宏彦考察黄河流域新石器时代的环境变化，认为农业发端于末次冰期的气候转暖之时，仰韶文化时期不断的升温造成了黄河流域文化的繁荣与扩展，而龙山时期的变冷又导致了周边文化的侵入（《考古与文物》4期）。还将中国新石器时代分为初期、早期、中期和晚期4个大的阶段，分别对应史前农业的萌芽期、确立期、发展期和兴盛期（《西部考古》第四辑）。韩建业提出，全新世黄土孕育了早期的农业，甚至早期中国稳定而内敛的性格之形成乃至于礼制的出现，都和这一相对封闭的地理单元覆盖着的全新世黄土所支持着的稳定性农业社会有关（《中国文物报》4月24日）。

徐基从城壕、军战、冶金、文字、等级和礼制、手工业方面论证中华文明在5000年前就已形成（《东方考古》第6集）。

卜工的《历史选择中国模式》（科学出版社）是继《文明起源的中国模式》一书之后又一部研究中国古代礼制的论著，重点探讨中国礼制产生的原因。作者将周礼以前的时期称为古礼时代，其社会组织的基本细胞是家族而非氏族，这一点从半坡文化的横阵、元君庙和王家阴洼等墓地均可看出。家族组织不同于靠血缘关系维系的氏族，而需通过外力协调与平衡，以求统一行动，稳固发展，于是，追求和谐的礼制应运而生，它是家族组织发展所致，也是中国智慧的集中体现；一处墓地和村落反映的往往是家族联盟这样的组织，如姜寨村落就是5个家族的联盟体，甚至如花厅墓地所示，不同考古学文化的家族集团在礼制的规约下，能够结盟共处于同一村落，多层次的家族联盟成为中国古代特殊的政治制度之核心；考古揭示的礼制表现诸如以随葬器物多寡和陶器组合之多寡显示不同等级、以特殊器物或其部位之排列的长短标志不同的身份；古礼的产生以及日后礼制的发展，为中国这个多民族国家的大家庭奠定了基础。

朱乃诚新著《中华龙：起源与形成》（三联书店）提出河南濮阳县西水坡遗址的龙形蚌塑，可视作尚无贫富分化而崇尚个人威信的早期社会龙的意识的起源阶段；良渚文化玉器和陶器上的龙形遗存可能代表了龙之意识的起源到形成的过渡阶段；山西陶寺遗址的蟠龙纹彩绘陶盘则标志着龙之意识的最终形成；以往所说的辽西地区和长江中游史前时期的龙形遗存除个别年代偏晚外，大多数实际上只是虎等其他动物的神灵；所以，中华龙的意识应起源于6000年前的中原地区，在发展过程中受到长江流域的龙之观念的影响，最终在距今4400～4100年前作为陶寺古国王室文化的有机组成部分而形成于中原核心地带。

钱耀鹏认为，新石器革命的内容应包含人类以生存资源开发为目的，以建筑资源及技术开发为途径的居住革命，居住革命最终导致了农业革命的发生（《西部考古》第四辑）。还讨论了考古学遗存反映的族群问题，重点探讨了单体聚落与氏族或胞族及部落的对应、聚落群与部族的对应、聚落群联合体与民族的对应等议题（《鹿鸣集》）。并在关于中国古代斧钺制度的研究中排定了新石器时代的石斧和钺的演变序列，就其定名和功用发表了看法（《考古学报》1期）。

专题研究

农业考古　《东方考古》第6集发表了一系列有关山东的农业考古文章。靳桂云等分析胶州市西庵和莒县陵阳河、大朱家村等14处遗址的植物遗存和植硅体测试结果，认为大汶口文化晚期莒县一带仍以稻作为主要的农业生产方式，进入龙山文化时期，稻、粟混作虽然非常明显，但水稻仍应是主要的农作物。这个推论和陈雪香等人依凭对日照市及胶南一带遗址的浮选结果而得出的认识很是相近。但鲁西北的情况应有不同，靳桂云等根据在平县教场铺、尚庄、台子高等龙山文化遗址的植物考古调查，发现那里的农作物遗存主要是粟和黍，而水稻、大豆和小麦数量很少。靳桂云通过对诸城市薛家庄遗址炭化植物遗存的分析，提出从后李文化到龙山文化，先民采集植物的数量呈现为逐渐减少的趋势，说明人们对野生可食植物的利用率在不断降低；龙山文化的采集植物主要是野葡萄、枣和栎果。靳桂云等还对辽东半岛南部的几处遗址进行了植硅体分析，认为辽东半岛南部在相当于大汶口文化晚期时虽然已有农业，但不是稻作，只有到了龙山文化时期，稻作技术才从山东半岛传至辽东半岛。

傅稻镰（Fuller Dorian）等近来对中国水稻驯化的研究提出不同意见，认为栽培稻于公元前4000年前起源于长江下游一带（参见《农业考古》4期）。刘莉等人则对其观点展开讨论，提出商榷（见《中国考古学年鉴（2008）》“新石器时代”）。本年度双方各在《南方文物》3期继续发表文章进行讨论。同期刊出的有关稻作起源的文章还有以下3篇：吕烈丹就如何鉴定野生稻和栽培稻的问题，提出需要全面考虑植物演化、时空差距、生态多样性和物种基因交流等因素，特别强调即使在遗址中发现栽培稻，也未必能够确证该地当时已经实行水稻栽培。赵志军简述近年稻作起源研究的新进展。张弛、洪晓纯认为，中国西南和华南地区的稻作不是原生的，长江下游一带在5000年前将稻作传至华南，西南地区的稻作则是在4500年前由长江中、上游传播所致。

《湖南考古辑刊》第8集刊出有关农业考古的文章。赵志军论述长江流域稻作起源的发展过程。他和顾海滨还论述了稻谷遗存的鉴定方法。顾海滨著文说明如何判别水稻硅植体的籼、粳稻属性。袁靖研究了动物考古学与区系类型的关系。

笪浩波根据湖南玉蟾岩、江西仙人洞、浙江上山等地有关栽培稻的发现，论述中国稻作起源于长江中游偏南的武夷山—南岭一线以北的生态脆弱带（《江汉考古》1期）。张居中等通过样品分析，强调贾湖遗址的栽培稻与八十垱遗址的栽培稻分属两个稻作系统，不可能存在继承关系，故贾湖所在的淮河流域是和长江流域并列发展的稻作起源地之一（《农业考古》4期）。

袁靖综论中国新石器时代各阶段以猪随葬和祭祀的现象，指出猪在整个新石器时代既是肉食资源的主要部分，也是最重要的祭祀用牲（《纪念集》）。罗运兵认为以目前所掌握的资料而论，关中地区的家羊最早不过客省庄二期文化（《考古与文物》5期）。并根据江苏高邮县龙虬庄所出动、植物遗存，提出该遗址的稻作生产从早到晚逐步发展，而养猪这项生业却呈现出逆转的态势；究其原因，可能是最初开发农业时对环境造成一定影响，而不得不依靠饲养业来提供肉食，而稻作发展趋于稳定后，当地植被恢复，动、植物资源重又变得丰富起来，人们通过传统的渔猎生业即可维持副食需求量，故而饲养业地位下降，狩猎在经济生活中反倒增加了比重；龙虬庄最早的先民也许来自贾湖一带的淮河流域，那里很早就有养猪业，故龙虬庄早期的养猪业或正是淮河文化后续的表现（《东南文化》6期）。何锟宇等根据四川茂县营盘山遗址所出动物骨骼，讨论了计算肉量的两种方法（《考古与文物》5期）。

玉器　杨晶根据大汶口文化玉石钺的骨（角）牙质镦的位置，推测其木柄长度在40～50厘米以上；论定不同形制玉石钺和不同形态的骨牙镦之间的配伍关系；并指出具有这种柄饰的玉石钺应是军事和行政之权力的标志物；大汶口文化早、中期这类权标主要见于鲁中南泗水流域一带，晚期波及鲁东南的沭河流域，这和栾丰实所论大汶口文化从早到晚的地域性发展状况正相吻合（《新果集》）。梁中合认为从大汶口文化到龙山文化玉器的制作水平和艺术性都有提高，礼仪用器也更为丰富，但从总体上说，黄河下游史前玉器始终未能达到良渚文化和红山文化的发展水平（《新果集》）。

杨晶排定苏皖平原地区新石器时代玉璜的年代，将这些玉璜分为半环、半璧、折角（倒桥）3个类型，半环形在7000年前即已出现，折角形稍晚，半璧形仅见于5500～5000年前；玉璜的演化表现为造型益趋复杂，半环形璜的体积逐渐变大；这些玉璜虽然都被用作项饰，但最初只有单璜，约自6000年前起，富裕者中始见双璜或三璜之例，及至距今5500年前后，尊贵者阶层中已然出现10余件璜组合的玉饰，此类玉饰不仅饰于项间，甚至垂及胸腹；苏皖平原地区的玉璜不仅开启了中国古代组璜玉佩的先河，而且对史前时期的宁绍平原和长江中游都造成过一定的影响（《玉文化论丛2》，文物出版社和众志美术出版社）。

张敬国对安徽含山县凌家滩2007年所获07M23这座墓随葬

的玉猪、玉龟、玉签等玉器又做了介绍（《玉文化论丛 2》）。朱延平分析出自凌家滩 87M4 的玉版所饰图形，认为其中的八角星纹和叶脉纹可能源于当地相当于马家浜文化时期的遗存，如安徽蚌埠市双墩遗址所出陶器之刻符就见有类似的纹样《玉文化论丛 3》，文物出版社和众志美术出版社）。

田名利将宁镇地区的新石器文化划归为距今 7000～6400 年前的丁沙地文化、6400～5700 年前的北阴阳营文化、5700～5300 年前的昝庙一期和 5300～4300 年前的昝庙二期这 4 个阶段的文化遗存，认为第一阶段玉器尚少，第二阶段的玉器规模可观，也最富特色，第三阶段以后趋于衰落，本地特色不复再现（《玉文化论丛 2》）。

高蒙河指出，中国东南地区新石器时代玉器中所见祭坛状图像和古希腊克里特岛的米诺斯文明中的祭器（金银双刃斧的底座）十分相像，而良渚文化中常见的玉鸟、玉钺等玉器又和克里特岛米诺斯王 Hagicc Triada 石棺壁画中的鸟、双刃斧、柱、台有所近似，故良渚文化玉器中的此类图像以及好川墓地中的坛状玉片均为祭坛的象征物，可将良渚文化玉器刻有鸟和祭坛的图像称之为“鸟坛图”《玉文化论丛 3》。王华杰、左骏则通过江苏少卿山 M9 玉璧残片的刻符，对与立鸟相关的问题做了一定的推测（《东南文化》5 期）。方向明梳理了良渚文化玉器的图像和刻纹，提出良渚文化较早阶段的玉器曾流行“龙首纹”这一主题图像，和以往熟知的神人兽面纹不属一类，此两类图像均有从繁到简的演变趋势（《浙江省文物考古研究所学刊》第 9 辑）。并通过详细分析，看出时人在某种固定理念的支配下，对兽面纹的处理往往使眼部尽可能地得到突出的表现（《玉文化论丛 2》）。还对良渚文化玉琮的节和切割等问题做了探讨（《中国文物报》1 月 16 日）。林继来认为河姆渡文化象牙雕和骨雕刻纹中的鸟身或两翼含有神兽之眼，至良渚文化时期这种神眼在玉器上表现得更加繁复而深刻，时而可见鸟翼与兽眼互为标志的“二元互换”之现象，如良渚文化玉器中常见的兽面纹实际上亦可看作是展翅之飞鸟。至于为何推崇鸟类，则应与其特有的飞翔、敏视等超凡能力有关（《玉文化论丛 2》）。

廖泱修对内蒙古敖汉旗大甸子夏家店下层文化墓地出土的有图文著录的 49 件玉器详加分析，认为其中有 16 件原属前期先民的遗存，包括兴隆洼文化的 7 件、红山文化的 8 件和龙山文化

(指山东龙山文化)的1件。而兴隆洼文化和红山文化的这几件玉器，很可能是夏家店下层文化时期当地居民从事农作等活动时偶然发现古墓从而收藏的先民遗物。此外，尚有来自同时期其他文化的玉器，其中，有石家河文化的玉头饰、二里头文化和齐家文化的玉斧，这些玉器自然反映了夏家店下层文化和西、南两方面文化的交流，石家河文化的这些玉饰甚至可能与三苗北徙的历史有关。而真正属于夏家店下层文化自身的玉器只有13件，俱为璧、环、珠、玦、坠类小型玉器。另有12件玉器尚难确认文化属性，但亦可推测，其中还可能包括源自石家河文化、二里头文化或齐家文化的玉器，同时，也不排除有与内蒙古中南部、黑龙江、长江下游等地史前玉器相关的成分(《玉文化论丛2》)。

林继来、马金花认为山西曲沃县羊舌村晋侯墓M1所出玉神面，应是在石家河文化之时由江汉平原北传而来的(《考古与文物》2期)。

陈启贤对灵宝西坡遗址玉器的切割、钻孔、锉磨、抛磨等工艺进行研究，同时也分析了这批玉器的材质，通过器表存留的柔性线状切割痕，推测西坡玉器的工艺体系较近于华东和江淮，而与红山文化的关系较远。西坡和陕西南郑县龙岗寺、山西芮城县清凉寺的玉器，均以玉钺为特色，它们构成了中原地区“唯玉钺为葬”的玉文化(《玉文化论丛2》)。

闻广、荆志淳重点介绍了鉴定江苏吴县草鞋山玉器的过程和方法，指出该遗址的崧泽文化和良渚文化墓葬所出玉器大多属于被称为软玉的真玉，这些真玉的原料大约取自附近，如溧阳小梅岭即是软玉的产地。草鞋山玉器的鉴定结果，说明贵者配真玉的古礼至少在崧泽文化之时就已经形成了(《玉文化论丛2》)。闻广还分析了大地湾遗址各期玉器的等离子光谱和稳定同位素鉴定结果，认为其主体成分应是镁质大理岩类型之软玉，此类玉矿就目前所知，尚不见于今之甘肃省境《玉文化论丛3》。

其他 李新伟通过域外以往的考古发现，并参考民族学资料，推定国内新石器时代具有U形凹槽的部分砥磨类石器很可能是箭杆整直器(arrow shaft straightener)，其功用为通过加热后将箭杆置入槽内往复摩擦使其端直；此类石器在国内主要分布于北方，公元前2000年以后基本不见；历史时期直至近代用于矫直箭杆的“箭端”或与此类石器有一定的渊源关系(《考古》6期)。朱延平分析中国境内早期的马镳和马骨的分布态势，认为蓄养家马至迟在龙山时期已遍布黄河流域及其以北的广大地区（《新果集》）。

幸晓峰等人对青海民和县喇家遗址等地所出齐家文化玉璧、玉环、玉管和石磬进行了声学测量，提出喇家遗址的墓葬中成对的玉璧、玉环、玉管都各自构成比较规范的音程关系；经切割边角的玉璧可能具有提升音高的作用；有的玉璧一侧厚另侧薄，薄的一侧或许用来调音，甚或用于敲击；喇家的玉璧从材质到形制，乃至在音区方面都和四川的金沙、三星堆遗址所出玉璧比较近似，而同属齐家文化的甘肃武威市皇娘娘台所出玉璧的音乐性能则相似于前述陕西东龙山遗址龙山时期的玉璧（《考古》3期）。

费玲伢致力于中国新石器时代陶鼓的编年、归类和分区的研究，认为陶鼓主要流行于辽河流域的红山文化、黄河中游的仰韶文化、黄河上游的马家窑文化、长江中游的屈家岭文化和淮河流域的大汶口文化；以淮河流域出现得最早，北辛文化已有陶鼓，大汶口文化时期进入鼎盛阶段，是中国史前陶鼓充分发展的地区；至龙山时期各地的陶鼓趋于衰退，而逐渐被木鼓所取代（《考古学报》3期）。

马金花认为史前时期陶塑、石雕、玉雕的女性人像基本上属于北方草原文化生殖崇拜的产物（《内蒙古文物考古》2期）。

武家璧论述我国新石器时代晚期存在迎日、送日之类的祭祀活动，并发明观象授时和制定了历法（《文物研究》第16辑）。

王建华通过分析发表的有关数据，认为在新石器时代，黄河流域各地人口的平均死亡年龄显示为愈益提早，男性的身高则逐渐降低，且患龋乃至患病率也在不断增高，这一切均说明健康状况整体趋向恶化（《考古》5期）。

许永杰就考古文献中一些概念的表述提出见解，认为“典型剖面”要反映遗址的层位堆积全貌，要能够说明遗址的遗存顺序，要争取更多交代层位关系，要表现地层堆积和遗迹堆积的关系，可增加平面图的辅助手段；诸如上层、中层、下层遗存的表述存在着明显的弊端，可置换为一期、二期、三期遗存这样的称谓；考古发掘遇到的层位堆积中，除叠压、打破外，尚有“平列”这一地层关系，对处于平列关系的不同单位，需据类型学等手段进行细致研究方可断其年代（《江汉考古》2期）。

夏商周时期考古

王立新 陈小三

2009年夏商周时期考古成果丰硕，发表的简报、报告和论文有400余篇，出版考古发掘报告、论文集和专著近20种。召开了“凤鸣岐山——周文化国际学术研讨会”、“山西·曲沃曲村——天马遗址发掘三十周年晋文化论坛”、“纪念王懿荣发现甲骨文110周年暨甲骨文国际学术研讨会”、“首届先商文化学术研讨会”、“鄂尔多斯青铜器学术研讨会”、“吴文化国际学术研讨会”等会议。

一 夏 代

本年度关于夏文化的探索仍是三代考古的热点课题。

新密新砦遗址被认为是探索早期夏都与夏文化的关键性遗址。2002年通过对该遗址东城墙的解剖，了解到遗址外围原有自然壕沟，龙山时代晚期将自然沟填平修建了城墙，并在其外侧拓建护城河，至新砦期早段又对龙山时代晚期的城墙进行了修整，从而揭示了该遗址防御设施的变化过程。至于新砦遗址发现的大型浅穴遗迹，发掘者认为可能是文献中所称的“墠”或“坎”，与祭祀活动有关（《考古》2期）。

赵春青对新砦遗址的聚落考古工作进行了总结，认为文化的分期是聚落考古的基础，并重点介绍了探索聚落布局的步骤和方法（《考古》2期）。陈旭强调二里头文化与河南龙山文化是两种不同性质的考古学文化，后者尚未进入文明时代，不是夏文化。“新砦期”当属于二里头文化一期偏早阶段。将二里头文化的发展、影响与夏王朝早期历史结合起来看，二里头文化一期才是早期夏文化，王湾三期文化晚期应属于先夏文化（《中国历史文物》1期）。方燕明对登封王城岗、禹州瓦店、新密古城寨和新砦这4座“夏代前期”城址的年代、性质及相互关系进行了探讨（《新果集——庆祝林沄先生七十华诞论文集》，科学出版社。以下简称《新果集》）。

关于二里头文化的研究涉及该文化的内涵、年代、分布、来源及其与夏文化的关系等多个方面。李维明指出，二里头遗址二里头文化一期遗存以超大面积和具有礼仪性质的文化因素标识着其独尊的地位，其主要的文化因素均可在河南龙山文化中找到，表明二里头文化一期遗存形成之前经历了一个相当长的因素积淀期。目前依据^{14}C测年拟合的二里头文化一期的年代范围，尚非定论（《中国历史文物》1期）。袁广阔总结了二里头文化遗址的分布规律，指出二里头文化存在小型聚落环绕大型聚落分布的现象（《华夏考古》2期）。韩建业认为二里头文化束颈圆腹花边罐的流行以及青铜冶铸技术的发展都应当归因于齐家文化东渐所带来的影响；齐家文化的东渐与距今4000年左右的气候干冷事件有关（《中国历史文物》1期）。徐燕对豫南地区二里头文化时期遗存进行了分期、分区研究，讨论了该区遗存与二里头文化的交流以及发生联系的路线（《华夏考古》2期）。段天璟以中条山南北和江汉平原在二里头文化时期的文化变迁为例，论述了二里头文化形成之后对周邻地区考古学文化的影响（《新果集》）。张忠培认为二里头文化是夏文化，东下冯类型是由三里桥文化发展而来的一支独立的考古学文化。二里冈H9∶36陶鬲存在的年代横跨先商晚期和早商早期。二里头文化之前仍有一些位于夏纪年之内的考古学遗存，新砦二期、花地嘴遗存均难以认作二里头文化的前身，二里头文化的前身尚待寻找（《中国历史文物》1期）。德留大辅等利用光谱测色计对二里头遗址部分陶器的色调进行了分析，发现陶器上所显现出的不同色调并非受限于陶器制作技术本身，而是在制作过程中按照人们的需要人为烧制而成的。同时，陶器色调也存在历时性的和器类方面的差异，这或许与社会风尚的变化或不同阶层的需求有关（《三代考古》三）。许宏《最早的中国》（科学出版社）一书，结合二里头遗址的相关考古发现，深入浅出地讨论了二里头文化在中原地区的崛起及其意义。

本年度仅河北磁县南城遗址有关于先商文化遗存的简要报道（《中国文物报》2月25日）。相关论述则涉及先商文化的多个方面。李伯谦回顾了先商文化的研究历程，指出先商文化的概念界定、分布、类型、分期、社会发展阶段以及与周邻文化的关系等问题仍是目前研究的重点（《南方文物》4期）。李维明指出鹤壁刘庄先商文化墓地的陶器特征接近先商文化辉卫型，该墓地至少包括两个族群，时代跨度约与二里头文化三、四期相当（《东方考古》6集）。魏继印提出先商文化的主要来源当为晋中地区的龙山文化，认为这应与上甲微借师河伯伐有易氏有关（《中原文物》6期）。常怀颖认为二里头四期之前豫北地区的文化面貌接近二里头文化，与下七垣文化差异较大。四期以后商人南下，豫北地区的文化面貌始与下七垣文化漳河型接近，而与二里头文化差异增大。到二里冈文化时期，这里成为二里冈文化的分布范围（《中国历史文物》6期）。

本年度还有关于山西夏县辕村遗址二里头文化时期遗存（《考古》11期）、山东济南彭家庄遗址岳石文化遗存（《中国文物报》4月1日）、内蒙古赤峰二道井子夏家店下层文化聚落（《中国文物报》12月25日）、甘肃临潭磨沟齐家文化墓地（《考古》7期、《文物》10期）和上海市金山区招贤浜遗址马桥文化早期遗存（《南方文物》2期）等新发现的简要报道。

齐家文化仍是西北地区青铜时代考古研究的一个重点。钱耀鹏等对磨沟齐家文化墓地的多人多次合葬现象进行了研究，探讨了合葬墓多次埋葬的过程与特点（《文物》10期）。幸晓峰等对喇家、宗日等遗址出土的部分齐家文化玉石璧、环、管、磬进行了音乐声学检测。测试结果表明，成对出土的玉璧、玉管等具有明显的音乐声学性能（《考古》3期）。针对此前有学者对喇家遗址废弃原因的质疑，张小虎等重申喇家遗址是由于遭遇地震，之后又继发大洪水才被彻底掩埋起来的（《考古与文物》1期）。

青铜时代早期中原与北方地区的文化互动研究受到重视。邓聪认为夏家店下层文化的五角刃沿玉石器及玉石圭应是受到二里头文化的影响而产生的。王立新指出夏家店下层文化同样经历了一个非龙山化的进程，主要表现为陶器纹饰中篮纹、弦断篮纹和方格纹逐渐减少，绳纹比重越来越高。夏家店下层文化密集施钻的卜骨，在夏代晚期或夏商之际向西、向南传播，继而触发了商文化对卜骨的革新（《三代考古》三）。

此外，李水城将天山北路墓地一期遗存划分为三组不同的器物群，认为其中第一组和河西走廊分布的“过渡类型”陶器群相近；第二组的贯耳彩陶罐的源头可能在新疆北部的阿勒泰或俄罗斯的南西伯利亚一带；第三组器物则与四坝文化的陶器群相似（《俞伟超先生纪念文集·学术卷》，文物出版社。下文简称

《纪俞集》)。张天恩对关中东部的夏代遗存进行了综合研究，认为这类遗存的文化面貌和客省庄二期文化差异很大，年代又比客省庄二期文化要晚，建议将这类遗存统一命名为“东龙山文化”，之下再划分“东龙山类型”和“老牛坡类型”。认为这类遗存的出现明显是受到齐家文化的影响，而二里头文化中出现的花边罐应该是受到东龙山文化影响的产物(《中国历史文物》1期)。马明志认为，河套地区以朱开沟遗址一至四段墓葬及白敖包墓地等为代表的遗存，年代相当于龙山时代末期至夏纪年阶段。从文化内涵上看，应该是齐家文化向东发展的结果(《文博》5期)。唐淼等将分布在下辽河流域的高台山文化分为两期三段，认为“平安堡二期”遗存属于高台山文化早期，高台山文化中夹砂红褐陶的甗、罐等器类应是受到岳石文化的影响而产生的(《边疆考古研究》7辑)。

二 商 代

商前期考古中，本年度郑州商城与偃师商城均有相关发现的报道。郑州老坟岗遗址的发掘发现有商代文化层、灰坑和一段郑州商城的外夯土墙基(《中原文物》4期)。2007~2008年偃师商城西二城门、西一城门外等地点的发掘表明，西二城门存在上下两层城门遗迹，1983年发掘的只是其上层遗迹，而钻探确认的柱础石则是下层墙基内的础石。西一城门外护城河发现有商代早期的桥梁遗迹，护城河西侧还发现有新的石砌水道遗迹。新发现的水道和护城河东侧的水道在同一条直线上，且宽度、形制完全一致。从出土陶片来看，时代也相同，说明护城河两岸的水道可能是同时修建的。这项发现使得对宫城池苑的水源地有了新的认识(《2008中国重要考古发现》)。

以往发现的诸早商时期城址及洹北商城的性质仍是讨论的重点。李维明指出，郑州以往曾出土大量东周陶文“亳”，与当地出土商代有“乇”字的刻辞以及《续汉书》所记荥阳薄亭相联系，可以联成“乇—亳—薄”地名传承链，说明今郑州市区在商至汉代确应属于亳地。郑州市内发现的东周城址因曾属郑地又有成批“亳”字伴出，应即《左氏春秋经》襄公十一年及杜预注所记郑地之亳城(《中原文物》6)。松丸道雄认为偃师商城可能是伊尹的居城，是为监视夏遗民而设，并推测其中的四号基址可能是伊尹墓(《三代考古》三)。曹慧奇利用偃师商城历年来发掘和钻探积累的商代地层剖面，结合具有统一坐标的现代大地坐标图，对以往发掘的探方层位进行绝对高差的复原，在此基础上讨论了商代初期该地的地貌与偃师商城布局之间的关系（《三代考古》三）。胡洪琼（《殷都学刊》3 期）、孟宪武、谢世平（《中原文物》4 期）、李民（《纪念王懿荣发现甲骨文110 周年国际学术研讨会论文集》，社会科学文献出版社。下文简称《纪甲集》）等撰文论证洹北商城应为“盘庚迁殷”之所在，而与河亶甲所居之相无关。

孙华、王立新均对早商都城与周边城邑的关系提出了新的看法。孙华从城垣与宫室建筑反映的方位观念、大型宫室建筑群反映的建筑制度、墓葬现象反映的埋葬习俗三个方面的分析比较，进一步论定二里冈文化是商文化，在此基础上讨论了二里冈时期都城与周边城邑的族属与政治关系，认为周边城邑应是商王朝直接控制的地方政权的城邑而非间接控制的诸侯国的城邑。这些由商人直接控制的城邑，构成了商王朝直接统治区的基本据点（《多维视域——商王朝与中国早期文明研究》，科学出版社。以下简称《多维视域》）。王立新认为早商文化的周边城邑目前只发现有官署类或仓储类建筑，而未见都城所特有的宗庙及池苑类建筑，整体规模也与都城相差悬殊。而两类城址在建筑技术、布局规划、文化面貌以及葬俗等方面却高度一致，且洹北商城以外其他城址的废弃时间也大体相当。因此，类似垣曲商城和盘龙城商城这样的周边城邑很可能是商王朝在强盛之时于边疆地区或交通要塞上建立的“直辖邑”（《新果集》）。

此外，何毓灵等建议将原来归属殷墟一期早段的“三家庄期”遗存并入洹北花园庄期（《三代考古》三）。

殷墟的发现与研究仍是晚商考古的重点。2004 ~ 2005 年安阳队在小屯宫殿宗庙区范围内进行了重点勘探，并在甲组基址西南侧、乙组基址西北侧进行了小面积发掘。钻探发现，在甲组和乙组基址的西侧有一处面积不少于4.5 万平方米的大黄土坑，可能是一处池苑遗址。本次勘探在大黄土坑的东、东南和南部区域新发现近百座规模不等的夯土建筑基址，初步辨识出乙组建筑中存在四合院式的建筑群，在很大程度上改变了以往对小屯宫殿宗庙区总体建筑布局的认识。本次勘探还在甲五基址西北部发现了玉料坑，为甲组建筑基址性质的判断提供了新的资料（《考古学报》2 期）。此外，2008 年殷墟刘家庄北地发掘清理出的多条带车辙的道路（《考古》7期）、2003年安阳队在小屯西地（安阳工作站院内）发掘的1座带南北两条墓道的大墓（《考古》9期）、2007年殷墟范家庄发掘的2座晚商时期墓葬（《考古》9期）、1989～1990年安阳队在孝民屯东南地发掘的130多座商代晚期墓葬（《考古》9期）等均属较为重要的考古发现，为深入探索殷墟的都邑布局、族邑与墓地分布及祭祀礼仪活动等提供了重要资料。

殷墟以外的中原地区，荥阳西司马（《中原文物》3期）和关帝庙遗址的发掘（《华夏考古》3期）有简要报道。

中原以外地区，陕西淳化枣树沟脑遗址发现有先周时期遗存（《中国文物报》4月10日）。其中的F14发现有可复原陶器58件，器类以小口罐、鬲、甗和三足瓮为主。发掘者认为该建筑可能是一间先周时期的陶器储藏室，附近应有陶器作坊（《考古与文物》2期）。

对晚商中心区尤其是殷墟出土遗存的研究，一直是商代考古的重心所在。杜金鹏近年着力于建筑基址研究。他认为甲骨文中的宫、雍、丁是与商王宫庙有关的建筑的象形，结合殷墟宫殿区所见建筑基址的特点，提出“宫”应是指由高大的房屋组成的四合院式建筑（《纪甲集》）。殷墟宫殿区的乙二十基址实际上是一个四合院式宫殿建筑的主殿，乙十八是其西厢建筑，乙十九为其耳庑。乙十六则是乙十一组宫殿与乙二十组宫殿之间的连接建筑和横向通道。此组建筑是现知殷墟宫殿区中路建筑中地处最南端且建成最晚的宫殿建筑，应该属于商王举行重要国事活动的礼仪场所（《三代考古》三）。还提出乙二十一基址应属于以乙十一基址为主殿的建筑群。至于该建筑的功能，则基本赞成石璋如先生的观点，认为其应属具有瞭望性质的建筑（《考古》11期）。2003～2004年殷墟孝民屯遗址的发掘发现了分布较为集中的半地穴式建筑群。何毓灵认为这种半地穴式建筑已非晚商国都地区的主要建筑形式，结合所见生活遗迹与出土遗物的特点分析，其主人最大可能是来自于西北方或西方的不同族群（《华夏考古》2期）。

在出土遗物研究方面，陈志达重申了妇好墓中有源自新疆的和田玉的观点，对近年出现的殷墟玉料来源尚不确定的意见作了回应（《考古》3期）。陈芳妹归纳了黄金、大理石、象牙制品及多质材器具与磬、铙等乐器在西北冈大墓中使用的普遍性及工艺特点，以此凸显商王室手工业可能拥有的工艺水平与阶层特征（《多维视域》）。岳洪彬等对孝民屯遗址发现的一件大型铸范的底部范芯座进行了研究，探讨了该铸范的制造工艺和所浇注的器形。认为该铸范可能是浇注大型铜盘的，并结合甲骨文的相关记述，讨论了大型铜盘的用途及盥洗礼仪（《考古》6 期）。James Stoltman 等人选取殷墟和洹北商城出土的 58 件陶器标本及 3 例当地土壤标本进行了岩相学分析。研究表明，商代工匠至少使用了本地 3 种不同的沉积物作陶土，另外可能还有外来的陶土；利用本地陶土制作陶器时，根据不同器类的性能要求，使用了 3 种基本的制陶技术，从而初步揭示出殷墟与洹北商城陶器生产的复杂性和多样性（《多维视域》）。谷飞认为中国马车的产生和发展既有自身技术的积累，又有西方先进技术的推动，二者共同促成了晚商马车的辉煌（《三代考古》三）。此外，岳洪彬等将殷墟发现的镞与甲骨金文中所见的“射”字进行了比较研究。考察了各种镞的不同功能，指出殷商时期已经存在弋射活动（《文物》8 期）。

周邻地区晚商时期文化的研究也进展迅速。在先周文化探索方面，种建荣等将岐山孔头沟遗址出土商末周初时期遗存分为两期三段，认为三段遗存在内涵上一脉相承，族属相同，应是一支在灭商之前就在周原地区居住的非姬姓周人（《考古与文物》3 期）。雷兴山对周原遗址出土的带有“周”字刻纹的陶器进行了整理，明确了部分刻有“周”字的陶器属于先周时期。由“周”字作为地名和作为国名或族名两种含义为前提，分别探讨了“周”字陶文对判明“周”地所在和辨识先周文化所应具有的启示作用（《纪俞集》）。

在晋陕高原晚商遗存的研究方面，研究人员认为甘泉阎家沟新发现的青铜器应属李家崖文化范畴，其组合具有明显的重食倾向，与晋陕高原其他地区已知的青铜器组合有一定区别；这种重视食器的倾向可能是受到了先周文化的影响（《考古与文物》1 期）。王京燕认为高红遗址出土的晚商遗存比李家崖文化的器类更为丰富，该类遗存在建筑技术上也与李家崖文化存在明显差异，建议暂将此类遗存称为李家崖文化“高红遗存”（《而立集——庆祝山西大学考古专业成立 30 周年纪念文集》，科学出版社。以下简称《而立集》）。田建文根据灵石旌介 3 座商代墓葬存在三棺或两棺一椁、男女合葬等不同于殷墟贵族墓的现象，认为墓主人应是没有彻底被商文化同化，或在葬俗方面有自己特色的当地贵族（《中原文物》1期）。马明志对西岔文化的内涵进行了分析，梳理了该文化与朱开沟文化、李家崖文化以及杏花村墓地遗存之间的关系（《考古与文物》5期）。

在海岱地区晚商文化的研究方面，郭妍利通过苏埠屯墓地出土器物和殷墟所见同类器物的比较，认为该墓地出土遗存在文化性质上属于商文化范畴，结合商文化在青州地区的分布以及交通地理等因素，可将该墓地视为商王派往该地的高级官员及其附属人员的专用墓地，年代相当于殷墟三、四期（《三代考古》三）。庞小霞等指出晚商时期商文化进入海岱地区至少经由两条通道，其一由古黄河、古济水、古泗水入海岱，进而连通至江淮中下游地区，可称为水路。另一通道大体是商末征人方的路线。两条通道的主要功用很可能是为了控制鲁北的海盐及保障长江下游地区铜锡原料的北运（《中原文物》5期）。

在南方地区晚商时期遗存的研究方面，付罗文指出重庆中坝遗址所发现卜骨的钻凿形态与殷墟卜骨的特点颇为一致，认为这可能是贞人在传播占卜方法过程中起到了重要的作用（《多维视域》）。向桃初从铜器的分群及年代等方面比较了宁乡铜器群与新干铜器群，认为两群青铜器不存在源流或继承关系（《江汉考古》1期）。

嫩江中下游地区近年新辨识出一种年代相当于晚商时期的遗存。赵宾福称其为古城类型，对该类遗存的特征、年代、分布及其与小拉哈文化和白金宝文化的关系进行了探讨（《新果集》）。朱永刚则认为白金宝遗址第二期遗存是此类遗存的代表，其文化面貌不同于以往命名的任何一种考古学文化，且有一定的时空分布，因此可将其命名为白金宝二期文化（《北方文物》1期）。

此外，还有一些研究涉及的商代遗存在年代上跨商前期与晚商时期。唐际根等将新干中棱水库铜器群、牛城遗址与新干大墓和吴城遗址进行了通盘考虑，认为牛城遗址和吴城遗址的关系并不是以往认为的“一兴一废”，从陶器的时代来看，二者是并存发展的。而且商时期赣江流域的文化结构要比原先设想的更为复杂（《三代考古》三）。朴载福将周梁玉桥遗址发现的甲骨与洹北商城、藁城台西两遗址发现的甲骨对比之后，认为其作风是受到了洹北商城甲骨制作风格的影响（《江汉考古》3期）。宋江宁认为从商文化京当型到郑家坡遗址早期基本是一个连续发展的过程。经历了商文化因素由多变少，郑家坡因素由少渐多的过程。郑家坡遗址早期遗存中几乎没有商式器说明郑家坡类遗存已经独立起来，而此时商文化至少已经退出周原和漆水河流域（《三代考古》三）。

三 西 周

本年度报道西周考古的重要发现不少，发表的研究论文也很多，对周公庙、周原及晋南地区西周时期封国考古发现的讨论比较热烈。

岐山周公庙遗址2008年发掘的折树棱（ⅣA2区）、祝家巷（ⅢA2区）地点出土有重要的西周时期遗存，其中包含有西周中期偏早阶段的甲骨（《中国文物报》2月20日）。

《少陵原西周墓地》（科学出版社）对2004年10月至2005年10月陕西省考古研究院发掘的西安少陵原西周墓地的材料进行了系统报道，为研究西周的政治制度、军事制度与平民生活等提供了丰富的资料。

周原地区近年来聚落考古的开展，为系统认识西周时期的手工业生产提供了重要的资料。孙周勇讨论了齐家村石玦作坊的原料来源；利用模拟实验重建了西周石玦生产的技术和过程；依据考古发掘所获得的石玦残次品评估了各个生产阶段产品的废品率；并依据石玦残次品以及生产工具的空间分布讨论了齐家作坊的生产组织（《考古与文物》3期）。他还分析了齐家制玦作坊生产遗存的构成。通过共生陶片的年代分析，判断该作坊始创于西周早期偏晚，繁荣于西周中期，废弃于西周晚期（《三代考古》三）。周文丽等对云塘、齐镇出土的部分铜块和炉渣样品进行了检测，为研究周原地区的青铜冶铸情况提供了科学资料，同时为判定相关建筑基址的功能提供了线索（《考古与文物》6期）。雷兴山从铸铜工具“陶管”的分析入手，认为周原遗址西周时期手工业者的墓葬就埋在作坊区域内，并由此提出特殊功用器物在认识聚落布局中的作用（《华夏考古》4期）。

在墓葬研究方面，付仲杨比较了周公庙西周大型墓葬与晚商大型墓葬、西周时期诸侯国君墓葬的规模，并结合周公庙遗址和周原遗址在聚落布局方面差异性的分析，提出周公庙大型墓葬群不是西周王陵，而是西周时期侯伯一级的贵族墓地（《三代考古》三）。马赛对扶风北吕墓地进行了研究，在墓葬分期的基础上，讨论了该墓地各区墓葬的布局、墓地性质以及葬俗特征

(《考古与文物》1期)。路国权等从墓葬形制和埋葬习俗两方面论证了张家坡M89为殷移民墓葬，根据该墓同时随葬高领鬲与西周早期常见的方座簋，指出高领袋足鬲的年代可以进入西周早期（《文博》4期）。

杜金鹏探讨了周原大型建筑的布局与特点。他将周原见到的四处建筑基址根据建筑布局和建筑结构分为两类，一类是散点式组合，以召陈、云塘、齐镇等处的宫室建筑为代表，是周原最流行的宫室建筑类型；另一类是密连式组合，以凤雏宫殿建筑基址为代表，是周原宫室建筑中的特殊类型，体现出与中原夏商宫殿建筑一脉相承的共同特点。从凤雏甲组基址出土的甲骨可知，该建筑或为周人根据商族宫室规制所建的商王宗庙遗址。其始建可能在帝辛时期，一直沿用到西周晚期（《考古学报》4期）。

刘绪总结了自己多年参加周原考古所产生的一些想法。他认为学界之所以围绕先周文化探索出现诸多歧见，关键在于以往对周原遗址本身先周时期遗存的面貌缺乏全面的了解。从近年王家咀遗址晚商时期遗存的分期与谱系分析来看，该遗址与殷墟三、四期同时的遗存（第2期第3至5段）应即太王以来的先周文化。此先周文化是以袋足鬲、袋足甗为代表的器物群，而非以联裆鬲为代表的器物群，至周初联裆鬲突然流行则应是周人东进过程中在文化上袭用了郑家坡文化更易制作的炊器形式。他指出，关中地区在晚商时期不见典型的商式鬲与簋，而这两种陶器突现于西周早期应与周初分殷遗民有关；据近年周原、周公庙遗址的发掘和分期，乳状袋足鬲和联裆横绳纹鬲这两种以往定为先周文化典型器的陶鬲形式有可能沿用到周初，但仍需更多新材料加以证明。他还总结出周原大型建筑基址的四个共同特点：一是较大规模的建筑往往为四阿屋顶；二是凡规模较大的建筑都较多地使用瓦；三是凡大型建筑其主要承重部位的柱础均经特殊处理；四是这些大型建筑多于西周晚期毁于大火，或与犬戎入侵、西周灭亡有关（《纪俞集》）。

晋南西周封国的考古发现与研究近年一直是西周考古的一个亮点。翼城大河口墓地是一处新发现的西周封国墓地。已发掘墓葬6座。发掘者认为其中的M1墓主应为伯一级的贵族，时代为西周中期偏早（《2008中国重要考古发现》）。绛县横水墓地已被确定为西周倗国的墓地。张永山认为倗为媿姓，是鬼方的一支；与倗国相关的铜器时代从西周早期一直延续到春秋早期，说明倗国的立国时间相当长。高炜等指出倗伯墓地所见荒帷的渊源可追溯到陶寺M1650棺木上发现的麻织物（《鹿鸣集——纪念西阴遗址发掘八十周年学术研讨会暨山西省考古研究所侯马工作站建站五十周年学术研讨会论文集》，科学出版社。以下简称《鹿鸣集》）。李伯谦认为据公簋铭文可知叔虞封唐后有唐侯之称，燮父时改称为晋；目前叔虞封唐的地望尚不能得出确切的结论，但庞杜遗址是值得考虑的一个地点；公簋中的“唯王廿又八祀”应该是成王二十八年（《中原文物》1期）。李先登介绍了在台湾见到的一件晋侯断簋，推测应为晋侯墓地M8的随葬品。张奎以晋侯墓地M63为例，讨论了晋侯墓地的玉器制作工艺。张素琳对洪洞永凝东堡墓地出土玉器的纹饰与制作工艺进行了研究（《鹿鸣集》）。颜孔昭对晋侯墓地的性别研究现状进行了综述（《东方考古》6集）。谢尧亭通过对曲村墓地及上马墓地西周墓葬的分析，认为头向北的墓葬主人应为周人，分封时来自周地。头向东的墓主人应是本地土著的唐人，分封时为唐遗民，即“怀姓九宗”之人。头向西的是殷移民，分封时来自殷地（《新果集》）。

对横水倗国墓地出土遗存的后续研究有较多的科技投入。宋建忠等介绍了GIS技术在该墓地资料数字化中加以应用的一些经验（《中国文物报》1月2日）。秦颖等对该墓地铜器墓中出土人骨的含铅量进行了检测。发现铜器墓墓主人骨骼中的含铅量明显高于殉人骨骼中的含铅量，暗示了墓主比殉人接触铅源的机会要多得多；与男性墓主人相比，女性墓主人骨骼中的含铅量明显要低，说明女性生前享用铜礼器所盛食物的机会要少（《文物》7期）。马颖等对该墓地发现的荒帷印痕和土样采用显微观察和电镜扫描等多种技术进行了系统的测试和分析（《中原文物》1期）。

河南荥阳娘娘寨遗址2008年发掘确认该遗址是一处两周时期的城址，其内城始建于西周晚期，可能是郑国东迁首居之处（《中国文物报》2月18日）。安阳黄张（《考古》4期）、淅川龙山岗遗址（《中国文物报》10月28日）也报道有西周时期的灰坑或墓葬材料。

2000～2002年江苏姜堰市天目山西周城址经钻探和部分解剖，确认该城址分为内城和外城两部分，总面积约25000平方米，出土遗存可分三期，年代自西周早期至两周之际。遗存应与干国有密切关系（《考古学报》

1期)。灰黄公路宁乡段的考古工作发现,黄材河以南、胜溪两岸的山前台地也应该在炭河里西周城址的范围之中(《中国文物报》12月18日)。湖北襄樊黄家村遗址也发现有西周晚期遗存(《考古》11期)。

《崇信于家湾周墓》(文物出版社)报道了1982、1984和1986年甘肃崇信县发掘的138座周代墓葬和6座车马坑,为进一步探索陇东地区周文化的发展提供了基础材料。所出西周青铜器的金相与成分分析对于研究当时的青铜铸造技术有重要意义。张治国等对崇信于家湾墓地出土的部分玉器进行了检测分析,发现其玉料有软玉和假玉(包括大理岩玉和钙铝榴石玉)之分(《考古与文物》2期)。

2002年云南省文物考古研究所对鲁甸县野石山遗址的发掘,发现有陶窑、灰坑等遗迹,出土大量的遗物。从一些迹象看,遗址内部可能存在一个较大的陶器烧造场。刘旭等认为,野石山遗存是分布在云南东北部和贵州西北部以昭鲁盆地为中心的一种青铜时代文化遗存,其相对年代晚于鸡公山文化早于红营盘遗存,绝对年代约为公元前1100~前1000年或稍后(《考古》8期)。

四 东 周

本年度东周考古收获颇丰。比较重要的有曲沃县羊舌村晋侯墓地、韩城县梁带村芮国墓地、三门峡市虢国墓地相关资料的发表以及新发现的蚌埠市钟离国国君墓等的简要报道。随着田野工作质量的普遍提高以及新方法、新技术与新理念的不断引入,研究认识无论在深度还是广度上都有超越以往的趋势。

三晋两周地区 2005~2006年山西省考古研究所在曲沃县羊舌村南的岭地上发掘了一处两周时期的晋国墓地,是晋国考古的又一重要收获。其中M1、M2是一组晋侯夫妇的并穴合葬墓,两墓皆为中字形竖穴积石墓,是目前山西地区所见两周时期规模最大的墓葬。发掘者从出土遗物的年代等方面判断,M1的墓主人可能是两周之际的晋文侯,M2为其夫人墓(《文物》1期)。

韩城梁带村芮国墓地是近年周代考古的重大发现。2008年发掘的梁带村M28为一甲字形大墓,一椁两棺。随葬品丰富。从出土器物来看,年代相当于春秋早期偏晚阶段,是晚于M27的又一代芮国国君的墓葬(《考古》4期)。

2005年三门峡市虢国博物馆征集到15件虢姜铜器,年代相当于春秋早期（《文博》1期）。2001年虢国墓地被盗，文物部门追缴回流失文物共89件。判断可能出于虢仲墓西南部。从器物形制来看，年代多为西周晚期到两周之际（《文物》1期）。1996年在虢国墓地清理的M2008为一座长方形竖穴土坑墓，葬具为一棺一椁。此墓虽曾被盗，仍出土器物900余件。从墓中出土的有铭铜器来看，墓主人应为虢国贵族虢宫父（《文物》2期）。

此外，洛阳润阳广场C1M9950（《考古》12期）、洛阳王城广场东周墓葬（《文物》11期）、新郑胡庄东周墓地（《华夏考古》3期、《中国文物报》3月27日）、登封告成春秋墓（《文物》9期）、郑州普罗旺世住宅小区战国墓葬（《中国文物报》9月25日、《中原文物》3期）、许昌仓库路战国墓葬（《华夏考古》4期）的发掘也有简要报道。

研究的重点则主要集中在墓葬与都城布局分析两个方面。在墓葬研究方面，杨亚长认为梁带村芮国墓地M28的墓主人可能是文献记载中的芮伯万，M27可能是芮伯万之父芮桓公，M26可能是芮伯万之母、芮桓公夫人中姜。此中姜很可能是齐国国君齐僖公的二女儿（《中国文物报》8月7日）。韩炳华对山西临猗程村春秋墓葬进行了多元统计分析，建立了墓葬的编年序列，部分调整了原报告的分类与分期方案（《而立集》）。梁云认为乔村墓地围沟墓内附葬的人骨绝大多数都是被杀殉的奴隶。这些有殉人的墓应是晋（或三晋）文化遗存，国别属魏，但并非所有的带围沟的魏墓都有殉人；秦占领之后，这里的殉人风气绝迹。产生这种现象的原因可能是东方国家私人奴隶制比较发达。《国语》、《礼记》等文献中所记的九原是晋国卿大夫的葬地所在。谢尧亭考证其地应当在今襄汾西南的九原山一带，而田建文则明确指出九原即为闻喜的上郭村墓地（《鹿鸣集》）。

本年度对三晋两周地区都城遗址的研究当首推段宏振《赵都邯郸城研究》（文物出版社）一书最为系统。该书全面总结了邯郸城历年考古工作所取得的成果，尤其是将历年零星的发现整合起来，系统揭示了大北城与周围相关城镇、聚落及赵王陵的整体布局与历时性变化。该书的出版，必将对赵都邯郸与赵文化的研究起到重要的推动作用。吉琨璋依据祭祀地点在新田的位置、祭祀规模、牲币的有无及多寡，将新田的祭祀遗迹分为四个层次：一是西高、虒祁一带的祭祀遗迹；二是呈王路宗庙建筑群祭祀遗迹；三是西南张祭祀遗迹；四是其他祭祀遗迹。其中前三个层次的祭祀遗迹均与公室相关，而后一个层次则属卿大夫私家行为（《鹿鸣集》）。梁云对晋都新田的年代和布局进行了研究，总结出新田的微观聚落结构有如下特点：一是非城郭制的形态，二是东西两分的格局，三是独立宫城的出现以及相对应宗庙地位的沦落，四是卿族对“公庙”的控制，五是集中的工商业区和新旧杂陈的手工业特征（《纪俞集》）。袁广阔等认为濮阳高城东周城址的位置与《水经注》等古文献所记东周卫国都城帝丘一致。该城的规模、时代、文化内涵等也都与东周卫国都城相吻合，很可能即卫成公所迁之帝丘（《中原文物》1期）。

秦文化区 本年度关于秦文化的考古发现和研究相对较少。滕铭予对任家咀秦墓重新进行了分期，在此基础上讨论了墓地形成的大致过程。田亚岐等指出嬴秦的族源和秦文化的渊源是两个不同的概念。认为嬴秦族可能源于东方地区，而秦文化则是在秦族西迁过程中不断吸收、借鉴和积累各种文化因素而逐渐形成的一支新的考古学文化（《新果集》）。

楚文化区 所报道的发掘资料仍以墓葬为主，少见居址材料，且地域上仍集中在湖北和豫南地区。湖北荆州市熊家冢墓地为东周时期楚国的大型墓地之一。2006～2007年荆州博物馆对其车马坑和部分殉葬墓进行了清理（《文物》4期）。1988～1996年湖北钟祥黄土坡墓地共历7次发掘，清理墓葬48座，年代自春秋中期晚段延至秦代（《考古学报》2期）。武汉江夏区丁家咀（《中国文物报》7月24日）、郧县胡家窝（《江汉考古》3期）、十堰竹山县潘口水电站淹没区的小府坪、红花湾、王家套（《江汉考古》4期）、郧西县庹家湾（《中国文物报》12月4日）、巴东义种地（《江汉考古》4期）、南阳万家园（《中原文物》1期）、南阳名门华府小区（《中国文物报》5月15日）、桐柏县孤峰山、古台寺（《江汉考古》3期）等地点也都报道有重要的东周时期遗存。

湖南汉寿马栏咀（《中国文物报》2月13日）、江苏淮安运河村（《考古》10期）、安徽天长苏桥村（《文物》6期）等地点发现的战国时期遗存也被归入楚文化范畴。

相关的研究成果数量不多。冯峰以淅川薳氏家族墓群（由下寺、和尚岭和徐家岭三处墓地组成）作为重要的参照和年代标尺，对郧县乔家院春秋墓的年代进行了初步判断（《南方文物》4期）。尹弘兵《楚国都城与核心区探索》（湖北人民出版社）一书从文献、考古和地理等方面对楚都丹阳的当涂说、秭归说、丹淅说、枝江说进行辨别分析，认为丹淅说相对更为合理。

齐鲁地区 1999年山东莱州市朱郎埠墓地发现的墓葬中有5座被定为战国早期（《华夏考古》1期）。李振光等（《中国文物报》2月6日）和方辉等（《中国文物报》6月12日）分别介绍了近年对齐长城和鲁长城的一些调查成果。

吴伟华依据随葬青铜器的形制分析将莒国贵族墓葬分为四期，认为莒国青铜器在发展过程中受到了齐、楚文化的影响（《文博》3期）。印群简单介绍了偪阳故城的勘探情况，分析了该城被毁的原因。认为文献中既然有“偪阳子”之称，那么偪阳国君的爵位应为子爵（《三代考古》三）。

徐吴越群舒文化区 本年度报道有两处重要城址的发现。邳州市梁王城是苏北地区迄今所见春秋战国时期规模最大的城址。该城由大城和宫城两部分组成，属于东周时期都城建制中流行的双城制布局。结合该城周邻地区的相关发现，发掘者初步判断其可能和徐国有密切的关系（《中国文物报》2月20日）。丹阳葛城遗址属新确认的一处吴国城址，是近年吴国考古的一项重要发现。发掘表明，城址经三次修筑，由西周早中期沿用到春秋晚期。城内发现有独立的祭祀址（《中国文物报》5月29日）。

2006～2008年发掘的安徽蚌埠双墩一号春秋墓为带封土和一阶梯式墓道的圆形土坑竖穴墓，墓葬结构比较复杂。随葬品十分丰富。该墓出土的铜纽钟、铜簠和铜戟上有“童麗君柏”或“童麗公柏”等铭文，时代大约在公元前五六世纪，为研究钟离国的历史以及淮夷文化的地域特征提供了重要的资料（《考古》7期）。2007年发掘的安徽凤阳县卞庄一号春秋墓亦为圆形土坑竖穴墓，早年被盗。该墓墓底以主墓为中心，四周排列着陪葬墓。由于随葬的编镈上有“童麗公柏之季子康”字样的铭文，得以明确此墓墓主人为蚌埠双墩1号墓墓主人“钟离君柏”之子（《文物》8期、《东南文化》1期）。江苏金坛裕巷土墩墓群一号土墩墓（《考古学报》3期）、江西靖安李洲坳大型土墩墓（《文物》2期）、浙江安吉笔架山东周墓（《东南文化》1期）、浙江德清亭子桥越国窑址（《文物》12期）也是十分重要的考古发现。

相关研究涉及城址、青铜器、窑址等方面。张敏对新发现的葛城及阖闾城、姑苏城三城的性质及特点做了细致分析。认为三城都可能曾做过吴国的都城，并总结出吴国都城的三个特点：一是都城自西而东不断地迁徙；二是都城始终名句吴或句吴的音译；三是各城都带有极强的军事色彩（《南方文物》2 期）。张爱冰对 1989 年安徽铜陵谢垅发现的一处铜器窖藏进行了介绍和分析，根据器物组合、形制和纹饰的比较将窖藏的年代推定为春秋早期（《东南文化》6 期）。毛颖依据时代早晚分析了吴国青铜器中的南方青铜文化因素，讨论了吴国与周邻国家的交往、战争的胜负以及文化主客体的强弱等方面对吴国青铜器风格的影响。费玲伢以无锡鸿山越国贵族墓出土的乐器为基础，对苏浙皖出土的越国乐器进行了全面的统计和梳理，认为两周时期的乐器大致可分为中原系统和南方系统，而越国乐器则为南方系统的代表。朱建明将无锡鸿山越国贵族墓出土的青瓷器与德清亭子桥等处战国窑址出土青瓷器进行了多方面比较研究，认为鸿山越国贵族墓出土青瓷器的窑口应为德清东苕溪流域的战国青瓷窑址群；亭子桥等战国窑址具有“官窑”的基本要素（《南方文物》2 期）。叶文宪对吴、越两类遗存的起源、发展与流变进行了探讨（《东方考古》6 集）。

北方地区 北方地区东周考古是边疆考古研究中的重点。甘肃张家川马家塬墓地（《文物》10 期）、宁夏彭阳王大户墓地（《2008 中国重要考古发现》）、内蒙古和林格尔新店子墓地、凉城小双古城墓地、凉城忻州窑子墓地（《考古》3 期）、吉林双辽后太平墓地（《考古》5 期）、黑龙江讷河大古堆墓地（《文物》6 期）均报道有东周时期的墓葬材料。《小黑石沟——夏家店上层文化遗址发掘报告》（科学出版社）对小黑石沟遗址 1985、1992～1993、1998 年三次发掘的材料进行了系统报道，是迄今公布夏家店上层文化材料最为丰富的发掘报告。书中刊布的少数战国墓葬，也为探讨燕文化的分布提供了新的资料。

杨建华通过对北方地区东周时期青铜器及相关遗物的分析，将其区分为两类典型的组合，第一类以花格剑、虎形牌饰、铜釜和双耳陶罐等为代表，年代从西周晚期到战国初年，呈现出不断东迁的趋势，是和戎狄相关的一类遗存。第二类组合可分三期，年代从春秋中期到秦代，各期器类组合有一定变化，应与文献中所说的胡相关（《考古学报》2期）。在另文中，她还讨论了夏家店上层文化对商末周初北方青铜器的继承以及对东周时期北方青铜器产生的影响（《边疆考古研究》7辑）。陈畅根据凉城饮牛沟墓地随葬品的年代分析，讨论了该墓地的埋葬顺序、布局特征以及墓地反映的社会分层（《北方文物》1期）。王辉认为马家塬墓地的年代相当于战国晚期，出土器物包含了欧亚草原文化因素、秦文化因素和甘青本地因素，居民应属西戎的一支（《文物》10期）。武志江对林西井沟子西区墓葬的出土遗物进行了文化因素分析，探讨了各类文化因素的来源及形成过程（《华夏考古》1期）。

巴蜀文化区　峡江地区发现有较丰富的东周时期的巴、楚文化遗存。巫山下湾遗址（《江汉考古》2期）、云阳明月坝遗址（《四川文物》2期）、忠县崖脚墓地、石匣子和洞天堡墓地（《四川文物》1期、《考古》12期）、巫山土城坡墓地（《江汉考古》2期）、宣汉罗家坝遗址（《四川文物》4期）均报道有巴或楚文化遗存，为研究东周时期巴楚疆域的变化及楚巴之间的关系提供了重要的资料。川西南地区的昭觉好谷村濮苏波涅地点（《考古》4期）和西昌棲木沟遗址也发现有东周时期的墓葬（《四川文物》3期）。

洪梅对战国时期巴蜀文化的墓葬形制进行了分析，并探讨了墓葬等级的历时性变化及原因（《华夏考古》1期）。赵秉清据近年峡江地区新发现楚墓的分析，认为战国中期楚人已经到达现云阳、忠县等地（《华夏考古》2期）。张庆久指出忠县石匣子楚墓是目前三峡地区分布位置最西又最为集中的一批楚墓。这批楚墓的发现，证明至少在战国中期，忠县一带已经被纳入楚国势力的控制范围（《四川文物》2期）。

云贵地区　《晋宁石寨山遗址第五次发掘报告》（文物出版社）公布了1996年云南省文物考古研究所在晋宁县石寨山遗址清理的36座战国至西汉时期的墓葬资料，为研究石寨山文化提供了很好的资料。晋宁小平山遗址的试掘，也发现有石寨山文化的遗存，年代大致在战国中晚期或稍早（《考古》8期）。

谢崇安指出滇族墓葬区有明显的规划性，墓葬群的层级化已能反映滇族社会的复杂程度以及公共权力的分配和集中程度。认为滇国的社会性质最接近酋邦制社会（《四川文物》4期）。周志清指出元江流域青铜时代文化属于东山文化、滇文化、班清文化等文化之间过渡地带的一个地方类型（《考古与文物》3 期）。李飞提出战国至西汉时期存在一个以贵州西南部为中心，包括桂西北、滇东南部分地区在内的文化圈，以 V 形銎、风字形钺身、部分带符号的铜钺为典型器。此类遗存可以贵州普安铜鼓山遗址为代表，暂称为铜鼓山类遗存（《四川文物》3 期）。

五　专题研究

青铜器研究　有关青铜兵器的研究，既有对某一时段青铜兵器的综合考察，又有针对某种青铜兵器的专门分析。郭妍利分析了二里头遗址出土的各类质料的镞、钺、戈、矛及战斧，认为二里头遗址的兵器已经具有实用兵器和礼仪兵器之分（《江汉考古》3 期）。她还将商代青铜兵器从地域上划分为 10 个区，又根据不同地区兵器的总体特征以及与商文化的关系，归纳出三个更大的区域，即商文化中心区、商文化影响区和商文化外围区。认为商文化中心区与商文化外围区之间的影响表现为一种互动模式，而商文化中心区与商文化影响区之间则基本是单方面的输出与接受的关系（《考古与文物》3 期）。井中伟关于青铜兵器尤其是青铜戈、戟的研究成果显著。他分析了整个夏商周时期戈戟之柲的演化轨迹，发现柲的材质由单一的木质发展为复合的积竹木，柲纳戈戟的形式由劈缝式发展为榫孔式，柲的截面由前后等宽的椭圆形发展为前窄后宽的“梨形”（《考古》2 期）。他对叶县旧县四号墓出土铜戈、铜矛形器与多戈戟的形制来源进行了分析，讨论了该墓中有铭戈和楚文化铜戈的关系（《文物》11 期）。关于铜戈的起源，他认为就目前所见年代最早的二里头文化三期铜戈来看，很可能是仿制产生年代更早的玉石戈铸造而成的（《考古与文物》3 期）。《尚书·顾命》有“执戈上刃”之语，历来缺乏合理的解释，井中伟通过对青铜戈戟形制与功能的梳理，认为此语所指当即西周的“浑铸戟”（《新果集》）。石岩将先秦时期的青铜镞分为杀伤性和非杀伤性两类，分别讨论了它们的功能以及使用的场合（《新果集》）。石岩等对东北地区出土先秦时期青铜镞的类型、时代特征、分布与分区等进行了考察（《北方文物》3 期）。吕军论述了东北系青铜短剑起源于辽西地区的观点（《新果集》）。

对青铜容器的研究涉及的内容比较广泛，其中对单类青铜器的类型学研究仍是重点。严志斌等对商代有铭铜鼎和铜簋分别进行了类型学研究（《新果集》、

《三代考古》三）。郭妍利根据造型和纹饰特点对斜方格乳丁纹簋进行了类型学研究，在此基础上进一步归纳出商式、先周式和商、先周交混式三类。认为第三类簋的出现反映了商文化与先周文化的交流，同时也讨论了商周文化对此种铜簋在重视程度上的差异（《中国历史文物》3期）。岳洪彬等将筒形卣分为商式和周式两大类。认为商式筒形卣是对同类型陶器的仿制，而周式筒形卣则是由商式筒形卣演变而来的（《三代考古》三）。张婷对两周时期的铜簠进行了类型学研究，并对此类青铜器衰落的原因进行了探索（《四川文物》1期）。梁彦民讨论了青铜鬲在商周两代礼仪活动中各自所扮演的角色，认为青铜鬲并未在商代以祭祀为中心的礼制系统中发挥作用，到了西周时期才被逐渐纳入礼制系统之中（《考古与文物》5期）。唐锦琼对商周时期爵的"右手性"进行了文化背景分析（《三代考古》三）。

在纹饰研究方面，李先登认为商周青铜器上的动物纹（如兽面纹）乃是自然界百神的形象，其社会功能是为了使当时的贵族和平民得到佑助，使社会各阶层和谐相处（《中原文物》5期）。张德良通过对窃曲纹的分类研究发现，虽然目纹是窃曲纹的重要组成部分，但羽纹是变化多样的窃曲纹的最基本的组成部分；羽纹和目纹的种种组合变化助成了西周中晚期青铜器纹饰的图案化趋势（《文物》4期）。陈星灿对青铜器上所谓的"虎食人"图像进行了研究，认为该图像应该表现的是民族志材料中常见的人披虎皮的形象，并非虎食人（《纪俞集》）。

此外，丹羽崇史通过对包山2号墓、天星观2号墓及望山1、2号墓出土铜鼎的范线、纹饰等方面的观察分析，探讨了楚国青铜鼎的生产体系和供给形态（《三代考古》三）。张懋镕讨论了战国时期铜鍪在秦国得以流行的原因（《四川文物》2期）。

在乐器研究方面，李朝远指出楚公逆编钟中的第七件和第八件并非楚公逆编钟原先的器物。认为从目前所发现的两周时期编钟来看，出土于窖藏的编钟往往形制相同、大小相次，为一套器物，而出于墓葬的编钟往往是拼合的，原先并非一套（《鹿鸣集》）。张文立指出东京博物馆所藏的"小铜铎"并不是与游牧民族相关的铜器，它应与我国北方地区的羌系文化有关，建议命名为"有柄镂空铜铃"（《新果集》）。王友华指出虢仲纽钟的铸造年代应该在西周晚期，要早于上村岭M211出土的纽钟，应是目前所知年代最早的纽钟（《文物》4期）。

在服饰品研究方面，林沄指出钩喙有角蹄足动物母题牌饰在草原游牧文化十分常见，至少战国时代已出现于我国北方草原地带。此母题中的虚幻动物宜用“有角神兽”命名（《西域研究》2期）。李志芳讨论了北方地区出土东周时期带扣的类型、起源和传播（《而立集》）。张红旗对山西境内出土带钩的分布状况、分期和形制演变做了分析归纳（《鹿鸣集》）。

在青铜器的综合研究方面，张昌平在《曾国青铜器研究》（文物出版社）一书中，对目前发现的曾国青铜器的类型、纹饰以及铸造工艺等进行了全面系统的研究，这是迄今所见诸侯国青铜器研究中内容与体例较为完备的著作之一。袁艳玲探讨了周代青铜礼器的生产和流动问题。她认为在同一国家权力控制下，青铜礼器的风格会具有高度的一致性；由于转让赠送工匠、联姻、賵赙、战争掠夺、贿赂等非正常流动方式的存在，可以形成不同风格青铜礼器共存的局面（《考古》10期）。张懋镕重申了“周人不用日名说”这一学术观点，对近年发现的与此说相悖的器物进行了解释，认为偶尔使用日名的周人仅限于极少数姬周上层贵族，且主要在成康时期，是西周初期殷周文化交流的反映，这些材料不足以动摇“周人不用日名说”这一论点（《文博》3期）。

对青铜器的研究有了更多科技手段的投入，其中有关青铜器的成分检测、矿料来源与铸造工艺分析是研究的重点。崔剑锋等检测了垣曲商城出土的早商时期铜器。研究表明，铅含量高的铅锡青铜是当时铸造容器时使用的最主要的合金类型。还发现其中一件铜刀经淬火处理，认为这应是世界上已知年代最早的淬火高锡青铜刀（《考古与文物》6期）。陈坤龙等检测了韩城梁带村3座春秋早期墓葬出土的4件青铜器，发现所用材质均为铜锡铅三元合金，与其他遗址出土两周之际青铜器的材质特征一致（《考古与文物》6期）。韩炳华等对长治分水岭墓地出土的部分铜器进行了检测。结果显示，其金相和成分特点与三晋其他地区基本相似（《考古》7期）。近年冶金考古领域对中国青铜时代是否存在失蜡法铸造工艺产生了争论。华觉明、谭德睿等为证明失蜡法工艺的存在，曾对叶县许公宁墓蟠虺纹透空饰件进行过工艺痕迹考察和各方面检测，认为这是一件整体铸造成形的典型的失蜡法铸件。在此项研究的基础上，陈洪良等采用传统失蜡法对该器进行了复制研究，经反复试验终获成功，并探明了一些工艺痕迹产生的原因（《南方文物》4期）。周卫荣则继续坚持中国先秦时期不存在失蜡工艺的观点。认为春秋战国时期所谓的“繁复透空”样的铸件并非判定当时存在失蜡工艺的物证，也不能以现代失蜡工艺能够复制古代青铜器的案例去证明当时存在失蜡工艺（《南方文物》4期）。

孙淑云等检测了淮阴高庄战国墓出土的15件青铜器，认为其中有铸造品8件，锻造品7件，其中铜鉴的足为焊接。锻造和焊接技术的流行反映了战国时期青铜制造技术的高度发展（《考古》2期）。廉海萍研究发现，上海博物馆所藏的浑源牺尊在铸造过程中多次使用了分铸铸接技术。认为该技术的产生可能是源于对未浇足部位的补铸（《鹿鸣集》）。魏国锋等通过对林西、中条山、铜绿山、铜陵、南陵等地先秦时期地层中所采铜锭样本的测定，了解上述不同矿源地的矿石在冶炼后元素构成方面的差异，为今后利用微量元素示踪法来探索各地青铜器的矿源创造了有利条件（《考古》1期）。此外，黄维等通过对张家川马家塬墓地出土金管饰的研究发现，该墓地的金珠焊接工艺品，其金珠大小和希腊出土的金珠较为接近，生产技术较为成熟，应该是受地中海文明影响的结果。此种技术可能是通过欧亚草原传播到了中国的北方地区（《文物》10期）。

墓葬研究 在商周葬俗的比较研究方面，谢肃对商文化墓葬二层台上放置动物腿骨的现象进行了归纳分析，并和文献记载的周代“奠竁”礼进行了对比，认为两者之间既有共性又有差别（《华夏考古》2期）。印群将目前可以确指的西周殷移民墓的殉人现象和殷墟西区殉人墓进行了对比分析，发现西周早期殷移民的殉人墓在殷移民墓葬中所占的比例仍然较高（《纪甲集》）。

对周代墓葬的研究涉及领域较广。郑威通过对两周之际部分高等级贵族墓中随葬青铜礼器组合的分析发现，当时鼎簋制与列鼎制并存，但前者有衰退趋势，后者则有上升趋势（《考古》3期）。张应桥对商周墓葬的墓道进行了考察，认为文献中“晋侯请隧”的“隧”不应作墓道讲，而是指乡遂制度中的“遂”；商周墓道的使用情况十分复杂，不存在严格的墓道等级制度；墓道的主要功能应是为修建墓葬时方便出入和下葬时输送棺椁及随葬品（《中原文物》2期）。路国权考察了泾河流域西周时期腰坑墓的分布、年代、墓主族属、身份等特征，认为其墓主属于殷遗民（《咸阳师范学院学报》5期）。田伟将两周时期的积石积炭墓进行了分类和统计，认为积炭墓和积石积炭墓的墓主等级比较高，而积石墓墓主人的等级参差不齐。积石积炭有固墓、防潮、防盗和防止动物破坏的功能（《中国历史文物》2期）。高崇文通过对文献记载的丧葬仪程的梳理，指出筑椁和窆棺是作为不同的丧葬仪节、不同的时间分别进行的；由东周楚墓资料结合文献记载可知，多层棺墓的葬具非整套同时下葬，其中外棺与井椁是预先构筑于墓圹中，内棺则是在殡宫或宗庙举行完丧葬仪式后再下葬的（《纪俞集》）。袁胜文等对周代墓葬中的玉石覆面进行了系统考察，认为玉覆面出现于西周中期，至西汉前期以后消亡；覆面在形制上经历了由简单到复杂的变化过程；玉覆面具有殓尸、防止尸体腐烂、引导灵魂升天和体现身份等级等功用，一般只有贵族才能使用（《中原文物》3期）。韩金秋研究认为，北京昌平白浮墓葬在葬具、腰坑以及椁室周围施用白膏泥的做法等方面和中原地区的墓葬有一致性，但是在随葬的服饰品和兵器上则突出地表现了北方地区的特色（《边疆考古研究》7辑）。

此外，刘绪将目前考古上归入“异类葬”的人骨分为全尸、肢体不全及用作器具原料三种情况；对“异类葬”的发生、发展与衰落的过程进行了简要总结；认为这类现象在关于早期文明的探索中值得重视（《中国历史文物》4期）。

考古学文化的综合研究 在某一区域中跨阶段、跨文化的研究仍是考古学文化综合研究的主流。

秦小丽对河南焦作府城遗址出土的二里头文化与二里冈文化时期陶器按类进行了动态的量化分析，包括各期各类器物的百分比、典型炊器的容积与绳纹粗细的变化以及陶器的谱系构成等内容（《考古与文物》1期）。高江涛等分二里头文化、早商、中商、晚商四个时期探讨了海岱地区文化格局和人文地理格局的演变（《考古》11期）。韩建业将北京地区夏商周时期文化的发展划分为六个阶段，认为南部平原的农业文化和北部山地的畜牧文化长期共存，多元文化的碰撞和融合成为文化发展的主旋律。在此过程中，地方传统因素长久延续，来自中原的文化因素不断加强，到战国晚期整个地区基本被纳入到中原文化系统中（《华夏考古》4期）。蒋刚将晋中及晋东南地区发现的夏至西周早期的考古学文化遗存统一命名为白燕文化，认为该文化是在晋中地区龙山时代晚期遗存的基础上发展而来的；其流向与西周时期的晋文化有密切关系；该文化的族属可能是商时期的狄（《考古与文物》5期）。

东北地区青铜时代文化的综合研究成果突出。张忠培阐述了白金宝遗址发掘在建立和完善嫩江流域夏至汉代考古学文化谱系中的重要意义（《中国文物报》7月3日）；回顾了中国东北地区夏至战国时期考古学文化谱系研究的进程，指出了今后尚待解决的问题（《中国文物报）》7月31日）。赵宾福在《中国东北地区夏至战国时期的考古学文化研究》（科学出版社）一书中，对东北地区夏至战国时期的考古学文化进行了迄今最为系统的分区、分期及谱系关系研究；在《白金宝文化的分期与年代》一文中将该文化分为三期，认为其年代可自西周早期延续至春秋晚期（《边疆考古研究》7辑）；在《西团山文化分期研究》中将该文化分为三期，认为其年代大致从西周延至战国时期（《考古学报》4期）。段天璟将马城子诸洞穴的墓葬遗存分为三期，认为一至三期的年代分别相当于中原地区的夏时期、早商时期和商代中晚期；指出马城子诸洞穴的早中期遗存受到了岳石文化的影响（《边疆考古研究》7辑）。华玉冰将马城子文化墓葬分为四期，认为其年代跨度为夏至西周早期；属于该文化第四期的凤城东山墓地早期遗存应为马城子文化的一个新类型，可称为东山类型（《新果集》）。霍东峰等人分析了新乐上层文化的内涵、分期、分布与年代。认为新乐上层文化主要分布在下辽河以东地区，时代为商末周初。而同时期下辽河以西则分布着顺山屯遗存和以湾柳遗址为代表的高台山文化晚期遗存（《边疆考古研究》7辑）。

云南地区青铜时代考古近年取得了不小的进展。剑川县海门口遗址第三次发掘表明，该遗址第二、三期遗存的年代应属云南地区铜器时代早中期，距今约3800～2500年。遗址中还存在规模很大的水滨木构“干栏式”建筑聚落址。发掘者建议将此类遗存命名为“海门口文化”（《考古》7期、《考古》8期）。大理银梭岛遗址是苍洱地区一处典型的贝丘遗址，先后两次发掘。该遗址的第二至第四期遗存属于青铜时代，年代范围大致为公元前1500～前400年。该遗址的发掘，初步建立起苍洱地区青铜时代考古学文化的编年序列（《考古》8期）。

在其他地区青铜时代文化的

综合研究方面，于孟洲将湖北清江流域的夏商遗存划分为三种，认为第一种以香炉石遗址第⑦层为代表，属夏代遗存；第二种以南岸坪遗址发现的朝天嘴文化遗存为代表；第三种以香炉石遗址第④～⑥层为代表，三者文化谱系不同，年代互不衔接。否定了它们是早期巴文化的观点（《东南文化》6 期）。柴焕波以宁远县官家岩遗址的发掘及周邻地区的调查为基础，分析了潇水流域古遗址的分布规律，区分出"坐果山"和"望子岭一期"两类商周文化遗存，推动了湘南地区及粤桂山地考古学文化的编年与谱系研究（《中国文物报》11 月 20 日）。魏峻等对闽南粤东地区青铜时代考古学文化的类型、特征、分期、源流及相应的聚落结构与社会形态等进行了考察（《边疆民族考古与民族考古学集刊》一，文物出版社）。

部分成果涉及了青铜时代早中期中原与北方地区文化的互动研究。徐昭峰等从夏家店下层文化中辨析出中原地区二里头文化和二里冈文化等夏商王朝文化的因素。并探讨了夏商之际中原地区王朝文化的北向传播通道与传播背景（《中原文物》5 期）。刘绪讨论了商文化因素向北传播进入河套地区的路线，指出夏家店下层文化的年代上下限是仍需探索的问题。曹建恩认为朱开沟文化中的方杯是来自二里头文化的影响因素，而商式鬲、盆、簋的存在则是受到了二里冈文化的影响，西岔文化中的中原式戈也反映了鄂尔多斯及邻近地区与中原地区的联系。段宏振分析了夏商周时期太行山东西两翼在沟通南北文化交流中的作用（《三代考古》三）。

也有学者着眼于更大时空范围内青铜文化的综合研究。杨建华将整个欧亚大陆青铜文化区分为东方青铜文明系统、西方青铜文明系统、欧亚北部草原地区青铜文化系统，讨论了三个青铜文明系统的各自特征以及相互关系。乔梁对北方地区所见弓形金属项饰的年代及其所体现的文化交流进行了细致的分析（《新果集》）。马健对中亚草原、中国北方农牧交错地带以及中原地区在铜石并用时代至战国末期这一时段内金器的形制、功能及演化等方面进行了对比研究，探讨了各区之间的文化交流（《西域研究》2 期）。

考古学与历史学的整合研究

有学者探讨了文化变迁与政治变革之间的关系。王立新以早商文化和二里头文化的形成为例探讨了文化形成相对于王朝建立在时间上的滞后性。认为在早商文化和二里头文化形成之前，都曾存在过一段文化的动荡与重组时期。其深层的原因当系成汤和夏启时期大规模的联合、兼并所导致的人群穿插流动以及社会秩序的重建。二者的形成已分别滞后于商王朝与夏王朝的建立一段不算很短的时间（《考古》12 期）。王力之讨论了考古学上的周文化的概念，认为周文化是指以周人为主所创造的物质文化。到春秋中期，由于周王朝不再是文化的主导者，以某些诸侯强国为主导的区域性文化替代了原来面貌相对统一的周文化，因此，周文化在春秋中期实已终结。而新出现的若干区域文化圈，则可沿用列国文化的称谓。由于列国文化在诸多方面存在共性，可将春秋中期以降到秦统一之前这段时间称为东周时代（《鹿鸣集》）。

也有一些学者从考古学角度审视了中国早期国家的发展特征。叶斐等认为城市和王权观念是国家和文明起源的重要前提。中国史前城址向商代城市的发展是一个长期但不连贯的轨迹，其中包含几次高峰和多元的地域差异。刘莉认为二里头和二里冈时期早期国家呈现地域集权的特征；中商时期经历了一个动荡、集权衰落、多政治中心并存的过程；而商代晚期以安阳为中心的商王室政治影响力复苏，但始终没有获得像二里冈时期那样的霸权地位。艾兰从文化制导的新视角论证了以青铜容器及相应的礼仪活动为代表的上层文化的形成与发展过程，认为这种上层文化形成于二里头文化时期，到商朝晚期开始在中国内地占统治地位。李伯谦通过考察殷墟青铜器族徽所代表族氏的地理分布，大致概括了商王朝的统辖范围及对其下辖各部族的统辖措施。认为商王朝统辖范围虽然十分广大，但尚未形成真正的行政区划。王巍讨论了商王朝维系统治的措施以及与周边方国关系的变化（《多维视域》）。李峰对西周国家性质的讨论也颇应引起注意。他首先检讨了学界有关西周国家五种模式（城市国家、领土国家、Feudal 国家、分立国家和邑制国家）的提出背景及其局限，认为西周国家是一种聚邑集合体，靠国家权力组成一个分层的网络组织。国家权力由王朝中心分派至诸侯国的国都，并通过诸侯国的政治结构进一步下达到不同的土著宗族。因此，西周国家应是一种“权力代理的亲族邑制国家”。黄川田修将二里头时代至春秋时代在黄河中游及周围形成的共同体称作华夏系统国家群，认为这一共同体最终以礼乐文化为基础形成了一个巨大的文明圈，即华夏文明圈（《三代考古》三）。

许宏对夏商分界和文明起源研究中存在的一些问题进行了深入的思考。他指出，没有甲骨文这样的直接证据，商王朝是无法被证明的。是文字的发现或解读才最终使晚商史成为信史。这一环节也应是确认夏文化、夏王朝以及夏商分界的不可或缺的关键性要素（《三代考古》三）。他认为文明、国家、城市是有密切联系的三个概念，是从不同角度对同一历史现象所作出的解释。从中西文明比较的角度来看，城市的出现确应是文明到来的唯一标识（《中国历史文物》4 期）。何驽也强调都城即早期城市是国家出现的核心物化标志。在总结以往有关早期都城考古的理论与实践的基础上，他提出了中国早期城市所应具备的九项考古指标。通过比较发现，陶寺城址已初步具备早期城市和都城的必备条件，与其他史前城址已有质的区别，但与二里头遗址相比尚存一些原始性。二里头遗址是第一个比较成熟的城市和都城（《三代考古》三）。

此外，佟伟华讨论了垣曲古城南关从夏聚到商城的演变进程与动因，以及古城南关夏商聚落与中原王朝的关系（《纪俞集》）。方辉讨论了早商到晚商时期商文化在海岱地区聚落群的分布和变化。结合文献和出土资料考察了商王朝对东土的经营策略（《多维视域》）。

盐业考古　调查发现，山东滨州市滨城区卧佛台、兰家、高家、后尹、小赵家五处遗址商周时期的堆积丰富，时代大体在殷墟至西周初期，遗址中可见大量盔形器残片，应与制盐有关（《华夏考古》1 期）。寿光县双王城水库盐业遗址群的调查与发掘，是近年我国盐业考古的一项重要工作。发现有晚商到西周早期的制盐作坊，遗迹有卤水井、盐灶、储卤坑等，为研究商周时期的制盐业提供了重要资料（《2008 中国重要考古发现》）。

李水城等通过对鲁北莱州湾和胶东半岛 16 个县市的盐业考古专项调查，搜集了大量资料，对盔形器的形制演变、分布区域及其功能进行了初步研究（《华夏考古》1 期）。白九江等从形制、年代及用途等方面分析了三峡地区出土夏商时期的船形杯，认为这是一种与古代盐业生产相关的工具。冯时从古文字学的角度切入到盐业考古领域，就卤字的考释、取卤制盐、计量、盐卤资源、礼仪制度、盐官和古代制盐氏族等方面深入探讨了商周时期的盐业、盐政及其他相关问题（《南方文物》1 期）。

秦汉时期考古

杨哲峰　余雯晶

2009年的秦汉时期考古成绩卓著：召开了有关秦俑学、秦俑及彩绘文物保护与研究、汉唐西域考古、丝绸之路、中国古代墓葬美术、石棺葬文化等一系列相关学术会议，出版了《汉代文明国际学术研讨会论文集》（北京燕山出版社，以下简称《汉集》）、《洛阳汉魏陵墓研究论文集》（文物出版社，以下简称《洛集》）、《里耶古城·秦简与秦文化研究：中国里耶古城·秦简与秦文化国际学术研讨会论文集》（科学出版社，以下简称《里集》）等一系列重要的会议论文集，以及包括《西安东汉墓》、《老河口九里山秦汉墓》、《鲁中南汉墓》等在内的十余部重要考古发掘报告或报告集，新发表的各类考古发掘简报及相关研究论文达500篇以上。在秦汉城址、墓葬、边疆考古、美术考古、简帛研究等方面都取得了丰硕的成果。部分第三次全国文物普查资料以及南水北调工程出土文物图集的公布，也进一步丰富了有关秦汉时期考古的新信息。

一　秦汉城址的发现与研究

关于秦咸阳城、阿房宫、上林苑、秦直道　本年度报道的新发现主要有：2008年三普过程中于咸阳市渭城区窑店镇西毛村附近发现的一处被认为是秦代的建筑遗址（《2008年第三次全国文物普查重要新发现》，科学出版社，以下简称《三普》）以及2009年3月开始的在陕西富县桦树沟口对秦直道进行的大规模考古钻探与发掘（《陕西日报》5月3日）。这次对秦直道的考古发掘面积接近2000平方米，揭露出秦直道路面约50米，发现有车辙、路肩、夯土护坡，以及同期的建筑基址，出土了大批文物，推测应是秦直道上规格较高的兵站或关卡性质的遗址。刘庆柱回顾了20世纪50年代末以来秦咸阳城遗址、“渭南”宫庙遗址与上林苑遗址的考古发现与研究（《里集》）。李毓芳、王自力对2002～2007年秦阿房宫遗址的一系列考古工作进行了总结，同时介绍了秦汉上林苑的考古新发现（《里集》）。项福库对秦阿房宫的修建与规模进行了探讨（《丝绸之路》4 期）。徐龙国讨论了秦代的武库（《考古与文物》3 期）。倪小勇就秦都咸阳与秦始皇陵形制规模及设计思想进行了研究（《秦汉研究》第三辑）。

关于汉长安城与洛阳城 本年度公布的新资料也不多。中国社会科学院考古研究所汉长安城工作队于 2008 年对汉长安城直城门遗址进行的第二次发掘，对直城门的形制、始建年代等有了进一步的认识：发现其三个门道之间有夯土隔墙，城门的始建年代不晚于西汉初年，倒塌时间在西汉晚期以后，北门道在新莽末年烧毁后又被重新利用，隋代以后废止（《考古》5 期）。陕西省考古研究院在 2008 年对汉长安城宣平门外东南部地区进行了大规模钻探，发现古遗存 180 余处，通过局部发掘共出土文物 2000 多件，为研究汉长安城的布局及汉代建筑材料等提供了珍贵的实物资料（《考古与文物》2 期）。

焦南峰回顾了新中国建国五十余年来有关两汉京城、帝陵的考古发掘和研究，并将之分成两个大的阶段（《俞伟超先生纪念文集·学术卷》，文物出版社，以下简称《俞集》）。徐卫民对汉长安城形状的成因进行了分析，认为是“天人合一”思想在都城建筑中的形象体现（《汉集》）。李毓芳介绍了汉长安城桂宫的考古发现与桂宫遗址布局形制的研究（《汉集》）。段鹏琦《汉魏洛阳故城》（文物出版社）一书总结了历年来汉魏洛阳城遗址的考古收获。霍宏伟通过梳理洛阳先秦两汉时期城墓关系的发展轨迹分析了城墓分离的原因（《洛集》）。方原对东汉洛阳宫城制度进行了研究（《秦汉研究》第三辑）。

关于秦汉离宫 2008 年 11～12 月关中秦汉时期离宫别馆调查课题组，对关中西部宝鸡地区已知的 30 余处遗址进行了复查（《考古与文物》2 期）。同年的三普工作中于咸阳市三原县新兴镇惠家村北发现一处宫殿建筑遗址（《三普》）。

关于秦汉时期的地方城址或聚落遗址 由北京大葆台西汉墓博物馆编著的《北京地区汉代城址调查与研究》（北京燕山出版社）报道了 2006 至 2007 年对北京地区 20 余处汉代遗址的实地考察成果（其中能确定为汉代城址的有 21 处），收录了一批相关研究：包括周正义、浦生对汉末公孙瓒所筑“小城”（后称“征北小城”）位置的考证，白岩对汉代广阳城相关问题的考察，马保春关于秦汉幽冀地区历史地名的北方民族语言特征的探讨，后晓荣对北京地区汉代城市遗址的特点及相关问题的探讨，靳宝关于两汉时期燕蓟地区建置的考证，张振松就北京地区汉代城址的分类、分布特点、城址与河流关系、城与郭、城门与城楼、城址面积与形状等问题的综述以及对汉代蓟城确切位置和城址规模的考证，尉威对秦汉渔阳郡历史地位的讨论，罗飞对北京地区汉代城址的分布与北京地区水系关系的探讨。此外，在《汉集》所收论著中，马保春还从历史地理角度对北京及附近地区战国秦汉城址的分布规律、自然地理环境、人口发展及人地关系等进行探讨，陈静对北京地区汉代城址的考古发现与研究现状进行总结，刘庆柱对汉代考古发现所反映的古都北京在中国历史上的地位进行论述等。上述调查研究，极大地丰富了对北京地区汉代城市的认识。

2006～2008 年河南省文物考古研究所对内黄县的三杨庄汉代村落遗址又进行了考古发掘与勘探，新发现了7处建筑遗存以及道路、坑塘、垄作农田等遗迹（《中国文物报》1月28日）。2009 年淮北市博物馆在淮北市相山发现了夯土城墙、大型排水设施、冶铁遗址、陶井圈及大量战国至汉代的瓦当、筒瓦、板瓦残片等，推测可能是春秋战国至汉代的相城城址所在地（《中国文物报》9月25日）。位于安徽省固镇的垓下遗址经过2007～2008 年度的发掘，发现有斜压在新石器时代城墙内侧的汉代城墙以及其他汉代遗迹和遗物（《文物研究》第16辑）。其他发现还有：在湖北省郧县龙门堂遗址发现的一处完整的汉代院落遗址（《汉丹集萃——南水北调工程湖北库区出土文物图集》，文物出版社），在重庆市巫山县双龙镇下湾遗址发现的汉代房基（《江汉考古》2期），在河北省丰宁城子梁发现的一座城址（《三普》），在河北省磁县南城遗址发现的汉代渠沟遗迹（《中国文物报》2月25日），以及在河南省三门峡市（《三门峡南交口》，科学出版社）、桐柏县（《江汉考古》3期）等地发现的汉代遗址，在湖南省郴州发现的湘粤古道（《三普》）等。

2007 年10月在湖南龙山县召开了“中国里耶古城·秦简与秦文化国际学术研讨会”，会议论文集于本年度出版。所收论文中，白云翔对里耶古城及其附近地区的秦和西汉时期遗存进行了梳理，并与关中、中原地区的同时期遗存进行比较，讨论了秦和西汉时期物质文化的统一性和地域性及其动因；龙京沙围绕里耶古城遗址中墓葬与城址的关系、城址与周边重要遗址的关系等问题，讨论了湘西在历史时期的地位；刘彬徽对里耶古城第一、二期文化内涵从文化因素的角度进行了分析；高崇文将湖南里耶古城和秦简的发现与陕西商洛丹凤古城和楚墓的发现结合起来，探讨了秦楚关系，并就里耶秦简中无黔中郡的历史背景进行了分析（均见《里集》）。

陈博、孙璐对已发现的“三辅”地区汉代城址所呈现出的以长安城为中心分层环绕的布局模式进行了探讨，认为其产生当与先秦时期的“环状政区”观念存在密切联系（《文博》2期）。后晓荣对秦南郡置县情况进行了考证，认为秦南郡置有18县（《西部考古》第四辑）。刘建安对秦汉鄣郡的建置与沿革进行了详细的梳理（《浙江省文物考古研究所学刊》第九辑）。此外，关于秦汉代郡平邑城（《文物世界》1期）、汉敦煌郡的部分属县（《陇右文博》1期）、汉榆中县古城（《敦煌学辑刊》4期）、新疆和田地区民丰县安迪尔古城遗址（《江汉考古》2期）等也都有新的调查或研究成果发表。

二　秦汉墓葬的发现与研究

秦始皇陵园的考古工作又有新进展。继2008年的大规模勘探（《考古与文物》2期）之后，2009年6月兵马俑坑在时隔24年后进行的第三次发掘成为该年度引人注目的事情（《丝绸之路》15期）。本年度还成功召开了“第二届秦俑及彩绘文物保护与研究国际学术讨论会”（《中国文物报》4月10日）和“秦俑博物馆开馆三十周年国际学术研讨会暨秦俑学第七届年会”（《中国文物报》10月16日，《陕西日报》10月13日），出版了图录《秦始皇帝陵》（文物出版社）和正式报告《秦始皇陵二号兵马俑坑发掘报告（第一分册）》（科学出版社）。后者报道了1994～1997年对二号坑遗址第一阶段的考古发掘收获，详述了二号坑的地层关系与俑坑形制，重点介绍了包括土方工程、木构工程及相关建筑遗迹在内的建筑结构以及出土遗物，就二号坑的建筑构造、修建年代、盗扰与焚烧等问题进行了探讨，认为二号坑的修建完工时间稍晚于一号兵马俑坑，但都是在秦始皇统一后10年时间里的最后两三年内完成的，被焚烧的时间一样，都是秦代末年的兵燹造成的。

王学理对33代秦君的葬地进行了分析，推断了雍都陵园各分园的墓主，并对秦国君王陵墓同都城的关系进行了探索（《周秦文明论丛》第二辑）。张卫星讨论了秦始皇陵葬制的突破，认为秦始皇陵所表现出的葬制特征继承的是先秦葬俗中的各种外在形式，但内涵上则突破了传统的约束（《考古与文物》5期）。倪小勇认为秦始皇陵墓园出现的双重城垣反映了秦人此时已树立起以城邦建制来规划陵园布局的指导思想，寝便殿及陵邑的出现开创了帝王陵设邑的先例（《秦汉研究》第三辑）。朱学文阐述了秦始皇陵园在设计规划中变化创新的内容及其变化的原因（《文博》5期）。李银德对有关秦始皇陵地宫的原始文献进行了梳理，对诸如"障"与"穿三泉"、"下铜而致椁"、"旁行三百丈"等记载进行了考古学解读（《蒋赞初先生八秩华诞颂寿纪念论文集》，学苑出版社，以下简称《蒋集》）。武丽娜对秦始皇陵封土的高度进行了探讨，认为文献记载的"五十丈"应为十五丈之误（《文博》5期）。蒋文孝讨论了秦始皇陵陪葬坑的焚烧原因，认为是"秦始皇下葬时一种自焚的葬仪形式"（《文博》5期）。孙伟刚对"戏"之具体所指以及"丽邑"的具体位置进行了探讨，分析了秦始皇帝陵丽邑的功能和作用（《考古与文物》4期）。段清波介绍了秦陵地宫水银的文献记载和科学测试结果，讨论了水银在秦陵地宫中蕴含的非凡象征意义等问题（《里集》）。张君等对有关秦始皇陵修陵劳工线粒体DNA的测试结果进行了介绍，认为修陵劳工来自不同的地方，既有汉族，也有少数民族，其中大多数来自中国南方（《中国文物报》7月1日）。

关于两汉帝陵，近年来进行了大规模的钻探调查工作。刘卫鹏、岳起介绍了2002年对西汉成帝延陵及其周围遗迹进行大规模钻探调查的情况，包括延陵的分布范围、封土、墓道、寝园、东南部遗址、陪葬墓园和陪葬墓等，认为延陵的后陵位于帝陵的西北部，延陵封土东北部500多米处的两座大型墓葬为秦惠文王的公陵，延陵东南700多米处的5座墓葬可能为成帝嫔妃的墓葬（《华夏考古》1期）。陕西省考古研究院公布了2008年汉陵考古队对汉平帝康陵的全面调查和勘探工作的收获、对位于茂陵陵园内西南部的茂陵二号遗址的试掘情况，以及有关阳陵陪葬墓高陵县光明公司M740的发掘收获（《考古与文物》2期）。这些都为两汉帝陵的保护和研究提供了重要参考。此外，2007年11月在凤翔西村发现的西汉初年建筑遗址，推测可能是西汉初对秦先祖陵园祭祀的“陵庙”所在（《考古与文物》2期），也是值得关注的新发现。

杨哲峰对渭北西汉帝陵的布局设计进行了探讨，指出应存在一条设计基线，而且这条基线应是依据咸阳塬的地理特征在西汉初年就已经测定了的（《文物》4期）。刘瑞对《汉书·成帝纪》所载“中陵”的含义进行了考证，认为“中陵”即为中陵园（《考古与文物》3期）。马永嬴就汉代帝陵制度变化的阶段性进行了探讨（《洛集》），并从“将作大匠”的变化讨论了西汉帝陵制度变化的具体过程（《考古与文物》4期）。刘晓东对咸阳杨家湾汉墓所出兵马俑的相关问题进行了探讨，认为该军阵是北军、材官、轻车等常驻京师或京师周围的精锐部队的再现（《文博》2期）。晏新志等对有关汉景帝阳陵的研究进行了回顾和展望（《文博》1期）。

随着“洛阳邙山陵墓群考古调查与勘测”项目的展开，东汉帝陵的考古工作取得了一些新进展。本年度出版的《洛阳汉魏陵墓研究论文集》除收录以往发表的部分相关资料和论著以外，还有一些值得关注的新研究：卢青峰对比文献记载与现在的勘测结果讨论了东汉帝陵的陪葬墓问题，认为与当时家族墓地的兴起关系较为密切；韩国河对东汉陵寝制度与西汉陵寝制度相比所发生的重大变制进行了分析，探讨了封土改为圆形、一条墓道与“室墓”流行、推行上陵之礼等东汉陵寝变制的原因；罗火金介绍了对汉献帝陵和山阳城、浊鹿城的调查情况；王学理对秦汉陵墓的从葬制度进行了研究，探讨了秦汉陵墓从葬坑的设置及其内涵、从葬制度的走势及其消失等问题（均见《洛集》）。

本年度发表的有关汉代诸侯王墓的新资料很少，但相关研究却异常活跃，论著不下30余篇，重点围绕北京大葆台汉墓、徐州西汉楚王墓、望城风篷岭汉墓等展开了讨论。

2008～2009年在西安市南郊凤栖原发掘了一处级别较高的西汉家族墓地，发现有以壕沟围绕的近长方形墓园，以及从葬坑、祭祀建筑基址等，同时清理了8座汉墓，包括大型积沙积石积炭墓1座、积沙墓1座、砖室墓2座、土洞墓4座，其中带封土的甲字形大墓M8位于墓园中心位置，尽管被盗扰，仍出土了彩绘陶器、釉陶器、青铜器、封泥等文物以及较完整的兔、牛等动物骨骼。据称这是目前唯一经过完整发掘的属于“王、侯”级别的汉代家族墓地，为秦汉高等级墓葬制度的研究提供了新的资料（《考古与文物》2 期、5 期）。

黄展岳对《北京大葆台汉墓》报告中存在的疏漏和判断失当的地方提出了自己的意见，认为原报告所说的“后室”应正名“便房”，前室通往墓道的地段是暂时的过道，而非甬道。靳宝分析了大葆台汉墓葬制的成因。白岩对大葆台汉墓使用木材的情况与北京地区生态环境的恶化进行了探讨。卢兆荫从礼仪用玉、丧葬用玉和装饰用玉三方面对大葆台汉墓与满城汉墓出土的玉器进行了对比研究，对西汉中期汉玉风格的形成、西汉中晚期玉器进一步发展演变的若干轨迹进行了探讨。罗飞介绍了大葆台汉墓出土的玉器，并对旧玉改制问题进行了探讨。刘敏以大葆台汉墓为例，讨论了西汉朝廷与诸侯王国的关系。白云翔以大葆台汉墓为出发点，通过与其他诸侯王墓葬制的比较，放在汉代文化的大背景下讨论了汉代物质文化的统一性与多样性问题。黄燕对大葆台汉墓的研究状况进行了综述。至于北京大葆台汉墓的墓主，仍有不同认识：周正义认为是广阳顷王刘建；吴荣曾则考订为刘璜；高崇文支持大葆台一号汉墓为广阳王刘建之墓的看法，指出老山汉墓墓主是广阳穆王刘舜之王后或广阳思王刘璜之王后，并以大葆台汉墓为中心，对西汉的“黄肠题凑”葬制上存在争议的“便房”、“正藏”与“外藏”等问题进行了再探讨（以上均见《汉集》）。

葛明宇讨论了徐州北洞山汉墓的年代与墓主问题，认为北洞山汉墓的年代早于狮子山汉墓，墓主应是第二代楚夷王刘郢（客）（《考古》9 期）。葛明宇、王恺还对徐州地区西汉楚王陵墓的考古发掘进行了综述，并探讨了崖洞墓的建造、建筑形制、分期与时代特征等相关问题（《汉集》）。蒋赞初回忆了徐州北洞山西汉楚王墓的发掘过程，认为北洞山楚王墓只可能是楚夷王刘郢客、楚王刘戊、楚文王刘礼、楚安王刘道四人之一的陵墓（《蒋集》）。耿建军讨论了徐州狮子山楚王墓墓内殉葬人位置问题（《蒋集》）。

黎石生对风篷岭 M1 的墓主身份、墓葬年代及相关问题进行了探讨，认为该墓下葬年代当在汉元、成帝之际，墓主张姬最有可能是孝王刘宗之王后，可能与长汤 M1 墓主张端君同出自富平侯张安世家族（《故宫博物院院刊》1 期）。何旭红对风篷岭 M1

中发现的铭文内容进行了综合分析，推断其年代在公元前48至公元前7年之间，墓主为西汉时长沙王炀王刘旦、孝王刘宗、缪王刘鲁三人中某位的王后（《湖南省博物馆馆刊》第五辑）。

王良田总结了芒砀山西汉梁王陵的发现，分析了梁王陵墓地的布局和形制结构（《洛集》）。郑清森对永城芒砀山出土的西汉梁国玉器进行了研究（《中原文物》3期）。刘照建对永城保安山二号墓中发现的3个凹槽提出自己的看法，认为是墓葬修建过程中修墓者为排除积水而特意开凿的排水池（《中国历史文物》2期）。李林娜介绍了南越王墓产生的社会背景，对南越王墓的选址、形制进行了讨论（《汉集》）。汪景辉对安徽六安双墩一号汉墓的发现、墓室结构、出土文物以及双墩汉墓的陵园、六安国王陵墓葬区进行了介绍，认为M1墓主为六安国始封王共王庆（《汉集》）。

综合研究方面，刘瑞对西汉诸侯王陵的封土、墓道与墓向等问题进行了探讨。刘涛讨论了西汉诸侯王木椁墓的形制演变，将其分成了前期和后期两阶段，指出“黄肠题凑”结构的确立和回廊的出现是后期区别于前期的重要标志。陈平对战国秦汉王侯墓“题凑”葬制兴衰过程及其原因进行了考察，提出“黄肠题凑”被定为天子之制可能应始于汉武帝下葬之时，“题凑”衰废跟用材匮乏以及东汉以后砖材的普及有关。李银德讨论了西汉诸侯王大型岩洞墓的建筑工程技术，并分析了岩洞墓开凿的定位、定向、预制等技术及其效仿宫室与规划设计特点。洪石对两汉诸侯王墓出土的各类枕进行了研究。杨爱国认为东汉诸侯王丧葬礼俗演变反映出同姓诸侯王势力日趋没落、以家庭为单位的地方豪强势力的日益膨胀（以上均见《汉集》）。刘振东总结了东汉诸侯王墓的考古发现与研究，并对东汉诸侯王墓的地面建制、墓葬形制、随葬品特征及玉衣敛服等问题进行了探讨（《洛集》）。赵化成、虞丽琦对秦汉陵墓中大量人俑随葬的现象进行了探讨，认为人俑是人殉的代替，具有一定的巫术意义，而大凡应当有墓主存在的地方或位置一般都是空缺状，这种“尊者无形”的特点主要是流行于中原地区的王朝（《俞集》）。

一般墓葬 除帝陵、诸侯王之类高等级墓葬以外，本年度新公布的普通秦汉墓葬资料约2000余座，主要分布于陕西、河南、北京、山东、湖北、重庆等地，有关汉墓的区域研究也有一些新成果发表。

作为《西安龙首原汉墓》(1999年)和《长安汉墓》(2004年)的续篇，由西安市文物保护考古所编著的《西安东汉墓》(文物出版社)于本年度出版，共选取98座东汉墓资料进行了详尽的报道，包括每座墓的形制与出土的随葬品，然后对墓葬形制以及陶器、陶俑、铜镜、铜钱等随葬品进行了类型学研究，并专门讨论了镇墓器物与镇墓文、合葬礼俗与家族墓地等问题，报告将这批墓葬分为东汉初期、东汉早期、东汉中期、东汉晚期、东汉末至曹魏等五期，为进一步丰富和完善西安地区的汉墓编年工作提供了重要参考。

新报道的西安地区的其他汉墓资料主要还有2001年春在长安区义井乡荆寺二村东发掘清理的9座西汉早期墓(《考古与文物》4期)、2007年在北郊张家堡发掘的1座编号为M115的新莽时期墓葬(《文物》5期)等。后者为长斜坡墓道竖穴土圹砖室墓，出土了包括4件大釉陶鼎、20件小釉陶鼎以及5件铜鼎在内的大量遗物。尤其是5件铜鼎的形制、纹饰完全相同，被认为是一套列鼎，并与4件大釉陶鼎的大小接近，构成九鼎组合。张小丽对此撰文进行了专门探讨，认为它们在纹饰上仿制西周铜鼎纹饰，在数量方面严格遵照周礼规定，应与王莽托古改制紧密相关，是特定历史环境下的产物(《文物》5期)。肖健一通过文化因素的比较，对长安地区秦、汉、西晋时期中小型墓葬的演变进行了研究(《洛集》)。

商洛地区的汉代崖墓是近年陕西汉代考古的一项新发现。2008年在商南县富水镇附近清理的一批汉墓中，除了有崖墓、崖洞砖室墓以外，还有竖穴石坑墓和竖穴石坑砖室墓，进一步丰富了对当地墓葬形制的认识(《中国文物报》5月29日)。刘卫鹏对2005年陕西省高陵县出土的东汉建和三年朱书陶瓶的朱书文字进行了考释(《文物》12期)。滕铭予对宝鸡建河墓地的年代提出了不同意见，认为大体上起自战国晚期，历经秦代，部分墓葬的年代已进入西汉时期(《边疆考古研究》第8辑，科学出版社)。

山西省新发表的汉墓资料较少，主要有2007年在屯留清理的10座汉墓(《文物世界》2期、《考古》4期)以及1995年在离石发掘的1座画像石墓(《文物》11期)。另外郭俊卿著《忻州考古研究》(中国社会出版社)介绍了在忻州市田村、北甲扑等地清理的部分东汉墓资料。

河南省本年度发表的汉墓资料主要有：1997～1998年在三门峡南交口遗址清理的11座（《三门峡南交口》，科学出版社）、2005年在新乡老道井墓地清理的9座（《四川文物》6期）、2006年在新乡金灯市墓群清理的15座（《华夏考古》1期）、2000年在许昌市仓库路发掘的32座（《华夏考古》4期）、2006年在镇平县程庄墓地发掘的3座（《华夏考古》4期）等。其中三门峡南交口东汉墓M17形制较大，为长斜坡墓道砖券多室墓，外有土冢和围墓沟，随葬器物十分丰富，值得关注的是在墓室底部的铺砖下还清理出5个陶质镇墓瓶，按东、南、中、西、北“五行”方位埋置，瓶内装有五种矿石，瓶腹有朱书陶文。郝本性、魏兴涛撰文对这5个镇墓瓶朱书文进行了释读，认为镇墓瓶上的朱书文所体现的是阴阳五行思想，在当时人们的心目中有着解注、安冢、镇墓的作用，与天师道紧密相关，为研究早期道教的形成与发展提供了新的重要资料（《文物》3期）。此外，2005～2007年的河南南水北调中线工程（《河南省南水北调工程考古发掘出土文物集萃（一）》）、2008年郑州普罗旺市住宅小区工程（《中国文物报》9月25日）也都新发现了大量的秦汉时期墓葬，但正式发掘报告还有待整理公布。杨哲峰以洛阳烧沟和西郊两处汉墓群的资料为中心，对洛阳地区汉代多人葬的种类、数量、多人葬与墓葬形制的关系以及多人葬的阶段性变化进行了统计分析，认为多人葬在汉代当地的丧葬习俗中并不居于主流，至于其出现的原因，除了家族观念的强化、土地所有制变革导致的丧葬制度或风俗的变化外，疾疫或其他原因导致的对非正常死亡者的丧葬安排也是不应忽视的（《洛集》）。周立刚、楚小龙对河南荥阳薛村汉代合葬墓的合葬形式、合葬行为的时间性、随葬特征、合葬墓的性质进行了分析研究（《江汉考古》4期）。

北京地区近几年来配合大量工程建设所发掘的古代墓葬数量猛增，其中也包括了不少汉代墓葬。除2008年已发表的延庆南菜园、房山南正和岩上墓群以外，本年度新公布的主要有2003～2005年在北京亦庄经济技术开发区清理的56座东汉墓（《北京亦庄考古发掘报告：2003～2005》，科学出版社）、2006～2007年在平谷杜辛庄遗址发掘的17座汉墓（《平谷杜辛庄遗址》，科学出版社）。另据张治强介绍，2007年在大兴区亦庄开发区10号墓地还发掘了59座汉墓、

2007年在丰台区王佐乡的西王佐村发掘了37座汉墓（《汉集》）。胡传耸《北京地区汉代墓葬初步研究》（收入《平谷杜辛庄遗址》）对北京地区汉墓形制和常见陶器进行了类型学研究，共分为七大期并总结了墓葬特征。孙波对包括北京在内的幽燕地区的汉代墓葬进行了类型划分和分期研究（《汉集》）。王浩对燕北五郡及其周边地区汉代墓葬进行了分区和分期研究，比较了各区汉墓所表现出来的文化面貌、葬俗和葬制的特点及发展演变（《汉集》）。陈业新结合文献与考古材料分析了两汉时期幽燕地区的社会风习及其形成的动因和影响（《汉集》）。

山东省是本年度新发表汉墓资料数量最多的省区。由山东省文物考古研究所编著的《鲁中南汉墓》（文物出版社）综合报道了1998～2000年间配合铁路、公路建设在滕州封山、东郑庄、东小宫、顾庙，兖州徐家营，曲阜花山、柴峪，嘉祥长直集共八处墓地清理发掘的1675座汉墓，时代涵盖了从西汉早期到东汉晚期各个时段。其中石椁墓数量最多，总数近千座，此外还有一定数量的土坑墓、木椁墓、砖椁墓、以及少量空心砖墓和瓮棺葬等，出土了大量遗物，对于建立鲁中南地区汉墓的考古学编年具有重要的意义。零散报道的还有莱州（《华夏考古》1期）、微山（《考古》10期）、东平等地的发现，汉墓数量也有数十座之多。李曰训对鲁南汉墓出土的彩绘陶器进行了分类与分期研究，总结了其基本特点及规律，并讨论了制作工艺与艺术风格问题（《汉集》）。

江苏、安徽、浙江一带新发表的汉墓资料散见于江苏邗江（《东南文化》4期）、仪征（《东南文化》4期）、南京（《考古》1期，《东南文化》4期）、徐州（《考古》4期）、铜山（《中原文物》3期）和安徽霍邱（《东南文化》4期）、涡阳（《文物研究》第16辑）、广德（《文物研究》第16辑）等地，累计约30余座，其中也有不少重要的发现。刘尊志对徐州地区的汉代夫妻合葬墓进行了研究（《南方文物》4期）。孙基然讨论了安徽阜阳西汉汝阴侯墓所出的太一九宫式盘的相关问题（《考古》6期）。李晖达介绍了浙江地区汉墓出土的炊爨明器（《浙江省文物考古研究所学刊》第九辑）。

本年度湖北发表的秦汉墓资料较丰富。《老河口九里山秦汉墓》（文物出版社）公布了2005～2006年在老河口市九里山墓地发掘的193座秦汉墓葬材料，包括竖穴土坑墓、木椁墓、砖室墓、砖木合构墓等墓葬类型，出土了大量遗物。报告按时代将秦墓、汉墓分开报道。其中秦墓分两期，汉墓分四期六段，时代上起公元前279年秦占本区的战国晚期后段，下到公元40年的东汉初年。发掘者认为这是一处统筹规划、集中管理、长期使用的大型低等贵族、中小地主和平民的公共墓地，为探讨鄂西北地区秦汉时期的文化变迁提供了重要的资料。2007年在荆州市关沮乡发掘的谢家桥一号汉墓，为带墓道的长方形竖穴土坑木椁墓，棺椁保存完好，出土了大量遗物，许多都是非常难得的精品。根据墓中竹牍记载，发掘者推断其下葬年代为西汉吕后五年十一月二十八日（前184年12月26日）（《文物》4期）。《荆州荆南寺》（文物出版社）还报道了1984年至1992年间在荆南寺遗址发掘的33座西汉墓资料，出土的一批“陶胎漆器”也值得关注。

湘赣两省报道的汉墓资料均较少，散见于江西泰和、修水（均见《南方文物》4期），湖南平江（《湖南省博物馆馆刊》第5辑）、衡东和衡南（均见《湖南考古辑刊》第8集）等地，数量仅十余座，均为中小型墓葬，出土遗物也较贫乏。

重庆市本年度新发表的秦汉墓葬资料主要见于巫山下湾和土城坡（《江汉考古》2期）、奉节赵家湾（《江汉考古》1期）以及丰都天平丘（《考古与文物》2期）等地，共计40余座，包括土坑墓、木椁墓、空心砖墓、砖室墓、石室墓、崖墓等墓葬类型，出土了一批值得关注的釉陶器和青铜器，进一步丰富了峡江地区的秦汉物质文化资料。吴桂兵联系西部的四川盆地及东部的江汉平原的情况，对长江三峡地区秦文化因素遗存进行了辨析（《蒋集》）。

2007年在四川自贡市沿滩区黄泥土山发现一处崖墓群，并清理了5座，其中有3座被断为东汉时期（《四川文物》1期）。晏满玲对近年来四川泸州地区崖墓调查发掘资料进行了整理，介绍了当地的崖墓分布、崖墓结构及葬具、随葬品、石棺画像的题材等情况（《四川文物》4期）。霍巍对四川中江塔梁子东汉崖墓M3的榜题进行了补释，认为榜题中的“襄人”意指来自襄地之胡人，与东汉时期居于甘青河湟地区的“羌胡”有着密切的关系（《文物》6期）。赵瑞民也对中江塔梁子崖墓M3壁画榜题的有关内容作了考释和句读，认为此墓应是文氏家族墓，壁画所绘为文氏数代（《四川文物》

4期）。王子今以四川汉代崖墓资料为例，提出瓦当与檐椽就数量与位置而言未必对应，从而认为古来释瓦当为“椽头饰”、“椽头当”的说法并不确当（《四川文物》1期）。苏奎对1996年成都市青白江区跃进村汉墓出土的1件人马陶灯及其相关问题进行了探讨（《中国历史文物》1期）。

三　秦汉边疆考古

北方和西北地区　近年来关于游牧民族的聚落问题有不少新的发现。2006～2007年在新疆巴里坤东黑沟遗址进行的考古发掘就是其中重要的一项，共清理了高台1座、石围居址4座、中小型墓葬12座，出土了大量遗物。发掘者认为墓葬年代大致为西汉前期，而且墓葬与高台、石围居址可能属于同一考古学文化的遗存（《考古》1期）。王建新、席琳对分布在东天山地区包括东黑沟遗址在内的早期游牧文化遗存进行了考古学研究，根据不同遗址群的文化特征，提出了与月氏文化或匈奴文化之间的关联性（《考古》1期）。张凤在分析东黑沟遗址的石筑高台和居址之后，推测其时代大致是春秋至秦汉时期，与此期间在该地区活动过的月氏、匈奴等古民族有关（《西部考古》第四辑）。此外，2007年在内蒙古通辽市扎鲁特旗达米花村发现的鲜卑时期的村落遗址，也值得注意。据称该遗址东西长约620、南北宽约410米，地表散落大量陶片及兽骨，还能看出一排排的灰土圈，似为房址，年代约东汉早期（《内蒙古文物考古》1期）。

其他主要发现还有：2005年在内蒙古托克托县古城村清理的2座砖室墓（《内蒙古文物考古》2期），2006年在内蒙古额济纳旗清理的砾石沙梁墓葬（《内蒙古文物考古》2期），1990年在内蒙古和林格尔县新店子乡榆林村西北发掘的汉代窑址（《内蒙古文物考古》1期），2003年底至2004年初在宁夏固原南塬发掘的3座汉代墓葬（《固原南塬汉唐墓地》，文物出版社），2002年在宁夏西吉县保林村四队发掘的1座汉代砖室墓（《陇右文博》2期），2005年在甘肃武威磨嘴子汉墓群清理的1座汉代土洞墓（《陇右文博》1期），2008年在甘肃永昌县水泉子汉墓群抢救性发掘的15座汉代墓葬（《文物》10期）等。王明芳介绍了2003～2004年乌鲁木齐市刑警大队移交新疆维吾尔自治区博物馆的纺织品，共31件，其中年代最早的可以到汉代（《文物》2期）。杜林渊、张小兵对宁夏地区汉代墓葬反映的历史问题进行了探讨（《宁夏大学学报（哲社版）》6期）。

近年中国考古工作者也开始参与蒙古国境内的考古工作。2007年6月~9月中蒙联合考古队在蒙古国后杭爱省浩腾特苏木胡拉哈山谷进行了考古发掘，所清理的15座不同时期的墓葬中有个别被认为是与匈奴有关（《考古》第6期）。安纬、奚芷芳对蒙古境内的匈奴贵族墓地进行了初步研究（《考古学报》1期）。潘玲探讨了俄罗斯外贝加尔地区匈奴遗存的年代问题，划分出年代主体在西汉中期和年代主体在东汉前期的两个不同时期的遗存（《华夏考古》4期），并就两汉时期东北地区和长城地带具有明显北方民族文化因素的墓葬中所见的三种耳坠进行了研究（《新果集》，科学出版社）。单月英在全面考察各地区匈奴墓葬的基础上，对匈奴墓葬的特征、埋葬礼仪、地域差异等进行了分析，将匈奴墓葬划分为三个发展阶段和三个大的区域（《考古学报》1期）。翟晓兰探讨了匈奴帝国建立前后的文化分布与传播（《文博》1期）。赵斌、张睿丽对秦汉时期匈奴服饰进行了研究（《西部考古》第四辑）。马利清、宋远茹讨论了内蒙古准格尔旗大饭铺墓地族属和年代，认为该墓地应属于东汉时期匈奴遗存（《北方文物》1期）。乔梁对匈奴、鲜卑的金属牌饰进行了综合研究，总结了匈奴和鲜卑牌饰的异同（《俞集》）。孙危分析了鲜卑墓葬中的“毁器”葬俗问题（《边疆考古研究》第8辑）。

2008年9月在内蒙古鄂尔多斯召开了“鄂尔多斯青铜器国际学术研讨会”，会议论文集《鄂尔多斯青铜器国际学术研讨会论文集》（科学出版社）于本年度出版，所收论文中与秦汉时期匈奴考古密切相关的主要有：蒙古的德·额尔德尼巴特尔、彻·阿木尔图布信分别介绍了蒙古—美国联合考古队2001年、2005年在蒙古国进行的匈奴墓葬发掘工作，并分别就匈奴贵族墓葬的特点和匈奴墓葬出土器物中的“舶来品”进行了讨论；秋山进午（日）对新出土的汉颁发给匈奴的三方官印进行了考证；傅宁探讨了匈奴在汉王朝和西方的经济文化交往中的贡献等。其他诸如王仁湘《鄂尔多斯式铜带扣研究》、林沄《从东黑沟出土的有角神兽牌饰谈起》、吴江原（韩）《内蒙古中南部地区的青铜器至初期铁器时代文化及其社会》、A. A. 科瓦列夫（俄）《公元前4~前2世纪楼烦的方位及其对中原和南方地区文化的影响》、田中裕子（日）《中国北方草原地带早期铁器的传播与发展》、高滨秀（日）《欧亚草原的非金属牌饰》、Catrin Kost M. A.（德）《战国至西汉时期北方动物纹饰牌寓意研究》、常华安（台湾）《替亚洲东部的斯基泰——萨尔马特文物断代》等论文也都牵涉到秦汉时期的北方民族考古内容；张海斌对内蒙古鄂托克旗凤凰山1号汉墓壁画内容进行了分析，认为反映的是东汉前期进入这一地区的羌人的生活情况；肖明华讨论了北方草原青铜文化与云南青铜文化的相似元素。

关于河套地区的汉代边塞遗存（《汉集》）、河北境内的秦汉长城（《文物春秋》3期）、河西的塹（《华夏考古》2期）、两汉时期凉州的畜牧业问题（《敦煌学辑刊》4期）、乌孙故地及相关问题（《敦煌研究》1期）、祁连、焉支山的地望（《敦煌研究》4期）、丝绸之路东段南线长安至陇山段的路线（《秦汉研究》第三辑）、汉唐丝路的驿站（《丝绸之路》12期）、内蒙古岱海地区饮牛沟墓地的形态和社会结构（《北方文物》1期）、秦汉时期幽燕地区的民族关系（《汉集》）、汉武帝对北方地区的经营及其影响（《内蒙古文物考古》1期）、汉代边关文明的代价（《汉集》）、青海大通上孙家寨汉晋墓出土银壶的异域风格（《考古》5期）等，也都有文章讨论。

本年度在中国兰州（《敦煌学辑刊》3期）、银川（《中国文物报》9月4日）、北京（《中国文物报》11月25日）以及哈萨克斯坦的阿拉木图市（《敦煌学辑刊》3期）等地召开了以“丝绸之路”或“汉唐西域考古”为主题的国际学术研讨会。新出版的相关专著有王博、祁小山《丝绸之路草原石人研究》（新疆人民出版社）、李肖兵《丝绸之路服饰研究》（新疆人民出版社），盖山林、盖志浩《丝绸之路岩画研究》（新疆人民出版社），以及早年斯坦因（英）《古代和田——中国新疆考古发掘的详细报告》的中文版（山东出版集团、山东人民出版社）等。

东北地区 新报道的考古资料主要有：1986年黑龙江肇源白金宝遗址的第三次发掘资料，其中属于汉书二期文化的20座灰坑年代大致相当于战国至西汉时期，出土了陶器、铜器、石器和骨器等（《肇源白金宝：嫩江下游一处青铜时代遗址的揭示》，科学出版社）。2000年对黑龙江省宝清县炮台山汉魏城址的试掘，清理半地穴式房址1座、灰坑3个，出土了陶、石、骨角、铁器等约40件（《文物》6期）。

2007、2008年两次发掘黑龙江省方正县松南乡于家屯汉代遗址，清理房址9座、灰坑3座、墓葬4座，出土各类遗物近500件，中心凹底、周围有缓坡二层台的房址在黑龙江省尚属首次发现（《文物》6期）。《吉林集安高句丽墓葬报告集》（科学出版社）收录了1962～2003年吉林省内高句丽墓葬的调查、发掘报告35篇，其中2003年调查清理的集安JSZM145，为阶墙式阶坛石圹墓，年代为公元1世纪前后。1988～1998年间在辽宁岫岩县城南清理了4处遗址，发现了灰坑、灶址等年代大致在战国晚期至西汉初期的遗迹（《北方文物》2期）。《沈阳考古文集》第2集（科学出版社）集中报道了在沈阳上伯官屯、下伯官屯、热闹路天主教修女院、大南街等地清理的10余座汉代墓葬和在"皇太极商业广场"发现的属于汉魏时期的遗迹。此外见于报道的还有在大连营城子（《中国文物报》8月14日）、营口市归州镇槐树房村（《中国文物报》2月20日）、辽阳市苗圃（《中国文物报》1月23日）等地的发掘收获，新发现的汉代墓葬不下200座。

于俊玉、孙玉铁介绍了2005年6月在辽宁朝阳县袁台子村发现40余件矩形牌饰陶范，认为年代应在东汉到魏晋时期，与慕容鲜卑有关（《北方文物》2期）。赵宾福对汉书二期文化进行了研究，将汉书二期文化分为三期，其年代分别相当于战国早期、战国晚期、西汉时期（《边疆考古研究》第8辑）。刘景文对夫余族的生活习俗与审美情趣进行了分析，认为把白金宝文化、汉书文化推定为夫余先人——槖离文化是可信的（《新果集》）。李俊方、魏舶探讨了汉晋时期护乌桓校尉职官的性质及其演变（《北方文物》4期）。刘子敏对高句丽大武神王进行了研究（《北方文物》2期）。李新全对"高句丽"这一名称的形成与含义进行了解读（《新果集》）。此外，还有文章对一些在东北地区古代文化中具有鲜明特征的器物或装饰类型如鸭形陶壶（《文物》6期）、单耳陶杯（《北方文物》2期）、圈点纹（《边疆考古研究》第8辑）等进行了讨论。

东南沿海及岭南地区 熊昭明、谢广维对广西西汉中晚期墓葬中发现的外藏椁进行了研究。麦英豪、黎金对南越木简的部分释文和注释进行了补释，结合南越木简内容分析了赵佗与秦造船场的关系，讨论了南越国的都城和宫城以及岭南的早期开发情况，并对赵佗称帝的原因进行了分析。蒋廷瑜结合合浦汉墓等的发现分析了合浦海港的繁荣。彭书琳就岭南发现的汉代陶篹进行了探讨（以上均见《汉集》）。郑君雷考证了南越国“西于王”的事迹（《新果集》）。曲用心讨论了岭南地区西汉早期青铜器的特征及成因（《东南文化》4期）。杨哲峰对《里耶发掘报告》中所见的来自岭南的器物和模仿岭南风格的器物进行了梳理，讨论了汉代岭南与湘西里耶之间的物质文化交流问题（《中国文物报》10月30日）。新出版的相关专著有曹劲《先秦两汉岭南建筑研究》（科学出版社）、覃升敏《骆越画魂：花山崖壁画之谜》（广西人民出版社）、陆敬严《中国悬棺研究——中国悬棺问题的理论与实践》（同济大学出版社），以及蒋廷瑜《桂岭考古论文集》（科学出版社）等。2008年12月4~6日在广州召开了“西汉南越国考古与汉文化国际学术研讨会”，洪石、易西兵介绍了会议情况（《考古》6期）。

西南地区 《晋宁石寨山：第五次发掘报告》（文物出版社）公布了1996年发掘的36座墓葬资料，其中大型墓2座、小型墓34座，全为土坑竖穴墓，出土了包括青铜器、铜铁合制器、金器、银器、玉石器、玛瑙器、绿松石器、陶器、铁器、石器、木器和骨器等在内的大量文物。报告认为可分为早晚两期，小型墓葬时代为春秋早期，而规模最大的M71可能为西汉中期以前至西汉早期乃至更早的某代滇王墓。2008年在云南泸西县大逸圃墓地抢救发掘墓葬190座，均为长方形竖穴土坑墓，出土随葬器物300余件，发掘者推测年代自战国末至西汉晚期，其中铜器最有特色（《四川文物》3期）。2006~2009年在云南省澄江县金莲山发掘了400余座年代大致相当于春秋至东汉初期的墓葬，出土了包括典型石寨山文化器物在内的大量文物，并发现了墓葬分区现象以及祭祀遗迹、村落遗址等（《中国文物报》12月4日）。樊海涛对早年云南晋宁石寨山第13号墓出土的刻纹铜片上的图画文字进行了再研究（《考古》1期）。王樾讨论了1972年出土于云南江川李家山的虎牛祭案的定名与用途（《中国文物报》12月2日）。彭长林对滇文化起源的成因进行了初步分析（《边疆民族考古与民族考古学集刊》第一集）。周志清概述了元江流域青铜文化的发现与基本面貌，并进行了文化因素分析（《考古与文物》3期）。

1987年、1999年、2001年，四川省的考古工作者对位于凉山盐源县的老龙头墓地进行了三次抢救性发掘，共清理11座墓。《老龙头墓地与盐源青铜器》（文物出版社）全面报道了后两次发掘的8座墓葬资料，并对2007年及其之前征集的相关文物进行了收集整理，指出老龙头墓地及盐源青铜器的主体属于西汉时期，有的可能早至战国，并就其多元的文化因素与周边地区的青铜文化进行了比较，推定为笮人的遗存。与盐源同处川西南的凉山昭觉，2005年清理了年代为战国至东汉的13座石棺墓和1座石盖墓（《考古》4期）。2009年7月在西昌召开的“藏彝羌走廊暨中国西部石棺葬文化研讨会”上，又介绍了一些新的考古发现（《四川文物》6期）。何锟宇对岷江上游地区的石棺葬进行了分期研究，共分为三期8段（《四川文物》4期）。罗二虎、李晓通过梳理岷江上游地区约公元前1000年至公元200年以石棺葬文化为主体的文化演变，讨论了当地文化的汉化过程（《汉集》）。

此外，关于贵州西南地区的青铜文化（《四川文物》3期）、赫章可乐墓地的套头葬（《考古》12期）、夜郎的竹崇拜（《汉集》）、夜郎文化的多元性（《南方文物》4期）、古代西南地区“杖”制（《四川文物》2期），以及西南丝路沿线的文化传播（《汉集》）等，也都有新的论著发表。相关专著还有朱世学《三峡考古与巴文化研究》（科学出版社）等。

四　秦汉美术考古

近年来在陕西、山东、河南等地又新发现了一些汉代壁画墓。本年度新报道的主要是2005年6月在陕西靖边县杨桥畔一处取土场发现的1座东汉壁画墓，为斜坡墓道前后室砖室墓，墓室内壁绘有枋、斗栱、立柱等仿木结构以及包括粮仓、劳作、车马、人物、百戏、神仙、祥云、仙兽等题材在内的精美壁画（《文物》2期）。这是继定边县郝滩壁画墓之后，陕北汉代壁画的又一重要发现，王望生还专文介绍了该墓的发现与研究（《秦汉研究》第三辑）。2007～2008年配合铁路建设在靖边县老坟梁又发现1处单纯的大型汉代墓地，发现墓葬近200座，在已发掘的部分墓葬中也发现有青龙白虎、车马出行、歌舞宴饮、农耕生产、人物故事以及驾鹤升仙等题材的壁画，进一步丰富了陕北汉墓壁画的内容（《考古与文物》2期）。2008年11月在西安曲江翠竹园小区基建工程中发掘的1座西汉大型壁画墓，也是十分重要的新发现（《2008中国重要考古发现》)。

2007年在山东东平县清理发掘18座汉墓，其中采用石构或砖石合构的3座墓内饰有壁画，徐军平等撰文介绍了有关情况，并对在石壁上绘制壁画的制作工艺进行了探讨（《文博》6期)。曹建强介绍中国农业博物馆2008年7月在洛阳征集到的1组汉代壁画空心砖，据称出土于偃师县1座新莽时期墓葬（《文博》4期)。张应桥对主要见于洛阳等地汉墓壁画中的猪首怪人形象进行了讨论（《文博》4期)。赵莉对近年甘肃考古发现的汉、魏晋时期伏羲、女娲图像进行了梳理（《丝绸之路》22期)。陈永志、黑田彰对和林格尔汉墓壁画中的孝子传图进行了专门整理研究（《和林格尔汉墓壁画孝子传图辑录》，文物出版社)。

汉代石刻画像方面，本年度报道的资料数量较多，主要分布于陕西、山西、山东、河南、江苏等地，相关研究也十分活跃。

陕北米脂为画像石墓分布较集中的地区。2005年3~5月在米脂官庄又发掘了3座东汉画像石墓，共出土画像石43块，题材内容十分丰富。《米脂官庄画像石墓》（文物出版社）详细报道了这3座墓的发掘资料以及每块画像石的内容，并附有精彩的图版。报告中还附录了由姬翔月整理的《米脂官庄历年发现的画像石》一文，介绍了1971年以后至2005年之前米脂县博物馆收藏的86块画像石资料。2008年陕西省考古研究院在陕西神木大保当镇南侧又发掘了19座汉代墓葬，其中有2座为画像石墓，共出土了10块画像石（《考古与文物》2期)。关于神木大保当汉画像石的文化内涵与艺术特色（《陕西历史博物馆馆刊》第16辑）以及“形质”问题（《丝绸之路》20期)、陕北汉墓画像石门扉图像（《四川文物》5期)、陕北画像石中的舞蹈图（《陕西历史博物馆馆刊》第16辑）和狩猎题材（同上）以及守墓神祇（《第三届中国俗文化国际学术研讨会暨项楚教授七十华诞学术讨论会论文集》)等，本年度均有文章讨论。

与陕北邻近的晋西离石一带也常发现汉代的画像石墓。新报道的是1995年秋在离石马茂庄村清理的1座纪年墓，砖石合构，整体平面呈“十”字形，共出土13块画像石。根据刻铭，墓葬年代为建宁四年（171年）十二月（《文物》11期)。刘宇统、刘文进对离石市汉画像石博物馆所藏奏乐画像石作了图像分析和考释（《丝绸之路》8期)。

鲁中南地区是历来发现汉画像石墓数量最集中的地区之一。

2003～2005年在微山县微山岛清理的8座画像石椁墓共出土了38块画像石（《考古》10期）。而在《鲁中南汉墓》公布的上千座石椁墓中，大约80余座发现有石刻画像。依据报告分期，在属于西汉早中期的200余座石椁墓中，24座有石刻画像，以阴线刻为主，流行几何图案以及树纹、穿璧纹、房屋、鱼鸟等简单画面。这对于探讨汉代石刻画像的起源及其早期特征无疑都是十分重要的资料。张适讨论了早年报道的沂南画像石墓的建筑设计（《湖南省博物馆馆刊》第五辑），吕宜乐则对该墓中乐舞百戏图的内容进行了考释（《汉集》）。周晓莉对临沂出土汉代画像石的题材内容进行了概述（《丝绸之路》14期），还从费县东汉墓画像石出发讨论了秦汉时期的楼台亭阁建筑问题（《南方文物》4期）。

邻近鲁南的徐州地区也是汉代画像石分布集中的区域。1997年在江苏铜山县汉王镇发掘的班井四号墓，为十字形砖石混合结构墓葬，年代当为东汉晚期前后或略晚至魏晋，墓中出土了3块画像石，被认为是一种“再利用”（《中原文物》3期）。杨孝军对近年徐州汉画像石馆新征集到的13件画像石进行了介绍（《东南文化》4期），并撰文对徐州所见反映牛的15件汉画像石材料进行了梳理（《文物世界》3期）。

河南省新发表的汉画像石资料不多。张桂云介绍了1988年河南省扶沟县尹郭村1座汉代砖石墓中出土的一套完整画像石墓门（《中原文物》5期）。还有学者讨论了南阳汉画像石的发展演变与分期（《中原文物》1期）、南阳杨官寺汉画像石墓的年代（《中原文物》6期）以及南阳汉画像石艺术对南北朝南阳雕塑艺术的影响（《春华秋实》，三秦出版社）等问题。

关于河南许昌（《华夏考古》4期）、陕西平利（《四川文物》5期）、四川凉山（《丝路汉痕——凉山汉晋砖集粹》，巴蜀书社）等地的汉代画像砖，也有新资料或研究发表。黄剑华探讨了汉代画像墓葬的种类与表现手法（《华夏考古》1期）。黄雅峰对1973年发现的浙江海宁汉画像石墓资料进行了重新整理研究，并提出了关于保护利用的方法与思路（《海宁汉画像石墓研究》，浙江大学出版社）。欧阳摩一讨论了汉代墓地石祠堂、墓阙和墓室的造价问题（《四川文物》1期），还对某些画像石文字进行了考释（《东南文化》4期）。其他诸如关于嵩山汉三阙（《中国文化遗产》3

期)、江苏徐州出上的汉代陵墓石雕（《四川文物》第1期)、早年在四川发现的王晖石棺(《四川文物》5期)、汉代画像石的构图风格（《中原文物》5期)、画像石刻所见拜谒礼俗(《东南文化》4期)、“孔子见老子图”（《华夏考古》2期)、胡汉战争图（《俞集》)、“天门悬壁”图（《四川文物》1期)、“龙生十子”图（《四川文物》2期)、山水图像（《四川文物》1期；《汉集》)、舞蹈艺术（《春华秋实》)、农耕图像（《农业考古》1期）及其所反映的汉代农业生产技术（《农业考古》3期）等，也都有专文讨论。王明丽还分析了汉代画像中所表现的早期民间道教信仰问题（《中原文物》3期)。马立伟则以汉画为例讨论了汉代的儒学与道德教化（《汉集》)。刘洁分析了汉代祥瑞文化与“天人感应”学说之间的关系（《文博》4期)。黄光琦对两汉时代神灵信仰世界中的西王母进行了研究（《文博》5期)。田苹分析了岭南地区的汉代画像艺术（《华夏考古》3期)。蒋廷瑜对广西罗泊湾汉墓出土的铜器漆画进行了解读（《中国历史文物》4期)。刘希里就汉代民间古俗乐的兴盛和乐舞百戏艺术作了探讨（《农业考古》6期)。综合著作方面，主要有贺西林、李清泉合著的《永生之维——中国墓室壁画史》（高等教育出版社)、郑先兴著《汉画像的社会学研究》（河南大学出版社）等等。张鹏介绍了2008年9月在中国美术学院召开的“考古与艺术史的交汇”国际学术研讨会的情况，其中有不少学者的发言都涉及了汉代的相关内容（《文物》2期)。2009年9月在北京又召开了“中国古代墓葬美术研究国际学术讨论会”，相信对于推动包括汉代在内的中国古代美术考古研究会起到积极的作用。

五　秦汉简帛发现与研究

本年度公布的秦简新资料并不多，但相关研究非常活跃。2007年，湖南大学岳麓书院从香港抢救性收购了一批秦简（约2098个编号)，之后在2008年又接受了少量捐赠（约76个编号)。陈松长介绍了有关情况及初步整理结果，认为是同一批出土，其中比较完整的有1300余枚，绝大部分为竹简，只有少量木简，内容大致可以分为《日志》、《官箴》、《梦书》、《数书》、《奏谳书》、《律令杂抄》等六大类（《文物》3期)。陈松长还就其中一枚与秦代避讳制度有关的竹简进行了讨论（《中国社会科学报》9月10日)。陈伟对其中涉及奔敬（警）律、初书年、冯将军毋择的几枚秦简进行了考校（《文物》10期）。

里耶秦简仍是本年度秦简研究的热点。新公布的材料主要是一号井出土的书写有文字的55枚封检和3枚束（《湖南考古辑刊》第8辑）。2007年“中国里耶古城·秦简与秦文化国际学术研讨会”、2008年“中国简帛学国际论坛”相关论文的结集出版，则极大丰富了本年度里耶秦简研究的内容。其中《简帛》第四辑（上海古籍出版社）中收录的相关研究主要有：张春龙、龙京沙对湘西里耶秦简8～455号的释文与简要说明；胡平生对该木方性质的讨论；凡国栋关于里耶秦简研究的回顾与前瞻等。《里集》收录的则有：黄展岳对里耶秦简“传送委输”者的身份的考证；彭浩关于里耶秦简“校券”的补充研究；张春龙对里耶秦简所见户籍和人口管理的探讨；陈伟对秦至汉初的文书传递系统的讨论；汪桂海对里耶简所见秦官文书制度的探讨；卜宪群对秦代乡里吏员设置与行政功能的讨论等。此外，关于里耶古城J1的埋藏过程，里耶秦简所见诸如“故荆”、“苍梧”、“洞庭”之类地名所涉及的历史地理问题，“祠先农”简中的“祭”与“祠”问题及其所反映的秦的祭祀活动，里耶秦简所见有关“卒史覆狱”、赀刑与赎刑、“兴徭”令等牵涉秦法律的问题，《里集》中也都有文章讨论。散见的相关研究还有田旭东对里耶秦简所揭示的秦代户籍格式和相关问题的探讨（《四川文物》1期）等。

对湖北荆州、云梦等地发现的秦简，诸如周家台秦简69～130号的简序编排问题（《简帛》第四辑）、部分周家台简牍的释文（《考古》2期），睡虎地秦简所揭示的秦县令史与文书档案管理问题（《中国历史文物》3期）、秦“隐官”制度（《秦汉研究》第三辑）等，也都有文章进行了探讨。李静还编写了秦简牍研究论著目录（《简帛》第四辑）。

由甘肃省文物考古研究所编著的《天水放马滩秦简》（中华书局）完整公布了早年放马滩一号秦墓出土的全部竹简（共461枚）照片及释文，加上木板地图的释文，均值得关注。

本年度发表的汉代简牍资料主要见于湖北、甘肃等地。2002～2004年在湖北荆州印台墓地发掘大量秦汉墓葬，其中有9座西汉墓共出土了竹、木简2300余枚，木牍60余方，内容为文书、卒簿、历谱、编年记、日书、律令以及遣策、器籍、告地书等。《荆州重要的考古发现》（文物出版社）介绍了这批简牍的有关情况，并公布了其中24枚简的照片。刘乐贤从照片判断这24枚简应出自同一墓葬，内容都属于《日书》，并以其他出土《日书》为参照进行了初步研究（《文物》10期）。2007年11月在荆州市沙市区发掘的谢家桥一号汉墓出土竹简208枚，竹牍3枚，内容分别为遣策和“告地书”（《文物》4期）。刘国胜对这3枚“告地书”牍的文字释读、文义理解等问题进行了初步考察（《江汉考古》3期）。

2008年发掘的甘肃永昌县水泉子村汉墓群M5中出土一批木简，较为完整者有700多枚（片），连同残损严重的残片共大约1400余枚（片），均为有字简，内容主要是字书和日书。张存良、吴荭介绍了这批简的形制和内容，并选择部分简进行了释文（《文物》10期）。此外，2009年初，北京大学接受捐赠，收藏了一批从海外抢救回归的西汉竹简，总数大约3300余枚，其中可复原的完整竹简在2300枚以上，内容十分丰富（《中国文物报》11月6日，《北京日报》11月7日），但具体的出土地点尚待证实，有关资料也有待整理发表。

关于湖北荆州早年发现的张家山汉简，除了仍有少量释文商榷（《湖南省博物馆馆刊》第五辑）和个别案件的考证（《中国历史文物》第5期）以外，李力著《张家山247号墓汉简法律文献研究及其述评（1985.1－2008.12）》（东京外国语大学アヅア・アフリカ言语文化研究所）则全面总结了张家山汉简法律文献的出土、资料的公布与修订情况，介绍了中日学者对相关研究成果，并进行了一系列的专题讨论。2004年在湖北荆州发掘的松柏一号汉墓中出土了63块木牍和10枚木简，内容十分丰富，袁延胜就发掘简报公布的35号木牍进行了研究，讨论了汉代的徭役问题（《江汉考古》3期）；彭浩对松柏M1出土的四枚西汉木牍进行释文和讨论（《简帛》第四辑）。2000年湖北随州孔家坡西汉墓M8出土的简牍包括《日书》、《历日》和“告地书”三部分，武家璧讨论了其《历日》的编排方式，认为是汉景帝后元二年（前142年）的历谱（《江汉考古》1期）；刘乐贤、晏昌贵分别对其《日书》中的“直室门”、天牢篇进行了补释或笺证（均见《简帛》第四辑）。2006年清理的湖北云梦睡虎地汉墓M77出土了一批汉简，彭浩根据发掘简报对其中的5枚《葬律》简进行了释文、考释与讨论（《江汉考古》4期)。

关于西北地区汉代简牍的研究，敦煌悬泉置汉简成为一个新的热点。郝树声通过对悬泉置汉简《康居王使者册》的考读，讨论了康居与西汉王朝的来往关系(《敦煌研究》1期)。张德芳对悬泉汉简中四枚涉及精绝国的汉简进行了研究，探讨了汉代精绝国同汉王朝的来往关系以及精绝国和西域各国的关系(《丝绸之路》第24期)。赵岩以敦煌悬泉置汉简为考察中心，对汉代边地的传食供应问题进行探讨(《敦煌学辑刊》2期)。牛路军、张俊民对悬泉汉简中所见与“鼓”相关的资料进行了整理，并讨论了汉代的“鼓令”(《敦煌研究》2期)。郝树声、张德芳合著的《悬泉汉简研究》(甘肃文化出版社)综合介绍了悬泉县和悬泉汉简的情况，并以悬泉汉简为材料，讨论了纪年与时称、河西地理、交通与民族、西域与中外关系等问题。其他西北汉简的研究还有关于新、旧居延汉简的校读(《考古与文物》2期)、居延新简《相宝剑刀》册的研究综述(《丝绸之路》20期)、武威汉简《仪礼》的释文校勘(《考古》4期)、汉简所见汉代河西地区的农作物(《丝绸之路》4期)等。专著有张焕君、刁小龙《武威汉简〈仪礼〉整理与研究》(武汉大学出版社)。

对于其他地区出土或收藏的汉简，诸如香港中文大学馆藏汉简《日书》(《简帛》第四辑)、江苏连云港市尹湾汉墓出土的汉简《神乌傅(赋)》(《东南文化》4期、《阴山学刊》22卷5期)、连云港汉代西郭宝墓出土衣物疏(《简帛》第四辑)、马王堆3号汉墓竹简《遣策》(《中国文物报》9月2日)、北京大葆台一号汉墓竹简(《中国历史文物》5期)，以及南越木简(《汉集》)等，也都有研究论著发表。还有文章讨论了诸如简牍资料所见汉代的马食(《农业考古》1期)、汉墓简牍记载的葬服(《湖南省博物馆馆刊》第五辑)、汉简中所见的“都吏”及其职责(《汉集》)、丧葬物疏与古代简牍形式的演变(《简帛》第四辑)、简牍所见秦汉时期的行书制度(《中国历史文物》4期)等问题。陈伟还对秦汉简牍综合整理与研究提出了几点思考(《简帛》第四辑)。

帛书帛画方面，《湖南省博物馆馆刊》第五辑集中发表了一批综述文章，内容涉及马王堆帛书《系辞》、《相马经》、《驻军图》、《导引图》等30余年来的研究成果，另外还收录了关于T形帛画艺术创意的专题论文。

至于新出版的孙鹤《秦简牍书研究》（北京大学出版社）、李均明《秦汉简牍文书分类辑解》（文物出版社）、陈来《竹帛〈五行〉与简帛研究》（生活·读书·新知三联书店）、杨振红《出土简牍与秦汉社会》（广西师范大学出版社）、孙瑞《金文简牍帛书中文书研究》（吉林文史出版社）、《简帛文献语言研究》课题组《简帛文献语言研究》（社会科学出版社）以及重印的陈直《居延汉简研究》（中华书局）等一系列著作，限于篇幅，具体内容不一一陈述。

六　其他专题研究

胡强介绍了2008年底河北省永年县出土的一批王莽“大布黄千”残钱范，讨论了汉代的冶铸历史与赵国的关系（《文物春秋》3期）。周卫荣对中国古代铸钱工艺的技术起源和发展以及秦汉时期铸钱工艺进行了综合论述（《文物科技研究》第6辑）。牛宏成通过对南阳市博物馆藏数十枚秦半两钱的测量讨论了半两钱所反映的秦始皇的五行五德思想（《春华秋实》）。徐涛通过1999年西安谭家村发现的汉代金饼讨论了汉代斤值的测定（《考古与文物》3期）。

张懋容对战国秦汉时期的铜鍪进行了研究（《四川文物》2期）。罗二虎讨论了重庆丰都东汉砖室墓新出土纪年摇钱树上的佛像问题（《俞集》）。何志国对铜摇钱树的研究进行了评述（《四川文物》4期）。辛德勇对近年出现的“元朔五年弩”进行了质疑（《故宫博物院院刊》2期）。高伟对汉代青铜器进行了综合论述（《陕西历史博物馆馆刊》第16辑）。邓秋玲对湖南出土的汉代连弧纹铜镜进行了研究（《湖南省博物馆馆刊》第五辑）。苏奎对四川崖墓出土铜镜上的“其师命长”铭文进行了考察（《考古》3期）。

洪石对秦代漆器进行了综合研究（《里集》）。《湖南省博物馆馆刊》第五辑集中发表了一批有关秦汉漆器的研究文章，包括崔蕊满对马王堆三号汉墓出土的“轪侯家”彩绘云龙纹漆沐盘的研究，陈振裕对贵县罗泊湾一号汉墓出土漆器的产地分析，聂菲对湖南地区楚汉时期漆器的生产、管理和产地问题的再探讨，后德俊对汉代漆器制作过程中的“涓”及“涓工”的再探索等。

杨哲峰对已知汉代墓葬出土的低温铅釉陶器进行了系统的梳理，从宏观角度勾勒出两汉时期低温铅釉陶的空间分布状况，对其发展演变过程中的地域拓展情况进行了研究（《汉集》）。胡继根总结了汉代高温釉陶的工艺特征，将高温釉陶与原始瓷和成熟瓷器进行了比较研究，并分析了高温釉陶的成因（《浙江省文物考古研究所学刊》第九辑）。张翔宇、张小丽对关中地区汉墓出土的陶俑进行了分期研究，总结了关中地区汉代陶俑的区域特征（《汉集》）。丁利娜对河套地区汉代陶明器进行了分期、分区研究（《文物研究》第16辑）。周俊玲对汉代陶灶的造型与装饰进行了分析，并对装饰图案的意蕴进行了解读（《文物世界》6期）。胡传耸对汉代窑炉进行了分类，探讨了两汉时期窑炉技术的发展（《平谷杜辛庄遗址》附录）。

申云艳对秦代瓦当进行了研究，认为秦代瓦当基本上继承了战国晚期的样式，同时有所创新（《里集》）。景宏伟讨论了陕西秦雍城遗址出土秦汉瓦当的制作方法，并进行了分期研究（《周秦文明论丛》第二辑）。中村亚希子（日）以临淄齐故城出土资料为中心讨论了汉代瓦当的制作技术及其相关问题（《汉集》）。袁仲一对部分秦汉文字瓦作了释读研究（《秦汉研究》第三辑）。贺科伟还从文字瓦当讨论了汉代的农业习俗（《农业考古》3期）。

庞任隆探讨了汉长安城遗址出土秦代郡县封泥的历史地理学意义（《文博》3期）。后晓荣对传世和考古出土的与北京地区相关的汉代印章与封泥资料进行了整理研究（《汉集》）。刘桓对河南省偃师市南蔡庄村东汉墓出土的“肥致碑”碑首文字进行了释读（《中国文物报》7月22日）。李乔从东汉朐忍令《景云碑》出发，探讨了景氏起源、迁徙等问题（《中原文物》4期）。赵立伟对近年来的秦文字研究进行了综述（《华夏考古》3期）。徐龙国对秦统一文字的问题进行了分析探讨（《里集》）。袁延胜讨论了汉碑中与农业有关的记载（《农业考古》1期）。

刘兴林回顾了汉代农业考古的发现和研究历程（《蒋集》）、讨论了汉代农田的形态（《农业考古》1期）以及先秦两汉织机的发展与布幅的变化（《中国历史文物》4期）。张凤从考古发现的资料讨论了汉代水田、旱田生产与经营问题（《四川文物》6期）。彭卫对汉代的“五谷”说进行了总结和分析（《汉集》）。徐蕊对汉代的女子服饰进行了类型学研究（《中原文物》2期）。巩文对考古出土的汉代戒指进行了系统的分类整理（《汉集》）。李意愿对中原和南方地区发现的战国秦汉时期的矩形动物纹牌饰进行类型学分析，认为存在不同的制作中心（《湖南考古辑刊》第8集)。韩伟提出应把佛教传入中国的时间修正为秦始皇时代(《文博》2期)。

此外，关于有颈半两的断代(《江苏钱币》4期)、西汉的白金货币(《南方文物》3期)、汉宣帝五铢陶母范的制作方法(《江苏钱币》2期)、南阳郡国五铢(《中原文物》5期)、汉阳陵南区从葬坑中出土的成组铜量器(《陕西历史博物馆馆刊》第16辑)、汉代的青铜牛形缸灯(《湖南省博物馆馆刊》第五辑)、汉代的中尚方铜弩机(《文物春秋》4期)、汉代的“四灵”博局镜(《文物研究》第16辑)、神兽镜(《东方博物》第三十辑)尤其是三角缘神兽镜(《文博》2期和5期)、河南汉代彩绘陶俑艺术(《四川文物》5期)、永城酂城汉墓出土的陶俑(《华夏考古》4期)、岐山县博物馆收集的秦代陶器(《周秦文明论丛》第二辑)、西安汉墓出土的传世玉器(《玉文化论丛3》)、两汉韘式玉佩的分期(《四川文物》4期)、汉代玉枕(《文物世界》6期)和玉雕舞人(《汉集》)、陕甘地区的汉代摩崖石刻(《陕西历史博物馆馆刊》第16辑，《秦汉研究》第三辑)等均有文章讨论。

新介绍的还有河北曲阳(《文物春秋》6期)、浙江舟山(《江苏钱币》1期)等地发现的窖藏钱币，安徽阜阳(《文物世界》4期、《文物研究》第16辑)、陕西兴平(《文物》5期)等地汉墓出土的成组铜器资料，河南灵宝(《中原文物》3期和5期)、浙江湖州(《四川文物》5期)、绍兴(《东方博物》第三十辑)、河北大学博物馆(《文物春秋》1期)、湖北十堰市博物馆(《江汉考古》4期)、四川旺苍(《四川文物》1期)等地出土或馆藏的铜镜资料，山东泰安(《文物世界》1期)、山西大同(《洛集》、《文物世界》6期)等地出土的秦汉瓦当，河南博物院藏的汉代封泥印章(《中原文物》2期)以及荥阳出土的汉印(《考古与文物》4期)，洛阳征集的西汉初年铭文铜灯(《考古》12期)，陕西眉县发现的秦代扁壶(《宝鸡日报》11月3日)，咸阳博物馆藏的铜温酒炉(《文博》5期)，湖北房县东汉墓出土的铜摇钱树(《四川文物》4期)，四川通江县出土的东汉铜洗(《四川文物》1期)，河北省博物馆购藏的青铜三螭纹阳燧(《文物春秋》4期)，山东济南市新发现的汉代铁农具(《农业考古》1期)，汉阳陵馆藏的铁制刑具(《文博》3期)，等等。在关于五管瓶(《东南文化》3期)、钫、锺及魂瓶的文化象征（《东南文化》4期）、早期钱纹陶瓷器（《蒋集》）、湖南窑址出土的白瓷（《中国古陶瓷研究》第十五辑）、古代的玉石覆面（《中原文物》3期）、琥珀制品（《故宫博物院院刊》6期）、山东地区早期盐业（《中原文物》2期）等的研究中，也都有涉及秦汉时期的内容。

著作方面值得关注的还有：袁仲一、刘钰《秦陶文新编》（文物出版社）、杜维善《五铢图考》（上海书画出版社）、刘云辉《陕西出土汉代玉器》（文物出版社、众志美术出版社），李樯《秦汉刻石选译》（文物出版社）、程章灿《古刻新诠》（中华书局）、冯翔《中华玉器考古拾缀》（山东大学出版社）、中国国家博物馆编《文物秦汉史》（中华书局）、中意两国联合举办的《秦汉——罗马文明展》图录（文物出版社）、以及日文版的《铜范——汉式镜の制作技术》（日本八木书店），等等。

关于秦汉时期的科技考古与文物保护方面，也有不少新的成果发表，内容涉及冶铁技术、髹漆工艺、铜镜成分分析、彩绘颜料研究与壁画及彩绘文物的保护、出土漆木器及简牍的脱水保护、青铜器及陶瓷器的修复、胶接材料研究、古尸保护研究等等。

魏晋南北朝至明清时期考古

赵　超

2009年发表了二三百篇涉及魏晋南北朝至明清时期考古发现与文物研究的文章，另外，本年还有多种大型的考古报告与论文集等著作出版。这些成果充分反映了近年来中国魏晋南北朝至明清时期考古发掘工作的成就与考古文物专题研究的发展盛况。

一　古代遗址的发掘成果与研究情况

中国社会科学院考古研究所与日本独立行政法人国立文化财机构奈良文化财研究所已多年在河南洛阳市汉魏故城合作发掘，

2008年内新发现一座大型夯土遗址，发掘后确定为北魏时使用的一座三门道殿堂式门址。同时发掘出一些有关的沟渠道路，编号北魏宫城二号建筑遗址，发掘中出土大量建筑材料。这一成果对了解洛阳宫城南部轴线建筑布局有所帮助（《考古》5期）。中国社会科学院考古研究所汉魏故城队对河南洛阳市北魏洛阳城津阳门内的大道遗址发掘，在两个探方中清理出道路遗迹与20个灰坑，出土建筑材料与陶瓷器等，其中白瓷的发现比较重要，显示出北魏已经有了完备的白瓷制作技术（《考古》10期）。

从所发表的材料看，东北地区在古代遗址的发掘清理方面作了较多的工作。2008年，吉林省文物考古研究所等单位对集安市国内城社区办公楼地点的高句丽居住址进行发掘，清理房址2座、瓮坑1个、灰坑1个，出土陶器、铜器、铁器和建筑构件等，多为高句丽中期遗存（《北方文物》3期）。对高句丽遗址国内城南部的集安市实验小学小操场进行考古发掘，出土了少量高句丽时期的瓦件和陶器残片等，其中两件莲花纹瓦当与丸都山城出土的C型莲花纹瓦当形制相同（《北方文物》4期）。内蒙古文物考古研究所在扎鲁特旗达米花村调查了一处鲜卑遗址，采集到一批陶器标本，时代特征比较明显（《内蒙古文物考古》1期）。黑龙江文物考古研究所曾在2000年试掘了黑龙江宝清炮台山汉魏城址，发现房址、灰坑等遗迹，出土了一批陶器，以及石、骨、铁、铜器等零星遗物，识别出该城址包含的早晚两个时期，分别属于滚兔岭文化与凤林文化（《文物》6期）。《丹丹乌里克遗址——中日共同考察研究报告》（文物出版社）是中日两国合作完成的一部考古报告，分为资料篇与研究篇两部分。资料篇中介绍了有关丹丹乌里克遗址考古研究的历史概况与2002～2006年间中国新疆文物考古研究所和日本佛教大学尼雅遗址学术研究机构的多次调查测量成果。特别介绍了对一座佛寺遗址进行发掘和保护修复佛寺壁画的工作。研究篇中主要针对佛寺壁画讨论了保护修复技术、古代颜料的变质变色问题、佛寺壁画的内容、地神崇拜、于阗文题记、明咒护身符以及玄奘取经之路和丹丹乌里克、尼雅遗址等专题。作为附录，介绍了中国社会科学院考古研究所新疆考古队对新疆和田地区策勒县达玛沟佛寺遗址的发掘与研究成果。

隋唐时期的两京都城与陵墓一直是考古工作的重点。陕西省考古研究院于2004年抢救发掘唐献陵陪葬的嗣虢王李邕墓时，发现一处位于墓道南端的大型唐代临时建筑遗址，并介绍了建筑遗迹全貌。张蕴、卫峰对这一遗址加以考证，指出这可能是在下葬时建立的帐幕与祭台等临时建筑，对于了解唐代丧葬礼仪颇具价值（《文物》7期）。英卫峰、霍雅琴讨论了唐昭陵陪葬墓区的中轴线存在与否和所在位置等问题，认为御道作为中轴线比较合理（《考古与文物》3期）。石自社总结了以往对隋唐洛阳城的研究情况，并针对洛阳宫城和皇城的布局特色再次加以分析，认为隋唐洛阳城的非对称布局主要由山川地理形势的制约造成（《考古》10期）。方孝廉考证隋通济渠与东都洛阳城的关系，认为唐东都始建于隋炀帝大业元年（605年），宇文恺在营建洛阳时是在西苑引谷水和洛河进积翠池，经皇城前黄道渠入通济渠，后来由于洛河多次暴涨，改变了水道格局（《华夏考古》3期）。成都在唐代也是繁华的大城市，以往对它的城市建筑发现不多。2007年，成都市文物考古研究所在江南馆街唐宋街坊遗址勘探获得重要成果，发掘唐宋时期的大小排水渠16条、铺砖面路4条、泥土支路4条、房址21处等，清理出来的纵横交错长达数十米的铺砖街道和配套的排水系统是较罕见的考古发现（《成都文物》3期）。

黑龙江等地深入调查发掘有关渤海国时期的遗址。从清代中期开始就有学者对位于黑龙江宁安市渤海镇的唐代渤海上京城遗址进行调查与著录，后来俄国、日本等外国学者也陆续进行考察与发掘，解放以后，中国科学院考古研究所与黑龙江省文物考古研究所持续对上京城遗址进行考古调查发掘，基本理清了上京城的整体布局。1997～2007年间，黑龙江省文物考古研究所对以渤海上京宫城为主的各类遗存进行了系列勘探与发掘，对核心部位的宫殿基址作了揭露，明确了全城中轴线，特别是宫城中区的建筑格局。本年内出版的发掘调查报告全面介绍了在这十年之间所发掘的建筑遗址与出土遗物情况，并对上京城的始建与废弃年代、宫城布局、建筑规模所反映的等级、宫殿的功能与建筑特点、遗迹遗物的分期和供排水系统情况等问题作了探讨（《渤海上京城1998—2007年度考古发掘调查报告》，文物出版社）。同时在《文物》上介绍了2、3、4、5号建筑等宫殿基址，宫城50号建筑，郭城正南门、正北门，皇城南门与城墙建筑等遗址的发掘测绘成果。进一步了解了渤海国上京城的布局与重要建筑的形制特点（《文物》6 期）。赵虹光就渤海上京城的考古调查结果讨论它的建制渊源，建筑时序等问题，认为它的布局仿自唐长安城，但也有变化创新（《北方文物》4 期）。2004～2006 年，吉林省文物考古研究所与吉林大学边疆考古研究中心对吉林珲春市八连城内渤海国东京龙原府的二处建筑基址与有关廊道遗址进行考古发掘，出土大量陶质建筑材料。对了解这处渤海国都城遗址的建筑具有重要价值（《考古》6 期）。吉林省文物考古研究所调查了吉林敦化市江东、林胜的“二十四块石”遗迹，发现这些分三排排列的础石附近分布有瓦件、烟道炉灶等，并认为这是渤海国时期的建筑遗迹（《考古》6 期）。宋玉彬梳理文献和考古成果中有关渤海都城的资料，提出了几点新的认识，认为只有西古城、八连城和东京城三处城址符合渤海都城的综合要素（《考古》6 期）。刘晓东对靺鞨罐整体形态特点进行分析，分为 13 种基本形态，并根据遗存中的靺鞨罐主流种类将靺鞨文化遗存进行分组研究，尝试寻找出各组遗存与靺鞨不同部族或不同时期的对照关系，分析文化遗存的分布与靺鞨民族发展过程的内在联系，以及靺鞨后期文化面貌趋同的状况下各遗存依然存在的差异（《北方文物》4 期）。

陈曦根据被评为 2002 年全国十大考古发现之一的湖北巴东旧县坪遗址发掘资料，探讨了六朝至北宋时期的巴东县城城市布局、仓廪、社会信仰等方面的状况，并弥补了有关历史文献的不足（《江汉考古》2 期）。2005 年夏，河南省文物考古研究所对汝州市东沟瓷窑址进行抢救性发掘，获得有关地层关系资料并出土青瓷器、钧瓷器和各类窑具等，为研究北宋晚期至金代的青釉瓷和钧瓷断代提供了新的材料（《华夏考古》2 期）。

中国社会科学院考古研究所内蒙古第二工作队与内蒙古文物考古研究所对内蒙古巴林左旗的辽代祖陵陵园遗址进行了两次考古调查、测绘，并对祖陵内一号陪葬墓、甲组建筑遗址和龟趺山建筑遗址等进行发掘，清理出一批陪葬品与建筑构件。结合调查结果对祖陵陵园的布局和埋葬制度提出了新的意见（《考古》7 期）。辽宁省文物考古研究所在 2006 年抢救发掘了辽宁朝阳西三家辽代遗址，共发现了 6 座半地穴式房址和 13 个灰坑，认为这里应该是一处小型村落，出土陶器、瓷器、铁器、铜器、骨器和石器等，包括唐宋铜钱（《北方文物》1 期）。2007 年内蒙古文物考古研究所对凉城县古城梁遗址进行发掘，发现房址、灰坑52座，判断为一处辽金时期的小型村落，出土遗物有陶器、瓷器、石器、铁器、瓦当、建筑构件和动物骨骼等，其中瓦当的纹饰颇具典型性（《内蒙古文物考古》1期）。吉林省农安草房王遗址是较为重要的一处辽金时期遗址，吉林省文物考古研究所等单位发掘了遗址的边缘地区，出土大量陶瓷残片和铁器、铜钱等遗物，表现出金代的典型文化面貌以及辽代文化的影响，不排除在遗址中新发现辽代文化堆积的可能（《北方文物》4期）。

近来各地配合基础建设的考古发掘任务十分繁重，这些工作中发现的小型遗址材料也陆续得以报道，例如在哈大高铁基建考古等工作中发掘的一些金代遗址：2008年吉林省文物考古研究所等在扶余县西车家店金代遗址发掘，出土陶瓷器、铜器、铁器、石器、骨器和建筑构件等，还有一定的家畜骨骼与鱼骨，通过铜钱、十二生肖铜牌饰、陶瓷器等判断为金代中晚期的普通居住点遗迹（《北方文物》3期）。发掘吉林省德惠市朱城子七队遗址，清理灰坑、灰沟和灶址等19处遗迹，出土文物38件，确定这里是一处金代遗存（《北方文物》3期）。揭露了吉林省扶余县陶西林场金代遗址的一小部分，清理出灰坑、房址、灶址、窑址和磉堆等25处遗迹，出土丰富遗物，特别是檐瓦的纹饰类型较多，还有佛像残块等（《北方文物》3期）。2007年发掘德惠市李春江遗址，发现房址、灰坑等遗迹40多处，出土陶瓷器、铜钱、铁器、石器、骨器等300余件遗物和大量家畜骨骼，房址中带有火炕，属于金代单一文化遗存（《北方文物》3期）。2008年对吉林省梨树县八棵树金代遗址进行发掘，发现房址1座、防护沟3条、窑穴3个，出土一些陶瓷器残片、铜钱和玉串珠等（《北方文物》4期）。对吉林省德惠市迎新遗址进行考古发掘，清理灰坑、灰沟、灶址等17个，出土陶瓷器残片、铜铁器、石器、骨器等。根据出土铜镜和部分陶瓷器有金代特点等推测该遗址属于金代，但不是人类活动的主要区域（《北方文物》4期）。黑龙江大学考古学专业调查组介绍了黑龙江省肇源县大青山遗址发现的一些板瓦、筒瓦和陶塑等建筑构件（《北方文物》3期）。

魏海波、乔程介绍了1981、2006、2008年三次调查辽宁本溪县后金时期九龙山城址的情况。对城址的形制与建造时代等情况作了简要介绍（《考古》4期）。2006年，荥阳市文物保护管理所、郑州大学历史学院考古系在荥阳市新店村以北发掘金元时期的水井遗迹，出土青、白等各类瓷器（《华夏考古》4期）。

2007年，北京大学考古文博学院、江西省文物考古研究所、景德镇市陶瓷考古研究所发掘了江西景德镇观音阁明代窑址。揭露了房基、辘轳坑、练泥池、缸、卵石路、窑业垃圾坑等遗迹，获得大量青花瓷、克拉克青花、白瓷、蓝釉、紫金釉、黄釉、青花红绿彩、红绿彩瓷器标本，以及窑具与工具等。同时根据地层作了分期分析。有“天文年造”款的白瓷碟反映出这里曾是日本定制瓷器的窑厂（《文物》12期）。

2007年，北京市文物研究所在北京丫髻山碧霞元君祠遗址清理了4组建筑基础，初步推断它们是碧霞元君祠的东配殿、斋房、道士或香客的住房，根据建筑性质与出土物判断这些遗迹时代不早于清道光年间（《文物春秋》1期）。2001年至2004年间，北京市文物研究所对圆明园长春园宫门区遗址进行考古发掘，揭示出澹怀堂大殿、配殿、牌楼门、甬路、回廊、宫墙、影壁等大量建筑基址，出土一批建筑残件、瓷器残片等遗物。发掘结果填补了1933年《实测圆明园长春园万春园遗址形势图》的15项空白，发现了当时的地下排水设施系统，对于圆明园长春园遗址的保护工程具有重要作用（《圆明园长春园宫门区遗址发掘报告》，科学出版社）。

二　墓葬的发掘与研究

近年来各地配合基建的考古发掘任务中揭露出大量历代墓葬，虽然这些墓葬以中小型墓葬为主，并且大多已经遭到盗掘和破坏，但是也还能为有关研究提供新的资料。以下按照时代顺序介绍主要的考古发现及有关研究。

2008年，南京市博物馆等单位在南京窑岗村发掘了一座孙吴时期的砖室墓，出土青瓷器、陶器与铜器28件，包括虎子、五联罐、陶灶、猪圈、陶屋与柿蒂夔凤纹铜镜等，具有典型的时代特征（《东南文物》1期）。南京市江宁区博物馆在东宁建材厂内清理了一座孙吴天册万岁年间的砖室墓，墓室保存完整并出土丰富的随葬品，如青瓷器、陶器、铜铁器和银器等，其中青瓷盘口壶和狮形烛台时代特征明显，与墓砖上“天册万岁”的纪年模印相符，贴金的环首铁刀、石棺座等表现出墓主倪侯的贵族身份。在这一带发现的大型孙吴晚期墓已有4座，有学者怀疑这一带可能是孙皓规划的一个以孙皓陵为中心的陵区（《东南文物》3期）。2005年在南京市江宁区科学园发现了一座大型砖室墓，是迄今发现的规模最大、结构最复杂的孙吴墓葬，出土瓷器100多件，种类极其丰富。贺云翱对此进行了考证，怀疑它的主人是孙吴少帝时期的权臣富春侯孙峻（《东南文物》1期）。王志高、马涛、龚巨平则梳理文献记载与其他考古资料，将南京上坊孙吴大墓的时代推定为孙皓晚期，指出墓主不可能是在五凤三年（256年）死去的孙峻，而可能是一位宗室之王和二位王妃，并将现已发现的孙吴宗室墓葬分为三个类型，即帝陵、王墓和侯墓（《东南文物》3期）。栗中斌对安徽马鞍山寺门口东吴墓的形制加以讨论，认为侧室是专建的祔葬墓室，并且排比考古资料，讨论长江中下游地区的六朝时期祔葬墓形制，将其划分为9种类型（《东南文物》3期）。

2001年，南京市博物馆清理南京市郭家山墓葬时发掘的11号墓是一座穹隆顶单室砖墓，出土青瓷盘口壶、虎子、君宜高官铜镜等器物，在墓葬结构和器物形制上具有西晋时期的特点（《东南文物》3期）。四川大学考古学系等单位配合南水北调中线工程，于2006年在卫辉县唐庄镇大司马墓地进行抢救性发掘，共清理汉晋至明清时期的墓葬28座，并报告了其中一座较大型的晋墓情况。该墓为斜坡墓道单室土洞墓，有砖甬道，墓室用砖铺地，出土一些金、铜饰件、珍珠、骨簪、钱币、铁器与陶器等小型器物。发掘者对比周边地区的晋墓出土品得出该墓葬属西晋时期的结论（《文物》1期）。2003至2004年，洛阳市第二文物工作队和偃师商城博物馆在河南偃师市首阳山镇发掘一批古墓，其中一座西晋竖井墓道土洞墓中出土一批陶明器与永康元年（300年）安元明妻支伯姬墓铭砖（《文物》3期）。2004年4月，郑州市文物考古研究院在河南荥阳市西新区发掘4座古墓，其中一座晋代斜坡墓道砖室墓中出土陶器、铜钱、铜镜、铜簪、银镯、银簪与铁器、漆器残片等遗物，另一座晋代半斜坡墓道砖室墓中出土一些陶器与铜钱等（《文物》9期）。2007年洛阳市第二文物工作队发掘了5座晋墓，介绍了其中的两座砖室墓。单室穹隆顶砖室墓BM123中出土大量陶俑、陶明器、铜镜和钱币等，多为西晋中晚期的典型器物，长斜坡墓道多室墓HM719出土陶器、青瓷器、铜弓形器、弩机、金铜饰件、玉璧等，并出土两块铭文砖，记录裴氏子女姓名，是西晋早期的贵族墓典型（《文物》3期）。2006

年洛阳市文物工作队在厚载门街以东发掘了3座西晋时期的墓葬，其中2座为土洞墓，1座为砖室墓。墓葬均已被盗，但仍出土了陶器、陶俑、铜镜、铜钱、铁兵器以及铜、铁饰物等较丰富的随葬品，为西晋墓的分期研究提供了新材料（《文物》11期）。

2003年，安徽当涂县刘山村发掘砖砌前后室墓葬一座，已严重盗扰，出土铁镜、瓷器等具有东晋特征的遗物，墓葬形制颇具特色（《考古》3期）。旬阳县文物管理所、旬阳县博物馆于2007年在陕西省旬阳县大河南村清理了东晋墓2座，其中3号墓为单室券顶砖墓，保存基本完整，出土铜器、金银器、铁器和琥珀、水晶、云母等饰物，在3号墓与1号墓的墓室中嵌有模印文字与花纹的墓砖，铭文为“晋故鹰扬将军魏兴西部都尉西城令隐昌亭侯旬阳终”和“永和五年”等（《文博》2期）。南京市江宁区博物馆在南京滨江开发区15号路发现3座被毁的古代砖室墓，经清理后出土青瓷器、石猪、金指环、铜镜和买地券等器物。可能属于东晋中期的M1、M2中，墓室四角的砖柱在南京地区还是首次发现。M3中的买地券表明墓主为相府吏缪承，葬于吴建衡元年（269年）（《东南文物》3期）。安春明介绍了1984年秋在玉田县白各庄发现的一座晋代砖室墓葬，出土随葬品包括青瓷虎子、砚滴、盘口壶等具有晋代特征的器物以及绿釉陶明器等。晋代墓葬在河北东部发现较少，这一资料有助于加深对这一地区晋代社会状况的认识（《文物春秋》1期）。以往专门讨论晋代墓葬的论文不多。吴桂兵讨论了晋代墓葬制度，认为它与晋礼的制定有密切关系，洛阳晋墓的制度与东晋时期在建康逐渐形成的建康因素构成两晋时期墓葬制度的主要文化内涵（《东南文物》3期），但限于材料，讨论还局限于晋代都城地区，不够深入。

2007年，陕西省考古研究院在陕西咸阳市渭城区柏家嘴村发掘了7座十六国墓，应该是一处家族墓地，各座墓形制与随葬品比较相似，发掘者介绍了其中的一座斜坡墓道土洞墓，为三棺合葬，出土一批陶俑和陶罐、果盒等器物。这批墓葬的发掘增添了十六国时期随葬器物的资料标本（《文博》4期）。2003年，吉林省文物考古研究所对吉林省集安市禹山540号墓进行清理发掘。确认墓葬为一座至少存在5级阶坛圹室的积石墓，圹室南侧建有东西侧室，并在圹室内发现有烧成木炭的木椁痕迹，出土鎏金铜器、铁器、陶瓷器等439件。

发掘者否认了该墓为火葬的可能，并指出这是高句丽葬俗的变化，可能与高句丽积石墓由圹室向墓室的演变有关系（《北方文物》1期）。宋娟、耿铁华结合高句丽墓葬发掘讨论了高句丽殉葬习俗的流行时间与地域，以及其形成原因（《北方文物》3期）。吴松岩再次分析了内蒙古乌兰察布市察右中旗的七郎山墓地墓葬形制、葬式，葬具和随葬品等，认为该墓地年代在5世纪中到5世纪末，墓主人可能是由北凉迁徙的羌戎（《内蒙古文物考古》1期）。

2005～2006年，宁夏文物考古研究所等单位在城市建设中共清理北魏唐墓123座，唐墓居多，墓葬多为中小型砖室墓，多已遭破坏，所发表的报告详细介绍了墓葬的建筑形制与出土器物，并发表了出土人骨的鉴定结果（《吴忠北郊北魏唐墓》，文物出版社）。2007年，洛阳市第二文物工作队在洛阳衡山路清理9座古墓，其中一座北魏斜坡墓道土洞墓中发掘出31件陶俑、陶明器等随葬品，陶俑的服饰形式多样，反映了北魏孝文帝时的服装改革（《文物》3期）。2001年西安市文物保护考古所在西安市南郊塔坡村发掘了3座北魏北周墓葬，均为长斜坡墓道单天井土洞墓，出土大量陶俑、陶明器，青瓷器与铁器等，M4、M5中出土北魏永熙二年（533年）韦辉和墓志与韦乾墓志。M3的出土器物形制晚于上述两墓，与咸阳国际机场北周墓中出土器物相似（《文物》5期）。2007年，曲阳县文物保管所抢救发掘了北魏崔楷墓，这是一座单室砖墓，已被盗，出土一件墓志盖与一些残陶俑（《文物春秋》6期）。韦正回顾了有关北方民族墓葬研究的历史，对已发现的被认为是鲜卑墓葬的一些墓群进行了深入地再研究，认为考古材料不能完全与以往的组别推定相吻合，并提出了科左旗六家子墓地等为乌桓遗存，兴和叭沟墓地等为拓拔鲜卑遗存等新看法。他指出：大兴安岭西侧与大兴安南段东侧的考古学文化面貌一直存在着明显差异，大兴安岭南段东侧的这支文化使用的陶器在魏晋以后迅速扩展到以朝阳为中心的长城以内，但墓葬形制却发生了较大的变化，与慕容鲜卑进入辽西地区的历史大致吻合（《考古学报》3期）。倪润安总结了北魏盛乐时代至平城时代墓葬的考古发现与研究情况，指出盛乐时代至平城时代墓葬的年代标尺仍需完善，墓葬按空间不同进行的横向比较有待重视等看法（《文物世界》6期）。

河南省文物考古研究所2005年起在安阳北部的固岸村

清理一处时间跨度较大的墓地，其中以东魏北齐的墓葬为多见，达150多座，大多保存较好，出土完整的器物组合，有些还有墓志砖，对于判断墓葬的年代颇具价值。其中如M51、M57、M23、M2等出土有精美的随葬俑、青瓷器、围屏石榻、石椁等，墓葬形制可以分为5个等级，自带斜坡墓道的砖室墓到浅穴土坑墓。很多墓葬排列有序，具有明显的家族墓地性质，相同级别的墓葬中出土器物组合基本一致（《华夏考古》3期）。2007年陕西省考古研究院在陕西咸阳市渭城区柏家嘴村北发现一座已被盗掘的北周斜坡墓道带天井双室土洞墓，出土木棺与线刻石棺各一具，根据墓志得知墓主为郭生，葬于建德五年（576年）（《文博》5期）。1985～1995年之间，原洛阳地区文物工作队和三门峡市文物工作队在三门峡市西北发掘了13座北朝和隋代墓葬，有7座墓出土墓志或砖铭，包括一件西魏杨晦墓志，用残砖制作的墓志铭表示在平民中也流行开志墓的风习。另外出土少量陶器和铜、铁器（《华夏考古》4期）。1996年中日联合考古队对宁夏固原县西郊乡大堡村的北周柱国大将军原州刺史田弘墓进行发掘，这是一座长斜坡墓道5天井土洞多室墓，已被盗掘，墓室壁上有壁画痕迹。报告详细介绍了墓葬的发掘过程、地层情况、出土遗物与有关的研究鉴定成果，工作深入精细，绘图严谨，优于国内一般的考古报告（《北周田弘墓》，文物出版社）。

2001年，武汉市文物考古研究所对湖北省巴东义种地墓葬进行发掘，清理出六朝、隋唐至宋代的墓葬，出土陶瓷器、铜器、铁器、钱币和银、铜、玻璃饰物等大量随葬品。发掘中发现宋代墓葬明显利用了早期的墓室，为研究巴东沿江地区的葬俗提供了新资料（《江汉考古》4期）。2007年，浠水县博物馆在湖北浠水县胡油铺发掘一座单室画像砖墓，墓葬保存完整，出土青瓷器若干件。墓室全部由模印画像砖建筑，画像砖纹饰主要是花草与人物画像。此类墓葬在湖北地区较少见。发掘者认为是唐代墓葬。从使用画像砖的做法与纹饰来看更可能是隋代墓葬（《江汉考古》4期）。2006年陕西省考古研究院在西安市长安区郭杜镇发掘了一座隋代长斜坡墓道多天井土洞墓，出土陶俑、陶器、瓷器、漆器、铜器等遗物，瓷器均为邢窑白瓷。根据墓志记载，墓主为隋京兆尹、猗氏县公李裕（《文物》7期）。2000年洛阳市文物工作队在洛阳龙门新村清理一座长斜坡墓道土洞墓，出土隋代卫侗墓志（《文物》11期)。

2003年至2004年，宁夏文物考古研究所在固原南塬探查与发掘了一批汉代至唐代的墓葬，介绍南北两区隋唐墓葬共40座，包括土洞单室墓与砖砌单室墓两类，有些带天井，存在着从1天井到5天井的不同等级。墓葬多被盗扰，出土遗物较少，以陶器、陶俑为主，还有部分铜镜、铜钱、铜饰物、银饰物、萨珊银币、铁器、漆器、骨器与墓志砖等。报告中还发表了出土人骨的鉴定结果，指出其中有多具白种人骨架（《固原南塬汉唐墓地》，文物出版社）。2006年，郑州市文物考古研究院等单位在配合中国铝业河南分公司基建的考古勘探中发现古墓葬25座，其中一座唐代竖穴式墓道土洞墓中出土了2件青花塔式罐与3件白瓷罐。保存完好，表现了唐代青花瓷器的制作工艺（《文物》1期)。2004年郑州市文物考古研究院在河南荥阳市西新区发掘4座古墓，其中一座唐代斜坡墓道土洞墓中出土一批陶器（《文物》9期)。2005年，陕西省考古研究院、铜川市考古研究所在陕西铜川市发掘一座5天井土洞单室墓，墓中原有壁画，但保存较差。出土一批陶俑、陶瓷器以及铜铁器残件等。具有线刻侍女图的石椁和墓志是比较重要的发现。墓主为唐石州离石府右果毅都尉窦及。张汉文、陈晓捷、马志军对出土墓志中反映的窦及生平、家世等问题作了考证（《考古与文物》3期)。2007年，陕西省考古研究院在西安市长安区大居安村发掘一座3天井土洞墓，墓中葬有3人，并出土一批陶俑、铜镜等随葬品。根据出土墓志可知墓主为唐内阳郡开国公薛元嘏，提供了初唐墓葬形制的又一范例（《考古与文物》6期)。2008年，郑州市文物考古研究院在郑州市绿都城小区发掘7座古墓，其中2座唐墓中，7号墓为砖室墓，出土较完整的随葬品28件，以陶俑为主，还有些瓷器与一件墓志盖，根据陶俑式样判断该墓葬年代在公元720年左右（《中原文物》2期)。2005年，洛阳市文物工作队在洛阳关林龙康小区发掘一座晚唐时期的土洞墓，出土一批精美的陶瓷器、铜器、铁器等，其中一件精美的实用三彩炉尤其值得注意（《中原文物》2期)。赵会军介绍了1998~2001年在河南偃师抢救发掘的三座唐墓，均为土洞墓，共出土陶瓷器、陶俑、铜镜、铜剪刀、铁器、墓志等文物156件。特别是在长庆元年(821年）太子宾客薛丹墓中出土的铜牛，铁牛、马、猪，玉猪和石围棋子等较为罕见（《中原文物》5期)。郑州市文物考古研究院、巩义市文物保护管理所在河南省储备局四三一处国库发掘2座唐墓，其中2号墓为斜坡墓道土洞墓，出土23件随葬品，主要为陶俑，还有件砖墓志，但文字已漫漶不清，发掘者认为其年代在公元675～680年间(《文物春秋》3期)。

东北有关渤海国的考古发掘成果中，黑龙江省文物考古研究所在1992～1995年对位于黑龙江宁安市渤海镇虹鳟鱼场的唐代渤海国墓地进行发掘，共清理墓葬323座、方坛7座、房址1座，出土文物2000多件。该报告全面记录了墓葬发掘情况与出土器物。墓葬中除2座砖室墓、1座砖石混筑墓外，均为石墓，可分为石室墓、石圹墓和石棺墓。出土器物包括陶器、铁器、铜器、骨器、玉器与金银饰件等。随葬动物骨骼多见，其中动物牙齿是墓主人最崇拜的部分。葬式多样。这些都显示出渤海国墓葬习俗的特殊之处。报告还对这批墓葬的分期与年代、墓葬形制等问题作了研究。这批重要的渤海国墓葬资料填补了有关研究的空白(《宁安虹鳟鱼场1992～1995年度渤海墓地考古发掘报告》，文物出版社)。吉林省文物考古研究所等单位介绍了吉林敦化市六顶山墓群墓葬的分布情况，确认二墓区现存130座墓葬，发掘16座墓，并详细介绍了墓葬形制与出土遗物，对这处渤海墓葬的年代作了探索(《考古》6期)。在2004至2005年对贞孝公主墓所在的吉林和龙市龙海渤海王室墓葬区进行发掘。发掘大中型石室墓等14座，出土了丰富的陶器、三彩器、金、玉、铜、铁器、孝懿皇后顺穆皇后墓志与建筑构件等。这些材料不仅有助于研究渤海墓葬的形制、规模，而且能协助了解唐文化对渤海国的影响与渤海国的民族特色，是较重要的考古成果(《考古》6期)。

张强禄讨论南汉康陵的陵寝制度，指出它虽然规模不大，却建制完备，整体布局沿袭唐代，陵前廊式建筑为唐宋皇陵所不见，并推测覆钵状包砖封土丘可能与印度佛教建筑中的佛塔有关(《四川文物》2期)。

宋代墓葬中，中小型砖室墓，特别是仿木结构砖室墓的发现近年来报道较多，主要分布于甘肃、宁夏至河南、山西一线。宁夏固原博物馆等单位在西吉县内发掘了两座宋代砖券顶单室墓，在墓室中镶嵌有花卉等图案浮雕砖和武士、仕女、孝子图画等砖雕，并出土一些陶瓷器。墓葬形制较特殊，对研究宁夏一带的北宋墓葬具有一定的参考意义

(《考古与文物》1期)。2008年，甘肃省文物考古研究所等单位在甘肃张家川南川村发掘一座北宋仿木结构砖室墓，四壁装饰有模印花纹的画像砖，在墓顶还砌有十余块二十四孝画像砖(《考古与文物》6期)。2007年，郑州大学历史学院考古系对新乡金灯寺墓群发掘，清理宋墓23座，皆为土洞墓，大多数为竖井墓道，出土陶瓷器、铜币、铜银饰物等，所属时代为北宋中晚期。墓地东边的宋墓大多排列整齐，可能是家族墓地（《中原文物》1期）。李永杰、崔国琳报道了2004年在山西省长治县任家庄发现的一座仿木结构砖室墓，出土一批武士、孝子故事图等宋代砖雕（《文物世界》4期)。王小红、王进先介绍2005年在山西沁源县段家庄发现的一座宋代仿木结构砖室墓，墓中嵌有四神、孝子故事画与生活劳作的画面等大量砖雕（《文物世界》5期)。焦作市文物工作队2007年在焦作县小尚村发掘了一座宋代仿木结构砖室墓，该墓建筑中重檐屋顶的做法较少见，墓室中有丰富的彩绘图案与墓主饮宴图、侍女图等，并用砖砌出门窗几案。出土的青石墓志记载墓主为冀闰，葬于北宋政和三年(1113年)(《文物世界》5期)。还在焦作市白庄村发掘一座宋代多室砖墓，主室为六角形，建有仿木结构，在墓壁上绘有十二幅孝子图（《文博》1期)。

2001年，安徽省文物考古研究所等单位在濉溪县董楼清理古墓葬51座，这批墓葬以单室墓为主，平面形制多种多样，包括腰鼓形、船形、蝉形、圆形、中字形等，显示了南方墓葬建筑的特点。出土器物较少，有铜镜、瓷碗、铜饰等。经考证，它们大致属于北宋晚期的墓葬(《华夏考古》2期)。2008年，湖北省文物考古研究所等单位清理了湖北红安县舒家坳的一座北宋石室墓，出土瓷碗、釉陶罐、铜镜、铜钱和铅鹅首形器等，发掘者认为这里是一处分布有序的家族墓地（《江汉考古》1期)。王玉介绍2002年在四川安岳县老鸹山清理的3座南宋竖穴土坑石室墓，在墓室中发现多种花卉、动物、人物浮雕图案，出土一批陶俑与其他陶器。根据两件出土墓志可以判定这三座墓是南宋嘉泰二年（1202年）张隐及其夫人等的家族墓群（《考古与文物》1期)。2008年，四川省文物考古研究院等单位在三台县发掘一座宋代石室墓，墓室头龛上刻有吉语与图案，出土随葬品98件，包括陶瓷器、铜勺、铜箸、铜镜和各种宋代铜钱，根据时代最晚的“建炎通宝”判断该墓葬应该在南宋中晚期。墓中随葬的陶瓷器，特别是仿商周、汉代的陶器，具有一定的研究价值（《四川文物》3 期）。2001 年，在华蓥市永兴中学清理一处古墓群，共5座墓葬，所有墓葬均为券顶石室墓，3 座已被毁坏。在 M1 和 M5 中发现用整石打造的青石棺与雕刻有莲花图案的后龛，龛内还刻有“□□□寿堂”的文字。墓群中出土了一些陶瓷器，墓葬形制具有四川南宋时期墓葬的基本共性（《四川文物》1 期）。浙江省文物考古研究所的大型报告《浙江宋墓》（科学出版社）收录《桐庐象山桥南宋墓》、《龙游寺底袁宋代墓地》、《湖州风车口南宋墓地》、《金华南宋郑刚中墓》和《云和正屏山南宋墓》五篇报告，介绍的都是 2004 年以来浙江在配合基本建设中发掘的宋墓。报告中分别详细叙述了这些墓葬的墓室形制、随葬品情况，特别介绍了除地下墓室以外各墓保存的地表茔园遗迹与出土的建筑构件。附录有《浙江南宋墓葬的地表茔园制度述略》、《明代皇陵制度的历史渊源刍议》、《南宋的墓前祠堂》、《关于郑刚中墓阙（五凤楼）的几个问题》、《南宋的墓碑》等五篇论文。就南宋后期基本定型的墓葬茔园建筑规制探讨了有关宋墓建筑制度与丧葬礼仪等重要问题。

针对近年来不断增加的墓葬考古新资料，有关研究也在加强。吴敬汇集了成都地区历年发表的宋代砖室墓材料，从墓葬形制与随葬品类型加以分析研究，将其分为三期。并对有关墓葬的社会经济背景与道教因素等问题作了阐述（《四川文物》4 期）。他还从随葬品的地域特色，特别是堆塑瓶和瓷俑的特色，以及砖室墓的形制特色等方面考察了赣江流域宋代葬俗，指出这些习俗的形成受到儒道佛三教的影响。但论述仍显得不够深入（《东南文物》2 期）。

北方地区仍然有一些辽代墓葬的发现。2007 年廊坊市文物管理处在廊坊市馨钻界小区发掘 10 座墓葬，均为圆形仿木结构砖室墓，共出土随葬品 106 件，包括灰陶明器、瓷器、木床榻与铜钱等。这些墓葬的时代均属辽代。M3 出土的木床榻造型美观，是罕见的辽代木家具实物（《文物春秋》2 期）。1984 年，赤峰市喀喇沁旗文物管理所清理了二道沟村的一处圆形砖室墓，出土随葬铜器、瓷器 14 件，根据瓷器特点判断为辽代平民墓葬（《北方文物》1 期）。

辽代墓葬的整体研究以往较为薄弱。刘未归纳了辽代契丹人的各种墓葬发掘情况，按照贵族的大型墓葬、中小型墓葬等区分作了分类研究，并且对契丹贵族葬制的形成和演变、中小型墓葬中反映出的历史走势与契丹墓葬表现出的等级制度等问题作了说明。将辽代契丹丧葬等级制度定型的时间认定在11世纪中期（《考古学报》4期）。

2005年，北京市文物研究所在北京门头沟区龙泉务村北发掘22座辽金墓葬，整理出版的报告对所有墓葬逐一详细介绍了其建筑形制、葬具葬式、随葬器物等情况，并对其进行了综合梳理，对墓葬形制与器物类型作了分类分期的研究。这批墓葬均为圆形单室砖结构或砖石混合结构建筑，在墓道南端和墓室内砌筑祭台，墓室中大多设置棺床。火葬形式多见。个别墓葬在墓道填土中发现有随葬器物，发掘者认为与祭祀时的毁器习俗有关（《北京龙泉务辽金墓葬发掘报告》，科学出版社）。1994年，长治市博物馆在山西长治市魏村抢救发掘了一座金代纪年彩绘砖墓，为仿木建筑结构，壁画与砖雕保存较好，包括生产工具、二十八宿星图、二十四孝砖雕等，墨书题记表明该墓建于金天德三年（1151年），其墓葬建筑仿木结构形制与宋代有所区别，转角柱头斗拱上置放了角神的做法属首次发现（《考古》1期）。徐州博物馆在徐州户部山清理了8座东汉至金代的墓葬，但它们均已被破坏，出土有陶瓷器、铜币、铜镜等遗物。这批墓葬均为平民阶层的小型墓，其中2号墓中发现21件刻有人名的僧人骨灰盒，可能是金代寺院的僧人地宫（《考古与文物》2期）。2006年郑州市文物考古研究所在郑州高新区贾庄清理了64座宋金墓葬，包括台阶式墓道砖室墓、竖井式墓道土洞墓、竖井斜坡式墓道土洞墓和瓮棺墓。出土各种陶瓷器、铜器、铁器等。根据器物判断这些墓葬的时代是从北宋晚期到金代，大部分应属于一个家族墓地（《中原文物》4期）。2005年郑州市文物考古研究院发掘了河南中博股份有限公司住宅工地的12座宋金墓，均为竖穴土洞墓，出土200余件陶瓷器、铜镜、钱币和骨器等（《中原文物》6期）。王勇刚介绍了2008年在陕西甘泉县城关镇袁庄村先后发现的4座金代壁画墓，墓中仿木结构与壁画保存基本完好。壁画内容包括孝子故事、宴饮、琴棋书画、花卉山水等，其中3座墓分别有金代大定、明昌纪年题记，不仅给这一地区的金代墓葬分期断代提供了标尺，而且是研究金代墓葬建筑、丧葬制度与社会生活等专题的重要资料（《文物》7期）。

丁利娜总结了北京地区金代墓葬的发现与发掘情况，并对其形制作了简要的分析，将它们划分为土圹砖室墓、砖石混筑墓、土圹石椁墓以及土坑墓四种类型（《文物春秋》4期）。

2003年邯郸市文物保护研究所抢救性发掘了11座古墓葬，其中9座为金元时代的墓葬，排列有序，均为仿木结构砖室墓，墓葬平面为六角形、圆形等，出土白瓷灯盏、铁犁铧、铜钱等遗物。另2座为明清砖室墓，出土黑瓷碗、人物多宝铜镜和铜钱等。这些墓葬建筑中保留了仿木结构等金元墓葬元素，又出现了后壁开设灯龛、拱券顶等明清墓葬建筑的流行形式（《文物春秋》1期）。2004年山西省考古研究所等单位在山西屯留县康庄工业园区发现3座元代壁画墓，均为砖室结构，其中2座保存仿木结构。清理出一批彩色壁画，包括孝子图、八仙图、仕女人物等。特别是八仙壁画为首次在该地区发现（《考古》2期）。2006年9月，朝阳市博物馆在朝阳市开发区仁济药材工地发掘8座元代墓群，除1号墓之外均为石筑，内置木棺，共出土203件随葬品，均为实用器，包括陶瓷器、铜器、铁器、骨器和玛瑙玉石杂品等，其中钧窑瓷器、铜簪、铜钱等可协助断代（《北方文物》1期）。

2007年，陕西省考古研究院在西安市曲江澜山小区发掘了44座古墓，其中一座砖室墓为明代上洛县主墓，出土一批彩绘木俑、木器残片、铜钱、陶瓷器与墓志、幽堂券等。墓葬建筑保存较好，对明代高等级墓葬的形制研究有所裨益（《考古与文物》4期）。湖北省级文物保护单位明湘献王墓被盗后，1998年，荆州博物馆对该墓进行了抢救性发掘，揭示出这座墓葬是仿地上宫殿建筑结构的多室砖石墓，并清理出随葬品883件（套），包括俑、车马、家具等漆木器、铜器、锡器、兵器、冠带佩饰、谥册、谥宝等。其陵园规模小于已发现的其他明代藩王陵园（《文物》4期）。2008年江苏江阴县叶家宕村发现一处明墓群，共有7座。江阴博物馆予以清理，在M3、M4中出土纺织品、瓷器、铜器、竹木器、锡器、银器与纸质文书等，对了解明代早期士人的服装与丧葬形式提供了资料（《文物》8期）。2006年郑州大学历史学院考古系等单位在河南新乡市老道井墓区发掘了战国至明代墓葬118座，其中明代101号墓为一座带斜坡墓道的石室墓，有前堂后室和东西耳室。可能与明代潞简王家族有关（《华夏考古》3期）。

李慧萍介绍了1986年在河南获嘉县西十里铺发现的一座明代壁画墓。壁画内容有仙鹤、云纹、侍女、男僮、牌位、幔帐等，艺术水平较高。墓室是由白灰加沙土整体夯筑成的（《中原文物》5期）。2006年嘉兴博物馆等发掘了嘉兴市王店镇李家坟的一处明墓群。墓葬多为砖砌券顶墓，在部分棺底发现北斗七星图样。墓中出土一批以丝织品服装为主的精美文物，包括墓志铭、腰牌、大统历等，为了解明代社会提供了重要资料（《东南文物》2期）。唐云俊、韩品峥介绍了在南京南郊石子岗发现的渤泥国王墓地，并将它与明代的藩王、品官墓葬作了比较（《东南文物》2期）。上海地区近六十年来发掘了400多座明墓，其中只有少量发表过发掘简报，上海市文物管理委员会汇集了100多座明墓的发掘成果，按照纪年墓与佚年墓两类分别介绍了墓葬的发掘情况与出土遗物，包括珍贵的玉器、瓷器、纺织品、文书家具、金银器以及墓地石像生等。而后将征集到的墓志按年代汇集编排收录，并附有上海明代墓葬统计表。该书收录资料十分丰富，并对墓葬形制与出土文物进行了专题研究（《上海明墓》，文物出版社）。

三　佛教及其他宗教考古

考古调查与文物专题研究的日益深入，促进了对涉及古代宗教思想领域的考古研究，参与这方面研究工作的学者越来越多，并且获得了十分丰富的研究成果，公布了大量重要资料。

在石窟、造像与佛教遗址的田野工作成果方面，李裕群、衣丽都对山西高平县石堂会村的6座石窟作了调查，详细介绍了其中3座北魏石窟的造像内容与布局，考证了造像形制上的特点与一些造像题记的意义（《文物》5期）。2004年起，山东省石刻艺术博物馆和德国海德堡学术院针对山东境内的佛教刻经进行全面系统的调查，2006年对泰山经石峪摩崖刻经及周边题刻进行考察，包括全面记录、地理测绘与综合分析整理有关资料等工作。他们报告了金刚经与其他题刻的具体考察结果（《考古》1期）。2007年，西安市文物保护考古所西安窦寨村发现6尊石刻佛像、6尊菩萨像与石刻残块等北周佛教文物。造像均已残损，但贴金彩绘保存较好，为北周时期的佛造像研究提供了新的资料（《文物》5期）。许文胜报告了对乡宁县营里千佛洞石窟的调查结果，包括石窟内容、形制、题记等，并推定该石窟开凿于北周时期（《文物世界》2 期）。张立明、蔡连国报道 2007 年在山东平原县出土一尊北齐天保七年（556 年）石造像，佛像腰部以上已残缺，造像底座刻有太子降生等佛传故事画（《文物》8 期）。罗宗勇、王剑平介绍了四川广元皇泽寺新发现的四龛唐代摩崖造像，详细说明了它们的造像特征与佛教题材（《文物》8 期）。2008 年，四川省文物考古研究院等单位对四川绵阳市碧水寺一带的唐代摩崖造像作了再次调查，进行编号和测绘，提供了较详细的资料，并初步将这里的造像分为三类：唐贞观年间的令狐氏造像，陆续进行的小规模造像和未完成的造像（《文物》2 期）。结合这次调查测绘的结果，于春、王婷对碧水寺第 10 龛内刻的金刚经和摩崖造像进行考证，讨论了碧水寺造像的开凿人和开凿年代、艺术风格等问题，指出可能是“令狐元轨”造像的艺术风格包括长安样式与具有隋末唐初“尉迟”画风的造像（《四川文物》3 期）。

四川大学中国藏学研究所对西藏阿里泉象河流域卡孜河谷的佛教遗存进行考古调查，介绍了聂拉康石窟、查宗贡巴石窟、卡孜寺、卡孜村佛寺与佛塔等处佛教文物的具体情况，并且就有关遗存的考古学年代、艺术风格与有关僧人历史等问题作了考证（《考古学报》4 期）。巫新华报告了中国社会科学院考古研究所新疆队发掘的新疆和田地区策勒县达玛沟托普鲁克墩 1 号佛寺、2 号佛寺与喀拉墩 1 号佛寺，揭示了佛寺建筑布局与残存的佛像、壁画。这些佛寺建造的时代大约在 6 ~ 9 世纪，出土的毗沙门天王、千手观音等壁画弥足珍贵。它反映了于阗与吐蕃之间在佛教艺术上的密切联系与于阗画派的特点（《文物》8 期）。王景荃对豫西南地区的重要造像——方城佛沟摩崖造像进行调查与介绍，指出这是唐代中晚期的密宗摩崖造像，并出现了西王母题材的造像，对研究密宗在中原的传播情况具有珍贵价值（《中原文物》1 期）。2007 年，成都市文物考古研究所与北京大学中国考古学研究中心合作对安岳卧佛院进行了全面的考古调查。雷玉华、付成金介绍了调查中涉及崖面状况、开凿顺序和时代等问题的观察结果，有助于更清晰地认识这一摩崖造像群（《成都文物》1 期）。2008 年，四川省文物考古研究院等单位对绵阳市境内的唐代佛道教造像进行了综合调查测绘，推测碧水寺藏原开元寺石佛可能是观音或弥勒菩萨造像，时代属于北周至隋代（《四川文物》2 期）。2008

年山东省博物馆等单位对兖州兴隆塔北宋地宫进行抢救发掘，清理了塔周围的10处遗迹，出土了舍利石函以及鎏金银棺、金瓶、佛牙、佛坐像等重要的佛教文物，以及北宋记事石碑、唐郭府君墓志等。经研究认为地宫建造时间在北宋嘉祐八年（1063年）前，建成后曾开放过一段时间（《文物》11期）。

有关佛教考古的专题研究成果中，宿白归纳了中外文献记载与考古发掘的资料，将唐代长安佛教寺院根据占地大小划分为四个等级，并考察了它们的建筑规制布局（《文物》1期）。杨泓专题讨论中国古代和韩国古代的佛教舍利容器，将中国北朝至唐代的舍利瘗埋制度分为四个阶段。并分析了韩国古代的佛教舍利容器与中国的密切关系（《考古》1期）。暨远志对泾州地区北朝石窟的时代进行划分，将其分为五期，并指出泾州地区的石窟发展没有连续性，明显有模仿都城地区的成分（《考古与文物》6期）。李光明从造像的面容、衣饰、神态等方面对该石窟的北魏造像变化情况进行了简要的阐述，并且就其变化原因从政治因素、文化融合、社会现实等方面进行了初步分析和探索（《中原文物》1期）。陈悦新对云冈、龙门、巩县、响堂山石窟造像的佛衣式样作了类型分析与演变阶段的划分，并探讨了它们的来源与主要分布地区。他将造像中的北朝佛衣分六种，通肩式、袒右式、覆肩袒右式、上衣搭肘式、增加外披式、中衣搭肘式，唐代分三种：通肩式、袒右式、中衣搭肘式（《考古》4期），有助于佛教造像的时代区分判定。张善庆讨论了龙门石窟路洞降魔变地神图像，认为它没有完全遵循佛传经典，而是依照《金光明经》的记载，借用了早期呈托举姿势的男性化地神造型。当时强调地神图像的降魔变粉本还没有传到云冈和洛阳等地（《中原文物》1期）。张善庆通过实地考察，分析造像模式，提出甘肃张掖市马蹄寺千佛洞隋唐洞窟第6窟主尊原为凉州瑞像（但在1963年至1992年之间重修后变成阿弥陀佛像），并对凉州瑞像在古代张掖一带的影响作了阐述（《四川文物》3期）。林章芹介绍了河北省博物馆藏的12件十六国至北齐时期的铜造像，其形制对探究中国早期佛造像的分期断代标准有所参考（《文博》4期）。员小中讨论云冈石窟中部窟区东边的第5窟与19窟的关系、第6窟与附窟6~11、附窟5~28与昙曜译经等相关问题，然后就其开凿年代、开凿者等问题发表了意见

（《文物世界》3期）。白文讨论陕西药王山摩崖造像倚坐菩萨，认为其头光中布列七化佛龛，应该是弥勒坐像（《四川文物》5期）。董华锋、宋文玉校正了庆阳北石窟寺摩崖石碑宗派图的录文，并对其中涉及的沙门义融的活动，北石窟寺宋元时期的发展等问题作了考证（《考古与文物》1期）。张健波、康晓静讨论了1900年在丹丹乌里克发现的龙女索夫壁画与阿旃陀石窟壁画的绘画风格渊源（《吐鲁番学研究》1期）。梁涛、彭杰考察于阗的地神图像，认为它们是根据《金光明经·坚牢地神品》绘制，影响了龟兹和敦煌佛教绘画的王族供养人画像，反映了王族供养人试图通过此画神化自我，宣扬王权天授的思想（《东南文物》2期）。朱巍从佛教传播与图像学角度考察飞天的发展过程，认为飞天萌芽于印度，发展于中亚、西域，成熟于中国，而且这一演化过程是反复交替进行的（《东南文物》2期）。

邓灿归纳了大足石刻唐宋石窟中的护法神造像情况，将其分为天王和金刚力士、天龙八部、明王、护法神将与儒道教弘法神等五类，统计其数量并叙述了它们的历史、艺术价值（《四川文物》3期）。唐志工、秦小萌、聂志明从广元石窟纪年妆彩的题记内容中分析晚唐以后彩绘的内容和技法，探讨了广元石窟在晚唐时停止开凿的历史原因，认为在五代与元代进行的两次重要妆彩与该地区的独特历史地理位置有关（《四川文物》6期）。王剑平、雷玉华对四川唐代摩崖造像中的部分瑞祥加以辨识，认为它们是印度瑞像在中原地区的摹刻，这些形象传入中原与唐代玄奘和王玄策等人有一定关系（《敦煌学辑刊》1期）。杨琳总结前人的研究情况，考察了佛教中化生与摩侯罗两种造像的发展源流与异同，尝试去理清它们的关系及演变过程，并且辨识了一些相关的文物（《中国历史文物》2期）。李翎讨论了西藏西部寺院佛传绘画中的哺乳太子图与西域流行的鬼子母图像之间的关系，分析该题材图像模式可能来源于新疆地区（《中国历史文物》2期）。张宝玺考订出阿尔山石窟第31窟中的十一面千手观音周边是观音救难图（《敦煌学辑刊》1期）。杨惠福、许栋讨论了嘉峪关黑山岩画中的塔形图，认为它是唐朝中晚期至宋元时期吐蕃的宗教遗存，反映佛教与苯教的思想（《考古与文物》4期）。冉万里汇集宋代墓葬发掘材料中与佛教有关的发现，从佛像等造像、经幢与佛经、壁画雕刻中的佛教因素、帝陵寺院、坟寺和寺院安葬、火葬、丧葬和祭祀过程中的佛教因素等方面归纳了宋代丧葬习俗中的佛教因素（《考古与文物》4 期）。孙志虹考察了山西隰县小西天大雄宝殿北山墙上的三组佛传故事：林中苦修、禅河澡浴与龙宫入定图，揭示了它们的题材、意义与相互联系（《文博》3 期）。王惠民对西魏至元代的敦煌壁画中存在的大量毗那夜迦像做了考察，认为它具有多重身份，在西魏以及隋代、元代是作为佛教守护神出现，而在唐宋时期则经常作为被降伏的恶神出现在观音像的下方（《敦煌学辑刊》1 期）。张宝洲对莫高窟石窟的各家编号作了对照比较并对比校勘了有关内容（《敦煌学辑刊》3 期）。

路远介绍了西安碑林所藏宋《重书夫子庙堂碑》上的一段以前没有注意到的佛经，并对原碑格式与其价值作了说明（《考古与文物》1 期）。肖贵田、杨波就出土的兖州兴隆寺地宫碑考察了该寺的沿革、北宋兖州龙兴寺的规模与寺院内僧职的设置情况等问题（《文物》11 期）。温玉成认为河北迁安市万军山三世佛造像碑具有中印度艺术风格，原型可能是浮图澄带来的，并考证该处建寺立碑是辽西鲜卑大单于段波在公元 330 年前所造（《中原文物》5 期）。陈晓伟考释2007 年 8 月在朔州发现的辽天庆八年（1118 年）经幢铭记，由此讨论了辽代山西地区的佛教寺院兴盛情况与僧人在民间的作用（《文物世界》2 期）。苏州云岩寺塔的彩绘浮塑图像以往没有详尽的介绍，同时对其时代的看法也多有出入，张朋川、宁方勇在总结前人意见的基础上，认为这些浮塑是五代时期的作品（《文物》7 期）。文军针对五代五重舍利宝塔的研究情况，讨论了五重宝塔的数量、佛像属性与宝塔隐含的法、报、应三身问题，并提出宝塔应该有须弥座塔基存在（《文博》1 期）。

此外，焦志昂讨论了晚唐至元代仿木构墓葬的宗教意义，认为它显示了维系家族延续性的共同愿望。这种从墓葬建筑去探讨社会宗教思想的思路比较新颖，但是把如此长时期不同地域与不同民族的墓葬建筑混同起来评论，显然容易忽视建筑形式的地方特征和时代区别，缺乏对其分布情况、形成渊源与演变过程的分析《（考古与文物》4 期）。

四　出土文物专题研究

古代陶瓷器与窑址的调查发掘和研究历来在魏晋以降的考古学研究中占有较重要的地位。本年度中发表的有关简报与论文有：西安市文物保护考古所在西安西大街古井中清理出一批保存较好的唐代执壶、瓷碗等，应属于耀州窑的典型器物，时代相当于晚唐（《文物》5 期）。易立以墓葬和塔基中的出土器物为主，对五代宋初的耀州窑青瓷器作了类型分析与分期研究，将之划分为五代末年与宋代初年两期，同时还指出了耀州窑对辽国瓷器的影响（《考古与文物》2 期）。四川三台县在文化大革命中发现过两件“官”款白瓷器。易立总结了国内有关的“官”款白瓷器资料，认为这两件器物应该是五代之际的产品，烧制窑口并不单一，并对四川地区出土的“官”款白瓷的时代背景、输入途径等问题作了讨论（《四川文物》1 期）。王莉介绍了陕西省历史博物馆藏的几件宋水吉窑黑釉兔毫盏及仿品，比较出水吉窑黑釉的特征（《考古与文物》6 期）。2006 年江西省文物考古研究所与浮梁县博物馆发掘了江西浮梁县凤凰山的宋代窑址，揭示出龙窑遗址一处，手工作坊遗址一间，出土了一批青釉、酱釉瓷、青白釉瓷器与窑具等，可复原器物达数百件，造型丰富多样，尤以执壶为主。这次发掘为研究宋代陶瓷工艺与景德镇地区的陶瓷史提供了极为重要的资料（《文物》12 期）。宋奇总结了河南登封地区几十处瓷窑遗址的特点，如就地取材、因水之利，时代延续长，各地域差别明显，产品以民用为主，种类繁多等。另外还专门探讨了白坪地区的瓷器所属瓷系和登封钧瓷对钧瓷研究的作用等问题（《中原文物》3 期）。成都中医药大学医史博物馆调查了四川青神县的坛罐窑遗址，发现保存尚好的窑址 10 余座，并且采集了一批瓷器，分析了这些瓷器的形制、胎质、釉色、装饰、装烧工艺等特点，推断该窑的时代大约在北宋到元初之间，是四川黑瓷窑系的重要组成部分（《四川文物》2 期）。秦大树总结了宋代官窑生产的主要特点，结合对元代汝州青瓷器的分析，指出元代浮梁瓷局与汝州青瓷器分属于工部和内府两个系统，可能都具有官作的性质，很多人认定是北宋官窑的张公巷窑不应是宋代官窑（《文物》12 期）。沈岳明结合历年来龙窑的考古发掘成果与历史文献记载，讨论了龙窑的装烧量、排烟处理、生产组织制度与发展过程等问题（《文物》9 期）。彭善国从西夏瓷窑遗址、西夏瓷器的出土情况及其类型、制烧工艺、周边地区对西夏制瓷业的影响等方面评述了西夏制瓷手工业（《内蒙古文物考古》1 期）。董健丽对辽代宗教瓷器的出土情况、器物特征与产生时间等问题进行比较全面的阐述和考证，揭示了辽代宗教瓷器的文化内涵，探讨其产生的时代背景以及宗教对陶瓷艺术的影响等问题。但把宗教纹饰装饰的日用器物也放到一起讨论，与主题不尽相符（《北方文物》2期）。张红星等介绍了内蒙古地区出土的耀州窑瓷器情况，并分析了它们的主要特点（《内蒙古文物考古》2期）。杨玉璋、张居中、鲁厚祖在2002年对繁昌县柯家冲窑址的发掘资料研究基础上，介绍了繁昌窑瓷器胎釉的特征、制瓷年代和性质、制瓷工艺以及繁昌窑的兴衰等问题（《东南文物》3期）。翟艳艳介绍了安徽省繁昌窑的发现与认知过程、繁昌窑与同时出现的青白瓷窑址情况，同时讨论了繁昌窑衰落的三大原因是：瓷土品质粗劣、战争频繁与防御水灾的能力较弱（《东南文物》3期）。

丁鹏勃结合考古出土器物、传世品和历史文献考证了凤、凰、鸾纹的渊源与区别，对明代御窑瓷器上的凤纹作了分类研究（《中国历史文物》2期）。熊寰考察了文献与有关考古资料，提出在明代景德镇御器厂之前还存在过一个生产贡瓷的陶厂，成立于洪武二年（1369年）（《考古与文物》2期）。黄静对明末清初时期的青花瓷器作了分析，通过总结其在造型、工艺与纹饰上的特点，从审美思想根源与社会根源两方面指出这一转变期青花瓷器的繁荣原因（《四川文物》1期）。在瓷器纹饰中，康熙青花瓷器上的人物纹形式多样，表现了当时丰富的民间生活，万钧对其形成的原因从社会状况、制作技法和市场等方面作了分析（《中国历史文物》1期）。熊翠燕回顾了半个多世纪以来宋元外销瓷研究的情况，将其分为两个阶段，以20世纪70年代为界，简要评价了各自的不足与成就，提出了外销瓷定义、外销路线、外销瓷窑口等有待解决的研究课题（《四川文物》2期）。

对于各种出土器物的造型、形制演变、制作工艺、文化内涵等具体课题加以综合研究，涉及对考古发掘信息的进一步运用与文化历史等方面的深入认识。这方面的论文有：吴小平归纳了考古发现中的六朝时期青铜器资料，对其加以分类，并分别就沿用器物类型的形制与年代、新兴器物类型的形制与年代作了具体分析，指出六朝时期青铜容器的变化主要体现为传统的炊煮饮器逐渐消亡，而与茶有关的器具快速发展（《考古学报》2期）。孙彦结合从两周到魏晋南北朝时期的木棺发现，分析古代木作中燕尾榫（蝴蝶榫）的使用与演变情况（《考古》4期）。张蕴、秦造垣对古代墓葬中常见的一种葬具“下帐”的使用情况与渊源等问题作了归纳与探讨（《考古与文物》6期）。青海大通上孙家寨汉晋墓出土过一件形制独特的银壶。仝涛对亚欧各地发现的类似器物予以排比分析，提出在公元前2世纪希腊化帕提亚首先融合并产生了这种镀金银器装饰，这类器物通过草原之路传播到匈奴王庭，奄蔡与乌孙在这种传播中也起到重要作用（《考古》5期）。宾娟探讨了西晋镇墓兽与伴出武士俑的情况，认为这反映了西晋时期流行的青牛、髯奴御鬼辟邪术。但是她仅引用了文献中的几则记载，缺乏对墓葬中出土情况的细致排比，无法证明镇墓兽与武士俑是固定的组合形式（《文博》2期）。2005年6月，辽宁省朝阳县文物管理所在朝阳县袁台子村发现40多件汉魏鲜卑时期的矩形牌饰陶范，多残缺，存有鹿纹等动物纹饰，于俊玉、孙玉铁对它们作了介绍（《北方文物》2期）。杨金平介绍了在日本出土的三面画文带神兽镜，认为它们是中日两国政府之间最早建立联系的信物，成为邪马泰国女王们治国的重要祭器与神物。这一专题很有意义，但是作者的推论过多，缺乏实证，削弱了论证的说服力（《东南文物》1期）。何京认为太原北齐徐显秀墓中的羽翼兽图像是由不同的动物混搭成的，是欧亚大陆上各种文化交织互动的产物，在欧亚各古代文明中均有体现（《文物春秋》2期）。

2006年，四川大学考古系在河南卫辉市大司马墓地发掘出唐乞伏令和夫妇合葬墓，墓中出土罕见的小五铢钱101枚。党志豪结合文献研究，认为这批钱币是南北朝时期的私铸钱币，不是西汉小五铢或沈郎钱、鹅眼钱等。付兵兵对出土的唐乞伏令和墓志铭作了考释（《中国历史文物》4期）。葛承雍考察了北朝隋唐时期的骆驼载物俑，指出它们背负的是商队不可缺少的野外住宿用品“穹庐”“毡帐”，而不是以前人们误认为的货物架、鞍架等（《中国历史文物》3期）。王援朝对唐代兵器中的胡禄来源作了考证，认为它起源于西域，最早可能出现在龟兹一带，时间不晚于4世纪，以后传入南西伯利亚和中国河西走廊，在南北朝晚期进入中国内地（《中国历史文物》6期）。林健对甘肃省各博物馆收藏的隋唐胡人俑加以介绍，并讨论了陶俑衣饰中几种具有胡人特征的服饰源流（《文物》1期）。霍巍进行吐蕃系统金银器的研究，归纳了文献中记载的吐蕃金银器、考古发现的与流散海外的吐蕃金银器资料，对其特点、艺术风格与制作工艺技术进行梳理说明，指出吐蕃已经成为东亚地区一个重要的金银器生产制作中心，由于欧亚大陆历史文化的变迁，它从不同途径吸收了来自东、西方的优秀工艺，形成自己独特的金银器风格（《考古学报》1 期）。渤海国流行一种叫做暗摸靴的靴鞋，赵哲夫、韩亚男认为在辽宁朝阳市黄河路唐墓中出土的男女石俑所着圆头靴就是渤海国的暗摸靴（《北方文物》2 期）。

杜文介绍了一件罕见的宋代陶塑玩具，认为它表现的是当时流行的七圣刀幻术，源于唐代祆教的下神仪式幻术（《中原文物》3 期）。程义、程慧军对汉中发掘的 4 座宋墓中出土的镇墓神物加以汇集说明，认为它们与《大汉原陵秘葬经》的记载相吻合，反映了当时这一地区道教的深刻影响（《四川文物》5 期）。1996 年 3 月，成都市文物考古研究所、彭州市博物馆在彭州市工业大道发现一处宋代青铜器窖藏，出土器物 70 多件，包括大量仿古礼器与佛家造像等。仿古礼器种类丰富，造型与纹饰表现出宋代金石学兴起后仿制古代青铜器的时代特点，对研究宋代青铜器具有重要意义。根据宋代仿古器物大多出现在南宋时期，发掘者认为该窖藏应埋藏于南宋，可能与“端平之乱”有关（《文物》1 期）。庞秀美介绍 1996 年冬在山东胶州市常州路发现了宋代铁钱约 30 吨，均为北宋徽宗时期的钱币，多种钱币形制可作为鉴定标本（《文物》9 期）。蔡毅通过有明确纪年或相对明确纪年的瓷枕，与目前尚未明确年代的瓷枕通过造型、纹饰、装饰技法与烧造工艺全面比较，分类形成一种标准器物组合，使之成为比较准确的界定瓷枕年代的依据（《华夏考古》4 期）。董健丽概述了五管瓶从东汉到清代的发展情况，认为它在宋代达到鼎盛，并且认为它是沟通天地的媒介，人们借助它来祈求幸福平安，反映五行思想。但是宋代以前的五管瓶都是墓葬用品，元代以来成为实用的陈设器，对这一变化的原因还需要深入探索（《东南文物》3 期）。

易晴通过分析 1999 年在河南登封黑山沟发掘的北宋砖雕壁画墓图像，提出以墓中的夫妇对坐图为关键，随着天地之运在西北方分为二途：一条随着地道运行方式右旋进入北壁（子位）的砖砌假门；另一条在西北壁的亥位，经过孝子图像“通于神明”的功能，从地升天，表现为西北壁上层墓主人夫妇像，又随着天道的左旋运行到达北壁上层的寓意“天开于子”的庑殿顶门楼式天庭。这是试图用古代宇宙数理观念来解释墓葬建筑与装饰的有益尝试（《中原文物》4期）。董新林研究了北宋金元墓葬壁饰所见二十四孝故事，指出在民间存在着两套不尽相同的二十四孝故事系统，北宋金元时期，现存的高丽《孝行录》记载的二十四孝故事应该是在中国北方地区流行的故事版本（《华夏考古》2期）。邓菲从河南地区北宋壁画墓中位于拱眼壁上方的几组孝子图像出发，分析壁画墓中孝行图的功能，认为它们是天人感应的关键，表达建墓者期望孝子或孝感神迹能够帮助墓主人上升仙界，同时可以与佛、道等宗教思想联系起来（《中原文物》4期）。张帆通过比较豫北晋南一带宋金墓葬中的部分杂剧砖雕和石刻内容，讨论了杂剧演出形象在墓葬中表现形式和意义的变化，分析了相关丧葬仪式的发展。指出墓中杂剧雕塑可能包含着某种祭祖祈福的礼仪作用（《中原文物》4期）。冯健对四川泸州宋墓中的杂剧、大曲石刻艺术风格和制作特征进行分析介绍，并叙述了这类石刻的历史渊源与文化特色。但缺乏与其他地区大量类似石刻砖雕的联系（《四川文物》6期）。卢青峰、张鸿亮总结了建国以来在洛阳地区出土的5具宋代石棺，分析了它们的形制结构，装饰题材布局，认为它们表现了鲜明的时代特征与地域特色。但简单地将其与北魏石棺等联系起来，并且认为仿木结构砖室墓对其提供了直接范本，这些结论过于简单草率（《四川文物》6期）。刘希言以陈国公主与驸马合葬3号墓和库伦1号墓墓道壁画为例，讨论辽代墓室壁画从中期到晚期的发展，认为它逐渐受到汉族文化的影响，在保留原有特色的基础上融入汉民族特色，逐渐形成标准化的壁画墓形制。这种看法似乎忽视了契丹民族以前没有壁画墓，壁画墓的葬俗完全是受到汉文化影响的实际情况（《北方文物》1期）。张兴国报道2005年在内蒙古巴林左旗辽上京遗址的一座辽墓中出土一具雕龙彩绘木棺，表现出浓郁的汉文化信息（《文物》3期）。杨海鹏总结了黑龙江、北京等地出土的金代坐龙，结合唐代以来的各种坐龙形态进行对比研究，指出金代坐龙是源于辽代的坐龙，受到宋代坐龙的影响，并包含了女真族文化心理，应该是金代皇家建筑的相关因素，具有守护功能（《北方文物》1期）。辛革介绍了河南上蔡县明代顺阳王墓出土的一批精美金簪，并分析了其中部分金簪的功用（《中原文物》4期）。

贺燕琼介绍了荆州博物馆馆藏部分明清金首饰与生活器皿（《江汉考古》1 期）。

近年考古发掘清理工作日益繁忙，出土的古代铭刻资料不在少数，对这些铭刻加以考释与研究的成果发表得较多。例如秦韵兰就山西博物馆藏东魏武定二年（544 年）比丘僧纂造释迦多宝碑铭文与造像内容作了考释（《文物世界》6 期）。史正浩讨论了东魏敬史君碑中敬显俊的名字、出仕情况与评定燕乱的时间等问题（《中原文物》1 期）。崔世平对西安出土的隋代王昌父子墓志铭文进行考释，讨论了王昌家族所属的北周京兆王氏与北周政治的关系（《考古与文物》2 期）。易西兵汇集了江南和华南地区发现的 22 件南朝买地券，进行分类研究，并指出买地券中的道教因素和它所反映的南朝葬俗。认为当时虚构了一个地下世界并模仿现实社会建立了各种管理秩序（《东南文物》3 期）。周晓薇、王箐对隋墓志刻饰图案中几种较少见的纹样作了归纳（《考古与文物》1 期）。罗火金、刘刚州考证了 2008 年出土的隋代司马融墓志中记载的世系、履历等问题，并介绍了历来在孟州出土的司马氏家族墓志等资料（《中原文物》3 期）。王素讨论了 1997 年在吐鲁番阚氏王国张祖墓中出土墓表的文字释读问题，认为张祖是高宁某城戍主（《文物》1 期）。魏隽如、张智海结合历史文献、实地考察与考古资料分析，认为北魏柔玄镇的地望在今河北省尚义县土城子村，土城子城址即其故址（《北方文物》1 期）。

李举纲、张安兴考证了 2008 年在西安市西郊出土的唐万善寺尼那罗延墓志。那罗延原为宫人，后被赐给宦官王希迁为妻，最终出家为尼。这件墓志对了解唐代宦官的婚姻与宗教信仰等问题提供了有益线索（《中原文物》3 期）。毛阳光介绍了新见到的流散在世的四方唐代洛阳粟特人墓志，展示了普通粟特人的婚姻、信仰、仕宦、丧葬情况，对研究唐代洛阳城市情况与粟特人汉化具有一定价值（《中原文物》6 期）。王其祎、周晓薇对陕西省澄城县新发现的唐文明元年（684 年）西州司马吴信碑进行考证，梳理了碑文中出现的唐代澄城县官员情况（《考古与文物》6 期）。刘小磊、田丽介绍了 2001 年在伊川县彭婆乡出土的唐开元十九年（731 年）卢正容墓志及线刻墓门，对其家族世系作了考证（《中原文物》4 期）。冯全忠、陈瑞贵就河北正定隆兴寺御书楼前保存的唐成德军节度使李宝臣残碑予以考释，判断其树立时间为建中二年（781年），并指出它可以与史书互补的内容价值（《中国历史文物》4期）。西安市文物保护考古所介绍西安市东郊枣园苏村出土的唐代齐睿墓前碑石，释读了铭文，考证了有关史实考证（《文物》8期）。王先福、杨一报道了在襄樊市太平店镇征集到的一方唐代乾宁三年（896年）播州刺史赵氏墓志（《江汉考古》1期）。王丽敏、田韶品介绍碑文并考证。记述寺院创始人智力禅师的事迹与建寺经过。碑阴记录管理定窑的官员捐助者为唐代定窑研究提供了线索（《文物春秋》6期）。王丽敏、吕兴娟、高晓静介绍了2006年在曲阳县郑留营村发现唐贞元十二年（796年）李荣墓志（《文物春秋》6期）。张乃翥考证洛阳隋唐城建春门外出土的唐代景教经幢残件以及多件西域各国人后裔的墓志，指出唐朝政府在洛阳城外专门建立了感德乡用于安置入住中原的胡人部落，这些石刻材料证明了这里因胡人聚居而造成景教兴盛的情况（《中原文物》2期）。

罗火金对2007年焦作市出土的五代时期重要人物卢价墓志中反映的史料作了考证（《中国历史文物》2期）。谢飞、张志忠介绍了在河北临城县新征集到的王康墓志、向氏墓志、张氏墓志等几件宋代墓志，就其家族世系与王氏、苏氏家族之间的关系作了考证（《文物》8期）。赵振华、史家珍考释了2008年在洛阳出土的北宋富弼墓志涉及的历史事件与人物（《中原文物》1期）。张新宇对考古发现的5批漏泽园砖铭中涉及安济坊和病院的内容加以汇集介绍，并就北宋末年的居养院和安济坊名称、设置、病员身份以及死者送到漏泽园埋葬的手续等问题作了考证（《考古》4期）。他还对三门峡市郊北宋陕州漏泽园铭砖的纪年规律和编号类型等问题作了归纳分析（《考古与文物》6期）。1984年在大同发现的辽大同军节度使许从赟墓中出土了一件墓志，曹彦玲、王银田对其内容涉及的历史情况作了考释，特别讨论了墓志盖中央的线刻九游九星与北斗七星图案的厌胜作用（《文物世界》6期）。张少珊、曲铁莉对1990年在丰宁县出土的契丹大字铭陶壶铭文释读提出了补充意见（《北方文物》2期）。王玉亭通过墓志考察了辽代韩德昌及其子嗣的职官和权势状况（《北方文物》3期）。2007年在北京石景山发掘的一座金代石椁墓中出土金代吕嗣延墓志，孙勐结合有关史料作了考释（《北方文物》3期）。刘冰介绍了2007年赤峰博物馆征集到的四块刻有孝子图画的金代石刻（《内蒙古文物考古》2期）。

2006年，在曲阳县慈顺村发现元代宣授善和大师塔铭碑，庞雪平、魏敏撰文介绍铭文，考证善和大师的生平与元世祖忽必烈的关系（《文物春秋》6期）。王丽敏、高晓静根据碑首的形制纹饰，认为现存曲阳北岳庙中的大明诏旨碑是由唐碑改刻而成的（《文物春秋》6期）。2005年在涞源县白善寺村原柏山寺遗址发现玉宸观记碑，庞雪平介绍了碑文内容，考察了它所反映的道教传播情况（《文物春秋》6期）。夏寒考证了北京市朝阳区新出土的明代怀柔伯施聚夫妇、施鉴墓志，就其中的大量史实与相关历史作了讨论（《中国历史文物》2期）。秦造垣对1988年在西安市出土的明故夏阳县主墓志中涉及的史实加以考释，认为该墓志有助于明代藩王制度等问题的研究（《考古与文物》1期）。王平介绍了达州出土的四方宋、明买地券，对其内容与地望作了探讨（《四川文物》2期）。黄清华介绍了在四川阿坝金川县原大金川土司勒乌国官寨旧址上的御制平定金川勒铭勒乌围之碑，考释了相关史实（《四川文物》2期）。方刚、袁均、朱寒冰对2008年在重庆大竹林镇五云村发现的明礼部尚书蹇义神道碑作了校点及相关考释（《四川文物》4期）。傅山泉对自20世纪50年代平原省辖区内发现和保存下来的一批魏晋至明清的石刻文物作了介绍并加以考证（《华夏考古》3期）。

对历史悠久的敦煌文书与吐鲁番文书所进行的史料文献研究仍有众多成果，与考古学结合较密切的有王璞对美国普林斯顿大学葛斯德图书馆藏高昌郡时代阙名衣物疏的考证，探讨了衣物疏中反映的葬俗与社会风俗（《吐鲁番学研究》2期）。李娜颖考释吐鲁番出土的衣物疏中的一种衣物“尖”，认为它是一种尖顶的帽箍式首服，在唐代灭掉高昌后就不再出现（《吐鲁番学研究》2期）。凌文超结合阿拉沟古堡的考古发掘考释了美国普林斯顿大学葛斯德图书馆藏两件天山县鹳鸽仓牒，考证了该仓的位置（《吐鲁番学研究》2期）。

由于近年来城市建设发展迅速，保护古代建筑的观念有所加强，古代建筑以及建筑构件调查研究方面的成果也不断涌现。例如：王月前通过实地考察建筑遗迹，对山西运城地区的文昌塔一类建筑的分布情况、形式与结构等问题进行归纳整理，指出它们是当地民间信仰的产物，与科举制度有关（《中国历史文物》3期）。徐新云、王书林、徐怡涛分析了陕西韩城庆善寺大佛殿的铺作布局与细节做法，指出大佛殿前檐铺作的建造年代应该在北宋后期至金代前期，对它的确定有助于进一步认识陕西与晋南地区的古代建筑（《中国历史文物》4 期）。徐怡涛、苏林带领北京大学考古文博学院师生调查测绘了山西长子县慈林镇布村玉皇庙建筑群，介绍了总体布局与具体的建筑形制，指出它们表现了明显的北宋建筑风貌，认为其始建年代不晚于北宋宣和元年(1119 年)（《文物》6 期）。洛阳河南府文庙戟门、大成殿两座木结构建筑保留有早期建筑的构造和做法。河南省文物建筑保护设计中心分析了它的建筑特征，对于研究中原地区的早期木建筑具有参考价值（《中原文物》6 期）。楼建龙、王益民测量与分析了第五批全国重点文物保护单位福建顺昌宝山寺大殿的建筑结构，并讨论了它的法式特征与寺庙历史等情况，指出它表现出较为鲜明的元、明构造手法，又具有跨越前后多朝代的特征（《文物》9 期）。张剑葳、周双林对昆明太和殿金殿的建筑形式与构造特色等问题作了研究，并考察了殿中的铭文，作了铜殿内壁的金饰分析（《文物》9 期）。四川广安市对明代兴国寺做了全面的调查测绘，刘敏在此基础上讨论其始建年代，认为以往所说兴国寺创建于汉代或唐代初年的说法都是附会之词（《四川文物》2 期）。张薇薇对晋东南地区 5 处二仙庙宇建筑平面布局格式进行分析（《文物世界》2 期）。李小青介绍了在 2006 年以来对山西交城天宁寺大雄宝殿进行修缮保护工程中发现的残损情况与采取的技术策略，并记录了大殿的保存现状（《文物世界》3 期）。梁涛介绍了在保护维修交河故城西北佛寺时涉及的保存现状、复原设计的原则和设计方案等问题（《文博》2 期）。始建于宋真宗咸平四年（1001 年）的定州开元寺塔历史上有过多次维修，贾敏峰、王丽华依据碑刻、题记等资料介绍了元代以来的历次维修情况（《文物春秋》2 期）。张廷皓、于冰考察京杭运河水运、水利工程及其遗址的特性，从多方面讨论运河遗址的保护措施（《文物》4 期）。

在建筑构件的专题研究中，贺云翱结合韩国与日本发现的有关资料，对南京地区出土的六朝建筑材料椽当作了分期研究，并对其使用范围和椽当所反映的中日韩文化交流等问题作了说明（《文物》5 期）。王秀玲汇集了已知的 34 件莲花化生瓦当，将其分为 3 期，并作了类型分析，指出这类瓦当是在北魏流行的净土思想指导下产生的，可能主要用于皇家建筑（《文物世界》2期）。李映福对近年来在三峡地区出土的大量唐宋瓦当进行归纳分析，总结出宝相莲花纹、普通莲花纹、异形莲花纹、乳丁纹与兽面连珠纹五种类型，并结合地层判断了各种类型存在的时代（《文物》3期）。郑燕梅讨论了紫禁城宫殿建筑中垂花门的使用情况、建筑类型与装饰方式等问题（《文物》4期）。

近年来随着经济发展与科学技术的迅速更新，科技手段被大量引入考古文物研究工作。有关科技考古与文物保护技术的成果不断公布出来，各考古文物刊物上见到的主要论文有：

杨祥民参加南京师范大学组织的南朝陵墓保护现状调查队，对所有南朝陵墓石刻现状作了详细介绍，并提出建立石刻博物馆集中保护的对策（《文物世界》1期）。梁涛分析新疆和田热瓦克佛寺的主要病害，提出保护加固研究的措施（《北方文物》2期）。张建华、魏华介绍了陕西省艺术博物馆所藏的北周曹恪碑等3件石质文物的材质分析结果与现在采取的保护措施（《文物世界》1期）。甘岚介绍了结合中国古旧书画揭裱修复技术修复河南博物院所藏唐代妙法莲花经卷的过程（《中原文物》1期）。吉林省渤海国王室墓地出土的银平脱梅花瓣形漆奁是一件制作精美的唐代珍品，出土时已被挤压变形，经修复处理，现已恢复了它的原貌。方国荣介绍了对它加以整形，并对银饰和铜质构件进行粘接、复原、修复处理的基本方法（《江汉考古》3期）。何堂坤、李银德、李恒贤通过4件标本的合金成分与金相组织分析，对宋代制作合金、锻造、淬火的有关工艺技术作了探讨（《考古》7期）。崔剑峰、吴小红、唐俊杰对杭州老虎洞窑址出土修内司窑铭款荡箍进行化学成分分析，证明不同时代瓷釉的成分中微量元素含量存在着明显区别（《文物》12期）。曾中懋叙述了白鹤梁题刻所处的地理环境、气候条件、地质构造和岩石属性等具体情况，分析了不利于题刻保护的各种因素，总结了实施维修保护工程的内涵、材料和工艺措施（《四川文物》6期）。古遗址古墓葬的土壤保护是一个重要的科研课题，这方面的工作成果很多。万俐介绍了南京博物院治理江南地区古遗址古墓葬水环境的案例，总结出隔、引、防三种治理方法（《东南文物》2期）。周双林、杨琴、张鹏宇介绍了国内经常使用的潮湿土遗址隔水防潮技术措施，并认为拱券法是最有效的（《东南文物》2

期）。2007 年，南京博物院等对徐州市狮子山汉兵马俑坑进行防水加固保护，效果较好，郑冬青等介绍了具体保护措施（《东南文物》2 期）。张慧等介绍了浙江余姚田螺山遗址土壤的室内与现场加固实验成果（《东南文物》3 期）。陈光利等介绍了对湖北荆州熊家冢土遗址进行保护的技术措施，处理后达到了防止殉葬坑崩裂、垮塌的目的（《东南文物》3 期）。还有李玲讨论考古发掘中出土的木质文物保护与永久性固定问题，罗黎谈唐代壁画地仗层的加固与材料研究，杨蕊对洛阳关林 49、50 号唐墓壁画揭取情况的介绍（均见《中国文物科学研究》1 期），贾文中谈古陶瓷修复的心得等（《中国文物科学研究》3 期）。

甲骨文金文研究综述

严志斌

2009 年甲骨文金文研究方面的重要论著有 10 余部、论文集 3 部、论文 200 余篇。

甲骨文研究

甲骨文有焦智勤的《殷墟甲骨拾遗》（《纪念王懿荣发现甲骨文 110 周年国际学术研讨会论文集》，社会科学文献出版社。以下简称《论文集》）公布作者所见甲骨 25 例。另有数家甲骨收藏机构刊布了其所藏甲骨或其拓本，有宋镇豪主编的《张世放所藏殷墟甲骨集》（线装书局）收甲骨 385 片，其中𠂤组卜辞 8 片，宾组卜辞 193 片，子组卜辞 1 片，出组卜辞 98 片，何组 6 片，无名组 11 片，黄组 68 片；宋镇豪、朱德天编《云间朱孔阳藏戬寿堂殷墟文字旧拓》（线装书局）；《上海博物馆藏甲骨文字》（上海博物馆编，上海辞书出版社）收录上海博物馆等藏甲骨 5002 片，其来源主要是前孔德研究所、前上海市历史博物馆、武进文献征集社旧藏及傅高顺、秦康祥等私人所藏，新刊布甲骨 111 片（包括无字、伪刻者），并编有甲骨著录对照表。此书著录的一大创新是用灰拓本于甲骨文字上作同位释文，与墨拓本对照阅读，极为便利。还有

“中央研究院”历史语言研究所刊行《史语所购藏甲骨集》，收录史语所早年购藏的全部甲骨338版，彩色照片、拓片、摹本、释文并陈，多数材料为第一次发表。

释字方面的成果比较多，此年度最重要的研究成果是刘钊、洪飏、张新俊编著的《新甲骨文编》（福建人民出版社），将新出的商代与西周甲骨悉尽收录，以电脑扫描件直接截取甲骨文字形加以翻转处理，最大程度保持文字形体的真实性，所收字头正编约2350个，形体不便隶定的附录收字头1204条，收合文70条，并于所收甲骨文字下附注出处与所分甲骨类组，极便学者利用。另外的散篇有党相魁释□为善、释□为莰、释□为看、释□为䁾（餽）、释□为盧（臚）、释□为阑、释□为闲、释□为閤、释□为闋、释□为闢、释□为閔。李立新认为“商”字本意为货架上放置商品进行交易，并讨论了商人的商业行为。方稚松作释鼄、皃、□、俞四字。任会斌将合集20385中的“缶”解为“酋”，指泛称的首领，如“基方缶”即“基方”的方国首领。王晖认为花园庄东地卜辞□是戈头的象形，语音同“戛”及“吉”（以上均见于《论文集》）。曹锦炎释合24157、28145之行单；合2811、屯南218、合33086之盧帝，屯南579之鱼帝；合31233、7345、18749、18750之旰昍；屯南2384、怀1620、合34865之固曰；合14370、40414之今水；合18081之小臣罘；合34445、35247之彡日；合36524之爯印。赵鹏对𠂤组肥笔类卜辞中的“王”字作了补释。王蕴智、李立新也有新见（以上见《甲骨学110年：回顾与展望》，中国社会科学出版社。以下称《展望》）。王恩田考述殷人国号本名“卫”，音同借为“殷”，廩辛、康丁卜辞中为“衮”，乙辛卜辞中又以“獄”代殷《中原文物》6期）。何景成认为甲骨文中的北方风名当释“卷”，读为“寒”。释从柔从豕、从柔从兕之字为“豢”。用作人名地名族名的柔地在山西安邑境（《殷都学刊》2期）。杨州讨论了甲骨文中的章（璋）（《首都师范大学学报（社会科学版）》3期）。另外，葛英会《夏字形义考》（《中国历史文物》1期）认为甲骨卜辞中□是“夓”与“夏”两字的初形，□与殷人高祖并卜并祀，实为夏后氏大禹。另文《周字形义考》认为周字构形上，口与小点均非其构形要件，周是绸的初文。吴玙有《说隹》，郑慧生有《释化》（以上均见《论文集》）。

甲骨文字词考释方面的论文有以下几篇。甲文“不黿”“不縣黿”习见，多有学者撰文讨论。蔡哲茂《花东卜辞“不黿”释义》申论“黿”训“诛”之旧说，“不黿”即不加诛杀（《论文集》）。党相魁的《释“不縣黿”》认为成语“不縣黿”相对独立，与卜辞内容无直接关系，其含义相当于大吉（《展望》）。岳洪彬、岳占伟讨论了殷墟镞的形态与甲骨金文中的“矢”和“射”字的可能对应关系（《文物》8期）。凭借楚简的研究成果对甲骨文字形进行重新认识，是近年甲骨文字隶释的重要方法，魏慈德据此讨论了甲骨文中借酉为酒、借妹为蔑、借卣为攸、借改为巳诸例（《论文集》）。韩江苏《殷墟花东H3卜辞“不三其一”句解》认为“不三，其一（其二）”是商代田猎战阵中的专门术语，指借田猎进行军事训练中的车徒战阵训练。花东卜辞中的“旋马”相当于文献所载之驱逆之车（《论文集》）。刘钊则对安阳殷墟出土的记事骨片文字进行综合考释（《古文字与古代史》第二辑）。李学勤则专论了小臣墙骨牍（《展望》），提出“骨牍”一称。

甲骨文字的校释工作不绝如缕。胡云凤针对合集第七册之19849、19980、20064、20096、20108、20122进行释读校订（《论文集》）。彭邦炯、马季凡针对沈建华对《甲骨文合集补编》所作之二篇校勘文章的漏片问题、释文问题、片号问题进行回应。还有章秀霞的《〈北京大学珍藏甲骨文字〉著录片校重》（《殷都学刊》4期）。

关于商代的宗教观念，刘小萼的《从殷墟卜辞中的祭祀方式变化看商代祖神观念》认为祭祀方式从无序到有序，并渐以近祖为重，是宗教思维主体意识逐步增强的结果（《中原文物》2期）。秦照芬《从卜辞看商代祖先在商人心目中之形象》认为祖先是商人与帝之间的中介人；祖先可以致福商王，并保佑子孙，同样也会降祸于子孙（《论文集》）。曾凡讨论了河神在殷商卜辞中的地位及人格化因由（《殷都学刊》3期）。王辉《殷人火祭说》讨论了殷人火、焱、赤、柴、新、束、索、叔、叙、取、尞、禘、炆、杏等火祭的情形以及其社会文化背景（《展望》）。赵容俊则讨论了甲骨卜辞所见之巫者的丧葬巫术活动（《展望》）与建筑巫术活动（《殷都学刊》4期）。常玉芝《“帝五臣”、“帝五丰臣”、“帝五丰”的所指》指上帝的五个工臣：四方神、风神、雨神、云神、日神，其中四方神又居于其他四神之上（《论文集》）。

关于商人的经济生活与制度，郭旭东、蔡哲茂从甲骨文字牧与刍为中心论及商代的经济生活（《华夏考古》1期、《古文字与古代史》第二辑）。杨升南专论了商代的制盐业（《论文集》），而冯时则从卤斥称名、取卤之法、煮盐溯源、盐卤记量、商代盐池、祭祀朝宗用盐、盐官多个方面详论了古文字所见之商周盐政（南方文物》1期）。葛英会《释殷墟甲骨的土田封疆卜辞》（《展望》）将甲骨中之“[illegible]田”“[illegible]”“[illegible]田”释为“封疆”，认为其行为主体为贵族。徐义华作《商代国家经济体系》（《展望》）系统讨论了商王朝的籍田制度、王室田庄与农牧业、仓廪制度等农业经济体系，铜、玉、盐等工业情况与贡纳制度。

卜辞中的“众”的身份问题是个聚讼已久的问题，朱凤瀚《再读殷墟卜辞中的“众”》（《古文字与古代史》第二辑）认为卜辞中的“众”不是单一社会等级群体，作为广义的用法，“众”泛指商人诸宗族的成员，包括宗族内不同层级的贵族与平民；狭义的用法指某一特定的商人宗族共同体内具上述身份的成员。所论详备。王进锋作《卜辞中所见州臣身份考》（《文物春秋》3期）认为“州”是地名，其地在河南沁阳附近。“州臣”是州地之长。陈炜湛认为花园庄东地甲骨中的“子祝在某（地名）”与“在某子祝”非命辞，而是记事之辞（《展望》）。陈光宇重论库1506家谱刻辞确为真品，认为其学术价值有五：最早的家谱；十一世代中每一世代仅一个称“子”，表明“子”是继统与祭统之子；宗法中兄终弟及的可能性；以私名列于家谱有其内在背景；家谱之兒氏若非王室，则有其自己的祭祀系统。并论证花东卜辞之“子”是武丁太子（《论文集》）。高岛谦一《商代配祀之拟构》对甲骨文中“宾”与“宿”字文例的研究，结合后岗朱书柄形器用途的考察，认为武丁时期即已实行配祀礼仪。山东大辛庄甲骨中的“徙”所示也是相关的配祀礼仪（《论文集》）。对商代家族称名关系研究的大作则首推赵林，其《论出土与传世先秦文本中的生、姓、甥》（《论文集》）认为甲骨文中名词的作名词的“生”置于女名之后，专表女所生之子，或是一种身份地位的专用词。甲骨文中的“生”，继而演化为周金文中的“某生”，再传而成为传世文献中的“某甥”。其间转变的关键，在于商代实行同姓交表婚，两周时代则变为在异姓间实行。另文《商代的亲称"兄、弟"及其相关的旁系亲属问题》(《中国史研究》1期)通过比较商甲金文与《尔雅·释亲》有关兄弟二词所涉及的亲类，指出商人的兄弟乃具"兄弟=从父兄弟=从祖兄弟=族兄弟=从高祖兄弟=从皇高祖兄弟=妻之兄弟=夫之兄弟"之敌体，涵盖平辈各级旁系血、姻亲，且不分性别。此乃商人行"平辈旁系亲属通婚制"之表象。商人在建国之初，其宗族组织呈兄弟二合对称，彼此相隔六代之结构形态；而兄弟二宗族间平辈相互为婚，但本宗之内不得通婚，直系血亲亦不得为婚。此一宗族、婚姻形态因商王兄终弟及制之式微及周人同姓不婚制之兴起而告终结，而商人兄弟亲称之敌体结构亦以"加缀"、"孳字"、"易词"三式之个别化作用而解体；古代汉语兄弟亲称遂以《尔雅·释亲》媟之系统为准。另外，王蕴智对妇媟的贞娩(《殷都学刊》2期)、朱彦民对上甲、连劭名对咸戊(《展望》)、刘源对"伊奭"问题(《论文集》)都有论述。

商代的政治活动与制度设计也是个老话题。耿超讨论了殷商政治领域中的性别差异与"王妇领兵制"(《南方文物》4期)。李凯、常耀华均著文讨论了商王之巡游与战事(《中国历史文物》6期、《展望》)。李宗焜研究梳理了沚戛的军事活动与敌友关系(《古文字与古代史》第二辑)。徐义华分别有《商代分封制的产生与发展》(《南方文物》4期)与《商王朝的外服职官制度》(《论文集》)讨论商代外服官称系统，认为外服只是一个地理概念，与职官无涉。有商一代的外服职官是变化的，早期外服职官复杂，侯、田、男(任)、卫、奠、牧、犬、戍多种，商末则规范化，主要以侯、田、伯，且有集团化倾向，出现诸侯首领——方伯、牧师。但外服职官并非爵级。李慧芬略述其对殷商王朝与"四土"诸侯的关系的看法(《展望》)。

晚商的礼仪制度与社会生活方面，常玉芝大作《商代周祭制度》(线装书局)分周祭研究的历史回顾；黄组与出组周祭卜辞的类型和特征；周祭中先王先妣的祭祀次序；周祭的祭祀周期；周祭祀谱的复原等部分。并附有"隹王几祀"之"祀"的意义，黄组周祭所属的王世，称谓反映黄组周祭所属的王世，二祀、六祀、二十祀周祭记录反映黄组周祭所属的王世，帝乙祀谱，帝辛祀谱，文丁祀谱，文丁、帝乙、帝辛祀谱总表。是对商代周祭制度的集成性研究。而宋镇豪则就殷墟甲骨文系统讨论了商代的乐器与音乐歌舞（《古文字与古代史》第二辑）。杨州则尝试从花园庄东地甲骨文就献玉场合及性质及殷代的进献用玉情况进行考察（《中原文物》3 期）。韩江苏对花园庄东地甲骨进行卜辞排谱，认为 H3 卜辞中“射”的相关卜辞反映了主人“子”学射活动的一个完整周期（《中国历史文物》6 期）。韩氏另文谈了其对商代弹侯礼的看法（《展望》）。另外，邹渊就甲骨文器物字所反映的居食习惯进行考察（《重庆教育学院学报》1 期）。章念对甲骨文服饰字进行研究（《重庆科技学院学报（社会科学版）》6 期）。杜金鹏结合甲骨文与商代建筑基址的考古资料，讨论了中国四合院式建筑的形式与起源（《论文集》）。刘学顺认为殷代历法是中国现存最早的推步历（《殷都学刊》2 期）。

甲骨文例的研究是甲骨学研究的基础工作。沈培讨论了商代占卜中命辞的表述方式与人我关系的体现（《古文字与古代史》第二辑）。刘凤华的《村南系列甲骨中的同文卜辞》（《殷都学刊》3 期）与《非典型无二类卜辞》则讨论历组与无名组同文卜辞的特点。章秀霞将花园庄东地甲骨卜辞行款走向与卜兆组合形式分为迎兆、迎兆转向、顺兆、顺兆转向、背兆、背兆转向、向兆、向兆转向和其他 9 大类 46 小类。分析认为花东卜辞行款走向非常分散，变化纷繁，但以迎兆类最为常见。多守兆而刻，卜辞起刻点多在所守单卜兆或组卜兆最内侧兆枝的上方。一辞守组卜兆的以自中缝而两边的排列为常见。由此归纳花东卜辞的契刻次序是先契刻兆序字后契刻卜辞再刻界划圈围卜兆和卜辞。黄天树继胡厚宣先生意见，卜甲与卜骨均用甲骨学的原则，根据“横枝内向”的原则定其左右。并总结七条卜骨左右的判断标准：卜兆走向，如横枝左向即为右胛骨；“卜”字，法如前者；臼角或其切口，在左侧者为右胛骨；钻凿相对位置，钻在凿右者为右胛骨；骨条拓片光润者为之侧边；臼边凹度，左边凹度大者为右胛骨。刘义峰探讨称谓、贞人、字体、钻凿和地层五个分类标准在甲骨断代与分类中的作用，认为称谓具有不确定性；贞人与时王并不能一一对应；字体虽有较强的时代性，但同时也因为存在过渡性字体而不利于断代；地层关系仅能提供相对早晚的年代序列，钻凿形态的时代性本身还需它法来确定，也是有其局限的。故贞人当是甲骨断代的第一标准，字体为第二标准，其他诸项起补充作用。并从字体系联的角度重论历组卜辞年代当属早期。魏建震认为《补编》495正、1805甲、《合集》545、10085正、1110正、5478共用前辞，可能是受契刻空间所限并考虑美观的因素（以上见《论文集》）。方稚松《殷墟甲骨文五种记事刻辞研究》（线装书局）就甲桥、甲尾、背甲、骨臼、骨面五种记事刻辞的定名、组类、格式特点、性质，五种记事刻辞相关字词汇释（示、肇、鼄、气（乞）、屯）进行研究，并探讨贡纳物、记事刻辞中的“史官”问题。文法方面，张玉金的《甲骨文中的动词“于”及介词“于”的起源》认为介词“于”、“於”、“乎”是同一虚词的三种不同书写形式，并承前人之说，认为介词“于”则是由动词“于”虚化而来（《论文集》）。

甲骨缀合成果蜚然。孙亚冰缀合了《辑佚》3+《前》6.11.5、《辑佚》70+《合》23624、《辑佚》300+《补编》7262、《辑佚》619+《辑佚》657、《辑佚》764+《辑佚》765、《合》33043+《苏德·卷二》350。林宏明缀合合14529+合15206倒、合8055+乙补164、醉古集89（乙补4871+乙补4957）+乙补4844倒+乙补4726倒+合13695正甲、合5531正+乙590、合2748正+合2755、合123+合125、合3895正+合6990正甲、合8963正+乙3956、合14170+乙补272、合9017正+乙6829+合9566、合8778+乙补6704+乙3146、合1750正+乙6974+乙补841+乙补5691+合1710正、合8824+乙3910、合18390正+乙5771+乙6009、合9936+乙3830正+乙补3517+乙补3533+乙补3539+乙3824。赵鹏缀合合15475+合1520、怀439+合7157正、合10042+英824+合9941、合847+合10104、合217+《辑佚》16、《辑佚》35+合5212（以上见《论文集》）。刘凤华缀合《补编》10786+合32971、《补编》10474+合34090、合33327+屯南4100、合33076+屯南4188+屯南4215（《展望》）。

金文研究

本年度地区性金文专著有刘彬徽、刘长武所辑《楚系金文汇编》（湖北教育出版社）收集2004年以前楚系金文资料，并附释文。按照青铜器主人名或特定名称并以年代早晚顺序统一编排，尽显楚系铜器铭文发展变化之迹。铭文图像之处另编有金文字表与检字。张昌平的《曾国青铜器研究》（文物出版社）是一部曾国铜器研究的力作，有两节文字专门对曾国铜器铭文进行讨论。首节论西周时期曾国铜器铭文特点，从辞例、行款、铭文特点三方面入手，指出了铭文中因制作不规范造成的纰疵及曾国器铭文的内容滞后性、格式单一性等特点的存在。这类分析与总结利于对铜器铭文的释读与认识。次节论述东周时期的铭文特点，着重指出此阶段铭文中的一些异常现象。书中又列一章《曾国青铜器所反映的曾国历史》讨论曾国的职官体系与变化、族姓为姬、联姻关系。认为曾国的“伯”“仲”“子”称谓反映的是宗族排行。强调称谓的历时性变化。另外白冰的《中国金文学史》（学林出版社）论及各类器形与纹饰演变之迹，并分论殷商、西周、春秋、战国、秦汉至清各期铭文状况。以及青铜器仿铸与辨伪，铭文的内容与格式、书体与字形、断代与分期、著录与研究、史料及价值。金文资料汇编还有霍彦儒、辛怡华主编的《商周金文编——宝鸡出土青铜器铭文集成》（三秦出版社），汇集了宝鸡地区2008年底以前出土的存世金文693篇，以地域为纲，每篇金文都有青铜器出土背景、拓片、参考资料索引、释文等详细内容。

新刊布的新材料不多，约略有如下几篇：金文方面，吴镇烽的《记新发现的两把吴王剑》（《江汉考古》3期）刊布了无锡市博物馆入藏的两把吴王剑，其中的“攻敔王者彶叡虘剑”器主当是“州于”即吴王僚；“攻敔王虘戕此郐剑”器主当是吴王余祭。刘余力、周建亚、潘付生的《高陵君弩机考》（《中国历史文物》1期）介绍洛阳理工学院文物馆藏的秦昭王时期高陵君弩机。李清丽、杨峰涛《三门峡市虢国博物馆馆藏“虢姜”组器》（《文博》1期）介绍了春秋早期的列鼎6、列鬲4、壶2、甗、盘、匜各1。王长丰、郝本性《河南新出“阤夫人嬺鼎”铭文纪年考》定年代为定公三年（前507年）铸器，铭文使用太岁与岁星纪年（《中原文物》3期）。冯时《阤夫人嬺鼎铭文及相关问题》认为铭文纪年方式关乎太岁纪年、二十八宿恒星观测体系之应用、四时之形成及楚历建正诸问题（《中原文物》6期）。陈伟武考述了两件新见曾国铜器曾子伯皮鼎和曾太保簋的铭文（《中山大学学报（社会科学版）》5期）。

𧢼公簋的发现曾引起学界热议，李学勤则将器主之𧢼释为“疏”（《释“疏”》，《考古》9期）而称之为疏公簋。裘锡圭将甲金文中的“婤”（《古文字与古代史》第二辑）读作“娰”，解释为商代王或其他贵族配偶

(或其姊)之尊者之称，解决了甲金文研究中的一个聚讼已久的问题，大大促进了商周家族制度的研究。余少红考释了师酉簋铭文中的“瓜”字(《华夏考古》1期)。商艳涛辨析战国中山器铭中的“师”字(《文物春秋》2期)，改释为邑。吴国升的《金文“塍”字辨析——兼说西周春秋“土”、“士”两字的发展演变》(《贵州师范大学学报(社会科学版)》3期)认为早期金文中“士”与“土”区别明显，“塍”字系“媵”字异构之一，与“塍”是不同的两个字。另外还有商艳涛《金文中的“征”》(《语言科学》2期)、陈英杰《金文“顺”字说略》(《北方论丛》5期)，利用近年出土简帛资料对甲金文进行释读是近年来文字考释的重要方法。魏宜辉的《利用战国竹简文字释读春秋金文一例》(《史林》4期)对春秋时期的郑国铜器郑与兵壶铭中从东从殳从土之字，改旧释作“敕”、“陈”为“墼”，读作“懈”。

铜器铭文考释方面，钟离国铜器的发现是此年的重要收获。刘信芳、阚绪杭、周群《安徽凤阳县卞庄一号墓出土镈钟铭文初探》论证镈主为“季子康”，铭文涉及钟离国史(《考古与文物》3期)。胡长春认为铭中“敖”即钟离氏始祖，并重论“鷩鷩雝雝”形容钟声雄浑、肃穆、高亢而悠长的观点(《考古与文物》3期)。张光裕《何簋铭文与西周史事新证》(《文物》2期)揭示西周初期设三监之史实。其他散篇有邹芙都考证“酓悠”是楚悼王熊疑(《考古与文物》2期)，李义海对曾姬无卹壶(《考古与文物》2期)，刘钊、江小角对安徽桐城出土的秦十九年上郡守逪戈(《考古与文物》3期)，王龙正、刘晓红等对应侯见工簋(《中原文物》5期)，邹芙都对“玄舍”戈(《江汉考古》4期)，吴伟对利簋(《文博》3期)，刘杰对安徽六安所出的“毕六鼎”(《中国历史文物》1期)，黄锦前对楚公逆钟，吴毅强对晋姜鼎(以上见《中国历史文物》6期)，李学勤对何簋与何尊(《出土文献研究》第九辑)、应侯簋(《人文中国学报》第15期)、中山国有铭铜戈(《古文字与古代史》第二辑)，张桂光对亚若癸鼎(《论文集》)，吴良宝对合阳鼎(《考古》7期)、邢丘令鼎盖、成皋令鼎(《安徽大学学报(社会科学版)》4期)，徐少华对辅伯作兵戈(《考古》8期)，余少红对寡子卣(《安徽大学学报(哲学社会科学报)》4期)，丁玲、刘中良对湖北郧县出土的唐国铜器（《三峡大学学报（人文社会科学版）》2期），陈鹏万对安徽寿县朱家集出土的青铜器（黑龙江人民出版社），刘余力、褚卫红对信安君鼎（《文物》11期），李家浩对忏距末（《古文字与古代史》第二辑），进行了考释研究。

西周晚期铜器铭文祝嘏辞中常出现“在上，翼在下”套语。张德良《金文套辞“严在上，翼在下”浅析》推断“严在上，翼翼在下”是此类套语的最完整表达，同时可省略为“严在上，翼在下”，进一步省略为“严在上”，或表达为“严在帝所”，“严”和“翼”均当训为“敬”（《齐鲁学刊》1期）。陈英杰对两周金文“器主曰”开篇铭辞进行研究，认为这类铭辞是西周晚期器主承继爵位而告祭宗庙时所采用的一种写作格式（《华夏考古》3期）。

利用甲金文资料研究商周社会与制度，这方面的成果较多。有连劭名的《金文所见周代思想中的德与心性学说》（《文物春秋》2期）、《〈遂公盨〉铭文与〈易传〉》（《河南科技大学学报（社会科学版）》2期）。张秀华就金文材料讨论“禋”、“柴”、“燎”三种祭礼的情况（《牡丹江大学学报》2期）。王进锋根据文盨铭文认为铭中殷见礼的主体不是王，而是士百父；举行殷见礼时会表演的是小南之类的乐舞（《中国音乐》1期）。汪涛就金文中的相关记载阐释了颜色与西周社会的关系（《古文字与古代史》第二辑）。李学勤对“天亡”簋试释，以为该器作于克商后不久，铭文所记是武王祀天与文王的大礼，器主名退，当为朝中乐官。成王五年时何尊铭中所叙武王告天，可能与簋铭为一事（《中国史研究》4期）。

晁福林据铜器铭文研讨西周的荐臣之事（《北京师范大学学报（社会科学版）》6期）。西周穆王时器铭中的“咒事”指派属下往上级贵族处服务或任职。这是和谐上下级贵族关系的一种办法，也是虔诚致敬于上级贵族的表示。西周铜器铭文所见的荐臣之事，实开春秋战国时期“荐贤”潮流的先河。西周时期的土地制度方面，王沛通过琱生器及相关器铭文研究，认为近代“分家”式的继承方式，虽然是在战国以后形成的，但在西周时就已具备初步形态了。这种分家是以“立氏”的形式出现，只不过立氏并非每代进行，而是间隔两至三世而已。立氏后的小宗，获得一定的经济独立性（《法制与社会发展》5期）。吴红松就西周金文中的土地赏赐问题进行述论（《安徽农业大学学报（社会科学版）》6期）。王进锋讨论了“王臣”问题，并讨论了西周分封制的统治功能（《人文杂志》6期）。商艳涛通过对金文中家族武装的董理，认为西周早期家族武装曾作为独立武装出现，中、晚期则主要配合正规军用战。族军的领导权实际掌握在周王手中，而族军的人数并不确定而与族的规模正相关（《考古与文物》3期）。李凯讨论晋侯苏编钟所见的西周巡狩行为，铭中的“遹省”就是周王的巡狩，与征伐蛮夷戎狄的军事行为有关（《文物春秋》5期）。陈隆文《楚钧益砝码释读与战国衡制》指出战国时期诸侯国黄金货币的衡量单位是镒、斤并用的复合制度（《中原文物》1期）。

两周金文中丰富的女子称谓是研究先秦古国、古族姓氏的重要材料，多位学者曾以此构拟两周女子的称谓规律，从而判定一些金文国、族的姓氏。张淑一的《两周金文女子称谓“规律”再探讨》（《考古与文物》5期）认为这些归纳的规律存在臆断铭文性质、误断铭文性质、以偏盖全以及命题与逆命题等问题，认为学者对两周女子称谓规律的归纳和利用并不成功，探讨具体国、族的姓氏需谨慎对待。并认为“杨姞壶”之杨国的族姓当用“氏的迁移”来解释，即杨国最初为姬姓，在再分封过程中转归姞姓家族所有，而杨姞即姞姓杨氏之女。另外，杨小召也讨论了西周金文中的祖先称谓（《中国历史文物》1期）。

本年度金文方面论战之作较多。吴镇烽针对王琳的意见，重论“瀤丘”是地名而非人名。兵器上除物勒工名外，无器主或使用者私名；与其他相关文物如瓦、印、简文联系只能解作县名（《考古与文物》6期）。杨亚长针对韩巍的意见，重论盠与仲盠父是同一人；益公之益非氏名；益公为毕氏（《考古与文物》5期）。河南平顶山应国墓地M8出土的应侯鼎铭显示周武王的日名为“丁”，张懋镕申论周人不用日名说旧论，认为如应侯鼎铭明确周人用日名的例子很少，当属特例，偶尔使用日名的周人仅限于极少数成康时期的姬周上层贵族，且使用者的地域都出自受殷商文化影响的东部地区，是西周初期殷周文化交流的反映（《文博》3期）。刘克甫针对李伯谦意见，从器形与铭文形体将晋伯卣定为昭王时（《古代文明研究通讯》总43期）。鹿邑太清宫西周大墓墓主长子口到底是何许人，学界曾有过讨论。尹夏清、尹盛平认为墓中出圭的“析子孙”徽号原是封于微地的武丁长子祖己的氏族徽号，也是微子启封国内的一个氏族徽标，微子启在西周初年改封为长侯，长子口就是微子启（《华夏考古》3期）。此文后出，却没有论及先前学者的重要意见，让人莫名。而张素凤、卜师霞则撰文质疑妇好墓，认为“妇好”画符及龙纹是祭祀礼器的标志，妇好墓主不是商王配偶妇好而是神职人员巫觋（《中原文物》2期），此文解释随意，结论是相当危险的。

铜器断代研究方面，徐凤先以相对历日关系探讨金文月相词语的范围，认为既生霸和既死霸的范围当分别包含一个月的上半月和下半月，初吉是一个月前面的若干日，大约是指初干吉日（《中国科技史杂志》1期）。刘启益作《西周懿王时期纪年铜器续记》（《中原文物》5期）将元年伯吕父盨、十六年士山盘、廿三年倗伯爯簋归入懿王时期。张昌平排定三位曾侯的早晚顺序是曾侯遇、曾侯邩、曾侯乙（《江汉考古》1期）。周亚讨论了越王剑铭与越王世系（《古文字与古代史》第二辑）。

商周族群研究方面的成果，最重要的是何景成的《商周青铜器族氏铭文研究》（齐鲁书社）。此书首先界定了族氏铭文的概念，对这一问题的研究历史和现状做了初步总结。并分析了族氏铭文的性质和特点。将族氏铭文分为单一氏名和复合氏名两大类进行举例探讨。对于单一氏名，主要从出土情况的角度分析该家族的分布情况，分析了一些具体的族氏铭文，由此总结族氏铭文的出土地与该家族分布地的关系。对于复合氏名，则主要讨论了复合氏名的各种类型，并分析各类复合氏名的含义与产生的原因。并从聚落形态的角度，探讨了安阳殷墟各家族的聚居状态。依据族氏铭文资料，探讨殷亡后殷遗的状况。另外，田春芳讨论了商族来源地望问题，认为其起源于北方易水流域（《南方文物》4期）。张俊成研究甲骨文金文中所见商代𠬝族、己族、㠱国，认为𠬝族与攸族为不同族氏，滕州地区可能是商代𠬝族居住的主要地区（《殷都学刊》4期）；己族的主要居住地应在今山东省寿光一代，己族与竝族合署而构成的复合族徽的含义应是族与族之间的联合关系，而非主支和分支的关系（《洛阳师范学院学报》1期）；㠱国是商代重要的诸侯国，是从亚疑族逐渐分化衍生出来的，它的地望不应在北京琉璃河一带，应该仍在商王畿范围之内，今河南安阳一带（《内江师范学院学报》1期）。李雪山探讨了晚商晋南的犬侯、微伯、易伯等封国、戉方、马方、亘方、𢀛方、井方、祭方、缶等方国。曹玮则论述了陕晋高原商代铜器的属国问题（《古文字与古代史》第二辑）。岳红琴也研究了甲骨文中的“方”与商代方国（均见《展望》）。季旭升从战国楚简出发钩稽殷代的“尤”族（《古文字与古代史》第二辑）。高江涛等考辨索氏铜器铭文中“索”字，认为山东兖州西李宫村发现的“索”当是“糿”字，其地为糿族所居（《南方文物》4期）。刘晓晖、张振林则认为西周铭文中的“㗊”族为“妘”姓（《湖南科技大学学报（社会科学版）》4期）。陈絜认为周代金文所见之鄩氏，应该是文献失载的子姓之国或子姓之族，乃殷商王族之支庶，或为殷末征人方的直接产物，其地望大致在今山东济南附近。周人入主中原后，鄩氏臣服于有周，甚至直接成了齐国的附庸。两周之际，该族曾经与曹姓之邾、任姓之吕或曹姓之莒等小国联姻。春秋晚期，则为强齐所吞并。而传统的莒国改姓之说，尚有疑点，曹姓之说或更为可靠（《故宫博物院院刊》2期）。

王辉就古文字所见的早期秦、楚关系进行讨论；徐少华综理彭国铜器，结合文献考论彭国与楚彭氏经；陈昭容从青铜器铭文研讨两周时期夷狄与华夏的融合过程（以上见《古文字与古代史》第二辑），所论详密。

金文文法文例的研究近来发展迅猛。麦里筱就商代甲骨文、金文是否已使用合文符号进行讨论，认为商代没有合文符号。并对商代的借笔合文进行讨论（《论文集》）。樊俊利将金文与籀文形体逐一参校比验，并为之疏证，以明二者形体之关系与演变之源流（《语文研究》4期）。张桂光讨论了金文量词的特点（《中山大学学报（社会科学版）》5期）。吴铮对殷周时期的名量词进行辨析（《殷都学刊》2009年3期），认为其中只有集体量词、容器量词、度量衡量词，还没有出现个体量词。论文对以往认为是个体量词的词义和用法提出了新的解释。武振玉对殷商两周金文中的“用”（《广东技术师范学院学报》11期）、“雩”（《重庆三峡学院学报》1期）、“休”（《长春大学学报》7期）、运动类动词（《古籍整理研究学刊》4期）、征战类动词（《北方论丛》4期）、心理动词（《华夏文化论坛》）、语法（《内蒙古师范大学学报》6期）、叹词（《吉林师范大学学报》5期）进行研究。罗端据甲骨文、金文探讨“以”字语法化的过程（《中国语文》1期）。

考古文物新发现

2009 年全国十大考古新发现名单

一、河南新密李家沟旧石器时代至新石器时代过渡阶段遗址
二、安徽固镇垓下大汶口文化城址
三、江苏张家港东山村遗址
四、内蒙古赤峰二道井子夏家店下层文化聚落遗址
五、山东高青陈庄西周城址
六、陕西富县秦直道遗址
七、陕西西汉帝陵考古调查及发掘
八、河南安阳西高穴曹操高陵
九、河北曲阳涧磁村定窑遗址
十、江西高安华林造纸作坊遗址

北　京　市

房山区东阎村战国汉代遗址及唐代与清代墓葬

发掘时间：2009 年 6 月 ~7 月
工作单位：北京市文物研究所、房山区文物管理所

为配合北京市轨道交通房山线 01 标段与车辆基地工程的建设施工，在前期考古勘探的基础上，对其进行了考古发掘。发掘地点位于北京市房山区良乡镇东阎村。此次发掘战国晚期灰坑 2 座，汉代窑址 1 座，唐代墓葬 1 座，清代墓葬 66 座，发掘面积约 1900 平方米。在战国晚期灰坑中出土有饕餮纹瓦当、板瓦、筒瓦等。所发掘的清代墓葬分布比较集中，排列也较为整齐，应属于家族墓地。墓葬均为长方形土坑竖穴墓，分合葬与单葬两类。大多为单棺葬，少量为双棺

葬和三棺葬。葬式多为仰身直肢，少量为仰身屈肢。墓葬内出土白瓷酒杯、银簪、锡酒壶、铜元宝、铜簪、铜耳环等随葬品十分精美，对研究清代本地区的丧葬习俗与丧葬观念提供了重要资料，有着重要的学术意义。（于璞　李华）

延庆县西屯战国至明清墓葬

发掘时间：2009 年 9 月 ~11 月
工作单位：北京市文物研究所、
　　　　　延庆县文物管理所

延庆西屯墓地位于延庆县城西约 2 千米，延庆镇西屯村西南约 200 米，该墓地北靠燕山余脉冠帽山，南临妫水河，以欢呼路为界，分为Ⅰ区和Ⅱ区。为配合建设对这批墓葬进行了考古发掘，发掘面积 35130 平方米。共发掘墓葬 490 座，年代早至战国时期，历经汉代、魏晋时期、唐代、辽代直至明清时期，出土遗物共计约 2000 余件。该墓地涵盖内容丰富，出土了大量的陶器、铜器以及少量的金器、铁器等，尤其是年代较为确切的汉代铜镜和北魏“神龟元年”墓志砖，为大批汉墓和魏晋时期墓葬的年代判断提供了有力依据，对于北京地区汉代至魏晋时期墓葬年代序列的树立和确定，具有十分重要的意义。（丁利娜　张中华　韩鸿业）

房山区窦店聚豪苑四期汉墓

发掘时间：2009 年 11 月 ~12 月
工作单位：北京市文物研究所、
　　　　　房山区文物管理所

房山窦店聚豪苑四期工程位于房山区西南部窦店镇。此次发掘的总面积为 1200 平方米，共清理汉代墓葬 31 座，出土的随葬器物有陶器、铜器等，共计 200 余件。

墓葬皆为竖穴土圹砖室墓，平面呈“凸”字形，由墓道、墓门、甬道、墓室、耳室等几个主要部分组成。除 M8、M14 为东西向外，余均为南北向。依墓葬形制可分为单室墓、双室墓和多室墓。双室墓分为前、后墓室，其与单室墓均为中小型墓葬。多室墓分为前室、后室及耳室等，墓葬规模较大，等级相对较高，可能为具有某种社会地位阶层的墓葬。骨架及葬具保存较差，多已腐朽不存。出土器物以陶器为主，分为泥质灰陶和泥质红陶两种，器类有罐、壶、盆、井、釜、奁、楼、耳杯、器盖、人俑及动物俑等，此外还出有铜镜、铜带钩、铜环和铜钱。

墓葬随葬器物中井、奁、楼、动物俑等都是北京地区东汉时期墓葬的典型器物，所出铜钱中五铢、货泉均具有东汉时期特征。综合墓葬形制初步推断，该批墓葬应为东汉时期。（张智勇　韩鸿业）

大兴区新城北区13号地唐代与明清墓葬

发掘时间：2009年4月~8月

工作单位：北京市文物研究所、大兴区文物管理所

为配合北京大兴新城的建设，在大兴区新城开发区的13号地块进行了考古发掘，发掘区位于大兴区黄村镇高米店村的西部，北邻双高路，东邻兴华大街。

本次共发掘2500平方米，清理古代墓葬68座，其中7座为唐代墓葬，其余61座均为明清时期墓葬，发掘出土各类文物90余件。

唐代墓葬编号M1~M7，其中M3~M7分布较为集中，间距不大，应该处于同一块墓地的规划之中；M1、M2则距离此墓地较远，与后者的关系不甚明确。本次发掘的唐代墓葬，均为砖室墓，因受到不同程度的破坏，墓室顶部均已无存，多数墓葬仅存墓室下部墙壁，就其结构形制而言，这些唐墓大致可以概括为前后双室墓、“甲”字形单室墓以及窄长方形单室墓三种形式，葬具多被破坏，仅两座墓葬还残留有石棺残件；随葬品因历次盗扰，所余不多，且多残碎不全，包括陶器、瓷器、铜器等器类，可辨器形有陶罐、俑、盘、瓷罐、碗、铜镜、铜钱，M5、M6分别出土一合石墓志，盖、志均存，志文清晰。

明清墓葬埋葬较为密集，均为长方形竖穴土坑墓，包括单人葬、二人合葬、三人合葬、四人合葬以及迁葬墓等多种形式，葬具一般为木棺，棺木均已腐朽，骨架受该地水土侵蚀较为严重，保存情况较好者葬式多为仰身直肢葬。明清墓葬随葬品一般较为简陋，多出于墓坑内棺外头端，器类包括银簪、铜钱、铜镜、铜簪、铜耳环、青花瓷碗、瓷壶、半釉陶罐、骨簪、陶罐等。（胡传耸　朱志刚）

宣武区大吉片辽金遗址

发掘时间：2008 年、2009 年 2 月~3 月
工作单位：北京市文物研究所

大吉片危改区位于北京市宣武区菜市口东南，北起骡马市大街，南至南横东街，西起菜市口大街，东至高家寨胡同，占地面积 43 万余平方米。该范围长期是北京市城市建设的中心地带，历史文化遗存丰富。

两次试掘面积共计 140 平方米，发现辽金时期的水井、灶坑、房址等遗迹多处，出土陶罐、瓦当、铜钱等数十件遗物。

这两次发掘，初步探明该地段文化层堆积情况，确认了少量金代遗迹，为寻找金代中都城的铁牛坊提供了线索。（李永强　韩鸿业）

大兴区安定镇辽金墓葬

发掘时间：2009 年 5 月
工作单位：北京市文物研究所、大兴区文物管理所

自 2008 年 10 月开展了京沪高铁沿线文物调查勘探工作。在此基础上，在一工区的大兴区西红门镇清理了明代窑址 1 座，在三工区的安定镇清理了辽代砖室墓葬 2 座。

辽代砖室墓大致呈南北方向，均没有被盗。2 座墓葬的形制、规格相近，由墓室、棺床、墓道三部分组成。

墓室的顶部为圆形穹隆顶，直径约 3 米，底部作 2.6 米 × 2.6 米的正方形。墓口距地表深度约 4 米。墓室中部置棺床，墓壁上砌有仿木结构一斗三升、椽头、瓦槽、桌、椅、直棂窗、抱厦、立柱及柱础等。在仿木构的部位用红、黑、白颜料进行了描绘。棺床面上部发现木函残片，但大部分已朽。出土白瓷碟、碗、陶碗、陶罐和“嘉祐通宝”等各类文物约 20 件。

从墓葬的形制、出土物的时代特征看，这 2 座墓葬应为辽代晚期的家族墓。其中在同一墓壁上集中了抱厦、对称直棂窗、桌、椅等仿木构雕砖，在北京地区十分少见。为了解当时的建筑形制、民俗提供了难得的资料。（郭京宁　韩鸿业）

朝阳区三间房明代百户张钦与进士张英墓

发掘时间：2009 年 5 月 ~6 月
工作单位：北京市文物研究所

发掘区位于朝阳区东南部的三间房，南邻西柳巷，西邻新房村，东侧为双桥路。共清理明清时期墓葬 20 座，其中明代 9 座，清代 11 座，发掘面积 580 余平方米。此次发掘的明、清墓葬均为竖穴土坑墓，可分为单人葬、双人合葬墓、三人合葬墓及迁出墓等。墓坑长 1.40 ~ 3.46、宽 1.24 ~2.96、深 0.65 ~2.10 米。葬具均为木棺，多数已朽。人骨的保存状况较好，头向北或略偏西。葬式有仰身直肢葬、屈肢葬和侧身直肢葬等。出土器物三十余件（组），有陶罐、青花瓷罐、鼻烟壶、发簪、耳环、戒指和铜钱等。

其中两座墓葬分别为明代百户张钦、进士张英墓。M10 为三人合葬墓，在中部人头骨北侧发现两件银簪。在墓坑南壁的西部发现墓志一合，竖置紧贴墓坑内壁。据墓志记载，墓主人张英，字伯含，号涧松，顺天三河人。张英为明武宗正德三年（1508）进士，后历任济源知县、四川道监察御史、南京太仆少卿等职，后因冤狱而归隐乡里，卒于嘉靖十四年（1535），享年 64 岁。墓志的撰者李廷相字梦弼，号蒲汀，濮州人，弘治十五年（1502）进士第三，官至南京户部尚书，卒谥文敏，是明朝中期著名的藏书家。M20 为双人合葬墓，已被破坏，残存酱色釉陶罐 1 件。在墓坑南壁的西部发现墓志一合，竖置紧贴墓坑内壁。据墓志记载，墓主人张钦是张英的父亲。张钦字克敬，号毅斋，为金吾右卫百户，卒于明武宗正德十二年（1517），享年 69 岁。M20 位于墓葬区西部，M10 在其东部，且与之并排，两者相距 6 米，其余 7 座明代墓葬则在 M10 的东部，根据墓葬的空间分布情况及墓志所记，可以确定明代墓葬应为张氏家族墓。（孙勐　李华）

天 津 市

蓟县小毛庄明清墓群

发掘时间：2009 年 6 月 ~7 月
工作单位：天津市文化遗产保护中心

墓群位于蓟县城区东部，西距城关镇小毛庄村约 1200 米，北距蓟县四方台宾馆约 80 米，遗址平面呈不规则三角形，一条自然水沟斜穿遗址。因房地产建设开发工程对其进行考古发掘，发掘面积 1007 平方米，发掘古代墓葬 33 座。其中，明代墓葬 18 座，清代墓葬 11 座，迁移墓葬 4 座。墓葬多为夫妻合葬墓，土坑竖穴，头向西北。出土器物有陶罐、黑瓷罐、银耳勺、银簪、铜钱等，计 300 余件。从随葬的钱币判断，墓葬时代多为明中期至清中期；从墓葬形制和规模大小判断，应为当时的平民墓。这些墓葬分布于相对集中的 3 个区域，应是按宗法辈分关系埋葬的家族墓地。（刘健　梅鹏云）

塘沽区明清大沽口炮台遗址

勘探时间：2009 年 3 月 ~5 月
工作单位：天津市文化遗产保护中心、塘沽区文化局、塘沽区大沽口炮台遗址管理所

遗址位于塘沽区东南部，西邻滨海大道。因大沽口炮台遗址纪念馆选址及遗址整体保护与展示需要，在 2004 年工作基础上，再次对大沽口南炮台遗址开展考古勘探。

此次考古勘探，有针对性地调整了勘探重点和作业面积，修正了 2004 年部分勘查成果，确定了大沽口南炮台遗址南部围墙的位置、埋深、分布范围；确定了“镇”字炮台的位置、埋深、形状、结构及堆积情况；确定了长炮台遗存整体的位置、形状、布局、结构等，并发现了 2 处入口遗迹；在南炮台围墙范围内发现了 10 余处建筑遗存及铁炮、火药等遗物。本次考古勘探成果与清光绪时期（1895 ~ 1900）绘制的南炮台布局图基本吻合。

考古工作结束后，测绘完成

与2004年工作为同一底图、比例为1:1000的《2009大沽口炮台遗址考古勘探成果图》，并提交相关工作报告。（盛立双　戴滨）

河 北 省

邢台市解村东新石器时代至明清时期遗址

发掘时间：2009年7月~11月
工作单位：吉林大学边疆考古研究中心

遗址位于邢台市临城镇解村东约500米的泜河南岸的台地上，地势平坦，地理坐标为北纬37°24′15″，东经114°31′30″，海拔高程74米。遗址主要分布于南北向旧水渠两侧，东大致到棉站西围墙一线，东西长约250米，南北100余米。

此次发掘面积3000平方米，遗址地层简单，整个遗址可分为两层，文化堆积厚约0.5~3.0米，共清理灰坑223余个，墓葬5座，房屋1座，灰沟5条，窑址2座，经初步整理，可复原的陶瓷器约150多件，石、骨、角、铜、铁器上百件，时代分属为仰韶、先商、商、战国秦汉、唐宋和明清六大时期。其中仰韶、先商、战国秦汉时期的遗存比较丰富，也较有特色，尤为重要。

第一期：仰韶时期。主要发现为灰坑。出土遗物主要为陶、石器等。陶器中有夹砂、泥质两种。泥质陶多为红色，少量为灰陶，纹饰少见，仅在个别陶片上可辨有彩陶纹样；器形主要有敛口钵。夹砂陶器器表斑驳，颜色不一，主要以红、褐、黑为主，素面，少数陶器上饰有宽扁的鋬耳；器类主要有小口壶、罐等，还出有少量的陶环等。石器主要有斧、锛、铲等。上述文化遗存亦多见于正定南阳庄、安阳后岗等遗址之中，文化面貌与后岗一期文化更为接近和相似。

第二期：先商时期。主要发现有灰坑、窑址等。窑址为竖穴窑。出土遗物主要有陶、石、骨、角等。陶器中以夹砂陶为多见，亦见有泥质陶，有灰陶、褐陶、黑灰陶，陶器制作精致。陶器中素面陶比例不高，磨光陶较为发达。纹饰有绳纹、弦纹、压印纹、方格纹、戳印纹和三角划纹等。陶器以平底器为主，三足器次之，有极少量的圈足，近半数平底器器底饰有纹饰。器类有鬲、甗、鼎、豆、壶、罐和盆等。石器主要有镰，另有铲、穿孔石刀等。骨器有锥、匕等，还有鹿角锥等，上述遗存的文化面貌与下七垣文化较为相似。

第三期：商时期。仅发现少量遗存，主要是灰坑。发现有鬲、假腹豆等。

第四期：战国秦汉时期。主要发现有灰坑、墓葬等。出土遗物有陶、石等器物，陶器主要为泥质陶和少量的夹砂陶；陶色以灰色为主，少数器物为黑色、红褐色等；纹饰有戳印纹、粗绳纹等；器类主要有瓮、甑、盆、瓦等。墓葬中出土有较多的五铢钱，随葬有陶仓、灶、井和猪圈等模形。

第五期：唐宋时期。主要发现有灰坑、房基、墓葬等，地层中出有唐宋时期的瓷片、窑具等。瓷片以白瓷为多见。

第六期：明清时期。仅在地层中发现有明清时期的青花瓷片，可辨器形主要有碗、杯等，以及明清时期的铜钱，如“咸丰通宝”、“光绪通宝”等。（霍东峰　邵会秋）

永年县榆林龙山时代至汉代遗址

发掘时间：2009 年 4 月 ~6 月

工作单位：河北省文物研究所、邯郸市文物保护研究所、永年县文物保管所

榆林遗址位于刘营乡榆林村西北 550 米处，南距洺河约 1.6 千米，西临京珠高速公路。为配合石武高速铁路工程，进行抢救性考古发掘，发现了龙山、商末周初、东周及汉代四个时期的遗存，共计发掘面积 1080 平方米。

龙山文化遗存共发现灰坑 10 个。遗物以泥质磨光黑陶、灰陶为主，可辨器形有鼓腹带横桥形耳罐、鸡冠形鋬耳、锁链状桥耳、斝袋足和圈足盘底等。

商末周初遗存共发现灰坑 21 个，灰沟 1 条。遗物以夹砂灰陶为主，可辨器形有折沿方唇起榫颈以下饰粗绳纹扁方体鬲和折沿方唇沿面有一周凹槽扁方体鬲，卷沿方唇弧腹饰弦纹或倒三角纹外撇式圈足簋，卷沿弧腹盆及石铲、石斧、石镰、骨锥、骨簪、蚌刀、兽骨等。

东周时期遗存共发现灰坑 25 个、灰沟 1 条。遗物以泥质灰陶为主，器类以豆为最多，次为盆、罐，另有敞口弧腹平底碗，敛口弧腹钵及圆锥状小支钉等。豆为浅盘、细高柄、喇叭形

圈足，足底有旋挖形成的一周凸缘。夹砂灰陶有饰粗绳纹乳突状足根鬲残片。

汉代时期遗存发现有灰坑、灰沟、水井和灶址四类。遗物以陶器为主，有夹砂（夹蚌）红陶釜、泥质灰陶卷沿方唇弧腹盆、卷沿方唇瓮口沿、敞口弧腹碗、敛口弧腹钵、近底部饰篮纹罐残片及外壁饰绳纹或旋断绳纹、内壁素面或饰布纹、网格纹、坑点纹板瓦等。

榆林遗址文化遗存对于深化和完善冀南龙山时代考古学文化谱系、太行山东麓西周文化与商文化的关系、冀南汉代聚落遗址的分布等重大学术课题的研究具有极其重要的意义。（徐海峰）

定州市南车寄商代遗址

发掘时间：2008 年 11 月 ~ 2009 年 1 月

工作单位：河北省文物研究所、保定市文物管理处、定州市文物保管所

遗址位于定州市叮咛店镇南车寄村南 500 米。遗址东西 800、南北 600 米，面积约 48 万平方米。为配合京石铁路客运专线工程建设，对该遗址进行了抢救性发掘，发掘面积 425 平方米。

共清理晚商时期灰坑 32 个，灰坑以圆形、椭圆形为主，少量长方形和不规则形。最大灰坑直径 150 厘米，最小灰坑直径 90 厘米。陶器大多出于灰坑，以鬲为最多，其次是罐、盆、瓮等。陶器器表以饰粗绳纹为主，素面次之。石器主要有石斧、石镰等。骨器有骨笄、骨镞、管状器等。

该遗址的发掘，为研究商代北方和商文化的分布及地域特征提供了资料，为建立太行山东麓地区先秦考古学文化谱系增加了重要内容。（陈伟　张春长）

大名县吴未城东周时期遗址

发掘时间：2009 年 6 月 ~ 9 月

工作单位：河北省文物研究所、邯郸市文物保护研究所、大名县文物保管所

吴未城遗址位于大名县西未庄乡吴未城村东南 636 米、老堤北村西北 790 米处，东北距大名县城约 5.3 千米，地处洪积冲积平原区。为配合大（庆）广（州）高速公路工程，实施了抢救性考古发掘，共计发掘面积

800 平方米。

由于该遗址地处古河道冲积、泛滥漫溢区域，文化遗存埋藏深，文化层堆积分布于厚约 7.5～8.1 米的冲积淤积层下。共发现灰坑 26 个、瓦棺葬 2 座。灰坑依平面形状分为圆形、近圆形、椭圆形和不规则形四类，坑体结构有直壁平底或底较平、斜壁平底、圜底或不规则形底等四类。遗物有陶、石、瓷和铜四类，除瓷器属金元时期外，余皆属东周时期。陶器以泥质灰陶为主，次为泥质红陶；另有极少量夹砂灰陶和红陶。纹饰有绳纹、篮纹、弦纹、旋断绳纹及素面等。可辨器形有盆、罐、碗、瓮、豆、鬲、量、板瓦、筒瓦、瓦当、井圈、砖及纺轮、网坠、圆形陶片等，可复原器物 20 件。石器有臼、镰。瓷器有盘。另发现 1 件布币。

吴未城遗址在距现地表深约 8 米处发现的东周时期遗存，是该地区田野考古的重大收获。春秋时此地属卫，战国时属魏，该遗存的发现对于了解该地区东周时期考古学文化面貌具有重要意义。（张兆峰　徐海峰）

任丘市后赵各庄战国时期城址

发掘时间：2008 年 3 月～6 月
工作单位：河北省文物研究所、沧州市文物局、任丘市文物保护管理所

城址位于任丘市青塔乡后赵各庄村北 1000 米，发现于 2004 年 3 月。为配合大（庆）广（州）高速公路工程建设进行了抢救性发掘。钻探表明城址平面略呈方形，东墙长 428、南墙长 546、西墙长 424、北墙长 534 米，周长 1932 米。城墙为夯土筑成，墙基宽度基本 24～28 米，未发现城门。东、西、北三处城墙曾经进行过修补。夯土墙基外侧有城壕一周，环绕于城址周围。

发掘分南北两个发掘区进行，发掘面积 1050 平方米。发掘情况显示墙基夯筑于地面之上，北墙基底部宽约 23 米、南墙基底部宽约 24 米，北墙曾经进行过修补。夯土为黑色胶泥夹杂黄土颗粒，较纯净、坚硬。夯层清晰，厚 10～25 厘米。夯窝呈圆形圜底状，密集，有叠压现象，夯径 5～10 厘米不等，深度约 4～7 厘米。修筑城墙时是两侧取土，城墙外侧取土后经修整作为城壕使用，内侧较浅则成为洼地。

城壕位于夯土城墙墙基外

侧，取土筑墙形成，东面长506、南面长632、西面长496、北面长630米，周长2264米，宽度47～70米。城壕靠近城墙一侧内沿沟壁较直，另一侧外沿沟壁呈斜坡状。城壕上部淤积以城墙塌落夯土及灰色冲淤土层（废弃淤积）为主，近底部有黑色胶泥土（始用时淤积）。由于当地水位较高，未能探明其深度。

关于城址的建筑和使用年代，主要从层位关系和出土器物判断。在此次发掘中，清理瓮棺葬2座，均以夹蚌红陶釜为葬具，墓葬打破城墙倒塌堆积。作为葬具的夹蚌红陶釜与燕下都郎井村10号作坊遗址战国晚期Ⅳ式红陶釜相同。此外，墙基底层夯土叠压2个灰坑，2个灰坑中出土的陶片与燕下都东沈村6号居住址出土的春秋中晚期陶片相似。可见，城址的建筑年代不早于春秋中晚期，城墙的废弃年代不晚于战国晚期。

通过对城址微地貌环境的调查，发现城内与城墙内东北角有两处高出周围地面的台地，经钻探发现夯土，这两处台地应与建筑基址有关。从多个灌溉水渠断面观察，早期灰坑中多食后丢弃的蚌壳，文化层以下多冲积土、淤土和黑胶泥土，推测当时城址周围遍布洼地与水泊。结合调查、钻探、发掘情况推测，城内台地为一处居住区；城外东南、南部为另一处居住区；城外东南居住区偏北区域为墓葬区。（陈伟）

徐水县林水村战国燕南长城

发掘时间：2009年1月
工作单位：河北省文物研究所、
保定市文物保管所、
徐水县文物保管所

该段长城位于徐水县治东南约5千米的林水村东侧，埋在地表下0.5米深处。为配合京石高速铁路客运专线工程建设，对局部墙体进行了解剖。解剖长度为15米，解剖部分为长城墙体的基部。墙体为夯土筑成，通宽12.9米，残存最高0.88米，底有0.7米左右深的基槽。夯土的结构坚硬，夯层层次分明，夯窝明显清晰。共分5期筑成，每期之间有明显的分界线。各期之间的夯层有上下错位现象，夯面不太平坦。墙体北面底部为直边，上部向南斜内收，南面为直边。夯层厚0.05～0.27米左右，夯窝直径大的为0.1米，深为0.05～0.06米，小的直径仅0.025米，深为0.01~0.03米。从夯面和夯窝情况看，其做法是用夯头紧密捣固，所用夯具当是夯杵。

林水村战国燕南长城的解剖，对于研究该长城的地理位置、构造及做法等方面提供了准确的第一手资料。（樊书海　郭济桥）

元氏县南吴会战国汉代及宋金遗址

发掘时间：2009年6月~9月
工作单位：山西大学考古及博物馆学系

为配合河北省南水北调中线建设工程，对位于渠线范围内的元氏县南吴会遗址进行了调查和发掘。

南吴会遗址位于南吴会村东约300米。遗址堆积层次较为简单，但遗存较为丰富。第②层宋金时期地层中，出土有瓷器，包括有瓷碗、瓷盏、瓷盆等。第③层战汉时期地层中，出土有铁器、陶器、石器等，铁器有铁犁（残）、铁锛，陶器有红、灰陶盆（残）、陶罐（残）、陶釜（残）以及红灰陶口沿等。此外还发掘灰坑14个、灰沟2条、水井2口。

元氏县在战国初年属中山国，赵灭中山后属赵国，赵王始封公子元于此，元氏由此而得名。西汉初设置为县，迄今已有两千余年，在南吴会村西16千米的封龙山现仍存有汉碑3通。此次考古发掘，为我们研究元氏和冀中地区战国至汉代的文化面貌提供了新的实物材料。（郭家龙　乔倩）

元氏县南白楼战国及唐代与金代墓地

发掘时间：2009年
工作单位：武汉大学

南白楼墓地位于河北元氏县苏阳乡南白楼村西南约500米的山前台地上。中心地理坐标为北纬37°43′10″，东经114°27′30″，海拔高度为78.8~81.5米。为配合南水北调中线工程建设，对南白楼遗址渠线所占部分（台地东部）进行了钻探和发掘，钻探约50000平方米，发掘3000余平方米，发现战国晚期、唐代和金代等不同时期的墓葬38座。

在南部发掘区，发现了23座战国晚期土坑竖穴墓。出土随葬品以陶器为主，部分墓葬有铜带钩，少量墓随葬玉环。随葬品的基本组合为蹄足鼎、矮盖豆、高壶、匜和葫芦形小罐，以仿铜礼器为特色。另有少量假圈足碗、钵等。南白楼的战国墓葬大致从战国中晚期延续到战国末年。

在西部发掘区发现六座大型唐代李氏家族土洞墓，这些墓葬均由斜坡墓道、长方形天井、上圆下方墓室组成，中间以甬道、过洞相连。墓门一般用墓砖封门，门内入口处放置墓志。墓门内侧有的有龛。棺椁均置于墓室西侧，东侧则放置有木箱之类随葬品。墓道均大致南向。均为二人合葬，骨架仰身直肢，头向北，可能是夫妻合葬墓。随葬品以漆木器和纺织品为主，有一定数量的铁器。这些遗物多腐坏严重。有少量开元通宝、瓷罐、陶罐等。棺椁内一般放置铜镜。

在北部发掘区，清理了两座金代墓葬。这两座墓葬均为带短墓道圆形墓室。墓室底部边缘有一圈土坎，在其上用石头砌墙。墓道与墓室之间用石头封门。两墓均被破坏，尚存残瓷器。这些墓葬的顶部均已破坏无存，只剩下约1米多高的墓室。（余西云　宋海超　李默然）

张家口市响水铺汉代遗址

发掘时间：2009年4月~6月
工作单位：河北省文物研究所、张家口市文物考古研究所、下花园区文化旅游局

遗址位于张家口市下花园区辛庄子乡响水铺村东南1500米处的耕地中。为配合京化高速公路二期工程建设进行了抢救性发掘。共发掘5米×5米的探方29个，含对重要遗迹的扩方，发掘面积总计725平方米，其中第③层为汉代文化层。共清理灰坑、灰沟等遗迹10余个，出土有陶器、石器、蚌器等遗物。

灰坑发现10座，以口部形状可以分为圆形、椭圆形、不规则形三种。其中圆形灰坑又分斜壁平底、斜壁圜底两种，椭圆形灰坑可分为斜壁平底、斜壁圜底、直壁平底三种。灰沟1条为自然冲沟，2条为人工挖成。出土遗物多为陶盆、瓮、甑、碗、器盖和壶等生活用品的残片及纺轮、瓦等生产工具和建筑构件。陶器纹饰以中、细绳纹为主，兼有少量粗绳纹、弦断绳纹、交错绳纹、弦纹、素面、网格纹、附加堆纹等。另外还出土少量石斧、石铲等石器以及1件穿孔蚌饰。

根据对出土遗物、遗迹的分

析，其性质应为西汉早期的聚落遗址。该遗址的发掘为研究冀西北地区汉代文化的相关问题提供了重要的实物资料。（任雪岩 李楠）

元氏县南程汉代墓地

发掘时间：2009年2月~6月
工作单位：河北省文物研究所、石家庄市文物保护研究所、元氏县文保所

南程墓地位于元氏县殷村镇南程村西南，为配合石武铁路客运专线建设，对铁路占地范围内的墓葬进行了抢救性发掘。石武铁路客运专线和位于其西侧的石家庄红旗大街南延公路基本平行，二者相距约15米，呈南北方向延伸。铁路占地宽度45米。共分四个发掘区。

第一区位于石武铁路客运专线桩号DK308+900~DK309+000区间内，共清理墓葬52座。形制可分为：长方形竖穴土坑墓、方井式竖穴土坑墓和长方形竖穴土坑带生土二层台墓、长方形竖穴土坑砖椁墓、长方形竖穴土坑并列砖椁墓、长方形斜坡墓道土洞墓、长方形竖井墓道土洞墓、并列长方形墓道砖石混筑墓、并列弧形弯墓道砖石混筑墓九种类型。第二区位于石武铁路客运专线桩号DK308+650~DK308+760之间。共清理墓葬2座。形制均为长方形竖穴砖椁墓。第三区位于石武铁路客运专线桩号DK308+502~DK308+559区间内。共清理墓葬5座，形制有长方形墓道砖室墓、弧形弯墓道砖室墓、长方形竖穴土坑墓和长方形竖穴砖椁墓四种。第四区位于石武铁路客运专线桩号DK308+422~DK308+457区间内。共清理墓葬6座，形制有长方形竖穴土坑砖椁墓和弧形弯墓道砖室墓两种。

四个发掘区共计清理墓葬65座，墓葬形制多样，达11种之多。获取成型器67件。出土器物主要有日光镜、昭明镜、五铢钱、铜带扣、陶罐、陶壶、陶盆和瓷碗等，陶器纹饰主要有绳纹、篮纹、间断条纹、凸弦纹间以印网纹带、水波纹等。绳纹、篮纹、条纹分布于器物下腹至底部。弦纹、水波纹、网纹带分布于器物肩部与上腹部。根据墓葬形制及出土文物推测，除一座为唐代墓葬外，其余墓葬时代为西汉晚期。（张春长）

深州市下博汉代遗址及汉唐墓葬

发掘时间：2009 年 7 月 1 日～8 月 23 日
工作单位：河北省文物研究所、衡水市文保所、深州市文保所

下博遗址位于深州市榆科镇下博村东南约 200 米，大广高速公路 K6＋200～K6＋440 之间西侧。地表原为绿化带。为配合大广高速公路建设，对下博遗址进行了抢救发掘。共发掘 5 米×5 米的探方 24 个，发掘面积 600 平方米。地层堆积共分六层。清理灰坑 7 个、灰沟 1 条、墓葬 3 座。灰坑分为圆形、椭圆形和不规则形。灰沟 G1 为长方形，东北—西南走向。遗物主要出于灰坑和灰沟中，有半两铜钱、陶、蚌等类器物。陶器标本数量最多，但完整器和可复原者数量较少，可辨器形有瓮、盆、罐、豆、井圈等，其中较完整器物 5 件。墓葬中 M1 和 M2 为瓮棺葬，开口长 0.9～1.2、宽 0.2～0.54 米。葬具为两个夹砂红陶釜对口放置。釜高 35、直径 17.5 厘米。年代为汉代。M3 为长方形砖室墓，南北向。开口长 2.6、宽 1.2 米，砖椁长 2.2、北端宽 0.3、南端宽 0.7 米，东西两壁用整砖错缝平砌并逐层内收。砖椁内有骨架一具，头向南面向上，仰身直肢，为女性，年龄在 30 岁左右，身高 1.6 米。在头的右侧置陶罐一个，初步断定为唐代墓葬。遗址发掘面积有限，内涵比较单纯。通过发掘获得了大量标本，为研究下博历史变迁提供了一批重要资料。（张春长）

元氏县井下与北吴会汉代及金明清遗址

发掘时间：2009 年 6 月～9 月
工作单位：重庆市文物考古所

配合南水北调中线干线建设工程的文物保护工作，对元氏县的井下墓地、北吴会遗址进行了抢救性发掘。

井下墓地位于元氏县赵同乡井下村村东，勘探面积 10 万平方米、发掘面积 1568 平方米。发现遗迹有墓葬 18 座（汉墓 15、金墓 2、清墓 1）、灰坑 6 个、沟 3 条。由于墓葬遭到多次盗扰，出土遗物较少。遗物质地有陶、瓷、铜等，器形包括陶罐、盆、钵、盘、奁、盒、壶、釜、瓮、灶、仓、井、鸡、狗、

盘、耳杯、房、楼、牛车、水塘、瓷碗、罐、铜钱、带钩、铜簪和铜镜等。

北吴会遗址位于元氏县姬村镇北吴会村村东，勘探面积8000平方米、发掘面积1000平方米。发现遗迹有灰坑12个(汉代8、明清4)、沟10条（汉代1、明清9)。出土了一批遗物，包括陶片、瓦片、瓷片等，器形有陶罐、缸、盆、钵、灶、釜、瓷碗、罐和盆等。

通过本次考古发掘，收获了一批重要的实物资料，对研究元氏县古代历史文化、社会生活、丧葬习俗等方面具有较大考古学价值。据资料记载，汉代常山郡古城址即位于元氏县殷村镇故城村，本次发掘的两处文物点均离古城址不远，推测其和古城址存在一定的联系，为研究常山郡历史文化提供新资料。（于桂兰 刘继东 白九江）

元氏县故城汉代至明清遗址

发掘时间：2009年11月~2010年1月

工作单位：河北省文物研究所、元氏县文物保管所

遗址位于元氏县殷村镇故城村东北300米处。发掘面积900平方米。

发现遗迹有灰坑、墙基、瓦棺葬、灶址、道路和性质不明的石堆等。其中墙基和瓦棺葬较有特色。墙基可分为两种，一种为残断绳纹砖头垒砌，一种为板瓦残片斜向垒砌。瓦棺葬埋葬幼童，为砖瓦搭建，形制模仿木棺。遗物有陶器、瓷器、铜器、铁器等。陶器绝大多数为泥质，以灰陶为主，少量红陶，以素面为主，少量压印纹、弦纹、刻划纹等。器形有圆唇广肩鼓腹罐、卷沿大口瓮、平沿斜腹盆(甑)、折腹豆等。另有大量建筑用陶器，有莲花纹瓦当、板瓦、筒瓦、砖等，其中筒瓦可分为一面素面一面布纹和一面绳纹一面布纹或者网格纹两种，砖有绳纹砖和素面砖两种。瓷器数量很少，可辨器形有青釉饼足杯。铜器有五铢钱、铺首等。铁器有累、刀、有孔器以及严重锈蚀的铁条等。

根据层位关系和器形特征，可将遗址分汉、北朝至隋、明清三个时期，以前两个时期遗存为主。因遗址邻近汉常山郡城址，汉代该遗址可能属郡治的周边聚落，并可能沿用至隋末。根据文献记载，隋末农民起义时刘黑闼率军攻破常山郡城址，故城遗址

可能也因此废弃。

冀中地区以前的汉代遗存多为墓葬，这次揭露的汉代遗址填补了空白，对推动汉代常山郡的研究有积极意义。河北地区北朝隋唐时期遗存多发现于冀南地区，冀中地区仅发现几座墓葬，故城遗址北朝至隋遗存的发现丰富了这一时段考古学研究内容。（韩金秋）

元氏县殷村东汉至曹魏时期墓地

发掘时间：2009 年 10 月 ~ 2010 年 1 月

工作单位：宁夏文物考古研究所

殷村墓地位于石家庄市元氏县殷村镇殷村西约 500 米处的农田内，为配合国家的南水北调工程，河北省文物局对工程沿线进行了文物调查，发现了大批的遗址和墓地。墓地中心位置坐标为北纬 37°50′47.4″，东经 114°27′30.8″，海拔 80 米。

本次发掘共清理墓葬 27 座，均为砖室墓。墓葬被盗现象严重，墓内砌砖多已被盗，仅有少量墓砖可证明其为砖室墓。墓葬多为竖穴斜坡墓道，墓室有单室、前后双室、前后双室附一耳室、前后双室附双耳室。

在整个墓地中，最常见的器形为陶罐、陶壶以及陶方盒，部分墓葬内还出土有圆奁、陶案、陶盆、铜带钩、铜“五铢”钱等。其中 M4 出土的陶器较多，其器物组合为：陶罐、陶壶、陶方盒、圆奁、陶猪圈、陶猪等，是墓地中最为典型的器物组合。

根据墓葬的形制、出土器物的组合关系、器形和墓葬内残存的铺砌方式，推断墓地的年代上限为东汉中晚期，下限到曹魏时期。（朱存世　王晓阳）

邯郸市百家村东汉墓

发掘时间：2009 年 4 月 ~ 6 月

工作单位：河北省文物研究所、邯郸市文物研究所

东汉墓一座（M2），位于邯郸市后百家村村南约 10 米，向西 50 米处为后百家村西街公路，公路西 50 米为编号 M6 的墓葬，M2 向南约 100 米为沁河。邯郸市人民路西延工程自东向西穿过 M6。

M2 现残存封土东西 15.5 ~ 16.5 米，南北 16.5 ~ 17 米，残高为 6.5 ~ 7 米。为土坑竖穴砖室墓，墓向 14°，由墓道、甬

道、主墓室、北侧室四部分组成。M2为土坑竖穴墓，木棺之外为砖框、墓盖顶结构，形制类似椁室，是由土坑墓向砖室墓发展过程中承上启下的过渡墓室结构形式。M2出土完整或可修复器物共92件，可分为陶器和车马饰件两大类。陶器包含有釉陶壶、釉陶博山炉，车马器主要为鎏金车马构件。根据M2出土的随葬物品和墓葬形制判断M2的墓葬年代应为东汉早期。（佟宇喆）

徐水县南白塔东汉遗址

发掘时间：2008年11月~2009年1月

工作单位：河北省文物研究所、保定市文物保管所、徐水县文物保管所

遗址位于徐水县治东南约10千米的大因镇南白塔村西北约150米。为配合京石高速铁路客运专线工程建设，对遗址进行了抢救性发掘。发掘面积1200平方米。文化堆积分4层，其中第③、④层为汉代文化层。在①层下发现清代墓葬两座，②、③层下共发现陶窑1座、灰坑5个、水井1口、灰沟1条。

墓葬为小型长方形砖室墓，南北斜错排列。其中M2为同坟异穴双人合葬墓。墓室结构西面为砖室，东面为土坑，砖室北面有墓道。M1为单人葬砖室墓。两墓所用葬具均为木棺，葬式为头北脚南，仰身直肢。共出土51枚铜钱，最早的是乾隆通宝，最晚的是光绪通宝，并出土1枚宽永通宝（日本钱）。由铜钱推定，墓葬的时代为清代末期，墓主人的身份为平民，关系为父子两代。

遗址中出土的灰坑以口部形状分圆形、椭圆形及长条形三种，水井为圆形，灰沟为长条形。陶窑窑炉为坐北向南，方向5°，系挖坑和掏洞结合组成（工作坑和窑室为土坑式，窑门和火膛为掏洞式）。自南而北由工作坑、窑门、火膛、窑室、窑床和烟道六部分组成。南北通长8米，东西最大宽2.6米，火膛及工作坑底距地表高1.92米。主烧陶器和瓦。

遗址中出土的遗物有铁镞、铁锸，砖瓦、陶纺轮、釜、瓮、盆、炉、甑、器座、豆和罐等。陶器以素面居多，个别有绳纹、弦纹、附加堆纹、压印纹等纹饰。陶窑的第3层堆积中出土了一件印花纹砖构件，一平面雕有五铢钱、钥匙等内容的图案，一

侧面刻有半圆柱形凹槽，较为少见。

经对出土遗迹、遗物的分析，遗址的主体时代为东汉，性质为制陶窑厂。（樊书海 郭济桥）

内丘县南中冯北朝及唐金明清墓地

发掘时间：2009年10月~2010年1月

工作单位：河北省文物研究所

该墓地位于内丘县西关村西约1200米，南中冯村东1500米。为配合南水北调建设，对其进行抢救性发掘。此次发掘布方32个，揭露面积约2000平方米。共发掘墓葬36座、灰坑6个。各时期墓葬出土铜、铁、陶、瓷、漆、木等质地的文物200余件，其中较重要的有唐墓出土的邢窑细白瓷器、三彩和陶塑，十六国时期墓葬出土的铜器等。

墓葬36座，其中明清墓葬8座。金代墓葬13座，大多为土坑竖穴墓道洞室墓，洞口拱券，多有砖石封门；洞室小，平面无规律，弧顶或前高后低顶；随葬品有白瓷器和钱币。唐代墓葬13座，大的墓有耳室，少数墓有生土棺床；均被盗扰严重，随葬品多出自填土和盗洞内，以邢窑瓷器和素烧的陶塑为主；瓷器有青瓷、白瓷、黑瓷和少量三彩器，器形包括碗、钵、罐、盘、炉、杯、灶、井、武士俑、女俑、胡俑、匍匐俑、马和骆驼等。十六国至北朝墓葬2座，墓葬方向为东西向。洞室墓M22是该墓地时代最早者，随葬品放置在棺前和门洞之间，有铜鼎、陶壶、陶罐及漆器等。土坑竖穴墓M23也是该发掘区仅有的两座之一，随葬品放于东壁的龛形台上，有铜罐、陶壶和陶罐。

灰坑6座，年代与墓葬时代大致相当。遗物以陶器为大宗，并有少量铁器及一件银簪。

南中冯墓地至少开始于十六国至北朝时期，最早的墓葬与已发掘遗址的时代相当。该墓地大多为洞室墓。唐代是该墓地墓葬数量最多、随葬品最丰富和最精美的时期，反映出邢窑隋唐时期的盛况和该地区经济的阶段性繁荣。金代和明清家族墓的发掘是这一地区墓葬和随葬品断代的不错的资料，宋墓的缺乏是否间接证明邢窑五代、宋时期在这一地区的衰落还有待进一步论证。（胡强 贾永禄）

磁县北齐皇族高孝绪墓

发掘时间：2009 年 2 月 ~8 月
工作单位：河北省文物研究所、
磁县文物保护管理所

北齐高孝绪墓（磁县北朝墓群 M39）位于磁县讲武城镇刘庄村西，配合南水北调中线干线工程，对高孝绪墓进行抢救性考古发掘。墓葬墓道东西两壁的人物仪仗出行壁画保存较为完整，出土了石门、石门额、青瓷罐、彩绘陶俑、步摇冠金饰片和金币等珍贵文物。

墓葬封土底缘呈长圆形，现存高度近 6 米。墓葬地下部分由斜坡墓道、甬道、墓室三部分组成。墓葬坐北朝南，总长 25.7 米。墓道长 15.8 米，甬道南端券顶之上有砖砌门墙。墓室平面为弧方形，南北 5.2 米，东西 5.6 米，墓室为四角攒尖式结构。

墓道两壁绘制人物基本对称，以西壁为例：前 4 人头戴平巾帻，身着红色右衽裤褶服，手执红色鼓吹；紧随其后 4 人身着浅蓝色右衽裤褶服，手执仪仗；随后 2 人头戴软巾风帽，身着红色对襟窄袖长袍，手持彩色三旒旗；其后 3 人漫漶不清。在墓室东南角发现墓志盖 1 件，上篆书“大齐故修城王墓志铭”9 个字，《北齐书·卷十四》记载：“修城郡王为北齐皇族高孝绪”。

北齐皇族高孝绪墓葬的发掘具有较高的学术研究价值。一、廓清了北齐皇宗陵域的大致范围，对开展磁县北朝墓群中北齐陵墓兆域研究工作具有重要意义。二、墓葬壁画是此次考古发掘最重要的收获，为研究北朝时期的仪卫等级制度提供了实物资料。（张晓峥）

曲阳县定窑遗址

发掘时间：2009 年 9 月 ~12 月
工作单位：河北省文物研究所、
北京大学考古文博
学院

为全面了解定窑瓷器各时期生产的总体面貌和烧造工艺的特征，对定窑遗址进行了主动发掘。在涧磁岭、北镇、涧磁西及燕川四个地点布方发掘，以期获得定窑烧制历史各个阶段的地层资料，并进行分期研究；尤其是探寻早期定窑的资料，探讨定窑创烧的时间；金代定窑的瓷器特征及贡御情况；元代定窑的生产规模及衰落原因等。

共开挖探方21个，发掘总面积776平方米，清理各类遗迹93处，其中窑炉11座、作坊11座、房基3座，灰坑45个、灶7座、墓葬2座、沟6条、界墙8道，出土了数以吨计的各时期的瓷器和窑具，其中完整或可复原标本数千件。发现带有“官”、“尚药局”、“尚食局”、“东宫”和“乔位”等款识和其他文字款的器物残片数十件；地层中也出土了一些重要的纪年材料。

本次发掘的收获主要表现在以下几点：1. 发现并清理了从中晚唐到元代各个时期的地层，尤其对以往从其他考古材料并不十分了解的中晚唐、北宋中期和元代地层的清理，为我们全面了解定窑的生产历史和工艺发展的全过程提供了翔实的资料。2. 大体可以判定定窑的始、终烧时间，我们在不同发掘地点的八九个探方中发现了晚唐、五代到宋初的地层，其下即为生土，并出土有中唐时期特征的碗、执壶残片等，这种反复出现的事实使我们基本可以确定，定窑的创烧时代在中晚唐时期，早不过中唐。在燕川发掘区清理了定窑元代的地层及遗迹，清理出大量元代的遗物，为了解定窑元代的生产情况提供了材料。可知定窑在元代烧造规模仍非常大，但产品质量下降，与宋金时期的精美定瓷已相差甚远。3. 清理了一批重要的遗迹，包括2座保存较完好的五代窑炉、1座宋代窑炉、3座金代窑炉，这些窑炉大都具有大而深的火膛，发达的通风道和宽大的烟囱，十分适合要求很高烧成温度的定窑瓷器的烧成，具有不同于北方其他地区馒头窑的独特特点。4. 出土了一批代表定窑各时期贡御情况的重要遗物，如五代、宋初地层中的“官”字款器物，北宋地层中的带“尚食局”、“尚药局”、“乔位”款，装饰龙纹的器物，金代地层中的“尚食局”、“东宫”款碗、盘等，都为我们研究定窑贡御瓷器的特征及历史提供了实物资料。我们可以看到，生产这类器物的地点在定窑遗址中分布比较普遍，其中以涧磁岭地区产品质量最高，器物种类最丰富。但即使是在这些官用器物的集中出土地点，也还同时生产胎釉粗劣，制作草率的另一类产品，比例可达三分之一左右。由此推测这种官作制度似乎是由许多窑户承造官用的精致产品，同时其还从事商品生产的体制。与考古发现的汝窑的贡御体制似有一定的差别。（秦大树）

邱县邱城宋代遗址

发掘时间：2009 年 6 月 ~ 8 月
工作单位：河北省文物研究所、邯郸市文物研究所、邱县文物保管所

在配合大广高速邯郸段工程建设中，对前期调查、勘探所确定的邱县邱城遗址进行了考古发掘，发掘总面积 1658 平方米，共清理灰坑 15 个、灰沟 5 条、灶 2 座，出土各类完整或可复原器物 342 件，其中瓷器 265、陶器 12、石球 1、玉印料 1、瓷塑人物 1、陶塑人物 6、瓷范 2、陶砚 1、围棋子 17、铜钱 36 件，另有大量陶瓷器残片及碎砖瓦片。

邱城遗址位于邱县邱城镇东 800 米，东 120 米为老沙河（旧黄河故道），北 10.1 千米为邯临公路，东 6.5 千米为 106 国道，西南 1.5 千米为曲周县境。遗址区南北长 450 米，东西宽 50 米，地势西高东低。发掘区处于遗址区的东部边缘，旧黄河古道的西侧岸边。

发掘区内地层堆积简单，可分三层：第①层为耕土层，厚 0.2 ~ 0.3 米，夹杂有近代遗物；第②层为黄褐土，厚 0.2 ~ 0.4 米，夹杂有大量陶瓷片、红烧土及草木灰，为文化层；第③层为黄褐土与红胶泥土混合形成的垫土层，厚 0.5 ~ 0.8 米，土质坚硬，应为临河的古堤类性质的垫土层；③层下为细黄沙淤层。

遗址共出土小件 394 件（含可复原器 342 件），另有瓷器残片 2130、陶器残片 1205、筒板瓦残片 550、砖块残片 157 件。遗物中瓷器为大宗，约占总数的 54.6%，次为陶器约 27.9%，余为砖瓦片、玩具及铜钱等。瓷器器形以碗为主，约 79.8%，次为盘，约 11.1%，余为器盖、罐、钵、炉、盆等；釉色以白釉为主，约 75.3%，次为黑釉，约 13.7%，其次为青釉，约 10.1%，余为双色釉、黑釉白边、白地黑花等。陶器均为泥质灰陶（除陶俑、小杯等），以盆为主，约占 85%，余为瓮、罐残块等。

邱城遗址除铜钱外未出土带有明确纪年的遗物，36 枚铜钱中有 23 枚可辨年号，其中唐开元通宝 6 枚，余均为宋钱，最早为宋真宗的“景德元宝”，最晚的为宋徽宗的“大观通宝”，故由此可知遗址的上限为宋代中晚期。通过对遗址出土瓷器的分析可知，瓷器以磁州窑系瓷器为主，约占 85%，通过与《观台磁州窑》报告中各期瓷器的比对

可知，遗址出土瓷器与观台磁州窑第二期四段（1068~1148）形制基本相同；另遗址内出土约占瓷器总数10.1%的耀州窑系青瓷器，通过与《宋代耀州窑》报告中青瓷器的比对可知，遗址出土青瓷器与其分期中的北宋晚期（1086~1127）瓷器形制及纹饰相似；同时据《邱县志》载，建炎元年（1127）七月，平恩县人民曾顽强抗金，后因寡不敌众而撤抵大名府，我们推测，虽邱城镇作为宋平恩县治所在地未在宋金战争中消亡，但邱城镇东侧的邱城遗址作为一处小型临河聚落址，应在宋金战争中破坏甚重，故我们推测邱城遗址的年代为宋代晚期至金代早期。

邱城遗址出土遗物以瓷器为主，而瓷器中又以磁州窑系瓷器为主。我们知道漳河为宋代磁州窑产品外运的一条主要水路要道，而由“（老沙河）宋庆历八年（1048）至金章宗明昌五年（1194）间为黄漳汇流东股之正身”可知，宋庆历八年黄河北流后，邱城遗址东侧的老沙河为黄河与漳河汇流后的河道，故邱城遗址的形成应与磁州窑瓷器的水路外运有重要关系。

由上可知邱城遗址的性质是宋平恩县城东900米（以现邱城土城的东墙计），宋代磁州窑瓷器外运最重要水路黄漳汇合河道西侧，南北400、东西50米，沿老沙河（黄、漳河道）分布的一处临时休息类性质的沿河聚落址。（韩立森　黄信　郭少青）

元氏县南吴会宋金明清墓地

发掘时间：2009年6月~9月
工作单位：山西大学考古及博物馆学系

为配合河北省南水北调中线建设工程，对位于渠线范围内的元氏县南吴会墓地进行了调查和发掘。

共发掘墓葬11座，其中8座为宋金时期，3座为明清时期。

宋金时期墓葬以砖室墓为主，还有洞室墓及竖穴土圹墓。砖室墓6座，形制有“舟形墓”和“圆形墓”两种。“舟形墓”2座，出土有瓷器7件，黑釉瓷枕、酱釉瓷枕、酱釉瓷罐、白釉瓷杯和白釉印花盘等，制作精美，保存完好，是本次发掘的重要收获。“圆形墓”4座，因遭到早期盗扰，保存较差，仅出土有宋代铜钱数枚，从早期的“宋元通宝”到晚期的“政和通宝”均有。洞室墓1座，出土有瓷器4件，有酱釉瓷枕、酱釉罐、白瓷碗等。竖穴土圹墓1座，出土有白瓷碗、白瓷小杯。

明清时期墓葬均为竖穴土圹墓，出土有银饰2枚及清代铜钱等。

通过本次发掘，基本可以确认南吴会墓地主要为宋金时期的墓群，出土的珍贵器物，尤其是几件白瓷器，确认窑口可能为定窑或为仿定的井陉窑，对于研究冀中地区宋金时期的文化面貌提供了新的实物材料。（乔倩 郭家龙）

文安县孟家务宋金砖瓦窑址

发掘时间：2009年4月~5月
工作单位：河北省文物研究所、廊坊市文物管理处、文安县文物保护管理所

该窑址位于廊坊市文安县文安镇孟家务村西，西南距文安县城6千米。为配合廊沧高速公路工程建设，抢救性发掘砖瓦窑6座。窑址中心坐标为北纬38°54′41″、东经116°30′51″，海拔2米左右。窑址分布范围东西100、南北200米，面积约2万平方米。

因公路施工，地表耕土已被推平，表土下即暴露遗迹。6座陶窑均为馒头形窑，同一层下开口，形制、结构基本相同，均由操作坑、窑道、窑室和烟室等组成。

操作坑平面多呈不规则圆形或椭圆形，长2.44~4.3、宽2.2~3.8、深0.68~1.8米，坑壁有供上下的台阶。窑道为连接操作坑与窑室的通道，长0.3~1.5、宽0.7~1.4米，券顶大部破坏，两壁由条砖错缝平铺而成。窑道与窑室连接处用砖垒砌封门砖，封门砖底部留有通风口。窑室分为火膛和窑床两部分，火膛均呈半月形，周壁用砖垒砌。窑床平面为半圆形或长方形，床壁整砖错缝平铺与丁砖侧立垒砌相混合，床面为条砖平铺。烟室呈月牙形，排烟孔残留4~11个。窑中均使用同一种规格的泥质灰陶砖，砖长31、宽15、厚5厘米。

窑址中出土遗物为大量碎砖瓦及少量陶瓷器碎片，从出土遗物特征和窑的形制结构推测，窑址年代为宋金时期，功能以烧制砖瓦为主。此次发掘，为研究廊坊地区宋金时期的生产生活、物质文化资料等提供了重要依据。（陈伟）

康保县西骨头淖与丁家营辽金城址

调查时间：2009 年 4 月 ~7 月

工作单位：河北省第三次全国文物普查队

河北省第三次全国文物普查中，在张家口市康保县发现两处辽金城址。

西骨头淖城址位于康保县张纪镇马鞍架村西骨头淖自然村西北 600 米处，城址东约 500 米为骨头淖。城址平面呈长方形，方向 30°，东西 280、南北 180 米，面积 5 万余平方米。地面以上墙垣被夷平，但隐约可见墙垣痕迹，高出周围地表约 30 ~ 40 厘米，四角隆起。城内现为耕地，土质为黄褐色沙砾土，含少量砾石。地表散见大量的陶、瓷残片。陶片均为泥质灰陶，多数器表为素面，部分饰暗弦纹，个别饰篦纹，器形有盆、罐。瓷片有白釉碗、盆、罐，双色釉盆，黑釉罐，酱釉鸡腿瓶等残片，碗底一般有支钉痕。

于家营城址位于康保县张纪镇闫家营村于家营自然村东 500 米处，城址南约 500 米有一小淖。城址所处地势较四周略高，平面为长方形，方向 25°，东西 270、南北 190 米，面积约 5.1 万平方米。四周墙垣已基本不存在，但尚存残痕，残高约 0.4 米，四角隆起。城内现为耕地，土质为灰褐色沙性土。地表散布有大量的陶、瓷残片，陶片均为泥质灰陶，大多数为素面，部分器表饰暗弦纹，器形有盆、罐。瓷片有白釉碗、盆，酱釉罐，其中以白釉碗最多见，碗底一般有椭圆形支钉痕。据村民讲，在此曾出土石磨、铁锅等。根据采集标本的特征推断，这两处城址时代为辽金时期，从两处城址的规模大小和性质分析，这两处城址属辽金界壕的中小型城镇性质的城堡。作为历史遗迹和古代文明重要载体的古代城址，它们的发现不仅丰富了河北北部地区辽金城址研究的考古学资料，也为进一步研究这个时期中小型城堡址的分布特点、规模、布局及建筑方法提供了宝贵的补充资料，进而为深入研究宋金、辽金的政治对峙与军事对抗及蒙古灭金等历史具有重要意义。（雷建红　张志军　张向生）

高阳县北辛庄辽金元遗址

发掘时间：2008 年 3 月 ~5 月
工作单位：河北省文物研究所、
保定市文物管理所、
高阳县文物管理所

遗址位于高阳县西演镇北辛庄村北 300 米，南距保沧高速公路 2000 米。遗址地处平原地带。为配合大广高速公路建设，对该遗址进行了发掘。

遗址的特点是元代的遗迹较多，遗物较少，辽金层仅出土有遗物，不见遗迹。

元代遗迹有灰沟 1 条、水井 1 口、灰坑 26 个。灰沟为长条形，南北向，长 10 米以上，宽 2、深 0.4 米。水井为圆形口、直壁、平底，口径 1.5、深 3.05 米。灰坑以口部分圆形、椭圆形、不规则形和长方形 4 种，尺寸 0.58 ~0.78 米。

辽金时期的遗物有钱币、骨梳、铁刀、铁环、陶囤圈、盆、罐、砖、瓦、羽人、流、把手以及瓷枕、灯、棋子、鸡腿瓶、壶、盒、罐、碗、盏、盘等。

从遗迹、遗物分析，该遗址是辽金延续到元代的村落。（李楠　郭济桥）

涞水县釜山道公禅师灵塔

调查时间：2009 年 10 月 12 日 ~
12 月 23 日
工作单位：河北省第三次全国文
物普查队

道公禅师灵塔位于保定市涞水县娄村满族乡娄村村西 2 千米釜山的半山腰，东约 200 米为灵泉寺，南侧有一条通往灵泉寺的小山路，南边山下为娄村西坡自然村。遗址地理坐标为北纬 39°29′08.1″、东经 115°36′26.4″，海拔 312 米。

该塔为通高约 4.1 米，塔坐北朝南，为八棱七层密檐式石质实心塔。须弥座式塔基，残高 0.5 米，下层为长方形，长 1.97、宽 1.79 米，上层塔座缺失（在附近发现残块）。塔基上置仰莲承托全塔。再上为八棱塔柱，高 1.1 米，南侧面刻有篆书“道公禅师灵塔”。据当地人讲，塔柱上四根石柱支撑塔檐，内有佛像，现塔柱之上为塔檐，第一层塔檐下雕有斗拱和檐椽，其余塔檐向上逐渐收缩，塔顶置葫芦形塔刹。

塔体上无题记，建造年代不详，根据其造型特点、建造风格来看，该塔与附近发现的元大德年间建造的金山寺千佛寺舍利塔极为相似，故其建造年代不晚于元代。近年由于不法分子盗掘破坏，将该塔推倒，使塔惨遭厄运，后有村民自资将塔重修，故个别塔构件放置有误。（雷建红　张志军　张向生）

山　西　省

山西省旧石器专题普查

调查时间：2008 年 12 月 ~ 2009 年 10 月

工作单位：山西大学考古及博物馆学系

配合全国第三次文物普查山西省旧石器专题普查工作，对山西省全省范围内旧石器遗址和化石出土点进行复查和新遗址调查。共复查认定遗址 257 处，包括西侯度遗址、匼河遗址、下川遗址、柿子滩遗址、薛关遗址、丁村遗址、许家窑遗址及峙峪遗址等；新发现旧石器遗址和化石出土点 103 处，这些遗址的发现，扩大了黄河北岸中条山丘陵地带、太行山西麓地区及漳河流域、黄河东岸及各主要支流、滹沱河流域、泥河湾盆地等地区旧石器遗址的分布范围，对认识了解这些地区旧石器时代早中晚期文化的分布和面貌具有重要的意义。

运城市黄河北岸的黄土堆积中发现了一批旧石器时代早期遗址，为研究这一区域旧石器时代早期文化的分布提供了新的材料。原平市、临县、阳城县等地发现旧石器时代中期遗址，将忻定盆地、吕梁山区、晋东南地区史前人类活动的时间由旧石器时代晚期提早到旧石器时代中期。垣曲县历山的大腰遗址，其石器打制和加工方法与下川文化非常接近，说明在旧石器时代晚期，下川文化已影响到了中条山南麓黄河北岸地带。（乔倩　郭家龙）

吉县柿子滩旧石器时代晚期遗址

发掘时间：2009 年 4 月 16 日 ~ 11 月 14 日

工作单位：山西省考古研究所

柿子滩旧石器时代晚期遗址

分布于清水河两岸从西村到大田窝村15千米范围内的二级阶地上。配合国家高速公路网青岛至兰州公路山西境临汾至吉县段高速公路的建设，进行抢救性发掘。发掘的范围是高速路线通过的“大田窝—高楼河村”一段，在6千米范围内共试掘探沟91条，基本探明了此范围内遗址的分布范围和分布高程。91条探沟中，半数以上出土了旧石器时代文化遗物。根据文化遗物的分布状况和丰富程度，对其中集中分布的7个区域做大面积的发掘，定点发掘了S3、S13、S26、S47、S67和S29地点。

其中重点发掘的S29地点位于狮子河村东。截至2009年11月14日，在已清理的1200平方米、8米厚的地层中，发现了上下叠压的五个文化层，共清理出相对集中的旷野类型用火遗迹230余处，出土文化遗物至少2万件。这在中国甚至世界上都极为少见。其中绝大多数的用火遗迹中心和周围都集中分布有原生埋藏的文化遗物，主要有石制品和化石，难得的石制品拼合资料为研究距今2～1万年柿子滩古人类的石器制作工艺提供了资料；遗物分布和用火遗迹的关系、不同时间和空间的用火遗迹之间的关系为考古学者分析史前人类行为提供了可靠的地层依据和实物资料。

围绕用火遗迹还出土有蚌壳和鸵鸟蛋壳制穿孔装饰品、颜料块以及石磨盘等，装饰品的出现反映出原始人类以狩猎为主的生产生活模式中更加丰富的物质生活和精神世界；而2～1万年前石磨盘的出现为原始农业的起源研究提供了材料，更难得的是初期室内整理中拼合出来石磨盘打制过程的砂岩石片近30件，复原了原始人类使用河床砂岩砾石为原料打制石磨盘的全部过程。

S29地点用火遗迹均为一次性使用形成，一般遗迹面的面积不超过1平方米，烧土厚度1～6厘米，但也有个别面积4平方米的大火堆。烧土中往往夹杂有烧骨和炭块、炭屑，最底部形成较纯净的红烧土。230余处用火遗迹的发现有助于研究距今2～1万年人类用火技术的发展和进步，以及人类对火的控制和利用。由于抢救性发掘时间紧张，考古队经过设计、论证和实验，采取了切割、套箱的方法将部分重要的遗迹和地层进行了切割和装运，以期根据具体和完善的科研目的进行更加科学的后期清理、取样和研究。

S3地点、S13地点和S26地点位于高楼河村和狮子河村之间，三者也处于相似的地貌位置。难得的是在其中两个地点的钙质结核层和河湖相沉积层中发现有石英岩和燧石质的石制品，且有清晰的人工打片特征。根据对地层和出土文化遗物的推测，柿子滩文化的年代有望超过现有的距今2万年的测年数据。同层发现有经河流冲积哺乳动物的头骨、椎骨和肢骨。化石种属鉴定及其年代测定将为复原史前人类的生存环境提供可靠的地层和年代依据。

柿子滩遗址2009年的发掘是对旧石器时代遗址大面积、大时空范围内发掘和研究的尝试，也是柿子滩遗址多学科合作的开始。（石金鸣　宋艳花）

芮城县桃花涧新石器时代遗址及战国墓葬

发掘时间：2009年9月～10月

工作单位：山西省考古研究所

桃花涧遗址位于恭河东岸的台地上，遗址东西长约1000余米，南北宽约800余米，总面积约80万平方米，遗址中心点坐标为北纬34°43′37.7″，东经110°51′23.6″，海拔高程为446±5米。是一处以新石器时代庙底沟文化、庙底沟二期文化为主兼有战国时期墓葬的复合性遗址。为配合运灵高速公路建设，对桃花涧遗址的桃花涧和杏林村两个地点进行了为期60天的抢救性考古发掘。在发掘同时，我们对遗址进行了“地毯式”调查，遗址面积大，遗存丰富。因配合基建，故只能对公路占地范围内的桃花涧和杏林两个地点做抢救性发掘。其中桃花涧地点发掘面积1950平方米，杏林地点发掘面积350平方米。

桃花涧地点地处桃花涧村东南约200米，遗址地层简单，文化层堆积较薄，遗存有新石器时代庙底沟文化遗迹和东周战国时期墓葬。庙底沟文化遗迹仅发现灰坑17座，不见其他遗迹。灰坑的形状有不规则形、圆形袋状、圆形筒状、圆形锅底状和椭圆形等几种。出土遗物以陶片为主，另有石、陶、骨类等小件器物，在小件器物中陶环发现最多。陶片以彩陶片、泥质红陶片、夹砂灰褐陶片较多，泥质灰陶片、黑陶片较少。器形以小口尖底瓶、彩陶盆、彩陶钵、夹砂罐和盆等为主。战国时期3座墓葬，形制为竖穴土坑，均遭破坏，其中M2、M3被盗空无一物，M1保存较好。M1人骨头向北，仰身直肢，葬具一棺一椁，随葬器物为陶器和骨簪，其中陶器置于椁室西北角和西南角，骨簪置于头部。陶器有鼎1、豆2、壶2，骨簪1。墓葬年代当为战国早期。

杏林地点地处杏林村西南约300米处，位于桃花涧遗址的西北部，该地点地层堆积简单，在一断崖上发现并列一排房址三座。三座房址平面圆形，口小底大，呈袋状，均遭破坏，残存二分之一或三分之一。F1残径2米，残高1.2米，地面有白灰面三层，白灰面下皆敷有草拌泥，保存较差；墙壁用火烧烤，有两个不规则形壁龛。房内填土里出有夹砂灰陶片，器形为罐，纹饰为篮纹和泥条附加堆纹。F2残径1.5米，残高1.0米，地面白灰面2层，白灰面下皆敷有草拌泥，保存较好；墙壁残存有面积不大的白灰面，有一壁龛，顶呈拱形。房内填土出土为夹砂灰陶片。F3残径1.3米，残高1.7米，地面白灰面2层，白灰面下皆敷有草拌泥，保存较差；墙壁发现一大一小壁龛，在较大壁龛口部保存有夹砂罐和泥质尖底瓶各一件。

根据调查，桃花涧遗址面积大，覆盖桃花涧、杏林、刘家庄三个村落，总面积约80万平方米。文化遗存丰富，发现灰坑、房址多处，在断崖上可见文化层堆积厚达1米多。我们发掘的桃花涧地点出土的彩陶盆、彩陶钵、双唇口尖底瓶及数量较多的陶环，多见于庙底沟文化的西王村遗址。杏林地点三座房址出土的夹砂陶罐、鼎（斝）足等，陶片纹饰多见篮纹、泥条附加堆纹，所以三座房址年代当为庙底沟二期文化时期。三座墓葬据墓葬形制、器物组合、器物形制，年代当为战国早期。(王金平)

稷山县郭家枣园新石器时代遗址

发掘时间：2009年9月~12月

工作单位：山西省考古研究所

郭家枣园遗址位于稷山县下王尹村西南，地处峨嵋台地之上，汾河自其北侧汇入黄河。遗址主要为新石器时代庙底沟二期和东周时期的文化堆积，内涵丰富。

发掘所获遗迹主要有房址3座、灰坑147个、陶窑2座、灶坑8座、祭祀坑1座、壕沟1条、墓葬5座。

房址均未发现柱洞，可能为窑洞式建筑。保存状况不佳，多被晚期灰坑打破，下叠压早期灰坑或陶窑。房址主要由门道、火塘、居住面组成，残存面积最大者约21平方米，最小者约9.9平方米。门道多向东，方形火塘位于房址正中，居住面均涂抹一层白灰，保存不佳，白灰面之下垫一层红色胶泥土与料姜石的掺和物，经夯打压实，厚5~10厘米。时代均为庙底沟二期。

灰坑共发掘147座，依平面形状差异，暂可分为条状、扇形、半圆形、长方形、不规则形、圆形或椭圆形6种，其中以圆形或椭圆形坑最多，共123座，余半圆形坑21座，不规则坑19座，长方形坑8座，条状坑3座，扇形坑3座。坑内填土多为质地疏松的灰黑色土。多为填充生活垃圾之所。时代主要为庙底沟二期，也有部分东周时期灰坑。

陶窑2座，均为斜穴窑，由火塘、火道、窑室组成。Y1火塘塘口平面近似圆形，“业”字形火道，窑室呈袋状。Y2窑口呈椭圆形，“非”字形火道，窑室平面呈圆形。Y1、Y2时代均为庙底沟二期。

灶址8座，均为“凸”字形横穴式，由灶坑、火塘、火道三部分组成。灶址面积均不大，灶坑最大者直径约0.8米，最小者仅约0.2米。时代均为庙底沟二期。

此次发掘的5座墓葬中，4座为东周时期竖穴土坑墓，还有1座明代竖穴土洞墓（M1），M1保存较好，随葬器物较丰富。

遗址出土遗物有小口尖底瓶、陶鼎、釜灶、陶斝、陶碗、陶豆、陶杯、陶罐、陶缸、陶瓮和石斧等。墓葬出土遗物有铜镜、黑釉罐、黑釉碗、小陶瓶和买地券等。

本次发掘的重要收获之一为庙底沟二期遗存，该批遗存不仅为晋西南地区庙底沟二期文化研究丰富了实物材料，可以促进该地区小区域文化遗存分期研究的深化，而且对推动全面认识晋西南地区庙底沟二期文化遗址的聚落形态及其之间的互动关系有重要作用。M1中发现的买地券，不仅为墓葬断代提供了准确的纪年（大明嘉靖三十二年岁次癸丑十二月癸酉朔二十二日甲午），而且对于我们了解当时的社会经济及风俗状况提供了不可多得的材料。（张海蛟）

岢岚县窑子坡新石器时代遗址与战国时期墓葬

发掘时间：2009年5月~6月

工作单位：山西省考古研究所

该遗址是在配合山西忻州—保德高速公路建设项目过程中发现的。遗址位于岢岚县岚漪镇窑子坡村南约100米，岚漪河畔。发掘面积达950平方米，并测绘了整个发掘区的地形图，清理灰坑27个、房址4座、墓葬7座。

窑子坡遗址清理庙底沟二期文化时期灰坑8座，多为锅底状，坑口至坑底的深度不超过1米，多在0.5米左右。而这一时期的房址仅发现1座（F1）。F1方向150°，平面呈圆角方形，残存部分长3.4、宽3.2米，墙壁残高0.2～0.4米。居住面较为平整，房址中央有一灶坑，呈圆角方形，长、宽均为0.8米。该遗址所见的庙底沟二期文化时期陶器以泥质为主，多黑陶，其次为灰陶，器类以侈口鼓腹夹砂罐最为常见，此外，还有高领罐、夹砂深腹罐、钵等。陶器器表纹饰以篮纹居多，其次为绳纹和素面，还有少量彩陶。龙山时期的灰坑8座，多为锅底状。房址1座，由居住面、门道、火塘、墙体四部分组成；整体平面呈"凸"字形，居住面为圆角方形，表面平整，并涂抹一层白灰；火塘平面近圆形，位于居室中央，直径1.05米；门道部分向外凸出；墙体残存高度0.05～0.1米，亦涂抹白灰，大部分已经脱落，未见柱洞。窑子坡遗址龙山时期的陶器以夹砂陶为主，多灰陶，黑陶次之，器表纹饰以篮纹居多，其次为绳纹；器类中以小口高领罐和夹砂绳纹罐为主，还发现有陶鬲。

战国时期墓葬3座，均为竖穴土坑，方向在40°左右，单人仰身直肢，头向北，多以铜带钩为随葬品。东汉墓葬1座，方向33°，长方形土坑竖穴，葬具为一棺，单人仰身直肢，头向北，面向东，随葬骨环1件、铜印章1枚。元代墓葬1座，洞室墓，带长方形竖井式墓道，方向350°，一棺，单人仰身直肢葬，头向北，面向东，随葬瓷碗和瓷罐各1件。

窑子坡遗址是目前晋西北地区发现庙底沟二期文化和龙山时期遗存最为丰富的遗址，从出土陶器来看，窑子坡遗址发现的龙山时期陶器略早于游邀遗址同类器物，是目前发现山西中北部龙山时期最早的一类遗存，游邀遗址龙山时期遗存应源于窑子坡同类遗存；而窑子坡庙底沟二期文化时期典型陶器与龙山时期典型器类具有直接的承袭关系，从窑子坡庙底沟二期文化时期遗存到窑子坡龙山时期遗存，再到龙山时期的游邀类遗存，这样一线下来其发展序列是比较清晰的，至于其与周边相关遗存的关系尚需进一步的讨论。

岢岚春秋为"楼烦"属地，赵武灵王时期归顺赵国。岢岚窑子坡遗址发掘的3座战国时期墓葬均为长方形竖穴土坑墓，口底大小一致，墓壁较直，为典型的战国时期小型墓，出土三晋地区

流行的铜带钩。结合上述历史背景，这3座战国墓应为赵国平民或“楼烦归属于赵国”后的“楼烦”遗民。（高振华　张喜斌）

宁武县石家庄新石器时代及二里头文化时期遗址与汉代墓葬

发掘时间：2009年6月
工作单位：山西省考古研究所、忻州市文物管理处、宁武县文物馆

石家庄遗址位于宁武县石家庄镇石家庄村西北的台地上，汾河、大鸣河及南河即交汇于此。遗址中心地理坐标为北纬38°34′40″，东经112°01′01.9″，海拔1405米。为配合山西忻州—保德高速公路建设项目，发掘面积175平方米。

石家庄遗址的地层堆积较为简单，①层为耕土层，呈黄褐色，土质较疏松，厚0.15～0.3米，其下发现3座汉代墓葬；②层为二里头时期文化层，0.2～0.3米，呈灰褐色，土质较致密，其下见二里头时期灰坑1座，庙底沟二期文化时期房址1座。

石家庄遗址清理庙底沟二期文化时期房址和二里头时期灰坑各1座，汉代墓葬3座，而地层堆积则属于二里头时期。该遗址所发现的庙底沟二期文化期房址，仅存部分居住面及墙体，其居住面涂抹一层白灰，比较平整，白灰面厚0.05、进深5.6、面阔3.5米。火塘保存基本完好，位于房址中部，平面近圆形，直径0.8米；墙体残存高度0.06米。此外，该遗址发现的晚于游邀遗址二里头时期的遗存也是本次发掘的一大收获；出土陶器有鬲、甗、瓮、盆等。

三座汉代墓葬均为长方形土坑竖穴，葬具一棺或一棺一椁，单人仰身直肢葬，头向北，随葬有陶罐、陶碗等。

晋西北地区经正式发掘的古代遗址寥寥无几，石家庄遗址发现的遗存涉及的都是该区域研究比较薄弱的阶段，庙底沟二期文化时期房址的发现在晋西北地区公开发表的资料中尚属首例；二里头时期遗存与游邀、尹村同类遗存一脉相承，为建立山西中北部二里头时期的文化序列奠定了基础。（海金乐）

岢岚县乔家湾龙山时代遗址

发掘时间：2009年4月~7月
工作单位：山西省考古研究所

该遗址是在配合山西忻州—保德高速公路建设项目过程中发现的。遗址位于岢岚县乔家湾村西南约100米的台地上。遗址中心地理坐标北纬38°41′03.5″，东经111°36′27.7″，海拔1423米。发掘面积2025平方米。

清理房址16座。房址形状结构相似，平面大多呈“凸”字形。房址的居住面和穴壁上均抹有一层厚度不到0.01米的白灰，一次抹成，平整光滑。居住面上多见陶鬲、陶罐、陶盆、扁平的石块、兽骨等，较完整的房址居住面面积7~30平方米不等。房址的中央一般有一直径1~1.3米的圆形火塘，火塘外围常压印一周粗绳纹外圈，内外圈之间宽0.05米。火塘内部一般为一锅底状坑，坑面抹有一层白灰，坑内再填土以垫，一般垫至与居住面持平或略高，烧火即在垫土之上，其上可见有青灰色烧结层。F10、F14火塘附近发现一种圆形坑，较火塘为小，坑一般略低于居住面或与居住面持平，坑边压印一或两周粗绳纹，这种现象在园子沟遗址F2010也有发现，可能为柱洞。门道短而宽，多向北，有的门道之外连接有面积不大的活动面，活动面多为火烧烤过的硬面。房址残存墙体不高，最高者约1米，低者仅0.05米。从少数房址（如F5、F10等）穴壁处可见其上部、中部有弧曲，且无柱洞，故推测其可能为窑洞式建筑。穴壁所涂白灰剥落严重。房屋在生土上挖成，房基多为先垫一层红褐色烧土，再抹一层草拌泥，然后抹白灰；也有的直接在生土上抹一层白灰即成。房内堆积主要为黑灰色土，夹杂有条形或不规则形褐黄色土块，致密较硬，内含较多的石灰粒、碎石块、碎陶片等。16座房址大致依等高线分布在坡脊处，高程在1408~1427米之间，推测这些房址可能为一小型聚落的部分。

乔家湾遗址出土遗物主要为陶器，多出于房址填土或散布于房址居住面。以夹砂褐、灰陶居多，泥质者主要为褐陶，此外，还有少量夹砂红褐陶，真正意义上的红陶基本不见。鬲、大口瓮等器形较大者多夹杂粗砂或石英块，小型器多泥质和夹细砂。纹饰以绳纹居多，素面、篮纹次之，还有少量花边、附加堆纹、戳刺纹、划纹组成的方格纹等。

绳纹多为滚制、篮纹多拍印而成。花边和附加堆纹多与绳纹共用，花边主要施于鬲口沿，附加堆纹多见于直腹罐、甗腰、鬲足相接处等，多为泥条状，也有少量圆形泥饼状者。附件主要为鋬手，鋬手大多为鸡冠状，上有锯齿和戳点，也见少量素面鋬手，均贴附于器表纹饰之上。还见少量桥形耳，亦为贴附而成。器类主要有鬲、高领罐、直壁缸、直腹罐、绳纹罐、单把鬲、斝、折腹小罐、敛口甗、尊、双耳罐、盆和碗等。其中以鬲数量最多，且多出土于火塘内或火塘周围。石器数量不多，器形有石斧、石锤、石镞等。

本次乔家湾遗址的发掘，是晋西北地区关于史前遗址的第一次较大规模的发掘，为认识区域文化归属问题提供了一批重要的实物资料，也为进一步了解北方地区龙山时代群体的生计状况、聚落形态及社会结构提供了宝贵材料。（王晓毅　南普恒）

长治县小川龙山时代晚期遗址

发掘时间：2009 年 9 月 3 日 ~30 日

工作单位：山西省考古研究所

小川遗址位于长治县西池乡小川村东北的塬上，遗址紧邻村落，地形相对平坦，高速公路从遗址西部边缘穿过。为配合长治至平顺高速公路建设工程，对公路沿线涉及的经山西省文物勘测中心钻探发现的小川遗址进行了抢救性考古发掘。此次共发掘 5 米 × 5 米探方 62 个，发掘面积 1550 平方米。由于发掘的位置处于遗址的边缘部，发掘出的遗迹只有不规则形灰坑。

以 H2 为例，平面呈不规则形，长 12.75、宽 5.4 米，灰坑最深处达 1.95 米，坑内填土为灰褐色土，土质疏松，土内含有少量黄土块、碎烧土块、石块、动物骨头、料姜石等。陶片出土较多，可辨器形有罐、盆口沿、豆柄、豆盘、圈足底、鬲足和斝腹部等。纹饰有素面、绳纹、篮纹、黑皮磨光等。陶质分泥质陶和夹砂陶两种，陶色以灰陶为主，另有少量黑陶、褐陶。从出土陶片上分析，我们初步认定该遗址的文化遗存为夏时期文化遗存。（杨林中）

岚县梁家庄东周及清代墓葬

发掘时间：2009 年 4 月 28 日 ~5 月 31 日

工作单位：山西省考古研究所、吕梁市文物技术勘查中心

岚县梁家庄墓地位于岚县梁家庄村，是为配合太原至佳县高速公路建设工程而发现的。此次发掘共清理古墓葬 40 座，其中东周墓葬 39 座，清代墓葬 1 座。

东周墓葬形制均为竖穴土坑墓，长约 2.5 ~4.5、宽约0.8 ~3、深约 1.5 ~6.6 米，墓内填土多为经夯打的灰黄土。因墓地处于干燥的风口台地上，墓葬形制保存均较好。墓向多数为南北向，少数为东西向。葬具多数为一棺，少数棺、椁皆俱。葬俗均为单人葬，葬式以仰身直肢葬为主，个别为侧身屈肢葬。随葬品一般置于棺外或棺椁之间，小件置于尸骨旁边。器类以陶器为主，数量多寡不一，其中 6 座没有随葬品。陶质以泥质灰陶为主，整体制作粗糙、简单，多成组出土，主要组合为豆、壶、鬲、鼎，或豆、壶、鼎、匜。

出土器物共计 215 件，其中陶豆 48 件、陶壶 38 件、陶鬲 34 件、陶鼎 27 件、陶罐 19 件、陶匜 6 件、陶盆 4 件、陶舟 2 件、管状骨器 2 件、骨簪 4 件、石杖柄 1 件、碎玉 4 块、铜带钩 21 件、铜箭镞 3 枚、铜环 2 件、铜剑 1 件、铜戈 1 件、铜削 1 件。

通过梁家庄墓地的考古发掘，我们获得了一大批东周墓葬资料，对研究岚县古代经济、政治、文化等提供了较为有价值的实物资料。（刘吉祥）

壶关县北阳护战国汉代墓地

发掘时间：2009 年 8 月 2 日 ~9 月 2 日

工作单位：山西省考古研究所

北阳护墓地位于壶关县黄山乡北阳护村西约 1 千米处的山坡地，地形东高西低，高速公路从墓地中间穿过，为配合长治至平顺高速公路建设工程，对公路沿线涉及的北阳护墓地进行了抢救性考古发掘，共计发掘面积 1200 平方米，共发现墓葬 19 座，其中战国墓 11 座，西汉墓 6 座，东汉墓 2 座。战国墓以 M12 为例，中心坐标为北纬 36°02.996′、东经 113°10.152′，海拔 1053 米。墓葬形制为竖穴土

扩，南北向，墓口南北长2.8、东西宽1.5米，墓底南北长2.56、东西宽1.26米，墓葬深度4.2米，人骨架头向北，葬式为仰身直肢，随葬器物有陶壶、鼎、罐、盒等。

西汉墓以M10为例，中心坐标为北纬36°02.993′、东经113°10.156′，海拔1055米。墓葬形制为竖穴土洞，南北向，竖穴墓道南北长2.16、东西宽2、深度4.1米。竖穴墓道底部南北长2.08、东西宽1.12米，洞室位于竖穴墓道的南部，洞室南北长2.12、东西宽0.78、高1.2米。人骨架一具，葬式为仰身直肢，头向北，竖穴墓道加工较光滑，北壁有一壁龛，随葬器物有陶壶、陶罐等。

东汉墓以M13为例，中心坐标为北纬36°02.988′、东经113°10.130′，海拔1053米。墓葬形制为斜坡墓道砖室墓，南北向，长方形斜坡墓道位于墓室北部，墓道南北长8.1、东西宽1.06米，墓道最深处4.3米。墓室分前后两室，砖砌，前室南北长2.06、东西宽2.2米，底铺人字砖，穹隆顶；后室南北长3、东西宽1.04米，底铺人字砖，拱形顶。内保留有两副骨架，葬式均为仰身直肢。墓葬前室西壁上部有一盗洞，证明该墓曾遭盗掘。随葬器物有陶壶、陶罐、陶灶等。（杨林中）

偏关县梨园战国汉代遗址

发掘时间：2009年4月5日~5月20日

工作单位：山西省考古研究所、忻州市文物管理处

本次考古发掘系配合龙口水利枢纽建设工程而进行的文物保护工作，龙口水利枢纽工程大坝蓄水涉及河曲县、偏关县境内黄河峡谷内大片淹没区。

梨园遗址位于偏关县天峰坪镇梨园村西南0.5千米处黄河峡谷东岸一级台地。包括古遗址1处、夯土基址1处。工作从2009年4月5日开始，5月20日结束，共布5米×5米探方24个，发掘面积600平方米。

布方分3个区，一区主要为夯土遗迹分布区，二、三区为战国、汉代的文化生活堆积区。由于近代平整土地的原因，该遗址被断崖一分为二，一区位于断崖下，二、三区位于断崖上。遗址地层堆积分七层：第①层为现代耕土；第②层为现代农田基本建设时的扰土；第③层为唐、宋时期以后文化堆积；第④层为汉代

晚期文化堆积；第⑤层为汉代早、中期时期文化堆积；第⑥层为夯土次生堆积，包含物少；第⑦层为东周时期夯土墙堆积。

从出土遗物可知该区主要为战国和汉代的文化遗迹和遗物。战国时期的遗迹主要为1座瓮棺葬及夯土墙等，遗物为卷沿鼓腹罐（饰绳纹）和少量夹砂灰陶片（饰粗大绳纹）。汉代遗迹有灰坑、房址、瓮棺葬和夯土层等，遗物有罐、盆、甑和豆等可辨器形，夹砂灰陶，外饰间断绳纹，另外在T12东部发现长方体状的玉璋1件，边长1.6厘米，厚0.7厘米，桥形纽，上刻有一字，经查资料，推测其为“主”字。

在发掘中，花费了较多时间对夯土墙的分布范围、长宽、结构、年代等进行重点了解，确认其始建于战国，汉代在此基础上进行了修补并继续使用。结合该城墙临河的特点，初步推断，夯土墙紧挨黄河，依地势而建，宽厚不均，面临黄河的一面比较厚，临自然沟的一面则较薄，据此推断该段墙体很有可能是为防止河水泛滥而专门修筑的堤坝，同时也会起到阻挡外敌的作用。另外，在墙体中发现有宽约1米的缺口，里面填有石头，推测该断沟可能用于排涝，原来断沟上很有可能建有石头拱券遗迹，由于年久，坍塌在缺口里形成现在的堆积。

在夯土墙周围同时发现几处小孩瓮棺葬，葬具以卷沿鼓腹罐为主，器表多施间断绳纹。在夯土墙附近埋葬夭折的小孩是当地的一种葬俗，还是另有其他原因，有待以后更多材料的证实。

通过此次发掘，获得了大量战国和汉代文化遗迹和遗物。过去对汉代的遗存主要以墓葬发掘为多，很少涉及遗址，这次的发掘有助于了解汉代社会的基本生活面貌。（郭引堂）

山西省汉代长城资源调查

调查时间：2009年6月~8月
工作单位：山西大学考古及博物馆学系

配合全国启动秦汉长城资源调查工作，对山西省汉代长城资源进行了调查。在调查过程中，依据文献考证，航片研判，采集的标本和墙体型式的类型学分析等多种方式对长城墙体的时代、分布进行了确定，利用1:1万线图、1:5万地形图以及GPS设备等对长城墙体、烽火台、敌台等各类设施进行了调绘，取得了山西省汉代长城资源最为翔实的第一手资料。

山西省汉代长城资源分布于山西省北部的天镇县、左云县和右玉县3县。各县汉代长城长度及其他设施数量依次是，天镇县7417米，烽火台2座，敌台2座；左云县15502米，敌台1座；右玉县8952米，敌台1座。累计调查汉代长城31871米，烽火台2座，敌台4座。

天镇县长城位于山西与河北两省交界处，地处西洋河河谷南侧的坡地与山脊之上和北侧的平川地带，走向大致呈东南—西北走向。墙体均为土墙，黄沙土夯筑而成，夯层厚度多为0.25～0.44米，最薄者0.1米，最厚者0.5米。左云县长城大致呈东南—西北走向，位于十里河谷地北侧较低的山地或丘陵的顶部，从东南向西北地势逐渐增高。右玉县长城建于山体顶部，大致呈东北—西南走向。左云、右玉2县墙体均为土墙，黄土夯筑而成，夯层厚0.08～0.17米。长城沿线采集有汉代的灰色绳纹陶片和瓦片。

以上3县汉代长城的具体时代，我们认为应是东汉建武年间（25～56）所筑。《后汉书·光武纪》："（建武十二年（36）十二月），遣骠骑大将军杜茂将众郡施刑屯北边，筑亭候，修烽燧。"《后汉书·王霸传》："（建武十三年）卢芳与匈奴、乌桓连兵，缘边愁苦。诏霸将弛刑徒六千余人，与杜茂治飞狐道，堆石布土，筑起亭障，自代至平城三百余里。"《后汉书·马援传》："（建武二十一年（45））秋，援乃将三千骑出高柳（今阳高），行雁门、代郡、上谷障塞。"这些记载说明，东汉建武年间在山西北部堆石布土，修筑了亭障、烽燧或障塞，而天镇、左云、右玉3县在东汉时是雁门、代郡的属地。山西省东汉长城的发现填补了全国没有东汉长城遗存的空白。（赵杰）

右玉县汉中陵古城遗址

调查时间：2008年7月～2009年11月

工作单位：山西省考古研究所、暨南大学历史系考古专业

中陵古城遗址位于右玉县威远乡中陵村，是山西省重点文物保护单位。勘探面积46万平方米，试掘面积150平方米，并用全站仪对城址进行了详细测量，基本确认了城墙宽度、护城河、马面、瓮城和城门位置及规模、

城内主要道路与主要建筑的布局，采集、出土了大量的绳纹瓦、瓦当、砖等汉代建筑遗物和日用陶器。

古城址由东、西两座城组成，东城较西城略小，东、西二城之间由一条南北向城墙隔开，其中东城东南部已被临近的苍头河冲毁，北墙和西城南墙保存较好，西墙地面以上部分不存。北墙全长897、西墙长549、南墙残长590米。城墙宽窄不一，最宽处27米，最窄处仅8米。夯层厚度亦不同，大致在7~13厘米，城墙残存最高处距现今地表约7米。

经钻探，城墙外围发现有护城河，最宽处约50米，最窄处约12米，内侧距城墙或马面约2~5米。共发现马面10座，其中北墙4座，西墙和南墙各3座。马面由于破坏程度不同而大小不一，最大者东西约17、南北约13米，最小者东西约9、南北约6米。发现瓮城两座，分别位于西城北墙中部和南墙中部。发现南北向道路一条，宽3~4米，连接南北两门，道路破坏较为严重，有多处断开。此外，在城内还发现有夯土建筑和灰坑遗迹多处，形制和规模不一。

在古城内采集有大量陶器和建筑材料残块，陶器主要有钵、罐、盆等，建筑材料主要有空心砖、板瓦、筒瓦和瓦当等。其中瓦当以卷云纹最多，有少量文字瓦当和素面瓦当。

据文献记载，中陵县始建于西汉，属雁门郡，东汉属定襄郡，东汉以后不再设置，与本次考古调查所见遗存信息一致。该城址的调查对于探讨汉代郡县级城址的特点具有重要意义。（张喜斌　王银田）

大呼高速公路右玉县右卫段汉代与明清遗址和墓葬

发掘时间：2009年3月18日~5月13日

工作单位：山西省考古研究所、右玉县文体局

今年大呼高速公路正式开工，在右玉县右卫段，对钻探发现的39座古代墓葬和遗址做了考古发掘。

右卫段共有古代墓葬39座，墓地中心地理坐标为北纬40°10′4.7″，东经112°21′43.5″。海拔高度为1333米。通过发掘，确定有汉代墓葬4座，明清墓葬32座，空墓3座。汉墓4座，分别为M1、M6、M13、M14，均为长方形竖穴土坑墓，出土器物

有陶罐、陶壶、铜镜、半两铜钱、漆器、骨饰件，共计18件(套)。明清墓葬32座，另有3座空墓，均为梯形竖穴土坑墓，出土器物有陶罐、瓷罐、瓷瓶、铜镜、铜钱和铜簪等，共计53件（套）。

红旗口遗址，共发掘10米×10米探方13个，面积1300平方米，是一处残损严重的明清时代寺庙遗址，内有明清时期房址4座，墓葬3座，灰坑1座，非正常死亡人骨3处，东、北两道夯土墙。房址4座，现存有房址基础和基槽，房内铺地面分别用方砖和长方砖两种组成；院落内用竖砖分隔成整齐的方形小鹅卵石地面。明清墓葬3座，均为梯形竖穴土坑墓，出土器物有瓷罐、铜钱等。非正常死亡人骨3处，全部是人的头骨，无四肢骨骼。夯土墙，北夯土墙长38米，东夯土墙长12米，墙均宽2～2.6米，现存高度为1～1.6米。该遗址出土遗物有陶罐、陶盆、瓷碗、瓷盘、瓦当、滴水、屋脊装饰构件、筒瓦和板瓦、琉璃瓦、琉璃俑残块等，共装9袋24件。(张庆捷)

灵丘—山阴县高速公路应县段汉代墓葬

发掘时间：2009年5月19日～6月12日

工作单位：山西省考古研究所、大同市文物局、朔州市文物局

今年灵丘—山阴县高速公路正式开工，在应县和浑源县对钻探发现的古代墓葬和窑址做了考古发掘。

应县段共有汉代墓葬3座，由于进入工地时，施工已经开始，地表土已经不存在，只好重新钻探寻找墓葬，共钻探750平方米，找到3座墓，分别为M1、M2、M3，均为带墓道砖室墓，面积约100平方米，均遭到不同程度的破坏和盗掘，这次出土器物均为陶器，有罐、壶、盒、豆、盘、灶、耳杯、勺子、瓢、鸡、狗和案等，共计35件(套)。全部拼对、修复、照相后，移交应县文物局。

浑源大瓷窑遗址，在钻探基础上，开2米×10米探沟2条，这是一处残损严重的石灰窑遗址，除炭渣、石灰渣、烧土块外，没有其他遗物，照相绘图后，回填处理。(张庆捷)

长治县沙峪宋金明清墓地

发掘时间：2009 年 10 月 3 日～31 日

工作单位：山西省考古研究所

沙峪墓地位于长治县西池乡沙峪村北约 700 米处的台地上，地势西北高东南低，为配合长治至平顺高速公路建设工程，对墓地进行了抢救性考古发掘，共发掘宋、金、明、清时期墓葬 7 座，发掘面积 350 平方米。

宋墓以 M5 为例，中心坐标为北纬 36°00′58″、东经 113°05′40″，海拔 1007 米。墓葬形制为长方形竖穴土洞墓，东西向，竖穴墓道东西长 1.86、南北宽 0.2、深 5.9 米，墓室位于墓道西部，墓室东西长 2.52、南北宽 2.2、高 3 米。内保留有人骨架 3 具，葬式为仰身直肢，头向西，随葬器物有陶盆、铜钱等。

清墓以 M6 为例，中心坐标为北纬 36°00.956′、东经 113°05.621′，海拔 1009 米。墓葬形制为长方形土洞墓，墓向为东西向，斜坡墓道东西长为 3、南北宽为 1.2 米，墓道与墓室连接处深为 2.5 米，墓室东西长为 2.2、南北宽为 1.7、高为 2.2 米。内保留人骨架 2 具，葬式为仰身直肢葬，头向西，随葬品有带盖瓷碗、烟具、铜帽顶、铜钱等。（杨林中）

闻喜县北张金代与明清墓群

发掘时间：2009 年 10 月

工作单位：山西省考古研究所

北张村墓群位于运城市闻喜县东镇乡北张村北 500 米，遗址北靠紫金山，周边地势较平坦，涑水河自其西侧穿流而过。总面积 400 平方米，墓葬最深 3.4 米，最浅 1.3 米，平均深度约 2.35 米。

此次发掘墓葬共计 8 座，可分为砖室墓和土洞墓两种。砖室墓依墓室顶部形态的差异可分为穹隆顶和圆形顶二型，土洞墓依墓道形态差异分为竖穴墓道和斜坡墓道二型。该墓群多遭盗扰，受破坏严重。出土随葬器物极少，仅 M7、M8 各出 1 件白瓷碗。M2、M7、M8 时代为金代，M1、M3、M4、M5、M6 时代为明清。

M8 保存较好，仿木构砖室墓，由墓道、墓门、墓室三部分组成。方向 170°。墓道呈台阶状，位于墓室南侧，上口长

3.4、宽0.4米，距墓底深3.66米，底部长1.48、宽0.4米。台阶共8级，宽度0.12～0.4米，高度0.26～0.64米。墓门连接墓道和墓室，呈“凸”字形。墓门高1.08、宽0.4、进深0.3米（即一砖之长）。墓室平面呈方形，边长2米，可分为藻井、仿木砖雕、墓室四壁三部分。斗八藻井，于距墓底1.94米处开始逐层平砌叠错内收，顶高3.16米。藻井下为仿木结构砖雕，自上而下首先为一周砖刻板瓦，板瓦之下间隔一层为一周相间隔的砖刻椽子，椽子之下为一周八组“一斗三升”的斗拱（四壁、四角各一组），拱眼间砖面上绘红色“人”字形图案。斗拱之下四壁内容各异：北壁正中为一门二窗（板门与直棂窗），门窗之间为门颊，正中为一对门簪，簪面彩绘已经脱落，门高1.1、宽1.01米，两窗均长0.36、宽0.26米。东壁内容与北壁相似，门高1.1、宽1.01米，两窗长0.47、宽0.3米。南壁正中为墓门，墓门右侧壁上有一砖雕灯擎，通高0.32米，距墓底0.24米。西壁下半部以砖雕一桌二椅，桌高0.44、面宽0.74、椅高0.56米。墓室四角各以三列砖砌一柱子，柱高2米。

人骨2具，位于墓室西侧，仰身直肢。葬具腐朽无存。随葬器物仅发现1件白瓷碗，位于人骨南侧。

金代仿木结构的砖室墓在山西南部地区多有发现，其中尤以侯马、稷山二地的金墓最为精彩。此次发掘所获的该批墓葬，以M8最为重要，墓室中还发现了流行于侯马地区的斗八藻井，这为我们认识闻喜地区的金墓结构、砖雕工艺水平和风格提供了丰富的材料。（孙先徒）

屯留县康庄元明清墓地

发掘时间：2009年5月～6月
工作单位：山西大学考古及博物馆学系

2009年3月，在山西潞安高纯硅业科技有限责任公司新厂区进行文物勘探时发现一批墓葬。随后对该墓地进行了抢救性发掘。共清理墓葬13座。

元代砖室墓3座（M11～M13），明清土坑洞室墓10座（M1～M10）。3座元代墓葬均为南北向，由墓道、墓门、甬道和墓室四部分组成，墓室平面近方形。根据墓葬排列规律及题记判断，为一处家族墓地。M12墓室为穹隆顶，墓室顶部及四壁有彩绘壁画，北壁上方勾画墓主人灵位，铭文显示该墓墓主人姓牛，屯留县高头寺人，葬于至治元年（1321）三月二十日。M13为覆斗顶砖雕壁画墓，根据墓室墙壁上的题记可知，该墓葬为元代至大元年（1308）的一座夫妻合葬墓。墓室中保存有完整的砖雕仿木结构的装饰，做工精良。墓室壁画内容为“二十四孝图”，但该墓葬中的“二十四孝图”具有当地画家自由发挥的成分，有一定的特殊性，其壁画“炕围”画形式富有地域民俗特点，为这一美术形式的研究提供了重要的历史资料。墓室东西两壁的长篇题记内容分别为墓志铭、族谱和《庞居士劝世歌》，行书字体。如此长篇题记的发现，在宋元时代的墓葬中十分少见。M13虽遭受盗掘，随葬品被洗劫一空，但是墓室内砖雕和壁画保存较为完整，具有很高的历史、艺术价值，现已整体搬迁至山西博物院进行保护研究。

明清墓葬排列有序，等次分明，应为一处平民家族墓地。M4出土的老子像陶砚台造型特别，风格鲜明，为当地首次发现，有一定的研究价值。（武俊华）

怀仁县尚希庆城庄和大同市墙框堡明清墓群与烽火台遗址

发掘时间：2009年7月8日～8月13日

工作单位：山西省考古研究所

考古工地分布在朔州怀仁县尚希庄和大同市南郊的墙框堡村，有遗址和墓葬。配合引黄工程北干线工作，共发掘烽火台遗址1处，墓葬23座。

怀仁县尚希庄墓群有墓葬10座，年代为明清，平面均为北宽南窄的梯形竖穴土坑墓。出土器物和小件共45件（套），有瓷罐、瓷碗、红陶盆、铜烟锅、铜簪、铜手镯、铜耳环、铜戒指、铜头饰、铜纽扣和铜钱币等。

尚希庄遗址是一处烽火台遗址和一处建筑遗址，共900平方米，在烽火台遗址发现西房五间，房间进深2.6～3.1米，宽2.3～2.5米，墙体宽0.45～0.5米，门道宽0.7米，房内有火炕，残长1.4、宽1.55米，炉灶一个，房内现存一部分活动面。北房三间，房间进深3米，宽1.4米，墙体宽0.45～0.9米，残高1米。北房紧靠东墙有南北墙体，残长22米，中间有一大门，长1.08、宽0.9米。砖包土坯砖和鹅卵石。大门内外有活动面，向东延伸至照壁基础外，照壁距大门2.2米。照壁基础长2.7、宽0.5米。西房和北房内外墙体抹有草拌泥，大门外南北墙体抹白灰，并且有5～10米的黑带。

烽火台坐落在遗址的北部，现存高约4、宽约4米，已经风化坍塌。经发掘知道，地面下原来长宽各为4米，深约2米，夯土层为当地沙土夯成，厚约12厘米。基础长9、宽9米，也是夯土，厚1.5米左右。整个烽火台遗址残存长为30余米，宽15米。发掘结束后，烽火台由专人做保护搬迁。

遗址中发现灰坑4个，平面呈方形、长方形和圆形三种，均用土坯砖砌成，内出土有瓷缸、瓷罐、瓷碗、黑瓷水缸和红陶盆等残片。

另一处建筑遗址仅有残破砖石，时代为明清。

大同南郊墙框堡墓群共有明清墓葬13座，均为“农业学大寨”时的迁葬墓，无人骨架。墓葬均为北宽南窄的梯形竖穴土坑墓。出土的随葬器物很少，有瓷罐、瓷碗、瓷壶、红陶盆和砂锅等。（张庆捷）

万荣县万泉明清墓群

发掘时间：2009年10月

工作单位：山西省考古研究所、运城市文物工作站

万泉村墓地位于山西南部峨嵋岭上，地势南高北低，较为平缓，峨嵋岭是临汾盆地汾河流域和运城盆地涑水河流域的分水岭。墓地西300米处有一南北向冲沟，其东南1000米处即为万泉村所在地。发掘总面积600平方米。

此次共发掘8座墓葬，编号2009WWM1～M8，开口均在①层下，竖穴土洞墓。墓道均为竖穴土圹，长2.1～2.6、宽0.6～1.2、深2.6～8.1米。墓室均为土洞，平面呈长方形，长2.3～3.5、高1.0～1.9米，个别墓见以土坯封门，墓顶均为拱顶。棺木大多腐朽无存。合葬墓二例，迁葬墓三例。出土遗物较为丰富，主要有黑釉罐、黑釉碗、铜簪、铜钱、铜扣、镇墓瓦和镇墓砖等。

万泉村墓地是该地区第一次经科学发掘的明清时代墓葬，对于认识明清时期万荣地区的地方丧葬习俗有着重要作用。（丁金龙）

内蒙古自治区

赤峰市魏家窝铺红山文化聚落遗址

发掘时间：2009 年 6 月 ~9 月

工作单位：内蒙古自治区文物考古研究所、吉林大学边疆考古研究中心

魏家窝铺遗址位于赤峰市红山区文钟镇魏家窝铺村东北约 2 千米处的丘陵台地上，经 2008 年调查勘探，初步确认这是一处红山文化时期的环壕聚落遗址，总面积约 9.3 万平方米。

本次发掘地点选在遗址北部，揭露面积达 5000 平方米，发现遗迹 117 个。

房址 28 座，平面呈圆角长方形或近方形，半地穴式建筑，基本呈东北—西南向成排分布。房址可分大、中、小型三种，大型房址面积约为 45 ~60 平方米，中型房址面积约为 15 ~ 30 平方米，小型房址面积在 15 平方米以下。门道平面呈长方形，朝向西南。绝大多数居室内发现踩踏硬面，有的踩踏面还似经火烤。部分居室中部发现红烧土堆积，可能是灶址所在。半地穴居室内未发现柱洞，推测可能与房屋建造方式有关。房址内出土的遗物集中分布在居住面上。值得注意的是，南北紧邻的 F6 和 F7 居住面上出土的石磨盘残段彼此可以拼合成一件完整器；F24 居室内西北角挖设一圆坑，坑内放置 1 件圜底陶釜，口部朝下扣放。

灰坑 83 个，平面呈圆形或椭圆形，以直壁、平底坑为主，也有部分弧壁圜底或斜壁平底坑，未见袋状坑。灰坑主要分布在房址周围，坑内出土遗物不甚丰富。此外，3 个灶址平面均呈瓢形，圜底。2 座墓葬均保存很差，墓圹已被破坏殆尽，人骨腐朽严重，无随葬品。1 条灰沟大体呈西北—东南方向，已发掘长度约 30 米，宽 0.5 ~0.8 米，深约 0.3 ~0.45 米，原来可能作引排水用。

出土陶、石、蚌等各类器物比较丰富。其中陶器有筒形罐、敛口钵、斜口器、敛口瓮、圜底釜、器盖、器座、小杯、纺轮和陶环等。石器以磨制为主，器类有耜、斧、磨盘、磨棒、刀、镞以及所占比重较大的细石器等。另有 10 余件蚌器，器类有蚌环、穿孔蚌饰等。根据出土遗物特征，该遗址文化面貌比较单纯，

以陶筒形罐、敛口钵、斜口器、石耜、磨棒、磨盘为代表，均属典型的红山文化器物。此外，也发现了少量的外来因素，如陶圜底釜、小口圆腹彩陶罐。

经初步观察与分析，魏家窝铺遗址属于红山文化早期，相当于后岗一期文化晚期，估计距今6000年左右。

魏家窝铺遗址的发掘成果，不仅为红山文化的内涵与分期研究提供新的依据，而且对于探讨红山文化早期房屋形制与聚落布局意义重大。此外，该遗址出土的圜底陶釜具有显著的后岗一期文化特征，同时它又与当地典型的筒形陶罐共存，且在其他红山文化遗址中十分少见，这对探讨赤峰地区红山文化与豫北冀南地区后岗一期文化之间的文化交流与传播具有十分重要的学术意义。（井中伟　赵俊杰）

赤峰市二道井子夏家店下层文化聚落遗址

发掘时间：2009年4月~11月
工作单位：内蒙古自治区文物考古研究所

二道井子夏家店下层文化聚落遗址坐落于赤峰市红山区文钟镇二道井子村打粮沟门自然村北部的山坡之上，占地面积约3万平方米，遗址总体呈现东高西低之势。为配合赤峰至朝阳高速公路基本建设，对该遗址进行抢救性考古发掘，目前已揭露面积5200平方米。发掘房屋、窖穴、墓葬、城墙等遗迹单位300余处，由环壕、城墙、院落、小巷、房址、窖穴以及中心广场等遗迹单位组成的聚落布局井然有序。从目前发掘情况看，二道井子遗址属于一典型的夏家店下层文化聚落遗址，文化内涵单纯，遗迹现象保存完整，文化堆积较为深厚，在已发掘的夏家店下层文化遗址中极为少见。

经发掘表明，二道井子夏家店下层文化聚落遗址由围绕城址四周的环壕、城墙及城内层层堆砌的居住遗址三部分构成。其中环壕与城墙同步修建、相辅相成，共同构筑了该城址严密的防御体系。经解剖证明，环壕剖面大体呈倒梯形，宽0.5~20、深约6米，壕内未见明显淤土痕迹，应属干枯类壕沟。城墙位于环壕内侧，由挖掘壕沟时所产生的填土，层层堆砌而成，每层之间的结合面平整光滑，剥离自然，但不见明显的加工痕迹；经解剖证明，城墙大体经历七次较大规模的修建，历次修建使城墙墙体宽度、高度不断增加，最宽处可达23米、高7米。此外，城墙内侧房址与城墙修缮过程基本同步，使整个聚落遗址逐渐形成高于周围地表的“台城”。

遗址内除2座属半地穴房址外，其余147座房址均属地面式建筑，除少量房址存在祭祀功能外，其余大部分房址均属实用功能的居住遗址；单个房址平面形状以圆形为主，少量为圆角方形，外部多附有回廊或侧室；房址墙体大多为土坯层层错砌而成，少量为夯筑或石块垒砌，保存高度为0.5~2米，墙体内外都抹有多层黄土草拌泥，部分墙体之上设有瞭望孔，内侧观察为方形，外侧观察呈一直径仅约10厘米的圆孔。个别保存较高的房址，可见接近房顶的土坯处有内收的趋势，推测房顶的建筑技巧可能为土坯直接券顶。个别房址存有较为复杂的回廊或侧室建筑，回廊设有横向短墙，分隔成数量不等的小隔间，之间有门道或门洞相连。使用面上多存有火烧痕迹，有的分布成排柱洞。房址居住面保存较好，多见烧烤硬面，少见白灰面，一般均存多层踩踏面，有的可达十余层，上下高度相错50厘米以上。灶多为方形地面灶，一般位于居住面中部，可见居住面上存留的方形划痕和火烤痕迹；房址门道多向西南，门道皆为上窄下宽的梯形，门道两侧土坯呈抹角弧形，部分房址门道处设有门槛，门道两侧置有门墩，个别还存有石质的门轴；从门道向外的踩踏面的清理情况来看，皆为斜坡状向下延伸，墙体外侧亦是如此，可见房址的建筑地势较周边略高，以防积水。

经发掘表明，二道井子遗址内发掘的所有地面式房址在废弃后，不是将房址推倒重建，而是在原房址之上重建。废弃的房址内被人为填满倒塌的土坯或专门垒砌土坯，门道处垒砌土坯封堵，外围紧贴墙体再用土坯垒砌多重墙体，形成一个高且坚实的地基；但是也有的内部填土较为松软，或是新营建的房址与下层废弃的房址错位，建于下层房址之上的房址内部活动面多坚固平坦，而建于松软填土之上的房内活动面，经过千年的沉降，略显起伏不平。从建筑方式来看，早晚期房址存在明显差异；早期墙体用黄土或是杂土层层铺砌，仅在内外壁抹有较厚的草拌泥，晚期则是用结实的土坯层层错砌，部分还用石块与土坯混筑，故晚期的房址墙体一般保存较好。

此外，还在遗址东南部发现四组保存较为完整的院落（一般由院墙、主房、偏房、窖穴等组成），呈南北向排列，院墙之间可见较窄的小巷。小巷与小巷相连形成遗址的通道。此类院落式房址有的墙体保存达2米左右，院墙与内部房址的墙体建筑方式相比，则明显较为粗糙。一般为单层土坯垒砌二层，另还见有土石混筑而成，不甚坚实，院门保存较好。

二道井子遗址共发掘窖穴149座，均位于房址周边，以圆形袋状居多，为了防潮加固，大多在坑壁抹有草拌泥，甚至部分窖穴还在坑边垒砌一周土坯。部分窖穴内发现大量的炭化黍、谷颗粒以及呈穗状的炭化粮食作物。基本所有窖穴均开口于某一房址外围踩踏面，故由此可明确判定房址与窖穴的同期性。

遗址内出土遗物约千余件，其中以陶器、石器和骨器为主，少量玉石、松石及青铜器等。陶器器形有筒腹鬲、罐形鼎、高领罐、三足盘、大口尊、瓮、小陶杯等容器，另外还见有大量的纺轮以及制作陶器的陶模；石器数量巨大，有斧、刀、铲、镞、锛、饼、球、槽、臼、杵、磨盘及磨棒等。另还发现一件用砂岩磨制而成制作鞋子用的楦。骨器类磨制精致，部分还刻划有精美的几何花纹。器类有三棱长铤镞、锥、铲、针、笄，另还见有为数不少的卜骨。玉、松石类可见玉斧、小型玉环、松石项饰，青铜器可见刀、锥以及喇叭口式耳环。

通过本次发掘可见，二道井子遗址文化内涵单纯，文化堆积深厚，建筑遗迹保存完整，是目前发现的保存最好的夏家店下层文化遗址。近8米的地层堆积因未遭到晚期遗迹单位的破坏，从而促使了该遗址内遗迹单位保存的完整性；房址周边踩踏面完好，依据踩踏面的连接，可将不同单位控制在同一层位，从而为夏家店下层文化聚落考古研究提供了坚实、可信的科学依据。进而，为探索当时的聚落形态及社会组织结构设立了新的平台。此外，多层叠压的房屋预示这一遗址存在着早晚相互衔接的不同时期的聚落，由此可以考察同一遗址不同时期聚落形态的变化，进而复原整个遗址始建、修缮、扩建、重建直至最终废弃的过程。

（曹建恩　孙金松）

呼和浩特市陶卜齐战国秦汉城址

发掘时间：2009年

工作单位：内蒙古文物考古研究所

陶卜齐城址，在战国时为赵长城沿线的障城，位于呼和浩特市东约30千米的榆林镇陶卜齐村中。1994年，内蒙古文物考古研究所对其进行首次调查并发掘，解剖了城墙，出土文物数十件，初步确定了城址的文化面貌和性质。

今年为了配合京包铁路集宁至包头段增建第二双线工程，再次对这座城址进行发掘。本次发掘地点在城内北部，共清理房址2座、灰坑10个、灶2个和墓葬1座，均为秦汉时期遗存。遗址地层堆积深厚，达4米多，可以分8层。2座房址均为石砌，残高约30厘米。F2较完整，长方形，长约10米；F1仅剩半条墙。10座灰坑大小不一，近圆形，直径1~3米，分布较密集。

遗物可分为陶器、铜器、铁器、石器和骨角器。陶器主要有盆、罐、釜、瓮、钵和碗等日用器物，同时出土有板瓦、筒瓦、瓦当、砖等建筑构件。陶器质地多泥质灰陶，有部分夹砂灰陶、褐陶；建筑构件一般为夹砂灰陶。器物纹饰以粗细绳纹为主，凹凸弦纹次之，也有附加堆纹；筒瓦内侧多施布纹，板瓦内侧多施方格、菱形纹等。与首次发掘相比，本次发掘新见的有夹砂高领罐、花边口沿的盆、带蛙纹的碗、内壁有字的碗和带“□□未央”字样的瓦当。铜器有铜钱、弩机部件、镞。铜钱有几十枚，多为“五铢”，还有少量“半两”；弩机部件为望山。铁器出土数量较大，锈蚀严重，可辨器形较少。主要分为武器装备和生产生活用具，前者有刀、剑、镞、铠甲片、护腕等，后者有铲、锄、锥、环等，尚有许多不知名的铁器。石器多为镞，磨制精良。

本次发掘，使我们对陶卜齐古城城内的文化面貌有了更深刻和丰富的了解。在两次对陶卜齐古城的发掘中，均发现大量武器装备，首次发掘者推断是赵长城的障城，这是一个有力的佐证。（张亚强　程国峰）

巴林右旗辽代祖陵陵园遗址

发掘时间：2009年7月~9月

工作单位：中国社会科学院考古研究所内蒙古第二工作队、内蒙古文物考古研究所

祖陵是辽代第一个皇帝耶律阿保机及其皇后的陵寝之地，位于内蒙古巴林左旗查干哈达苏木石房子嘎查西北的山谷中。本年度工作主要有：一是祖陵陵门址保存状况的试掘；二是陵园内主要建筑基址规模和四至的考察；三是太祖陵玄宫前封土堆的考察；四是东北沟被盗遗迹的抢救性清理。

辽祖陵四面环山，仅在临近

祖州的东南方向，有一个狭窄的陵门，即文献之“黑龙门”。陵门口两侧山势陡峭，形如门阙。峭壁之间约80余米，中央有门道，两侧有高大的夯土陵墙。经钻探和试掘，现已确认这里至少有两个门道（分别称门道1和门道2）。每个门道宽约4.7米，地面铺沟纹砖，两侧门垛下砌条石，上砌青砖。门道1位于东侧；门道2位于陵口的中央，其西侧为现代冲沟，是否还有门道，有待进一步的考古工作。门隔墙和两侧陵墙的南面和北面，都是用规整的石块砌筑，局部现存达2米多，保存较好。门隔墙和东侧门墙的顶部，都发现有覆盆式柱础和砖瓦残块，表明当时应有木构建筑。从原地面的灰烬推定，原来祖陵陵门上高大的木构建筑毁于大火。

祖陵内有诸多的建筑遗迹。目前我们确认4组主要的建筑基址。除“甲组建筑基址”外，其他三处基址都修筑在山脊上，规模大小不一。二号建筑基址位于“南岭”之上，由三部分构成。西侧J1基址为高台夯土建筑，有砖砌包边，地面铺方砖。台基范围东西12.4、南北10.8米。这里清理出汉字残碑片，石雕人像残块、石雕建筑构件等。中间J2基址直接利用岩体，局部有夯土，南北有石块包边，地面铺方砖。基址范围约东西19.6、南北15.2米。地表残存大量砖瓦。东侧J3基址地面不见砖瓦，东、南、北三面有石砌包边，地面为平整黄土，不见铺砖。其南面与“南岭”阳坡的登山路相接。三号建筑基址位于内陵区北侧的一道山脊上，至少有两个单体建筑。J1位于西南，为高台夯土建筑，除北侧与岩体相接外，其他三面均有砖砌包边，地面铺方砖。地表发现有覆盆式石柱础（明柱础）和方形石柱础（暗柱础）两种。台基范围东西27.25、南北28.65米。其东北不远处，还有一处小型建筑址（编号J2），地表有砖瓦。四号建筑基址位于PM1南侧的山脊，直接建在岩体上，地面铺方砖，覆盆式石柱础略小，残存较多砖瓦。基址东西20.4、南北17.7米。其应是PM1享殿一类的建筑。

我们曾根据考古和文献的双重证据，推定太祖陵玄宫的位置在祖陵陵园内第三道山岭（陵园内从南至北而言）的东端。其地表清楚可辨东南部是封土堆，西北部为自然的山体。本年度我们对其封土堆进行了钻探和试掘，搞清了封土的范围和堆积情况。封土高差高达50多米，东北和西南都有清晰的封土界标，即用石块自上而下堆砌而成。中央部分的主体封土为夯土和石块层分层而建，与祖州城部分城墙的结构相似。目前初步可推定太祖陵玄宫应为东南向，石像生紧邻南面封土的外围。

祖陵内东北沟有一处被盗遗迹。经清理方知这是一座小型墓葬。此墓为砖石混筑的长方形墓，规模较小，仅残存铁锁和银镯各一。从沟纹砖和出土遗物看，这当是一座辽代墓。性质有待探究。

本次考古发掘工作，推进了对辽祖陵形制布局的研究。我们确认祖陵陵门址至少为一门二道（可能为一门三道）。陵门址保存状况之好，在国内帝陵中较为少见。太祖陵封土堆范围和堆积状况的考古勘测，深化了我们对太祖陵玄宫的认识。特别是根据今年考古钻探和试掘，陵园内主要建筑基址的位置和范围四至得到了确定，增添了辽祖陵布局研究的新内容。总之，今年的考古工作，为今后的考古发掘研究和大遗址保护工作奠定了更为良好的基础。（董新林　塔拉　肖淮雁　康立君）

正蓝旗元上都穆清阁遗址

发掘时间：2009 年 6 月 ~11 月

工作单位：内蒙古文物考古研究所

元上都遗址位于正蓝旗上都镇东北约 20 千米处，地处滦河以北，龙岗山以南，金莲川腹地。元上都作为元朝的陪都，从 1256 年兴建，至 1358 年被毁，历经 100 年有余，在中国及世界史上产生过重大影响。为保护这一重要的历史名城，内蒙古自治区政府决定实施全面推进元上都遗址申报世界文化遗产的重要举措。为配合元上都申报世界文化遗产工作，对元上都穆清阁进行专项考古发掘工作。

穆清阁位于元上都宫城北部居中部位，是现在最为高大的建筑基址。作为宫城中的重要殿阁之一，有元一代，为皇帝宴乐、议事与居住的大内宫殿。重点对穆清阁西配殿的东侧面基址的外围堆积进行了全面发掘清理，共计发掘面积 600 平方米。

本次清理出穆清阁西配殿被覆盖于地下的砖石基础部分，并完整清理出了西配殿北部与中央大殿相连处所设置的近似于“之”字形马道。

本次穆清阁发掘出土器物较少，主要为建筑构件，并有少量瓷器残片出土。建筑构件中以琉璃瓦当、琉璃滴水、琉璃鸱吻制作最为精细，建筑砖构件多为模制花纹，建筑石构件雕刻的花纹较为精细，此外出土的坐角柱砖构件，模制出各种形制的花卉，亦十分美观。

此次穆清阁的发掘，是元上都被毁以后发掘清理出的保存最完整的元代建筑基址，从发掘中可知，建筑中砖的形制、踏道的设计、建筑基址的形制、建筑构件的运用、夯土层的厚度与做法、白灰浆的灌法等等，都具有严格的要求与规划，充分体现了穆清阁营建时的科学性。穆清阁的发掘对研究和补充元代早期建筑提供了极为重要的实物标本，为我国建筑史提供了弥足珍贵的研究实例。（杨星宇）

辽 宁 省

长海县小珠山新石器时代贝丘遗址

发掘时间：2006～2009年

工作单位：中国社会科学院考古研究所、辽宁省文物考古研究所、大连市文物考古研究所

小珠山遗址位于大连市长海县广鹿岛中部吴家村西的小珠山东坡上。遗址东侧有吴家村遗址，两个遗址的直线距离为300～400米。遗址与黄海的直线距离约为1300米。发掘工作主要在遗址的中部和南部进行，共揭露了600余平方米。共发现17座房址、30余个灰坑、40余座野外灶址和40余个柱洞。同时，出土了陶器、石器、玉器、蚌器和骨器等遗物。

根据地层堆积和出土遗物分析，小珠山遗址由过去的三个文化划分为五个不同文化。一期的房址、少量野外灶址和灰坑主要分布在遗址北侧。房址沿着小珠山东坡呈东北—西南方向成排分布，共有三排。第一排有5座，第二排有3座，第三排有2座。房址之间距离较近，分布密集。该期房址平面多呈圆角方形，个别有圆形，皆为半地穴式房址。方形房址面积约为13～20平方米，圆形房址不足10平方米。居住面较为平整，但加工痕迹不明显，没有进行特殊处理。穴壁普遍较直，个别的内收。内部有圆形或椭圆形灶址。仅在15号房址发现石板灶。房址大多有柱洞，多呈圆形，柱洞大多沿房址穴壁分布，有些则分布在灶址周围。圆形房址不见柱洞。均没发

现门道。二期房址形状与一期基本相同，但分布在一期房址的偏南侧，房址之间距离也比一期松散。三期仅在遗址南部发现1座房址。在遗址中部发现20余座野外灶址，遗址偏南侧发现近30个柱洞，灰坑发现较少。房址，为圆形半地穴式，面积不足10平方米。居住面平整，但没有加工，房内中间灶址，没有柱洞和门道。野外灶址，平面呈圆形或椭圆形，多地面式，有些为浅坑式，底部较平或呈锅底状。灰烬厚度较薄，灶底松散，说明短时间或临时使用。柱洞，分为直柱式和坑柱式。直柱式：在地面上挖坑之后直接把柱子埋上；坑柱式：在地面上挖一个大而深的坑，然后在坑中间或一侧埋上柱子，再用土填埋柱子和大坑之间缝隙。前者直径较小，后者直径较大，最大达到70厘米，最深达到90厘米以上。这些柱洞分布没有规律。四期没发现房址，但在遗址南部发现较多的柱洞和灰坑。柱洞形状和特点与三期相近。灰坑平面多呈圆形或椭圆形，坑壁较直，底部平整。内部出土大量贝壳、兽骨，出土少量陶片、石器、骨器、玉器和蚌器。五期在遗址南侧发现1座房址，灰坑较多。房址特点与三期近似。灰坑则与四期特点相近。

发现了距今6500余年的制骨作坊。作坊中靠近北墙出土了大量的鹿科动物骨骼，在房址的中部发现了鹿骨、鹿角制作的骨器、角制品以及它们的半成品。房址中，还发现了各类加工骨器使用的石器。

遗址的发掘补充和完善了辽东地区史前考古学文化年代序列和谱系关系，为岛屿考古与海洋史前文化研究提供了重要信息。（据《中国文物报》2010年3月12日）

凌源市田家沟红山文化墓葬群

发掘时间：2009年7月~10月
工作单位：辽宁省文物考古研究所

田家沟墓葬群位于凌源市三家子乡河南村田家沟组附近的梁状丘岗上，地处大凌河支流渗津河左岸，北距牛河梁红山文化墓葬群约51千米。该墓葬群于2009年3月第三次全国文物普查时发现，均为红山文化墓葬，可分为三个墓地地点，其中第一、第二地点在发现前后遭到了不法分子的多次盗掘。对上述被盗地点进行了抢救性发掘，发掘总面积约1000平方米。

第一地点西梁头墓地位于田

家沟西南约1.2千米，中心地理坐标为北纬40°51.655′、东经119°27.470′，海拔404米。发掘面积约700平方米。这是一处没有积石覆盖的石棺墓地，发现石棺墓葬7座，平面分布呈环形布局。所有石棺全部用凝灰质砂岩石板，或立置或平置砌成，有盖板，无底板；墓向各个方向均有，唯独不见西南—东北向；葬式全部为单人一次仰身直肢葬，人骨保存状况一般。出土遗物有玉器和陶筒形器。玉器发现5件，均出土在石棺内，种类有玉镯、绿松石耳坠、玉蚕形器；陶筒形器发现数量少且破碎，不见完整器，主要出土在墓葬封土堆积内。

第二地点夹鼻子梁墓地位于田家沟西北约1千米，中心地理坐标为北纬40°52.224′、东经119°27.552′，海拔453米。发掘面积约300平方米。这是一处积石覆盖而成的积石冢墓地，依功能的差别可分为南、北二区：北区积石绝大多数为凝灰质细砂岩石板，在积石之下和之上均有墓葬，可称为主体墓葬区；南区积石以凝灰质砂岩石块为主，还夹杂有少量凝灰质砾岩石块、硅质石灰岩石块，在积石之下埋有墓葬，积石之上摆有陶质筒形器，可称为附属墓葬区兼祭祀区。南、北二区积石通过有机结合，共同构成一组完整的积石冢葬制。共发现石棺墓葬6座，形制与砌法同第一地点完全一致。由于盗掘严重，没有玉器出土。

通过上述两处墓地的发掘，我们获得了如下几点认识：1. 两处墓地墓葬均属于红山文化晚期墓葬；2. 两处墓地属于不同的墓地类型，在红山文化晚期阶段，大体同时并存；3. 两处墓地在规模上都较小，表明它们所代表的社群规模也较小。对田家沟墓葬群的发掘与研究，有助于进一步揭示牛河梁及周边地区红山文化墓葬群所代表的史前社会组织的规模与结构。（李新全　王来柱）

阜新市界力花夏家店下层文化遗址

发掘时间：2009年7月~10月

工作单位：辽宁省文物考古研究所

界力花遗址位于阜新市阜新蒙古族自治县福兴地镇界力花村南约2.7千米处，其南距阜新市约90千米。发掘面积共900平方米，遗迹、遗物较丰富，有房址、墓葬、灰坑、灰沟等，出土遗物有石器、玉器、玛瑙器、骨器、陶器等。房址有半地穴式和平地起建两种，其中半地穴式4

座。墓葬6座，其中土坑竖穴墓4座，土坯墓2座，头向均为头北足南，面向朝西；葬式多为侧身直肢，少数为俯身葬，随葬品多放置于脚端，有陶罐、陶鬲、盆形鼎、玦、珠等。M5为土坯墓，距地表约76厘米处发现横砌一层土坯，在南端用土坯砌筑的二层台上放置3件陶器，分别是盆形鼎、罐、鬲，并在墓中央的土坯上放置4个猪蹄，土坯下是四壁用土坯竖向砌筑的墓室，并放置人骨架，脚上放置1件陶鬲。M6墓圹平面形状呈圆角长方形，直壁。距地表约40厘米处始见横铺土坯一层，放在生土二层台上。俯身葬，未见随葬品。界力花遗址为一处夏家店下层时期聚落遗址，此次发掘对了解辽西地区先民的聚落形态、丧葬习俗等提供了新的考古资料。（司伟伟）

阜新市代海青铜时代墓地

发掘时间：2009年7月~11月

工作单位：辽宁省文物考古研究所

墓地是在配合巴新（内蒙古巴彦乌拉至阜新新邱区）铁路建设工程中发现的，位于阜新市旧庙镇代海村西代海营子组西约500米处的山坡上。地理坐标北纬42°25′486″、东经121°31′577″，海拔349米。墓地位于北高南低的坡地上，山坡下有一条季节性河流。发掘3350平方米，共发掘墓葬62座，出土遗物160余件。

墓葬均为长方形或圆角长方形的竖穴土坑墓，开口于①层下，方向3°~77°，其中77%的墓葬方向11°~39°，部分墓葬有二层台，两座有墓道，墓葬排列有序。除两座为夫妻合葬外，其余均为单人葬，多数为侧身和仰身直肢葬。

随葬器物放置于两处，一处为死者趾骨下或胫骨外侧，多随葬鬲、鼎和小罐。一处为墓葬开口南侧的器物坑或器物台，多置一罐，罐上再扣置一钵，也有钵、罐、鬲成套器物。多数器表有一层红陶衣。

按照器物出土位置可大体将墓葬分为五种类型，A类器物坑位于墓坑外与墓坑相切；B类器物坑进入墓坑内与墓坑相交；C类是与墓坑相交的器物台；D类壁龛式；E类是单纯的土坑墓。

代海墓地位于两大文化交汇的阜新北部低山丘陵区，不可避免的带有两大文化的某些特点。代海墓地有夏家店下层文化的器形特点（如夏家店下层文化典型的筒腹鬲）、有高台山文化墓葬的典型特点（如墓坑外随葬器物以及陶器扣在一起的现象）和器物特点（陶器器表多数有一层红陶衣），为研究夏家店下层文化和高台山文化之间的关系提供了新的考古学资料。（华玉冰　徐韶钢）

彰武县头道屯青铜时代遗址

发掘时间：2009年8月～10月
工作单位：辽宁省文物考古研究所、彰武县文物管理所

遗址位于阜新市彰武县兴隆山乡前长坨子村头道屯西南部沙土岗上，南距彰武县城约9.7千米，东南距兴隆山水库约1千米，正处在兴建的彰武至通辽高速公路线上。

此次发掘共布5米×5米探方84个，发掘面积为2100平方米。发现房址3座、灰坑44个。出土完整和可复原的陶、石、骨器近百件。

该遗址文化层堆积较简单，耕土下即为生土，遗迹全部开口于①层下。房址皆为方形，门道东向，房内有一卧式灶。灰坑以圆形口为主，椭圆形次之，此外还有长方形口。出土物可分为陶器、石器、骨器三大类。其中陶器以夹砂灰褐陶为主，此外有少量的夹砂黄褐陶和红衣陶两种，纹饰以素面为主，少数陶器表面口沿和颈部饰有堆纹。可辨器形有碗、钵、罐、壶、豆、杯等。石器以细石器为主，有压制玛瑙石镞、楔形石核、刮削器、尖状器和钻等，此外还出土一些石斧、石锛、石磨盘等。骨器有骨针、骨锥、骨凿、骨簪等。

根据该遗址所处的地理位置以及出土的外饰红陶衣带有桥状耳的陶壶和口沿装饰堆纹的夹砂灰陶罐等器物特点，可确定其考古学文化面貌应属于辽西地区青铜时代高台山文化类型。（李新全　樊圣英）

西丰县东山青铜时代遗址

发掘时间：2009年9月～10月
发掘单位：辽宁省文物考古研究所

遗址位于西丰县西丰镇公合村东沟屯的东山上，东北距西丰县城约2.5千米，山下即为东西流向的寇河及一河之隔的县城街区。为配合辽源—开原高速公路

建设，发掘面积约2000平方米，共清理遗址1处，墓葬18座。

遗址内的遗迹主要是灰坑、灰沟和墓葬。

灰坑25个。均为①层下开口，形状不一，有长方形、圆形、椭圆形、不规则形等，出土遗物有夹砂红褐陶和夹砂灰褐陶片以及陶纺轮、石刀和网坠等，陶片可辨器形有豆和壶。

灰沟4条。出土有夹砂红褐陶片和夹砂灰褐陶片，可辨器形有豆、壶等，另外出土有陶网坠、纺轮、矛状器、石斧、磨石等。

墓葬18座。位于遗址区内北部。以石棺墓为主，共17座，另有土坑墓1座。墓葬均为①层下开口，大多数墓葬的方向为近东西向（稍偏西南），头向西，极少数为近南北向。墓葬规格小，甚至容不下一个人，为捡骨二次葬。随葬品多一到两件陶器，另有少量石斧、石刀、石镞等器物。出土陶壶、陶罐、石斧、石刀等器物共计30余件。

依砌筑方式不同，石棺墓可分为以下三种形制：

1. 石板立砌型。此类型的墓葬，墓壁均为石板立砌，上覆数块石板，所用石板经粗略加工。

2. 石条垒砌型。此类型的墓葬，墓壁为长条形不规则石块垒砌而成，两头封堵处亦为数层石条垒砌而成，上覆数块石板。

3. 石板和石条混砌型。此类型墓葬一般为南北两侧墓壁用数层长条形石块垒砌而成，东西两侧用薄石板立砌封堵而成，上覆数块石板。

土圹竖穴墓1座。墓向西，墓圹为长方形。未见葬具和人骨，随葬纺轮。

遗址内出土的夹砂红褐陶片和灰褐陶片以素面为主，纹饰有划线纹、戳点纹等，可辨器形有高柄豆、陶罐、陶壶等，具有当地青铜时代陶器的文化特点。墓葬多为二次葬，随葬品多为一到两件陶器，另有少量的石斧等器物，推测其相对的年代约当春秋末至战国初。（李龙彬　赵少军）

西丰县永淳早期铁器时代遗址和墓地

发掘时间：2009年9月3日～10月10日

工作单位：辽宁省文物考古研究所、铁岭市博物馆、西丰县文管所

遗址和墓地位于铁岭市西丰县安民镇永淳村东约400米处，系寇河北岸的二级台地，两者相距约200米，其南约1千米处即为寇河。为配合开原大金沟至辽

源高速公路的建设，对该遗址和墓地进行发掘，发掘面积2500余平方米。遗址和墓地的文化内涵比较单一，遗物比较丰富。遗址区共清理出房址1座、灰坑4个及灶2个，出土了大量的陶器和石器。永淳遗址的遗物多出自地层和灰坑内，陶器均为夹砂陶，陶质较粗，火候较低。主要器形有叠唇罐、侈口罐和壶、钵、豆等，基本不见中原地区同时期的常见器物，这也是辽北地区土著文化的一大特色。墓地共清理墓葬11座，其中石板墓3座、土坑墓2座。石板墓均为多人二次葬，土坑墓则为单人葬。随葬品较丰富，其中陶器较多，石器及青铜饰品较少。随葬陶器有壶、罐、钵、豆、纺轮等；石器有加重器、砾石及穿孔石球；青铜饰品有螺旋式耳环、管饰及球等。辽北地区以往所见的早期铁器时代遗址虽多经考古调查，但发掘清理者较少，可资比较的材料也较少。因此，永淳遗址和墓地的发掘为我们进一步了解辽北地区早期铁器时代的居址结构和当时的丧葬文化等提供了一批较为重要的新资料。（徐政　李龙彬）

辽阳市肖夹河汉墓

发掘时间：2009年4月~5月

工作单位：辽宁省文物考古研究所

肖夹河汉墓位于辽阳市太子河区肖夹河村村南，辽宁省文物考古研究所于2009年4月~5月对辽溪铁路（辽阳—安平段）改移工程沿线调查时发现，共发掘砖室墓2座、石室墓1座。M1为砖室墓，平面为长方形，无墓道，墓向为25°。砖室平面呈长方形，无墓门，墓室四壁系单隅平砖顺砌错缝而成；墓底铺砖为“人”字形，顺地势北高南低平铺一层。墓内发现人骨1具。随葬品种类有高领罐、盆、奁、耳杯和银指环。M2为砖室墓，由墓道、墓门、墓室三部分组成，平面呈“甲”字形，墓向为18°。墓室平面呈长方形，室壁系两层双隅平砖顺砌错缝与一层立砖平砌叠压砌至墓顶的双体墙，墓底铺砖为“人”字形错缝平铺而成。墓底发现人骨2具，系为夫妻合葬。随葬品种类有瓶、罐、盆、器盖、长颈瓶、奁、耳杯、井、勺、灶（含3件釜）、碗及“五铢”钱。M3为石室墓，由墓道、墓门、墓室三部分组成，平面呈“甲”字形，墓向为110°。墓室平面为长方形，南芬页岩搭建，白灰勾缝，四壁石板立砌而成；墓底由不规则的小块石板拼铺而成；墓顶残存两块盖板石，盖板上部发现有陶罐残片。墓内葬有人骨2具，系为夫妻合葬。随葬品种类有盆、奁、釜、石砚。从墓葬形制和随葬品特征分析推断，M1的年代应为西汉晚期至王莽前后，M2的年代应为东汉中期，M3的年代可能为东汉晚期。（白宝玉　徐政）

灯塔市燕州城城址

发掘时间：2009年7月~12月

工作单位：辽宁省文物考古研究所

城址位于灯塔市西大窑镇官屯村东南山上，南临太子河，东接群山，地势险要，是高句丽时期的一座山城。城内东高西低，呈簸箕形。城址东、北两侧修筑有石砌城墙及马面，西、南两侧除西南角有一长约百米的豁口外，主要为断崖，周长2500余米。瞭望台位于城内东南角最高处。今年进行了第一次考古发掘，发掘地点位于城址西南角豁口处，发掘面积900平方米，发现高句丽时期城墙、马面，辽金时期门址等重要遗迹，出土高句丽至辽金时期遗物。

高句丽时期城墙发现南北两段，中间为辽金时期修筑的门址。城墙砌筑规整，墙体立面用楔形石错缝砌筑，中间插两面平整的石块。北段城墙呈弧形向西北延伸，与城址西面断崖南端连接，长度为8.6米，顶部残宽5.6米，已发掘高2米左右。依北段城墙内侧修筑有上城墙的马道，马道残宽4.4米。南段城墙笔直，呈东北—西南走向，且外侧立面有逐层内收的现象，内侧立面垂直。外侧长8.5米，内侧长12米，墙顶残宽5.6米。南段墙内侧南端折向东南，南段城墙外侧修筑有马面一座，马面南侧被破坏，东西长6.5米。

辽金时期的门址依附高句丽时期的城墙修建而成，并对原来的城墙在局部做了修改，在北侧西端加修门垛，门垛宽3.1、长2米。门址东西长9、南北宽3米，门洞壁残高0.5~1.5米，门道两侧保留有土衬石，土衬石上残留有木炭痕迹。门道的南侧东端修筑有通往城墙的马道，残存三阶。

高句丽时期的遗物发现的较少，计有残石刻一块，刻文“……（在）……庚申太兄孟……（下）部大兄……”。另见泥质红色莲花纹残瓦当以及红褐色绳纹、席纹筒瓦和板瓦等。

辽金时期遗物较多，陶瓷器

除常见的辽金时期的日用瓷器残片、布纹灰瓦外，还有瓷偶以及少量兽面纹瓦当。铜器除大量的辽金时期的货币外还有花瓣形带盖盏托 1 件，双鱼纹铜镜 1 面。铁器计有铁镞、铁钉、带扣等等。石器中最重要的是一件滑石菩萨头像。另外还有数量较多的骨器，其中以各种形制的骨簪为主，其次为骨算和一件刻字骨器残片。

此次发掘对研究燕州城的结构和历史沿革提供了重要的考古资料。(苏鹏力)

吉 林 省

吉林省旧石器时代考古专题调查

调查时间：2009 年 4 月 ~5 月

工作单位：吉林省文物考古研究所

受吉林省文物局的委托，吉林省文物考古研究所成立吉林省第三次全国文物普查旧石器时代考古专项调查工作队，对吉林省中、东、西部地区分重点进行了旧石器田野调查工作。目前为止，共新发现旧石器时代晚期旷野遗址 8 处：乾安命字井西南岗子遗址、乾安泥林博物馆遗址、前郭那木斯砖厂遗址、前郭东灯娄库遗址、前郭哈玛马尔遗址、和龙广坪林场遗址、和龙广坪林场第二地点及和龙水南遗址。主要分布地域包括第二松花江中游，科尔沁沙地区，和东部图们江流域。

以上诸遗址均体现了旧石器时代晚期东北亚地区普遍存在的细石器文化特征，但因地域不同，受原料产地等环境因素的制约，中西部地区主要以燧石、变质硅岩为主要原料，东部地区主要以黑曜石为主要原料。西部科尔沁地区新发现的两处遗址（命字井西南岗子遗址、泥林博物馆遗址）的石制品个体普遍小型化，细石核，端刃刮削器等长度多在 2 ~ 3 厘米。第二松花江流域的三处遗址（那木斯砖厂遗址、东灯娄库遗址、哈玛尔遗址）以变质泥岩和蛋白石为主要原料，器形以石片为主，反映石叶和细石叶文化因素。东部图们江流域（和龙广坪林场遗址、和龙广坪林场第二地点、和龙水南遗址）原料以黑曜岩为主，少见石英，以石叶和细石叶工艺为主要文化特征，同时个别遗址中可见砾石工业因素。以上三个区域的旧石器时代晚期文化的年代大致在距今1.5万~1万年，调查新发现为进一步认清我省内东中西部旧石器时代晚期文化之间的内在联系与区别，提供了重要物证，也为研究东北亚地区旧石器时代晚期的文化交流、传播与发展补充了新材料。（赵海龙　顾聆博　苏作巍）

镇赉县乌兰吐北岗新石器时代及辽金时期遗址

发掘时间：2009年6月~9月
工作单位：吉林省文物考古研究所、镇赉县文管所

遗址位于镇赉县嘎什根乡大乌兰吐村东北约200米处的一条东西走向的岗地上。因引嫩入白工程的修建，对遗址进行了抢救性发掘。共发现新石器时代房址7座，辽金时期灰沟1条。

所有遗迹均开口于表土下打破生土，其中G1打破F1，其余房址之间未发现叠压打破关系。

新石器时代的房址均为半地穴式，平面近圆角方形，居住面和四壁涂抹白灰，室内地面见有柱洞，个别房址居住面上见有灰坑，未见灶，门道多向南，仅F7门道向北。出土遗物主要有陶器、石器、骨器及角器等。陶器以夹蚌陶为主，有少量的夹砂陶和泥质陶。陶色以黄褐色为主，还有少量的灰褐陶和极少量的红褐陶，多数器物器表颜色斑驳不匀。陶器多素面，纹饰有压印纹、刻划纹和附加堆纹等。器类主要有罐、碗、钵、杯及纺轮等。许多器物表面有烟熏痕迹，有些器物在破裂处钻孔缀合后继续使用。骨、角器发现数量较多，主要有骨锥、骨管、梭形器、骨环、鱼镖、骨针及装饰品等。石器发现较少，种类包括镞、锛和刀等。

辽金时期遗存，仅发现灰沟1条，出土少量的泥质灰陶片及青砖。

该遗址的发掘，为研究嫩江流域新石器时代考古学文化提供了新的材料。（王聪）

通化县秦汉长城

调查时间：2009年6月~9月
工作单位：吉林省文物考古研究所、通化市文物管理办公室、通化县文物文化市场管理所

受国家文物局委托，吉林省成立长城资源调查小组，对吉林省境内的秦汉时期长城遗迹展开

调查。调查范围西起通化县三棵榆树沿江村，东至通化县快大茂镇。共发现古城址 1 处，烽燧 10 处。分布范围沿沈长线公路、蝲蛄河流域，向东经三棵榆树镇、英额布镇、金斗乡、快大茂镇等 4 个乡镇，沿江村、下排村、南台村、欢喜岭村、庆生村、山头村、砬缝村、河夹信村、三合堡村等 9 个自然村。目前通化县境内长度 46.1 千米。

1. 南台子古城址　位于通化县三棵榆树镇镇南约 0.5 千米的一级阶地上，城墙系土石混筑，平面大致呈长方形，东墙长 38、南墙长 48、西墙长 38、北墙长 48 米，周长 172 米。城内高外低，其中北墙保存最好，墙体外侧陡直，顶面高出地表约 4 米。城内采集遗物包括磨制石刀、石镞、陶网坠、铁器残块及其他陶器残片。可区分的陶片有灰褐色泥质陶器口沿、红褐色夹砂陶器底、灰褐色夹砂陶桥状器耳等。陶器具有汉代中原陶器特征。

2. 狍圈沟南山烽燧　位于三棵榆树镇沿江村，底部呈不规则长方形，顶面呈三角形。西与辽宁境内的旺清门孤脚山烽燧隔富尔江相望，距离 3.3 千米，东北距川排沟烽燧 5.5 千米。

3. 欢喜岭三队烽燧　圆锥形，残高 2.5 米，底部直径 12.5 米。现地表种植黄豆，可采集到夹砂红褐陶片和夹砂黑皮陶片，以及表面有刻划痕的花岗岩砺石残块一件。烽燧顶部表土下可见炭痕。

4. 川排沟烽燧　现为残存的圆丘，残高 1.3 米，底部直径 6.3 米。

5. 大帽山烽燧　顶部现为三角形平台，面积约为 23 平方米，破坏较重。平台顶部高出四周约 1~1.5 米。

6. 三合堡六队后山烽燧　圆丘形，植被覆盖较厚，残高约 0.8 米，底部直径约 6.8 米。

7. 河夹信村西山烽燧　圆丘形，植被覆盖较厚，残高 0.5 米，底部直径约 3.5 米。

8. 金斗乡政府后山烽燧　圆丘形，植被覆盖较厚，残高 0.7 米，底部直径约 6.5 米。

9. 山头村岗上岭烽燧　圆丘形，植被覆盖较厚，高度约 1.2 米，底部直径约 5.9 米。

10. 庆生村东山烽燧　圆丘形，植被覆盖厚，高度 0.6 米，底部直径约 3.8 米。

11. 砬峰村后山烽燧　圆丘形，植被覆盖厚，高 0.4 米，顶部有现代扰坑，底部直径约 4.3 米。

通化县境内长城障塞遗存的新发现，将秦汉长城的东端起点又向东推进，构成了以通化县快大茂镇赤柏松汉代山城为中心的

完善的军事防御体系，对研究汉代中央政权巩固边疆统治，经略东北提供了重证实据。（赵海龙 王利）

通化县赤柏松汉代山城

发掘时间：2009年6月~9月
工作单位：吉林省文物考古研究所、通化市文物管理办公室、通化县文物文化市场管理所

通化县赤柏松山城位于通化县城东南约2.5千米的二级台地上，属于鸭绿江水系，浑江的支流蝲蛄河流域。2005~2007年，被列为《吉林省高句丽遗址保护方案》拓展项目，共清理一院落式建筑内的房址5座，廊道遗迹1处，瓦堆遗迹1处，清理了1、4号门址。2008年起，被列为国家主动性考古发掘项目，主要围绕院落址及城墙展开工作。

本年度继续将城内已经发掘的院落布局理清，完成城墙的深度解剖。院落中，完成了对一座房址（F4）、三条排（渗）水沟（G3、G6、G7）、一口水井（J1）的发掘，并对台基址进行了解剖。其中F4位于台基之上F3和F5之间，平面呈边长约5.5米的正方形，面向西南，正门处有柱础石两块，其余三面见有宽0.5~1.0米的墙基；房内高坡处筑有二层台，整体活动面趋于水平，墙壁、地面局部可见经抹光并烧烤后的坚硬表面。地面上散见陶器残片、铁甲片、铁器残件等遗物。屋内倒塌堆积中包含大量的瓦砾、红烧土及炭屑。F6内清理水井一口，井口呈圆形，直径约2.0米，向下逐渐内缩，井壁为不规则的基岩，目前清理深度3.3米，直径约1.0米，未到底；井内堆积中出土大量的瓦砾碎片、红烧土块及泥炭，并出土铁钩具1件。水井的清理过程中不断有清水涌出。在院落内的其他地方还出土一些陶器残片，铁质的车马器具、铁凿、铁杈等。初步推测该院落可能是处理日常杂务的地方。城墙完成了横向解剖，初步探明了城墙的建筑形制，黏土夯筑起稳固作用的墙芯，夯层明晰，土质致密而坚硬，夯层间可见夯窝。墙芯外侧包筑土沙石混合物，起到加宽、加高墙体的作用。就墙体的建筑风格来说，更接近汉代筑城的方式，而有别于周围其他山城，这为断定该城的年代也会提供有力的依据。

本次发掘，还浮选出粟和黍等农作物的炭化颗粒。诸多器物组合特征为判定该城的始建年代提供

了重要的参考资料。(赵海龙)

抚松县新安东汉及唐宋金时期遗址

发掘时间：2009 年 5 月 ~10 月

工作单位：吉林省文物考古研究所

新安遗址位于抚松县抚松镇新安村西部，东距抚松县城 8 千米。为配合营城子—松江河段高速公路建设，对新安遗址处于公路施工范围内及附近的区域进行了抢救性发掘，发掘面积 2100 平方米。发掘区位于整个遗址的西南角，地理坐标为北纬 42°19′54″、东经 127° 11′ 04″，海拔 420 米。

新安遗址遗存可分为三期。第一期遗存包括地层第③层、开口于第③层下以及部分开口于第②层下的遗迹，多见灰坑和灰沟，出土遗物主要为方唇侈口素面夹砂陶器，均手制，陶色不均，器类主要有甑、罐、盆、壶等，时代大体为东汉。第二期遗存包括地层第②层、部分开口于第②层下以及部分开口于第①b 层下的遗迹，除见有较多灰坑、灰沟外，最重要的是发现了经人工修整的大型建筑台基，以及坐落于该台基之上成排分布的四座房址。出土的大量布纹板瓦、筒瓦及莲花纹瓦当、鸱尾等建筑饰件证明此处曾经有过高等级的大型建筑。轮制泥质灰陶器在该期较为多见，这类陶器胎体普遍较薄，主要器形有展沿横桥耳盆、大口罐，以及盘、弦纹器盖等，器表中腹部及耳部常见不甚清晰的研光暗纹，时代为渤海中期前后。第三期遗存包括地层第①b 层，以及部分开口于第①b 层下的遗迹，见有房址、灰坑、灰沟、窖藏坑和窑址等。出土遗物以火候较高的轮制泥质灰陶器为代表，器形普遍较大，胎体较厚，器表光亮，器表多见清晰的横向磨光痕，主要器类有缸、瓮、罐等，器形特征为卷沿圆唇，素面，无耳，时代为渤海末期至金代。此外，各期均出土有铁钉、铁刀、铁镞等大量铁器，以及少量小型铜器、石器等，这几类器物在各期中形态变化不大。

此次发掘是第二松花江上游地区近年来规模最大的一次考古工作，出土的遗物具有明显的时代变化，改变了以往认为该遗址为单一文化堆积的认识，丰富了我们对这一地区历史时期文化面貌的认识，也为这一地区考古学文化研究提供了重要的实物资料。此次发掘的第二期遗存即渤海时期遗存，以往一直被认为是一处城址，并有学者推断其为渤海丰州城旧址。此次发掘虽能证明此处当时存在大型建筑，但并未发现将其定性为渤海城址的确切证据，因而新安遗址的性质尚待商榷。此次发掘为研究新安遗址性质及渤海国建筑等级制度等问题提供了全新的资料。（梁会丽　于丹　张哲）

通化市自安魏晋时期山城遗址

发掘时间：2009 年 7 月 ~10 月
工作单位：吉林省文物考古研究所、通化市文物管理办公室

自安山城位于浑江中游的通化市北郊，坐落于经济开发区自安村东山。2009 年发掘区域包括山城三、四号门址、西墙涵洞、中部房址区等四处。

三、四号门址均为单门道，外侧为内凹式瓮城。门址遭到多次焚毁，后虽有修复，但砌筑较为粗糙，形制变化较大。

城址西墙损毁严重，高度较低，内侧多为夯土墙体筑成或以自然土棱略加修整而成，外侧以梭形石，条石砌筑，最外侧以楔形石包砌。西墙中部山体内凹处发现一处涵洞遗迹，顶部盖石体积较大，两侧以楔形石砌筑，底部以大型片石铺筑。入水口呈喇叭口状，内侧地势较低，有大面积铺石。出水口底部铺有大型块石，伸出外墙面。

中部发掘区发现存在叠压打破关系的房址 14 座，可分为三期。第一期为浅地穴式，残存墙基以黏土筑成，门道多位于南墙中部，室内仅有一处灶坑或用火痕迹。第二期为地面式，残存墙基与第一组类似，残存修筑于生土之上的柱洞、灶坑、烟道、烟囱底座等，室内居住面较小。第三期为地面式，部分露出地表，残存墙基以黏土夹大量石块夯筑形成，残存以石块修筑的烟道、烟囱底座等遗迹。室内有较大的活动空间。

出土遗物以陶片和铁制品为主，陶片可分为红褐色手制陶和泥质灰色陶两大类。铁制品多为铁镞、铁锅残片及少量的生产工具。

根据出土遗物特征、地层堆积状况、遗迹相互关系等方面，基本可以认定该城址始建于魏晋时期即高句丽中期前后，废毁于魏晋晚期，不排除其后仍有少量人群居住的可能。城内各期房址的修建使用年代亦大体相当。（徐坤）

集安市高句丽时期国内城城址

发掘时间：2009 年 7 月 ~10 月
工作单位：吉林省文物考古研究所、集安市博物馆

国内城位于集安市区内，2004 年被联合国教科文组织纳入世界文化遗产。本年度为配合国内城东、南墙垣的本体保护工程对城址的东墙南段和南墙进行了考古清理。共发现并清理高句丽时期马面遗迹 6 个，在城址东南角清理高句丽时期角楼 1 个，南墙中东部清理门址 1 处。此外还对东墙南段、城址东南内角的墙体进行了部分清理，并对东墙南段墙体做了局部解剖。

马面多仅存基部，平面均呈横向长方形轮廓，长 10.5 ~ 11.2、宽 5.2 ~ 5.5 米。外框以形体较大的块石垒砌，内部以河沙掺杂块石或河卵石填筑。东南角楼平面近方形，边长约 12 米，构筑方式与马面大体相同。门址位于南墙中部偏东处，原应为门道两侧各一马面的形制。现今破坏严重，东侧门墩和门道均残缺过甚，形制不清。西侧门墩亦为晚期补筑，与门址西侧马面存在叠压关系。本年度的清理从考古层位学上确认了国内城存在三个时期的城墙。对城址东墙的解剖，确认了国内城东墙为内、外侧和顶部砌石，内部土筑墙芯的构筑方式。土筑墙芯无夯筑痕迹，出土有魏晋时期轮制泥质陶片，其年代当不早于魏晋时期。本年度对墙体的解剖和清理为国内城城址的始建和沿用年代的认定提供了新的考古学依据。对南墙马面遗迹的清理，发现马面存在内部结构和与城墙连结方式的不同，这些不同可能与马面遗迹的建筑年代有关，为进一步研究国内城城址的城市沿革提供了新的可能性。(王志刚)

珲春市八连城外城南门址

发掘时间：2009 年 5 月 ~8 月
工作单位：吉林省文物考古研究所

八连城位于延边朝鲜族自治州珲春市，坐落在珲春河汇入图们江的三角冲积平原上，西距图们江 2.5 千米，东距珲春市区 6 千米。2004 ~ 2008 年进行了内外城墙的测绘以及宫殿区、内城南门的发掘等工作。今年对外城南门进行了小面积发掘。外城南门址位于南外城墙的中间段，处

在宫殿址中轴线与南外城墙的交汇处。

发掘前外城南门址呈高约0.6米，下宽上窄的土岗。其上布满了近现代坟茔。紧贴墙的北侧约2米为水稻田，紧邻南侧为一灌溉水渠，水渠的南侧亦为水田。在日本人斋藤优图出版的图里，这地方原来是有一个缺口的。

门址处地层堆积较为简单，可分为三层：第①层，灰黑土层，土质细密，较软，含极少量瓦片；第②层，黄灰土层，土质较为松软；第③层，黄褐土层，土质略呈沙性，夹许多黑色土斑。

门址结构：门道为单一门道，东西宽3.2、南北长3.4米。门道两侧残存两排南北向的基石，西侧一排共4块石头，长3.3米，东侧一排共5块石头，长3.2米。石头形状以长方形或类似长方形为主，表面较平，大部分厚达30厘米左右。门道处没有发现门楼迹象，也没有门墩，其左右两侧城墙的宽度几乎与门道的南北长度相等。

从门址附近城墙的解剖沟来看，该段城墙系用土层层夯筑而成，夯层明显，质地较硬。在夯层底部，可见深约半米，略窄于夯层宽度的基槽，基槽内也用土夯实。

此次发掘，我们确认了八连城外城南门的建制是有区别于西古城和上京城的，这为八连城外城南门址的本体保护提供了考古依据，也为渤海都城的研究提供了新的材料和线索。（刘玉成）

白城市孙长青唐宋时期遗址

发掘时间：2009年4月~6月
工作单位：吉林省文物考古研究所、白城市文物管理所、洮北区文物管理所

孙长青屯遗址位于白城市洮北区平安镇孙长青屯北侧100米处的耕地中。遗址地势较为平坦，分布有数条低矮的岗地。

遗址堆积共分三层。遗迹现象有灰坑5座、灰沟4条。灰坑均发现于①层下，形状有圆形、不规则形两种，坑内堆积为灰色土，土质疏松，包含少量红烧土粒、木炭块、小卵石块等，出土大量陶、瓷残片，均较散碎，无法修复。灰沟均发现于①层下，为圆角长条状，沟内堆积为浅灰色沙土，土质疏松，包含大量红烧土块、木炭屑、动物骨骼及少量小卵石，出土大量泥质灰陶残片、白釉瓷片、铁器残块和动物

骨骼。

此次发掘出土遗物数量极多，有陶器、瓷器、铜钱、动物骨骼等。陶器大多为残片，较为散碎。器形主要有罐、盆、甑、瓮等，均为泥质灰陶，烧成温度较高。纹饰有梳齿纹、戳印篦点纹、附加堆纹等，多成组呈条带状分布。瓷器多为残片，均为白釉瓷，胎体多泛灰，有少量黑色杂质，釉面较平整，釉色乳白，少量泛黄，器表外侧下部到底部多不施釉，器内底部多有支钉痕，器形有碗类。铜钱出土较少，有“开元通宝”、“祥符通宝”等。动物骨骼经鉴定主要为猪、牛、马、羊、狗等家畜类。（徐坤）

白城市金家辽金遗址

发掘时间：2009年7月~9月

工作单位：吉林省文物考古研究所、白城市文管所、洮北区文管所

金家遗址位于白城市洮北区三合乡金家村六队东北约1千米处，地理坐标为北纬45°40′7.3″，东经122°43′26.8″，海拔高度169.9米。

此次发掘系配合珲春至乌兰浩特高速公路建设进行的抢救性考古发掘，发掘面积近800平方米，清理出房址3座，出土遗物300余件。

1号房址为台基式建筑，台基东、西、北三侧有包壁，南部残，西、北两侧包壁外残存数枚地钉。测得台基东西12.2、南北残长12.3、高0.7米，方向177°。房址墙体破坏严重，仅存南墙和西墙的部分墙基；房址中部发现一凹形低台，东西5.5、南北5、高约0.15米，凹口位于南侧中部；低台周围发现6个磉礅和2块础石。屋内出有彩绘塑像残块，台基周围出有大量的建筑构件和饰件。就其功能而言，很可能与当时居民的宗教生活有关。

2、3号房址为内设火炕的地面式建筑，烟道呈曲尺形。2号房址保存较好，房址正面朝东，门址未能确定；南炕长1.5米，烟墙为土坯砌筑，西炕长9.6米，土质烟墙；南炕与土坯砌筑的双灶相连；灶口位置较低，为方便生火，于室内东南角做一长方形坑；屋内方砖铺地；F2东西不小于9.6米，南北不小于4.6米，屋顶有用瓦的现象。

出土遗物中建筑构件和饰件较多，有灰陶板瓦、筒瓦、瓦当、鸱吻、神鸟等；陶器有容

器、纺轮、圆饼、磨石等，容器以泥质灰陶为主，器形有罐、盆、瓮、钵等；瓷器均为仿定白瓷；铁器以铁钉为多，另有钩、凿、管箍、镞、甲片等；铜钱除几枚唐“开元通宝”、“乾元通宝”外，均为北宋钱。骨器有经过磨制和钻孔的羊距骨和骨料。

遗址中出土的兽面瓦当尚保留早期兽面纹的特征，与金代中期兽面有所区别；凤鸟等建筑饰件多见于金代遗址；房舍内设火炕系典型金代房址的特征。故此，遗址的年代应为辽晚期到金早期。金家遗址周围分布数座辽金古城址，最大的一座为遗址东南的城四家子古城，金家遗址应为该城址辖区内的一处聚落址。（刘晓溪　刘玉成）

柳河县罗通宋金时期山城

发掘时间：2006～2009 年
工作单位：吉林省文物考古研究所、通化文管办、柳河县文管所等

罗通山城考古调查与发掘可以分四个阶段：

第一阶段：2006 年 10 月末至 11 月初，在此次调查中，对山城的城池结构以及地貌特征有了初步的认识，并对西城的城墙进行了小规模的解剖，此次发掘面积 16 平方米。

第二阶段：2007 年 6 月 25 日～10 月 15 日，对罗通山城西城内进行全面钻探，初步掌握西城内的地下文物埋藏情况。同时，对山城内龙潭北部台地以及所谓“南门”的遗址、西北角楼进行正式发掘。西城龙潭北侧台地发现保存较好的房址形制为半地穴式，呈簸箕状，北依山势而建，门向南开。共发掘面积 1100 平方米。

所谓“南门”址仅是城墙倾颓后的豁口，没有发现城门，可以确定“南门”不是城门遗址，共发掘面积 140 平方米。

对西城的西北角楼的考古发掘，没有发现任何角楼基址的痕迹，仅发现一处红烧土的遗迹，没发现任何遗物，发掘面积 80 平方米。

第三阶段：2008 年 9 月 10 日～10 月 25 日，北门西侧台地的发掘开始，发现房址 12 处。房址排列有序，发掘区域内呈三排自南向北分布。火炕大多呈“L”状曲尺形。因为季节关系，田野工作被迫中断。揭露面积 1090 平方米。同时，在龙潭北侧台地又发现一处完整房址。发掘面积 80 平方米。

第四阶段：2009年7月20日～9月28日。继续北门西侧台地上的房址发掘，基本搞清楚北门12座房址的叠压打破关系，扩方面积200平方米。还对北城门进行了考古发掘，仅残余基部，门道宽3.5米，有门道边石。此处发掘面积300平方米。另外，我们还对“点将台”进行了清理。了解了“点将台”是一层石构建筑，平面呈方形，边长约5米。外围由一周经过修整的大块石料围成，中间填有大小不一的碎石，由于是建在岗梁一端，地势为覆锅底形，有一些外围石块略有下滑移位，但形制尚可辨识，发掘面积100平方米。

累计几年的考古工作，共发掘面积2966平方米。出土的文物小件有铁器、陶器、瓷器、玉器等。铁器中有镞、矛、刀、锹、叉、斧、锔钉、凿、甲片、锅、鼎等；陶器有壶、盆、罐、碗、甑等；玉器有环、珠；瓷器有瓶、碗、盘。通过地层关系、遗迹现象以及出土遗物的分析，罗通山城的地层比较单一，发现的遗迹现象和出土遗物均为宋金时期。但从城址和“点将台”的形制看，其与集安丸都山城有一致性，应该是同期的建筑，当是高句丽中期之后的山城形制。因此，通过考古发掘我们认为罗通山城应该是高句丽时期始建，金代沿用的一座古代山城。（李东）

德惠市后城子金代城址

发掘时间：2009年7月～9月
工作单位：吉林省文物考古研究所、长春市文物保护研究所

后城子古城位于德惠市原布海乡驻地南偏西2千米处的后城子屯，雾开河自南向北环西墙流过，东南有饮马河自南向北蜿蜒流过，西部现为较开阔的耕地。

1987年，配合102公路基本建设，曾对该城址进行过考古发掘。此次发掘属第二次发掘。

102国道改扩建一级公路恰从城址中部东西穿过，依据其占地范围，将城内和城外划分为两个发掘区。发掘面积1000平方米。后城子古城地层堆积比较简单，①层为耕土层，②、③层为金代文化层。文化性质比较单一。其中发现灰坑2个，并对东、西城墙进行了解剖。共出土遗物300余件，依据质地和用途可分为陶器、铜器、骨器和建筑构件等。

后城子古城周长仅960米，这在吉林省辽金时期的古城中属于小城址，从发掘情况看，城内地层堆积比较简单，文化性质也比较单一，是典型的金代古城。

后城子古城地处松花江平原，与西北部的农安县城相距仅35千米，农安县城在辽时系黄龙府，金时系隆州所在地，后城子古城在行政区域上应归金隆州所辖。（李光日　王义学）

白城市永平金代遗址

发掘时间：2009年4月~9月

工作单位：吉林省文物考古研究所、白城市文物管理所、洮北区文物管理所

遗址位于白城市洮北区平安镇永平村东南约300米，北距平安镇1.5千米，面积约13600平方米。为配合珲（春）—乌（兰浩特）高速公路的建设，对遗址进行抢救性考古发掘，发掘面积2600平方米，通过发掘确认这是一处单纯的金代遗址。依据层位关系分析，该遗址的发掘区域存在早晚两期遗存，早期遗存以大型台基式建筑为主。晚期遗存以普通居民建筑为主。遗址出土遗物数量近千件，可分日常生活用器和建筑构件两类，其中建筑构件多属早期台基建筑用器，日常生活用器多出土于晚期房址。

已发掘的早期台基建筑址以三号台基面积最大，其东、南、西侧分布有规模略小的台基，上述台基之间存在砖铺地面迹象，铺砖范围东西32、南北36米，受发掘面积限制未全面揭露，保存较好区域见有手印纹砖。台基均选择地势较高地段，经平整地表形成台基轮廓。台基平面略呈长方形，四缘包砖，泥浆填缝。外连砖构散水，倚护砖钉。顶部残存磉礅性质柱网，磉礅平面多方形，未见础石。

台基周围散布大量砖瓦类构件及鸱吻类屋脊装饰品，尤以鸱吻、神鸟为特色。均为灰陶质，堆积中还发现红绿彩绘壁画残块。依据现存遗物，目前尚无法确定此类台基建筑是寺庙遗址还是行政设施残迹，但可以确认的是，此类建筑绝非普通民居。

晚期遗存房址均属普通民居类建筑，规模较小。部分房址建于废弃后的一号、四号台基之上，一些房址间存在叠压打破关系。出土物多为陶瓷质普通日常生活用器，铁器见有钉、镞、锅、车辖、甲片等；另见汉、五

代、唐、宋时期铜钱。

永平遗址早期台基建筑呈现出一定的规划理念，主体建筑所使用的鸱吻、神鸟、兽面瓦当等装饰类构件造型优美，特色鲜明，是东北地区金代遗存的首次集中出土，在很大程度上为研究金代高等级建筑补充了一批全新的资料，对研究金代建筑布局和装饰风格具有重要价值。（李丹 解峰 庞志国 马洪 高秀华）

黑龙江省

渤海上京城第1号街及其两侧坊墙遗迹

调查时间：2009年10月~11月
工作单位：黑龙江省文物考古研究所

渤海上京城是唐代渤海国（698~926）中后期的主要都城。第1号街南起外郭城正南门，北至“皇城”南门，宽约110米，全长2195米。为了配合渤海上京城遗址的保护工作，对第1号街两侧坊墙保存情况进行了调查，对个别被破坏地点进行了抢救性发掘。

通过调查发现，第1号街两侧的坊墙，仅东半城第1列第1~4坊之间西侧的部分保存较好，其余部分均被耕地侵蚀、湮灭。

为了研究坊墙的建筑结构，对东半城第1列第2坊北墙南侧被破坏的坊墙剖面进行了清理，探明了该区段坊墙建筑结构。根据东坊墙东西向断面的北壁可知，此处坊墙的构筑方式为先在原地面开挖东西宽1.65米，深25~30厘米的基槽，基槽底部不甚平整，其内填充大量黄褐土块，少量玄武岩石块。然后在基槽上建筑墙体。墙体底部东西宽2.35米，顶部残留呈弧形，残宽0.8米，残高0.9~1.1米。墙体的构建方式为先用大量块状的黄褐土，少量灰褐土与黑褐土土块垒筑宽1~1.2米墙体中部。墙体中部西侧向上有收，较直。黄褐土土块内包含大量沙粒，少量炭粒，坚硬密度大。灰褐土内包含少量炭粒和灰烬，土质疏松，密度小。黑褐土块内包含少量炭粒，土质坚硬，密度大。墙体西部为一层东西宽0.4~0.5米的黄褐色沙土，土质坚硬，密度大。内含少量炭粒，此黄褐色沙土由墙基槽内始见，高0.7米。其上继续叠砌长条形黄褐色沙土块，非常坚固。西侧墙面向墙体基槽外侧原地面上直接垒砌东西宽约0.7米厚的黄褐色沙土块，亦十分坚固。东侧墙面较为垂直，墙根底部在护墙土底部放置一块东西长0.75米，厚0.17~0.40米的玄武岩石块加固墙体。墙体筑就后，两侧用黄沙土垫成护坡，护坡土十分坚硬。西侧主体部分由西向东略呈弧状，宽2.2米，最厚处0.6米。在西侧护坡西部边缘垫一层厚约10~15厘米黄沙土，非常坚硬。应为渤海第1号大街路土直接叠压于护墙土西部之上，东侧主体宽2.5米，最厚处0.45米，由东向西呈斜坡状，西部为玄武岩石块倚放墙体根部。根据断面的堆积分析，墙体废弃后主要向西侧倒塌，倒塌堆积东西宽3.3米，最厚处0.5米。

本次调查对渤海上京城第1号街两侧坊墙的分布与保存状况，有了新的了解与认识。通过发掘认定本次发掘的坊墙基础部分结构比较特殊，是一种全新的构筑方式。（赵哲夫　阴淑梅）

齐齐哈尔市奈门沁清代遗址及墓葬

发掘时间：2009年7月~9月

工作单位：黑龙江省文物考古研究所

遗址及墓葬位于齐齐哈尔市奈门沁村南约150米、嫩江右岸的一处岗地上。为配合齐甘高速公路扩建工程建设，对其进行了抢救性考古发掘。发掘面积约1000平方米，共清理灰坑12个、墓葬9座，出土陶器、瓷器、铁器、砖瓦等各类遗物100余件。

地层堆积共2层。第①层为耕土层，呈黑褐色，土质松软，厚度10~25厘米，内含少量陶片及现代遗物；第②层为文化层，呈褐色，土质疏松，厚度20~40厘米，内含大量的炭渣、烧土，出土大量的陶片、砖瓦及兽骨等。

灰坑均开口于②层下，坑口形状分为圆形、椭圆形、长方形三种，包括斜壁内弧、圜底和直壁、平底两种形式。灰坑内含大量烧土及炭渣，出土了较多的泥质灰陶陶片、瓷片、纺轮、网坠、布纹瓦残片、贝壳以及牛和马的骨骼等。

墓葬均为土坑竖穴墓，分为木棺和瓮棺葬两种形制。从地层堆积判断，木棺葬较瓮棺葬的年代略晚。木棺葬墓开口于①层下，墓口形状为长方形，为单人单木棺结构。从墓周围残存大量的砖瓦堆积推测，原应有地面建筑存在。多数被盗掘破坏严重，仅残存尸骨、服饰残片、被打破的泥质灰陶陶片及铁寿钉等。瓮棺葬墓均开口于②层下，墓口形状为圆形，墓坑内随葬一泥质灰陶陶罐、上覆以倒扣的陶盘，陶罐内盛放焚烧过的人骨遗骸。

在17世纪末期建城的齐齐哈尔市是清代黑龙江将军衙门的驻地。奈门沁遗址及墓葬距该城仅20余千米，现今是达斡尔族的重要聚居区域。此次发掘为深入研究清代达斡尔族生产生活、丧葬习俗等提供了难得的实物资料。（王长明）

上　海　市

松江区广富林新石器时代及周代遗址

发掘时间：2009年3月~7月
工作单位：上海博物馆考古研究部

今年对广富林遗址东部进行抢救性考古发掘。发掘总面积约5700平方米，发现了不同时期的房址2座、墓葬11座、灰坑559个、灰沟20条、水井90口等重要遗迹，同时出土了大量陶、石等各类遗物，发掘再次获得了丰硕成果。

本次发掘发现了崧泽文化至良渚文化过渡阶段的遗迹与遗物。一些遗迹显然与当时人类的活动有着密切关系，有半地穴式的地灶、垃圾坑等。良渚文化晚期墓地是本次发掘的重要发现之一。本次发掘共发现墓葬11座，编号为M41~M51，均属于良渚文化晚期。墓葬布局相对集中，主要分布于一土台之上。墓地上还发现用狗祭祀的情况。

在以往多次发掘中，广富林遗址曾发现了一批以鱼鳍足和细长颈鬶为代表的遗存。本次发掘再次发现了该类遗存，并且与广富林文化遗存存在直接的叠压关系，为深入研究其文化内涵提供了新的证据，丰富的遗迹现象是探讨该时期人类行为的重要材料。

广富林文化是广富林遗址最重要的考古收获之一。广富林是经过发掘的包含广富林文化内涵最丰富的遗址。本次发掘再次发现了大面积分布的广富林文化遗存，出土的大量文物丰富了广富林文化的器物组合。一些新器形的发现，不仅丰富了广富林文化的内涵，也为进一步探讨广富林文化与周边地区古文化的关系提供了重要的资料。

周代遗存在广富林遗址各时期遗存中分布面积最大，历年发掘中，曾经出土过周代的玉琮、青铜鼎的残件，显示广富林遗址在周代可能为本地区重要的聚落点。本次发掘再次发现丰富的周代遗存，有灰坑、灰沟、水井和房址等遗迹。周代遗物以印纹硬陶和原始瓷器为主要特征。发掘中还出土了一些青铜用具，有耨、铚、削、镞等。

江　苏　省

张家港市东山村新石器时代遗址

发掘时间：2008 年 8 月 ~2009 年 12 月、2009 年 3 月 ~2010 年 1 月

工作单位：江苏省考古研究所、张家港市文广新局、张家港市博物馆

遗址位于张家港市金港镇南沙街道办事处东山村内，东距张家港市区 18 千米，北离长江约 2 千米。遗址西边为香山，遗址坐落在香山东脊向东延伸的坡地上。两次抢救性发掘，发掘面积共 2470 平方米。

勘探结果表明，遗址北、东、南三面环河，西侧为香山山脉坡地。遗址的整体平面近圆形，南北长 500、东西宽 500 米，总面积约为 20 万平方米。

发掘区自东向西分别编为Ⅰ区、Ⅱ区、Ⅲ区。经过两次抢救性考古发掘，取得了重要收获，主要揭示了一处崧泽文化时期的聚落，包括房址和墓地，尤其是首次揭露了崧泽文化早中期高等级显贵墓群，此外发现了马家浜文化时期墓葬及其他遗迹。

东山村遗址崧泽文化早中期大型墓葬的揭露和众多玉器的出土，奠定了东山村遗址在长江下游尤其是环太湖流域的中心地位，对研究沿江地区考古学文化的内涵、太湖区和宁镇地区史前文化的交流提供了新资料。（周润垦　陈刚　钱峻）

江阴市祁头山新石器时代遗址及宋清墓葬

发掘时间：2009 年 11 月 ~2010 年 1 月

工作单位：江苏省考古研究所、江阴市文广新局、江

阴市文管办、江阴市博物馆

祁头山遗址位于江阴市城东新区夏家村（又名绮山村）北部，东南距江阴城区约4千米。遗址地处太湖之北，长江南岸。因公路建设将通过祁头山遗址的西部，对遗址进行抢救性考古发掘。

本次发掘共布10米×10米的探方6个，30米×1米的探沟2条，发掘面积总计660平方米。至发掘结束，共发现马家浜文化时期的沟2条，宋、清时期的墓葬27座，并出土了马家浜文化时期的石器、玉器、骨器及大量陶器标本。

结合钻探结果，本次发掘重新确认了祁头山遗址的范围：遗址北至祁头山北侧河道，东至白屈港，南至夏家村南侧小河，西到殷家村东侧，东西约700、南北约750米，总面积近50万平方米，为马家浜文化时期的大型遗址。

2000年在遗址北部630平方米的范围内集中发现了百余座马家浜文化时期的墓葬已表明了该遗址非同一般的规模，而此次在遗址西北边缘地带发现的沟状堆积则极有可能是遗址外围的环壕。因此，祁头山遗址可能为环太湖西北部马家浜文化时期的一处规模最大的中心性环壕聚落。此类性质的遗存在太湖流域乃至整个长江下游地区尚未有发现，这将对研究长江下游文明起源进程提供全新的资料。（陈刚　朱晓汀　胡颖芳）

苏州市夷陵河驳岸工程新石器时代至战国时期遗址

发掘时间：2009年10月~12月
工作单位：苏州市考古研究所

苏州工业园区唯亭镇内夷陵河原名东港河，位于省级文物保护单位草鞋山遗址东侧。在夷陵河驳岸工程建设中发现有古代文化遗存，即对此进行了抢救性考古发掘。在驳岸建设范围内，通过考古勘探确定了三处地点进行发掘，除清理部分河道内水井外，共布探方8个，合计发掘面积300平方米。发现墓地一处，共清理墓葬20座、灰坑22个、水井17口。出土玉、石、陶、瓷各类文物200余件。

1. 墓葬

发现一处新石器时代墓地，墓地为一高地，南北14、东西15米左右。在墓地的中部，东西向有一条长7米左右的红烧土坑，宽1~1.5米、深0.5米。该红烧土坑打破了墓地，并打破墓葬。该墓地出土墓葬 17 座，墓葬均为竖穴土坑墓，多南北向。墓主随葬器物多放置在头部与脚部。随葬器物有玉器、石器、陶器等，玉器仅出 1 件玉璜，置于墓主的颈部。石器也出土较少，为石钺、石斧等，主要出土器物为陶器，有豆、壶、杯、罐、盆、鼎、甑、盘、缸、器盖和扁壶等，另外还随葬有红陶手镯、瓢形器以及实心的蝶形器等。出土器物多灰陶、黑陶，其中罐上多饰弦纹，豆柄上多为刻划纹与镂孔的组合纹饰。另外还出土两件黑底红彩的彩陶器。根据地层以及出土器物组合判断，墓葬年代属崧泽文化晚期，距今约 5200 年。

在该墓地东侧，发现 3 座良渚文化早期墓葬，均为竖穴土坑墓。一座少年墓西北东南走向，未随葬器物。另外两座均为成年墓，但一座未随葬器物，另一座受后期破坏，余随葬品 6 件，其中石钺 3 件，鼎、豆、壶组合一套。

2. 房址

在墓地东侧，紧邻高地，发现长方形房址 1 座。受后期破坏，该房址仅余下方的基槽，东部被破坏不完整。沟槽为长条形，填土为灰黑土或夹杂有红烧土等，宽度在 10～20 厘米，深度在 10 厘米左右。从目前揭露出的基槽来看，该房址应为一排多间房屋结构。

3. 灰坑

共发现有 22 个，其中明代灰坑有 4 个；唐代灰坑 3 个；春秋战国灰坑 3 个；马桥灰坑 6 个；良渚文化灰坑 6 个。这些灰坑多圆形，均为垃圾坑，仅出土少量陶瓷片。

4. 水井

共出土 17 口水井，大部分为宋明时期水井。J3 为宋代水井，出土碗 2 件、四系瓶 1 件、双系瓶 1 件、执壶 1 件。多数水井为土井，井壁未加修饰。仅 J9、J10 用陶井圈修饰。这两口井为宋代水井，井壁均用陶井圈修饰，J10 还出土陶井台 1 座，形如鸡笼罩。值得一提的是 J6，打破生土，井口已被破坏，但坑内出土有凹圜底印纹灰陶罐 1 件，颈部还系有 1 根绳子，与前期在 J1 发现的性质一样，为打水用的汲水器，从器形判断，应为马桥文化时期器物。J7 为良渚文化时期水井，出土灰陶罐 2 件、黑皮陶宽把杯 1 件。J8 井口已被工程破坏，残深 0.70 米。井底有一层草木灰，仅出土良渚陶片一块，为良渚文化时期水井。

此次抢救性考古发掘，证明了在夷陵河两岸，尤其在西岸附近存在着丰富的早期文化遗存。

这些遗存与草鞋山遗址早期发掘出土遗存基本一致，应还属于草鞋山遗址的范围。此次出土遗存包含有崧泽文化、良渚文化、马桥文化以及春秋战国时期各个阶段的文化遗存，丰富了草鞋山遗址的内涵。（孙明利　张照根）

句容市城上村新石器时代及商周时期遗址

调查时间：2009 年 6 月
工作单位：江苏省考古研究所、
　　　　　句容博物馆

城上村遗址位于句容市黄梅镇大卓城上村南部，南距句容市城区约 2.5 千米，该遗址被评为 2008 年度全国第三次文物普查重要发现之一。2009 年 6 月，南京博物院对该遗址进行了全面的考古调查与钻探。

经过调查钻探得知：遗址为一处明显高于周围地表的长方形台地，周围有环绕遗址的环壕，环壕北、东、南三面应为人工挖掘，西侧则利用天然的肖干河，最宽处可达 40 米，遗址面积约 70650 平方米。遗址北部较高，与周围地表高差约 7～8 米，南部较矮，与周围地表高差约 3～5 米。遗址北部中心有一处长方形高台，高出四周约 1.5～2 米，其上现为废弃的小学。

在遗址地表采集到较多陶片及个别完整的石器。这些陶片以夹砂红陶、夹砂红褐陶为主，还有少量泥制黑陶、泥制红陶、泥制灰陶、夹砂黑陶、硬陶、原始瓷等，器形有鼎、鬲、釜、罐、豆、钵、盆、器盖、簋、甗等，纹饰有弦纹、附加堆纹、弧线三角纹、镂孔、刻划纹、指窝纹、绳纹、梯格纹、折线纹、回纹等。石器有石锛、石刀等。遗物的时代从新石器时代崧泽文化、良渚文化一直到商周时期。

城上村遗址是目前宁镇地区同类台形遗址中保存较好的一处，其面积大、地层堆积厚、遗迹遗物丰富，对于研究长江下游地区新石器时代考古学文化和商周时期湖熟文化及吴文化具有重要的学术意义。（盛之翰　朱晓汀　胡颖芳）

吴江市同里何家坟良渚文化遗址

发掘时间：2009 年 3 月～4 月
工作单位：苏州市考古研究所

为配合同里湖纺织有限公司员工宿舍建设，苏州市考古研究所在吴江同里何家坟遗址进行了抢救性考古发掘。共布探方2个，发掘面积50平方米，发现房址2座、灰坑1个、水井2口、墓葬1座，出土铜钱、青花瓷盅、灰陶罐、耘田器、骨镖、石凿等文物以及大量陶器标本。

1. 房址

在WJTLHT1中共发现2座房址，分别编号F1和F2。F1位于⑤层下打破F2，包括废弃堆积、2条基槽和2个柱洞，为良渚文化遗存；F2被F1打破，打破⑦层和生土，包括废弃堆积、1条基槽，为良渚文化遗存。

2. 墓葬

M1位于WJTLHT2中部，开口于①层下，打破②层，已被破坏仅剩墓底，平面呈长方形，方向200°，南北为3.6、东西为3.1、残深0.2米，出土器物2件，为清代遗存。

3. 灰坑

H1位于WJTLHT2西部偏南，向西伸出方外，开口于⑥层下，打破⑦层、J1和⑧层，开口平面呈圆角方形，东西为1.9、南北为2.5、深0.38米，底部近似圆形，直径0.75米，为良渚文化遗存。

4. 水井

J1位于WJTLHT2西部偏南，向西伸出方外，开口于⑦层下，被H1打破、打破⑧层和生土，平面呈椭圆形，深2.46米，为良渚文化遗存。

J2位于WJTLHT2东部偏北，向东伸出方外，开口于⑥层下，打破⑦层、⑧层和生土，开口平面呈圆形，直径0.75米，深1.25米，底部为圆形，直径0.6米，为良渚文化遗存。

该遗址的文化层自上而下分属明清、宋元、良渚文化等不同时期，其主要文化内涵为良渚文化。T1中房址F1、F2与T2中J2、H1层位相同，水平位置相近，该遗址当为良渚时期居住址。在良渚文化层中，发现了石耘田器、石凿、骨镞等生产工具，鼎、罐、盘、盆、杯、豆等不同器形的生活用具，以及鹿角、鹿下颌骨等遗物。（张铁军）

宜兴市百合村周代土墩墓群

发掘时间：2009年6月~10月

工作单位：南京博物院、宜兴市文管会

宜兴市百合村土墩墓群位于宜兴市市区西南约10千米的新街镇百合村新街茶场，处于宜溧低山丘陵余脉猪婆山、铜官山北侧向下延伸的低矮山岗近坡脚处。为了配合宁杭铁路的建设，抢救发掘了铁路沿线2千米范围内5座土墩墓，其中以D1具有代表性和典型性，并首次在石室土墩墓中发现环绕着中心主墓具有向心结构的石堆类祭祀遗存，与江南地区商周时期的祖先崇拜关系密切。

D1外观为突出地表的馒首状，墩顶至生土面高约1.2米，平面形状为东西向的近椭圆形，东西底径26.5、南北底径约19.2米，面积约480平方米，墩体整体保存相对较好。D1共清理中心墓葬1座、器物群2组、石堆遗迹16处、灰坑1个、窑类遗迹1座。中心主墓结构奇特，是一个整体为椭圆形，中间有长条形竖穴墓室的石室墓葬。外廓东西长约9.5、南北宽约8米，面积约65平方米。系用60余吨数千块大小不一的石块堆筑而成。墓室位于中部偏南位置，呈西北—东南走向的长条形，方向112.5°。由南、北两侧石墙、西侧石墙、封门石及石床几部分组成。墓室内侧长6.6、墓室西侧石墙处宽1.4、封门石处宽1.2米，墓门朝东南。墓葬随葬品17件，包括碗7、坛3、盆3、鼎1、罐1、玉片1和玉珠1件。在土墩周围有环绕着中心主墓具有向心结构的16处石堆类祭祀遗迹，每个石堆由几块或几十块大小不一的石头构成，有的石堆中还夹杂有原始瓷碗和印纹陶片。石堆遗迹位于不同的层面，有的与中心主墓年代接近，有的晚于中心主墓。延续时代为春秋中晚期。还发现打破土墩的窑类遗迹一处，通长4.2、最宽2.4米，由烟囱、窑室、火道及操作坑几部分组成，未见包含物，与土墩墓的关系不明。同时发掘的D2共清理中心主墓1座、器物群1组、石堆遗迹1处、窑类遗迹1座以及打破土墩墓外围的唐代和明代墓葬各1座。D3清理中心主墓1座、器物群1组、石堆遗迹3处，打破土墩墓的明代墓葬1座。D4清理墓葬2座、器物群1组、窑类遗迹3座、石堆遗迹2处。

另外还发掘六朝墓葬7座、六朝墓砖烧制窑址1座、明代墓葬1座，填补了宜兴六朝考古的空白。（甘恢元　齐军）

句容市中心山春秋时期土墩墓

发掘时间：2009年2月~4月
工作单位：江苏省考古研究所

中心山土墩墓位于句容市下蜀镇新村行政村吕家边自然村西

北约 500 米京沪高铁 DK1064 + 70 处，中心地理坐标北纬32°09′29.6″，东经 119°12′56″，海拔 29 米。

土墩外观呈馒头状，保存较好，现存底径东西 16.9、南北 18.5 米，墩顶距现地表高度约 3.25 米。

中心山土墩墓为一墩一墓的土墩墓类型，其地层堆积按土质、土色不同，可分为九层。土墩内发现祭祀器物群 1 处、墓葬 1 座、房址 1 座。墓葬为熟土堆坑，房址是在清理完墓葬后发现，为墓下建筑。土墩内共出土遗物 19 件，其中器物群出土硬陶坛 2 件，墓葬出土器物 17 件；质地有夹砂陶、原始瓷、硬陶和泥制陶；器形有鼎、碗、坛、罐、瓿、钵、盆等，夹砂陶及个别泥制陶器残破严重，不能修复。根据出土遗物判断土墩墓的年代为春秋早期。（田名利　盛之翰　齐军）

苏州市同公湾小山春秋墓地

发掘时间：2009 年 4 月 22 日 ~5 月 20 日

工作单位：苏州市考古研究所

小山位于苏州高新区东渚镇西北面，海拔 27 米左右，形似一大冢，墩顶平面呈不规则形，南北约 25、东西约 24 米，面积 600 平方米左右。2008 年，全国文物普查时，发现山顶有人工覆土的迹象。通过考古勘探，特别是物探结果，在小山墩顶中心发现有多处物理异常。为此，决定对小山土墩进行抢救性发掘。此次共发掘墓葬 10 座，祭祀坑 2 个（K1 ~ K2）、灰坑 2 个（H1 ~ H2），一共出土器物 31 件，其中有印纹陶坛 3 件、印纹陶罐 7 件、泥质陶罐 5 件、原始瓷罐 1 件、原始瓷碗 11 件、原始瓷盂 1 件、泥质陶盆 3 件。另外在土墩封土层内出土石器 10 件。

土墩堆积厚 0.8 ~1 米，可分四层：第①层：表土层，灰黑色土，为耕土层；第②层：黄灰土，东周层；第③层：灰白土，东周层；第④层为碎石层，建筑墓地铺垫的碎石；第④层下为山体基岩。在第③层即灰白土内，发现有许多红烧土块，还出土新石器时代遗物，见有良渚文化典型器——鱼鳍形鼎足，以及刀、斧、镞等石器 10 件。在小山脚下的东北与西北面，发现有新石器时代遗址多处。良渚文化时期的遗址大都是台型遗址，一般海拔在 10 米以内。而小山墓地墓葬规格都不是很高，墓地选择在海拔20多米的小山顶，再从山下搬运土，堆筑成一个海拔27米高的土墩。

这次发掘墓葬分别开口在①层与②层下。根据墓葬层位和随葬器物的特征分析，①层下墓葬年代为春秋晚期，有M1、M2、M3、M4、M5、M6、M7、M8；②层下墓葬年代大致为春秋早期~中期，有M9、M10。这些墓葬中，除M2形制略大外（宽约5.5米），其余墓葬形制都不大（平均长2.1、宽0.85米）。此外，在M2西侧还有两个石块堆砌的坑（K1、K2），其中K1内埋葬器物6件，有1件印纹硬陶罐、1件印纹硬陶坛、3件原始瓷碗以及1件泥质陶盆。春秋时期的小墓一般随葬器物都不多，而此坑内出土器物，几乎集中了小山墓地所有墓葬随葬的器类。按其所处的位置，推测该坑为M2的器物坑或祭祀坑。遗憾的是M2被灰坑H1破坏，仅剩下墓底。但从M2被破坏还保留的墓底看，墓壁全部用石块围砌，与其他墓葬不同，且位于整个墓地的中心，据此判断该墓为小山墓地主墓。墓葬共出土器物23件，主要为印纹硬陶器与原始瓷器。

小山墓地的墓葬大部分为竖穴土坑，或土坑墓壁局部放置石块，也有墓坑是用石块砌筑坑壁，仅见M2一例。用石块砌筑坑壁，常见于西周时期。小山墓地墓葬时代从春秋早期一直延续到春秋晚期，个别墓葬虽然有早期文化因素，但墓地主体墓葬习俗一致，据此认为小山墓地属于一墩多墓，形成于春秋早期，延续使用到春秋晚期，为春秋时期的某家族墓地。（丁金龙　牛煜龙）

苏州市獾墩春秋大墓

发掘时间：2009年6月3日~7月3日

工作单位：苏州市考古研究所

“獾墩”当地又称猪獾墩，位于苏州高新区东渚镇南山村大宅上村，山体为砂岩，属于阳抱山山脉。地理坐标北纬31°20′44.4″，东经120°26′37.1″，海拔17米。2006年土墩南部已因开山取石被炸，破坏三分之二左右，2008年，全国第三次文物普查时，发现该墩再次遭到破坏，为此对该墓做抢救性发掘。

獾墩墓葬规模较大，土墩直径在30米左右，封土厚3米左右。墓葬为长方形竖穴墓，全长11.6米，墓道在东，斜坡式，长2.25米，从墓道口至墓室处倾斜10°左右；墓室长约9.35米，残宽1.9~2.7米。墓道与墓室交接处有一宽20、深10厘米左右的排水槽。在墓室北侧与西侧用熟土堆筑有二层台，北面二层台宽0.8~1.1、高0.15米；西面二层台宽1.8~2、高0.15米。墓室外西部用石块泥土填平，形成一个平台，在近西部墓口处有大量黑色木炭屑堆积，一直延伸到墓室边缘并随墓壁下垂到近墓地。黑色木炭屑堆积厚度约0.5厘米，为焚烧剩下的残余物。估计为墓主下葬时祭祀留下的遗迹。在墓室西北侧有一坑，东西2.8、南北2.5、深1.4~1.6米左右。可能为随葬器物的坑。

从发掘情况来看，封土杂乱，却比较坚实。墓室遭受过扰动，器物零散分布，应为遭受早期盗掘所致。后期开矿破坏又将墓室南边大部破坏。墓内随葬品，被盗与破坏残留下来一些遗物有：玛瑙管、长条玉器、绿松石珠、镶嵌类绿松石片、原始瓷碗、陶纺轮等。在近墓室底部的填土中发现较多朱砂色片状物质，可能为漆皮。

从墓葬形制与出土遗物等方面判断，墓葬年代为春秋晚期，属这一时期规格较高的墓葬。（王霞　周官清）

宜兴市紫云山春秋土墩墓与六朝墓地

发掘时间：2009年6月~9月
工作单位：江苏省考古研究所

为配合宁杭客运专线建设，对宜兴紫云山北麓的文物点进行田野考古发掘。共发掘文物点7处，其中春秋时期土墩墓1处、窑址1座，六朝墓葬群4处、六朝及清代墓地1处、明代墓地1处。

春秋时期土墩墓平面呈椭圆形馒首状，其筑成过程为将原地面略加平整后，在其上平行垫筑椭圆形垫土，设置石棺床，将墓主置入后，填土封盖，再铺设一层砾石块，其尺寸略大于墓室石棺床，并在填土中放置随葬器物群三处，然后再次堆筑封土。器物群以印纹硬陶器占大宗，另有泥质灰陶、印纹软陶和原始青瓷等。器形有罐、瓿、碗、钵、盂等，纹饰有菱形填线纹、席纹、方格纹、回纹、水波纹等。

窑为单室窑，东西向，窑门向东。由窑前坑、灰坑、窑门、火道、窑室和烟道组成。

六朝时期墓葬多为南北向带斜坡墓道的砖室券顶墓，墓室为单室、双室及多室；平面呈长方形或船形；人字铺地。其中一座东吴墓中发现有“凤凰三年□□”、“八月二日辛卯作”、“作父冢也”及青龙纹铭文、花纹砖，两座西晋墓“建兴四年”铭文砖。出土遗物有铜镜、五铢钱、铁剪、青瓷碗、青瓷盘口壶、青瓷盏、青瓷砚、红陶罐和灰陶罐等。

宜兴紫云山墓地的发掘为研究太湖流域春秋、六朝、明清时期墓葬的形制结构、营造方式、纪年铭刻、随葬器物、装饰风格等提供了考古资料。（李则斌 马永强）

宿迁市青墩战国至汉代遗址

发掘时间：2009 年 9 月 ~11 月

工作单位：南京大学历史系考古学专业、南京博物院考古研究所、宿迁市文管会

青墩遗址位于宿迁市晓店镇青墩村，自 2006 年至 2009 年，结合考古专业实习基地的建设，对宿迁青墩遗址进行了四次的连续发掘。本年度的发掘继续发现了战国晚期与楚国有关的文物和建筑遗迹，同时，西汉时期的遗存又有了重要的发现，进一步证实了本遗址的年代为战国晚期至西汉时期，为研究这一地域战国至西汉时代的手工业制度与社会文化发展提供了丰富的材料。同时，也在一定程度上促进了沿淮地区考古学文化及南北古代文化交流的研究。

本年度的重要发现是确认了保存基本完整的西汉时期窑炉遗迹群及其附属建筑。整个发掘区由北至南分为两个窑炉冶铸区，分别为冶铸一区和冶铸二区。另外还有一个房址居住区。两个窑炉冶铸区之间采用廊道类建筑进行连接，在冶铸区内发现了一批冶炼产生的遗物，如铁块、铁渣和铁矿石以及铁镬、铁锸等农具。冶铸区和居住区内分布有水井、柱洞、仓储类建筑等附属遗迹。

本次发掘出土有铜、铁、陶、瓷、石、角等不同种类的遗物两千逾件。铜器有箭镞、蚁鼻钱、铜钱、车马器、带钩、刀笔、铃等。铁器有镬、镰刀、锸、犁头、剑、环首刀、钉和刑具等。陶器可分为生活用具和建筑材料两大类。生活用具有罐、豆、盆、甑、碗、钵、瓮、尊和井圈等；建筑材料有板瓦、筒瓦、瓦当、陶饼等。石器主要有石锛、石磨盘、石臼、磨石等。角器有司南佩 1 件。（赵东升）

苏州市周家浜 D2 路段战国至明清墓葬

发掘时间：2009 年 3 月 ~4 月

工作单位：苏州市考古研究所

为配合城际铁路施工建设，对虎丘西路的周家浜 D2 进行了抢救性发掘。D2 原为一个东西向的长方形土墩。土墩西部大部分已经被施工破坏。现存南北为 35、东西为 26.5 米，高出地面 3 米，平面呈三角形。开探沟 1 个，探方 4 个，发掘面积 300 平方米，共清理土台及沟 1 个、墓葬 6 座、灰坑 2 个。

土台位于 T3、T4 及 T4 南扩部分内，开口于⑧层下，构筑于生土之上。在土台台面四周环绕一条宽 2.1、深 0.2 ~0.3 米的浅沟（G1）。在土台北边护坡上铺有一层厚约 5 ~10 厘米的青灰色黏土，拌有草木灰，局部夹有木炭碎屑。现在已揭露部分是土台的东北部，残留平面呈三角形。东西长 9.1、南北 8.1 米。土台西部和南部被一条西北—东南向的基建排水沟破坏。原土台应为一个方形或长方形覆斗状土台，现存这一部分土台的西南部被 H2 和 M5 打破。2 座战国墓 M4、M6 位于土台之上，打破土台，也均打破 G1。

围沟 G1 位于 T4 及南扩部分，开口于⑧层下，构筑于土台之上，打破土台，沟宽 2 ~2.1 米，深 0.2 ~ 0.3 米，沟内填黄土，土质细密。沟西部出土泥质灰陶钵 1 件。沟应与土台同时营建。土台与沟的营建过程是：先在生土上铺设 10 厘米左右的青胶泥和草木灰以防潮湿，再用黄土堆筑覆斗状土台，并在台面上开挖环绕四周的沟 G1。土台未见其他设施，应是专作墓地营建。

清墓 1 座。M1，单室土坑墓，位于土墩西北部，开口于①层下，长 2、宽 0.38、残深 0.25 米，墓向 235°。已遭破坏，残存下部骨架，无出土物。

明墓 1 座。M2 位于土墩北部的斜坡上。开口于②层下，砖室单人墓，长 1.98、宽 0.78 米，墓向 68°。砖砌墓室，石板封顶，墓室东部上方所盖石板已被破坏，现存石板长 1.2、最宽处 0.93、窄处 0.78、厚 0.06 米。墓室用长方形砖丁顺轮砌，墓室高 0.45 米。砖分大小两种。大砖规格为 24 ×12 ×2.7 厘米，小砖为 23 ×8 ×3 厘米。墓室东部顶端有盗洞。室内被淤泥填塞，夹有乱砖。墓室底部出土明代青花碎瓷片 2 块。

六朝墓 1 座。M3 开口于 T4 ④层下，砖室墓，被严重破坏，仅存墓底，墓底铺地砖也被扰乱。墓室南壁深入 T4 东壁，残长 2.4、宽 1 米，墓向 315°，出土青瓷壶 1 个。所用砖规格为 19×8×2.4 厘米。根据层位判断，为六朝墓葬。

汉墓 1 座。M5 开口于 T4⑤层下，打破⑦、⑧层，且打破土台及 H2。长方形土坑竖穴墓，残长 1.6、宽 1.4、残深 0.5 米，墓向 80°，西部被西北—东南向的基建排水沟打破。出土 2 件釉陶壶。

战国墓 2 座。M4 开口于 T4⑧层下，打破土台及 G1。长方形土坑竖穴墓。长 1.8、宽 0.85、残深 0.4 米，墓向 86°，西部被西北—东南向的基建排水沟打破。填土较致密。墓室中部出土 1 件印纹硬陶小罐，1 件印纹硬陶甑。陶甑残破，小罐倒扣甑旁。为一个战国小墓。墓底西部靠近基建水沟处发现长 2.08 米的红色漆皮一块。

M6 开口于 T4⑧层下，打破土台及 G1。长方形竖穴土坑墓，长 2.4、宽 0.8、深 0.3 米，墓向 88°。出土陶纺轮 1 件，位于墓室东部。

战国灰坑 H1，开口于 T3⑥层下，打破⑦、⑧层，并打破土台。椭圆形，南北径 1.1、东西径 1.3、深 0.38 米。仅出若干木块碎屑。坑内填土细腻。根据层位及出土物，为战国灰坑。

汉代灰坑 H2，开口于 T4⑤层下，打破⑦、⑧层，并打破土台。椭圆形，南北最大径 1.6、残深 0.45 米。坑内填黄色土夹乱砖。出土残釉陶壶 1 个，坑底有 20×15 厘米的木质碎屑。旁边放有 7×2.5 厘米的残铁剑一段。

此次出土器物以陶瓷器为主。主要器形有罐、甑、钵、壶、纺轮。地层中出土器物有青瓷钵、硬陶罐及铜钱。战国墓葬中出土遗物基本为印纹硬陶，汉代墓葬出土釉陶器及残铁器，明墓有青瓷片。

从发掘结果来判断，D2 土墩应是战国时期人工堆筑高 2 米专作墓地的一个方形或长方形覆斗状土台，土台北坡面的青灰色胶泥和草木灰都是起墩时的防潮措施。战国以后，这个土墩被历代平民百姓作为墓地使用。（闻惠芬）

盱眙县大云山汉墓

发掘时间：2009 年 9 月 ~2010 年春

工作单位：江苏省考古研究所、盱眙县文化局大云山汉墓位于盱眙县马坝镇云山村大云山顶。西距盱眙县城30千米，南距汉代东阳古城遗址2千米，西南与小云山汉代墓地相距1.8千米。

大云山汉墓主墓现有东西并列的三座，平面均呈“中”字形，下有木椁，为夫妻同冢异穴合葬的大型竖穴岩坑木椁墓，墓坑上堆筑有高大的封土堆。M1南北长35、东西宽26米，南北双斜坡墓道，南墓道长40、宽8～21米，北墓道被开山采石破坏，残长30、宽12～16米。M2与M1并列，墓室偏北5米，东西两墓相距13米，南北长15、东西宽14.4、深距现地表15米。南北双墓道，南墓道长30、宽5.7～11.2米，斜坡结构；北墓道残长11、宽8～11.2米，为斜坡结构，不至底。

M8在M1以西140米处，当地称为仙人洞的坑底，由于上部被破坏严重，坑口已经不明，其二层台墓室长26米、宽24.5米，南北都有斜坡墓道，南墓道残存8.6米、北墓道相对完整，长32米，墓葬深度据墓道长度和斜坡坡度计算，为20米。

以墓葬为中心，在东西距墓葬约100米，南北距墓葬约200米处分别发现有夯土墙的遗迹，当为陵园的围墙。虽然遭到开山采石的破坏，土墙已经断断续续，但平面布局清楚。经勘探发掘，陵园内有多处汉代夯土台基及瓦砾堆积，存在大量的汉代板瓦、筒瓦、瓦当，证明当时有墓上建筑及其他相关建筑。在筒瓦、板瓦上发现有“东阳”等文字戳印。

在主墓西北已发现8座陪葬墓，呈南北并列排列，每列4座。经发掘其中的4座，均为竖穴岩坑木椁墓，出土釉陶罐、青铜钫、铜镜、铁灶、漆奁盒、漆耳杯、玉蝉和玉带钩等。

大云山汉墓规模巨大，虽然经古代、现代的盗掘，多年来开山采石的破坏，墓葬及陵园已经破损不堪，但通过这次勘探和发掘，基本可以确定出陵园的平面，陵园内的各种遗迹也正在发掘揭示之中。从墓葬规模、形制、出土遗物，基本可以判定，大云山汉墓为一处西汉早期墓地。（李则斌　盛之翰）

张家港市黄泗浦六朝至宋代遗址

发掘时间：2008年12月～2009年1月、2009年8月～2010年1月

工作单位：江苏省考古研究所、

张家港市文广新局、
张家港市博物馆

黄泗浦遗址位于张家港市杨舍镇庆安村与塘桥镇滩里村交界处，北距长江约14千米，东距张家港市区约3千米。中心地理坐标为北纬31°55′6.50″、东经120°36′45.15″。经过两次抢救性考古发掘和全面的考古勘探，初步了解了遗址的地层堆积、文化内涵及遗址的范围。

两次发掘地点分别在遗址的西区和东区，发掘面积982平方米，共发现六朝隋唐至宋代的房址14座、水井15口、道路4条、沟18条及相关遗迹多处，出土大量六朝唐宋时期的瓷器、陶器、石器等各类遗物。

从考古发掘和勘探情况看，黄泗浦遗址所在地即为文献记载中的庆安镇。从六朝开始，黄泗浦遗址已有一定规模，到唐代中后期，更是成为继扬州之后新的国际性港口，著名高僧鉴真法师正是在黄泗浦港口第六次东渡并获成功。

该遗址的发掘不但为唐宋时期考古学研究提供了重要资料，同时对中外海交史、港口变迁等诸多课题的研究也展开了新的视野与角度。（朱晓汀　胡颖芳　花纯强）

镇江市双井路宋元运河遗址

发掘时间：2009年8月~2010年1月

工作单位：镇江博物馆

随着双井路片区旧城改造项目的启动，对该区域进行了考古勘探和发掘工作。先后发现了宋、元仓储遗迹、元代石拱桥。

1. 元代石拱桥为单拱石桥，大致呈南北向，桥体仅存南北两侧桥墩以及残缺的桥拱石。桥面与桥墩结合处窄、两端桥头宽，由块石平砌而成。桥墩底部有成排的木桩，用以支撑桥墩墙体；桥墩内侧下层铺块石作为基础，其上用碎砖和黄土加以夯实，桥拱亦用块石砌造。上下之间的拱石榫卯相接，横向之间的拱石用铁铸蝶形锁扣相连以加固。桥面中间铺东西向条石，桥面边缘条石为南北向。部分桥面条石上有方形孔槽及车辙痕迹。应为文献记载中的拖板桥。

2. 宋元仓储遗迹发现13座、道路1条。仓储遗迹位于拖板桥以北，占地面积约4万平方米。分北宋、南宋和元代三个时期，布置十分规整。北宋粮仓2座，在元代石拱桥的北侧。南北向排列。其建筑方法是先堆积土台进行夯打，形成仓房地面，四周砌筑砖墙，形成仓房，内部以木柱隔开形成不同的仓间（即敖）。南宋粮仓10座，分布在北宋粮仓的北面，以宋元道路为中轴线对称分布，南北向依次排列。其建筑方法和北宋相同，不同的是粮仓内的地面发现有青砖铺地，地面发现有大量的柱础石，和北宋粮仓一样，也是分隔成不同的仓间，在有些仓间还发现有用青砖砌筑的用以方便进出仓间的坡道。元代粮仓1座，叠压在北宋2号仓的北部，其建筑方法和北宋相同。在粮仓的东面还发现有南北向青砖建筑的围墙（回廊）遗迹，推测当时的粮仓应该是四周封闭的。

3. 宋元道路遗迹大致呈南北向，其方向与元代拖板桥大致相对，由黄土夯打而成。道路南端近拖板桥处已被晚期地层打破。路基夯土与南宋仓基夯土相一致。路的南段打破北宋时期的粮仓，中、北段为南宋粮仓的中轴线，将南宋粮仓分为东西两部分。

本次考古发现的元代石拱桥、宋元时期的粮仓，与文献记载相一致，对研究宋、元时期江苏地区的经济、文化以及水上运输提供了新的材料。（据《中国文物报》2010年1月27日）

淮安市河下遗址龙泉窑瓷片堆积

发掘时间：2008年12月～2009年1月

工作单位：江苏省考古研究所、淮安市楚州区博物馆

淮安市楚州区河下古镇遗址龙泉窑瓷片堆积是在开挖新河道工程中发现的。遗址分为东西两部分，平面略呈倒“凹”字形，实际发掘面积约为143平方米。西部发现两处明成化到正德时期的房基址，东部为瓷片堆积，东西两部分没有必然联系。

龙泉窑残片堆积厚度0.1～1米。除了掺杂少量的砖瓦、陶韩瓶和匣钵以外，绝大部分是龙泉窑青釉残器（仅出土两件完整粗釉盘）。经初步整理，统计龙泉窑出土瓷片近10万片。可复原器物有碗、盘、高足碗、盏托、小盏、执壶、各式瓶和炉，造型无法复原的有盖罐和镂孔器，器物造型约有35种。龙泉青釉的釉色可以分为青釉、青绿釉、浅青绿釉、青灰釉、浅青灰釉、青黄釉、茶黄釉、浅青釉和翠青釉等9种，还有粗釉。一部分碗盘中心有印花纹样，题材主要为各种花卉纹，还有少量人物纹，许多盘壁上有刻划花缠枝花卉纹。

我们认为：1. 堆积中少量

粗碗的时代为元代，其余的为明洪武至天顺时期。2. 青瓷堆积是一处龙泉窑残器的灰坑，其中有少量为官器次品，推测在楚州的拣选中被废弃。3. 出土器物对研究明代早期龙泉窑器物，为研究漕运和楚州历史提供了实物资料。（霍华　杭涛　郝明华　韩建立）

武进区科教城工地明代家族墓地

发掘时间：2009 年 4 月 ~5 月

工作单位：南京博物院考古研究所、武进区博物馆

武进科教城工地墓葬群是武进区在 2008 年全国第三次文物普查工作中发现的。今年先后在科教城施工区域内的大华村、寿山村和大河头村三地进行抢救性发掘，共清理三组家族墓地，其中明代墓葬 24 座、清代早期墓葬 1 座。出土陶、瓷、铜、金、银、钱币等各类文物 101 件（组），石质墓志 2 方。

墓葬按昭穆制顺序排列，且形制多样，有石室墓、砖室墓、砖石石板墓三种，其中又分三人合葬、双人合葬和单人葬三种形式。比较重要的是，在大华村明代家族墓葬的墓圹外，发现 3 座墓前小龛。小龛均坐落于墓葬开口层位上，方形，用青砖砌墙起券，龛内放置灰陶器和锡器等。推测是墓葬下葬之后起封之前祭祀所用。这为研究常州地区明代中晚期家族墓地的墓葬布局、墓葬形制的特征提供了宝贵的资料。

寿山村墓地出土的孔雀绿釉紫砂盖罐，对于研究明代紫砂器具有极高价值。（杭涛）

宜兴市丁蜀镇新安窑窑址

发掘时间：2009 年 10 月 8 日 ~ 11 月 31 日

工作单位：南京博物院考古研究所、宜兴市文管办

宜兴市丁蜀镇新安窑窑址位于蜀山窑区东南约 1 千米处，地理坐标为北纬 31°15′492″、东经 119°51′53″。2005 年在对宜兴紫砂窑址进行考古调查时发现。该处窑址是宜兴明清紫砂及宜均窑业的一个重要的组成部分。在建的宁杭铁路从窑址西侧经过，涉及窑址面积约 2000 平方米。

本次发掘布 10 米 ×10 米探方 1 个，5 米 ×12 米探沟 1 条，合计发掘面积 160 平方米。发掘

深度1.8米。出土清代乾隆至民国时期的紫砂、宜均、日用砂陶、窑具等各类陶器残片4000余件。

发掘表明新安窑创烧于清代乾隆时期，延烧至民国时期，烧造陶器的时间约延续150年。出土器物的造型特征与蜀山窑址出土的同类器物接近或类似，应属明清宜兴陶业生产的一处重要窑址。

宜兴丁蜀镇明清时期窑址群在中国陶史上具有重要地位，是明清时期中国陶器制造的中心地区，有“陶都”美誉。通过这次新安窑的抢救性发掘，我们对明清宜兴窑有了一些新的认识，尤其是紫砂绞胎器的发现，为今后我们寻找生产紫砂绞胎器的窑址提供了新的线索。（杭涛）

浙　江　省

长兴县合溪洞旧石器时代遗址

发掘时间：2009年3月~12月
工作单位：浙江省文物考古研究所、长兴县文物保护管理所

在2008年度发掘的基础上，继续对合溪洞遗址进行发掘。

合溪洞遗址第1号地点的文化层厚度达820厘米，可分5个文化层；因渗水原因，4号地点的文化层只发掘150厘米的厚度；5号地点是个裂隙，只发现数件化石。合溪洞遗址共发现数万件动物化石及碎骨标本，经对部分动物牙齿的初步鉴定，全部为晚更新世的动物种属，包括兔形目的兔科，啮齿目的竹鼠、仓鼠、田鼠，食肉目的貉、猪獾、普通水獭、棕熊、最后斑鬣狗，奇蹄目的中国犀、华南巨貘，偶蹄目的野猪、水鹿、獐、鹿、水牛。石制品共发现1100余件，包括石核450余件、石片190余件、断块30余件、刮削器300余件、砍砸器80余件、尖状器30件等。骨制品也有数百件，包括骨片、骨刮削器、骨尖状器等。大量的碎骨是人类获取食物的证据。另外，我们还在地层中发现了人的牙齿化石，这是浙江首次经发掘获得的古人类化石。

合溪洞遗址是我省首次发现并发掘的有人类文化遗物的洞穴遗址，洞内大量的动物碎骨、石制品和骨制品的出土，可以肯定是古人类活动的场所，其时代暂定为旧石器时代晚期，对研究晚

更新世浙江地区的旧石器时代文化和古人类的进化有着重要的意义。（徐新明）

萧山区新坝新石器时代及商周时期遗址

发掘时间：2009年5月~8月
工作单位：浙江省文物考古研究所

新坝遗址位于杭州萧山区义桥镇新坝村西北部，浦阳江东岸滩头，2002年浦阳江流域考古调查中发现。遗址对岸有眠犬山，曾有石镞等新石器时代遗物发现。遗址位于乌龟山南坡，但乌龟山已在筑坝取土中被破坏，不复存在。遗址本身也因此遭到严重破坏。现遗址被大坝分为两部分，坝里文化层堆积稀薄，坝外有较厚的遗址分布。

这次发掘是配合浙东引水枢纽工程建设的抢救性发掘项目。发掘面积500平方米。主发掘区是坝外，即浦阳江的东侧河滩上。共布10米×10米探方5个，编号T1、T2、T3、T4、T5。其中T1~T3靠北侧，位置在原乌龟山的南坡近侧。文化层分布较厚，但T2、T3的西、北大部均遭到取土破坏。T4、T5位于南侧约30米处。T1~T3的遗址堆积较完整，包含从新石器时代马家浜（河姆渡）文化晚期、良渚文化、春秋战国等阶段的遗存；T4、T5包含春秋战国、六朝地层，淤泥层深厚，以下为稀薄的新石器时代遗存。

地层共分10层，深2~3米。③~⑤层为良渚文化层，出土红衣陶片、鱼鳍形鼎足等。⑦层为间歇层；⑧~⑩层属于河姆渡—马家浜文化晚期，出土石器、夹炭陶片、外红内黑陶片、夹砂罐耳等。

商周堆积破坏严重，但在T1的H1等遗迹中尚有保存。H1近正方形，上大下小，上口边长约2.4米，下底边长约0.8米，深3米。出土印纹陶、原始瓷，其中原始瓷盅20件。年代在战国时期。另外，T4发掘六朝古井（编号J1）一口。J1位于T4的北部偏中，采取先挖坑后砌十一角砖井的方法形成。外坑直径约3米，深超过3.7米。内圈直径约0.8米。井内包含腐朽的淤泥、倒塌的砖块、青瓷罐残片等遗物。从砖块及青瓷残片看为六朝古井。

新坝遗址对研究钱塘江以南地区新石器时代文化及历史时期浦阳江的河道变迁历史具有重要的意义。（蒋乐平）

余杭区茅山新石器时代遗址

发掘时间：2009年7月～12月
工作单位：浙江省文物考古研究所、余杭区中国江南水乡博物馆

茅山遗址位于杭州市余杭区临平西北。为配合余杭经济开发区建设，对茅山遗址进行了正式发掘，目前发掘工作仍在进行中。已揭露面积8000多平方米，出土陶、石、玉、木等各类器物500余件（组）。

遗址的堆积可分为坡上的居住生活区和坡下的稻田遗迹区两大块。坡上居住生活区的文化层堆积由早到晚分别为马家浜文化晚期（延续至崧泽文化早期）、良渚文化中晚期和广富林文化时期等三个阶段。坡下的稻田遗迹区也可分3层，并大致与居住区的堆积对应。

马家浜文化晚期到崧泽文化早期的堆积目前仅局部进行了发掘。在编号G4的遗迹单位中出土了数量较多可修复的陶器，还有骨木器等，其中出土的1件朱漆黑彩木雕动物合体像，由底座和上下骑座的两只动物组成，造型生动，甚为难得，为了解距今6000年前后太湖地区先民的精神世界提供了重要物证。

目前为止，茅山遗址发掘最大的收获是揭露了一处布局和结构比较清晰完整的良渚文化中晚期坡地型遗址的聚落形态。该遗址以一条基本呈蜿蜒的东西向河沟（G2）为界，分为坡上的居住生活区和坡下的稻田遗迹区。

坡上的居住区中又可明确分为经过特别营建的墓地区和居住区，已清理良渚文化墓葬34座，建筑遗迹3处，灰坑30余个，河沟1条。墓地区位于本次发掘区的西部，系利用茅山南坡中部地势高凸处再堆土营建而成，已清理墓葬23座，余11座墓葬则散布在居住区附近。清理的墓葬均有长方形竖穴土坑，人骨已朽，部分墓葬发现有葬具痕迹。墓葬随葬品中陶器的基本组合为鼎、豆、罐。

根据性别不同随葬石钺或陶纺轮，随葬玉器的种类有璧、三叉形器、冠状器、璜、镯、锥形器、坠、管、珠和串饰等。居住区位于发掘区中部，F1、F3均由可能为柱础的石块和柱坑（洞）组成，其中F3石块排列有一定规律并总体围成一长方形单位，柱坑内柱洞痕迹明显，底部垫有石块。

坡下的稻田遗迹区，北端发现有与G2基本方向一致的东西

向大路兼G2堤岸1条（L1），稻田中则发现有东西排列、路面铺垫有红烧土块或粉末的南北向小路（或田埂）5条、灌溉水渠1条、稻田中的活动场地1块、灌溉水口1处。灌溉水渠（G3）紧临L1南侧，由东向西流经，并逐渐呈喇叭口扩大，到发掘区中部演变为一蓄水池塘，在蓄水池塘南侧发现1处灌溉水口。南北向的小路（或田埂）路面宽约60～100厘米不等，揭露长度最长的1条近60米。小路（田埂）之间间距除发掘区东侧2条为约31米外，其余的间距均在17～19米。可推知茅山遗址良渚文化中晚期水稻田略呈平行四边形的南北向长条形，单块田块的面积应在1000平方米以上。表明良渚文化中晚期水稻田已有明确的道路系统和灌溉系统，良渚先民对水稻田已有了比较先进而细致的规划。目前对水稻田遗迹及遗址环境多学科研究正在进行中。

在属于广富林文化时期的稻田遗址上层也发现了沟、路等遗迹，并在此层上发现了一组30个清晰的大型偶蹄类动物（牛）脚印和零散的人脚印，这是国内首次在新石器时代农耕层上发现牛脚印。

茅山遗址水稻田遗址发掘规模大、遗迹种类丰富、性状比较清晰，并与布局和结构比较清晰完整的良渚文化聚落紧密有机地联系在一起，在良渚文化中属首次发现，在国内同类遗址中也甚为罕见，可以说是国内目前为止保存最理想、发掘规模最大、遗迹种类最为丰富明确的水稻田遗址。对于研究良渚文化时期的聚落形态、稻作生产方式，进而深入理解良渚文化在中华文明起源中的作用等意义重大。同时，茅山遗址稻田农耕遗迹三叠层的发现，对于全面系统研究新石器时代中国东南地区稻作农业的起源及发展过程提供了非常珍贵的资料。（丁品　郑云飞　王宁远　陈旭高　仲召兵）

嘉兴市马家浜遗址

发掘时间：2009年11月～2010年1月

工作单位：浙江省文物考古研究所

马家浜遗址是全国重点文物保护单位，位于嘉兴市西南7.5千米，行政区划原属南湖区陈南街道天带桥村，现为嘉兴经济开放区西南片区。遗址发现于1959年，并于当年进行了小规模的抢救性考古发掘。为配合马家浜遗址公园和马家浜遗址博物馆的建设，马家浜遗址进行了第二次发掘。

本次发掘区选择在遗址西北部的旱地，发掘面积200余平方米。发掘的主要收获是在发掘区的东北部清理了19座马家浜文化的墓葬，并确定了墓地的西界和南界。墓地的东界和北界由于在发掘区之外，还不能明确。发现的马家浜文化墓葬人骨保存较好，多为俯身葬，个别的有侧身葬，头向北。部分墓葬清理出了深浅不一的竖穴土坑，也有直接掩埋的墓葬。约三分之一的墓葬出土了随葬品，包括玉玦、石锛、骨锥、骨玦和陶豆、陶盉等。在墓地西南存在建筑遗迹，待进一步发掘清理后明确。（芮国耀）

海宁市小兜里崧泽文化及良渚文化遗址

发掘时间：2009年4月～7月、10月～2010年1月

工作单位：浙江省文物考古研究所、海宁市博物馆

小兜里遗址位于海宁市海昌街道火炬村七组，现遗址主体为一东西长约70、南北宽约40米、高出周边水田约1.5米的长方形土墩。因当地基本建设，对遗址东、西部进行一、二期分阶段的考古发掘，揭露面积共2000平方米，两期发掘共清理崧泽晚期—良渚文化时期墓葬26座，出土陶、石、玉、牙、漆器等322件（组）。

其中位于土墩东部的良渚早中期M6、M2、M5由西向东有序布列，均南北向，长2.95～3.3、宽1.4～1.5、深分别为0.6、0.8、1.1米，墓坑挖设具有一定的规模，随葬品组合丰富、出土器物精美，超出了普通良渚墓葬的规模。另外还确认，M5为凹弧底棺床置放凹弧底（独木）棺后再套长方形椁，除了棺内随葬外，棺椁之间还另有随葬品；而M6则明确区分了木质葬具挤压、腐朽后的残痕与有空间存在沉积淤泥的区别，使得早先关于良渚墓葬葬具痕迹的笼统“板灰”概念得到了进一步的丰富，即由呈海绵状的棕褐色淤泥组成，似乎是木质纤维与纤维之间朽烂后未受到过多外力挤压而淤积形成，有别于一般的空间存在而形成的灰白色层状淤泥。

第二期发掘的土墩西部目前已清理了墓葬7座，其中M20、M21出土的随葬陶器中鼎为夹砂鱼鳍足，而与之配伍的鼎盖却为

崧泽文化因素的粗泥陶质，丰富了这一阶段的考古学文化变迁的资料。除此，还发现了一处包含长宽约6米×7米的红烧土堆积和边缘有序堆放约15米长的两列块石遗迹。由于第二期发掘没有完成，具体情况有待于下一步的继续工作。(方向明)

长兴县红卫桥崧泽文化与马桥文化及宋代遗址

发掘时间：2009年7月~8月
工作单位：浙江省文物考古研究所、长兴县博物馆

长兴红卫桥遗址为一处新石器时代至商周时期遗址。布设5米×10米探方20个，1.5米×30米探沟1条，共计发掘面积1045平方米。遗址最早堆积为崧泽文化晚期的一处聚落及墓地。发掘区的下层为一层40厘米左右，土质较纯的人工堆筑土台，土台范围超过发掘区边界。在发掘区东部土台表面共清理崧泽晚期墓葬7座。墓葬皆长方形土坑竖穴墓，墓向基本为135°左右，部分墓葬保留人骨朽痕，呈仰身直肢状。部分墓葬保留有弧底、独木棺痕迹。墓葬随葬品共56件，其中陶器46件，以鼎、假圈足豆、罐为基本组合，部分墓葬出土的数量较多的假腹高柄杯形豆显示出西苕溪谷地崧泽文化鲜明的地方特征。石器共8件，器形有石钺、锛、镞等。还出土2件小型装饰类玉器。同时墓葬内还发现夹砂缸等器物，显示墓地具有一定级别。未发现墓葬的土台区域可能属于聚落的居住区等其他功能区，因上部遗迹破坏无法了解其细节。土台北部探沟中还发现灰坑2个，当为遗址废弃物处理区，再往北发现崧泽灰沟1条，依其走向推测为聚落外围的环壕类遗存。尽管因晚期破坏严重和发掘面积的限制，未能完整揭露整个聚落的全貌，但结合其与台基山遗址的相对位置和内涵特征，我们推定红卫桥遗址实际上与台基山属于同一较大规模的聚落，是崧泽晚期阶段一处重要的遗址。

崧泽地层之上为马桥时期堆积，发现灰坑10个、灰沟1条。显示当时仍为一处生活聚落遗址。马桥之后的堆积为宋代地层，此阶段最重要的发现为一条南北向含木桩的G4，G4宽1米左右，系先挖坑后再填入生土，再于其上打入一排尖底木桩。根据性状推测当为某种较大型的木栅类遗存。(王宁远)

余杭区玉架山良渚文化环壕聚落遗址

发掘时间：2008 年 10 月 ~2009 年 12 月

工作单位：浙江省文物考古研究所、余杭博物馆

遗址位于杭州市余杭区东部，西距良渚遗址群 20 余千米。遗址面积近 2.5 万平方米，发掘面积约 7700 平方米。发现了良渚文化环壕聚落，环壕内主要有大型堆筑土台、“砂土面”遗迹 2 处、墓葬 160 座、居住址 4 座、灰坑 8 个。环壕外部为“水稻田”。

结构完整的环壕聚落遗址为长江下游新石器时代考古工作中首次发现。环壕平面总体上呈方形，边长约 134 ~ 155、宽约 4.45 ~15.2、深约 0.6 ~1.25 米。环壕和良渚文化中期土台的形成过程可能是有关联且有规划的。为我们提供了研究良渚文化小型完整聚落不可多得的个案资料。

“砂土面”遗迹是用以风化岩石加工粉碎成的小石子与泥土混合后营建的堆积，表面较为平整。“砂土面一”位于土台的中部，平面上只发现少量柱坑遗迹和 F3。墓葬埋设在其南北两侧，可能为祭祀场所。

墓地规模较大，埋设墓葬数量较多，以晚期墓葬为主，出土陶、石、玉器等各类遗物 1400 余件（组）。鼎、豆、罐为陶器的基本组合；玉器主要有琮、璧、钺；石器以石钺为主。贵族墓地位于遗址的中心区域，已发掘了 7 座规格较高的墓葬。其中 16 号墓出土了刻符玉璧，这是良渚文化发掘史上首件经正式考古发掘出土的良渚文化刻符玉璧。

“水稻田”遗迹叠压在环壕之上，主要为分布在环壕外围的黑土与灰黑土堆积，经过钻探表明面积至少可达到 1 万平方米以上，判断的依据是土壤中植物硅酸体含量较高。

玉架山环壕聚落周边地区近年开展过多项考古工作，已有迹象初步表明临平山的西、北部地带在良渚文化时期存在过一个较高等级的聚落。（楼航）

余杭区金花池良渚文化遗址

发掘时间：2009 年 5 月 ~7 月

工作单位：浙江省文物考古研究所、良渚遗址管委会

金花池遗址位于良渚遗址群

内的百亩山东侧约100米处山脚。此处因渠道整治于2009年4月底发现良渚贵族墓葬，出土玉琮等大件玉器。进行了抢救性发掘，发掘面积共300平方米。发掘表明遗址位置原为较平缓的山脚坡地，在地表曾有数个不规则土坑，内填土颜色略深，土质致密，包含物亦不甚多，见有良渚文化中晚期陶片，似乎不属于一般意义上的灰坑。其上一次性堆筑一土台，台土为纯净的黄褐色山土，根据土质土色可分2~3层，其内包含物很少。因面积限制，土台的四面边界不详。在发掘区南部，发现良渚文化贵族墓葬2座，其中一座为正式发掘后的新发现。修渠道原发现的M1出土有玉琮、柱形器、石钺、陶鼎等，另外在该墓掘起的松土中发现三叉形器、冠状饰、锥形器等，从而使该墓的玉器组合得以完整收回。正式发掘后在M1并排位置，发现被M1局部打破的M2，其宽度大于M1，南部亦被渠道破坏。惜此墓中部有一晚期形成的扰沟，似为早年修渠发现文物后向北掘进而成，此沟对墓内文物造成破坏，沟边的花石钺即仅存一半。墓内残余的文物另有厚体石钺1把，玉管、珠10余件，棺外北端位置倒置一平底陶罐。据此分析，此土台原设计为埋葬贵族墓葬，但发掘区北部位置因比较高，墓葬已被晚期破坏殆尽。表土下另发现宋代土坑墓1座，出土铜镜1、韩瓶1、瓷碗1。

通过本次发掘和其他资料分析，我们认为遗址群北部大遮山坡脚一线，自西向东遗址点如百亩山、金花池、照山、官庄、瑶山等连续不断，应为良渚时期重要的聚落和墓葬分布区，值得引起高度重视。(王宁远)

余杭区梅家里良渚文化及宋清遗址

发掘时间：2009年4月~5月

工作单位：浙江省文物考古研究所、良渚遗址管委会

梅家里遗址地属余杭区良渚镇安溪村梅家里，位于良渚遗址保护区内，遗址地貌原为一独立的小山体，北侧200余米为百亩山，中间间隔着水塘和稻田，南侧紧靠原苕溪北岸大堤，隔着苕溪与苏家村遗址南北相对。发掘共布方面积约900平方米，清理良渚文化墓葬32座，发现良渚建筑台基1处。获得遗物玉器共183件（组）、陶器134件、石器17件。历史时期的遗迹清理明代馒头形砖窑4处，宋代土坑

墓1座、水井1座。发掘取得重大成果。

遗址所在原为一略呈南北向的独立自然小山体，山南坡在良渚早期阶段被敛平修整成为建筑台基。现存台基建在紫红色含砂性的生土面上，东西宽度约10米，南部已被晚期冲毁，台基范围内没有墓葬分布。台基北部有一东西向墓葬，墓葬距离台基南部冲毁的残断面约10米余，故台基南北长度当不少于10米。台基东部尚存部分南北向沟槽，沟槽内发现残存一个柱洞。沟槽深度不一，可能属于不同时期的建筑遗迹，但是破坏较严重，已无法复原建筑全貌。台基西侧曾堆筑黄土，营建过一个规模较小的墓葬区，其上发现良渚早期小型墓葬6座。台基东侧在良渚中晚期亦曾堆土扩建为一处规模较大的墓地，其余墓葬皆发现于此区域。东区墓葬规格高低不一，其中M10、M18为规格甚高的贵族墓。

M10属于良渚中晚期，随葬有冠状饰、璜、玦、环、锥等玉器。其中头端一件璜的侧面纵向雕刻着4个精美的龙首形纹，纹饰主题与瑶山发现的龙首璜颇为类似，璜的形态却不相同。此墓还在头端发现一件软玉质地的玦，其中有2钻孔，可能经过改制。玦是在太湖地区早期马家浜和崧泽早段主流的玉器，多以玉髓质地为主，良渚阶段玦的数量很少，以往仅在瑶山、新地里等零星出土几件，作用不明。此次发现对良渚玉玦类器的研究提供了新的资料。

M18是发现墓葬中规格最高的，位于遗址最南，南部已被苕溪冲毁，仅存中北部，东侧则被宋代水井打破，西侧距离砖窑仅数十厘米，可谓劫后余生。墓葬出土玉琮1件，玉璧2件，其余头端玉器皆无存。玉琮呈绿色，刻5组简化神兽纹，当属于良渚晚期，此类长玉琮在遗址群内以往发现很少，弥足珍贵。

遗址使用年代贯穿良渚文化的早、晚阶段，其较晚的时段可能与良渚古城共存，从位置看此地属于城外的近郊，因此，梅家里遗址当纳入整个良渚古城研究的角度进行观察。（王宁远）

德清县东苕溪流域商周时期窑址

调查时间：2009年2月~6月

工作单位：浙江省文物考古研究所、德清县博物馆

为配合第三次全国文物普查，对东苕溪流域内的古窑址特别是商周时期的窑址进行专题

调查。

东苕溪位于浙江北部杭嘉湖平原西部边缘，发源于浙江临安天目山南麓，流经杭州市余杭区西部的良渚、瓶窑一带（良渚文化的中心区），自北而南纵贯德清县、湖州市中部，往南注入太湖。河流流经的区域处于西部的天目山脉与东部河网平原的过渡地带，丘陵密布，河湖纵横，烧窑条件相当理想。本流域是商周时期原始瓷窑址的最重要分布区，其窑址主要分布于东苕溪中流地区的德清县境内，在湖州市区的南部黄梅山一带也有少量发现。

本次基本完成了德清境内商周时期原始瓷窑址的系统调查，增加了数十处窑址，其中在德清地区新发现商代窑址数处。大量窑址的发现，基本建立了从商代至战国时期更完整的年代序列，为进一步深入探索青瓷起源，提供了大量的标本材料。

通过本次系统的调查，东苕溪流域商周时期窑区的面貌越来越清晰可见，它至少具有以下几个特点：

一是出现时间早、持续时间长。本窑区从商代开始出现窑址，历经西周、春秋，至战国时期，连绵不绝，基本不曾间断，是目前国内已知出现时间最早、持续时间最长的商周时期窑区。

二是窑址密集、生产规模大。从目前已掌握的材料来看，这一时期的窑址已发现几十处，许多窑址分布面积大、堆积层厚，产品产量已达到了相当的规模。

三是产品种类丰富。除生产日用的碗、盘、碟类器物外，还大量烧造象征身份与地位、具有特殊意义的仿青铜礼器和乐器，这些礼乐器包括作为礼器的鼎、卣、簋、尊、豆、壶、罍、罐、瓿、盘、盆、鉴、三足盘、镂孔瓶、提梁壶、提梁盉、匜、钵，和作为乐器的甬钟、句鑃、錞于、镇、悬鼓座。而这些大型礼乐器的生产，目前仅见于这一窑区。

四是产品质量高。本窑区的许多产品，特别是战国时期的产品体型硕大、制作规整、胎质坚致细腻、釉色青翠匀润、施釉均匀、玻璃质感强，几乎可以与东汉以来的青瓷相媲美。

五是独立窑区的出现。从商代开始，东苕溪流域形成专门的窑区，至少从西周晚期开始，基本纯烧原始瓷。

六是窑具形态各异，装烧工艺成熟。春秋时期大量出现作为间隔具的托珠，形体小、制作精细，可有效地保护釉面、增加装烧量。战国时期则大量涌现各种支烧具：有直筒形、喇叭形、托盘形和浅盘形等多种形式。不同的器物使用不同的支烧具，成功解决了甬钟、句镭类器物的装烧问题，装烧工艺相当成熟。

以德清为中心的东苕溪流域的商周时期窑区，无论是从生产时间、窑址规模，还是窑址产品种类、产品质量等方面，都显示出其在中国陶瓷史上占有非常重要的地位。（郑建明）

长兴县窑岗岭与炮台山商周土墩遗存

发掘时间：2008 年 10 月～2009 年 11 月

工作单位：浙江省文物考古研究所、长兴县博物馆

窑岗岭位于长兴县西部，距县城雉城镇约十多千米，在槐坎乡抛渎岗村与小浦镇箬芥村之间，合溪的南岸。炮台山位于小浦镇光耀村，合溪的北岸。为配合国家重点工程合溪水库建设，对水库淹没区的商周时期的土墩遗存进行了抢救性发掘。

窑缸岭、炮台山土墩遗存，都处于山前坡地上。发掘的范围主要是在水库淹没区内，海拔高度都在 35 米以下。共发掘土墩 18 座，窑岗岭 15 座、炮台山 3 座。发掘面积约 4000 平方米。共发现商周时期墓葬 41 座，窑炉遗迹 2 座。出土了 328 件随葬器物，主要是商周时期的原始青瓷、硬陶、泥质陶、夹砂陶等。

在发掘的 18 座土墩中，都发现有商周时期墓葬，其中 6 座是“一墩一墓”，12 座土墩是“一墩多墓”，埋有 2～5 个墓葬不等。墓葬的埋葬形式，主要有“石室型”、“石床型”、“石框型”和“平地掩埋型”。

“石室型”的有 14 座，大多是“一墩一石室”。这次我们还发现了一座“一墩二石室”，一座“一墩三石室”。在一座土墩内建有二座或三座石室，几座石室又处于同一层面的同一条直线上，这一现象在我省历年来的土墩墓发掘中属于首次发现，它对于研究本区域整体的商周土墩墓的墓葬形态及同一墩内各墓葬之间的关系都是不可多得的珍贵资料。

“石室”大多建在略加平整的地表上，也有建在早期的土墩上。一座石室内有一墓，也有一座石室内有两组上下叠压的随葬器物，应为两墓。石室基本呈东西向。它们的埋葬年代约在西周晚期至春秋时期。

“石床型”的有 8 座，多是土墩的中心主墓。石床一般直接建在略加平整的地表上，然后再封土成墩。也就是说，土墩是因

它们而建的。它们的埋葬年代往往相对较早，大多在西周早中期。从现存的石床看，土墩体量较大的，中心主墓的石床规模较大，石床上的石块铺筑得较平整。土墩体量较小的，石床规模较小，石块铺筑较零乱。其中有三个石床，显然是利用地表裸露的石块，稍加整理而成。后一类的延续时间较长，可能最晚要到春秋早期。

“石框型”墓葬的数量较少。从已发现的2座该类墓葬看，在其底部，随葬品及周围都有较多的石块，这些石块大小不一，高低不平，摆放没有规律，应该是地表自然裸露的石块。可能在建墓时，对地表包括这些裸露的石块，略加整理，就加以利用。因此，从形式上看，该类型墓葬可能处于“石床型”和“石室型”之间。

“平地掩埋型”的有17座，情况比较复杂。有土墩的中心主墓，数量较少；大多是利用已有土墩建墓。在“一墩多墓”中，非中心主墓大都是该类型的墓葬。它们的时间跨度也较大，早的可到西周中期，晚的可到春秋晚期。

这次发掘的墓葬，从规模上讲，都属于中小型。因此，随葬器物的数量不多，档次不高。出土的原始青瓷，器形较简单，主要有豆、盂、碗、碟等几类。数量上少于硬陶。

硬陶，在数量上是出土最多的。有用刻划等手法装饰的，有素面的，这两类数量较少。占绝大多数的，是拍印几何纹样的。器形也较丰富，有罐、坛、瓮、瓿、盂、尊、筒形罐等。夹砂陶数量较少，主要是炊器，有鼎、甗等，在其底部都可发现使用痕迹。泥质陶的数量与夹砂陶差不多，因保存较差，大多难辨器形。经修复，可看出器形的，有罐、盆、壶等。（孟国平）

湖州市杨家埠西周至六朝及明代墓葬

发掘时间：2009年

工作单位：浙江省文物考古研究所

湖州杨家埠经济开发区内的考古工作始自2006年。本年度工作目前仍在进行中，发掘面积2100平方米，现已发掘汉代土墩族葬墓6个，计有各类墓葬57座，其中西周墓5座、汉墓43座、六朝墓5座、明墓4座，另有窑址2处、灰沟1条、灰坑1个。出土各类随葬品326件，其中陶器223件、瓷器27件、铜器37件、铁器22件、其他17

件。

所发掘的西周墓葬有4座为瓮棺葬、1座为土墩墓，随葬品组合为印纹陶瓮、罐。汉墓中以长方形土坑木椁墓为主，个别为“凸”字形，随葬品组合为陶瓿、壶、罐、罍、灶；铜镜、五铢；铁兵器。另有部分砖椁墓和券顶砖室墓，随葬品组合为陶或瓷壶、罐、罍；铜镜、五铢；铁兵器。墓葬普遍呈东西走向，且按照一定的规律排列，其中规模较大的墓葬往往位于土墩中心处。六朝墓均为券顶砖室墓，其中个别墓内筑有砖砌的祭台。随葬品组合为瓷壶、罐、碗、钵。

通过发掘获得的主要收获有：

1. D49M9的发现为土墩的成因和墩内墓葬的营建方式增添了新的实物资料。墓葬位于土墩南侧，开口于④层下，属于墩内年代最早的一座墓葬，墓上覆盖有封土。这与以往墓葬上部无封土、年代最早的墓葬位于中心处的现象有所不同。

2. 在D46内发现4座排列有序的西周时期的瓮棺葬墓，各墓系在不规则的墓坑内横向放置一件带盖的大瓮，这为了解先秦时期的葬俗提供了新的资料。

3. 新发现了一批较为珍贵的随葬品，如汉代釉陶罐上用釉作为器物装饰；灶的烟囱采用楼阁式形态；六朝时期的侍者俑和独角兽；明代的砖质围棋盘等。值得一提的是D52M8中所出的釉陶罍，该器通体拍印梳状纹，口部和下腹部以及底面均施绿色的铅釉，而肩部不仅无釉，并黏附有窑内的落砂。其中装饰的印纹陶具有典型的江南特征，而所施绿色铅釉又具有鲜明的中原风格，而烧造方法更是十分罕见。为了解江南和中原地区陶器技术的交流提供了一件难得的珍品。（胡继根）

安吉县上马山西周至六朝墓葬

发掘时间：2009年2月～2010年2月

工作单位：浙江省文物考古研究所、安吉县博物馆

上马山墓地位于安吉县良朋镇，为配合良朋工业园区的建设进行抢救性发掘，共清理墓葬132座，出土文物1097件，其中西周至春秋时期的土墩墓7座，汉六朝时期的砖室墓16座，其余109座均为汉代土坑墓，出土的器物以汉代釉陶及硬陶器为主，器物种类包括鼎、盒、壶、瓿、罐、罍等，出土的铜铁器及

玉器还包括铜剑、戈、矛、铜镜、印章、壶、罐、釜、甗、盉、铁剑、铁削、玉口琀和耳鼻塞等。

土坑墓占所发掘墓葬的绝大多数，按照墓坑的形制结构及随葬品，土坑墓大体可分为三个等级，最高等级的墓葬墓坑平面呈“凸”字形，随葬品种类较为丰富，随葬品数量多达 40 ~ 50 件；中间等级的墓葬墓坑平面多呈长方形或近方形，少数在墓坑的一端有斜坡墓道，所出土的随葬器物多在 20 件左右；最低等级的墓葬墓坑平面均为长方形，随葬器物多数只有 1 ~ 2 件泥质陶器。

D78M8 是今年发掘的土坑墓中规模最大的一座，该墓墓坑平面呈“凸”字形，南北长 8.7、东西宽 2.1 ~ 5.4 米，墓坑深约 3.5 米。最为奇特的是，在该墓的中心墓坑外另有一周人工填筑的大坑，大坑的外围边界大体呈不规则的圆形，大坑的边壁呈斜坡状，坑内填土为挖掘墓坑的红色生土，而紧邻墓坑的外围一周另有宽约 0.4 米的人为夯筑的青灰色土带，平面形成坑外有坑、最外还有不规则大坑的特殊平面结构。该墓除后部的常见棺椁外，墓坑前端凸出的部分另有一木椁，椁内专门摆放随葬品。从墓坑的平面结构和特殊的营建过程来看，都是大墓所特有的。该墓出土的一件铜鸠，除细腻的纹饰和生动的造型外，腹部还有凸出的圆銎，极有可能是象征权力的鸠杖的端饰。

D90M1 是一座西周早期的平地封土掩埋的大型土墩墓。除墓底出土精美的原始瓷外，该墓的重要之处还在于，在封土墩的外围有 7 组单独放置的器物组，除一组的时代面貌与墓葬一致外，其余各组均明显晚于墓葬本体。这些器物组均分布在土墩边缘一周，各器物组间排列有序，与以前判断的一墩多墓的状态明显不同，基本判断应与后人对中心主墓的祭祀活动有关。

上马山墓群位于战国、汉时期的安吉古城遗址西北约 3.5 千米处。墓群的发掘不仅为建立完善本地区汉代墓葬的分期断代建立可靠的标尺，还为研究汉代墓葬等级、墓葬制度，研究古城的社会结构等综合课题提供了极为丰富的资料。（田正标　黄昊德）

绍兴县会稽村战国至唐代墓葬

发掘时间：2009 年 5 月 ~ 8 月　　工作单位：浙江省文物考古研究

所、绍兴县文物保护管理所

会稽村小龙斗、大龙山和南山前后相连，位于绍兴市区东南部，离市中心10千米左右。东面紧邻若耶溪，平水大道从大龙山和小龙斗的中间穿过，北与会稽山香炉峰景区和大禹陵景区相望。为了配合绍诸高速绍兴县段基建工程的需要，在绍兴县平水镇会稽村小龙斗、大龙山和南山墓地进行了抢救性发掘，共清理墓葬79座。

墓葬分为土坑墓和砖室墓两类，其中土坑墓55座，砖室墓24座。土坑墓形制保存较好，砖石墓破坏严重。所有墓葬中的葬具和人骨已朽。土坑墓以长方形为主，少数带墓道。土坑墓被盗较严重，出土随葬品较少。按形制差异可分为三型：带墓道的长方形竖穴土坑墓，极少，仅3座；长方形竖穴土坑墓，为主要墓葬形制，此次发掘的绝大部分土坑墓属于此类；近方形竖穴土坑墓，数量较少；长方形竖穴土坑木椁墓，仅一座。砖室墓的墓室以长方形单室为主，少部分带甬道。绝大多数的墓顶损毁严重，墓室结构保存基本完好。墓内出土随葬品较少，以陶器为主，还有少量铁器、石器和青瓷器。按墓顶和甬道的区别，可以分为三种形制，单室券顶砖室墓，带甬道的单室券顶砖室墓，单室仅墓壁砌砖的砖室墓。

出土遗物陶器占绝大多数，其次有少量的青铜器、铁器、瓷器、玉器等。由于墓葬基本被盗掘，因此出土器物大多残破不完整。陶器大部分是硬陶，有少量釉陶和软陶。器形有罐、壶、瓿、鼎和罍等。纹饰以弦纹、水波纹、叶脉纹为主，也有少量的鸟纹，主要装饰在器物的口沿、颈、腹、耳等部位。釉陶器釉层较薄，出现流釉和釉层剥蚀等现象。青铜器包括洗、甑、釜、铜镜等，除铜镜外，青铜器普遍保存不佳，胎壁薄、腐蚀严重。铁器以铁剑为主，腐蚀极甚。瓷器均为越窑青瓷。

墓地时代跨度极大，最早为战国时期，历两汉、六朝、至唐，其中以两汉墓葬为主。（郑建明　韩立江　陈关根）

绍兴县下灶村战国至唐代墓葬

发掘时间：2009年8月~10月

工作单位：浙江省文物考古研究所、绍兴县文物保护管理所

为了配合绍诸高速绍兴县段基建工程的需要，在绍兴县平水

镇下灶村张家山自然村的孙家岙、陆家岙和花猫山三处山坡进行了抢救性发掘，共清理墓葬近40座，三个山坡前后相连，位于绍兴市区东南部，离市中心约10千米，西距会稽村墓地约3千米。

墓葬分为土坑墓和砖室墓两类，其中土坑墓7座，砖室墓30座，以砖室墓占绝大多数。土坑墓形制保存较好，砖石墓破坏严重。所有墓葬中的葬具和人骨已朽。土坑墓以长方形为主，少数带墓道。土坑墓被盗较严重，出土随葬品较少。按形制差异可分为两种：长方形竖穴土坑墓为主要墓葬形制，此次发掘的绝大部分土坑墓属于此类；长方形竖穴土坑木椁墓仅一座。砖室墓的墓室以长方形单室为主，少部分带甬道。绝大多数的墓顶损毁严重，墓室结构保存基本完好。墓内出土随葬品较少，以陶器为主，还有少量铁器、石器和青瓷器。按墓顶和甬道的区别，可以分为三种形制，单室券顶砖室墓，带甬道的单室券顶砖室墓，单室仅墓壁砌砖的砖室墓。

出土遗物中陶器占绝大多数，其次有少量的铁器、瓷器等。由于墓葬基本被盗掘，因此出土器物大多残破不完整。陶器大部分是硬陶，有少量釉陶和软陶。器形有罐、壶、瓿、鼎、罍等。纹饰以弦纹、水波纹、叶脉纹为主，主要装饰在器物的口沿、颈、腹、耳等部位。釉陶器釉层较薄，出现流釉和釉层剥蚀等现象。铁器以铁剑为主，腐蚀极甚。瓷器均为越窑青瓷。

墓地时代跨度极大，最早为战国时期，历两汉、六朝至唐，其中以两汉墓葬为主。（郑建明　韩立江　陈关根）

湖州市白龙山西汉至南宋墓葬

发掘时间：2008年11月～2009年3月

工作单位：浙江省文物考古研究所、湖州市博物馆

墓地位于湖州市杨家埠镇西南约2.5千米的白龙山上，是在原自然山体的基础上人工堆筑熟土加高而成。墓地平面呈东南—西北走向的椭圆形，底径约150、高约15米。共发现、清理墓葬48座，其中汉六朝墓34座、宋墓14座。大部分墓葬早年被盗破坏，其中尤以占大宗的砖室墓盗扰甚为严重，土坑墓保存情况稍好。出土陶器、瓷器、铜器、铁器、石质器物等各类文物共计约110件。

墓葬分土坑木椁墓、土坑砖

椁墓、砖室墓三类。从墓形结构和出土器物判断，三类墓形之间有一定的承继、并存关系。

土坑木椁墓7座。平面均为长方形，以东西墓向居多。墓长1.5~4.5米，以3米左右居多，宽0.9~2.9米，以1.5米左右居多。墓壁平直，墓底经平整，有的墓葬葬具与墓壁间填以厚约10厘米的青膏泥。葬具及人骨普遍已朽蚀无存，从清理的葬具板灰和漆皮、枕木槽、随葬品的排列位置可知，木椁普遍设有棺室和放置器物的边厢。随葬品呈现出分类归放的迹象：铜镜、钱币、兵器等小件一般随身入棺；其余器物多置于椁的边厢内。各墓随葬品数量从几件到数十件不等。器物的基本组合有早、晚两组，早期为陶鼎、盒、钫、瓿、敞口壶、罐、罍，晚期为陶瓿、敞口或盘口壶、罐、罍。其他随葬器物有炊爨器、陶质冥币、铜镜、金属器小件等。土坑木椁墓时代主要集中在西汉中晚期。

土坑砖椁墓2座。均为东西向长方形墓。墓圹内用小而薄的长方形砖砌筑椁，椁顶盖木板，椁盖外设边框和挡土墙。随葬品以陶盘口壶、弦纹罐、梳状纹罍为基本组合，伴出有陶灶、铜镜等。时代主要集中在新莽至东汉早期。

砖室墓39座。普遍遭到盗毁。依平面形状可分为长方形、刀形、“凸”字形、“吕”字形四种。长方形、刀形墓均为单室券顶墓。“吕”字形墓均为前后室穹隆顶砖室墓。“凸”字形墓形式多样且最为流行，依平面形状可分为船形和长方形两种；依墓室结构可分为单室墓、前后室墓、左右室合葬墓三种；墓顶结构分券顶和穹隆顶两种；墓壁壁体和墓顶的砌筑分单层砖和双层砖两种。墓室面积2.54~30.84平方米，大部分墓葬面积集中在6~15平方米。总体来看，砖室墓通行于东汉晚期至南宋。砖室墓显著的特点有三：东汉晚期、孙吴、西晋墓墓砖纹样和铭文较为流行且多样；六朝墓墓室结构和平面形状较为复杂，甬道前多设有排水沟；宋墓则流行左右室合葬墓。

发掘的成果主要体现在：1. 各种墓葬形制及其随葬器物为研究该区域汉六朝时期墓葬的变革提供了材料。2. 土墩以及土墩内的家族合葬墓分区分组现象明显；而岗地上的各墓葬则呈现出向心分布的规律。3. 纪年砖室墓的发现为同批墓葬的断代提供了佐证。纪年砖铭有“永嘉元年”、“太康元年”两种。4. 出土了一批精品文物。其中釉陶麟趾金、鸮形陶罐、覆顶石、石屏风、石榻、金步摇头饰、四神仙人铜镜、铜鸠杖首等等，都是难得一见的精品文物。5. 墓砖、铜镜、钱币铭文和纹样具有一定的文字学、图像学价值。

本次发掘墓葬的年代跨度自西汉至南宋，墓葬续时性强，分布规律、信息含量大，是数年来杨家埠考古工作的重要成果之一，亦是浙江省内保存较好且具有重要学术价值的历史时期墓地之一。（刘建安）

安吉县西山边汉晋墓

发掘时间：2009年7月~9月
工作单位：浙江省文物考古研究所、安吉县博物馆

为配合杭州至长兴高速公路建设，于安吉县递铺镇西山边村西侧的山坡上清理汉晋墓葬13座。

汉墓9座。保存情况普遍较好，墓葬面积约为4米×2.5米。西汉墓7座，均为长方形竖穴土坑墓，墓向100°~110°。其中有6座墓分布于同一封土下，墓葬规格、墓向及出土器物基本一致，疑为家族墓。随葬器物呈一线分布于墓底一侧，葬具朽蚀无存。西汉墓出土器物有釉陶鼎、壶、瓿，陶罐、罍、钵、灶、纺轮，“五铢”铜钱、草叶纹铜镜、星云纹铜镜，铁矛等。东汉墓2座，墓向分别为85°、180°，均为“凸”字形单室砖墓，墓葬由墓室、甬道、封门、排水沟组成。墓底采用仿席纹地砖铺法，壁采用平砖顺砌法，券顶。东汉墓出土器物有陶灶、甑、罐，铁釜、铁刀，铜弩机，石黛板等。

晋墓4座。均为小型砖室墓，早年遭盗扰。墓形分刀形、“凸”字形、“吕”字形三种。墓底采用人字纹或仿席纹地砖铺法，壁多采用平砖顺砌法，券顶。劫余器物仅青瓷壶1件。墓砖长方形，规格基本相同，长28、宽14、厚6厘米。刀形墓墓砖砖面饰绳纹、长端面模印“咸康三年八月作”铭文，可为此类墓的断代提供参考。

同一封土下6座墓呈一线分布，各墓间无叠压打破关系，墓葬形制与出土器物基本一致，该迹象表明这是一组家族墓葬。这种迹象在安吉县良朋镇上马山汉墓群中多有发现。有迹象表明，这些汉墓应与安吉龙山古城有一定联系，相信随着考古材料的丰富，汉代故鄣县聚落形态、家庭组织、墓地制度等社会历史问题可望有所突破。（刘建安）

安吉县五福汉至六朝墓葬

发掘时间：2009 年 3 月～7 月、2009 年 9 月～12 月

工作单位：浙江省文物考古研究所

五福墓地位于安吉县高禹镇五福村，西距高禹镇 2.5 千米，西面紧邻浙江 04 省道，因安吉县高禹镇天子湖现代工业园区的建设，对工业园区建设所涉及的 9 座土墩进行抢救性发掘，共清理 31 座墓葬和 3 个窑。墓葬形制有土坑墓和砖室墓两类，以土坑墓为主，砖室墓较少。窑均为马蹄形。

窑址出土遗物较少，只有少量砖。墓葬随葬品较多，共出土随葬品 250 多件，按质地可分为陶器、瓷器、石器、铜器等，器类有罐、碗、壶、石黛板、弩机、铁戟、五铢钱、大泉五十和铜镜等。

综合墓葬形制、出土器物，此次发掘的 31 座墓葬，年代分属汉至六朝时期。窑址出土的砖与同一土墩砖室墓的墓砖形制相同，两者的年代应该一样。

本次发掘取得较大收获。

首先，D8M1 为竖穴土坑木椁墓，是夫妻同穴合葬，埋葬顺序清晰，尤为重要的是该墓只出土大泉五十，年代确切。该墓的发掘为研究王莽时期的埋葬习俗、完善浙江地区两汉墓葬的分期提供了重要材料。

其次，本次发掘的 D10M7 的墓葬形制尤其重要。M7 为竖穴土坑木椁墓，其埋葬顺序为先挖一个不规则的大坑，再用板筑法筑一个规则的墓坑，然后再下葬。这为研究两汉时期的埋葬习俗提供了新资料。

最后，D11 三座马蹄窑出土的砖块与同墩的砖室墓的墓砖形制相同，这为马蹄窑的功能提供了重要资料。（黄昊德）

上虞市积山东汉至六朝墓葬

发掘时间：2009 年 7 月～11 月

工作单位：浙江省文物考古研究所

为配合绍诸（绍兴至诸暨）高速公路建设，对上虞市道墟镇长娄村附近山麓进行了考古发掘。发掘区域位于积山下丘陵地段，高速公路从山脚横穿而过，所处山麓地段约长 400 余米，由于高速公路山地赔偿问题进展缓

慢，仅就长约100米的地段进行了考古发掘，勘探面积5000余平方米，发掘东汉至六朝墓葬27座，除1座土坑墓外，其他26座券顶砖室墓都曾被盗掘，其中出土随葬品的墓葬有14座，共出土铜器、铁器、青瓷器、陶器63件（组），其中有三国西晋时期的早期越窑青瓷狮形烛插、羊尊、四凤系盘口壶、仿铜簋、盆、罐、钵、盘、耳杯、猪圈、鸡笼、香熏和唾壶等。发掘所获对于研究三国西晋期间上虞地区的墓葬形制和埋葬习俗，以及对早期越窑青瓷的研究都提供了重要的实物价值。（徐军）

安吉县梅家山与童家山东汉至宋代砖窑

发掘时间：2009年8月~9月

工作单位：浙江省文物考古研究所

梅家山、童家山位于安吉县递铺镇南北庄村华严寺自然村北侧，均系比较低矮的小山，童家山在东，梅家山在西，两山相隔约300米。配合杭长高速公路二期工程进行抢救性发掘，共发掘清理古代烧砖窑炉遗迹8座，其中梅家山4座，童家山4座。发现的窑炉遗迹窑顶均已破坏，下部大多保存完整。从窑室平面形状区分，窑形有方形、圆形和长条形三类。

方形窑炉有5座，分别为梅家山Y1、Y2、Y4和童家山Y1、Y2。此类窑炉系挖入生土而建，壁和底均未用砖坯垒砌和铺垫，直接为泥壁。窑壁内面烧结呈青灰色，外呈紫红色。窑室平面基本呈方形，长2、宽1.9米左右，底部平整，烧结面呈青灰色，窑壁普遍残高1.1米左右，1米以上开始起拱。火膛位于下坡面，平面呈三角形，低于窑室20厘米左右，底部烧结面呈紫红色，火膛口宽30厘米左右。位于上坡面的后壁设有左、中、右三个长方形竖直烟道。窑前操作面只有顺山坡向下倾斜之势，高低不平，未见人工遗迹。窑内底部堆积中有大量当时最后一窑废弃的残碎砖。童家山Y2的窑室底部甚至残留有一批排列整齐、因尚未烧透而未被取走的废砖，这一迹象可作为此类窑炉当是烧砖的直接依据。所留之砖均横侧立放置，横排，每块砖之间留有5厘米左右的空隙便于火焰的流通，每横排之间也有较大空隙，从后排砖上观察到的朝上侧面上均有四点叠烧痕迹，可知装烧时砖坯系横竖交叉侧叠。这些窑炉内发现的残或整砖，多呈青灰色，未烧透者呈灰黄色，甚厚，多数极酥软。砖形除规矩长方砖外，还有刀形和楔形，有的端面呈凹弧形，烧造的明显为建墓之砖。砖纹正面绳纹，侧面交叉纹和少量钱纹。时代为东汉至六朝早期。

圆形窑炉有 2 座，分别为童家山 Y3 和 Y4。以 Y4 保存较好，结构最为清楚。半地穴式，未用砖坯砌筑，泥壁。窑室平面形状基本圆形，底部平整，南北直径 3、东西直径 2.8 米，火膛设在朝下坡面，火膛与窑室之间用斜向圆形火道相通，火焰通过火道进入窑室。与火膛相对的上坡面后壁中心位置有烟道，烟道底部用长条砖砌出两个烟孔，烟通过烟孔流入烟道排出窑外。在火膛的西侧，设有窑门，用于装窑与出窑。窑门底部同时设置有一条排水沟。窑壁、窑底、火膛、烟道均烧结坚硬。窑底未留产品，但从窑内外填土中出土有一些残砖情况分析，此类窑也应是烧砖。所见砖全为素面，规格不一，其中有宋代的长条香糕砖，窑内和窑前填土中又见一些宋代青瓷残碗。由此可基本判定此为宋代或稍后的砖窑。较第一类方形窑时代要晚得多。

长条形龙窑仅 1 座，系梅家山 Y3。窑炉平面呈长条形，半地穴式，泥壁，长 6 米余，宽 1 米余。此窑不但分布上与常见龙窑顺山坡而建的特点不相一致，它是在朝北的山坡上基本东西向横布，与山坡成垂直交叉，窑底基本呈水平状。而且结构上也显得甚为特别，朝下坡的长侧面设有多处窑门，排烟孔设在东端窑壁正中，火膛并未设在与排烟孔相对应的西壁，而是也设在朝下坡的长侧面之西端。下坡侧的窑外还发现东西向两排柱洞，应系当时的防雨建筑遗迹。发掘时，窑底和周围基本未见遗物，更未有可确定的窑炉产品发现，故年代难以判断，但总体感觉年代较晚，而且基本可判断也系砖窑。

梅家山和童家山砖窑的发掘具有以下几方面的学术意义：

1. 浙江是瓷器的故乡，古代窑址在浙江极为丰富，但砖窑发现并不很多，特别是野外依据明确的砖窑发现更少。类似梅家山和童家山发现的第一类汉六朝方形窑炉，在以往其他地方的发掘中也曾有一些发现，但均因野外迹象的不够明确和不足而难以肯定其为砖窑，本次梅家山和童家山发掘以十分明确的野外依据，可确认此类窑炉系烧砖的砖窑，而且是专烧墓砖。因此，梅家山和童家山的发掘，系首次发现的迹象明确的砖窑，它为其他类似窑炉烧造产品的判断，提供了重要的资料。

2. 梅家山和童家山窑址数量较多，分布集中，较多不同历史时期的烧砖窑炉先后分布在这一地点，这本身就是一个比较重要的发现。从窑炉形态结构上比较，各时期砖窑都有所不同，从中我们也可看到各时期砖窑窑形的差别，汉六朝时期窑室基本呈方形，火膛连在窑室的前方，宋代窑室基本呈圆形，火膛设在窑室外侧。宋以后可能变成了形式特殊的横长条形龙窑。因此，梅家山和童家山较多砖窑的发现，对研究探索各历史时期砖窑形制结构的发展演变关系，同样具有比较重要的意义。（陈元甫）

上虞市后称山东晋与唐代墓葬

发掘时间：2009 年 11 月 ~ 2010 年 1 月

工作单位：浙江省文物考古研究所

为配合杭甬高速铁路基本建设，对上虞市道墟镇新民主村附近后称山山麓进行了考古发掘。发掘区域为高速铁路隧道口，所处山麓地段约长 30 余米，发掘东晋墓葬 7 座，唐墓 2 座，墓葬都曾被盗掘，其中东晋咸康二年（336）纪年墓一座，出土瓷盅 1 件；唐贞观十一年（637）纪年墓葬一座，出土青釉瓷罐 1 件，黑釉瓷碗 1 件。发掘丰富了东晋和唐代的墓葬资料，为相关研究提供了确切的纪年资料。（徐军）

绍兴市下新埠六朝与宋墓

发掘时间：2009 年 5 月 ~ 7 月

工作单位：浙江省文物考古研究所

为配合绍兴至诸暨段高速公路建设，浙江省文物考古研究所于绍兴市越城区下新埠村大坳山南麓清理古墓葬 25 座。墓葬均为砖室墓，墓向以南偏东居多，墓葬早年经严重盗扰，人骨及葬具无存，劫余随葬器物极少。

六朝墓葬 15 座。分布于山麓下部，可分为三横排，自下向上每排墓葬数量分别为 8、4、3。均为中小型单室墓，墓室面积多集中在 5 平方米左右。墓形分长方形和“凸”字形两种，“凸”字形单室墓多于甬道前设封门墙和排水沟。墓壁砌法多采用“三顺一丁”，个别墓葬采用“四顺一丁”砌法。墓顶分券顶和叠涩顶两种。墓底铺砖多采用平砖横铺法，个别墓葬地砖采用仿席纹或人字纹铺法，极个别墓不铺地砖。出土的劫余器物有青瓷盏、青瓷壶、青瓷罐、铁剪刀、铁刀等。墓砖规格多为长32、宽16、厚4厘米。砖端面多饰钱纹、几何纹组合纹饰。

宋墓10座。分布于山麓中下部，较六朝墓位置略高。亦呈现排葬的特征：自下向上分两排，墓葬数量分别为3、7。均为小型长方形单室墓，墓室面积多集中在2.1米×0.7米左右。墓底的处理分砖铺、石板铺和无铺垫材料略经平整三种。墓壁砌法均为平砖顺砌法。大部分墓葬采用石板拼合盖顶；石板属石灰岩，材质粗劣，略经修凿。个别墓墓底铺设有两列砖，是为棺垫。出土器物有陶罐、铜镜、银耳环、玛瑙珠、“崇宁通宝”铜钱、“崇宁重宝”铜钱等。墓砖均素面，长24、宽10、厚6厘米。

绍兴市县一带东周时期乃越国政治经济文化中心，六朝、宋时期为经济文化发达区域，南宋时期该区域更是江南经济重中之重，宋六陵又位于该区域。下新埠发现的六朝、宋墓为探究绍兴区域历史文化提供了实物材料。(刘建安)

安 徽 省

固镇县垓下新石器时代及汉代遗址

发掘时间：2009年4月～10月
工作单位：安徽省文物考古研究所

固镇县垓下遗址相传为楚汉之争垓下之战的古战场，为明确遗址的内涵，编制文物保护规划，自2007年开始至今已连续3年进行了钻探和发掘。

今年在遗址的西北角较大面积布方，实际揭露和挖掘面积423平方米。发现大汶口文化晚期城墙、壕沟、排房、台基、墓葬等遗迹，并清理了部分汉代灰坑和水井等，出土了一批新石器时代与汉代的陶、石、骨器与铜、铁器。

此次发掘在城墙内侧发现了丰富的文化层，主要分属于两个时代。上层属秦汉时期，厚约0.6米，下层约属于大汶口文化晚期，厚1.3～1.5米。

通过解剖沟基本解剖了北城墙和壕沟，明确了城内地层、城墙以及壕沟的叠压和连接关系。发掘显示，北城墙较东城墙保存略差，耕土下即见新石器时代城墙，城墙残高约2米，基宽约22.5米，顶部残宽约7米，系堆筑而成，墙土密实坚硬，但未见明显夯打迹象。

宿州市芦城子新石器时代至唐宋遗址

发掘时间：2009年6月~9月
工作单位：安徽省文物考古研究所、宿州市文物管理所

芦城子遗址位于宿州市桃园镇芦城子自然村东50米，浍河北岩一台地上，总面积约6万平方米。新建的钱营子煤矿铁路专用线东西向从遗址中部穿过。为配合该项目建设，对铁路专用线所经区域进行考古勘探和抢救性发掘，发掘面积4000平方米。

该遗址地层堆积可分为6至11层，延续时代从大汶口文化、龙山文化、商周、东周、汉到唐宋，发现清理房屋基址18座、灶3处、水井2口、古窑址4座，灰坑包括窑穴140余个，壕沟5条、墓葬27座。初步整理出土文物标本900余件，器物种米有石器（锛、凿）；陶器（鬶、鼎、壶、罐、杯、纺轮、网坠等）；铜器（熨斗、三足器、箭镞）；玉器（玦、兽面形器）；骨器（针、锥、管、镞、锛）；蚌器（刮削器、刀、三孔器）；瓷器（罐、豆、碗）；铁器（刀、削、环）。

芦城子遗址延续时间长，遗迹丰富、出土文物种类繁多，是皖北地区一处较为典型、具有一定代表性以新石器时代遗存为主体的古文化遗址。它的发掘对研究周边地区新石器时代中晚期的文化特点具有重要意义。（任一龙　贾庆元）

蚌埠市禹会村龙山文化时期遗址

发掘时间：2009年
工作单位：中国社会科学院考古研究所

禹会村遗址位于蚌埠市西郊涂山南麓的淮河东岸。发掘面积2500多平方米，揭示了龙山文化晚期淮河流域一处大型的祭祀场所。

重大收获之一：全面揭露了一处面积为2500多平方米的大型祭祀台基。分别是用灰土、黄土、白土自下而上堆筑、铺垫而成，最后形成了一个巨大的白土覆盖面。同时，在祭祀台面之上的中轴线部位，又由北往南分布有柱洞、沟槽、烧祭面、方土台

和呈南北一字排列长达50米的带有柱洞的长方形土坑，以及台面西侧长近40米的祭祀沟等重要设施，尤其是近100平方米的烧祭面和之上的沟槽以及数块磨石，陶甗等遗迹、遗物和排列有序、整齐划一的35个柱洞，显现出了当时的祭祀规模和复杂内容。

重大收获之二：三种不同类型的祭祀坑丰富了祭祀的内容和形式。在相距大型祭祀台基约100米的西南部，除发现埋藏有单件较完整陶器或磨石的小型灰坑外，还发现了三种经过人工挖制并且埋藏有别的遗物的大型祭祀坑。三种祭祀坑的出土器物，显示出了两种不同的现象，一是小型器物如蛋壳陶类的高柄杯，器形规整，制工讲究，火候较高，应为陶器中的高档品；二是大型陶器，多见鬶、盆、罐、鼎、器盖等，火候较低，制作粗糙，陶质极为酥松，有的甚至在清理后能明显看出器物的造型，但却无法提取，而修复起来的陶器多数有严重变形，应该不为生活中的实用器，而应属于专为祭祀而烧制的祭器。（据《中国文物报》2010年1月22日）

长丰县古城夏商周时期遗址

发掘时间：2009年9月~11月
工作单位：安徽省文物考古研究所

古城遗址位于合肥市长丰县下塘集镇汪店村刘小庄南500米处，地理坐标为北纬32°、东经117°，是淮河流域一处商周时期的岗地遗址。遗址的整个地势是中部高南北两端低，平面呈不规则形，南北和东西最长处都约有200米，总面积约为3万平方米。遗址中部原是一处现代墓葬密集分布的公共墓地，高出遗址的南、北部和周边农田2米左右，也是遗址的主体部分；北部为旱地；南部是一片杨树林。为配合京福铁路合蚌段的建设，对该遗址进行了抢救性发掘。布10米×5米的探方10个，10米×2米的探沟5个。

根据遗迹间的叠压打破关系和遗物特征分析可知：古城遗址可分为夏商和周两个时期。

夏商时期的遗迹16处，其中房址1处，灰坑5处，沟1处，柱洞9处。遗物包括石器、陶器和兽、卜骨。石器共发现14件，除个别磨制精细外，其他均制作粗糙。完整者很少，大多残损。器形有石刀、石锛、砺石等。陶器完整者很少，分为夹砂、泥质两大类。夹砂陶有掺和细石英岩砂砾的现象。陶器烧成温度较低，吸水性大，多为红褐陶、灰陶，并有少量黑陶、红陶和粉红色陶器等。陶器多轮制成形，个别器物为捏制和盘筑。器表装饰简单，绝大多数陶器为素面，纹饰多见弦纹、凸棱纹、附加堆纹、绳纹和网格纹，并有少量雷纹。器类有鼎、罐、鬶、甗、平底尊、豆、蘑菇纽器盖、鬲、碗、钵等。有少量兽骨、卜骨出土。

周代时期遗迹17处，其中房址2处，灰坑13处，沟1处，柱洞1处。遗物包括石器、陶器、铁器和个别兽骨。石器有7件，均通体精磨，完整者较少，大多残损。器形有石刀、石斧、石凿和石纺轮。陶器完整者也不多，分为泥质、夹砂和硬陶三大类。夹砂陶也有掺和细石英岩砂砾的现象。以夹砂红褐陶最多，其次为泥质灰陶，并有少量黄褐陶、黑陶、黑皮陶等，纹饰以素面为主，其次为粗绳纹，并有少量弦纹、网格纹、细绳纹、间断绳纹、附加堆纹、指窝纹、乳丁纹、戳印纹和回纹等。器类有鼎、豆、罐、鬲、盆、钵、簋、陶拍、陶纺轮、甗和器盖等。出土铁器1件，应为工具。有个别兽骨出土。（陈小春）

繁昌县板子矶周代遗址

发掘时间：2009年1月~5月

工作单位：安徽省文物考古研究所

板子矶遗址位于繁昌县荻港镇新河村西北约0.7千米，东南距繁昌县城约20千米，紧邻长江南（东）岸。遗址位于板子矶东部，近椭圆形，面积约4000平方米，文化堆积厚约3~6米，是迄今安徽省发现距离长江最近的一处古遗址，时代为西周中期至春秋晚期。板子矶曾是明末著名抗清将领黄德功英勇抗击清军的地方，也是1949年4月23日中国人民解放军渡江第一船的登陆点，上面有黄公阁、明塔、鹊喜庵等遗迹和中国人民解放军渡江纪念碑。

为配合板子矶旅游开发项目龙王庙恢复重建工程，对板子矶遗址进行了局部重点发掘，发掘面积100平方米，出土陶器、原始瓷器、石器、青铜器等各类文物30余件，同时出土了一批丰富的实物标本。

发掘区域文化遗存堆积厚2.9~4.2米，统一地层后共分为15层。遗迹只发现了两个灰坑。出土遗物以陶器为主，印纹陶占较大比例，主要器类有鬲、鼎、豆、甗、罐、瓮、盆、钵、碗、盘和陶拍等。纹饰有绳纹、弦纹、附加堆纹等，其中，印纹陶纹饰丰富，有席纹、回纹、重回纹、云雷纹、网格纹、叶脉纹等。原始瓷器主要有碗、豆、罐等。石器有石锛和石刀，青铜器有镞。

板子矶遗址所在的芜湖以及再往西南的铜陵地区均属于宁镇地区，在文化面貌上最迟从新石器时代晚期开始便表现出很大的一致和相似性，并始终与隔江相对的江淮地区相互交流和影响。到了春秋晚期，少数器物如细柄高把豆与江淮楚地同类器已经看不到明显的区别。这说明春秋中晚期吴、楚两国不仅在军事上战争频繁，而且在文化上相互渗透。在具有“吴头楚尾”之称的马鞍山、芜湖、铜陵地区，这种文化交流反映得更加明显。（叶润清）

肥东县公安战国西汉墓群

发掘时间：2009 年 7 月 ~10 月

工作单位：安徽省文物考古研究所

该墓群所在地为合肥市循环经济园园区用地（原名肥东化学工业园），位于肥东县撮镇镇义和社居委（原肥东县长乐乡公安行政村）。2005 年 6 月对园区一期工程进行了调查，共发现文物点 9 处，其中包括古遗址 4 处、古墓葬 5 处。2007 年 7 月对这些文物点进行了考古钻探，共探明古遗址 4 处，总面积达 294940 平方米，古墓葬 78 座。

今年为配合园区的基本建设，对该园区内的 3 处墓葬点进行了抢救性发掘。分别在义和社居委田熊村民组发掘墓葬 19 座、公安村发掘墓葬 18 座，共计 37 座。除 3 座破坏较严重的砖室墓外，其余均为土坑竖穴墓。

墓葬形制基本为长方形土坑竖穴墓，带斜坡墓道，部分墓室内有二层台。

随葬器物主要为陶器，有罐、壶、钫、豆鼎、盘、盒、瓿等，大部分墓葬中均随葬有铜镜，也有少量墓葬随葬有戈、矛、箭等青铜兵器。尤其是 09FGM7 等墓葬出土了玉璧、玉龙佩等随葬品。

这批墓葬的发掘，大大丰富了合肥东部战国至西汉时期古墓葬资料，为研究该地区当时的社会、经济发展、葬俗等提供了重要的物质和文化资料。（余飞）

歙县宋代龙窑与清代民居及皖南清代本活字雕版

征集时间：2009 年

工作单位：安徽省博物馆

2009 年年初，在皖南地区征集黄山市屯溪区、祁门县清代木活字雕版等民俗文物两批，清代木活字 100 余块，共计 10000 余枚，其中部分刻有“程氏族谱”等字样，是清代徽州地区印刷作坊印制“族谱”的重要文物。

抢救性地征集了歙县桂林镇一座宋代龙窑，整体搬迁复原到安徽省博物馆新馆展厅。其体量巨大，保存完好，展现出我国南方地区青瓷的烧造工艺流程，将成为安徽省博物馆新馆的一大亮点，也将成为该馆进行社教活动的一个重要场地。

经过与黄山市文物部门联系，多次赴现场调查，通过专家的数次论证，选定了歙县霞坑镇的一处清代民居建筑（县级文物保护单位），即将搬迁复原到新馆展厅。此处民宅体量适中，保存完好，雕刻精美，是清代徽派建筑的典型代表，作为“徽州古建筑陈列”的重要组成部分，集中展现徽派建筑的魅力与精髓。

配合“安徽历史文化陈列”隋唐大运河的展示，征集濉溪县一批瓷器。还征集了明清到民国时期的大量珍贵的徽商文献资料和徽州地区民俗文物等。（卞坚）

福 建 省

平潭县小练岛东礁村宋元沉船遗址

调查时间：2009 年 7 月～8 月

工作单位：福建博物院文物考古研究所、中国国家博物馆水下考古研究中心

遗址位于平潭小练岛东礁村东面约 100 米的海域，其东面 150 米即为航道，低平潮时水深约 19～21 米。该遗址于 2008 年福建沿海水下考古调查时发现，发现时已被渔民盗捞过。2009 年，作为第五期全国水下考古专业人员培训班的实习地点，学员们对该遗址进行了详细的调查和局部试掘，进一步了解遗址的内涵，并采集了一批标本。

遗址离岸较近，大部分为泥底，只有在东北部有部分礁石露出海床。遗物分布范围约2000多平方米，散落在海床表面或埋藏在灰色淤泥中。经过试掘，淤泥厚约0.5米，中间夹杂较多破碎的陶瓷器残片，在其下面有一层较硬的青灰色胶泥，中间不见遗物。此外在遗址表面还发现五块碇石，其中最长一块长约3、宽0.2、厚0.1米，中间有一道凹槽，宽约0.1米。采集标本中以陶罐、瓶居多，从造型、胎釉工艺来看，其应为江浙一带窑址生产。此外还有部分青白釉碟、执壶、碗、盘、黑釉盏以及青釉碗、洗等。这些产品应为福建本省的一些窑址和龙泉、景德镇窑生产，年代则为宋元时期。（羊泽林　廖富魁）

平潭县与漳州市沿海水下考古调查

调查时间：2009年7月~9月

工作单位：福建博物院文物考古研究所、国家博物馆水下考古研究中心

今年组织全国各地的水下考古队员，对福建平潭海域和漳州龙海海域进行了重点调查，这次调查除了复查几处以往发现的沉船遗址，还新发现三处水下文化遗址。

1. 平潭大练岛西南屿宋代沉船遗址

遗址位于平潭大练岛北部西南屿的西南面约100米处，低平潮时水深35米左右。海床大部分为礁石底，局部低洼处为淤泥。遗物分布范围有数百平方米，主要为龙泉窑青瓷，器形有碗、碟等，遗址表面还可见船体残骸。

2. 漳州龙海九节礁清代水下文化遗址

九节礁位于龙海浯屿岛的东面，西距浯屿岛约1000米。为明礁，上有一灯塔，旁边还有一暗礁，名重礁。遗址为礁石底，低平潮时水深约5~6米，中间淤积一些泥沙，遗物散落于礁石之间，分布范围数百平方米，主要为青花盘、杯、勺等。

3. 漳州龙海白屿清代水下遗址

遗址位于龙海白屿岛的西北面约30米处，低平潮水深4~5米，礁石底，遗物散落于礁石之间，分布范围约500平方米。主要为青花盘、杯等，内涵与九节礁清代水下遗址相近。

今年调查新发现的三处水下文化遗址均位于古代海上丝绸之路上，采集的文物标本基本上均为陶瓷器，其产地包括福建本省

窑址、龙泉窑等。这些产品在西沙海域以及东南亚等地均有发现，应为典型的外销商品。这些水下文化遗址的发现，为今后这一地区进一步开展水下考古工作，加强当地的水下文化遗产保护与研究以及探索海上丝绸之路、研究海外交通史、陶瓷贸易史等提供了大量的重要依据和实物资料。（羊泽林　宋蓬勃）

江　西　省

靖安县老虎墩新石器时代遗址

发掘时间：2009 年 10 月～12 月

工作单位：江西省文物考古研究所、厦门大学历史系考古专业、靖安县博物馆

老虎墩遗址位于靖安县高湖镇中港村委邓家自然村东侧水稻田中间，属于高湖—水口盆地的中心地带，是一处土墩类型的古文化遗址，现存面积 3000 余平方米。发掘布方 23 个，发掘面积 600 平方米。清理了新石器时代晚期宗教祭祀广场，以及与祭祀有关的墓葬 63 座和红烧土建筑遗迹一处。出土各类陶器、石器文物 1000 余件。

1. 石器制作具有区域性特点。大量使用双肩石斧、大石斧、有段石锛。这类石器采自河床卵石，石质坚硬，个体巨大，形体规范，不注重最后的磨制，稍微对刃部加工即可使用。一些小件石器如穿孔石刀、石镞等磨制精细。

2. 陶器主要为泥质灰陶、夹砂灰陶和黑皮磨光陶，少量夹砂红陶。器物表面主要为素面磨光，少量装饰篮纹、绳纹、弦纹，流行穿孔装饰。大量出土鼎足、壶圈足、罐口沿和鬶袋足。鼎均为深腹罐形鼎，不见浅盘鼎或盆形鼎。鼎足形制非常单一，只见侧装的一种，其截面呈方形或长方形，两侧一道或两道纵沟，部分在正面有按窝。流行鼎、豆、壶、罐、鬶等。出土了一批黑皮磨光的高圈足镂空觚，在江西其他地区未见；多样的高圈足直腹壶、器盖等，也是该遗址独具的造型特点。

3. 发现了江西迄今最早的史前祭祀台遗迹，清理了与祭祀有关的墓葬 63 座，以及与祭祀相关的红烧土建筑遗迹。

祭祀台采用比较纯净的黄色黏土层层堆筑而成，分布在整个

发掘区，已发掘面积约600平方米，还延伸至发掘区之外。黏土纯净，少含杂质和人工制品；祭祀过程中，层层掩埋墓葬，层层堆筑黏土，最终形成祭祀台，局部厚约80厘米。

祭祀台大致分为三个区域。

中部为方形土台，东侧分布有密集柱洞，南部为一组红烧土建筑，北部为密集排列的墓葬群。中部方形土台分布范围约20~30平方米，高出墓葬区约30厘米，垫土含沙性，层次清晰，坚硬，极少有出土物，系人为拍打形成；东侧密集的柱洞，形状不明，似为土台建筑的一部分。

红烧土建筑分布在土台南部。东西长约16、南北宽约10米，大致呈东西向布局。现存红烧土堆积厚度最厚约30厘米。发现一组四个大型柱坑。柱坑直径约60、深40厘米，内填埋纯净的红烧土粒，内含碎陶片，系加工夯实而成。柱坑围成长宽均5.7米的方形空间，面积达30余平方米。红烧土上还发现大量密集分布的柱洞，可能是建筑的小隔间或隔墙。从残存迹象分析，该组建筑还向东西延伸，应与祭祀台共存。

在北部，为密集的墓葬分布区。墓葬分为数层，现发掘的为第①层。第①层墓葬均为东西向排列，少数有打破关系。墓葬为土坑墓，少量有烤壁，长80~110厘米，宽约40厘米，深20~25厘米，墓穴填土多为黑色灰土，内有火烧过的骨渣以及残破的陶器，陶器的种类主要有豆、壶、器盖，还有的墓葬出土了鬶、觚等，少量有鼎足。从剖面分析，第一层墓葬下还有多层墓葬分布。

老虎墩遗址新石器时代遗存堆积的年代在距今4500~4000年左右。其陶器具有自身特点，可能属于一支新的文化类型。（徐长青）

临川区架上金钟新石器时代至商周时期及元明清遗址

发掘时间：2009年2月~4月
工作单位：江西省文物考古研究所、抚州市文物博物管理所

遗址位于抚州市临川区桐源乡翁坊自然村，西南距桐源乡政府驻地约3000米，西距南昌至江边村铁路约800米。遗址处于村南面的一椭圆形土墩上，高出周边水田约0.5~3.5米，面积

约1万平方米，遗址周边由西南至东北有1条土埂环绕，土埂上窄下宽，最宽处约1~2米，残高约0.6米。土墩与土埂结合，平面形似钟、架组合，当地俗称架上金钟，亦名钟形墩。

因为向莆（江西向塘至福建莆田）铁路工程建设的需要，对遗址进行了抢救性考古发掘。在铁路通过遗址一带（铁路桩号DK72+300）依铁路走向共布5米×5米探方32个，方向北偏西35°，发掘面积总计800平方米。文化堆积主要为新石器时代晚期至春秋早期遗存，另有少量元明清时期遗存。

该遗址文化堆积共分7层：第②层为元明清时期堆积，第③层为春秋时期堆积，第④层为商周时期堆积，第⑤层~第⑦层为新石器时代堆积，其中新石器时期和西周时期堆积是主要的。共清理新石器晚期房基1座、西周时期墓葬17座，出土大量新石器晚期至春秋早期的石器、陶器和原始瓷。石器有斧、锛、刀、镞和砺石等。陶器有鼎、鬲、罐、豆、尊和甗形器等。陶器有软陶和硬陶。软陶多为素面红砂陶，纹饰多为戳刺纹、捏窝纹。硬陶均为几何印纹陶，以云雷纹、方格纹、曲折纹、菱形方格纹、“S”形纹、“米”字纹居多。

此外在该遗址上还清理了元、明、清时期的文化遗存多处，其中元代墓葬1座，明代灰坑2个，清代墓葬1座。出土了部分元、明、清时期的遗物，主要为青白瓷、白瓷、青花瓷和龙泉瓷。器类有碗、盘、杯、碟和香炉，以碗类为主。

该遗址位于赣抚平原上，文化层堆积普遍达到1米，年代自新石器时代晚期，历商代、西周、春秋早期，遗迹、遗物非常丰富，地层叠压、打破关系清楚且年代相互衔接，中间无缺环，对架构赣抚平原先秦时期考古学文化序列提供了可靠的年代标尺。此类型的土墩类遗址在江西境内分布数量亦不太多，尤其是保存完好的环壕聚落更为罕见。此遗址的发掘，对于我们了解史前、商周时期赣抚平原人类的文化面貌、性质和考古学文化特征及相关的聚落形态具有重要学术价值和意义。（余江安　饶华松　付忠谟）

万年县坐山商周遗址

发掘时间：2009年8月~9月

工作单位：江西省文物考古研究所、万年县博物馆

遗址位于万年县湖云乡楼前

村村后西北方的小山上，属小盆地的边缘，面积约2000平方米。为配合德安至南昌高速公路项目施工，对遗址进行了抢救性的发掘。根据地貌和高速公路线路情况，选择遗址文化层堆积较厚的山顶东部平台，共开5米×5米的探方50个，总计发掘面积1250平方米。

由于遗址在发掘前已被破坏，发掘时只剩下30厘米厚的文化层堆积，时代属于商代晚期，文化层之下即为生土或岩体。

遗迹有灰坑3个、房址1处和残陶窑1个。灰坑均为圆形，较浅，深度不超过40厘米。房址西侧由于取土已被破坏，东侧残留五个柱洞围成一个直径约4.3米的半圆形，中间还有一个柱洞，中心柱洞北侧有一块面积在1平方米的红烧土。柱洞直径在20厘米左右，深40厘米左右。陶窑只残留底部两条火道，呈“山”字形。火道底部宽30厘米，残长约1米，弧壁，底部用小石子铺成。

遗物有石器和陶器，完整和可复原器物有30多件。石器均磨制，有石镞、有段石锛、石斧、石矛和砺石，以及一些半成品。陶器有罐、鼎、甗形器、缸、鬶、钵、器盖、纺轮和马鞍形穿孔陶刀。总体上看，器形以圜凹底器为主，高领的深腹罐最为多见，甗形器也出土较多，有少量的三足器，平底器只有一个平底钵。器物内壁都凹凸不平。陶色有灰陶和红陶两种；陶质可分为夹砂和泥质，夹砂和泥质陶中硬陶都占多数，制作较规整，火候较高。陶器表面均压印有各种几何纹饰，可见到凸点纹、方格凸点纹、叶脉纹、曲折纹、错落细方格纹、云雷纹、弦纹、附加堆纹和绳纹等纹饰；以凸点纹、曲折纹、云雷纹和叶脉纹最为丰富。组合纹饰比较常见，一般是凸点纹、方格凸点纹或云雷纹在器物的上部，曲折纹或叶脉纹分布在器物的底部。纹饰一般较大，但压印的不很规整，显得较错乱而不是很清晰。

在坐山遗址周围的小山山顶台地上，普遍可以找到和遗址出土物一致的陶片，其中在遗址北侧距遗址约1千米的白马湖边的斋山遗址堆积最厚达1米以上，面积也最大接近2万平方米。可以推断，万年存在一个以斋山为中心的商代文化区，坐山遗址处于这个区域的边缘地带。坐山遗址出土的陶器与鹰潭角山窑址出土的陶器相似但时代似乎稍晚，接近商末周初，两者之间应该存在较紧密的联系和延续性。（王意乐　崔涛）

德安县毛家岭商周遗址

发掘时间：2009 年 8 月 ~9 月
工作单位：江西省文物考古研究所、德安县博物馆

毛家岭商周遗址位于德安县丰林镇毛家岭山包上，总计发掘面积 1500 平方米，揭露有商周时期遗迹，出土了一些商周时期的生活用器等。

遗迹发现有灰坑 1 座（2009DMH1），位于 T9 的西部，被压在 T9 西隔梁下面，方向为北偏西 20°，开口于①层下，打破②层直至生土。灰坑呈不规则状，弧壁底似锅底状，坑口距地表 10、坑长 182、宽 122、深 41 厘米。坑内填土为灰黑色土，土质紧密，内含大量炭屑及少量石头。应为商周时期灰坑。出土少量陶器残片、罐等。

德安毛家岭遗址出土了少量的商周陶片及石器等，陶器有鼎足、罐等，还出土了少量的印纹陶片，纹饰复杂，主要以方格纹为主，同时还有曲折纹、叶脉纹和网窝纹等，石器则有磨制精细的石钺、石刀、石锛等。从出土的遗迹和遗物，可以看出当时人们生活现状以及制作工艺的水平。（余江安　胡胜）

大余县鹅湾里周代遗址

发掘时间：2009 年 9 月 ~10 月
工作单位：江西省文物考古研究所、大余县博物馆

遗址位于大余县新城镇南丰村老周屋东南 1.5 千米处的山包上，分布面积约 8000 平方米。因西气东输二线工程建设，对遗址进行了抢救性发掘。此次发掘计开 5 米 ×5 米探方 40 个，发掘面积 1000 平方米。

地层堆积简单，因近年平山种树活动扰乱严重，遗物几乎全部出土于扰乱层中。此次发掘出土了少量石器、陶片和瓷片，所属时代跨度较大，自周至唐。周代遗物有少量石器和陶片，石器均为小型石刀，陶片以泥质灰陶为主，纹饰有方格纹、菱形纹、席纹、云雷纹、弦纹、篦纹和麻布纹等，其中以方格纹、曲折纹为主。由纹饰以及陶质陶色来看，时代自西周中晚期直至东周；汉代遗物有双唇罐、砖、瓦等，其中陶片纹饰与距此 4 千米的寨上汉代遗址相同；另出土有少量南朝、唐代的青瓷片。根据

出土遗物特点判断，自汉代以后，该遗址主要作为墓葬区使用。

此次发掘是对赣南地区商周文化的一次有益补充。另外该遗址出土的部分陶片纹饰与广东石峡文化上层相同，鉴于大余县位于江西通往广东的重要通道上，本次发掘也为研究赣粤地区古代文化交流提供了材料。（崔涛 王意乐）

新建县大塅头东周时期遗址

发掘时间：2009 年 11 月 ~12 月

工作单位：江西省文物考古研究所、新建县博物馆

遗址位于新建县石埠乡潢源朱家、明宁王朱权墓对面的大塅头山岗上，地面裸露的春秋时期的陶片随处可见，在遗址的核心分布区共布 5 米 ×5 米探方 64 个，发掘面积 1600 平方米，文化堆积厚达 1.5 米。发现遗迹 9 处：其中房子 3 座、灰坑 4 个、灰沟 1 条、墓葬 1 座。出土完整器、可复原器物 200 余件，有石器、陶器、玉器和青铜器等。石器以石刀、石锛、石范、石铲和石镞等生活、生产工具为主，陶器多泥质硬陶，纹饰以曲折纹为主，器形有炊器、饮食器、盛储器、生产工具四类。饮食器有鼎、鬲、甗形器、外包耳釜等多种，其中甗形器箅托明显退化，甑部呈直筒形，有典型的春秋器物风格。饮食器有豆、盘、杯等。盛储器有罐、瓮等。生产工具有纺轮、网坠等。玉器有玉琮残件及玉片残件。青铜器有镞。

大塅头遗址是一处典型的春秋遗址，器物特征很明显。炊器里面流行外包耳、内附耳，纹饰多曲折纹，甗形器退化等都是东周时期江西地区的主要特征。玉琮残件的发现，则延续了西周末期的礼制观念，青铜镞、青铜镞冶铸用的石范的发现，反映了青铜冶铸业已经得到了普及。大塅头遗址地层堆积厚，文化性质单纯，是江西在基本建设文物保护中发现的重要遗址，在江西东周遗址的考古研究中具有重要意义。（赖祖龙）

乐平市珠形山汉晋至明清遗址

发掘时间：2009 年 8 月 ~9 月

工作单位：江西省文物考古研究所、乐平市博物馆

为配合德昌高速公路建设，

对乐平市众埠镇莲塘村口头村珠形山遗址进行了抢救性考古发掘。遗址总面积约8000平方米，公路红线经过的面积约2000平方米。在公路红线通过的珠形山遗址南部分两个区共布10米×10米探方7个，5米×5米探方48个，揭露面积1900平方米。揭示一处宋代至明清时期古村落遗址，清理了17座汉晋至明清时期的古墓葬，其中1座为汉晋时期，其余16座均为明末清初时期。

古村落遗址文化堆积简单，绝大多数经过后期扰乱，也没有太多的出土遗物，无法提供更多的信息，但至少可以说明这个村落遗址在宋代时期有人类活动，可能村落的中心区不在公路路基上，或者可能是遗址已经破坏了。

17座墓葬除一座汉晋时期的砖室墓外，其余墓葬几乎集中排列，墓向基本一致，坐西朝东，墓葬形制基本一致，大多数呈梯形或长方形，墓地的排列经过一定的规划，应是属于家族墓地。墓葬出土遗物多是胎质粗糙的陶罐或釉陶罐、带流壶，这些器物具有明末清初的特征，与我们在吉安吉水盘谷、吉安县清理发掘的明末清初出土的器物相同，两地的墓葬形制和结构也大致相似，主要以石灰裹的土坑墓为主，也有少量的砖室墓，这些砖室墓也采用石灰裹棺木，甚至连用瓦做枕的埋葬习俗也相同，这些墓葬主要的时代应为明末清初时期。（张文江）

安义县东庄三国至清代墓群

发掘时间：2009年9月~11月
工作单位：江西省文物考古研究所、安义县博物馆

为配合南昌至奉新高速公路工程建设，在南昌市安义县石鼻镇东庄村委会府君自然村关山口台地上勘探到三国至清代墓葬。对其进行抢救性考古发掘，共开10米×10米探方16个，发掘面积达1600平方米，共清理墓葬18座，均为砖室墓，其中三国时期墓葬3座、唐代墓葬1座、清代墓葬14座，三国和唐代墓出土陶器和铁器等，清代墓葬几乎没有随葬品，只在填土中偶尔发现一些陶瓷残片。

三国墓葬3座（M1、M6、M8），都为长方形的券顶砖室墓，墓葬券顶部分早期都已破坏严重，起券位置不详，其中M8只剩半截墓葬的墓底铺地砖，墓葬中的填土都为黄褐色。墓室长

5.0～7.0、宽 2.0～3.0、残高 0.56～1.32 米，墓砖长 0.36、宽 0.18、厚 0.06 米，一般都为对角几何纹。墓砖为 0.36×0.18×0.06 米，纹饰为对角几何纹。方向分别为 M1 北偏西 175°、M6 北偏东 96°、M8 北偏西 128°。出土器物有双系陶罐、陶罐、铁剑、灯盏、盘和青瓷碗等。

唐代墓葬 1 座（M10），为长方形的券顶砖室墓，墓葬券顶部分早期都已严重破坏，起券位置不详，墓室可分前、后室，全长 6.92、宽 2.29～2.65、残高 1.30 米。前室内长 4.5、内宽 1.93 米，后室内长 1.75、内宽 1.57 米。方向为北偏西 160°，墓砖长 0.36×0.18×0.06 米，纹饰为对角几何纹。墓葬出土了青瓷碗、陶罐、陶盘等遗物。

清代墓葬 14 座（M2、M3、M4、M5、M7、M9、M11、M12、M13、M14、M15、M16、M17、M18），平面呈长方形的砖室墓，墓葬券顶部分大多在早期已经严重破坏，墓葬中的填土都为灰褐色，墓葬中都没有铺地砖和棺木。墓长约 1.44～2.45、宽 0.53～0.80 米。方向多为北偏东，墓砖尺寸为 0.29×0.11×0.55 米。墓葬大多数都没有随葬品，只有少数几个墓葬出土了一些青花碗等遗物。

这些墓葬的发掘为进一步研究南昌市及其周边地区三国至清代的社会经济状况、民风葬俗等提供了珍贵的资料。（严振洪）

高安市华林宋元明造纸作坊遗址

发掘时间：2007 年 9 月～10 月、2009 年 10 月～12 月

工作单位：江西省文物考古研究所、高安市博物馆

华林造纸作坊遗址位于高安市华林风景名胜区管委会东溪行政村的周岭自然村。2005 年江西省开展第三次全省文物普查时发现。对周岭村福纸庙作坊遗址、周岭村石脑头溪沿岸与西溪村西溪沿岸的水碓遗址进行了两期考古发掘。

周岭村福纸庙作坊遗址

2007 年第一期发掘中共布 5 米×5 米探方 10 个，发掘面积 250 平方米。2009 年第二期发掘共布 5 米×5 米探方 16 个，发掘面积 400 平方米。通过发掘，基本廓清了福纸庙造纸作坊遗址的整体布局状况。揭露出宋代的沤竹麻塘和烧灰碱的灰坑；元代的沤竹麻塘和抄纸房；明代的沤竹麻塘和引水管遗迹、烧灰碱的灰坑、堆放石灰遗留下来的大片混

砂土、蒸煮竹麻留下的大片烧土块、浸碱发酵的工作台以及清塘时产生的尾砂坑等大批宋元明时期的造纸遗迹。这些遗迹时代顺序清楚，功能相互关联，特别是明代造纸遗迹几乎可以完整再现宋应星《天工开物》所记“造竹纸”有关原料加工的一整套工序。

周岭村石脑头溪沿岸水碓遗址 2007年第一期发掘时清理了3座水碓遗址，1号与3号水碓的工作间正对两根碓杆锤打的位置安放了一个石臼与一块石砧，2号水碓则安放了两个石臼。2009年第二期发掘时在周岭石脑头溪两岸，又发掘了4座水碓遗址。新发掘的4座水碓的工作间正对两根碓杆锤打的位置安放的是两块石砧，并不见石臼。根据史料和现代造纸遗存判断，凡是安放两个石臼的水碓，一般都是用于加工谷物等粮食所用，而安放两块石砧的水碓，一般都是用于加工纸浆所用。安放一个石臼一块石砧的水碓，则有可能两用，即既可用于加工粮食，又可用于加工纸浆，或者在加工纸浆时进行了二次碓打，第一次在石砧上碓打，是粗加工，第二次在石臼内碓打，是精加工。三种类型水碓遗址的发现对研究造纸型水碓的形态和演变有重要的启示作用。

西溪村西溪沿岸水碓遗址 2009年第二期发掘时在周岭村西面相距8千米的西溪村发掘了7座水碓遗址。西溪村也是一个地处高安市与奉新县交界的山村，但村庄要比周岭大，而且连接两县的古代道路也更为宽大。以西溪村为界，在其上游不到500米的西溪两岸，分布着4座水碓遗址；在其下游不到200米的西溪两岸，分布着3座水碓遗址。这7座水碓遗址中，只有紧邻村庄的1座水碓遗址的工作间里有两个石臼，曾经用于加工粮食，其余6座水碓遗址的工作间里都只有两块石砧，明显是造纸型水碓的形态。

通过两期发掘，我们可以得出如下结论：1. 华林宋元明造纸作坊遗址是目前我国发现的造纸遗迹最多的遗址。在福纸庙作坊区650平方米范围内就发现了各类与造纸相关的遗迹共28个，还在周岭村清理水碓遗迹7座，西溪村清理水碓遗迹7座。2. 华林宋元明造纸作坊遗址是目前我国发现的造纸遗迹最全的遗址。福纸庙作坊发掘区揭示出的沤竹麻塘、蒸煮竹麻留下的大片红烧土、堆石灰留下的粗砂土、烧灰碱的灰坑、浸碱与发酵的工作台、清塘形成的尾砂坑、接水管、排水沟、储水坑以及抄纸房遗迹和附近的水碓遗迹，反映了从伐竹到沤料、煮料、腌料、舂料、配药制浆直至抄造成纸的一整套制纸流程，可以完整再现古代造竹纸的一整套工序。3. 福纸庙作坊发掘区揭示了宋、元、明三个时期的造纸作坊遗迹，地层叠压关系清楚，是目前我国发现的时代最早（南宋）、延续生产时间最长（南宋、元、明）的造纸作坊遗址，对研究我国古代造纸技术发展史有着非常重要的价值。(肖发标)

抚州市梦港河后龙山宋元明墓葬

发掘时间：2009 年 3 月 ~4 月
工作单位：江西省文物考古研究所、抚州市博物馆

后龙山遗址位于抚州市临川区东馆镇下张村委饶家梦港河北岸约 300 米处，整个地形为低矮的丘陵。根据地形走向，共布 5 米×5 米探方 40 个，发掘面积总计 1000 平方米。发掘清理了宋墓 1 座，元墓 3 座，明墓 5 座，其中有明崇祯七年（1634）纪年墓 1 座，都为土坑竖穴单室砖室券顶墓。揭露出遗迹有宋代炭窑 1 座，灰坑 2 个。出土遗物有碗、瓶、罐、钵和铭文砖等重要的陶瓷标本。

揭露出来的墓葬形制及出土遗物，为我们研究宋元明时期社会形态、经济技术、墓葬习俗等提供了重要的实物资料和文物标本。如宋元墓葬成对出土的堆塑瓶，就反映了当时江南地区一种独有的道教文化影响。墓葬出土的陶瓷标本及纪年器，为我们研究当时陶瓷技术、文化交流提供了重要的参考标本。明代崇祯七年纪年墓铭文内容反映了明代的许多重要信息，如行政区划名称、婚姻制度、堪舆之术等。揭露出来的宋代炭窑，为我们研究炭窑的历史、形制及烧造技术，提供了很好的实物例证。出土的铭文砖不仅反映了明初的社会情况，也为考证明代的砖瓦技术提供了重要实物资料。(李育远)

铅山县外垅山宋至清代遗址

发掘时间：2009 年 10 月 ~11 月
工作单位：江西省文物考古研究所、铅山县博物馆

外垅山遗址位于铅山县永平镇八水源村邓家排小组，属于丘陵类型遗址，古墓葬与生活居址相混杂，墓葬一般在坡地上，生活居址在坡地小台地上。此次在

外垅山东南面坡地与台地上根据地形布5米×5米探方20个，面积约500平方米。清理宋代纪年墓（绍兴辛酉年）1座，元代纪年墓（至元丙子年）1座，明代纪年墓（万历癸未年）1座，明代无纪年墓葬3座。揭露出清代中期房屋基址1处，有墙基、柱础、池子、路面、灰坑等。获得一批重要的陶瓷标本，器形有碗、盘、瓶、盒、罐、杯、缸等。

根据考古发掘和对出土遗物的研究，可以确定铅山地区在宋元时期流行一种砖石相混的墓葬，平封顶，不起券。铅山在元代改升为州，与文献历史相符。在元代已出现仿哥瓷，且窑口来自景德镇，这对于哥窑瓷的研究有重要的意义，不仅为区分目前传世的哥窑瓷提供标准的断代器，而且把仿哥的时间由明代提前到元代提供了重要的实物标本。出土堆塑瓶说明铅山仍然是深受道教文化影响的地区。出土的有纪年和有地层关系的清代中期瓷器标本，为研究清代中期瓷器的烧造年代、装饰技术与题材提供了科学的断代标尺。（李育远）

南城县金斗窠明清村落及白庙明清墓葬

发掘时间：2009年2月~4月

工作单位：江西省文物考古研究所、抚州市文物博物管理所、南城县博物馆

为配合向莆铁路建设，经国家文物局批准，对南城县新丰街镇新丰村明清村落和杨桥村的明清古墓葬进行了考古发掘，共计布5米×5米的探方36个，方向北偏西10°，发掘面积900平方米，揭露明清建筑遗迹1处，清理明清墓葬10座，出土一批明清时期的陶瓷器，尤其以青花瓷器和釉陶器为多。

揭示的明清建筑遗迹依地势坐东朝西，前有水塘，东南角有水井，视野开阔，经过精心选址设计。整个建筑遗迹面积较大，超过2000平方米，已经揭露的部分由天井、厢房以及主厅组成，这组建筑由西向东依次逐层抬高。

整个建筑遗址出土遗物种类丰富，有铜器、铁器、玉器、陶瓷器等，以陶瓷器最多。铜器主要是生活用具，器形有铜锁、钥匙、箱饰、烟斗等及铜钱。铁器主要是房屋构件，以铁钉为主，也有日常生活用的柴刀、小刀以及三眼铳等。陶瓷器分建筑用砖瓦和生活用具，瓦有灰瓦和红瓦

之分。生活用具有青花瓷、白釉瓷、釉上彩绘瓷、青瓷、黑釉、褐釉瓷及陶器等，以青花瓷最多。

根据地层关系、建筑结构、建筑特点、建筑位置、面积以及出土物，判明该建筑始建于明末，延续使用到清末民国早期，主要使用年代为清代，比较集中的时间可以分清代早期和清代晚期两段。房屋的地上结构为木构，后来毁于火灾。该建筑遗址为明清时期一个大家族的聚居院落。该建筑遗迹的发掘为我们研究明清时期南城地区建筑特点、建筑风格乃至经济发展状况、社会生活状况提供了新的资料。促进了南城的地方史研究。

清理的10座明清墓葬集中排列，墓向基本一致，坐西朝东，大多墓葬的方向在107°~117°，个别为58°。墓葬均为土坑竖穴墓，在棺木的四周填充三合土，多数墓葬遭到不同程度的盗掘，封土及地表设施遭到破坏，墓葬内可见腐烂木质灰、人碎骨屑及棺钉。墓葬形制分两类，一类为长方形，另外一类为梯形。3座墓葬（M7、M8、M9）在墓底的两端有两道凹槽，应是排水作用。多数墓葬都有3~5件随葬品，质地都是陶瓷器，主要有青花碗、碟、杯、盘、青釉罐、白釉杯、酱褐釉灯盏和黑釉陶瓶以及方形陶墓志。最为常见的是一种陶质或釉陶质的瓶，这种瓶应是江西地区宋元墓葬随葬皈依瓶的遗风，几乎有随葬品的墓都有出土，其置放位置主要在墓葬后室的两角。根据墓葬之间的关系、墓葬形制和出土遗物的特点，除M6属于清代早期外，其他的墓葬均是明代晚期的。这些墓葬的清理使我们认识和了解了南城地区明清时期的墓葬制度、埋葬习俗，为该地区的地方史、社会史乃至经济史的研究提供了新的资料。出土的陶瓷器都是由江西境内的瓷窑生产，有景德镇窑、广昌中寺窑以及株良云市窑等，尤其是釉陶或陶质瓶与南城株良云市窑生产的这类瓶完全一样，为研究窑址生产与消费地的关系提供了第一手资料。（张文江　王意乐）

泰和县上宏村明清村落遗址

发掘时间：2009年11月~12月
工作单位：江西省文物考古研究所、泰和县博物馆

上宏村明清古村落遗址位于泰和县苏溪镇上宠村黄岗坪一平坦台地上，共发掘面积2000平

方米，揭露明清时期遗址多处，包括房基5座、墓葬5座、灰坑3个。出土大量明清时期陶瓷器等。

清理房基5座。以F3为代表，方向东西向。呈长方形，由内外两条方形墙基组成，外墙破坏严重。东西长17.5、南北宽6.5米。采用青砖平铺，结构结实，应与F2形成组合关系。

墓葬5座。1座土坑墓和4座砖室墓。以M3为代表。位于探方T55中部，开口于①层下打破②层直至生土，墓室早年破坏严重，仅存底部，长方形砖室墓，墓底部以墓室长为方向两侧各横向平铺一排砖，中间竖向平铺两排砖，砖长0.26、宽0.13、厚0.07米，墓室长0.16、宽0.82、深0.18米。

灰坑3个。2009THH3，位于探方T67西南角，部分压于隔梁下面，开口于①层下，打破②层直至生土，不规则形，直壁平底，长2.76、宽2.3、深0.36米。出土少量青花瓷片。

从所清理出来的房基来看，5座房基以F1最长，F3最完整，都是开口于①层下，可以看出这些房基之间都应该有一定的组合关系，F2、F3为同样长方形并且方向完全一致，可以看出是同一时期的建筑。其中F1、F4是用青砖和鹅卵石斜砌而成，F3由青砖平铺而成。

从出土器物来看，有碗、盘、杯、盏、盅、壶、钵、擂钵、罐、缸和瓶等生活用器，大多为明清时期的青花瓷器，有少量是吉州窑的，也有龙泉窑的，可以看出当时人们对外交流还是相当频繁的。（胡胜　崔涛）

武宁县花坟里明清墓葬群

发掘时间：2009年8月~10月
工作单位：江西省文物考古研究所、武宁县文物管理所

花坟里明清墓葬群位于武宁县甫田乡甫田村13村民小组的花坟里山包的半山腰上。甫田乡西北距武宁县城约25千米，花坟里墓地西距甫田乡约1.5千米。该墓葬群总面积约3000平方米，位于修河支流河谷盆地周围的丘陵山坡上。

因为永修至武宁高速公路工程建设的需要，对墓葬群进行了抢救性考古发掘。此次发掘依公路走向在花坟里墓地共布5米×5米探方30个，方向北偏东20°，发掘面积总计750平方米。清理明代墓葬1座、清代墓葬11座。根据发掘资料显示，墓

葬形制可分单室和合葬墓两类；葬俗可分一次葬和二次葬。其中明代墓葬，由于早年被盗，墓内仅出土部分人骨、棺钉和青花瓷碗1件。清代墓葬由于该墓葬群多为二次葬，且相对贫寒。墓内仅出土部分人骨，未见棺木和棺钉，罕见随葬品。依据墓葬形制和碑文考证，可分二型。A型：1座。方形砖石多室迁葬墓。B型：9座。半圆形卵石单室迁葬墓。

该墓群明清两代分别葬于同一地带，从墓碑可辨识的纪年有：明崇祯癸未年（1643）、清嘉庆二十三年（1818）、咸丰元年（1851）。年代序列、纪年关系非常清楚，特别是明代崇祯癸未纪年墓葬规模宏大、结构独特，砌建精美，非常罕见，劫后余生的青花瓷碗为崇祯癸未年的标准断代器。该墓群对于了解武宁乃至江西的丧葬习俗、墓葬分期与分区、祖先灵骨崇拜、风水信仰、移民历史、建筑艺术和社会生活均有一定的研究意义。（余江安　胡胜　严允）

山　东　省

临沭县东盘北辛文化及龙山文化至东汉遗址

发掘时间：2009年9月~11月

工作单位：山东省文物考古研究所、临沂市文物管理办公室、临沭县文物管理所

东盘遗址位于临沂市临沭县朱仓乡东盘中村西北约800米，西距县城约8千米。东盘河自西向东流经遗址南部，属河边台地，由于河流下切使遗址受到一定程度的破坏。遗址东西150多米，南北约120米，面积18000多平方米；遗址中南部地势隆起、明显高于四周，文化堆积一般厚0.3~1.5米。

为做好青（州）临（沭）高速公路建设工程的文物保护工作，对遗址进行了考古发掘。在遗址中东部布5米×5平方米探方44个，实际发掘1100余平方米，发现了北辛文化、龙山文化、岳石文化和西周、春秋、西汉和东汉等7个时期的文化遗存。

北辛文化遗存发现有第②层和少量灰坑。第②层遍布发掘区，厚20~30厘米，西部较薄，红褐色土，含沙较多，杂质较

少；东部较厚，暗红褐色黏土，含较多的红烧土颗粒。灰坑多椭圆形、直壁、平底和斜壁、平底，另有圆形和不规则形，直径多在2米以上，个别达4米，灰坑堆积中包含大量红烧土块。出土遗物以陶片为主，其中夹砂红褐陶占绝大多数，夹砂较粗、火候较低，泥质陶极少；陶色多红褐陶、颜色不匀；器表以素面为主，装饰多见划纹、绳纹、泥饼等；制法以手制为主；可辨器形有釜、鼎、小口双耳壶和钵等。出土少量石器，主要有斧、刀、磨盘、磨棒。文化遗存年代属北辛文化前期。

龙山文化遗存最为丰富，发现房址42座、灰坑（包括窖穴）146个、墓葬13座，出土陶器、石器、骨器等遗物近300件。房址均为地面建筑，保存有基槽、柱洞和垫土。房址以东西向长方形为主，少数为方形，方向除个别向南外绝大部分略偏西南。面积以10～15、5～10平方米的最多。在处理地面与夯筑垫土的基础上挖槽栽柱或直接栽柱，其中17座房址挖基槽栽柱，部分房址则既挖有基槽、其他边则直接栽柱；基槽一般宽20～30厘米，小房子基槽宽约15厘米，有3座房址基槽宽近40厘米。基槽内密布柱洞、直径多10厘米，角柱直径多15～20厘米并且比较深；直接栽柱的柱洞直径比较粗，埋藏深；有的柱洞底部有柱础，用碎陶片砸实、非常坚硬，有些柱洞集中在一起、有打破关系但内径基本完整，反映了多次立柱建房的情况。多数房址的门道不清楚，个别门道在南东部或南西部，宽约50～60厘米。垫土范围一般比较大，往往几座房址坐落在同一垫土之上，分多层、多片垫土，层厚10～15厘米，亦有厚2～5厘米的黄土或草木灰层。

龙山文化灰坑以椭圆形、圆形为主，部分不规则和圆角方形，多斜壁内收、平底和直壁、平底，个别为口小底大的袋状。相当一部分灰坑形状规整、底部平整，底部常见陶器，应是窖穴废弃后形成的堆积，其中10余个圆角长方形的窖穴比较有地方特点。灰坑内堆积较多的草木灰土、烧土，出土较多的兽骨和大量陶片。

龙山文化墓葬13座，有6座成人墓、7座幼儿墓，均长方形土坑竖穴，墓向东偏南。成人墓一般长2、宽1米多，个别长3米以上；葬具多一棺，其中1座为一棺一椁；人骨架保存较好，均仰身直肢；随葬品主要放置在脚端二层台上，有4座墓葬在腰部右侧随葬1件带盖的小陶罐，有的随葬獐牙，有1座墓葬随葬9个猪下颌骨。随葬品主要是陶器，有鬶、鼎、罐、豆、盆、觯形杯和蛋壳陶高柄杯等。幼儿墓紧邻房址埋葬，墓坑长0.95～1.45、宽0.3～0.5米，仰身直肢，无葬具，无随葬品。

龙山文化出土遗物丰富，以陶器为主，石器次之，部分骨器。可复原陶器200余件，以泥质黑陶最多，器表多素面磨光，制法以快轮制陶为主，器形以平底器、三足器为主，还有圈足器，主要器形有甗、鬶、鼎、盆、圈足盘、豆、杯、蛋壳高柄杯、器盖、磨盘、纺轮和网坠等，鼎、罐、盆、杯、器盖的数量最多。石器50余件，均为磨制，主要有斧、锛、凿、锤、刀、镞、矛、纺轮等，以锛、镞、刀的数量最多。骨器20多件，均为磨制，主要有铲、锥、镞、针等，其中镞的数量最多。龙山文化遗存年代集中在早中期。

岳石文化仅发现2个灰坑，出土陶甗、豆、罐等残片。

西周时期文化遗存发现灰坑10余个，多为规整的椭圆形窖穴，出土大量陶片和兽骨，少量石器、骨器，陶器可辨器形主要有鬲、盆、罐等。年代主要集中在西周中晚期。

春秋时期发现1个灰坑和1座陶窑。陶窑包括窑室、火膛、火门、工作间和出灰道等，南北向。窑室为圆形、弧壁，直径1.1、深0.34～0.67米；窑壁有2～3厘米厚的青灰色烧结面，外围有约0.15米厚的红烧土，窑床厚约0.26米，分布8个火眼，下方与火膛相通；火膛位于窑床下方，掏空，呈慢坡状、由内向外倾斜，中间高约0.54米；火门略呈拱形，斜坡状，高、宽均约0.6米；工作间保存部分宽约3、长2.3米；出灰道位于火门下方，连接火膛底部，呈长条状，斜壁、平底，口径0.4、底径0.18、深0.46、长2.3米；根据窑箅之上出土陶鬲残片及其他陶片判断，年代为春秋晚期。灰坑为不规则形状的大坑，出土鬲、豆、罐等陶片应为春秋早期。

西汉时期发现灰坑3个、水井1口。水井呈圆形、直壁，直径1.2、深5.5米；底部出土有陶罐4件，应为汲水器；填土出土大量盆、罐、瓦等残片；年代为西汉前期。

东汉时期发现水井1口，圆形、直壁，直径2.3、深6米；青灰色砖砌井圈，直径约0.6米；底部出土木桶1件，填土中出土大量砖块、瓦片、陶盆、罐、铁器等残片等。

北辛文化遗存是鲁东南地区首次科学发掘的考古发现，填补了区域文化研究的空白，为研究北辛文化提供了重要新资料。丰富的龙山文化遗存对研究沭河流域龙山文化特征、分期与年代、聚落形态与布局、生态环境等都具有重要意义。（刘延常　王绪波　李善超）

即墨市北阡大汶口文化和周代遗址

发掘时间：2009 年 3 月 ~6 月

工作单位：山东大学考古系、青岛市考古研究所

北阡遗址位于胶东半岛南岸西部，地处即墨市金口镇北阡村北 50 米处的台地之上。地理坐标为北纬 36°36′8″，东经 120°44′9″，台地最高海拔高度约为 9.9 米。遗址南北最长处约 270、东西宽约 200 米，面积 5 万余平方米。地表形态北高南低、中部高四周低，形成一个平缓的土丘状隆起，现地表散布大量的陶片、红烧土块及牡蛎壳屑等。2009 年进行第二次考古发掘，这次的发掘区域主要围绕在 2007 年第一次发掘的东、西、北三侧，共布置探方 24 个，发掘面积 600 平方米。文化遗存主要包括周代和大汶口文化两大时期。

周代遗存的遗迹有围壕、墓葬和窖穴等。其中墓葬共发现 4 座，2 座保存较好。皆为土坑竖穴墓，内有一棺一椁，墓底有腰坑，内殉狗，随葬品有铜舟、铜戈、铜削、陶簋、陶鼎、陶鬲、陶豆、陶罐和牛骨等。在发掘区东侧发现一座开口于现代耕土层下但只余有腰坑的墓葬，整个墓室已经被破坏殆尽，据此我们判断当时周人的活动面较现代要高出许多。周代窖穴的形制多比较规整，平面形状以圆形或近圆形为主；坑壁有直壁、斜壁内收和袋状三种形式。坑底以平底为主，少数有加工考究的烧烤而成的活动面，还有因为挖到生土太过坚硬而崎岖不平。部分灰坑较浅，坑底部有多层灰烬层或残存有烧烤面，其使用性质值得探讨。

大汶口文化遗存丰富，遗迹有房址、墓葬和灰坑等。这次发掘的房址编号 49 座，实际数量应大于此数。房址可分地面起建和半地穴式两种。平面形状有圆角长方形、圆形、方形等。房屋的面积大小不一，大的可达 20 多平方米，小的还不足 10 平方米。部分房址保存较好的垫土和活动面。遗址中还发现有带基槽的房址，但没有发现立面墙体。另外，居住遗迹还有一个重要特

征，就是为数众多的柱洞、柱洞坑等的集中出现，一个16平方米的发掘区域中就能发现30多个开口于同一层位的柱洞和柱坑，且坑的平面形状大小、坑内填土、坑的深度存在差别，坑与坑之间还存在打破关系，这说明这片区域作为当时人们的主要居住区经过多次的重复使用。另外，还发现大量成块的红烧土草拌泥块，应与房址有关。在这些烧土块中，有的一面光滑一面粗糙，推测为房屋的墙壁或地面；有的两面或三面光滑并呈垂直相交状，推测为房屋门框或墙的转角残件。这些红烧土建筑残件，可能是古人刻意火烧以达到防潮和坚固房体的目的，也可能是房屋遭遇大火被焚毁后的建筑垃圾。用柱洞、柱坑立柱，用植物枝叶和泥涂抹起墙，用火烧墙体进行加固防潮等一系列措施的应用说明当时人们已经掌握较高的建筑技术。

另外，大汶口文化时期的墓葬是该遗址的重要发现，本年度共发现89座，主要分为多人二次合葬和迁出葬两种类型，其中二次合葬墓发现10座。二次合葬墓的平面形状略呈圆角长方形，人骨个体从3个到14个不等，人骨多是肢骨集中放置在上层，头骨则在下层，有的则人骨放置较乱无规律可循。合葬墓的随葬品数量不多，多为残石器或少量陶器，此外还见贝壳、猪下颌骨等。部分墓主发现有口含小球、拔除上侧门齿、枕骨变形等习俗。迁出葬以长方形土坑竖穴为主，个别平面形状略呈梯形；无葬具；从墓葬规模来看，有大小之别；随葬器物有多寡之分，有的迁出墓仅有一两件随葬品，有的有十几件，器物多以残石器为主，多见磨石，亦有贝壳、猪下颌骨、陶纺轮等。（靳桂云 王芬）

青州市郝家庄龙山文化与岳石文化遗址

发掘时间：2009年9月~10月

工作单位：山东省文物考古研究所

为了配合青（州）临（沭）高速公路建设工程，对青州市黄楼镇郝家庄村西北约150米的郝家庄遗址进行了考古发掘。

遗址位于弥河南岸的台地上，北部为断崖，地势北高南低。早年青州市博物馆曾进行多次调查，采集有丰富的文化遗物。20世纪80年代，北京大学在此进行了考古发掘，出土了大量岳石文化的遗物。

这次发掘共开5米×10米探方7个，2米×30米和2米×45米探沟各1条，连扩方在内发掘面积566平方米。清理灰坑16个、灰沟5条、墓葬3座。出土陶、石、骨、铜等各类文物40余件，为研究当地的历史文化提供了重要的实物资料。

由于是配合高速公路建设工程，布方选在高速公路的路基上面。位于遗址东北部边缘地带，因而遗址地层较浅，且比较简单。地层堆积共分为4层，第①层，耕土层，土质疏松，含沙，呈浅灰褐色，厚16厘米。第②层，近现代扰乱层，呈黄褐色，含沙，土质疏松，包含近现代瓷片和砖瓦碎片等。厚15厘米。第③层，汉代层。呈深灰褐色，土质较黏。包含少量夹砂陶片、红烧土颗粒。该层分布不普遍，有的探方不存在。厚13厘米。第④层为龙山文化层。土质紧密，呈灰褐色，包含大量陶片，可辨器物有鼎、鬶、罐、盆等，厚30~45厘米。4层以下为生土。

龙山文化遗迹主要是灰坑。形状分为圆形和不规则形两种。陶器有鼎、罐、鬶、甗、盆、豆、单把杯、器盖、碗、纺轮等。石器有斧、锛、刀、球等。从出土陶器分析，主体遗存为龙山文化中期阶段，相对年代距今大约4400年~4200年。前后延续大约200余年。岳石文化遗迹为灰坑和灰沟。灰坑形状平面均呈不规则形。遗物中多为夹砂褐陶残片。可辨器形有鼎、甗、罐、盆、鬲、豆、碗、瓮和尊形器等。汉代遗存为灰坑和灰沟。出土陶片较少，可辨器物多为罐、筒瓦和板瓦，未见可复原陶器。唐代遗存清理出一座洞室墓，墓中随葬有陶罐和开元通宝、乾元重宝铜钱。

这次考古发掘，从时代看，遗址延续时间较长，主要为龙山文化和岳石文化遗存，也发现汉代遗迹，最晚还有唐代墓葬。这些遗迹遗物的发现，为深入研究山东龙山文化、岳石文化以及汉唐时期的历史提供了不可缺少的实物资料，因而具有重要的学术价值。（何德亮）

济南市张马屯商代遗址

发掘时间：2009年4月~6月

工作单位：山东省文物考古研究所、济南市考古研究所、山东大学考古系

遗址位于济南市历城区王舍人镇张马屯村西南，南紧邻胶济

铁路，西北不远为大辛庄。为做好奥体中路建设的文物保护工作，对工程占压范围内的部分区域进行了抢救性发掘，西区布5米×10米的探方68个，包括东区，发掘面积4000多平方米。

遗址以商代文化堆积为主，也有少量汉代遗存，遗址中还发现了北朝、宋元、清末至民国时期的墓葬。在遗址下层，有类似后李文化时期的堆积。

这次发掘，清理了各个时期的灰坑（包括窖穴）近300个、水井2口、陶窑2座、房址1座、墓葬50多座，获得了一大批实物资料，遗物出土完整和可复原陶器100多件、铜戈6件、铜镞3件和瓷器数件，还有石、骨、角及蚌器。

商代遗存是张马屯遗址的主体，遗迹包括灰坑、窖穴、陶窑、墓葬等，其中陶窑对研究当时的制陶手工业弥足珍贵。遗物中比较重要的是6件铜戈、大量陶器、1件经过刻划的陶纺轮和丰富的占卜甲骨等。

商代墓葬大体可分为两类，第一类排列较有规律，头多向西南。其陶器组合有鬲、豆、簋或鬲、豆、盆等，有的还随葬铜戈。墓葬普遍设有腰坑，填土或腰坑中埋有完整或肢解的狗骨架，有的墓葬填土中的狗骨架多达8具。第二类墓葬分布较为分散，没有随葬品，填土中也没有殉狗，极个别的有腰坑，头向不一。墓中肢骨，有的被砍头，有的被解肢，且多为俯身葬。这两类墓，为研究商代丧葬习俗提供了宝贵的第一手材料。

遗址出土的商代陶器，年代从二里岗上层到殷墟晚期，时代基本连续不断。

在遗址发掘的过程中，对所有单位都进行了浮选和植硅石取样。

济南张马屯遗址的发掘，对于研究山东地区的商代物质文化具有重要意义。（郝导华　孙波）

寿光市双王城商代及宋元盐业遗址

发掘时间：2010年3月～12月

工作单位：山东省文物考古研究所、寿光市博物馆

为做好南水北调工程寿光双王城水库建设的文物保护工作及课题研究，对双王城水库工程范围内的遗址进行有计划的大规模发掘，继2008年对07、014遗址进行发掘后，本年度年又对SS8遗址进行了发掘，清理出商代和宋元时期大量与制盐有关的重要遗迹。

SS8 遗址位于双王城盐业遗址群西南部，014 遗址南部，经勘探，遗址东西 110、南北 150 米，总面积约 1.5 万平方米。此次发掘，共开 5 米×5 米探方 80 余个，发掘面积 2000 余平方米。遗址商代遗存主要为商代晚期的制盐作坊遗址，其基本布局为：以盐灶为中轴线，南北两侧对称分布有储卤坑，坑池围于四周，而生产垃圾如盔形器碎片、烧土和草木灰则倾倒在盐灶南北两侧。与 014A 遗址布局不同，SS8 遗址盐井位于盐灶北侧，上口大且内收，直径近 3 米，下口竖直，直径 1 米余，下部填有厚近 1 米的草木灰。盐灶由工作间、椭圆形大型灶室、长条状灶室、两条烟道组成。盐灶灶室的南、北两侧各有一个圆角长方形坑，坑周壁均涂抹一层薄薄的深褐色黏土，并经加工，应是储卤坑。5 个坑池分布于盐灶四周，之间有沟渠相连，底部多加工有一层防渗水的黏土。出土遗物多为制盐用具——盔形器，多为残片，极少生活用器具。

宋元时期遗迹多为与制盐有关的盐井、盐灶、沟、灰坑等，出土的器物如盆、瓮，体形较大，应与制盐有关。

SS8 遗址的发掘，对商代及宋元时期的盐业工艺研究具有重要的意义。商代制盐作坊盐井与坑池的布局与 014 遗址的不同，为制盐方式的研究提供了新的非常重要的资料。宋元时期的盐井、盐灶、沟等遗迹以及体形较大的盆、瓮等制盐器具的发现，为我们研究当时的制盐工艺提供了重要的实物资料。（党浩　袁庆华　王德明）

高青县陈庄西周城址

发掘时间：2009 年 2 月 ~12 月

工作单位：山东省文物考古研究所

为配合南水北调东线工程山东段的建设，对高青县花沟镇陈庄继续进行大规模勘探和发掘工作。遗址坐落于陈庄和唐口村之间的小清河北岸，东北距县城约 12 千米，北距黄河约 18 千米，周围属地势平坦的黄河冲积平原。调水工程将由西向东穿越该遗址的南部，我们在工程占压范围内布 5 米×5 米探方 260 个，开 3 米×50 米探沟一条，以南北向灌溉水渠为界，分东、西两个发掘区，共揭露面积 6650 平方米。遗址的文化内涵以周代遗存为主，西周时期的最丰富，还有唐、宋、金时期的文化遗存，但周代后的遗迹仅有零星发现。

确认该遗址为西周时期的城址及东周的环壕，并在城内清理了房基、灰坑、窖穴、道路、水井和陶窑等生活遗迹，尤其重要的是清理了多座贵族墓葬、车马坑以及可能与祭祀有关的夯土台基。获取大量的陶器及较多的蚌器、骨器等遗物，令人振奋的是墓葬出土了几十件青铜器，其中多件有铭文，另有少量的精美玉器及蚌、贝串饰，取得重要成果。

西周城址是这次发掘的重要收获。经勘探及东墙的解剖，城址近方形，城内东西、南北各约180多米，城内面积不足4万平方米。东、北两面城墙保存略好，尚存高度0.4～1.2米，顶部宽6～7米，底部宽9～10米。西墙大部分尚存，残高不足0.4米。南墙基本被大水冲掉，局部残存墙体的底部。南墙中部应有一个城门，城内有宽20～25米的道路通往南墙中部，但揭露后发现城门已被唐代的砖窑完全破坏。其余三面城墙经密探后没有发现缺口。四周壕沟环绕，西北角有小块低洼地，可能为积水区，东北角壕沟向东北延伸，应为城内排水沟。壕现存宽度25～27米，最深约3.5米。从探沟剖面堆积判断，壕沟经多次开挖、清淤、拓宽。从出土遗物分析，这几条沟分属西周、春秋与战国时期。

根据层位关系及出土遗物判断，该城址时代为西周早中期，使用时间不长。这是目前鲁北地区发现的第一座西周城址，为研究早期齐国历史具有重要意义。

夯土台基1处，位于城内中部偏南。其中心部位近圆台形，北部略凸，直径5.5～6米，面积近20平方米，残存高度0.7～0.8米。平面从内向外依次为圆圈、方形、长方形及圆圈、椭圆形圈相套叠的夯筑花土堆积，土色深浅有别。中心圆台的外围仍有多层水平状的堆积向外延伸，当为中心圆台使用期形成的堆积。每层堆积厚5～12厘米不等，有的两层间夹杂薄层白色沙土或灰烬。外围堆积平面大致为长方形，周缘被大量的灰坑破坏，从形成过程分析，可分两期。由于周缘多被东周遗迹打破，唯北边界尚存，呈斜坡状，其余三面外围原始边界不清。东西残存宽度约19、南北长约34.5米。根据台基形制和所处位置初步判断，此类台基可能与祭祀有关。

发现房基9处，但均遭严重破坏。大多仅存房基底部的垫土或者零散的柱础，活动面遭破坏，故原始形制、范围不清。从保留现状分析，可能多为长方形台基式建筑，部分为地面式小圆形房基。仅有一座房基尚存室内的活动面及部分墙基。

在城内中部偏南和东南部清理14座墓葬。9座为长方形竖穴土坑墓、2座“甲”字形大墓、3座小型瓮棺葬，其中5座为出青铜器的贵族墓葬。头向均东北。墓圹长多在3.5～5米、宽2.5～3.5米，深5～8米不等。大多一棺一椁，有头箱。随葬陶、铜器皆在头箱内。个别棺内有少量玉器或海贝、蚌串饰。出土青铜器40多件，器形有鼎、簋、觚、爵、甗、尊、卣、壶、盉和盘等，其中鼎、簋、觚、甗、卣上皆有铭文，铭文大部分字迹清晰。铭文内容有“丰启作文祖甲齐公尊彝”等内容。在一座“甲”字形大墓内出土两件方座铜簋，盖和器内底部均有70字的长篇铭文，但锈痕严重，尚待解读。

另外，该遗址还出土周代卜甲，其中一残片上残存有数字卦辞，这是目前山东地区首次发现西周刻辞卜甲。

此外还清理了大量的灰坑和窖穴，多为圆形或椭圆形，较为规整。

陈庄遗址为山东地区近年来发掘周代遗址中最重要的一处，在许多方面填补了山东地区周代考古的空白，对研究早期齐文化可以说是突破性的进展。（高明奎　郑同修　魏成敏　蔡友振）

临朐县陈家河周代遗址

发掘时间：2009年10月～11月
工作单位：山东省文物考古研究所

陈家河遗址位于临朐县东部，青临高速公路穿过遗址西部边缘，为配合工程建设进行了考古发掘，发掘面积400余平方米。

发掘清理了周代灰坑窖穴100个、陶窑1座。灰坑大多是比较规整的圆形、直壁、平底坑，也有部分袋形坑，这些应该都是窖穴，废弃后用作垃圾坑的。有些坑形状不甚规则，体量巨大，坑底不平，显然不是一次性挖成，内填大量垃圾，判断当初应该属于取土坑。陶窑窑室圆形，保存不好，仅余底部，但窑箅比较完整，长方形火眼，由中间向四周作放射性分布。火膛位于窑室正下方，四周掏空，中间保留原生土柱以支撑窑箅。工作间是一椭圆形坑，位于窑体南部，有火门与火膛沟通。

出土物以陶器为主，可见鬲、簋、豆、罐、盆、盂和甗等。据此判断时代应该多数属于西周早中期。（孙波）

青州市南辛战国墓

发掘时间：2009年7月23日~8月25日

工作单位：山东省考古研究所、青州市博物馆

该墓位于青州市西北15千米的邵庄镇南辛村正西偏南500余米，胶济铁路以南。北、西北距“二王冢”、“四王冢”皆1千米左右。该墓早年遭多次盗掘，棺椁皆被破坏，出土遗物甚少。

该墓葬属于带一个墓道的土坑竖穴“甲”字形墓，墓葬规模较大，近方形墓坑内两级内缩下挖，下部有宽大的二层台。墓道15°，大体南向。墓葬封土早年已遭破坏，开口也遭不同程度破坏。现存墓坑开口南北约12.94、东西约12.5米。墓葬四壁内缩，南北两壁最为明显。第一层内缩台级遍及四壁，高度不清，宽约0.5米；第二层台位于墓坑东西两侧壁，距墓口2.75米，台面宽0.3米，距墓坑底部二层台高1.25米。两层台面上均散布有碎石硝及薄层断续的灰烬。斜坡式墓道长7.5米，现存上口宽4.9米，墓道与底部二层台相连同深，高度约3.4米。墓内填土皆为夯筑，夯层厚约0.2~0.3米。

墓坑底部宽大二层台深3.6米。东侧宽约3.1、西侧宽约3.76、北侧宽约3.2、南侧宽3.7米。整个墓坑二层台南北长11.2、东西宽11.05米。二层台上散布有细小碎石屑。在东侧二层台上，发现有数件被拆散的木质车舆及车轮等，其他车构件发现极少；北侧二层台，发现一个用苇席及竹条编织的车舆，只残存有部分，其他部分被盗洞破坏，在车舆的后侧门道车舆的顶部，发现有两个铜质节约。苇席条纹清晰可辨。竹条用麻条绑勒。此外，在该车舆的东侧发现一殉狗。东侧二层台发现两个车轮及车舆、车辕。两个车轮中间一个战车。西侧二层台中间发现两个车轮，但大小不同；在墓坑东北角发现一个殉葬坑，内有两殉人，头向东，仰身直肢葬，北侧殉人被扰尸骨无存，南侧发现一小铜带钩；殉葬坑南侧发现一个长方形殉葬坑，没有挖好，里面没有任何殉葬品。在南侧二层台和郭室之间东侧发现两个铜环及一个骨质圆筒。

椁室位于墓坑中部，口南北长3.9、东西宽3.05、深2.8米，底部南北长3.65、东西宽2.9米，平底。椁室上部及下部

均填充大量的鹅卵石。椁室因盗扰破坏严重，在椁上以及棺的四周发现有残余随葬品。椁长3.15、宽1.88、深1.3米，棺长2.4、宽0.75、高约0.9米。随葬遗物：在椁上部东南和西南角发现几件残碎的陶器，器形有鼎、豆、盆等，在棺的四周发现17个铜衔环铺首；棺西侧，发现有一把铜戈，一把铜剑。棺椁底部垫有一层厚约30厘米的鹅卵石，其下又垫有厚约70厘米的垫土。

殉葬坑2个，一个位于墓坑二层台的西北角，曾被盗洞破坏。两棺，头向东，其中北侧棺被盗扰尸骨无存；南侧棺保存较好，面向南，仰身直肢葬，在其头部发现一铜带钩。在头骨下垫有十几片大的蚌壳。该两棺的周边都填塞有大量鹅卵石。另一殉葬坑位于西侧二层台中部，长方形，深约0.4米，但坑内没有任何遗物。

殉马坑位于墓坑的北侧，南距主墓室约8.8米。长方形，东西长4.4、南北宽4米，距地表深1.1米。坑北壁中部有一台阶，平面形状近半圆形，东西长1.4、南北宽0.7、深0.7米。坑东西两壁的南端皆有两个长方形小坑，东侧坑被破坏，西侧坑东西长0.6、南北宽0.38、深0.6米，可能是放置压马头的横木所致。殉马的形态各异，头向皆南向。从西向东第一匹马，面向西，仰身屈肢；第二匹马面向东南，侧身屈肢；第三匹马面向西，与第二匹面面向对，侧身屈肢；第四匹马头向西，面向南，侧身屈肢，上肢骨弯曲，下肢较直；第五匹马头向西，面向南，侧身屈肢，上肢叠压在第六匹马的上部；第六匹马，头向南，面向东，仰身屈肢。殉马坑底部铺有一层草席，皆很零乱且腐烂严重。根据马的形状以及坑的形制分析，当时殉葬的马可能是活马，用绳捆绑从北壁台阶放置于坑内，并用一长木压住马头，有利于填土。

陪葬墓M1位于主墓室的东侧2.2米。土坑竖穴木棺墓。墓坑长3.2、宽1.9、深约1.6米，四壁略有内收。木质单棺皆朽烂。在木棺的北部有一器物箱，长1.4、宽0.5米。放置有陶豆3件、套篹2件、陶壶2件、陶鼎1件。木棺长2.1、宽1.1、残高0.5米，皆成灰痕，人骨一具，头向北，面向上，仰身直肢葬。人骨面部有玉覆面一具，玉质特薄，残碎，内有耳塞、玉璜残片。

该墓虽然被多次盗掘，出土遗物甚少。其葬制习俗，对于研究东周时期齐国墓葬的丧葬习俗具有重要意义。（崔圣宽）

章丘市汉东平陵城遗址

发掘时间：2009 年 9 月 ~12 月

工作单位：北京大学考古文博学院、山东省文物考古研究所、济南市考古研究所

东平陵故城位于山东省章丘市龙山镇。城址呈正方形，边长约 2000 米，城内面积约 400 万平方米。城墙保存较好，城内地势平坦，无村庄，现为大面积农田。东平陵故城为全国重点文物保护单位，是山东省乃至全国保存状况最好的战国汉代地方城址之一。

本次发掘首先在城内西侧偏南第Ⅴ区（冶铁遗址区）处开 5 米 ×5 米探方 20 个，后经扩方，实际发掘面积 508 平方米。冶铁遗址区发掘期间，又在城内中部偏北Ⅹ、Ⅺ区（宫殿或官署建筑遗址区）开 5 米 ×5 米探方 31 个，后经扩方，实际发掘面积 705 平方米。两处总计发掘面积 1213 平方米。

Ⅴ区（冶铁遗址区）发现的主要遗迹为西汉中晚期的冶铁工场，根据地层堆积和包含物，主要遗迹可分为三个时期：属于西汉中期的有熔铁炉 4 座以及残房基、藏铁坑、石灰坑等；西汉晚期的有烘范窑、储泥池、水井及含多件“大四”铁器铸范的灰坑等；王莽至东汉时期的有竖穴土坑水井及多个灰坑、灰沟等。遗物主要为大量的残铁器、铁块、炼铁渣、炉壁残块、砖块、瓦片、残瓦当和陶片等。西汉时期大面积冶铁工场的发现，为汉代冶铁业的研究提供了新的资料。东平陵故城“大四”铸范的发现，为汉代铁官制度、铁器生产和流通的研究提供了新的资料和研究思路。

在东平陵城内正中偏北处，即Ⅹ、Ⅺ（宫殿或官署建筑遗址区）发掘区，发掘大型夯土建筑基址一处。经钻探，一号建筑夯土基址东西总长约 50、南北宽 30 米（不包括室外廊道和散水部分），目前只发掘了一号建筑基址的东半部。从发掘情况看，夯土台基上部已被破坏，但夯土台基外围卵石散水保存较好，与散水连接的地面廊道尚存部分铺地砖。此外，部分檐柱尽管石柱础已被移去，但柱础痕迹尚存，由此大体可复原出该建筑的基本结构。从发现的大量瓦片堆积，以及瓦当、钱纹空心砖等分析，一号建筑基址始建年代大约为西汉中晚期，东汉时期仍沿用。（赵化成　杨哲峰　倪润安）

临朐县山子坡汉至清代墓群

发掘时间：2009 年 9 月 11 日～30 日

工作单位：山东省文物考古研究所、临朐县博物馆。

该墓地位于临朐县辛寨镇东盘阳村西 400 米处。东南距盘阳中学约 130 多米，西北距山子坡村约 300 多米。为配合国家 7918 网大型建设项目，即长（春）深（圳）高速公路、山东青（州）临（沭）路段的建设工程，在对青临路 K42 + 545～K42 + 890 路段进行调查钻探时，发现一处较大规模的古墓群，随即对这处大型古墓群进行了抢救性考古发掘。

通过 20 余天的发掘工作，这处大型古代墓群共发现西汉、东汉、魏晋、唐、宋、清等古代墓葬 80 余座。出土陶罐、陶案、陶盘、陶魁、陶勺、陶灶、陶釜、陶甑、镂空陶盒、彩绘陶壶、釉陶壶、连枝灯、陶耳杯、陶熏炉、铜镜、铜钱、铜铃、铜印章、铁剑、铁刀、铁镢、瓷罐、瓷壶、瓷碗、漆器、玉器、石器和骨器等各类随葬器物 300 余件。

在该墓群发现的 80 余座古代墓葬中，西汉墓葬 40 余座，东汉墓葬 20 余座，魏晋墓葬 4 座，唐宋 3 座，清代墓葬 5 座。发现的 40 余座西汉墓葬，其墓葬形制大都为竖穴土坑木椁墓，也有少量的砖椁墓和竖穴土坑木棺墓。墓室面积一般长 3～4 米，宽 1.5～2 米，墓深 4～5 米。墓葬形制大都为单室墓，也有少量夫妻并穴双室墓。西汉墓的随葬器物一般放在壁龛或特设的木质脚箱内，随葬 2～3 件陶罐；在棺室内随葬 1 面铜镜，以及 3～10 余枚铜钱不等，个别墓仅五铢钱就随葬有 20 余枚。有的墓葬在棺室内墓主人骨架两侧，还分别随葬有 1 件铁剑及 1～2 件铁刀。而男性墓主人棺内分别随葬有铁剑、铁刀；女性一般随葬铁刀与铜镜等。随葬的铁剑、铁刀、铜镜，均放置在棺内墓主人的身旁或头部。个别的墓葬还把铜镜随葬于棺内墓主人的下肢足部。

山子坡古墓群发现的 20 余座东汉墓葬，其墓葬形制可分为竖穴土坑墓和券顶砖室墓两种。竖穴土坑墓的墓室面积一般长在 2.5 米左右，宽 1.5～1.8、墓深 1.5～2 米。与西汉墓的形制特点大同小异，仅埋葬深度比西汉墓相对变浅。发现的十几座东汉券顶砖室墓，墓室面积一般长

5.5～7、宽2.5～2.8、墓深1.6～2米。可分为单室墓、前后双室墓及前后室带耳室多室墓等。

发现的4座魏晋墓葬，有2座土坑竖穴墓及2座穹隆顶石室墓。土坑墓一般长在2.5米左右，宽在1.5米左右，墓深在1.8米左右。发现的2座穹隆顶石室墓，墓室直径一般3～6米，大都为二次葬。随葬大量的铁器及少量的陶器、铜钱等。

发现的3座唐宋墓，分为竖穴土坑墓和砖室墓两种形制。墓室一般长3米左右，宽1～1.5米。3座唐宋墓葬分别出土有瓷壶、瓷碗、瓷罐、铜镜和铜钱等。

发现的5座清代墓葬，均为券顶砖室墓，墓室一般长3米左右，宽1～1.8米。随葬器物一般有瓷罐、铜钱、铜头饰件等。

该处古墓群分布范围较大，据当地村民讲，前几年承包果树的村民在深挖树坑时，就曾发现过古代的陶器、铜器等。古文献记载古时在盘阳附近曾建有古城，当地有“都临淄、城盘阳”的传说。我们根据对该墓地周围环境的调查勘探，得知在墓地东部的大片果园内，存在有较大面积的东周～唐宋等历代文化遗址及墓葬区。

临朐山子坡发现的这处规模较大的古代墓群，墓葬分布较为密集，墓葬延续时代较长，除发现的十几座东汉砖室墓遭到局部破坏外，其余大多数墓葬保存得基本完好。该处80余座大型墓群的发掘，对探讨研究临朐山子坡及盘阳古城一带，两汉、魏晋、宋元及清代的政治、经济、文化艺术等，均具有极其重要的意义和研究价值。（李曰训　衣同娟）

高青县胥家庙唐代寺院遗址

发掘时间：2008年9月～2009年4月

工作单位：山东省博物馆

胥家庙遗址位于淄博市高青县黑里寨镇胥家村东南约200米，南距小清河100米，遗址中心坐标为北纬37°04′18″，东经117°41′38.52″，平均海拔14米左右。20世纪60年代，村民开挖青胥沟时发现有北魏纪年铭文的刻石，此处遗址遂被发现。为配合国家南水北调之胶东调水工程，对高青胥家庙遗址进行了考古发掘。发掘面积6000平方米，发现建筑遗迹5组，多为夹心砖墙结构，即两侧为砖，中间夹土或残砖块。按照揭露时间的先后，依次编号为Ⅰ、Ⅱ、Ⅲ、Ⅳ、Ⅴ组建筑。建筑多呈东西向横长方形，残留墙基，房屋结构和门道清晰可见。

出土物以砖瓦残块为主，约占总数的95%以上，板瓦尺寸较大，筒瓦也较厚重，另有少量的陶片、瓷片、铜钱、铁器残块、石块及佛教造像残件。在H1、H2内发现了基本完整器，有陶罐、陶甑、瓷碗、瓷罐等。佛教遗物包括造像和造像座：造像形体较小，多为残件，另外还发现陶佛像、素烧瓷佛像和像座，发现的造像座全部为方形，发现4件，均为北齐年号。胥家庙遗址根据建筑材料的形制和文化遗物的型式判断，应为唐代建筑，至宋代毁废。

高青胥家庙遗址地处山东青州佛教中心区内，北距北朝时期临济城只有4千米，发现的北朝佛像和像座反映了当时佛教繁荣的历史真实，是研究唐代寺院建筑、佛教发展和传播的新资料。（于秋伟）

河　南　省

新密市李家沟石器时代遗址

发掘时间：2009年8月~12月
工作单位：北京大学考古博学院、郑州市文物考古研究院

今年先后发掘了新密市李家沟、新郑市赵庄与皇帝口等3个旧石器时代遗址。其中李家沟遗址的发掘收获尤为重要，并已经过初步整理。

李家沟遗址位于在椿板河左岸2级阶地。经过为期2个月的发掘，共揭露遗址面积近30平方米。发掘探方分布在一条沿断层破碎带形成的沟谷两侧，形成南、北两个发掘区。南、北两区的两个主剖面均包括了从旧石器向新石器时代过渡的连续地层堆积。北区的文化层厚约3米，从上向下共分7层。第①至③层为近代堆积；第④至⑥层为新石器时代早期堆积，发现数量较多的陶片、石制品与动物骨骼碎片等；第⑦层是仅含打制石器的旧石器时代文化层。南侧的地层堆积自上向下可分为4层，第①层为棕褐色的含碳酸钙胶结物层，此层常见于在本区新石器时代遗址，并叠压于裴李岗文化层之

下；第②层为灰白色的砂砾层，含零星陶片，按岩性与包含物特点，当与北区的第⑤、⑥层是同期堆积；第③层含少量打制石器与动物化石碎片，岩性特点和文化遗物均与北区的第⑦层相当；第④层的发现最为丰富，含船形、柱状等类型的细石核与细石叶等典型的细石器文化遗存，同时亦见人工搬运的石块及粗大石制品。第④层之下则为不含文化遗物的马兰黄土层。综合南北两侧剖面层位序列，清楚可见李家沟遗址完整地展示了本地区从旧石器时代晚期向新石器时代过渡地层关系。^{14}C 加速器测年结果为距今 10500 年至 8600 年左右。

李家沟遗址的发现从工具组合、栖居形态到生计方式等多角度提供了中原地区旧、新石器时代过渡进程的重要信息，比较清楚地揭示了该地区史前居民从流动性较强、以狩猎大型食草类动物为生的旧石器时代，逐渐过渡到具有相对稳定的栖居形态、以植物性食物为主的新石器时代的演化历史。(王幼平)

淅川县沟湾新石器时代遗址

发掘时间：2009 年 1 月 ~7 月
工作单位：郑州大学历史学院考古系

今年继续发掘，发掘面积约 2000 平方米。两次发掘共清理各类遗迹 930 个，出土遗物十分丰富，已收集各类小件 1860 余件。今年发掘的最大收获是在大壕底部发现了小壕，编号为 G48。结合钻探情况可知其整体呈环形分布于遗址外围。剖面呈口大底小的倒梯形，沟壁人工痕迹清晰，系人为建造无疑。口部宽 3.5 ~ 6.8 米，底部宽 0.9 ~ 1.4 米，深 1.8 ~ 2.2 米，发掘区内长 43 米。据层位关系和出土遗物判断，小壕的建造与使用年代应为仰韶文化早期，至仰韶文化中期已完全废弃。(靳松安 郑万泉 张萍)

淅川县马岭新石器时代至清代遗址

发掘时间：2007 ~2009 年
工作单位：河南省文物考古研究所、武汉大学考古系

马岭遗址位于淅川县盛湾乡贾湾村，中心地理坐标为北纬 32°55′49″，东经 111°28′30″，海拔高度 160 ~ 166.3 米。配合南水北调工程，三个年度完成发掘

面积9000平方米。

马岭遗址文化遗存延续时间长，这里有后冈一期文化、西阴文化、仰韶晚期朱家台文化、煤山文化以及东周时期、汉晋时期、清代等不同时期的文化遗存。

后冈一期文化遗存在整个遗址都有分布，发现了房址、墓葬和深沟等遗迹。其中，发现房址10余座，主要为圆形地面房屋，一般系直接在地面立柱起建，房基大致分为两个区。灰坑255个。墓葬121座，均为土坑竖穴墓，墓葬也分为两个区。在遗址东南部发现一条这一时期的深沟。马岭遗址是目前发现的最完整的后冈一期文化聚落。

朱家台文化遗存主要分布在遗址西南部，发现了房基55座，灰坑400余个，土坑墓8座，瓮棺墓8座。清理了多座含有完整动物骨架的灰坑，这些灰坑应该是与祭祀活动有关的遗迹。这一时期的房子均为先挖基槽，再立柱起建。房屋布局也有一定的规律。

汉代遗存在整个发掘区基本上都有分布。发现沟4条，大型方形房基2座，圆形房基1座，水井1座，汉代砖石墓20多座，瓮棺墓3座。（余西云　赵新平）

确山县丁塘新石器时代至汉代遗址

发掘时间：2009年1月~5月

工作单位：河南省文物考古研究所

丁塘遗址位于驻马店市确山县任店镇丁塘村西约30米，在遗址西、南两面有一条小河由西北向东南流去。北距确山县城约15千米，西距任店镇约3千米，南距马尾山约3千米，南距吕庄遗址约500米。本次发掘是为了配合石（家庄）武（汉）高速铁路客运专线的建设，发掘面积700平方米。发掘清理遗迹有：灰坑71个，其中汉代3个，周代2个，仰韶时期66个。灰沟2条，为仰韶时期。房基2座，为仰韶时期。出土遗物有：陶鼎、陶罐、陶鬲、陶钵、陶豆。为研究豫南驻马店确山一带仰韶时期的文化遗存提供了新的资料。（郭培育）

洛阳市中沟新石器时代遗址

发掘时间：2009 年 11 月
工作单位：洛阳市第二文物工作队

在配合基本建设的考古工作中发现并发掘一处新石器时代晚期古文化遗址。该遗址位于洛阳市老城区邙山镇中沟村东，北依邙山，南望涧河，西邻中沟。地理坐标北纬 34°42′211″，东经 112°24′20″，海拔高度 180 米。

遗址南北长约 200、东西宽约 200 米，总面积约 4 万平方米，中心面积约 5000 平方米。目前发掘面积近 4000 平方米，发现灰坑 200 余个，墓葬 16 座，灰坑葬 9 座。灰坑类型有圆形袋状、圆形筒状、不规则形锅底状等。遗物有陶器、石器、骨器等。陶器类型有罐、钵、杯、鼎、纺轮、环、弹丸等。陶质有夹砂和泥质两种，以夹砂灰陶素面为主；纹饰有弦纹、附加堆纹、绳纹、划纹等；彩陶少量，图案以网状纹为主；器形有罐、钵等。石器以打制石器为主，磨制石器少量，有石刀、石斧、石弹丸等，骨器有骨簪、骨锥等。墓葬均为长方形竖穴土坑墓，未见随葬遗物，均为仰身直肢，头西面北，排列分布较有规律。灰坑葬目前发现有 9 座，其中两座灰坑葬有两具骨架，这些灰坑均为圆形袋状，经过修整，可能有祭祀的目的。

从灰坑出土遗物分析，该遗址文化面貌与洛阳同乐寨、西干沟遗址仰韶文化晚期遗存基本相似，其时代也应大体相当。该遗址地处邙山南麓半坡，洛河支流涧河北岸。在遗址中部发现的呈南北走向的古河道可能与当时人们生活有关，但还有待进一步考古发掘证实。（吴业恒）

信阳市魏庄屈家岭文化遗址

发掘时间：2009 年 2 月 ~6 月
工作单位：河南省文物考古研究所、信阳市文物局

魏庄遗址位于信阳市明港镇淮河村魏庄自然村南 100 米处的一个台地上，东距淮河约有 3000 米。石家庄至武汉高速铁路客运专线的路基自南向北穿越遗址东部，占压长度为 120 米，宽度为 20 米。为配合此项工程的建设，对该遗址东部边缘进行考古发掘，发掘面积为 700 平

方米。

魏庄遗址平面呈近圆形，直径约为120米，周围有环绕宽度为23～45米的壕沟，高出周围地面大约有3米，面积约为11000平方米。它是信阳一带典型的圆环式水寨类型遗址。本遗址共分为7个地层，第①层是耕土层；第②层是清代层；第③、④层没有发现遗物，其年代不明；第⑤、⑥层是西周层；第⑦层是屈家岭文化层。此外，第⑦层以下灰坑为大河村类型仰韶文化与屈家岭文化遗物；环壕沟底部有石家河文化陶器残片。

由于发掘面积较小，探方恰好坐落于一段较早的壕沟内，遗址内发现遗迹较少，只有遗址外围环壕东边的1段，屈家岭文化灰坑15个，清代房基1座。出土遗物主要是陶片，也有少量瓷片。有不少陶器残片可以看出原来的器形，其中大河村类型仰韶文化的陶器主要有：浅褐色折腹盆形鼎与罐形鼎，鼎足大多为凿形足，而且足根部或摁压有2个小凹坑。此外，还有宽平折沿小平底红褐陶盆、敛口红陶钵、黄褐陶与灰陶高领广肩罐等。屈家岭文化陶器大多是黄褐色夹砂陶器，有的夹有蚌粉，火候较低，绝大多数为素面，少数饰多重凹弦纹，器形主要有甑、曲腹盆形鼎、侈口宽沿罐形鼎，有的鼎足呈扁薄长条形，正面刻划数道凹槽；泥质陶数量相对较少，主要是浅圈足薄胎蓝灰色碗、杯，与高圈足镂孔敛口内折壁豆、外折壁豆、曲腹碗、豆等。石家河文化有篮纹、方格纹与绳纹陶器残片，但器形莫辨。西周时期的遗物计有鬲、盆、豆、罐、甗等陶容器和玉璜。清代器物主要是青花瓷碗与白瓷碗。其中可复原或较完整的小件器物共计33件：石器有斧3、锛3、凿2、铲1共9件；玉器1件；完整或可复原陶器15件，计有纺轮、杯、盅、器盖等；可复原或能看出器形的陶器，计有鼎、甑、碗、杯、高领罐、曲腹碗、盆、红陶钵、鬲、盆、豆、罐、甗等；瓷器主要是碗，计5件，均为青花瓷碗。

从出土遗物看，该遗址大致包括屈家岭文化、石家河文化、西周、清代等四个时期的文化遗存。其中屈家岭文化受到了来自黄河流域大河村类型仰韶文化的强烈影响。由于早期遗址内的实际发掘面积过小，目前还没有发现石家河文化地层，但出土有这一时期的遗物。（王龙正　王利彬）

淅川县六叉口龙山时期遗址

发掘时间：2009 年 9 月 29 日～2010 年 1 月 9 日

工作单位：中山大学人类学系

六叉口墓地（遗址）位于南阳市淅川县滔河乡凌岗村六组上凌岗自然村。中心地理坐标为北纬 32°58′56″，东经 111°20′06″，高程 163～167 米。2008 年 9 月，在配合南水北调中线文物保护工程项目，中经钻探发现了该遗址。遗址范围大致为东西 180、南北 160 米，面积 28800 平方米。当年对该遗址进行了第一次发掘，在遗址北部布 10 米×10 米探方 20 个，发掘面积 2000 平方米，发现有清代、汉代和龙山时代 3 个时期的堆积。主要发现龙山时期的高台、环壕以及灰坑、灰沟等遗迹，出土大量陶器、石器、骨器和玉器等文化遗物。

今年对该遗址进行了第二次发掘，本次发掘在遗址南部布 10 米×10 米探方 13 个，发掘面积 1300 平方米，扩大了对该遗址内涵的认识。

本次发掘的遗址南部地层堆积厚 0.65～3.0 米，平均深度 2.3 米。遗址第①层为耕土，第②层为河流冲击层，第③层为清代堆积，第④层为汉代堆积，第⑤～⑬层均为龙山时期文化堆积。遗迹丰富，目前为止发现各个时期墓葬 18 座、瓮棺葬 20 座、房屋基址 1 座、灰（壕）沟 63 条、灰坑 66 个。出土龙山时期器物极为丰富，陶器有鼎、釜、甑、罐、壶、碗、钵、盆、研磨盆、豆、圈足盘、缸、纺轮和陶塑小动物等；石器以穿孔石刀、圭形凿、斧、锛、镰、锥和石镞等为主；骨器有锥、镞；玉器有刀、锛等。

特别值得一提的是，通过两次发掘和钻探，发现遗址以南北长约 100 余米，东西宽 80 余米，高出周围 1.5～2 米的高大土台为中心，土台上有密集的窖穴，土台边缘分布有密集的瓮棺葬，土台外围环绕宽窄不等的多条壕沟，说明遗址是一处结构完整的龙山时期小型聚落。

六叉口墓地（遗址）是一处时代单一、堆积丰厚的龙山时期遗址，对于探讨丹江流域龙山时期的考古学文化意义重大。六叉口墓地（遗址）以高台地为中心，环绕龙山时期不同年代的环壕，该类小型聚落相比丹江流域仰韶时期、屈家岭文化时期的大型聚落是一个显著的变化，对于研究丹江流域新石器时代的聚落

形态演变具有积极意义。（王宏）

汝州市李楼龙山时期遗址

发掘时间：2009 年 8 月 ~12 月
工作单位：河南省文物考古研究所、汝州市文物局

李楼遗址位于汝州市杨楼乡马庄村李楼自然村西北的一处台地上，北距汝河约有 1300 米。1991 ~ 1992 年，中国社会科学院考古研究所曾在该遗址中心区进行过发掘，确定这里是一处龙山文化时期的遗址。西气东输二线工程输气管道呈西北—东南向穿过遗址西南边缘，占压遗址长度约为 200 米，宽度为 30 米。为配合此项工程的建设，对李楼遗址的管道占压部分进行考古发掘，发掘总面积为 726 平方米。

发现遗迹计有 118 个，计有灰坑 83 个，灰沟 4 条，房基 6 座，墓葬 8 个，瓮棺墓葬 16 座，水井 1 口。其中房基有圆形半地穴式与长方形地面式建筑；瓮棺墓葬大都由罐形陶鼎与陶盆扣合而成，其中埋葬有婴儿，也有成人。出土遗物依质地不同大致可分为石、陶、骨、蚌等 4 类。数量最多者是陶器残片，绝大多数是灰陶，红陶极少；陶质以夹砂陶居多，泥质陶次之；纹饰以篮纹为主，也有少量绳纹、附加堆纹与磨光陶器。其中完整或可复原小件器物共 112 件，计有石斧、石锛、石镰、石刀、砺石、石纺轮、陶纺轮、骨锥、蚌锥、蚌镰等生产工具和加工工具；石球、石镞、骨镞等狩猎工具；陶鼎、罐、斝、豆、壶、杯、瓮、盆、器盖等生活用品；骨笄、蚌饰等装饰品；田螺、兽骨、鹿角等食用动物遗骸。

这次考古发掘丰富了 20 世纪 90 年代李楼遗址的发掘资料，为研究河南龙山文化时期汝河流域古代先民的生产方式、生活状况与丧葬习俗提供了实物资料。（王龙正　王利彬）

确山县吕庄新石器时代至商周遗址

发掘时间：2009 年 1 月 ~5 月
工作单位：河南省文物考古研究所

吕庄遗址位于驻马店市确山县任店镇吕庄村北约 800 米，在遗址北面有一条小河由西北向东南流去。北距确山县城约 15 千米，南距马尾山约 2.5 千米，西

距任店镇约2.5千米，东距京广铁路约2.5千米，北侧500米为丁塘遗址。本次发掘是为了配合石（家庄）武（汉）高速铁路客运专线的建设，发掘10米×10米探方8个，10米×5米探方2个，面积900平方米。清理遗迹有灰坑8个，房基4座，文化层一般厚为3.8米至4米，分为8层，上部为商周、二里头时期，下部为龙山时期。出土遗物有陶鼎，陶罐，陶鬲，陶杯，陶豆；石器有石镞，石斧，石镰，石刀；铜器有铜镞，铜刀等。为研究豫南驻马店确山一带商周、龙山时期的文化遗存提供了新的重要资料。（郭培育　常明）

漯河市马夫张新石器时代及汉代遗址

发掘时间：2009年1月～5月
工作单位：河南省文物考古研究所

马夫张遗址位于漯河市源汇区干河陈乡马夫张村西约800米，北部跨柳江路，东部跨107国道，遗址分布面积10万余平方米，核心区域在柳江路与107国道交汇处东南部，遗址年代主要为龙山至夏商时期，文化内涵丰富，为配合漯河市锦鸿·柳江名苑项目建设对该遗址进行考古发掘。目前发掘面积1712平方米。发掘清理遗迹有灰坑69个，灰沟2条，井2口，唐墓1座。从一条沟的剖面可看到文化层厚为2.5米，上部为汉代、下部为龙山文化时期。出土陶器有陶鼎，陶簋，陶甗，陶罐，陶杯，陶豆等；石器有石镞，石凿，石刀等；骨器有骨镞，骨簪，骨锥，鹿角等。大量的遗迹和遗物为研究漯河一带龙山时期文化遗存提供了新的重要资料。（郭培育）

宝丰县朱庄周代与宋元遗址

发掘时间：2009年8月～11月
工作单位：河南省文物考古研究所、宝丰县文物局

朱庄遗址位于平顶山市宝丰县杨庄镇朱庄自然村东北100米处，应河北岸的台地上。西气东输二线工程的输气管道呈西北—东南方向从该遗址中部穿过，占压遗址长度约为500米，宽度为30米。为配合此项工程的建设，对朱庄遗址中部进行考古发掘，发掘面积为742.5平方米。

遗址地层堆积简单，大体可分为4个文化层，自上而下分别为耕土层、元代层、汉代层和西周层。就发掘区域内各时期遗存分布情况看，其中西北部为元代遗存，南部为战国、汉代遗存，中部为西周遗存。发现各时期遗迹29处，其中西周灰坑3个，战国灰坑5个，汉代灰坑14个，元代灰坑5个，明代灰坑1个。出土遗物主要是陶片、瓷片与砖块等，依其质地不同，可分为石、陶、瓷、铜、铁、骨和蚌等七大类。其中完整或可复原的小件器物计有36件，分别为石器2件，均为石斧；陶器4件，计有纺轮、钵、豆、灯各1件；瓷器为4件，计有碗、罐、注子、瓷人各1件；铜器22件，计有布币1、圜钱20、钗1件。此外，还有铁钱、铁球、蚌刀、骨笄各1件。

通过这次发掘获知，朱庄遗址是一处两周、宋元时期的古文化遗址，延续时间较长，自西周时期开始，历经战国、汉代，直至宋元、明时期。它的发掘为宝丰一带相关时期的古文化面貌的研究提供了一些实物资料。（王龙正　王利彬）

洛阳市邙山东汉陵园及陪葬墓园遗址

发掘时间：2009年3月~12月
工作单位：洛阳市第二文物工作队

在连霍扩建工程基建考古过程中，先后发掘了两座东汉帝陵陵园遗址及两座陪葬墓园遗址的部分区域。

发掘区位于孟津县平乐镇朱仓村西，洛阳服务区——连霍、二广高速立交桥之间，属于国家重点文物保护单位邙山陵墓群的一部分。包括朱仓M722（邙山陵墓群考古调查与勘测项目编号，下同）、M707帝陵陵园遗址的中部和M708、M709两处东汉帝陵陪葬墓园遗址的北部。遗址区全长约1800米，宽30~50米，面积约7.2万平方米。前期调查勘探和连霍扩建钻探，共发现墓葬90座（古墓70座）、灰坑87个、沟16条、建筑基址23处、夯土区48处、坑32个、砖区3处、散水1处。2009年3月6日开始发掘，目前发掘遗址9700平方米。

目前的主要收获有：M722发掘发现陵园遗址的东、西垣墙，东垣东侧环壕，墓冢封土，封土东侧有大型建筑基址，建筑基址区有序地分布柱础、排水沟、散水等。M707发掘发现封土东侧大型建筑基址。M708、

M709二处陪葬墓园遗址的布局结构基本搞清楚，为闭合式庭院遗址。

出土遗物主要为各种陶质建筑材料残片，包括板瓦、筒瓦、瓦当及铺地砖等。板瓦、筒瓦绝大多数为外饰绳纹、内饰布纹，瓦当以卷云纹为主，铺地砖则多以几何纹饰为主。此外，还出土有玉片、五铢钱等。

邙山陵墓群内东汉帝陵陵园及陪葬墓园建筑遗址的考古发掘，在全国尚属首次，经过初步确认，朱仓M722为顺帝宪陵，朱仓M707为冲帝怀陵，不仅填补了长期以来东汉帝陵无法确认陵属的学术空白，也为其他帝陵的确认提供了强有力的对比和参考。（张鸿亮　卢青峰）

洛阳市邙山大汉冢陵园

发掘时间：2009年5月~12月

工作单位：洛阳市第二文物工作队

遗址位于洛阳市孟津县，连霍高速公路洛阳服务区南区南侧，为配合连霍高速公路洛阳服务区的扩建工程，对服务区南侧进行考古发掘，在考古工作过程中，发现了一条曲尺型夯土基槽，东西长度140.65、南北发掘长度12.5米，向北延伸至洛阳服务区内，宽度0.5~1.3米，内填夯土，经解剖，底部不平，深度0.1~1.3米，东西向夯土基槽中间留有两个缺口，缺口宽度分别为8.4米和18.5米。另外，在曲尺型基槽的北侧，发现了三条墙基，两条南北向，均延伸至服务区内，一条东西向，编号Q3、Q4、Q5，Q3南北长6.4米，东西宽1.8米，深度0.8米,；Q4南北长4.9米，东西宽1.9米，深度0.67米；Q5东西长17.6米，南北宽4米，深度0.9米，上述三条基槽内填夯土，夯层厚度0.10~0.23米。在发掘过程中，出土了少量泥质灰陶片和绳纹瓦片。

在发掘区域北侧，高速公路以北，即为大汉冢陵园建筑遗址群所在位置，初步推测此次发掘区域应该是大汉冢陵园建筑遗址的东南边界，为研究大汉冢陵园建筑乃至整个东汉帝陵的建筑形制，都提供了重要的参考资料。（王咸秋）

洛阳市邙山陵墓群内东汉墓

发掘时间：2009 年 2 月 ~12 月
工作单位：洛阳市第二文物工作队

墓葬位于洛阳市孟津县送庄乡，国家级文物保护单位邙山陵墓群的范围内，位于大汉冢（东汉帝陵，邙山陵墓群范围内现存最大的封土墓）西南侧约 400 米，经发掘的这两座墓葬应该是大汉冢的陪葬墓。DM1 位于邙山地区东汉时期最大的封土墓冢——大汉冢的西南，直线距离 400 米。为配合连霍高速公路改扩建工程，对墓葬进行了发掘。

根据出土遗物和墓葬结构看，墓葬的年代应在东汉早期。墓葬形制为长斜坡墓道砖券多室墓，由墓道、甬道、前室、后室、侧室和耳室组成。方向 185°。墓道为长斜坡式，两侧内收五级生土台阶，长度 21 米，北宽南窄，最宽处 5.1 米。墓道和墓室之间共有三道砖砌封门和一道木质木门。甬道上方用楔形砖筑成照壁，高 2.08 米。墓室明券。土圹呈“凸”字形，四壁内收五级台阶。东西宽 16.2、南北长 13 米。东北、东南和西北留有上下的台阶或斜坡。土圹东北、东南角外还残存有 2 个柱洞，东南角留有窄长坡道。东西与墓道壁相接。前室为横列式。东西长 4.06、南北宽 2.74 米。

墓道、墓葬填土有叠压现象，墓道填土叠压在墓室填土之上。其建筑程序是，先挖土圹，构筑墓室；墓室建成后，首先夯土回填墓室，然后再回填墓道。发掘过程中共发现有 9 个盗洞，墓葬被盗扰严重。棺椁痕迹共发现 3 处，未发现完整骨架。随葬器物主要有玉剑饰，陶碗、绿釉陶罐残片、陶瓮口沿残片，铁刀、铁剑、铁剪、铁削、棺钉，铜灯、铜牌饰、铜合页、铜铺首、铜盘残片、五株铜钱、铜泡钉和云母片等 20 余件。

墓葬用砖种类繁多，主要分为条形砖和楔形砖两种。在一些楔形砖上还发现有白灰书写字体，多为“九寸八分”等尺寸或“二”“三”等编号。（王咸秋）

偃师市刘坡段东汉墓葬

发掘时间：2009 年 10 月
工作单位：洛阳市第二文物工作队

偃师刘坡段考古发掘工地为

配合连霍高速改扩建工程开展的考古发掘项目共发掘墓葬7座（09LHLM1～M7），时代均为东汉，均被盗扰。M1、M2、M7为单室土洞墓，由墓道、甬道、墓室三部分组成。M1出土器物8件，M2出土器物12件，M7无器物出土。M3、M4为单室砖室墓，由墓道、甬道、墓室三部分组成。墓室为长方形，墓道和墓室在同一方向。M3出土器物7件，M4无出土器物。M5、M6为砖室墓，由墓道、甬道、横前室、后室组成。M5、M6仅出土有铜钱。（李继鹏）

孟津县朱仓东端东汉北魏墓葬

发掘时间：2009年9月～10月
工作单位：洛阳市第二文物工作队

连霍高速改扩建工程孟津县朱仓东端考古工地共发掘墓葬9座，均被盗扰。其中北魏墓葬7座（09LHZDM1～M7），形制均为刀形单室土洞墓，由竖井墓道、墓室两部分组成。M1出土3件陶罐，M2出土少量铜钱和2件陶罐，M5出土1面铁镜和1件陶罐，其余4座墓葬无出土器物。发掘东汉墓葬2座（09LHZDM8～M9），M8为单室砖室墓，由长斜坡墓道、甬道、墓室和耳室组成，出土器物13件。M9为砖室墓，由长斜坡墓道、甬道、横前室、后甬道、后室及耳室组成。M9虽经盗扰，但仍出土大量器物，其中最为重要的是数百块铜缕玉衣片，这直接表明了墓主人较高的身份和地位，墓葬出土器物共计52件。（李继鹏）

孟津县玉冢汉魏遗址

发掘时间：2009年4月～12月
工作单位：洛阳市第二文物工作队

玉冢遗址区位于孟津县送庄镇后沟村北，高速洛阳东站至玉冢之间，北魏孝明帝定陵（M515）陵园遗址南部，后沟东汉墓园北部（M529），线路涉及遗址长770米。前期调查勘测时，发现遗址内有建筑基址30处、夯土区12处、墓葬11座（古墓6座）、灰坑2个、坑2处、沟9条、烧窑1处。连霍高速改扩建又新近钻探发现古墓2座、沟1条。发掘清理墓葬4座，发掘遗址面积3664余平方米。

遗址中心区域长250、宽30米。地层堆积分为北魏和东汉两期。北魏时期的为玉冢帝陵陵园遗址，东汉时期的为后沟墓园遗址。北魏遗迹叠压在东汉废弃建筑堆积之上。目前遗址区内北魏时期的遗迹现象已被大面积揭露，陵园遗址的西墙和环沟形制初显。其中陵园西墙宽1.7米，发掘长17.5米。墙外环沟口宽6.15米，底宽2.05米，发掘长19米。（李继鹏）

安阳市西高穴曹操高陵

发掘时间：2008年12月~2009年12月

工作单位：河南省文物考古研究所

西高穴大墓位于安阳市西北的安阳县安丰乡西高穴村，西依太行，北临漳河，南倚南岭，地势高亢。西高穴村与千年古镇渔洋为邻，向东7.15千米为西门豹祠，14.32千米为故邺城。隔漳河与东魏静帝的天子冢、讲武城相望，附近有北齐宰相和士开的墓葬和固岸北朝墓地等。

本次发掘共清理了两座墓葬，分别编号为一号墓、二号墓。二号墓坐西向东。墓室墓圹平面呈前宽后窄的梯形。斜坡墓道，墓道两壁分别有七个台阶，逐级内收。在墓道与墓门交接处的墓道南北两边，各有一道护墙，每面墙的墙体内立有原木立柱作为龙骨。墓道填土内含有大量料姜石。墓门砖券顶。有石门，石门外有三层封门砖封闭。墓室为砖室墓，分为前、后两室。前室近似方形，四角攒尖顶。有南、北两个侧室，其中南侧室平面为长方形，弧形券顶；北侧室平面为长方形，四角攒尖顶。后室四角攒尖顶。有南、北两个弧形券顶的侧室。整个墓室均为青石铺地，四个耳室均有石门封闭。部分墓门上有精美的石刻画像。

墓葬出土了一批重要文物。其中以多枚刻字铭牌最为重要。另有兵器和墓主人的头骨、肢骨等残块。从质地分，计有金、银、铜、铁、云母、玉、骨、漆、釉陶、陶和石等。可复原的文物250余件。其中，有能够反映墓主人身份的铭牌、铁甲、铁剑、铁镞、铁帐架等。另外有铜带钩、鎏金盖弓冒和大量的云母片，以及陶器残片等。陶器可辨器形有陶灶、耳杯、盘、壶、罐、托盘、盆等。其中刻有铭文的石牌59块，从器形上看可以分为两大类。一类为圭形，尖部中间有穿孔，孔内有铜环，铜环连以铜链。上面刻有“魏武王常所用挌虎大戟”“魏武王常所用挌虎短矛”等内容；另一类为六边形上部中间有穿孔。其刻字内容为随葬物品的名称和数量。这些石牌上的铭刻绝大多数都是汉隶，俗称“八分体”，字体规整，遒劲有力。只有8块字体为较为潦草的汉隶体。

人骨共发现3个个体，其中两个女性头骨位于后室，男性头骨位于前室门道处。由中国社会科学院考古研究所人骨鉴定专家王明辉博士进行性别和年龄鉴定，确定其为男性一具，六十岁左右；女性二具，年龄分别为五十岁左右和二十岁左右。结合墓葬的形制、规模、出土文物、出土铭牌铭文的内容、字体、出土墓主人骨骼的鉴定，并结合历史文献资料，判断此墓系魏武帝曹操的高陵。（据《中国文物报》2010年1月8日）

洛阳市邙山西晋墓群及北魏墓群

发掘时间：2009年3月~8月

工作单位：洛阳市第二文物工作队

为配合连霍扩建工程，在孟津县平乐镇朱仓村西进行发掘，先后清理了西晋、北魏、唐、宋等时期墓葬共31座。以西晋、北魏墓葬为主。

西晋墓群的墓葬形制有两种：一、斜坡墓道土洞墓，占大多数，墓向主要为南向，也有少量西向，洞口处多有条砖封门，均遭盗扰破坏，墓室平面为长方形，拱形平底，底部多向内倾斜，个别底部残留有棺痕。二、长方形竖穴土坑墓，墓向为南向，个别南端有壁龛，内置随葬器物。

墓葬绝大多数被盗扰，残存器物以陶四系罐、碗为主，多伴出铜钱。三座墓出土有铭文砖，两块有纪年，分别为“太康七年”和“元康二年”。

北魏墓群的墓葬形制均为斜坡墓道单室墓，斜坡墓道多口窄底宽，墓多为南向，个别为东向，具体可分三种：一、方形砖室墓，墓室平面为方形，四角攒尖顶，个别在墓室后部留有砖砌棺床。二、方形土洞墓，墓室平面为方形。三、“刀”字形土洞墓，墓室平面为“刀”字形，墓室东壁与墓道东壁成一直线，墓室西壁向西凹进，顶部多呈外高内低的弧形，有单棺紧靠墓室西壁。

墓葬绝大多数被盗扰，残存器物有陶、瓷、铁、铜和石器等。陶器，俑有各类侍俑、猪、鸡、羊、狗等，日用器有罐、碗、杯等，模型明器有井、磨、灶等。瓷器有壶、罐等。铁器有剪。铜器有镳斗、壶等。石器有灯。一方形土洞墓盗洞内出有墓志盖，书“魏故相州刺史赵使君迁窆北芒之墓志”。

目前小型西晋墓的确认较少，而有确切纪年的小型西晋墓群在洛阳，甚至全国也都极为罕见，这批墓葬的发掘，对研究西晋下层民众的丧葬习俗意义重大。“刀”字形北魏墓在洛阳也很罕见，而山西地区较多，此次发掘不仅丰富了洛阳北魏墓葬的考古资料，对了解北魏下层民众的迁徙及丧葬习俗的演变也很有意义。(张鸿亮　卢青峰)

孟津县汉魏洛阳故城北魏宫城二号建筑遗址

发掘时间：2008 年 4 月 ~6 月、10 月 ~12 月

工作单位：中国社会科学院考古研究所洛阳汉魏城队

本年度，对北魏洛阳宫城南部的二号建筑遗址进行了勘察发掘，发掘面积 2500 平方米。宫城二号建筑遗址位于孟津县平乐镇金村南，北距金村约 1.5 千米，南距宫城南门阊阖门遗址约 100 米。通过发掘，揭露出了北魏时期宫城第二道宫门的建筑基址全貌，其也是一座三门道的殿堂式门址，除不设双阙外，布局结构、规模大小均与此前发掘的阊阖门遗址类似；同时通过有目的重点勘探试掘，对二号宫门基址周边的相关遗迹分布和保存状况有了初步了解。

二号宫门的夯土基址保存状况较差，当时的建筑台面已经无存，目前所发现的遗迹仅为夯土基础部分。其夯土台基平面为长方形，东西长 44.5、南北宽约 24 米，方向约 4°。据残存遗迹观察，该遗址最晚时期的门址也是由居中的东西两道隔墙、两侧的东西两个墩台以及之间的三个门道等构成。其柱网大致也为东西 8 列，南北 5 排，即该宫门也为面阔 7 间、进深 4 间的殿堂式建筑。各开间 5 ~6 米，形制结构与宫城阊阖门几乎完全一致。

东、西两个墩台平面均为长方形，南北长约 20 米，东西宽 7 ~7.4 米，据残迹复原南北进深为 4 间，东西面阔各 1 间。东、西两个隔墙平面也为长方形，南北长 8.4 ~9.9 米，东西宽 7 ~7.5 米，南北进深仅为 2 间，东西面

阔也各为1间。三个门道分别位于两侧墩台和中间的两个隔墙之间，东西宽约4米，南北长与隔墙进深相同。在夯土台基的南北两侧，各残存有三个夯土慢道，三个门道各与之南北对应。南侧三个慢道保存较好，中间慢道宽约6.7米，两侧慢道各宽约6.2米，残长4.1~5.1米。

在门址东西两侧，发现有与门址两侧墩台相连接的附属建筑遗迹。也仅存夯土基础，而且与门址夯土基础连为一体，南北进深约16米，较门址台基南北两侧分别内收5米和3米。此部分基址揭露面积较少，且遗迹保存较差，具体建筑形制结构尚不明确。

在二号宫门基址的南北两侧，正对台基南北两侧的中间慢道及中门道，分别发现有南北向的道路遗迹。道路两侧包砖，包砖间距8~8.1米。据勘探，该道路向南应与阊阖门向北的南北向道路相连接，应是连通阊阖门、二号宫门和二号宫门北侧建筑的重要御道。在门址的南北两侧，还各发现一条东西向道路，路面保存有车辙印痕。这些道路的时代，皆不晚于北魏时期。

据对相关遗迹解剖，发现其台基夯土结构复杂，叠压打破关系较多，可能经过多个时期的建造与沿用。其中在夯土台基南北两侧都发现有早期地面遗迹，表明台基可能至少经过两次使用，但其规模基本未变。从夯土中的包含遗物分析，该建筑基址的始建年代不晚于魏晋时期，而三门道结构的门址形成时代也应早于北魏。这些发现也与宫城阊阖门的勘察结果相一致。

对北魏宫城二号建筑遗址的勘察，进一步深化了对宫城南部主要轴线上建筑的平面布局形制以及路网和沟渠系统的认识。二号建筑遗址与宫城阊阖门遗址，在建筑上的相似性以及二者所处位置的一致性，显示出它们应是一次整体规划建造而成。这些发现，对于深入探讨北魏宫城的布局以及对后代都城的影响都有重要的意义。（刘涛　钱国祥　肖淮雁　郭晓涛）

孟津县汉魏洛阳故城北魏宫城三号建筑遗址

发掘时间：2009年4月~7月、10月~12月

工作单位：中国社会科学院考古研究所洛阳汉魏城队

本年度对北魏宫城南部的三号建筑遗址进行勘察发掘，共布设10米×10米探方18个，发掘面积1800平方米。该建筑遗址

位于宫城正门阊阖门和二号宫门遗址的正北面，南距二号宫门遗址约80米，是北魏洛阳宫城南部，也即宫城正殿太极殿南侧的一座重要建筑。

宫城三号建筑基址之上的地层堆积较为简单，基址之上大部分为第③层、局部被第④层叠压，而第③层和第④层中的遗物主要以大量的北魏时期磨光瓦件为主，应系建筑基址废弃以后的扰乱堆积层。基址之上残存的各种建筑遗迹，打破和叠压关系复杂，表明该建筑基址经过较多次的沿用与改建，其建筑柱网结构与夯土台基可能为不同时期建造、后代继续沿用。

从总体观之，宫城三号建筑基址是一座大型夯土台基建筑，残存的夯土台基东西长36.4、南北宽约9米。夯土台基上密布的柱网共14列，排列井然有序。其中央的主体建筑部分，有东西向4排、南北向10列柱础坑组成的柱网，显示为面阔9间、进深3间的建筑布局；紧接主体建筑东、西两侧，还各有东西向2排、南北向2列柱网，当为面阔2间、进深1间的梢间建筑。如此，则构成一座面阔13间、进深1～3间的大型殿堂式建筑。该建筑的中央开间宽约5米，其余开间则宽约2.5米；建筑的南北进深，每间亦在2.5米左右。目前清理的柱础坑内础石已经被破坏无存，础坑大致呈近方形，口部边长约1米左右。

在三号建筑夯土台基的东、西两侧，还各发现一处南北向通道性质的便门遗迹；再外侧，则还发现有可能是附属建筑的较大型夯土基址，其形制结构有待进一步勘察发掘来究明。

结合地层关系和出土遗物，该建筑基址的最晚建造和使用时代当为北朝时期。而根据初步解剖的结果，其夯土台基的始建时代或可早至魏晋时期。

本年度的勘察发掘，基本究明了宫城三号建筑基址主体部分的形制结构、大致建造和沿用时代。继而由三号建筑基址所处位置，并结合北魏洛阳宫城以往的勘察资料，可以确认其也是北魏宫城主要轴线上的一座重要建筑，进一步明确了该宫城主要轴线建筑设计的一致性；同时，宫城三号建筑基址也是经由宫城阊阖门、二号宫门，进而进入宫中最重要的建筑单元——宫城核心区太极殿建筑群的重要地标性建筑。若此，这一发掘不仅对于深入探讨北魏洛阳宫城的内部空间配置具有标志性的意义，而且对于整个中国古代都城宫城制度的形成也有着十分重要的研究价值。（郭晓涛　钱国祥　肖淮雁　刘涛）

孟津县汉魏洛阳故城北魏内城东北角城墙遗址

发掘时间：2008 年 11 月 ~ 12 月、2009 年 3 月 ~ 10 月

工作单位：中国社会科学院考古研究所洛阳汉魏城队

汉魏洛阳故城北魏内城东北角城墙，是该城现存遗迹最好的一部分。为配合国家大遗址保护项目——汉魏洛阳故城北魏内城东北角城墙的保护展示，对该项目涉及区域的城墙遗址进行了勘察试掘。发掘面积约 400 平方米。

勘察区域位于洛阳市孟津县平乐镇金村东面，汉魏洛阳故城北魏内城的东北角附近。主要工作包括：对该段城墙遗址进行勘探、测量；利用城墙现存一处缺口对墙体夯土进行解剖发掘；对勘探发现的城墙内侧一处“凸台”夯土遗迹进行发掘揭露。

通过勘察发掘，对该段城墙夯土的确切宽度、走向、建筑时代以及构筑技术有了进一步认识。其中对城墙夯土的解剖发掘表明，在残高约 7 米的城墙夯土中，地下基槽部分厚约 2.5 米，地面上城墙部分残高约 4.5 米。城墙墙体是由 4 ~ 5 块相互叠压或打破的夯土条块构成，最早的筑造时代为东周，最晚时期则是北魏，显然为多个时期所构筑，而且晚期夯土一般都是在城墙外侧不断地沿用增补修筑。这段城墙夯土基槽的底宽约 12 米，口部宽约 13 米。更为重要的是，在基槽底部发现有横向铺筑的圆木痕迹，显然这是对城墙底部所进行的处理或加固。

在北城墙的外侧勘探又发现一处保存基本完整的马面遗址，西距已经发掘的北墙一号马面遗址约 650 米，广莫门的东侧 450 ~ 460 米。该马面遗址东西宽约 13 米，南北长约 10 米。在东城墙的内侧，还发现三处向内侧凸出的夯土遗迹。这三处“凸台”遗迹虽然均位于北魏内城东墙的内侧，但“凸台”夯土的规模、形制和位置排列分布较有规律，其向城墙内侧凸出 2.5 ~ 4.5 米，南北宽约 32 ~ 34 米，三个“凸台”南北间距 103 ~ 108 米。这些“凸台”遗迹显然较为特殊，根据所处位置和遗迹特征推测，可能属于城墙内侧的马道遗迹。此外，在城墙内侧“凸台”夯土遗迹的附近，还发现两处“礌石”储藏坑遗迹，各出土河卵石或红石块打制成的“礌石”数百枚。

这些发现，不仅为保护展示

工程的顺利实施提供了直接科学依据，同时也深化了对汉魏洛阳故城遗址内涵的认识。尤其是城墙内侧的“凸台”夯土遗迹和“礌石”储藏坑遗迹，在汉魏洛阳故城遗址均为首次发现，它们作为城防设施意义尤其重要。解剖城墙夯土基槽底部发现的横向铺筑的圆木痕迹，为研究城墙夯土筑造技术提供了重要资料。（刘涛　钱国祥　郭晓涛　肖淮雁）

孟津县汉魏洛阳故城北魏宫城南侧铜驼街遗址

发掘时间：2008 年 11 月～2009 年 1 月

工作单位：中国社会科学院考古研究所洛阳汉魏城队

为配合洛阳市大遗址保护工作，针对文献记载的铜驼街，在北魏宫城阊阖门南侧进行了考古勘察。布设探沟 4 条，发掘面积 365 平方米，发现一些相关遗迹现象。结合其所处地点与阊阖门的相对关系，以及对发掘所获遗迹的地层年代的初步推测，认为这里可能是文献记载的汉晋乃至北魏时期的“铜驼街”遗迹。

勘察发现的重要遗迹，是在宫城阊阖门正南方有一条用石板砌筑的南北向道路。通过对该铺石道路及其他遗迹的解剖，明确了该道路的结构和时代等。这类铺石道路在汉魏洛阳城遗址内是首见，虽因被破坏较为严重，而且石板路面也不是很宽，仅为 2.9 米，但石板路面铺砌整齐，道路铺垫结构完整，车辙痕迹清晰，显然是具有较高规格的御道遗迹。由于该石板路面的车辙痕迹碾压较深，判断使用的时间应该较久。根据地层叠压关系，可以确定该路面的时代不晚于北魏时期。另外根据解剖，该石板路面下尚存一层用细小河卵石铺筑的路面，且有经过踩踏和使用的痕迹。该河卵石路面打破的灰坑内，出土有大量的绳纹板瓦和筒瓦残片，同时还出土有 1 件用于铸造铜构件的陶范，这些遗物具有较为明显的汉代特征。由此可知该河卵石路面时代上限不早于汉代，初步推断始建年代约为汉晋时期。这一点，也可以从河卵石路面下叠压的东周时期地层得以佐证。值得注意的是，在该河卵石路面以下，再未发现比之更早的路面。

勘察初步收获，一是对于宫城南侧主干道路的位置和基本结构有了确切的定位和了解；二是对该道路的始建、沿用与废弃年代有了大致的判断。至于该道路的完整结构和两侧附属的建筑遗

迹，由于该区域被扰乱破坏严重，还有待进一步的勘察研究来解决。（钱国祥　郭晓涛　刘涛　肖淮雁）

孟津县汉魏洛阳故城北魏宫城南侧铸铜作坊遗址

发掘时间：2009 年 4 月 ~5 月

工作单位：中国社会科学院考古研究所洛阳汉魏城队

该遗址位于汉魏洛阳城北魏宫城阊阖门南侧约 150 米处，位于勘察发现的铜驼街道路的西侧。该遗址是在对铜驼街及其周边区域进行解剖时发现的，发掘布设 5 米 ×8 米探方 1 个，发掘面积 40 平方米。

发现的主要遗迹为烧窑 1 座、灰坑 7 个、砌砖遗迹 4 处、夯土遗迹 1 处。同时在相关地层中，还出土有大量铸铜时使用的陶范残块、砺石、熔渣碎块等。

烧窑遗址被破坏较甚，仅局部保存约有 0.5 米高的弧形窑壁。窑址东西残宽约 2.2 米，南北长 1.6 米，保存深度 0.5 ~ 1.08 米。窑床表面有轻微火烧的痕迹，窑床中央部分有黑色草木灰残留。从残存的窑壁以及窑床表面看，该窑的烧造温度不高，结合周围地层出土的大量陶范残块，初步推测可能是一座小型的烘范窑。在叠压于烧窑遗迹上的第⑤层和第⑥层堆积土中，出土了较多的绳纹面布纹里筒瓦和板瓦片、云纹瓦当等，时代约为汉晋时期；而烧窑遗迹打破的第⑦层中，出土的则是绳纹面手捏里板瓦片和少量云纹半瓦当残块等，时代约相当于战国 ~ 西汉时期。由此推定该烧窑的时代约在汉代。

本次发掘的较大收获是出土了一批汉代铸铜的相关遗物，种类有陶范、砺石、骨质刻刀、熔渣以及熔液产生的玻璃相材料，其中陶范的种类较多，以小型的车马器饰件为主，可以辨识的陶范器形有铺首、带钩、车軎、铜泡和泡钉等，陶范均为上、下扣合范，大多有不同程度的浇铸和使用痕迹。出土的柿蒂纹陶范，具有明显的西汉时期特征。

结合在本区域的勘探和部分试掘资料，初步认为这里在西汉时期可能是铸铜的手工业作坊区，其规模和具体内涵还有待于进一步的勘察研究予以确认。（郭晓涛　钱国祥　肖淮雁）

洛阳市红山工业园区唐贾敦赜墓

发掘时间：2009 年 11 月 ~12 月

工作单位：洛阳市第二文物工作队

为配合洛阳冠奇工贸有限责任公司微粒碳光子功能新材料厂房建设，在洛阳市工业园区小浪底专线与龙凤路交叉口发掘清理了 8 座墓葬，其中的一座唐墓（编号 HM1164）虽遭多次盗掘，但出土了墓志和 300 余件随葬品。

该墓为平面呈“凸”字形的土洞墓，由墓道、过洞、天井、耳室和墓室等几部分组成，方向 183°。墓道位于北部，南宽北窄，为近似长方形斜坡，口部长 10.64、宽 0.64 ~1.08 米，底部长 12.2、宽 0.64 ~1.08、深 0.7 ~6.6 米。过洞位于墓道北部，上部长 7.2、下部长 7.9、宽 0.64 ~1.2 米，高 2.68 ~5.78 米。天井位于过洞北部，长 8、宽 1.2 米，其东西两壁底部各有一壁龛，皆为弧顶，直壁，平底，东壁龛宽 0.9、进深 0.9、高 0.86 米，西壁龛宽 0.9、进深 0.92、高 0.88 米。封门是用小砖侧立封堵，残存四块，墓室位于天井北部，近似长方形，其东壁略带弧形，长 4、宽 3.78 ~4.04 米，顶已坍塌，残高 1.8 米，在其东壁有一耳室，为长方形土洞弧顶，直壁平底，宽 0.7、进深 1.06、高 0.8 米；在墓室西部置一棺床，因遭盗扰，形制已遭破坏，从残存现状看，是用一层小砖平铺，小砖规格同封门砖，近似长方形，中部无砖。

随葬品大多分布于壁龛和耳室及墓室东部，共 300 余件，有瓷器、陶器、铜镜和铜饰等，其中的俑类种类繁多，形制多样，异常精美。墓志显示墓主为唐洛州刺史贾敦赜，卒于显庆元年（656），即唐高宗初年。这为研究唐早期的墓葬形制以及唐代的政治、经济等又提供了准确的纪年资料。（李继鹏）

湖 北 省

郧县余嘴旧石器时代及东周遗址

发掘时间：2009 年 8 月 ~11 月

工作单位：吉林大学边疆考古研

究中心

余嘴遗址位于郧县安阳镇余嘴村，汉江北岸，经2004年初步调查，余嘴遗址是一处从旧石器时代至汉代的遗址。

本次发掘地点选择在余嘴村一组，揭露面积1800平方米，发现遗迹17个。

墓葬13座。东周“甲”字形土坑竖穴墓1座，由于水位上升较快，仅发掘墓道的全部及墓室前部的一小部分，墓道内未见随葬品。东汉砖室墓1座，呈“凸”字形，上部被基本破坏。汉代土坑竖穴墓8座，其中中型墓葬和小型墓葬各4座，中型墓长2.5~3米，宽1.5~2米，近方形，均未扰乱，人骨完全腐烂，小型墓长2米左右，宽1米左右，长方形。宋代仿木结构船形砖室墓3座，呈“凸”字形，叠涩顶，侧壁有简单的砖砌仿木结构，破坏严重。

灰坑2个。东周灰坑H1为圆形直壁平底筒状，底面和壁面没有工具加工痕迹，根据土质土色可将坑内堆积分为三层。H2打破Y1，整体呈椭圆形，堆积仅一层。

窑址1座。整体呈“凸”字形，东部被H2打破，无加工痕迹，窑口分布有红烧土和炭粒堆。

旧石器时代石器加工点1处。呈弧形，东北—西南走向。

出土陶器、石器、铜器等器物。墓葬中出土了残陶器、钱币、残铁器、残铜器及玉石料器等。H1出土遗物集中在第①层和第③层，以陶片最多，其次为少量石器。从陶质、陶色来看，第①层和第③层基本相同，都可分为夹粗砂和夹细砂两大类，主要有鼎、盆、钵、壶、罐的残片，纹饰主要是篮纹，还有绳纹、弦纹、附加堆纹、方格纹等。H2和Y1的包含物较为复杂，主要有石块、红烧土块、炭粒、陶片、瓦片、青花瓷片和兽骨等。旧石器遗迹共收集石制品数十件，原料以石英和脉石英为主，器形有刮削器、砍砸器、雕刻器和尖状器等，另有大量的石核、断块、石片、碎屑等。此外，在石制品分布带内有一些残存的动物骨骼，T1中有一块动物化石，推测为剑齿象臼齿化石，T2中有三处动物骨骼，残损都较严重。

初步观察，H1的年代约为东周时期，H2和Y1可能是近代的取土坑和土窑，旧石器遗迹的年代属于晚更新世早期的旧石器时代中期遗存。

余嘴遗址的发掘使我们认识到，这一地区自旧石器时代以来就一直有人类的活动。大量碎屑在此发掘区中的发现，说明这是古人打制修理石制品的场所，而且从石器中不乏典型的刮削器等器形来看，此地点也可能是石器精加工的场所。从该加工点内还附带有动物骨骼的现象来看，当时的人们在加工石器的同时，也在这一地点处理动物尸骨或是制造和加工骨器。（吴敬　魏东）

郧县余嘴2号旧石器地点

发掘时间：2009年8月~10月
工作单位：吉林大学边疆考古研究中心

余嘴2号旧石器地点位于郧县安阳镇余嘴村，汉江北岸。本次发掘地点选择在余嘴村三组，揭露面积500平方米，发现各类石制品334件，未见其他人类遗存出土。

在石器工具中，手镐是特别有特色一个门类，它以砾石断块为毛坯，形态稳定成熟。余嘴2号地点出土两件手镐。从手镐的形态与修理加工与使用痕迹来看，其用途除了使用尖端进行挖掘之外，还利用侧边进行砍砸。薄刃斧2件，皆砂岩质。砍砸器22件，分为两种类型：尖刃与直刃。刮削器8件，分为凹缺刮削器、直刃刮削器与端刃刮削器三种类型。尖状器3件。石核19件，除一件为角页岩质外，皆为石英质，以多台面石核为主。完整石片17件。断块141件，石英数量居首，砂岩次之，然后是角页岩。断片63件，质料的表现程度与断块一致。碎屑46袋（总计110件），长度不超过1厘米，全部为石英质，这与石英易碎，难以风化有关。打片砾石11件，为仅有一个片疤的砾石，可能为人工打击所致。

余嘴2号地点是为流水侵蚀改造过的遗址。目前的方法测量埋藏石制品的基质——红黏土的年代跨度范围很大。汉江二级阶地的年代显然要早于人类活动的年代，可以将之视为人类活动最早年代的上限。石器技术以锤击法为主，原料以石英与角页岩为主，石制品组合特征兼备砍砸器传统与石片工业的特征。（陈胜前）

郧县郭家院新石器时代遗址

发掘时间：2009年6月~10月
工作单位：湖北省文物考古研究所

郭家院遗址位于郧县安阳镇

西堰村委会的东部约300米的郭家院北，西临细峪河，南距汉江约1.5千米，为典型的宽谷台地地貌。中心地理坐标北纬32°50′60″，东经111°00′43.56″，海拔高程170～180米。遗址形状近似三角形，西北面剖面暴露有文化层，因直接面临细峪河冲刷可能破坏较多。遗址东西长60米，南北最宽约40米，面积约15000平方米。

郭家院遗址是南水北调中线工程的重要史前聚落遗址。该遗址在2006年和2008年曾做过2次发掘，发现大量密集分布的新石器时代圆形和方形房屋建筑以及数量较多的灰坑和瓮棺。为理清遗迹之间的叠压和组合关系，廓清郭家院聚落的布局与结构，进一步认识其聚落形态的演变，对该遗址剩余部分作全面揭露。本次发掘面积1950平方米，其中10米×10米探方18个，5米×5米探方6个。主要分布在遗址的西端和北部。共清理遗迹有房基16个、壕沟1条、灰沟（也可能是院墙）5条、灰坑18个、瓮棺葬2个，另外还有不明形状和用途的灰烬层遗迹和红烧土遗迹。首先，发掘和勘探证实该遗址存在环壕系统与细峪河贯通形成完整的防御体系。东部壕沟自南向北将遗址所在台地与东部山体分割。壕沟宽12米、深4.8米左右，如果考虑遗址西北部被洪水破坏部分，则整个环壕聚落大致呈圆角方形。这是在鄂西北地区发现的第一个新石器时代的环壕聚落。

房屋建筑分布于环壕内，分布有明显的规律。总体看，方形房基要早于圆形房基。方形房屋从叠压打破关系看，至少可以分为两期，晚期分布规律非常明显，组成至少两组各自围合成中心广场的建筑群。其中一个中心广场以红烧土铺砌。圆形房基成组分布的规律非常明显，一般为2个一组，也有3个一组或4个一组，所有圆形建筑围合成一个大中心广场。从房屋之间的布局和关系看，尚未发现哪个建筑具有特殊的中心地位，还看不出明显的等级差异。

通过三次发掘，基本上完成了对整个遗址中部居住区的整体揭露。为进一步分析郭家院遗址的聚落结构和布局，研究鄂西北地区史前聚落形态的演变和通过聚落探讨社会组织结构提供了一个非常理想的个案。（刘辉　张君）

郧西县张家坪新石器时代与周代遗址

发掘时间：2009 年 10 月 ~ 2010 年 1 月

工作单位：湖北省文物考古研究所

张家坪遗址位于郧西县城东南 20 千米，汉江上游左岸的二级台地上，隶属郧西县河夹镇坪沟村五组，中心地理坐标北纬 32°49′08″，东经 110°29′15″，海拔 163 ~ 170 米。1958 年由中国科学院考古研究所等单位调查发现，后经多次复查。1994 年调查时尚存面积 2 万平方米。为配合南水北调中线工程而做好丹江口水库淹没区的文物保护工作，对该遗址先后进行了钻探和发掘。共发掘 5 米 × 5 米探方 14 个，总面积 350 平方米。14 个探方中有 12 个文化堆积分为 7 层。其中第③层为宋代层，第④、⑤层为周代层，第⑥、⑦层为新石器时代层，⑦层下为棕褐色生土。另两个探方的文化堆积则只分 2 层：第①层为现代层，第②层为新石器时代层，②层下为黄色砂质生土。

共发现遗迹 21 个：有灰坑 19 个、墓葬 2 座（砖室墓 1、瓮棺葬 1）。其中，新石器遗迹有 10 个灰坑（H2、H10、H11、H13 ~ H19）、周代遗迹有 8 个灰坑（H3 ~ H9、H12）、汉唐遗迹有 3 个（H1、M1、W1）。出土一批陶、石、瓷、铁器等遗物。

值得注意的是，H10、H19 的坑底放置石块，还发现两处成片分布的红烧土遗迹与之相邻。对于 H10、H19，我们可初步推断它们是属于房基的“柱坑”，而红烧土遗迹也是与房屋建筑有关，但终因二者之间缺乏诸如墙基、散水、活动面等关联迹象而使之成为各自孤立的遗迹。

发掘表明，张家坪遗址是以新石器时代和周代文化遗存为主的遗址。我们所揭露的仅仅是该遗址的一处“废弃品堆积区”，出土遗物主要是陶器和石器，陶片较碎，可复原器少。不过，与位于张家坪不远的汉江上游的庹家湾遗址相比，其地层应系原生堆积，上层对下层的扰乱较少；从陶器的陶质陶色、器类的基本组合、器形与纹饰特征分析，新石器时期的遗存主要属于仰韶文化，周代的仍以鬲、盆（盂）、豆、罐为其基本陶器组合。（梁柱　郭长江）

郧县刘湾新石器时代及周代与汉代遗址

发掘时间：2009年6月~10月
工作单位：湖北省文物考古研究所

刘湾遗址位于汉江北岸一、二级台地上，中心地理坐标北纬32°48′57.1″，东经110°53′15.8″，高程160米。遗址总面积约3万平方米。整个遗址早年平整过，北部原为村民居住区，80年代初搬迁至东部岗地。它东距居民点约300米，北距郧县县城约10千米，距青龙泉遗址约3千米，与青龙泉隔江相望，西、南为汉江。隶属郧县杨溪铺镇刘湾四组。以刘湾（前岭）为中心，分别对南、北两个台地及汉江边进行了调查，在南部台地发现新石器时代陶片和汉代墓砖。因遗址台地上已全部种植水稻，只对江边坡地进行全面勘探，勘探面积约15000平方米。发掘面积3000平方米。

遗迹有房址、灰坑、灰沟、灶和窑，大部分分布在第②层下。圆形房址1座，房址中部放有大鹅卵石，石质很好，不见火烧痕迹。已清理灰坑122个，其中新石器时代灰坑121个、周代灰坑1个。清理灰沟3条，G1为长条形，G2、G3呈不规则形。灶2个，残存底部，呈椭圆形。窑址1座，窑上部已被破坏，残存部分窑室和工作室，窑室打破砖室墓。

清理47座墓葬。有土坑墓、砖室墓和瓮棺。其中新石器时代土坑墓葬38座；明清土坑墓葬3座；不明土坑墓3座（无随器物）；新石器瓮棺葬2座；汉砖室墓1座。

地层中出土遗物较少，部分灰坑遗物较丰富。新石器墓葬大部分随葬1件陶器，有的无随葬器物。

陶器主要有鼎、罐、瓮、钵、盆、缸、杯、器盖等；石器较少，主要有斧、锛、钺和凿等。

该遗址出土的新石器时代陶器主要有鼎、罐、红顶钵、敛口瓮、盆、杯、缸、器盖、器座等；石器主要有斧、锛、钺等。这些遗物中，如鼎、罐、红顶钵等陶器，反映出中原地区对汉水中游地区的影响。（胡文春）

郧县店子河新石器时代至明清时期遗址

发掘时间：2008 年 11 月 ~ 2009 年 5 月

工作单位：武汉大学考古系

店子河遗址位于郧县青曲镇店子河村，汉江北岸的二、三级台地上。地理坐标为北纬 32°46′，东经 110°39′，海拔高程 150 ~ 158 米。发掘面积为 3130 平方米。遗址的文化堆积厚，发现有后冈一期文化、煤山文化、二里岗文化、东周楚文化、汉代、唐代和明清等不同时期的遗存。

后冈一期文化遗存主要分布在遗址中部，发现的遗迹有陶窑 2 座，墓葬 1 座，灰坑 18 个。遗物有石器、陶器、骨器等。陶器以红陶为主，灰陶所占的比例较小，黑陶所占比例极小。陶质以泥质为主，夹砂次之。绝大多数素面。器类主要有圆锥足圆鼓腹鼎、圜底钵、小平底钵、假圈足碗、盆、小口壶、器座、锉形器等。

煤山文化与二里岗文化的遗存均只发现一个灰坑。煤山文化的 H97 出土的遗物有陶片、石器。陶片以夹砂灰褐陶为主，有部分泥质灰陶，红褐陶较少。纹饰主要为篮纹，素面次之。出土陶器有釜、圈足盘、罐、鼎和盉等。二里岗文化的 H58 出土遗物有石器、陶器、骨器等。陶器以泥质灰陶，夹砂灰褐为主；纹饰主要为绳纹、篮纹、附加堆纹。出土陶器有鬲、罐、大口尊、尊、罍、甗、簋和瓮等。

东周时期楚文化的堆积也主要分布于遗址的中部，堆积较厚，主要发现灰坑 29 个。遗物主要有陶器、石器和动物骨骼。出土陶片以夹砂灰陶、夹砂褐陶为主，泥质灰陶、泥质黄褐陶次之。纹饰有绳纹、弦纹等。器形有鬲、盂、罐、豆、盆、甗、壶、鼎、甑和钵等。

汉代遗存在整个发掘区均有分布，发现遗迹有陶窑 6 座，瓮棺 13 座等。还发现六朝时期砖室墓 2 座，唐代墓葬 4 座。（余西云　宋海超）

宜昌市柳家畈屈家岭文化遗址

发掘时间：2009 年 6 月 ~7 月

工作单位：湖北省文物考古研究所

为配合宜（昌）巴（东）高速公路的建设，对柳家畈遗址进行了抢救性发掘。柳家畈遗址位于宜昌市夷陵区龙泉镇法官泉村一组北约300米的一处高地上。遗址中心区域地理坐标为北纬30°44′59″，东经111°30′50.8″，海拔高程146.86米。

发掘面积125平方米，出土有大量陶片和数件石器。陶器主要为生活用具，陶质以泥质灰陶为主，其次为泥质黑陶、夹砂灰陶和夹砂红陶，只有少量泥质红陶和泥质橙黄陶。纹饰方面，出土陶片几乎全部为素面，只有极少量饰凸弦纹、细绳纹和附加堆纹。陶器器形主要有罐形鼎、盂形器、厚胎大口锅、圈足碗、双腹碗、卷沿盆、高圈足杯和器盖等。根据出土陶器的器形可以判断，该遗址属于屈家岭文化晚期。（陶洋）

郧县中台子石家河文化及东周与唐代遗址

发掘时间：2009年7月

工作单位：湖北省文物考古研究所

中台子遗址位于郧县五峰镇尚家河村三组。地处汉水北岸的台地上。下游距熊家台墓地约450米，上游距尚家河遗址约300米，南与上宝盖遗址隔江相望。中心地理坐标为北纬32°50′21.5″，东经110°27′24.0″，高程172～174米。1994年调查时发现。2004年2月，南水北调中线工程丹江口水库淹没区湖北省文物保护规划组对该遗址进行了复查。根据规划资料显示，该遗址地表发现泥质素面灰陶片等，保存情况一般。文化内涵为西周和汉代遗存，属于C级文物点。为了配合南水北调工程，对中台子遗址进行抢救性发掘。勘探面积7500平方米，探明文化层主要分布在台地的西部东西长80、南北宽30米的范围内，面积约2400平方米，文化层厚一般在0.5～1.2米。计划发掘面积2000平方米，发掘面积1050平方米。

中台子遗址地层堆积共分五层：第①层为现代地表层，第②层为近现代的扰乱层，第③层为东周时期文化层，第④、⑤层为石家河文化层。共揭露遗迹单位38个。地层与遗迹单位出土陶、石、铜器小件共150件。

石家河文化遗存是该遗址的主要文化内涵，清理遗迹22个，其中房址1座，陶窑2座，灰坑6个，灰沟1条，墓葬2座，瓮棺10座。该时期出土遗物较为丰富，陶器以夹砂灰陶为主，褐陶次之。纹饰以横篮纹为主，还有少量弦纹、附加堆纹、按窝纹。器形有陶鼎、缸、甑、罐、斝、豆、盆、碗、纺轮；石斧、锛、铲、凿；环、璜、镞等。东周时期遗存次之，清理遗迹11个，其中灰坑8个，瓮棺3座；出土遗物相对较少，陶器以泥质灰陶为主，纹饰主要有绳纹、间断绳纹、方块纹、弦纹及暗纹等，器形有陶鬲、甗、罐、盆、豆、纺轮；筒、板瓦、网坠；铜带钩及石戈等。唐代遗存较少，仅发现遗迹5处，其中窖穴1座，砖室墓4座。出土遗物有铜镜、勺、带扣、锡管状配饰及钱币等。（黄文新）

大冶市蟹子地新石器时代至商周时期遗址

发掘时间：2009年5月~9月

工作单位：湖北省文物考古研究所、黄石市博物馆

蟹子地遗址隶属大冶市罗桥街道办事处王家庄村五组，地处长江以南鄂东南丘陵地带的山间小盆地。遗址现为蟹形小台地，海拔32米左右，现存面积约2万平方米，文化层厚1至3米，地表多为草地和坟丘。大广南高速公路经过遗址东部，覆盖遗址面积约3000平方米，破坏较大。对该遗址进行了抢救性发掘，共布5米×5米探方28个，发掘面积700平方米。

遗址各探方地层堆积较一致，共分8层，第①、②层为近现代堆积，第③层为商周时期堆积，第④至⑧层为新石器时代末期堆积。

遗迹共43个，包括灰坑38个、灰沟1条、房址2座、陶窑2座。其中新石器时代遗迹有灰坑6个、房址2座、陶窑和灰沟各1个。其他除1座陶窑属南宋时期外，均为西周时期。完整或较完整的小件器物259件，其中石器142件、陶器97件、铜器13件、锡器1件、玉器2件、瓷器4件。

新石器时代遗物以软陶为主，有极少量硬陶。其陶质主要分夹砂和泥质两种，偶见有质地轻软的粗泥红陶。夹砂陶略多于泥质陶，以夹砂红陶、夹砂褐陶和泥质灰陶、泥质灰黑陶为主。器表以素面为主，纹饰有篮纹、绳纹、方格纹、弦纹、划纹、镂孔、附加堆纹和按窝纹等，其中以篮纹最多。器类有缸、鼎、罐（分折沿罐、卷沿罐、高领罐、敛口罐、双口罐等）、瓮、壶、鬶、澄滤器、甑、盆、盘、簋、碗、豆、钵、杯、器座、器盖和支座等。

新石器时代遗存可分为两

期。第一期以探方第⑨、⑦层为代表，第二期以探方第⑥、⑤、④层为代表。一期遗存文化面貌与罗田庙山岗、阳新大路铺、安庆张四墩有较多的共性，均有较多的侧装足篮纹鼎，年代与江汉地区石家河文化同时，从面貌上来看，区域特色突出，应代表了石家河文化的一个新的区域类型。二期与麻城粟山岗晚期有相似之处，多素面罐形鼎，出有大圈足盘。年代进入江汉地区的“后石家河时期”，相当中原夏王朝早期。

商周遗物以陶器为主，有软陶和硬陶两种，硬陶较少，不足陶片总数的1%。陶质以夹砂为主，其次为泥质陶。陶色以红陶和各种褐陶为主，其次为灰陶、灰黑陶、橙黄陶，有少量的黑皮陶。器表装饰以绳纹和间断绳纹最为多见，其次为素面，再次为篮纹和方格纹、弦纹，有少量的附加堆纹、镂孔、划纹、乳丁和云雷纹等。器类有大口缸、鼎、鬲、甗、豆、罐、瓮、壶、甑、盆、盂、盘、钵、杯、盉、斝、鬶、簋、尊和器盖等。商周遗存年代约在西周早中期，部分遗物如假腹豆、敛口斝可能早至商代。其性质类同于阳新大路铺遗址，均与冶炼有关。

这次发掘的收获主要有两个方面：第一是为解决鄂东南地区新石器时代末期的文化谱系提供了关键材料。明确了鄂东南地区新石器时代末期遗存的文化面貌，它可能代表了石家河文化一个新的区域类型。发现有后石家河时期的遗存是鄂东南地区的首次发现。第二是科技考古实践方面有发现。本次发掘浮选所获炭化种子异常丰富，其中以稻谷占绝对优势。这对研究鄂东南地区新石器时代末期以及商周时期先民的饮食结构提供了确凿的实物证据。明确了遗址商周时期遗存的冶铸性质，出土了西周早中期的合金丝1件，初步研究显示可能是焊接丝，这对探讨中国青铜文化中锡的产地、加工、使用以及早期焊接技术提供了十分重要的实物依据。还发现了一些新石器时代末期的硬陶片，其器形和纹饰都与软陶相同，应代表了硬陶的最初阶段，这对探讨中国硬陶的最初起源过程及其与原始瓷器的关系极有意义。（罗运兵）

郧县辽瓦店子东周遗址及唐宋墓葬

发掘时间：2009年10月~12月

工作单位：湖北省文物考古研究所

辽瓦店子遗址位于郧县柳陂

镇辽瓦村，东距郧县城关约18千米。地处汉水南岸的台地上，背靠丘陵低山。中心地理坐标为北纬32°47′89″，东经110°41′89″，海拔高程150米左右。遗址中部有一条小河由南向北流入汉江，以此为界，将遗址分为西区和东区。2007年进行过发掘。今年为了寻找东周及更早的墓葬，了解遗址东区文化内涵和聚落状况，开始对遗址东部进行第二次发掘。共发掘面积2200平方米。对遗址周围的土层深厚的台地和低山地区进行了系统全面地勘探，勘探发现在遗址二级台地的内侧发现有数量较多的砖室墓，大致可判断为唐宋时期的墓群。

总体来看，遗址东区文化层堆积比较简单，从分布范围看，主要沿汉江呈狭长的东西向分布，在汉江剖面上能发现连续的文化层分布。但文化层的分布非常狭窄，一般宽度在2～3米，最宽处不超过5米，台地中心仅局部存在文化层分布，绝大多数淤沙层下即为生土层。

遗址主要为东周时期文化遗存，遗迹数量不多，出土遗物数量也远不如西区。共清理东周时期灰坑42个、灰沟2条、井1口。灰坑分圆形、方形、椭圆形和不规则形四种。整体来看，灰坑都比较小，坑内堆积也比较浅，出土遗物也很少。圆形灰坑的数量最多，其次为方形灰坑。以H9为例说明，分为两层，上层平面南部呈圆形，直径2米，北部近方形，长2、宽1.6米，直壁，坑深0.2米；下层平面近方形，长2、宽1.6米，坑壁较直，坑深0.2米。出土物主要自上层，有较多的陶豆残件以及鬲足和罐口沿残片。出土文物小件共20余件。主要有陶豆、鬲、罐、陶拍、纺轮，青铜箭镞和卜骨等。

另外还清理了5座唐宋时期的砖室墓。其中M3为长方形砖室墓，属唐代，长3.8、宽1.4、残高0.7米。墓壁采用先一层平砌再一层竖砌，直至到顶；“人”字形铺地砖。随葬器物有青瓷五系盘口壶1件、陶碟1件，另有棺钉3枚。M1为长方形砖室墓，属宋代，长3.6、宽1.4、残高0.45米。墓壁采用错缝平砌，“人”字形铺地砖，封门采用横砖竖砌。随葬器物有黑釉瓷盏1件。

尽管目前发掘地点文化层堆积不厚，文化遗物也不丰富，但仍取得了一些重要收获。特别是对于东周时期文化遗存的分布范围远远超过原来的认识，往下游一直延伸到汉江大拐弯处，东西延伸超过原来的范围至少500米。结合西区的发掘看，辽瓦店子遗址可能是目前鄂西北地区发

现的最大的东周时期聚落遗址。（刘辉　张君）

随州市文峰春秋曾国贵族墓

发掘时间：2009 年 7 月 ~8 月

工作单位：湖北省文物考古研究所、随州市博物馆

为配合城市基本工程建设，在随州市曾都区东城文峰居委会九组一在建小区工地，发现并发掘了二座规模较大的东周岩坑竖穴木椁墓。二座墓早期被盗，棺椁已朽，仅见痕迹。墓中发现青铜鼎、鬲及缶等礼器；大小甬钟等乐器；车軎、车銮、马衔、鎏金马饰等车马器；箭镞等兵器；墓中还出土有石质乐器编磬；玉器有玉玦、玉管、玉龙、玉虎等；另有少量的金器和骨角器出土。

一号墓出土编钟 6 件，尤其是一件保存基本完好的大型甬钟，通高达 104 厘米，这是除曾侯乙墓编钟以外所发现的形体较大的青铜甬钟，其精湛的制作技术和精致的形体构造都可以与曾侯乙墓编钟相媲美，纹饰的繁缛程度甚至超过了后者。更为重要的是在钟体上发现有许多的铭文，铭文中有“曾侯越”或“曾侯戉”的自铭文字，正好与曾侯乙墓出土的“曾侯戉”戈相印证。铭文反映出该墓主人应是曾侯乙的先辈。

二号墓出土的石编磬，保存较为完整，正好弥补了曾侯乙墓石编磬保存差的缺憾。墓中出土的包金铜饰件，具有极高的科学研究价值。尤其是两墓所出包金车饰件完全相同，玉石器有玉玦、玉龙等，可见墓主的身份地位尊崇，且关系密切，应为春秋时期曾国的高等级贵族。

观察墓中出土的青铜编钟和升鼎、镬鼎残件，就器物的纹饰而言，制作非常的精湛，纹饰十分的精美，甚至超过了曾侯乙墓。其器形都较大，器身之上都有铭文。这些铭文具有极高的学术价值。墓葬的主人有可能是东周时期曾侯家族的某个重要成员，或者说是某个重要的高等级贵族。其时代早于曾侯乙墓，应为春秋晚期。

文峰墓地的两座春秋墓在构造上也很有特点，二号墓虽然早期被盗，出土文物不多，但是其墓葬形制都非常的特别，墓葬设有祭祀坑、祭祀台、殉葬墓以及积石等都具有很明显的时代特征，在湖北地区属首次发现。说明随州具有南北兼蓄的区位优势，且在历史文化面貌上更接近中原，这为研究古代曾国历史，

破解“曾随之谜”提供了重要的新资料。(院文清)

武汉市丁家咀战国楚墓

发掘时间：2009 年 5 月 ~6 月
工作单位：武汉市文物考古研究所

武汉市江夏区山坡乡光星村 15 组的丁家咀，为一南北长 400 余米，东西宽 100 余米，高出四周约 8 米的椭圆形台地，正在兴建的武汉至咸宁城际高速铁路（江夏试验段）南北向从台地中部贯穿该台地，并挖掘成东西宽 40、深约 7 米的路基槽。在路基和东护坡发现战国时期的土坑墓 4 座。墓葬由北至南依次编号为 M1、M2、M3、M4。并对 M1、M2 进行了考古发掘，M3、M4 因工程工期，暂未发掘。

墓葬位于台地的中部，4 座墓葬南北两两并列。M1、M2 与 M3、M4 南北相距约 50 米，东西相错约 10 米。为保墓葬安全，M3、M4 未进行考古钻探，从已暴露部分观察，两墓皆有青膏泥，南北相距约 3 米。

M1、M2 为长方形竖穴土坑木椁墓。均有斜坡墓道，平面呈“凸”字形，墓道东向，墓向皆为 88°，两墓现存坑口南北相距 6.5 米，东西相错约 4 米。M1、M2 墓道残长分别为 3.7、4 米，宽 2.55、2.2 米，墓道底至坑底分别为 2.5、3.45 米，由上至下略向里斜收至墓道底，墓道坡度分别为 26°、19°；现存坑口距台地表约 6 米，东西分别长 6.4、7.2 米，南北宽 4.5、5.5 米；距坑底分别为 4.5、4.9 米；土坑由上至下略向里斜收至坑底，坑壁平整。

坑内现存填土由上至下为五花土、青膏泥。青膏泥分别距现坑口 1.5、1.9 米，由椁上至椁四周填至坑底。两墓椁室东西分别长 4.5、4.7 米，南北宽 3.25、3.65 米，高 2.25、2.55 米。两墓棺椁结构严密，用厚木方、厚木板以平列、平砌、搭接、套榫等结合方式构筑。两根枕木南北向置于坑底，椁底板东西向置于棺枕上。两墓箱室间皆无挡板，尸骨无存。

M1 为一椁一棺三箱，早年被盗，盗洞打穿至棺室东南部。南箱为器物箱，西箱随葬一陪棺。主棺为弧形悬底，长 2.42、宽 1、高 0.76 米，棺外纵两道、横三道麻绳捆扎，用木楔楔紧。陪棺为长方形木匣，弧形棺盖。

M2 为一椁一棺五箱，东、南、西、北四箱为器物箱，中为棺室。棺为弧形悬底。棺盖顶部南北两侧对称各三个、东西对称各两个有缺口，为捆缚棺木固定绳索用。

M1 由于早年被盗，随葬品仅存漆木戈柄、数支铜箭镞、漆木几案、漆木豆及残断竹简一支。M2 随葬品为漆木器百余件，无青铜器和玉器。漆木器主要为镇木兽、虎座凤鸟鼓架、扁圆鼓、豆、盒、弓、车伞、耳杯、梳、卧鹿、案和勺等 60 件；仿铜陶礼器、陶器为鼎、豆、壶、钫、敦、罐、勺等 60 余件。最为重要的是在椁盖上和棺室内，各出土残断长 10 至 30 余厘米的竹简 70 余支，分别为卜筮记录和遣策。保存较好，字迹清晰可辨。

丁家咀战国楚墓是武汉地区江南片的首次发现，是目前鄂东南地区已发现的最大的战国楚墓。它为鄂东南地区战国楚墓的研究提供了新的资料，将进一步完善武汉地区战国楚墓的年代序列。此次发掘出土的竹简是鄂东南地区的首次发现，特别是卜筮记录，为墓主身份及墓葬的考证，提供了重要依据。这批竹简的出土，对研究楚文化和当时的社会历史有着重要的学术价值。（李永康）

云梦县徐杨湾秦汉墓地

发掘时间：2009 年 10 月 ~12 月
工作单位：湖北省文物考古研究所、云梦县博物馆

徐杨湾墓地位于云梦县城西北近郊的曙光村徐杨湾。为配合云梦县城西环路工程，对涉及的古墓葬进行了抢救性发掘。

共发掘清理小型土坑木椁墓 20 座。墓坑内均填五花土，部分墓坑的下部填有青灰土。在五花土和青灰土之间有一层厚约 10 厘米的橙黄土。墓内原本都有木质葬具。填有青灰土的墓中，木质葬具一般保存较好，有的基本保存完整；没有填青灰土的墓中，木质葬具多已腐朽殆尽，有的只剩痕迹。葬具有单棺和一椁一棺两种情况。有椁的墓葬，只见设有单边箱或单头箱，未见同设头箱和边箱的情况。葬具的结构复杂多样。人骨大多腐朽严重，少量的可以看出葬式，有侧身屈肢和仰身直肢两种。随葬品主要是陶器和漆木器，有少量的铜器。陶器主要是日用器，器类主要有瓮、罐、盆、釜和甑等。漆木器主要有耳杯、圆奁、圆盒、双耳长盒、扁壶、樽、梳和篦等。铜器主要见有镜、带钩等。随葬物品大多置于边箱或

头箱内，或是棺外一侧或一端；漆奁、铜镜、木梳、木篦和铜带钩等器物则多见于棺内。从墓葬形制和随葬器物的特征来看，这些墓葬的时代属于秦至西汉时期。

徐杨湾墓地与已知的云梦城郊墓群位置相邻，墓葬的时代及文化内涵相近，应归入云梦城郊墓群统一进行文物保护和考古研究。（熊北生）

云梦县城郊秦汉墓群

发掘时间：2009 年 5 月～10 月
工作单位：湖北省文物考古研究所、云梦县博物馆

云梦县城坐落于云梦楚王城遗址之上。县城近郊即楚王城外围，分布着木匠坟、睡虎地、大坟头、珍珠坡和龙岗等墓地。这些墓地位置毗邻，时代及文化内涵相近，它们之间有着紧密的内在联系，合称云梦城郊墓群。为配合云梦县城睡虎路段旧房改造工程，对涉及的古墓葬进行了抢救性发掘。

共发掘清理小型土坑木椁墓 45 座。墓坑内均填五花土，部分墓坑的下部填有青灰土。在五花土和青灰土之间有一层厚约 10 厘米的橙黄土。墓内原本都有木质葬具。填有青灰土的墓中，木质葬具一般保存较好，有的基本保存完整；没有填青灰土的墓中，木质葬具多已腐朽殆尽，有的只剩痕迹。葬具有单棺和一椁一棺两种情况。有椁的墓葬，只见设有单边箱或单头箱，未见同设边箱和头箱的情况。葬具的结构复杂多样，富于变化。人骨大多腐朽严重，少量的可以看出葬式，有侧身屈肢和仰身直肢两种。随葬品主要是陶器和漆木器，见有少量铜器和个别玉器。陶器主要是日用器，器类主要有瓮、罐、盆、釜和甑等；仿铜陶礼器较少，见有鼎、盒、钫等。漆木器种类较多，有木俑、耳杯、圆盘、圆奁、椭圆奁、圆盒、双耳长盒、长方盒、扁壶、卮、梳和篦等。铜器主要见有蒜头壶、鍪、镜、带钩等，有个别的鼎、壶。个别的见有玉环。随葬物品大多置于边箱或头箱内，或是棺外一侧或一端；漆奁、铜镜、木梳、木篦和铜带钩等器物则多见于棺内。从墓葬形制和随葬器物的特征来看，这些墓葬的时代应属于秦至西汉时期。（熊北生）

大冶市草王嘴西汉至六朝墓地

发掘时间：2008 年 12 月 ~ 2009 年 1 月

工作单位：湖北省文物考古研究所、大冶市博物馆

草王嘴墓地位于大冶市金湖办事处田垅村下张湾。80 年代发现，2008 年大冶博物馆进行第三次文物普查时确认为西汉至六朝墓葬，大广高速公路由其中部横穿，为配合大广高速公路施工，对墓葬进行了发掘清理。

由于大冶草王嘴墓地为西汉至六朝墓葬，且多为砖室墓，埋藏较浅，且施工队取土时已经有几座遭破坏裸露在外，故对墓地南部区域进行有针对性布方并对破坏严重已经裸露墓葬进行清理，同时对墓地北部区域进行勘探，发现后再行发掘。

本次勘探面积 3500 平方米，未发现墓葬。勘探布方以下张湾张兆荣家西南角向西 51 米，再向北 16.5 米，以此点为基点布第一排探孔，该基点为第一排第 6 个探孔。勘探布方按照 50 米 ×50 米，正南北方向布方，勘探布孔根据实际情况，从北向南勘探布孔，孔距为 2 米 ×2 米的梅花点。根据勘探情况，初步分析判断勘探区内大致分为三层。

按照相限法在墓地南部区域布 10 米 ×10 米的探方 8 个，发掘面积 800 平方米，发现、清理墓葬 7 座，均为砖室墓。初步推测 7 座墓均为东汉墓。出土文物 34 件，主要为陶器，余为铜器、铁器，陶器有陶井、陶仓、陶灶和陶动物俑等，铜器有铜镜，铁器有铁镜、铁刀等。7 座墓均曾遭盗掘。（冯少龙　晏行文）

兴山县陈家湾东汉墓

发掘时间：2009 年 6 月 ~ 7 月

工作单位：湖北省文物考古研究所

该墓位于宜昌市兴山县高阳镇陈家湾村一组，位于在建的宜巴高速公路正线上，南约 150 米为香溪河，东约 300 米为高阳镇，北约 200 米昭君台。为了配合宜巴高速公路工程的建设，进行了抢救性发掘，发掘面积 100 平方米。

该墓为一个砖石混砌的墓葬，墓为东西向，头向为 100°。其中券顶墓砖为统一定制，长宽大小相同。样式分为两种，一种为阳雕的菱形网格纹的装饰墓

砖，一种是阳雕“汉安二年十月”的纪年墓砖；墓壁由石条砌成，石条经过初步打磨，表面较粗糙，长、厚每层不均。

该墓早年被盗，修建公路时又遭破坏，仅在墓底部见有大量残红漆片，素面银制手镯一只。钱币400余枚，包括西汉至东汉各个时期的“五铢”，以及新莽时期的“货泉”等钱。墓内有包括牙齿、头盖骨在内的2～3具人体骨骼残片。

根据墓砖上的“汉安二年十月”可得知该墓修建年代应不早于汉孝顺皇帝刘保汉安二年(143)。(康豫虎)

武汉市流芳街富士康工业园区明代墓地

发掘时间：2009年8月

工作单位：武汉市文物考古研究所

墓葬位于武汉市江夏区流芳街富士康工业园区，北约300米为武汉市商贸职业技术学院，东约1000米为高新六路。工程方在取土过程中发现有古墓葬，对该区域进行抢救性发掘，清理3座墓葬，均为明代高等级墓葬。

M1位于M2和M3中间，M1东约10米为M2，西约40米为M3。三座墓形制均为砖券顶墓。大致坐北朝南，方向一致为330°。三座墓均由墓道、墓门、墓室组成。墓室有前室、棺室、后室和两侧的耳室构成。M1长(不包括墓道)9.6、宽3.3米，其上有券顶，券顶仅存后室一段。M2长9.5、宽3.6米，被毁严重，券顶已经不见，墓室中间可见有石制棺床，墓室内部可见有盗墓工具。M3被毁最为严重，封土、墓道、券顶、墓室东墙、南墙均被挖掘掉，现墓室残长6米，残宽2.2米，残高0.5米。三座墓墓砖砖缝均用石灰、沙、糯米浆制成的“三合土”粘连，墓墙为三砖错缝平铺而成。砖室外有一层厚约5～12厘米的木炭，以便于防潮，墓底为方砖铺地。M1、M2墓室内部散落有几块棺木，三座墓尸骨均不见。

M1被毁严重，但出土器物仍较丰富，出土的器物近29件，其中铁钱6枚，锡器6件，瓷盖1件，金戒指1枚，木器15件。金戒指上镶嵌有红色宝石，木器中有12件木俑，木俑有文俑、武俑、侍从俑，各俑底部均有方座，头顶有帽。由于墓葬被破坏，部分俑与底部方座分离，武俑手执的兵器与俑分离，各俑刻画的栩栩如生。M2出土器物较M1更为丰富，共出土器物104

件，其中银器 3 件，为剪刀、筷子和首饰；铜器 12 件，主要为镜、熨斗、香炉、饰品等生活器物；木器 60 件，为木俑、木盒、仪仗器等器物；石器 5 件，为龟背石、墓志等器物；锡器 18 件，主要为锡盘、首饰等器物；铁器 4 件，为剪刀等器物；同时出土有动物骨 1 袋、玉璧 1 件。M3 由于被毁严重，无出土器物。M2 出土了 M1 未发现的银器、铜器、石器等。其中 M2 出土的墓志对我们研究墓主人的身份、等级和生平提供重要依据，说明墓主人为“楚王第六子通山王妃，以疾于永乐五年丁亥八月十日薨，享年二十有一”。同时出土的玉璧在墓志上有说明为朝廷赐予。M2 出土的木俑较 M1 更多，共出土了 49 件，也为文俑、武俑、侍从俑等，其中可见有 1 女性俑。

M2 中出土的墓志对我们研究墓主人身份及墓葬考证提供了重要依据。同时三座墓葬的发掘为我们研究明代晋王的葬制、墓葬形式和当时生活习惯提供了新的材料。（许志斌）

湖　南　省

辰溪县马鞭田旧石器地点

发掘时间：2009 年 3 月 11 日 ~ 7 月 11 日

工作单位：湖南省文物考古研究所、怀化市文物事业管理处、辰溪县文物管理所

马鞭田旧石器地点是辰溪县清水塘水电站库区文物抢救性发掘点之一。该遗址位于辰溪县黄溪口镇罗新村六组一片名为马鞭田的水稻田内。马鞭田遗址位于沅水右岸二级阶地前缘。遗址背山面水，西北距沅水约 80 米。遗址因砖瓦厂取土已遭严重破坏，布方发掘之前我们在砖瓦厂的土堆及断面上采集石制品及石料 23 件，表面可见清晰的网纹印痕，选择在采集石器较多的砖瓦厂旁边一片存放砖瓦的田地上布 5 米 × 5 米探方两个进行抢救性发掘。地理坐标北纬 27°42′08.3″，东经 110°22′45.1″，海拔约为 146 米。探方地层内共出土石器及石料 12 件，加上 23 件采集品，共 35 件遗物标本。

第①层至第⑤层均为晚期的稻作层，遗物极少。第⑥层

应为退化的网纹土，第⑦层为典型的第四纪网纹土，此2层均出有打制石器，为旧石器时代地层。

35件遗物中有石核2件，石片3件，石器18件，断块8件，石料4件。石料的岩性除1件石英砂岩和2件硅质岩外，其余32件均为灰黄色砂岩和灰黄色条带状变质砂岩。石器主要用锤击法单面打击而成，以砾石砍斫器为主，多为长身端刃砍斫器或短身端刃砍斫器。

据研究，湖南泗水流域的二级阶地形成于中更新世晚期到晚更新世早期。这批遗物出土于沅水二级阶地前缘网纹土层的上部（90厘米厚），大部分石制品浸染较清晰的网纹印痕，据此可初步推断其时代为晚更新世早期，相当于旧石器时代中期。马鞭田旧石器地点的发掘将充实我们对沅水流域旧石器时代文化格局的认识。（张兴国）

辰溪县沙田石器时代和商时期遗址

发掘时间：2009年3月11日～7月11日

工作单位：湖南省文物考古研究所、怀化市文物事业管理处、辰溪县文物管理所

沙田遗址是辰溪县清水塘水电站库区文物抢救性发掘点之一。遗址位于辰溪县黄溪口镇毛家田村东南2.5千米的沅水左岸一级阶地上，东与黄溪口镇隔河相望。遗址因村民建房等活动已被严重破坏，存余面积不足50平方米，我们在遗址所处台地布5米×5米探方4个，实际发掘面积50平方米。地理坐标北纬27°43′05.9″，东经110°22′47.9″，海拔约为167米。其地层堆积可分5层：

第①、②层均为现代耕作层，第③层出土了大量的石片工具、石球，一些磨制石器以及较多的石料和半成品，初步统计总量近3000件，工具类型较丰富，有石片砍斫器、刮削器、石锄、石斧、石锛、石凿、石矛、石拍、石锤和石杵等。石片有大中小之分，岩性以灰色砂岩为主，少量硅质岩，几乎都是用锐棱砸击法加工而成，有平刃砍斫器、凸弧刃砍斫器和刮削器，砍斫器的刃部加工较规整。石球也有大小之分，大多选用磨圆的椭圆形或扁圆形河床砾石，以粉砂岩为主，这一批石球最为显著的现象就是它们均呈红黑色，可以肯定是火烧的痕迹。磨制石器种类较丰富，以石斧最为常见。第③层

出土陶片较少，以夹砂、夹蚌红陶和泥质灰陶、泥质红胎黑皮陶为主，可见粗绳纹、细绳纹、方格纹、附加堆纹、刻划纹和镂孔等装饰纹样和技法，可辨器形者少，主要有折沿釜、大圈足豆、大口缸等器物残片，具商代遗存特征。第④层螺壳堆积内所含人工遗物与第③层相同，同为商代文化层。

第⑤层出土320件打制石器和石料，为我们提供了旧石器时代晚期或新、旧石器时代过渡的地层堆积。石质大多是灰黄色砂岩，无论从石质和石器类型均与“沅水文化类群”无区别，属于旧石器时代晚期“沅水文化类群”的一支。

该遗址从旧石器时代晚期到商代均体现出石器发达的特点，丰富的石制品为研究沅水中下游石器制作传统提供了十分难得的资料。（张兴国）

中方县岩匠屋新石器时代遗址

发掘时间：2009年3月11日～7月11日

工作单位：湖南省文物考古研究所、怀化市文物事业管理处、中方县文物局

岩匠屋遗址是辰溪县清水塘水电站库区文物抢救性发掘点之一，位于中方县铜湾镇新屋村岩匠屋组沅水左岸的一级阶地上，东南距铜湾镇约1500米，东临沅水约20米。遗址文化堆积分布面积约1000平方米，本次发掘共布5米×5米探方9个，实际发掘面积196平方米。

该遗址地层堆积可分8层，主体堆积为第④层～第⑧层，均为高庙文化时期的地层堆积，第④层～第⑧层出土数量较多的石锤、打击石片、盘状器、磨制石斧、石凿、石刀、砺石和红色颜料石等石制品，据不完全统计共有3000余件。遗址中最引人注目的是陶器残片上繁复华美的纹饰和在其他同时期遗址中尚较少出土的水晶石和绿松石饰品，陶器纹饰技法早期以刻划为主，晚期主要有刻划、戳印、剔刺和压印等，往往是在陶罐、釜、盘、簋等器形的口沿、颈和肩部综合运用以上几种装饰技法，在陶器上营造出一种类似浅浮雕的效果，纹饰的图案与高庙遗址下层相近。岩匠屋遗址的发掘将为研究高庙文化及其对外传播和影响，完善沅水中游新石器时代文化序列提供重要信息。（张兴国）

澧县优周岗新石器时代遗址

发掘时间：2009年11月27日～2010年1月15日
工作单位：湖南省文物考古研究所

优周岗遗址位于澧阳平原西部，包含有新石器时代大溪、屈家岭和石家河三个时期的遗存。总面积86000平方米。为配合东岳庙至常德高速公路建设，对其进行考古发掘。发掘面积900平方米。共发现七层文化层堆积，其中④至⑦层为新石器时代文化层，皆属石家河时期。根据堆积分布状况和各层中包含物情况判断，这四个石家河时期的文化层中，④层应为水流冲积而成；⑤层应为人为铺垫，是一个活动面；⑥层、⑦层属生活废弃堆积。

发现的遗迹主要有栅栏、干栏式建筑群、灰沟、灰坑。前三者属石家河时期，后者属屈家岭时期。栅栏开口于④层下，打破⑤层，为南北向一长排柱洞，柱洞3～5个一组，每组间隔50～80厘米，长度36米。柱洞中为灰白色填土，柱洞大小不一，但直径一般都在15～25厘米间；杆栏式建筑群开口于⑥层下，打破⑦层。仅见柱洞，柱洞密集且无规律，范围很大，几乎遍布整个发掘区。灰沟为灰色填土，较疏松，包含陶片、石器与大块红烧土。限于发掘面积，对灰沟的整体形状大小不清楚，推测是遗址外围壕沟的一部分。灰坑集中分布于遗址西南角，已发掘13座，皆呈不规则形，其填土见有三种：青灰色，生土块与青白色淤泥土相杂，夹大铁锰结核颗粒，致密较硬；同一种填土，但见草木灰；灰色细腻黏土。皆少见包含物，推测为制陶取料拌料坑。

本阶段发掘范围主要位于遗址外缘，发现遗物较少，可辨认器形有罐、釜、鼎、鬶、豆和杯等。各遗存时代主要集中在石家河时期，有少量属屈家岭时期，更早的大溪时代遗存尚未发现。（赵亚锋）

永州市望子岗新石器时代至商周时期遗址

发掘时间：2009年3月～6月
工作单位：湖南省文物考古研究所、零陵区文管所

望子岗遗址位于永州市零陵区凼底乡政府所在地，地处潇水支流桴江西岸的山坡上，遗址总

面积约2000平方米。遗址发现于1986年，2008年11月再次复查确认。因遗址受到乡镇建设严重破坏，对遗址进行了抢救性发掘。发掘区位于遗址北端，发掘面积近200平方米。遗址文化层厚达1~2米，共分为8层，年代跨度为新石器时代晚期至商周时代，其中包含四次明显的生活界面的叠压关系。这些关系中，不仅有同一文化不同时期的叠压关系，也包含了不同文化的叠压关系，这在湘南地区同时期考古遗址中尚属首次，对于建立湘南地区商周考古的年代分期和文化谱系，具有十分重要的价值。

发现了多组建筑遗迹。F1、F4为两组地面建筑，其中F1面阔15米左右，内部分为若干单元，木骨泥墙的墙基、墙皮、建筑的散水都清晰可见，总面积近100平方米。F2为一座呈“甲”字形的完整的半地穴式建筑，保存有台阶，四周有排列整齐的柱洞。F5为一圆形的半地穴式建筑，四周也有排列整齐的柱洞，这类形式的建筑在过去同时期考古遗址中比较少见，其使用功能有待进一步的确认。

发现古墓葬21座，皆为窄长的竖穴土坑墓，头向朝东，仰身直肢，其中M21长2.7、宽0.7米。墓葬开口层位皆在第⑦层下，年代为新石器晚期至商代早期，这是湘江上游首次发现的商周早期墓葬群，具有重要的学术价值。

通过对出土陶器的特征分析，可以证明不同文化的叠压关系，体现了外来文化与土著文化的消长过程，这为探索古越族文化的来源与历史进程提供了坚实的资料。而遗址出土的完整的建筑遗迹、古墓葬，又大大丰富了古越文化的内涵。

望子岗遗址的考古发掘，是湘南地区商周考古继坐果山遗址以后又一次重要的考古发掘，必将为“南岭中心带”古文化研究增添新的篇章。(柴焕波)

临武县陶家商周遗址

发掘时间：2009年12月

工作单位：湖南省文物考古研究所、郴州市文物处、临武县文物管理所

遗址位于临武县武水镇陶家村一座突兀的小山上，西距县城约2千米。文化堆积主要分布于山南侧及山顶，紧依武水及郴临公路。源于九嶷山东侧的武水，由西向东蜿蜒于骑田岭南侧，转而向南经坪石、乐昌至韶关注入北江，属珠江水系。遗址最高位

置海拔高程约335米，地理坐标为北纬25°17′10.8″，东经112°34′19.7″。由于诸多原因，遗址破坏严重，文化层时断时续，遗址现存面积已无法考证。对已遭严重破坏的陶家遗址进行了发掘，实际发掘面积220平方米。

绝大多数探方未发现文化层，部分探方也只有局部发现有极薄的原生堆积及少量的柱洞和灰坑。因破坏太甚，这部分遗迹也只在生土面上才可见少许痕迹。出土遗物不多，只见陶器和石器两大类。陶片少而碎，主要有三类。一类是以夹砂红褐陶为主，常见绳纹，可辨器形多见釜口沿。口沿宽窄不一，形制多样，有的还有圆形镂孔。从腹部残片分析，多数腹部呈折腹状。另一类是泥质灰陶，多见圈足类器，多为素面，有少量刻划几何纹。第三类即为泥质硬陶类，数量仅次于夹砂陶，多为罐类器，常见方格纹、菱形纹、几何印纹图案及附加堆纹。此外，还有少量陶纺轮。石制品较为丰富，分打制和磨制两类。打制石制品数量最多，常见石片刮削器和斧、凿类器；磨制石器除簇、环等小型精加工品外，绝大多数是以粗加工为主，器类常见长条形斧、锛、环、箭簇等，另有少量铲、璧、饼形器及圆形石芯等。通过对出土遗物的观察，我们初步推断该遗址年代为商周时期。（尹检顺）

永州市潇湘上游商周遗址群

发掘时间：2008年9月~2009年6月

工作单位：湖南省文物考古研究所等

潇水为湘江两大源头之一，行政区域属于永州市。潇水流域是湘南地区商周遗址比较密集的地区。为配合永（州）连（州）公路建设，开展了大规模区域聚落考古调查与发掘，发掘与试掘了18处商周遗址，发掘面积达3000多平方米。

通过发掘，提出在潇水流域存在“坐果山”与“望子岗一期”两类商周文化遗存。初步建立了潇水流域商周文化谱系与年代序列。两类遗存都出土了丰富的石制品、石料、半成品和石废料。望子岗遗址还发现墓葬21座，墓葬皆为窄长的长方形竖穴土坑墓，头向朝东，为仰身直肢的一次葬，随葬品组合为罐、豆、碗、石器，每座墓都有一件或数件石器或石器残件。

潇水流域各处遗址中还发现少量青铜器，主要有矛、镞、剑、铜片等小型铜器，此外，还出土一些石范。从石范印模形态中可知器形皆为小型铜斧、铜锛，形态简单，年代约为西周至春秋时期。

潇水流域“坐果山”与“望子岗一期”这两类商周遗存，应分别归属于洞庭湖区湘江流域与岭南地区两种不同的文化范畴。（据《中国文物报》2009年11月20日）

宁乡县炭河里周代遗址

发掘时间：2009年7月~10月

工作单位：湖南省文物考古研究所

为配合宁乡灰汤至黄材旅游公路的建设，对该遗址建设控制地带进行了调查勘探和发掘。工作分两阶段进行：第一阶段是调查勘探，结果在黄材河以南、胜溪以东发现了河边上遗址，并建议公路改道。第二阶段是对公路经过的地段进行考古发掘，发掘面积1000平方米。

发掘主要集中在黄材河南岸石狮村、胜溪村一带。由于工程线路较长，根据前期调查的结果，有目的地选择了三处地点进行发掘：其中Ⅰ区位于河边上遗址西南，Ⅱ区位于河边上遗址东南、胜溪东岸。Ⅲ区位于胜溪村新屋组一个称为“大树堆”的山前台地上，这里与炭河里城址隔黄材河相望，距人面方鼎的出土地也仅有500米左右，2001年调查时在这里发现过堆积较薄的西周文化层。

在Ⅰ、Ⅱ两区的发掘中，没有发现明显的西周时期文化层，但在Ⅱ区的4个探方中，发现了一条西周时期的沟，沟宽约5米，深约2米，沟较直，沟壁坡度较陡，应是一条人工开凿的沟。发掘结束后对这条沟进行了钻探，搞清了其分布、走向，发现这条沟位于河边上遗址以南，自东向西通往胜溪。

发掘结果与2001年试掘基本一致：虽然大部分探方内均发现有厚薄不一的西周文化层，但普遍堆积均很薄，只有10厘米左右。与上次不同的是，此次发现了包括柱洞、灰坑、灰沟等在内的一批遗迹。Ⅲ区发现的与建筑有关的遗迹仅有少量柱洞，且皆不成形。这些柱洞直径一般在15厘米左右，与炭河里城址内发现的大型建筑基址有比较明显的差别。灰坑发现较多，基本上皆为不规则形；灰沟数量较少，以长条形为主。在这批灰坑（沟）中，出土了一批陶器，器类与炭河里城址所出者基本相同，有釜形鼎、釜、圈足碗等。Ⅲ区比较重要的发现是在大树堆遗址的西南发现了一条人工沟，沟的方向大致为自北向南再折而向东。

本次发掘虽然面积不大，出土遗物也不十分丰富，却使我们对炭河里遗址的范围、布局等认识有了一个比较大的突破。以前一直认为炭河里遗址的范围主要在今黄材河以北、塅溪河以西、以炭河里城址为中心的这一片区域。通过这次的调查和发掘，发现至少黄材河以南、胜溪两侧的山前台地应该被纳入炭河里遗址的范围之中，它们与炭河里城址一起构成一个大的聚落群。

从以往的发现来看，炭河里城址内发现的建筑遗迹皆为大型建筑基址，而且城址北面的低矮丘陵也是铜器出土比较集中的地区，2003年在此也发现了一批贵族墓葬，因此，黄材河北面的炭河里城址可能只是当时贵族的居住区。至于一般平民的居住区可能应该位于今黄材河以南的山前台地上。此次调查发掘的河边上、大树堆遗址以及出土人面方鼎的台地可能就是其中的几个规模较大的聚落。

从河边上、大树堆遗址以及出土人面方鼎台地（2001年做过试掘）的发掘情况来看，这三个遗址范围内均发现有人工挖掘的沟；炭河里城址内外也有三条人工沟。这些沟的性质到底是聚落的环壕，还是具有其他作用，尚有待继续探讨。（高成林）

长沙县王家屋场东周时期遗址

发掘时间：2009年6月

工作单位：湖南省文物考古研究所

王家屋场遗址位于长沙县黄花镇谷塘村蛟塘头，西距长沙市中心区约25千米，北距蛟塘水库200米。遗址分布在一个低矮的台地上，面积约400平方米。为了配合黄花国际机场扩建工程建设，发掘5米×5米探方12个，总揭露面积300平方米。清理出1个灰坑和1条灰沟。

遗址地层堆积简单，可分为3层，第①层为耕土层，浅褐色黏土堆积，土质疏松，厚约20厘米；第②层为明清文化层，灰色黏土堆积，土质较致密，厚约40~50厘米，包含有明清时期青花瓷片、瓦片等；第③层为宋代文化层，灰黄色黏土堆积，土质较致密，厚约30~45厘米，包含少量宋代青瓷片；少数探方内分布有第④层堆积，即东周文化层堆积，灰黑色黏土堆积，土质疏松，含有灰烬、红烧土颗粒，厚约10厘米，包含少量泥质陶片。

灰坑H1位于T1东隔梁内，开口于④层下，平面近圆形，口径0.6、深0.15米。坑内为灰褐色黏土堆积，较疏松，内含少量陶器残片。灰沟G1位于T12中部，部分位于探方外，开口于④层下。沟长5、宽2～2.5、深0.5～0.6米。沟内堆积为灰褐色黏土堆积，较疏松，包含有大量的陶器残片。

根据出土遗物分析，H1和G1出土陶器均以泥质灰陶、泥质红陶为主，纹饰以粗绳纹、弦纹为主，器形有鬲、豆、罐、钵等。根据与长沙、益阳地区同时期遗址、墓葬出土器物作对比分析，王家屋场遗址东周遗存的相对年代下限不晚于战国初期，上限可定在春秋晚期。（何赞）

中方县新屋战国宋明清墓葬

发掘时间：2009年3月11日～7月11日

工作单位：湖南省文物考古研究所、怀化市文物事业管理处、中方县文物局

新屋村古墓群是清水塘水电站工程库区淹没和影响范围内的文物埋藏点之一，位于中方县铜湾镇新屋村三组沅水左岸的岗地上，东距铜湾处公所约250米，北临诸葛城约500米。1998年因基本建设由怀化市博物馆抢救发掘两座战国墓葬。此次共抢救性发掘古墓10座，其中清代墓葬7座，明代墓葬1座，宋代墓葬1座，战国墓葬1座。这些古墓集中分布于一片高出四周的岗地上，除战国墓M10外，其余9座年代稍晚的古墓均未见随葬品和重要迹象。

M10为竖穴土坑墓，头宽足窄呈楔形，墓口大于墓底。墓口长3.20米，头宽2米，足宽1.8米，距地表深0.5米；墓底长2.70米，头宽1.6米，足宽1.4米，距地表深2.7米，方向257°。墓底可见棺木痕迹，横向挖设两条枕木沟。出土陶高领罐1件和琉璃珠1对。（张兴国）

洪江市小江汉代墓地

发掘时间：2009年11月～12月

工作单位：湖南省文物考古研

究所

小江墓地位于洪江市黔城镇小江村，与洪江市区和黔阳古城隔沅水相望，是一处汉代的墓葬群。2001年为配合洪江水电站的建设，曾在该地的枫木坪、张古坳进行了第一次抢救性发掘。今年为配合包头—茂名国家高速公路怀化至通道段的建设，进行第二次抢救性发掘。

墓葬主要分布在沅水西岸一片低矮丘陵的几个山头上。本次发掘不是全面揭露，而是仅对公路征地范围内的墓葬进行抢救性清理。共发现墓葬40余座，皆为竖穴土坑墓，基本都是小型墓。从平面来看，分为不带墓道的长方形和带一条墓道的甲字形两种。出土器物主要是陶器和滑石器两种，陶器器类有鼎、盒、壶、钫、仓、灶、井、镳壶、灯和熏炉等，滑石器器类有璧、杯、案、盘、壶、钫和镳壶等。

从1985年起，湖南省文物考古研究所和怀化市博物馆等单位先后在黔城沅水两岸发掘楚汉墓葬近200座。从发掘的情况来看，这一带墓葬的分布很有规律，推测当时应该经过仔细规划：其中战国墓葬主要分布在黔阳古城东北的祭古坪、南头坡一带；而在古城北面与小江墓地隔江相望的牛头湾一带则既有战国时期的墓葬（可能还包括一部分秦代墓葬），也有一批西汉早期的墓葬，至于沅水西岸的小江村一带，则基本上是西汉中期以后的墓葬。从墓地分布的情况来看，当时的居民应该是居住在沅水与沅水交汇处的黔阳古城一带。小江墓地的发掘，不仅为研究战国秦汉时期黔城的开发提供了十分重要的资料，而且对探讨沅水流域城市及聚落的分布、变迁有很大的帮助。

祁阳县窑门前汉代官营瓦窑遗址

发掘时间：2009年11月17日～12月30日

工作单位：湖南省文物考古研究所、祁阳县文物局

为配合湘祁水电站工程建设，对窑门前瓦窑遗址进行了抢救性发掘。遗址位于祁阳县观音滩镇沿沽村九组，暴露的残窑均挖筑在一条大致呈南北走向、高于两侧的土垅上，土垅东约200米即为湘江。土垅上现有大量民宅和菜地，遗址因人为活动破坏较严重。在唐有粮屋后（东）的菜地布方发掘，发掘面积250

平方米，共揭露汉代半倒焰马蹄状窑炉6座，现代石灰窑1座。为进一步了解该窑址群的结构与内涵，我们在窑址周边约2千米的范围进行了踏查和重点钻探，而后在作坊区布5米×5米探方三个进行了试掘，发现了作坊区的取土坑、工棚建筑、用火遗迹和引水沟等遗迹单位。据调查和发掘情况可知，该窑群以烧制绳纹板瓦、筒瓦为主，兼烧少量砖块。

6座窑分别编号Y1、Y2、Y3、Y4、Y5、Y7，窑炉顶部均已被破坏，但基部保存较好，结构完整，均存有操作坑、火门、火膛、窑室和排烟设施。依据窑炉的挖筑方法、产品特征及打破关系，我们把这6座窑炉分为两组：Y1、Y2、Y3为第一组；Y4、Y5、Y7为第二组。

第一组Y1、Y2、Y3排列规整，方向一致，结构相同，以烧制厚2～4厘米的绳纹瓦为主，有板瓦和筒瓦，板瓦长30～35厘米，宽20～22厘米，筒瓦长35～38厘米，宽约16～20厘米，瓦内有麻布纹，可见泥条盘筑痕，每片瓦约用11块泥条盘筑而成。

第二组的Y4打破Y2，Y5打破Y3，并分别利用后者的窑室作为操作坑，相比Y1、Y2、Y3而言，Y4、Y5、Y7筑造粗糙，形状不规范，Y4瘦长，Y5窑壁未抹泥，Y7窑室延伸至民房房基未清理完全。窑壁烧结程度低，使用时间短，基本构造与Y1、Y2、Y3相同，均为在后壁设有三个烟囱的半倒焰窑。第二组相对年代晚于第一组，产品为青灰色素面瓦，不见绳纹瓦，厚2～4厘米，尺寸与第一组相同，但质地相对松软易碎，部分砖块端面和侧面有几何纹饰和“奉□”、“□□八年□……”字铭。

该遗址的窑炉排列有序，窑间距约5米，第一组窑群窑炉形制相同尺寸相近，且厚达2～4厘米，重达4～6千克的瓦块显然不是汉代普通民宅的建筑构件，而“奉”字铭砖提示我们这里可能有专门管理砖瓦烧造的机构或官吏，产品烧制完成后向上级呈奉。依据这些信息我们可以断定这是一处汉代官营性质的瓦窑群，专为官署建筑烧制砖瓦构件。同等规模的汉代瓦窑群在湖南省内尚属首次发现，这一瓦窑遗址的发现将为研究汉代行政机构设置、官署建筑和城市历史地理等课题提供十分有价值的线索和实物资料，也是研究中国南北方窑业技术及其传播与交流的珍贵资料。（张兴国）

祁阳县蒋家山东汉墓群

发掘时间：2009 年 9 月 14 日 ~ 10 月 20 日

工作单位：湖南省文物考古研究所、祁阳县文物局

蒋家山墓群位于祁阳县下马渡镇云盘町谭家湾村蒋家山西北坡，地理坐标北纬 26°39′49.7″，东经 111°53′56.7″，海拔约 117 米。该墓群位处零祁盆地的东北部，是分割零祁盆地和衡阳盆地的山地丘陵地带，西南距祁阳县城约 9.2 千米，西距祁水约 4 千米。蒋家山西北坡坡度较缓，现有较多民宅，据闻当地村民建房时挖出大量青色砖块，部分村民藏有墓内随葬品，山坡前为较为宽阔的山间盆地，低洼地现为大片稻田，是生存环境较优越的聚居地。

因该墓群在湘桂铁路扩能改造工程施工范围内，故对其进行抢救性发掘。共发掘古墓 13 座，其中汉代墓葬 11 座，清代墓葬 2 座。2 座清代墓葬均为长方形土坑墓，可见棺木痕迹，人骨架已不存：M11 在墓坑两壁挖有壁龛，各存放 1 个钱粮罐，罐外腹部捏塑莲瓣，罐内残存稻壳、铜钱和鸡蛋壳；M12 未见随葬器物。11 座汉墓均为砖室墓，其中长方形单室券顶墓 4 座，凸字形券顶墓 5 座，刀把形券顶墓 1 座，长方形单室木板平顶墓 1 座。这批古墓保存状况不佳，大部分已被盗，不见棺椁骨架痕，残存随葬器以陶器、铁器为主，以陶罐和铁刀最多，铜器有铜钱“大泉五十”、“货泉”、“五铢”、铜碗、“四乳四禽”铜镜，其他有玻璃瑱、瓷钵等器类。根据墓葬形制和随葬器物，可初步判断这 11 座砖室墓时代为新莽至东汉中期，其中 M8 有“永元十七”（105）铭文墓砖。这批墓葬的发掘将为湘南汉墓的断代及相关研究提供十分有益的新资料。（张兴国）

宁远县淌塘村汉晋墓葬

发掘时间：2009 年 9 月 25 日 ~ 10 月 18 日

工作单位：湖南省文物考古研究所

墓地位于宁远县水市镇淌塘村南约 100 米处，所处位置属低矮丘陵地貌，地表自然植被以松树、枫树及低矮灌木为主。经调

查发现，淌塘墓地东西长约220米，南北宽约100米，面积2万余平方米，分布墓葬40余座，封土堆明显。墓葬形制分为砖室墓和土坑墓两种，墓地南部大多为砖室墓，北部为土坑墓。此次发掘是为配合夏蓉高速公路建设而进行的抢救性考古发掘，仅清理了高速公路红线范围内的4座砖室墓，其中3座为东汉墓，1座为东晋墓。

M1、M3、M4均为券顶砖室墓，墓砖纹饰为直线纹与三角形纹的组合，破坏严重。M4残留甬道小半部分，出土随葬品20余件，其中青铜镳壶1件，陶器21件，器形有罐、壶、耳杯、碟、纺轮、仓、牲圈和鸡舍等，多为模型器，泥质红陶内胎，易碎，内外壁均施一层黄绿釉，但大多脱落。

通过墓葬形制、墓砖纹饰特点及随葬品特征判断，M1、M3、M4的年代均为东汉晚期，为研究湘南地区汉晋时期中小型墓葬提供了新的资料。

M2平面形状呈“凸”字形，系券顶砖室墓，由墓道、甬道、墓室三部分组成，方向18°。墓室端墙中部正下方置一断砖，上放青瓷碗一件，外壁口沿下饰一道凹弦纹。垫砖为半截墓砖，长约14厘米。墓室两侧壁、端墙及券顶均发现有纪年砖，共10块，铭文内容相同，为“太元四年七月壬子造”。

经考证，此太元年号应为东晋孝武帝司马曜的第二个年号，公元376年司马曜改年号为太元，太元四年即公元379年。这是湘南地区首次发现有明确纪年的东晋墓葬，为该地区魏晋南北朝墓葬的断代提供了重要依据。（王良智）

岳阳市老屋宋代墓葬

发掘时间：2009年3月~4月

工作单位：湖南省文物考古研究所

为配合随州至岳阳高速公路（湖南段）的建设，2008年11月6日至11月20日进行了抢救性发掘。由于工程部门征地进度较慢，在发掘了三斗丘遗址和园咀山墓群后，其他地点征地工作均未完成，考古发掘工作只好暂告一段落。今年开展第二次考古发掘工作，共发掘了老屋遗址、顺风垄遗址、乔家咀墓群、光坡山墓群。发掘遗址面积600平方米，发掘1座宋代墓葬以及10座明清时期墓葬。

其中，宋代墓葬位于岳阳云溪区老屋组，编号为M1，方向为15°，为长方形砖室墓，部分券顶已残。墓室长 2.6、宽 1.05、高 0.92 米。墓室四壁用长方形墓砖铺砌，砖形制为 25×12×5 厘米，墓室北壁中部有一头龛，头龛宽 22、高 20、进深 12 厘米。头龛内出土 1 件瓷罐及 2 件青瓷碗，在墓室的中部偏西部位出土 1 面素面铜镜和 1 把铁剪刀。

根据此墓的形制特点和出土的陶罐和青瓷碗，推测该墓的年代应为北宋时期。（何赞）

道县楼田村宋至明清遗址

调查时间：2009 年 4～8 月

工作单位：湖南省文物考古研究所

这是一次配合濂溪故里文化遗产保护与利用的社会调查和考古工作。濂溪故里，即周敦颐的出生地，位于永州市道县清塘镇的楼田村。周敦颐（1017～1073）是我国著名思想家、理学家、哲学家。字茂叔，号濂溪。

建筑遗址共发掘探方 5 个，编号：T1、T2、T3、T4、T5。出土了明代的灰陶筒瓦、板瓦和小青瓦碎片和宋至明代的硬陶折沿盆（罐?）、矮圈足器、黑釉罐片；明至清代青瓷印花纹的碗、油盏、酒杯等。通过对地表以下建筑残垣、基础槽、房基垫层、路土、天井坑的全面揭示，发现了比楼田村内古建筑更早的建筑遗迹的柱位布局、开间距离、建筑材料与构件标本以及基础处理中的施工方法等。查明了它们与现有明清建筑之间的传承发展关系。

利用渔池干塘修整的时机，开探方查明了古代“楼田”的遗存情况：所谓“楼田”是当地古代劳动人民利用沼泽湿地改造水田的一种造田方法。即用大量从附近山林中砍伐下来的松原木，按大约一步的间距，在沼泽地上，垂直交叉平铺两层，犹如铺设楼条楞木，上复积土。经这样处理过的超深淤泥，原先人、牛下田即陷的情况得以克服。

采用洛阳铲钻探技术，按 10 米×10 米的方法布点钻探，廓清了古村沼泽淤泥（即古代濂溪）的分布范围。并根据钻探的结果，完成了《古代楼田村沼泽水系分布形势图》的绘制。为了进一步复原出当地唐宋时期的生态环境，采取在水洼地中央开 2 米×5 米探方（T7）分三层取回土样，通过浮选法和实验室检测，获取了大量濂溪故里的植物参数，为科学复原历史生态环境奠定了基础。

通过对道岩洞穴的考古调查（地理坐标为北纬 25°30′19.6″，东经 111°30′29.3″），在洞中断崖胶结堆积中发现有多处零星动物化石碎块，分别为野猪臼齿和鹿牙颊齿；在洞穴顶部的粗沙砾钙板胶结堆积中可见骨化石，疑为哺乳动物的胫骨；在洞内大厅中部残留有次生堆积，内容包含炭渣、青花瓷片等，应当为近代人类在洞内活动留下的痕迹。（符炫）

望城县狮子岭清代墓葬

发掘时间：2009 年 8 月 ~11 月
工作单位：湖南省文物考古研究所、望城县文物局、宁乡县文物局、湘潭市文物处

为配合望城（茶亭）至湘潭高速公路建设，在茶亭镇狮子岭村上石子塘清理了两座清代墓葬。

M1 为三合土土坑竖穴墓，南北向。墓室上方设有墓外建筑，呈半圆形，直径约 3 米。由外至内共三重，分别为条状麻石及三合土、卵石混三合土、青花瓷碗混三合土。其中内重青花碗为两摞平行排列，未破坏前总数估计有千件。墓内填土经夯筑，较致密。棺木保存较好，涂朱红漆，杉木质。棺木足端有一 1 米左右方形盗洞，打穿足部挡板，墓内严重被盗。棺木打开后，墓主头部上方有一层石膏，上模印“吴”字，墓内仅有少量尸骨，无随葬品。墓室南 2 米处发现一龛，麻石质，内置墓志铭。墓志铭为瓷质，长方形，四边为青花回字纹，墓志内容为墓主生平及生卒年月。墓主曹舍章，女性，亡年 33 岁，卒于光绪十二年（1886），夫婿吴嘉瑞，为翰林院庶吉士。

M2 为土坑竖穴，棺木上有较厚三合土，约 40 厘米，结合非常紧密。足部有一盗洞，墓内无随葬品，年代应与 M1 相近。

M3、M4 为夫妻合葬墓。该墓为三合土制，同一封土下两棺并列，为清代晚期。M3 居右，为女性，因棺木及三合土保存不好，尸骨已朽烂，无随葬品。M4 居左，为男性，名周净威，保存较好。棺木打开后，尸体已严重脱水，未腐烂，身上衣物完整，随葬一折扇、一绢帕。

后在沿线又陆续清理一批清代墓葬。（袁伟）

广　东　省

汕头市新坡新石器时代及商周时期遗址

发掘时间：2009 年 9 月
工作单位：广东省考古研究所、汕头市博物馆

新坡遗址发现于 2008 年配合厦深铁路建设沿线用地的调查勘探工作中，遗址位于汕头市潮阳区谷饶镇新坡村北的虎山南坡中部，北靠虎山，南向地势较平坦的平原，距现代海岸线约 20 千米，东南距汕头市约 30 余千米。

为配合厦深铁路建设，对新坡遗址进行了抢救性发掘，发掘面积共 900 平方米，共清理墓葬 2 座、灰坑 1 个，遗迹及地层堆积中还出土一批陶器、石器。

该遗址发掘部分由于地处坡地，地层堆积保存状况不甚理想，并有倒装现象；两座墓葬均为土坑竖穴墓，方向基本为东西向，墓坑较浅。其中 M1 出土陶器 3 件，为釜、罐类；M2 出土 1 件，为器盖。地层堆积中还出土有直领垂腹矮圈足罐、陶纺轮、石锛、砺石、镞、玉玦和环等。

根据出土器物对比，新坡遗址包含了新石器时代晚期至商周时期两个阶段的遗存：其中直领垂腹矮圈足罐的形制和纹饰与普宁虎头埔、曲江石峡文化墓葬同类者相似，属于新石器时代晚期遗物；M1 出土的高领折肩圈足罐和 M2 出土的器盖形制与东莞村头遗址同类者相似，应为同时期遗物。形式反而与本地后山为代表的粤东地区同时期遗存显得有些差距，不排除系珠江三角洲地区文化因素东进造成的影响。

在目前汕头市范围内，这个时期的考古发掘资料相对比较少，因此，新坡遗址出土文物研究价值珍贵。（李岩）

普宁市龟山新石器时代至商周时期遗址

发掘时间：2009 年 5 月 ~10 月
工作单位：广东省文物考古研究所、普宁市博物馆

遗址位于普宁市东南郊马栅

村南，为配合厦深铁路建设对该遗址进行抢救性发掘。本次考古发掘面积近3500平方米，共清理新石器时代晚期至商周时期遗迹20个，其中陶窑7座、灰坑6个、墓葬5座、灰沟1条、房屋1座，出土大量陶器、石器等重要文化遗物。

遗址发掘区自南向北可分为三个功能区：东南坡上部为一号陶窑区，坡顶中部为二号陶窑区，坡顶北缘则为墓葬区。一号陶窑区发现3座横穴式陶窑，出土陶片多为泥质硬陶，少量泥质软陶与夹砂陶；纹饰以条纹、交错条纹为主，部分间断条纹、叶脉纹、方格纹，少量曲折纹、梯格纹等；陶器组合中以矮圈足器最具特色，器类有盘口矮圈足罐、小口矮圈足罐、直领垂腹圈足罐、圈足钵、高领圈足罐、折腹矮足豆和器座等。二号陶窑区发现4座横穴式陶窑，窑群东侧为小型房屋F1，窑群西侧为窑前堆积，出土陶片中泥质硬陶、泥质软陶与夹砂陶皆占较大比重；流行饰条纹、交错条纹，少量曲折纹、叶脉纹、梯格纹和八字交叉纹等；陶器组合同样以矮圈足器为主，器类与一号陶窑区出土陶器基本相近，不同的是夹砂陶圜底钵与器座数量较多。墓葬区分布5座墓葬，其中M5为中型墓葬，出土8件陶器与4件石器，余皆为出土1～2件随葬品的小型墓葬。随葬陶器以泥质硬陶凹底罐、子口钵、喇叭足子口豆、泥质软陶觚形器、夹砂陶大口圜底尊最具特色，另有磨制精美的石环等石制随葬品。遗址地层中亦出土较多重要文物，陶器有陶拍、窑具、纺轮、高领凹底罐及鸡形壶等，另发现少量夔纹、勾连雷纹陶片，磨制石器有石锛、石戈、石矛、石镞与石环等。

普宁龟山遗址文化遗存延续年代较长，上迄新石器时代晚期，下至两周之际。其文化主体是以几何印纹硬陶为主要特征的南方土著文化，具有强烈的粤东地区新石器时代晚期至早期青铜时代的地域特色，也存在部分外来文化因素。龟山遗址不同时期的文化面貌表现出较大的差异性，分别与新石器晚期虎头埔文化以及稍晚的后山文化具有密切关系。

普宁龟山遗址考古发掘出土的考古资料，对于完善粤东地区考古文化序列和研究本地区新石器时代晚期至早期青铜时代社会历史具有重要意义。（刘锁强）

珠海市淇澳岛小沙澳湾商时期遗址

发掘时间：2009 年 3 月 10 ~ 19 日

工作单位：珠海市博物馆

小沙澳湾遗址位于珠海市淇澳岛东北部，西南距淇澳村约 1 千米，呈山前坡地式堆积。布探沟 3 个，编号为 09XSAWG1 ~ G3，面积（地表）20 平方米，出土遗物有陶器和石器。地层堆积为表土层、铁锰钙板层、宋元时期文化层、间歇层和商时期文化层。宋元时期文化层出土极少量瓷片。商时期文化内涵可分两期。

第一期文化遗物主要是陶器，分为夹砂陶和泥质陶两大类，其中泥质陶占 40%，主要是泥质白陶、灰陶和橙黄陶；夹砂陶包括夹砂灰褐陶、红褐陶和红陶，掺有石英砂粒，有部分陶片陶坯掺入有机物，陶胎呈黑色。陶器的制法一般为泥片贴塑法制作，陶器的口沿有轮修痕迹。夹砂陶纹饰有绳纹、方格纹、曲折纹、刻划纹和弦纹，但素面者所占比例最大。泥质陶有方格纹、曲折纹、刻划纹。可辨器形有釜、罐、盘、支脚、器盖和纺轮等。

第二期文化遗物有陶器和石器。陶器分为夹砂陶和泥质陶两大类，夹砂陶占最大比例，陶色和第一期相同，只是泥质陶所占比例减少。陶器制法同第一期，但纹饰除与第一期相同外，比较有特色的印纹是重圆圈纹、多重菱格纹或棱格凸块纹、云（雷）纹。陶器器形与第一期相同，但有豆盘，缺少第一期刻划纹器盖。可辨器形有釜、罐、支脚和豆等。石器两件，分别是磨制的石锛和石片。（郭雁冰）

惠州市纯洲岛造船湾商时期与北宋遗址

发掘时间：2009 年 3 月 ~4 月

工作单位：广东省文物考古研究所、惠州市博物馆

遗址位于惠州市大亚湾区澳头镇金门塘村东面纯洲岛造船湾。该岛面积为 62 万平方米，造船湾位于岛的北面，面向大陆。遗址面积约 3000 平方米，因惠州港荃湾煤码头一期工程建设而发掘 1500 米。分两个区进行工作，Ⅰ区发掘约 1000 平方米，在湾内平缓处，文化堆积厚，文化层丰富，以北宋遗存为主；Ⅱ区发掘约 500 平方米，在

造船湾右侧山梁，文化堆积较薄，以商时期遗存为主。

两区遗迹主要有商时期的灰坑、柱洞以及北宋时期的房基和墓葬。灰坑平面多为椭圆形或不规则形，斜壁、平底，出土少量陶片与石锛等石器。2008年调查勘探时曾清理过2座北宋墓，此次发掘，又清理了1座宋代长方形竖穴土坑墓。该墓墓口长2.4、宽0.6米，底长1.9、宽0.4、深0.27米。随葬3件青瓷碗，均摆放在墓坑的南端。

商时期遗存出土遗物主要是夹粗砂绳纹陶片、泥质方格纹陶片以及少量的石器。陶器种类为罐、釜和尊。石器种类有锛、戈和穿孔石器等。戈为宽体戈，与东莞村头所出类似。从方格纹陶尊残片及戈的形态看，造船湾商时期遗存与粤东地区的“后山类型”同类器相似，因此，造船湾商时期遗存的年代应与“后山类型”相当或略晚。

遗址晚期遗存为南朝与北宋时期，以北宋为主。出土瓷器为青瓷和黑釉瓷，种类为碗、碟、罐、壶，以碗多见。其中影青瓷来自景德镇，而黑釉盏来自建窑，也见有本省潮州北宋笔架山窑产品。另外，宋代地层还出土了“开元通宝”、“咸平通宝”、“元丰通宝”十余枚，这对判断遗址的准确年代提供了有力证据。（冯孟钦）

汕头市后沟商周时期遗址

发掘时间：2009年8月

工作单位：广东省考古研究所、汕头市博物馆

后沟遗址发现于2008年配合厦深铁路建设沿线用地的调查勘探工作中，遗址位于汕头市潮阳区谷饶镇横山村北横山的西南坡上南坡中部。遗址所在区域地势自西北向东南逐渐倾斜，属于半丘陵与平原地带，遗址北部是大岭棚水库，南边部分是地势较平坦的农田，距现代海岸线约20千米，东南距汕头市约30余千米。

抢救性发掘10米×10米探方一个，发现并清理墓葬1座，墓葬和地层堆积中还出土陶器和石器。

根据墓葬出土器物对比，后沟遗址属于商周时期后山类型遗存：其中直领折肩凹底罐的形制和纹饰与东莞村头遗址同类者相似，应为同时期遗物，应当是珠江三角洲地区文化因素东进造成的影响所导致，而通体装饰方格纹的折沿鼓腹凹底罐为后山类型

典型遗物。(李岩)

广州市太和岗春秋汉唐五代墓葬

发掘时间：2008 年 6 月 ~ 2009 年 4 月

工作单位：广州市文物考古研究所

太和岗位于广州历史城区东北郊，距今中山四路约 4 千米。这一带属广州市古墓葬重点埋藏地带。此次是配合太和岗淘金家园第三期工程建设进行的抢救性考古工作，发掘先秦至南汉时期墓葬 38 座，明清墓葬 50 余座。出土陶、瓷、石、玛瑙、琉璃、铜、银、铁及漆器等不同质地的文物 390 件（套）。

春秋时期土坑墓 2 座，随葬陶折腹豆和铜器。此外，在一座西汉土坑墓（M112）和一座唐墓（M94）填土中均出土了春秋时期夔纹陶片。这是目前发现距广州中心城区最近的先秦文化遗存。

两汉墓葬 8 座。1 座为小型土坑墓，其余 7 座均为竖穴土坑木椁墓，年代为西汉中期至东汉前期。规模较大，出土文物丰富。其中 M90 为长方形竖穴分室分层木椁墓，墓内同时出土陶胭脂小罐和铜剑，可能为夫妇合葬墓。M85 也是夫妇合葬墓，出土陶四耳瓮、四耳罐、提筒、鼎、壶、盆、小盂、井、灶、屋和囷等 40 余件器物。M104 为有墓道竖穴假双层分室木椁墓，墓坑长 6、宽 2.8、深达 2.85 米。出土陶井、灶、囷、簋、盒、鼎、罐、碗、小盒、屋等陶器，以及铜镜、碗、铜钱，另外还有玛瑙、琉璃串饰等随葬品。此墓规模较大，结构讲究，可见墓主人具有相当的经济实力和社会地位。

M112 规模最大，出土文物最丰富。为长方形竖穴分层分室木椁墓，有墓道。墓坑长 5.4、宽 2.8、深 3.26 米。椁室分为前、后两室。后室呈纵向长方形，分上、下两层，上层置双棺，下层为器物室。墓内出土随葬品 84 件（套），主要器形有陶瓮、壶、四耳罐、盒、直身罐、温壶、鼎、钫、盆、盂、纺轮、井、灶、囷，铜镜、俑、印章及石黛砚等。其中两件鎏金铜俑为广州地区第二次考古发现。另外，墓内随葬两枚印章，一枚为龟纽铜印章，印面文字“赵延康印”，当是墓主人姓名。另外一枚为螭虎纽玉印，但印面无文。从墓葬形制及随葬器物判断，墓主人身份相当高。

唐墓26座。分砖室墓和土坑墓两种。多座砖室两两并列，应为同茔异穴夫妻合葬墓。M91为土坑墓，规模不大，但出土器物多达41件（套），在广州地区发掘的唐代墓葬中极为罕见。墓内出土26枚铜钱，部分可确认为“开元通宝”，明确了这座墓的年代。这些铜钱出土时分布在墓主人的腰部位置，耐人寻味。该墓还出土一面铜镜，背面饰四匹奔马，马背部展现双翼，四角分别饰祥云，整个画面极具动感。

土坑墓多带头龛，内置一件青釉盖罐。墓坑一般长2.4～2.6、宽0.6～0.96米。墓向也多在70°～140°，可能为唐代晚期的一处家族墓地。

南汉墓2座。均为砖室墓，保存较好。M88墓壁、墓底均保存完整，分前、后室。后室中部用砖砌有棺床。前室出土一件青釉盖罐，形制规整，火候较高，相当精美。更重要的是，棺床出土一串铅钱，多达50枚，由此可明确将该墓时代定为南汉。这为广州地区南汉墓葬的发掘和断代提供了明确标尺，意义重大。（马建国　易西兵）

广州市大佛寺佛教文化中心工地先秦及汉六朝唐宋时期遗址

发掘时间：2009年7月～9月

工作单位：广州市文物考古研究所

工地位于广州历史城区中心地带，东邻北京路，西面紧邻南越国木构水闸遗址，东北约300米是南越国宫署遗址。

此次考古发掘面积200平方米，发掘深度6～6.5米。地层划分为13层：第①层，近现代建筑基础；第②层，明清时期的建筑堆积，层面发现房址局部（F1）；第③至⑦层为宋元时期的填土；第⑧层为南朝～唐时期的建筑垫土，发现砖井1口、灰坑2座；第⑨层为晋南朝时期的建筑废弃堆积；第⑩层为晋时期的垫土层，层面上发现排序明显的柱坑遗迹，柱径最大为50厘米；第⑪层为汉～三国时期的灰淤泥层；第⑫层也是河淤积层，但包含大量先秦时期陶片；第⑬层为灰淤泥层，泥质纯净，无文化遗物。

第⑫层出土先秦时期的陶片197块。以夹砂灰陶和泥质灰陶最多，仅1块泥红陶。这批器物的形体普遍较小，胎薄，部分泥质陶胎厚1.5毫米。陶器纹饰以绳纹为主，可分为细绳纹或线状绳纹，多见交错绳纹或与绳纹有组合关系的圆圈纹、双圆圈纹、指甲纹、排列状戳印小涡纹及穿孔等。以圜底器较多见，有圜底釜、钵、盘等；圈足器有罐、豆；高领器有尊、壶等。这批陶器制作精细，纹饰装饰讲究，在陶器制作工艺上，达到较高的水平。初步观察分析，这批遗物的年代应当早于本地区常见的夔纹陶类型，其风格与粤东地区的浮滨文化较为相似。这是迄今在广州市中心区发现的唯一一处先秦遗存。(张金国)

广州市西湾路汉南朝墓葬和唐宋时期遗址

发掘时间：2009年2月~6月

工作单位：广州市文物考古研究所

广州市西湾路旧广州水泥厂地块位于广州历史城区西北郊。此次配合该地块的地产开发建设工程进行的抢救性考古勘探和发掘，清理西汉、南朝和唐代墓葬26座，唐宋时期水井4口，另外还有灰坑、灰沟及柱洞等遗迹。

西汉土坑墓9座，规模都不大。有4座墓坑周边有方形柱洞，3座底铺小石，具有浓厚的地方特色。随葬器物绝大多数为陶器，有盒、罐、碗等，均为日常用器。从墓葬形制和随葬器物判断，这批墓葬年代在西汉早期，即南越国时期。

南朝砖室墓16座。M4规模较大，墓室长8.8、宽2.4米，墓前排水沟残长达45米。墓葬结砌讲究，墓内随葬青瓷唾壶、砚、盘、碗，滑石猪，铜镜等器物，其中铜镜保存基本完好，饰神兽纹，十分精美。一批小型南朝砖室墓，长3米余，宽不足1.5米，结砌方式与常见南朝砖室墓有所不同，有两座随葬器物基本保存。M6随葬9件器物，有滑石猪和青瓷碗、壶、碟、六耳罐、盘底三足炉。8件青瓷器釉层保存完整，制作精细，造型美观。所出一件青瓷双耳壶在以往发掘中极为少见。另一座砖室墓M10残深不足30厘米，出土7件器物，同样保存完好，十分难得。

4口水井均为土壁井，出土大量唐五代北宋时期遗物。此外，还清理灰坑、灰沟及房屋柱洞遗迹，表明此地至迟唐宋时期已有人在此居住生活。

此次发掘清理的古文化遗存十分密集，晚期墓葬打破早期墓葬，唐宋时期灰沟、柱洞打破汉南朝时期墓葬的现象随处可见，反映出人类活动的频繁。同时，此次发掘只见西汉早期和南朝墓葬，其他时期墓葬未见，也为广州地区墓葬分区、分期研究提供了重要资料。（易西兵）

广州市西湖路大马站路六朝至明清时期遗址

发掘时间：2009 年 9 月 ~12 月
工作单位：广州市文物考古研究所

工地位于广州市越秀区西湖路大马站东侧，东邻北京路，东北距南越国宫署遗址约 300 米。2008 年在大马站路西侧建设工地发掘南越国建筑基址、晋代水渠、唐代铸币作坊及五代两宋时期大型建筑基址等遗存。

此次发掘为 2008 年发掘工作的延续。发掘面积 400 平方米，文化层堆积平均深度 5 ~ 6.5 米，局部区域距现地表 9.8 米才见山岗土。可划分为 15 个地层堆积，由上至下分别为近现代、明清、宋、南汉、唐、晋南朝及汉代的文化层堆积，并发现有建筑基址，但多受晚期人类活动破坏，保存不完整。第⑮层为淤泥层，无文化遗物出土。

南汉时期的房屋基址（F3）是此次发掘较重要的建筑遗迹。清理部分南北宽 30、东西长 15 米。由磉墩、包边砖墙、外墙和廊等部分组成。

磉墩南北 4 行、东西 3 列，间距 5.5 米。用红黄黏土夹浅灰土分层夯成，夯层厚 10 厘米左右。磉墩边长 1.6、残深 1.2 米。

砖墙清理出 4 组，由青灰长条砖砌成，分台基包边墙和房屋外墙两类。包边墙 2 条，分布在房基的南北两边，外壁有收分，南包边墙残长 6.4 米，北墙伸出探方东西两壁，墙宽 0.4 米。外墙 2 条，分布在南北包边墙内，清理部分长 15、宽 0.5 米。

廊柱南北两排，南排分布在南包边墙内侧，发现柱坑 3 个，走向与包边墙一致。间距 2.5、柱径 0.3 米；北排分布在北包边墙内侧，发现柱坑 3 个，与北包边墙走向一致，与磉墩对称分布，间距 5.5 米。

廊道 2 条，分布在南北包边墙和外墙之间，南廊宽 4.5、北廊宽 3.75 米。北廊仅存少数铺地砖，为斜向平铺；南廊铺地砖面则保存较好，局部砖面被晚期灰坑打破。廊道中部纵向并砌双侧砖，将廊道分为南北两部分，砖铺面形式与北廊相同。

通过发掘，可推断 F3 是以磉墩为主体的组合形式，构成南北三进（东西未完全揭露，不详），南北侧有外廊的建筑布局。

（冯永驱）

广西壮族自治区

贵港市孔屋岭汉墓

发掘时间：2009年9月
工作单位：广西文物考古研究所

孔屋岭位于贵港市北郊三合村一带，是广西重点文物保护单位贵港汉墓群分布较为集中的一片区域，其西面不远处的贵港高中、深钉岭一带都曾发掘过大批汉墓。因贵港绿洲小区工程建设，在金港大道南侧的绿洲小区内共清理墓葬3座，出土器物167件（套），时代为两汉。

西汉墓1座，为同坟异穴土坑合葬墓，编号为M2a、M2b，发掘前地表保存有直径约16、高1.5米的封土堆。墓葬平面均呈“凸”字形，墓室大小相若，但深浅不一，均有斜坡墓道，棺椁均已腐朽。M2a随葬器物29件（套），有鼎、壶、罐及井、灶、厕等模型明器。M2b随葬器物42件（套），有鼎、盒、壶、瓿及四耳罐等，未见明器随葬，另外墓内还出土瓦纽铜印一方，印文为“朱同众印”。从出土器物看，两墓应为前后下葬，其中M2b时代可能略早一些，比较接近西汉中期，而M2a时代要晚一点，大致在西汉晚期。

东汉墓2座，砖室墓和土坑墓各一。砖室墓编号为M1，为横前堂双后室结构，左后室设置有棺床，后室部分已被盗扰，出土器物57件（套），器形有鼎、壶、簋、樽、瓮、罐及井、仓、灶等模型明器，大部分器物均施青釉，釉层厚而均匀，极其精美。土坑墓编号为M3，平面呈“凸”字形，有斜坡墓道，随葬器物49件套，器形有鼎、盒、壶、瓮、罐、展唇四耳罐及井、仓、灶、厕等模型明器，其与M1在陶质陶色方面差异较大，但器形风格基本保持一致。从两墓出土的器物风格看，时代为东汉前期。

这批墓葬保存相对完好，器物组合基本完整，时代相互衔接，对研究贵港地区汉墓发展演变关系提供了很好的资料。另外M1随葬的大量青釉陶器施釉均匀，釉色莹润，对研究广西地区青瓷器的发展提供了很好的资

料。（谢广维）

合浦县寮尾东汉至三国墓葬

发掘时间：2008 年 8 月 ~ 2009 年 3 月

工作单位：广西文物考古研究所、合浦县博物馆、广西师范大学文旅学院

寮尾墓区位于广西合浦县县城东南郊的廉州镇中站村，南宁至北海二级公路从其西侧穿过，是国家重点文物保护单位——合浦汉墓群的边缘部分。本次发掘的墓葬共 32 座，除 M13b、M16 两座为砖木合构墓外，余皆为砖室墓；6 座合葬墓中直列式同穴合葬墓和并列式异穴合葬墓各 3 座。因人骨全朽，仅少数墓葬存棺板灰痕和棺钉等遗物，葬式已不能详知。依墓葬构筑材料和结构，这批墓葬可分为直券顶砖室墓、直列式双墓道合葬墓、穹隆顶合券顶砖室墓、横直券顶合穹隆顶砖室墓、横直券顶砖室墓、砖木合构墓和双穹隆顶砖室墓等七型。

全部墓葬早年均遭不同程度的盗扰，遗留下来的随葬品不多。出土器物共 455 件，大部分为 M13b、M13b、M14、M16 所出。陶器最多，为 375 件，器类主要有鼎、盒、壶、罐、提筒、瓮、簋、魁、盆、熏炉、灯、耳杯、盂、钵、碗、卮、釜、甑、纺轮和案等生产、生活用具及屋、井、仓、灶、鸭子等模型明器；出土铜器 49 件、铁器 12 件，锈蚀较严重，铜器有鼎、樽、扁壶、锥壶、锅、釜、熏炉、灯、镜、铺首、泡钉、戟、镦、矛、弩机和匕首等；铁器有臿、剑、釜、削等。此外，还有滑石器、铜钱、银戒指、葬玉、琉璃杯以及水晶、玛瑙、琥珀、琉璃等材质的串饰，其中波斯风格的绿釉陶瓶在岭南汉墓中首次发现。

根据墓葬的形制和随葬品分析，这批墓葬的年代为东汉晚期至三国。

贺州市凤凰岭东汉六朝明清墓葬

发掘时间：2009 年 3 月 ~5 月

工作单位：广西文物考古研究所

凤凰岭位于贺州市贺街镇西塘村背后，西距临贺故城约 5 千米，属国家重点文物保护单位寿峰古墓群外围，因贵阳至广州快

速铁路建设，发掘古墓葬51座，出土各类文物200件，时代包含东汉晚期、六朝及明清三个时期，另有两座墓葬因无随葬器物出土，时代不明。

东汉晚期墓21座，均为竖穴土坑墓，形制有长方形和“凸”字形两种，其中长方形11座，均为窄长条形，长宽比多大于3∶1，个别墓葬达4∶1；“凸”字形10座，其中4座规模稍大，有棺椁痕迹，墓室前端设置有器物坑。墓道均较窄较短。随葬品基本组合为瓮、罐、釜、铁刀和纺轮，未见青铜器随葬。

六朝墓23座，除一座石室墓外，其余均为砖室墓，形制有长方形和“凸”字形两种。其中“凸”字形墓葬共13座，均为单室、短甬道，破坏均较严重，大部分两侧壁及铺地砖均被取走，墓砖侧面多饰有菱形纹、“×”形纹、叶脉纹等，正面多印绳纹，个别墓葬印有文字，但字迹多模糊难辨。长方形墓葬10座，墓室均较窄长，墓室长一般在2米左右，底部横铺一排墓砖，墓室宽度仅0.35米左右，顶部用墓砖横铺盖顶，其中有两座为墓室相连的合葬墓。从墓室大小看，这类墓葬可能为二次葬。出土器物有青瓷碗、青瓷罐和直身四耳罐等。

明清墓5座，墓室为窄长方形，两侧及前端一般置有粮坛，底部有草木灰，出土器物有陶罐、带把壶及瓷碗等。

时代不明墓葬2座，均为长方形竖穴土坑墓，形制与东汉晚期同类墓葬相同，但未见器物出土。

凤凰岭墓群时代跨度大，墓葬类型丰富，对研究这一地区的历史文化具有极为重要的参考价值，其中砖室墓中的二次葬形式，更为研究岭南地区二次葬的源流及发展演变提供了重要的实物资料。（谢广维）

重 庆 市

彭水县漆树湾新石器时代至汉代遗址

发掘时间：2009年10月~12月
工作单位：重庆市文物考古所

漆树湾遗址位于彭水县汉葭镇江南村一社漆树湾，占地面积约8400平方米。为配合乌江彭水电站建设工程，对该遗址进行了抢救性发掘工作，共布置5米×5米探方20个，揭露面积

500平方米。

本次发掘共清理遗迹15处，包括14座灰坑及1座墓葬，遗址的文化堆积包括新石器、商周、战国和汉代。出土有砍砸器、刮削器、石锛、网坠、陶俑头、“五铢”铜钱以及大量陶片。陶片以新石器时代为主，主要是夹砂红褐陶、灰褐陶等，盛行装饰绳纹、菱格纹、附加堆纹等，器形有折沿深腹罐、高领壶等，与三峡地区新石器时代晚期文化比较接近。该遗址的发掘，对研究玉溪坪文化在乌江流域的分布，建立和完善乌江下游地区文化序列有参考作用。（汪伟方刚）

彭水县徐家坝商周遗址

发掘时间：2009年11月~12月
工作单位：重庆市文物考古所、西北大学考古系

徐家坝遗址地处彭水县汉葭镇江南村三社，坐落在乌江南岸二级阶地上，属重庆银盘山电站工程淹没迁建区考古发掘项目。发掘面积1600平方米，勘探50000平方米。

该遗址的主体堆积属商周时期，这一时期的遗迹主要有：房屋基址4座，灰坑4座，动物坑1座，其他坑类遗迹6座，柱洞40余个。房址有地面式和半地穴式两种。其中半地穴式房址3座，皆保存较好。如F3，平面呈不规则的圆形，直径约2.90、深0.25米。沿地穴坑壁有10个柱洞，中心偏北处设火塘。F4平面呈长方形，长4.75、宽3.50、深0.52米。沿地穴坑壁有14个柱洞。北边坑壁内侧有一排烧土堆积，其内夹杂炭化竹子纤维，当为墙壁或屋顶烧毁后的遗留。K3，平面椭圆形，面积1.4米×1.1米。坑内有次序地堆积着至少11个动物下颌骨。出土遗物主要有一定数量的陶片，还有石器以及少量小铜块。陶片可辨器形有花边口沿罐、长颈罐、尖底杯、船形杯、高柄豆、网坠及纺轮等。

该遗址早期遗存的年代，可基本推断为商代晚期，其下限或已进入西周，进一步丰富了乌江流域商周时期考古资料。房屋基址的位置排列及方位朝向，具有一定规律性，为了解当时的聚落形态提供了新资料。其中F4屋内面积较大，但不具有炊事设施；F3设置有灶坑但面积较小。两者相距仅五六米，推测前者是用于居住而后者则

为生活活动之处，可能是功能不同而配套使用的组合建筑，是值得关注的现象。K3 内数量达 10 具以上动物下颌骨的埋置，为我们认识当时的社会习俗与宗教信仰提供了新信息。出土于 H2 的陶船形杯内壁附着一层铜锈渣，为这种器物用途的确认提供了珍贵的证据。（邹后曦　赵丛苍）

丰都县东方希望水泥厂商周至明清墓地

调查时间：2009 年 5 月

工作单位：重庆市文物考古所

今年对丰都县湛普镇东方希望重庆水泥有限公司涉及的征地区域进行了考古调查、勘探。调查面积 40 万平方米，勘探面积 15000 平方米，重点勘探面积 2050 平方米。发现 7 处文物点。其中，商周时期遗址 1 处，汉至六朝时期墓地 3 处，明代墓地 2 处，清代家族墓地 1 处。

本次发现的墓葬，包括土坑墓、石室墓、砖室墓，以汉代为主。这些发现增加了该地区墓葬研究材料。有利于揭示丰都地区葬俗、葬制、民风民俗等社会要素的演变和地域性区别。明清时期的墓葬，一般均为石砌墓。明代西南地区移民大量涌入，导致当时社会经济飞速发展，宗室制度兴旺发达，明代的多室墓正是其重要的表现之一，多室明墓对研究明代以来家族制度有重要价值，也是研究明代社会的一个视角。清代石围土冢牌楼式建筑，雕刻丰富生动，雕刻技艺精湛，雕刻技法生动多样，具有较高的研究价值和艺术价值。（白九江　孙少伟）

璧山县汉代画像石棺

发掘时间：2009 年 11 月～12 月

工作单位：重庆市文物考古所

璧山县境内是汉代石棺在重庆地区的集中分布区域之一。今年对该县境内的部分石棺进行了考古调查，对有安全隐患的 5 具画像石棺墓进行了发掘，分别命名为罗家坡 1 号、小河坝 1～4 号石棺。

石棺可分为棺盖与棺身两部分。棺盖由整块砂岩加工而成，平面呈长方形，拱形顶，下部内凹，两端或一端长于棺身；5 具石棺棺盖大小相近，尺寸集中于长 210～225、宽 60～70、厚 10～15 厘米。

棺身亦以整块砂岩为材料中部凿空而成，形制规矩，平面呈长方形，剖面为方形或梯形；棺身内部中空，四壁垂直，顶部四周有凸起的沿，为扣合棺盖之用；5具石棺棺身尺寸相若，长210～220、宽60～70、高50～60厘米，棺身四壁厚度相近，约10厘米，底部较厚，为15～25厘米。

除小河坝3号及4号棺外，以上石棺外表面皆装饰有较为丰富的画像题材。棺盖外表面的画像题材仅见于小河坝1号石棺，其内容为凤鸟一对、柿蒂纹等。棺身外表面的画像内容丰富，种类多样。两端以双阙、凤鸟、伏羲女娲、日月居多，棺身则以双翼仙人、乐舞百戏、钱纹、胜最为常见。其中，双阙、凤鸟、日月和双翼仙人等内容突出表现神仙仙境，反映当时人类对仙境生活的向往；乐舞百戏、钱纹等内容则象征墓主生前富足的生活；而伏羲女娲托举日月的形象则是寓意人类对生殖的崇拜。（邹后曦　李大地　范鹏）

丰都县转包汉墓群

发掘时间：2009年9月～10月
工作单位：重庆市文物考古所

为了配合重庆恒都农业食品工业园区肉牛屠宰与精深加工项目区施工建设，对项目涉及的转包墓群进行了抢救性发掘清理。该墓群位于丰都县高家镇川祖路居委，墓群由鼓鼓田、张粑二两个墓地构成。两墓地均位于小山包上，可隔沟相望。发掘共清理汉代砖、石混构墓1座、砖室墓5座，出土随葬品57件。发掘的墓葬仅有四座保存较好，除一座为长方形墓外，余能辨认者均为刀把形，由墓道、甬道和墓室组成。墓葬随葬品均出土于墓室和甬道，器类有陶器和铁器，器形主要有陶房、碓房、釉陶器盖、釉陶盆、铁刀、陶钵、釉陶罐、陶甑、陶井盖、陶俑、陶塘、陶鸡、釉陶勺、釉陶盘、陶猪、陶狗、博山炉、陶井架和铜钱等。

本次发掘的转包墓群对研究丰都及三峡地区的汉至六朝时期葬俗、葬式有一定参考价值。对当时墓地选址的认识亦提供了重要材料。（白九江　陈蓁）

丰都县狮子包汉至六朝墓群

调查时间：2009年2月
工作单位：重庆市文物考古所

今年对丰都县水天坪工业园港口范围进行了考古调查勘探。在港口所在的狮子包上，发现有52座墓葬。其中土坑墓34座，砖室墓17座，石室墓1座。时代为汉至六朝时期。狮子包墓群分布在一狭长形顺江阶地上，东西长约1000、南北宽约150米，占地面积达150000平方米。该墓群墓葬分布较密集，主要集中在六个小山包上面。该墓群虽然存在盗掘现象，但墓葬整体结构保存较为完好，部分墓葬残存有封土堆，墓群原始环境保存相对完整。

三峡水库成库后，狮子包墓群是三峡地区现存最大的汉、六朝墓群之一。该墓群对于了解当时的墓地制度、墓地布局具有重要意义，有利于充实重庆地区汉到六朝时期墓葬的内容，对认识重庆汉至六朝时期墓葬的演变、家族制度具有一定价值。2009年12月，该墓群被列为重庆市文物保护单位。（汪伟　白九江）

大足县玉滩水库汉至明代墓葬

发掘时间：2009年2月~9月
工作单位：重庆市文物考古所

为配合玉滩水库建设工程，对库区影响范围内的邱家崖洞崖墓群、姚家坝遗址、茅草梗石刻造像等26处文物点展开地下文物考古发掘、地面文物保护工作。其中，24处地下文物点共完成发掘面积4172平方米，发掘汉至明代墓葬84座（汉至六朝崖墓25、宋墓20、明墓39），唐宋遗址1处，出土文物数百件，质地有陶、瓷、铜、铁等；对2处石刻造像进行了防水加固，并安置了防护隔离网。

本次发掘为研究该地区汉至明代社会文化习俗及人类活动提供了重要的实物资料。宋明墓葬内多发现有精美雕刻，题刻有仿木建筑、人物、花卉、神兽等，为研究大足石刻的工艺及文化渊源提供了重要的考古学资料。两处石刻造像的实地防水加固保护工作也为今后此类文物保护工作积累了经验。（于桂兰　白九江）

合川区黄泥塝汉至六朝及明代墓地

发掘时间：2009年12月
工作单位：重庆市文物考古所

黄泥塝墓地位于合川区南津街道南屏大道南侧，占地面积500平方米。为配合合川区南津街市政建设工程，对该墓群进行了抢救性发掘，发掘面积计170平方米。本次发掘清理东汉至六朝石室墓2座、明代砖室墓1座、明代灰椁墓2座。墓葬在后期均被盗扰。汉墓随葬品见陶器和铜器。陶器以模型器为主，另见少许实用器。模型器器形可见陶俑、陶狗、陶猪、陶鸡、陶车和陶马等，实用器器形可见陶罐、陶盆、陶盘等。铜器为铜镜。明代墓葬未见出土器物。（陈东　白九江）

合川区钓鱼城宋蒙古战场遗址

发掘时间：2009年2月~11月
工作单位：重庆市文物考古所

钓鱼城古战场遗址是南宋时期著名的抗蒙山城遗址，位于合川区东城半岛钓鱼山，其地雄关高峙，控扼三江（嘉陵江、涪江、渠江在周围交汇萦绕），自古为“巴蜀要冲”。在13世纪的抗蒙（元）战争中，合川钓鱼城作为川渝地区山城防御体系的重要组成部分，“婴城固守”达36年之久，对当时国内及欧亚地区的战争形势产生了深远影响。因其突出的自然人文景观和历史文化内涵，先后被列为第一批“国家重点风景名胜区”、第四批“全国重点文物保护单位”。

为配合钓鱼城外城园路工程，对遗址外城进行了调查、勘探，首次明确了北一字城墙及北水军码头的具体位置，掌握了外城城墙的建筑特点，廓清了现存城墙及城门年代关系。另发现了外城城墙的附属设施如马面、排水孔等及周边汉代至明清时期的崖墓、题刻等文物点45处，其中位于镇西门外的南宋咸淳年间“总统戎合军马朐山秦琳”款题刻，内容直接与当时的抗蒙战争有关，具有较高的历史及艺术价值。

为配合嘉陵江草街航电枢纽工程，在去年发掘6060平方米的基础上，继续对淹没区内的南水军码头及南一字城墙进行发掘清理，揭露面积6328平方米。发掘结果显示，南水军码头东西长86~112.5、南北宽55.3~70.25、残高6.5米，码头主体由16道石砌挡墙围筑而成，其上有多处平台、道路、炮台、卵石堆及石臼、柱洞等遗迹。其中，码头东北部的上山道路（道路四）规模较大，长78.65、宽3.4米，沿山崖峭壁倾斜而上，坡度30°左右，由路基、阶梯路面、排水沟三部分组成；南一字城墙揭露长度100、宽7.2～14.3、高5.6～10米，亦发现有道路、平台、卵石堆和柱洞等遗迹。另外，在南一字城墙南端西侧临江处新发现码头一处，南北长约43、东西宽约25米，发现有石砌挡墙三道，其上有拴船石孔等遗迹。

通过本年度的调查及发掘工作，总体掌握了钓鱼城遗址的布局情况和结构特点，印证了文献中关于钓鱼城数次大规模筑城的记载。钓鱼城遗址的新发现，不仅为我们重新认识钓鱼城防御体系拓宽了视野，而且为鉴识现存川渝地区广泛分布的抗蒙山城及山寨遗址提供了普遍参考，为深入研究冷兵器时代的山地城防特点增添了实物资料，对考古学、历史学、军事学、建筑学以及嘉陵江流域的水文、环境等多学科研究具有重要的意义。

受草街航电枢纽工程蓄水影响，南水军码头全部范围及南一字城墙部分（约55米）将淹没于水下。为保护好这处重要文化遗产，制定了《合川钓鱼城遗址水军码头及一字城墙文物保护方案》。基于最新考古发现，扩展了遗址的保护范围和建设控制地带，并针对淹没区、涨落区、临水区分别制定了保护措施，分为清理排危、遗迹记录、结构归安、加固回填和环境整治等几个步骤进行保护工作。（袁东山 蔡亚林）

合川区双槐电厂宋明墓群

发掘时间：2009年10月

工作单位：重庆市文物考古所

为配合合川区双槐电厂二期扩建工程的建设，对涉及的4处宋、明时期文物点进行了发掘。发掘清理宋代墓地1处，明代墓地3处。

狮子坟宋墓共两座，两墓相距约2米，墓向大致相同。其中M1为土圹石室墓，平面呈长方形，墓室内有侧龛和头龛，顶为方形单层藻井顶。左侧龛内雕刻圆形莲花图案，右侧龛内雕刻圆形牡丹图案。墓室左右壁后部各浮雕图案一副：左侧为人物、仙鹿，右侧为“胡人牵马图”。头龛上侧雕饰石亭一座，亭檐下刻简单斗拱图案，中央有一仿木匾额，内题“山秀”。头龛两侧各刻吉语，分别为“长命富贵”、“金玉满堂”。明代墓地有小瓦房、黄桷树坪、毛坪等3处。有三室、单室之别，有的有侧龛、假壁龛，有的则无。雕刻简单，出土少量随葬品。

本次发掘的以狮子坟M1为代表的宋墓，雕刻精致、比例协调。墓室内花草、家具图案线条复杂而不显繁乱，二幅人与动物组成的雕刻图案，线条简单流畅，形态生动，相互关系表现自然传神。狮子坟M2墓室结构有宋代墓葬形制的特点，又兼有明墓的尖拱龛和拱形券顶特征，显示出墓葬结构过渡阶段的一些演变情况。明代墓葬发现的梯形头龛、假壁龛也非常有特征。这些对于研究嘉陵江、渠江流域宋、明时期丧葬文化有重要意义，对于建立这一地区宋、明墓葬的演变序列提供了弥足珍贵的材料。

（白九江）

荣昌县大坡地宋明墓群

发掘时间：2009年7月～8月

工作单位：重庆市文物考古所

今年对荣昌县大坡地宋明墓群进行了抢救性发掘工作，共清理宋墓3座（M5、10、12），明墓10座。

三座宋墓的结构基本一致。墓室可分为前后两部分，前部为长方形，四角各立一方形石柱；左、右壁的构筑基本相同，方形石柱下部之间为一长方形条石，石柱顶部搭建条石以承接墓顶；上下条石与石柱之间镶嵌一整块石板，其上雕刻仿木建筑结构，石板正中构筑为小龛。顶部为5块石板相叠成菱形藻井；底部为长方形棺床，由三块石板拼接而成。墓室后部呈扁长方形，顶部由前向后倾斜；左右各立一石板，下部以一条石相接，石板之间镶嵌带有仿木结构的石板一块。

三座宋墓墓室内均有内容较丰富的雕刻。M5左右壁龛内皆为仿木格扇门，每扇门由上至下桯子、绦环板、裙板内分别雕刻花卉、卷草、瑞鹿衔草；后龛内亦为仿木格扇门，绦环板侧刻有铺首，桯子、绦环板、裙板内为菊花、卷草、花卉雕刻，右扇门微开，外立一男性，面部损毁，直立、手握书一本。M10墓内左右龛内雕刻与M5相若，后龛内雕刻则表现为垂帐妇人图，妇人于正中直立，面带微笑，右手将垂帐挽起。M12左右龛无雕刻，后龛布局与M5几乎一致，不同的是格扇门外人物为女性，上身遭破坏，余下半身可辨有对襟旋衩及裙等服饰形象。

大坡地宋、明墓群的发掘，对研究渝西地区宋、明葬俗、墓地布局和雕刻艺术提供了重要的参考资料。（方刚　范鹏）

潼南县塔湾院子明清墓群

发掘时间：2009 年 6 月 ~7 月

工作单位：重庆市文物考古所

塔湾院子墓群位于潼南县梓潼街道办事处石碾村 11 社，发掘面积 310 平方米。发掘发现遗迹有墓葬和塔基两种。墓葬共计 11 座，其中明清墓葬 10 座，近代墓葬 1 座；塔基共计 8 座，时代为明清时期墓塔，其中 5 座仅有地宫，其上无佛塔建筑，2 座地宫位于塔基座北侧，1 座地宫位于塔基座正下方。出土了大量珍贵文物，有作为葬具的瓷瓮、贴金木质塔构件、常明上人墓碑等。

塔湾院子墓群是明清时期重庆地区最为重要的塔林，规模大、墓塔形制特殊、出土物意义重大，对于研究这一时期佛教丧葬习俗、佛塔建筑工艺、佛教方丈继嗣制度、常明上人生平和潼南地方史有着重要意义。（代玉彪　白九江）

四　川　省

汶川县龙溪寨新石器时代遗址

调查时间：2009 年 4 月 ~5 月

工作单位：成都文物考古研究所、汶川县文管所、阿坝藏族羌族自治州文管所

龙溪寨遗址位于汶川县龙溪乡龙溪村境内，处于岷江上游一级支流杂谷脑河的支流龙溪沟东岸的四级阶地以上的坡地之上。地理坐标为 北纬 31°36′33″，东经 103°34′39″，海拔高度为 2200 ~2400 米，高出老龙溪寨约 100 米。遗址表面原为缓坡状地貌，现已改建为多级梯田。遗址东西长约 350、南北宽约 300 米，面积近 10 万平方米。保存较好的中心区域面积在 2 万平方米左右。据断面观察，原生文化层厚度在 50 ~200 厘米左右。断面上发现多处大型灰坑及红烧土

堆积遗存。采集遗物包括玉石器、细石器和陶器等。玉石器包括斧、锛、条形器等，质地细腻。细石器为黑色燧石，包括长条形细石叶、小石片等。陶器数量及种类丰富，以泥质灰陶、泥质黑皮陶、夹砂褐陶为主。纹饰有线纹、细绳纹、划纹、瓦棱纹、戳印纹、泥条附加堆纹、锯齿状及绳纹花边口沿等，有个别线条纹彩陶片。器形包括罐、壶形器、钵、碗和盆等。

龙溪寨遗址采集陶器标本可以划分为二组：A组陶器包括细泥红陶线条纹彩陶器、泥质红陶钵碗形器、夹砂褐陶绳纹花边口沿侈口罐、夹细砂褐陶薄胎网格纹鼓腹罐、泥质红陶卷沿盆、泥质磨光黑皮陶折沿罐、泥质磨光黑皮陶折沿钵等。B组陶器包括夹砂陶锯齿状花边口沿绳纹罐、饰细泥条附加堆纹及划纹的泥质灰陶喇叭口长颈壶形器、宽窄瓦棱纹陶器、夹砂黑褐陶薄胎鼓腹罐、泥质黄褐陶交错细线划纹陶片、泥质黄褐磨光陶瓦棱纹及戳印纹陶片等。A组陶器与营盘山遗址、姜维城遗址等仰韶时代晚期遗址出土的同类陶器特征相似；B组陶器与布瓦遗址、沙乌都遗址、下关子遗址和大水洞遗址等龙山时代早期遗址出土的同类陶器特征相似。参照目前已有的考古学实物资料不难发现，A组陶器的年代应早于B组陶器。以龙溪寨遗址和营盘山遗址上层部分地层单位为代表的遗存，文化面貌具有明显的过渡性特征。其年代跨越仰韶时代晚期和龙山时代早期，距今年代在5000～4800年之间。为岷江上游新石器文化研究提供了具有标尺性意义的实物资料，有助于探讨川西北高原新石器文化两种谱系间的深度关系。是四川地区新石器时代文化体系时间和空间上的重要节点。（陈剑）

汶川县布瓦新石器时代遗址

调查时间：2009年4月～5月

工作单位：成都文物考古研究所、汶川县文管所、阿坝藏族羌族自治州文管所

2008年，全国重点文物保护单位——布瓦群碉在“5·12”汶川特大地震中受到严重损坏。在实施布瓦黄泥群碉及民居村赛田野考古调查及勘探工作中，在布瓦村小布瓦和龙山组范围内发现和确认了一处新石器时代遗址。布瓦遗址位于汶川县威州镇布瓦村二组（小布瓦）、三

组（龙山组），岷江与杂谷脑河交汇处附近。地处岷江西岸、杂谷脑河东北岸的四级阶地之上。地理坐标为北纬31°29′49″，东经103°35′37″。遗址东西长约500、南北宽约200米，总面积约50000平方米。保存较好的中心区域东西长约200、南北宽约50米，面积近10000平方米，海拔高度2100米。遗址表面原为斜坡状地貌，现已改建为多级梯田，地表种植有果树、玉米、蔬菜等作物。调查时在遗址中心区域的断面之上发现了原生文化层，厚度0.3～0.5米，上部的晚期覆盖层厚达约3米。

在遗址范围内采集有较为丰富的陶片、石器等遗物，并发现有灰坑、红烧土和炭屑堆积等遗迹现象。采集遗物包括石器、陶器残片。其中石器为磨制的残石斧2件，残砺石1件，打制饼形器1件。采集陶片的陶质陶色以夹细砂褐陶、黑褐陶、泥质灰陶为主，其次是泥质黑陶、红褐陶等，夹砂陶多为夹较细的石英颗粒；陶器纹饰包括细绳纹、划纹、细泥条附加堆纹、粗细瓦棱纹、戳印纹、凹弦纹和锯齿状花边口沿装饰等，泥质陶表面多磨光；器形包括喇叭口长颈壶形器、侈口罐、小口罐、钵、杯和磨边陶片等。

布瓦遗址采集陶器的特征，与隔岷江相望的姜维城新石器时代遗址相比有较大差别，而与茂县下关子遗址、沙乌都遗址、江油大水洞遗址、绵阳边堆山遗址等的特征相似，属于四川盆地新石器时代的本土文化系统，距今年代约为4800年，与黄河流域龙山时代文化的早期相当。（陈剑）

汉源县龙王庙新石器时代遗址

发掘时间：2009年9月～11月
工作单位：四川省文物考古研究院、雅安市文物管理所、汉源县文物管理所

龙王庙遗址位于汉源县大树镇大瑶村一组，大渡河南岸，海拔830～860米，东西长约200、南北宽约100米，面积约20000平方米。为配合瀑布沟水电站建设，2008年进行首次发掘，发掘面积500平方米。今年再次发掘，发掘面积500平方米。

遗址堆积以新石器时代晚期为主，另有汉代文化堆积。本次发掘共清理新石器时代晚期房基30处，灰坑26个。汉代墓葬6座。

新石器时代房基均为平地起建木骨泥墙式。发现有墙基槽、柱洞等。多数破坏严重。大多数房基墙基槽用红烧土块拌泥填充。其中一座平面呈长方形，长2.6、宽2.36米。墙基槽直壁平底，宽0.3、深0.15～0.2米。柱洞直壁弧底，直径0.2、深0.12～0.3米。

新石器时代遗物以陶器、石器为主。陶器以夹细砂灰褐陶、黑陶、红陶为主，也有一定数量泥质陶。火候较高，以手制为主，部分有慢轮修整痕迹。纹饰以细绳纹为主，也常见绳纹上贴塑附加堆纹、素面，另有交错绳纹、戳印纹、刻划纹、细线纹、波浪纹、圆圈纹、篦点纹和剔刺纹等。可辨器形以敞口卷沿罐、侈口深腹罐、敛口钵为主，另有喇叭口罐、敛口瓮等。石器数量较多，制法以磨制为主。种类有斧、锛、凿、刀、穿孔石刀和细石器等。

陶器口部贴塑附加堆纹、器底施交错细绳纹等特征表现出较强烈的区域特征，同时也可看到和岷江上游姜维城、营盘山等遗址，安宁河流域横栏山、咪咪郎等遗址有密切联系，和成都平原三星堆一期—宝墩遗址以及澜沧江上游卡若等遗址也有一定联系。初步推断遗存年代距今约5000～4500年。(郭富)

汉源县麦坪新石器时代及商周时期遗址

发掘时间：2009年9月～12月

工作单位：四川省文物考古研究院

麦坪遗址位于汉源县大树镇麦坪村，地处大渡河中游南岸的二级、三级台地，海拔820～860米，遗址总面积约10万平方米。

为配合瀑布沟水库建设，自2001年对该遗址试掘后，于2006至2009年对其进行了连续四次发掘，今年进行第五次考古发掘，发掘面积4500平方米。发掘区主要处于整个遗址的中部偏东区域，共揭露了新石器～商周时期的房址120余个、灰坑280余个、墓葬80余座、窑址近10座等，出土了大量石、陶、铜、玉、骨器等遗物。

与前几次的考古发掘相比较，新石器时代房址的建筑形式除干栏式建筑和基槽式建筑外，还发现有窝棚式建筑。窝棚式建筑的两座房址由大小不等的柱洞围构而成，建筑面积较大，约为35平方米。而干栏式建筑的房址以09HMF5较为典型，该房址长达7米多，宽约4米，房址规模较大，在四川地区较为少见。基槽式建筑的房址则以09HMF54较具特点，该房址东侧为宽0.45~0.53米，长约9米的基槽相围，而北部则为排列整齐的柱洞围构而成，西、南部不见房址的基槽和柱洞，为开放式的房址结构。

新石器时代的墓葬有两种形制，一种为石棺葬，随葬品有提梁罐、侈口罐和较多的骨器、细石器等。这是目前四川地区发现的最早的石棺葬。为研究这种葬式在四川地区的起源和发展提供了重要材料，同时也为对大渡河流域早期先民的种族、葬俗研究等提供了新的线索和资料。另一种为狭长土坑墓，常见的随葬方式是在头部放置一个高领罐、下肢骨外侧放置陶纺轮，而在脚底部通常放置有三个平底钵。此时期的土坑墓集中发现于遗址的东部区域。

商周地层的确认是此次发掘的重要收获之一。商周时期遗迹主要为墓葬和灰坑两种。

商周墓葬共发现50余座，出土完整及可修复陶器三百多件。墓葬长3.6~4.3、宽0.8~1.5米。年代为商代晚期至西周时期。根据随葬品组合可分为三组。

第一组墓葬头部随葬两个尖底瓶、一个大平底罐、一个豆形器；耳部随葬有铜耳环；腰部随葬铜剑，箭镞；手部佩有铜镯；足下随葬有三个尖底罐及若干器座，在头部大平底罐底部均发现有兽骨随葬，墓内常见朱砂撒铺现象。

第二组墓葬的陶器随葬组合与第一组基本相同，但不见随葬铜器的习俗，同时在下肢骨两侧随葬有陶纺轮2~6个。

第三组墓葬的随葬器物组合与第二组基本相同，但在墓坑的足部左侧发现有单独的随葬器物坑。

随葬器物中的尖底瓶、尖底罐两类器物最具特色，同时因墓葬年代的不同，两类器物也可看出明显的发展演变过程。这批商周墓葬出土的随葬品极具特色，随葬品组合不见于目前考古发现，表现出一种全新的文化面貌，对建立大渡河中游商周时期考古学序列提供了极为重要的新材料。

麦坪遗址经过几年的发掘，从目前的发掘成果来看，遗址堆积厚、保存好，出土遗迹、遗物数量丰富，新石器、商周时代的物质文化面貌都独具特色，代表了大渡河中游的一支全新的考古学文化。

从发现的新石器时代密集遗迹现象的空间布局来看，在发掘面积近遗址面积的十分之一的范围内，大致确认了遗址的居住区、墓葬区、制陶区等明确的功能分区，可以确认遗址是新石器时代晚期的一处较大型的聚落遗址。其与相邻的大地头遗址、龙王庙遗址、金钟山遗址、摆渔村遗址和姜家屋脊遗址等组成了一个大型的聚落群，而麦坪遗址正是这个聚落群的中心遗址。此次发掘所发现的丰富的遗迹及遗物对于麦坪遗址的深入研究乃至四川地区先秦时期的考古文化研究均有着重大意义。（刘化石）

屏山县叫化岩新石器时代及战国汉代与明清遗址

发掘时间：2009 年 6 月 ~ 9 月

工作单位：四川省文物考古研究院、宜宾市文物管理所、屏山县文物管理所

叫化岩遗址位于屏山县楼东乡沙坝村三组，地处金沙江北岸一、二、三、四级阶地。分布面积约 4000 平方米。为配合向家坝水电站建设，发掘面积 2000 平方米。地层堆积可分为 8 层：①层为耕土层，②层位扰土层，③ ~ ④层为明清地层，⑤层为间歇层，⑥ ~ ⑧层位新石器地层。本次发掘共清理房址 11 座，墓葬 16 座，灰坑 27 个，灰沟 2 条，灶 1 座。出土各类遗物共计 563 件（组）。

新石器时代遗存：清理房址 7 座，均为地面建筑。根据建筑形式不同，可分为两类。第一类：2 座，有基槽有柱洞。第二类：5 座，无基槽有柱洞。灰坑 10 个，其中圆形 2 个，椭圆形 4 个，长条形 2 个，不规则 2 个。出土陶器可辨的器形有花边口绳纹罐、敛口卷沿罐、侈口折沿罐和内折沿钵等。纹饰有绳纹、细线纹、篦纹、附加堆纹等。石器主要为磨制石器。种类包括石斧、石锛、石刀、刮削器和石核等。

战国晚期 ~ 西汉早期墓葬：共清理战国晚期 ~ 西汉早期墓葬 14 座，均为竖穴土坑墓。可辨葬式的均为仰身直肢葬。随葬品包括铜器、陶器、铁器、石器、贝壳和兽骨等，共计 203 件（组）。

明清时期遗存：共清理明清时期房址 4 座，墓葬 1 座，灰坑 17 个，沟 2 条，灶 1 座。

本次发掘的新石器时代的遗存，为川南地区首次发现，填补了四川新石器时代文化在川南地区的空白。其绝对年代为距今 5000 ~ 4700 年。从该遗址的文化内涵来看，具有其自身的特色，应该代表了川南地区金沙江下游的一种全新的考古学文化类

型，对建构四川新石器时代的谱系具有重要意义。同时也为研究金沙江流域和峡江地区、成都平原的史前文化交流提供了全新的材料。战国晚期～西汉早期墓地保存好，未被盗掘，是川南地区发现的最为重要的巴蜀墓地之一。出土的器物具有明显的巴蜀文化特征，证明该区域为蜀人南迁路线上的重要据点。（刘志岩）

什邡市桂圆桥新石器时代至宋代遗址

发掘时间：2009 年 4 月～8 月

工作单位：四川省文物考古研究院、德阳市考古研究所、什邡市博物馆

遗址在今年初的什邡市城南调查中发现，分布面积近 30000 平方米，有新石器时代、商、西周、汉、晋和宋六个时期的文化遗存。为配合什邡烟厂建设进行了抢救性发掘，发掘面积 3000 平方米。

新石器时代文化遗存有红烧土、柱洞、灶、灰沟、灰坑、墓葬等遗迹以及陶、石器等遗物，可分为两组：

第一组陶器以夹粗砂、夹石英厚胎红陶、红褐陶和褐陶为主，纹饰陶比例极大但纹饰种类较少，以粗绳纹、附加泥条箍带纹为主，器类有大口深腹缸（罐）、敛口平底钵、高领壶、矮圈足器等。石器多为细石器和打制石器，总体文化面貌与叠压于其上的三星堆一期文化遗存相差很大，而相对接近于岷江上游的新石器时代文化遗存，绝对年代推断为距今 5000 年左右。

第二组陶器以夹砂黑褐陶、红褐陶和泥质灰陶、磨光黑皮陶为主，纹饰陶比例很大，以绳纹为主，常见带状压印纹、附加堆纹、戳印纹等，器类以花边口沿器、宽沿器、翻领器、镂孔圈足器和假圈足平底器为主。石器有少量磨制小型石器及部分打制石器。总体文化面貌与三星堆一期文化中段基本相同，是成都平原典型的新石器时代晚期文化遗存，绝对年代距今 4600 年左右。

商代文化遗存发现窑址 1 座，灰坑 2 座。

西周时期文化遗迹有墓葬 1 座和大量灰坑。灰坑中以一批直径 0.7～1.5 米的圆形积石灰坑最具特色，这批灰坑坑壁加工规整，用火痕迹明显，不少坑壁已形成烧结面；石料、卵石堆间大多摆放一组陶器，且不少为可复原器。坑内陶器群和石料、卵石堆均系有意摆放，似带有祭祀坑

性质。

汉代文化遗迹十分丰富，有房址、灰坑、窑、灰沟、水沟和井等，遗物有大量的板瓦、筒瓦片、砖块、罐、钵和甑等。

晋代文化遗存发现半地穴式窑两座，其中 Y1 火膛内出土一块模印“元康二年□月造作”铭文楔形砖，系四川地区首次发现。

宋代文化遗存有房址、灰坑、灰沟等各类遗迹和小型砖室墓若干，部分柱洞直径超过 60 厘米。

桂圆桥遗址中早于三星堆一期文化的遗存，是目前成都平原发现的最早的新石器时代遗存，为三星堆一期文化（宝墩文化）源头的研究提供了重要的实物资料，是四川近年来的重大考古发现。（雷雨）

成都市金沙文殊坊二期拆迁安置房地点新石器时代遗址

发掘时间：2008 年 4 月 9 日 ~6 月 18 日

工作单位：成都文物考古研究所

遗址位于成都金牛区黄金路一号，北临羊西线，东靠黄金路，位于金沙遗址的边缘区域，发掘面积 1800 平方米。该地点共发现灰坑 13 个，墓葬 4 座、灰沟 1 条、古井 1 口。出土遗物以陶器为主，陶片较为破碎。可辨器形有宽沿平底尊，花边口沿罐、盘口圈足尊和纺轮等；陶质以夹砂褐陶为主，另有部分夹砂灰陶和泥质灰陶，夹砂陶火候普遍较低而泥质陶火候一般较高。陶片以素面为主，纹饰中绳纹最多，另有少量大方格纹、弦纹、乳丁纹。还发现有一定数量石器，以斧、锛为主。从陶器组合推测该地点的文化性质属于宝墩文化，年代约在新石器时代晚期。（张擎　王林　姜铭）

成都市金沙红色村新石器时代遗址

发掘时间：2008 年 3 月 20 日 ~4 月 10 日

工作单位：成都文物考古研究所

遗址位于金牛区营门口乡红色村六组，共计发掘面积 1200 平方米，发现宝墩文化灰坑 10 个和唐宋墓葬 5 座，墓葬内无随葬器物。出土的宝墩文化时期器物以陶器为主。可辨器形有绳纹花边口沿罐、盘口尊、宽沿盆、钵等；陶质以夹砂褐陶为主，夹砂灰陶次之，另有少量泥质红陶。夹砂陶火候普遍较低而泥质陶火候一般较高。陶片多素面，纹饰中绳纹最多，另有少量方格纹。另发现少量石器，以砺石为主。从陶器组合推测该地点的文化性质属于宝墩文化，年代约在新石器时代晚期。（张擎　王林　姜铭）

成都市金沙罡正二期地点商周遗址

发掘时间：2008 年 10 月 15 日～12 月 31 日

工作单位：成都文物考古研究所

遗址位于成都金牛区黄忠村四组，北临黄苑街，位于金沙遗址核心区分布范围内，发掘面积 1500 平方米。该地点共发现灰坑 35 个、墓葬 50 座、灰沟 1 条、窑址 2 座。出土遗物以陶器为主，陶片较为破碎。可辨器形有小平底罐、敛口罐、尖底杯、尖底盏、瓶、圈足罐、高领罐、瓮、器盖和纺轮等；陶质以夹砂褐陶为主，泥质灰陶次之，另有少量夹砂褐陶和泥质红陶。夹砂陶火候普遍较低而泥质陶火候一般较高。陶片以素面为主，纹饰中弦纹最多，另有少量绳纹。青铜器数量很少，多为出自灰坑和地层的残碎铜块。还发现少量石器，以石斧为主。从陶器组合推测该地点的文化性质属于十二桥文化，年代约在西周早期。（周志清　王林　姜铭）

郫县广福村李家院子商周至汉代遗址

发掘时间：2009 年 1 月～2 月

工作单位：成都文物考古研究所

李家院子商周时期遗址位于郫县安德镇两路口广福村十组，东南方向距郫县城区约 6 千米，距成都市区约 25 千米，中心地理坐标北纬 30°51′9″，东经 103°50′33″。此处原为一片开阔的农田地，西面临靠乡村机耕道，北面为一片桂花树林。为配合成灌快速客运铁路的修建，对该遗址开展了考古发掘工作，共在区域内开挖 10 米 × 10 米探方 8 个（编号 09PAGT1～T8），并扩方 3 处，实际发掘面积 661 平方米，发现并清理汉代至商周时灰坑 20 个（编号 H1～H20）、灰沟 7 条（编号 G1～G7）、墓葬 5 座（编号 M1～M5），另发现小型陶窑 1 座（编号 Y1）。

商周时期的灰坑和墓葬是此次发掘的重要收获，主要分布于T3～T6内。其中H1位于T7西南，开口于③层下，平面近圆形，斜壁浅锅形底，直径1.82米，坑内填黑褐色土，出土遗物有高柄豆、小平底罐、高领罐、盆和废石料等。H2至H6均位于T3西部一带，开口于⑤层下，各坑间无打破关系，仅H6被G2、G3打破。平面多呈圆形或椭圆形，有斜壁锅底和直壁平底两种，直径0.82～2.5米，深0.23～0.30米。坑内填黑褐色泥土，出土陶器数量较多，夹砂灰黑或红褐色胎，可辨器形包括高柄豆、小平底罐、敛口圈足罐、高领罐、瓮、盉、盆、尖底杯和器盖等，另有一定数量的石锛、废石料等遗物。H8位于T6东北，开口于③层下，打破⑤、⑥层，平面近长方形，长1.95、宽0.6～0.7、深0.36米，直壁，平底，褐色填土，出土尖底盏1件，陶网坠50余枚（也不排除该坑为墓葬的可能性）。H12位于T4东北角，开口于⑤层下，平面呈不规则形，南部一侧被M1打破，斜壁平底，深0.2米，黑褐色填土，出土器物较多，有高柄豆、小平底罐、圈足罐等。

M1位于T4中部，开口于⑤层下，打破⑥层、生土和H12，长方形土坑竖穴墓，长1.7、宽0.45米，黄褐色填土，伴出零星夹砂陶片，残存人骨架一具，仰身直肢葬，头西脚东。M2位于T4中部偏西，开口于⑤层下，打破⑥层和生土，长方形土坑竖穴墓，长1.78、宽0.46～0.48米，残存人骨架一具，仰身直肢葬，未见随葬品。M3位于T4西南部，开口于⑤层下，被G6打破，打破⑥层和生土，船棺墓，长3.1、宽0.8米，二层台宽0.12～0.2米，高约0.1米，葬具不存，残存人骨架一具，仰身直肢葬，未见随葬品。M4位于T4西南部，开口于⑤层下，被G6打破，打破⑥层和生土，船棺墓，长3.26、宽0.7米，葬具不存，残存人骨架一具，仰身直肢葬，未见随葬品。M5位于T4北侧，一角压于北隔梁下，开口于⑤层下，打破⑥层和生土，船棺墓，长3.5、宽0.92米，葬具不存，残存人骨架一具，仰身直肢葬，随葬有少量玉石器及磨石。

Y1位于T4西南角，开口于⑤层下，平面呈“馒头”状，窑身近东西向，南半部分压于探方之外，与各墓间无打破关系，炉壁红色烧结面较薄，估计沿用时间不长，出土少量夹砂陶片。

此次发掘，进一步丰富了郫县境内商周时期遗存的资料。（刘雨茂　易立）

汉源县桃坪商周至唐宋时期遗址

发掘时间：2009年7月～12月
工作单位：四川省文物考古研究院、雅安市文物管理所、汉源县文物管理所

桃坪遗址及墓地位于汉源县市荣乡桃坪村、新民村，地处流沙河西岸、大渡河北岸的二级阶地之上。为配合瀑布沟水电站的建设，2004年、2006年进行过两次发掘，发掘面积共计1200平方米，清理各时期墓葬40余座。今年进行了第三次发掘，发掘出商周至唐宋各时期灰坑20个，房址3座，墓葬109座。

商周时期遗迹有房址2座，灰坑2座。房址破坏严重，保存较差。灰坑中出土有小平底罐、高柄豆、尖底杯等。器物风格接近于三星堆晚期至十二桥早期。

墓葬包括战国、西汉初、西汉中晚期、东汉、唐宋等几个时期。

战国墓葬共11座。多为单人仰身直肢葬，形制均较窄小。长度为1.2～2.9、宽度为0.47～0.75米。随葬有铜剑、平底钵、尖底钵、平底鼓腹罐、纺轮、铜泡等。平底罐及平底钵底部多饰有叶脉纹。

西汉初期墓葬共20座，多为长方形竖穴土坑墓，规模较大，墓坑较深。如M88，长6.4、宽4.1、深3.5米。一般有二层台、椁、棺。多为单人葬，也有双人、三人合葬墓。随葬品有铁釜、铜镜、半两钱、陶罐、陶瓮和陶釜等。

西汉中晚期～东汉墓共71座。其中，土坑墓42座，砖室墓24座，石室墓4座，崖墓1座。土坑墓多承袭西汉初期，但开始出现墓道。其中最大的M74墓室长8、宽5.18米，墓道长7.4米。墓中随葬有陶罐、陶瓮、陶井、陶灶、铜洗、铜鐎斗、铜熏炉、车马器和玉石装饰品等。砖室墓均破坏严重，多数有斜坡墓道，一般为单墓室，个别墓如M1由墓道、甬道、前室、左右侧室和左右后室组成。多为仰身直肢葬，少量捡骨葬。石室墓以扁平石块砌边、铺底及盖顶，均为捡骨葬。崖墓仅发现一座，单室，有后龛，出土有陶罐、陶井、五铢钱等。

唐墓7座，多数先挖土圹，放置骨架后再以石块覆盖其上。另有一座砖室墓，墓室两侧以汉砖竖砌。出土有瓷碗、瓷盒及五铢钱等。

此次发掘的遗存自商周时期直至唐宋，延续性较强。其中汉

代墓葬收获尤丰，为四川地区历史文化研究及西南丝绸之路的研究提供了重要材料。（金国林）

茂县城关粮站战国至汉代石棺葬墓地

发掘时间：2009 年 7 月
工作单位：四川省文物考古研究院、阿坝州文物管理所、茂县羌族博物馆

茂县城关石棺葬墓地位于茂县县城凤仪大坝上，处于岷江的一级台地上。为配合灾后重建重点项目——茂县城关粮站住宅楼建设，共清理墓葬 54 座，出土各类文物 300 余件。

本次发掘首次完整地揭露了茂县城关粮站墓葬的营造方式，即先在沙石土上挖一长方形竖穴，深约 80 厘米。其长、宽均较所建的石棺大出 10 至 30 厘米。然后按照墓葬的大小，打制长方形石板，高约 50 至 80 厘米。再在围绕坑底镶嵌头段大、足段小的石棺。棺上盖以石板，其数目按照石棺的大小而定。盖板一般从足端逐层向头端叠压。为使顶板与侧板紧密结合，在侧板上打出一级一级凹口，作出台阶状。最后在盖板上堆筑黄土，不加夯筑。

发掘的 54 座墓葬，墓葬形制均为长方形石棺墓。以仰身直肢葬为主，还有少量的火葬和二次葬。出土各类器物 380 件。其中陶器 194 件，主要包括双耳罐、鼓腹罐、杯、豆、碗、簋和尖底盏等。铜器 137 件，主要包括剑、矛、铜泡、箭镞、带钩和手镯等。同时还有大量的海贝、玛瑙珠等。从出土器物来看，本地文化因素较多，同时还有少量的巴蜀文化因素。多种文化因素的共存，说明岷江上游地区处于重要的民族走廊上。

城关粮站墓地可分为 6 排，排与排之间相隔较近，墓地的总体演变是从东向西发展，其中东部最早，其年代在战国中晚期，西部最晚年代在东汉。

本次考古发掘，在墓主人头骨上部往往随葬有动物，主要是鸡、猪的骨骼，出土的陶器中，绝大部分器内装有动、植物遗存。从统计的结果来看，绝大多数双耳罐内装有动物骨骼。而绝大多数豆、碗、杯、钵、尖底盏内装有粮食。这些标本的发现对研究当地居民的食物结构、生产形态有着重要的作用。

城关石棺葬墓群是目前岷江上游地区发掘的最大的石棺葬墓群，亦是岷江上游地区石棺葬文化分期的基础。对城关墓地内部

结构的分析，将对岷江上游地区的石棺葬文化研究具有重要的意义。(陈卫东)

成都市下东大街战国至明清时期遗址与墓葬

发掘时间：2009年3月~6月

工作单位：成都文物考古研究所

为配合成都恒锦公司的用地需要，对下东大街9号地块进行了文物勘探和发掘工作。该地块位于成都市下东大街与东门大桥交汇地带的西北面、府河以内的区域，其西面与2008年的发掘点隔油篓街相望，东面临靠天仙桥北路，西北方向约数百米即为今大慈寺所在。共揭露战国至明代灰坑、墓葬、排水沟、房屋建筑等多处遗迹，同时出土了数量众多、类型丰富陶瓷器（片）、砖瓦等遗物。

战国时期遗迹：灰坑（H7）位于T1中部，开口于第⑤层下，打破生土。平面大体呈圆形，直壁，平底，其东南部一角被H4打破，北部一侧被G1打破。坑内堆积为青黄色土含一定沙性，出土大量夹砂陶器残片，可辨器形包括圜底釜、尖底盏、器盖、圈足豆、罐、盆、钵、鼎足和筒形器等。墓葬（M4）位于T1中部，开口于第⑤层下，打破生土。长方形竖穴式土坑墓，长约2.95、宽约1、残深0.4米，墓内未见任何葬具痕迹，填土中有零星的几块碎人骨片，出土遗物主要是夹砂陶器，数量较多，可辨器形包括圜底釜、圈足豆、钵、筒形器等，另出有砺石一件。

汉晋时期遗迹：墓葬一座（M5）。位于T1南侧中部，开口于第⑤层下，打破生土。长方形单砖室墓，因破坏严重仅残留墓底铺砖，长2.8、宽0.75米，未见任何随葬遗物。用砖有两种，一种平面呈长方形，另一种平面呈梯形带榫卯结构，其中前者规格为37厘米×23厘米-5.5厘米，大多数通体素面，少数砖的两侧模印有菱形组合纹。该墓的长方形砖在形制、尺寸方面均与成都羊子山23号晋墓及成都市中海国际社区西晋元康八年（298）墓墓砖接近。

唐宋时期遗迹：灰坑（H3）位于T2西南角，开口于第⑥层下，打破生土。平面大体呈圆形，其南面、西面一部分处于探方外，未予清理。揭露直径约3米，最深处0.9米，坑内填灰黑色土夹杂大量瓦砾，出土遗物以陶瓷器为多，可见盏、碟、碗足、炉、罐、注壶和绿釉筒瓦等。墓葬（M3）位于T1西侧中部，开口于第④层下，打破第⑤层和生土。平面呈长方形，单室，墓内填黄褐色土，土质较纯净，保存少量骨骼灰烬，随葬品仅发现一件瓷碟。用砖均为红褐色长方形素面砖，厚4厘米左右。房屋建筑均被破坏严重，仅残存一段砖墙或小范围铺砖面。以F2为例说明，F2位于T2南部，开口于第⑤层下，打破第⑥层，为一段近东西走向的砖墙遗迹。砖墙中部被⑤层下坑打破，揭露长度约8.9米，砖墙现存宽度0.35~0.4米，残高0.34米，砖墙下部为黄褐色泥土外包丁砖一层，其上平铺长方形素面残砖五层。砖墙南部区域分布有一层厚0.05~0.25米的瓦砾堆积，应属F2南侧的垮塌面。

明代遗迹：排水沟（G1）位于T1中部偏北处，开口于第④层下，打破第了⑤层、H7和生土。东西走向，揭露部分长约9.3、宽0.8、残高0.36米，沟底铺砖，沟壁砌砖残存6层，坑内主要填青灰色淤土，出土少量青花瓷片。

出土遗物数量众多，可分作陶器和瓷器两大类。陶器均出土于H7、H8、H9和M4四个遗迹单位内，以夹砂陶居多，少数几件为泥质陶，可辨器形包括圜底釜、尖底盏、器盖、豆、筒形器、罐和钵等，时代为战国晚期前后。瓷器在唐、宋、元、明、清各时代地层和遗迹单位中均有相当多数量的出土，唐宋时期的瓷器遗物以川西窑场烧造为多，外来产品主要是景德镇窑系的青白瓷；元代地层内的外来瓷器常见龙泉窑青瓷和景德镇青白瓷两种；明代的瓷器遗物以青花居多，所属时段集中于明晚期的万历至天启、崇祯之际；清代遗物除江西景德镇、福建德化一带的青花、粉彩、豆青作品外，另有一些本地窑口的缸胎釉陶和灰青花作品。

遗址内H7、H9和M4出土的陶器数量多，器形类别包括圜底釜、尖底盏、器盖、豆、鼎足和筒形器等，大多属于成都平原战国时期的典型遗物，表明今下东大街一带是战国晚期巴蜀文化分布的又一个重要区域。晋墓材料以往在成都市境内发现极少，正式发表或见诸论述的仅有北郊羊子山、城南桓侯巷和西郊中海国际社区工地等几处。此次清理发掘的M5虽无任何纪年文字作参考，但根据墓葬形制和用砖规格可初步判断属这一时期墓葬，遗憾的是由于破坏严重，随葬品已不存。自晚唐高骈扩筑罗城以来，今下东大街两侧始终处于城内范围，修建墓葬于城内似乎并不合常理。由于唐宋墓葬的发现地点西北方向距大慈寺不远，可能属当时寺院的范围，加上墓葬本身采用火葬，推测可能与僧人或僧人墓地关系密切。（易立）

大邑县斜江学校秦汉遗址

发掘时间：2009 年 2 月 27 日～3 月 11 日

工作单位：成都文物考古研究所、大邑县文物管理所

遗址地处成都平原和龙门山脉交界处，位于成都市大邑县晋原镇莲兴村六组，西临新河，东面为邛邑故道，对面为新源监狱，坐标北纬 30°34′36.8″，东经 103°29′51.2″，海拔 517 米。从钻探来看，该遗址面积在 5 万平方米以上，地表为农田和民居。遗址周围发现较多的古代遗存，南面与莲花墩汉墓相距不远，西南面有两座汉代砖瓦窑，相邻的火电厂内曾出土有画像砖。该遗址上规划建设斜江学校，工作人员进入现场时，建设已经开工，遗址遭到严重破坏，到处是器物碎片。立即进行抢救性清理，布方 9 个，主要分布于将对遗址破坏严重的建筑基础范围内。其中 5 米 ×5 米探方 7 个，编号 09DJXT1～T4、T7～T9，方向正南北；5 米 ×10 米 2 个，编号 09DJXT5、T6，方向 30°。

遗址堆积丰厚：①、②、③层为晚期堆积。第④层，出土瓷片和瓦片，瓷片以青瓷为主，器形有碗、罐等；瓦片以布纹板瓦居多，另有少量汉代绳纹瓦，时代为唐宋。该层下发现 H6、H8。第⑤层，出土大量瓦片，瓦片以板瓦居多，筒瓦较少，多装饰绳纹。陶片以夹砂为主，约占总数的 73.5%，泥质陶仅为 26.5%。灰陶最多，约占 65%，其次为黄褐陶，约占 17%，还有少量的黑皮陶和硬陶。纹饰以素面居多，约占 61%，其次为绳纹，约占 34%，还有少量的网格纹、弦纹、戳印纹。器形以盆最多，还有罐、豆、钵等。该层下发现 H9。第⑥层，出土大量的瓦片，瓦片以板瓦居多，筒瓦较少，多装饰绳纹。陶片以夹砂为主，占总数的 89.95%，泥质陶仅为 10.05%。灰陶最多，约占总数的 68%，其次为黄褐陶，约占 20%，还有少量的黑皮陶和硬陶。纹饰以素面居多，约占 80%，其次为绳纹，约占 19%，还有少量的网格纹、弦纹、戳印纹、刻划纹。该层器物

最为丰富，以盆的数量最多，还有罐、钵、豆、鼎、釜、瓮和镳斗等。该层下发现 H11。第⑦层，出土器物减少，瓦片仍以板瓦居多，筒瓦较少，多装饰绳纹。陶片均为夹砂，不见泥质陶，以黄褐陶最多，约占总数的50%，其次为灰陶，约占44%，还有少量红褐陶。纹饰以绳纹居多，约占56%，其次为素面，约占31%，还有少量的网格纹、戳印纹。该层出土器物最少，仅有少量的罐和钵。⑦层下为黄色生土。

此次发现灰坑12个（H1～H12），H1～H5已经被施工方破坏，仅残存底部；水沟1条（G1）；房屋柱洞两个。出土器物以陶器为大宗。时代越晚，泥质陶的比例越高，⑦层几乎未见泥质陶，⑥层达到10.05%，第⑤层已经上升到26.5%。⑤、⑥层出现了硬陶，质地接近瓷质。陶色和纹饰时代特征不强，以灰陶系（包括灰色、灰白、灰褐、青灰）为主，次之为黄褐色陶。纹饰多为素面，而绳纹次之，如绳纹、网格纹，戳印纹、菱形纹、弦纹和刻划纹等，多是拍印而成，还有少部分刻划纹。陶器以轮制为主，制作比较成熟、规整，器物以盆、罐、钵、豆数量最多，其他还有甑、釜、钵、瓮、纺轮、镳斗等，均为生活器，对于研究当时不同器形在人们生活用器中的比例和构成有重要作用。另有部分建筑构件，瓦的数量最多，有板瓦、筒瓦、瓦当，多是模制。瓦当制作比较精致，均为云纹。还有少量的铁器和石器。从器物的特征来看，该遗址⑤、⑥、⑦层时代相差不远，大致为战国末期至西汉早期。遗址中生活灰坑发现最多，遗物以生活器和瓦等建筑构件为主，生活气息较浓，应是一处居民长期居住、生活形成的遗址。四川地区秦汉时期遗址非常少，该遗址的发掘对研究当时居民生活情况有重要的价值，补充了墓葬材料对秦汉社会研究的不足。（索德浩）

绵阳市小横山子汉代墓地

发掘时间：2009年5月

工作单位：四川省文物考古研究院、绵阳市博物馆

墓地位于绵阳市涪城区磨家镇茅针寺二组。地处安昌河冲积平原上，小地名小横山子。西南距刘家堰河约200米，东北距双包山汉墓约2000米，北面距茅针寺小学约200米。墓地现地貌为一西北至东西向的矮丘，丘顶

经历年改造平整为田地。在绵阳师范学院灾后重建项目的村民住房拆迁集中安置小区建设工程中发现古墓葬。

此次发掘面积约3000平方米，共发现战国晚期至东汉中晚期墓葬17座墓。其中战国晚期至西汉早期土坑木椁墓13座，东汉中晚期砖室墓4座。出土铜、铁、陶质和漆木器等各类随葬器物千余件，大多器物都比较完整，基本上能够进行修复，其中出土的铁剑、铁刀、铁斧、双耳铜鍪、铜弩机、蒜头壶和矮柄豆等器物较有特色。还出土有陶罐、陶甑、陶釜、陶缸、陶灶、陶豆、陶钵、陶网坠、陶俑、木俑、铁釜和铁斧等。

该墓地材料丰富，延续时间较长。其中土坑木椁墓中无棺木痕迹，只有椁室，使用白膏泥现象比较突出，这种现象在广元、青川、成都、龙泉、荥经等地同时期的墓葬均有发现，对于研究该种墓葬形制的传播路线有着重要意义；发掘的砖室墓中有跃层式的墓葬形制，这种墓葬形制的砖室墓在四川地区及中原地区都较为少见，两广地区的汉代土坑墓中曾有报道，为四川地区汉代砖室墓增添了新的墓葬形制。

小横山子墓地与双包山汉墓基本上属于同一种文化因素，彼此联系紧密，从调查情况看，初步判断该区域是四川地区一处规模较大、非常重要的汉代墓群。

（李万涛）

郫县红专村汉代墓地

发掘时间：2009年1月

工作单位：成都文物考古研究所

墓地位于郫县安德镇红砖村12组，原为一处高出四周地面1米左右的土墩，系人为夯筑的台基。土台南面为一小片竹林及近现代坟包，北侧临靠一片开阔的菜地，高压线塔南北向穿过。为配合成灌客运铁路的修建，对墓地开展了发掘工作。早在考古进场前地表已散落较多的青灰色花纹砖块，我们选择在台地中部按铁路线走向开挖10米×10米探方6个（编号09PAHBT1～T6），发掘面积600平方米，清理出砖室墓3座（编号M1～M3），从中出土了类型丰富的陶器、铜器、骨制品等遗物。

M1位于夯土台基北侧，南距M2约2.5米。长方形券拱砖室墓，券顶及部分四壁直墙被破坏。墓向110°，单室结构，室长6.3、宽3、残高0.78米，壁厚0.4米。四壁直墙以平砖错缝砌筑而成，主体间杂使用菱格纹和联璧纹两种长方形青砖，规格为40 厘米×24 厘米－7 厘米。墓底残存两层砖铺面，为纵向错缝平铺。出土遗物有陶棺残件、陶人物俑、陶鸡、陶罐、陶灯、摇钱树座、“五铢”钱币、铜泡钉和骨珠等。

M2 位于夯土台基中部，南距 M3 约 2.6 米。长方形券拱砖室墓，券顶及部分四壁直墙被破坏。墓向 96°，单室结构，分原墓室和加接室两部分，其中原室长 2.15、宽 1.68、残高 0.72 米，壁厚 0.23 米，墓壁直墙以平砖错缝砌筑而成，除底部以上第⑥层使用长方形联璧纹青砖外，其余均为素面砖；加接部分平面近梯形，长 1.09、宽 1.52～1.56 米，残高0.72 米，壁厚0.23 米，墓壁直墙亦采用平砖错缝砌筑，有五铢联璧、斜线联璧和素面三种。墓底残存一层铺砖，为纵向错缝平铺。出土遗物有陶棺一具，外长 1.88、宽 0.5、内长1.82、宽0.44 米，残高 0.4～0.45 米，另出陶人物俑、陶罐、陶房、摇钱树座、钱树残片、“五铢”钱币等。

M3 为一座规格较大的“凸”字形券拱砖室墓，单室结构，由墓室、甬道两部分组成，全长 7.4、宽 2.07、残高 0.76 米。墓墙底部铺有一层共 4 块长 0.42～1.93 米、宽 0.8～0.89、厚0.07～0.18 米的长方形石板。出土遗物包括陶棺、陶俑、铜带钩、“五铢”钱币等。

三座墓葬虽曾遭破坏，但形制结构基本清楚，随葬品亦较为丰富，对于研究成都平原汉代墓葬的分期断代及丧葬风俗具有重要的参考价值。（刘雨茂　易立）

汶川县布瓦汉代石棺葬

调查时间：2009 年4 月～5 月

工作单位：成都文物考古研究所、汶川县文管所、阿坝藏族羌族自治州文管所

布瓦村境内的古代墓葬分布较为密集，在大、小帕依，大、小布瓦，龙山，太子坟等地点均有发现。形制包括石棺葬、土坑墓、砖室墓和石室墓，时代为西汉和明代，以西汉时期的石棺葬遗存最为丰富。与岷江上游其他石棺葬相比较，布瓦石棺葬的墓葬形制和随葬陶器均有自身的独特性。在大帕依地点发现了一处石棺葬墓群，但多数被盗掘一空，现场发现至少 8 座墓葬暴露于地表。我们对地表暴露的石棺

葬的平剖面、内部结构以及石棺葬群的分布情况进行了调查、勘察和测绘，发现了少量随葬的陶器、铁器残片。

同时，在大布瓦地点采集到随葬陶器 50 余件。包括双耳罐 14 件，菱形口，腹表有漩涡瓦装饰，表面亦打磨光亮，依据陶质陶色分为 2 型：A 型为泥质灰陶，厚胎；B 型为泥质黑皮陶，薄胎。陶豆 26 件，矮圈足，依据体量大小分为 2 型：A 型体量较大，深腹；B 型体量较小，浅腹。陶釜 3 件，圜底，依据形态分为 2 型：A 型器体略瘦长；B 型器体矮胖呈扁状。陶壶形器 1 件，泥质灰陶，表面磨光，喇叭口，鼓腹。陶瓮 1 件，大口，短颈，腹表施绳纹，小底。

布瓦石棺葬出土的菱形口磨光灰陶和黑皮陶双耳罐、矮圈足豆、瘦高体圜底釜、扁体圜底釜、绳纹小底瓮等，与理县佳山寨石棺葬、茂县城关石棺葬，以及四川盆地西汉墓葬出土的同类陶器的特征相似。年代也应相当，为西汉时期。布瓦石棺葬陶器表面有较多的文字资料，分为两类：一类为印模文字；另一类为刻划文字。以汉代隶书为主，笔画粗细不一。文字的书写风格与墓葬时代为西汉是相吻合的。这也是岷江上游地区出土汉代文字资料内容最为丰富的一次考古发现。布瓦石棺葬遗存的发现，丰富了岷江上游石棺葬文化的内涵，有助于建立川西北高原石棺葬文化较为完备的时空体系。（陈剑）

成都市人民商场二期工地汉唐宋及明清遗址

发掘时间：2009 年 2 月 ~3 月
工作单位：成都文物考古研究所

遗址发掘总面积 800 平方米，发现了 1 座汉代木桥、1 座房址和 9 口唐宋、明清时期的水井，取得了重要成果。9 口水井中有明清时期水井 4 口，均为圆形；宋代水井 5 口，有圆形、七角形、八角形、十角形等；其中，第七号水井做工最考究，保存状况最完整，出土遗物最多。七号水井为十角形，边长 0.42、最大内径 1.32、残深 1.7 米，用砖规格为 0.42 米 × 0.42 米 × 0.05 米；砖上还刻划有“𠃌”、“天禧三年二月”和两只乌龟图案；出土有四耳瓷罐、双耳瓷罐，铁釜、铁剑、铁刀，铜带钩，骨簪，陶珠以及白色的围棋子等大量文物。“天禧三年”即公元 1019 年，为北宋时期。白色围棋子在成都尚属首次发现，具有极高的历史价值。木桥仅存3根横木和2根立柱。保存较为完整的一根柱础底板长3.4、宽0.45、厚0.3米，其上有4个圆形柱洞，洞径0.3、深0.2米。保存最高的一根立柱，高1.4、最大直径0.3米。木桥所在的古河道内出土了大量商周时期陶片和少量汉代陶片。木桥的结构与2001年在金沙遗址兰苑地点发现的一座汉代木桥完全相同，应是一座廊桥建筑。从木桥的结构和古河道内出土的遗物推测，这座木桥的时代约在汉代。古河道的宽度约28米，木桥的长度至少与之相当。

人民商场二期工地所在位置一直是成都市的中心区域，密集的水井是古代成都人口稠密、城市繁荣的象征，是研究古代成都历史街区的重要资料；汉代木桥在成都市区内是第二次发现，对于研究汉代成都具有重要的历史价值。（张擎）

昭觉县罗火热汉代遗址

工作时间：2009年10月~11月

工作单位：凉山州博物馆、四川大学考古系、昭觉县文管所

罗火热遗址位于昭觉坝子的北缘，隶属昭觉县城北乡谷都村罗火热社。此地地势平坦，北侧依山，在遗址的南北两侧，各有一条溪沟。遗址的面积近10万平方米。

2009年第四次对昭觉县进行考古调查，选择罗火热社西北缘的一块农田布探沟2条，这里地表陶片较为密集。同时，恰逢地方政府组织村民在村中开挖数个沼气池，我们得以观察到村中不同区域的地层堆积情况。堆积基本呈水平分布，不同区域的堆积基本一致。第①层为现代农耕土，第②层为汉代遗址倒塌废弃后形成的堆积，其下为生土。

所有的遗迹，均开口于②层下，打破生土。除4个灰坑外，与建筑有关的遗迹有柱洞和柱础两种，共15个。柱洞一般口大底小，口径50~70厘米，底径25~50厘米，残深一般在45厘米左右。这些柱洞的壁上，多粘附有卵石，推测其做法，应是直接将木柱插入柱洞，木柱与柱洞之间的空隙，填塞以卵石和泥土用以加固。柱础可分为两种情形：一是挖掘较深的柱洞，在底部放置较大而平整的石块作为承载石；二是挖掘一个浅圆穴，在底部放置卵石作为承载石。

两条探沟地层及遗迹单位出

土的遗物均为陶片和瓦片，都比较破碎。陶片多为夹砂陶，可辨器形有罐、盆、瓮等，另有少量器耳、圈足、陶饼等。大多数瓦片、陶片器表似乎在烧成后又经火烧过，有龟裂痕迹，有的还留有颗粒状黄色或黑色附着物。

根据遗迹形制及遗物特征，我们初步断定罗火热遗址的主体年代为东汉时期。

罗火热遗址东北约400米的山坡上，即是1976年发现的热赫溪墓地，此次又发现数座，清理其中一座，形制清楚，为一东汉晚期到三国时期的“凸”字形砖室墓，早期已被盗掘一空。

此次在罗火热遗址的试掘，虽然面积很小，出土遗物亦不算丰富，但与建筑有关的遗迹却十分密集，规格较高，且有大致同一时期的墓地发现，是大凉山地区以往从未有过的重要发现，说明这里在东汉到蜀汉时期曾经存在一个较大的汉人聚落，我们认为极有可能是汉代越嶲郡卑水县治所在。（赵德云　孙策　俄比解放）

金堂县黄天树山东汉至六朝崖墓群

发掘时间：2009年10月~12月
工作单位：成都文物考古研究所

该崖墓群位于金堂县赵镇十里坝村黄天树山之上，墓葬方向大致都是坐南朝北。此次发掘的22座崖墓分为上、中、下三层呈有规律的排列，绝大多数是带墓道的单室墓。另外，也有其他形制的墓葬，比如M1为共用墓道的双穴墓、M9和M19为主侧室的双室墓、M12为前后室的双室墓。这些崖墓的墓室、墓门和墓道等情况与单室墓的情形基本相似。墓室均为长方形，长宽比例在1∶1至1∶2之间，墓顶分为弧形顶和两面坡顶，部分墓室的后壁有小壁龛，用于放置陶灯之类的器物。大多数墓门是用石头封门，另外也有少数墓葬是采用砖与石头相结合的方式，如M9、M10、M12、M20等。墓道呈梯状，上窄下宽。只是由于所处位置的高低差异而墓道有长短之别，下层崖墓的墓道相对比较宽短，长度在4~6米，而中层和上层崖墓的墓道则相对比较狭长，长度在7~13米。部分墓道内有排水沟，水沟的开口大多用红砂石块覆盖，另外也有用砖覆盖和水沟中填充卵石的情形。大多数崖墓的葬具使用木棺，只有M9和M14为陶棺。

值得注意的是，有些崖墓的墓室内还凿刻或铺设有象征性的设施，比如M4内凿刻有石棺床、石灶、石凳，M5的进门处凿刻有仿木建筑的椽头、M10有砖铺的长方形床、M20内有凿刻的石灶和石灯台。另外，在发掘过程中还发现部分墓葬的墓壁上还发现有雕刻的图像和题刻，比如M5内凿刻有三足乌、九尾狐、阳隧等图案，M20的墓门处凿刻有纪年铭文题刻。

尽管大多数崖墓遭到了早晚不同程度的被盗，但是还是出土了一些比较重要的遗物，共计约100余件，大致可以分为陶器、铜器、铁器、银器、石器及钱币等几个大类。其中，陶器又分为生活器、明器两大类。生活器当中有碗、盆、钵、罐、釜、壶、甑、灯和耳杯等。明器当中又分为动物俑和人物俑两个小类，其中动物俑有猪、狗、鸡、鸭、猫和马等，人物俑有舞俑、抚琴俑、执扫帚俑、执叉俑和执盾俑等。另外，还有水田模型、房、灶、井等。铜器有铜泡、剑簇、位至三公镜、方枚瑞兽镜等。铁器有棺钉、铺首衔环器、刻刀、长刀、长剑和矛等。银器有银戒指。从出土的铜钱来看，主要是货泉和五铢两种。

根据这批崖墓的墓葬形制、随葬器物的类型与组合以及铜钱等情况综合分析，我们初步推断这批崖墓的时代应该是东汉中晚期至六朝时期。尽管这批崖墓大部分已经被盗，但是对于四川地区崖墓的墓葬形制、丧葬习俗和开凿技艺的研究仍然具有重要的参考价值。尤其，M9和M10两座保存完好的崖墓，是研究四川地区崖墓的丧葬习俗的重要实物资料。M12封门纪年砖的出土则为四川崖墓的分期编年提供了更为可靠的年代依据。M20墓门题刻的发现则为深入研究四川崖墓的开凿情况提供了难得的文字材料。（苏奎）

三台县后底山隋代崖墓群

发掘时间：2009年6月~7月

工作单位：四川省文物考古研究院、三台县文物管理所

墓群位于三台县新德镇四村一社。为配合绵阳至遂宁高速公路建设，2006年4月四川省文物考古研究院对高速公路沿线进行调查时发现，今对该崖墓群进行了抢救性发掘，共发掘墓葬15座。15座墓均被严重盗扰。出土有陶器、青瓷器和“五铢”钱币等。

以M6为例，M6全长5.34

米，由墓道、墓室组成。墓道长5米，正视呈上窄下宽狭长状梯形。墓道前端宽0.49、后端宽1.6米，距地表深3.5米，墓道狭长似券拱。墓门用厚0.08米的石板封门，并有盗洞。墓门距地表2.88米，墓门上端长0.6、下端长0.66、高0.62米；甬道长0.36米。墓室前窄后宽，后为尸台，墓室平面呈“凹”字形。墓室底部距地表3.5米，长1.34米，墓室前宽1.06、后宽1.53、墓室高0.93米。墓室后为尸台，尸台长1.53、宽0.7、高0.23米；墓室左、右壁各有1龛窝，右壁有灶。墓道右壁有二龛，青瓷四系盘口壶和发钗出在墓道一龛内，另一龛不出器物，墓道左壁有一龛，龛内葬有人的头骨、肢骨、盆骨等，是为捡骨葬，从肢骨长度，头骨人字缝愈合程度和骨壁厚度观察，是为成人，并出土1枚“五铢”钱币。龛均用厚7厘米的石板封闭。墓室内残存有肢骨，保存不好。这座墓墓室被盗，无随葬品出土，所出青瓷壶、发钗，“五铢”钱币均是在未被盗的墓道壁、用石板封的壁龛内出土。

墓葬的墓道壁开凿壁龛的墓葬形制在四川崖墓考古发掘中是首次发现，墓内出土年代特征明确的“五铢”钱币和共存器物，依据年代特征明确的钱币和共存器物可以判断，后低山崖墓墓道带壁龛的墓葬是隋代崖墓，其出土器物具有四川隋代器物的特征。因此，后低山崖墓群的抢救性发掘清理，为四川隋代考古提供了界标性的崖墓墓葬形制和具有断代意义的标志性器物。（黄家祥）

崇州市天福村唐代窑址

调查时间：2009年6月

工作单位：成都市文物考古研究所、崇州市文物管理所

公议镇位于崇州市西北、无根山边缘的中段，属西河（文井江）的河西地区，距崇州市区约10千米，为长期受河流侵蚀形成的深丘地带。窑址就位于公仪镇天福村以西的广袤农田和山坡之上，中心地理坐标北纬30°41′28.7″，东经103°35′43.2″。该窑于1987年第二次全国文物普查过程中首次发现，1997年10月成都市文物考古工作队在开展文井江流域考古活动途中又再次对窑址进行了实地勘查，并在一些发表的工作简报上有简要的介绍和描述，其时代被大致推定为隋唐之际。今年为配合第三次全国

文物普查工作，对窑址区域进行了考古调查，以期进一步揭示天福窑的文化面貌和内涵。

窑址范围内现存两处窑包，其中一号窑包位于无根山东麓一丘陵的斜坡地带，山坡较陡峭，坡度32°，窑业堆积依山势分布，堆积范围往东延伸至丘陵以外的平坦农田上，平面大体呈不规则方形区域，总面积约1436.8平方米。窑包西侧一部分现为农家院落所占，中部有一条名为天冬堰的人工灌溉渠东西向横穿而过，地表植被茂密。现存废品堆积主要集中于窑包西南侧，裸露部分厚约2.5至3米。二号窑包位于一号窑包以南约300米处，东距街安路约50米，为高出四周水稻田2米左右的斜坡台地，坡度25°，平面呈不规则形，总面积约7320平方米。窑包中部现为一座解放初期修建的公社晒坝所占，东侧有一条通往公路的机耕道，道北存留一座废弃的砖瓦窑。窑包东北部分近年已被开挖的鱼塘所破坏，断面可见丰厚的窑业废品堆积。

从窑址内采集的瓷器看，器形种类并不十分丰富，以碗类产品最常见，数量上占大宗，流行弧腹，且腹部多较深，足部呈小圆饼状，足底明显内凹，外缘部一般都斜削一周形成棱角。次之为高足盘、杯、罐等，高足盘的足部矮粗，呈喇叭状，中空；杯除一种带喇叭状矮圈足的较有特点外，余者都同碗的形制接近；罐包括浅盘口和矮领两种，肩部置纵系或横系；盘口壶的体形较大，肩部亦流行安置桥形横系。器物胎体大多厚重，胎质较粗，胎色有深灰、棕黑色等之分，这一方面应与原料系就地取用、质量不甚理想有关，另一方面也表明制备坯料的过程中淘洗程度不精，故如碗、杯、高足盘等小型器皿胎面基本都挂有一层白色化妆土加以掩饰。釉色种类则以青瓷为主，部分因釉料中铁元素的含量偏低或受到烧造氛围的影响而呈现出淡青、灰白等色调，胎釉结合度稍逊，部分器物有脱釉的现象。此外，器表基本见不到以点、线条表现的彩绘或繁复的刻划装饰，仅发现盘口壶等少数个体颈部留有几道简单的弦纹。除瓷器外，窑址内还出土了各种式样的多齿支钉、支柱、垫圈和垫板等，亦有零星的托珠，未见匣钵，说明该窑采用的应是裸烧工艺。根据遗物的造型及胎釉特征，我们初步认为该窑的烧造年代约相当于7世纪至8世纪初，即主要属初唐和盛唐阶段，上限可能早到隋代。

就目前已掌握的资料表明，与天福窑文化特征和时代相近的窑址还包括成都青羊宫窑、邛崃固驿瓦窑山窑、白鹤大渔村窑、灌县金马窑和江油青莲窑等。这些窑场的地理位置比较分散，生产规模偏小，延续时间短，装烧中尚未使用匣钵而均采用裸烧工艺，且常见以支钉作间隔具，产品主要是日用的碗、盘、罐等器物，种类相对不够丰富，器表则以通体素面者居多，体现了川西早期青瓷窑场的基本面貌与状况。天福窑作为当中的重要代表之一，对于研究和探索川西平原窑业的创建与发展轨迹、窑场间的传承与相互影响等问题提供了不可多得的珍贵材料。（刘雨茂　易立）

炉霍县呷拉宗石棺墓与吐蕃时期冶炼窑址

发掘时间：2009 年 9 月 ~10 月

工作单位：四川省文物考古研究院、日本九州大学、炉霍县文化旅游局

呷拉宗遗址位于甘孜州炉霍县仁达乡呷拉宗村，处于鲜水河左岸的缓坡地带。为解决雅砻江中上游地区石棺葬文化内涵和西北地区青铜器的起源问题，中日联合开展的“西南地区北方系青铜器及石棺葬研究”第二年的项目选择该遗址进行考古发掘。共清理冶炼遗存 1 处、石棺葬 14 座。

冶炼遗存位于遗址的东南部的缓坡地带，窑炉平面呈椭圆形，西部带有一较长的呈斜坡的通风道。窑炉底部的堆积明显可分为 6 层，除上下两层为红烧土外，中间夹杂有石块堆积、灰土堆积、铁砂堆积和烧结堆积。其中在窑炉底部的第④层中，采集到大量的铁砂。结合在窑炉北部的鲜水河左岸采集到的大量的铁砂和“呷拉宗（铁匠铺）”的含义，初步推测该窑炉的冶炼性质为冶铁。

在窑炉废弃后，窑炉中分别放置了两具人骨和牛肢骨、羊头骨和大量的其他动物骨骼。人骨表现异常。其中 1 号人骨，处于窑炉上部的北部，呈侧身屈肢葬，右下肢骨明显异常，初步观察的结果是该人骨右腿残疾，而且时间过长，肱骨和胫骨出现了明显的萎缩。2 号人骨处于窑炉下部南部，呈俯身屈肢。该人骨随葬有陶罐、铁带钩、铁刀和铜耳坠等物。从二号人骨出土的器物推测，其年代在吐蕃时期，其窑址的年代应在吐蕃时期，这种形制的窑炉，在西南地区尚属首次发现，对研究西南地区的金属冶炼具有重要的研究价值。

石棺葬墓群处于遗址的北部的缓坡地带。已清理的 14 座墓

葬可分为四种类型，即长方形竖穴石棺墓，无盖板；长方形竖穴石棺墓，有盖板；长方形竖穴土坑墓，有盖板和长方形竖穴木椁墓。

墓葬中出土器物主要有陶器、石器、铜器和玉器。陶器主要有双耳罐、罐和珠饰，铜器主要有铜泡、钺形器、镜、刀等，玉石骨器主要有绿松石、石斧、海贝等。呷拉宗处于多种文化因素交织的地带，本次发掘为全面了解雅砻江中游地区游牧民族和农业民族的关系提供了重要的一手资料。

雅砻江中上游地区的石棺葬的分布及其特点，历来是考古学界研究的重点，中日联合对雅砻江流域的考古发掘，为全面揭示雅砻江中上游地区石棺葬的文化内涵提供了重要资料。而呷拉宗石棺葬墓群的发掘，揭示出雅砻江中上游地区另一种石棺葬文化类型，为全面了解本区域石棺葬文化的特点提供了重要的材料。（陈卫东）

大邑县石虎村唐宋时期遗址

发掘时间：2009 年 3 月

工作单位：成都市文物考古研究所、大邑县文物管理所

石虎村唐宋遗址位于大邑县西南部与邛崃市接壤的新场镇石虎村四组，当地俗称“石老猫”，据考证为宋代“思安寨”所在。中心地理坐标北纬 30°31′44.4″、东经 103°26′9.9″，分布面积约 2.5 万平方米。遗址地势平坦，地表为广袤的农田和村落。因大邑县水务局在石虎村实施“新场污水处理工程”的排污管道埋设中挖掘出大量古代文物而发现，对机挖沟槽部分展开抢救性发掘工作。清理出主要遗迹十余处，包括排水沟、房址、熔炉、灰坑及性质不明的砖墙等。

排水沟（G1）位于 T7 中部，叠压于第③层下，打破第④层。通体呈东西走向，揭露部分长约 3.9、宽 0.43 米，沟口宽 0.2、残深 0.12 米，沟渠两壁使用宽 0.17、厚 0.035 ~ 0.04 米的长方形青砖错缝平铺砌筑，用砖均无完整者，最高处现存三层，沟底未铺砖，为质地较硬的泥土面，西侧沟口盖有一红砂石板。

房屋建筑（F1）位于 T1 南半部，叠压于第⑤层下，打破第⑥层。揭露部分平面近梯形，南北长 3.5、东西长 3.4 米，房址边角用素面砖丁砌一层，其内活

动面则用砖错缝平铺一层，横纵有致，中部被一晚期坑打破。砖体均为长方形，呈青灰或暗红色，规格为0.38米×0.18米－0.03米。铺砖面下有一层厚约0.1米的垫土，土色黄灰，有一定黏性，较纯净。

熔炉两座（L1、L2）。其中L1位于T2中部南侧，叠压于第③层下，平面近圆形，口大底小。其结构简单，仅发现有窑室部分，顶部遭破坏已不存，未见工作面、火膛等设施。外径1.45、内径1.1、窑壁厚约0.35、残高约0.65米，使用土坯和青砖残块砌筑，砖体宽0.17米，厚约0.045米，内壁面残留有较厚的窑汗。窑底面较平坦，直径约0.6米，表面平铺一层厚约0.02米的草木灰烬。窑室内填黑灰土夹烧土颗粒、炭屑堆积，出土遗物仅见零星碎小的陶瓷片。L2位于T2中部北侧，南距Y1仅0.75米，尺寸规格较小，为小型馒头窑，残存窑室、火膛两部分。窑室平面近圆形，外径1、内径0.7、壁厚约0.3、残高0.3米，内填黑灰土夹烧土颗粒、炭屑堆积，未见陶瓷片、窑具等其他遗物。火膛宽0.35米，残存进深0.2米。

灰坑七处（H1～H7）：H2位于T4东北部，叠压于第⑤层下，平面呈不规则形，揭露部分最大直径约2.4米，深约1.1米。坑内填大量瓦件残片，混杂沙土、烧土块及炭屑灰烬，堆积较有层次，底部有一定数量的河卵石，尺寸大小不一。出土遗物主要分板瓦和筒瓦两类，素面居多，瓦的表面可见火烧痕迹。H4位于T1东北角，叠压于第⑤层下，被L1打破。平面近方形，揭露部分南北长约1.5米，最深处0.35米。坑内主要为细卵石夹沙，堆积疏松，北部较厚。出土遗物有少量的铁渣块，另包括一些乳浊类绿釉、米黄釉碗残片等。H7位于T1东南角，叠压于第⑧层下，东部被H6打破。平面呈不规则形，揭露部分南北长约1.15、东西长约3.4、最深处约0.45米。坑内填大量瓦件残片，混杂褐色沙土及红烧土颗粒。出土遗物除瓦件外，另有零星的陶瓷片，釉色品种包括青釉、酱釉、绿釉等，可辨器形有碗、盘、碟等，碗足见有玉璧底。

砖墙一段（Q1）位于T1西南部，叠压于第③层下，打破第⑤、⑥层。平面大体呈南北走向，揭露部分长2.65、宽0.45米，通体以平砖错缝砌筑成倾斜状，东高西低，残存共8层。用砖规格有38厘米×18厘米－3厘米和40厘米×18厘米－4厘米两种，以素面为主，少数砖的两侧窄面模印有菱形花纹。砖墙西面铺有一层泥土夹细碎石的堆积，东面中部位置则残存数块红砂石板。由于揭露面积有限，砖墙体的性质不明，初步推测可能与房屋等建筑有关。

发掘出土的遗物以陶瓷器为多，所属时代从唐代晚期至明清时期。晚唐五代前后作品基本都属于以邛窑为代表的川西窑场所烧造，釉面多呈透明状，釉色品种包括青釉、酱釉、绿釉和黄釉等，少数器物表面有彩绘或模印的纹饰图案，可辨器形如碗、盘、碟、注壶、小动物模型等；两宋作品仍旧以川西各窑场产品占大宗，釉面一般呈乳浊失透状，釉色品种有绿釉、天青釉、米黄釉、酱釉等。除本地窑场外，另发现一定数量的景德镇青白瓷和龙泉窑厚釉青瓷作品。明清时期遗物数量较少，主要是青花瓷器等。除陶瓷器外，另出有建筑瓦件、钱币、铁质容器和铁渣块。

关于“思安寨”，散见于历代文献记载中，但大多语焉不详。北宋元丰三年（1080）王存等撰《元丰九域志》是最早提到“思安寨”的文献，其卷七载：“望，大邑。州东北四十里。一十乡。永安一镇。思安一寨。……。”五代时人毛文锡所作《茶谱》一文提及邛州产茶情况时云：“邛州之临邛、临溪、思安、火井，有早春、火前、火后、嫩绿等上中下茶。”，《九域志》中也说大邑：“（有）大邑、思安二茶场”。1982 年出土于大邑县新场乡的明天顺八年（1464）陈氏墓券明确说明其地望为：“大明四川嘉定州大邑县思安乡”，可知至迟在明代时，现新场镇一带即称作“思安乡”。此次发掘的面积虽有限，但仍揭露了房址、排水沟等多处重要遗迹，出土物中包括了数量较多的陶瓷器、建筑瓦件等，似乎表明该地点非一般性的生活居住址，而很可能与某一规模较大的集镇或城寨有关，至于是否与文献记载的“思安寨”有关尚无法确定。另外，熔炉的发现及地层中残留的大量铁渣块也同时表明该遗址内应当有较完备的冶炼作坊和工序存在。

（刘雨茂　易立）

成都市清安街罗城宋元清代城墙遗址

发掘时间：2009 年 3 月 ~6 月

工作单位：成都市文物考古研究所

清安街位于成都市内环城区东南部，东北—西南走向，北侧与下东大街交汇，南面与青莲上街相接（街西存留故成都东门城墙一段，现为锦江区文物保护单位），西靠义学巷，东侧与天仙桥南路相邻，再往东约百余米即为岷江支流、原成都护城壕之一的府河。此次发掘的城墙遗址位于清安街中段西侧地块（现下东大街10—3号），由于墙体在近现代屡遭拆毁、回填、修筑民房，现地表所存仅为一条高出东西两侧街道约2米左右的土埂。土埂之上几乎见不到与城墙有关的包砖等痕迹，从土埂的现状观察，墙体大体呈东北—西南走向，测量方向38°。为配合成都恒锦公司的用地需要，对该地块开展了文物勘探和发掘工作。通过发掘，对该段城墙历代的修筑、保存情况有了初步的了解和认识，共发现宋、元、清三个时期的城墙夯土和包砌砖石，其中以元代城墙的解剖揭露面积最大，是此次工作的一个重要收获。

宋代城墙为遗址内揭露的年代最早的城墙，编号Q3，叠压于元代城墙（Q2）最底部夯层（Q2q）之下，开口距地表深约4.25米。由于探沟宽度有限加上控制深度的需要，仅揭露出Q3的上部夯层及墙体外侧的包砖，揭露部分南北长约3.9、东西宽约1.9米。

从发掘情况看，Q3的上部夯层对用土材料要求不高，土色偏灰褐色，泥土中夹杂大量的烧土块、砖瓦及陶瓷器残片，应是掺杂了当时的生活、建筑垃圾等遗物，土层夯筑较紧密，但未发现明显的夯窝痕迹。夯土外侧只包砌一层青砖，揭露砖体上下共五层，均为平铺错缝垒砌而成，上、下层砖之间还填塞有一些胎体较厚的盆、钵口沿残片，以起到加固包砖的作用。所用外包砖均为长方形素面青砖，且大多残破，极少见到完整者，规格宽17至18厘米，厚3.5至4厘米，与川西常见的宋代墓砖尺寸无差，表明其用砖材料中不少可能就地取自当时的墓葬等遗迹。夯层内夹杂有数量较多的陶瓷片和碎砖瓦块，当中年代最晚的有南宋时期景德镇窑青白瓷及龙泉窑厚釉青瓷器。

据文献记载，两宋时期官方曾至少六次修筑或修补成都城，从城墙夯土内出土的遗物判断，Q3的修筑可能在南宋中后期。

元代城墙（Q2）为清安街城墙遗址的主体部分，开口于第②层下，包括Q2a、Q2b、Q2c……Q2q共18个较大的夯层，以及东侧的外墙包砖石。解剖揭露部分长约16.2米，现存高度2.9至4.5米。各夯土层厚薄不一，基本上东半部墙体的土层多呈由东向西倾斜堆筑，西半部大体呈水平分布。土层内的情况则比较接近，大多为黄褐色、青褐色或黑褐色泥土夹杂大量的陶瓷片和破碎砖瓦块，堆积较疏松，仅墙体下部土层夯筑相对紧密坚质，河道淤土含量较多，且夹杂有相当数量的螺、蚌等水生生物的外壳残片。此外，Q2g 下发现有铺垫的一层木板、荆条和竹条编织物遗迹，平面分布范围约 3.5 平方米；Q2n 下发现一段用十余块红砂石铺筑的墙体，揭露长度约 2.5 米，宽 0.28 至 0.5 米，残高约 0.18 米，所用红砂石块大多呈方形或长方形，个别中部带有圆形穿孔，应为房屋柱础石之类。

包砖石现存部分建筑于 Q2o 之上，包砌于 Q2k、Q2l、Q2m 三层之外，残高约 1.45、宽约 1.15 米，其上部砖石共 8 层，下部 5 层，中间堆填一层纯净的黄色黏土后再铺瓦砾一层，间隔四层。

在城墙夯土内出土了大量的陶瓷器残片，以川西诸窑场烧造为多，如邛窑、磁峰窑等，外来产品则包括景德镇青白瓷、枢府瓷，龙泉窑青瓷，钧窑天青釉瓷器等，其窑口组合与全国其他元代遗址的陶瓷器出土情况大体吻合。

T1、T2 内的清代城墙（Q1）位于 Q3 以东，与 Q3 外包砖紧接，主体为一段外墙包砖石，所用红砂石条尺寸较大，长 1.61、宽 0.63、厚约 0.33 米，包砖可分东西两部分，东部主要用特制墙砖，规格一般为 0.42 米 × 0.22 米 – 0.12 米，砌法严谨考究，使用石灰黏合。包砖石下的基础用石灰掺和碎砖瓦砾和细碎卵石做成，颜色呈灰白色，质地极其坚硬牢固，厚约 0.6 米。此外，T2 内的夯土中出土有一定数量的青花、粉彩等瓷器残片。

近些年来，成都文物考古研究所对成都市内多处古城墙遗址进行了大面积的清理发掘，如西城墙发掘了通锦桥、上同仁路、中同仁路等地点，南城墙发掘了外南人民路、羊皮坝街、新南门王家坝街等地点，北城墙发掘了北校场一处，东城墙则发掘了天仙桥街、东安南街等地点，均取得了重大收获，逐渐理清了晚唐以来各时期罗城之间的关系。此次发掘的清安街城墙首次明确了元代城墙的遗迹，无疑是对以往工作成果的一次新补充。（易立）

嘉陵江渠江流域广安段考古调查

调查时间：2009 年 2 月、4 月、10 月 ~11 月

工作单位：四川省文物考古研究院、广安市文物管理所等

广安市位于四川省东部，嘉陵江、渠江均从广安市流出四川省境内，其中嘉陵江广安段长约 117 千米，渠江广安段长约 113 千米。

嘉陵江流域自古就是多民族聚居的地方，历年来做了许多工作，获得了很多重要发现。为全面了解该区域古代文化面貌，今年对嘉陵江、渠江广安段进行了考古调查。在嘉陵江广安段沿岸新发现文物点 58 处，渠江广安段沿岸新发现文物点 23 处。

在调查中新发现文物点种类包括古遗址、古墓葬、石窟寺及石刻、石器采集点等。遗址类文物点主要为聚落址与窑址，其中聚落址共 24 处，时代上至新石器时代晚期下至明清时期，采集标本有打制石器，磨制石器，黑皮陶高柄豆，尖底陶器、陶纺轮，板瓦，筒瓦，青瓷碗等，以及夹粗砂灰、红、褐陶片，泥质灰陶片，陶片纹饰有绳纹、弦纹、方格纹等；窑址共 14 处，年代从汉代至唐宋时期，其中以汉代最多，采集标本有汉代绳纹板瓦、筒瓦等。墓葬类文物点共 37 处，包括东汉至南北朝时期崖墓群 16 处；汉代砖室墓地 13 处；宋明时期石室墓地 6 处；宋明时期砖室墓地 2 处。石窟寺及石刻类文物点主要包括石窟寺 1 处、摩崖造像 3 处、石刻 1 处。（万靖）

会理县城河下游考古调查

调查时间：2009 年 3 月

工作单位：四川省文物考古研究院、凉山彝族自治州博物馆、会理县文物管理所

本次考察集中的区域在城河下游黎溪镇到城河汇入金沙江段两侧的台地和山前缓坡地带，行政区域上属于黎溪镇、普隆乡和新安乡。本次调查以石棺葬为线索，配合会理县第三次全国文物普查工作展开，对金沙江两岸台地和山前缓坡地带采取系统调查方法，拉网式排查。

此次调查发现遗址 3 处，石棺墓 3 处，石器采集点 2 处，陶

器采集点1处；复查各类文物点11处，抢救性清理墓葬3座。

新发现的观田山遗址和观田山石棺葬墓地、猴子洞遗址和猴子洞石棺葬墓地为遗址和墓地基本处于同一区域，从地表采集到的器物判断，石棺葬的年代范围与遗址的年代范围接近，可能为同一时期遗存。四川西部，云南中北、西北部，西藏东部发现的石棺葬墓地基本都未能找到附近的相关遗址。此次调查发现了两处遗址和墓地共存于同一区域，为日后研究石棺葬墓地及其所属族群的生活方式、文化面貌研究提供了很好的线索。（万娇）

贵 州 省

习水县渔溪洞石器时代遗址

调查时间：2009年5月
工作单位：贵州省文物考古研究所、习水县文物管理所

遗址位于习水县东皇镇白坭村渔溪坝水库旁，当地人称渔溪洞。地理坐标北纬28°18′5.3″，东经106°16′18.9″，海拔高度约1317.3米。渔溪洞实为两个天然洞穴，高出洞前洼地下的小河30余米；1号洞洞厅宽敞干燥，洞口向南；2号洞洞内较为阴暗潮湿，洞口向西。此次调查，在洞前台地和洞内人为扰乱的角砾堆积之中采集到一批石制品、动物化石及烧骨等，同时还发现夹砂陶片和后期瓷片等遗物。

石制品70余件，均打制，原料多为燧石石块，类型有石核、石片、断块、碎屑、砍砸器、刮削器、尖状器和端刮器等。石核见有单台面和多台面两类，片疤都在2个以上，最多的为6个。石片多为锤击石片，按台面的存在形式，见有自然台面、有疤台面、零台面等，自然台面的最多，其次为有疤台面，零台面的仅见1件；石片背面多数都具有片疤。石器多是以石核或石片为毛坯加工而成，块状毛坯所占的比例较大；加工方式以两面加工和单面的正向加工为主。主要类型为刮削器，占石器总数的70%以上。石制品总的特征与黔北地区的马鞍山、马鞍山南洞等遗址的材料有着一定的可比性和内在的联系。依石化程度的深浅，可将动物化石和烧骨分为三组。第一组石化程度较

浅，可辨的动物种类有鹿、猪等，还有少量烧骨。第二组主要是一些破碎的烧骨，种属莫辨，石化程度中等，和洞内人为扰乱的角砾堆积中的石制品混杂在一起。第三组石化程度较深，埋藏于1号洞内一组胶结严重的堆积之中，其内包含动物化石、燧石岩块和石制品等，可能属于洞穴内残存的早期堆积。陶片5块，均为红褐色夹砂陶，纹饰见有绳纹和附加堆纹。陶片火候高低不一，明显呈现出不同时期的特点。

根据所获材料初步判断，这是一处石器时代的人类遗存。从伴出化石的情况来看，至迟在旧石器时代晚期已经有古人类在此活动。此外，发现的属于不同时期的陶片等遗物，表明自新石器时代以来，仍有人类在此活动。因之在该遗址中可能具有新—旧石器时代叠压的文化层。由于人为扰乱，其具体时代尚需深入工作。该遗址的发现扩大了黔北地区旧石器时代遗存的分布范围，为研究古人类黔北地区的活动提供了新的资料。（张改课　王新金　蔡回阳　王德维）

赫章县石器时代洞穴遗址群

调查时间：2009年7月

工作单位：贵州省文物考古研究所、赫章县文物局

在对毕节地区赫章县第三次文物普查中，发现13处史前洞穴遗址，填补了赫章史前洞穴遗址的空白。

13处遗址主要是六曲河镇老场坝村的嘎发大岩洞，松林村的窝蹦洞穴群、黑寨一号洞、黑寨二号洞、岩脚大岩洞、张家洞、何家洞，水塘永康大岩洞、苗寨大岩洞、苏嘎黑岩洞、大六沟岩洞，兴发陈家岩洞、郭家岩洞。从分布地域看，遗址主要集中分布在赫章县东南侧，基本呈线状分布，尤以松林乡窝蹦坝子最为密集，有的数个洞穴紧邻，我们将其作为一个遗址进行登记。

洞穴遗址周边地理环境较为优越，洞前有宽窄不一的坝子和河流，地势较开阔。部分洞穴由于村民在洞内挖矿等活动，破坏较为严重，但有部分遗址由于距离村民居住区较远，保存较好。调查时于地表采集有燧石石制品、砂岩质石锤、磨石和动物骨骼等标本，未发现陶片。从采集物初步推测，遗址年代主要在旧石器时代晚期。（张合荣）

毕节市大岩洞石器时代遗址

调查时间：2009 年
工作单位：贵州省文物研究所

大岩洞位于毕节市鸭池镇龙滩村八组茶坡顶山南坡，地理坐标为北纬 27°13′55.9″，东经 105°16′30.1″，海拔高度 1509 米（测点位于洞口正前方 50 米）。洞宽 8~10 米，高 6~8 米，进深10~15 米，洞口与洞前盆地相对高程约 10 米，洞口由缓坡过渡到洞前的坝子，该遗址处在山间小盆地的边缘，洞口向南略偏西。

在洞口处采集到燧石制品 40 件：石器 17 件，其中石核石器 2 件，石片石器 15 件，全部为刮削器，石片加工方式有错向加工和背向加工两种；石核 9 件，其中砾石石核 2 件，燧石石核 7 件；石片 5 件，多为素台面石器；断块 5 件；断片 4 件。从采集的石器看是燧石石器为主，从原料和石器类型看都和黔西观音洞文化关系密切。周围没有好的剖面可供观察地层，对地层堆积情况不清楚。（张兴龙）

毕节市鸭池镇石器时代洞穴遗址群

调查时间：2009 年 8 月
工作单位：贵州省文物考古研究所、毕节市文物管理所

鸭池镇位于毕节市东南侧，地势较为平坦开阔，镇西南侧有一狭长形坝子，坝子中一河流自西南向东北流入乌江，自然环境较为优越。文物普查中，发现杨梅坡大岩洞、羊圈冲岩洞、茶坡顶大岩洞、马槽洞和沈家岩洞 5 处史前洞穴遗址，5 处遗址均围绕坝子分布，形成较为丰富而密集的史前洞穴遗址群。

这些洞穴遗址面积大小不一，洞内受到不同程度的破坏。采集标本除大量的燧石石核、石片和石器外，还有石砧、磨石和少量磨制石器，部分遗址上层时代可能为新石器时代。

该遗址群的发现，丰富了毕节史前洞穴遗址内涵，为进一步探索贵州地区古人类由旧石器时代向新石器时代过渡提供了新的线索。（张合荣）

纳雍县张口洞石器时代遗址

调查时间：2009 年
工作单位：贵州省文物研究所

遗址位于纳雍县龙场镇龙场村大房组，地理坐标北纬 26°51′44.3″，东经 105°15′05.8″，海拔高度 1589.3 米。遗址位于一个槽谷中，该槽谷西高东低，西侧有三个洞穴，中部为缓坡，东侧为拍落河、小河沟两条河流，遗址堆积主要在洞穴中和洞前缓坡上，总面积超过 3000 平方米。拍落河、小河沟本为地下河，在槽谷地带出露地面，汇合后又在此地转为地下河，此河最终汇入瓜仲河，属乌江水系。遗址的三个洞穴紧挨，自北向南依次命名为 1 号、2 号、3 号洞。1 号洞口宽 13.9、高 4 米，方向 330°，洞内面积约有 1000 平方米，地面较平整，钟乳石发育不好。2 号洞口宽 26、高 8 米，方向 290°，洞内面积约有 800 平方米，洞内钟乳石发育不好，地面堆积有大量的风化岩块；3 号洞口宽 7.9、高 7 米，方向 260°。洞内面积约 500 平方米，钟乳石发育不好，1 号 2 号洞之间相距约 15 米，2 号 3 号洞之间相聚约 15 米。在洞内及洞前缓坡采集到动物碎骨化石 18 块，皆为动物肢骨碎片，无法辨认种属。砾石石制品 19 件，燧石石制品 1 件，陶片 1 片。砾石石制品：石器 11 件，其中砍砸器 6 件，刮削器 1 件，为零台面石片加工而成，石锤 4 件；石片 3 件，其中天然台面石片 2 件，零台面石片 1 件；石核 5 件。燧石石制品：1 件，为有疤台面石片。陶片为红褐色夹砂陶，素面，火候较高。（张兴龙）

惠水县岩洞边新石器时代遗址

调查时间：2009 年
工作单位：贵州省文物研究所

遗址位于惠水县大龙乡长征村洞口组，遗址所依附的山体名为独坡，因独自矗立于大龙乡坝子中间而得名，遗址堆积分布于独坡西侧的洞穴中和洞前台地上，西北距 2007 年发现的惠水县洞口遗址约 0.5 千米，地理坐标为北纬 26°05′31.3″，东经 106°34′48.7″，海拔 1004.7 米（测点位于洞口正前方 20 米处）。位于山体的西侧，洞口宽为 12、洞高 10、相对高程 10

米，洞向 260°，洞前由缓坡过渡到水田。

共采集到石制品 80 件，其中砾石石制品 17 件，燧石石制品 61 件，石英石制品 1 件，水晶石制品 1 件。所采集 80 件石制品中，石核 16 件，其中砾石石核 7 件，燧石石核 9 件，多为多台面石核；石片 17 件，砾石石片 1 件，石英石石片 1 件，水晶石片 1 件，其余 14 件皆为燧石石片，按台面分，17 件石片中，有疤台面 9 件，天然台面 4 件（石英石石片和水晶石片皆属此类），素台面 1 片，有脊台面 2 件，台面缺失 1 件；石器 9 件，砍砸器 1 件，为砾石加工而成，石锤 2 件，皆为砾石加工而成，刮削器 6 件，其中 1 件利用断块刃部加工，1 块为石核加工而成，其余 4 件皆为石片加工而成。

陶片 2 件，泥质灰褐陶，饰细绳纹，火候较高，从发现到核实始终未发现磨制石器。

从采集遗物看，遗址性质和年代应当与洞口遗址较为接近。这种陶片与打制石器伴出的遗存究竟是新旧石器过渡时期的遗存，还是遗址本身就存在两种年代和文化性质截然不同的遗存，或者这是一类遗存，代表一种全新的新石器时代文化面貌还无法确定。无论是那种可能性，都对构建云贵高原史前文化的时空框架有重要的意义。（张兴龙　王新金）

贞丰县坡们渡口新石器时代遗址

调查时间：2009 年

工作单位：贵州省文物研究所

遗址位于贞丰县白层镇坡们村，北盘江西岸的一级台地上，地理坐标为北纬 25°27′59.4″，东经 105°46′47.1″，海拔 377.8 米（测点位于坡们渡口人渡点缓坡上）。从遗址断面看，堆积最厚处约为 1.5 米，地层中包含极其丰富的石制品和螺壳，遗址总面积超过 10000 平方米。共采集石制品 67 件。

石锤 1 件，为长条形椭圆砾石；石砧残片 1 件，为扁圆形砾石；磨石残片 1 件，砾石加工而成，仅残留 1 小块磨蚀面；砍砸器 19 件，皆为砾石加工而成，皆为石核砍砸器，其中较大型者 3 件，小型砍砸器 16 件，以单凸刃为主；石片 30 件，除 3 片为自然台面石片外，其余皆为零台面石片；石铲 2 件；刮削器 4 件，其中 2 件中间断裂，另外两件完好，利用石片加工而成；陶片1件，泥质红陶，饰方格纹，与此区域已发掘材料对比，可知此陶片的大致年代约为东汉。

坡们渡口遗址从采集标本和地层堆积判断，文化面貌与鲁容乡孔明坟遗址较为类似，可能为石器加工场类遗存。此类遗存打制石器多，占90%以上，磨制石器少，仅存在少量局部磨光石器，有学者认为这类遗存代表着一种全新的新石器时代文化。（张兴龙　王新金）

天柱县月山背新石器时代遗址

发掘时间：2009年11月
工作单位：贵州省文物考古研究所、四川大学考古学系

遗址位于黔东南州天柱县远口镇六池村清水江西岸一级阶地上，2004年夏调查发现。为配合贵州省重点建设工程白市水电站的建设，今年对该遗址进行了抢救性发掘。因历年烧砖取土和水土改田，遗址遭到严重破坏。共清理灰坑3座、灰沟1条，出土和采集石制品90余件。石料来自于附近的河漫滩，主要为轻微变质的长石石英砂岩。此次发现的石制品均为打制，据说以前该遗址曾采集过磨制石器。石制品包括有坑疤的砾石、石片、石核和石器等几大类。石器中有刮削器、砍砸器和盘状器。总体看，月山背遗址发现的石制品特征与附近的坡脚和学堂背两个遗址的基本相似。（白彬　于孟洲）

天柱县学堂背新石器时代遗址

发掘时间：2009年11月~12月
工作单位：贵州省文物考古研究所、四川大学考古学系

遗址位于黔东南州天柱县远口镇中团村清水江东岸一级阶地上，2004年夏调查发现。今年为配合贵州省重点工程白市水电站的建设联合对该遗址进行了抢救性发掘。共清理多个时期的灰坑12个、灰沟1条、窑1座。

遗址出土陶器不多，以夹砂陶为主，泥质陶很少。陶色以褐陶最多，红褐陶和灰黑陶次之，还有青灰、红、黄褐、黄白、灰褐和灰白等。素面居多，麻点纹和绳纹较常见，有少量戳印纹、刻划纹和镂孔。器形有圈足器、釜、罐等。红褐陶比例大为增多，出现有陶胎厚度超过23毫

米的陶器。陶器装饰以素面为主，是学堂背遗址出土陶器的显著特点。出土打制石器近1300件，占遗址出土遗物的绝大多数。石料主要为轻微变质的长石石英砂岩。石制品按加工技术的不同可分为打制和磨制两大类。其中打制石制品占绝大多数，包括有坑疤的砾石、石片、石核和石器等几大类。有坑疤的砾石包括石锤和石砧。石器中刮削器为多，砍砸器次之，盘状器再次之。遗址中还见有较多的断片和断块。磨制石器仅发现一件石凿。学堂背遗址新石器时代遗存的年代较坡脚遗址稍晚，两遗址发现的石制品在制作技术上表现出极大的一致性。另外，从石制品和陶器的特征看，学堂背遗址所见的这类新石器时代遗存当与同一时期的湘西地区存在密切文化交流。遗址还发现宋元时期灰坑和明清时期窑址各1座。（于孟洲　白彬）

天柱县坡脚新石器时代及战国秦汉宋代遗址

发掘时间：2009年9月~12月

工作单位：贵州省文物考古研究所、四川大学考古学系

遗址位于黔东南州天柱县远口镇坡脚村清水江西岸一级阶地上，2004年夏调查发现，同年贵州省文物考古研究所进行过小范围试掘。今年为配合贵州省重点建设工程白市水电站的建设联合对坡脚遗址进行了抢救性发掘。共清理多个时期的灰坑60个、灰沟10条、石堆遗迹2处、墓葬2座、窑1座。

新石器时代遗存是坡脚遗址的主体堆积，包含物多为石制品，少数为陶片。陶片少而碎，主要为夹砂陶，泥质陶极少。陶色有红、红褐、灰黑、褐、黄褐、灰褐、青灰、灰白、黄白等多种。器表多有纹饰，以绳纹最常见，其次为戳印小（长）方格纹，还有弦纹、划纹、兽面纹。可辨器形有钵、罐、釜等。

石制品是出土的新石器时代遗物的主体，有8100多件。遗址中发现有一定数量的石料，石料绝大多数都来自于附近的河漫滩，以轻微变质的长石石英砂岩为最多，还有极少量的脉石英、细砾岩、粉砂质的石英砂岩和水晶。石制品按加工技术的不同可分为打制和磨制两大类。其中打制石制品占绝大多数，包括有坑疤的砾石、石片、石核和石器等几大类。有坑疤的砾石包括石锤和石砧。石器中刮削器为多，砍砸器次之，盘状器再次之，尖状

器较零星。还有端刮器、凹刮器和修背石刀等。遗址中亦见有较多的断片和断块。磨制石器数量较少，种类有石钺、斧、锛和凿等，形体多较小，另见有磨制石器的坯材及砺石等。

从出土石制品和陶器纹饰看，坡脚遗址的新石器时代遗存与湖南高庙文化的中晚期有密切的关系。

战国秦汉时期遗存仅有墓葬2座，均为长方形竖穴土坑墓，墓底涂抹有一层青黄膏泥，枕木痕清晰可辨。葬具均为木棺，人骨已完全腐烂，葬式不详。每座墓均随葬有一件滑石璧，石璧形制、纹饰基本相同，一面素面，一面饰圈点纹。从葬制、葬俗和随葬器物看，比较多地受到了楚文化的影响。

宋代遗物发现不多，均为瓷片。从釉色看，主要为酱釉，少数为黑瓷，青瓷极少。胎色以紫、红为主。可辨器形有敞口弧腹碗、斗笠碗、葵口碗、小口细颈壶、钵、研磨器和碾船等。碗足矮而窄，碗底有圆形工具压印痕。从碗心的残痕看，以托珠为间隔具。器形规整、釉面光亮。少数碗心模印花卉或“周”字。装烧工艺、装饰手法与清水江对岸的瓦罐滩窑址部分相似，但胎釉、器物种类、器形差异甚大。（于孟洲　白彬）

习水县与赤水市赤水河流域新石器时代至汉代遗址

发现时间：2009年4月~7月

工作单位：贵州省文物考古研究所、习水县文物管理所、赤水市文物管理所

为配合贵州省仁怀至赤水高速公路建设，对遵义市的习水、赤水两县市的赤水河沿岸（土城—元厚段）进行了短暂的考古调查，调查区域属于赤水河中游，早年曾在这一地区零星发现有东汉崖墓、磨制石器等遗迹遗物。此次调查，新发现了板桥、官仓坝、黄金湾等新石器时代至汉代遗址，为进一步认识赤水河流域考古学文化的面貌提供了新的资料。

板桥遗址位于赤水市元厚镇米粮村富文小学旁，小地名叫板桥。处在板桥河与赤水河交汇处的赤水河东岸、板桥河南岸的一级阶地之上。遗址总面积约1万平方米，地层堆积较为纯净。调查中发现石制品、陶器等遗物。石制品十余件，全系打制而成，原料可分为砂岩砾石和燧石石块

两大类；类型有石锤、石核、石片、断块、砍砸器、刮削器和盘状器等，其原生地层为一含角砾的浅黄色堆积，一些石制品表面附着有轻度的胶结物。石片按台面存在的形式，见有自然台面、素台面、台面缺失等，石片背面多数都具有石片疤。从打片方法来看，以锤击法为主，砸击法也有使用。石器方面，砍砸器以砾石为素材正向加工而成，与刃口相对的一端保持自然砾石面；刮削器多用石片加工而成。此外，在地表采集到1件红褐色橄榄形陶网坠（残）和2块夹砂陶片，其中一块红褐色陶片胎壁较厚、火候颇高。根据遗址所处的地理位置和调查所获的石制品、陶器等初步判断，遗址至少代表了新石器时代和汉代两个大的时间阶段，以新石器时代的堆积为主。

官仓坝遗址位于习水县土城镇附近，小地名叫官仓坝。处在赤水河西岸一级阶地之上。官仓坝为一地势平坦的半圆形凸出台地，高出赤水河水面约15～20米，早年曾在官仓坝附近发现有一些汉代墓葬。初步估算遗址面积超过2万平方米。调查时采集到石制品、陶器、动物骨骼等遗物。石制品主要为石片，原料有燧石、砂岩砾石等；石片按台面存在的形式，见有自然台面、素台面、零台面等。陶片火候低、胎壁薄，多为灰褐、红褐两色的夹细砂陶；纹饰有交错刻划纹、交错细绳纹、方格纹等多种；可辨器形有花边口沿罐、直口尖唇罐等。此外还发现有陶网坠1件（残），夹细砂，红褐色，橄榄形，中空。从遗址的出土物初步判断，以新石器时代晚期至商周时期的遗存为主体，兼有少量汉代遗物，遗物所反映的时代跨度比较大。

黄金湾遗址位于习水县土城镇黄金湾村附近，黄金湾小河沟与赤水河交汇处的赤水河东岸一级阶地之上，小地名叫天堂口（兴隆田）。黄金湾小河左右两岸均发现有古代遗物，尤以左岸（南岸）为多。初步估算遗址面积超过3万平方米。调查发现的遗物主要是陶器和动物骨骼。汉代瓦片发现最多，板瓦、筒瓦皆有发现，纹饰以粗绳纹和中绳纹为主。陶片可分两组，一组火候高、胎壁厚、多灰褐与红褐两色的夹砂陶，纹饰以中、粗绳纹为主，可辨器形主要为罐类，时代约为汉代；另一组陶片火候低、胎壁薄，多为红褐色的夹细砂陶，纹饰主要为中、细绳纹等，陶片细小破碎，器形难辨，这一组陶片的时代很可能为商周时期。此外还发现有陶网坠2件，皆夹细砂，红褐色，橄榄形，中空。动物遗存方面，水生的蚌类发现较多，陆生动物亦有发现。总的来看，该遗址至少存在商周和汉代两个时期的遗存；另外，我们在地势较高的区域还发现有少量的打制石器，因此在遗址附近区域是否会存在新石器时代的遗存还需做深入的工作。

黔北地区的赤水河流域是贵州省考古工作开展较为滞后和薄弱的地区之一，长期以来我们对于这一地区古代遗存的认识还比较模糊。此次调查新发现的几处遗址，对于我们认识这一地区史前至汉代考古学文化的面貌，推动这一地区考古工作的开展具有一定的意义。（张改课　王新金　蔡回阳）

镇宁县坝草新石器时代遗址

调查时间：2009 年
工作单位：贵州省文物研究所

遗址位于镇宁县良田乡坝草村，北盘江东岸的一级台地上，分布于坝草河汇入北盘江的入河口两侧。遗址总面积超过 2000 平方米，地理坐标北纬 25°28′15.1″，东经 106°46′54.1″，海拔 378 米（测点位于坝草河入河口北侧台地边缘）。

在遗址北侧，由于垮塌，出露一地层剖面，从此剖面观察，遗址堆积厚度约有 2 米，剖面上分布有丰富的陶片、不明用途石器、砾石制品、磨石、烧骨等。在整个遗址范围共采集到陶片 23 片，皆为红褐陶，夹粗砂，火候较高；从纹饰看，3 片为素面，3 片为交错粗绳纹外，其余皆饰粗绳纹；采集到一片陶器的口沿，为圆唇、敞口、竖颈。采集到骨串饰 1 件，为烧骨磨制而成，直径约 0.7 厘米，中间有一穿孔，孔径约 0.2 厘米。不明用途石器 2 件，略呈椭圆形，加工方法为先打击，后磨制，其中 1 件 1 端稍尖，2 件石器都像是半成品。石制品若干，其中砍砸器 5 件，包括小型砍砸器 3 件和大型砍砸器 2 件，石片 4 件，其中 3 片为零台面石片，石砧残块 1 件，表面密布打击形成的坑疤，磨石 1 件，为 1 件扁平砾石，在一个扁平面，有两个相对平行的磨蚀槽，所采集动物牙齿，经确认有猪、鹿、狗等。

坝草遗址采集遗物与贵州省文物考古研究所 2008～2009 年发掘的沙坝遗址 4 层遗存十分类似，为一类遗存的可能性较大，从大的时空框架来看，这类遗存和广西红水河流域和右江流域新石器时代晚期遗存的关系较为密切，此次采集的带乳突的石器，在沙坝遗址大量出土，其形制与珠江口用于玉器加工的“辘轳承轴器”有相似之处，实际功用还要和遗址其他器物综合加以说明。(张兴龙)

紫云县猫猫冲史前遗址及清代岩画题记

调查时间：2009 年

工作单位：贵州省文物研究所

遗址位于紫云县松山镇石头寨村大地头组，松山镇坝子南缘猫猫冲东侧山脚台地上，沿山脚呈条状分布，面积约1000 平方米，地理坐标北纬 25°44′57.3″，东经 106°05′47.4″，海拔 1189.4 米（测点位于遗址中心）。在遗址范围内采集到陶片和碎骨，陶片共计 23 片，皆为夹砂陶，沙砾中包含方解石小颗粒，以陶色区分，红褐陶 14 片，灰褐陶 9 片，以纹饰区分，绳纹陶片 15 片，方格纹陶片 3 片，戳印纹陶 1 件，素面陶片 1 片，因磨损无法辨识纹饰 3 片。

另在遗址边缘猫猫冲山体岩壁上发现内容丰富的岩画及文字，岩画形象有单体人物 3 个，单体马图形 1 个，骑马图形 3 个，人荷锄图形 1 个，鹿图形 1 个。文字有“嘉庆二年正月二十山高水进 才出嘉庆 鱼蛮造反 害了百姓 文官得前……”等。

猫猫冲遗址为紫云县发现的第一处史前遗址，其绝对年代和文化面貌需等到科学发掘后才能回答。岩壁上文字记录的“鱼蛮造反”可能为嘉庆二年（1797）正月二十三日的布依族王囊仙、韦朝元起义。(张兴龙)

贞丰县沙坝商周至秦汉时期遗址

发掘时间：2008 年 3 月 ~5 月、2008 年 10 月 ~2009 年 1 月

工作单位：贵州省文物研究所

沙坝遗址行政隶属于贞丰县鲁容乡鲁容村沙坝组，处于北盘江东岸的一级台地上，沙坝河与北盘江的交汇处。遗址基点地理坐标为北纬 25°25′39.7″，东经 105°47′17.3″，海拔 380.2 米。遗址面积超过 1 万平方米，堆积较好的区域面积超过 5000 平方米，遗址大部分处于龙滩电站水淹区。发掘共分为四个区，两次发掘共布探方 37 个，探方主要集中于遗址堆积最为丰富的东南侧。

遗址地层可分为⑦层，最深

处距地表175厘米，①层为耕土，②层为一层近现代的堆积，③层年代不晚于秦汉，④⑤层至少可早至商周，⑥层可能早至新石器时代，⑦层不见人类活动的痕迹。

在发掘区的西侧中部③层下，发现4座墓葬，皆为土坑墓，无随葬品，其中M1、M2、M3头向70°~90°，即头向东，脚朝向北盘江，葬式为下肢弯曲，上肢折放于腹部。唯M4头向与其他三座相反，墓向为284°，葬式为下肢弯曲，上肢折放于头部的两侧。4座墓葬几乎分布于一条直线上，似乎存在一定的规律性。

③、④、⑤层出土的双肩磨制石器数量过百件，双肩石器的形制有对称双平肩，不对称双斜肩，不对称双平肩，并有数件双重肩石器。伴出石锤、不明用途石器、砺石、石砧和石器毛坯等。在④层中清理出数枚完整的炭化果核。

沙坝遗址④、⑤层出土的细泥条附加堆纹陶片在拉它遗址的第⑥层和天生桥遗址的第⑤层也有少量出土，拉它遗址出土有双肩石器，也显示出其与沙坝遗址的文化面貌较为类似。先秦屈肢葬的发现在北盘江流域考古中尚属首次，与广西发现的屈肢葬可能存在联系，如此大量的磨制石器从地层中出土，在贵州境北盘江流域的发掘中还属首次，特别是与如此多的石器加工工具伴出，为研究双肩器的制造与使用提供了新的丰富的材料。（张兴龙　王新金　张改课）

铜仁市锦江流域商周至汉代遗址

调查时间：2009年6月~8月

工作单位：贵州省文物考古研究所、铜仁市文物局、江口县文管所

为加强“三普”地下考古工作，对锦江干流及其主要支流进行了系统调查，共记录商周至汉代遗存19处，其中绝大多数为调查新发现。

这19处遗存是施滩遗址、杜家园陶器采集点、落鹅遗址、岩董遗址、坳田董遗址、黄腊关遗址、落箭坪遗址、坳上坪遗址、新屋遗址、纸厂/汽油库陶片石器采集点、笔架冲遗址、磨刀湾遗址、茅溪遗址、锡堡遗址、宋家坝遗址、方田坝遗址、方田坝铜钲采集点、龙井遗址和寨坝遗址。其中器物采集点3处：方田坝铜钲采集点、杜家园陶器采集点、纸厂汽油库陶器石器采集点；其余均可确定为遗

址，而以岩董、黄腊关、新屋、茅溪、宋家坝、方田坝和龙井等遗址堆积最好，保存亦佳。除寨坝遗址位于江口县外，其余18个地点均在铜仁市境。

调查共采集石制品、陶片数百件，征集铜钲1件。石制品分打制、磨制两大类，以打制者为主，有磨制石器及其残件近10件。石器用河边砾石直接加工而成。打制石器有砍砸器、石片等。磨制石器有斧、锛、凿等，均为长条形，未见带肩、有段者。陶器未发现完整器，仅采集大量陶器碎片。陶质有泥质、夹砂二种；陶色有红褐、黄褐、黑皮和灰色等。以夹砂红褐或黄褐陶最为多见；泥质黑皮陶数量亦不少；泥质灰陶数量不多。纹饰有篮纹、绳纹、方格纹、弦纹、附加堆纹和划纹等。可识别的器形有高领罐、凹底罐、梭形网坠、豆等。在方田坝采集疑似三足器器足1件。

19处遗存均分布在锦江干流的一级阶地上，遗址面积从数百至数万平方米不等，平均在千余平方米左右。从目前的发现看，铜仁市区以下的锦江下游，遗址分布较为密集，往往几处地点集中分布，几乎凡有坝子处即有遗址；铜仁市区以上的锦江上游，遗址有渐渐减少的趋势，分布较为疏朗，似只选择一些条件较优越的江边台地作为居址。下游的湖南麻阳境内迄今已发现新石器时代、商周、汉代的遗存数十处，多分布在锦江两岸的一、二级阶地上。这一分布情况表明，可能存在一个人群由下游的湖南逆江向上游的铜仁逐步渗透的趋势。

自1981年漾头杜家园出土残夹砂红陶高脚杯、残陶釜以来，多将锦江流域已发现的遗址定为新石器时代，根据湖南的相关发现，我们认为这批遗存早可至新石器时代晚期，晚抵汉代，主体在商周时期。如新发现的铜钲，年代可能晚至西汉。这批遗存为深入探讨商周前后锦江流域的考古学文化及其演进提供了重要的实物资料。（李飞）

思南县乌江沿岸商周至汉代遗址

调查时间：2009年7月

工作单位：贵州省文物考古研究所、思南县文物管理所

为配合贵州省思南至剑河高速公路建设，在思南县开展了短暂的考古调查工作，于乌江沿岸新发现了赵家坝、小河口两处商

周至汉代遗址，填补了这一地区商周至汉代考古学研究的空白。

赵家坝遗址处在清渡河与乌江交汇处的清渡河北岸、乌江东岸（右岸）一级阶地之上，行政隶属于贵州省铜仁地区思南县邵家桥镇赵家坝村，小地名叫沙地。据初步勘测，总面积超过2万平方米，但多数区域文化层堆积薄，埋藏深。调查发现的文化遗物可分为石制品和陶器两大类。石制品的主要类型为有疤砾石（包括石锤和有人工加工痕迹的砾石）、石片等。陶器多系残碎陶片，火候低，夹粗砂，胎壁颇厚；陶色以红褐、灰褐两色为主，还有少量黑皮陶；纹饰见有粗绳纹、压印纹、方格纹等；可辨器形有花边口沿罐、卷沿方唇罐等。动物碎骨颇多，动物牙齿也有发现，初步鉴定种类主要有猪、狗、食草类动物等。此外，于文化层中还发现有一颗人类的臼齿。根据出土陶片的特点，初步判断遗址的时代约为商周至汉代，至于遗址下部堆积中是否含有新石器时代的遗存，还需做更加深入的工作。

小河口遗址处在清渡河与乌江交汇处的清渡河南岸、乌江东岸（右岸）一级阶地之上，与赵家坝遗址隔清渡河相望，行政隶属于邵家桥镇石家寨村，小地名叫小河口。据初步勘测，遗址总面积约3万平方米。调查发现的遗物主要有石制品、陶器、动物骨骼等。石制品皆打制而成，原料多系采自河滩的各类砾石，主要的石器类型有石锤、砍砸器、石锛（毛坯）等；陶器多系残碎陶片，火候低，夹粗砂，胎壁大多较薄，部分陶片胎壁较厚；陶色以红褐色为主，兼有少量灰褐色夹砂陶片和黑皮陶；纹饰主要为粗绳纹；从陶器口沿判断，器形主要为卷沿罐类。动物骨骼多较残碎，种属莫辨。整体上文化面貌与赵家坝遗址基本一致，时代上约与之相当或稍早。

此两处遗址的发现，扩大了乌江中游地区商周至汉代遗存分布的范围，为研究贵州乌江中游地区的商周至汉代考古提供了新的资料，同时也对研究峡江地区、乌江下游地区古文化与乌江中游古文化的关系起到一定的作用。（张改课　汪汉华　覃军）

安龙县龙广战国秦汉时期遗址

工作时间：2009年4月~5月

调查单位：贵州省文物考古研究所

在安龙县龙广镇进行第三次

文物普查时，发现柘伦村的下头营、平寨包包，纳西村的纳西营盘，小场坝村的播落、大寨共5处战国秦汉时期遗址。

这些遗址分布特征明显，一是高于现村寨，只有少数遗址与现村寨部分重叠。二是位于坝子中部或坝子边缘相对独立的小山上，这些小山上部基本上有明清时期营盘建筑遗迹，许多山上营盘遗迹保存较好，围墙、门道，防御设施和营盘内的房屋遗迹均有较好保留，部分遗址与山上建筑遗迹重叠。三是遗址所在地理环境较为优越，水源方便，部分遗址如柘伦村上头营、下头营和平寨包包，小场坝村的坡院、大寨、播落和纳桃村的磨雍等遗址相距仅数百米，已形成较为密集的村落。而遗址位于较高的小山上，应与防潮和防御有关。

由于位于小山上，多数遗址面积在5千~1万平方米，只有磨雍、播落遗址面积较大，为3万~5万平方米。调查采集标本主要是陶片，陶片均夹砂，陶色以褐色为主，主要是灰褐色和黄褐色，纹饰主要是绳纹和方格纹，器形有敞口罐、平沿罐和高领罐等。在播落遗址山脚下的平寨组，村民修房时曾挖出青铜剑等文物。

遗址中采集陶器与普安青山铜鼓山遗址群陶器基本相同，说明它们是同一时期聚落遗址，时代在战国秦汉时期。在龙广镇西侧的兴义鲁屯、郑屯、顶效和万屯等乡镇，也发现数处同时期遗址，使得黔西南州的普安、兴义、安龙一带成为贵州开展夜郎考古工作最重要也最有潜力的地区。（张合荣）

安龙县龙广纳万营脚战国秦汉时期遗址

工作时间：2009年4月~5月

发掘单位：贵州省文物考古研究所

为配合汕昆高速公路贵州境板坝至江底段工程建设，对龙广纳万营脚战国秦汉时期遗址进行了抢救性考古发掘。

遗址位于龙广镇纳万村营脚一组东侧一石灰岩孤山北麓，面积约5000平方米，1998年调查发现。由于公路从小山北侧通过对遗址造成破坏，受建设部门委托，我们对遗址进行了钻探和发掘，布5米×5米探方24个，发掘面积600平方米。

遗址破坏严重，地层多被村民开山取石破坏。清理遗迹有灰坑、沟、火塘和零散柱洞。出土物分两个时期，早期主要是陶器，陶器均碎片，陶质夹砂且以夹粗砂为主，陶色主要是褐色，以灰褐和黄褐为主，纹饰有绳纹、方格纹，可辨器形者仅罐一种。晚期遗物主要是明清瓷片、釉陶片和铁器。根据出土物推测，早期时代为战国秦汉时期，晚期为明清至近现代。（张合荣）

务川县镇南镇汉代遗存

调查时间：2009 年 2 月
工作单位：贵州省文物研究所、
　　　　　务川县文物管理所

为了配合务正道煤电铝工程建设，对位于遵义市务川县镇南镇的工程建设用地范围内进行详细的考古调查。通过调查，共发现汉代墓群 5 处，明清遗存 3 处，此外还发现少量具有一定遗产价值的乡土建筑。

这次调查发现的重要收获是以汉墓为主。类型有砖室墓和土坑墓两种。部分墓葬因当地居民生产生活取土活动被破坏，出土的遗物现下落不明。从墓葬形制和调查采集到的标本来看，应以东汉墓为主。汉代遗存在这一地区分布较多但较为零散，而这次发现的则较为集中，且规模较大。发现的明清遗存，有遗址、墓葬和窑址，规模较大，数量较多。（吴小华）

天柱县瓦罐滩元代窑址

发掘时间：2009 年 11 月 ~12 月
工作单位：贵州省文物考古研究
　　　　　所、四川大学考古学
　　　　　系

窑址位于黔东南州天柱县远口镇中团村清水江东岸一级阶地上，2004 年夏调查发现。为配合贵州省重点建设工程白市水电站的建设进行了抢救性发掘。清理灰坑 14 个、灰沟 3 条、龙窑 1 座，出土大量窑具，完整或可复原瓷器 3600 多件。窑址年代为元代，以烧制青瓷为主，另有一定数量的酱釉瓷器和黑瓷。青釉部分釉色较纯正，但相当一部分釉色较斑驳，釉色呈青绿、青褐、青灰、青黄、灰黄、浅黄和月白等。酱釉釉色亦可分酱青、酱黄、酱褐、酱紫和酱黑等。器物胎体较薄，矮圈足、足墙较宽，足脊平。可辨器形有碗、盘、高足杯、杯、盏、茶盏、罐、小罐、壶、提梁壶、急须、钵、盆、研磨器和器盖等，以碗、盘、茶盏数量最多。装饰手法有彩绘、模印、划花、堆塑、堆粉等，主要见于碗、盘、壶、罐。部分碗、盘足底有手指或工具压印痕迹，为该窑址出土瓷器的显著特点。窑具种类不多，主要有地柱、托珠、垫圈、垫饼和垫条等。从釉色、器形和装饰手法看，瓦罐滩窑址出土瓷器受到了来自钧窑、衡山窑、建窑的影响。（白彬　于孟洲）

兴义市阿红战国至汉代遗址群

调查时间：2009 年 5 月

工作单位：贵州省文物考古研究所、兴义市文物管理所

今年在晴隆至兴义高速公路工程建设中所经过省级文物保护区万屯汉墓群的用地区域内的阿红村发现遗址群 1 处，共有背后山、坡麻、营盘坡 3 个地点。

背后山遗址分布于背后山西侧山脚及南侧山凹内，长约 400 米，整个遗址面积约 23250 平方米。文化层堆积厚 1.20～1.70 米，包含大量烧土颗粒，采集素面、方格纹陶片 10 余片。

坡麻遗址分布于坡麻山凹内，长约 200 米，整个遗址面积约 12150 平方米。文化层堆积厚 1～1.2 米，也包含大量烧土颗粒。

营盘坡遗址位于营盘坡底部至顶部，文化层厚 0.2～0.5 米，其山脚处遗址较厚，整个遗址面积约 5000 平方米，采集绳纹、方格纹陶片数片。

这三个地点地理位置比较接近，但在营盘坡遗址发现的陶片口沿粗厚，年代可能稍早于背后山、坡麻遗址两处。而采集陶片年代应在战国至汉代，时代上早于或同于万屯汉墓的年代。且其同安龙龙广战国遗址群、北盘江坡们等遗址出土陶片相似，可能属于同一文化类型。（胡昌国　杨洪）

贵阳市花溪高坡岩洞葬

调查时间：2009 年 8 月

工作单位：贵州省文物考古研究所、中山大学人类学系

为配合“第三届边疆民族考古和民族考古学论坛”的召开，对贵阳市花溪区高坡苗族乡境内的岩洞葬进行了详细的调查。高坡乡境内目前已发现的岩洞葬约 20 处，这次调查从中筛选出 8

个具有代表性的点进行详细的测量、绘图、摄像、分类以及标本采集等工作，获取了大量资料。

这次调查，我们选取了甲定、中坝、北杉坪、将军山、批林罗氏、五寨王氏、五寨唐氏和渔洞8个墓地。其中保存较好的为甲定墓地，最差的为渔洞墓地。各个岩洞葬墓地规模大小不一，多则二百余座，少的只有几座。年代最早在明代初期，最晚的为20世纪90年代，清代居多。棺木形制均为板式棺，多有“井”字形棺架。采集的遗物多为瓷器，计有青花碗、青瓷碗、瓷壶、双耳带流罐等，此外还采集到少量装饰品，如铜手镯、穿孔海贝以及木梳等。(吴小华)

惠水县大龙岩画

调查时间：2009年5月~10月
工作单位：贵州省文物考古研究所

大龙岩画位于惠水县大龙乡长征村洞口组，地理坐标为北纬26°05′30.9″，东经106°34′49.0″附近，海拔1212米。共两个地点，分布在同一山体上，彼此相去约50米。

岩画所在的山体，当地称为独坡，位于一个面积较大的坝子之中，四周皆为农田，岩画位于山体南侧的石壁上，分布于裸露的石灰岩上。

岩画皆用赭红色颜料绘制而成，线条最粗4厘米，最细仅1厘米。第一地点系一岩厦，可分二组，内容较为丰富，共有各类单体图案近百个。第一组绘于岩厦内侧的岩壁上，画幅长8.3、宽1.6米，总面积超过15平方米，以马、人骑马、人牵马、人执器等图案为主，另有实线框内加点图案3幅。第二组绘于一处较高的岩壁龛中，画幅长约2.5、高1.2米，紧邻第一组，但较为险峻，不易攀爬，内容较少，绘制也较粗糙，内容有人、马、人骑马、圆点符号等。

第二地点位于第一地点西侧约50米远处，分布于一岩洞洞口西侧石壁上，内容较少，风格亦似与前者略有区别，可辨图案有人、鸟、太阳纹等。调查中，在第二地点所处的岩洞前坡地上采集燧石片等遗物，应系一史前洞穴遗址。

惠水大龙乡岩画与长顺付家院岩画毗邻，岩画内容和绘制手法也较接近，或为同一人群所遗亦未可知。长顺付家院、惠水大龙均地处涟江流域，属珠江水系，该处岩画与盘江流域已发现的多处岩画可能属同一系统。贵州目前已发现类似岩画地点30余处，而大龙岩画是近年来发现的规模较大的一处岩画，是惠水境内首次发现的岩画地点，拓展了贵州岩画的地理分布。以上岩画地点为研究当时当地的民族及其精神信仰提供了珍贵的实物材料。(张兴龙)

云南省

临沧市那蚌新石器时代及青铜时代遗址

发掘时间：2008年12月~2009年3月

工作单位：云南省文物考古研究所、临沧市文物管理所、临翔区文物管理所

遗址位于临沧市临翔区马台乡唐家村委会那蚌东北约500米的澜沧江西岸一级台地上。因澜沧江糯扎渡水库的建设，2002年调查水库淹没区时发现。遗址总面积约1.2万平方米，发掘面积3000平方米，遗址东北高西南低，三面环江，北邻大尖山，北纬23°43.981′，东经100°16.700′，海拔784米。遗址文化层堆积厚1~2米，共分四层，①层为表土层，②~④层为文化层。遗址遗迹现象较简单，有少量灰坑和柱洞，灰坑似自然凹坑，非人工挖掘，而少量柱洞未发现其排列规律。从遗址出土众多陶柱窝看，当时建筑似在石板上放置柱窝，再行放置木柱。

遗址出土的小件达到了3000余件，可分为石器、陶器和铜器等，大部分为石器。石器有打制和磨制两种，打制居多，占到所有出土小件的85%以上。打制石器有石斧、石锛、刮削器、砍砸器、石凿、石刀、石铲和石锤等，打制石斧可分为双肩、条形、梯形以及亚腰形等，石锛有长条形和梯形两种。磨制石器有石斧、石锛、石环、石箭镞、石锥、石管、石磨盘与石磨棒、石坠及石拍等，磨制石斧也分为长条形、梯形等。另外还出土有石范和大量砺石等。遗址出土的陶片很多，大部分是圜底器，几乎不见平底器和圈足器，极少量带流器和带錾器。器形有釜、钵、盘、小陶缸、纺轮、陶杯和陶柱窝等。陶釜可分为侈口长颈、侈口短颈、侈口溜肩、侈口广肩和类子母口五型，陶钵可分为敛口圆肩、敛口折肩、敛口口近直及口微敛唇尖内收四型，

盘可以分为敞口、广口和曲折口三型。陶器以夹细砂为主，少量夹粗砂，夹粗砂主要是器壁较厚的器物，都为手制，烧制火候较低。陶色有灰褐陶、黄褐陶和红褐陶等。陶片的纹饰很丰富，有绳纹、篮纹、刻划纹、戳印纹、压印纹、弦纹和水波纹等等，还存在多种纹饰同时出现在同一陶片的组合纹饰。本遗址最有特点的陶器就是陶柱窝，在云南的其他遗址乃至全国其他遗址几乎没见过。陶柱窝都为夹粗砂，手制，基本形状似圆筒状，在器底一侧有两相连的舍状足，而且在底部中间和器壁各有一个小圆孔，器底外侧普遍有纹饰。此类器物一般都出在遗址的早期地层或生土层中，出土时一般伴随出土数块石块，因而推测可能为某种建筑构件。

遗址所出的石器与怒江流域的河边台地遗址（龙陵大花石遗址）所出的石器在形式上很是类似。但是，从遗址所出的陶器群组合和纹饰来看，与怒江流域的台地遗址（以平底器、刻划菱形纹与乳丁纹等为代表）又有着很大的区别。

大量石器和陶器的出土，说明一直制作和使用石器和陶器，应该处于新石器时代。又在遗址第③层出土有一件铜管，说明遗址晚期已经进入了青铜时代早期。（杨帆）

临沧市昔归新石器时代和元明时期遗址

发掘时间：2008 年 12 月 ~ 2009 年 3 月

工作单位：云南省文物考古研究所、临沧市文物管理所、临沧市临翔区文物管理所

昔归遗址位于临沧市临翔区帮东乡昔归自然村东面的澜沧江西岸一、二级台地，海拔 807 ~ 830 米。分布面积近 6000 平方米，发掘系配合糯扎渡水电站建设而进行。

本次发掘面积 3000 平方米，分为 A、B、C 三个区域展开，出土各类遗物 3000 余件。发掘区域地层堆积共有四至五层，晚期地层对早期地层扰动较大。在地层中出土了大量的石器、陶网坠，同时伴出了部分陶、瓷碎片等。石器以打制双肩石斧为主，其制作方法系用砾石直接打下石片，于两侧敲出缺口，形成柄部，一面为卵石面，另一面为破裂面。另有极少的磨制石器。

发掘表明，昔归遗址是一处以明代遗存为主兼有少量新石器

时代遗存的人类生活遗址。在A、C两个区域共发掘和清理各类遗迹单位135个，其中墓葬41座，灰坑66个，陶窑14座，陶灶3座以及和制陶相关的“工作坑”10个，排水沟1条。

墓葬均为竖穴土坑墓，墓中人骨大多腐朽不存。出土各类随葬器物100多件，有陶器、釉陶器、瓷器、铜器、铁器及银器等，以釉陶器为大宗。根据出土青花瓷碗底“成化年制”落款，可知这批墓葬的相对年代为明代中后期。

发掘的灰坑平面形状呈圆形或椭圆形，浅的仅0.4米，深者达2米多，坑内的包含物多为陶瓷片。发掘的陶窑多已被破坏，按其平面形状可分为马鞍形、靴形等，为烧制网坠类陶器的小型陶窑。还有形制大体同于陶窑的“工作坑”等遗迹。根据开口层位和出土包含物分析，上述遗存年代亦属元明时期。

昔归遗址发掘所获的考古学材料对于了解、认识和研究澜沧江中下游地区史前人类和元明时期人们的生产、生活方面等具有重要意义。（康利宏）

昆明市白塔村新石器时代遗址与明清墓葬

发掘时间：2009年11月
工作单位：云南省文物考古研究所

遗址位于昆明市西山区海口镇白塔村东南，临滇池唯一的出水河道——螳螂川。1982年第二次文物普查时发现，为河边台地遗址群，总面积近5万平方米，由六个山脉向河谷延伸的台地组成，临近地区也有零星螺蛳壳堆积。在进行第三次全国文物普查时，发现公路施工已将两个遗址局部破坏，遂决定将施工暴露的部分遗址分布区进行抢救性发掘。此次发掘涉及遗址群两个地点，总发掘面积480平方米，命名为Ⅰ区、Ⅱ区。Ⅰ区为螺蛳壳、陶片堆积而成的贝丘遗址，发掘面积200平方米。在发掘区域文化层堆积厚约1~2米，据当事人介绍，施工区域螺蛳壳堆积很厚，可达4~5米。Ⅰ区地层共分六层，①~④层为耕土及明清层，扰动较多，⑤、⑥层为纯净文化层，包含大量螺蛳壳及红褐色陶片。Ⅱ区虽亦为早期贝丘遗址，但文化层堆积较薄，明代汉人进入以前为彝族的火葬墓地，近现代又经梯田改造，故表土约20~40厘米堆积中含大量螺蛳壳及陶片，其下即为生土层，事实上由于后期的火葬墓、明清竖穴土坑墓及近现代的改地运动，已将早期文化层堆积完全扰乱。

火葬墓多为圆形小坑（不规则），内含大量烧灰和骨渣，无随葬品，坑口界线也不甚分明，与史料及民族学材料介绍的彝族（先民）火葬习俗相合。竖穴土坑墓部分尸骨保存完好，有用板瓦（或筒瓦）枕头或覆盖四肢的习俗，和滇池周边发现的明清汉人葬俗相同。

在Ⅰ区⑤层中发现有残铜器，故此，我们判断遗址年代上限为新石器晚期至青铜时代时期。火葬墓年代应在明代汉人进入该地区以前，但亦不会太早。明、清墓由于断代材料明确，时代无误。（杨帆）

澄江县金莲山石寨山文化墓群

发掘时间：2008 年 10 月～2009 年 4 月

工作单位：云南省文物考古研究所、玉溪市文物管理所、澄江县文物管理所

金莲山位于澄江县城东南约 3 千米的右所镇旧城村东部边缘，2006 年进行了抢救性发掘，发掘面积约 2000 平方米，共清理墓葬 144 座。2007 年，进行了系统的勘探，2008 年进行了主动考古发掘。发掘区位于 2006 年发掘区的南部，在不到 600 平方米的范围内共清理墓葬 266 座。属于典型的石寨山文化墓葬，年代大致相当于春秋至东汉初期；出土器物千余件；其奇特的葬式葬俗及特殊的随葬品组合为滇池区域青铜时代文化研究提供了难得的材料。

这次发掘的墓葬，大体可以分为两个墓区。一是以西北—东南向为主的墓葬群，集中分布于发掘区中西部；二是以北—南向为主的墓葬群，主要分布于发掘区北、东部；两个墓向的墓葬互有叠压打破关系，但主要是北—南向打破西北—东南向的，墓葬分布有规律可循。墓葬均为土坑竖穴墓，少部分有基岩二层台和腰坑；大部分墓葬直接开凿于基岩上，以基岩作为墓壁和墓底，仅极少数墓葬的底部发现木炭痕迹，推测当时大部分墓葬未使用葬具。

金莲山墓地最有代表性的是它复杂的葬式和特殊的葬俗，包括单人葬、合葬、叠肢葬和叠层葬：单人葬以仰身直肢葬为主，墓主既有成年个体，也有未成年个体，而且未成年个体的墓葬数

量还占有较高比例，似有专门的埋葬区域；合葬中又有一次葬与二次葬共存者、成年个体与未成年个体共存者、仰身与俯身共存者、仰身与侧身共存者、多个个体累叠放置者，形式多样；叠层葬是该墓地最具特色的丧葬习俗，即将死者分层埋葬，每层用填土间隔，它是另一种包含了多种埋葬形式的合葬，尤以层层累叠的二次葬长方体人骨堆最为特殊。大多数墓葬人骨保存较好，为体质人类学研究提供了难得的材料。

金莲山墓地出土的随葬品以青铜器为主，包括生产工具、生活用具及武器。生产工具主要有铜锄、铜斧、铜凿、铜刀等，生活用具有铜釜、铜笄、铜扣饰、铜钏等，武器有铜镞、铜斧、铜剑、铜矛、铜戈和铜臂甲等，青铜器中以武器占大多数；器表多素面。部分有纹饰。青铜器中的铜锄明器、铜铲明器，为仿实用器的形制制作，器形小，制作粗糙，目前仅发现于金莲山墓地。铜铁合制器绝大部分为武器，包括铜骹铁矛、铜柄铁剑等。装饰品有较多的绿松石珠、绿松石扣、玛瑙珠、玛瑙管和木镯等，散见于部分墓葬中。大多数器物均体现了典型的石寨山文化特征，同时也出土了少量的汉式器物。

发掘区的东南部为祭祀遗迹，在自然基岩表面有较厚的灰烬层，灰烬层表面散布着大量的同心圆纹盘残片，可明确的器类有釜、尊、罐、钵。灰烬中还散见人下颌骨、动物牙齿（种属不明）、铜镞、石坠、陶纺轮和陶动物形器纽等遗物。我们推测是该墓地的祭祀区，这是目前首例在石寨山文化墓地中发现的祭祀遗址，对研究当时人群的社会活动和宗教信仰有重大意义。

金莲山墓地为石寨山文化的研究增添了可贵的新材料。目前对该文化的研究仍以墓地材料为主，遗址材料相当匮乏。在距金莲山不远的学山，经勘探，确定为一处与金莲山墓地同时期的遗址，文化堆积较厚，保存完好，其文化主体很可能为金莲山墓地的部分墓主。对该墓地、该文化的研究，还有赖于对遗址的深层次的认识。（蒋志龙　周然朝　何林珊）

玉龙县江凹石棺墓地

发掘时间：2008 年 12 月 ~ 2009 年 1 月

工作单位：云南省文物考古研究所、丽江市博物院、玉龙县文物管理所

墓地位于玉龙县鸣音乡东联

村公所江凹自然村西的金沙江右岸一级缓坡上，发现于2004年对金安桥水电站淹没区的文物考古调查期间，面积约4000平方米。发掘系配合金安桥水电站的建设而进行。

因墓地所在缓坡表土层下多为崎岖不平的页岩山体，发掘采用将表土及杂草全面铲除后寻找墓葬的方式。由于当地村民近些年来将缓坡改为台地种植天竺香叶，墓地被破坏殆尽，4000平方米面积内仅余因被作为道路使用而保存下来的9座石棺墓。

9座墓顺缓坡横向并排相连，均为长方形竖穴，墓坑长0.7～1.45、宽0.7～1.5、深0～0.35米不等。墓室底用石板铺垫，四壁以石板竖立围砌，石板之间未见黏合物充填，墓口由于已全暴露于地表而不知有无盖板石。两墓之间多共用同一石板，从墓底生土上竖立隔开为墓壁，即相邻两墓的铺底石板未相连。仅两座墓共用同一石板铺底，隔墓石板立于铺底石板上隔开两墓。石板为当地页岩，厚约0.05米。

九座墓均为二次捡骨葬，未见葬具，墓内只葬有头、肢骨而未见任何随葬品。头骨多位于墓室内南端，墓向均约180°。各墓所葬人数不一，少者仅一具遗骸，多者则达七具，头骨多者重叠堆放，肢骨堆放整齐。骨骸均潮湿较朽，一动即裂断成碎块而难以完整成形取出。

江凹石棺墓的时代由于无任何随葬品而难以断代。江两岸村民现全为纳西、傈僳两个民族，村中老人言此村从明代起始有人来此定居，对石棺墓的主人他们全然不知，说明石棺墓的时代至少在明代以前。

石棺墓是藏东、川西及滇西北等地古代民族普遍采用的一种葬式，江凹石棺墓地的发掘为研究这一区域古代不同民族的文化提供了新的资料。（何金龙）

西藏自治区

墨脱县堆林磨制石器采集点

调查时间：2009年6月

工作单位：西藏自治区文物保护研究所、西藏自治区林芝地区第三次文物普查队

在墨脱县境内进行文物普查

野外调查工作时，在达木乡达木村发现磨制石器采集点，发现磨制石器1件。

石器采集点位于墨脱县达木乡达木村西北约100米名为堆林的雅鲁藏布江左岸支流金珠河左岸一级台地上。石器发现地所在台地从村庄西北侧100米到巴日卡河左岸岸边，西北至东南长约500米，西南至东北宽约400米，面积约20万平方米。

此前对该石器地点的调查中在地面采集磨制石器12件，其中石斧10件、石锛2件，并因之命名为达木石器地点。

此次调查得知，村民在耕作时偶尔可发现石器，征集到石锛1件。（陈祖军）

墨脱县墨脱村磨制石器采集点

调查时间：2009年6月

工作单位：西藏自治区文物保护研究所、西藏自治区林芝地区第三次文物普查队

在墨脱县境内进行文物普查野外调查工作时，在墨脱镇墨脱村发现磨制石器采集点，发现磨制石器3件，征集1件。

石器采集点位于墨脱县墨脱镇墨脱村南侧的雅鲁藏布江左岸坡地上，石器发现范围大约东北起自卓玛山下坡地，西南抵莫哈山、错德旺湖一带，西北至墨脱村村民驻地比如，东南迄德米邦塘，东西长约1000、南北宽约700米，分布面积约70万平方米。

1973年，曾在此地采集磨制石器9件，有石锛、石斧、石凿等类。另采集有饰绳纹和划纹的夹砂红陶、灰陶陶片等遗物，并因之命名为墨脱石器地点。

此次调查得知，村民在耕作时经常可发现石器，从送来的标本看，有石斧、石锛两类共3件，其中石斧2件、石锛1件。石锛呈梯形，墨绿色蛇纹石，双面直刃，刃口完好，弧顶略经打磨，长6.2、刃宽4.4、顶宽3.9、厚1.1厘米。（陈祖军）

墨脱县西亚磨制石器采集点

调查时间：2009年6月

工作单位：西藏自治区文物保护研究所、西藏自治区林芝地区第三次文物普查队

在墨脱县境内进行文物普查

野外调查工作时，在墨脱镇亚东村发现磨制石器采集点，发现磨制石器9件。

石器采集点位于墨脱县墨脱镇亚东村东北约1000米名为西亚的雅鲁藏布江左岸支流冰谷曲右岸一级台地上。石器发现范围大约西北起自巴日山下巴米典，东南至卓玛山冰谷瀑布及瀑布流下形成之冰谷曲旁名为当给的台地西北侧冲沟为界，东北倚巴日山，西南为陡坡。南北长约700、东西宽约400米，分布面积约28万平方米。

此前，曾在此地采集磨制石斧1件，并因之命名为亚东石器地点。

此次调查从村民手中征集到他们在耕作时发现的磨制石器9件，计石斧5件、石锛3件、石凿1件。其中5件采用墨绿色蛇纹石制成，2件以黑色泥岩制成，2件以灰白色岩石制成。5件石斧中有3件完好，均略呈梯形，上窄下宽。标本09MX采：007，墨绿色蛇纹石，双面正弧刃，刃口基本完好，有细小崩疤，平顶略经打磨。一面近顶部有一道横向梭形凹槽，中左部有一道竖向梭形凹槽，两侧面均保留有切割石料时留下的凸棱，长10.5、刃宽5、顶宽4.5、厚2.4厘米。石锛皆为梯形或近梯形，上窄下宽。标本09MX采：008，灰白色岩，石质细腻致密，单面正弧刃，刃口基本完好，有细小崩疤。两侧缘斜直，其中一侧缘因有上下3个较大石片疤而呈薄刃状。顶端圆凸，有石片疤痕。长9.6、刃宽5.3、厚1.2厘米。石凿仅1件，标本09MX采：001，墨绿色蛇纹石，长条形，双面直刃，刃口有较大崩疤，平顶略经打磨。长6.1、宽1.2、厚1.1厘米。（陈祖军）

墨脱县德尔贡磨制石器采集点

调查时间：2009年6月

工作单位：西藏自治区文物保护研究所、西藏自治区林芝地区第三次文物普查队

在墨脱县境内进行文物普查野外调查工作时，在背崩乡德尔贡村发现磨制石器采集点，发现磨制石器9件。

德尔贡石器采集点位于墨脱县背崩乡德尔贡村驻地四周坡地上。为雅鲁藏布江左岸支流德尔贡曲西约650米的桑多白日山东侧山腰缓坡地，东距德尔贡曲约650米，高出水面约120米，海拔1593米。石器发现范围南北

长约1000、东西宽约500米，分布面积约50万平方米。

此次调查得知，村民耕作时在德尔贡村所在之四周坡地曾发现大量磨制石器，征集石斧6件、石凿1件、石锛1件、残石器1件，共计9件。石器质地有墨绿色蛇纹岩、黑色泥岩、黑色泥页岩等。石斧标本09MD采:005，黑色泥岩，石质细腻致密，器形规整，制作精良。单面斜弧刃，刃口完好，两侧缘竖直，顶端为自然断裂面，无加工痕迹。长9.5、宽5.6、厚2.4厘米。石锛1件，标本09MD采:003，灰白色岩，石质细腻致密，细长梯形，上窄下宽。双面正弧刃，刃口完好，一侧面留有切割石料痕，一面上部向内斜磨呈刃状，弧形顶，顶端似有因使用形成之石片疤痕，长8.4、刃宽2.8、顶宽1.8、厚1.2厘米。石凿1件，标本09MD采:002，灰白色页岩，个体很小。长条形，单面斜直刃，刃口基本完好，有微小缺口，两侧面斜直，顶端呈锥形，长4.6、刃宽1.4、厚1厘米。残石器1件，标本09MD采:001，墨绿色蛇纹岩，石质细腻致密，残存部分呈梯形，两侧缘保留有原磨成之圆钝面，上下两端皆残，并被打磨成平滑略呈尖刃状。残长4.8、残宽3.8、厚1.2厘米。（陈祖军）

墨脱县背崩村磨制石器采集点

调查时间：2009年7月

工作单位：西藏自治区文物保护研究所、西藏自治区林芝地区第三次文物普查队

在墨脱县境内进行文物普查野外调查工作时，在背崩乡背崩村发现磨制石器采集点，发现磨制石器3件，征集2件。

石器采集点位于墨脱县背崩乡背崩村四周坡地及坡地下台地上。石器发现处为雅鲁藏布江左岸一级台地及坡地，其分布范围大约北起德新日山下名为东果日的坡脚平地，南抵雅鲁藏布江左岸一级台地迪米翁南端，西至一级台地临江处，东至台地及坡地西侧山脚。南北长约800、东西宽约750米，分布面积约60万平方米。

1973年，曾在此地采集磨制石斧2件，并因之命名为背崩石器地点。

此次调查得知，村民耕作时在背崩村所在之四周坡地及坡地下台地上经常可发现石器，村民送来的标本有石斧2件。标本09MBB采:001，墨绿色蛇纹岩，

略呈梯形，双面弧刃略偏，刃口基本完好，有一处崩落石片疤痕，一侧缘有开采石料留下的切割痕，顶端斜直，似略经打磨（不排除为小孩自行磨成），长9.5、刃宽5.5、顶宽4.2、厚2.2厘米。标本09MBB采：002，黑色泥页岩，纵向残断。残长10、残宽1.5、厚3.7厘米。双面弧刃，刃口完好，仅存的侧缘近直，顶端为自然断裂面，有石片疤痕。

另有村民大约在2000年前后从村东北德新日山西南侧近山脊处曾发现长石斧一件。标本形体甚大，加工极精良，因故未能征集，墨绿色蛇纹岩，通体磨光，长条形，双面正弧刃，顶部为自然断裂面，两面似有欲磨为刃之痕迹。长31.6、刃宽6.2、顶宽5.7、厚1.8厘米。（陈祖军）

昌都地区吐蕃石刻

调查时间：2009年6月16日~7月20日

工作单位：陕西省考古研究院、西藏自治区文物保护研究所、西北大学考古系

今年在昌都地区的芒康、察雅两县进行了吐蕃石刻的考古调查。除对已知的5处吐蕃石刻遗存做了全面考古调查外，还新发现了2处吐蕃石刻遗存，取得了重大收获。

其中在芒康县帮达乡然堆村调查朗巴朗增拉康（大日如来殿）佛教造像和然堆古藏文石刻期间，按照当地电影放映员扎多提供的线索，又新发现和调查了然堆卵石线刻造像和达琼摩崖造像2处吐蕃石刻遗存地点。

朗巴朗增拉康造像位于芒康县帮达乡然堆村朗巴朗增拉康内，均为砂岩质圆雕，辅以浅浮雕和阴线刻划细部。造像题材为大日如来与八大菩萨。大日如来居于殿堂中后部，前方左右两侧各排列4尊菩萨。9尊造像均着三角翻领阔袖袍服，头上戴筒状缠巾或筒状胡帽，外饰三叶冠。大日如来结跏趺坐于仰莲束腰须弥狮座上，菩萨游戏坐于束腰仰覆莲座上。

然堆古藏文石刻位于然堆村然堆组北约250米处的扎金山西麓山脚下，古藏文刻在一不规则天然石块表面。地面部分可辨藏文六行，北侧保存相对较好，南侧仅可辨个别字迹。在当地村民的协助下，清理出埋于地下的部分。清理之后发现，地表以下部分可辨有藏文3行，南侧保存相

对较好。由于风化严重，古藏文大多已无法辨认，仅可知自上而下第三行为：“一切圣者和世间……”，其余内容有待进一步释读。石刻藏文字体为吐蕃时期8种藏文字体之一的串珠体，是吐蕃时期碑刻的典型字体。

这次调查新发现的卵石线刻造像位于然堆村朗巴朗增北边的扎金山西北麓且马龙沟内，石刻散落于地面上，一些石刻半埋于地下，共计18件，连同当天在朗巴朗增拉康内北回廊石刻残块中又找到1件风格相同的，共计发现19件石刻造像。造像系用凿点连接成的阴线刻划而成，题材有穿着三角翻领袍服的大日如来和立姿菩萨、披帛带菩萨、着通肩袈裟的坐佛等。其中，大日如来穿三角翻领袍服，外披帛带。冠饰则以三叶冠最为典型。发式除高肉髻外，还可看到着俗装的大日如来和立姿菩萨所戴三叶冠后出露的高髻或高筒帽形象，这些特征均表明这批造像属于吐蕃时期。此类吐蕃时期的卵石线刻造像在西藏地区尚属首次发现，数量较大，题材和特征均十分典型，具有重要的历史文化价值和学术研究价值。

达琼摩崖造像位于朗巴朗增西北直线距离800米处的然堆村达琼组乡村公路北侧。造像位于高14米的沉积岩断壁东北面中部，用连贯的阴线刻划而成。依崖面走势，从左上至右下依次排列5尊造像：左侧小坐佛、左侧立姿菩萨、中间坐姿大日如来、右侧立姿菩萨、右侧小坐佛。大日如来和二菩萨均披帛带，戴三叶冠，冠后束高髻或戴筒状帽。两尊小坐佛体态较小，位于两侧崖面边缘，着通肩大衣，从颜色和雕凿技法来看，时代应与大日如来题材造像相同。该处造像是吐蕃时期线刻摩崖造像在西藏地区的首次发现。

以上4处遗迹位于两平方千米的范围内，分布密集，形式多样丰富，是目前所见藏东地区最大的吐蕃遗存分布区。此次调查是首次对藏东地区吐蕃石刻遗存所做的全面详细地考古调查和记录，成果丰硕，为研究吐蕃时期佛教史、佛教艺术史、唐蕃关系史提供了十分珍贵的资料。（席琳　张建林　夏格旺堆　田有前）

墨竹工卡县唐加寺尼玛拉康早期壁画

调查时间：2008年7月～2009年4月

工作单位：西藏自治区文物保护研究所、西藏自治区

拉萨市第三次文物普查队

在墨竹工卡县唐加乡唐加寺调查时，发现一组绘于尼玛拉康外墙面的早期壁画。

据藏文文献记载，尼玛拉康（太阳殿）始建于公元7世纪初松赞干布时期，紧邻其东侧的罗汉殿增建于朗达玛灭佛后的公元9世纪中后期，尼玛拉康、罗汉殿南侧的集会殿则增建于公元15世纪。现场所见增建的罗汉殿和集会殿墙体均遮盖了绘有壁画的尼玛拉康外墙面。从尼玛拉康的建筑形制判断，大卵石混合泥沙的建筑材料和转经回廊中心小殿堂的结构，与吐蕃时期佛教建筑形制相一致，而另两殿条石混合泥沙的方式则偏晚。此外，尼玛拉康殿堂地面高度比集会大殿、罗汉殿低约1米。综合以上因素能够基本证实尼玛拉康建筑早于罗汉殿、集会殿，并与文献记载相契合。从尼玛拉康的命名推测，不排除可能与其对应某处应有达瓦拉康（月亮殿），但目前尚未发现。

尼玛拉康外墙面壁画仅见一层，未见其下存在覆盖层。现在可见总长约17、高约4米，分布面积近70平方米。壁画可见15幅主尊，其中西南墙面6幅、西北墙面8幅、东南墙面1幅。每幅主尊莲座下部中央均应有藏文题记，惜图像、题记漫漶不清，损毁严重。初步研究判断，图像主尊似为观音佛母。壁画绘制风格、文化渊源与古代印度旃陀罗石窟壁画有明确联系，具有突出的南亚特征和写实特点，绘制时代可能早于扎塘寺，至迟不晚于11世纪。

尼玛拉康早期壁画的发现是继扎塘寺早期壁画之后的又一重大发现。就审美品格和文化地理位置而言，这组壁画对研究西藏吐蕃时期至藏传佛教后弘期早期，即公元7至11世纪西藏艺术史和佛教文化传播史具有重要意义、极高的学术和艺术价值。（和靖　陈祖军）

工布江达县洛哇傍卡吐蕃时期摩崖石刻

调查时间：2009年6月~7月
工作单位：西藏自治区文物保护研究所

洛哇傍卡摩崖石刻位于工布江达县江达乡江达村西约2千米的洛哇傍卡山东南麓崖壁上，海拔约3580米。石刻面积约50平方米，高1.5~3米，均为阴刻，内容包括有人物造像6尊、佛塔、早期藏文题记及六字真言等。6

尊人物造像位于中部，像高1.55～3、宽0.6～2.0米，内容分别为佛像、度母、世俗人物等。左下角刻有佛塔10余座，其最为突出的形制特征中不见晚近藏传佛教佛塔的“四层塔阶”和“三层塔阶”的标准形制，而且能判断的佛塔“相轮”的数量有“六轮”、“七轮”等，这些特征均为早期佛塔所具有。依目前所掌握资料，这种造型佛塔不会晚于13世纪。早期藏文题记约有十余字，可辨文字意为“无上戒律”。从藏文形体风格判断其摩崖石刻时代为吐蕃王朝晚期，即公元9世纪初至9世纪中期。此次发现确认的洛哇傍卡摩崖石刻，不仅充实了西藏地区早期石刻造像的实物资料，同时为西藏古代佛教造像、唐蕃古道各类文化遗存等方面的研究提供了重要依据。

（李林辉　罗布扎西）

吉隆县恰芒波拉康

调查时间：2009年6月5日～7月28日

工作单位：西藏自治区文物保护研究所

恰芒波拉康位于吉隆县差那乡恰芒波村，县城东面45千米处的佩古措西岸湖滨台地，与位于东岸的聂拉木县喇普德庆寺隔湖相望，海拔4600米。相传，该拉康最初建筑是由藏医大师新宇拓·云登贡波（1126～1201）出资，恰芒波地方的恰·桑杰噶玛伏藏师修建。因新宇拓·云登贡波从18岁开始，经过今吉隆县境内的蕃尼古道等路线，曾前往印度求学及讲授共六次，所以倘若该拉康建筑修建与新宇拓·云登贡波相关，则其修建时间可断为12世纪时期。根据托木形制及木构件装饰特征等综合因素分析，该拉康建筑的年代当在12～13世纪。由于地处偏远，以往的工作中尚未对其做过相关的调查与研究，为今年我所调查的新的文物点。

目前该寺内保存有具有印藏风格的古老建筑木构架，同时存在着汉式建筑木构形制的影响。其中梁枋之上、门楣设置出檐狮子、大象、水兽等动物的雕刻作品，不仅为西藏建筑史，而且为西藏艺术史研究提供了更加丰富的实物资料。

该拉康原佛堂建筑为二层，经堂为一层。佛堂一层屋顶上仍残存有夯墙残断，目前未能盖二层屋顶。现存恰芒波拉康建筑以东西向分布，主要由一座殿堂、两间储藏室和一间厨房组成，建筑分布面积558平方米，门向东。殿堂由后庭佛堂（主供殿）及前庭经堂（集会殿）构成；两间储藏室接建于前庭经堂左侧，在整个大殿左侧形成了类似“耳室”的长方形房屋布局；厨房接建于大殿东南角。

该拉康内现存出檐的木雕动物构架主要见于佛堂内进深第二柱的横向两柱之间的梁枋之上，佛堂正门的门楣；经堂内进深第四柱的横向整个梁枋之上及经堂正门的门楣。佛堂内木雕动物构架有3尊，其中两边各雕刻一尊狮子，中间为一尊大象造型。在我们已知的西藏古建筑木构架中，出檐木雕动物一般仅为一层，但在恰芒波拉康经堂内可以见到两层出檐的动物雕饰。不仅如此，梁枋之上第一层的出檐两端各雕刻一尊大象外，余皆为狮子造型。而第二层出檐仅在其两端（尽管其北端被后期加固墙遮掩，但从构架的对称做法可以推测两端都应当各有一水兽）各雕刻一水兽造型，其余同层的椽子不见出檐动物造型。目前在西藏境内保存至今的出檐动物雕饰建筑构架的组合中，两尊狮子及一尊大象的组合实属罕见。另外，其经堂内第一层出檐椽子两端为大象，余皆为狮子，而第二层仅两端各有一水兽的构架形式也很特别。

尽管现存恰芒波拉康的形制布局与最初时期相比，发生了一些改变。但拉康建筑内的柱头托木及梁架等木构件特征显示出其建筑修建年代的久远。现存木构件的托木形制与风格，梁枋之上及门楣处出檐之木质卧狮等构架的整体形式，不仅与吉隆县宗嘎镇卓玛拉康，而且与宗嘎曲德寺的建筑构件架构形式有着相似之处。与13世纪时期萨迦北寺等属于西藏上部地区古代建筑构件的比较中，我们更进一步地认识到了恰芒波拉康、卓玛拉康等建筑木构架的形制特征之间存在一定的联系。目前西藏境内保存下来的这种建筑构件形式的艺术作品实为罕见，除了拉萨大昭寺、吉隆卓玛拉康、宗嘎曲德寺等为数不多的建筑以外，其他地区的古建中很难见到保存如此完好的建筑木构架，所以恰芒波拉康在西藏古建史、艺术史与文物研究中所占的地位显得非常重要。（夏格旺堆）

聂拉木县喇普德庆寺

调查时间：2009年6月6日～7月28日

工作单位：西藏自治区文物保护研究所

喇普德庆寺位于聂拉木县波绒乡西北佩古措东岸，与位于西岸的吉隆县恰芒波拉康隔湖相望，东南距波绒乡府所在30千米，海拔4595米。该寺最初建筑由巴端·结瓦西饶于1234年前后修建，另有学者认为由巴·班典桑波修建，其最初建筑的时间当为13世纪上半叶。该寺为曾推动西藏上部（即整个日喀则地区辖境）和中部地区（拉萨、山南等）苯教文化发展作出过巨大贡献的苯教五大著名姓氏辛、楚、许、巴、梅之巴姓各祖师的根本道场。

寺庙由一座殿堂及厨房为主的两组建筑组成，殿堂在北面，其南侧靠西面接建有厨房及储藏室，从墙体修砌特征看，二层楼的厨房及储藏室为后期某个历史阶段中填建的建筑。主殿建筑由两部分构成，后庭主供殿（佛堂）及其前面接建的集会殿（经堂），建筑占地面积205平方米。主供殿建筑为三层，集会殿为一层，并在一层屋顶的左右两侧修建有不是很规范的凉棚或廊道。主殿正门向南，在其靠西面的南侧有一凉棚（明廊）。凉棚西侧为上到主殿一层屋顶和厨房二层房屋的简易木梯。厨房建筑为二层，门向正东，一层有两间房屋，前面一间为正式的厨房，仅有一根柱子；后面一间为小储藏室，无柱子。二层仅为一间，二柱，但利用了厨房与殿堂接建处的一个过道空间，当做堆放杂物之处。厨房东面前方与殿堂南面空间为其小院，院墙东南角有一间小厕所，与厕所连接的为院门，朝向正东。

按照以往对西藏古建筑历史的认识，认为带回廊佛堂前接经堂的平面布局的建筑形式，主要见于7世纪至10世纪前半叶西藏佛教进入后弘期之前。但喇普德庆寺建筑布局的存在，已经提供了与上述看法可以产生不同观点的新证据。这种建筑形制布局的延续，至少可以退后至13世纪，其学术意义的重要性可见一斑。另外，喇普德庆寺佛堂之上修建楼层，但经堂仅为一层的建筑形式，为此类建筑模式在后进西藏建筑史中的继续发展，提供了一个相对早期的范本。

该寺现存壁画分布情况如下：佛殿正门左右各有1铺共2铺壁画；经堂北墙西段2铺，东段壁画现不存，但从空间看原壁画当有2铺；东墙4铺；南墙正门东段1铺，西段2铺。共为11铺。前庭集会殿的东、南、北墙，主供殿正门外墙除左右两侧的壁面上绘制有壁画。其中在集会殿三个墙面绘制有苯教的佛、菩萨、护法神、上师、可能为施主形象等内容的壁画；主供殿正门外墙除左右两侧的上部绘制有佛、菩萨外，其左右及底部分别绘制可能是师徒传承题材的壁画，与该寺历史相关的几位巴氏祖师的肖像等。整个壁画的主尊皆为静相，不见猛相，也不见双身像。神像中能够较清楚辨识的除了有雍仲苯教创始人端巴幸绕之化身与报身像外，似是有与苯教“善逝四主尊”题材相关的神灵如斯巴桑波崩赤、西绕强玛等。喇普德庆寺现存壁画，可列为西藏乃至整个藏区境内留存至今而年代最早的苯教壁画行列，甚至有可能是最早者。因此，该寺在西藏地区的苯教艺术史乃至西藏宗教艺术史、西藏建筑史及文物研究中占有非常重要的地位。（夏格旺堆）

吉隆县宗嘎镇曲德寺遗址

发掘时间：2009年5月25日～6月16日

工作单位：西藏自治区文物保护研究所

今年对曲德寺应急抢险维修工程进行前期考古清理的第一期发掘工作，重点对曲德寺主殿组成部分的扎西果芒塔殿、星仓仁莫（原曲德寺乌孜殿的柴火房）、主殿外围西北及西面台子、主殿北面外围康巴嘎如殿等建筑遗址进行了发掘，清理面积600余平方米。

孔塘王国（过去被译为“贡塘”，因音不准，此次采用准确音译“孔塘”）建立于11世纪，是与著名的阿里古格王国同出王室宗系的西藏上部地区另一重要的地方政权。宗嘎曲德寺始建于孔塘王国早期阶段的鼎盛时期。此次清理工作中，基本弄清了曲德寺主殿组成部分的扎西果芒塔殿内最初建筑形制布局及其后期历史中改建、填建的主要建筑之间的关系，并且可确定曲德寺现存主殿建筑是一座至少在两个大的时段中完成的混合体。根据《孔塘王系源流》中的记载与实地考察，两个时段中修建建筑的年代也得到了确认。即主供佛殿最初的形制布局当为前庭集会殿、后庭带转经道的主供佛殿。这个最初的建筑修建于1270～1277年的第10代孔塘王赤嘉崩德衮（1253～1280）时期，当时建成的主要建筑有被称为“扎西穷宗嘎墨”的“颇章噶尔波”或“白宫”的国王宫殿、妃子殿、13座城垛碉房建筑、外围城墙、王城内的扎西果芒祖拉康（即现在被称为“宗嘎曲德寺”）、城墙南角外面的赤美确典塔（意为“无垢塔”）等。第二时段的建筑是在原有主供佛殿扎西果芒殿的二层以上填建了以被称为“乌孜殿”为主的其他建筑群，并且乌孜殿的南墙收缩到北面，其他墙基是在原主供佛殿的内墙之上修建的，面积比原主供佛殿变小了，这些建筑最晚形成于第16代孔塘王赤拉旺建参（1404～1464）或其之前的时期里。康巴嘎如殿内，清理出了两座佛塔建筑，从其形制及其陶塔饰特征看，至少当在17世纪之前，但其具体时间目前尚待考证。

2003年，由当地相关部门组织，对已经倒塌的主供佛殿做了一次清理，出土了原建筑木构件及少量佛像。此次发掘中，出土实物共有38件，种类有佛像、装饰品、供品和铜钱等。金属、木、石、陶为材质的小件佛像有5件，但都不是很精致。其他小件多为供品类，材质种类以木为主。另外，有佛座等装饰构件。

为了更深入了解曲德寺相关的历史背景，考古队对该寺有关的遗址及地理单元也进行了实地调查，确认了宗嘎镇曲德寺所在的“孔塘王城遗址”实际上是“孔塘王国（11～17世纪）”修建的第二座都城遗址。其第一座都城修建于11世纪，地处“扎西穷宗嘎墨”城堡建筑群西南对岸的塘堆托列二级台地上，现仍存规模不小的宫殿建筑废址及佛塔遗址等。这一新的确认以及现存相关的遗存，不仅对“孔塘王国”历史背景的深入研究具有重要意义，而且对今后进一步开展考古调查与发掘工作提供了更加确凿的依据。（夏格旺堆）

工布江达县太昭古城遗址

发掘时间：2009年6月～7月

工作单位：西藏自治区文物保护研究所

太昭（又名江达）古城位于林芝地区工布江达县江达乡江达村，是反映西藏地方与中央政府、祖国内地之间政治、经济、文化往来和联系的一座重要历史重镇。为配合即将实施的太昭古城文物保护工程，对古城进行了考古发掘。

此次工作包括对太昭古城内的关帝庙废址、度母殿废址、乌金拉康废址、吐吉拉康废址四处地点进行全面考古发掘，共布5米×5米探方36个，实际发掘面积700平方米，搞清了四处建筑遗址的布局结构。并在古城周边发现三处清代墓葬地点，对500余座清代墓葬进行了调查。

发现吐蕃时期摩崖石刻一处。调查“万善同归”石碑。石碑凿刻于清嘉庆二年（1797）冬月，由碑首、碑身两部分组成。据史料记载，八思巴请蒙哥讨伐江达，杀僧俗万余人。清康熙年间，于此设江达宗。康熙五十五年（1716），准噶尔乱藏，欲以东犯，阿丕营官阿尔布巴率兵于江达据守防御有功，封为贝子，管理波密、工布一带事宜。乾隆十三年（1748），于此置外委一员，率兵镇守。宣统二年（1910），川军入藏，达赖喇嘛派兵于此抗拒失败，驻藏大臣联豫奏设江达理事官。宣统三年（1911），置工布设治局。民国元年，经略使尹昌衡拟定江达为太昭府，未果。

碑首为半圆形，高0.7、宽1.15、厚0.2米。其上浅浮雕双龙戏珠图案。下部中央阴刻楷书“万善同归”四字，横排右书，字宽0.06、高0.08米，字间距0.02米。

碑身为长方形，高1.61、宽1.05、厚0.16米。正面阴刻楷书繁体汉字32行共1129字，从右至左竖排。其中正文31行1113字，每行26~45字，字径2.3厘米。内容为修葺江边险道之记功碑文，原文为：“江达汛西去约二里遥，有鹦角嘴一处，本西藏大道，石径崎岖。每逢钦宪出入，并换台員弁、贸易客商、人夫轿马、驼牛等经过，往往颠蹶堪虞。且该处上悬陡壁，下迫河流，尤难修葺。予等击心伤困，同结善缘，协力募化，共捐资二百零六两三钱，诹日命匠修理。於闰六月望五日兴工，至是年冬内而工成。庶悬绝径，皆为坦途。爰勒石于后，以垂不朽云。是为序”。其后为驻防拉里讯（今嘉黎县嘉黎镇）、江达讯（今工布江达县江达乡）等处官兵捐资银两数额。第六列至第十二列间下部阴刻有藏文正体九行，内容为宗本、四邻百姓等藏族官民捐资银两数额。碑末题款为“大清嘉庆二年岁次丁巳冬月吉日谷旦”16字。

考《清史稿·本纪十六·仁宗本纪》，嘉庆二年为丁巳年，是年闰六月，与碑文文字相符。从碑文记载可知，修路之举始于该年闰六月，冬月完工并刻碑记功。（李林辉　罗布扎西）

察隅县华贡山清代摩崖题刻

调查时间：2008年9月25日

工作单位：西藏自治区林芝地区

第三次文物普查队

清宣统二年（1910）的汉文题刻1处，发现于察隅县竹瓦根镇华贡退休区以东1千米华贡山山半腰处。

题刻凿刻在华贡山温泉喷口旁一块高1.8、宽1.1米的巨石上。阴刻行楷，从右至左竖排，共28字：首题“宣统庚戌仲夏”，中部刻“水火二气　阴阳之义　天炉地冶　融成妙谛”，落款为“山左程凤翔书”。

“宣统庚戌”为宣统二年(1910)。程凤翔，字梧岗，山东聊城人，生卒无考。据史料记载：宣统年间，程凤翔为川滇边务大臣赵尔丰麾下川边巡防新军后营管带。为防止英国殖民者从印度北侵西藏，于宣统二年正月初二日（1910年2月11日）奉命进抵桑昂曲宗（今察隅县东北部古玉乡附近），二月十四日（3月25日）进驻杂瑜（今察隅县下察隅镇），1911年7月驻防波密，10月移防四川雅安。题刻在察隅县华贡山温泉旁的诗文就是他驻防在今察隅县期间留下的。

程凤翔在驻兵察隅一年多的时间里，在捍卫领土、巩固边防、开展地方行政建设、开发当地经济等方面有诸多建树。

1. 鉴于英国殖民者向我国藏南地区不断渗透的侵略行为，程凤翔在今印控区的下察隅地区树立大清国龙帜，勘定界牌，有效阻止了英人北犯企图。

2. 在今察隅县设立县治，组建乡村基层政权，有力地强化了边地治理。

3. 陆续进行了造纸、制漆、开采银矿等经济建设。

赵尔丰、程凤翔在察隅进行的巩固边防的活动，不仅在当时阻止了英人的北犯，充分表明了上下察隅地区在清朝末年就已处于中国中央政府的有效管辖之下，为我国拥有对包括麦克马洪线以南的瓦弄在内的下杂瑜和其招抚的僜人地区主权提供了历史证据。(陈祖军)

陕　西　省

高陵县杨官寨新石器时代遗址

发掘时间：2009年3月~12月

工作单位：陕西省考古研究院

本年度杨官寨遗址的工作主要是进一步对北区聚落环壕的形制布局进行确认并深化对其特征的研究，重点对环壕西南部两个拐弯处进行了考古发掘。发掘面积1400平方米，发现仰韶时期各类房址8座、灰坑41个、陶窑1座、瓮棺葬4个，晚期墓葬2座，出土可复原器物近200件。文化遗存以庙底沟文化和半坡四期文化为主。

发掘使得我们可以确定环壕在这两处确实存在，与先期的勘探资料相符，从而确定了环壕更为详细的范围和面积；此次发掘发现有半坡四期遗存叠压打破庙底沟文化遗存的堆积，说明主要分布在遗址南区的半坡四期文化已延伸至此，这更加丰富了杨官寨遗址的内涵。另外，在对环壕西门址器物的修复及资料整理过程中，还发现有彩绘人面饰陶盆、镂空人面深腹罐、镂空人面饰的红陶豆等，这些与前面发现的镂空人面深腹盆、朱砂人面残陶器相呼应，应为该遗址的一大特征。

总之，这两处地点的发掘，使我们进一步确认了环壕的平面分布情况，加深了对环壕自身特征的认识；同时为了解杨官寨遗址早晚两期聚落的发展演变提供了线索。（王炜林　张伟　郭小宁）

华阴县兴乐坊新石器时代遗址

发掘时间：2009年3月~6月
工作单位：陕西省考古研究院、渭南市文物保护考古研究所

兴乐坊遗址位于华阴市桃下镇兴乐坊村南侧，本次发掘面积约1000平方米，发现庙底沟文化时期的灰坑、窑址、墓葬、瓮棺葬等遗迹，出土陶、骨等类器物数百件。

出土陶器以红陶占多数，器类有重唇口尖底瓶、敛口钵、曲腹盆、大口缸等；素面为主，钵、盆等多有彩绘，由弧线三角纹、圆点纹等组成各种图案。

发现瓮棺葬1座，葬具为尖底瓶，内有婴儿骨架一副。此外，在兴乐坊遗址南侧约200米处发现庙底沟文化时期墓葬1座（M1）。该墓葬是村民在翻地时发现的，一并出土陶器3件（灶、釜、罐），石斧1件。考古队随即对墓葬进行了清理，在墓室东部还清理出1件陶钵。据发现墓葬的村民回忆说当时骨架完整，仰身直肢，头向西。陶器均出土于脚下，石斧放于胸前。这一发现为庙底沟文化时期墓葬区的研究提供了线索。

兴乐坊遗址是一处重要的仰韶中期大型聚落遗址，它的发掘对研究关中地区庙底沟文化的相

关问题，探讨渭河流域史前考古文化、聚落形态与环境变迁之间的关系等课题具有重要的学术意义。（胡松梅　杨岐黄）

横山县脑海圪堵新石器时代遗址

发掘时间：2009 年 4 月～10 月
工作单位：陕西省考古研究院、榆林市文物保护研究所

脑海圪堵遗址位于横山县城关镇王圪堵村五组，坐落于黄土山梁之上。无定河从东侧山脚下流过。

本次发掘的区域共发现房址 14 座，灰坑 2 座。房屋为半地穴式，主室平面近圆形，门道位于东北部，房屋进深 6～9 米。房屋内有柱洞，房址周围建有夯土围墙，仅存墙基。主室内壁上部弧形向内收，带有窑洞式建筑的风格，地面涂有白灰层。房子中部一般有一圆角方形灶坑，有些灶坑底部出土少量红褐色夹砂陶残片，可辨器形有夹砂罐、钵、缸、尖底瓶等。

脑海圪堵遗址的发掘收获颇丰，除发现整排分布的大量房址外，还出土了一批具有研究价值的遗物，包括陶器、石器、骨器以及动植物标本和测年材料。陶器以红陶和褐陶为主，只有极少量的灰陶；纹饰主要有绳纹、篮纹和附加堆纹，并见极少量彩陶；主要器形有斜腹碗、敛口钵、夹砂绳纹侈沿罐、直壁缸、高领壶、尖底瓶和陶环等。石器主要为磨制，并见少量细石器，常见器形有斧、锛、凿、刀、铲、杵和锤等。骨器有针、锥、发笄、锤、铲等。动物骨骼主要以猪骨和小型野生动物骨骼为主，反映了当时的环境状况和生业形态。

以上所能辨认的器类特征，大体与靖边五庄果梁、横山苦水等遗址仰韶晚期遗存的面貌接近，早于吴堡后寨子峁、绥德小官道的庙底沟二期文化阶段遗存。据此初步断定，陕北北部可能为半坡晚期文化阶段的一个地方类型，而与河套地区缺乏尖底瓶的庙子沟文化分属不同的文化系统。（马明志　杨利平）

蓝田县新街新石器时代遗址

发掘时间：2009 年 8 月～12 月
工作单位：陕西省考古研究院

新街遗址位于西安市蓝田县华胥镇和灞桥区燎原村，总面积

20余万平方米，正在建设的西安—商州高速公路从该遗址中部穿过，对建设用地所涉及的遗址进行了考古工作。本年度已发掘面积达2300平方米，发现房址、灰坑、灰沟、陶窑等遗迹150余处。

房址目前发现两座地面式建筑，均为仰韶文化晚期遗存。F1平面呈圆角长方形，房基遭破坏严重，仅保留墙槽部分。北墙墙槽上柱洞密集且排列整齐，在南北两墙上发现对称门道。F2屋内活动面及瓢形灶圈大致呈30°倾斜，房屋叠压的灰土层亦随之向上倾斜，初步推断可能与地震灾害相关。灰坑发现较多，大多数为仰韶文化晚期遗存，建造规整，一般呈口小底大的圆形袋状。其中，H12建造方式较为特殊，底部坑壁上掏出小龛，内埋3具被肢解的儿童骨架，其中一块尾椎被骨椎刺穿，骨椎仍保留其上。

遗址中出土的一批陶、玉、骨、石器，以仰韶文化晚期遗物为大宗。陶器以平唇口尖底瓶、宽沿深腹盆、敛口平底钵、筒形罐等器形最为常见，还发现纹样复杂、烧制精纯的彩陶盆以及用细线刻划而成的“圆点勾叶”纹样饰表的陶片，在以往仰韶文化晚期遗存中较为罕见。H22内出土的一块残碎陶器极为特别，呈平面直角板状，厚3厘米，细泥红陶质，制作精良，一面磨光，另一面为原始涩面，并保留草拌泥粘痕。H41、H105、G1内也有类似器物的发现，这几件器物初步判断可能与“砖”这种建筑材料有关。玉器发现已逾30件，主要是笄、锛等，均出土于仰韶文化晚期灰坑和灰沟之中，目前资料显示，在仰韶文化时期，玉器如此数量的集中发现，在关中乃至整个陕西地区尚属首例。

根据目前的发掘资料推断，新街遗址应是仰韶文化晚期浐灞流域一处规模大、等级高的中心聚落，本次发掘将为探讨史前社会复杂化进程和研究中国文明起源提供重要佐证。（杨亚长　邵晶）

扶风县下康新石器时代至商周时期遗址

发掘时间：2009年10月~12月
工作单位：陕西省考古研究院、宝鸡市考古研究所

为配合宝咸天然气输气管道工程建设，对工程涉及的扶风下康遗址等进行了考古发掘。本次发掘最重要的收获是发掘清理了龙山时代6座烧制石灰的陶窑。

6座陶窑集中分布，共用一条南北向长条形操作沟槽，操作槽的两壁上各有3座陶窑。陶窑虽保存状况不一，但结构完全相同。该类窑由窑室、窑箅与火膛三部分构成。与以往发现的龙山时期常见的烧制陶器的“非”字形陶窑截然不同，功用或当有别。根据现象初步判断，这是一处龙山时期烧制石灰的作坊遗址，是下康遗址龙山聚落重要功能区之一。另外，在清理的3座先周晚期的灰坑中，还发现一些石器残次品和半成品，预示该处存在商周时期的制石作坊的可能。

这次发掘基本构建了该遗址史前至商周的考古学文化编年体系，对了解聚落演变过程、厘清不同时期聚落结构提供了线索。尤其是石灰窑的发现，对于探讨龙山时期石灰手工业生产技术、生产方式及人类对居住环境的适应与改造，都具有重要意义。（王占奎　种建荣）

岐山县凤凰山商周时期遗址

发掘时间：2009年4月~12月
工作单位：陕西省考古研究院、北京大学考古文博学院

本年度的工作重点是了解遗址不同区域普通居址遗存的特征与性质，获取判断聚落不同功能区之间相互关系的资料信息。为此考古队选取了四处居址遗存地点和佛爷殿墓地进行发掘。

居址遗存发掘面积约400平方米，共清理商周时期的灰坑、祭祀坑、房址等遗迹单位60余座及一处包含卜甲的次生堆积。主要收获有三项：（1）又一次发掘出土了1000余片卜甲，其中有刻辞者240余片，初步辨识的文字有200余字。从残辞看，卜辞涉及毕公、周公、王等西周初期重要人物，进一步丰富了周公庙出土文字资料的证据。（2）获得了一批包括陶范、伞状陶管等在内的西周早、中、晚不同时期铸铜遗存，从而修正了以往对周公庙遗址铸铜作坊年代、布局及其变迁的认识，无疑对探讨周公庙乃至西周铸铜业经济形态具有重要的意义。（3）清理了一批西周中晚期的灰坑遗迹，出土了大量中晚期陶器遗存，从而弥补了以往这一时期材料匮乏的缺憾，丰富和完善了商周时期考古学文化分期与编年体系。

佛爷殿墓地共清理西周时期墓葬44座，以小型墓为主，个别为中型墓。墓葬形制均为南北向竖穴土圹墓，多数口小底大，无腰坑和壁龛。所有墓葬均遭盗

扰，出土随葬品极少，计有铜、陶、玉、骨、蚌等各类随葬品数百件。陶器以鬲、罐为主，兵器仅见戈、钖，毁兵现象常见，中型墓随葬有车马器。根据出土陶器特征判断，墓葬年代自西周早期延续至西周晚期，墓主身份应是低级贵族和一般平民。该墓地的发掘，不仅使我们对墓地的特征与性质、墓地的形成过程与布局结构有所了解，也对进一步探讨周公庙各墓地之间关系，深化相关社会组织结构研究有所裨益。（凤凰山考古队）

韩城市梁带村两周墓地

发掘时间：2009 年 3 月 ~12 月
工作单位：陕西省考古研究院、
　　　　　韩城市文物旅游局

本年度对韩城市梁带村遗址进行了第三次大规模发掘，目的是完成梁带村已探明大墓的抢救发掘任务，同时通过对其附近的中小墓的清理，为进一步明确遗址的国别和年代序列提供了实物支持。

此次发掘共清理周代墓葬 25 座，其中大型墓葬 3 座、小型墓葬 22 座。小墓长一般为 1.8~2.2、宽 0.8 ~ 1.0 米，多为单棺。墓主骨架基本完好，多为仰身直肢葬，在个别墓葬中发现有少量随葬品，一鬲一罐或单鬲，从鬲、罐的器形和纹饰判断，其年代为西周晚期无疑。

大型墓葬主要有 M560、M33、M300，其中 M560 的发掘工作已经全部结束，该墓为“甲”字形墓葬，在墓道及墓道以东发现祭祀坑 3 座，其中 K1 葬有狗牲 1 只。M560 葬具为一椁两棺，棺上发现有荒帏残迹，支撑荒帏的木架遗迹保存尚好，为纵横十字交汇，这为探讨当时葬具的种类及其使用有重要的价值。墓主骨架保存完好，躯干部分随葬 11 件玉器，计有环、鱼、柄形器、觿和玦等。棺椁之间随葬品主要有三类：一是青铜礼器，有鼎、甗、鬲、簋、觯、爵、盘、盉。二是椁室西侧随葬的漆木箱，内存 6 片牛肩胛骨，其中 2 片有钻凿痕迹，可能为卜骨。三是墓内发现的青铜兵器，有 3 件青铜戈和 1 件矛。墓主骨架经专家现场鉴定，为 45 ~ 50 岁的中年男性。这对于学界以有无兵器推测墓主的性别做了最好的注解。

M300 及 M33 发掘工作正在进行中。M33 与 M560 均为带有一条墓道的大墓，目前在棺椁之间未发现青铜礼器和兵器。墓主人经鉴定为 25 ~ 30 岁的女性，墓主仅佩戴少量玉器，有琮、玦、握等。

此次发掘发现的组玉佩、荒帏木架、卜骨、保存完整的人骨标木以及小墓出土时代明确的陶器，是本年度梁带村发掘工作的重要收获。（孙秉君　刘军　程蕊萍）

横山县黑水沟东周遗址

发掘时间：2009 年 4 月 ~ 10 月

工作单位：陕西省考古研究院、榆林市文物保护研究所

黑水沟遗址位于横山县城关镇杨家峁村西北部无定河与其支流黑水沟交汇处的台地上，面积约 10 万平方米。这里原来为黄土高原的北缘，后来被南进的毛乌素沙漠覆盖，地表上覆盖有数米厚的沙层。

本次发掘主要局限于沙丘之间尚未完全覆盖的黄土区。发掘资料表明，这里曾经被人为平整过，文化层基本被破坏殆尽，只有灰坑、房址、灶坑等较深的遗迹得以保存。本次发掘的 A 区发现灰坑 9 个、房址 1 座，出土一批陶器、石器、骨器，还发现有铸铜遗留下来的陶范残片及少量铸铜遗留的铜渣；B 区发现灰坑 5 个，出土了少量红陶片和陶环；C 区发掘房址 1 座、灶坑 1 座。出土器物有陶器、石器、骨器和装饰品。陶器可辨器形有联裆鬲、柱足鼎（瓮）、折肩罐、盆形簋和细柄豆等。

黑水沟遗址是一处小型聚落，主体年代为东周时期，文化性质与晋文化联系密切。其反映的定居形态的居住方式和生业形态，与北方戎狄文化有明显差异。这将成为继续探索陕北及河套地区发现的中原文化与北方土著文化关系的重要线索。（马明志　杨利平）

华阴县沙渠秦人墓地

发掘时间：2009 年 3 月 ~5 月

工作单位：陕西省考古研究院、渭南市文物保护考古研究所

沙渠墓地位于华阴市卫峪乡沙渠村南部台地上，白龙涧河由东向西将该台地一分为二。本次发掘共清理古代墓葬 38 座、窑址 1 座、灰坑 2 座，出土陶、铜、铁、玉等各类器物 300 余件。

本次发掘以 11 座秦墓的资

料最为重要。这批秦墓皆为竖穴土坑墓，方向基本为东西向。平面呈长方形，口小底略大或口底同宽。墓葬一般棺、椁齐备，棺室一般位于椁室中部偏东。葬式为仰身或侧身屈肢葬，头向西。随葬器物多放于椁里棺外，头厢或头顶的位置。随葬品主要为陶器，以鬲、盆、罐为基本组合，其他器类有鼎、仓、盘、方壶等；铜器主要为削刀、戈、箭头等。另外还出土大量的板岩石圭，有的摆放似有规律，尖头朝外，呈放射状。多数墓葬随葬有羊骨，与随葬品放在一起。M17还在填土中发现有殉狗。根据墓葬形制及随葬器物特征推断，这批秦墓的年代主要集中在春秋晚期到战国早期。

沙渠墓地的位置在两周时期即为秦晋势力交界地带，这批墓葬是迄今发现的时代最早、分布最东的秦人墓葬，为秦人、秦文化的研究提供了重要资料。（胡松梅　杨岐黄）

富县桦沟口秦直道遗址

发掘时间：2009年2月~5月
工作单位：陕西省考古研究院、延安市文物研究所、富县文物局

桦沟口秦直道遗址位于富县张家湾镇五里铺村附近，本年度发掘面积1200平方米，揭露直道遗存50余米及建筑基址多处。

该段秦直道是自南而北沿盘山道下子午岭支脉后过葫芦河前的一段，呈西北—东南走向。直道路面上有2~3道车辙，车辙两侧分布有较宽的路肩。车辙间的辙梁经过反复碾压，土质发黑，质地坚硬。一些辙梁上还重叠着车辙印。路面上叠压有秦汉时期的绳纹筒瓦、板瓦，一处路面上还发现一枚“大泉五十”铜币，为判定道路的使用时代提供了重要依据。在路面靠葫芦河一侧（北侧），还发现有厚度达5米以上的夯土护坡。该段直道的下方分叉为两道，一道直接向前，进入葫芦河一级阶地；一道向南折一个弯道后，再进入葫芦河一级阶地。初步推断，后一条直道的时代可能略晚于前一条。

在这段直道靠葫芦河一侧，还发现基本连成一片的多处同期建筑的夯土基址，最大者面积达200余平方米。建筑基址中揭露出石柱础和大量的秦汉时期的绳纹筒瓦、板瓦及陶罐、盆、甑等

遗物堆积。据初步研究推断，该基址应是秦直道上规格较高的兵站或关卡性质的遗址。

富县桦沟口秦直道遗址的发掘，是对秦直道盘山道遗址的首次发掘，对于秦直道乃至道路考古均有着重要的意义，为尚存分歧的秦直道全线走向问题的解决，提供了有力证据。同时，首次发现并发掘了秦直道旁的同期建筑遗址，这对于了解秦直道附属设施的分布和内涵，具有重要的参考价值。（张在明）

凤翔县秦公一号及六号陵园

发掘时间：2009 年 4 月 ~12 月
工作单位：陕西省考古研究院、
宝鸡市考古研究所

本年度完成了秦公六号陵园勘探工作，并对秦雍城一号陵园进行了全面的考古勘探，同时还对秦公六号陵园的部分中小型墓葬进行了考古发掘。

通过最新的勘探基本了解了秦公六号陵园的兆沟、中兆布局走向和门的结构，陵园中兆沟外侧所发现的中小型墓葬数量增至 700 余座。本年度对秦公一号陵园进行了详细勘探，除重新确认中兆沟布局走向、门的结构和 9 座秦公大墓、车马坑与祭祀坑的位置之外，在陵园中兆沟紧邻外侧又新发现 300 余座同期或晚于陵园的中小型墓葬，这与六号陵园的发现完全一致。

为了确认中小型秦墓性质，本年度还对六号陵园外 2 座中小型墓葬和 3 座车马坑进行发掘，虽然所发掘对象均遭严重盗扰，但从布局关系上再次证实此类中型墓葬东南方必有一座陪葬的车马坑，同时也表明此类墓葬主人有等级较高的身份。

通过对一、六号秦宫陵园的勘探和发掘工作，结合近年来的研究，可以初步认识到在陵园兆沟之内以往被通称为大墓的遗迹中，除“中”字形和“甲”字形为秦公墓寝之外，其他形制的遗迹应是陪葬的车马坑、祭祀坑等，这就说明当时在秦公陵园的兆沟之内埋葬的墓主人只有享国的秦公，而秦公夫人及大臣可能埋葬在兆沟以外的中小型墓葬之中。因此，新发现的兆沟之外中小型墓葬群对研究早期秦国陵寝制度至关重要，也为秦雍城大遗址保护以及下一步雍城考古工作提供了重要的资料。（田亚岐 耿庆刚 袁文君）

临潼区湾李战国至明清时期墓地

发掘时间：2009 年 6 月 ~9 月
工作单位：陕西省考古研究院、
　　　　临潼区文管会

湾李墓地位于临潼区新丰镇湾李村，本次发掘共清理战国至明清时期古墓葬 123 座、窑址 1 座、围沟 10 条。共出土各类器物 300 余件。其中最为重要的是发现多处汉代早期围沟墓，由于受高速公路拓宽范围和早期取土场的限制，仅有一个围沟发掘较为完整。围沟平面为长方形，东边及南、北围沟的北部已被破坏，现三边残存长度 13.5 ~ 30 米不等。围沟呈底小口大的喇叭形，深 2.3 米。围沟中未见随葬品，其内有两座并列的直线洞室墓（M72、M75），在规模、出土随葬品上，比同时期其他墓葬规模大、随葬品丰富，有明显的特殊性。根据墓葬形制和出土器物判断为汉代初期。这批围沟墓的发现，对研究西汉时期墓葬制度的变革和发展提供了宝贵的实物资料。（胡松梅　杨岐黄）

西安市临潼区秦始皇帝陵园

发掘时间：2009 年 2 月 ~12 月
工作单位：陕西省考古研究院

本年度主要完成了秦始皇帝陵园内 90 余万平方米的勘探工作，范围主要集中在陵园南内外城之间、陵园北内外城之间、西内外城之间。勘探发现新的陪葬坑 2 座，内城北墙内、外发现大量建筑遗址。同时对秦始皇帝陵园内城北门遗址进行了详细的考古勘探，了解其具体内涵及结构。

本年度主要对勘探发现的多处汉代墓葬及晚期窑址、灰坑等遗迹进行了清理，共发掘汉代及后期古墓葬 11 座、晚期窑址 2 座、灰坑 3 个。其中南区的 2 座汉代墓葬，后室由长约 1.6 米的长条实心砖砌成，为近年来考古发掘所罕见。这些遗迹的发掘为研究秦始皇陵园后期变迁提供了资料基础。

勘探发现的 2 座内城北门遗址形制结构与秦始皇帝陵园其他几处内城城门遗址结构不同，特别是在城门中部夯筑出夯土台、东西两侧有小过道的建筑结构为以前所未见，为深入了解秦始皇帝陵园内涵及陵寝制度提供了重要材料。（张仲立　孙伟刚）

西安市临潼区秦始皇帝陵园外城北门遗址

勘探时间：2009 年
工作单位：秦始皇兵马俑博物馆考古部

秦始皇帝陵园外城北门位于外城北墙居中部位；北门遗存东西总长 103.6、南北跨度 16.4 米；门址两端与北墙墙垣连接。遗址已经受到了后期的破坏。

外城北门遗址的地层关系较为清晰。以西端的地层为例：第①层为表土层；第②层为后期扰动层；第③层为秦代建筑层，厚 0.2～1.1 米，由层厚 0.07～0.1 米的细夯层组成，夯层质地坚硬，较为纯净，主要由黄土和少量垆土混合夯打而成；第④层为路土层；第⑤层垆土层；第⑥层为生土。

整个门址目前残存的建筑基础部分，由长条形主体和向内外两侧突出的台体建筑构成。长条形主体建筑残存 7 米宽的基础，东西长 103.6 米。外侧东西各有一个突出的台体，西端突出台体南北宽 4、东西长 5 米；东端突出台体南北宽 4、东西宽 4 米；外侧东西台体内侧间距 94.6 米。内侧东西也各有一个台体，其中西侧台体平面呈“凸”字形，东侧台体平面呈方形，东西台体内侧间距 86.7 米。（张卫星 陈治国）

西安市临潼区秦始皇帝陵园内城东区北门遗址

勘探时间：2009 年
工作单位：秦始皇兵马俑博物馆考古部

秦始皇帝陵园内城分为东西两区，其北墙也分为东西两段，东区的门址位于东段墙垣的西端处，西距内城东西两区间的南北向隔墙 18.6 米。门址遗存平面呈长方形，东西长 39、南北宽 12 米，门址的居中部位有一南北向的豁口；门址建筑与两侧的北墙墙垣连接，其中东侧有一处宽 2 米的豁口。

遗址的第①层为表土层；第②层为冲积层；第③层为秦代建筑层，总厚 1～2 米，由 0.07～0.1 米的细夯层组成，夯层质地坚硬，较为纯净；第④层为生土。

门址北边缘与内城北墙墙垣平齐，南侧部分在墙垣处向南凸出 7 米。门址中部的豁口为一南北向的通道，通道平面上自北向南呈阶梯状内收；门址的北边缘没有发现廊房、散水遗存，南侧残存部分散水；门址与南北向的夹墙间发现有散水遗存。（张卫星　陈治国）

西安市临潼区秦始皇帝陵园内城西区北门遗址

勘探时间：2009 年
工作单位：秦始皇兵马俑博物馆考古部

内城西区北门位于内城西段墙垣的偏西端处，东距内城东西两区间的南北向隔墙 146.3、西距内城西墙 54.6 米。门址遗存平面呈长方形，与北墙墙垣相比，无明显的加宽迹象，并有稍微的内收现象。门址两端与北墙西段墙垣连接。

地层堆积关系为第①层表土层，厚 0.15～0.2 米；第②层为冲积层，厚 0.6～2.5 米，土色黄褐，质地疏松，含有砂石、后期瓦片等；第③层为秦代建筑层，厚 0.6～2 米，由层厚 0.1 米的细夯层组成，夯层质地坚硬，较为纯净；第④层为生土。

门址南北边缘均与内城北墙墙垣平齐。残存两处断开部分，从残存的迹象判断东侧断开部分为原门址的通道，西侧断开部分为自然冲积形成。（张卫星　陈治国）

西安市临潼区秦俑一号坑

发掘时间：2009 年 6 月～12 月
工作单位：秦始皇兵马俑博物馆考古部

今年对秦俑一号坑进行第三次发掘。此次发掘地点位于一号坑遗址的北侧中段，属原编 T23，发掘面积 200 平方米，具体区域包括 Q8～Q10 三隔墙和 G9、G10 两过洞。现清理的遗存包括建筑类、兵器类、车、鼓等。

建筑遗迹有棚木、枋木、立柱、编织席和夯窝等。棚木共计 155 根，现存最长 3、最大直径 0.5 米。枋木 19 根，现存最长 4.9、最大直径 0.25 米。立柱 43 根，有方形 4 根，圆形 39 根，直径最大者 0.39 米。棚木呈黑色炭状或白色灰烬，立柱上部分为黑色木炭状，下部分自然腐朽并被淤泥包裹形成空心。枋木均为黑色炭状，有的剖面尚存清晰年轮。编织席发现8处，席纹粗大，人字纹，每股长约7、宽为1.5～2厘米。席纹与棚木之间隔有薄层淤泥，说明席子腐朽之前就曾遇雨。夯窝直径约7厘米，由直径3厘米的6枚小窝梅花状环绕组成，或可称为“积夯”。兵器类主要包括髹漆柲、弩、箭箙等。髹漆柲尾端外层有彩绘，长44厘米。木车2乘，皆位于G9中段，保存差，大部分为破碎的木炭残迹。车輢残存彩绘菱形花纹。木鼓遗迹2处，其中鼓1的一枚铜环内系结经纬紧密的结织物带。

目前暴露的遗物主要为陶俑、陶马、兵器、车马器。陶俑均破碎，G9包括铠甲步兵俑28件，车兵军吏俑6件，其中1件为穿着鱼鳞甲的高级军吏俑。G10内约有20排步兵俑，共计80件。所见陶俑均梳扁髻，彩绘多见。倒塌方向、面向均无显著规律。陶马共有三组12匹。兵器主要为铜镞、铜矛。铜镞成束的2组，另有散件夹杂在倒塌土、车迹炭灰中，约60余枚。均为三棱首，铤部长短不一，截面圆形或三棱形，有的尚存麻丝。矛1件，出土于G9，有“寺工”铭文。车器包括铜质辖、锏、环体节约、鸭嘴形钩、圆环和方策等。马器有络饰管等。形状与前期发掘形同。本次发掘整体看，彩绘情况比预想的要好。柲、弩、鼓等各种器物上的彩绘均有保留。陶俑各部位残留的彩绘虽然面积有限，但总体数量多，随着工作的深入，文物保护工作量逐渐加大。另外，遗物类型有新材料出现。例如在2乘战车的清理中，发现了3处箱形器。这种器物在前两次发掘中没有记录。这些箱形器虽都经火烧，但形制清晰，胎外贴织物然后经多层髹漆，口沿部分以质地较硬的植物包镶一周。胎朽后薄如蝉翼，应为皮质；织物经纬致密，似为绢；器盖上还残存纤细如发丝般的红、蓝、白色云状纹饰。器底做工考究，四周45°接缝包边，缝隙不过3毫米。此物的定名、用途、性质等一系列问题尚没有统一认识。（许卫红）

陕西早期长城资源调查

调查时间：2009年4月～11月

工作单位：陕西省考古研究院、西北大学文博学院

这次调查对象主要是延安、榆林、渭南三市16个县（区）的早期长城资源，共调查战国秦、汉、隋等时代的长城近1700千米。在本次调查中，新

发现战国秦昭襄王长城200余千米，在榆林市的榆阳区、神木县、横山县、靖边县和定边县五县区新发现隋长城约500千米。通过调查工作发现隋长城大部分段落沿用了秦昭襄王长城并被明长城沿用，汉故塞长城是利用战国秦昭王长城修补使用的，而富县、黄陵、宜君等地的长城则均属于战国魏长城。（段清波　李恭　李增社）

西汉帝陵

调查时间：2009年4月~12月

工作单位：陕西省考古研究院、咸阳市文物考古研究所

本年度重点对汉元帝渭陵、汉惠帝安陵和汉哀帝义陵展开了大规模的考古调查、勘探和测绘工作。

渭陵此次调查面积约4平方千米，勘探面积70余万平方米。探明陵园4座，建筑遗址6处，外藏坑26座，陪葬墓80余座。基本搞清了渭陵的形制布局及各类遗迹的分布状况。渭陵陵园平面略呈正方形，四面共设7门，其中东墙辟有1门，其余三面各辟2门。在陵园外约30米处有围沟环绕。陵园中还探出外藏坑16座，均位于帝陵陵园外东、西司马道两侧。帝陵陵园位于渭陵陵园西南部，呈正方形，陵园四墙正中各辟一门。帝陵形制为“亚”字形，陵园内发现外藏坑8座，均分布于墓道与门阙中轴线两侧。后陵陵园位于帝陵陵园西南，陵园略呈正方形，城四墙正中各辟一门。后陵形制亦为“亚”字形，封土东侧发现2座外藏坑。在元帝陵东北有一处不规则土丘，应为西汉末年被王莽平毁的傅昭仪墓。经勘探，该墓也有园墙，边长约360米，四面辟门，墓葬居中，形制为“甲”字形。

渭陵陵园共发现建筑遗址6处，其中位于陵园西北部的1号遗址面积最大，遗址中有瓦片堆积、夯土墙、踩踏面等遗迹，外围还有围沟环绕。陵园东北部有成排分布的31座陪葬墓，在偏南的较大型墓葬外围还发现有夯墙墓园，墓园中有建筑遗址。另外，在渭陵陵园以外还发现了57座中小型墓，其中大多应为渭陵的陪葬墓。

汉惠帝安陵和汉哀帝义陵的考古工作从今年9月起也先后展开，义陵现已基本探明陵园的形制布局及部分遗迹分布状况，发现建筑遗址5处，外藏坑17座，

古墓葬77座；安陵确定了陵园的夯墙及东门遗址，探明建筑遗址18处，外藏坑90座。

另外，为了解汉武帝茂陵外藏坑的结构、内涵及性质，并对西汉帝陵大遗址考古调查、勘探的前期成果进行确认，考古队从9月开始对茂陵汉武帝陵园内封土南侧的K15和K26两座外藏坑进行考古发掘。勘探资料表明，K15由斜坡通道与坑道两部分组成，长约38米，坑内为木结构，勘探发现板灰、铜锈、铁锈、漆皮和动物骨骼等；K26由斜坡通道、坑道及坑道两旁的洞室三部分组成，长约46米，坑道东西两侧各有10个土洞，勘探发现板灰、铁锈、陶俑、动物骨骼等。（马永嬴　杨武站　赵旭阳）

长安区凤栖原西汉家族墓地

发掘时间：2008年10月~2009年12月

工作单位：陕西省考古研究院

该墓地位于西安市长安区韦区镇东原，属于凤栖原范围，故又称为凤栖原西汉家族墓。墓地核心区域为一形状近长方形的墓园，墓园以四面的壕沟为界，墓园中部有一"甲"字形大墓，大墓东、西两侧分布有从葬坑，墓园东南部有另一中型"甲"字形墓葬，东部有祠堂建筑基址。墓园之外的东、西、北侧有十余座规模不一的祔葬墓。

墓园中部的大型"甲"字形墓葬，墓道处北、墓室居南，墓冢封土原高约15米，现残存高1~1.3米。斜坡道墓道长约30米，有三个耳室，其内出土了彩绘陶罐、釉陶壶和鹤、兔、牛等较为完整的动物骨骼，以及多枚"卫将长史"封泥。墓道中部设有前箱，内置棚木结构，外填木炭，四周砖砌。前箱随葬有实用驷马一车两驾及明器车多驾。该实用车装饰华丽，存留遗迹较为完整，出土有较多青铜车具。墓室长35、宽24.5米，椁室位于墓室中部，呈南北向长方形，砖砌四周，内置木椁，有积炭，椁室曾被盗并遭大火焚烧。大墓从葬坑均为南北向，东、西两侧各三座。从葬坑K4、K5、K6中各清理出约百余件着衣彩绘陶俑等。从墓葬形制、规模及出土物分析，该墓葬应该属于"列侯"级别。

墓园东南的中型"甲"字形墓葬，与大墓方向一致，斜坡墓道，砖券墓室，曾被盗且遭火焚，出土有陶器、玉饰、铁质车马器等。从墓园布局以及出土物级别分析，此墓应该与大墓关系极为密切，似为列侯之夫人墓。

建筑基址位于大墓东约 80 米处。其中的一号基址为方形高台，长、宽各 19 米，仅留础石以下遗迹。该基址门道东向，面阔三间，进深五间。高台南、北、东侧为鹅卵石铺设的散水，内为砖铺回廊，再内侧为础石。现已发现方砖、条砖、空心砖、筒瓦、板瓦和瓦当等建筑材料。该基址从属于墓园，正对大墓，应为祠堂基址。

墓园东、西、北各侧所祔葬的墓葬规模不一，数量较多，但墓道均朝着墓园方向。已发掘积沙积石积炭墓、积沙墓、砖室墓、土洞墓等十余座，出土有陶器、釉陶器、瓷器、车马器、玉器和铁器等随葬品数百件。

该处墓地时代大致为西汉中晚期，规模较大、规格较高。依据出土材料，该墓园可能属于西汉宣帝时期的重臣、被封富平侯的大司马卫将军张安世，该墓地即为张安世家族墓地。这是目前唯一经过完整发掘的汉代“列侯”级别的家族墓，特别是发现了大墓建造过程的一些重要迹象，对于探讨古代高级别大型墓葬的建造过程、礼制形式和葬俗发展演变等均有着重要的意义，同时为汉代长安南郊的区域历史地理的研究也提供了重要资料。（张仲立　丁岩　朱艳玲）

三原县官道汉代墓地

发掘时间：2009 年 5 月

工作单位：陕西省考古研究院、咸阳市文物考古研究所

官道墓地位于三原县新兴镇官道村东南，地处丰原之上，西邻清峪河，与嵯峨山隔河相望。墓地地势高亢开阔，属黄土台原区。

官道墓地在西安—铜川高速公路建设用地范围内共发现墓葬 51 座、陶窑 1 座，其中 47 座墓葬及陶窑的时代均为汉代。汉墓均为洞室墓，形制分为竖穴墓道土洞墓与斜坡墓道洞室墓两种。斜坡墓道洞室墓又可分为土洞墓、砖室墓和砖土结合式洞室墓等。这批墓葬保存情况较好，共出土陶、铜、铁、玉石质文物 500 余件（组）。其中 M19 较为典型，该墓为斜坡墓道砖室墓，由长斜坡墓道、封门和墓室三部分组成。墓道距口部深 0.3 米处留有生土台，台宽 0.05 米。封门用条砖错缝平砌而成，墓室为拱形砖室，葬具及骨架腐朽严

重。该墓随葬器物组合完整，出土陶器有鼎1、盒2、仓6、灶1、罐11件，部分器物表面施酱色釉；铜器有铜镜、弩机、铜带钩、车马器和“五铢”铜钱等；玉器有口琀、玉塞、剑璏；此外还出土有铁剑及铅器等。

在官道墓地北侧600米处发现了一处汉代遗址，南北约300、东西约200米，地面分布有较多的板瓦、筒瓦残片及罐、瓮等残片，初步判断这一遗址与墓地的关系密切。

官道墓地汉墓的时代从西汉中期延续到东汉晚期，墓葬形制较多，组群关系明确，出土器物保存较好，为关中地区中小型汉墓的研究增加了新材料。（杨武站　赵旭阳）

勉县金寨汉墓

发掘时间：2009年10月~12月
工作单位：陕西省考古研究院、
　　　　　汉中市文化文物局

金寨汉墓位于汉中市勉县红庙乡金寨村北，汉江二级阶地丘陵地带边缘。地表现存封土，因历年水土流失、平整土地取土破坏严重，东西残宽11、高7米。从发掘情况推断，该墓在修筑前先依坡移土建土台，并在修建墓室的部位进行重夯，土台顶部夯一层较纯净的白土。尔后在土台上开圹修筑墓室等设施；砖券顶后用红胶泥土与白土相间夯填土圹，圹内夯层厚度不一，夯层最多处达十三层；最后用红胶泥土掺杂白土夯筑形成封土。

该墓为斜坡墓道砖室墓，南北向，残长8.5米，由墓道、封门、主墓室和东、西耳室、排水设施组成。墓道位于墓室的南端，墓壁用条砖错缝平砌，券顶用楔形子母砖套接而成，底为二层条砖纵横平铺。棺床位于主墓室北部，由三层条砖纵横平砌而成，葬具葬式不清。排水设施由棺床南端铺地砖下经墓道延伸至土台以外（北端已被破坏），上宽下窄，北浅南深，底呈斜坡状，内填较大椭圆形石块，空隙中填石片或残砖片。因遭严重盗扰，出土物很少，器物以绿釉陶器为主，主要有釉陶鼎、釉陶盒、釉陶灶、釉陶熏炉、陶仓和釉陶狗等，主墓室棺床东南出土大量西汉“五铢”，孔间可见棕绳朽痕。从墓葬形制和出土物推断，金寨大墓时代应为西汉中晚期。

金寨汉墓规格较高，墓葬形制也是汉中地区首次发现，在勉县境内沿汉江二级阶地丘陵边缘地带仍存在一定数量的此类汉墓。该墓的发掘对了解汉中地区汉墓的埋葬习俗、文化类型有重要意义，同时也对下一步研究汉中地区此类封土大墓提供了新的线索。（曹龙　袁明）

靖边县渠树壕汉代壁画墓

发掘时间：2009年5月

工作单位：陕西省考古研究院、榆林市文物保护研究所

渠树壕墓地位于靖边县杨桥畔镇杨一村南侧约3千米，芦河川道南侧名为“渠树壕”的台地上。芦河北侧是西汉至新莽时期的瓦渣梁城址，有学者认为是汉“阳周城”，芦河南侧分布着至少三处与该城址时代对应的大型墓地，本年度对渠树壕墓地中被严重盗掘的2座墓葬进行了抢救性发掘。

此次发掘的两座墓葬均为壁画墓，形制相似，壁画题材略有不同，其中M1规模略大。M1墓上堆筑有圆台形封土，现高仅2米。墓道为土圹斜坡式，其上有礼制建筑基址。墓室平面呈“十”字形，由前、后室及前室两侧的耳室组成，墓室以砖封门。墓内仅存一陶罐及几枚“小泉直一”、“大泉五十”铜钱和动物陶塑。壁画保存较好，前室顶部为天象图；前后室两侧的壁画分为上下栏，上栏题材有车马仪仗出行、人物故事等；下栏题材为歌舞宴饮、庄园府邸、田园耕作、侍女、持戟守卫和贵妇出行等现实生活。耳室内壁画为列弩、列盾、拜谒、猛禽等军事、武库题材；后室后壁中部绘制一对硕大的鬼怪头像，上部为山峦、人物、飞禽走兽等等。

杨桥畔迄今已经发掘壁画墓5座，时代均为新莽时期。这些壁画墓的集中发现，为陕北地区壁画墓的断代和同时期墓葬形制的确定提供了详实的证据，并显示出墓地对应的瓦渣梁城址在汉代边疆地区的重要地位。陕北北部长城沿线地区与内蒙古中南部同属汉代壁画墓的集中分布地带，其绘画的学术价值已经受到考古、历史和美术界的高度关注。（马明志）

西安市雁塔南路汉唐明代墓葬群

发掘时间：2008年12月～2009年6月

工作单位：陕西省考古研究院

为配合西安市雁塔南路融侨曲江观邸建设项目，对该项目用地进行了考古发掘工作。此次发掘共清理墓葬33座，出土文物116件（组）。

汉代墓葬18座，形制皆为斜坡墓道土洞室，墓室大部分为砖券，也有个别土洞。出土器物主要为陶仓、釉陶罐等各类陶器以及五铢、大泉五十、小泉直一铜钱、铜镜等。初步推断这批汉代墓葬的时代应为西汉中晚期至东汉初期。其中M13为一座大型积砂墓，南北向，由斜坡墓道、封门、甬道、耳室、砖券前室、砖券后室组成，墓室下半部填砂。墓葬全长44.5米，为此次发掘汉墓之中形制较大者。

唐代墓葬7座，规模皆为中小型，级别最高者有2个天井。墓葬形制为斜坡墓道土洞室，出土器物大多为塔式罐与陶俑。陶俑种类较多，可分为马俑、镇墓兽、人俑三类。人俑有武士俑、半身俑。根据墓葬形制与出土器物综合判断，时代应为中晚唐。

明代墓葬3座，其中2座为竖穴墓道土洞室，1座为斜坡墓道竖穴砖券墓室。在砖室墓出土石质墓志2合，从而明确了墓主身份及墓葬时代。该墓为文林郎郭涞世与其妻杨氏合葬之墓。

此次发掘的33座各时期墓葬，尽管绝大多数墓葬经过盗扰，但仍出土了一批文物，获得了曲江地区汉代、唐代、明代大、中、小型墓葬面貌的第一手资料，对研究曲江地区历史时期丧葬习俗的演变、居民的分布及与都城、府城的关系等问题意义重大。（肖健一）

西安市咸阳国际机场汉至明清古墓葬及宋金时期窑址

发掘时间：2008年11月~2009年12月

工作单位：陕西省考古研究院、咸阳市文物考古研究所

西安咸阳国际机场二期扩建工程征地区域位于咸阳市渭城区北杜镇、底张镇和周陵镇，占地面积500多万平方米。征地区域内发现古墓葬、灰坑、窑址等古代文化遗迹600余处。截至本年底，已发掘墓葬231座、陶窑19座、灰坑46个，出土文物近3000千件。

（一）古墓葬　已发掘的古墓葬以汉、唐墓葬为主，还有西晋、十六国、北魏、北周以及隋、明、清等各个时期的墓葬。以下主要介绍十六国墓葬及隋唐墓葬的发掘情况。

1. 十六国墓葬：十六国墓葬目前共发现13座，均为斜坡墓道土洞墓。墓道多带二层台或三层台，墓室有单室、单室带侧室、前后室、前后室带左右侧室等几种。出土文物以陶器为主，个别出土有瓷器、漆器、铁器等。陶器中的代表性器物为武士俑、牛车、陶灯、女侍俑、鞍马、陶灶几类。

在原机场农场南部，发掘了三座呈倒“品”字形分布的十六国时期大型墓葬，墓葬全长均超过37米，其深度9～12米，从已发掘的情况看，三座墓葬的形制与结构存在时代早晚上的差异。从墓葬规模及出土丰富的随葬品看，应属十六国时期的贵族墓葬。其中M54出土了一件彩绘九盏莲花灯，灯由灯座及九个灯盏组成，造型精美。在圆筒形灯架柄上，贴塑有两层8尊形制相同的佛造像。陶质佛教造像出现于墓葬随葬品中尚属首次发现，为研究佛教在十六国时期的发展、传播，特别是佛教与丧葬文化的结合提供了重要的实物资料。

2. 隋墓：发掘1座，该墓系斜坡墓道五天井带围沟双室土洞墓。其总长近50、墓室深近10米。围沟平面略呈“凸”字形，南、北沟边长76.5、东、西沟边长83、围沟开口宽1.3～1.4、深1.4米。

该墓出土随葬品91件（组），器类丰富。根据墓室内出土墓志，该墓为北周上大将军鹿基诞夫妇合葬墓。墓主鹿基诞在北周灭北齐的并州之战中战死。从墓葬形制看，墓葬建于北周时期。其妻刘氏于隋开皇十五年（595）合葬，合葬时制石门、墓志等。该墓的发掘为从考古学角度研究北周至隋代墓葬形制结构的演变提供了一个明确标尺，众多随葬品的出土，为研究北周、隋代器类的发展演变提供了标准器。

3. 唐墓：共发掘38座。主要为大中型墓葬，有2～5个天井，少数有1～3对壁龛，时代在初唐至中唐。其中M92为五天井的斜坡砖室墓。墓葬全长43米。墓前发现有石质碑座，墓周围有围沟。沟边长70余米，其中北围沟中间留有门道。在围沟内发现有高达60厘米的陶质十二生肖俑，按子午方向进行排列，其中鼠俑因后期扰动已不存在。由墓室内发现的文官俑的残件及壁龛内出土的陶俑分析，M92时代应在天宝前后。

以前十二生肖俑主要出土在墓室中，地面出土的十二生肖俑曾在昭陵发现有石质生肖单体。此次发现说明唐代埋葬制度应该有地下和地面两个系统，其作用应和方位、葬仪有着密切的关系。

（二）陶窑遗址　目前共发掘陶窑19座。陶窑保存完整，形制清楚，分单体窑和组窑两种，这些陶窑的性质各有不同，有些以烧制砖、瓦为主，有些以烧制陶器为主。

组窑中最多的一组有5座陶窑，这5座陶窑可作为一个陶窑作坊使用。其平面布局略呈一个东西向的“凸”字形，东西长约18、南北宽约16米，从操作间地面距现存地面的最大深度约3.5米，相邻两窑间距在1.5米左右。五座陶窑共用一个操作间，形制基本相似，结构组成基本相同。平面形制略呈椭圆形，窑室为土圹式，壁面平整光滑，经长期烧烤壁面多有纵向裂痕。各窑顶部均已不存在，只是在窑室填土中发现大量烧结的土坯块。从发掘情况看，这些陶窑的结构与宋金时期的北方馒头形瓷窑相似。其基本结构由操作间、火膛口、火膛、窑室、窑床和烟道等组成。从扰土层出土瓷片和陶窑出土陶瓦片的对比，加上对窑外探方地层中出土宋金瓷片的分析，可得出此组窑时代应为宋金时期的结论。（刘呆运　徐雍初　李明　邵安定　尚爱红）

长安区韩家湾至高望堆东汉至明清墓葬群

发掘时间：2008年10月～2009年4月

工作单位：陕西省考古研究院、长安区考古研究所

该墓葬群位于西安市长安区韦曲街道办事处韩家湾村和高望堆村之间，共发掘东汉至明清时期古墓葬60余座。其中以两座唐代中晚期壁画墓和一座北周墓的发掘较为重要。

两座唐代壁画墓中，M33为小型竖穴洞室墓，棺床涂满白灰，墓道及墓室内原均有壁画，墓室东壁似为乐伎形象，初步推断壁画所表现的应是乐舞场面。M29为斜坡墓道多天井砖室墓，坐北朝南，由斜坡墓道、2个壁龛、3个天井、3个过洞、甬道和砖券墓室组成。该墓早年曾遭盗扰，墓室及甬道严重坍塌。墓道壁画大部分保存较为完整，其主要内容为青龙白虎图和侍从图，侍从形象绘在墓道口与甬道之间，未用边框分割，头向多朝向墓道口，整个画面多用白描的方式，仅在个别局部着彩。

M30为长斜坡墓道带天井土洞墓，由墓道、天井、甬道及墓室三部分组成。墓道及墓室壁画基本脱落殆尽。因早年遭盗扰，

该墓仅出土有少量甲胄武士及庖厨明器类陶俑。根据出土墓志显示，该墓墓主纥豆陵曦字神庆，曾任北周散骑侍郎，诏除车骑大将军仪同三司；保定二年（562）卒，次年葬在长安城南少陵原。该墓的发掘为北朝考古以及民族关系的研究提供了新的线索。

此外，在一座隋墓（M37）中，还出土了保存基本完好的邢窑白瓷器5件，其中的白瓷杯器壁厚1毫米左右，能达到光照见影的效果，这可能是陕西境内考古发现的第一例邢窑透光白瓷完整实物。（袁明 李举纲）

西安市凤栖原北朝墓

发掘时间：2009年10月22日～11月7日

工作单位：西安市文物保护考古所

北朝墓1座（M1），位于西安市国家民用航天产业基地西部3S空间信息产业化基地内。坐北朝南，由墓道、过洞、天井、甬道、墓室几部分组成。墓道为长斜坡状，天井2个，墓室为前后土洞墓室。在甬道口、甬道、前室和后室发现涂有白灰，仅见朱色宽带绘有竖栏、地栿、横枋。共出土文物116件，皆为陶质，置于前室。风帽俑、小冠俑、兜鍪执甲俑以及骑马鼓吹仪仗俑、甲骑具装俑、鞍马俑构成庞大的出行“卤簿”。胡俑高鼻深目，双手握举胸前，作持物状，也应属于出行卤簿的行列。双髻女俑，应作家内侍役。还有双人搂抱踏碓女俑和跪扫女俑。家禽家畜有陶狗，仓厨明器有仓房、磨、碓、灶等，此外还出土有陶罐。这批陶俑的人物立俑皆为单模制作，部分底座呈圆饼状，制作较精致，施彩鲜艳，表现出由北魏向西魏、北周陶俑风格演化的特征。（郭永淇 张全民）

富县广家寨寺院遗址及北朝至宋代佛教石刻造像

发掘时间：2009年7月

工作单位：陕西省考古研究院、延安市文物研究所、富县文物局

广家寨遗址位于富县张村驿镇广家寨村西北部。由于在青兰高速公路施工过程中，此处发现了一批北朝至宋代的佛教石刻造像，遂对该遗址进行了紧急清理。

该遗址是一处寺院遗址，历代志书均无记载，亦未见相关的文字或碑刻史料，据当地传说，寺院名为“广仁寺”或“广年寺”。由于负责考古勘探工作的陕西省文物勘探有限责任公司，未在提供给建设方的勘探报告上标注该遗址，致使遗址遭到大面积严重毁坏。整个寺院遗址仅剩两道墙基。在发掘过程中，共发现残石刻300多件，包括大型石刻佛教造像、小雕像和造像碑，还有一些建筑材料及古钱币等。除一件青石质的小型造像外，其余均为砂石质。在一些造像及造像碑上，还发现有明确的纪年文字。

其中体量最大的一通造像碑高约为1.75米，碑阳上部为两龛造像，上龛为两尊雕像，均为坐姿，双手执物置于胸前，下龛为五尊雕像，为一佛二菩萨二弟子，中间坐佛右手结无畏印，左手结与愿印，两边的菩萨和弟子分站于莲台之上，所有雕像均显得比较瘦长。造像碑下部为发愿文，其中有“天和四年岁次己丑二月新（辛）酉十日”字样。在发愿文的左右及下方有线刻人物，旁边有“清信女”、“息女”、“邑子”等字样的榜题。在碑侧的上部，各有两个小龛，小龛内均有一尊小坐佛。碑阴上中部有近方形小龛两个，内均为一佛二弟子组合造像，佛为坐姿，两边弟子双手合十站立，下部为线刻人物12个。

根据学者的研究，从甘肃庆阳到山西大同一线，是佛教传播的重要通道。广家寨遗址正处于这条重要的通道上。同时，这次出土的文物，特别是造像和造像碑数量巨大，风格多样，延续时间长，是目前已知陕西地区考古发掘出土造像最多的一次，对于研究陕北地区的佛教传播、宗教信仰等都有重要的意义，也为陕西地区的佛教考古研究提供了新资料。（田有前）

西安市凤栖原隋薛氏墓

发掘时间：2009年3月15日～4月25日

工作单位：西安市文物保护考古所

墓葬位于西安市国家民用航天产业基地内，东为高望村，西为神州三路。南邻飞天路，北邻航拓路。编号孵化集群M1。坐北朝南，由长方形斜坡墓道、3个天井、3个过洞、甬道和土洞单墓室组成，墓室平面呈方形。过洞及甬道东西局部有壁画，墓室原绘有壁画，因脱落严重，仅能看出断断续续的黑色和橘红色边框，内容不详。此次发掘共出土文物 107 件，主要为彩绘陶俑，个别贴金。种类多样，有镇墓兽、武士俑、骑马男俑以及各种男女立俑、家禽家畜俑、仓厨明器等。男立俑根据冠帽的不同有风帽俑、小冠俑、笼冠俑等种类，女俑有双髻低平的侍立俑，还有双手执簸箕的劳作俑。家禽家畜类陶俑有马、骆驼、羊、鸡、狗、子母猪和猪等；还出土有象征日常生活的仓厨明器，如陶仓房、陶磨、陶碓、陶灶等。日用器物有陶罐、陶瓶等。出土青石墓志一合。据记载：墓主人薛氏为魏左光禄大夫、散骑常侍、开府仪同三司、平原侯长孙公之妻，受封周城郡君。隋仁寿三年（603）下葬。（郭永淇 张全民）

西安市凤栖原隋柴恽墓

发掘时间：2009 年 9 月 12 日～11 月 26 日

工作单位：西安市文物保护考古所

墓葬位于西安市国家民用航天产业基地内航天中路东延伸段。M1 坐北朝南，由长斜坡墓道、4 个天井、4 个过洞、甬道和前、后土洞墓室组成。在过洞前方的墓道两壁上，原皆各绘一幅壁画，已模糊不清，内容不详。在前室四壁皆涂有白灰，分栏绘制壁画，尚依稀可辨为侍立的女子形象，体态清瘦。共发掘出土文物 81 件，主要器物有镇墓兽、武士俑、风帽俑、小冠俑、笼冠俑、骑马鼓吹仪仗俑、女侍俑、执箕俑、踏碓俑、陶骆驼、陶马、陶鸡、陶猪、陶灶、陶井、陶碓、陶碗、白瓷碗和白瓷瓶等，还出土青石墓志一合。女俑发髻低平，双髻或向一侧略翘。上身赤裸，半臂，原外着衣襦已腐朽不存，下着长裥裙，身形修长苗条。根据墓志记载：墓主柴恽为开府仪同三司、东宫右武卫副率、平原公，葬于隋大业二年十二月二十九日。（郭永淇 张全民）

西安市凤栖原唐韦衡墓

发掘时间：2009 年 12 月 5 日～26 日

工作单位：西安市文物保护考古所

墓葬位于西安市国家民用航天产业基地内，富力城以南，神州四路、飞天路以北，称为金桥紫禁长安 M1。为长斜坡单室土洞墓，由长斜坡墓道、3 个天井、3 个过洞、甬道和土洞墓室组成。墓室平面呈方形，西半部设有一砖棺床，高出东半部约 30 厘米。砖铺地。出土有铅车马器、陶罐残片及青石墓志一合。根据墓志记载：墓主人韦衡为大周相州司马、上柱国。该墓结构完整，同时出土武周万岁登封元年（696）墓志一合，为研究武周时期的葬制、葬俗、历史提供了实物资料。（郭永淇　张全民）

唐代帝陵

调查时间：2009 年 4 月 ~12 月
工作单位：陕西省考古研究院

本年度重点在唐玄宗泰陵和唐穆宗光陵开展了田野考古调查、勘探、发掘和测绘工作。目前已完成了泰陵的考古发掘和光陵的考古调查、勘探工作，同时还对景陵陵园部分遗址进行了复查和重点勘探工作，取得了较大收获。

4 月起对泰陵陵园石刻进行调查和清理，并对城垣东门门址和东南角阙进行发掘。石刻调查工作共清理出土石刻 7 件组（10 件），包括仗马底座、蕃酋像、仗马和牵马人等。通过调查还在陵山以东 3 千米发现一处唐代采石场，在采石场附近找到一尊文官造型的毛坯石人。为详细了解东门门址的保存状况、建筑方式及其规格，我院还对东门门址进行了发掘。东门门址南北面阔 25 米，南北分别和陵山城垣连接。门址为夯土台式建筑，过厅式结构，面阔五间，中间三间是门道。另外，发掘表明泰陵城垣东南角阙基址保存较完好，为“三出”形制，平面呈曲尺形，阙体最大残高 3. 5 米。阙体底部有放大的夯土台基，台基表面为弧形，并用厚达 1 厘米的白灰涂抹覆盖。保存如此完好的角阙在唐陵还比较少见，这种用白灰做表面处理的方法也是从泰陵开始才有。

本年度还对光陵陵园进行了全面的田野调查和勘探工作，调查面积约 40 平方千米，勘探面积约 45 万平方米。基本明确了光陵的陵园范围和遗迹分布情况。光陵属于“因山为陵”的墓葬形制，陵山范围巨大，陵园内遗迹保存较差，城垣角阙、门址、门阙均遭到不同程度毁损，部分地面可见夯土基址，还有很多遗址连地下的夯土基址也遭到破坏。四门门址中只有西门基址保存稍完整，其余三个门址的范围极为模糊。但是勘探发现下宫遗址保存较好，北门还发现了石虎，这种石刻配置在唐陵中还比较少见。这些新的发现为研究唐陵石刻以及下一步光陵考古工作的继续开展提供了很好的资料和依据。

本年度景陵的工作主要是完成勘探资料的整理，并对勘探出来的各类遗址进行重点复查和勘探。主要对城垣四角角阙、四门门址和下宫内的两处大型遗址进行了调查，调查面积约5平方千米，调查表明景陵下宫分为内外两重城垣，面积约12万余平方米，城内现存8处建筑基址。（张建林　张博　田有前）

西安市唐长安城通义坊遗址

发掘时间：2009年10月~11月

工作单位：陕西省考古研究院

本次发掘地点东邻边东街，西邻边西街，南邻西安市友谊医院，北邻大学南路小学，位于唐长安城通义坊的核心区域。发掘分为两个区，面积共计500余平方米。

在Ⅰ区发掘清理出东西向道路及其南侧排水沟遗迹，道路长15、宽约7.65米，排水沟宽约2、深约1米。在此区域内还清理出8口水井和灰坑等遗迹，水井均为直筒土壁，直径在70~90厘米之间，最深7米可见地下水。该区域出土有陶片、瓷片、唐三彩残片、骨器饰品、骨料、“开元通宝”钱币等遗物以及长方形条砖、莲花方砖、筒瓦、板瓦、莲花瓦当、鸱吻等建筑材料。

在Ⅱ区清理出南北向道路一条，大面积的踩踏面以及一段砖砌残墙，还有7个灰坑以及3口水井。值得注意的是，还发现了9个类似坩埚的小烧烤坑，口径10厘米左右，深5~8厘米，其中一个小坑底部还残留有铜渣，其作用尚不明确。该区域出土有砖瓦残块、莲花瓦当、陶罐、“开元通宝”以及大量的陶器残片等遗物。

此外，在该遗址还出土了善业泥、带线刻花纹石柱等宗教遗物。据文献记载，通义坊内的重要建筑有兴圣尼寺、九华观、右羽林大将军李思训宅、朔方节度使李进贤宅、户部尚书杨纂宅和荆南节度使崔铉宅等。兴圣寺原本是唐高祖李渊的“旧宅”。武德元年（618），李渊称帝后，“以故第为通义宫”，贞观元年（627）立为寺，寺内有高祖寝堂等建筑。因此，该遗址的发掘，对于研究唐长安城内里坊的建筑格局以及佛寺遗迹等都具有较为重要的意义。（田有前）

神木县麟州故城遗址

调查时间：2009年7月~10月

工作单位：陕西省考古研究院、榆林市文物保护研究所

为配合麟州故城遗址保护规划的编制，对该遗址进行了考古调查、勘探与测绘。麟州故城遗址位于神木县店塔镇杨城村西北的杨城山上，始建于唐开元十二年（724），废弃于明正统八年（1443）。五代麟州刺史杨宏信及其长子杨重勋、孙杨光，世守麟州，北拒契丹。次子杨业和其孙杨延昭均为宋代名将，北拒契丹，称雄一方。故此城又被称为杨家城。

此次除了对该城址本身进行全面调查以外，还对城址北面残存的墩台及东面、南面的营堡进行了调查，共采集文物标本132件，发现各类遗迹现象95处，其中门址10处、墩台2处、马面5处、角楼3处、砖砌基址2处、夯土基址2处等。

该城址依山势而筑，呈不规则长条形分布，周长约5千米，城垣轮廓清晰。由三部分组成，形成三个既相互联系又相对独立的小城，分为东城、西城和紫锦城。东城平面呈L形，东墙和南墙有瓮城，南瓮城四面浑圆，平面略呈椭圆形，东瓮城与南瓮城之间有马面2处。紫锦城位于城址中部，夯筑墙体保存最好，最高处残存20余米。南墙西部为夯筑，东部削山而成，顶部夯筑；东墙墙体保存较好，南端墙体上部为麟州城的最高点，推测为麟州故城红楼位置所在。南墙处有一马面，西南有城门与东城的瓮城湾相通，北墙也有城门与西城相通。西城地势东高西低，按当地地名可分为西关打井畔、柱顶石圪梁和踏风圪梁。西关位于西城西南部，其南墙与紫锦城共用，且有城门与紫锦城相通，西边为断崖。踏风圪梁位于西城北，也是整个城址最北端，北墙东段于半山腰依山势东西向而筑，仅见部分石砌残块。

墓葬区位于东城之外，可分为2区。Ⅰ区位于古城东北部约500米处的黄土峁上。Ⅱ区位于Ⅰ区东南部约500米处的黄土峁

上，共勘探发现墓葬48座。

在调查勘探工作的基础上，我院还对麟州故城遗址周边约10平方千米的区域进行了航空遥感调查，制作了航空遥感影像图，建立了数字高程模型，为制定麟州故城文物保护规划及有效保护这一珍贵的历史文化遗产提供科学、翔实的资料和依据。（肖健一）

蒲城县敬母寺遗址

发掘时间：2009年2月~10月
工作单位：陕西省考古研究院、渭南市文物保护考古研究所

敬母寺遗址位于蒲城县椿林乡敬母寺村南，总面积约3万平方米。本次对包头—西安铁路穿越的部分遗址进行了发掘，面积2000平方米。揭露出大型建筑基址2座，房屋建筑基址7座，灰坑（窖穴）等遗迹70余处，出土大量陶瓷器残片和琉璃建筑构件残块等。

敬母寺遗址的地层堆积情况较为复杂，从唐代一直延续至清代，本次主要发掘的是金、元、明时期的建筑基址。大型建筑基址均为长方形，东西向，坐北面南，由南向北依中轴线排列。其中1号建筑基址位于遗址北部，残长约30、宽12米，后期破坏较严重，仅存部分夯土基址。2号建筑基址位于中部，保存较好，长18、宽12米，南墙外门道两侧带有月台。其他遗迹主要有大小不等的各种窖穴及灶坑、地洞等。

敬母寺遗址除出土大量陶质砖瓦、瓦当、滴水及琉璃建筑材料外，出土的陶、瓷器标本也较多。瓷器类型主要有罐、碗、碟、盏、灯和杯等，釉色有青花、红绿彩及青、白、红、黄、褐、黑釉等，产地以北方瓷为主，南方瓷也占有一定比例。敬母寺遗址曾出土唐贞元五年（789）高4.4米的一通八棱石经幢，现存蒲城县博物馆。从遗址的地层堆积和出土文物来看，敬母寺的始建年代为唐代，兴盛于金、元、明时期，毁于清末。

敬母寺遗址是陕西渭北地区发现的一处较大的寺院遗址。它延续时间长，建筑规模较大，遗迹、遗物丰富，对研究唐至元明时期渭北地区佛教寺院的分布和发展情况具有重要意义，为研究佛教的历史文化、建筑艺术以及我国陶瓷发展史提供了宝贵的实物资料。（岳连建　路智勇）

蓝田县五里头北宋吕氏家族墓地

发掘时间：2009 年 3 月 ~10 月
工作单位：陕西省考古研究院、西安市文物保护考古所

蓝田县吕氏家族墓地抢救性考古发掘历经近两年，共清理墓葬 29 座、围沟 2 处，调查勘探家庙遗址 1 座，出土文物 700 余件（组）。

经发掘，全面了解了该墓地的形制布局：墓地东、西、北部均有围沟环绕，南部敞开，平面为南北向长方形。墓葬群位于正中偏北，墓地中轴延长线正南 500 米处为吕氏家庙“吕氏庄阁云寺”故址。墓葬排列脉络清晰，在中轴线上自南向北纵向贯鱼式为长子长孙系列；横向则按辈分分排布置。墓地使用时间为宋神宗熙宁七年（1074）至徽宗政和元年（1111），共计埋葬五代吕氏族人。按出土墓志结合文献记载，我们已经大致排列出该墓地家族谱。

墓葬皆为竖井墓道土洞墓室，墓道均向南，深 7.5 ~15.5 米，形制分为单室、前后双室、并列双室、单前室双后室和主室带侧室五种，顶部近平或略拱。随葬器物置于椁外周、棺椁间及棺椁顶上，种类有瓷、陶、石、铁、铜、锡、银、金、漆及珠贝类。其中瓷容器数量多、品相好，以耀州窑产品居主流，兼有景德镇湖田窑、定窑、建窑产品。石器以当地骊山石打造，色泽青灰、做工精细，极具地域特点，主要器形为茶具、香具。各类石、陶砚台是该批墓葬随葬文物的又一特色，其中安徽歙县的长眉子砚、山西新绛出产的澄泥鱼肚白砚都属文房用具之精品。大批墓志铭的出土不但确定和清晰展现了北宋吕氏的家族谱系，而且为研究北宋历史文化提供了珍贵的文字资料。（张蕴　卫峰　刘思哲）

韩城市盘乐村宋代壁画墓

发掘时间：2009 年 3 月
工作单位：陕西省考古研究院、韩城市文物旅游局

该墓位于韩城市新城区盘乐村，为南北向砖室墓，长 2.45、宽 1.8 米，封门南端带有一条竖穴墓道。墓室仅放置砖砌榻座及木榻，木榻装饰简洁，只在局部

雕牡丹装饰。墓主为夫妇合葬，骨骼已朽，葬式为仰身直肢，头向北。女墓主所穿的一双鞋依稀可见，长18厘米。

墓室在北、东、西三壁绘满壁画。北壁壁画分上下两层，上层为装饰画，整体呈半圆形，中央下部为太湖石，石上为牡丹花，象征石生富贵之意。下层，画面正中为一男子坐像，身后有一黑框白色屏风，其上以草书题诗。右侧五人，或炮制中药，或端盆进入，或手捧汤药。左侧四人，其中方桌后两男子研读宋太祖淳化三年（992）的医书《太平圣慧方》。整个画面暗示墓主生前至少有从医的经历，也为我们展示了一副北宋时期关于中医中药的真实图景。

东壁壁画为佛祖涅槃图，壁画中心区域绘佛祖作吉祥卧。其周围佛祖十大弟子作形态各异的悲痛状。壁画最右侧有三人，均赤裸上身，裸足，或挥舞拍板，或吹横笛，或手舞足蹈，这对于研究佛教美术史具有重要价值。

西壁壁画为杂剧演出场景，场上的十七人分为乐队和演员两大部分，其中演员五人，乐队十二人，不仅完整再现了北宋杂剧的末泥、引戏、副净、副末、装孤五个角色，而且呈现出北宋杂剧正在演出的场景，揭开了北宋杂剧演出是否有乐队伴奏的谜底，在迄今所发现的宋代戏剧文物中规模最大，最完整，最生动，史料价值极高。

该墓未见盗扰痕迹，但无随葬品。综合墓葬形制特征及壁画题材内容，并根据女墓主手握北宋神宗（1068～1077）的“熙宁元宝”钱币判断，墓葬为北宋晚期的可能性最大。（孙秉君　刘军　程蕊萍）

长安区夏殿村元代刘黑马家族墓地

发掘时间：2009年3月～12月
工作单位：陕西省考古研究院、长安区考古研究所

元代刘黑马家族墓地位于长安区韦曲街办夏殿村西，已发现元墓共12座，均为土洞墓。墓道有竖穴及斜坡两种，以后者居多，其主要特点是长斜坡窄台阶墓道、平面呈梯形的大型天井，墓室内多有壁龛，摆放部分随葬器物。前后室的形制较为常见，采用砖封门或土坯封门，有的还在封门之外竖有石板或墓志。这些墓葬虽多数被盗扰，但出土器物种类仍然十分丰富，包括金器、银器、铜器、铁器、瓷器、陶器和纺织品等，其中陶器数量最多，均为细泥灰黑陶，主要器

形有饮食器、模型器（其中有些是仿礼器）、陶俑、陶家畜和陶镇墓俑等。刘元振及妻郝柔墓（M16）是这批元墓中的典型墓葬之一。该墓系长斜坡窄台阶前后室土洞墓，平面呈不规则铲形，坐北朝南，由墓道、过洞、天井、封门、甬道和前后墓室、壁龛等部分组成，封门为砖砌，门外用1方青石质墓志（刘元振墓志）竖立封堵。M16墓室前室平面略呈梯形，穹隆式顶，前室东壁中部及西壁偏南各有一小龛，前室中部偏南放置刘元振妻郝柔墓志。后室地面高出前室，平面略呈梯形，砖铺棺床上东西并排放置两个木棺。该墓虽被盗掘，但仍出土各类器物149件（组），其中陶质明器种类丰富，数量较多，制作精细。

这次发掘的元代墓葬据初步判断可能是蒙元时期汉人世侯刘黑马家族墓地，等级较高、排列有序、形制完整，随葬品种类丰富，对研究陕西地区，尤其是西安附近元墓的形制特征、随葬器物组合关系及这一时期丧葬文化的源流和演变发展提供了重要的线索。墓葬出土的刘黑马、刘元振等墓志，保存完好，内容完备，可与《元史》、《蒙兀尔史记》等文献相互勘证，多处记述如刘氏家族的世系、婚姻结构及所参与的重大历史事件等可补史之阙，具有较高的文献研究价值。（李举纲　袁明）

潼关故城北城墙遗址

调查时间：2009年6月~7月
工作单位：陕西省考古研究院

为了配合潼关故城保护规划的编制，近年来对潼关故城进行了全面系统的调查和测绘工作，并对潼关故城北城墙西段（沿黄河岸边）进行了考古勘探。本年度对潼关故城北城墙西段（城墙西北角至北水关）选择两处地点进行了发掘。总计发掘面积约100平方米。发掘表明，该段城墙保存于地面以下约0.4~1米处，地下保存部分残高从0.2~1.8米不等，墙体宽度约2.3~4.4米。墙体南北两侧的墙基宽度不等，其中南边宽约2、北边宽约3.5米。两侧墙基之上铺有石条或石板，其上砌砖。此次发掘中仅在城墙南侧发现有残存的包砖，现存五层，南北长1.95、东西宽1.65米，施白灰，错缝平砌于两块东西向石条之上。

通过调查勘探，我们了解到潼关故城自汉末设关以来，至唐代两经迁徙，三地设防，城池多变，设施不一。宋、金以后直至明、清，城池基本以唐代城池为基础，多有修葺或有扩大，尤其是明代之后，城池规模扩大空前。现存城址大部分为明清时期建筑。此次发掘的明城墙遗址，使我们对潼关故城北城墙沿河岸之地形建筑特点有了充分的认识，摸清了北城墙的规模、墙基范围以及城墙两侧的包砖等情况，为保护展示方案的编制提供了科学翔实的考古资料。（李岗　曹龙　夏楠　邵晶）

甘　肃　省

民乐县五坝村马家窑文化墓地

发掘时间：2009 年 9 月 ~ 11 月

工作单位：甘肃省文物考古研究所、张掖市文物保护研究所、民乐县博物馆

该墓地位于张掖市民乐县六坝镇五坝村，为配合当地马路修建进行近两个月的抢救性发掘，总面积有 200 平方米。

从地层的堆积情况来看，共分 5 层堆积，①、②层为近现代层堆积，③层为扰乱层，④、⑤层为史前文化层。墓葬全部分布在③、④、⑤层下，⑤层下即为原生沙砾。

此次发掘共清理墓葬 53 座，以马厂类型墓葬为主。从墓葬形制上看，有竖穴土坑墓和竖穴偏洞室墓两类。其中竖穴土坑墓又分为带龛竖穴土坑墓和不带龛竖穴土坑墓。从葬式来看，可分为单人葬和二人合葬两大类，而单人葬又分为二次葬、仰身直肢葬等葬式，其中二次葬多是小孩墓且下肢不全；而二人合葬都是成人与小孩的合葬。此外，在葬俗上，尸骨大多撒有赭石粉。

此次发掘出土遗物较丰富，按其质地分为石器、骨器、陶器、玉器等几类，器物共计有 170 余件。

五坝墓地是河西地区继永昌鸳鸯池新石器时代墓地（文化性质以马厂为主）之后发掘的第二处以马厂类型为主的墓地。并形成了三点重要认识。一是对半山类型分布的最西段有了重新认识，过去考古界认为半山类型分布的最西端至永昌，此次发掘把半山类型又向西推至张掖境内。二是所发掘的几座马厂类型偏洞室墓，是继鸳鸯池墓地又一次发现，不同于河湟地区，是河西地区典型的一种墓葬形制，之后延

续的玉门火烧沟四坝文化、永昌西岗柴湾岗沙井文化亦都受其影响，盛行偏洞室墓。三是此次发掘在葬式上呈现出的尸骨不全的乱骨葬，及墓葬形制上发现的几座带龛的墓葬，是民乐东灰山四坝文化之特征，对于探索马厂类型与四坝文化之间的渊源提供了新的考古资料。（王永安）

临潭县陈旗磨沟齐家文化与寺洼文化墓群

发掘时间：2009 年 4 月 ~11 月
工作单位：甘肃省文物考古研究所、西北大学文化遗产与考古学研究中心

2009 年度临潭陈旗磨沟齐家、寺洼文化墓地的考古发掘是在 2008 年工作的基础之上继续进行的。分上、下半年两阶段对该墓地实施保护性发掘。找到了墓地东、北、西三边的墓地范围，发掘面积约 4300 平方米，清理墓葬 562 座，其中齐家文化墓葬 540 座，寺洼文化墓葬 22 座。在埋葬方法上仍以土葬为主，有个别火葬现象。已发掘清理的齐家文化墓葬共计 24 排，呈东南—西北排列。2009 年发掘的墓葬从排列和结构上观察发生了一些变化，每排墓葬之间的排列没有墓地中心区排列的规整，相对错位现象较多，竖穴偏洞室墓墓葬结构也发生了一些变化，不仅双偏洞室和多偏洞室墓在数量上相对增多，而结构上偏室也变得相对较宽大，埋葬方式上多人埋葬的现象增多，单人埋葬的现象减少。出土的随葬陶器也发生了一些变化，泥质灰褐陶增多，器形也发生了变化，个别墓葬还出土了随葬的铁器。

寺洼文化墓葬，除个别零星分布于齐家文化墓葬中间外，大部分集中分布于齐家文化墓地的西区，并与齐家文化墓葬有叠压打破关系，墓葬方向多数与齐家文化墓葬方向一致，呈西北方向，但个别墓葬呈西南方向。墓葬结构以口小底大的土坑竖穴为主，相对齐家文化的竖穴土坑墓较深。多有“井”字形棺木，棺木与墓壁间的空隙填土较硬，似经踩踏，形成熟土二层台。棺木的盖板呈横向，长出侧板搭于二层台上。埋葬方式多多人合葬现象，合葬墓中有一次葬和多人多次葬，有些墓葬也有人骨推挤现象，成人、儿童皆有。部分随葬陶器葬于接近墓葬开口脚端，部分置于熟土二层台或棺内人骨脚端。也有在侧壁挖龛放置陶器的现象。

本年度发掘出土随葬品共计

4520件，其中陶器3140件，铜、石、骨、牙、贝、金等工具或装饰品1380件。

在发掘过程中我们发现了齐家文化的墓上封土遗迹，并在部分墓葬开口处发现封土底层的碎石堆，封土的发现在史前文化墓葬中尚属首例；通过对部分墓葬墓道及偏室内填土做全面解剖清理，从剖面上进一步搞清了墓葬多次埋葬和多次使用的一些辅助设施及其结构。（毛瑞林　陈洪海　钱耀鹏　谢焱）

秦安县王洼战国时期墓群

发掘时间：2009年8月24日～11月15日

工作单位：甘肃省文物考古研究所

秦安王洼墓群位于甘肃省秦安县五营乡王家洼村北部的老爷头山南坡台地内，地势呈北高南低的坡地。近年来墓群盗掘情况极其严重，墓地内随处可见盗洞及骨骸。2009年8月，公安干警在现场设伏，抓获盗墓分子三名，缴获了一定数量的随葬品。为了使王洼墓群不再遭遇破坏，对墓群所在范围进行了钻探与抢救性发掘。钻探共发现墓葬30座，其中被盗29座。本年度共发掘墓葬3座，其中保存完整墓葬1座，被盗2座。

3座墓葬均为偏洞室竖穴土洞墓，均由车马坑和墓室两部分组成。车马坑为竖穴土圹，平面呈矩形，西侧有3～6级不等的台阶；墓室均位于车马坑东北角，为近长方形拱顶土洞，与车马坑夹角接近于垂直。车马坑内均随葬马车至少1辆，为单辕双轮马车，车衡、车厢、车轮均附属有青铜饰品，车轮、车軎乃是由整车拆散后埋葬，有些车轮直径大小不一，并非一套。车衡及车辕下一般随葬有4～7具马头骨，其中3号墓马头上覆盖完整的马头饰一套。通过未被盗掘2号墓观察，墓主人葬式应为单人仰身屈肢葬，葬具为木棺一具。人骨头部、颈部、腰部及腿部佩戴有束发、项圈及贝饰、陶珠、玛瑙珠等装饰品。随葬品一般置于墓室东北角，发现有铜壶、陶壶、陶鬲、箭囊等，因盗扰现象比较严重，完整的随葬品组合规律已较难判断。

从目前已发掘清理的墓葬来看，无论形制、葬俗还是随葬品，该墓群的墓葬都与张家川马家塬墓群极其相似，但仍有一些方面的差异，如车衡的性质等。这两者应该都是戎人贵族墓葬，只不过分属两个不同支系而已。王洼墓群的发现与发掘，对于研究战国时期秦国戎人贵族墓葬以及戎人的分布情况、文化发展等信息具有极为重要的价值。（王山）

青 海 省

兴海县羊曲水电站库区考古调查

调查时间：2009 年

工作单位：青海省文物考古研究所

羊曲村隶属兴海县河卡镇。为配合水电站工程建设，对库区进行了详细的考古调查，钻探遗址 20 处，钻探面积 139400 平方米，发现重要遗址 5 处，分别属于马家窑类型、半山类型、宗日文化和卡约文化的遗存，齐家文化也有分布。

另外，配合拉西瓦水电站建设，对库区二期工程涉及的贵德县拉西瓦镇曲乃亥村下多隆口遗址进行了勘探和发掘，布 5 米×5 米探方 13 个，实际发掘面积约 1000 平方米。获得了许多重要收获。（许新国）

宁夏回族自治区

固原市柳沟新石器时代遗址

发掘时间：2009 年 5 月 ~6 月

工作单位：宁夏文物考古研究所

遗址位于固原市开城镇柳沟村村南侧的山梁上，早年曾经平整土地，山梁现成阶梯状，遗址遭到严重的破坏。遗址中心位置地理坐标为北纬 35°57′54.0″，东经 106°14′16.2″，海拔 1882 米。为配合西气东输二线工程，宁夏文物考古研究所在 2008 年 9 月对工程沿线文物进行了详细调查，2009 年进行了抢救性发掘。

本次共清理发掘窑洞居址 1 座，灰坑 12 个。遗迹单位直接开口于近现代层下。

窑室内部和外部之间有一台阶。在窑洞内发现有灶址 1 处，柱洞 6 个，灰洞 1 个。灶址位于窑洞西侧墙壁上，是在窑壁上直接掏挖而成，内侧火烧、烟熏痕迹明显。柱洞经解剖后发现是先挖一洞，栽上木柱，然后在周围填充泥土，用于加固。窑壁上发现有少量的白灰皮，窑室内部发现有少量的陶片。在窑室外侧有3个灰坑，应属于窑室的附属设施。在一个灰坑内发现有较多的陶片和粮食遗存痕迹。灰坑形制多为圆形袋状灰坑，少量为不规则状。

本次清理发掘因时间和发掘面积有限，出土遗物较少，仅出土有少量的陶斝、陶罐、双耳罐、陶盆、陶刀和石斧等。

根据窑洞居址类型以及出土遗物来看，遗址整体年代应为龙山时代晚期。（王晓阳）

彭阳县新集小河湾战国秦汉遗址与墓葬

发掘时间：2009年7月～2010年1月

工作单位：宁夏文物考古研究所、彭阳县文物管理所

小河湾战国秦汉时期遗址位于今彭阳县西南侧的新集乡下马洼村，东北距彭阳县约15千米。遗址位于六盘余脉间的冲积台地上，周围有小河、大河、驼龙河等几道干涸小河纵横穿过，面积约40万平方米。为配合西气东输二线工程的建设，在管线经过的范围内进行重点考古发掘，根据出土器物等特点，确定为战国、汉时期遗址。

小河湾遗址以横贯台地的小河河道为界，分为Ⅰ区和Ⅱ区。其中Ⅰ区布10米×10米探方22个，Ⅱ区布3米×65米探沟1道，发掘面积近4000平方米。两区的文化面貌基本类似，以生活遗址为主。计发掘灰坑177座、壕沟2道、道路3条、水井4口、房址1处，另外清理瓮棺葬3座。出土物主要有陶器和陶片、瓦当等，次有铁器、石器和少量的铜钱、骨器。陶器和板瓦、瓦当非常残碎，能复原者较少。器形以罐、盆、釜、鬲为主，瓮、壶等较少。其中一件陶鬲的肩部及一件瓦当内侧有阴文戳印“咸陈里口”字样；铁器有削、斧、铲、凿等。除少量的宋钱外，秦汉地层出土的铜钱均为半两；另外出土有大量的残碎动物骨骼，种属有马、牛、羊、鹿和狗等。

小河湾遗址是宁夏首次大规模发掘的秦汉时期遗址，对于研究战国至汉代王国制向郡县制的转变和宁夏彭阳地区秦汉时期的县置提供了珍贵的线索。出土的一批有特色的器物，如袋状铲足

鬲、矮裆鬲等器物与关中地区同时期的器物十分相似，对探寻该地区秦戎文化面貌以及秦文化与西戎文化、北方草原文化的关系提供了重要的资料。

同时，我们还在附近抢救性清理了4座秦汉时期的墓葬，其中2座位于遗址西侧的圪垯峁，另外2座位于遗址西南侧的秦沟。其中圪垯峁墓地因平整田地影响，墓葬形制不辨；秦沟墓地的2座墓葬均为洞室墓，长斜坡墓道，多为双人合葬墓，出土器物有铁釜、昭明纹铜镜、五铢铜钱等。这两处墓葬与小河湾遗址时间上相当，它的发掘、保护和研究，对认识宁南地区秦汉时期文化的延续、秦至西汉中期墓葬的形制特征和断代分期提供了资料依据。（朱存世　周赟）

固原市闫家庄汉代城址

发掘时间：2009年6月~12月

工作单位：宁夏文物考古研究所

固原城东、北、南三面环山。在城西南的白马山与固原城之间有一片开阔平坦的塬地，闫家庄汉代城址位于此塬北部，地处固原市原州区清河镇闫家庄—大堡村之间。为配合西气东输二线管线工程建设，对管线所经城址区域进行了发掘清理，发掘面积2500平方米。

城址平面呈东西长方形，东西长约1000、南北宽约700米。城址墙体多被平毁。北墙体西北角尚存，高度约4米，墙体沿一条现代小路向东北延伸，我们对北墙体西侧进行了局部发掘，墙体残高0.90~1.85、宽8.65~9.30米，墙体系用圆夯夯筑，夯窝较浅且密集，夯窝直径4~6厘米，夯层4~6厘米，最底部夯层最厚，为14厘米。东墙体长约700米，当地人根据城墙走向，将墙体修整为梯田埂。南墙体现为一条乡村小路，钻探情况表明，墙基宽8~10、残存高度0~1.5米。西墙体长约710、宽8~10米。

城墙外环绕有城壕，城壕距离城墙12~13、城壕宽约11~13、深4~5米，上宽下窄，在底部发现有淤沙。

发掘区位于城址西侧，距离城址西墙3~50米，主要为汉代遗迹，有窑址、灰坑、沟等；另外在城址西南城墙外发现一处宋代房址，在城址内西南发现北朝墓葬1座。

窑址，2座，编号为Y1、Y2，其中Y1打破Y2。窑址形制大致相同，由操作间、窑门、火塘及窑室构成。其中Y1略小，为单烟道，Y2 为三烟道。窑址内出土有大量的陶片及陶器支垫等。从出土遗物分析，应为专门烧制日用陶器的陶窑遗址。灰坑，44 个，以长方形及不规则圆形灰坑为主，出土器物以陶器残片居多，有部分筒、板瓦等。沟，3 条，分别编号 G1、G2、G3。其中 G2、G3 为汉代遗迹，均为东西向，平面呈长方形，口大底小，沟壁斜直。房址，1 处，房间形制大致相同，以北部房间为例，平面为南北长方形，东北部砌有火炕，其南部开有方形灶门。火炕北端有一圆形烟囱。在房址底部西部、南部，见有圆形窖穴，东、南均开有门道，与其他房屋相接。墓葬，1 座，编号 M1。坐南朝北，由墓道、封门及墓室构成，墓道为竖穴土坑式，封门用土坯砌起，墓室为土洞室。单人葬，仰身直肢，头南足北。在墓主人右肩部放置有陶罐 1 件。

出土遗物以陶器、铁器居多。汉代建筑材料多见绳纹筒瓦、板瓦及少量瓦当，日用陶器以盆、罐、纺轮等居多。晚期遗迹出土较多的陶罐、壶、盆等日用陶器。铁器，以农具、铁刀、削居多。钱币，有半两、五铢、货泉、开元通宝。宋代房址出土有大量铁钱。此外，出土有数枚铜、铁箭镞。

从地层及出土遗物分析，该城址始建于汉代，宋代后废弃。为我们研究汉代中小城址提供了很好的实物资料。（童文成）

盐池县张家场汉墓群

发掘时间：2009 年 7 月 ~8 月
工作单位：宁夏文物考古研究所、盐池县广播文体旅游局

墓地位于盐池县城北 17 千米处的张家场村西南。东北距国家文物重点保护的著名的秦汉时期古城址 25 千米。墓群分布在城址周围的南、北、西三个区，总面积约 5 平方千米。2009 年 6 月汉墓群遭到不法分子不同程度的盗掘，故对该墓地的 4 座汉墓进行了抢救性发掘。M1、M3 墓葬平面呈“凸”字形，为长斜坡砖室木椁夫妇合葬墓，主要由封土、长斜坡墓道、墓室和耳室几部分组成。墓葬坐西向东，方向在 100° ~105°。墓室用长方形青灰色条砖错缝平砌，没有用任何材料勾缝，墓室及墓道东西总长 24 ~27 米，墓室长 6 ~7 米不等，距地表

深7~8米，均为木椁构造。椁室的外壁与墓室西南北三壁紧贴，椁箱分内外两层，椁室的结构形式为封门式，室门用木板直竖封堵，整个椁室由垫木、底板、壁板、盖板、封门板五部分组合而成，椁箱内放置双棺。M2为长斜坡砖室夫妇合葬墓，主要由封土、长斜坡墓道、墓室、耳室组成。墓室内后端用单砖砌筑棺床，棺床上置放两个棺，棺床上面放一层防潮白灰层，墓葬坐西向东，方向100°，墓室及墓道总长26米。

M4、M5是一座封土堆下覆盖着两个并列的墓穴，为同冢不同穴的夫妇合葬墓。M5出土一枚铜印章，铭文为“王辅私印”。墓葬为长斜坡洞室墓，坐南向北，方向相同，195°，全长近30米，两墓室长6、宽2.8、高2.8米，距地表深9~10米，并列的两座墓结构相同，不同的是男墓主王辅为火葬墓。这次抢救发掘的4座汉墓共出土遗物400余件，其中陶器70余件、铜器290余件、铁器25件、骨器28件、玉器2件、琉璃珠饰1件、石器2件、模印砖2块、花纹空心砖6块、铜钱币1000余枚、骨质小五珠1枚。陶器有彩绘陶壶、仓、黄釉陶钫、壶、敦、盆、碗、双耳杯、灶、熊、枭、鸳鸯、灯等器物；铜器主要以车马饰件为主；铁器有铁刀、削、灯等。

从张家场的墓葬形制与出土遗物来看，M4王辅夫妇墓的时代为西汉中晚期偏晚，M1、M3墓葬的时代属西汉晚期，M2的时代为王莽时期或东汉早期。（耿志强）

海原县石砚子汉代与元代墓葬

发掘时间：2009年7月~9月

工作单位：宁夏文物考古研究所、海原县文管所

为配合西气东输二线工程，2008年9月对沿线文物进行了详细调查，2009年对海原县境内的石砚子墓地进行了抢救性发掘。

墓地位于海原县高崖乡石砚子村东约600米处的荒地中，墓地中心位置地理坐标为北纬36°49′08.3″，东经105°59′27.6″，海拔高度1380米。

荒地多年已不耕种，墓葬直接开口于一层沙石土下，本次发掘共清理墓葬10座，其中8座为汉墓，2座为元墓。

8座汉墓除M4外，其余墓葬均有不同程度的被盗状况。根据墓葬形制可以分为三类：第一

类为竖穴土坑墓，仅 M4 一座；第二类为长斜坡墓道土洞墓，有 M1、M2、M7、M8、M9 共 5 座墓；第三类为长斜坡墓道砖室墓，有 M3、M10 共 2 座。

长斜坡墓道土洞墓盗洞位置多在封门处，长斜坡墓道砖室墓盗洞位置则多在墓室上侧。虽然被盗现象严重，仍出土了一批较为珍贵的文物，如铜镜、玉蝉、陶壶、陶罐、博山炉、鎏金泡钉、鎏金衔环铺首、铜钱“五铢”以及“半两”等，“五铢”数量较多，仅有极个别铜钱为“半两”。根据墓葬的形制、出土器物的组合关系以及器形来看，墓葬的整体年代为西汉晚期至东汉早期。

2 座元墓形制相同，均为竖穴小斜坡土洞墓。M5 内棺木保存较好，在棺木上饰有人物花鸟图案。

海原县石砚子汉—元代墓地的发现，为该地区考古学文化的研究提供了新资料。（王晓阳）

固原市杨庄东汉北朝清代墓地

发掘时间：2009 年 5 月 ~7 月
工作单位：宁夏文物考古研究所

该墓地位于今固原市开城镇小马庄村五组（俗称杨庄），东北距固原市约 5 千米。地处六盘山余脉间，周围有白马山、九龙山等环绕，中部为宽广的塬区，地势上梁峁相间，沟壑纵横。墓地位于山间一处相对较宽广的台地上，地理坐标北纬 35°58′35. 3″，东经 106°13′16. 7″，高程 1797 米。墓区范围广，延续时代久。为配合西气东输二线工程的建设，在管线经过范围内进行考古勘探，重点清理了墓葬 15 座，其中汉代墓葬 10 座、北朝墓葬 3 座、清代墓葬 2 座，出土陶、铁、铜器等文物 200 余件。

汉墓 10 座，形制有洞室墓（6 座）、土坑竖穴墓（3 座）和砖室墓（1 座）等，多带有长斜坡式墓道，单人仰身直肢葬，其中洞室墓头向均朝墓道方向。随葬品有陶罐、灶、壶、铁剑及五铢钱等，另外，这些墓葬中多随葬有动物骨骼，有羊、牛及禽类等。根据墓葬形制、墓内出土器物等来看，这些墓葬的年代上限至西汉中晚期，下限约在东汉时期。

北朝墓葬 3 座，均为小型洞室墓，斜坡式墓道。单人仰身直肢葬，头向亦朝墓门方向。随葬品以陶罐为主，另有石砚、铜印章等。

清代墓葬2座，其中一座为洞室墓，长斜坡式墓道；另一座为土坑竖穴墓。出土器物较少，有瓷罐及“乾隆通宝”等。

这批墓葬的发掘，为研究固原地区的物质文化、丧葬习俗等方面提供了重要的资料。（周赟）

盐池县深井明代墓地

发掘时间：2009年8月
工作单位：宁夏文物考古研究所、盐池县广播文化旅游局

深井明代墓地位于盐池县城西南5千米，花马池镇深井自然村东1千米处的北高南低的缓坡地上，2009年8月在城镇规划建设中发现并遭到破坏，将现存的可以清理的墓葬进行了抢救性发掘，重点清理了7座墓葬，其中4座砖室墓，3座土洞墓。出土了一批珍贵的明代文物。

在M7墓内出土一方墓志砖，由于墓志砖用红朱砂书写，有部分字迹看不清，但从内容得知，该墓地属于王氏家族墓。从出土的器物和钱币分析，该墓地在时代上基本贯穿于明代。发掘的7座墓葬，依坡地而建，均坐北向南，方向约170°。4座砖室墓形制结构基本相同，斜坡式墓道，双层拱券顶，由墓道、前墙、墓室组成。室内均南北向并列3副棺椁，中间为男墓主，左右两侧为妻妾。棺椁均用榫卯套接，保存基本完好。3座土洞墓结构相同，除M5棺椁腐朽外，M6、M7没有被扰乱，室内置放两具棺椁及随葬品保存较好，棺椁为榫卯结构，为夫妻合葬墓。

7座墓共出土文物210余件。其中锡器58件、瓷器24件、银鎏金器2件、铜镜3件、铁器2件、木器35件、泥质品39件、铜钱币38枚、服饰等19件。

这次抢救发掘的王氏家族墓群，是继盐池冯记圈明墓的再次发现，墓葬的形制结构、葬具及出土的遗物等方面不仅反映出明代精湛的工艺水平，也体现了当时的丧葬等级制度，为宁夏地区明代丧葬习俗等方面的研究提供了一定的实物资料。（耿志强　王仁芳）

新疆维吾尔自治区

玛纳斯县肯斯瓦特水利枢纽春秋战国时期墓地

发掘时间：2009 年 8 月 ~9 月

工作单位：新疆维吾尔自治区文物考古研究所

玛纳斯县肯斯瓦特水利枢纽工程，位于玛纳斯县南 70 余千米的玛纳斯河与清水河交汇处，工程涉及古代墓葬位于玛纳斯河和清水河交汇处河流北岸的台地上，原为清水河乡红坑村南部地界耕地。很多墓葬和考古现象遭到破坏。一共清理石堆墓 8 座，石堆遗迹多处，出土部分陶器、玛瑙珠等文物。

古墓葬较为集中地分布在水利枢纽工程临建区区域。可以分为 A、B 两处。A 区墓葬位于临时建设区的东部，地处河谷北部台地上，北为开垦的农田。发掘墓葬 2 座。M1 为石堆墓，圆形封堆，直径约 8 米，现高约 0.4 米；墓室为长方形竖穴偏室，墓口长 1.8、宽 0.7 米，墓室深约 0.4 米，墓口盖有 60 厘米 ×75 厘米的片石，墓底铺垫有 5 ~10 厘米的小河卵石；墓葬为单人葬，葬具已经糟朽，葬者女性为个体，头向西偏北，骨骼也酥朽严重。在右手部位，出土有一件蚀花玛瑙珠饰。M2 也为石堆墓，封堆圆形，直径约 6.2 米，残高 0.4 米；墓室为竖穴土坑墓，墓口周围有椭圆形石围（内径长 3、宽约 1.4 米），堆石多为 40 厘米 ×50 厘米大小的扁圆河卵石或长扁河卵石垒砌而成，墓室长 1.8、宽 0.75、墓室深 0.5 米，墓地有 5 厘米左右的小河卵石垫层。墓室内葬两个个体，一为成年女性，一为儿童，头向西，儿童的右侧随葬有一件夹砂红陶罐。B 区位于临时建设区的南部，河谷的北岸台地上，有 6 处石堆分布集中，且呈明显封堆形态，未见人骨和随葬器物。应当是人工形成的堆积，有关遗迹尚待深入研究。

玛纳斯肯斯瓦特水利枢纽墓地墓葬基本为石堆墓，根据调查，部分墓葬的分布大致呈南北链状排列，这类石堆墓是北疆草原地区广泛分布的墓葬类型，在伊犁、乌鲁木齐等地多有考古发现，初步推断这批墓葬的年代可能在春秋战国时期。

此次发掘是玛纳斯县的首次考古发掘。玛纳斯河是北疆沿天山一带一条较大河流，河流孕育的绿洲是古代民族重要的居住地，在玛纳斯县境内塔西河流域的包家店附近，曾经调查出土过“山”字纹铜镜、金箔饰等一批战国时期重要的遗物；在塔西河上游的石门子水库附近也发现有许多早期铁器时代古墓葬，此次发掘成果，为研究玛纳斯河流域考古文化编年，开展全面、系统的研究，提供了珍贵的资料。（于志勇）

尼勒克县一级水电站引水工程战国至汉晋时期墓地

发掘时间：2009年3月~4月

工作单位：新疆维吾尔自治区文物考古研究所

为配合喀什河水利实施建设，对伊犁河支流喀什河上游尼勒克县多处古墓葬进行了发掘。墓葬位于喀什河流域的北岸，分布在三个区域：东麦里古墓群位于尼勒克县东14千米处，共有50座墓葬；乌赞乡1号古墓群位于尼勒克县西8千米处乌赞乡的台地上，共有17座墓葬；乌赞乡2号古墓群位于尼勒克县西北3千米处。共发掘墓葬120座。

根据墓葬埋葬情况，墓葬可以分为3种类型。第一类为竖穴土坑墓，墓葬封堆下有墓室，多为圆角长方形，部分墓葬墓室内有木质或石质葬具。单人葬，一次葬、二次葬均有，有少量的双人葬和多人合葬。随葬品有陶器、铁器、木器、铜器、骨器等，个别墓葬有殉马，存有鞍、马衔等。第二类为竖穴偏室墓，墓葬封堆由卵石、山石、土堆积而成，多数墓葬有石圈；墓室呈长方形，墓底南侧基本上都有二层台，北侧和头部有偏室。单人葬，一次葬、二次葬均有，有少量的双人葬。随葬品有陶器、铁器、木器、铜器、金器、骨器等，有些墓葬出土动物骨骼。第三类为石棺墓，墓葬封堆多呈圆形石堆，多用石片做成长方形石棺；多单人葬和二次葬。随葬品少。墓葬的年代可能在战国至汉晋时期。（阮秋荣　阿里甫江）

阿勒泰市克孜加尔水利枢纽古墓群

发掘时间：2009年9月

工作单位：新疆维吾尔自治区文物考古研究所

阿勒泰克孜加尔水利枢纽涉

及古墓葬以大分散小聚集的分布特征散落在克兰河两岸一、二级台地上。此次发掘墓葬33座，3个发掘点，坐标和海拔：1. 北纬47°31′06.5″，东经88°14′39.0″，海拔高度为630米，共计发掘墓葬12座；2. 北纬47°32′31.9″，东经88°16′25.6″，海拔高度为630米，共计发掘墓葬17座；3. 北纬47°34′42″，东经88°16′47.6″，海拔高度为633米，共计发掘墓葬3座。

克孜加尔水利枢纽工程的淹没区面积9.2平方千米，涉及古代墓葬72座，多数为石堆墓，封堆直径5～12、高0.1～1.2米，少数为石围墓，墓室用薄石板围成，平面呈方形或长方形。

为了配合阿勒泰克孜加尔水利枢纽工程建设，第一期对633米水位线以下33座墓葬进行了抢救性发掘，出土一批陶、铁、铜器和木器等遗物。

墓葬形制分为四类：石围墓、竖穴土坑墓、竖穴石棺墓和无墓室墓。

根据墓葬形制和出土器物推断石围墓的年代在公元前500年左右，竖穴土坑墓和竖穴石棺墓的年代在隋唐时期。

此次发掘为研究新疆阿勒泰地区古代历史文化提供了一批重要的资料。（于志勇　王永强）

乌恰县托云两汉时期墓地

发掘时间：2009年4月
工作单位：新疆维吾尔自治区文物考古研究所

托云墓地位于克州乌恰县托云乡东南约2千米，吐尔尕特—乌恰段公路东侧，苏约克河的东侧一级台地自然冲沟两侧，呈东西向链状排列，约有墓葬30座，地理坐标为北纬40°09′122″，东经75°20′955″。为配合S212线公路改建工程，抢救发掘墓葬10座。

托云墓地墓葬类型单一，即石堆墓，地表标示明显。墓葬形制统一，均是地表堆砾石封堆，在封堆底部下原地表上摆砌简单石棺或无墓室，石棺无底无盖，葬式葬俗较一致，仰身直肢，头西脚东，或为二次葬，墓葬形制独特，埋葬习俗较为特别。墓葬随葬品较贫乏，仅出土2件陶器，零星小件铜器和铁器，少量珠饰，少生活用具，不见与生产相关的工具。从陶器器形上看，双耳陶罐与哈密地区墓地出土相似，筒形平底杯则与阿合奇县库兰萨日克墓地出土的接近；出土的眉笔与新疆各地发现的一致。

根据出土遗物和新疆地区墓葬发掘资料推断，墓葬的年代大致在两汉时期。(阮秋荣)

库车县提克买克两汉时期冶炼遗址和墓葬

发掘时间：2009 年 7 月 ~8 月

工作单位：新疆维吾尔自治区文物考古研究所

提克买克冶炼遗址位于库车县阿格乡北部提克买克村，面积 280000 平方米。地理坐标为北纬 42°10′52.5″，东经 83°00′19.3″，海拔 1835 米，为配合库俄铁路建设工程，发掘遗址面积近 200 平方米。

通过发掘可知发掘区域为炉渣堆积区，有一次堆积，也有连续多次堆积，堆积包含物由上至下基本相同，除大量铜渣、铁渣外，还出土了数量众多的陶质流管，少量鼓风管，生活所用陶器残片等。内部堆积厚近 3 米，炉渣中含铁品位很高，而含铜量很低，大量流管中残留绿色铜锈，说明是炼铜后弃置的炉渣。通过出土遗存证明该遗址不是以炼炉的铜水直接浇注铸件，仅是先就地冶炼出纯铜，为铸造提供主要原料。

提克买克墓葬位于冶炼遗址东部山坡台地上，地理坐标为北纬 42°10′55.7″，东经 83°00′19.6″，海拔 1847 米，约 15 座，沿山脊南北向分布，规模不大，属石堆石圈墓葬。墓葬发掘共计 13 座，分单人葬和多人葬。其中多人墓葬 3 座，用石块、石板垒成近圆形墓室（其东部有象征性石门），所葬个体 10 ~ 40 人左右，骨殖散乱。出土大量陶器及装饰小件，器形有罐、钵、盆等，另有铜器、铁器、骨角器、玛瑙、石器和木器等。

遗址和墓葬出土陶器中灰陶占绝大多数，少数夹砂红陶及彩陶。灰陶表面磨光，为夹细砂陶，烧成温度较高。陶质、陶色、器形及纹饰基本一致，说明墓葬的主人就是该处冶炼遗址的工人。与其西侧温宿县包孜东墓地的陶器接近，墓葬类型也较一致。

依据出土遗物及相关资料，我们大致可以推断提克买克遗址、墓葬的年代应在汉代。

矿冶遗址的时代是一个较难把握的问题，此次考古发掘遗址与墓葬年代相互佐证，为我们认识库车地区矿冶遗址年代问题提供了有力证据。龟兹古国汉唐时期能雄霸丝路北道，两汉西域都护府和唐代安西大都护府均要设于此地作为控制西域的中心地区，一是其交通战略位置的重要，二是与其矿产资源、特别是金属资源的富饶及其发达的冶炼、铸造业息息相关。因此矿冶资源是龟兹强盛的资源要素之一，也是联系西域诸国及中原地区的物质纽带。（阮秋荣）

库车县苏巴什佛寺古墓群

发掘时间：2009 年 8 月
工作单位：新疆维吾尔自治区文物考古研究所

苏巴什佛寺遗址亦称“昭怙厘大寺”，俗称“苏巴什古城”，位于库车县城东北约 23 千米库车河出口两岸。佛寺古墓群位于却勒塔格山南坡、佛寺遗址北部，分为河西墓群和河东墓群。此次发掘的墓葬属于河西墓群，地理坐标为北纬 41°51′55.8″，东经 83°07′17.7″，海拔高度为 1329 米。

河西墓群位于库车河口西岸，分布墓葬 2000～3000 座，部分墓葬呈直线状排列，地表形制基本相同，均为石堆墓，封堆直径 3～6、高 0.4～1 米。

为了配合库俄铁路工程建设，对受铁路施工影响的 17 座墓葬进行了抢救性发掘，出土少量陪葬品。

墓葬形制分为三种：1. 圆丘状封堆，封堆下近方形或长方形石堆，石堆周圈分布厚 0.1、宽 0.3 米的红土或黄土层，石堆下无墓室或骨灰等。2. 圆丘状封堆，封堆下有烧土层和骨灰堆，骨灰中包含烧骨、木炭等，不见墓室，出土少量陪葬品。3. 墓葬均有圆丘状封堆，其下不见石堆、墓室、烧土层及骨灰等痕迹。

墓葬为苏巴什佛寺僧众遗留，年代与佛寺存续时代一致，为公元 1 世纪至公元 13、14 世纪。

此次发掘为研究库车苏巴什佛寺古代历史文化提供了一批重要的资料。（王永强　阮秋荣）

高昌故城

发掘时间：2009 年 8 月～9 月
工作单位：新疆维吾尔自治区文物考古研究所

为了配合高昌故城第三期维修工程，对高昌故城内大佛寺东南排房，大佛寺北佛塔，内城西墙 300 米城墙，内城南墙南门段和一、二、三号民居，外城西墙西门南二段200米和重要遗迹等九处遗迹进行了考古发掘清理。

一、大佛寺东南排房

大佛寺东南排房位于高昌故城西南，大佛寺遗址区东南角，西北为大佛寺、北与东北排房（已于2007年发掘完毕）隔路相对。此次发掘总面积约14000平方米，共清理各类房屋60间，灰坑、灶坑、灶台、壁炉和炕等遗迹数十个。

根据房屋形制可以将其分为地穴式、半地穴式和单体墙式三大类。

此次发掘出土遗物比较少，而且罕有完整器。

陶器占绝大多数，但是多为陶器残片，无法复原。陶质为夹砂灰陶，轮制。少纹饰，器形主要是缸、罐、钵、碗等。出土的完整遗物极少。其他的还有一些铜、铁器、纺织品等残片和少量“开元通宝”钱币。

从出土遗物看，其时代上的差异不明显。根据遗迹现象、出土遗物特征等初步推断东南排房的时代大致与大佛寺的年代相同，主体部分应该属于唐代以后的高昌回鹘时期。

二、大佛寺北佛塔

位于大佛寺东北150米。发掘面积约150平方米。

佛塔西半部分已经坍塌。现存部分由塔体和塔基两部分组成。塔基东西残长14.5、南北残宽9.3、高1.5米。生土结构。塔体呈上小下大的梯形，四壁收分明显。底部残长约9.5、残宽约9.3、残高约6米。塔体夯筑，里面夹有一些土坯层。在塔体上部隐约可以见到佛龛的痕迹。

三、内城西城墙300米

城墙破损严重，现墙基宽约11、最高处约17米。发掘面积约1500平方米。城墙下部为原生土，高约4.5米；上部为夯筑。

墙中部有一座佛寺，英国人斯坦因编号为α佛寺。佛寺长约28、宽18米。门东向，已残，形制不明。佛寺西部是一座高台，边长约18米，南、西、北三面有残高约1、宽约1~2米的围墙，台内部东西长15、南北宽11、高8米；东半部分已遭到彻底破坏，空无一物，靠南壁有一道土坯台阶通往西部高台。在佛寺南壁外有3间穹隆顶土坯房，残，仅存下部高约0.01~1.5米的墙基。

在东面墙上距现城内地面高约3米处有一间窑洞，房间长3.14、宽2.08米，穹隆顶，高2.10米。门开在东墙上，东向，宽1.1、高1.5米。在墙壁东北角和西南角底部残存少量壁画。因残缺过甚，内容不清楚。墙上有三间晚期窑洞。

墙体两侧坍塌土内出土少量陶片等遗物，主要有罐、缸、盏等。

四、内城南墙南门段

位于内城南墙正中，长约103米，残损严重，残宽约12米，残高11米。发掘面积约400平方米。城墙下部为原生土，高约5米，上部为夯筑，夯层比较紧密。

城门已残，现状为一椭圆形过洞状。门洞底部宽2.36、中间最宽处约4米，高4.6米。

在城墙内侧有六组窑洞，其中一组为一直排开的四间。窑洞顶部已经残损，门、窗仅存少量痕迹。

五、一号民居

位于外城东南部。东距东南佛寺220、二号民居150米，北距内城南墙100米。

一号民居坐北朝南，东西长44、南北宽14.2米，面积约700平方米。共有房屋9间，平面布局基本完整，房间内长10、宽1~2.2米。房顶及墙壁多已坍塌，墙基宽约1.5米，残高1~3米不等。夯筑。门结构不明。

F9内部长9.92、宽2.2、高3.96米，其中墙壁高2.6米；土坯券顶高1.36米。券顶上起夯形成平顶结构。通高4.4米。这是目前高昌故城城内唯一一间房顶尚存的房屋。在房间西北角坍塌土内出土少量壁画残片，内容为10余个千佛图。

六、二号民居

位于外城东南部。东南距东南佛寺90、西距一号民居150米。

二号民居坐西向东，南北长25、东西宽13米，面积约300平方米。共有房屋2间。平面布局不清楚。最大一间房内长23、宽5米。房顶及墙壁多已坍塌，墙基宽约2.3、残高4.4米左右。夯筑。门开在东墙南端，宽2.7、高约2米。在西墙南端也有一个门，宽1.5、高2米。可能是通向另一间房屋的门。

七、三号民居

位于高昌故城东部，东距东墙130米，西北距可汗堡东塔700米。发掘前地面遗迹面积约300平方米，实际发掘面积约1500平方米。

三号民居可以分为东西两部分。

西半部分为一组带院落的套房，东西长26、南北宽27米。正面5间，每间长6、宽2米。墙壁和房顶已残，墙体残高1~3米，厚1.5米。夯筑，局部用土坯垒砌。

在正面房后面有一间内房，东西长20、宽2米。房间内有大大小小的灰坑7个。最东边一间后壁上有门通向内房。门宽约1.4、高约2.5米，土坯拱顶。

在房屋前后各有一个小院落，后院院墙基本上损毁殆尽，最高约0.5米。根据痕迹推断后院长约25、宽约2.64米。院内空无一物。

前院长19.6、宽8米。院墙痕迹清楚，宽0.5~2米，最高达1米左右。院内地势比较低洼，里面有灰坑8个，其中三个里面有残陶缸。

东半部分原来被埋在扰土下，是在发掘西半部分过程中被发现的，有一条便道和水沟从遗址上穿过。东西宽12、南北长32米，由佛寺1、土坯房2、铺地砖房1和其他房屋2间组成。

佛寺位于最北部，为带回廊中心塔结构。其东半部分已经缺失，现佛寺南北长约12、东西残宽约12米。回廊宽1.2米，地面铺一层方砖。中心塔南北长8.3、东西残宽9.5、残高1.4米。回廊壁和塔体上抹有两层草拌泥，上面用蓝、黄等色绘有壁画。遗憾的是已经全部损毁，图案不明。方砖尺寸边长32、厚3.5厘米。

两间土坯房呈南北向排列。长5.3~7.3、宽4.6米。墙体宽1.7、残高0.3~1米，为土坯垒砌而成。

铺地砖房位于土坯房东面。同样，房屋主体和东部均毁于农田。现房屋东西残长6.3、南北残宽3.6米。墙壁夯筑，残高1.1米。门向西，门道呈斜坡状，长1.3、宽1.6米。房间地面和门道用青砖铺地，砖边长32、厚3.5厘米。部分砖烧制火候不均，颜色发红。有的砖上有狗爪印。有一块砖上用细线条刻划勾勒了一位僧侣形象。

在房间南部靠近门道南侧有3个石柱础呈东西向一线排列。

在民居地面和上部坍塌土中散布大量陶片。主要有罐、钵、缸、筒瓦、板瓦、方砖等，还出土唐代钱币2枚。

八、外城西墙西门南二段200米

位于高昌故城外城西墙西门南200~400米。墙体结构与2007年发掘的南一段相同。发掘面积约800平方米。

墙体残损比较严重，现厚9~12米，最高约10米。墙外有马面4座。从剖面看城墙有三次大的建造过程。墙体夯筑，夯层厚8~12厘米。夯层间有土坯砌的方形桩木孔，墙上有土坯垒砌的女墙，墙体表面抹一层草拌泥。

九、重要遗迹

位于内城西墙上，属于原生土墙体的一部分。由于年久残破不堪，形成一个边长约4、高5.8米的独立土墩，面积约20平方米。

遗迹中间有一道裂缝。附近没有发现任何人工痕迹。

本次发掘是继2005年护城河发掘、2006年第一期维修项目发掘、2007~2008年第二期发掘之后对高昌故城进行的又一次规范、科学的考古发掘清理。获得了一批第一手的考古学基础资料，为以后该项目的深入研究奠定了基础。

前述九处遗址的年代和高昌故城主体的年代相同，应该在高昌回鹘王国时期。(吴勇)

吐鲁番市柏孜克里克千佛洞窟前遗址

发掘时间：2009年8月~9月

工作单位：新疆维吾尔自治区文物考古研究所

柏孜克里克千佛洞位于吐鲁番市胜金乡木头沟村南约3千米。地处火焰山中一条南北向河沟——木头沟沟西断崖上。现存有编号的洞窟83个。在洞窟东面河湾地上分布着一组建筑遗址，面积约1000平方米。1980年10月~1981年7月，原吐鲁番地区文物保护管理所曾经对洞窟和遗址进行过大规模清理，发现洞窟12个，出土了一大批陶、木器、壁画残片和800余件纸质汉、回鹘等文字的文书。在那之后崖体和洞窟又发生了坍塌，局部地域坍塌土堆积厚度达到5米以上。

为了配合柏孜克里克千佛洞窟前抢险加固工程，今年再次对窟前遗址和部分残损洞窟进行了发掘清理。共清理洞窟16个、房屋居址23间、墙体4道、佛塔2座。

洞窟多开凿于崖体上，部分洞窟前部为土坯垒砌而成。窟形均比较小。形制以长方形纵券顶为主，还有少量曲尺形横券顶、多窟形、前室后窟形等。有的洞窟壁上尚存少量壁画和题榜。5号窟地面上发现有地画，内容为童子戏水图，画面上绘有2童子、1水鸟、1龙的图案和植物花卉纹、水波纹等。

房屋居址墙体及顶部已经坍塌，从残存现象分析，房屋平面多为长方形。房顶为穹隆顶结构。部分房屋居址之间存在早晚叠压关系。

此次发掘出土有木、陶器、泥质装饰品等遗物，还有少量纸质汉、回鹘文等胡语文书残片。根据洞窟及遗址地层堆积，初步推断柏孜克里克千佛洞窟前遗址的年代大致在高昌回鹘王国时期。(吴勇　胡望林)

皮山县牙布依唐宋时期遗址

发掘时间：2009 年 5 月
工作单位：新疆维吾尔自治区文物考古研究所

牙布依遗址位于和田地区皮山县木奎拉乡托尕伊买里村西 2 千米，东北距木奎拉乡 5 千米，西北距皮山县城约 10 千米。经纬度为北纬 37°32′18.3″，东经 78°19′16.7″，海拔高度为 1134 米。

遗址东西长约 500、南北宽约 600 米，面积约 30 万平方米。由于时代久远，加之长期饱受风蚀的破坏，遗址破坏严重，地面上堆积着一层风积黄沙土，土层较酥松，不见有任何建筑的遗迹。在遗址区内的黄土台地上、黄土台地间风蚀洼地上散布着大量夹砂红陶片、绿釉陶片、铜器残片、铁器残片、玻璃残片和钱币、动物骨骼等遗物。钱币主要有开元通宝、咸平元宝和喀喇汗朝钱币。

为了配合喀什至和田铁路工程，对遗址进行了抢救性发掘，发掘面积 1200 平方米。清理灰坑 29 个，红烧面 2 处，出土一批陶、铁、铜器、玻璃器和北宋钱币等遗物。

遗址地层大致可以分为两层：第①层也就是表土层，为风积粉状黄沙土，厚约 15 ~ 40 厘米，里面含有大量残损较严重的遗物；第②层，风积黄沙土层，厚 10 ~ 20 厘米。

根据出土钱币推断，遗址的年代大致在唐至北宋时期。

此次发掘为研究新疆地区乃至中央欧亚大陆古代历史文化提供了一批重要的资料。（吴勇）

文物展览　学术动态

国内展览

青花的记忆——元代青花瓷文化展在首都博物馆展出　2009年3月20日至6月21日，“青花的记忆——元代青花瓷文化展”在首都博物馆展出。这是一次大规模地对中国元代青花瓷器的集中展示，展品主要来自国内外25家收藏机构，数量总计73件。此次展览以文化为切入点，按元代社会政治文化对青花瓷的影响、元青花的使用功能、器形、装饰手法等特点，分为“汉韵华章”、“朔漠新风”、“异域葱翠”三个陈列单元区。（据《中国文物报》2009年3月25日）

琢瓷作鼎碧于水——大窑龙泉窑发掘成果暨元明时期龙泉窑精品展在北京大学展出　2009年3月22日至6月22日，由北京大学考古文博学院、浙江省文物考古研究所、故宫博物院、首都博物馆、龙泉市博物馆联合主办，北京大学中国公众考古与艺术中心、北京大学中国考古学研究中心和北京大学赛克勒考古与艺术博物馆承办的“琢瓷作鼎碧于水”——大窑龙泉窑发掘成果暨元明时期龙泉窑精品展在北京大学展出。

本次展览的目的是展示龙泉窑发掘和研究的最新成果。展览由两部分内容构成：第一部分是从2006年发掘浙江省龙泉市大窑枫洞岩龙泉窑遗址出土文物中精选出的120件（组）龙泉窑青瓷器；第二部分是故宫博物院和首都博物馆收藏的龙泉窑完整器物。这些展品对枫洞岩窑址发掘资料的研究有重大参考价值，同时也可以更好地向公众展示龙泉窑美学价值。（王书林）

模范中国——商周青铜器的技法、形制与纹样展在北京大学展出　2009年3月22日至6月22日，“模范中国——商周青铜器的技法、形制与纹样”展览在北京大学赛克勒考古与艺术博物馆展出。本展览是“指南针计划研究试点——商周青铜器陶范铸造技术”课题的研究成果展。

商周青铜器形制独特、纹饰华美、工艺精湛，在世界金属史上别具一格，被公认为中国古代文明的象征。青铜冶铸生产的高度发达，铸就了商周青铜时代的灿烂辉煌，在中国历史上影响深远。“刑范正，金锡美，工冶巧，火齐得，剖刑而莫邪已”，是中国先民在采矿、冶炼和陶范铸造等方面的众多发明创造的真实写照。在国家文物局指南针计划的支持下，本展览选择最新出土的商周青铜器和陶范等冶铸遗物，展示其制作技法、形制与纹样。（王书林）

建国 60 年安徽重要考古成果展在合肥展出　由安徽省文化厅主办，安徽省文物局、安徽省博物馆、安徽省考古研究所承办的“建国 60 年安徽重要考古成果展”于 2009 年 6 月 13 日开展。展览分人类起源、文明曙光、商周瑰宝、汉晋风流、唐宋菁华、元明清辉六大部分。有化石标本、石器、陶器、玉器、青铜器、金银器、瓷器、漆木器、墨、砚、印等器物 800 余件。上迄 200 多万年前，下至明清时期，涵盖各个历史阶段，涉及诸多领域，展现了安徽远古的历史和灿烂的文化精粹，也是建国以来安徽省重要考古成果的全面展示。（胡雪峰）

微笑的俑——汉景帝的地下王国展在台北展出　2009 年 6 月 26 日至 9 月 27 日，由陕西省文物交流中心与台湾联合报系联合举办的“微笑的俑——汉景帝的地下王国”在台北历史博物馆正式展出，海峡两岸文物部门、社会名流共 500 余人参加了开幕式。此次展览展品共计 100 件（组），均为汉景帝刘启陵园的出土文物，内容涉及陶器、青铜器、金银器类的武士俑、宦官俑、骑兵俑和六畜动物俑、陶仓、陶灶等文物，涵盖了汉代社会和宫廷生活的各个方面。（据《中国文物报》2009 年 7 月 1 日）

明代龙泉窑考古成果展在杭州展出　2009 年 6 月 30 日至 9 月 15 日，由浙江省博物馆、浙江省文物考古研究所、龙泉青瓷博物馆承办的浙江省博物馆建馆 80 周年文物·艺术精品系列特展“刮目相看龙泉窑——龙泉大窑枫洞岩窑址出土瓷器展”在浙江省博物馆开展。共展出 200 多件器物及标本，主要有：一是明洪武与永乐两朝的皇家用瓷，二是明代早中期的商品用瓷，三是瓷器和窑具上的文字。如顾氏、顾川祠堂、陈、章、王氏、毛字记号、李用记号、桂林用。还有纪年文字，如：永乐九年十一月廿九日立毛字记号、永乐秋辛卯太岁吉日置号等。（据《中国文物报》2009 年 7 月 3 日）

秦汉—罗马文明展在北京展出　2009 年 7 月 30 日至 10 月 7 日，由国家文物局和意大利文化遗产与艺术活动部共同主办，中国文物交流中心和中华世纪坛世界艺术馆承办的“秦汉——罗马文明展”在中华世纪坛世界艺术馆开展。文化部部长蔡武、国家文物局局长单霁翔、意大利文化遗产与艺术活动部国际活动协调中心秘书长比娜基女士以及意大利驻华使馆临时代办戴世达先生等中外政府、文史、考古等社会人士三百余人出席展览开幕式。

展览通过展示中意两国七十余家博物馆的489件（组）珍贵文物，辅助模型、图片、视频等组合，再现公元前3世纪到公元2世纪之间，雄踞世界东西的秦汉、罗马帝国的辉煌文明。展览分为序幕、帝国的建立、物质文明、日常生活、精神世界、日益融合的世界六部分，铺陈出浩瀚的历史画卷：开疆拓土的"帝国军团"方阵；气势恢宏的都城；罗马皇帝随着由他们铸造的金币一一亮相；普罗大众透过当时的雕塑、绘画、石刻讲述着他们不同的衣、食、住、行。秦汉的丝绸、玉器、漆器和造纸工艺精彩纷呈；古罗马的雕塑、壁画、玻璃器、银器、铸币璀璨耀眼。

展览期间，承办方还将举行《文明的巅峰：强大帝国并存的若干时代》、《中国历史上的秦汉时代》、《欧洲历史上的罗马时代》、《秦汉帝国与罗马帝国何以盛极而衰》等五场专题讲座。展览还将在意大利展出。（据《中国文物报》2009年7月31日）

千古探秘——考古与发现展在首都博物馆展出 2009年8月18日至11月30日，"庆祝中华人民共和国成立60周年——《千古探秘——考古发现》"在首都博物馆开展。开幕式上国家文物局副局长张柏、首都博物馆副馆长王武钰、北京市文物局副局长于平分别致辞。展览展出全国13个省市25家博物馆、考古所的261件套文物共计410多件。（据《中国文物报》2009年8月19日）

早期中国——中华文明起源展在首都博物馆展出 2009年9月26日至10月30日，由国家文物局、科技部、财政部、文化部共同主办的"早期中国——中华文明起源展"在北京首都博物馆开展。中共中央政治局委员、国务委员刘延东，文化部部长蔡武，科技部副部长刘燕华，国家广播电影电视总局副局长胡占凡，中国社会科学院副院长武寅，中国工程院原副院长沈国舫，国家文物局局长单霁翔，中国科学技术协会书记处书记程东红以及各部门相关负责同志出席了开幕式，并参观了展览。

展览分为"家园"、"邦国之路"、"王国崛起"三个单元，体现了公元前3500年至公元前1400年中华文明起源与早期发展历程。来自全国23家单位的212组珍贵文物参展，其中多数展品是首次在京公开展出。该展览是我国学术界对"中华文明探源工程"阶段性研究成果的展示。（据《中国文物报》2009年9月30日）

重构与解读——江苏考古六十年成就展在南京博物院展出 2009年9月26日至11月10日，由江苏省文化厅、江苏省文物局主办，南京博物院策划，在南京博物院艺术陈列馆举办了"重构与解读——江苏考古六十年成就展"。展览汇集了江苏省考古发掘出土数万件文物中的400多件精品。展览共分"仰望祖先"、"追溯文明"、"吴韵汉风"、"城市辉煌"、"考古新篇"五个专题，详尽介绍了江苏省旧石器时代考古、新石器时代考古、环太湖西部考古、黄淮地区考古、吴文化考古、汉代考古、六朝考古、南唐考古、明代考古、扬州城市考古、徐州城市考古、镇江城市考古、配合重点建设工程考古和考古与文化遗产保护等内容。展览是对江苏省考古工作成果的详细汇报，也是对考古工作技术、经验、能力的全面总结，有利于加深广大人民群众对文物考古工作的了解与认知度。

为记录新中国成立以来江苏考古取得的成就，南京博物院考古研究所在策划展览的同时，以展览为基础，体例上沿用陈列大纲，编撰《重构与解读——江苏六十年考古成就》一书，记录了新中国成立60年来江苏省考古工作取得的成就，收录了大量发掘现场及出土文物的照片。全书通俗直观，是一本公众考古学读物。（朱晓汀）

古闽瓷风——翁洪武捐赠文物展在北京大学展出　2009年9月30日至2010年5月，由北京大学赛克勒考古与艺术博物馆主办，福建师范大学协办的“古闽瓷风——翁洪武捐赠文物展览”在北京大学展出。展示了福建地区的瓷器沿革和历史发展。展览以窑址、窑系为主线，共分为10个部分，包括德化窑、建阳窑、漳州窑瓷器及其他福建地区代表窑系的器物等，共计230余件福建古瓷佳品。本次展览的全部展品皆为翁洪武先生捐赠。（王书林）

丽山园遗珍——秦始皇陵园出土文物精华展在秦始皇兵马俑博物馆举办　2009年10月10日，秦始皇兵马俑坑发掘35周年、秦始皇兵马俑博物馆开馆30周年纪念大会召开。同日，由陕西省文物局主办，陕西省历史博物馆、陕西省考古研究院、临潼博物馆协办，秦始皇兵马俑博物馆承办的“丽山园遗珍——秦始皇陵园出土文物精华展”在秦始皇兵马俑博物馆展出。

本次展览，计划展出一年时间。展览面积900平方米，展出文物116件（组），涵盖了秦始皇陵园几十年来重要考古发现的各个方面，是秦陵文物精华的一次大规模集中展示，全面反映了秦始皇陵园数十年来考古发掘、研究保护的最新成果。

展览内容由序厅、建筑遗址、陪葬坑、陪葬墓和其他遗址5个部分组成，附带秦陵考古大事记和秦陵遗址公园建设规划展示，力图使观众对秦陵的布局，秦陵宏大的规模、丰富的埋藏有基本的认识。（郭向东）

锦上胡风——魏唐丝绸之路纺织品上的西方影响展在北京大学展出　2009年11月21日至2010年1月10日，由北京大学赛克勒考古与艺术博物馆和中国丝绸博物馆承办的“锦上胡风——魏唐丝绸之路纺织品上的西方影响展览”在北京大学展出。

本次展览通过展示出土于丝绸之路沿途的魏唐时期的丝织品，特别是织锦，给观众勾勒出丝绸之路上织物发展的过程。使大家了解到，丝绸之路上的文化交流，实乃东西方双向的交流，中国的丝绸艺术的变化和技术的提高，也是在这一交流过程中完成的。（王书林）

二十一世纪吴文化考古新发现展在镇江博物馆展出　2009年11月27日至12月20日，为配合吴文化国际学术研讨会的召开，江苏省考古研究所、南京博物院艺术陈列研究所、镇江博物馆联合举办了“二十一世纪吴文化考古新发现展”。展览以近年来吴文化考古新发现为主题，分“土墩墓”、“城址与遗址”两部分，展出苏州小山土墩墓、句容中心山土墩墓、句容寨花头土墩墓、南京市竹连山土墩墓、姜堰市天目山城址、丹阳市葛城城址和镇江市松子头遗址7处出土文物共137件，为吴文化的研究提供了大量的第一手资料。（朱国平　顾贽）

辽宁大学历史博物馆对外开放
辽宁大学历史博物馆收藏历代文物2300多件，主要来源于发掘、调查、调拨、捐赠和征集，陈列面积300多平方米，展出文物500余件。博物馆的陈列是根据文物收藏情况和教学、科研的需要设计为五个部分，即：考古实践与收获、中国古代青铜器、中国古代陶瓷、中国古代书画、中国古代景泰蓝和漆器。博物馆除展厅外，还有一面积200平方米的文物库房。（王秋华）

国外展览

青州佛像之宝展览在新加坡展出
2009年1月15日至4月4日，由山东省博物馆与新加坡亚洲文明博物馆合作举办了“静界：青州佛像之宝展览”，共展出青州造像35件。山东省文化厅副厅长、省文物局局长谢治秀率领代表团参加了展览的开幕式。有四万多人参观了展览，创下了新加坡亚洲文明博物馆参观展览人数的新纪录。（蒋群　钟宁）

马王堆汉墓·古长沙国的艺术和生活展在纽约展出　2009年2月12日至6月7日，由湖南省博物馆和纽约华美协进社中国美术馆联合主办的“马王堆汉墓：古长沙国的艺术和生活”出土文物展在美国纽约开展。这次展览包括了2000多年前的漆器、丝织服饰、简帛、木俑和青铜器等70余件精美文物，是以马王堆汉墓出土文物为主题的展览第一次单独在美国展出。展览按文物的类型分两个展室进行陈列。为了让美国公众更好地参观和理解展览的深刻内涵，主办方还安排了一系列教育活动，主要有专家讲座、研讨会、短期课程及湘菜烹饪课等。（据《中国文物报》2009年2月27日）

华夏瑰宝展在突尼斯国立迦太基博物馆展出　2009年5月8日至8月8日，由国家文物局与突尼斯文化和遗产保护部主办，中国文物交流中心和突尼斯国家遗产研究院（l’Institut National du Patrimoine）承办的“华夏瑰宝展”在突尼斯首都突尼斯市郊的国立迦太基博物馆（Musée National de Carthage）开幕。中突两国官员、驻突使节及文化界人士300余人参加了开幕活动。突尼斯国家遗产院院长法特希·贝贾维（Fathi Béjaoui）、国家文物局代表团团长董保华、我驻突尼斯大使李蓓芬、突尼斯文化和遗产保护部部长阿卜德尔-拉乌夫·巴斯蒂（Abderraouf Basti）先后代表双方致词。展出的70余件（组）文物来自河北、河南、江西、陕西、湖南五省的13家文博单位。展品年代上迄商周下至明代，包括秦兵俑、金缕玉衣及青铜器、玉器、丝织品、唐三彩、陶瓷、金银器等。展览划分为铜器、陶瓷器、金银及玉器多个单元。此外，还专辟一间展厅展出两件来自秦始皇陵兵马俑坑的军吏俑和武士俑。（据《中国文物报》2009年5月27日）

学术会议

中国考古学会举行第十二次年会

2009年8月11日至15日，中国考古学会第十二次年会在哈尔滨隆重举行。中国考古学会理事长张忠培，副理事长王巍、童明康、赵辉，秘书长陈星灿，名誉理事谢辰生、黄景略，以及部分常务理事与理事、各团体会员代表与列席代表共109人出席了会议。黑龙江省副省长程幼东出席开幕式并对会议的召开表示热烈的祝贺，国家文物局副局长童明康在开幕式上作了重要讲话。张忠培理事长致开幕词（见附录一）。

本次年会的中心议题是“东北地区考古”和“考古学文化区系类型的理论与实践”。会议收到论文或论文提要80多篇，分为三组进行学术交流，并推荐6位代表在大会上演讲。王巍副理事长作会议总结（见附录二）。

与会代表还对我国文化遗产保护方面存在的问题表示了极大的关注和忧虑。会上讨论产生了《关于加大对盗掘古墓等犯罪活动打击力度的呼吁书》（见附录三）和《关于加大对行政违法、破坏文物案件查处力度的呼吁书》（见附录四）。

会议期间，与会代表参观了大庆铁人王进喜纪念馆、阿城金上京博物馆、平房侵华日军第七三一部队遗址及罪证陈列馆。会后将编辑出版《中国考古学会第十二次年会论文集》。（谷丛）

附录一

张忠培同志在中国考古学会第十二次年会开幕式上的讲话

中国考古学会第十二次年会现在开幕。参加这次会议开幕式的有黑龙江省副省长程幼东同志、省文化厅厅长白亚光同志、副厅长王珍珍同志，其中程幼东副省长和国家文物局副局长童明康同志还发表了重要讲话，请让我们对这些同志表示深深感谢。

今年是一个不同寻常而值得我们怀念的年份。距今年60年即1949年的10月1日，毛泽东站在天安门城楼上宣告中华人民共和国成立了；距今

30年，在夏鼐精心策划和认真筹备下于西安成立了中国考古学会；距今100年河北高阳诞生了苏秉琦。

60年来，中国考古学已取得巨大进步，已出现了翻天覆地的变化。

一是考古材料，尤其是考古新发现的积累速度与规模，已远远超越了考古研究的速度与规模。这种考古研究能量滞后于考古材料及考古新发现积累与规模的状况，显示考古材料及考古新发现的积累速度与规模，已呈现出爆炸的趋势。

二是借用于地质学的“地层”概念，已演变为层位学，同时完善了层位学和类型学，并深化和扩大了用自然科学及其技术手段观察考古遗存，从而，就同量等质遗存来说，和以往相比，现在考古学从遗存中获取信息的数量不仅增多了，而且质量也提高了。总之，考古学从人、遗存、时、空四维关系或遗存、时、空三维关系研究遗存的视角，不仅得到空前的扩大，同时，质量也提高了。

三是1959年、1975年和1985年，是中国考古学这60年进步道路上具有里程碑意义的几个年份。1959年，夏鼐以逆潮流而动的大无畏精神发表了考古学文化定名的讲话。1975年和1985年，苏秉琦以夏鼐的考古学文化定名说为前提，无私无畏，逆潮流而动，发扬了乘风破浪前进的勇气，先后分别提出了考古学文化区、系、类型论，即考古学文化的文化谱系论和文明论，即文明起源、形成和走向秦汉帝国道路的理论。苏秉琦这两论抓住了考古学文化所界定的人们共同体或族群的两个最重要的基因，即文化和社会结构及关系。因之，具有强大的生命力，是指导中国考古学的基本理论。同时，苏秉琦这两论虽是从不同角度观察考古学文化或考古学文化所界定的人们共同体，即族群，但任何考古学文化所界定的人们共同体或族群，都同时存在着文化和社会结构及关系这两个最重要的基因，因此，这两论又是相互联系的。总之，由于夏鼐和苏秉琦的贡献，中国考古学已形成了适合中国历史实情的自己的理论体系。

四是中国考古学在广义的中国古史研究中已经取得相当重要的地位。在自西周之前的历史研究中，已掌握话语权乃至垄断的话语权，同时，在自东周至宋元的城市史、建筑史、佛教史、冶金史、制瓷工艺史、漆器工艺史和艺术史等等诸多领域，也都取得了不同程度的发言权，而且，考古学的话语权或发言权，还不同程度地渗透到涉及探讨天、地、人以及人与自然关系乃至中国人的精神领域即中国古人全部活动的全部过程的各类专史的方方面面。

五是中国考古学的研究成果，不仅已成为激发人民的爱国情感、提高民族素质和增进民族凝聚力的中华民族的一份珍贵的精神财富，而且也是我们国家依据“传承、吸收、融合、创新”的文化演变规律推进文化进步，和借以“鉴往知来”推进社会、政治及经济发展的必不可少的重要思想资源。

六是中国考古学开始走出了国门，参与了一些国家遗址的发掘、研究和文化遗产的保护工作。

七是中国考古学已成为开展文化遗产保护的重要支柱，并为文物和文化遗产的保护做出了十分重要的宝贵贡献。

中国考古学已长成为一位巨人，成长成一条铁铮铮的汉子，屹立在中国学术之林，昂首于世界优秀考古学的行列。

中国考古学所以出现了这样翻天覆地的巨变，是这六十年来几代考古工作者辛勤工作、奋斗不息的结果。当我们默默历数中国的考古学成就时，自然想起为中国考古学做出了贡献而在不同年代离开了我们的人们，杨树达、徐旭生、向达、郭沫若、马衡、梁思成、刘敦桢、黄文弼、郭宝钧、容庚、于省吾、陈邦怀、徐中舒、陈直、冯汉骥、林惠祥、唐兰、商承祚、裴文中、梁思永、尹达、贾兰坡、曾昭燏、苏秉琦、夏鼐、陈梦家、胡厚宣、张政烺、闫文儒、安金槐、安志敏、邹衡、张森水和俞伟超这些著名考古学者的名字，他们活生生的形象又再次活跃在我们的脑海之中。让我们起立，为这些考古学者和那些在这里没有提及他们名字的已逝世的考古学者默哀！

这次在黑龙江省哈尔滨市召开的中国考古学会第十二次年会主题有两个，即东北考古和考古学文化区、系、类型理论与实践。参加这次年会的学者提交的论文，据学会秘书处和黑龙江省文物考古研究所统计共计80余篇。这些论著除涉及上述两个主题外，还有这两个主题之外的论文。中国考古学会历次年会，除设置会议主题外，也容纳主题之外的论文。按惯例，我们欢迎这次年会主题之外的论文参与本次年会的学术讨论。将东北考古和考古学文化区、系、类型理论与实践作为主题列入中国考古学会年会进行研讨，是中国考古学会举办年会以来的第一次。这具有重大的意义。

1949年前的中国东北地区的考古学，基本是日本学人的地盘，至60年代前期，中国学者将日本学人关于东北考古学的一些说法已搞得支离破碎，将地盘收回到自己的手中，掌握了话语权。到了现在，东北地区考古学积累的资料和一些专题研究成果，已为阐释东北地区考古学文化的时空框架与文化谱系奠定了雄厚基础，同时，为窥探采集—渔猎型与种植农业型这两类新石器时代文化的起源、演进，和牧业型与农业型这两类文明的起源、演进，以及不同文化或不同族群的经济、文化及政治的关系，开启了一扇窗户。我们所以将东北考古作为一个主题列入本次年会进行讨论，目的就是要深化东北地区的考古学研究，进一步推进东北考古学的发展。

今年是苏秉琦诞辰100周年，距今34年前的1975年，苏秉琦提出了考古学文化区、系、类型理论即考古学文化的文化谱系论。苏秉琦的这一理论，是中国考古学的指南针，在这一理论的指引下，中国考古学得到了巨大的发展。我们所以要将考古学文化区、系、类型理论与实践这一课题作为中国考古学会第十二次年会的一个主题，是表明我们要从实践和理论这两个方面，深化和完善考古学文化区、系、类型论即考古学文化的文化谱系论，高擎苏秉琦的旗帜，继续推进中国考古学的发展，纪念苏秉琦诞辰100周年。

时令虽已立秋，三伏尚未过去，三伏之后还有四伏，仍处在桑拿式的炎热的气候之中，本次年会在这个时候所以能在松花江畔的避暑胜地——哈尔滨召开，全由于中共黑龙江省委和黑龙江省人民政府的关照，是黑龙江省文化厅和黑龙江省文物考古研究所全力支持的结果，我们将以开好这次年会回报中共黑龙江省委、黑龙江省人民政府、黑龙江省文化厅和黑龙江省文物考古研究所。让我们以热烈的掌声，感谢中共黑龙江省委、黑龙江省人民政府、黑龙江省文化厅和黑龙江省文物考古研究所。

祝大会成功！

祝与会朋友们身体健康！

附录二

王巍同志在中国考古学会第十二次年会闭幕式上的讲话

一、对会议的评价

参加中国考古学会第十二次年会的学者共130余人，发表研究成果的学者80多人，还有很多学者积极参加了讨论。本次年会有以下几个特点。

（一）内容丰富

发表的成果内容丰富，其中东北考古30余篇，东南、华南考古近20篇，华北、西北、西南考古10余篇。有近半数的内容与区系类型的理论和实践有直接的关系，有10篇左右直接探讨考古学的理论与方法，有一些涉及地层学、类型学、考古学文化的结构、考古学的情景分析等，还有学者就区系类型理论对旧石器时代考古进行了分析，扩展了区系类型研究的范围。

（二）讨论热烈

在各个小组的讨论中，不同观点之间有交锋，大家畅所欲言。很好地达到了研讨会的目的。

（三）态度认真

各小组主持人认真负责，与会学者认真听取学者们作的报告，没有闲聊、逃会的情况发生。

（四）组织周密

会议各个环节设计严密，环环相扣，按照计划在有条不紊地进行。

（五）服务周到

本次年会的组织者注重细节，热心服务，使与会学者有宾至如归的感觉。

（六）结果圆满

本次年会通报了信息，交流了学术，增进了友谊，促进了研究。两个呼吁书的通过，反映出中国考古工作者的使命感和责任心。

总之，这是一次成功的大会。

二、对会议两大主题的认识

（一）关于东北地区考古

与东北考古有关的内容共30多篇文章，其中旧石器时代考古1篇、新石器时代考古10篇、夏至战国时代考古7篇、汉代以后考古13篇。

总体来看，从提交的文章看，旧石器时代和新石器时代早期的文章较少，比较集中于红山文化的研究。青铜时代的个案研究较少。汉代以后的13篇中，渤海考古有7篇，夫余、鲜卑、高句丽考古各有1篇。提交文章所占的比例在一定程度上反映出当前学术界的关注点。

1. 东北考古的主要成果

对旧石器时代考古的文化面貌有所认识。

辽西、辽东半岛等地的新石器时代的文化谱系已较为完整。

东北地区青铜时代考古学文化的

时空框架和文化格局的研究取得了较为显著的进展。

东北地区秦汉以后的研究也取得了丰硕成果，如夫余文化的辨识、慕容鲜卑遗存的发现与研究、高句丽都城址和墓葬制度的研究、渤海都城和墓葬制度的研究、辽代高等级墓葬和陵园制度的研究、金上京的研究等。

2. 东北地区考古存在的问题和今后研究的方向

（1）史前文化谱系研究发展不够平衡。

旧石器时代面貌和发展状况尚待进一步揭示。

吉林省、黑龙江省等各地区的新石器时代文化面貌和发展序列尚未完全建立。

与牛河梁墓地相对应的红山文化遗址尚待发现。

青铜时代的文化谱系中还有一些缺环有待填补。

青铜时代遗存多为墓葬，遗址发现较少。使得全面研究东北地区青铜时代的文化和社会受到限制。

（2）区域调查和对史前时期遗址的发掘亟待开展。

（3）历史时期考古学有待进一步展开，特别是都城之外的地方城市和一般村落的研究比较欠缺，影响了立体研究古代社会。

（4）对于中国东北地区的古代文化在东北亚地区古代文化和社会发展过程中的地位和作用有待深入开展。我国学者对周邻国家和地区的考古学状况了解不多。

（5）东北地区之内各个区域之间、东北地区和中原以及境外地区的交流与互动关系的研究有待加强。

（6）自然科学技术手段的应用不够普遍，亟待加强。如各个地区环境变迁及其与文化变化的关系、各个时期生业形态及其变化、技术和工艺的进步，各时期人们的饮食结构、人群的迁徙及其原因、玉和铜等重要资源的产地等都还有很多工作需要做。

（7）各时期尤其是史前时期的科学测年框架尚需完善。

（8）东北地区乃至区域内各个地区文明化进程及其背景、特点的研究有待开展。

（9）多年来积压资料的整理和报告的编写需要下大力气去做。

（10）遗址保护和综合利用以及考古知识和成果的宣传和普及需要考古学家更加积极地参与。

（二）关于区系类型理论

1. 从认识论的角度看区系类型理论

（1）认识来源于实践。中国考古学大量资料和相关研究成果是区系类型理论产生的源泉，从这个意义上来说，区系类型理论是中国考古学集体智慧的结晶，每一个考古工作者都为这一理论的产生和发展做出了贡献。

（2）认识是对实践的总结。区系类型理论是苏秉琦先生在中国考古学大量资料和相关研究成果的基础上，通过多年的思考，总结和提炼出来的，是他对中国考古学的巨大贡献。

（3）认识对实践具有指导作用。区系类型理论对于中国考古学的发展具有重大的意义，它把全国纷繁复杂、往往表现为零碎的考古遗存放在了一个大的科学体系之中，各个地区各个时期都可以在这个框架中找到自己的位置。赋予各地的考古工作者以宏观的视野，促使其工作由较为盲目变为较为自觉。

（4）认识需要随实践的发展而不断地发展。区系类型理论需要不断地发展。如区系划分是否需要根据新的考古发现进行调整？已分的区系是否需要又如何进一步细化？形成区系的原因（环境、生业、人群）是什么？随着时间的变化，区系类型发生了哪些变化，产生这些变化的原因何在？各区系之间互动关系的研究、各区域的文明化进程等问题。其中尤以各区系之间互动关系的研究、各区域的文明化进程等两方面对当今研究历史具有指导意义。

2. 区系类型理论与中国考古学

（1）区系类型理论的出现和被考古学界广泛地接受和应用，是中国考古学走向成熟的标志之一。

（2）区系类型理论使中国考古学界摆脱了中国史前文化“中原中心论”的束缚，自觉地投身到各地区的文明起源的探索。可以说是促使中国考古学思想领域发生了一场革命。

（3）区系类型理论为我们运用考古资料重建中国古史提供了一把钥匙。

（4）区系类型理论为后来一系列理论的产生奠定了基础。文明起源满天星斗说、古文化古城古国理论、中华文明多元一体理论、古国方国帝国等理论，都是在区系类型理论的基础上产生的。

（5）自然科学技术手段的广泛应用对区系类型理论的发展具有促进作用。如DNA技术的应用，为人群之间亲缘关系的研究提供了新的视角。食性分析等都对区系类型理论的发展起到重要的作用。

（6）中国考古学在不断发展，考古学理论方法的进步也是势在必行。但是，区系类型理论并没有过时，它仍将继续对中国考古学的发展发挥重要指导作用。

附录三

关于加大对盗掘古墓等犯罪活动打击力度的呼吁书

中国考古学会第十二次年会正在哈尔滨召开，与会代表在探讨学术的同时，也对最近发生在长沙等地的“12·29”系列古墓被盗案及其侦破，对我国文化遗产保护存在的问题表示了极大的关注和忧虑。

“12·29”古墓被盗系列案共发案11起，20座不同时代的墓葬惨遭劫难，对当地的文化遗产造成了无法挽回的损失。此案的涉案犯罪嫌疑人多达60余名，分别来自国内8个省的23个市、县，三个犯罪团伙分工明确，犯罪过程实行“一条龙”作业。他们的作案工具一应俱全，盗墓手法驾轻就熟，盗墓现场触目惊心，作案气焰十分嚣张。

我们在庆幸案件得以侦破的同时，也应该清醒地认识到当前盗墓活动的严重状况和文化遗产保护存在的问题，对造成这种状况的原因进行深刻的反思，并落实到实际行动之中，加强打击和监管力度，坚决遏制从20世纪90年代以来日益猖獗的盗墓活动。

造成盗墓活动屡禁不止的原因是多方面的。利益的驱动使犯罪分子不惜铤而走险。一些盗墓严重的地区，文物部门掌握的墓葬盗掘殆尽。目前见诸于媒体报道的基本上都是已经破获的盗墓案件，实际发生的盗墓案件数量要远远多于媒体所报道的数量，而且被盗文物范围呈扩大趋势，被盗的已经不仅仅是古墓葬，犯罪分子也将目标瞄向古遗址、石窟寺造像、壁画以及古建筑构件，甚至古建筑被整体拆卖的现象也相当严重。近年来各地陆续发生过多起文物被盗案件，有些地区面对这些案件不闻不问、高高挂起；有的虽然在程序上做出了立案，但实际上并没有采取任何实质性的行动，致使此类案件的结案率极低，这在相当程度上助长了犯罪分子的犯罪活动。犯罪分子几乎是无孔不入的，前些年发生在洛阳的执法人员执法犯法、山西曲沃的古墓被盗大案，我们仍记忆犹新。我们行业内部也存在捂盖子的情况，大事化小，小事化了，甚至知情不报的情况都是客观存在的。

近年来，媒体在报道考古新发现等方面做了大量工作，对文化遗产保护和普及起到了重要作用，但是，也有一些媒体在宣传时主要突出的是文物的市场价值，因而产生了很大的负面影响。“12·29”古墓葬盗掘案团伙的某主犯在接受审讯时就交待，自己经常观看一些电视台的“鉴宝”类节目，以了解相关行情。一些拍卖公司存在违规操作，我们的个别从业人员对此推波助澜，甚至参与制假贩假，完全丧失了职业道德。

目前，一些地方的文物市场管理不严，黑市交易十分严重，基本处于一种无序的发展状态，有法不依，执法不严，违法不究，从而使得犯罪分子能够找到畅通的销赃渠道。“12·29”古墓葬被盗案的一名主犯就是曾经活跃在某文物市场的“老板”，他既是该盗墓团伙的出资人，又是倒卖文物的组织者。收藏于一些私人手中的被盗掘文物让我们在扼腕叹息之余，深感盗掘活动的猖狂。

文化遗产保护是全社会的共同责任，我们强烈谴责盗掘古墓等破坏祖国文化遗产的行径，有必要加强宣传，在全社会形成守护文化遗产的良好氛围，有效防范盗墓现象的发生。我们必须尽快扼制文物流失的现象发生，维护国家形象、传承民族文化。

我们强烈呼吁国家加强对文物部门的领导，树立文物、公安部门的执法权威，加大对盗掘古墓等犯罪活动的打击力度，依法严惩犯罪分子。

我们强烈呼吁各级政府切实履行文化遗产保护第一责任人的职责，采取经济、行政和法律的多种手段，从根本上改变文化遗产保护链上基层管理的缺失状况。

我们强烈呼吁文物主管部门采取措施，规范文物市场，加强对文物流通市场的监管，有效切断盗掘文物非法流失的途径。

我们强烈呼吁全体文物考古工作者充分认识到自己的社会责任，严格遵守职业道德，采取人民群众喜闻乐见的形式，拉近文化遗产与人民群众的距离，共同传承祖国的优秀文化遗产，守护我们的精神家园。（中国考古学会第十二次年会全体与会人员）

附录四

关于加大对行政违法、破坏文物案件查处力度的呼吁书

中国考古学会第十二次年会在哈

尔滨召开期间，与会代表对最近中国文物报刊登的湖南宁乡炭河里遗址被破坏的事件，感到非常愤慨。这一事件具有典型性，在全国各地曾不止一次发生，为维护法律的尊严，我们呼吁对那些胆敢以身试法的行政人员，无论其职务高低，都要依法追查到底。

据报道，建设方明明知道炭河里遗址为全国重点文物保护单位，但是在工程开工动土之前，没有依法申报便强行开工，导致该遗址的核心区大面积损毁，并使其中一座宫殿基址遭到毁灭性破坏。

炭河里遗址遭破坏，是有关行政单位公然以身试法，侵犯有关文物保护法规的违法犯罪的严重事件。

我们这些长期工作在田野考古和文物保护一线的同志为此深感痛心。炭河里事件不是个别现象，涉及文保单位的很多工程建设，在立项和动土之前，并未事先向文物行政管理部门申报，文物部门主动介入开展文物保护工作，则被他们嗤之以鼻，拒之门外。

许多地方性建设工程属于典型的“首长工程”，法定的手续可以先开工后办理，甚至可以不办。这种权大于法的现象直接导致地方文物管理部门无法有效实施文物执法。文物古迹被破坏的事件时有发生，行政违法破坏文物的事件也屡屡见于报端，但是，对有关责任人的法律追究往往难以落实。最近十年来，建设工程中行政违法，违反《中华人民共和国文物保护法》的事件不少，但真正受到法律制裁的责任人却少之又少。

文化遗产是不可再生的资源，我们强烈呼吁各级政府、部门领导以高度的责任感来保护祖国的文化遗产，并充分认识到文化遗产保护在构建和谐社会中的重要性。

我们强烈呼吁政府职能部门加强文物保护法律法规的宣传，切实遵守《中华人民共和国文物保护法》，严格履行行政申报程序，为保护文化遗产尽自己应尽的义务。

我们强烈呼吁有关部门加大对行政违法案件的查处，加强执法督查，将破坏各级文物保护单位的相关责任人依法严惩，以维护法律的尊严。

我们强烈呼吁各级文物行政管理部门要加大文物执法的力度，敢于碰钉子，敢于担担子，严格执行文物保护的法律法规和国家的政策方针。要以责任在身，当仁不让的精神去工作，要知难而进。

我们强烈呼吁新闻媒体，敢于挺身而出，勇于担当，发挥新闻媒体的舆论监督作用。

我们强烈呼吁全体文物考古工作者做好文物保护的排头兵，保护文物是我们义不容辞的责任。特别是在田野一线的同志，履行做一个文化遗产保护者和守护神的崇高使命，为保护和弘扬祖国的文化遗产尽一份自己的责任。（中国考古学会第十二次年会全体与会人员）

湖南考古汇报会在南昌召开

2009年1月7日至8日，由湖南省文物局举办，湖南省文物考古研究所和湖南大学岳麓书院联合承办的“2008年度湖南考古汇报会”在千年学府——岳麓书院隆重召开，湖南各地、州市考古战线近百余名代表参加了会议，会上来自长沙、株洲、怀化、岳阳、常德、湘西自治州6个地区17

位代表就2008年度本地区文物调查勘探、考古发掘的最新成果进行汇报发言。会议还特邀中国社会科学院科技中心主任袁靖先生做了题为《中国科技考古新进展》的精彩报告。为配合此汇报会的召开，湖南省文物考古研究所特编辑出版《2008 湖湘文化考古之旅》一书。

来自新华社、中新社、中国文物报、人民日报、光明日报、湖南经视、潇湘晨报、红网和湖南电台等16家新闻媒体，对此次大会进行了采访报道。（顾海滨）

第八届中国社会科学院考古学论坛·2008年中国考古新发现在北京召开　2009年1月13日，由中国社会科学院主办、中国社会科学院考古研究所和考古杂志社承办的第八届“中国社会科学院考古学论坛·2008年考古新发现”在中国社会科学院学术报告厅举行。出席会议的学者共计200余人。中国社会科学院副院长武寅、中国社会科学院考古研究所所长王巍在开幕式上先后致辞。此次论坛选取了2008年的陕西高陵县杨官寨新石器时代遗址、甘肃临潭县陈旗磨沟齐家文化墓地、云南剑川县海门口史前遗址、河南安阳市殷墟刘家庄北地遗址、安徽蚌埠市双墩一号春秋墓葬和内蒙古巴林左旗辽代祖陵陵园遗址等单位的6项考古新发现作学术讲演，与会学者围绕报告的内容展开热烈的讨论。（据《中国文物报》2009年1月16日）

期刊建设与考古学的发展暨纪念《考古》创刊500期学术研讨会在北京召开　2009年3月3日，由中国社会科学院考古研究所考古杂志社举办的“期刊建设与考古学发展暨纪念《考古》创刊500期学术研讨会”在北京召开。全国20余家考古文博类期刊的负责人，以及中国社会科学院考古研究所的相关科研人员共50余人参加了研讨。全国14个省直辖的近30个学术单位的60多位学者出席了会议。会议围绕“新中国的考古学与考古学期刊”、“考古学期刊与考古成果的报道”、“学术批评与学术争鸣”、“期刊交流”等四个主题展开热烈讨论。（据《考古》2009年5期）

凤鸣岐山——周文化国际学术研讨会在陕西岐山召开　2009年4月9日至11日，由陕西岐山县人民政府、北京大学考古文博学院、陕西省考古研究院举办的“凤鸣岐山——周文化国际学术研讨会”在周文化的发祥地岐山隆重召开。来自北京、上海、山西、河南、浙江、江苏、台湾、陕西及日本、德国、法国、韩国等数十家学术机构近百位学者与岐山当地学者参加了本次会议。与会代表结合周公庙近年来的考古新发现，分别从考古学、历史学及古文字学等多个方面，围绕“陕西近年来周代考古的发现与研究”、“陕西以外近年来周代考古的发现与研究”、“商周甲骨文研究”、“铜器与金文研究”、“历史文献与周代社会研究”等几个方面议题展开讨论。（据《中国文物报》2009年5月1日）

2009东亚古遗址保护国际学术研讨会在无锡召开　2009年4月11日，由南京博物院和无锡新区共同主办的“2009东亚古遗址保护国际学术研讨会”在无锡召开，来自中、日、韩考古和文物保护领域的60多名学者参加了会议。会议围绕古遗址的保护、利用与对策等展开了热烈的讨论。（据《中国文物报》2009年4月17日）

中国古代文明与国家起源学术研讨会在易县西陵召开 2009年4月24日至26日，由河北师范大学、中国社会科学院古代文明研究中心、中国先秦史学会联合主办的“中国古代文明与国家起源”学术研讨会在河北省易县的清西陵召开。全国14个省、直辖市的近30个学术单位的60多位学者出席了会议。

会议围绕马克思主义关于国家起源及形成的理论、中国古代国家起源及形成的相关理论与方法、关于中国古代文明起源研究中历史学与考古学的整合问题、三代考古学文化与夏商周国家起源与形成问题、中原以外地区的古代文明或早期国家研究等议题展开讨论。

富弼家族墓地学术研讨会在洛阳召开 2009年7月12日至14日，由洛阳市第二文物工作队举办的“富弼家族墓地学术研讨会”在洛阳召开。参加这次会议的代表有北京大学、西北大学、陕西师范大学、郑州大学、台湾成功大学、河南省文物管理局和河南省考古研究所等全国各地的专家学者以及富弼家族后裔共50余人。会议期间，首先，所有与会代表参加了由洛阳市第二文物工作队从社会募捐在富弼夫妇墓原址修建的纪念碑亭的揭碑仪式；接下来洛阳市第二文物工作队汇报了富弼家族墓地发掘与初步研究情况，安阳市文物考古研究所汇报了宋代韩琦家族墓地发掘与研究情况。与会代表随后展开了热烈的讨论。富弼家族墓志的发现是2008年考古发掘的重要收获，出土墓志书法精致，兼备楷、行、篆、隶，尤其是富弼墓志，以鸿篇巨制居洛阳地区出土碑志之冠，从题盖到墓志撰写及书丹等又都出自北宋名家之手，在河南地区乃至全国都十分罕见。大家对志文中涉及的北宋时期政治、经济、外交、职官、变法、婚姻、宗教信仰、历史地理、礼教和荫补等多个方面，尤其是富弼墓志中所反映的许多重大历史事件，从历史、文学、艺术等方面进行了深入的探讨。（张建文）

第二届中国南方基建考古区域协作会议在长沙召开 2009年7月15日至16日，由湖南省文物局主办、湖南省文物考古研究所承办的“第二届中国南方基建考古区域协作会议”在湖南长沙市举行。参加此次会议的有来自国家文物局和湖南省政府部门的领导以及湖南、湖北、江西、福建、云南、贵州、重庆、广东、广西和广州、长沙的11家省、市级文物考古研究所32位代表、中国文物报社和湖南日报等13家新闻媒体。随着各地经济建设大规模展开，文物出土日益增多，面对这种新形势，如何既保证工程建设顺利开展又做好文物保护工作，如何协调文物部门和工程方之间的关系等等都是摆在政府、文物部门面前不可回避的重要问题。会议上各位代表就有关的收费标准、相关法律法规、考古部门行业形象以及考古所如何在文化遗产保护上发挥更大作用等问题展开了积极的讨论。（顾海滨）

藏彝羌走廊暨中国西部石棺葬文化研讨会在西昌召开　藏彝羌走廊是中国西部的重要民族走廊，石棺葬是分布于这条走廊上的一种特色鲜明的文化遗存。为了加强对藏彝羌走廊与石棺葬文化的研究，进一步增强地区间的考古协作与学术交流，推动对石棺葬文化的研究工作，同时隆重纪念中国西南地区石棺葬文化发现70周年，2009年7月22日至25日，四川阿坝藏族羌族自治州文管所、四川省文物考古研究院、成都文物考古研究所、四川大学考古系及博物馆、四川师范大学巴蜀文化研究中心和四川凉山彝族自治州博物馆联合在西昌召开了“藏彝羌走廊暨中国西部石棺葬文化研讨会”。来自北京、陕西、云南、贵州、重庆、青海、河南、江西、广东、四川、香港等省、市、地区和美国的高校及科研机构的100余位专家学者参加了本次研讨会。还邀请了四川、云南一些地市州文博单位长期从事第一线文物考古工作的业务人员参加会议，使学术研讨内容更为具体和务实。

20余位学者进行了大会学术发言。会议研讨内容包括石棺葬考古新发现、石棺葬文化专题研究、藏彝羌走廊及民族文化研讨和工作研讨及其他四个方面。与会代表在会上介绍了本地区与石棺葬文化有关的资料，特别是在第三次全国文物普查工作中新发现的石棺葬文化资料。一些单位在会议召开之前，有目的地加强对本地区石棺葬文化的调查，所获的新资料为此次会议增辉不少。（陈剑）

2009中国·乌珠穆沁边疆考古国际学术研讨会在东乌珠穆沁旗召开

2009年7月24日至29日，由中国人民大学历史文化学院·中国人民大学北方民族考古研究所和吉林大学边疆考古研究中心联合主办的“2009中国·乌珠穆沁边疆考古国际学术研讨会”在内蒙古锡林郭勒盟东乌珠穆沁旗举行。

此次会议主要议题有四个，分别为：金斯太洞穴遗存的文化面貌与东北亚旧石器时代文化的分布及其相互关系研究、中国北方地区和蒙古高原狩猎与游牧文明产生的历史背景及其文化特征研究、欧亚草原地带人类学与生态环境变迁研究、边疆地区古代各民族历史文化遗存的发现与研究。

出席本次国际学术研讨会的专家学者，分别来自中国社会科学院考古研究所、中国科学院古脊椎动物与古人类研究所、中国国家博物馆、中国文化遗产研究院，河北省文物局、陕西省考古研究院、吉林省文物考古研究所、内蒙古文物考古研究所、江苏省文物考古研究所、北京大学、中国人民大学、吉林大学、北京科技大学、南京大学、中山大学、西北大学、四川大学、内蒙古大学、内蒙古师范大学、台湾勤益科技大学、台湾台南艺术大学、台湾南华大学、台湾中国医药大学、香港出版集团和日本同志社大学、日本奈良女子大学、日本新泻大学、日本北海道学院大学、韩国高丽大学、韩国朝鲜大学、蒙古国立大学等20余所海内外知名的科研院所和重点高校。其中大陆和港台学者50余人，日本、韩国和蒙古的学者20人参加了本次研讨会。（蒋璐）

吉林大学边疆考古研究中心举办第三届高校学生考古论坛 2009年8月5日至7日，由吉林大学边疆考古研究中心、吉林大学文学院联合主办的“第三届高校学生考古论坛”在吉林大学召开。来自北京大学、西北大学、山东大学、南京大学、厦门大学、武汉大学、中山大学、中国人民大学等23所高校及中国科学院研究生院、中国社会科学院研究生院等科研院所的58名学生代表出席了此次论坛。

提交本次论坛的58篇论文分为科技考古与史前考古、历史时期考古两组，内容涉及科学技术在考古学中的应用、考古学文化研究、环境考古、美术考古和文化遗产保护等多个方面。与会代表就各自的研究成果作了精彩的展示，并与其他代表展开了积极的互动与交流。

此次论坛专门邀请了中山大学、中国人民大学、山东大学、东北师范大学、吉林大学等高校考古学及博物馆学领域的专家及教授对提交论坛的论文进行点评，收到了良好的效果。会议结束后，代表们赴吉林市参观了丰满电厂博物馆及龙潭山山城遗址公园。

全国高校学生考古论坛由吉林大学边疆考古研究中心发起，已于2004年、2006年举办了两次。论坛主要面对考古学及博物馆学专业的本科生及研究生，旨在构建高校学生间学术交流的平台，共同营造考古学科发展的良好氛围。（蒋璐）

丝绸之路国际学术研讨会在银川召开 2009年8月20日至25日，由中国社会科学院考古研究所、历史研究所和宁夏文物考古研究所等单位组织和筹备的“丝绸之路国际学术研讨会”在银川市召开。来自中国（包括台湾地区）、日本、德国、英国、俄罗斯、法国等国家的近百位学者参加了会议，共提交了近50篇论文。中国社会科学院荣誉学部委员、中国考古学会原理事长徐苹芳，中国社会科学院考古研究所研究员杨泓、白云翔、王仁湘，中国社会科学院历史研究所研究员吴玉贵、李锦绣，北京大学教授林梅村，陕西师范大学教授周伟洲以及兰州大学敦煌研究所研究员郑炳林等诸位专家参加、主持了小组发言。本次会议从考古学、历史学、人类学、语言学等研究领域就丝绸之路的最新研究成果进行了广泛的交流与探讨，是自丝绸之路跨国联合申报世界文化遗产项目启动以来国内所举办的最大规模的一次国际性丝绸之路学术研讨会。

会议期间，与会代表还参观考察了西夏王陵、须弥山石窟等宁夏境内著名的文物古迹。（马晓玲）

聚落与环境考古国际学术研讨会暨国际尧王文化论坛在山东召开 2009年10月16日至20日，由山东大学东方考古研究中心和博物馆发起召开了“聚落与环境考古国际学术研讨会暨国际尧王文化论坛”。应邀参会的有来自美国、加拿大、英国、澳大利亚、以色列、日本和中国大陆以及台湾等8个国家和地区的60余位学者。根据会议议题，本次研讨会分为济南和日照两个阶段。

济南阶段的会议于10月16日至

18 日在山东大学新校邵馆举行。徐苹芳、严文明、文德安（Anne Underhill）和栾丰实教授作了发言。方辉教授主持了开幕式。本阶段会议讨论了我国聚落考古和环境考古的理论与实践，围绕鲁东南地区聚落形态反映的社会复杂化进程、秦汉琅琊郡的聚落规模、晋南与赤峰地区聚落形态比较研究、聚落人口统计、史前聚落生计模式等展开讨论，取得积极成果。与会学者对山东大学与耶鲁大学及芝加哥自然历史博物馆联合开展的持续 14 年的鲁东南地区聚落与环境考古成果给予了极高评价，并呼吁在其他地区也应采用同样方法，以期从区域及跨区域比较的角度推动我国社会复杂化进程及早期文明形态的研究。

10 月 18 至 19 日与会学者赴日照对著名的尧王城和两城镇遗址进行实地考察，并与日照市合作举办了“国际尧王文化论坛”。（黄苑）

纪念北京猿人第一头盖骨发现 80 周年国际古人类学学术研讨会暨第一届亚洲第四纪研究学术大会在北京召开　2009 年 10 月 19 ~ 23 日，为纪念北京猿人第一头盖骨发现 80 周年、交流相关科学领域的新进展与新成果，由中国科学院古脊椎动物与古人类研究所、中国第四纪科学研究会、中国科学院地质与地球物理研究所主办，周口店北京人遗址博物馆协办的“纪念北京猿人第一头盖骨发现 80 周年国际古人类学学术研讨会暨第一届亚洲第四纪研究学术大会”在北京召开。来自 20 多个国家和地区的近 300 名代表参加了大会。大会主题为“人类演化与环境变迁”，分设“人类起源与进化”（包括早期人类起源，现代人类起源和古猿、古人类演化综合研究）、“古人类行为与文化”（包括亚洲旧石器文化的发现与研究，东西方古人类的迁徙与互动和旧石器文化综合研究）、“亚洲地质环境演变与人类活动”（包括早期人类演化的环境背景，环境变迁与人类文明兴衰和人类活动的环境效应）3 个专题。会议期间，代表们参观了周口店遗址及博物馆。

南水北调中线工程考古发现与研究研讨会在郑州召开　2009 年 11 月 17 日至 20 日，由国家文物局、中国考古学会主办，河南省文物局、河南省文物考古学会承办的“南水北调中线工程考古发现与研究研讨会”在郑州成功举行。来自国家文物局、湖北省文物局、河北省文物局、天津市文物局、北京市文物局、江苏省文物局、河南省文物局、北京大学考古文博学院、吉林大学边疆考古研究中心、山东大学东方考古研究中心、武汉大学历史学院、中山大学社会学与人类学学院、厦门大学人类学系、中国人民大学历史学院、郑州大学历史学院、中国社会科学院考古研究所、中国科学院古脊椎动物与古人类研究所、湖北省文物考古研究所、河北省文物研究所、北京市文物研究所、江苏省考古研究所、山西省考古研究所、陕西省考古研究所、山东省考古研究所、河南省文物考古研究所、荆州博物馆、成都文物考古研究所、南阳市文物考古研究所、安阳市文物考古研究所、驻马店市文物考古管理所、郑州市文物考古研究院、中国文物报社等考古文博机构及国务院南水北调办、南水北调中线建设管理局、河南省政府南水北调办、科学出版社等单位的80余位代表参加了会议。中国考古学会理事长张忠培、中国社会科学院考古研究所徐光冀、北京大学李伯谦等先生出席会议并发表了讲话。

本次会议是在南水北调中线工程田野考古工作量已完成近半，文物保护已取得丰硕成果的背景下召开的。共有35位代表介绍了所承担文物考古项目的发掘和研究情况，收到与会学者提交的学术论文7篇，内容涵盖新石器时代至历史时期。

会议期间，与会代表围绕南水北调中线工程的考古新发现进行了充分交流，认为这些新发现为南北文化交流，先商文化、楚文化来源，北朝皇族墓地等相关学术课题的深入研究提供了非常重要的新材料；为多学科综合研究开拓了新的领域，使考古学得到深化。

这次研讨会内容充实，发言精彩，讨论热烈，学术气氛浓厚。作为全国首次南水北调中线工程考古发现与研究研讨会，对进一步做好南水北调中线工程的文物保护工作，必将产生积极的推动作用。（张志清　梁法伟）

汉唐西域考古：尼雅丹丹乌里克遗址国际学术研讨会在北京大学召开　2009年11月20日至22日，由北京大学中国考古学研究中心、新疆文物局、北京大学中国史研究中心、日本佛教大学、中国社会科学院考古研究所主办的“汉唐西域考古：尼雅丹丹乌里克遗址国际学术研讨会”，在北京大学顺利举办。来自北京、新疆、宁夏、陕西、江苏、浙江、甘肃以及日本、德国等近60多位专家学者参加了研讨会。会议围绕尼雅遗址、丹丹乌里克遗址考古学研究和出土文物研究；西域古代历史、语言文字、宗教和人类学研究；汉唐西域与丝绸之路史研究；丝绸之路新疆段出土汉唐壁画的保护和研究等问题安排主题发言，进而就今后新疆考古工作的规划、考古科研课题的立项及管理等问题，展开了热烈的讨论，为新疆文物考古工作建言献策。（王书林）

田野考古信息技术应用研讨会在长沙召开　2009年11月28日，由中国文物信息咨询中心、湖南省文物局主办，湖南省文物考古研究所承办的“田野考古信息技术应用研讨会”在长沙召开。出席会议的有来自中国文物信息咨询中心、中国测绘科学研究院、湖南省文物局、陕西省、江西省、山西省、湖北省、浙江省、江苏省、四川省、湖南省、重庆市等九家考古研究所、博物馆的负责人。

会上，中国文物信息中心首先向大家介绍了田野考古信息技术应用方案；然后，作为东道主的湖南省文物考古研究所展示了近几年来在考古信息化方面的一些成果以及今后的设想；接着，各考古所的代表都畅所欲言，踊跃介绍各自单位的数字信息化情况，并就田野考古信息技术在实际工作中的可操作性等提出了自己的见解。与会代表对文物信息中心做出的规划给出了中肯的评价，提出了宝贵的意见和建议。

此次会议，不仅给大家提供了相互交流、相互借鉴的机会，更是对田野考古信息化起到了巨大的推动作

用。（顾海滨）

吴文化国际学术研讨会在镇江召开　由江苏省吴文化学会、镇江市文化局主办，镇江博物馆和丹阳市文化局承办的“2009 中国镇江吴文化国际学术研讨会”于11月27日至29日在镇江市召开。来自德国、韩国、日本等国家及北京、上海、山东、湖北、江西、安徽、浙江、江苏等省市的100余名专家学者参加了本次研讨会。北京大学李伯谦教授、中国社科院考古研究所所长王巍、原江苏省考古研究所所长邹厚本先后致辞。南京博物院考古研究所所长张敏作《吴越贵族墓葬的甄别研究》的学术报告。镇江博物馆肖梦龙、南京博物院朱国平、镇江市文管办王书敏、山东省文物考古研究所刘延常、江西师范大学曹柯平、韩国全南大学林永珍等作交流发言。南京博物院院长龚良作总结发言。

大会收到研究论文30余篇，内容涉及近年来吴文化考古新发现、吴文化遗存研究、吴文化器物研究以及吴文化与周边文化的关系与交流等。研讨会期间，代表们参观了“二十一世纪吴文化考古的新发现展览”、“镇江出土吴国青铜器陈列”；对句容市城上村遗址、丹阳葛城遗址、镇江新区断山墩遗址和烟墩山遗址等多处吴国台形遗址和土墩墓进行了实地考察。（江苏省吴文化协会）

第三届边疆民族考古与民族考古学论坛在贵阳召开　2009年11月28日至29日，由中国社会科学院考古研究所边疆考古研究中心、中山大学人类学系、贵州省文物考古研究所主办，贵州省文物考古研究所承办的“第三届边疆民族考古与民族考古学论坛”在贵阳召开。除主办方外，来自四川大学、中国人民大学、北京科技大学、新疆社会科学院以及内蒙古、重庆、四川、深圳等地考古机构共计50余位学者出席了此次论坛。贵州省文物局局长王红光、中山大学社会学与人类学学院院长助理郑君雷分别在论坛开幕式上致辞。中国社会科学院考古研究所边疆考古中心主任王仁湘在闭幕式上致辞并作了总结发言。

与会期间，共有30余位学者作了发言，地域涉及西南、西北、华南、新疆等地区近年来的有关民族考古学研究的进展与考古新发现。内容涉及岩洞葬、岩画、稻作、制陶、佛教、游牧、现代村落以及性别考古等诸多方向。在会议讨论期间，与会代表们热烈讨论，争相发言，对当今中国民族考古学的研究进展、研究机遇和当前面临的境遇都作了阐述。

会议期间，与会代表参观了位于贵阳市花溪区高坡乡境内的甲定岩洞葬和花溪区镇山村生态博物馆。会后将编辑出版论文集。（吴小华　杨洪）

马家浜文化国际学术研讨会在嘉兴召开　2009年12月14、15日，由中国社会科学院考古研究所、浙江省文物局、嘉兴市人民政府主办，由嘉兴市文化广电新闻出版局、嘉兴经济开发区管委会承办的“马家浜文化国际学术研讨会”在浙江省嘉兴市召开。来自全国21个学术研究机构与高等院校，以及联合国教科文组织驻北京办事处文物保护专员、日本东京大学、早稻田大学、美国哈佛大学、美国国会图书馆、澳大利亚拉楚比大学和韩国、保加利亚等学术研究机构与高等院校的60多位代表出席了会议。中国考古学会理事长张忠培、国家文物局文保司副司长陆琼、中国社会科学院考古研究所所长王巍、北京大学考古文博学院院长赵辉、浙江省文物局局长鲍贤伦以及中共嘉兴市委书记陈德荣、市长李卫宁等出席了开幕式。配合会议的召开，举行了马家浜遗址公园暨马家浜文化博物馆奠基仪式，会议筹备组还调集浙江、江苏10多年来发掘的12处遗址的马家浜文化遗物在嘉兴市博物馆展出，浙江省文物考古研究所对马家浜遗址进行了发掘，与会代表参观了考古发掘现场与马家浜文化文物展览。中国社会科学院考古研究所所长王巍在会议开幕式上做主旨发言，中国考古学会理事长张忠培在大会结束时作重要讲话。

会议收到论文或论文提要30多篇，分别由浙江省文物考古研究所副所长刘斌、中国社会科学院考古研究所研究员朱乃诚主持，围绕近10年来在环太湖地区发现的马家浜文化遗存、马家浜文化的分期与分类、区域特征与典型陶器的演变、稻田与农业、聚落与墓地、骨器与动物、马家浜文化时期的环境、马家浜文化的研究历程与文化成就、研究方法与研究思想，以及中国旧石器时代考古、华南与西南地区的原始农业等问题展开了学术交流与讨论。

自1984年以来，这是第五次召开的有关马家浜文化的专题讨论会，也是历次马家浜文化专题讨论会中规模最大的一次。会后将编辑出版本次会议的论文集。

东亚青铜器·初期铁器时代的诸问题研讨会在日本福冈九州大学举行

2009年12月19日至20日，日本九州大学大学院人文学研究院、四川省文物考古研究院在日本福冈共同举办“东亚青铜器·初期铁器时代的诸问题”国际学术交流研讨会。

研讨会上，公布了中日双方在四川甘孜炉霍发掘晏尔龙石棺葬的考古成果被评为2008年度中国重要考古发现之一。日方宫本一夫教授在会上对2009年中日合作发掘的呷拉宗冶铁遗迹的考古成果进行介绍，并公布了呷拉宗冶铁遗迹的^{14}C测年数据。四川省文物考古研究院高大伦以《四川茂县城关石棺墓地发掘》、黄家祥以《川西高原石棺葬与甘青地区青铜时代墓葬》、郭富以《近年来四川甘孜州境内石棺葬调查发现情况综述》、万娇以《会理城河下游石棺葬调查》为题分别作了学术演讲。高大伦教授根据测年数据和冶铁遗迹的结构分析，认为这是四川境内首次发现的吐蕃时代早期遗址，填补了四川藏区吐蕃时代的考古空白，是一个非常重要的发现。日本学者还发表了中日合作的卡莎湖人骨观测及墓地反映的社会结构研究等成果。研讨会除中日双方人员外，还有美国波士顿大学教授高德，他在会上阐述了自己对中国山东地区岳石文化的分析。蒙古共和国国家科学院考古研究所成白音多鲁吉所长，给大家带来了蒙古境内大石墓的相关资料介绍。英国剑桥等大学的博士生也与会交流，本次研讨会有近30人参加。（黄家祥）

江苏省考古学会2009年年会在南京江宁召开 2009年12月20日至21日，由江苏省考古学会、南京市文物局、江宁区人民政府主办的“2009年江苏省考古学会年会”在南京市江宁区召开。来自徐州、连云港、盐城、宿迁、淮安、扬州、泰州、南京、镇江、无锡、苏州等地考古文物单位，以及南京大学、南京师范大学的学会理事和代表80余人参加了会议。

开幕式由江苏考古学会理事长、江苏省考古所所长张敏主持，江苏省文物局副局长刘谨胜、南京市文化局副局长吴秀亮、江宁区副区长陆蓉等分别致辞。南京市博物馆、江苏省考古研究所分别介绍南京大报恩寺、六朝健康城、邳州梁王城遗址的发掘收获。南京博物院、南京市博物馆以及徐州、淮安、扬州、镇江、常州、苏州等地代表还介绍了宜兴百合村土墩墓、江宁区将军山沐氏家族及王安石家族墓、徐州铁刹山汉墓群、扬州西郊东汉墓、镇江土墩墓、常州新港遗址等江苏各地近年来的重要考古新发现。张敏作《吴越贵族墓葬的甄别研究》学术报告，并作大会总结。（江苏省考古学会）

湖熟文化命名50周年暨纪念尹焕章先生诞辰100周年座谈会在南京江宁召开 2009年12月20日至21日，由南京博物院、江宁区人民政府、江苏省考古学会主办的“湖熟文化命名50周年暨纪念尹焕章先生诞辰100周年座谈会”在南京市江宁区召开。尹焕章先生的亲属、南京博物院曾经与尹焕章先生共事多年的学者梁白泉、罗宗真、纪仲庆、邹厚本、汪遵国、钱锋等，以及来自全省博物馆、考古所、南京大学、南京师范大学的近百人参加了会议。江苏省文化厅党组成员南京博物院院长龚良、江苏省文物局副局长刘谨胜、南京市文化局副局长吴秀亮、江宁区副区长陆蓉、江苏省考古研究所所长张敏等出席了会议。龚良院长高度评价了尹焕章先生的一生以及为南京博物院文博考古事业发展所做出的贡献。尹先生之子淮安市博物馆考古部主任尹增淮在会上致答谢辞。会议同时举办了《尹焕章文集·考古卷》的首发仪式。

会后召开了“湖熟文化”论坛，南京博物院邹厚本作《“湖熟文化”研究的状况》、南京大学自然与文化遗产研究所贺云翱作《“湖熟文化”与现代社会发展》演讲。（顾赟）

中国聚落考古的理论与实践——纪念新砦遗址发掘30周年学术研讨会在新密召开 2009年12月28日至30日，由中国社会科学院考古研究所、郑州市文物考古研究院、新密市人民政府主办的“中国聚落考古的理论与实践暨纪念新砦遗址发掘30周年学术研讨会”在河南新密市召开。来自全国16家文物考古研究机构、4家文博考古刊物和10所大学文博考古院系以及日本驹泽大学等单位的80余位学者参加了会议。会议围绕中国聚落考古以及新砦遗址的有关学术问题进行了讨论，内容涉及新石器时代各重要区域的聚落考古研究、夏商周时期重要都城遗址的聚落考古研究、聚落考古的理论和方法以及新砦遗址相关问题等诸多方面。（据《中国文物报》2010年2月5日）

对外学术交流

中国社会科学院考古研究所

出访

1月15～19日，应丹麦皇家科学院院士、国际科学院联盟副主席Lise Hannestad的邀请，白云翔副所长、姜波赴丹麦参加丹麦皇家科学院举行的“十世纪以前的中国与地中海世界”学术会议。该会议是中国社会科学院与国际科学院联盟推动古代中国与地中海世界交流项目的工作会议。

1月23～28日，应日本国立历史民俗博物馆的邀请，白云翔副所长、徐良高赴日本参加由该馆举办的“古代历史年代学研究研讨会”。

2月5～9日，应韩国全北大学考古文化人类学科BK21事业团的邀请，白云翔副所长赴韩国参加“东北亚国家形成时期的铁器文化国际学术研讨会”，并就中国古代铁器文化的扩展作大会发言。

3月19～28日，应澳大利亚悉尼大学考古学院的邀请，王巍所长、丛德新赴澳大利亚进行学术访问，并作题为《中国新疆地区考古学研究和发展》的演讲。还就双方开展考古合作进行深入的探讨。

5月3～14日，应法国远东学院和秘鲁利马天主教大学考古系的邀请，王巍所长、陈星灿副所长赴法国、秘鲁进行学术访问。应邀介绍了中国考古学研究的最新进展，还就与上述两国开展学术合作与交流进行了商讨。

6月26～29日，应日本亚洲史学会会长上田正昭先生的邀请，王巍所长、王仲殊赴日本参加第十七届亚洲史学会。

8月28日～9月2日，应日本东京大学综合研究博物馆的邀请，白云翔副所长赴日本参加亚洲铸造技术史学会大会，并在大会上进行学术演讲。

10月24～28日，应韩国国立文化财研究所的邀请，王巍所长一行2人赴韩国参加由该所主办的“东亚文化遗产保护论坛”国际学术研讨会。论坛主题为“东亚文化遗产研究机构间开展长期国际合作交流”。王巍在研讨会上作了讲演。

11月28～12月8日，应越南社会科学院考古研究所的邀请，陈星灿副所长赴越南参加由该所主办的“印度洋—太平洋史前学会”第19次大会，并在会上介绍中国史前考古学研究的最新成果。

来访

3月6～11日，以杰列维扬科院长为团长的俄罗斯科学院新西伯利亚分院代表团一行来所访问，双方商讨开展进一步合作事宜。

3月23～4月19日，根据中国社会科学院与英国学术院签订的协议，英国牛津大学教授柯律格应邀来所访问。

5月25～27日，美国斯坦福大学伊恩·罗伯森（Ian Robertson）一行6人来所参加“2009古代文明国际论坛”。

7月22～8月12日，根据我院与英国学术院签订的协议，英国学术院院士杰西卡·罗森女士（Jessica Rawson）应邀来所访问。

9月24～10月7日，德国海德堡学术院豪普特曼（Harald Hauptmann）一行5人来所访问，主要与有关学者就3至7世纪东西文明考古学研究进行深入的学术交流。

11月8～15日，丹麦佩尔德森等27位学者来所参加“船与人：亚洲古船历史学与考古学比较研究的新视角”国际学术研讨会。

12月13～17日，邀请日本九州大学宫本一夫等6人来华参加“马家浜文化国际学术研讨会”。（雪松）

河北省文物研究所 1月19～24日，韩立森所长、黄信应邀赴日本就“中国初期佛教寺院及其渊源有关的考古学研究”进行研讨交流。

8月，邀请日本京都大学人文科学研究所代表来所访问，并商议开展中日双方合作进行“定州北魏塔基出土遗物的考古学研究”。9月16日，中国社会科学院考古研究所朱岩石和日方合作课题组成员京都大学人文科学研究所冈村秀典等2人来我所启动资料调查工作。（曹伟）

湖南省文物考古研究所 11月29～12月5日，郭伟民所长应邀赴越南参加在河内召开的“印度洋—太平洋史前学会”第19次年会。本次大会的代表500余人，来自太平洋、印度洋地区60多个国家。郭伟民在会上作了题为《新石器晚期长江中游的社会复杂化——来自澧阳平原的新证据》的演讲。会后，代表们还参观了位于河内不远的古螺城、清化省博物馆、旧石器洞穴遗址等。（顾海滨）

云南省文物考古研究所 3月，与澳大利亚新南威尔士大学合作到富源大河旧石器时代洞穴遗址进行剖面采样，完成年代和环境样品的采集。

11月28～12月5日，吉学平、闵锐赴越南参加在越南河内举行的“印度—太平洋史前学会”第19次年会，并分别作了题为《云南沧源洞穴新发现》和《云南剑川海门口遗址第三次发掘》的演讲。（杨镜皿）

陕西省考古研究院 2月25～3月3日，应美国亚特兰大市海伊艺术博物馆的邀请，作为陕西省文物局学术代表团，王占奎、王望生、张铭洽、容波等一行4人赴亚特兰大进行访问，参加该馆举办的中国秦兵马俑展学术交流。来自英国牛津大学莫顿学院院长杰西卡·罗森作了题为《国际化的秦始皇陵园考古历史研究》的演讲，王望生报告了《秦始皇陵园的最新考古发现》；张铭洽报告了《关于秦始皇的几个谜》；容波报告了《秦俑彩绘及保护研究的最新进展》。

3月13～19日，张建林副院长赴日本中央大学参加“从历史的角度分析在东亚的都市问题和环境问题国际学术研讨会”，并作了题为《唐陵设计理念中体现的都城意识》的演讲。

6月19～8月21日，王小蒙等2人赴美国华盛顿弗利尔与赛克勒国立亚洲艺术博物馆，与该馆文物保护修复技术部陶瓷组合作，进行中国古瓷标本、古玻璃器标本的测试合作研究。

7月20日，邀请美国加州大学洛杉矶分校罗泰（Lothar Von Falkenhausen）来院访问，并作了题为《青铜时代考古杂谈》的演讲，并接受陕西省考古研究院客座研究员聘书。

10月7～10日，张蕴赴韩国参加扶余郡举办的“扶余王国与亚洲的关系学术研讨会”，并作了题为《唐嗣虢王妃扶夫氏家族墓志考释》的演讲。（容波等）

秦始皇兵马俑博物馆　4月20～5月25日，应德国慕尼黑科技大学的邀请，朱振宇等3人赴德国进行文物保护合作交流，完成了中德合作项目中《替代PU新加固剂的选择实验》工作。

9月7～19日，邀请德国慕尼黑科技大学地质学博士鲁佩尔特·吴茨来馆访问，并在秦俑二号坑进行土遗址保护方面的研究，采集不同深度梯度秦俑坑土壤样品，在现场通过专业仪器和软件对秦俑二号坑土壤含水量进行调查，此次监测数据和10年前的数据对比发现：秦俑二号坑的干燥速度比以前增快。（朱振宇）

北京大学考古文博学院

出访

1月，秦大树前往新加坡参加“中国外销陶瓷在东南亚国际学术讨论会（Symposium on Chinese Export Ceramics Trade in Southeast Asia）”论文集编委会和《东方艺术（Oriental Art）》60周年专辑编辑会。

5月25日，孙华赴韩国首尔参加“2009江陵端午祭：亚细亚端午文化疏通国际学术大会”，并就中国云贵高原的端午节的特点活动之一“竞渡”问题进行了阐述。

2009年7月～2010年6月，吴小红赴美国哈佛大学作访问学者。

7～12月，张晓梅赴英国南安普顿大学进行合作研究。

7月8～11日，高崇文参加韩国启明大学在大邱高陵郡召开的“第7届大加倻史国际学术大会”，并作了题为《殷周时期殉葬与思想》的演讲。

8月1日，孙华赴韩国平昌郡参加“世界江文化国际学术大会”，发表了《长江三峡库区文物保护工程述评》的论文。

11月，秦大树前往马耳他中国文化中心，参加文化部外联局和国家文物局组织的“发现中国”讲座，作了题为《石与火的艺术——中国古代瓷器》的演讲。

11～12月，王幼平、张弛、秦大树赴越南参加在河内召开的“印度—太平洋地区史前考古会议”，并提交论文。

来访

2009年下半年，邀请美国Rutgers大学艺术史系“中国与中亚佛教艺术”何恩之（Angela Falco HOWARD）来校讲学。她就《古代龟兹佛教艺术》、《大足石窟艺术》、《青州佛教造像及有关问题》、《河西石窟与丝绸之路》及《美国的中国佛教艺术研究》五个专题作了讲座。

2009年，邀请日本驹泽大学大学院人文科学研究科饭岛武次来校进行为期一年的访问，主要从事商周考古及中国青铜器文化考古研究和交流活动。（王书林）

吉林大学文学院考古及博物馆系

3月22~29日，应日本金泽学院大学邀请，王培新赴日本参加在石川县举行的“环日本海地域的历史学术讨论会”。会议就8至10世纪环日本海诸国的都城建制及共同性等问题进行讨论。王培新以《8~10世纪的中国都城》为题作主旨讲演。

8月1~6日，滕铭予赴蒙古国参加了由蒙古国游牧文化研究国际学院、中国内蒙古自治区文物考古研究所、蒙古国国家博物馆共同主办的“古代回鹘考古学文化学术研讨会”。该次会议以古代回鹘的历史、政治、经济、文化为主要议题，有来自澳大利亚、俄罗斯、日本、中国、蒙古等国家的学者参加。滕铭予作了题为《蒙古国后杭爱省胡拉哈山谷出土人骨研究》的演讲，重点介绍了吉林大学边疆考古研究中心考古DNA实验室对胡拉哈山谷出土的人骨进行的DNA鉴定的过程与结果，以及对人骨属性的初步判断。会议期间，参观了蒙古国著名喇嘛寺庙额尔德尼召，蒙元古都哈拉和林古城及德国波恩大学在这里的考古发掘工地，回鹘古都哈拉巴拉嘎斯古城，突厥时期毕伽可汗祭祀址和博物馆，中蒙联合考古队胡拉哈山谷四方形遗址发掘现场等。

11月25~29日，杨建华应邀赴韩国中南大学参加百济研究所举办的“古代东亚的女性国际研讨会”。会议共有来自美国、日本、法国、韩国、中国的7位学者发言。杨建华的论文题目为《内蒙古东周时期不同族群的女性》。（蒋璐）

山东大学历史文化学院考古系

3月26~4月20日，邀请荷兰莱顿大学考古学院Corrie Bakels及高级工程师Wim Kuiper为山东大学考古系师生开设了系列讲座及实验室辅导活动。Corrie Bakels作为山东大学特聘流动岗教师，为考古系同学开设了《西欧黄土地带的古代农业》课程。课程内容共分为12个部分，时间范围为公元前5300年到公元1000年，涵盖了从西欧农业的起源、最早的农人、农业的初步发展到金属时代、罗马时期与中世纪早期的农业概况。整个课程以考古发现为主线，植物遗存和生产工具为主要研究对象，结合聚落考古与历史文献记载，考查了西欧新石器时代至中世纪早期的农业及其与政治、经济和文化之间的关系。

4月16~19日，邀请法国菲尼斯太尔省考古研究中心主任勒比昂来校访问。并作了题为《坎佩尔的丧葬仪式》的报告。勒比昂长期在坎佩尔从事考古发掘工作，此次报告，他将公元前5000年至公元13世纪坎佩尔地区的丧葬仪式，划分为新石器时代、青铜时代、铁器时代、古罗马帝国时期等几个阶段，重点涉及石冢、木棺、典型器物、土葬、火葬、基督教影响等方面。

6月2～18日，邀请加拿大西蒙菲莎大学杨东亚访问本校，并作了十余场考古DNA研究与体质人类学的系列讲座。

9月23～26日，应韩国高丽大学校考古环境研究所的邀请，王青赴该所进行学术访问。并作了题为《山东北部南河崖西周煮盐遗址的发掘与研究》的学术报告。（陈雪香　朱晓芳等）

四川大学历史文化学院考古系　5月27～6月1日，白彬应邀赴美国芝加哥大学出席“十世纪的中国及其近邻：一个多中心历史时期的艺术和文化国际会议”，并作了题为《四川成都后蜀袁氏解伏连石刻研究》的演讲。

6月27～7月11日，邀请美国阿肯色州立大学小石城分校（University of Arkansas at Little Rock）国际项目部负责人Martha L. Morton、阿肯色州小石城·巴特勒中心馆长David Strick-lin、阿肯色州历史博物馆Andrew Zawacki、阿拉斯加Anchorage博物馆馆长Jim Pepper Henry来校访问，与四川大学博物馆、考古学系共同举办了系列讲座，演讲题目有《口述历史》、《文物、资料及照片的存储》、《博物馆的运行及其可持续发展问题》、《文化遗产保护的哲学概述（定义、政策以及与联邦、州和各级地方政府的关系）》、《展示设计与外借箱》等。

12月17～24日，李映福应邀赴日本九州大学出席“东亚地区青铜与早期铁器时代的社会学术研讨会”，作了题为《从成都平原早期铁器的考古发现看西南夷的汉化》的发言。（周静）

厦门大学人文学院历史系考古教研室　7月12日，邀请美国宾夕法尼亚州印第安纳大学人类学系Fransic Allard来校访问，并作了题为《蒙古考古发现中的青铜时代礼制建筑》的演讲。

11月28～12月5日，吴春明等2人赴越南河内参加“第19届印度洋—太平洋史前学会”。他们分别在会上作了题为《华南史前史视野中的当代族群与文化》、《中国东南史前时代的人群迁徙与文化变迁》的演讲。并共同主持“华南考古学新进展”的专题论坛。（王新天）

郑州大学历史学院考古学系　11月，应韩国庆星大学邀请，韩国河、李锋赴庆星大学参加“中韩文化国际学术研讨会”，并分别作了题为《汉代聚落考古的发现和研究》、《大师姑城址学术价值浅析》的演讲。

考 古 教 学

2009 年毕业本科生人数

北京大学考古文博学院考古与博物馆学专业 17 人
北京大学考古文博学院文物保护专业 7 人
吉林大学文学院考古学专业 22 人
吉林大学文学院博物馆学专业 18 人
山东大学历史文化学院考古系 18 人
西北大学文博学院考古系考古学专业 29 人
西北大学文博学院考古系文物保护专业 23 人
四川大学历史文化学院考古学系 19 人
南京大学历史系考古学与博物馆学专业 12 人
厦门大学人文学院历史系考古学专业 14 人
中山大学社会学与人类学学院人类学系考古学专业 25 人
郑州大学历史学院考古学系考古学专业 24 人
武汉大学历史学院考古与博物馆学系考古学专业 15 人
山西大学考古与博物馆学系博物馆学专业 32 人
南开大学历史学院文物与博物馆学系考古学与博物馆学专业 14 人
复旦大学文物与博物馆学系博物馆学专业 24 人

2009 年毕业的硕士研究生

北京大学考古文博学院

专业方向：旧石器时代考古

张　颖：《田螺山、江家山和下家山遗址的动物遗存和相关问题探讨》

指导教师：黄蕴平

专业方向：新石器时代考古

高明奎：《桐林遗址龙山文化制陶业及相关问题的初步研究》

指导教师：赵　辉

专业方向：商周考古

干小莉：《卤脉细微——搜寻滇西北盐镇诺邓变迁的

影子》
指导教师：孙　华

专业方向：汉唐考古
耿庆刚：《临淄齐国都城布局的初步研究——兼论列国都城布局的共性问题》
指导教师：赵化成
耿　朔：《建康地区东晋墓葬》
刘　怡：《墓葬从“汉制”到“晋制”的考古学探讨——洛阳地区东汉晚期与曹魏西晋墓葬比较研究》
金蕙涵：《唐代两京地区女性墓研究》
指导教师：齐东方

专业方向：宋元明考古
沈如春：《长江下游地区五代两宋墓葬研究》
指导教师：秦大树

专业方向：陶瓷考古
程　石：《唐—宋金时期黄堡窑分期再研究》
指导教师：秦大树

专业方向：中外文化交流考古
黄　珊：《元青花与中外文化交流》
指导教师：林梅村

专业方向：佛教考古
苏玉敏：《新疆吐峪沟石窟的分期》
指导教师：李崇峰

专业方向：博物馆学
常雯岚：《中国博物馆信息化理论暨实证研究——以首都博物馆信息一体化建设为个案》
耿　坤：《博物馆志愿者工作满意度研究》
指导教师：宋向光

专业方向：博物馆藏品研究
郭　婷：《论三代玉器中的重器配件》
邢志丹：《西周早中期之际青铜礼器主题纹样分类考察》
指导教师：张　辛

专业方向：科技考古
金志斌：《部分商周遗址出土原始瓷及印纹硬陶的ICP－AES研究》
指导教师：吴小红

专业方向：文物保护
柏　柯：《山西省艺术博物馆石质文物保护修复研究》
指导教师：胡东波

专业方向：中国古代建筑
冀洛源：《明代代州城的初步调查》
汪　盈：《辽塔分布及形制初探》
指导教师：李志荣
王书林：《四川宋元时期的汉式寺庙建筑》
徐新云：《临汾、运城地区的宋金元寺庙建筑》
指导教师：徐怡涛

岳　青：《历史城市景观的辨析和保护及关于扬州申请世界文化遗产的探讨》
指导教师：郭旃
张小古：《都江堰二王庙建筑装饰研究》
指导教师：张之平
郑　好：《宁寿宫花园符望阁内檐木作罩槅装修研究》
指导教师：晋宏逵

吉林大学文学院考古及博物馆系

专业方向：旧石器时代考古
贺存定：《丹江库区杜店旧石器遗址的石器研究》
田　禾：《杨林南山遗址石器工业研究》
付　博：《辽宁旧石器时代晚期文化及相关问题的研究》
甘才超：《环渤海地区旧石器考古及相关问题探讨》
指导教师：陈全家

专业方向：新石器时代考古
代玉彪：《老关庙下层文化研究》
指导教师：李伊萍
许鹏飞：《试论崧泽文化的分期与类型》
指导教师：陈国庆
王　颖：《雕龙碑遗址研究》
杨利平：《陕西白水下河遗址出土材料的整理与研究》
赵　娟：《三江平原新石器时代生业方式研究》
指导教师：赵宾福

专业方向：夏商周考古
褚金刚：《新岩期遗存辨析》
陈小三：《晋陕高原含双銎手鬲遗存研究》
田丽梅：《吉林省博物院藏传世先秦青铜兵器初步整理》
孟　婷：《商周青铜器上的涡纹研究》
指导教师：王立新

专业方向：战国秦汉考古
范晓佩：《晚期巴蜀文化墓葬中兵器随葬制度的研究》
黄朝伟：《战国时期赵国墓葬研究》
于焕金：《秦墓中出土S形饰研究》
指导教师：滕铭予
相　军：《京冀地区两汉诸侯王墓研究》
于　悦：《陕北画像石的地域特色和来源研究》
指导教师：潘　玲

专业方向：魏晋隋唐考古
姜雨风：《平壤地区高句丽封土石室墓研究》
指导教师：王培新
钱　玲：《敦煌壁画山水与中原传统山水画之比较研究》
张　瑞：《唐河北道南部地区墓葬初步研究——以纪年墓葬为中心的考察》
指导教师：魏存成

专业方向：宋元明考古
崔跃忠：《辽墓出土兵器探索》

丁翠萍:《考古出土的两宋时期首饰研究》

梅鹏云:《辽墓出土乐舞图像考古学观察》

指导教师: 冯恩学

专业方向: 东北亚考古

王长明:《讷河大古堆墓地的性质、年代及相关问题的研究》

指导教师: 冯恩学

郑钧夫:《石棚山墓地研究》

指导教师: 朱永刚

专业方向: 动物考古

赵　晨:《关中地区史前动物遗存研究》

指导教师: 陈全家

专业方向: 陶瓷考古

董　杰:《中原地区元墓出土瓷器初步研究》

秦晓杰:《内蒙古、东北地区出土元代瓷器初步研究》

王卫丹:《宋金元三彩研究》

指导教师: 彭善国

专业方向: 考古 DNA

曾　雯:《从体质人类学、分子考古学看鲜卑、契丹源流》

指导教师: 朱　泓

专业方向: 博物馆学

董　繁:《网上博物馆建设及其内容构建分析》

李勇华:《明代项元汴私人收藏研究》

刘晴贤:《免费开放反复型观众研究——以河南博物院为例》

刘　洋:《澳大利亚博物馆资金结构的初步分析》

由林鹏:《明清辽宁地区纪念性祠堂研究》

指导教师: 史吉祥

迟萍萍:《藏品的市场化处置——以格林堡博物馆为例》

王春慧:《美国高校博物馆专业课程设置研究》

指导教师: 张文立

张　丽:《呼伦贝尔地区博物馆的现状与发展》

曹　静:《论革命类纪念馆教育功能的实现》

指导教师: 吕　军

专业方向: 文物研究

魏长虹:《红山文化玉器与凌家滩玉器的比较研究》

王纯婧:《山西地区宋金时期瓷器研究》

邵　淼:《红山文化玉器真伪对比鉴定初探》

赵　娜:《元明时期云南青花瓷器初探》

赵耀双:《两汉墓葬出土陶俑的研究》

指导教师: 吕　军

专业方向: 文化遗产

王　菁:《城市文化遗产保护文件比较研究》

张　新:《关于中国文化遗产立法保护的研究》

刘　翔:《文化遗产的价值及其

评估体系——以工业遗产为例》

侯晓慧：《天津历史文化遗产保护研究》

齐　静：《天津城市文化遗产价值与保护研究》

指导教师：李伊萍

专业方向：文物保护技术

申桂云：《铁质文物锈蚀机理及广西出土、出水铁质文物保护研究》

指导教师：朱　泓　王蕙贞

山东大学历史文化学院考古系

专业方向：新石器时代考古

郭明建：《良渚文化的社会研究——论各小区和聚落间的关系》

指导老师：栾丰实

专业方向：商周考古

李　建：《山东新泰单家庄矿冶遗址综合研究》

马建梅：《周代中原地区祭祀遗址研究》

指导老师：任相宏

王　迪：《新石器时代至青铜时代山东地区纺轮浅析》

徐　波：《山东地区西周陶器编年问题再认识》

乔卓俊：《两周时期中原棺饰研究》

指导老师：方　辉

专业方向：汉唐考古

亓　浩：《汉代印章研究》

指导老师：任相宏

专业方向：植物考古

赵　敏：《山东省即墨北阡遗址炭化植物遗存研究》

指导老师：靳桂云

专业方向：环境考古

王良智：《西金城遗址环境考古研究》

指导老师：王　青

专业方向：博物馆学

杨海燕：《中西方博物馆比较研究》

指导老师：于海广

专业方向：文化遗产保护

杨　鑫：《山东棒子艺术的传承与保护研究》

指导老师：于海广

西北大学文博学院

专业方向：新石器时代考古

何抚顺：《河套地区新石器时代环境考古学初步研究》

指导教师：张宏彦

胡望林：《察汉乌苏墓地察吾乎文化遗存及相关问题探析》

邵　晶：《试析浐灞流域新石器时代聚落演变》

朱忠华：《仰韶文化二次合葬及相关问题研究》

指导教师：钱耀鹏

郭　梦：《关中西部龙山时代制陶工艺研究》

徐沂蒙：《宗日墓地分析》

指导教师：陈洪海

专业方向：商周考古
刘　牧：《早期秦文化青铜礼器分期及相关问题研究》
李　瑗：《马家塬战国墓地及其文化性质》
指导教师：赵丛苍

专业方向：秦汉考古
曹　龙：《西汉帝陵陪葬制度初探》
孙伟刚：《临潼新丰秦墓研究》
指导教师：王建新

专业方向：隋唐考古
王　山：《中国境内发现的粟特人墓葬相关问题》
于　飞：《隋唐花草镜的初步研究》
程　婷：《唐墓出土塔式罐研究》
指导教师：王维坤

专业方向：隋唐考古
马晓玲：《北朝—隋唐时期墓葬屏风壁画的初步研究》
张　桢：《入华胡人的石质葬具》
指导教师：罗　丰　冉万里

专业方向：文化遗产保护规划研究
姚　迪：《遗址保护规划编制过程中遗址地居民知情权与参与权研究》
齐　敏：《中国大陆社会力量介入文化遗产事业管理经营问题初探》
指导教师：赵　荣　王建新

专业方向：文物保护
王　璞：《壁画修补用灰膏材料加工工艺与使用性能研究》
张　蜓：《辽金时期弧形连砖揭取墓葬壁画的支撑保护体系研究》
指导教师：刘　成

四川大学历史文化学院考古学系

专业方向：史前考古
赵　兰：《中国大陆地区出土新石器时代玉（石）玦的初步研究》
指导教师：李永宪

专业方向：汉唐考古
付兵兵：《敦煌佛爷庙湾魏晋十六国墓葬出土斗瓶研究》
龚扬民：《河西地区魏晋十六国墓外来文化因素分析》
指导教师：白　彬
朱连华：《成都平原秦到西汉墓葬研究》
田　甜：《岷江上游石棺葬研究》
指导教师：霍　巍
刘金兰：《广西汉墓初步研究》
房　振：《山东地区中小型汉墓初步研究》
郭　阳：《关中地区中小型汉墓研究》
指导教师：黄　伟

专业方向：西南考古
赵劲松：《金沙遗址商周遗存的分期研究——以国土局5号地块C标段为中心》
指导教师：黄　伟

专业方向：美术考古
吴　萌：《四川地区汉代画像石棺图像研究》
指导教师：李永宪

南京大学历史系考古学与博物馆学专业

专业方向：青铜时代考古
张义中：《安徽六安东郊啤酒厂战国~汉墓的考古学研究》
周金凤：《新疆伊犁地区公元前一千纪墓葬研究》
指导教师：水　涛

专业方向：战国秦汉考古
高　杰：《漆器和骨签铭文所见汉代地方工官研究》
指导教师：黄建秋
许志强：《川西平原地区汉墓初步研究》
指导教师：刘兴林

专业方向：六朝考古
邓玮光：《走马楼简牍初探》
指导教师：张学锋

专业方向：佛教考古
符永利：《南京栖霞山南朝石窟之考古调查及初步研究》
指导教师：贺云翱

专业方向：古文字
杜小钰：《中国古代早期床榻名物礼俗研究》
指导教师：周　言

厦门大学人文学院历史系考古学专业

专业方向：海洋考古
赖珊珊：《从定海湾沉船看闽江下游的海洋文化》
指导教师：吴春明

专业方向：东南区考古
钟慧娟：《闽江流域文明起源进程中的多元文化因素》
程　玲：《先秦时期岭南社会的复杂化进程》
黄韵璋：《环珠江口玦饰制作工艺探讨——以香港白芒遗址为例》
指导教师：吴春明

专业方向：民族考古
王庆华：《清代采风民族志中台湾“熟番”的社会文化》
指导教师：吴春明

中山大学社会学与人类学学院人类学系

专业方向：考古学及博物馆学
潘　昳：《四川地区汉代有翼图像初探》
黄玉洁：《岭南地区六朝墓葬出土青瓷器研究》
指导教师：刘文锁
张　希：《环珠江口地区史前沙丘遗址与环境的互动》
罗祎玑：《吴城文化的谱系研究》
指导教师：许永杰
刘　睿：《北朝道教造像研究》
指导教师：姚崇新
李　珩：《梅县客家围龙屋的文化遗产研究》
程小锋：《文化遗产视角下的广州光孝寺研究》

朱明敏：《广州老城区文化遗产保护与利用研究》
指导教师：郭立新

郑州大学历史学院考古学系

专业方向：新石器考古
曹艳朋：《陶寺文化研究》
指导教师：靳松安

专业方向：夏商周考古
郑璐璐：《论夏代手工业》
张文英：《试论东夷文化在中原地区的传播》
齐　磊：《夏代早期都城变迁研究》
张丽敏：《论西周时期民族迁徙》
鲍颖建：《郑韩故城军事防御体系研究》
尤　悦：《商文化划分阶段研究》
指导教师：张国硕

专业方向：秦汉考古
燕　睿：《唐河冯君孺人画像石及相关问题研究》
乔　军：《河南商丘汉画像石研究》
渠　超：《许昌汉画像石及相关问题研究》
程　浩：《南阳地区汉代画像石墓的初步研究》
徐　征：《西北地区出土汉代铜镜初步研究》
席奇峰：《两京地区汉墓壁画研究》
指导教师：韩国河

专业方向：隋唐考古
郭清章：《北方地区隋唐墓葬研究》
指导教师：李　锋

专业方向：宋元考古
侯新佳：《蒙元墓葬研究》
指导教师：陈朝云

武汉大学历史学院考古与博物馆学系

专业方向：商周考古
李　扬：《郧县辽瓦店子遗址西周晚期至东周时期出土陶器研究》
董　萌：《郧县辽瓦店子遗址龙山时代晚期～二里头文化早期遗存初步研究》
指导教师：王　然

专业方向：宋元及瓷器考古
宋　博：《河南禹州阳翟故城遗址宋元时期遗存研究》
方昭远：《景德镇明代官窑青花瓷器分期研究》
指导教师：贺世伟

山西大学考古与博物馆学系

专业方向：史前考古
安瑞军：《华北旧新石器时代过渡阶段人类生计方式初探》
指导教师：石金鸣
王小娟：《垣曲上亳遗址陶器研究》
指导教师：宋建忠

专业方向：商周考古
乔文杰：《晋国青铜器纹饰研究（西周时期）》
指导教师：赵瑞民

专业方向：汉唐考古
徐国栋：《北魏平城时代砖瓦研究》
指导教师：张庆捷

专业方向：艺术考古
王　斌：《中国古代玉带饰研究》
指导教师：孔富安

专业方向：博物馆学
孙婉姝：《综合类博物馆民众教育功能研究》
指导教师：郎保利

复旦大学文物与博物馆学系

专业方向：考古学及博物馆学
孟　青：《良渚大遗址保护规划研究》
指导教师：高蒙河
魏　敏：《公众考古学与史前遗址信息阐释》
指导教师：陈　淳
任思蕴：《免费不免责——从免费开放谈如何提高我国博物馆经营》
李　林：《博物馆展览观众评估研究》
王焕丽：《博物馆教育项目的策划与实施》
指导教师：陆建松

专业方向：文物学
郑　卉：《上海里弄住宅营造技艺研究》
指导老师：杨志刚
赵金婕：《清代匾额文化研究——以江西与周边地区为例》
指导老师：胡志祥
李　冰：《明初官窑形态初考——龙泉窑与景德镇官窑的比较研究》
指导老师：刘朝晖

辽宁大学文博考古专业

专业方向：文博考古
王　闯：《三堂文化的命名与分期》
刘　冠：《从考古学角度看燕文化起源》
指导教师：张星德
贺一鸣：《论高校博物馆的教育功能》
雷　明：《中原地区汉代墓葬出土玉器分期及演变》
指导教师：王秋华

2009 年毕业的博士研究生

北京大学考古文博学院

专业方向：新石器时代考古
燕生东：《渤海南岸地区商周时期盐业考古研究》
指导教师：赵　辉

专业方向：夏商周考古
马　赛：《聚落与社会——商周时期周原遗址的考古学研究》
指导教师：徐天进
朴载福：《中国先秦时期的卜法研究——从考古资料探讨卜用甲骨的特征与内

容》

闫　志：《西周青铜器赏赐铭文研究》

指导教师：刘　绪

专业方向：战国秦汉考古

袁艳玲：《长江流域东周青铜器研究——以楚系青铜器为中心》

指导教师：高崇文

专业方向：汉唐考古

倪润安：《从拓跋到北魏的考古学研究——以墓葬为中心》

沈睿文：《魏晋南北朝士家大族墓葬与社会变迁》

指导教师：齐东方

专业方向：宋元明考古

袁　泉：《蒙元时期中原北方地区墓葬研究》

指导教师：秦大树

专业方向：陶瓷考古

孟原召：《闽南地区宋至清代制瓷手工业遗存研究》

指导教师：权奎山

专业方向：中外文化交流考古

筱原典生：《图木舒克——2～8世纪古城和佛寺兴衰及东西文化交流》

马　健：《匈奴葬仪的考古学探索——兼论欧亚草原东部文化交流》

指导教师：林梅村

专业方向：中国古代建筑

庞　玥：《中国历史文化名城保护——以中原北方地区历史文化名城为例》

指导教师：徐苹芳

吉林大学文学院考古及博物馆系

专业方向：旧石器时代考古

李有骞：《黑龙江流域及东临地区旧石器工业研究》

指导教师：陈全家　冯恩学

专业方向：新石器时代考古

杨占风：《鸭绿江、图们江及乌苏里江流域的新石器文化研究》

指导教师：林　沄　赵宾福

陈　苇：《甘青地区与西南山地先秦时期考古文化及互动关系》

指导教师：李伊萍

专业方向：商周考古

张礼艳：《丰镐地区西周墓葬研究》

指导教师：王立新

专业方向：战国秦汉考古

余　静：《中国南方地区两汉墓葬研究》

宋　蓉：《汉代郡国分制的考古学观察——以关东地区汉代墓葬为中心》

指导教师：滕铭予

专业方向：魏晋隋唐考古

王　乐：《中国境内渤海陶器研究》

赵俊杰：《4~7世纪大同江、载宁江流域封土石室墓研究》
指导教师：魏存成

专业方向：体质人类学与旧石器时代考古
方　启：《吉林省东部地区黑曜岩石器微痕研究》
指导教师：朱　泓　陈全家

专业方向：体质人类学
陈　山：《喇嘛洞墓地三燕文化居民人骨研究》
魏　东：《新疆哈密地区青铜~早期铁器时代居民人种学研究》
指导教师：朱　泓
赵　欣：《辽西地区先秦时期居民的体质人类学与分子考古学研究》
指导教师：朱　泓　周　慧

专业方向：中国北方青铜时代考古
韩金秋：《夏商西周时期中原文化中的北方文化因素研究》
指导教师：杨建华

专业方向：中国北方先秦两汉考古
唐　淼：《长白山地及其延伸地带青铜时代墓葬研究》
指导教师：朱永刚

专业方向：博物馆学
阿里克：《博物馆学理论和原则的研究》
指导教师：杨建华　吕　军　张文立

山东大学历史文化学院考古系

研究方向：新石器时代考古
史本恒：《胶东半岛中全新世人类对环境的文化适应》
指导老师：栾丰实

四川大学历史文化学院考古学系

专业方向：汉唐考古
霍宏伟：《隋唐东都城空间布局之嬗变》
指导教师：霍　巍

南京大学历史系考古学与博物馆学专业

专业方向：新石器时代考古
郭　明：《辽西地区以筒形罐为特征的考古学文化研究》
指导教师：黄建秋

专业方向：青铜时代考古
宋亦箫：《新疆东部的青铜时代——以考古学为主要手段的早期东西交流探索》
赵东升：《论青铜时代江淮、鄂东南和赣鄱地区的文化格局及其与夏商西周文化的互动关系》
徐　燕：《峡江地区夏商西周时期的文化与经济形态研究》
指导教师：水　涛

专业方向：汉唐考古
刘卫鹏：《关中地区魏晋十六国北朝墓葬研究》
指导教师：张学锋

厦门大学人文学院历史系考古学专业

专业方向：考古人类学

彭维斌：《中国东南民间信仰的土著性》

指导教师：吴春明

熊　寰：《中日瓷器装饰比较研究——以17世纪初至19世纪中叶景德镇与肥前瓷器为例》

指导教师：刘　毅

郑州大学历史学院考古学系

专业方向：秦汉考古

张翔宇：《西安地区汉代墓葬研究》

徐　蕊：《汉代服饰的考古学研究》

指导教师：韩国河

复旦大学文物与博物馆学系

专业方向：考古学及博物馆学

王运良：《中国“文物保护单位”制度研究》

指导教师：杨志刚

南开大学历史学院文物与博物馆学系

专业方向：中国古代陶瓷器研究

臧天杰：《陶瓷堆塑瓶（罐）类明器综合研究》

专业方向：文物学

黄明玉：《文化遗产的价值评估及记录建档》

指导教师：蔡达峰

补　遗

2007年毕业的本科生人数

南开大学历史学院文物与博物馆学系　考古学及博物馆学专业　16人

2007年毕业的硕士研究生

南开大学历史学院文物与博物馆学系

专业方向：古器物与古文字研究

李　君：《盘龙城出土青铜容器研究》

指导教师：贾洪波

杨学晨：《唐代镇墓兽研究》

刘　庆：《宋、金、元时期磁州窑瓷枕纹饰的美学研究》

陈　扬：《宋德寿宫遗址出土瓷器研究》

指导教师：刘　毅

杨　昆：《明中叶吴中地区文人诗画郊游考》

李　娟：《明末版画的视觉文化研究——以〈程氏墨苑〉为例》

指导教师：郭长虹

专业方向：理论博物馆学

刘　迪：《博物馆时空研究》

白黎璠：《中国省级博物馆发展研究》

指导教师：黄春雨

2007 年毕业的博士研究生

南开大学历史学院文物与博物馆学系

专业方向：艺术史

李莉娜：《明清木刻版画之和谐思想研究》

张淑娴：《少许胜多许——明清文人园林与明清文人审美裁判》

刘　华：《论文人画的内圣境界——士大夫与画学研究》

指导教师：范　曾

专业方向：古器物与古文字研究

杨文胜：《东周随葬青铜礼乐器制度研究》

指导教师：朱凤瀚

专业方向：古代陵寝制度研究

李敏行：《元代墓葬装饰研究》

指导教师：刘　毅　李治安

本年逝世的考古学家

宋伯胤

顾　贺

宋伯胤，1921年6月出生，曾用名微明，籍贯陕西耀县。1948年7月毕业于北京大学历史系。历任南京博物院设计组组长、陈列部副主任、民族民俗部副主任、研究室及保管部主任，南京博物院副院长，中国考古学会第一届理事，中国博物馆学会第一、二届理事，中国古陶瓷学会第一、二、三届理事，江苏省博物馆学会副会长、名誉会长以及中国硅酸盐学会、海外交通史学会、中国计时仪器史学会理事。当选江苏省第二、三、四届政协委员，任省政协文化组副组长。曾在南京大学、陕西师范大学、杭州大学、江西师范大学、厦门大学等高校讲授博物馆学，任厦门大学兼职教授。任深圳青瓷博物馆高级顾问，法门寺博物馆、耀州窑博物馆、秦始皇兵马俑博物馆特约研究员，中国茶叶博物馆、中国硅酸盐学会顾问。1993年起享受国务院发放的政府特殊津贴。2000年10月起享受有成就的老专家、老艺术家的特殊津贴。2009年6月13日，宋伯胤被文化部、国家文物局授予“中国文物、博物馆事业杰出人物”荣誉称号。2009年11月20日，在江苏南京逝世，享年88岁。

宋先生在民族学、考古学、博物馆学、古代陶瓷研究等学科领域均颇有建树。他认为“治历史文物必须与文献学、考古学结合”；学者应该“走出博物馆、研究所去接触实物，以物证史”。

先生早年参加了多项民族文物调查和田野考古发掘工作。1950 年 7 月，受国家文物局选派，随中央西南访问团赴云南大理、丽江等专区作首次民族情况调查。1951 年调查剑川石窟，被公认为是“剑川石窟研究的奠基人和开拓者”，他的《剑川石窟》一书至今仍是了解、研究剑川石窟的必读之作。因他的努力，石窟得以列为国家重点文物保护单位。1959 年随中央文化部西藏文物调查工作组调查西藏民族文物情况。1959 年从事苏州丝织业、造钟业和苏州公所等有关民族手工业和手工业组织的调查；同年受国家文物局委派赴苏联调查民族工作。1974 年赴墨西哥等地开展民族及民族学博物馆考察研究。

1950 年参与对南唐二陵的第二次调查，为南唐二陵的发现和保护做出过贡献；1951 年秋，参加了夏鼐主持的对湖南长沙城北伍家岭、小吴门外的陈家大山和袁家岭、城东五里牌外的杨家山和徐家湾、浏阳门外的识字岭等地战国楚墓和汉代墓葬的调查发掘。其后参加了对江苏境内六朝陵墓、窨子山、新沂花厅村新石器遗址以及山东蓝村和官村的考古调查和发掘。1954 年受华东文化局派遣赴福建进行考古勘查、保护、试掘工作，对泉州有关中西交通史的建筑石刻，德化、泉州、仙游、南安、同安、连江、达阳等地唐、宋、明、清古瓷窑址遗存进行了调查；在福州对昙石山新石器时代遗址进行了试掘。

作为老一辈博物馆学家，宋先生几十年来在室内整理、保管、陈列展览、宣传教育、科学研究等方面积累了极为丰富的工作经验。他曾先后参与山东省地志类博物馆、南通纺织博物馆、苏州丝绸博物馆、耀州窑博物馆等馆舍的筹建和陈列设计工作。先后主持参与“中国历史文物陈列”、“江苏历史陈列”等重大展览的总体设计；20 世纪 80 年代初，担任南博保管部主任期间，独创博物馆藏品“四部四项分类法”，于国内外产生了较大影响。

宋先生早年曾师从向达、王重民、裴文中等大家，在历史学、考古学、目录学、美术史等方面具有坚实广博的专业知识。他治学严谨，至耄耋之年仍笔耕不辍，出版《剑川石窟》、《明泾阳王徵先生年谱》、《紫砂苑学步》、《博物馆历史文选》、《茶具》（走向世界珍宝丛书之一）、《博物馆人丛语·宋伯胤博物馆学论著选》、《宋伯胤说陶瓷》（名家说上古学术萃编之一）、《品味清香——茶具》、

《枕林拾遗》等11部专著，合著3部。发表《记剑川石窟》、《苏州丝织手工业历史调查》、《苏州清代公所调查》、《论博物馆藏品分类——兼述四部四项分类法》、《关于博物馆管理的思考》、《论陈列的本质》、《中国博物馆的历史足迹》、《从汉画石探索汉代的织机构造》、《建窑调查记》、《我国瓷器渊源略论稿》、《瓷秘色：唐文化的实物证言》、《对紫砂陶器的历史考查》、《唐代茶文化理念的断想》等调查报告和学术论文276篇，内容涉及民族民俗学、考古调查与考古学文化、博物馆学、石窟造像与石雕刻、古陶瓷、砖画与画像石、南京史志和茶文化诸多研究领域。

宋伯胤先生一生埋首于博物馆事业，“在踏踏实实的工作中获得真知”。他谦和率直的为人处世方式，勤勉严谨的治学态度，执着探索的学术精神令人钦佩。他为促进我国博物馆事业发展做出的贡献，以及在历史学、民族学、考古学、古陶瓷研究等学术研究领域多方面的成就，永远令人景仰。

考古学文献资料目录

中国社会科学院考古研究所
考古资料信息中心

考古学书目

壹 总类

一 考古学通论

中国考古60年：1949～2009（辉煌历程：庆祝新中国成立60周年重点书系） 国家文物局主编 文物出版社 2009年9月 631页 插图1021幅 16开

本书体例同1979年版《文物考古工作三十年》和1991年版《文物考古工作十年》。首先综述60年来中国考古成就，再按行政区划分述各省、市、自治区和特别行政区60年来的考古发现和考古历程。

早期中国：中华文明起源（首都博物馆书库，丁种第20部） 中华人民共和国科学技术部、国家文物局编 文物出版社 2009年9月 175页 插图288幅 16开

考古学：发现我们的过去（第三版）（美）罗伯特·沙雷尔（Robert J. Sharer）、温迪·阿什莫尔（Wendy Ashmore）著 余西云等译 上海人民出版社 2009年1月 565页 插图259幅 16开

译自 *Archaeology: Discovering Our Past*。论述西方考古学发展的渊源、研究流程、研究技术和方法，以及理论模式。

追寻人类的过去：解释考古材料（上海三联人文经典书库）（美）路易斯·宾福德（Louis Binford）著 陈胜前译 上海三联书店 2009年3月 305页 插图147幅 32开

译自 *In pursuit of the past : decoding the archaeological record*。

民族考古学实践（中山大学人类学系

考古学译丛） （美）尼古拉斯·戴维（Nicholas David）、卡罗·克拉莫（Carol Kramer）著 郭立新等译 岳麓书社 2009 年 9 月 552 页 插图 99 幅 32 开

译自 *Ethnoarchaeology in action*。

民族考古学概论 王恒杰、张雪慧著 福建人民出版社 2009 年 3 月 353 页 插图 44 幅 彩版 2 页 16 开

中央民族大学出版社 1999 年版《民族考古学基础》的增订版。补入田野发掘和民族考古学研究的新资料，增加“理论方法”一章。

考古学研究入门（历史学研究入门丛书） 陈淳著 北京大学出版社 2009 年 8 月 314 页 16 开

金石录（齐鲁文化经典文库）（宋）赵明诚著 刘晓东、崔燕南点校 齐鲁书社 2009 年 4 月 259 页 16 开

中国金石学概论 马衡著 时代文艺出版社 2009 年 7 月 287 页 插图 277 幅 16 开

中国考古通论 张之恒主编 南京大学出版社 2009 年 10 月 584 页 彩版 21 幅 插图 296 幅 16 开

1999 年版《中国考古学通论》的增订版。

北京考古发现与研究（1949～2009） 宋大川主编 科学出版社 2009 年 9 月 2 册 488 页 插图 636 幅 16 开

河北考古重要发现（1949～2009） 河北省文物研究所编著 科学出版社 2009 年 12 月 序、目录 14 页 文 359 页 插图 582 幅 16 开

本文收录文章及简报 95 篇，编为旧石器时代考古、新石器时代考古、夏商周考古、秦汉考古、魏晋北朝考古、隋唐五代考古、宋辽金元明考古七部分。

千古探秘：考古与发现（首都博物馆书库，丁种第十八部） 首都博物馆编 中华书局 2009 年 8 月 序、目录 18 页 291 页 插图 359 幅 附图 272 幅 16 开

本书配合“千古探秘”展览，选取涉及遗址考古、墓葬考古、科技考古、新疆考古内容的文章 24 篇。附录：展品索引，1998～2008 考古十大发现。

发现中国：2008 年 100 个重要考古新发现 中国文物报社编 学苑出版社 2009 年 10 月 427 页 插图 541 幅 16 开

中国西北科学考查团综论（中国西北科学考查团科学考察活动综合研究丛书） 罗桂环著 中国科学技术出版社 2009 年 1 月 278 页 插图 57 幅 32 开

中国西北科学考查团专论（中国西北科学考查团科学考察活动综合研究丛书） 张九辰、徐凤先、李新伟等著 中国科学技术出版社 2009 年 5 月 197 页 插图 14 幅 32 开

从紫禁城到楼兰：斯文·赫定最后一次沙漠探险 （瑞典）斯文·赫定著 王鸣野译 吉林出版集团 2009 年 11 月 281 页 照片 19 幅 16 开

译自 *Across the Gobi Desert*。

留学生与中国考古学（中国学科现代转型丛书） 徐玲著 南开大学出版社 2009 年 5 月 365 页 32 开

20 世纪中国考古学史研究论丛 陈星

灿著　文物出版社　2009年10月　241页　16开

中国古代国家起源与形成研究　沈长云、张渭莲著　人民出版社　2009年4月　347页　插图34幅　16开

本书运用历史学与考古学相结合的方法，理论与史实相结合，探究中国古代国家文明起源的问题，李学勤作序。

峡江地区考古学文化的互动与诸要素的适应性研究（长江三峡文物保护项目报告，戊种第一号）　水涛、吴宏堂、郑应发著　科学出版社　2009年6月　399页　插图67幅　大16开

本书对四川宜宾至湖北宜昌的长江干流及主要支流所覆盖地区的早期文化遗存进行梳理考察，对区域历史、考古学文化的发现与研究以及环境、资源、交通、地缘等与考古学文化间的内在关系做比较研究。

郭沫若考古文论　陈仕益著　巴蜀书社　2009年5月　428页　32开

本书是对《郭沫若全集·考古编》的研究，分为"史料整理"、"古史研究"和"史学理论"三编。

考古发现与华夏文明　张童心、吕建昌、曹峻编著　上海大学出版社　2009年8月　390页　插图42幅　32开

中国墓葬史　张学锋编著　广陵书社　2009年4月　全二册　598页　插图509幅　16开

洛阳古墓图说（洛阳文物考古书系）　余黎星、缪韵、余扶危编著　国家图书馆出版社　2009年9月　515页　插图414幅　16开

本书介绍洛阳地区新石器时代至明代古墓的基本情况和形制特点。

中国悬棺研究：中国悬棺问题的理论与实践　陆敬严著　同济大学出版社　2009年8月　345页　插图119幅　16开

河南考古研究　杨育彬、孙广清著　文心出版社　2009年9月　496页　插图90幅　16开

忻州考古研究　郭俊卿著　中国社会出版社　2009年7月　266页　插图106幅　16开

走进辽河文明　辽宁省博物馆编　辽宁人民出版社　2009年10月　219页　插图147幅　16开

广东文物考古三十年　广东省文物局、广东省文物考古研究所、广州市文物考古研究所、深圳市文物考古鉴定所编　暨南大学出版社　2009年8月　608页　插图953幅　彩图34幅　图版15幅　16开

本书收集广东地区1978~2008年间发表的考古调查及发掘报告69篇，著有广东省文物考古调查发掘简报、报告目录（1978~2008）。

补　遗

中国古代文明的起源与进程　李民著　线装书局　2008年3月　335页　16开

二　考古学方法

田野考古工作规程　国家文物局编　文物出版社　2009年4月　66页　32开

三　论文集

浙江省文物考古研究所学刊（第九

辑）：纪念浙江省文物考古研究所成立三十周年论文集　浙江省文物考古研究所编　科学出版社　2009年10月　610页　插图392幅　附图8幅　16开

成都考古研究（一）　成都文物考古研究所编著　科学出版社　2009年1月　全二册　723页　插图290幅　大16开

文物研究（第16辑）　安徽省文物考古研究所编　黄山书社　2009年9月　文349页　插图279幅　彩版5页　16开

沈阳考古文集（第2集）　沈阳市文物考古研究所编　科学出版社　2009年12月　252页　插图214幅　彩版4页　图版32页　16开

湖南考古辑刊（第8集）　湖南省文物考古研究所编　岳麓书社　2009年12月　323页　插图181幅　图版23幅　16开

鹿鸣集：李济先生发掘西阴遗址八十周年·山西省考古研究所侯马工作站五十周年纪念文集　山西省考古研究所、山西省考古学会编　科学出版社　2009年12月　461页　插图182幅　照片20幅　16开

而立集：山西大学考古专业成立30周年纪念文集　朗保利主编　科学出版社　2009年11月　417页　插图253幅　16开

边疆考古研究（第8辑）　吉林大学边疆考古研究中心编　科学出版社　2009年12月　395页　插图178幅　彩版4页　图版6页　16开

东方考古（第6集）　山东大学东方考古研究中心编　科学出版社　2009年12月　435页　插图213幅　彩版8页　图版16页　16开

西部考古（第四辑）　西北大学文化遗产与考古学研究中心编　三秦出版社　2009年12月　342页　插图135幅　16开

北京历史文化论丛·第二辑（北京文物与考古系列丛书）　宋大川主编　北京燕山出版社　2009年5月　385页　插图121幅　16开

北京历史文化论丛·第三辑（北京文物与考古系列丛书）　宋大川主编　北京燕山出版社　2009年5月　302页　插图95幅　16开

故宫学刊（总第四辑）　故宫博物院编　李文儒主编　紫禁城出版社　2009年3月　575页　插图288幅　16开

湖南省博物馆馆刊（第五辑）　陈建明主编　岳麓书社　2009年4月　633页　彩图106幅　16开

广州博物馆建馆八十周年文集（镇海楼论稿之二）　广州博物馆编　程存洁主编　文物出版社　2009年5月　文418页　插图93幅　彩版12页　16开

长江文明（第三辑）　重庆中国三峡博物馆编　光明日报出版社　2009年6月　124页　插图65幅　16开

陕西历史博物馆馆刊（第16辑）　成建正主编　三秦出版社　2009年11月　347页　照片6幅　插图94页　彩版插页4页　16开

辽宁省博物馆馆刊（2009）　辽宁省博物馆编　辽海出版社　2009年12月　570页　插图254幅　16开

潜德幽光：高去寻院士百岁冥诞纪念集　陈光祖、丁瑞茂编辑　中研院历史语言研究所　2009年12月

95 页 图版 19 幅 照片 86 幅 16 开

俞伟超先生纪念文集：学术卷 北京大学考古文博学院、中国国家博物馆编 文物出版社 2009 年 6 月 459 页 16 开

俞伟超先生纪念文集：怀念卷 中国国家博物馆、北京大学考古文博学院编 文物出版社 2009 年 6 月 253 页 图版 16 页 16 开

新果集：庆祝林沄先生七十华诞论文集 吉林大学边疆考古研究中心编 科学出版社 2009 年 1 月 文 732 页 插图 299 幅 照片 24 页 16 开

曾昭燏文集：考古卷（南京博物院学人丛书） 南京博物院编 文物出版社 2009 年 10 月 468 页 插图 180 幅 照片 14 幅 16 开

苏秉琦文集（二） 苏秉琦著 文物出版社 2009 年 9 月 376 页 照片 5 幅 插图 97 幅 16 开

苏秉琦文集（三） 苏秉琦著 文物出版社 2009 年 9 月 361 页 照片 2 幅 插图 88 幅 16 开

尹焕章文集：考古卷（南京博物院学人丛书） 南京博物院编 文物出版社 2009 年 10 月 517 页 照片 17 幅 图版 30 幅 插图 212 幅 16 开

李文信考古文集（增订本） 李文信著 辽宁人民出版社 2009 年 9 月 916 页 照片 30 幅 插图 310 幅 图版 53 页 16 开

牟永抗考古学文集（浙江省文物考古研究所学者文库） 牟永抗著 科学出版社 2009 年 1 月 728 页 插图 221 幅 照片 16 页 16 开

桂岭考古论文集（广西文物考古研究所学术丛书之二） 蒋廷瑜著 科学出版社 2009 年 8 月 363 页 插图 257 幅 16 开

中研院历史语言研究所集刊论文类编：考古编 中华书局编辑部编 影印本 中华书局 2009 年 文 4857 页 5 册 图版 774 幅 16 开

中国南方考古与百越民族研究 彭适凡著 科学出版社 2009 年 1 月 244 页 插图 51 幅 16 开

该书将作者 1976～2006 年撰写的有关江西和南方其他地区先秦考古学和百越民族史方面的 30 篇文章结集成册。

边疆民族考古与民族考古学集刊（第一集） 中山大学人类学系、中国社会科学院边疆考古研究中心编 文物出版社 2009 年 11 月 321 页 插图 105 幅 16 开

本集共设欧亚草原与东北亚民族考古、华南与西南民族考古、古代民族考古、民族考古学历史与理论、民族志与考古学等六个专题，收录文章 24 篇。

补遗

中国考古人类学百年文选（百年中国人类学民族学文库） 王仁湘主编 知识产权出版社 2008 年 5 月 551 页 插图 105 幅 32 开

林沄学术文集（二） 林沄著 科学出版社 2008 年 12 月 302 页 插图 76 幅 16 开

东方考古（第 5 集） 山东大学东方考古研究中心编 科学出版社 2008 年 12 月 文 464 页 插图 287 幅 图版 8 页 16 开

辽宁省博物馆学术论文集（第三辑：

1999～2008） 辽宁省博物馆编 辽海出版社 2008年11月 全四册 2875页 插图822幅 16开

辽宁省博物馆馆刊（第3辑） 辽宁省博物馆编 辽海出版社 2008年11月 822页 彩版8页 插图467幅 16开

中国东南民族考古文选 吴绵吉著 香港中文大学中国考古艺术研究中心 2007年 304页 图版8页 插图93幅 16开

本文集收录著者论文34篇，分为百越综论、吴越考古、闽台文化三部分。

四 历史图谱、博物馆陈列说明和藏品图录

文物史前史：彩色图文本（文物中国史） 中国国家博物馆（李季、安家瑗、孙其刚）编 中华书局 2009年1月 206页 插图163幅 32开

文物夏商周史：彩色图文本（文物中国史） 中国国家博物馆（李维明）编 中华书局 2009年1月 197页 插图234幅 32开

文物春秋战国史：彩色图文本（文物中国史） 中国国家博物馆（王冠英、韩钟）编 中华书局 2009年1月 231页 插图243幅 32开

文物秦汉史：彩色图文本（文物中国史） 中国国家博物馆（陈成军、王永红）编 中华书局 2009年1月 251页 插图308幅 32开

文物三国两晋南北朝史：彩色图文本（文物中国史） 中国国家博物馆（孙国璋、邵小萌）编 中华书局 2009年1月 195页 插图189幅 32开

文物隋唐史：彩色图文本（文物中国史） 中国国家博物馆（高世瑜、胡晓建、梁丰）编 中华书局 2009年1月 275页 插图309幅 32开

文物宋元史：彩色图文本（文物中国史） 中国国家博物馆（黄燕生、陈煜）编 中华书局 2009年1月 314页 插图286幅 32开

文物明清史：彩色图文本（文物中国史） 中国国家博物馆（苏生文、王芳、李雪梅）编 中华书局 2009年1月 275页 插图379幅 32开

广州历史陈列图册 广州博物馆编 文物出版社 2009年5月 328页 图版455幅 16开

秦汉—罗马文明展 中国国家文物局、意大利文化遗产与艺术活动部编 文物出版社 2009年7月 347页 彩版489组 16开

朔州崇福寺藏品精选 朔州崇福寺文物保管所编 文物出版社 2009年3月 262页 彩版236组 大16开

江阴文物精华（馆藏版） 江阴博物馆编著 文物出版社 2009年4月 285页 彩版252幅 大16开

四川博物院文物精品集 四川博物院编著 文物出版社 2009年5月 282页 彩版179幅 大16开

苏州博物馆藏瓷器 苏州博物馆编 文物出版社 2009年7月 197页 彩版153幅 16开

苏州博物馆藏工艺品 苏州博物馆编 文物出版社 2009年9月 211页 彩版163幅 16开

苏州博物馆藏出土文物　苏州博物馆编著　文物出版社　2009年10月　247页　彩版211幅　16开

嘉华天宝：嘉善县博物馆馆藏文物精选　嘉善县博物馆编　朱殷治主编　文物出版社　2009年7月　193页　彩版192幅　16开

聚珍荟宝（浙江省博物馆典藏大系）　浙江省博物馆编　浙江古籍出版社　2009年11月　206页　彩版303幅　16开

越地范金（浙江省博物馆典藏大系）　浙江省博物馆编　浙江古籍出版社　2009年11月　206页　彩版308幅　16开

双剑誃古器物图录（于省吾著作集）　于省吾著　中华书局　2009年4月　196页　图版210幅　16开

补遗

探索亚洲：故宫南院首部曲　林柏亭、蔡玫芬主编　（台北）故宫博物院　2008年3月　127页　插图115幅　16开

台北故宫博物院南院展览图录，展示亚洲的经典、佛教造像、纺织品、青花瓷、茶文化，以及西风东渐对文化和艺术的影响。

慈溪遗珍：慈溪市博物馆典藏选集　慈溪市博物馆编　上海辞书出版社　2008年6月　159页　彩版183组　插图6幅　16开

丝路传奇：新疆文物大展　（台北）历史博物馆编辑委员会编辑　（台北）历史博物馆　2008年12月　223页　插图40幅　图版176幅　16开

五　科技考古

文物科技研究（第六辑）　中国文化遗产研究院编　科学出版社　2009年4月　191页　插图149幅　图版36幅　16开

本辑收录论文24篇，涉及铁质文物、古代颜料、建筑彩绘、瓷器及石质文物的保护技术，其中12篇为"濒危馆藏壁画抢救保护工程——馆藏壁画保护综合研究"项目的成果。

艺术品中的铜和青铜：腐蚀产物、颜料、保护　（美）大卫·斯考特（David A. Scott）著　马清林、潘路等译　科学出版社　2009年1月　434页　插图39幅　图版90幅　16开

译自 *Copper and Bronze in Art：Corrosion，Colorants，Consevation*。作者从历史渊源、化学性质、矿物史及晶体结构诸方面对与铜有关的矿物及颜料进行归类，并根据自己的合成研究成果对文献中的铜盐的合成方法进行了修订。本书引用参考文献（1800至1999年的重要研究成果）200余篇。

剖面的剖面　杨钟健著　科学出版社　2009年1月　208页　插图17幅　32开

本书是作者1932年到1936年间在山西、河北、山东、广西、陕西、甘肃、四川各省进行地质调查、探寻古生物化石的科学游记。

^{14}C测年及科技考古论集　仇士华、蔡莲珍著　文物出版社　2009年7月　332页　插图82幅　16开

本文集收录著者论文43篇。

文物修复研究（第5辑）　国家文物局博物馆与社会文物司、中国文物

学会文物修复专业委员会编　民族出版社　2009年12月　462页　插图256幅　16开

本文集是第六、七两届全国文物修复技术研讨会的论文合集，收录论文97篇。论文内容为非物质文化遗产保护及古陶瓷修复等。

科技考古文集　袁靖著　文物出版社　2009年11月　386页　插图48幅　16开

本书收入作者文章39篇，分为动物考古、环境考古、科技考古、学术大家与科技考古五编。第五编列出作者自20世纪80年代以来的著述篇目。

宁夏古人类学研究报告集（宁夏文物考古研究所丛刊：15）　韩康信、谭婧泽著　科学出版社　2009年12月　文343页　插图28幅　图版46页　16开

本书收录论文18篇，是对宁夏境内考古出土的从新石器时代到历史时期大量古人遗骸的骨骼人类学研究文集。

补遗

科学的考古学　台湾史前文化博物馆编辑委员会编辑　2007年5月　39页　16开

分子考古学导论　蔡大伟主编　科学出版社　2008年12月　249页　插图150幅　大32开

本书介绍分子考古学的基本概念、理论原理、研究方法及国内外的主要研究方向和进展。

六　文化遗产调查、保护及法规文件

大遗址保护高峰论坛文集　国家文物局编　文物出版社　2009年2月　178页　插图67幅　32开

本文集是2008年10月国家文物局和陕西省人民政府在西安举办“大遗址保护高峰论坛”会议文集。

世界遗产论坛（三）：全球化背景下的中国世界遗产事业　南京大学文化与自然遗产研究所、明孝陵博物馆、南京文化遗产保护与利用研究汇编　科学出版社　2009年2月　445页　插图68幅　16开

2008年7月3～5日，由南京大学、明孝陵博物馆等单位承办的“第三届世界遗产论坛——全球化背景下的中国世界遗产事业”学术研讨会在中山陵园举办，会议论题分为世界遗产理论探讨篇、世界遗产地研究篇、世界遗产的教育与传播篇、世界遗产的保护与可持续开发篇、非物质文化遗产研究、全球化背景下的中国世界遗产事业，本书共收录此次会议论文74篇。

文化遗产研究集刊（第四辑）　复旦大学文物与博物馆学系、复旦大学文化遗产研究中心编　复旦大学出版社　2009年5月　302页　插图57幅　32开

西安大遗址保护　西安市文物局编著　向德主编　文物出版社　2009年1月　325页　插图199幅　图版151幅　彩版59页　16开

本书介绍了秦阿房宫前殿遗址、汉长安城遗址、唐大明宫遗址、西周丰镐等遗址的保护措施、现状及作用。

中国文化遗产事业法规文件汇编（1949～2009）　国家文物局编　文物出版社　2009年5月　2册

702页　16开

本书收录建国60年以来我国发布的文化遗产保护的重要文件235件，内容涉及珍贵文物图书、印刷品、古建筑、古墓葬及古遗址、古金银器、古动物化石、石窟寺、石刻文物等各类文化遗产的保护、出口鉴定标准、馆藏管理、博物馆涉外工作、安全保卫工作、文物普查等政策法规文件，并按发布时间顺序排列。

中原历史文化遗产可持续发展研究　王星光、贾兵强著　科学出版社　312页　插图26幅　16开

中华人民共和国文物保护行业标准：馆藏出土竹木漆器类文物保护修复档案记录规范　中华人民共和国国家文物局主编　文物出版社　2009年7月　9页　16开

中华人民共和国文物保护行业标准：石质文物保护修复档案记录规范　中华人民共和国国家文物局主编　文物出版社　2009年7月　9页　16开

中华人民共和国文物保护行业标准：馆藏金属文物保护修复档案记录规范　中华人民共和国国家文物局主编　文物出版社　2009年7月　9页　16开

中华人民共和国文物保护行业标准：馆藏丝织品病害与图示　中华人民共和国国家文物局主编　文物出版社　2009年7月　8页　插图15幅　16开

中华人民共和国文物保护行业标准：馆藏丝织品保护修复方案编写规范　中华人民共和国国家文物局主编　文物出版社　2009年7月　12页　16开

中华人民共和国文物保护行业标准：馆藏丝织品保护修复档案记录规范　中华人民共和国国家文物局主编　文物出版社　2009年7月　12页　16开

中华人民共和国文物保护行业标准：馆藏文物保存环境质量检测技术规范　中华人民共和国国家文物局主编　文物出版社　2009年7月　39页　16开

中华人民共和国文物保护行业标准：馆藏文物登录规范　中华人民共和国国家文物局主编　文物出版社　2009年7月　9页　16开

中华人民共和国文物保护行业标准：馆藏文物出入库规范　中华人民共和国国家文物局主编　文物出版社　2009年7月　6页　16开

中华人民共和国文物保护行业标准：馆藏文物展览点交规范　中华人民共和国国家文物局主编　文物出版社　2009年7月　3页　16开

中华人民共和国文物保护行业标准：文物藏品档案规范　中华人民共和国国家文物局主编　文物出版社　2009年7月　43页　16开

求索与守望：浙江省考古学会成立20周年暨历史纯真、街区保护利用学术研讨会论文集　浙江省考古学会编　科学出版社　2009年10月　243页　插图30幅　16开

浙江省文物保护工程设计案例与研究　浙江省文物考古研究所、浙江省古建筑设计研究院编著　李小宁主编　黄滋、黄斌副主编　科学出版社　2009年10月　270页　插图276幅

附图 122 幅　16 开

意大利文化与景观遗产法典　国家文物局编译　文物出版社　2009 年 9 月　287 页　16 开

文物进出境审核工作手册　国家文物局编　文物出版社　2009 年 9 月　169 页　16 开

三普人手记：第三次全国文物普查征文选集　国家文物局第三次全国文物普查办公室、中国文物报社编　文物出版社　2009 年 9 月　402 页　16 开

北京文物地图集　北京市文物局编　科学出版社　2009 年 7 月　2 册（421 页、443 页）　16 开

本书是以两次全国文物普查及北京市第三次文物普查为基础，对调查结果的整理和总结，包括北京的历史沿革、历次文物调查资料及考古发掘成果、不可移动文物的状况。

洛阳大遗址研究与保护　洛阳市文物管理局编著　文物出版社　2009 年 10 月　240 页　插图 222 幅　16 开

本书共 6 章：1. 二里头遗址 2. 偃师商城遗址 3. 洛阳东周王城遗址与韩都宜阳故城 4. 汉魏洛阳故城 5. 隋唐洛阳城遗址 6. 邙山陵墓群。

大足石刻保护　王金华主编　文物出版社　2009 年 10 月　225 页　彩版 110 幅　插图 120 幅　16 页

本书是对 20 世纪 50 年代初期至今近 60 年来大足石刻保护工作的总结，主要收集了 1980 年以后大足石刻的各项保护工程资料。

洛阳市第三次全国文物普查新发现　洛阳市文物管理局编著　文物出版社　2009 年 10 月　203 页　插图 503 幅　16 开

中国文物事业 60 年　国家文物局编　文物出版社　2009 年 12 月　708 页　插图 429 幅　16 开

本书是建国 60 年以来，中国在文物事业领域内专题成果的集中展示，包括文物法制工作、不可移动文物保护、考古事业、博物馆事业、社会文物管理、文物保护科技、文物对外交流与合作、文物保护经费保障和文物人才队伍建设等，并以各省为单位，详细介绍了各省文物事业的发展情况。

四川文化遗产：全国重点文物保护单位　四川省文物管理局编　文物出版社　2009 年 10 月　421 页　彩图 660 幅　16 开

全书分为古建筑、石窟寺及石刻、古遗址、古墓葬、近现代重要史迹及代表性建筑五部分，对四川省境内的 128 处 142 项全国文物保护单位的名称、时代、位置、概况等予以描述。

湖北文化遗产：全国重点文物保护单位　湖北省文物局编　文物出版社　2009 年 10 月　283 页　插图 449 幅　16 开

全书分为古建筑、石窟寺及石刻、古遗址、古墓葬、近现代重要史迹及代表性建筑五部分，对湖北省境内的 91 处全国重点文物保护单位的名称、时代、位置、概况等进行介绍。

赫哲族萨满文化遗存调查　黄任远、黄永刚著　民族出版社　2009 年 6 月　279 页　插图 93 幅　照片 11 幅　16 开

大明宫国家遗址公园规划篇：国家重点大遗址保护示范项目规划方案精

选　西安曲江大明宫遗址区保护改造办公室编　人民出版社　2009年10月　235页　16开

七　文物保护与修复

文物保护学　王蕙贞编著　文物出版社　2009年3月　624页　插图78幅　彩版66幅　大32开

本书共分16章，从文物保护学的基本概念入手，对陶瓷砖瓦、金属、石质、纸质、漆木竹器、纺织品、壁画彩绘泥塑、古代建筑、土遗址、影片照片及录音、考古发掘现场文物保护、博物馆环境，以及皮革、尸体、骨角质类等各类文物保护方法逐章分析，并对如何将现代分析技术应用到文物保护以及文物保护技术实验室做了具体介绍。

中国文物保护与修复技术　中国文化遗产研究院编　黄克忠、马清林主编　科学出版社　2009年1月　787页　插图266幅　16开

本书较全面系统地总结了五十多年来中国文物保护与修复技术的演进和成果，其内容涉及大部分不可移动、各种质地文物的保护技术、分析测试技术以及保存环境。全书分为三篇：上篇为文物建筑及遗址保护技术研究；中篇为文物保护与修复技术研究；下篇为文物的分析检测及科技考古。另有附录1函：《明清官式古典建筑营造设计法》，7页。

文物保护工程典型案例（第二辑：山西专辑）　《文物保护工程典型案例》编委会编　科学出版社　2009年5月　285页　图版26幅　插图446幅　彩图16页　16开

本书汇集了山西省古建筑保护研究所近年设计的方案中挑选的寿阳普光寺、临猗妙道寺双塔、浑源永安寺、临猗临晋县衙、平顺九天圣母庙等八个典型案例，内容包括院、塔、县衙、桥梁、壁画的保护、维修、加固等，结为山西专辑。

武当山紫霄大殿维修工程与科研报告　湖北省文物局编著　祝笋、祝建华主编　文物出版社 2009年3月　147页　插图63幅　彩版139幅　大16开

中国—意大利合作洛阳山陕会馆保护与修复图说　姚洪峰、杨蔚青著　文物出版社　2009年3月　147页　插图185幅　16开

文物保护与修复的问题（第2卷）（意）马里奥·米凯利（Mario Michelie）、（中）詹长法主编　文物出版社　2009年7月　311页　插图847幅　16开

本书是中国与意大利合作文物保护修复培训一期项目的主要成果之一，收录项目内关于文物保护修复领域的文章89篇，分为青铜器和陶器保护与修复、考古现场保护、洛阳南市工地、洛阳山陕会馆修复工地、洛阳龙门石窟双窑洞修复工地五个部分。

文物保护与修复的问题（第3卷）（意）马里奥·米凯利（Mario Michelie）、（中）詹长法主编　文物出版社　2009年7月　311页　插图238幅　16开

本书完成于中意合作文物保护修复培训二期项目理论教学阶段结束后，收录论文59篇，分为纺织品保护与修复、纸张和卷轴画保护与

修复、壁画保护与修复、古建和遗址保护与修复四部分内容。

文物保护与修复的问题（第4卷） （意）马里奥·米凯利（Mario Michelie）、（中）詹长法主编 文物出版社 2009年7月 333页 插图504幅 16开

本书是中国与意大利合作文物保护修复培训二期的成果之一，收录论文52篇，分为纺织品保护与修复、纸张和卷轴画保护与修复、壁画保护与修复、古建和遗址保护与修复四部分内容。

博物馆纺织品文物保护技术手册（博物馆藏品保护丛书） 国家文物局博物馆与社会文物司主编 文物出版社 2009年7月 230页 彩版21幅 插图151幅 16开

首都博物馆馆藏纺织品保护研究报告 首都博物馆编 文物出版社 2009年9月 163页 插图298幅 16开

本书收录研究文章7篇，附录2种：字书文物的桑蚕单丝网·PVB加固技术；大庆寿寺及其出土文物。

天衣有缝：中国古代纺织品保护修复论文集 中国文化遗产研究院编 文物出版社 2009年9月 163页 彩版33幅 插图167幅 16开

本文集以2009年中国丝绸博物馆举办的《天衣有缝：中国纺织品文物修复保护成果展》为基础，组织的学术交流会文集，共收论文23篇。

文物保护规划案例（第一辑） 河南省古代建筑保护研究所编 科学出版社 2009年12月 323页 8开

补遗

古代丝织品的病害及其防治研究 奚三彩主编 赵丰副主编 河海大学出版社 2008年11月 300页 插图590幅 16开

本书分为十个专题：丝织品文物收藏及保护状况调研报告、古代丝织品无损或微损成套分析检测技术的应用、古代丝织品劣化机理的研究、脆弱古代丝织品的加固技术研究、古代丝织品清洗技术研究、出土丝织品揭展剂的研究、古代丝织品霉害及新型防霉剂的研究、丝制品的染料分析、古代丝织品修复技术及操作规范、古丝绸强度测定仪研究报告。

八 工具书

中国考古学年鉴（2008） 中国考古学会主编 文物出版社 2009年7月 684页 32开

故宫博物院年鉴（2008） 故宫博物院编 冯乃恩主编 紫禁城出版社 2009年6月 303页 插图311幅 16开

贰 田野考古资料

一 调查发掘报告

巴东李家湾（长江三峡工程文物保护项目报告，乙种第十三号） 湖北省文物考古研究所编著 冯小波主编 科学出版社 2009年1月 目录14页 文184页 插图167幅

插表 20 幅　彩版 20 页　图版 26 页　16 开
本报告公布了湖北省巴东县李家湾遗址 2001 年的田野发掘资料。

北京亦庄考古发掘报告：2003～2005 年（北京文物与考古系列丛书）
北京市文物研究所编著　2009 年 1 月　目录 15 页　文 352 页　插图 360 幅　彩版 80 页　16 开
本报告公布了 2003～2005 年对亦庄经济技术开发区内的部分地块考古勘探和发掘的资料，有战国至清代墓葬 210 座，窑址 4 座，古井 3 口，出土铜器等文物 700 余件。

平谷杜辛庄遗址（北京文物与考古系列丛书）　北京市文物研究所编著　科学出版社　2009 年 6 月　目录 10 页　文 176 页　插图 92 幅　彩版 28 页　图版 50 页　16 开
本报告公布了 2006 年至 2007 年对杜辛庄遗址发掘 1980 平方米的成果，有西汉至明代等不同时期墓葬、砖窑等遗迹 41 个，出土陶器、铜器、铁器等遗物 160 余件。附表 4 种；附录 2 种：北京地区汉代墓葬初步研究，汉代窑炉略论。

安徽繁昌人字洞：早期人类活动遗址（国家“九五”攀登专项“早期人类起源及环境背景的研究”系列专著之四）　金昌柱、刘金毅主编　科学出版社　2009 年 3 月　文 439 页　插图 140 幅　彩版 4 页　16 开
本报告公布了 1998～2001 年实施“早期人类起源及环境背景的研究”专项课题对安徽繁昌人字洞遗址进行 7 次发掘的成果。发现 200 多件骨制品，7000 件古脊椎动物化石。论述遗址的地质和地理概况，古动物化石，以及遗址的地质年代、古气候环境等。

小孤山：辽宁海城史前洞穴遗址综合研究　辽宁省文物考古研究所编著　黄慰文、傅仁义主编　科学出版社　2009 年 6 月　文 192 页　插图 89 幅　彩版 12 页　图版 4 页　16 开
小孤山遗址经过 1981 年试掘、1983 年正式发掘和 1990 年的短期发掘，出土一万余件石制品，以及骨角工具和垂饰。本报告内容涉及地理概况与地质环境、年代测定、哺乳动物化石、旧石器工业等方面。

三门峡南交口　河南省文物考古研究所编著　科学出版社　2009 年 6 月　目录 20 页　文 462 页　插图 219 幅　彩版 32 页　图版 44 页　16 开
本报告介绍了 1997 年起对三门峡南交口遗址和东周、汉代古墓葬三次抢救性发掘的发掘成果，发掘面积 1400 平方米，遗址包括仰韶文化遗存及少量二里头文化遗存。

小黑石沟：夏家店上层文化遗址发掘报告　内蒙古自治区文物考古研究所、宁城县辽中京博物馆编著　科学出版社　2009 年 3 月　目录 16 页　文 487 页　插图 352 幅　彩版 40 页　图版 16 页　大 16 开
本书公布了 1985、1992～1993、1998 年四次发掘赤峰市小黑石沟遗址 2300 平方米的成果。遗存包括少量的兴隆洼、赵宝沟、红山文化及较晚的春秋战国时期墓葬等，主体为夏家店上层文化。

高城墩（太湖西北部新石器时代考古报告，2）　南京博物院、江阴博物馆编著　文物出版社　2009 年 4 月　文 223 页　插图 145 幅　彩版

103页 大16开

本报告公布了1998年、1999～2000年发掘江阴高城墩遗址，发掘总面积为1100平方米的成果，发现灰坑4座，墓葬14座，祭台1座，出土玉器、石器、陶器等文物400件。

肇源白金宝：嫩江下游一处青铜时代遗址的揭示 黑龙江省文物考古研究所、吉林大学考古学系编著 张忠培主编 科学出版社 2009年5月 目录26页 文282页 插图181幅 彩版10页 图版106页 大16开

本书是1986年在肇源白金宝遗址第三次发掘的考古报告，揭示了夏商时期的小拉哈文化、晚商时期的白金宝二期文化、白金宝文化、汉书二期文化四种文化遗存。

荆州荆南寺 荆州博物馆编著 文物出版社 2009年6月 文261页 插图234幅 彩版8页 图版48页 16开

本报告公布了1984年至1992年先后10次发掘荆南寺遗址2905平方米的成果。

老龙头墓地与盐源青铜器 凉山彝族自治州博物馆、成都文物考古研究所编著 文物出版社 2009年4月 文223页 插图139幅 彩版40页 图版23页 16开

本报告公布了1999年及2001年发掘青藏高原南缘盐源老龙头墓地的成果，以及2007年前后征集的盐源地区流失的出土文物。

崇信于家湾周墓 甘肃省文物考古研究所编著 文物出版社 2009年1月 文224页 插图106幅 彩版12页 图版60页 16开

本报告公布1982年、1984年和1986年发掘138座先周、西周墓葬和6座马坑的资料。附表4种。附录7种：出土西周中期费昂斯珠研究，出土青铜器分析研究，出土玉器研究，出土人骨鉴定报告，出土先周时期青铜器，崇信赤城香山寺发现先周墓葬，崇信九功塬遗址。

鹤庆象眠山墓地（云南省文物考古研究所田野考古报告，第9号） 云南省文物考古研究所、大理白族自治州文物管理所、鹤庆县文物管理所编著 文物出版社 2009年1月 515页 插图230幅 彩版64页 图版40页 16开

本报告公布2004年发掘鹤庆象眠山2800余座墓葬的成果。附录：一、采集品；二、《鹤庆碑刻辑录》摘抄。

成都商业街船棺葬 成都市文物考古研究所编著 文物出版社 2009年5月 目录12页 文194页 插图138幅 彩图18幅 彩版68页 大16开

本报告公布2000年至2001年发掘蜀国船棺合葬大墓的成果。墓葬面积达600余平方米，现存9具大型楠木船棺及8具殉人的小型木棺。出土大型漆器、大量陶器以及少量青铜巴蜀式兵器。

成都十二桥 四川省文物考古研究院、成都文物考古研究所编著 文物出版社 2009年4月 文234页 插图158幅 图版77页 彩版20页 大16开

本报告公布1985年、1986年至1988年发掘十二桥遗址1800平方

米的成果。遗存分属三个时期：商周时期，战国至汉代时期，隋唐时期。

西安东汉墓　西安市文物保护考古所（程林泉、张翔宇、张小丽、王久刚）编著　文物出版社　2009 年 2 月　全二册　文 1123 页　插图 449 幅　彩版 40 页　图版 341 页　16 开

本报告是西安市文物保护考古所编著的继《西安龙首原汉墓》、《长安汉墓》系列报告之后的最后一部，包括东汉时代不同时期西安地区发现的 38 处汉代墓地的 98 座墓葬，同时也包括一些新莽时期至东汉初期的墓葬与曹魏时期墓葬。分为两编。

固原南塬汉唐墓地（宁夏文物考古研究所丛刊之十二）　宁夏文物考古研究所编　文物出版社　2009 年 1 月　文 155 页　插图 45 幅　彩版 40 页　16 开

本书介绍了 2003～2004 年对南塬地区两次发掘的详细资料，共勘探墓葬 49 座，发掘墓葬 43 座，其中汉墓 3 座，隋唐墓 40 座。

吴忠北郊北魏唐墓（宁夏文物考古研究所丛刊之十一）　宁夏文物考古研究所、吴忠市文物管理所编　文物出版社　2009 年 1 月　文 294 页　插图 131 幅　彩版 40 页　图版 56 页　16 开

本报告公布 2005 年、2006 年两次发掘吴忠北郊 123 座北魏唐墓的资料。北魏墓在宁夏北部属首次发现。

北京龙泉务辽金墓葬发掘报告（北京文物与考古系列丛书）　北京市文物研究所编著　科学出版社　2009 年 1 月　文 255 页　插图 152 幅　图版 82 幅　16 开

本报告公布 2005 年发掘龙泉务辽金时期 22 座平民墓葬的资料。

开城安西王府遗址勘探报告（宁夏文物考古研究所丛刊之十四）　宁夏文物考古研究所、固原市原州区文物管理所编著　科学出版社　2009 年 8 月　目录 13 页　文 309 页　插图 139 幅　彩版 52 页　16 开

本报告公布 2003 年、2005 年、2006 年对安西王府遗址进行考古勘探的资料，安西王府是元世祖忽必烈三子安西王忙哥剌在“六盘者”的避暑府邸。附录：1. 对开城安西王府遗址的认识：以王府宫城为中心；2. 蒙元时期六盘山区、安西王（府）大事年表。

圆明园长春园宫门区遗址发掘报告（北京文物与考古系列丛书）　北京市文物研究所编著　科学出版社　2009 年 1 月　117 页　插图 57 幅　彩版 72 页　16 开

本报告公布 2001 年、2003 年和 2004 年三次发掘长春园遗址的宫门区及澹怀堂遗址的成果。

水帘洞石窟群　甘肃省文物考古研究所、麦积山石窟艺术研究所、水帘洞石窟保护研究所编著　科学出版社　2009 年 3 月　文 172 页　插图 73 幅　彩版 20 页　图版 28 页　16 开

水帘洞石窟群位于甘肃省东南部天水市武山县。总计发现存于水帘洞石窟中的窟龛共 105 座，造像百余尊，壁画 700 余平方米，碑刻题铭 18 通，石胎泥塑舍利塔 12 座。

秦始皇陵二号兵马俑坑发掘报告：第一分册　秦始皇兵马俑博物馆编著　科学出版社　2009年1月　目录11页　文315页　图版72页　插图96幅　16开

本报告公布了1994～1997年秦始皇二号兵马俑坑第一阶段的考古成果，附录：1. 建筑遗址木材树种的鉴定 2. 青灰泥的鉴定 3. 土遗址及相关文物防霉保护研究报告 4. 棚木层大型考古模型制作工程简报 5. 棚木遗迹全景摄影。

吉林集安高句丽墓葬报告集　吉林省文物考古研究所编著　科学出版社　2009年8月　文328页　彩版12页　图版26页　插图236幅　16开

本报告收录吉林省内1962～2003年已经发表的高句丽墓葬调查、发掘简报及报告35篇，动物骨骼鉴定报告1篇，内容包括壁画墓和积石墓两大类。

渤海上京城：1998～2007年度考古发掘调查报告　黑龙江省文物考古研究所编著　文物出版社　2009年7月　2册　666页　图版412页　插图460幅　附图1册（17幅）　16开

本报告公布1998～2007年对渤海上京城进行调查、勘探、发掘的成果，发掘面积44748平方米，出土文物近万件。报告分别介绍了2号、3和4号、5号、50号、皇城南门、郭城正南门、正北门、第1号街及城墙建筑结构的发掘和保护情况。附录4篇：渤海上京城出土釉陶器、白灰测试报告；金属器金相测试报告；铁器金相学与工艺探讨；“东京城”遗址发掘的初步报告。

北周田弘墓：原州联合考古队发掘调查报告之二（宁夏文物考古研究所丛刊之十三）　原州联合考古队编著　文物出版社　2009年8月　293页　彩版48页　插图112幅　16开

本书是宁夏考古部门与日本国立女子大学等科研单位于1996年5～7月的合作调查发掘报告。

宁安虹鳟鱼场：1992～1995年度渤海墓地考古发掘报告　黑龙江省文物考古研究所编著　文物出版社　2009年7月　2册　621页　图版212页　插图682幅　16开

虹鳟鱼场位于黑龙江省宁安市渤海镇，本报告公布了1992～1995年发掘虹鳟鱼场遗址4万多平方米的资料，有墓葬323座，方坛7座，房址1座，出土文物2000余件。附录：1. 哈尔滨工业大学分析测试中心测试报告；2. 宁安虹鳟鱼场渤海墓地出土铁器的金相学考察。

21世纪初福建基建考古重要发现　福建博物院编　福建人民出版社　2009年9月　186页　彩版280幅　16开

上海明墓　何继英主编　文物出版社　2009年11月　262页　彩版120页　图版24页　插图100幅　16开

本书收录建国以来上海地区发掘的400多座明代墓葬的资料。

浙江越墓　浙江省文物考古研究所编著　科学出版社　2009年10月　230页　图版325幅　插图199幅　16开

本报告收录2003～2004年发现的春

秋战国时期的大墓3座以及2006年在温岭大溪塘山发掘的1座西汉东瓯国贵族大墓。

浙江宋墓 浙江省文物考古研究所编著 科学出版社 2009年10月 183页 图版68页 插图121幅 16开

本报告收录2004年以来在浙江省各地发掘的宋墓，包括《桐庐象山桥南宋墓》、《龙游寺底袁宋代墓地》、《湖州风车口南宋墓地》、《金华南宋郑刚中墓》、《云和正屏山南宋墓》五篇考古发掘报告，并附《浙江南宋墓葬的地表茔园制度述略》、《明代皇陵制度的历史渊源刍议》、《南宋的墓前祠堂》、《关于郑刚中“墓阙”（五凤楼）的几个问题》、《南宋的墓碑》五篇论文。

浙江考古新纪元 浙江省文物考古研究所编 科学出版社 2009年10月 264页 图版424组 16开

本书共收入浙江省20世纪以来的考古发掘简报83篇，内容涉及旧石器时代、新石器时代、商周时期、汉代和唐宋元明的遗址和窑址。

晋宁石寨山：第五次发掘报告（云南省文物考古研究所田野考古报告第10号） 云南省文物考古研究所、昆明市博物馆、晋宁县文物管理所编著 文物出版社 2009年10月 目录11页 文238页 插图138幅 彩版115页 16开

晋宁石寨山曾于1956年至1958年、1960年、1996年共进行五次发掘，本报告公布了1996年第五次发掘的成果，此次发掘面积300平方米，清理墓葬36座。

淮阴高庄战国墓 淮安市博物馆编著 文物出版社 2009年9月 268页 插图274幅 彩版30页 16开

丹丹乌里克遗址：中日共同考察研究报告（新疆文物考古研究所丛刊之一）中国新疆文物考古研究所、日本佛教大学尼雅遗址学术研究机构编著 文物出版社 2009年11月 335页 插图296幅 彩版80页 16开

本书收录内容是以2002年开始的“中日共同丹丹乌里克遗址学术研究项目”为基础的成果报告集。附录收录新疆和田地区策勒县达玛沟佛寺遗址的发掘与研究。本书在日本出版日文版本。

老河口九里山秦汉墓 襄樊市文物考古研究所、武安铁路复线九里山考古队编著 文物出版社 2009年11月 目录24页 文528页 插图524幅 彩版8页 图版114页 16开

本书是2005年发掘九里山墓地的考古报告。

米脂官庄画像石墓 榆林市文物保护研究所、榆林市文物考古勘探工作队编著 文物出版社 2009年12月 目录9页 文206页 插图124幅 彩版64页 16开

本书是2005年发掘官庄3座画像石墓的发掘报告。

鲁中南汉墓 山东省文物考古研究所编著 文物出版社 2009年12月 2册 目录29页 文943页 插图537幅 彩版64页 图版131页 16开

本书是1998年至2000年间为配合北京至福州高速公路和日照至菏泽间的铁路工程发掘的8处汉代墓地

1676座墓葬的考古报告。附录：山东鲁中南地区周—汉代人骨研究。

三峡考古与巴文化研究（长江三峡工程文物保护项目报告，戊种第二号） 朱世学著 科学出版社 2009年12月 522页 插图212幅 16开

古代和田：中国新疆考古发掘的详细报告 （英）奥雷尔·斯坦因(M. Aurel Stein)著 巫新华、肖小勇、方晶、孙莉译 山东人民出版社 2009年7月 二册 16开

第一册（第一卷）：序、目录、前言22页 文683页 插图78幅

第二册（第二卷）：图版119页

附：和田及毗连地区地图。

译自*Ancient Khotan*，1907年由牛津克拉伦登出版社出版。本书介绍了20世纪初斯坦因在塔里木盆地南部及和田地区探险的考古学成果。

洛阳王城广场东周墓 洛阳市文物工作队编著 文物出版社 2009年10月 目录26页 文575页 插图425幅 彩版56页 图版80页 16开

本书是2002年7月发掘洛阳王城广场194座东周墓葬、16座陪葬坑的报告，公布了其中的153座墓葬材料。

柳州白莲洞 广西柳州白莲洞洞穴科学博物馆编著 蒋远金主编 科学出版社 2009年11月 目录16页 文475页 插图90幅 彩版48页 插表23幅 照片28幅 16开

本书是4次清理和发掘柳州市白莲洞遗址的报告。共发现人类牙齿化石2颗，石制品500多件，动物化石3000多件，动物牙化石300多枚，人类用火遗迹2处。

酉阳清源（重庆文物考古报告系列） 重庆市文物考古所、重庆文化遗产保护中心、四川大学历史文化学院考古学系编著 科学出版社 2009年12月 目录18页 文333页 插图223幅 彩版16页 图版32页 插表58幅 16开

本书是2003年试掘，2006年发掘酉阳清源遗址的报告。遗存分属新石器时代、商周、汉至六朝、唐宋、明清时期。附录：出土铁器的保护与修复。

北京皇家建筑遗址发掘报告（北京文物与考古系列丛书） 北京市文物研究所编著 科学出版社 2009年11月 146页 插图114幅 16开

本书收录考古发掘和调查简报13篇，有故宫西河沿遗址、北京香山静宜园来青轩遗址、普渡寺遗址、地铁四号线圆明园车站御道遗址、圆明园北夹墙遗址、圆明园正觉寺天王殿遗址、畅春园大宫门建筑遗址及西花园石桥遗址、国子监遗址、清净化城塔院大殿遗址、清代恭王府银安殿基址、恭王府遗址、外交学会院内高台建筑遗址、明十三陵文物库房工程。

七里亭与银锭岗（浙江旧石器考古报告：1） 浙江省文物考古研究所、长兴县文物保护管理所编著 科学出版社 2009年12月 目录17页 文266页 插图109幅 彩版74页 插表27幅 16开

本书公布了2005至2006年发掘长兴县七里亭遗址600余平方米的报告，以及2007年发掘银锭岗遗址561平方米的成果。

补遗

大司空村：第二次发掘报告（中国考古报告集之四） 高去寻著 杜正胜、李永迪编 “中研院”历史语言研究所 2008年10月 序、目录15页 文171页 插图100幅 彩版19页 图版142页 8开

本书是1936年第二次发掘安阳大司空村遗址的报告。发掘面积1100平方米，发现遗迹、墓葬，分为小屯期、东周期、唐宋以及近代四期。

二 出土文物图录

2008中国重要考古发现 国家文物局主编 文物出版社 2009年3月 188页 彩版385幅 16开

荆州重要考古发现 荆州博物馆编著 文物出版社 2009年1月 212页 彩版385幅 16开

本书介绍了荆州地区自20世纪50年代初期开始，进行的一系列重要的考古发现和发掘，如石家河考古记、鸡公山旧石器时代遗址、高台墓地的发现与发掘等文章30篇。

随州出土文物精粹 随州市博物馆编 文物出版社 2009年1月 186页 彩版203幅 16开

本书共收录文物185件（套），从新石器时代到清代，是随州近四十年考古发掘的文物精品。

河南省南水北调工程考古发掘出土文物集萃（一） 河南省文物局编 文物出版社 2009年2月 235页 彩版250幅 地图10幅 大16开

本图录是配合河南省文物局南水北调文物保护办公室举办的《文明·水·责任——河南省南水北调中线工程考古成果展》而出版，收录100余处文物点出土的近2000件文物。

盛世调吉水，古都遗博珍：南水北调中线一期工程北京段出土文物 北京市南水北调工程建设委员会办公室、北京市文物局编 科学出版社 2009年4月 117页 彩版172幅 大16开

2005~2008年为配合南水北调工程进行的考古发掘，揭示和保护工程沿线的8组文物遗存，近千件珍贵文物。

汉丹集萃：南水北调工程湖北库区出土文物图集 湖北省文物局编 文物出版社 2009年9月 246页 插图3幅 图版286幅 16开

本书收录在南水北调中线工程湖北丹江口库区发掘出土的从旧石器时代到清代的文物共253件。

峡江遗珍：三峡工程湖北段出土文物图集 湖北省文物局编 文物出版社 2009年9月 238页 插图5幅 图版319幅 16开

本书收录在三峡工程文物保护工作中抢救出的从新石器时代到清代的文物共308件。

殷墟出土器物选粹 李永迪编 “中研院”历史语言研究所 2009年9月 目录28页 文323页 彩版300幅 16开

本书收录殷墟出土文物469件，涉及五金、玉石、骨角牙蚌、陶埏，每件器物图版都注明出处与尺寸、重量等，有索引。

叁 考古学分论

一 人类起源及旧石器时代

中国体质人类学百年文选（百年中国人类学民族学文库） 吴新智、刘武主编 知识产权出版社 2009年1月 626页 插图86幅 32开

本书收录20世纪以来中国学者发表的体质人类学论文43篇，内容涉及古人类化石、猿人化石、新石器时代人骨研究、种族人类学研究以及遗传学等方面。

探幽考古的岁月：中科院古脊椎所80周年所庆纪念文集 高星、陈平富、张翼、马安娜主编 海洋出版社 2009年10月 406页 插图54幅 16开

二 新石器时代

颛顼帝喾与华夏文明（河南历史与考古研究丛书） 张新斌、张顺朝主编 河南人民出版社 488页 照片10幅 16开

中华文明探源工程文集：社会与精神文化卷（Ⅰ）（中华文明探源工程成果甲种一） 科技部社会发展科技司、国家文物局博物馆与社会文物司编 科学出版社 2009年10月 847页 2册 插图236幅 彩版4页 16开

本文选录了中华文明探源工程开始以来已经发表的与中华文明起源和早期发展相关的社会与精神文化领域的考古学研究论文52篇，内容涉及考古学理论、聚落考古学、历史学、地理信息系统、^{14}C研究、玉器研究及丧葬研究等。

中华文明探源工程文集：技术与经济卷（Ⅰ）（中华文明探源工程成果甲种二） 科技部社会发展科技司、国家文物局博物馆与社会文物司编 科学出版社 2009年10月 543页 插图189幅 16开

本卷收录中华文明探源工程有关技术与经济状况研究的报告和论文44篇，内容涉及冶金考古、植物考古、动物考古、食性分析、DNA研究、陶器成分研究、石器的种类与数量研究、玉器的工艺研究8个领域，涉及西辽河流域、黄河流域和长江流域等地区，探讨各地区的技术与经济状况和中华文明形成与发展的关系。

中华文明探源工程文集：环境卷（Ⅰ）（中华文明探源工程成果甲种三） 科技部社会发展科技司、国家文物局博物馆与社会文物司编 科学出版社 2009年9月 444页 插图159幅 图版8页 16开

本卷收录了中华文明探源工程开展以来环境课题组成员在国内外发表的论文33篇，内容主要涉及全新世中晚期各地区自然环境特征及演变的研究，包括气候、地貌、水文过程、沉积过程、植被演变历史等方面，以及自然变化对古代人类文化演化、聚落分布、文明起源与发展之间的影响，部分涉及某些地区的动物遗存、微体古生物及古地震遗迹的研究。

中华龙：起源与形成 朱乃诚著 生

活·读书·新知三联书店　2009年4月　173页　插图163幅　大32开

历史选择中国模式　卜工著　科学出版社　2009年6月　240页　插图203页　16开

史前稻作研究文集　裴安平、张文绪著　科学出版社　2009年5月　345页　插图192幅　16开

本文收录裴安平和张文绪两位作者的论文41篇，分为“史前稻作的生物学研究”和“史前稻作的考古学研究”。

良渚文化兴衰史（中国地方社会科学院学术精品文库·浙江系列）　吴汝祚、徐吉军著　社会科学文献出版社　2009年1月　361页　插图76幅　32开

本书应用大量考古资料，共分十三章，分别从生态环境和聚落群、社会生产、建筑、图腾文化、巫术活动、丧葬习俗、饮食文化等方面探讨良渚文化文明的产生、特点及与其他地区史前考古学文化关系。

红山文化考古记　郭大顺著　辽宁人民出版社　2009年1月　116页　插图98幅　大32开

跨湖桥文化论集　林华东、任关甫主编　人民出版社　2009年9月　286页　插图97幅　彩版10幅　16开

本文集收录论文29篇，分为跨湖桥文化专论、相关论述及其他两部分。

两城镇遗址研究（山东大学东方考古研究书系）　栾丰实主编　文物出版社　2009年8月　368页　插图170幅　图版69幅　16开

本文集收集关于两城镇遗址的国内外相关研究文章27篇，所收文章起止时间从20世纪30年代至今。

东风西渐：中国西北史前文化之进程　李水城著　文物出版社　2009年10月　320页　插图102幅　16开

仰韶文化研究（增订本）　严文明著　文物出版社　2009年9月　文411页　插图118幅　图表3幅　图版24页　16开

本版增补新作3篇。

史前双璧（浙江省博物馆典藏大系）　浙江省博物馆编　浙江古籍出版社　2009年4月　综述13页　文191页　彩版319幅　16开

本图录收录文物253件，按出土时间顺序排列，分为河姆渡文化、马家浜文化、崧泽文化、良渚文化、钱山漾类型文化遗存、马桥文化六个专题，涉及石器、陶器、玉器、骨器、漆器、木器以及丝织品。

补遗

良渚文化简志　杨法宝主编　杭州市余杭区地方志编辑委员会编　方志出版社　2008年1月　720页　插图588幅　16开

本书记录了通过考古发掘发现的良渚时期的生态环境、原始农业、社会形态、出土文物精品及考古人物等内容。

新石器时代卑南墓葬层位之分析研究　连照美著　台湾大学出版社　2008年6月　213页　插图38幅　图版69幅　8开

三　夏商周时代

李学勤说先秦（大家说历史丛书）　李学勤著　宫长为编　上海科学技

术文献出版社 2009年1月 313页 大32开

本书选收著者历年来发表的论著38篇，分为总说和分说两大部分。书后附有作者小传和论著目录等7篇

三代考古（三） 中国社会科学院考古研究所夏商周考古研究室编 科学出版社 2009年8月 476页 插图119幅 16开

收录中国社会科学院考古研究所夏商周考古研究室文章25篇，分为理论思考、专题探索、学苑杂坛三部分内容，并刊载了“中原与北方早期青铜文化的互动”学术考察活动笔谈18篇。

中原地区文明化进程的考古学研究（东方历史学术文库） 高江涛著 社会科学文献出版社 2009年1月 528页 插图110幅 32开

最早的中国 许宏著 科学出版社 2009年8月 233页 插图362幅 16开

商周时期车马埋葬研究（北京大学震旦古代文明研究中心学术丛书之二十） 吴晓筠著 科学出版社 2009年11月 文257页 插图86幅 插表53幅 16开

本书是在作者2003年的博士论文基础上补充修改而成的，收录自殷墟发掘至2008年底公开发表的考古资料。书中所附的《商周时期出土马车尺寸登记表》，共收入商代、西周至两周之际、春秋至春秋战国之际、战国、秦马车237辆。

古代巴蜀文化探秘 阮荣春、罗二虎主编 辽宁美术出版社 2009年3月 352页 插图179幅 32开

赵文化与华夏文明 杨金廷、康香阁主编 人民出版社 2009年6月 369页 大32开

赵都邯郸城与赵文化（燕赵文化研究系列丛书） 科学出版社 2009年2月 261页 插图11幅 16开

周秦文明论集（第二辑） 段德新主编 三秦出版社 2009年2月 292页 大16开

考古发现与夏商起源研究（李学勤师传学者文库） 侯仰军著 黑龙江人民出版社 2009年10月 256页 彩图6幅 插图23幅 32开

神秘的古蜀王国：三星堆、金沙文物珍宝 深圳博物馆、四川广汉三星堆博物馆、成都金沙遗址博物馆编 文物出版社 2009年4月 219页 彩版124幅 插图8幅 8开

三星堆出土文物全记录 四川省文物考古研究院、三星堆博物馆、三星堆研究院编 天地出版社 2009年8月 全三册 799页 彩版758幅 8开

本套书共分为三册：青铜器一册；陶器、金器一册；玉器、石器一册。收录三星堆出土文物778件。

楚文化研究论集（第八集） 楚文化研究会编 大象出版社 2009年8月 480页 插图25幅 32开

本文集收录了2007年12月4日至6日在河南平顶山举办的“湘鄂豫皖楚文化研究会第十次年会”的会议论文43篇。

楚国都城与核心区探索（湖北省社会科学院文库） 尹弘兵著 湖北人民出版社 2009年12月 293页 插图16幅 16开

赵都邯郸城研究 段宏振著 文物出版社 2009年1月 文285页 插

图55幅　彩版8页　16开

本书参考历年考古工作的成果及历史文献，对东周至汉代的邯郸城进行研究。

补遗

晋国霸业：山西出土两周时期文物精华展图录　深圳博物馆、山西博物馆、山西省考古研究所编　文物出版社　2008年11月　117页　图版119幅　16开

四　秦汉及汉以后各代

里耶古城·秦简与秦文化研究：中国里耶古城·秦简与秦文化国际学术研讨会论文集　白云翔、卜宪群、袁家荣主编　中国社会科学院考古研究所、中国社会科学院历史研究所、湖南省文物考古研究所编　科学出版社　2009年10月　306页　插图64幅　16开

本书是2007年10月17~19日在湖南省龙山县举办的“中国里耶古城·秦简与秦文化国际学术研讨会”的会议文集。

寻找楼兰王国：插图本（图史系列）　林梅村著　北京大学出版社　2009年6月　217页　插图106幅　大32开

汉唐考古文论（山东大学东方考古研究书系）　崔大庸著　山东大学出版社　2009年3月　440页　插图　大32开

汉魏洛阳故城（20世纪中国文物考古发现与研究丛书）　段鹏琦著　文物出版社　2009年4月　205页　32开

洛阳汉魏陵墓研究论文集　洛阳市第二文物工作队编　文物出版社　2009年10月　218页　插图42幅　16开

微笑彩俑：汉景帝的地下王国　（台北）历史博物馆编辑委员会编印　2009年6月　199页　插图40幅　图版206幅　16开

本书收录序3篇，专文5篇，出土文物176件，涉及汉景帝时期的农牧业、战争与军队、铜钱与度量衡、汉阳陵俑与汉代服饰、饮食、厨具与食器等内容。

魏晋北朝墓葬的考古学研究（北京师范大学史学文库）　李梅田著　商务印书馆　2009年8月　243页　插图24幅　32开

朱希祖六朝历史考古论集（南雍学术经典）　朱希祖著　杨晓春编　南京大学出版社　2009年10月　323页　插图156幅　16开

本书收录了朱希祖先生主持发掘和编写的《六朝陵墓调查报告》全文，以及萧梁旧史考、梁代货币考、南京新出土梁普通四年五铢钱范考以及《金陵古迹图考》序四篇文章，并收录朱希祖学术年表。

唐陵的布局：空间与秩序　沈睿文著　北京大学出版社　2009年4月　378页　插图42幅　32开

隋唐考古　冉万里编著　陕西人民出版社　2009年10月　416页　插图101幅　16开

法门寺文物图饰　韩生编著　文物出版社　2009年6月　475页　彩版　大16开

扬州唐城考古与研究资料选编　扬州唐城遗址文物保管所、扬州唐城遗址博物馆编　董学芳主编　491页

照片65幅　插图356幅　16开

走近考古，步入宋金：一次公众考古活动的探索与实践　山西省考古研究所编　科学出版社　2009年4月　189页　32开

辽金历史与考古（第一辑）　辽宁省辽金契丹女真史研究会编　辽宁教育出版社　2009年4月　407页　插图267幅　彩图14幅　16开

北京元代史迹图志　北京辽金城垣博物馆编　北京燕山出版社　2009年6月　340页　图版312幅　16开

补遗

辽西及周边地区辽金时期考古发现和遗址发掘资料汇编（渤海大学历史研究丛书）　任仲书主编　长江出版社　2008年12月　408页　插图172幅　图版5幅　32开

肆　考古学专论

一　甲骨卜辞（附：古文字研究）

中国甲骨学（历史人文专著）　王宇信著　上海人民出版社　2009年8月　序、前言20页　文789页　插图24幅　例图120幅　彩版14页　图版7页　照片13幅　16开

甲骨学辞典　孟世凯著　上海人民出版社　2009年1月　769页　图版32页　32开

本书共收录词目3182条，以殷墟甲骨文及其有关内容为主，兼收周原甲骨文。

甲骨文与殷商史（新一辑）　宋镇豪主编　线装书局　2009年8月　366页　图版28组　插图58幅　16开

本辑是继1982年《甲骨探史录》、1986年《甲骨文与殷商史》（第二辑）和1991年第三辑之后，再度复刊，收录论文26篇。

纪念王懿荣发现甲骨文110周年国际学术研讨会论文集（夏商周文明研究·八）　王宇信、宋镇豪、徐义华主编　中国殷商文化学会、山东烟台市福山区人民政府编　社会科学文献出版社　2009年8月　561页　插图236幅　16开

甲骨学110年：回顾与展望——王宇信教授师友国际学术研讨会论文集（夏商周文明研究·九）　安阳师范学院、中国殷商文化学会编　李雪山、郭旭东、郭胜强主编　中国社会科学出版社　2009年11月　480页　插图48幅　照片4幅　16开

新甲骨文编　刘钊、洪飏、张新俊编纂　福建人民出版社　2009年5月　1044页　16开

本书以收录商代甲骨文为主，兼收部分西周甲骨文（以周原所出甲骨为主），分为正编、合文、附录三部分。

上海博物馆藏甲骨文字　上海博物馆编　濮茅左编著　谢海元椟拓　上海辞书出版社　2009年1月　全二册　文393页　拓片386~973页　图版16页　8开

甲骨文字释林（于省吾著作集）　于省吾著　中华书局　2009年4月　序、凡例、引用书目简称23页　文493页　16开

史语所购藏甲骨集　"中研院"历史

语言研究所编 “中研院”历史语言研究所 2009年11月 174页 图版781幅 16开

双剑誃殷契骈枝正编、续编、三编（于省吾著作集） 于省吾著 中华书局 2009年4月 350页 16开

古文字与古货币文集 黄锡全著 文物出版社 2009年5月 731页 16开

本书收录作者的93篇文章，内容涉及甲骨文、金文、楚器铭文与楚简、传抄古文、先秦货币等方面。

历代陶文研究资料选刊续编 贾贵荣、张爱芳选辑 国家图书馆出版社 2009年4月 全三册（622页、722页、762页） 拓图57幅、617幅、213幅 插图164组 16开

秦陶文新编 袁仲一、刘钰编著 文物出版社 2009年8月 目录40页、32页 文503页、618页 图版3424幅 2册 16开

本书分为“考释”和“图版”两编，收录2005年以前出土的春秋晚期至秦代出土陶文及刻符3370件。

苏美尔、埃及及中国古文字比较研究（北京大学震旦古代文明研究中心学术丛书之十九） 拱玉书、颜海英、葛英会著 科学出版社 2009年10月 352页 插图99幅 16开

本书讨论苏美尔楔形文字、古埃及象形文字及中国殷商甲骨文字的特点、相互之间的影响、文字结构类型及文字起源中的作用等问题。章目：一、文字的起源，二、文字的结构类型，三、文字与国家。

郭沫若致容庚书简 广东省博物馆编 文物出版社 2009年12月 249页 8开

古文字与古代史（第二辑）（“中研院”历史语言研究所会议论文集之九） 李宗焜主编 “中研院”历史语言研究所 2009年12月 471页 插图317幅 16开

石鼓文通考 易越石著 上海人民出版社 2009年5月 232页 照片2幅 插图2幅 图版50幅 16开

本书由石鼓文的发现与保存、石鼓文的年代、相关问题的阐述、石鼓文的文字与书法、石鼓文考释5部分组成。附录：1. 石鼓文盛昱重摹阮元刻本 2. 石鼓文求古斋翻刻北宋本 3. 元泰不华书王节妇碑 4. 吴愙斋写本石鼓文 5. 吴昌硕临石鼓文 6. 易越石补订石鼓文字本（五百零五字） 7. 易越石考临石鼓文字位复原。

补遗

殷墟花园庄东地甲骨论稿 朱岐祥著 台北：里仁书局 2008年11月 323页 插图54幅 32开

二 商周铜器及铭文

中国青铜器综论 朱凤瀚著 上海古籍出版社 2009年12月 全三册 目录21页 文2439页 插图178幅 附图1109幅 彩版48页 16开

神与兽的纹样学：中国古代诸神（日）林巳奈夫著 常耀华等译 生活·读书·新知三联书店 2009年2月 259页 插图278幅 32开

陕北出土青铜器 曹玮主编 巴蜀书

社 2009年9月 全五册 第1册（文字部分） 目录51页 文209页 插图74幅 第2~5册（图版部分） 彩版1~1096页 索引1097~1131页 16开
本书收录青铜器897件。

商周青铜器族氏铭文研究（中国典籍与文化研究丛书·第三辑） 何景成著 齐鲁书社 2009年1月 717页 插图74幅 32开

曾国青铜器研究（北京大学震旦古代文明研究中心学术丛书之十八） 张昌平著 文物出版社 2009年7月 目录11页 文438页 插图137幅 插表24幅 16开

晋国青铜艺术图鉴 李夏廷、李劭轩编著 文物出版社 2009年4月 338页 插图65幅 绘图596幅 大16开

鄂尔多斯青铜器国际学术研讨会论文集 《鄂尔多斯青铜器国际学术研讨会论文集》编辑组编 科学出版社 2009年月 766页 插图332幅 照片13幅 16开
本书是2008年9月份在鄂尔多斯召开的“鄂尔多斯青铜器国际学术研讨会”的会议文集。

双剑誃吉金图录（于省吾著作集） 于省吾著 中华书局 2009年4月 191页 图版 16开

商周金文录遗（于省吾著作集） 于省吾著 中华书局 2009年4月 276页 插图116幅 16开

双剑誃吉金文选（于省吾著作集） 于省吾著 中华书局 2009年4月 402页 16开

商周金文编：宝鸡出土青铜器铭文集成 霍彦儒、辛怡华主编 三秦出版社 2009年12月 目录7页 文657页 插图693幅 16开
本书收录宝鸡地区出土的青铜器铭文拓本693篇，所收铭文拓本的时间上起商代，下至秦初，截至2008年底均已公开发表。附录：索引。

楚系金文汇编 刘彬徽、刘长武编 湖北教育出版社 2009年5月 769页 图版160组 16开
本书正文分为正编、补编、附编三部分，收录楚国及楚文化系统的青铜器铭文、图像资料160组，收录日期截止于2004年。附录：楚系金文研究的新进展及相关问题。

陈介祺藏拓秦诏量铭文 文物出版社编 文物出版社 2009年7月 图版23页 8开
本书所收的拓本为晚清收藏家陈介祺个人藏品，有《秦诏版》，2件《二世诏版》，3件铜量，33件陶量残片。附录：1. 陈介祺藏拓秦诏量铭文简说（李志贤）2. 秦代文字点滴（苏士澍）。

《首阳吉金》选释：附2008年金文学年鉴 沈宝春主编 （台北）丽文文化事业 2009年11月 382页 32开

中国金文学史 白冰著 学林出版社 2009年12月 358页 插图643幅 16开

补遗

殷墟新出土青铜器 中国社会科学院考古研究所、安阳市文物考古研究所编著 云南人民出版社 2008年10月 451页 插图21幅 图版234幅 16开
本书收录1982年以来出土于武官村北、大司空村、小屯村、郭家庄、

苗圃、洹南花园庄、刘家庄北地、小庄等地出土的青铜器234件，时代包括殷墟一至四期。收录殷墟新出土青铜器概述、殷墟新出土青铜器铭文概论、殷墟青铜器的铸型分范技术研究三篇文章。

珍秦斋藏金：吴越三晋篇　萧春源藏　澳门基金会　2008年　316页　彩版　16开

西周锡命铭文新研（文史哲大系）　何树环著　（台北）文津出版社　2007年9月　364页　16开

三　简牍、帛书和出土文书

天水放马滩秦简　甘肃省文物考古研究所编　中华书局　2009年8月　163页　插图30幅　彩版10页　图版65页　8开

本书发表1986年甘肃天水放马滩一号秦墓出土的461枚简牍的资料和放马滩墓葬发掘报告。附录：放马滩纸化验报告。

《上海博物馆藏战国楚竹书（一）》读本　季旭昇主编　陈霖庆等合撰　北京大学出版社　2009年1月　293页　32开

秦汉简牍文书分类辑解　李均明著　文物出版社　2009年1月　文473页　图版4页　16开

居延汉简研究（摹庐丛著）　陈直著　中华书局　2009年6月　791页　32开

俄藏敦煌契约文书研究　乜小红著　上海古籍出版社　2009年3月　305页　插图104组　16开

本书从俄藏敦煌文书中整理出敦煌及中国其他地区出土的契约81件，分为买卖契，借贷契、便物历，租赁、回换契，雇佣契，养子契，家产分书、遗产契文，放书、婚约，社条、投社状，同时收录与契约相关的经济文书23件。

简帛（第四辑）　武汉大学简帛研究中心主办　上海古籍出版社　2009年10月　479页　插图10幅　16开

本辑共收录论文37篇，其中21篇是2008年10月31日至11月2日，由武汉大学简帛研究中心、台湾大学中文系、芝加哥大学顾丽雅中国古文字学中心共同主办的《中国简帛学国际论坛2008》的会议论文，另有16篇约稿。

出土简牍与秦汉社会（简帛研究文库）　杨振红著　广西师范大学出版社　2009年12月　255页　插图34幅　32开

汉晋遗简识小七种（陈槃著作集）　陈槃撰　上海古籍出版社　2009年11月　275页　附图41幅　16开

本书以居延汉简为主，对简牍实物中常用的词语、符号、书体及文书结构条疏举例，并对一些名词进行释读。

新出简帛与古文字古文献研究　赵平安著　商务印书馆　2009年12月　415页　插图24幅　32开

战国竹书研究（古文字与出土文献研究丛书）　杨泽生著　中山大学出版社　2009年12月　213页　图版5幅　16开

敦煌吐鲁番研究（第十一卷）　中国敦煌吐鲁番学会、上海师范大学敦煌吐鲁番学研究所、香港中华文化促进中心、香港大学饶宗颐学术馆、北京大学东方学研究院合办

上海古籍出版社　2009 年 9 月　602 页　插图 22 幅　彩版 5 幅　16 开

本书分为“新获和田文献研究”专栏、纪念文及书评三部分，收录论文 34 篇。书后附《敦煌吐鲁番研究》第 1 ~ 10 卷分类目录。

吴震敦煌吐鲁番文书研究论集　吴震著　上海古籍出版社　2009 年 12 月　672 页　插图 4 幅　照片 22 幅　16 开

秦汉简牍探研（文史哲大系）　汪桂海著　（台北）文津出版社　2009 年 12 月　285 页　32 开

补遗

走马楼吴简续探（文史哲大系）　于振波著　（台北）文津出版社　2007 年 2 月　258 页　插图 1 幅　32 开

悬泉汉简研究　郝树声、张德芳著　甘肃文化出版社　2008 年 12 月　396 页　彩版 8 幅　插图 19 幅　16 开

四　古代碑刻、墓志（含经幢）

碑林集刊（十四）　西安碑林博物馆编　陕西人民美术出版社　2009 年 6 月　483 页　16 开

古刻新诠（文献传承与文化认同研究丛书）　程章灿著　中华书局　2009 年 4 月　260 页　大 32 开

秦汉刻石选译　李檣著　文物出版社　2009 年 4 月　396 页　32 开

河北省明代长城碑刻辑录　河北省文物局长城资源调查队编　张立方、谢飞主编　科学出版社　2009 年 1 月　全二册　文 849 页　大 16 开

本书是长城资源调查成果之一，是历年河北省明代长城调查获得的碑刻及其他金石文献资料汇编，内容包括城工碑、阅视鼎建碑、纪年记事刻石、门额及台铭刻石、边塞摩崖刻石、相关碑刻、墓碑及墓志铭、佚碑录文八部分。附录二：一、文字砖；二、炮、铳铭文。

新中国出土墓志：上海、天津　中国文化遗产研究院、上海博物馆、天津市文化遗产保护中心编　文物出版社　2009 年 6 月　全二册　前言 16 页　目录 11 页　图版 267 页　释文 237 页　索引 58 页　8 开

本书收录上海地区新出（含征集）墓志 199 方，涉及北魏、唐至民国，另附录清买地券一方；收录天津地区新出（含征集）墓志 60 方，涉及北齐、唐、辽、明至民国，另附录明买地券一方。

辽上京地区出土的辽代碑刻汇辑（中国社会科学院老年学者文库）　刘凤翥、唐彩兰、青格勒编著　社会科学文献出版社　2009 年 8 月　文 509 页　照片 90 页（88 幅）　16 开

北宋临城王氏家族墓志　谢飞、张志忠、杨超著　文物出版社　2009 年 11 月　261 页　插图 42 幅　拓片 132 幅　16 开

秦汉石刻题跋辑录　容媛辑录　胡海帆整理　上海古籍出版社　2009 年 5 月　2 册　序、凡例、目录 29 页　文 1698 页　索引 11 页　16 开

南京栖霞山贞石录：南京栖霞古寺明徵君碑　隆相、徐业海编　凤凰出版社　2009 年 12 月　拓片 113 页　图版 2 幅　16 开

本书是唐《明徵君碑》碑文全文拓片及碑全文对照。

补遗

北朝佛教石刻拓片百品（“中研院”历史语言研究所珍藏史料暨典籍系列之三） 颜娟英主编 “中研院”历史语言研究所 2008年5月 277页 图版210幅 8开

本书是对傅斯年图书馆所藏北朝佛教石刻拓片的整理。共收录拓片100件，按年代排序，著录原石的出土地点、照片附录、尊像名、佛经名以及释文等基本信息。

五 古代玉器

中国玉器发展史 常素霞著 科学出版社 2009年6月 379页 插图388幅 16开

玉文化论丛（二）（杨建芳师生古玉研究会玉文化论丛系列之二） 杨建芳师生古玉研究会编著 文物出版社 2009年7月 232页 图版4幅 插图278幅 16开

玉文化论丛（三）（杨建芳师生古玉研究会玉文化论丛系列之三） 杨建芳师生古玉研究会编著 文物出版社 2009年7月 233页 图版2幅 插图366幅 16开

名家论玉（二）：2009珠海“中国玉文化名家论坛”文集 刘国祥、于明主编 科学出版社 2009年11月 676页 插图276幅 照片10幅 16开

玉器时代：美国博物馆藏中国早期玉器（海外藏中国玉器全集） 江伊莉（Elizabeth Childs－Johnson）、古方著 科学出版社 2009年12月 目录48页 文403页 图版197幅 16开

红山玉器造型艺术的文化阐释 张丽红著 吉林大学出版社 2009年9月 249页 插图408幅 16开

殷墟玉器：安阳殷墟艺术博物馆藏玉 常庆林、常晓雷著 上海大学出版社 2009年9月 168页 插图185幅 彩版14页 16开

陕西出土汉代玉器（杨建芳师生古玉研究会图录系列之五） 刘云辉编著 文物出版社 2009年6月 327页 彩版297幅 附图2幅 16开

六 古代货币

中国历代货币大系（第五卷）：元明货币 叶世昌、王裕巽等主编 上海人民出版社 2009年12月 629页 8开

泉林剪影（浙江省博物馆典藏大系） 浙江省博物馆编 浙江古籍出版社 2009年11月 2205页 图版467幅 16开

七 玺印、封泥

先秦玺印图说 徐畅编著 文物出版社 2009年1月 文428页 插图1581幅 图版6幅 16开

战国玺印分域研究 陈光田著 岳麓书社 2009年5月 422页 16开

本文分六章：战国玺印的地域特点与分域标准，齐系古玺、燕系古玺、楚系古玺、晋系古玺、秦系印章，每一章中分为官印和私印进行比较研究。

辽代玺印研究 辛蔚著 暨南大学出版社 2009年8月 271页 插图

164幅　16开

新出汝南郡秦汉封泥集　王玉清、傅春喜编著　上海书店出版社　2009年6月　241页　插图29幅　图版554幅　16开

八　铜镜

鉴耀齐鲁：山东省文物考古研究所出土铜镜研究　山东省文物考古研究所编　文物出版社　2009年5月　427页　插图43幅　图版58幅　彩图15幅　彩版200页　大16开

本书是山东省文物考古研究所与日本滋贺县立大学、富山大学合作研究成果，收录铜镜488枚，除一枚为采集品外，其余均为考古发掘所得，铜镜说明分为考古学描述和铸造工艺观察两部分。

补遗

固原铜镜　韩彬主编　宁夏人民出版社　2008年9月　300页　图版242幅　16开

本书收集固原地区出土的从战国到明代的铜镜242件。附固原地区历史考古大事记。

九　古代兵器

补遗

钢铁文明：东亚古兵器　陈浩星主编　澳门艺术博物馆　2007年1月　510页　插图35幅　彩版281幅　8开

本书是民政总署辖下澳门艺术博物馆于2007年举办的“钢铁文明——东亚古兵器大展”图录，收录中国、韩国、日本、菲律宾及东南亚大陆等东亚地区的古代兵器281件，有图版说明并收录江连浩的《东亚钢铁史》一文及7篇论文。

十　铜鼓

中国与东南亚的古代铜鼓　李昆声、黄德荣著　云南美术出版社　2009年1月　316页　插图267幅　彩版88幅　大32开

伍　美术考古

一　通论

中国古代艺术与建筑中的“纪念碑性”　（美）巫鸿著　李清泉、郑岩等译　上海人民出版社　2009年4月　425页　插图256幅　地图15幅　大32开

译自《*MONUMENTALITY in Early Chinese Art ang Architecture*》。章目：一、礼制艺术的时代，二、宗庙、宫殿与墓葬，三、纪念碑式城市——长安，四、丧葬纪念碑的声音，五、透明之石：一个时代的终结。

从青金石之路到丝绸之路：西亚、中亚与亚欧草原古代艺术渊源　沈爱凤著　山东美术出版社　2009年1月　全二册　686页　16开

汉画神灵图像考述（汉文化研究丛书）　牛天伟、金爱秀著　河南大学出版社　2009年2月　409页　插图164幅　32开

汉画像的社会学研究（汉文化研究丛

书） 郑先兴著 河南大学出版社 2009年2月 373页 插图267幅 32开

艺术与科学（卷九） 李砚祖主编 清华大学出版社 2009年7月 156页 插图247幅 彩图15幅 16开

王逊美术史论集 王逊著 河北教育出版社 2009年5月 176页 插图37幅 16开

龟兹佛教石窟美术风格与年代研究（新疆师范大学“立足新疆面向中亚研究”丛书） 王征著 中国书店 2009年9月 184页 插图179幅 彩版37页 16开

美术考古论集 杨琮著 科学出版社 2009年9月 214页 图版14幅 插图177幅 16开

本文收录作者80年代以来发表的美术考古方面的论文23篇，内容涉及青铜器、瓦当、瓷器、壁画墓、绘画及石雕等。

中国历代石刻艺术 胡受奚、胡石青编著 文物出版社 2009年11月 238页 图版1599幅 16开

中国纹样全集 吴山编著 吴山、陆晔、陆原绘 山东美术出版社 2009年8月 全四册 16开

第1册 新石器时代和商·西周·春秋卷 471页 彩图71幅 插图117幅 图版6040幅

第2册 战国·秦·汉卷 382页 彩图72幅 单色图60幅 图版1450幅

第3册 魏晋南北朝·隋唐·五代卷 326页 彩图49幅 单色图85幅 图版6645幅

第4册 宋·元·明·清卷 510页 彩图87幅 单色图73幅 图版2064幅

天人诞生图研究：东亚佛教美术史论文集（域外汉学名著译丛） （日）吉村怜著 卞立强译 上海古籍出版社 2009年12月 552页 插图342幅 32开

本书收录作者论文28篇。

时空中的美术：巫鸿中国美术史文编二集（开放的艺术史丛书） （美）巫鸿著 梅枚等译 生活·读书·新知三联书店 2009年12月 386页 插图 16开

艺术史研究（第十一辑） 中山大学艺术史研究中心编 中山大学出版社 2009年12月 530页 彩版4页 插图338幅 16开

考古与艺术史的交汇：中国美术学院国际学术研讨会论文集 范景中、郑岩、孔令伟主编 中国美术学院出版社 2009年11月 482页 插图261幅 16开

二 古代雕塑

考古中的雕塑艺术 刘凤君著 山东画报出版社 2009年4月 310页 插图200幅 32开

画像石鉴赏 张道一著 重庆大学出版社 2009年1月 443页 插图552幅 16开

海宁汉画像石墓研究 黄雅峰著 浙江大学出版社 2009年4月 178页 插图91幅 图版82幅 18开

汉唐佛教造像艺术史 费泳著 湖北美术出版社 2009年9月 412页 插图123幅 32开

神韵：武当道教造像艺术 武当博物馆编著 文物出版社 2009年9月

彩版 174 页　16 开

本文收录武当山馆藏道教造像 120 尊，造像年代从唐至民国时期，材质有金、银、铜、铁、木等。

汉藏交融：金铜佛像集萃　王家鹏主编　沈卫荣副主编　中华书局　2009 年 9 月　406 页　插图 41 幅　彩版 404 幅　8 开

影像水陆庵　中国西安文物保护修复中心、美国西北大学学术技术部著　文物出版社　2009 年 10 月　183 页　图版 125 幅　插图 15 幅　8 开

本书是中美合作的《三维扫描及数字化图像制作技术在蓝田水陆庵的应用研究》项目的成果。

浙江汉画艺术（浙江文化研究工程成果文库）　黄雅峰等著　中国社会科学出版社　2009 年 10 月　223 页　插图 100 幅　32 开

中国竹木牙角器全集·第 1 卷：竹刻器（中国美术分类全集）　刘岳本卷主编　文物出版社　2009 年 8 月　文 28 页　图版 198 页　图版说明 87 页　16 开

本书收录西汉及明清时期的竹刻艺术品 224 件，有笔筒、壶、人物、兽、杯、鼎、尊、如意、瓶、盒等。

中国竹木牙角器全集·第 2～3 卷：木雕器（中国美术分类全集）　刘静本卷主编　文物出版社　全 2 册　第 2 卷（上）　2009 年 9 月　文 9 页　图版 184 页　图版说明 61 页　第 3 卷（下）　2009 年 10 月　图版 260 页　图版说明 75 页　16 开

本书分为上下两册，收录新石器时期至清代的紫檀木、黄杨木、沉香木、天然木、梨木、椰壳等雕刻的生活用品及艺术品 387 件，有筒、枕、窗花、盒、碗、杯、瓶、香炉等。

中国竹木牙角器全集·第 4 卷：牙角器（中国美术分类全集）　杨伯达本卷主编　文物出版社　2009 年 4 月　文 48 页　图版 310 页　图版说明 103 页　16 开

本书收录新石器时代至清代的象牙、犀角雕刻品 280 件，有人像、笔筒、碗、盒和壶等各类生活用品及艺术品。

你应该知道的 200 件曲阳造像　胡国强主编　故宫博物院编　紫禁城出版社　2009 年 12 月　229 页　图版 200 幅　16 开

本书收录两魏造像、北齐造像、隋唐造像共 200 件。

中国陵墓雕塑全集（第二卷）：西汉（中国美术分类全集）　汤池、林通雁主编　陕西人民美术出版社　2009 年 9 月　专论 94 页　插图 75 幅　图版 274 页　图版说明 138 页　16 开

中国陵墓雕塑全集（第三卷）：东汉三国（中国美术分类全集）　林通雁主编　陕西人民美术出版社　2009 年 9 月　专论 120 页　插图 119 幅　图版 278 页　图版说明 124 页　16 开

补遗

中国陵墓雕塑全集（第四卷）：两晋南北朝（中国美术分类全集）　张道一、李星明主编　陕西人民美术出版社　2007 年 12 月　专论 75 页　插图 64 幅　图版 285 页　图版说明 139 页 16 开

龟兹造像　马秦、范书财编　文物出

版社　2007年12月　287页　彩版127幅　8开

三　石窟寺

云冈日记：战争时期的佛教石窟调查　（日）长广敏雄著　王雁卿译　文物出版社　2009年6月　186页　32开

俞剑华敦煌艺术考察记　俞剑华著　东南大学出版社　2009年3月　全二册　文690页　插图10幅　彩版61页　16开

据南京艺术学院藏俞剑华手稿《敦煌艺术》和《敦煌艺术图版目录》影印。

克孜尔尕哈石窟内容总录　新疆龟兹石窟研究所编　文物出版社　2009年1月　98页　插图58幅　彩图35幅　16开

本书著录克孜尔尕哈石窟66个洞窟的时代、位置、形制、内容及现状、题记等项内容。

莫高窟史话（丝绸之路与敦煌文化丛书）　敦煌研究院编　樊锦诗主编　江苏美术出版社　2009年1月　199页　插图179幅　16开

敦煌石窟造像思想研究　赖鹏举著　文物出版社　2009年8月　342页　插图228幅　16开

甘肃佛教石窟考古论集（敦煌学研究文库）　魏文斌、吴荭著　民族出版社　2009年9月　601页　插图225幅　图版15幅　32开

巴中石窟　程崇勋著　文物出版社　2009年11月　434页　插图212幅　16开

本书介绍巴中石窟隋唐至清代各历史时期的概况，考述巴中石窟的开凿年代、龛窟形制、题材内容、隋唐造像的风格特点、与中原石窟的关系和艺术特点。

四　古代建筑

中国建筑史（第六版）　潘谷西主编　中国建筑工业出版社　2009年8月　545页　插图572幅　16开

中国古建筑考古（宿白未刊讲稿系列）　宿白著　文物出版社　2009年9月　101页　插图87幅　彩版8页　16开

中国建筑史论汇刊（第壹辑）　王贵祥主编　清华大学出版社　2009年1月　528页　插图332幅　16开

建筑史（第24辑）　清华大学建筑学院主办　贾珺主编　清华大学出版社　2009年2月　189页　插图16开

建筑史（第25辑）　清华大学建筑学院主办　贾珺主编　清华大学出版社　2009年9月　194页　插图180幅　16开

建筑历史与理论（第十辑）：首届中国建筑史学全国青年学者优秀学术论文评选获奖论文集　杨鸿勋主编　科学出版社　2009年11月　438页　插图384幅　16开

刘敦桢先生诞辰110周年纪念暨中国建筑史学史研讨会论文集　东南大学建筑学院编著　东南大学出版社　2009年11月　240页　插图150幅　照片30幅　16开

东方建筑遗产（2009年卷）　保国寺古建筑博物馆编　文物出版社　2009年12月　214页　插图187幅　16开

文物建筑（第3辑）　河南省古代建

筑保护研究所编　科学出版社　2009年12月　212页　插图193幅　彩版2页　照片2幅　16开

傅熹年建筑史论文选　傅熹年著　百花文艺出版社　2009年1月　499页　插图248幅　大32开

柴泽俊古建筑修缮文集（中国古建史论丛书）　柴泽俊著　文物出版社　2009年6月　413页　插图94幅　16开

杨焕成古建筑文集　杨焕成著　文物出版社　2009年11月　目录、序30页　文562页　照片14幅　插图602幅　16开

先秦两汉岭南建筑研究　曹劲著　科学出版社　2009年1月　289页　插图171幅　16开

本书整理岭南地区考古发现中的建筑遗迹资料，论述史前至两汉期间岭南地域特质下的早期建筑起源和发展。

内蒙古古建筑（中国古建筑图说系列）　张驭寰、林北钟编著　天津大学出版社　2009年9月　107页　插图111幅　32开

幻方——中国古代的城市　（德）阿尔弗雷德·申茨（Alfred Schinz）著　梅青译　中国建筑工业出版社　2009年12月　480页　插图813幅　16开

译自 *The Magic Square, Cities in Ancient China*。章目：一、定居聚落的开始，二、古代：城市的形成时期，三、中世纪：帝国的宫廷文化，四、现代时期：城市文化及其对立面，五、中国城镇的结构。

燕赵古桥（燕赵文化研究系列丛书）　刘忠伟主编　科学出版社　2009年2月　284页　插图161幅　彩版4页　16开

田野新考察报告（第三卷）：承德纪行、河北涞源等地古建筑考察纪略、西安古建筑漫笔　建筑文化考察组主编　《建筑创作》杂志社承编　天津大学出版社　2009年3月　165页　插图227幅　16开

五　陶瓷与窑址

汝窑与张公巷窑出土瓷器　河南省文物考古研究所编著　科学出版社　2009年1月　250页　插图66幅（组）　大16开

本图录收录宝丰清凉寺汝窑遗址出土瓷器96件、汝州张公巷窑遗址出土瓷器38件、汝州张公巷窑外传瓷器11件，发表相关研究文章。

巩义白河窑考古新发现　河南省文物考古研究所、中国文化遗产研究院、日本奈良文化财研究所编著　大象出版社　2009年9月　258页　彩版279幅　插图16幅　16开

本书收录2005~2007年河南巩义白河窑考古发掘出土的北魏和唐代的陶瓷精品279件。

河南新出宋金名窑瓷器特展　河南省文物考古研究所、保利艺术博物馆编著　2009年8月　166页　彩版143幅　16开

本图录收录宝丰清凉寺汝窑址、汝州张公巷窑址、叶县文集遗址、禹州钧台瓷窑址、长葛石固窖藏、汝州东沟窑址出土的宋金瓷器143件。

龙泉大窑枫洞岩窑址出土瓷器　浙江省文物考古研究所、北京大学考古文博学院、龙泉青瓷博物馆编　文物出版社　2009年5月　大16开

本书选取龙泉大窑枫洞岩遗址出土的瓷漆226件。

探索中国瓷之源：德清窑　朱建明编著　西泠印社出版社　2009年12月　237页　彩版336幅　插图16幅　16开

南宋官窑　邓禾颖主编　浙江摄影出版社　2009年9月　152页　插图20幅　彩版152幅　16开

元瓷之珍　安徽省博物馆编　文物出版社　2009年7月　165页　图版76组　16开

本图录展示安徽省博物馆藏元代景德镇彩瓷、单色釉瓷和浙江青瓷70余件。

元青花　北京艺术博物馆、北京市元青花文化交流中心、首都博物馆主编　河北教育出版社　2009年4月　159页　彩版75组　大16开

展览图录。收录元青花瓷器75件，展品来自国内三十多家博物馆及伊朗国家博物馆。

碧绿：明代龙泉窑青瓷　蔡枚芬主编　（台北）故宫博物院　2009年5月　298页　插图27幅　彩版170幅　大16开

景德镇出土明代御窑瓷器　北京大学考古文博学院、江西省文物考古研究所、景德镇市陶瓷考古研究所编著　文物出版社　2009年6月　216页　彩版120幅　大16开

本书是对景德镇明清御窑遗址出土瓷器图录，共收录120件（组），并提供了器物的器形、胎、装饰及烧成工艺等方面的资料。

海上丝绸之路遗珍：越南出水陶瓷　广西壮族自治区博物馆、广西文物考古研究所、越南国家历史博物馆编著　科学出版社　2009年1月　305页　彩版181幅　16开

本书发表越南海域头顿沉船、建江沉船、占婆岛沉船、金瓯沉船、平顺沉船出水的中国、越南和泰国出口陶瓷器的图版资料。

南海I号沉浮记：继往开来的航程　李岩、陈以琴著　文物出版社　2009年6月　65页　插图115幅　16开

揽翠集：朱伯谦陶瓷考古文集（浙江省文物考古研究所学者文库）　朱伯谦著　科学出版社　2009年10月　378页　图版265幅　插图88幅　16开

宋伯胤文集·陶瓷卷（南京博物院学人丛书）　宋伯胤著　南京博物院编　文物出版社　2009年12月　417页　插图90幅　16开

中国磁州窑　叶喆民主编　河北美术出版社　2009年12月　全二册　上册：397页　插图464幅　下册：彩版416页　16开

窑火遗韵（浙江省博物馆典藏大系）　浙江省博物馆编　浙江古籍出版社　2009年7月　207页　彩版203组　16开

旅顺博物馆馆藏文物选粹·陶瓷卷　旅顺博物馆编　文物出版社　2009年12月　190页　彩版170幅　16开

补遗

大观：北宋汝窑特展　林柏亭主编　台北故宫博物院　2007年2月

215 页　彩版 48 组　插图 76 幅　16 开

陶瓷手记：陶瓷史思索和操作的轨迹　谢明良著　石头出版股份有限公司　2008 年 12 月　427 页　插图 723 幅　16 开

六　古代绘画

壁上丹青：陕西出土壁画集（陕西省考古研究院文物精品图录丛书）　陕西省考古研究院编著　科学出版社　2009 年 1 月　全二册　408 页　彩版 388 幅　16 开

本书收录了 20 世纪 80 年代以来，陕西省考古研究院清理的秦、汉、北周、隋、唐及元代壁画，多为墓葬装饰壁画，部分壁画为首次公布。

甘肃出土魏晋唐墓壁画　俄军、郑炳林、高国祥主编　甘肃省古籍文献整理编译中心等编　甘肃大学出版社　2009 年 4 月　全三册　927 页　图版 728 幅　8 开

内蒙古辽代壁画　孙建华编著　文物出版社　2009 年 12 月　287 页　图版 259 幅　16 开

华夏瑰宝：山西洪洞元代壁画　杨巨才、张亚喜主编　文物出版社　2009 年 2 月　60 页　8 开

本图录收录洪洞广胜寺水神庙及辛北村玉皇庙元代壁画 24 幅，采用拍照和临摹方法。

敦煌壁画故事与历史传说　沙武田编著　甘肃人民出版社　2009 年 4 月　242 页　插图 225 幅　16 开

中国新疆壁画艺术（第一卷）：克孜尔石窟（一）　《中国新疆壁画艺术》编辑委员会编　周龙勤主编　新疆美术摄影出版社　2009 年 9 月　专论 29 页　文 283 页　彩版 254 幅　插图 27 幅　16 开

中国新疆壁画艺术（第二卷）：克孜尔石窟（二）　《中国新疆壁画艺术》编辑委员会编　周龙勤主编　新疆美术摄影出版社　2009 年 9 月　专论 23 页　文 291 页　彩版 260 幅　插图 28 幅　16 开

中国新疆壁画艺术（第三卷）：克孜尔石窟（三）　《中国新疆壁画艺术》编辑委员会编　周龙勤主编　新疆美术摄影出版社　2009 年 9 月　专论 17 页　文 283 页　彩版 255 幅　插图 32 幅　16 开

中国新疆壁画艺术（第四卷）：库木吐喇石窟　《中国新疆壁画艺术》编辑委员会编　周龙勤主编　新疆美术摄影出版社　2009 年 9 月　专论 19 页　文 287 页　彩版 276 幅　插图 32 幅　16 开

中国新疆壁画艺术（第五卷）：森木塞姆石窟、克孜尔尕哈石窟　《中国新疆壁画艺术》编辑委员会编　周龙勤主编　新疆美术摄影出版社　2009 年 9 月　专论 19 页　文 284 页　彩版 255 幅　插图 26 幅　16 开

中国新疆壁画艺术（第六卷）：柏孜克里克石窟　《中国新疆壁画艺术》编辑委员会编　周龙勤主编　新疆美术摄影出版社　2009 年 9 月　专论 15 页　文 298 页　彩版 265 幅　插图 20 幅

和林格尔汉墓壁画孝子传图辑录　陈永志、黑田彰主编　文物出版社　2009 年 11 月　前言、文 23 页　彩版 193 页　8 开

吐峪沟石窟壁画与禅观（吐鲁番学研究丛书，丙种本之三）（日）宫治昭著 贺小萍译 上海古籍出版社 2009年10月 212页 插图53幅 图版95幅 16开

中国岩画发现史（专题史系列丛书） 陈兆复著 上海人民出版社 2009年2月 437页 插图170幅 32开

补遗

敦煌壁画艺术继承与创新国际学术研讨会论文集 敦煌研究院编 上海辞书出版社 2008年12月 719页 彩版62幅 插图626幅 16开

2007年敦煌研究院主办“敦煌壁画艺术继承与创新国际学术研讨会”。本书收录会议论文71篇，编为“敦煌艺术概论”、“壁画临摹”、“专题研究”、“岩彩画”和“艺术考古”五组。

七 古代书法

新中国出土书迹 （日）西林昭一著 陈松长译 文物出版社 2009年5月 330页 16开

本书是在西林昭一所著《中国新出土の书》和《中国新发现の书》两本书的基础上重新编排修订补充而成的，收录2005年以前正式出版的唐代以前的部分书迹。

中国书法全集（第1卷）：商周编·甲骨文（附史前文字遗迹） 刘一曼、冯时主编 荣宝斋出版社 2009年7月 380页 图版231幅 彩图8幅 16开

中国法书全集（第一卷）：先秦秦汉（中国美术分类全集） 宋镇豪主编 文物出版社 2009年1月 专论32页 图版288页 图版说明53页 16开

中国书法全集（第二卷）：魏晋南北朝（中国美术分类全集） 王靖宪主编 文物出版社 2009年8月 专论20页 图版385页 图版说明55页 16开

中国书法全集（第三卷）：隋唐五代卷（1）（中国美术分类全集） 苏士澍主编 文物出版社 2009年8月 专论17页 图版573页 图版说明39页 16开

中国书法全集（第四卷）：隋唐五代卷（2）（中国美术分类全集） 苏士澍主编 文物出版社 2009年8月 图版635页 图版说明24页

中国书法全集（第五卷）：隋唐五代卷（3）（中国美术分类全集） 苏士澍主编 文物出版社 2009年8月 图版623页 图版说明13页 16开

故宫博物院藏文物珍品大系：名帖善本 施安昌主编 上海科学技术出版社 2009年3月 目录10页 导言13页 图版284页（137幅） 大16开

故宫博物院藏文物珍品大系：名碑十品 施安昌主编 上海科学技术出版社 2009年3月 目录10页 导言11页 图版311页（幅） 大16开

第七届中国书法史论国际研讨会论文集 西安碑林博物馆编 文物出版社 2009年10月 599页 插图581幅 16开

简帛书法研究（中国书法院书法史论丛书·文集） 中国书法院主编 荣宝斋出版社 2009年4月 294

页 32开

秦简牍书研究 孙鹤著 北京大学出版社 2009年7月 275页 插图49幅 16开

碑帖拓本辨伪 刘大新、海国林著 学苑出版社 2009年1月 160页 拓片102幅 16开

瘗鹤铭国际学术研讨会论文集 镇江焦山碑刻博物馆编 丁超主编 江苏大学出版社 2009年12月 266页 图22幅 16开

淳化阁帖集释 水赉佑编 上海科学技术出版社 2009年12月 666页 插图 16开

补遗

中国书法全集(第11卷):三国两晋南北朝碑刻摩崖 孙伯翔、吴鸿清主编 荣宝斋出版社 2007年8月 全二册 文560页 图版70幅 彩图16幅 16开

八 古代工艺美术

湖南出土金银器 喻燕姣著 湖南美术出版社 2009年12月 321页 16开

湖南宋元窖藏金银器发现与研究 湖南省博物馆编 文物出版社 2009年3月 394页 插图96幅(组) 彩版610幅 大16开

中国竹木牙角器全集(第四卷):牙角器(中国美术分类全集) 杨伯达主编 文物出版社 2009年4月 专论48页 图版310页(280组) 图版说明103页 16开

中国竹木牙角器全集(第五卷):家具(中国美术分类全集) 胡德生主编 文物出版社 2009年8月 专论16页 图版206页 图版说明61页 16开

敦煌丝绸与丝绸之路 赵丰主编 中华书局 2009年3月 415页 32开

本书以敦煌出土的自北魏到元代的丝织品为研究对象,以考古发掘为主,结合国外收藏的敦煌丝织品实物,从历史、技术与艺术层面对敦煌丝绸进行综合研究。附录:敦煌丝织品总表,敦煌文书中的丝绸记载。

高昌对马 王伯敏著 山东美术出版社 2009年1月 82页 32开

陆 古代科学技术

走进殿堂的中国古代科技史 路甬祥主编 上海交通大学出版社 2009年10月 全三册 上册:364页 插图176幅 中册:337页 插图335幅 下册:411页 插图407页 16开

简明中国科学技术史话(第二版) 陈美东主编 中国青年出版社 2009年2月 595页 插图248幅 16开

多视野下的中国科学技术史研究:第十届国际中国科学史会议论文集 姜振寰、苏荣誉编 科学出版社 2009年5月 255页 插图25幅 16开

第十届中国科学史会议于2004年在哈尔滨召开。本书从中外学者从议的论文中选编21篇。

中国古代金属冶炼和加工工程技术史(中国古代工程技术史大系) 何

堂坤著　山西教育出版社　2009年5月　728页　彩版4页　图版20页　插图108幅　16开

青铜艺术：冶铸文明（中华传统艺术教育系列）　倪建林著　西南师范大学出版社　2009年2月　103页　插图115幅　16开

'09古陶瓷科学技术国际讨论会论文集　罗宏杰、郑欣淼主编　上海科学技术文献出版社　2009年3月　868页　16开

第九届中国古陶瓷科学技术国际讨论会于2009年在北京召开，本书选编中外学者提交会议的论文和文摘113篇。除中国古陶瓷外，亦论述俄罗斯滨海边疆地区及莫斯科、中欧、中东、东南亚、日本等地区发现的新石器时期至近代的陶瓷。

古陶瓷科技研究与鉴定　吴隽著　科学出版社　2009年6月　207页　插图　16开

中国造纸史　潘吉星著　上海人民出版社　2009年11月　597页　插图242幅　16开

本书通论中国造纸术的起源和各历史时期造纸技术的发展，专述少数民族地区的造纸技术，以及中国造纸术在东亚、亚非其他国家和欧美的传播。

中国印刷术的发明及其影响（世纪文库）　张秀民著　上海人民出版社　2009年1月　261页　插图63幅　16开

据人民出版社1958年版重刊。

柒　古代文化生活

中国音乐文物大系Ⅱ：江西卷、续河南卷　彭适凡、王子初主编　大象出版社　2009年7月　339页　插图3幅　图版110组　8开

汉代体育　刘秉果、赵明奇著　齐鲁书社　2009年8月　201页　插图85幅　16开

汉画像石中的体育活动研究　刘朴著　人民出版社　2009年10月　223页　插图139幅　16开

中国石窟寺乐舞艺术　人民音乐出版社等编　孺子莘主编　人民音乐出版社　2009年7月　592页　插图74幅　图版818幅　16开

本书辑录中国石窟寺乐舞艺术的图像资料，按地区编排，分为新疆地区、中原北方地区、南方地区和西藏地区四部分，配有3篇专论：中国石窟寺音乐图像概论（郑汝中、霍旭初），中国石窟寺舞蹈图像概述（王克芬），中国石窟寺乐舞艺术图像遗存概况（牛抒真）。

舞论：王克芬古代乐舞论集　王克芬著　甘肃教育出版社　2009年10月　489页　插图266幅　16开

书中辑录作者有关中国石窟舞蹈形象研究的文章多篇。

中国丝绸文化史　袁宣萍、赵丰著　山东美术出版社　2009年4月　293页　插图193幅　16开

丝绸之路服饰研究（丝绸之路研究丛书）　李肖冰著　新疆人民出版社　2009年8月　244页　插图553幅　16开

画说中国历代甲胄　陈大威编著/绘　上海书店出版社　2009年6月　255页　大16开

衣冠天下：中国服装图史　黄能馥、乔巧玲著　中华书局　2009年11

月 343页 插图 16开

中国历代服饰艺术 高春明著 中国青年出版社 2009年12月 299页 16开

文物藏品定级标准图例：家具卷 国家文物局国家文物鉴定委员会编 文物出版社 2009年3月 321页 彩版259幅 大16开

本卷收录明清时期的家具247件，民国时期家具12件，根据文物藏品定级标准，分为一级文物、二级文物、三级文物及一般文物四类。

英国维多利亚阿伯特博物馆藏中国家具 （英）克雷格·克鲁纳斯（Craig Clunas）著 丁逸筠译 上海辞书出版社 2009年8月 104页 图版90幅 地图1幅 16开

译自 *Victoria and Albert Museum's Chinese Furniture*。

补遗

燕衎之暇：中国古代家具论文（攻玉山房丛书之一） 扬之水、孙机、杨泓、林莉娜著 2007年11月 127页 插图157幅 16开

本书收录论文4篇：扬之水《古典的记忆——两周家具该说》；孙机《汉代家具》；杨泓《考古学所见魏晋南北朝家具》；林莉娜《从古画看宋元家具的演进》。

纹饰天下：织物纹饰图典 钱永宁、侯慧俊主编 上海科学技术文献出版社 2008年5月 图版314页 16开

本书分为总序、传统织物纹饰、民间织物纹饰、世界各地的织物纹饰、常见吉祥纹饰寓意五部分。

中国音乐文物大系Ⅱ：河北卷 《中国音乐文物大系》总编辑部编 吴东风、苗建华本卷主编 大象出版社 2008年10月 245页 插图48幅 图版349组 8开

马的中国历史 杨泓、杭侃、郑岩等著 商务印书馆（香港）有限公司 2008年 128页 插图64幅 地图2幅 16开

天马神骏：中国马的艺术和文化 香港历史博物馆与中国文物交流中心筹划 2008年 176页 插图33幅 图版104幅 16开

本书遴选60件不同时期、不同类型的展品，包括马车、马具、考古发掘及绘画作品中马的形象。

捌 宗教遗迹与遗物

佛像大观（佛教美术全集·1） 林保尧编著 文物出版社 2009年1月 223页 图版209幅 16开

佛教美术讲座（佛教美术全集·2） 林保尧编著 文物出版社 2009年1月 199页 图版222幅 插图29幅 16开

双林寺彩塑佛像（佛教美术全集·3） 马元浩摄影 文物出版社 2009年1月 191页 图版190幅 插图6幅 16开

敦煌佛影（佛教美术全集·4） 吴健等著 文物出版社 2009年1月 207页 图版183幅 16开

龙门佛教造像（佛教美术全集·5） 张乃翥著 文物出版社 2009年1月 215页 图版254幅 16开

佛像鉴定与收藏（佛教美术全集·6） 金申著 文物出版社 2009年1月

221页 图版165组 16开

观想佛像（佛教美术全集·7） 徐政夫编著 文物出版社 2009年1月 223页 图版209幅 16开

陕西佛教艺术（佛教美术全集·8） 李淞著 文物出版社 2009年1月 239页 图版224幅 插图41幅 16开

安岳大足佛雕（佛教美术全集·9） 胡文和著 文物出版社 2009年1月 255页 图版266组 16开

山东佛像艺术（佛教美术全集·11） 刘凤君著 文物出版社 2009年1月 207页 图版258幅 16开

神秘的印度唐卡艺术（佛教美术全集·12） 加藤敬摄影 蔡东照著 文物出版社 2009年1月 247页 图版225幅 16开

山东博兴铜佛像艺术（佛教美术全集·13） 张淑敏等著 文物出版社 2009年1月 191页 彩版104组 插图20幅 16开

莲花接翠观音寺（佛教美术全集·14） 马元浩摄影 文物出版社 2009年1月 207页 彩版197幅 16开

西藏佛教美术讲座（佛教美术全集·15） 金申著 文物出版社 2009年1月 271页 彩版298幅 16开

神秘的曼荼罗艺术（佛教美术全集·16） 蔡东照著 文物出版社 2009年1月 239页 彩版290幅 16开

中国佛教石窟考古概要（佛教美术全集·17） 马世长、丁明夷著 文物出版社 2009年1月 303页 彩版284幅 16开

佛教艺术 阮荣春、仲星明、汪小洋主编 辽宁美术出版社 2008年11月 350页 插图260幅 32开

中国佛教艺术（第3辑） 吴为山、传义主编 南京大学出版社 2009年4月 84页 16开

涅槃和弥勒的图像学：（佛教艺术与敦煌学名著译丛） （日）宫治昭著 张清涛译 文物出版社 2009年8月 目录25页 文582页 彩版3幅 图版54幅 插图367幅 16开

译自《涅槃と弥勒の図像学》（吉川弘文馆，1992年）。

河南佛教石刻造像（大象博物文库） 河南博物馆院编 大象出版社 2009年4月 531页 插图36幅 图版643幅 8开

本书收录分散于河南各地的佛教石刻造像140件，分为北魏造像、东魏造像、北齐北周造像、隋代造像、唐代造像。附录：流失海外的河南佛教石刻造像

中国佛教与考古（宝庆讲寺丛书：中国佛教学者文集） 温玉成著 宗教文化出版社 2009年7月 655页 插图35幅 图版19幅 32开

丝绸之路宗教研究（丝绸之路研究丛书） 李进新著 新疆人民出版社 2009年8月 373页 图版116幅 16开

丝绸之路佛教文化研究（丝绸之路研究丛书） 周菁葆著 新疆人民出版社 2009年8月 349页 插图111幅 16开

新疆史前宗教研究（新疆少数民族民间信仰与民族社会研究丛书） 刘学堂著 民族出版社 2009年7月

377 页　插图 134 幅　32 开

汉藏佛教美术研究：第三届西藏考古与艺术国际学术讨论会论文集　谢继胜、罗文华、景安宁编　上海古籍出版社　2009 年 11 月　594 页　插图 571 幅　16 开

本集收录 2006 年 10 月 14 日至 17 日在首都师范大学召开的《汉藏佛教美术研究：第三届西藏考古与艺术国际学术讨论会论文集》论文 40 篇。

慈恩印象　罗宏才著　上海大学出版社　2009 年 10 月　159 页　插图 217 幅　16 开

本书描写了陕西西安大慈恩寺及大雁塔的历史源流，收录 217 幅老照片，并记述了相关历史资料。

梵天佛地（亚欧丛书）　（意）图齐（Giuseppe Tucci）著　魏正中、萨尔吉主编　上海古籍出版社　2009 年 12 月　全四卷　16 开

卷一　166 页　插图 3 幅　彩版 1 幅　图版 44 幅

卷二　162 页　地图 1 幅

卷三　第一册　256 页　插图 9 幅　彩版 1 幅　图版 92 幅　地图 2 幅

第二册　270 页　插图 5 幅　彩版 1 幅　图版 152 幅

卷四　第一册　295 页　插图 59 幅

第二册　437 页

第三册　399 页　图版 397 幅

附卷　索引及译名对照表 304 页

译自《*INDO - TIBETICA*》。卷目：一、西北印度和西藏西部的塔和擦擦——试论藏族宗教艺术及其意义，二、仁钦桑波及公元 1000 年左右藏传佛教的复兴，三、西藏西部的寺院及其艺术象征，四、江孜及其寺院。

景教遗珍：洛阳新出唐代景教经幢研究　葛承雍主编　文物出版社　2009 年 5 月　173 页　彩图 16 幅　小 16 开

补遗

山东佛教史迹：神通寺、龙虎塔与小龙虎塔（中华佛学研究所论丛；46）　郑岩、刘善沂编著　（台北）法鼓文化事业股份有限公司　2007 年 5 月　449 页　插图 400 幅　32 开

玖　历史地理与名胜古迹

中国文化遗产词典　丘富科主编　文物出版社　2009 年 6 月　577 页　16 开

本书收入词条约 3600 条，收录全国重点文物保护单位全 6 批 2351 处、合并单位 141 处、截至 2007 年中国的世界文化与自然遗产 16 批 35 处、中国历史文化名城 3 批 107 个、港澳台的重要文物古迹与名胜 30 余处、其他国家重点风景名胜区全 6 批 187 处、首批国家级非物质文化遗产 518 项等，所收资料截止日期为 2008 年 1 月 31 日。

2008 年第三次全国文物普查重要新发现　国家文物局主编　科学出版社　2009 年 3 月　152 页　插图 462 幅　16 开

本书是第三次全国文物普查工作的第二阶段成果，从全国新发现的 160928 处不可移动文物中选出 147

项重要发现，按照古遗址、古墓葬、古建筑、石窟寺及石刻、近现代重要史迹及代表性建筑和其他六大类编排。

汉长安城（古都西安丛书） 王社教著 西安出版社 2009年1月 230页 插图20幅 32开

隋唐长安城（古都西安丛书） 肖爱玲等著 西安出版社 2009年1月 299页 插图28幅 32开

文物选粹（寿县历史文化丛书） 朱多良编 安徽人民出版社 2009年5月 110页 大32开

济宁文物古迹 济宁市文物管理局编 文物出版社 2009年9月 285页 插图503幅 16开

北京北部山区古长城遗址地理踏查报告 唐晓峰、陈品祥主编 学苑出版社 2009年10月 95页 插图135幅 彩版8幅 16开

明朝十九陵 明孝陵博物馆编 王鹏善主编 江苏美术出版社 2009年1月 239页 12开

南京明故宫 杨新华主编 南京出版社 2009年12月 256页 插图295幅 16开

拾 中外关系与中外文化交流

登州与海上丝绸之路：登州与海上丝绸之路国际学术研讨会论文集 耿昇、刘凤鸣、张守禄主编 人民出版社 2009年4月 375页 插图4幅 彩图4幅 16开

2008年10月11日至13日“登州与海上丝绸之路”国际学术研讨会在山东蓬莱召开，本文集收录与会论文54篇。

唐代长安与西域文明 向达著 重庆出版社 2009年3月 532页 16开

洛阳与丝绸之路 张乃翥、张成渝著 国家图书馆出版社 2009年8月 411页 插图388幅 16开

（编辑：王景霞）

考古学论文资料索引

（刊后第一个数字是期号，第二个是页码；2009 年）

壹 总论

一 综 述

作为历史科学的考古学 陈淳 文化遗产研究集刊（第四辑）1～19

中国考古学思想发展史上的一场革命——重读苏秉琦考古学文化区、系、类型理论札记（提纲） 李伯谦 古代文明研究通讯 43∶1～5

思想是考古学的工具——论俞伟超的考古学理论与实践 张爱冰 俞伟超先生纪念文集·学术卷 14～29

中国考古学的觉醒与理论革命——关于考古学走向成熟的若干思考 卜工 东南文化 5∶10～16

新时期考古学研究传统的坚持与转变 刘国祥 三代考古（三）462～465

考古学的文化观 陈胜前 考古 10∶59～67

社会进化的考古学证据 乔伊斯·马库斯著 陈淳译 陈淳校 南方文物 2∶115～121

考古学与艺术史：两个“共生”的学科 曹意强 美术研究 1∶11～13

古史研究的材料、理论和方法 段渝 巴蜀文化研究集刊（第五卷）3～11

类型学的类型——考古类型学方法论的检讨 汤惠生 俞伟超先生纪念文集·学术卷 39～65

考古层位学札记三则 许永杰 江汉考古 2∶56～66

聚落考古在中国——历程·现状·问题 许永杰 华夏考古 4∶123～131

区域聚落形态研究 史蒂芬·科瓦勒斯基著 沈辛成译 陈淳校 南方文物 4∶150～164

民族考古学：定义问题 徐坚 江汉考古 4∶49～55

考古学与民族学视野中的酋邦 蒂莫西·厄尔著 沈辛成译 陈淳校 南方文物 3∶135～143

中外“民族考古学”认知的比较 郭立新 边疆民族考古与民族考古学集刊（第一集）200～210

科技考古 60 年 袁靖 中国文物报 9 月 30 日 5 版

科技考古概述 杨林 俞伟超先生纪念文集·学术卷 85～95

学科进展与展望：蓬勃发展的科技考

古学　王昌燧　南方文物3:7~14
蓬勃发展的科技考古学　王昌燧　中国科学基金23卷3:139~144
谈谈体质人类学研究的几个问题　方启、魏东　新果集——庆祝林沄先生七十华诞论文集709~714
关于“人种学”研究的三个基本问题　魏东　中国文物报2月6日7版
植物考古学简史　赵志军　中国文物报12月25日7版
再现火塘边的故事　马丁·琼斯著　陈雪香译　方辉校　南方文物3:144~152
论动物考古学研究与区系类型的关系——以研究新石器时代居民获取肉食资源的方式为例　袁靖　湖南考古辑刊（第8集）250~256
交叉学科研究——敦煌学新的增长点　郝春文　中国史研究3:103~107
期盼“吐鲁番学”与“敦煌学”比翼齐飞　荣新江　中国史研究3:109~112
敦煌学术史研究有待加强　刘进宝　中国史研究3:113~116
浅谈文物　谢枫　文物世界1:45~46
北美考古学会与“开启21世纪考古教育新篇章”　乔治·史密斯、苏珊·本德著　郑滨译　方辉校　南方文物2:122~124
文物知识普及与社区化——谈上海“三区联动”中的考古学大众化　麻赛萍　上海文博论丛1:59~61
媒体时代的公众考古——浅论媒体时代对考古的影响　杨秀侃　中国文物报3月20日7版
2008年公众考古安全盘点及思考　梁太鹤　中国文物报6月26日7版
公众渴望走近考古——“走近考古步入宋金”公益讲座调查问卷分析　郑媛　中国文物报3月6日5版
观此胜于读古书——“走近考古，步入宋金”考古公益讲座有感　闫向东　中国文物报3月20日7版
略论媒体聚焦视野下的公共考古——以南京大报恩寺遗址暨北宋长干寺真身塔地宫考古为例　司开国　中国文物报6月26日7版
浅谈重大考古发掘对公众开放的意义　安娜　中国文物报6月26日7版
公众考古与大学生文化遗产观的调查研究——以复旦大学部分新生进行的问卷调查为例　周畅等　中国文物报11月13日5版
谈考古词汇的翻译——以汉阳陵遗址博物馆出土的文物为例　吴敏焕　考古与文物4:103~104
考古学刊物何以“学术”　施劲松　东南文化5:6~9
中国考古文物类期刊的发展与中国考古学的发展　朱乃诚、王景霞　南方文物2:105~108
谈谈考古文章的读者　方启　中国文物报12月18日3版
让考古报告走出象牙塔　梁太鹤　读书1:163~166
“真实古代”与“中国知识”：当代需要关注的两个概念　唐际根　中国文物报8月7日7版
中国考古学中的学术自由、政治思想正确和早期文明：关于夏——二里头关系的讨论　刘莉著　付永旭译　星灿校　南方文物4:165~172
新时期大遗址考古工作探讨　杜金鹏　中国文物报8月14日3版
浅谈台湾考古共同体的部落现象——

二个吊诡、一个僵局　辛育安　西部考古（第四辑）265～287

中国考古学研究概况分析（2005～2006年）——基于CSSCI的分析　张学锋　西北大学学报（哲学社会科学版）1:50～55

近十年来考古文博专业博士论文选题的调查与分析　杨勇、王方　中国文物报4月10日7版

补　遗

从学科特点看考古学与文化人类学的互补　田红　青海民族研究2008年19卷4:25～29

二　考古学史与考古学家传记

读《"金石学是中国考古学前身"说献疑》　张童心　上海文博论丛2:71～72

潍县金石学仿古铜古董行与甲骨学　孙敬明　纪念王懿荣发现甲骨文110周年国际学术研讨会论文集34～42

"国立中山大学语言历史学研究所"往事　刘文锁　边疆民族考古与民族考古学集刊（第一集）189～199

初创时期的浙江省博物馆与良渚文化发现人施昕更　赵大川　东方博物（第三十二辑）21～31

19世纪末20世纪初俄国考察队与中国新疆官府　荣新江　西域文史（第四辑）295～302

从"龙骨"到甲骨的飞跃——王懿荣发现甲骨文110周年纪念　曹定云　殷都学刊3:1～6

殷墟发掘与一九三〇年代的学术界　王泛森　中国社会科学院古代文明研究中心通讯17:1～2

谈安阳殷墟发掘工作者对考古学者的精神启蒙　董敏　纪念王懿荣发现甲骨文110周年国际学术研讨会论文集46～57

殷墟早期田野工作的思路与技术得失　唐际根　甲骨学110年：回顾与展望——王宇信教授师友国际学术研讨会论文集349～352

弘扬殷墟文化构建和谐社会——为纪念殷墟发掘80周年而作　王宇信　殷都学刊1:1～6

我与镐京考古的一段奇缘　张龙胜　中国文物报4月3日3版

打破带来的惊喜——长安区韩家湾墓地M13发掘记　李举纲、袁明　文博4:93～96

王懿荣发现甲骨文始末考　吕伟达　纪念王懿荣发现甲骨文110周年国际学术研讨会论文集3～10

王懿荣发现甲骨文始末　吕伟达　殷都学刊3:7～11

再论王懿荣是发现研究甲骨文字的第一人　马如森、马囡　纪念王懿荣发现甲骨文110周年国际学术研讨会论文集11～15

从王懿荣到孙诒让——《契文举例》为中心的考察　刘正　纪念王懿荣发现甲骨文110周年国际学术研讨会论文集16～24

王鹭与王懿荣的治学做人之道　徐心希　纪念王懿荣发现甲骨文110周年国际学术研讨会论文集25～33

论甲骨文发现之初的甲骨学家——王懿荣、孟定生、王襄之交往关系　朱彦民　纪念王懿荣发现甲骨文110周年国际学术研讨会论文集43～45

罗振玉与孙诒让之甲骨文考释比较研究　谭飞、程邦雄　语言研究29

卷4:110~116
罗振玉与古器物学　杨小召、侯书勇　求索1:226~228
董作宾先生对古建研究保护的贡献　郭胜强　纪念王懿荣发现甲骨文110周年国际学术研讨会论文集58~62
从《历史语言研究所工作之旨趣》看傅斯年的古史重建　徐峰　无锡文博1:17~22
商承祚先生与甲骨学、简帛学　陈炜湛、谭步云　中山大学学报（社会科学版）6:59~68
李济与中国考古学　王磊　边疆民族考古与民族考古学集刊（第一集）222~230
半个蚕茧两岸风波——考古学大师李济与夏鼐的故事　陈代俊　鹿鸣集——李济先生发掘西阴遗址八十周年山西省考古研究所侯马工作站五十周年纪念文集190~201
夏鼐与李济　刘文锁、博思源　古今论衡20:61~74
从传统金石学走向科学考古学：郭沫若甲骨文、青铜器研究中考古学方法的应用　徐明波、晋超　重庆师范大学学报：哲社版2:14~18
唯物史观视野下的甲骨学：郭沫若的甲骨文研究　徐明波　郭沫若学刊23~26
郑振铎与俄藏敦煌文献　刘进宝、王睿颖　南京师大学报：社科版3:71~76
饶惠元与筑卫城遗址　黄水根等　纪念王懿荣发现甲骨文110周年国际学术研讨会论文集63~64
考古十兄弟传（一~六）　朱元曙　中国文物报4月24日3版、5月1日3版、5月6日3版、5月27日3版、5月29日3版、6月3日3版
考古先驱 书林女杰——曾昭燏先生书法艺术略说　张蔚星　收藏家6:42~46
郑振铎1957年甘肃行记暨敦煌考察报告　王睿颖、刘进宝　丝绸之路4:50~53
王家祐先生学术生平　四川文物6:66
故“中研院”院士高去寻先生行述　杜正胜　潜德幽光——高去寻院士百岁冥诞纪念集2~3
怀念高去寻老师　李亦园　潜德幽光——高去寻院士百岁冥诞纪念集65
难忘高晓梅先生　许倬云　潜德幽光——高去寻院士百岁冥诞纪念集66~68
我所知道的高去寻先生二三事　李壬癸　潜德幽光——高去寻院士百岁冥诞纪念集69~70
追忆一段相知相惜的师生情谊　杜正胜　潜德幽光——高去寻院士百岁冥诞纪念集71~75
怀念高去寻先生　石磊　潜德幽光——高去寻院士百岁冥诞纪念集76~78
发展台湾考古学的推手　臧振华　潜德幽光——高去寻院士百岁冥诞纪念集79~80
师恩深厚忆晓梅老师　刘益昌　潜德幽光——高去寻院士百岁冥诞纪念集81~83
无微不至的关怀——怀念晓梅师—写在恩师百岁冥诞前夕　陈仲玉　潜德幽光——高去寻院士百岁冥诞纪念集84~85
追忆高晓梅先生　陈昭容　潜德幽

光——高去寻院士百岁冥诞纪念集 86～89

怀念考古学大师高去寻教授　吴文彬　潜德幽光——高去寻院士百岁冥诞纪念集 92～93

高去寻先生百岁冥诞感言　冯忠美　潜德幽光——高去寻院士百岁冥诞纪念集 95

桃李春风——记我印象中的高去寻先生　陈光祖　潜德幽光——高去寻院士百岁冥诞纪念集 90～91

中国考古学的旗帜与永远屹立着的丰碑——在“苏秉琦百年诞辰暨牛河梁发现三十周年纪念大会”上的讲话　张忠培　中国文物报 10 月 30 日 6 版

难忘的批评和鼓励——纪念秉琦老师百年诞辰　李伯谦　中国文物报 9 月 25 日 3 版

苏秉琦考古学理论指引着山东考古的正确方向——为纪念苏秉琦教授百年诞辰而作　高广仁　中国文物报 10 月 9 日 3 版

苏秉琦先生的区系类型理论和古文化古国说　朱延平　中国文物报 10 月 16 日 7 版

苏秉琦开展中国文明起源研究创建学术体系对 21 世纪中国文明起源研究的启示　朱乃诚　中国文物报 10 月 23 日 3 版

生命的意义——纪念父亲苏秉琦百年诞辰　苏恺之等　中国文物报 10 月 30 日 6 版

风雨兼程——纪念苏秉琦先生诞生 100 周年　田建文　中国文物报 10 月 30 日 6 版

情系故园寄望山海——追忆苏秉琦先生与河北考古　谢飞、韩立森　中国文物报 10 月 30 日 7 版

一座用生命和智慧熔铸的学术丰碑（代序）——俞伟超先生的学术贡献评述　信立祥等　俞伟超先生纪念文集·怀念卷 1～13，俞伟超先生纪念文某·学术卷 1～13；俞伟超先生纪念文集·学术卷 1～13

俞伟超先生生平　信立祥等　俞伟超先生纪念文集·怀念卷 14～15

一个学者的生命力——深切缅怀俞伟超先生　单霁翔等　俞伟超先生纪念文集·怀念卷 16～18

沉痛悼念尊敬的俞伟超先生　北京大学考古文博学院　俞伟超先生纪念文集·怀念卷 22～23

深切怀念伟超同志　徐光冀　俞伟超先生纪念文集·怀念卷 33～34

忆俞伟超　杨泓　俞伟超先生纪念文集·怀念卷 35～38

俞伟超与中国考古学学科建设　李伯谦　俞伟超先生纪念文集·怀念卷 39～45

“这是等了三十年的发现”——回忆俞伟超先生　郭大顺　俞伟超先生纪念文集·怀念卷 46～49

一位云水胸襟的导师——追思俞伟超先生　信立祥　俞伟超先生纪念文集·怀念卷 50～52

一位云水胸襟的导师——追思俞伟超先生　信立祥　中国历史文物 3：4～6

恩师风范高山仰止——沉痛哀悼尊敬的俞伟超先生　高崇文　俞伟超先生纪念文集·怀念卷 53～55

怀念俞伟超，呼唤“班村”精神　裴安平　俞伟超先生纪念文集·怀念卷 56～60

俞伟超（1933～2003）　罗泰著　王睿译　俞伟超先生纪念文集·怀念

卷 61 ~ 74
俞伟超先生学术评传　罗泰著　王睿译　中国历史文物 3:7 ~ 18
难忘的教诲——回忆俞伟超老师　董琦　俞伟超先生纪念文集·怀念卷 75 ~ 76
我心目中的俞伟超先生　蒋英炬　俞伟超先生纪念文集·怀念卷 77 ~ 80
怀念俞伟超先生　李容全　俞伟超先生纪念文集·怀念卷 81 ~ 82
中国环境考古的倡导者俞公伟超先生　周昆叔　俞伟超先生纪念文集·怀念卷 83 ~ 87
忆俞伟超先生对中国古代制陶技术研究的关注　李文杰　俞伟超先生纪念文集·怀念卷 88 ~ 91
忆俞伟超先生对湖北考古文物事业的卓越贡献　谭维四　俞伟超先生纪念文集·怀念卷 92 ~ 95
良师教诲永铭不忘——深切缅怀俞伟超先生　陈振裕　俞伟超先生纪念文集·怀念卷 96 ~ 106
事业永在风范长存　杨权喜　俞伟超先生纪念文集·怀念卷 107 ~ 110
深切怀念俞伟超先生　刘彬徽　俞伟超先生纪念文集·怀念卷 111 ~ 114
深深的怀念　佟伟华　俞伟超先生纪念文集·怀念卷 115 ~ 119
忆俞伟超先生二三事　张素琳　俞伟超先生纪念文集·怀念卷 125 ~ 128
俞伟超与航空考古　杨林　俞伟超先生纪念文集·怀念卷 135 ~ 136
文物保护的“第一院士”——怀念俞伟超先生　孟宪民　俞伟超先生纪念文集·怀念卷 137 ~ 138
第一推动力——怀念俞伟超老师（摘录）　李零　俞伟超先生纪念文集·怀念卷 129 ~ 134
悼念俞伟超先生　袁靖　俞伟超先生纪念文集·怀念卷 155 ~ 158
作为师长的俞伟超先生　王建新　俞伟超先生纪念文集·怀念卷 159 ~ 160
俞伟超先生与西北地区史前考古学研究　水涛　俞伟超先生纪念文集·怀念卷 165 ~ 168
痛苦的欢乐——纪念俞伟超先生　汤惠生　俞伟超先生纪念文集·怀念卷 169 ~ 171
我所认识的俞伟超先生　王建新　中国历史文物 3:19 ~ 21
作为范例的班村　张爱冰　俞伟超先生纪念文集·怀念卷 172 ~ 175
学者·学问·人生——俞伟超先生访谈录　徐良高　俞伟超先生纪念文集·怀念卷 176 ~ 181
先生风范山高水长——深切怀念俞伟超先生　杨立新　俞伟超先生纪念文集·怀念卷 182 ~ 185
缅怀我们的老师俞伟超先生　蒋迎春　俞伟超先生纪念文集·怀念卷 186 ~ 190
一位具有史学精神的考古学家——追忆俞伟超先生　梁云　俞伟超先生纪念文集·怀念卷 200 ~ 211
情谊胜过师弟子悲痛岂止哭失声——回忆与俞伟超先生交往的片断　黄锡全　俞伟超先生纪念文集·怀念卷 212 ~ 215
三峡文物保护的奠基人——俞伟超　郝国胜　俞伟超先生纪念文集·怀念卷 216 ~ 220
永不忘却的怀念　于海广　俞伟超先生纪念文集·怀念卷 221 ~ 223
最后的文稿——记俞伟超先生　李力　俞伟超先生纪念文集·怀念卷

224～225

沉痛悼念马承源先生　李伯谦　青铜文化研究第四辑 1～3

探求神秘的夏王朝——记北京大学考古系教授邹衡先生　中村愿著　华国强译　中国文物报 1 月 16 日 3 版

我与夏商周考古学　邹衡　中国历史文物 2∶4～7

邹衡先生仙逝三周年的纪念　郑光　中国历史文物 2∶8～11

商志𩡧教授逝世　中国文物报 7 月 10 日 1 版

怀念商志𩡧先生　单霁翔等　中国文物报 7 月 10 日 1 版

沉痛哀悼商志𩡧同志　张文彬、彭卿云　中国文物报 7 月 15 日 3 版

怀念商志𩡧先生在港考古筚路蓝缕之功　邓聪　中国文物报 7 月 15 日 3 版

王世襄先生逝世　中国文物报 12 月 2 日 1 版

著书超喻皓斯 文海外留——沉痛悼念王世襄先生　董保华、童明康　中国文物报 12 月 4 日 1 版

李先登同志逝世　中国文物报 12 月 2 日 2 版

卫聚贤与中国考古学　刘斌、张婷　南方文物 1∶99～107

刘东生院士与中国古人类学的新近发展　高星　中国文物报 3 月 20 日 7 版

思想开放、积极开拓的一生——纪念旧石器考古学家王建先生　陈淳　中国文物报 10 月 9 日 3 版

追念王建先生　张守中　中国文物报 10 月 16 日 6 版

深切悼念王建先生　山西省考古研究所　人类学学报 4∶i～ii

王玉哲教授甲骨学研究述评　朱彦民　殷都学刊 2∶29～40

博闻强识 钩沉致远——林沄先生访谈录　林沄等　南方文物 3∶24～31

从考古学出发：杨泓先生访谈录　杨泓等　南方文物 2∶7～18

谦虚、勤奋、审慎、严谨：李民先生访谈录　李民、袁广阔　南方文物3∶15～18

探幽索颐 锲而不舍：王宇信先生访谈录　王宇信、徐义华　南方文物 4∶19～28

谈王宇信先生对后学的鼓励和支持　马如森　甲骨学 110 年：回顾与展望——王宇信教授师友国际学术研讨会论文集 20～22

王宇信教授与安阳殷墟博物苑　杨善清　甲骨学 110 年：回顾与展望——王宇信教授师友国际学术研讨会论文集 23～29

王宇信先生——我的恩师引路人　刘志伟　甲骨学 110 年：回顾与展望——王宇信教授师友国际学术研讨会论文集 30～31

补　遗

孙诒让的甲骨文考释与金文　程邦雄等　语言研究 2008 年 28 卷 4∶83～88

三　考古学方法与现代考古学技术

考古研究必需按科学规程操作（节录）——“夏商周断代工程”结题后的反思　殷玮璋　中国社会科学院古代文明研究中心通讯 17∶3～13

GIS 技术在“横水西周墓地”资料数字化中的应用　宋建忠等　中国文物报 1 月 2 日 7 版

混频激光光谱分析技术在文化遗产研

究中的应用前瞻　贾腊江等　西北大学学报（哲学社会科学版）1:56～59

遗址的探查与发掘

注重建设工程中考古工作的质量管理　宫希成　道远集——安徽省文物考古研究所五十年文集 275～279

地形学在文物普查中的运用　乔国荣　中国文物报 8 月 7 日 6 版

以新的标准规范提升田野考古工作——国家文物局副局长童明康谈田野考古奖　李政　中国文物报 10 月 2 日 5 版

安徽江淮地区考古调查中地震迹象识别及研究　沈小七等　文物研究第 16 辑 24～34

"柱洞"发掘相关问题的再补充——读《从霍山戴家院遗址看柱洞的发掘》等笔记　方向明　文物研究第 16 辑 252～260

"灰坑"的概念及田野工作方法再探　蒋晓春　江汉考古 3:41～44

大洞旧石器时代遗址发掘方法述要　陈全家、李有骞　新果集——庆祝林沄先生七十华诞论文集 17～22

中国遥感技术在考古中的应用与发展　聂跃平、杨林　遥感学报 13 卷5:940～962

西安神禾塬地区高光谱遥感考古研究　谭克龙等　应用基础与工程学学报 17 卷 5:675～682

RTK 技术在田野考古中的应用前景　高振华　中国文物报 2 月 13 日 7 版

手持激光测距仪在考古中的应用分析　高振华　中国文物报 7 月 3 日 7 版

3S 技术在遗址探查中的应用　高飞、王心源　文物保护与考古科学1:9～14

三普遗址平面示意图的一种简易做法　魏曙光　中国文物报 10 月 16 日 6 版

遗址资料整理点滴（二）——遗迹单位相互关系及重建的思考与积累　子石　南方文物 1:119～122

补　遗

基于 GeoMedia 的考古探测综合解释系统　银正彤等　地球物理学进展 2008 年 23 卷 4:1286～1290

晋阳古城遗址考古地球物理特征　沈鸿雁等　地球物理学进展 2008 年 23 卷 4:1291～1298

年代测定

泥河湾盆地东坡遗址 ESR 年代学初步研究　刘春茹等　第四纪研究 1:166～172

泥河湾盆地几处旧石器时代文化遗址光释光测年　长友恒人等　人类学学报 3:276～284

周口店北京猿人遗址的年代综述兼评该遗址的铝铍埋藏年龄　陈铁梅、周力平　人类学学报 3:285～291

$^{26}Al/^{10}Be$ 埋藏测年法及其在我国早期人类遗址年代研究中的应用　沈冠军等　人类学学报 3:292～299

古瓷释光断代的思考　李虎侯等　'09 古陶瓷科学技术 7 国际讨论会论文集 744～754

热激活和辐照熄灭特性及其在瓷器前剂量测定年代中的应用　王维达　中国科学 E 辑 39 卷 11:94～102

洛阳唐三彩的热激活特性（TAC）研究　夏君定等　'09 古陶瓷科学技术 7 国际讨论会论文集 80～85

热释光年代测定法应用于唐三彩施釉陶器的可靠性　Xinmin Sun 等　'09

古陶瓷科学技术7国际讨论会论文集86～94

龙泉窑古陶瓷年代断定的中子活化分析和Bayes判别 谢国喜等 原子能科学技术43卷6：561～565

上林湖越窑瓷器前剂量测定年代中的热激活特性（TAC）研究 夏君定等 文物保护与考古科学4：10～17

放射性碳素测定年代报告（三五） 中国社会科学院考古研究所考古科技实验研究中心碳十四实验室 考古7：64～67

成分分析

上山文化遗址出土陶器的科技研究 王海圣等 '09古陶瓷科学技术7国际讨论会论文集1～11

滨海边区最早期的古陶器（岩相观测结果） O. V. Yanshina、A. V. Garkovik著 刘泽墉译 邓泽群、谭浩然校 '09古陶瓷科学技术7国际讨论会论文集12～21

新石器时代Cucuteni彩陶的相组成和化学组成分析以及Iznik陶瓷色料的成分研究 Bogdan Constantinescu等著 刘泽墉译 邓泽群、谭浩然校 '09古陶瓷科学技术7国际讨论会论文集22～39

垣曲盆地新石器时期陶器化学成分初探 王晓毅、王小娟 鹿鸣集——李济先生发掘西阴遗址八十周年山西省考古研究所侯马工作站五十周年纪念文集91～98

山西垣曲盆地新石器时代及早期青铜时代陶器的产地分析研究 成小林等 中国历史文物3：22～32

新密古城寨龙山文化遗址陶器的研究 鲁晓珂等 '09古陶瓷科学技术7国际讨论会论文集40～46

广富林遗址出土陶器初步研究 吴隽等 '09古陶瓷科学技术7国际讨论会论文集47～55

桐林遗址出土龙山时期陶器的研究 王海圣等 '09古陶瓷科学技术7国际讨论会论文集56～64

垣曲上亳遗址陶器化学成分的初步研究 王小娟、王晓毅 文物世界1：74～77

偃师二里头遗址出土白陶产地的初步探讨及锶同位素分析的重要意义 李宝平等 '09古陶瓷科学技术7国际讨论会论文集65～70

原始瓷的瓷釉分析与产地研究 夏季等 文物科技研究（第六辑）92～97

原始瓷胎料的粒度分析与产地探索 夏季等 南方文物1：47～52

广西东北部秦汉时期印纹硬陶和原始瓷的研究 邓泽群等 '09古陶瓷科学技术7国际讨论会论文集71～79

大园坪东汉青胎釉及其工艺的研究 徐霁等 '09古陶瓷科学技术7国际讨论会论文集135～143

铜川黄堡窑与黄冶窑出土唐三彩黄釉的产地与工艺初步研究 崔剑锋、雷勇 '09古陶瓷科学技术7国际讨论会论文集95～102

唐张臣和墓彩绘陶质文物的拉曼光谱和X衍射分析 杨景龙 文博6：407～411

唐代长沙窑绿釉和绿彩釉研究 张志刚等 '09古陶瓷科学技术7国际讨论会论文集144～153

在萨迈拉发现的中国长沙窑伊拉克复制品及中国三彩器皿的工艺研究 Nigel Wood等著 谭浩然、刘泽墉

译　邓泽群、谭浩然校　'09 古陶瓷科学技术 7 国际讨论会论文集 154 ~ 180
巴米扬陶瓷的化学分析及其产地　佐佐森达夫等著　谭浩然译　'09 古陶瓷科学技术 7 国际讨论会论文集 181 ~ 193
关于朝鲜京畿道 Chungamni 窑烧制的高丽白瓷的研究　Carolyn K. Koh Choo 等著　刘泽墉、谭浩然译　邓泽群、谭浩然校　'09 古陶瓷科学技术 7 国际讨论会论文集 194 ~ 205
河南巩县黄冶窑唐代蓝彩器研究　陈尧成等　'09 古陶瓷科学技术 7 国际讨论会论文集 319 ~ 328
汝官瓷和钧官瓷的支持向量机分析　崔鹏飞等　'09 古陶瓷科学技术 7 国际讨论会论文集 334 ~ 337
南宋郊坛下官瓷原料产地特征的因子分析　张奇伟等　四川大学学报：自然科学版 46 卷 3：723 ~ 726
钧瓷铜红釉呈色机制的初步研究　田士兵等　核技术 32 卷 6：413 ~ 418
古钧官瓷和现代高档钧瓷原料来源的中子活化分析　李国霞等　'09 古陶瓷科学技术 7 国际讨论会论文集 338 ~ 344
浙江越窑、龙泉窑以及南宋官窑青瓷组成和显微结构的比较分析研究　吴隽等　'09 古陶瓷科学技术 7 国际讨论会论文集 206 ~ 217
越窑、龙泉及南宋官窑青瓷等我国南方青釉名瓷的元素组成模式和显微结构特征　吴隽等　硅酸盐学报 37 卷 8：1408 ~ 1414
杭州老虎洞窑址出土"修内司窑"铭款荡箍的化学成分分析　崔剑锋等　文物 12：87 ~ 91
杭州凤凰山麓老虎洞窑出土瓷片的研究　李伟东等　'09 古陶瓷科学技术 7 国际讨论会论文集 262 ~ 274
温州西山窑青瓷的研究　黄瑞福等　'09古陶瓷科学技术 7 国际讨论会论文集 218 ~ 229
婺州窑瓷片的科学分析结果　殷敏　'09古陶瓷科学技术 7 国际讨论会论文集 230 ~ 239
婺州窑瓷片胎釉的进一步分析　殷敏　'09 古陶瓷科学技术 7 国际讨论会论文集 240 ~ 249
唐宋时期广西青瓷 X 射线荧光研究　卓尚军等　'09 古陶瓷科学技术 7 国际讨论会论文集 275 ~ 281
广西严关窑宋代黑瓷制作工艺研究　陈尧成等　'09 古陶瓷科学技术 7 国际讨论会论文集 282 ~ 288
广西、湖南宋元代铜绿釉瓷器研究　陈尧成等　'09 古陶瓷科学技术 7 国际讨论会论文集 289 ~ 298
广西宋代窑田岭窑红釉和绿釉的研究　张志刚等　'09 古陶瓷科学技术 7 国际讨论会论文集 299 ~ 308
广州南汉德陵和康陵出土陶瓷器物的科技研究　鲁晓珂等　'09 古陶瓷科学技术 7 国际讨论会论文集309 ~ 318
耀州窑月白釉瓷　王芬等　'09古陶瓷科学技术 7 国际讨论会论文集 345 ~ 350
漳州窑外销青瓷的 EDXRF 分析　马鸿蛟等　文物科技研究第六辑 98 ~ 104
EDXRF 对古代青花瓷器色料元素分布的无损研究　李合等　'09 古陶瓷科学技术 7 国际讨论会论文集361 ~ 367

景德镇外销青花瓷的化学组成特征　吴军明等　中国陶瓷 9∶73～76

广西清代青花钴蓝色料的新发现　张志刚等　'09 古陶瓷科学技术 7 国际讨论会论文集 368～378

广西清代青花瓷器研究　孙伟嫌等　'09古陶瓷科学技术 7 国际讨论会论文集 379～391

嘉靖官窑青花瓷的 PIXE 研究　承焕生等　'09 古陶瓷科学技术 7 国际讨论会论文集 392～398

清代青花玲珑加彩瓷的研究　陈显求等　'09 古陶瓷科学技术 7 国际讨论会论文集 399～404

真品与高仿、粗仿青花瓷热释光及成分分析对比实验　梁宝鎏等　'09 古陶瓷科学技术 7 国际讨论会论文集 405～411

景德镇"娇黄釉"的科学技术研究　郑乃章等　'09 古陶瓷科学技术 7 国际讨论会论文集 412～418

中国古代孔雀釉的研究　熊樱菲、张福康　'09 古陶瓷科学技术 7 国际讨论会论文集 419～423

明代成化斗彩和五彩的研究　张志刚等　'09 古陶瓷科学技术 7 国际讨论会论文集 434～440

无损分析方法对康熙雍正珐琅彩瓷色釉的研究　赵兰等　'09 古陶瓷科学技术 7 国际讨论会论文集 424～433

清晚期粉彩瓷中红、黄、白颜料的拉曼光谱分析　苗建民等　'09 古陶瓷科学技术 7 国际讨论会论文集 441～446

盈田窑青白瓷性能表征与制作工艺探析　曹春娥等　'09 古陶瓷科学技术 7 国际讨论会论文集 447～454

清代官窑青瓷釉的 EDXRF 研究　熊樱菲、龚玉武　'09 古陶瓷科学技术 7 国际讨论会论文集 455～461

液—液分相法瓷釉呈色　王芬等　'09古陶瓷科学技术 7 国际讨论会论文集 462～468

中国古代釉砂的起源和特点　董俊卿等　'09 古陶瓷科学技术 7 国际讨论会论文集 735～743

屯留余吾出土部分瓷器的激光剥蚀电感耦合等离子体发射光谱微损分析　王晓毅等　而立集——山西大学考古专业成立 30 周年纪念文集 413～417

X 射线衍射法对紫禁城明清琉璃构件中脱水叶蜡石的判定研究　康葆强等　'09 古陶瓷科学技术 7 国际讨论会论文集 103～110

紫禁城清代建筑琉璃构件显微结构研究　李瑗等　'09 古陶瓷科学技术 7 国际讨论会论文集 111～118

WDXRF 对古代建筑琉璃构件胎体主次量元素定量分析方法研究　段鸿莺等　'09 古陶瓷科学技术 7 国际讨论会论文集 119～124

故宫建筑琉璃瓦的保护研究　赵静等　'09 古陶瓷科学技术 7 国际讨论会论文集 125～134

黄瓦窑琉璃构件胎釉原料及烧制工艺研究　康葆强等　南方文物 3∶116～122

蒙古哈拉和林成吉思汗黑旗军营及黑堡遗物所表现出的中国与中亚的高温技术　Pamela Vandiver 等著　谭浩然、刘泽墉译　邓泽群、谭浩然校　'09 古陶瓷科学技术 7 国际讨论会论文集 826～835

若干古铜矿及其冶炼产物输出方向判

别标志的初步研究　魏国锋等　考古1:85~95
垣曲商城出土炉渣炉壁内金属颗粒及矿物组成的初步研究　梁宏刚等　文物保护与考古科学4:18~30
山西长治分水岭东周墓地出土青铜器的科学分析　韩炳华、崔剑锋　考古7:80~88
淮阴高庄战国墓出土铜器的分析研究　孙淑云等　考古2:75~86
九连墩墓地1、2号墓出土青铜器上锈蚀产物分析　金普军等　江汉考古1:112~119
湖北襄阳陈坡M10出土金属器的初步科学分析　孟祥伟等　江汉考古4:106~113
鄂尔多斯青铜合金技术初步研究　何堂坤等　鄂尔多斯青铜器国际学术研讨会论文集507~521
鄂尔多斯春秋战国青铜器科学分析　何堂坤、杨泽蒙　鄂尔多斯青铜器国际学术研讨会论文集522~539
湖南省望城县高砂脊遗址出土青铜器及铅同位素比值分析　内田纯子等　湖南省博物馆馆刊（第五辑）146~154
山东临淄齐国故城遗址出土西汉铜镜的铅同位素比值分析　崔剑锋等　考古4:85~89
黑漆古铜镜表面层的X射线近边吸收谱分析　高魏梦佳等　核技术32卷9:662~666
贵州赫章可乐遗址金饰青铜镜的仪器分析　楼署红、周双林　文物保护与考古科学1:37~43
德惠市迎新遗址金代双鱼镜的检测与研究　张玉春、王志刚　北方文物4:48~52
蚁鼻钱铜范浇铸隔离层的模拟制备与分析　金爽等　中国钱币2:18~21
湖北省鄂州出土黄铜钱币的光谱分析　夏冬青等　光谱学与光谱分析29卷10:2867~2870
北宋和南宋青铜钱币对比分析研究　赵作勇等　文物保护与考古科学1:50~58
宋代锣钹磬的科学分析　何堂坤等　考古7:89~96
甘肃地区部分早期铁器的金相组织分析及AMS—^{14}C年代测定　陈建立、马清林　文物科技研究（第六辑）1~13
一门馆藏明天启四年红夷大炮的探讨　胡晓伟、陈建立　文物保护与考古科学3:48~52
福建唐代陈元通夫妇墓出土银质文物的微观结构分析　马菁毓等　文物保护与考古科学3:59~66
湖南岳阳老鸦洲遗址出土“将军盔”检测分析简报　廉海萍等　湖南省博物馆馆刊（第五辑）74~78
汉陶俑彩绘颜料表面特征分析　张虎勤等　Christop Herm　文博6:151~156
咸阳地区出土汉代彩绘陶器表面颜料的科学研究　容波等　文博6:266~268
激光诱导击穿光谱分析法及其在彩绘文物分析与表征中的应用　阎宏涛、昌征　文博6:229~233
The Matter of Chinese Painting（中国壁画颜料成分组成的探讨）　Lucien van Valen　文博6:191~199
东平汉墓壁画制作工艺初探　徐军平等　文博6:211~215
Painting materials of polychrome funeral

objects from ancient Egypt（古埃及墓葬彩绘材料研究） Christoph Herm 文博6:234~243

阿尔寨石窟壁画颜料的拉曼光谱分析 张尚欣等 南方文物1:109~112

山西省介休市后土庙彩绘制作材料及工艺初探 李燕飞等 文博6:118~124

显微镜探知中国古代颜料史 夏寅 文博6:342~346

Man - Made Ancient Chinese Blue and Purple Pigments（古代中国人造蓝紫硅酸铜钡颜料） Heinz Berke 等 文博6:251~265

钴蓝颜料在故宫建福宫彩画中的发现 雷勇等 文博6:276~279

中国古代彩绘艺术中应用青金石颜料的产地之谜 王进玉 文博6:396~402

中国古建油饰彩画保护技术及传统工艺科学化研究 马涛等 文博6:412~421

古代建筑油饰彩绘传统工艺的科学化研究 胡道道等 文博6:435~450

古代建筑油饰彩画组成材料及制作工艺的研究方法之探讨 王丽琴等 文博6:451~454

The Polychromy of Neoassyrian Bas - Reliefs from the Northwest Palace of Ashurnasirpal Ⅱ at Nimrud. First Report from Munich Study（位于尼姆鲁德遗址的亚述那西尔帕二世的卡拉克西北宫殿中的新亚述浮雕彩绘：慕尼黑的研究成果） Rupert Gebhard 等 文博6:332~341

Egyptian polychromy on wooden objects from the Late Period: Saqqara and French Museum（埃及晚期的木基质彩画：赛加拉和法国博物馆） S. Pagès - Camagna 文博6:455~462

蒙古国博格达汗宫建筑木构件彩绘工艺及材料分析 杨秋颖等 文博6:473~478

关于铅丹变色的研究 巩梦婷等 文博6:479~486

盱眙东阳汉墓两件木胎漆器髹漆工艺探讨 金普军等 文物保护与考古科学3:53~58

司马金龙墓出土木板漆画屏风残片的初步分析 李涛等 文物保护与考古科学3:23~28

郑州小双桥遗址出土长方形穿孔石器的岩相特征 刘效彬等 华夏考古2:93~97

曾侯乙墓出土古玉器碎片玉质成分研究 朱勤文等 江汉考古1:106~111

甘肃崇信于家湾周墓出土玉器研究 张治国、马清林 考古与文物2:97~102

湖北随州擂鼓墩二号墓出土的战国玻璃组成 秦颖等 硅酸盐学报37卷4:574~576

河南平顶山应国墓地出土料珠和料管的分析 干福熹等 硅酸盐学报37卷6:1005~1016

清代五凤钿镶嵌珠宝饰物分析研究 王允丽等 文物科技研究（第六辑）86~91

遗址水稻硅质体籼粳性质判别方法综述 顾海滨 湖南考古辑刊（第8集）268~276

雕龙碑遗址出土器物残留淀粉粒分析 陶大卫等 考古9:92~96

河南安阳固岸墓地人牙的C、N稳定同位素分析 潘建才等 江汉考古

4:114～120

新疆巴里坤县黑沟梁墓地出土人骨的食性分析　张全超等　西域研究 3:45～49

寄生物考古新进展　张居中、蓝万里　中国文物报7月10日7版

故宫藏"孔雀吉服袍"的制作工艺——三维视频显微系统的应用　王允丽等　故宫博物院院刊4:149～154

西周倗国墓地出土荒帷印痕的科技分析　马颖等　中原文物1:102～105

文物产地与矿料来源研究新进展　凌雪等　西北大学学报（哲学社会科学版）5:11～14

国外切割痕迹研究方法述评及在湖北白龙洞的初步应用　王运辅等　考古11:86～96

探寻东胡遗存——来自生物考古学的新线索　朱泓等　吉林大学社会科学学报1:63～68

山西绛县横北西周墓地人骨铅含量分析　秦颍等　文物7:43～47

从筛状眶和多孔骨肥厚考察中国古代人骨上的贫血现象　张君　考古10:86～90

补　遗

高精度EDXRF多元素分析仪在考古中的应用　林娟等　核电子学与探测技术2008年28卷4:737～739

景德镇明清以来低温黄釉的显微结构　郑乃章等　人工晶体2008年37卷4:981～985

河南安阳殷墟出土陶水管与陶器的对比研究　李乃胜等　分析测试学报2008年27卷9:936～941

能量色散X射线荧光光谱法探针线扫描分析"长沙窑"彩绘工艺　孙莹等　理化检验：化学分册2008年44卷9:807～809

古代青铜器锈蚀产物的拉曼和红外光谱分析　李涛　有色金属2008年60卷2:146～152

计算机技术的应用

GIS在内蒙古敖汉旗环境考古研究中的初步应用与探索　滕铭予　华夏考古3:120～134

双洎河流域数字环境考古实践　鲁鹏等　中华文明与嵩山文明研究（第一辑）265～272

古居延绿洲汉代至西夏渠系影响特征及绿洲环境变迁　蓝利等　第四纪研究2:241～247

数字影像纠正与考古绘图　张蕾、刘建国　考古7:68～73

运用计算机技术测定古代岩画年代的实验报告　姜涛等　内蒙古文物考古2:107～120

利用3D模拟建模技术再现考古遗址文化场景　刘雁林等　文博1:87～90

文物三维彩色数字化模型实现方式探讨　齐扬等　文博6:492～495

论先秦文字编码化问题　（日）铃木敦　甲骨学110年：回顾与展望——王宇信教授师友国际学术研讨会论文集64～71

甲骨文字库建设和输入法研究　秦绿叶　语言学刊8B:156～157

"殷周金文暨青铜器资料库"介绍　"中研院"历史语言研究所金文工作室　汉学研究通讯28卷4:44～49

Contributions to the study of Neolithic painted ceramics of Cucuteni civilization（库库提尼文明——新石器时

代彩陶研究资料库的建立） Maria Geba 等 文博 6∶365～370

补 遗

甲骨文检索的粘贴 DNA 算法 栗青生、杨玉星 计算机工程与应用 2008 年 44 卷 28∶140～142

其 他

文化因素分析方法在历史考古中的应用 索德浩 成都文物 1∶66～70

田野考古信息系统的设计方案与实施流程 毕硕本等 测绘科学 34 卷 5∶193～195

洗，还是不洗——考古室内整理工作的新问题 陈雪香 中国文物报 1 月 23 日 7 版

旧石器时代残留物分析：回顾与展望 关莹、高星 人类学学报 4∶418～429

微痕分析中使用单位与使用部位 陈虹、陈淳 中国文物报 8 月 7 日 7 版

微痕分析法的创新运用：从石器到金属工具——以环珠江口和铜绿山出土的先秦金属工具为例 向安强 农业考古 4∶180～183

陶器形态学的形式分析 Vera Kovalevskaya 著 刘泽墉译 邓泽群、谭浩然校 '09 古陶瓷科学技术 7 国际讨论会论文集 532～538

头骨三项非测量特征在中国古代人群中的分布差异 李法军 人类学学报 1∶32～44

应用于中国釉的光学相干断层摄影技术的研究 Meili Yang 等著 谭浩然、刘泽墉译 谭浩然校 '09 古陶瓷科学技术 7 国际讨论会论文集 469～475

用摄影技法如何表现青铜器造型艺术之管见 刘宝林 青铜文化研究（第三辑）82～86

公众考古中的影像信息采集 杨秀侃 中国文物报 4 月 10 日 7 版

传统拓片制作在三普中的运用 徐刚 中国文物报 5 月 20 日 8 版

运用恰当的传拓技法科学、持久地留存文物信息 赵希利 四川文物 5∶122～125

绝学外传——以扑子作画的全形拓技艺 廖彩惠 古今论衡 20∶155～170

考古学中的拓片技术应用浅识 张玉春、贾素娟 东北史地 2∶42～46

汉代彩绘画像石的拓片提取 张俊生 文物修复研究（第 5 辑）250～252

论考古档案的规范管理 徐微明 中国档案 5∶44～49

四 文物保护与修复

综 述

试论文物保护学的学科特征 邵安定 西部考古第四辑 307～311

科技保护 60 年 中国文物报 9 月 30 日 6 版

文物认定管理暂行办法 中国文物报 8 月 21 日 2 版

从天衣无缝到若隐若现——由几个国际规章与案例谈当代修护理论 王竹平 故宫文物月刊 317∶30～37

中国国家线性文化遗产网络构建 俞孔坚等 人文地理 24 卷 3∶11～16

从文化建设角度看近代中国的文物保护 江琳 历史教学：高校版9B∶24～29

略论文物保护理念 李晓东 中国文物报 6 月 10 日 3 版

现阶段文物修复与保护工作中存在的

问题和解决思路　张孜红　文物修复研究（第5辑）451~455
遗产本体价值的回归　宋峰、杨成　文物世界1:43~44
以价值为导向的遗产保护规划　黄明玉　中国文物报4月10日8版
浅谈文物的社会保护问题　王丽敏　文物春秋6:47~49
《文物保护工程监理报告选编》序　罗哲文　中国文物报1月7日4版
我国大遗址管理机构现状和管理体制研究初探　张韵　内蒙古文物考古2:97~103
"保护·发展一体化"模式与"文化遗产特区"（之一、二、三、四、五）　徐嵩龄　中国文物报8月7日4版、8月14日6版、8月28日6版、9月11日6版、9月18日4版
"地域—文化"遗产调研的基本方向　王刃余　东南文化4:20~26
面向"未来"的考古学——写在"五四运动"90周年之际　王齐、施劲松　中国文物报5月1日7版
坚持科学发展观，不断提升南水北调文物保护工作的水平　吴宏堂　江汉考古1:139~143
经历风雨　得见彩虹——北京文物保护事业60年　北京市文物局　中国文物报6月10日8版
突发地震灾害引发的关于《世界遗产公约》的思考　郭旃　中国文物报5月13日6版
对文物病害治理科研成果可靠性评价的思考——从新药临床前与临床研究程序谈起　李玉虎等　中国文物报1月2日8版
化学保护的副作用及其对策的探索性研究：（I）多层化学保护　张秉坚等　文物保护与考古科学1:1~8
浅谈云南茶马古道沿途历史文化遗产的保护——以云南剑川县沙溪寺登街为例　张新科等　殷都学刊2:152~156
韩国文化财保护法（二）　河淑花译　文化遗产研究集刊（第四辑）216~235

补　遗

基于财政规制的中国文物保护研究：对汶川地震毁损文物的思考　文连阳　社科纵横2008年23卷11:71~73

金属器的保护

金属文物的腐蚀结构及文物保护相关的问题　贾莹、高秀华　内蒙古文物考古2:121~131
浅谈青铜器修复程序　贾文忠　文物修复研究（第5辑）11~22
谈青铜器文物复制技法　李新秦　青铜文化研究（第三辑）94~105
青铜文物的矫形修复及相关问题探讨　赤银忠　文物修复研究（第5辑）7~10
对维护保存腐蚀青铜器准则的认识　李新秦　青铜文化研究（第五辑）143~146
浅析青铜器锈蚀　李水鲜　文物修复研究（第5辑）43~45
青铜器除锈技术与封护处理关系的再思考　谢硕　文物修复研究（第5辑）57~63
用于青铜器保护的Incralac的生物变质　李震译　文物修复研究（第5辑）74~79
快速修复青铜器的一种有效方法　倪炎　文物修复研究（第5辑）

96～98
浅谈近代传统青铜器修复流派　王晓鸣　文物修复研究（第5辑）393～396
氟橡胶成膜物封护青铜试片的研究　徐飞等　文物保护与考古科学2：27～33
略谈青铜器鉴别与保护　陈淑英　中国文物报8月5日8版
微区拉曼光谱在铜合金腐蚀产物方面的研究应用——建立参考数据库和研究铜质艺术品大气腐蚀　（比利时）瓦莱丽·海斯等著　王小灵译　文物研究（第16辑）267～273
商代兽面纹马饰的修复　吕团结　故宫文物月刊317：51～52
浙江瓯海西周土墩墓出土青铜器的实验室考古清理　马菁毓等　考古7：74～79
西周柿蒂纹铜尊的修复　孙海岩　文物修复研究（第5辑）68～70
春秋蟠龙纹铜方壶的修复　孙海岩等　文物修复研究（第5辑）52～56
战国钟鼎修复与自制工具应用　李静生　文物修复研究（第5辑）71～73
青铜编钟修复中的矫形定位装置及其使用　胡家喜、胡涛　文物修复研究（第5辑）1～6
九连墩战国编钟形声复原研究　胡家喜等　文物保护与考古科学2：17～26
蔺相如戈的复制工艺　刘文兵　博物馆研究3：71～73
三星堆青铜立人像的加固修复工艺　杨晓邬　青铜文化研究（第四辑）132～136
运用泥塑手法复原三星堆青铜人面具　樊斌、冯陆一　文物修复研究（第5辑）93～95
四川宣汉罗家坝出土铜器的锈蚀研究　金普军等　青铜文化研究（第四辑）120～125
秦陵7号坑铜水禽彩绘保护及分析　马生涛　文博6：42～44
秦陵7号坑严重锈蚀青铜水禽分析研究　容波等　青铜文化研究（第四辑）126～131
秦俑一号坑出土青铜铍的修复与保护　兰德省、容波　青铜文化研究（第五辑）76～82
秦俑坑青铜弩机的保护修复研究　容波　青铜文化研究（第三辑）89～93
大连地区汉墓群出土部分青铜器的修复与保护　苏广德　文物修复研究（第5辑）46～49
两件汉代青铜器的分析研究与保护修复　宋艳　文物保护与考古科学1：63～70
资阳青铜车马的修复　冯陆一等　文物修复研究（第5辑）28～34
浅谈汉代青铜马的修复　邓任生　文物修复研究（第5辑）50～51
湖北郧阳博物馆馆藏汉代青铜摇钱树的修复　方国荣　江汉考古3：106～109
湖北郧阳博物馆珍藏一株汉代青铜摇钱树——馆藏二十七年的文物摇钱树残片成功复原　周兴明　江汉考古3：129～130
新疆伊犁地区出土青铜器的保护修复　孙广明　文物修复研究（第5辑）23～27
宋代墓葬出土铜镜的现场保护处理　王景勇　文物修复研究（第5辑）

35～38
广州“清代甲胄”铜扣的去锈与保护 王有亮 广州博物馆建馆八十周年文集——镇海楼论稿之二 207～211
清代铜鎏金仕女立像之维护 林燕雪 故宫文物月刊317:46～50
铜镀金象驮转花钟的修复 王津、秦世明 故宫文物月刊317:66～71
铁质文物综合保护技术研究 中国文化遗产研究院 中国文物报7月31日8版
室外大型铁质文物除锈技术的探讨 李艳萍 文物科技研究（第六辑）36～40
潮湿环境下的铁质文物保护与修复 李钢、王波 文物修复研究（第5辑）80～84
铁质文物保护的封护材料 沈大娲等 涂料工业39卷1:17～19
派拉纶真空涂覆层对铁质文物保护的作用 田兴玲、冯跃川 材料保护42卷6:59～60
用显微镜和电镜观测高句丽时期丸都山城宫殿址部分铁器的腐蚀状况 张玉春 文物保护与考古科学2:34～43
沧州铁狮子制作技术和材质与腐蚀状况研究 宋薇等 文物科技研究（第六辑）14～25
沧州铁狮子结构健康监测系统研究及测试试验 范峰等 文物保护与考古科学4:38～47
浅谈清代铁狮子的翻模和复制工艺流程 康涛 文物修复研究（第5辑）85～86
天津大沽口炮台遗址铁炮病害研究 张治国等 文物科技研究（第六辑）26～35
清代铁炮自然表面与腐蚀关系研究 徐飞等 文物科技研究（第六辑）41～48
过渡金属离子与有机物对钢铁的缓蚀协同效应 李乃胜等 文物保护与考古科学1:71～75
刷镀技术在文物修复中的展望 刘莺 文物修复研究（第5辑）324～328
丙烯酸树脂材料和何家村金银器的保护 刘芃等 中国文物报1月2日8版

石质文物的保护

浅谈树脂材料复制石刻造型的特性及用途 刘强 碑林集刊（十四）479～481
文物建筑中石质材料病害的机理分析 张辉 道远集——安徽省文物考古研究所五十年文集236～245
石质文物附垢与劣化 张金凤 文物科技研究（第六辑）104～109
石质文物加固中细菌诱导碳酸钙生成的研究 孙延忠、陈青 文物保护与考古科学3:29～32
氟—硅—丙石质文物封护涂料的合成及性能分析 陈国清等 文物保护与考古科学4:5～9
田野石刻自然损坏机理及防护措施 陈晓峰等 丝绸之路20:55～57
模拟酸雨对不同石材防护材料的影响 徐飞高等 涂料工业39卷1:1～4
对西安碑林露天、半露天石质文物保护的思考 牟炜 碑林集刊（十三）313～316
馆藏石质文物复制的新思路——以复制北魏“一佛二弟子说法佛龛”为

例 王丹 文物世界 5:75~77

修复一尊石佛造像的相关问题 刘宁 碑林集刊（十三）317~319

马圈沟遗址古象足印迹加固起取搬迁保护技术 雷金铭、任雪岩 文物修复研究（第5辑）366~373

两件馆藏石函画像石的修复 李钢 成都文物 3:65~67

张掖马蹄寺石窟群浮雕石塔的病害及保护 王卫东 陇右文博 1:69~71

南朝陵墓石刻保护现状调研及对策 杨祥民 文物世界 1:30~42

曹恪碑等石质文物的材质分析与保护 张建华、魏华 文物世界 1:71~73

浅谈拓石假山披檐在摩崖题记石质文物保护中的应用 赵菊芹 中国文物报 2月13日8版

合作保护传承文化——中日合作陕西唐陵石刻保护修复项目述评 中国文物报 3月18日6~7版

广元皇泽寺石刻摩崖造像危岩抢险加固工程浅议 张建荣等 中国文物报 9月25日7版

广西左江岩画及其保护研究 黄槐武等 文博 6:298~302

涪陵白鹤梁题刻的本体保护 曾中懋 四川文物 6:90~96

重庆大足石刻千手观音造像区地下水渗流机制分析 方芳等 文物保护与考古科学 4:1~4

岱庙石质文物现状及保护对策探讨 郑澎 文物修复研究（第5辑）337~341

宁波东钱湖石刻群微生物病害研究 傅亦民等 文物保护与考古科学 4:31~37

Investigating of the Polychromy of Greek and Roman Stone Sculpture – The Copenhagen Polychromy Network Projects in the Ny Carlsberg Glyptotek, Copenhagen（调查希腊和罗马的彩绘石刻雕塑） Mikkel Scharff 等 文博 6:51~70

An Approach to the Reconstruction of a Greek Late Archaic Sculpture of a Girl, The kore Athen, Acropolis 682（考尔雅典女神，雅典卫城 682——一尊希腊古典晚期雕塑的重建工作） Bernhard Schmaltz 文博 6:111~117

补 遗

特种有机硅氟聚合物保护砂岩文物的研究 杜慧茹等 涂料工业 2008年38卷 12:38~41

古建筑的保护

《中国文物古迹保护准则》在文物建筑保护工程中的应用 付清远 东南文化 4:12~19

历史建筑的系统属性——文化遗产保护哲学思想的一点小探索 肖金亮 东方建筑遗产（2009年卷）3~10

《古迹、建筑群和遗址记录工作原则》 李春玲编译 中国文物报 12月25日3版

古遗址与古建筑保护方法探索及应用 贺林 丝绸之路 8:27~30

谈古代建筑的保养与修缮 任剑 丝绸之路 20:58~61

没有规矩不成方圆——写在《古建筑防工业振动技术规范》国家标准实施之际 黄克忠 中国文物报 2月13日8版

传统建筑群保护理念与原则的若干探讨 王时伟 中国文物报 2月27日

8版
三维激光扫描技术在古建保护修复中的应用　吴志群、宁波　中国文物报2月27日8版
地理信息系统在古建筑保护中的应用　张辉　文物研究（第16辑）274～277
浅谈古建筑木结构材质状况勘查技术　陈允适　东方建筑遗产（2009年卷）45～53
柴泽俊谈古代建筑保护修缮问题　李志荣　中国文物报1月16日8版
中日古建筑保护修复刍议　李光明　中国文物报4月15日3版
震后被损古代建筑修复原则探讨　侯卫东　中国文物报5月13日6～7版
对震损文物修复的认识　杜启明　中国文物报5月13日7版
关于文物建筑原址重建的几点思考　童明康　中国文物报12月25日3版
浅析保国寺古建筑群虫害的防治　符映红　东方建筑遗产·2009年卷129～133
太平天国忠王府维修纪要　徐亦鹏、徐兴元　苏州博物馆建馆五十周年纪念文集29～45
沁阳天宁寺三圣塔及其保护工程　河南省龙源古建园林技术开发公司（常铁伟）　文物建筑（第3辑）170～178
南阳武侯祠古柏亭的保护维修　刘灏　文物建筑（第3辑）179～184
武义延福寺大殿保护维修对策　黄滋　浙江省文物考古研究所学刊（第九辑）418～427
交城天宁寺大雄宝殿修缮保护工程技术策略述要　李小青　文物世界3:18～23
新疆和田热瓦克佛寺保护加固研究　梁涛　北方文物2:105～107
交河故城西北佛寺复原研究　梁涛　文博2:76～84
新疆和田安迪尔古城佛塔保存现状及保护对策　梁涛　文物保护与考古科学3:41～47
定州开元寺塔历代维修情况介绍　贾敏峰、王丽华　文物春秋2:47～51
弥陀殿和圣母殿两部修缮工程报告所见的古建筑木材料问题　彭明浩　中国文物报7月24日7版
故宫太和殿木构件现状分析及加固方法研究　石志敏等　文物保护与考古科学1:15～21
长城保护进入“数字时代”　李艳　中国文物报4月22日8版
新农村建设中古民居的保护　李献土　丝绸之路20:62～64

壁画的保护

地理信息系统在馆藏壁画病害调查中的应用　王晏民等　文物科技研究（第六辑）175～181
水下壁画揭取技术和修复方法　易泽林　文物修复研究（第5辑）265～267
PS～F系列灌浆材料的强度特性　李最雄等　敦煌研究6:26～29
不同土沙比壁画地仗性能测试　马先峰等　敦煌研究6:36～39
古代壁画脱盐关键技术研究　敦煌研究院　中国文物报11月20日8版
古代壁画、文物彩绘病害调研与治理研究　李玉虎等　文博6:200～210
馆藏壁画的历史信息与现状调查　成倩等　文博6:216～221

紫外荧光成像技术在馆藏壁画保护研究中的应用　张群喜　文博 6：222～228

赤铁矿及孔雀石对桐油和大漆老化性能的影响　和玲等　文博 6：269～275

甘肃境内石窟寺中壁画有害生物调查及防治对策　汪万福等　敦煌研究 6：30～35

敦煌莫高窟第 285 窟光学调查——南壁图像色彩和绘画技法复原的调查　高林弘实等　敦煌壁画艺术继承与创新国际学术研讨会论文集 711～719

莫高窟壁画盐害作用机理研究（Ⅱ）　靳治良等　敦煌研究 3：100～102

莫高窟第 98 窟酥碱壁画保护修复试验研究　樊再轩等　敦煌研究 6：4～7

麦积山石窟陶质化彩塑及其相关问题——麦积山石窟塑像壁画制作工艺研究之二　董广强　文博 6：147～150

敦煌壁画盐害的毛细管电泳快速检测分析　杜红英等　敦煌研究 6：44～49

沉淀电导滴定法用于敦煌莫高窟壁画地仗中阴离子的现场快速分析　周雷等　敦煌研究 6：50～54

新型合成脱盐材料在治理莫高窟盐害壁画中的实验研究　苏伯民等　文博 6：175～183

炳灵寺第 138 窟壁画加固与修复　唐正宪、刘亨发　丝绸之路 22：26～27

瓜州榆林窟微环境特征及其对壁画病害影响的初步分析　杜建君等　敦煌研究 6：105～108

克孜尔石窟壁画保存环境与病害防治对策　叶梅　中国文物报 9 月 11 日 7 版

馆藏壁画失效支撑体去除技术研究　杨文宗等　文博 6：184～190

濒危馆藏壁画抢救工程——馆藏壁画保护综合研究简介　郭宏　文物科技研究（第六辑）115～117

曲江西汉壁画墓现场保护工作的思考　赵凤燕、李书锁　中国文物报 5 月 20 日 8 版

陕西唐墓壁画和内蒙古大召寺明代壁画胶接材料的 Py－GC－MS 与 GC－MS 研究　魏书亚等　文物科技研究（第六辑）153～170

陕西唐墓壁画提取后的保护与修复技术　杨文宗等　文物科技研究（第六辑）182～186

唐李邕墓壁画的现场保护提取　赵西晨、王啸啸　文物科技研究（第六辑）187～191

馆藏唐墓壁画《侍女侏儒图》的保护修复　杨文宗　考古与文物 5：107～110

内蒙古大召寺壁画的历史价值及其早期提取加固情况调查　杜晓黎　文物科技研究（第六辑）118～123

内蒙古大召寺壁画的历史与现状调查　成倩等　文物科技研究（第六辑）124～131

内蒙古大召寺壁画失效支撑体去除技术研究　葛琴雅等　文物科技研究（第六辑）132～136

内蒙古大召寺壁画制作材料和工艺研究　宋燕等　文物科技研究（第六辑）137～146

内蒙古大召寺壁画本体保护修复技术研究　孙延忠等　文物科技研究

（第六辑）147～152
内蒙古大召寺壁画颜料色度特征分析研究　张虎勤等　文物科技研究（第六辑）171～174
陕西白水仓颉庙酥碱壁画脱盐修复的初步试验　陈港泉等　敦煌研究6:8～12
13世纪拉达克地区壁画状况　宫本道夫　敦煌壁画艺术继承与创新国际学术研讨会论文集671～684
云南大理兴教寺壁画中黑色物质的分析　周霄、高峰　文物科技研究（第六辑）110～114
布达拉宫壁画的保护研究　李最雄　文博6:157～174
西藏罗布林卡壁画病害成因及其防治对策　赵林毅等　中国藏学3:54～60
汶川地震导致的壁画文物震害研究——以广元市觉苑寺大雄宝殿壁画为例　周乾等　文物保护与考古科学3:1～7
浅谈数字化图像技术在蓝田水陆庵的应用　王展　中国文物报3月20日8版
一幅埃及壁画的抢救性保护　赵林娟编译　中国文物报8月21日4版
从“场所精神”出发探讨古建筑彩画保护理念中的重绘问题　永昕群　中国文物报4月17日8版
古建筑无地仗彩绘保护材料的研究　何伟俊等　文物科技研究（第六辑）77～85
中国古代建筑油漆彩画地仗传统制作材料剖析　周文晖、王丽琴　西部考古（第四辑）318～326
江苏省古建筑无地仗层彩绘传统制作工艺研究　何伟俊　东南文化5:101～107
山西介休后土庙彩塑病害机理的室内实验研究　李燕飞等　敦煌研究6:40～43
杭州文庙彩绘现场保护研究　徐飞等　文博6:285～291
传统材料及方法在江苏古建筑彩绘保护中的应用——漫谈江苏常熟严呐宅明代彩绘的保护研究　龚德才、王鸣军　文博6:422～425

石窟寺的保护

濒危薄型窟顶石窟加固新技术的应用研究　满君等　敦煌研究6:21～25
敦煌石窟保护与展示工作中的数字技术应用　樊锦诗　敦煌研究6:1～3
水系统对莫高窟小气候的影响　李红寿等　敦煌研究3:110～113
敦煌莫高窟典型洞窟空气交换速率的对比分析　张国彬等　敦煌研究6:100～104
敦煌莫高窟崖体风化特征及保护对策　王旭东等　岩石力学与工程学报28卷5:1055～1063
莫高窟崖顶强风化层PS花管注浆加固试验研究　张虎元等　敦煌研究6:13～20
西沃石窟的迁移保护　李中翔　文物保护与考古科学1:32～36
四川摩崖造像岩石的工程物理特性　韦荃等　文物保护与考古科学2:48～52
武威天梯山石窟文物的搬迁　张立胜　敦煌研究1:33～37
合作交流贡献——联合国教科文组织保护文化遗产日本信托基金项目成果报告会综述　郭桂香　中国文物报3月6日8版

漆木器的保护

中国出土漆器文物及其保护研究现状 黄湛、汪灵 南方文物 1:114～118

防水材料在木材保护中的尝试 周双林等 文物保护与考古科学 1:22～26

甘肃出土糟朽木器环境腐蚀作用与机理研究 陈赓龄、卢燕玲 文物保护与考古科学 4:67～73

超临界 CO_2 萃取技术在文化遗产保护领域的应用研究 王宜飞等 湖南省博物馆馆刊（第五辑）595～600

动态粘度法测定饱水古木尺寸稳定剂 PEG 浓度 刘东坡等 东方博物（第三十三辑）102～105

国外大型饱水古船提取保护方法述评 王晓琪 中国文物报 3 月 6 日 8 版

传统工艺技术在古船保护修复中的应用 李国清 文物修复研究（第 5 辑）321～333

乙二醛脱水加固定型曾侯乙墓和包山楚墓彩漆主棺 陈中行等 文博 6:463～467

忠县崖脚墓地出土战国木椁现状调查与劣化分析 郑利平 考古与文物 4:105～107

山西襄垣出土元代彩绘木质棺床的科技保护 丁凤萍、李正佳 中国文物报 4 月 3 日 8 版

梁带村西周木俑的清理与修护 雷少 周秦文明论丛（第二辑）130～134

安吉出土饱水木俑的稳定 靳海斌等 东方博物（第三十一辑）118～122

试论“及时性”在考古现场保护中的重要意义——以张家川战国墓地现场保护实践为例 赵西晨、邵安定 文物保护与考古科学 4:84～88

150 件汉代木器：再现 2000 年前的历史细节 王文元 丝绸之路 19:13～18

吉林省渤海国王室墓地出土银平脱梅花瓣形漆奁修复 李澜、程丽臻 江汉考古 3:102～105

吉林省渤海国王室墓地出土银平脱梅花瓣形漆奁修复 李澜、程丽臻 文物修复研究（第 5 辑）309～312

渤海国王室墓地出土银平脱梯形漆盒保护修复 李澜、程丽臻 文物保护与考古科学 2:53～57

一件凤纹漆衣铜镜的保护处理 马菁毓、程博 文博 6:487～491

彩绘漆盘的考古发掘现场保护 黄建华等 文博 6:292～297

木质文物的修护——以宋人临辋图木匣为例 谢金鸾 故宫文物月刊 317:53～57

明代上洛县主墓出土彩绘木质文物的保护与研究 邵安定等 文博 6:468～472

浅析中国古典家具的修复 邬涛 文物修复研究（第 5 辑）295～297

中国古典家具的修复 邬涛 文物天地 12:90～92

浅谈明清传世髹漆家具修复 杨靖 文物修复研究（第 5 辑）298～308

浅谈木雕插屏的修复与保养——以沈阳故宫院藏“鸡翅木透雕仙童双鹿插屏”为例 栾晔 文物修复研究（第 5 辑）313～316

补 遗

重庆地区馆藏木质文物病害调查与保护 郑利平等 重庆师范大学学

报：哲社版2008年6:80~86

纸质文物的保护

丙酸钙水酒精溶液对纸质文物脱酸效果的影响　梁义、卿梅　文物保护与考古科学2:44~47
纸质文物库房微生物的防治　孙丽美　文物修复研究（第5辑）253~259
用现代科学理念连通中国书画装裱的古与今　李涛、吴振江　文物修复研究（第5辑）199~202
浅谈书画托心过程中存在的问题及解决的方法　曲哲、张羽　文物修复研究（第5辑）207~210
浅谈古旧字画修复的技法与实践　崔嶶嶶　文物修复研究（第5辑）223~226
中国书画装裱技法改进五动议　杨志新　文物修复研究（第5辑）227~230
中国书画装裱技艺对纸本类文物保护作用　毕佳　文物修复研究（第5辑）329~332
绢质书画文物的修复与保护　毕佳　文物修复研究（第5辑）158~162
试谈书画手工装裱不平的成因及其解决途径　刘泽信　文物世界6:77~78
浅谈碑帖装裱工艺　何文峰　中国文物报7月24日8版
谈字画的保护和管理　李朝元　文物世界5:65~67
两件特殊纸装饰文物的修复　贾文熙、郭玢　文物修复研究（第5辑）317~320
书画装潢是书画鉴定的辅助依据　张章　文物修复研究（第5辑）351~353
谈天一阁博物馆书画装裱工艺与“北派”工艺的差异　于美娜　文物修复研究（第5辑）163~167
古代字画修复工序及技巧　肖岗　文物世界3:76~80
书画的装裱与修复随笔　甘岚　中国文物报2月20日8版
不同添加成分对书画装裱浆糊抑菌效果的评价试验　刘舜强等　故宫博物院院刊6:140~144
书画修复的误区　沈亚洲　中国文物报12月11日4版
浅谈绢本重彩绘画的修复保护技术　李寅　故宫博物院院刊4:143~148
谈谈唐代《妙法莲华经卷》的修复　甘岚　中原文物1:106~109
谈谈唐代《妙法莲花经卷》的修复　甘岚　文物修复研究（第5辑）244~249
岳飞手书《出师表》拓片的收藏和装裱保护　王克　文物修复研究（第5辑）203~206
略谈高凤翰《读书铭》的修复过程——中贴折条的修复工艺　郝淑兰　文物修复研究（第5辑）242~243
论院藏钱维城画修复与研究　戴明举　文物修复研究（第5辑）176~177
郑成功画像修复实录　刘芳如　故宫文物月刊311:74~87
郑成功画像装裱之考量　洪顺兴　故宫文物月刊311:88~95
油画修复中两类常见问题的探讨　钱益中　文物保护与考古科学3:75~80
颐和园藏慈禧油画像的修复　祝玮等　文物修复研究（第5辑）168~175

纺织品的保护

对丝织品文物水解老化的探讨　张晓梅、原思训　文物修复研究（第5辑）268～272

脆弱织品的维护　林春美　故宫文物月刊317:72～77

生物化学技术在古代丝织品保护中的应用研究　荆州文物保护中心　中国文物报10月30日4版

纺织品文物霉害预防性控制　路智勇、惠任　四川文物3:89～91

髹漆丝织物的水解老化性能研究　王厉冰等　文物保护与考古科学1:27～31

红外光谱法研究不同丝胶含量老化蚕丝蛋白　黄悦等　文物保护与考古科学1:44～49

纺织品文物回潮应用规范初探　路智勇、惠任　考古与文物2:103～105

修复古代绢画要注意绢的不同织造工艺　郝淑兰　中国文物报5月29日8版

应用自制湿度调节箱保护处理纺织品文物　路智勇　文物保护与考古科学4:74～78

纺织品文物湿度调节技术的初步研究　路智勇　天衣有缝——中国古代纺织品保护修复论文集96～101

桑蚕单丝绕网机的改进与推广　王亚蓉　首都博物馆藏纺织品保护研究报告136～139

生物技术在糟朽丝织品保护中的应用——以战国龙凤虎纹绣罗单衣袖为例　吴昊、陈子繁　天衣有缝——中国古代纺织品保护修复论文集157～163

湖南华容元墓出土一件罗面夹袍的保护处理　董鲜艳　湖南省博物馆馆刊（第五辑）601～603

明定陵孝靖皇后百子衣研制报告　傅萌　首都博物馆藏纺织品保护研究报告104～135

火焰纹堆补绣僧帽保护研究报告　傅萌　首都博物馆藏纺织品保护研究报告40～69

庆寿寺出土僧帽样式考　傅萌　首都博物馆藏纺织品保护研究报告70～77

谈一件绫地风帽的保护与修复　刘亮　天衣有缝——中国古代纺织品保护修复论文集54～58

一件唐代绢风帽的保护和修复　戚军超　天衣有缝——中国古代纺织品保护修复论文集59～64

馆藏清代甲胄的保护修复　王允丽等　广州博物馆建馆八十周年文集——镇海楼论稿之二200～206

刺绣“香花代养”云龙纹包袱保护研究报告　张国英　首都博物馆藏纺织品保护研究报告20～39

密封册保护研究报告　司志文　首都博物馆藏纺织品保护研究报告78～95

明代缂丝加绣质疑　贾汀　首都博物馆藏纺织品保护研究报告94～103

大庆寿寺及其出土文物　张宁、刘树林　首都博物馆藏纺织品保护研究报告148～161

浅析文物的遗迹与病害——一件丝织品文物的修复　卫扬波　天衣有缝——中国古代纺织品保护修复论文集65～70

字书文物的桑蚕单丝网·PVB加固技术　王㐨　首都博物馆藏纺织品保护研究报告140～147

修枕记　王㐨著　王丹、王淑娟整理　天衣有缝——中国古代纺织品保

护修复论文集 1～12
黄地方格人物动物纹锦枕套的保护修复 王旭 天衣有缝——中国古代纺织品保护修复论文集 71～78
针线法在古代刺绣品文物修复中的运用 胡继芳 天衣有缝——中国古代纺织品保护修复论文集 46～53
吐尔基山辽墓出土丝织文物的保护研究及思考 葛丽敏 天衣有缝——中国古代纺织品保护修复论文集 24～34
菱格地花卉纹缂丝靴套的修复 徐军平等 天衣有缝——中国古代纺织品保护修复论文集 35～45
玫紫色地刺绣菱格纹手套的保护修复 申桂云 天衣有缝——中国古代纺织品保护修复论文集 79～84
对花卉文锦饰件的修复 刘洁 天衣有缝——中国古代纺织品保护修复论文集 85～91
修复清代补子的几个关键环节及其技术要点 殷红 天衣有缝——中国古代纺织品保护修复论文集102～107
武威磨嘴子汉墓新出土纺织品文物的保护 王菊 丝绸之路 4:107～108
蓝地菱格雁蝶纹锦残片的保护性修复 陈杨 天衣有缝——中国古代纺织品保护修复论文集 108～114
对北朝绣片实施的技术保护 京红 天衣有缝——中国古代纺织品保护修复论文集 115～122
北朝黄地圈绒绣球路纹片的修复 高雅 天衣有缝——中国古代纺织品保护修复论文集 123～128
胜金店 M13 出土一件丝织品的保护修复 李媛、玛尔亚木·依不拉音木 天衣有缝——中国古代纺织品保护修复论文集 92～95
洋海一号台地出土缂毛袖片的保护修复及其相关装饰特点 李媛、玛尔亚木·依不拉音木 天衣有缝——中国古代纺织品保护修复论文集 129～134
动物纹锦片的保护修复 王淑娟 天衣有缝——中国古代纺织品保护修复论文集 135～141
黄地飞鹭卷云团花纹锦的丝蛋白复合体系仿生加固 周旸等 天衣有缝——中国古代纺织品保护修复论文集 142～151
沈铨动物丝织屏条画的修复 汪自强 天衣有缝——中国古代纺织品保护修复论文集 152～156
唐代蓝色菱纹罗袍的保护修复 滕开颜 天衣有缝——中国古代纺织品保护修复论文集 19～23
明代嘉靖圣旨的修复保护 滕开颜 文物修复研究（第 5 辑）178～182
《仿华秋岳笔意》修复简述 司马爽红、郭乐乐 文物修复研究（第 5 辑）189～191
馆藏水陆道场画大准提观音菩萨画像的修复 马燕 文物修复研究（第 5 辑）192～193
浅谈元代缂丝缘大袖袍的工艺和修复 楼淑琦 文物修复研究（第 5 辑）273～277
新疆营盘人兽树纹罽袍的修复与保护 楼淑琦 文物保护与考古科学 1:59～62
黑色绞缬对襟上衣修复报告 楼淑琦 天衣有缝——中国古代纺织品保护修复论文集 13～18
意大利文物保护修复方法在承德皇家丝织品文物中的应用 戚军超等 文物保护与考古科学 3:67～74

补 遗

GORE～TEX 与有机溶剂结合法在纺

织品文物保护中的应用　路智勇、惠任　东华大学学报：社科版 2008 年 8 卷 4:281～284

陶瓷器的保护

高分子文物保护材料应用于彩绘文物中的研究　赵静、王丽琴　'09 古陶瓷科学技术 7 国际讨论会论文集 755～766
古陶瓷伤残器的修复与鉴定　徐戈　湖南考古辑刊（第 8 集）277～282
对夹砂陶器修复的点滴认识　韩玉岩　沈阳考古文集（第 2 集）251～252
现代分析方法在古陶瓷修复中的应用　杨植震、俞蕙　'09 古陶瓷科学技术 7 国际讨论会论文集 790～796
古陶瓷修复操作规范初探　俞蕙　文化遗产研究集刊（第四辑）293～302
论古陶瓷修复中上色颜料的选用　俞蕙　文物修复研究（第 5 辑）108～114
关于提高丙烯酸光油仿釉层硬度的研究　杨植震等　文物修复研究（第 5 辑）115～118
浅谈古陶瓷的修复　徐宝椿　文物修复研究（第 5 辑）138～141
谈谈古陶瓷修复中的补配材料　吕淑玲　文物修复研究（第 5 辑）142～144
汉阳陵出土陶质文物保护研究　王惠贞等　文博 6:244～250
陕西历史博物馆藏东汉绿釉陶孔雀灯的修复　杨文宗、李斌　文物保护与考古科学 4:79～83
谈谈馆藏瓷器修复保护的几点认识和体会——兼谈宁波博物馆馆藏残损越窑青瓷器的修复　傅亦民　文物修复研究（第 5 辑）129～137
浅谈馆藏龙泉青瓷器的修复　傅亦民　文物修复研究（第 5 辑）121～123
南宋陶质鼎式炉残器修复实例　陈关龙　东方博物（第三十三辑）100～101
谈辽瓷修复的特点——以修复白釉雕花盖罐和绿釉剔花凤首瓶为例　惠学军　文物修复研究（第 5 辑）124～128
新型材料与传统工艺的完美结合——元青花双龙四系扁壶的修复　蒋道银、范建伟　'09 古陶瓷科学技术 7 国际讨论会论文集 797～800
元青花玉壶春瓶的清洗　余杨　文物修复研究（第 5 辑）119～120
以瓷配瓷技术修复的永乐青花扁壶　范建伟　收藏 2:80～81
清代康熙五彩将军罐修复　韩海宏　文物修复研究（第 5 辑）87～89
清雍正天蓝釉瓶的修复　高飞　故宫文物月刊 317:58～61
中山舰上出水瓷器的修复　李澜　文物修复研究（第 5 辑）99～103
民国粉彩瓷器的修复　于丽群　文物修复研究（第 5 辑）104～107
望奎博物馆几件文物的修复　邱宏伟　文物修复研究（第 5 辑）333～336
宁波文物科技保护中心的古陶瓷修复实践　郭桂香　中国文物报 2 月 13 日 5 版
大漆在四川新津观音寺泥塑保护修复中的应用　周萍　中国文物报 12 月 4 日 7 版
用于古建筑琉璃瓦保护的高分子聚合物材料的分析研究　赵静等　文物

保护与考古科学 3:15~22
浅谈彩绘文物的保护实践　何伟俊　中国文物报 11 月 27 日 4 版
浅议水坑环境出土彩绘陶器的保护　罗敏　文博 6:314~317
彩绘陶制文物修复保护操作流程规范化研究　刘江卫等　文博 6:318~324
可逆性加固剂在彩绘陶器覆土清理中的应用　张欢等　文博 6:309~313
彩绘陶器保护修复规范化操作初步研究——以山东青州汉墓出土彩绘陶马为例　周麟麟等　文博 6:325~331
战国彩绘陶器的现场发掘和保护修复　易泽林　文物修复研究（第 5 辑）90~92
中外专家对话彩绘保护——“第二届秦俑及彩绘文物保护与研究国际学术讨论会”综述　容波　中国文物报 4 月 10 日 8 版
秦俑博物馆文物保护十年　吴永琪　文博 6:1~3
秦俑彩绘保护研究综述　周铁　文博 6:12~14
Conserving the Poluchromy of the Terracotta Army of Qin Shihuangdi: Electron Beam Curing with Glycerol Methacrylate (GMA) as a Novel Consolidation Agent in Archaeology（利用电子束固化甘油甲基丙烯酸酯加固剂保护秦俑彩绘）　Heinz Langhals、Beata Oginski　文博 6:5~11
Research on the polychromy of sculptures from Qin Shihuang's burial complex – colour reconstructions and patterns（秦始皇陵彩绘雕塑整体色彩重建和图案的研究）　Catharina Blaensdorf、王亮　文博 6:15~25
The Polychromy of the Terracotta Army – Virtual Reconstruction of Lost Paint Layers on 3D Models（缺失彩绘的虚拟三维重建——秦俑彩绘）　Felix Horn　文博 6:26~35
秦俑博物馆陶器库房空气污染的物理化特征及其对彩绘陶器的影响　李华等　文博 6:36~41
彩绘秦俑的考古发掘及相关问题研究　朱学文、赵昆　文博 6:45~50
山东青州香山西汉墓彩绘陶俑胶接材料研究　魏书亚等　文博 6:71~78
徐州狮子山汉楚王陵彩绘陶俑的保护研究　万俐等　文博 6:125~135
一件土质铠甲武士俑的保护与修复　欧秀花等　文博 6:496~499
一件吐舌执蛇镇墓俑的抢救性修复研究　李钢等　文物修复研究（第 5 辑）154~157
陶吐舌执蛇俑修复小记　刘雅苹、成福坚　成都文物 3:68~70
唐代白陶加彩天王俑的修复　王有亮　故宫文物月刊 317:62~65
吐鲁番出土彩绘泥塑马的修复　姚书文　文物修复研究（第 5 辑）151~153
四川省博物馆馆藏东汉陶马修复保护研究　李钢　文物修复研究（第 5 辑）145~150
云南地方彩塑修复实例分析——筇竹寺五百罗汉彩塑修复　马波　文博 6:136~146
北周墓出土彩绘陶器的加固与保护　杨忙忙　文博 6:303~308
崇庆寺宋代彩塑的病害调查与分析思考　于群力等　文博 6:280~284

遗址的保护

中国大遗址保护规划与技术创新简析

陈同滨　东南文化 2:23～28

温故求新：促进大遗址保护的科学发展——大遗址保护思路再探　孟宪民　东南文化 3:7～17

论中国大型古代城市遗址的整体保护　单霁翔　东南文化 2:7～15

大遗址考古发掘与保护的敏感问题　付清远　东南文化 3:18～21

对大遗址环境整治中绿化的思考　白海峰　丝绸之路 8:31～33

大遗址保护管理机构功能研究　孙满利等　西部考古（第四辑）288～298

大遗址保护重在和谐共生　龚良　东南文化 3:6

遗址保护方案现存问题剖析　黄克忠　东南文化 3:22～25

考古学与古代遗址保护规划　杜金鹏　中国文物报 4 月 24 日 7 版

大遗址保护正在实现历史性的跨越：普遍倡导·重点引导·理性指导——有感于国家文物局主办的三次大遗址保护论坛　张春雨　中国文物报 7 月 22 日 3 版

大遗址保护中的展示问题　吕舟　中国文物报 12 月 25 日 4 版

面向 21 世纪考古遗址保护的几点思考　李宏松　中国文物报 5 月 8 日 8 版

考古遗址的技术保护与环境保护　周双林　中国文物报 12 月 4 日 6 版

土遗址保护关键技术研究　敦煌研究院　中国文物报 11 月 20 日 7 版

关于土遗址保护工作的几点思考　殷弘承　吐鲁番学研究 1:122～125

从苏秉琦先生关心大遗址保护想到的　郭大顺　中国文物报 9 月 11 日 3 版

大遗址保护：南京博物院的工作实践　中国文物报 5 月 1 日 8 版

大遗址的科技保护与人文关怀——2009 东亚古遗址保护国际学术研讨会综述　南京博物院、无锡市政府新区管理委员会（张金萍、郭桂香）　中国文物报 5 月 1 日 5 版

遗址博物馆建设中的遗址保护——新疆首座遗址博物馆建设施工中对文物本体的保护　冶飞　中国文物报 8 月 28 日 7 版

中国东南地区大遗址保护的可行性方法——以江苏为例　龚良　东南文化 1:11～15

尊重大遗址保护中的民生要求——以中国东南地区的江苏为例　龚良　东南文化 2:16～22

陕西省大遗址保护新理念的探索与实践　赵荣　考古与文物 2:3～7

从《西安宣言》到《西安共识》大遗址保护的西安实践　孙秀雨　中国文物报 1 月 16 日 5 版

陕西几处土遗址保护方法的探索　许艳　丝绸之路 8:34～37

潮湿土遗址隔水防潮技术对比研究　周双林等　东南文化 2:95～98

经 PS 加固土遗址水饱和强度及加固效果的环境影响研究　李黎等　岩石力学与工程学报 28 卷 5:1074～1080

PS 材料加固土遗址的微观机理研究　陆彩飞等　'09 古陶瓷科学技术 7 国际讨论会论文集 767～774

PS 加固不同含水率遗址土体的特性研究　裴强强等　敦煌研究 6:59～65

温度在夯土建筑遗址风化中的作用　孙博等　敦煌研究 6:66～70

土质文物的风蚀模型　严耿升等　敦

煌研究 6:93~99

土建筑遗址表面结皮形成与剥离机制研究　张虎元等　岩土力学 30 卷 7:1883~1891

楠竹加筋复合锚杆成孔工艺研究　任非凡等　敦煌研究 6:55~58

从遗址博物馆到遗址公园——试论考古遗址的科学保护和合理利用　郎保利、王炜　而立集——山西大学考古专业成立 30 周年纪念文集 333~341

考古遗址公园：建设中国大遗址保护的新形态——2009 大遗址保护良渚论坛会议综述　孙秀丽、李政　中国文物报 6 月 26 日 5 版

谈殷墟 YH127 甲骨窖穴复原展示　杜久明、杨善清　甲骨学 110 年：回顾与展望——王宇信教授师友国际学术研讨会论文集 408~414

浙江余姚田螺山遗址室内与现场加固试验研究　张慧等　东南文化 3:110~113

青海喇家遗址齐家文化房址的保护处理　李存信　文物保护与考古科学 2:9~16

周公庙遗址墓葬土体化学加固研究　金涛、周双林　文物修复研究（第 5 辑）358~365

熊家冢土遗址保护概述　陈光利等　东南文化 3:114~118

永城芒砀山汉代建筑基址保护方案构思　河南省文物建筑保护设计研究中心（吕军辉）　文物建筑（第 3 辑）146~151

徐州市狮子山汉兵马俑坑防水加固保护　郑冬青等　东南文化 2:105~108

充分挖掘遗址资源服务首都文化建设——纪念大葆台汉墓发掘 35 周年　中国文物报 6 月 5 日 3 版

大明宫遗址保护 50 年　高本宪　中国文化遗产 4:90~93

含元殿、麟德殿遗址保护工程记　侯卫东等　中国文化遗产 4:94~103

江南地区古遗址古墓葬水环境治理的案例介绍　万俐　东南文化 2:99~104

中国丝绸之路土遗址的病害及 PS 加固　李最雄等　岩石力学与工程学报 28 卷 5:1047~1054

新疆地区土遗址病害类型及成因初步分析　梁涛　考古与文物 5:103~106

锚固灌浆过程中及工后交河故城崖体的变形特征研究　张景科等　岩石力学与工程学报 28 卷 5:1064~1073

新疆安迪尔古城遗址现状调查及保护思路　梁涛等　江汉考古 2:140~144

高昌故城现状及病害因素分析　梁涛　敦煌研究 3:107~109

交河故城濒危崖体 36 区水平位移变化特征　张景科等　敦煌研究 3:114~119

抢救交河故城　郭桂香　中国文物报 9 月 11 日 5 版

3S 技术在历史文化名城保护中的运用初探——以新疆库车保护研究为例　贺艳、李三妹　东方建筑遗产（2009 年卷）11~25

敦煌寿昌城墙体表面风化特征研究　孙满利等　敦煌研究 6:81~86

嘉峪关关城现状调查及病害初步分析研究　张晓东、张斌　敦煌研究 6:87~92

开封城墙保护设计的思考　孙艳云　文物建筑（第3辑）158～163

西夏王陵4号陵冲沟发育过程、特征及其影响因素　康超等　敦煌研究6:71～74

银川西夏陵3号陵、6号陵盐害现状初步分析　蔺青涛等　敦煌研究6:75～80

三峡地面文物保护抢救刍议　赵冬菊　江汉考古2:145～148

桐油与石灰加固吉野里坟丘墓土的实验研究　徐佩杭等　文物保护与考古科学4:59～66

其　他

文物库房环境刍议　郑玲　道远集——安徽省文物考古研究所五十年文集298～302

谈谈博物馆藏品与环境　彭祥凤、程廉　文物修复研究（第5辑）437～439

博物馆馆藏文物的保护修复工作现状与思考　李扬、开伟　文物修复研究（第5辑）425～428

从首都博物馆新馆建设看藏品的保存环境　刘树林　文物修复研究（第5辑）410～419

陈展文物保护问题初探　杨煜　丝绸之路14:95～97

清除博物馆展览柜中有害气体的实验　丹尼尔·格罗斯金、萨莎S·帕尔玛著　王允丽译　中国文物报8月28日7版

博物馆藏品保管陈列中的防震问题　牟炜　碑林集刊（十四）443～447

试析文物藏品的安全防范措施　邵海琴　浙江省文物考古研究所学刊（第九辑）605～610

文物藏品保护概述　陈庚龄　陇右文博1:61～65

中国国家线性文化遗产网络构建　俞孔坚、奚雪松　中国文物报8月28日6版

程序·资质·经费·管理——关于基本建设地下文物保护工作的若干思考　明言　中国文物报10月16日5版

考古发掘现场文物保护的理念与现状　黄建华　西部考古（第四辑）299～306

发掘超常规非物质文化遗产用于文物修复　马海鹏、肖贵洞　文物修复研究（第5辑）420～424

浅析馆藏文物腐蚀损失调查中发现的一些问题　夏晓静　文物修复研究（第5辑）429～436

浅谈对文物修复与研究的认识　李静生　文物修复研究（第5辑）440～442

关于数字化控制在文物保护中的应用探讨　马晶晶　文物世界5:71～72

文物修复浅谈　康明大　陇右文博1:66～68

文物再修复实践谈　苏广德、刘宝卫　文物修复研究（第5辑）347～350

关于文物保护工作创新的几点思考　孙丽美　文物修复研究（第5辑）342～346

浅谈文物修复粘接剂的配适性　李瑾　文物修复研究（第5辑）443～450

免疫检测技术在文物胶结材料检测中的应用　郑军　中国文物报9月25日7版

漫反射光谱法定量评价文物保护材料的“不改变原状”性能研究　杨璐

等　西部考古（第四辑）312～317
故宫文物保护修复档案的制作与使用　宋纪蓉、刘舜强　文物修复研究（第5辑）397～401
文物保护修复工作中不可忽视档案管理　杨新　文物修复研究（第5辑）402～405
文物保护档案管理标准化初探　王菁　文物修复研究（第5辑）406～409
广汉宋墓出土文物抢救性保护修复　余健、郭汉中　文物修复研究（第5辑）354～357
原子灰在文物修复中的利用　刘文兵　文物修复研究（第5辑）379～383
高分子材料Si－97在砖质文物保护方面的应用研究　胡一红、刘树林　文物保护与考古科学3:33～40
成都金沙出土古象牙文物的微生物特征及其防治方法探讨　旦辉等　考古与文物5:100～102
太原晋卿赵鞅墓车马坑马骨的保护与修复　张宏、聂东红　文物保护与考古科学2:58～71
曾侯乙瑟复原研究　程丽臻　文物修复研究（第5辑）384～392
马王堆汉墓古尸保存三十年评估报告（二）　王慧等　湖南省博物馆馆刊（第五辑）233～234
保存液pH值对马王堆古尸蛋白质保存的影响　童建斌等　江汉考古2:104～107
美国考古遗产管理——法律与执行　王晶　中国文物报6月19日5版
浅议意大利文化遗产的保护和文明的崛起　张行　丝绸之路22:60～62
意大利文化遗产风险评估系统概览　詹长法　东南文化2:109～114
真实性的追求——记意大利中央修复研究所的探索与发展　周萍　文物保护与考古科学4:89～92
传统的装裱工艺、一流的先进设备——谈首都字画修复室的前瞻性　郭玢　文物修复研究（第5辑）194～198
回顾首都博物馆新馆字画修复室的建设　楼朋竹　文物修复研究（第5辑）231～235

贰　考古学分论

一　综　述

中国考古学六十年的巨大进步　张忠培　中国文物报8月28日3版
新中国考古六十年　王巍　考古9:3～14
三十年中国考古学研究硕果累累　王巍　光明日报2月3日12版
以考古学重构中国古史——新中国考古60年发展脉络管窥　徐良高　中国文物报9月30日5版
江西考古60年综述　昌青海　南方文物4:7～15
四川考古60年　四川省文物考古研究院（周科华等）　四川文物6:19～31
重庆考古60年　重庆文化遗产保护中心、重庆市文物考古所（邹后曦）　四川文物6:32～45
中国水下考古二十年　魏峻、娄欣利　文物研究（第16辑）12～23
沈阳城市考古的收获与今后的任务

（代前言） 姜万里 沈阳考古文集（第2集） i～v

锲而不舍 走向成熟——浙江省文物考古研究所建所30周年纪念专刊 中国文物报11月13日6～7版

浙江文物考古事业八十年 浙江省文物考古研究所 中国文物报12月16日19～20版

云南考古60年 李昆声、胡习珍 思想战线35卷5:1～12

探寻历史足迹再创明日辉煌——纪念云南省文物考古研究所成立50周年 杨德聪、周然朝 中国文物报12月11日5版

从多元出现核心 许倬云 燕京学报新二十六期1～13

河洛文化研究综述 缪韵、黄江河 中华文明与嵩山文明研究（第一辑）100～111

中国东南考古与海洋文化探索 吴春明 福建文博增刊60～66

族群理论与考古学研究 高朋、王磊 边疆民族考古与民族考古学集刊（第一集）211～221

先秦族群融合与社会演变 邵望平 燕京学报新二十七期1～23

试论中国昭穆制度的起源 李如森 俞伟超先生纪念文集·学术卷287～295

从古文字探讨床与丧葬仪式的关系 许进雄 中国文字新三十三期7～28

我国古代墓葬名称考略 蔡运章、赵晓军 洛阳汉魏陵墓研究论文集28～33

中国古代陵墓研究中的资料选择与利用问题 刘毅 南方文物4:132～136

中国古代斧钺制度的初步研究 钱耀鹏 考古学报1:1～34

都城考古的理论与实践探索——从陶寺城址和二里头遗址都城考古分析看中国早期城市化进程 何驽 三代考古（三）3～58

浅谈我国聚落考古的发展 李娟、何林珊 陕西历史博物馆馆刊（第16辑）46～51

聚落考古及其在实践中若干问题的思考 贾腊江、赵丛苍 西安交通大学学报：社科版29卷3:87～91

试论中国早期宫城的形成及初步发展 庞小霞、高江涛 考古与文物5:46～51

试论中国早期宫城的形成及初步发展 高江涛 中国社会科学院古代文明研究中心通讯18:50～57

考古学的分期与石器时代的分野 赵宾福 贵州社会科学1:113～117

全新世黄土：早期中国文明的物质基础 韩建业 中国文物报4月24日7版

黄河文明中心不断转移的生态环境研究 张纯成 自然辩证法研究29卷8:95～100

8500a BP以来长江中游平原地区古文化遗址分布的演变 邓辉等 地理学报64卷9:1113～1125

巢湖流域新石器至汉代古聚落变更与环境变迁 吴立等 地理学报64卷1:59～68

黑龙江文明起源与形成的考古学观察 李陈奇、刘晓东 新果集——庆祝林沄先生七十华诞论文集368～375

GIS在半支箭河中游环境考古中的应用 滕铭予 考古与文物1:91～99

半支箭河中游先秦时期遗址分布的空间考察　滕铭予　吉林大学社会科学学报 4:73～80

吉林省蛟河市文物古迹述要　王忠臣　博物馆研究 4:57～58

苍洱考古拾零　孙华　考古与文物 6:17～25

成纪城古址及其周围环境考　王仲宪　丝绸之路 18:11～13

试论晚唐至元代仿木构墓葬的宗教意义　裴志昂　考古与文物 4:86～90

贵州崖葬略论　李飞　贵州民族研究 1:157～165

中国细石器相关问题研究评论　朱之勇　四川文物 3:45～51

史前穿孔技术初论　王强　四川文物 6:46～53

补　遗

湖北辽瓦店遗址地层中多元素指标对古人类活动的记录　李中轩等　海洋地质与第四纪地质 2008 年 28 卷 6:113～118

中坝遗址地层的 Cr/Cu 值对干湿环境的指示意义　李中轩等　地理科学 2008 年 28 卷 6:799～803

中坝遗址约 4250a B. P. 以来古气候和人类活动记录　史威等　地理科学 2008 年 28 卷 5:703～708

二　人类起源及旧石器时代

综　述

中国旧石器时代的遗址群形态研究　裴安平　东方考古（第 6 集）1～36

中国旧石器时代考古学研究现状评介　（加）沈辰、（英）苏珊·基茨著　文纪译　文化遗产研究集刊（第四辑）236～248

时间预算与狩猎采集技术　罗宾·托伦斯著　陈虹译　陈淳校　而立集——山西大学考古专业成立 30 周年纪念文集 401～412

中国旧石器文化的“西方元素”与早期人类文化进化格局　黄慰文等　人类学学报 1:16～25

史前石制品的热处理研究　陈虹、沈辰　江汉考古 2:93～103

石器研究中“操作链”的概念、内涵及应用　陈虹、沈辰　人类学学报 2:201～214

1994 年丹江口库区调查发现的石制品研究　李超荣等　人类学学报 4:337～354

中国北方旧石器时代骨器的一些问题　李占扬　东方考古（第 6 集）37～48

旧石器时代晚期个人装饰品的象征性意义：以鸵鸟蛋皮串珠为例　王春雪等　民族艺术 3:94～99

人类起源

现代人的扩散　Ofer Bar－Yosef 著　曲彤丽译　湖南考古辑刊（第 8 集）144～155

早期人类技术起源的亚洲视角　侯亚梅　新果集——庆祝林沄先生七十华诞论文集 1～16

中国三峡地区人类化石的发现与研究　武仙竹等　考古 3:49～56

华北地区

浅谈与山西旧石器考古相关的几个热点问题　赵静芳　而立集——山西大学考古专业成立 30 周年纪念文集 10～19

谈泥河湾盆地马圈沟遗址考古问题　卫奇　中国文物报 2 月 13 日 7 版

“泥河湾盆地新生代地质考察”座谈

纪要 卫奇 探幽考古的岁月——中科院古脊椎所80周年所庆纪念文集223~233

泥河湾和古脊椎动物与古人类研究所 卫奇 探幽考古的岁月——中科院古脊椎所80周年所庆纪念文集234~257

泥河湾盆地西沟旧石器及其石片分类 卫奇 文物春秋2:3~10

太原古交地区早期人类活动的个案分析——以四响洼遗址为例 于振龙 而立集——山西大学考古专业成立30周年纪念文集1~9

大荔遗址磁信息的地质意义 霍俊杰等 地层学杂志33卷1:69~75

大荔颅骨的测量研究 吴新智 人类学学报3:217~236

薛关遗址刮削器的再观察 丁建平 文物世界4:9~14

灵井旧石器遗址研究新进展 李占扬 中华文明与嵩山文明研究（第一辑）131~140

许昌灵井遗址发现中国最早的立体雕刻鸟化石 李占扬 寻根4:62~63

“许昌人”离现代人有多远 李占扬 寻根6:26~33

东北地区

吉林东部地区旧石器时代晚期细石叶工业技术分析 王春雪等 边疆考古研究（第8辑）1~13

辽宁庙后山遗址研究的新进展 魏海波 人类学学报2:154~161

图们江流域及其周边地区旧石器时代晚期文化 （韩国）河文植 博物馆研究2:46~50

东北地区末次冰期以来旧石器遗存的分期、类型及相关类型 李有骞 中原文物3:25~35

更新世末期西辽河上游地区古代环境研究 胡雅琴等 第四纪研究4:733~743

补 遗

谈吉林省旧石器时代考古调查 赵海龙 东北史地2008年6:75~79

其他地区

关于金盆洞遗址的古地理古气候古生态问题 徐钦琦等 人类学学报1:26~31

南京直立人的高耸鼻梁和气候适应 张银运、刘武 人类学学报3:237~245

湖北郧西白龙洞古人类遗址初步研究 武仙竹等 人类学学报1:1~15

湖北郧西黄龙洞更新世晚期人类牙齿 刘武等 人类学学报2:113~129

南蛮不蛮——读《香港深涌黄地同遗址试掘简报》 容观夐 边疆民族考古与民族考古学集刊（第一集）41~44

旧石器技术研究法之应用——以观音洞石核为例 李英华等 人类学学报4:355~362

四川盆地晚更新世石器工业的初步观察 何锟宇 成都考古研究（一）上53~62

马鞍山旧石器时代遗址古人类行为的动物考古学研究 张乐等 中国科学D辑：地球科学39卷9：1256~1265

更新世晚期环境与贵州旧石器区域性文化研究 张涛 四川文物1:34~40

水洞沟第12地点古人类用火研究 高星等 人类学学报4:329~336

补 遗

湖北郧西黄龙洞古人类用火证据 刘武等 科学通报2008年53卷24:3096~3103

三 新石器时代

综 述

关于中国新石器时代考古分期问题 张宏彦 西部考古（第四辑）71~78

关于新石器时代的三次"革命" 钱耀鹏 西部考古（第四辑）79~87

从聚落形态看人类族群的演进 钱耀鹏 鹿鸣集——李济先生发掘西阴遗址八十周年山西省考古研究所侯马工作站五十周年纪念文集108~118

意识形态考古理论与实践初探 何努 东南文化1:7~10

古礼时代的家族及其联盟 卜工 新果集——庆祝林沄先生七十华诞论文集83~96

试论中国史前宗教巫术对聚落形态的影响 陈声波 边疆考古研究（第8辑）56~63

黄河流域史前文化变化过程的环境考古学观察 张宏彦 考古与文物4:48~52

黄河流域史前人口健康状况的初步考察 王建华 考古5:61~69

中国古代文明演进的两种模式——红山、良渚、仰韶大墓随葬玉器观察随想 李伯谦 文物3:47~56

晚期红山文化南向影响的三个层次——从凌家滩墓地所见红山式玉器谈起 韩建业 文物研究（第16辑）61~66

试析北辛文化与马家浜文化的关系 卢建英 东南文化6:39~46

专业化、标准化和多样性：陶器研究的回顾与观察 （美）Prudence M. Rice著 许志勇译 曾曾校 华夏考古3:135~144

绳纹陶器：人类长途迁移的标志？ Rakesh Tewari著 刘泽墉、谭浩然译 邓泽群、谭浩然校 '09古陶瓷科学技术7国际讨论会论文集486~503

作为文化同一性指征的东亚新石器时代陶器上的螺旋花纹 Olga Danilova著 刘泽墉译 李伟东、谭浩然校 '09古陶瓷科学技术7国际讨论会论文集476~482

试析陶器磨光工艺的功能 宾娟 中国文物报1月9日7版

浅析新石器时代生产工具中的"仪式用斧"问题——兼论生产工具功能的分化 李艳红、张居中 东南文化2:31~35

论新石器时代的夹蚌陶器 陈学强 中国文物报4月10日7版

我国史前有槽箭杆整直器 李新伟 考古6:62~71

新石器时代陶鼓的初步研究 费玲伢 考古学报3:295~320

论原始彩陶的装饰纹样及其审美特征 吕玮、李东风 丝绸之路4:26~27

史前太阳鸟纹与迎日活动 武家璧 文物研究（第16辑）35~50

人类早期文明中的自然铜 汪常明、金正耀 东南文化5:108~113

新石器彩陶图案属硬笔画 李正宇 寻根1:28~32

西南亚磨制石器工具与狩猎采集者的生存：向农业过渡的含义 凯瑟

琳·莱特著　潘艳译　陈淳校　南方文物 1:126～134

中国新石器时代使用猪进行祭祀和随葬的研究　袁靖　俞伟超先生纪念文集·学术卷 175～192

古代的谷物加工方式　星灿　中国文物报 10 月 16 日 7 版

补　遗

八角星纹与东海岸文化传统　陈声波　南京艺术学院学报：美术与设计版 2008 年 6:56～59

文明起源研究

中国文明起源与形成研究需要注意的几个问题　李伯谦　古代文明研究通讯 41:4～8

谈谈中华文明的几个特点　单霁翔　中国文物报 8 月 19 日 3 版

中华文明探源工程环境课题主要进展　莫多闻等　中华文明探源工程文集·环境卷（Ⅰ）1～27

国家科技支撑计划项目“中华文明探源工程（二）”3500BC～1500BC 中国文明形成与早期发展阶段的技术与经济研究　中国社会科学院考古研究所（赵志军等）　中国文物报 8 月 21 日 6 版

中华文明探源成为美国《科学》周刊 5943 期主题　李新伟　中国文物报 9 月 4 日 7 版

中华文明超五千年论　徐基　东方考古（第 6 集）76～87

中华古代文明产生的特色及其对我们的启示（二）——“和”传统文化的重要意义　吴汝祚　中国社会科学院古代文明研究中心通讯 18:10～15

文明崩溃理论与中国古代文化衰变现象研究　徐良高　中国历史文物 4:12～19

再论城市（都邑）是文明时代到来的唯一标志——对早期文明探索中聚落研究方法的提倡　许宏　中国历史文物 4:9～11

石器分析与文明起源研究的几点浅识　石忠、丁金龙　鹿鸣集——李济先生发掘西阴遗址八十周年山西省考古研究所侯马工作站五十周年纪念文集 167～170

聚落形态考古与中国文明起源问题　高江涛　三代考古（三）59～67

中国文明起源二题　谷飞　三代考古（三）403～410

中原与北方文化互动决定中国文明核心形成于黄河中游地区　何驽　三代考古（三）441～445

三大区交汇与中国文明起源　郭大顺　俞伟超先生纪念文集·学术卷 96～107

中国数字的产生与文字的起源　葛英会　俞伟超先生纪念文集·学术卷 108～126

再论观象授时与中国文明起源　赵瑞民、郎保利　而立集——山西大学考古专业成立 30 周年纪念文集 192～200

谈一个与早期文明相关的问题　刘绪　中国历史文物 4:4～8

太行山东麓地区文明化进程研究　张翠莲、段宏振　中国社会科学院古代文明研究中心通讯 18:26～31

对“中国文明史二里头起始论”的质疑　李之龙　华夏考古 4:87～94

后冈、西阴与红山——公元前 5000～前 3000 年中国北方的态势和文明的崛起　乔梁　鹿鸣集——李济先生发掘西阴遗址八十周年山西省考古

研究所侯马工作站五十周年纪念文集 13~19
从山东小邾国的考古新发现谈中国早期国家的形成与发展——中国早期文明研究札记之四 曹兵武 俞伟超先生纪念文集·学术卷 296~301
酋邦理论与日本古代国家的形成 （日）佐佐木宪一著 卢超平译 徐建新校 中国社会科学院古代文明研究中心通讯 18:58~62
彩陶与中华文化的起源 李清凌 丝绸之路 4:23~25

补 遗

辽西地区新石器文化工具的量化研究与农业水平评估：兼论辽西地区文明起源的特点 张星德 东北史地 2008 年 6:7~14

黄河中游地区

史前晋南和北方考古学文化的交流与融合 宋建忠 鹿鸣集——李济先生发掘西阴遗址八十周年山西省考古研究所侯马工作站五十周年纪念文集 35~43
山西垣曲盆地的聚落形态与社会变迁 戴向明 鹿鸣集——李济先生发掘西阴遗址八十周年山西省考古研究所侯马工作站五十周年纪念文集 44~73
环盐湖地带新石器文化初论 王月前 鹿鸣集——李济先生发掘西阴遗址八十周年山西省考古研究所侯马工作站五十周年纪念文集 171~178
山西在中国古代文明发展中的地位和作用 甘翌 鹿鸣集——李济先生发掘西阴遗址八十周年山西省考古研究所侯马工作站五十周年纪念文集 179~181
山西省新石器时代中晚期文化演化及驱动因素分析 马敏敏等 中华文明探源工程文集·环境卷（Ⅰ）102~111
地层·环境·嵩山文化圈 周昆叔 中华文明与嵩山文明研究（第一辑）19~26
再论嵩山文化圈 周昆叔等 中华文明与嵩山文明研究（第一辑）27~41
嵩山文化圈初论 张松林、张莉 中华文明与嵩山文明研究（第一辑）79~99
嵩山文化圈在早期中国文化圈中的历史地位 韩建业、杨新改 中华文明与嵩山文明研究（第一辑）141~152
嵩山北部伊洛盆地古河道遥感考古研究 杨瑞霞、陈嘉秀 中华文明与嵩山文明研究（第一辑）256~264
洛阳盆地平原区全新世地貌环境演变 张本昀等 中华文明与嵩山文明研究（第一辑）249~255
新石器时期中原地区谷物加工技术初探 陈崇斌 东南文化 6:26~32
中国西北地区采集经济向农业经济过渡的可能动因 吉笃学 考古与文物 4:36~47
试论裴李岗文化的分期和类型 靳松安 东方考古（第 6 集）49~75
寨根裴李岗文化初步研究 李德方、王玲珍 中华文明与嵩山文明研究（第一辑）201~207
裴李岗文化的迁徙影响与早期中国文化圈的雏形 韩建业 中原文物 2:11~15

裴李岗文化陶鼎的类型学分析——兼谈陶鼎的渊源　王兴堂等　中原文物 2:16～21

华北“边脊细石核”工艺初探——由内蒙古阿拉善苏呼图细石器制作场的发现说起　王仁湘　边疆民族考古与民族考古学集刊（第一集）3～16

前仰韶文化时期的三足器　李浪林　鹿鸣集——李济先生发掘西阴遗址八十周年山西省考古研究所侯马工作站五十周年纪念文集 10～12

试论班村遗址前仰韶时期文化遗存　张居中　俞伟超先生纪念文集·学术卷 157～163

大地湾考古相关问题研究　程晓钟　华夏考古 3:28～36

秦安大地湾遗址骨器研究　余翀　农业考古 6:8～15

磁山文化分布范围探析　黄运明　文物春秋 4:3～7

贾湖遗址墓葬初步研究——试析贾湖的社会分工与研究　张震　华夏考古 2:42～62

舞阳贾湖遗址生产工具及其所反映的经济形态分析　来茵等　中原文物 2:22～28

贾湖遗址 2001 年度浮选结果分析报告　赵志军、张居中　考古 8:84～93

舞阳龟甲刻符初探　冯凭、吴长旗　中原文物 3:51～58

近 20 年来仰韶文化研究的回顾与展望　赵春青　鹿鸣集——李济先生发掘西阴遗址八十周年山西省考古研究所侯马工作站五十周年纪念文集 99～104

试论中国史前方形城址的出现　何军锋　华夏考古 2:63～70

登封王城岗遗址性质分析　程平山　考古与文物 5:52～56

垣曲盆地仰韶晚期遗存的两个问题　许永杰　鹿鸣集——李济先生发掘西阴遗址八十周年山西省考古研究所侯马工作站五十周年纪念文集 74～90

晋南仰韶文化半坡期遗存的分期研究　张冬煜　中原文物 1:19～24

关于王湾二期文化的谈话　苏秉琦　中国文物报 9 月 4 日 7 版

重温苏秉琦关于王湾二期文化的谈话　严文明　中国文物报 9 月 4 日 7 版

西阴村遗址研究八十年　田建文　鹿鸣集——李济先生发掘西阴遗址八十周年山西省考古研究所侯马工作站五十周年纪念文集 182～189

彩陶“西阴纹”细说　王仁湘　鹿鸣集——李济先生发掘西阴遗址八十周年山西省考古研究所侯马工作站五十周年纪念文集 20～34

人面形筒状器物的宗教含义——兼谈和红山文化筒形器的关系　王京燕　鹿鸣集——李济先生发掘西阴遗址八十周年山西省考古研究所侯马工作站五十周年纪念文集 105～107

山西新绛县孝陵遗址陶窑群发掘初识　王金平、杨及耘　鹿鸣集——李济先生发掘西阴遗址八十周年山西省考古研究所侯马工作站五十周年纪念文集 119～121

庙底沟文化彩陶向南方两湖地区的传播　王仁湘　江汉考古 2:67～74

庙底沟文化鱼纹彩陶论（上、下）　王仁湘　四川文物 2:22～31、3:

32～40
得意忘象——彩陶纹饰的抽象化过程——说陶话彩之九　王仁湘　中国文物报2月6日7版
论半坡陶器的审美特征　朱志荣、许歆　陕西师范大学学报：哲社版38卷2:29～33
“人面鱼纹”新探　杨玥　中原文物1:25～27
陕西省仰韶时代人口规模及相关问题初步研究　王建华　考古与文物6:26～35
姜家梁新石器时代居民的人类学类型　朱泓等　鄂尔多斯青铜器国际学术研讨会论文集476～506
孟津寨根遗址出土仰韶文化火种器述考　李德方　新果集——庆祝林沄先生七十华诞论文集42～46
夏县裴介辕村遗址出土的动物骨骼　安家瑗　考古11:24～25
河南渑池县笃忠遗址出土动物遗存分析　杨苗苗等　中原文物2:29～36
考古资料如何证说古文献的成书时代？——以《〈禹贡〉“九州”的考古学研究》为例　陈立柱　文史哲3:67～78
中原龙山城址的年代与兴废原因试探　魏兴涛　古代文明研究通讯43:6～18
新砦聚落考古的实践与方法　赵春青　考古2:48～54
山西庙底沟二期文化遗存分期与分区研究　郭智勇　而立集——山西大学考古专业成立30周年纪念文集37～79
从考古材料看陶寺远古社会的阶级差别　郭智勇　鹿鸣集——李济先生发掘西阴遗址八十周年山西省考古研究所侯马工作站五十周年纪念文集160～166
陶寺文化聚落环境资源分析——试以襄汾丁村与陶寺遗址比较　胡建　而立集——山西大学考古专业成立30周年纪念文集93～102
从陶寺遗址考古收获看中国早期国家特征　何驽　中国社会科学院古代文明研究中心通讯18:32～38
陶寺古城——唐虞联盟与夏初中心都邑　彭邦本　中国社会科学院古代文明研究中心通讯18:39～45
论陶寺文化发展过程中的异变　张国硕　中国社会科学院古代文明研究中心通讯18:46～49
山西发现“土鼓”初论　王俊、马昇　鹿鸣集——李济先生发掘西阴遗址八十周年山西省考古研究所侯马工作站五十周年纪念文集122～141
陶寺中晚期人骨的种系分析　张雅军等　人类学学报4:363～371
遗址资源域分析及其在西金城的初步尝试　王青　新果集——庆祝林沄先生七十华诞论文集686～702
徐堡城址的性质问题　马世之　中原文物2:37～39
妯娌遗址出土的铙形器　李国强、卓庆跃　中原文物4:102～104

补　遗

基于空间分析的史前郑洛地区连续文化聚落研究　毕硕本等　地理科学2008年28卷5:649～655

黄河下游地区

周代以前胶东地区经济形态的考古学观察　王富强　海岱地区早期农业和人类学研究59～71
胶东半岛史前文化及与周边地区的文化关系　王锡平　新果集——庆祝

林沄先生七十华诞论文集 59～63
试论胶东半岛贝丘遗址时期的经济形态 王锡平 海岱地区早期农业和人类学研究 56～58
试论青州地区的东夷文化 何德亮 管子学刊 1:58～64
扁扁洞初识 孙波 文物研究（第16辑）51～60
山东地区考古遗址出土木炭种属研究 靳桂云等 东方考古（第6集）289～305
山东半岛磨盘与磨棒的使用微痕及淀粉粒分析 上条信彦 海岱地区早期农业和人类学研究 122～135
胶东地区史前时期农耕石器使用微痕分析 上条信彦 海岱地区早期农业和人类学研究 149～186
大汶口文化考古五十年历史回顾 何德亮 南方文物 4:137～143
大汶口文化发现研究50年 何德亮 中国文物报7月10日7版
大汶口文化的新发现 张学海、李玉亭 华夏考古 4:59～62
论尉迟寺文化的分期与年代 华阳、霍东峰 文物研究（第16辑）67～74
尉迟寺遗址大汶口文化晚期葬俗刍议 陶治强 四川文物 3:41～44
汶泗流域与胶莱平原之镞形器研究——胶莱平原大汶口文化渊源的再思考 石荣传、陈杰 华夏考古 4:66～69
八卦符号起源新说 李玉亭 华夏考古 4:63～65
谈谈海岱地区发现的史前时期山地祭祀遗存 兰玉富、杨文玉 而立集——山西大学考古专业成立30周年纪念文集 25～36
以胶东半岛为中心的石器群 宫本一夫等 海岱地区早期农业和人类学研究 72～121
胶东半岛出土的龙山文化和岳石文化石器分析 宫本一夫 海岱地区早期农业和人类学研究 136～148
山东泗水尹家城遗址龙山文化的再分析 于海广 俞伟超先生纪念文集·学术卷 164～174
虞舜部族早期活动区域和西迁史迹的考古学研究 张光明 管子学刊 3:30～39
山东茌平龙山文化遗址植物考古调查 靳桂云等 东方考古（第6集）317～320
山东烟台庙后遗址植物考古研究 靳桂云等 东方考古（第6集）321～330
山东烟台照格庄岳石文化遗址炭化植物遗存研究 靳桂云等 东方考古（第6集）331～343
丁公遗址出土的龙山文化人骨——头盖骨 中桥孝博、栾丰实 海岱地区早期农业和人类学研究 187～199
丁公遗址出土的龙山文化时期人体的四肢骨 冈崎健治、栾丰实 海岱地区早期农业和人类学研究 200～220
龙山考察的意外收获——龙山文化熏炉 钱汉东 中国文物报9月2日5版

长江中游地区

长江中游及周边地区几类新石器时代早期遗存的谱系与年代 余西云 新果集——庆祝林沄先生七十华诞论文集 23～41
三峡地区新石器时代渔业生产初步研究 刘慧 四川文物 4:35～42

试论大洪山文化圈　刘辉　中华文明与嵩山文明研究（第一辑）117~127
浅析峡江地区的特殊文化层现象　徐燕　中国文物报3月6日7版
三苗来源考　苗利娟、陈钦龙　江汉考古4:56~63
试论藕塘新石器时代早期文化遗存　赵杰　而立集——山西大学考古专业成立30周年纪念文集20~24
高庙遗址出土白陶概论　贺刚　湖南考古辑刊（第8集）160~179
安徽皖江下游南岸地区史前文化试析　叶润清　道远集——安徽省文物考古研究所五十年文集101~109
史前私有制的起源与发展——湘西北澧阳平原个案的分析与研究　裴安平　俞伟超先生纪念文集·学术卷127~156
鄂湘及豫西南史前农村手工业经济述论　刘俊男　农业考古4:1~9
神巫之玉文明之源——凌家滩文化　张敬国　道远集——安徽省文物考古研究所五十年文集110~115
凌家滩文化初论　张敬国　跨湖桥文化论集202~208
湖北天门邓家湾石家河文化墓葬探讨　王银平　长江文明（第三辑）1~10
石家河文化中心区墓葬的聚类分析　罗虎　道远集——安徽省文物考古研究所五十年文集160~173
石家河考古记　严文明　荆州重要考古发现14~22
解读邓家湾　郭立新　江汉考古3:45~57
双墩遗址出现的纹面雕题现象之考述　辛礼学　文物研究（第16辑）296~301
蚌埠双墩出土陶塑人头像试析　王志　道远集——安徽省文物考古研究所五十年文集123~134
青龙泉遗址墓葬出土猪骨的初步观察　罗运兵等　江汉考古3:58~65

长江下游地区

江淮东部地区史前文化研究　崔英杰　东方考古（第6集）88~171
安徽新石器时代遗址分布特点与考古调查方法　朔知　道远集——安徽省文物考古研究所五十年文集59~81
十年来的安徽新石器时代考古发现与研究　张小雷　道远集——安徽省文物考古研究所五十年文集82~100
安徽史前考古若干问题的思索　杨立新　道远集——安徽省文物考古研究所五十年文集37~58
上海地区的文明化进程　张童心、高文虹　而立集——山西大学考古专业成立30周年纪念文集80~92
长江下游史前彩陶初探　佟珊　跨湖桥文化论集191~202
树木遗存反映的长江下游距今8000~3500年的森林植被的变迁　郑云飞　浙江省文物考古研究所学刊（第九辑）384~395
跨湖桥文化初析　林华东　跨湖桥文化论集59~66
论跨湖桥文化　孙维昌　跨湖桥文化论集67~77
生态学视野中的跨湖桥文化　陈淳、潘艳　跨湖桥文化论集35~47
文化断层现象与考古层位学——跨湖桥遗址的启示　叶文宪　跨湖桥文化论集84~89

跨湖桥文化是浦阳江文明的传承与发展　于立岳、柴海生　跨湖桥文化论集 137～142
关于跨湖桥遗址第二次、第三次发掘区性质的探讨　施加农　跨湖桥文化论集 9～15
跨湖桥文化与嵊州小黄山和浦江上山文化内涵和文化时代的研讨　张之恒　跨湖桥文化论集 48～49
跨湖桥遗址建筑遗迹分析　宋烜　跨湖桥文化论集 50～58
实用美观　相得益彰——论跨湖桥文化的原始艺术　何汉生、肖梦龙　跨湖桥文化论集 78～83
跨湖桥契刻考释　柴焕波　湖南考古辑刊（第 8 集）156～159
跨湖桥文化下线对马家浜河姆渡文化早期的辐射和影响　张丽敏　跨湖桥文化论集 108～115
简论河姆渡遗址与跨湖桥遗址的关系　黄渭金　跨湖桥文化论集 117～130
骆驼墩文化初论　林留根　东南文化 5:63～71
论祁头山文化　张童心、王斌　东南文化 5:72～76
浙江田螺山遗址古盐度及其环境背景同河姆渡文化演化的关系　李明霖等　地理学报 64 卷 7:807～816
河姆渡遗址双鸟纹象牙蝶形器　裘琤　东方博物（第三十二辑）78～81
浅谈吴江同里崧泽遗址出土陶器　朱春阳　苏州博物馆建馆五十周年纪念文集 49～53
薛家岗文化与周邻文化的关系　罗运兵　道远集——安徽省文物考古研究所五十年文集 135～151
薛家岗红色果形图案辨识　张捷　道远集——安徽省文物考古研究所五十年文集 152～159
安徽蚌埠禹会村遗址 4.5～4.0kaBP 龙山文化的环境考古　张广胜等　地理学报 64 卷 7:817～827
良渚与凌家滩聚落形态探析　李洁　跨湖桥文化论集 209～221
再论良渚文化“古城”的性质与年代　林华东　跨湖桥文化论集 222～238
良渚古城的发现与初步认识　刘斌　新果集——庆祝林沄先生七十华诞论文集 74～82
关于良渚遗址群衰落的一些思考　乔文杰　文物世界 1:10～12
良渚文化陶器内涵及其礼器化现象探讨　芮国耀　浙江省文物考古研究所学刊（第九辑）156～170
良渚文化陶器功用的初步科学研究　李乃胜等　光谱学与光谱分析 29 卷 1:231～235
南京牛头岗遗址植硅体分析及环境考古意义　刘林敬等　古生物学报 48 卷 1:123～130
浙江瓶窑镇下家山遗址良渚文化晚期孢粉及植硅体记录　黄翡等　农业考古 1:27～31
中国最早的香熏——青浦福泉山竹节纹陶熏炉　张明华　中国文物报 9 月 2 日 5 版
良渚文化高柄盖罐的“尚中”思想　肖凤春　四川文物 1:41～44
良渚文化玉器图案“鸠山图”　武家璧　文博 1:42～45

补　遗

江苏宜兴骆驼墩遗址地层 7500～5400BC 的海侵事件记录　李兰等　地理学报 2008 年 63 卷 11:

1189～1197
太湖地区多剖面地层学分析与良渚期环境事件 史威等 地理研究2008年27卷5:1129～1138

闽台及两广地区

边疆考古特色：追踪文化遗存的创造者——珠江水系岭南前几何印纹陶文化遗存分析 赵善德等 边疆民族考古与民族考古学集刊（第一集）55～68
福建沿海新石器时代经济形态的变迁及意义 焦天龙 福建文博增刊47～54
广西近年史前考古新发现及相关问题探讨 林强 中国历史文物5:11～17
岭南古代居民拔牙习俗的考古发现 彭书琳 南方文物3:80～88
鲤鱼墩新石器时代贝丘遗址出土人骨的研究意义 李法军、冯孟钦 边疆民族考古与民族考古学集刊（第一集）82～91
鲤鱼墩新石器时代居民牙齿的非测量特征研究 李法军等 边疆考古研究（第8辑）343～352
广西左江流域贝丘遗址考古新发现及初步认识 何安益等 中国历史文物5:4～10
回顾思考展望——纪念昙石山遗址发现55周年 林公务等 福建文博增刊19～27
试论昙石山文化与黄土仑类型的渊源关系 徐心希 甲骨学110年：回顾与展望——王宇信教授师友国际学术研讨会论文集415～429
人类学的视角：昙石山遗址中若干民俗的再认识 钟伯清 中央民族大学学报（哲学社会科学版）2:34～39
村头遗址的资源与生计方式研究 娄欣利、黄小茜 南方文物3:123～129

西南地区

重庆地区中坝文化的相关问题研究 于孟洲 边疆民族考古与民族考古学集刊（第一集）154～164
浅议澜沧江流域的新石器时代文化类型 周志清 成都考古研究（一）上197～213
浅论三星堆一期文化与华北平原龙山文化的关系 石从枝 甲骨学110年：回顾与展望——王宇信教授师友国际学术研讨会论文集452～457
浅论动物考古学中两种肉量估算方法——以营盘山遗址出土的动物骨骼为例 何锟宇等 考古与文物5:95～99
藏北羌塘中部戈木错盆地石制品的初步研究 王永等 地质通报28卷9:1330～1334

西北地区

试论新疆地区的早期开发 王妙发 新果集——庆祝林沄先生七十华诞论文集131～146
新疆石器时代考古文化讨论 宋亦萧 西部考古（第四辑）88～94
嘉陵江流域新石器时代遗址的地理考察 赵炳清、蒋晓春 中华文化论坛1:119～124
甘青地区全新世环境变迁与新石器文化兴衰 吴文祥等 中原文物4:31～37
大地湾地画新考 邵明杰 内蒙古文物考古2:50～54
大地湾地画新考 邵明杰 四川文物3:58～61

甘青彩陶纹饰圆圈纹新解　刘铮　中原文物 6:55~59

甘肃省洮砚遗址晚全新世文化演变的环境背景研究　马敏敏等　中华文明探源工程文集：环境卷（Ⅰ）40~48

甘青地区史前居民族群的成因分析　刘宝山　青海民族学院学报：社科版 35 卷 1:56~60

宗日遗址石棺葬文化族属探讨　闫璘、徐红梅　丝绸之路 12:21~24

浅探马家窑文化彩陶艺术　周建　丝绸之路 4:28~29

浅析马家窑文化彩陶纹饰中的太阳崇拜　裴蕾　丝绸之路 14:14~16

马家窑彩陶艺术的和谐之美　李晓阳　丝绸之路 24:13~15

青海喇家遗址废弃原因再探讨——与《古代中国的环境研究》一文作者商榷　张小虎等　考古与文物 1:100~103

东灰山遗址探幽　王振武　丝绸之路 21:52~53

齐家文化经济形态探讨　宋燕平　丝绸之路 20:9~10

河套地区齐家文化遗存的界定及其意义——兼论西部文化东进与北方边地文化的聚合历程　马明志　文博 5:16~24

略论磨沟齐家文化墓地的多人多次合葬　钱耀鹏等　文物 10:62~69

甘肃临潭磨沟齐家文化墓地发掘的收获与意义——“2008 年度全国十大考古新发现”之一　钱耀鹏等　西北大学学报（哲学社会科学版）5:5~10

甘肃临潭：齐家文化大发现　王文元　丝绸之路 11:21~25

齐家古玉：4000 年前神秘部族的绝版之作　王文元　丝绸之路 3:16~20

齐家文化陶质鸟形器　胡晓薇　丝绸之路 5:68

东北及内蒙古地区

全新世大暖期燕北地区的自然环境及其与古文化的关系　滕海键　内蒙古社会科学 30 卷 1:43~47

下辽河流域新石器文化的年代及谱系问题初探　张星德　边疆考古研究（第 8 辑）47~55

康平法库两县史前文化性质与内涵分析　周向永　沈阳考古文集（第 2 集）206~220

辽宁大连大潘家村出土遗存再认识　高芳等　博物馆研究 2:51~55

兴隆洼文化聚落形态　索秀芬、李少兵　边疆考古研究（第 8 辑）14~35

内蒙古赤峰市兴隆沟遗址 8000 年前牙病治疗的研究报告　席永杰等　北方文物 4:102~103

关于赵宝沟文化的几个问题　索秀芬　新果集——庆祝林沄先生七十华诞论文集 109~118

红山文化研究历程的回顾与展望　郭治中　内蒙古文物考古 1:45~53

新乐遗址木雕艺术品再探　陈俏蕾　沈阳考古文集（第 2 集）221~223

浅谈新乐下层文化陶器　常乐　沈阳考古文集（第 2 集）224~227

新乐遗址出土的史前木雕品研究　周阳生　中国历史文物 4:38~46

浅析小河沿文化与其他考古学文化的互动关系　陈国庆　边疆考古研究（第 8 辑）36~46

小河沿文化分期与年代探讨　陈国庆　新果集——庆祝林沄先生七十华

诞论文集 119～130

小河沿文化聚落形态　索秀芬、李少兵　内蒙古文物考古 1:54～62

上宅文化初论　索秀芬、李少兵　考古与文物 1:28～31

北京平谷上宅遗址磨盘磨棒功能分析：来自植物淀粉粒的证据　杨晓燕等　中国科学 D 辑：地球科学 39 卷 9:1266～1273

辽东半岛地区小珠山下层文化陶器比较研究　张翠敏、王宇　东方考古（第 6 集）172～192

偏堡子文化若干问题的研究与探讨　张树范　沈阳考古文集（第 2 集）228～235

文家屯积石墓浅析　高芳等　博物馆研究 3:50～53

老铁山·将军山积石墓浅析　高芳等　内蒙古文物考古 1:69～75

四　夏文化探索

试论夏文化的探索　高去寻　潜德幽光——高去寻院士百岁冥诞纪念集 31～37

晋南“夏墟”考　张国硕　鹿鸣集——李济先生发掘西阴遗址八十周年山西省考古研究所侯马工作站五十周年纪念文集 207～214

简论嵩山地区的夏文化考古研究　方燕明　中华文明与嵩山文明研究（第一辑）153～170

夏早期都邑“阳城”与“阳翟”探索　蔡全法　中华文明与嵩山文明研究（第一辑）171～179

夏代前期城址的考古学观察　方燕明　新果集——庆祝林沄先生七十华诞论文集 147～159

中原地区虞夏时期城址的比较研究　李丽娜　中原文物 4:40～48

夏商之际王朝文化北向传播的通道及背景探析　徐昭峰、李丽娜　中原文物 5:22～28

论关中东部的夏代早期文化遗存　张天恩　中国历史文物 1:17～24

二里头一期文化是早期夏文化　陈旭　中国历史文物 1:9～16

二里头遗址二里头文化一期遗存试析　李维明　中国历史文物 1:25～36

论二里头青铜文明的兴起　韩建业　中国历史文物 1:37～47

关于二里头文化和夏代考古学遗存的几点认识　张忠培　中国历史文物 1:4～8

关于二里头文化遗址的发现与分布规律的认识　袁广阔　中华文明与嵩山文明研究（第一辑）191～200

略论二里头文化的聚落特征　袁广阔　华夏考古 2:71～79

从文化变迁看二里头文化的排他式殖民扩张及影响——以中条山南北和江汉平原地区为例　段天璟　新果集——庆祝林沄先生七十华诞论文集 160～175

论二里头文化的发生——嵩山文化圈文明形成过程解读　郭伟民　中华文明与嵩山文明研究（第一辑）180～190

豫南地区二里头时期遗存的相关问题试析　徐燕　华夏考古 2:80～88

二里头的“中国之最”　许宏　中国文化遗产 1:50～67

关于中国早期青铜时代陶器色调的研究——以二里头遗址为例　德留大辅等　三代考古（三）163～170

再论新砦陶器盖纹饰的复原问题　顾万发　中华文明与嵩山文明研究

（第一辑）208～211

补　遗

二里头铜牌饰与夏代神话研究：再论“第四重证据”　叶舒宪　民族艺术2008年4:86～95

五　商　殷

改革开放三十年来夏商史研究的进展与思考　王震中　中国社会科学院古代文明研究中心通讯18:16～25
方法论视角下的夏商分界研究　许宏　三代考古（三）68～80
“系列样品”的考古质疑　蒋祖棣　俞伟超先生纪念文集·学术卷66～84
从“夏商周断代工程”到“中华文明探源工程”——夏商考古学文化研究摭拾　杨育彬　俞伟超先生纪念文集·学术卷203～212
农牧文化互动：古代文明演进的历史模式　王仁湘　三代考古（三）424～425
东亚与青铜时代世界体系　易华　三代考古（三）452～453
欧亚大陆青铜文化系统划分初探　杨建华　新果集——庆祝林沄先生七十华诞论文集274～280
殷商文明和早期域外文明相似性的若干问题　刘正　殷都学刊4:1～4
华夏系统国家群之诞生——讨论所谓“夏商周”时代之社会结构　黄川田修　三代考古（三）81～112
从考古遗存中的环境指标看峡江地区夏商周时期的环境变迁　徐燕　农业考古1:39～43
商代分封制的产生与发展　徐义华　南方文物4:78～82
殉祭制度与殷代文化　尹占群　苏州博物馆建馆五十周年纪念文集8～12
也谈文化形成的滞后性——以早商文化和二里头文化的形成为例　王立新　考古12:47～55
殷墟文化一期再认识　何毓灵、岳洪彬　三代考古（三）202～213
从夏聚到商城——垣曲古城南关夏商聚落演变试探　佟伟华　俞伟超先生纪念文集·学术卷213～226
河南焦作府城遗址陶器研究——对二里头·二里冈文化陶器数量分析的尝试　秦小丽　考古与文物1:39～51
城墓分离：洛阳古代城市史上的重大转折　霍宏伟　洛阳汉魏陵墓研究论文集198～208
晚商时期商文化东进通道初探　庞晓霞、高江涛　中原文物5:29～34
商代青铜器的使用与铅中毒——也论商王朝的衰亡与铅的关系　王大宾、杨海燕　中国文物报1月9日7版
先秦城市聚落中的水与水系　徐良高　三代考古（三）153～162
试论北京地区夏商周时期的文化谱系　韩建业　华夏考古4:78～86
安徽商周考古研究的几点思考　王峰　道远集——安徽省文物考古研究所五十年文集174～179
先商文化考古的新征程——在“先商文化学术研讨会”开幕式上的致辞　李伯谦　南方文物4:16～18
先商文化考古的新征程——在“先商文化学术研讨会”开幕式上的致辞　李伯谦　古代文明研究通讯42:1～3
对先商文化的思考——在“先商文化

学术研讨会”上的总结发言　刘绪　古代文明研究通讯 42:4~6
辉卫型文化与王亥“服牛”　郑杰祥　中原文物 5:17~21
“辉卫型”文化与王亥“服牛”　郑杰祥　纪念王懿荣发现甲骨文 110 周年国际学术研讨会论文集 476~482
豫北地区漳河型先商文化的特征、来源及相关问题　李素婷　郑州大学学报：哲社版 42 卷 2:136~141
河南鹤壁刘庄先商文化墓地初析　李维明　东方考古（第 6 集）193~199
鹤壁刘庄遗址下七垣文化墓地出土人骨标本鉴定报告　魏东等　华夏考古 2:89~92
从先商文化的主要来源看商族起源地　魏继印　中原文物 6:34~38
商族来源地望浅探　田春芳　南方文物 4:87~91
商族先公称名的文化学探索　江林昌　殷都学刊 2:1~12
甲骨文金文中所见商代癹族　张俊成　殷都学刊 4:9~12
安阳鄣邓遗址动物资源的获取与利用　侯彦峰等　中原文物 5:38~47
商代殷都的族居特点与商的王权　王震中　甲骨学 110 年：回顾与展望——王宇信教授师友国际学术研讨会论文集 119~130
如何确定商代都城的始建年代　张国硕　甲骨学 110 年：回顾与展望——王宇信教授师友国际学术研讨会论文集 356~358
商代城市防御文化研究　张国硕　纪念王懿荣发现甲骨文 110 周年国际学术研讨会论文集 433~443
从早商城址看商王朝早期的都与直辖邑　王立新　新果集——庆祝林沄先生七十华诞论文集 178~198
商代殷都考　阎铁成　中原文物 1:28~38
读《商代殷都考》的几点意见——与阎铁成先生商榷　胡洪琼　中原文物 6:99~104
偃师商城一期一段的相对年代疑议　尚友萍　文物春秋 1:9~14
关于偃师商城和伊尹关系的假说　松丸道雄著　近藤晴香译　许宏校　三代考古（三）176~194
偃师商城商代初期地貌的复原及其与城址布局的关系　曹慧奇　三代考古（三）195~201
洹北商城性质的再认识　李民　纪念王懿荣发现甲骨文 110 周年国际学术研讨会论文集 429~432
安阳洹北商城考古学文化年代辨析　孟宪武、谢世平　中原文物 4:52~54
洹北商城与中商文化　胡洪琼　殷都学刊 3:37~43
评《郑州商城即汤都亳说》并论汤之迁都　高去寻　潜德幽光——高去寻院士百岁冥诞纪念集 10~30
试论郑州商都废弃的生态原因　徐岩　中原文物 4:49~51
郑州商城制陶作坊的年代　韩香花　中原文物 6:39~43
安阳的“商邑”与“大邑商”　唐际根、荆志淳　考古 9:70~80
殷墟一期殷都布局变迁研究　李一丕　华夏考古 4:70~77
殷墟宫殿区乙二十组建筑基址研究　杜金鹏　三代考古（三）214~235
殷墟乙二十一基址等建筑遗存研究

杜金鹏　考古 11:59～69
对殷墟外围族氏中心遗存问题的讨论　孟宪武、李文静　甲骨学 110 年：回顾与展望——王宇信教授师友国际学术研讨会论文集 380～383
试论殷墟孝民屯遗址半地穴式建筑群的性质及相关问题　何毓灵　甲骨学 110 年：回顾与展望——王宇信教授师友国际学术研讨会论文集 370～379
试论安阳殷墟孝民屯遗址半地穴式建筑群的性质及相关问题　何毓灵　华夏考古 2:98～108
河北邢台商代遗址概述　李恩玮　纪念王懿荣发现甲骨文 110 周年国际学术研讨会论文集 520～530
河北邢台商代遗址概述　李恩玮　甲骨学 110 年：回顾与展望——王宇信教授师友国际学术研讨会论文集 430～441
商周纪器与纪都　孙敬明　甲骨学 110 年：回顾与展望——王宇信教授师友国际学术研讨会论文集 449～451
由考古资料探索商周江西社会　许智范　纪念王懿荣发现甲骨文 110 周年国际学术研讨会论文集 499～505
青铜"伏鸟双尾虎"考析　李昆　纪念王懿荣发现甲骨文 110 周年国际学术研讨会论文集 510～513
高红商代遗存与李家崖文化　王京燕　而立集——山西大学考古专业成立 30 周年纪念文集 201～206
商文化京当型与郑家坡类遗存关系探讨　宋江宁　三代考古（三）322～334
商周墓道制度辩论　张应桥　中原文物 2:45～50
殷墟晚商葬制与葬俗的几个问题　胡进驻　郑州大学学报：哲社版 42 卷 2:142～145
商文化墓葬二层台上放置动物腿骨现象与"奠竁"礼比较研究　谢肃　华夏考古 2:109～117
殷墟仿铜陶礼器墓试析　胡洪琼　甲骨学 110 年：回顾与展望——王宇信教授师友国际学术研讨会论文集 394～401
也谈"妇好墓"　张素凤、卜师霞　中原文物 2:41～44
也论苏埠屯墓地的性质　郭妍利　三代考古（三）247～272
灵石旌介商墓与山西商代晚期考古学文化　田建文　中原文物 1:39～44
沧县倪杨屯商代遗址出土的文物　刘金霞　中国文物报 10 月 28 日 5 版
红卫村青铜器与殷人"持其祭乐器奔周"　毕经纬　文博 1:54～58
殷墟"虎首龙身"石雕像和"疆良"　刘源　中国社会科学院古代文明研究中心通讯 17:37～42
商代的寝官　罗琨　中国社会科学院古代文明研究中心通讯 17:21～29
带铃铜器研究（摘要）　严志斌　鄂尔多斯青铜器国际学术研讨会论文集 295～296
殷墟的镞与甲骨金文中的"矢"和"射"字　岳洪彬　甲骨学 110 年：回顾与展望——王宇信教授师友国际学术研讨会论文集 359～369
殷墟白陶"躯体纹"之我见　赵清荣　甲骨学 110 年：回顾与展望——王宇信教授师友国际学术研讨会论文集 388～393
西陵峡区域夏商时期的夹柄石斧　周乐鹏　重庆师范大学学报：哲社版

4:101~104
关于新疆和田玉东输内地的年代问题 陈志达 考古3:81~82
介绍几件商代青铜器、玉器 程永建 文物2:79~82
大辛庄商代墓地——透过齿冠测量值的亲属关系分析 田中良之等 海岱地区早期农业和人类学研究 221~234
论安阳殷墟围沟的发现及其意义 郑振香 中国社会科学院古代文明研究中心通讯17:14~20

补 遗

先商族源于济南大辛庄考 景以恩 管子学刊2008年4:100~104

六 西 周

重新认识西周国家——对早先理论和模式的反思 李峰著 彭小军、吴敏娜译 三代考古（三）124~149
作为考古学的周文化 王力之 鹿鸣集——李济先生发掘西阴遗址八十周年山西省考古研究所侯马工作站五十周年纪念文集293~295
权力、性别与时代风尚：黄金制品与两周之际的社会变迁 张明东 古代文明研究通讯41:27~29
周代礼仪的等级性特征初探 冯盛国 文博1:59~63
西周初年汾河下游霍、杨封国考——封国考之一 陶正刚 鹿鸣集——李济先生发掘西阴遗址八十周年山西省考古研究所侯马工作站五十周年纪念文集237~242
倗国考 张永山 鹿鸣集——李济先生发掘西阴遗址八十周年山西省考古研究所侯马工作站五十周年纪念文集228~236
丹江上游西周遗存与早期楚文化关系试析 张天恩 周秦文明论丛（第二辑）80~87
虢国名号之来源考 刘社刚 周秦文明论丛（第二辑）140~144
再说曾国之谜 吴良宝 新果集——庆祝林沄先生七十华诞论文集 626~631
《士丧礼》和《既夕礼》所记名物的考古学观察 王乐文 楚文化研究论集（第八集）46~56
从周公庙考古发现探析殷周礼制的关系 彭曦 周秦文明论丛（第二辑）116~119
试论周代棺椁构筑程序及相关葬仪 高崇文 俞伟超先生纪念文集·学术卷276~286
两周之际高等级贵族墓青铜礼器组合新探 郑威 考古3:57~63
西周制玦作坊生产遗存的分析与研究——周原遗址齐家制玦作坊个案研究之一 孙周勇 三代考古（三）335~359
两周石玦的生产形态：关于原料技术与生产组织的探讨——周原遗址齐家制玦作坊个案研究之二 孙周勇 考古与文物3:49~63
关于“先周文化”的几点思考 宋江宁 三代考古（三）113~123
周原考古与周人早期都邑的寻找 徐天进 青铜文化研究（第四辑）17~23
由周原遗址陶文“周”论“周”地与先周文化 雷兴山 俞伟超先生纪念文集·学术卷263~275
先周青铜器与新石器时代陶器、玉器的文化关系考释 牛倩 文博5:49~52

周原考古札记四则　刘绪　俞伟超先生纪念文集·学术卷 254～262
周族起源山西考　田建文　古代文明研究通讯 42：13～18
周族起源诸说辩证——兼论周族起源于白狄　沈长云　中国史研究 3：117～130
枣树沟脑遗址 F14 及其相关问题分析　钱耀鹏等　考古与文物 2：27～35
孔头沟遗址商末周初遗存与先周文化探索　种建荣、雷兴山　考古与文物 3：42～48
陶唐氏、唐国与鄂、鄂　田建文　古代文明研究通讯 40：6～12
周原宫殿建筑类型及相关问题探讨　杜金鹏　考古学报 4：435～468
陕西扶风云塘西周建筑群复原研究　玛丽安娜　建筑历史与理论（第十辑）377～386
论周原遗址西周时期手工业者的居与葬——兼谈特殊器物在聚落结构研究中的作用　雷兴山　华夏考古 4：95～101
云塘、齐镇西周建筑基址出土残铜块和炉渣的分析　周文丽等　考古与文物 6：96～103
谈偪阳故城的几个问题　印群　三代考古（三）371～377
试论邓国故城址的空间形态和历史价值　崔新社　文物世界 1：20～22
从近年岐山北郭地区出土的文物浅谈凤凰山遗址的性质　王文耀　周秦文明论丛（第二辑）224～229
帷帐形棺饰溯源　高炜、王岩　鹿鸣集——李济先生发掘西阴遗址八十周年山西省考古研究所侯马工作站五十周年纪念文集 254～260
试论两周时期的积石积炭墓　田伟　中国历史文物 2：59～65
试论周代棺椁构筑程序及相关葬仪　高崇文　鹿鸣集——李济先生发掘西阴遗址八十周年山西省考古研究所侯马工作站五十周年纪念文集 395～402
周代的夫妻合葬墓　刘洁　文化学刊 2：74～79
再论周公庙西周大型贵族墓葬群性质　付仲杨　三代考古（三）360～370
周公庙遗址性质杂弹　徐良高　三代考古（三）411～417
少陵原西周墓地性质蠡测　张天恩　陕西历史博物馆馆刊（第 16 辑）1～5
鹿邑太清宫西周大墓墓主研究　尹夏清、尹盛平　华夏考古 3：59～63
张家坡 M89 年代为西周说——论西周高领袋足鬲　路国权、侯纪润　文博 4：36～39
谈殷遗民的考古遗存及其殉人墓　印群　纪念王懿荣发现甲骨文 110 周年国际学术研讨会论文集 469～475
𢐗国对外交往情况的初步考察　李郁宏　青铜文化研究（第四辑）44～48
近年宝鸡𢐗国研究成果述要　李郁宏、袁红　周秦文明论丛（第二辑）214～218
宝鸡竹园沟墓地族属问题的再思考　王竑、石蓓　周秦文明论丛（第二辑）237～247
有关宝鸡戴家湾铜器族属及墓地性质的推论　任雪莉等　周秦文明论丛（第二辑）248～260
晋国早期人群来源和结构的考察　谢尧亭　新果集——庆祝林沄先生七

十华诞论文集 342～367
北吕墓地试析　马赛　考古与文物 1:52～59
芮国大墓墓主蠡测　杨亚长　中国文物报 8 月 7 日 7 版
西周陶簋所见筮数、图像考释　晏昌贵　周易研究 2:12～18

七　东　周

山东地区周代考古的新进展　刘延常、兰玉富　东南文化 6:61～67
白狄东迁考——从白狄建立的中山国谈起　杨建华　鄂尔多斯青铜器国际学术研讨会论文集 283～294
从考古发现看早期秦楚关系　高成林　湖南考古辑刊（第 8 集）180～191
“侯”形制考　刘道广　考古与文物 3:64～66
东周造物的制度僭越与制度功能　徐东树　装饰 7:82～83
东周墓葬中的毁带钩现象——毁器习俗小议　张明东　古代文明研究通讯 42:19～21
晋假虞灭虢后的上阳城　宁景通　鹿鸣集——李济先生发掘西阴遗址八十周年山西省考古研究所侯马工作站五十周年纪念文集 342～347
郑韩故城的城市布局　马世之　文物建筑（第 3 辑）114～130
试论濮阳高城东周城址的性质　袁广阔、南海森　中原文物 1:45～47
凤阳卞庄一号墓镈钟铭文“童鹿”即“锺离”初识　阚绪杭、周群　道远集——安徽省文物考古研究所五十年文集 180～183
对寿春城城址发现研究之反思　张钟云　道远集——安徽省文物考古研究所五十年文集 184～193
齐长城边陲军事重镇安陵城探考　李居发　文博 4:48～52
洛阳周山“周三王陵”墓主小考　李国强　陕西历史博物馆馆刊（第 16 辑）15～16
程村墓地分期研究　韩炳华　而立集——山西大学考古专业成立 30 周年纪念文集 207～213
从曾侯乙墓看战国早期列国宫寝制度　高振威　江阴文博 1:39～42
曾侯乙、曾侯𧻚和曾侯邚　张昌平　江汉考古 1:92～99
曾侯乙墓文化属性试析　黄敬刚　楚文化研究论集（第八集）313～328
张家川马家塬墓地相关问题初探　王辉　文物 10:70～77
谈张家川马家塬战国墓地及相关问题　王文斌　陇右文博 2:14～17
中原、南方地区矩形动物纹牌饰初论　李意愿　湖南考古辑刊（第 8 集）211～229
试析马家塬墓葬出土金属器物的原料来源　马建国　陇右文博 1:17～18
郳友父鬲和郳庆铜器初探　阎志　古代文明研究通讯 41:30～35

秦文化

宝鸡建河墓地的年代及相关问题　滕铭予　边疆考古研究（第 8 辑）129～138
春秋秦楚贵族墓葬比较研究　张闻捷　楚文化研究论集（第八集）284～294
任家嘴秦墓地相关问题研究　滕铭予　新果集——庆祝林沄先生七十华诞论文集 389～411
秦君葬地蠡测——君王陵墓同都城关系探索之二　王学理　周秦文明论

丛（第二辑）88～98

神禾原战国秦陵园主人试探　丁岩　考古与文物 4:62～66

从考古资料看《商君书·徕民》的真实性——兼谈战国晚期秦咸阳附近移民分布的特点　陈力　边疆民族考古与民族考古学集刊（第一集）312～321

从秦地域内出土的欧亚草原“动物纹”看秦与“戎狄”文化的关系　史党社　鄂尔多斯青铜器国际学术研讨会论文集 717～732

甘肃西山遗址早期秦人的饮食与口腔健康　尉苗等　人类学学报 1:45～56

晋文化

晋都新田的年代和布局　梁云　俞伟超先生纪念文集·学术卷 302～316

新田祭祀遗迹研究　吉琨璋　鹿鸣集——李济先生发掘西阴遗址八十周年山西省考古研究所侯马工作站五十周年纪念文集 371～381

河南晋文化钩沉　杨育彬　鹿鸣集——李济先生发掘西阴遗址八十周年山西省考古研究所侯马工作站五十周年纪念文集 357～363

“九原”的地望及其相关问题　谢尧亭　鹿鸣集——李济先生发掘西阴遗址八十周年山西省考古研究所侯马工作站五十周年纪念文集 319～329

试说侯马铸铜遗址　杨敏　文物世界 5:21～22

从乔村殉人墓的文化归属看战国时代的奴隶制　梁云　鹿鸣集——李济先生发掘西阴遗址八十周年山西省考古研究所侯马工作站五十周年纪念文集 403～416

晋侯墓地研究述评（上、下）　谢尧亭　文物世界 3:11～17、4:19～33

山西·曲沃曲村——天马遗址发掘三十周年晋文化论坛纪要　常怀颖　中国文物报 5 月 29 日 7 版

太原晋国赵卿墓车马坑及相关问题——试说较、轼、轨　魏成敏　鹿鸣集——李济先生发掘西阴遗址八十周年山西省考古研究所侯马工作站五十周年纪念文集 299～304

从分水岭 M12、M25 看晋东南地区的积石积炭墓　杨林中　鹿鸣集——李济先生发掘西阴遗址八十周年山西省考古研究所侯马工作站五十周年纪念文集 364～370

读《国语·晋语》二得　田建文　鹿鸣集——李济先生发掘西阴遗址八十周年山西省考古研究所侯马工作站五十周年纪念文集 330～334

从异地出土的有铭吴越青铜器看晋与吴越的文化交流——兼谈春秋时期晋国和越国在争霸斗争中的策略　劳伯敏　鹿鸣集——李济先生发掘西阴遗址八十周年山西省考古研究所侯马工作站五十周年纪念文集 348～356

楚文化

汉淮间诸国青铜文化的变迁　高崇文　楚文化研究论集（第八集）2～16

浅谈西周文化对楚文化的影响　王婉尧等　楚文化研究论集（第八集）17～25

论楚文化之源　杨权喜　湖南省博物馆馆刊（第五辑）572～577

楚文化渊源探索的回顾与思考——怀念俞伟超先生　杨权喜　俞伟超先生纪念文集·学术卷 30～38

论楚文化对巴文化的影响　黄尚明　楚文化研究论集（第八集）26～38

从峡江地区楚文化遗存看东周时期巴楚关系的变化　赵炳清　华夏考古 2:118～124

东周时期楚人开发鄂东地区的历史进程研究　朱继平　楚文化研究论集（第八集）57～72

淮上楚城考　马世之　楚文化研究论集（第八集）136～146

平顶山楚城考　王宏伟　楚文化研究论集（第八集）153～162

楚都丹阳"秭归说"的考古学观察　尹弘兵　楚文化研究论集（第八集）187～201

楚都丹阳"丹淅说"与"枝江说"的对比研究　尹弘兵　江汉考古 4:96～105

略论楚都纪南城的地理因素　李光明　楚文化研究论集（第八集）202～209

楚都陈城及其相关问题的研究　张志华、李欣　楚文化研究论集（第八集）210～215

从里耶古城、丹凤古城的考古发现谈秦楚关系　高崇文　里耶古城·秦简与秦文化研究——中国里耶古城·秦简与秦文化国际学术研讨会论文集 60～67

里耶古城一、二期文化内涵的思考　刘彬徽　里耶古城·秦简与秦文化研究——中国里耶古城·秦简与秦文化国际学术研讨会论文集 68～73

安徽江淮地区战国楚墓简论　陶治强　文博 3:17～22

沅水下游楚墓述略　谭远辉、王永彪　楚文化研究论集（第八集）343～351

河南叶县四号春秋墓的初步研究　杨肇清　楚文化研究论集（第八集）242～250

枞阳旗山沙河战国、西汉墓的发掘及初步认识　叶润清　楚文化研究论集（第八集）258～268

九连墩一、二号墓墓主关系厘探　胡雅丽　楚文化研究论集（第八集）269～276

九连墩楚墓与荆州楚墓的异同　王红星　楚文化研究论集（第八集）277～283

重庆忠县石匣子楚墓考古研究　张庆久、杨华　楚文化研究论集（第八集）295～312

重庆忠县石匣子楚墓考古研究　张庆久　四川文物 2:43～50

郧县乔家院春秋墓初识　冯峰　南方文物 4:98～106

湖北荆门郭店一号楚墓出土器物补遗与研究　龙永芳　楚文化研究论集（第八集）251～257

楚式"镇墓兽"的象征意义及其称名的商榷　丁兰　楚文化研究论集（第八集）411～421

楚墓中的镇墓兽　张兴国　湖南考古辑刊（第 8 集）192～200

吴越文化

吴越考古：新思维　新方法　新课题——《南方文物》"吴越考古"专栏开栏语　张敏　南方文物 2:51～52

吴文化研究之我见　钱公麟　苏州博物馆建馆五十周年纪念文集 1～7

吴国都城初探　张敏　南方文物 2:55～61

吴国青铜器之南方特征　毛颖　南方文物 2:62～70

吴越两国的冲突、吴越文化的交融与吴人越人的归宿 叶文宪 东方考古（第6集）272~288

江、浙、沪地区战国墓分期初探 田正标 浙江省文物考古研究所学刊（第九辑）292~309

绍兴306号墓探研 郎剑锋 浙江省文物考古研究所学刊（第九辑）263~272

苏州东渚小山墓地初步研究 丁金龙、王霞 苏州博物馆建馆五十周年纪念文集 13~19

绍兴越文化考古发现 刘侃 无锡文博 3:18~21

越国贵族墓葬制葬俗初步研究 陈元甫 浙江省文物考古研究所学刊（第九辑）225~241

绍兴西施山遗址出土文物研究 刘侃 东方博物（第三十一辑）6~22

角形器功能初探 黄昊德 浙江省文物考古研究所学刊（第九辑）273~282

浙北东苕溪流域的古代越国瓷业——兼谈早期越国都邑及青瓷的起源 朱建明 南方文物 2:80~87

八 夏商周时期周边地区青铜文化

中国北方东周时期两种文化遗存辨析——兼论戎狄与胡的关系 杨建华 考古学报 2:155~184

春秋战国时期长城沿线游牧民族的地下世界 韩建业 鄂尔多斯青铜器国际学术研讨会论文集 193~206

北方草原青铜文化与云南青铜文化的相似元素 肖明华 鄂尔多斯青铜器国际学术研讨会论文集 540~551

北方青铜器文化墓葬动物殉牲及其地域性特征 （日）小田木、治太郎著 袁香译 鄂尔多斯青铜器国际学术研讨会论文集 558~582

中国北方草原地带早期铁器的传播与发展 （日）田中裕子 鄂尔多斯青铜器国际学术研讨会论文集 583~599

替亚洲东部的斯基泰——萨尔马特文物断代 常华安 鄂尔多斯青铜器国际学术研讨会论文集 297~338

战国至西汉时期北方动物纹饰牌寓意研究（摘要） （德）Catrin Kost M. A. 鄂尔多斯青铜器国际学术研讨会论文集 611~624

日本东京国立博物馆所藏“小铜铎”辨析 张文立 新果集——庆祝林沄先生七十华诞论文集 333~341

东北及其周边地区

岳石文化时期海岱文化区人文地理格局演变探析 高江涛、庞小霞 考古 11:48~58

从随葬铜器墓看周代莒国贵族埋葬制度 吴伟华 文博 3:3~11

莒文化研究 禚柏红 东方考古（第6集）200~233

仙人台遗址出土人骨 田中良之等 海岱地区早期农业和人类学研究 235~243

山东济南仙人台遗址1995年出土动物遗存分析 宋艳波 东方考古（第6集）367~382

夏商之际王朝文化的北向传播 徐昭峰 纪念王懿荣发现甲骨文110周年国际学术研讨会论文集 483~491

夏商时期内蒙古中南部古代文化与中原文明的关系 曹建恩 三代考古（三）427~429

太行山脉东西两翼：中原与北方青铜

文化互动的重要通道　段宏振　三代考古（三）432～435
考古所见中原与北方青铜文化的互动　徐良高　三代考古（三）445～449
青铜时代考古学文化互动的理论与方法论探讨　谷飞　三代考古（三）449～451
文化交流所见交通“大动脉”　陈显丹　三代考古（三）435～436
对“中原与北方早期青铜文化的互动”考察活动的几点感想　张君　三代考古（三）459～462
内蒙古东南部地区商周时代文化与中原文明的互动　塔拉　三代考古（三）425～427
内蒙古中南部地区的青铜器至初期铁器时代文化及其社会　（韩）吴江原　鄂尔多斯青铜器国际学术研讨会论文集 102～115
北方考古二题：2008 年内蒙古考察收获笔谈　刘绪　三代考古（三）429～432
东北地区夏至战国时期考古学文化谱系研究的进程　张忠培　中国文物报 7 月 31 日 7 版
从畜牧民、农耕民的青铜器到国家制度下的青铜器　（日）冈内三真著　扎拉嘎木吉译　鄂尔多斯青铜器国际学术研讨会论文集 61～76
应关注早期冶金复杂化进程的社会背景　梅建军　三代考古（三）455～456
夏家店下层文化的非龙山化过程及习俗的先进性　王立新　三代考古（三）436～439
井沟子西区墓地的文化因素及文化形成过程的初步分析　武志江　华夏考古 1:87～101
“西岔文化”初步研究　马明志　考古与文物 5:38～45
毛庆沟墓地的两种墓葬所反映的不同社会结构　杨建华等　边疆考古研究（第 8 辑）64～73
饮牛沟墓地形态和社会结构研究　陈畅　北方文物 1:10～15
融合还是变迁——毛庆沟、饮牛沟墓地再研究　王鹏　鄂尔多斯青铜器国际学术研讨会论文集 164～177
朱开沟文化的流布及相关问题研究　马明志　西部考古（第四辑）135～153
内蒙古和林格尔新店子墓地殉牲研究　陈全家、曹建恩　内蒙古文物考古 2:66～77
内蒙古和林格尔县新店子墓地人骨研究　张全超、朱泓　考古 3:13～14
内蒙古凉城县小双古城墓地人骨研究　张全超、朱泓　考古 3:26～27
内蒙古凉城县忻州窑子墓地人骨研究　张全超、朱泓　考古 3:47～48
“中国北方长城地带”东周时期的北亚人种问题——兼谈“古蒙古高原类型”的命名　张全超　新果集——庆祝林沄先生七十华诞论文集715～722
内蒙古中南部地区青铜—早期铁器时代居民的龋病研究　张全超等　人类学学报 4:372～378
论玉皇庙文化　靳枫毅　鄂尔多斯青铜器国际学术研讨会论文集 635～671
关于冀北山戎的几个问题　张立柱　文物春秋 1:15～20
辽东地区积石墓的演变　李新全　东北史地 1:3～9

于家村砣头积石墓地再认识 张翠敏 东北史地1:42~48

马城子文化墓葬分期及相关问题 华玉冰 新果集——庆祝林沄先生七十华诞论文集261~273

新乐上层文化墓葬浅析 华阳等 东北史地2:38~41

论白燕文化及其相关问题 蒋刚 考古与文物5:27~37

吉林西团山文化六十年研究成果概述 董学增 博物馆研究1:28~37

西团山文化分期研究 赵宾福 考古学报4:469~496

古城类型：嫩江流域商代晚期遗存辨识——兼谈嫩江流域陶鬲的起源与演变 赵宾福 新果集——庆祝林沄先生七十华诞论文集235~246

汉书二期文化研究——遗址材料和墓葬材料的分析与整合 赵宾福 边疆考古研究（第8辑）98~116

白金宝遗址发掘与嫩江流域夏至汉代考古学文化谱系的确认 张忠培 中国文物报7月3日7版

论白金宝二期文化 朱永刚 北方文物1:3~9

圈点纹浅析 潘玲 边疆考古研究（第8辑）117~128

试论大甸子彩绘陶器曲线形纹饰与商代青铜器龙纹之间的关系 李晓红 鄂尔多斯青铜器国际学术研讨会论文集267~282

大甸子遗址中猪的饲养与仪式使用 罗运兵 边疆考古研究（第8辑）288~300

夏家店上层文化中青铜头盔的起源和传播 （韩）姜仁旭 鄂尔多斯青铜器国际学术研讨会论文集223~266

辽河流域“北方式青铜器”再认识 郭大顺 鄂尔多斯青铜器国际学术研讨会论文集46~60

从分子生物学角度看河北蔚县三关墓地古代居民的遗传结构 赵欣等 文物春秋1:3~8

嫩江流域单耳陶杯研究——兼论嫩江流域单耳陶器的起源与流向 张伟、曲轶莉 北方文物2:22~31

补 遗

关于马城子文化内涵认知的述评 唐淼 东北史地2008年6:72~74

东南地区

浅谈赣鄱地区雀方 吴志刚 江汉考古4:64~75

商时期赣江流域的青铜文化格局 唐际根、荆志淳 三代考古（三）236~246

江西吴城商文化渊源及发展 黄水根 甲骨学110年：回顾与展望——王宇信教授师友国际学术研讨会论文集442~448

吴城文化与周公南征 吴志刚 四川文物3:70~72

吴城与牛城文化分析 黄水根等 纪念王懿荣发现甲骨文110周年国际学术研讨会论文集514~519

试论江西万年文化的年代、分期及相关问题 赵东升 东南文化2:36~47

闽南粤东地区的青铜时代文化 魏峻、刘志远 边疆民族考古与民族考古学集刊（第一集）69~81

也论浮滨文化的年代问题 李龙章 湖南省博物馆馆刊（第五辑）174~183

论宁乡黄材的青铜文化 张长寿 湖南省博物馆馆刊（第五辑）20~38

关于炭河里古城址的年代及其和宁乡青铜器群年代相互关系的思考　刘彬徽　湖南省博物馆馆刊（第五辑）39～43
潇湘上游商周文化的探索与收获　柴焕波　中国文物报11月27日5版
珠江三角洲地区先秦几何印纹观察点滴——竹编、铜器纹样与陶器的几何形纹饰　李岩　边疆民族考古与民族考古学集刊（第一集）45～54

西南地区

巴蜀文化在西南地区的辐射与影响　刘弘　巴蜀文化研究集刊（第五卷）77～98
西南地区用杖习俗研究　刘弘　巴蜀文化研究集刊（第五卷）99～110
古代西南地区"杖"制考　刘弘　四川文物2:32～42
六十年来蜀文化研究的重大收获　宋治民　四川文物4:23～27
略论古蜀与商文化的关系　段渝　巴蜀文化研究集刊（第五卷）25～33
试析战国时期巴蜀文化的墓葬形制　洪梅　华夏考古1:114～124
成都城市聚合形成模式的中外比较　段渝、邹一清　巴蜀文化研究集刊（第五卷）307～316
从三星堆文化看古代文明的本质特征　段渝　巴蜀文化研究集刊（第五卷）41～52
巴人来源的传说与史实　段渝　巴蜀文化研究集刊（第五卷）57～73
试论金沙文明对马家窑彩陶文化的继承与传播　屈小玲　巴蜀文化研究集刊（第五卷）53～56
金沙遗址出土青铜立人像探析　黄剑华　青铜文化研究（第四辑）36～43
十三芒头饰铜人像考析　钱玉趾　成都文物1:13～18
试论滇文化文明起源之成因　彭长林　边疆民族考古与民族考古学集刊（第一集）126～143
滇东与黔西早期青铜时代的居民　周志清　成都考古研究（一）下435～448
滇东黔西地区青铜时代族群刍议　周志清　成都考古研究（一）下449～461
浅析云南元江流域的青铜文化　周志清　考古与文物3:33～41
浅析云南元江流域的青铜文化　周志清　成都考古研究（一）下462～476
浅析广西西林县普驮铜鼓葬　周志清　成都考古研究（一）下477～482
野石山遗存的初步分析　刘旭、孙华　考古8:67～78
湖北清江流域夏商时期考古学文化研究　于孟洲　东南文化6:54～60
贵州威宁中水银子坛民族墓葬相关问题的探讨　赵小帆　贵州民族研究3:167～173
夷汉之间——从考古材料看贵州战国秦汉时代的文化格局　李飞　贵州民族研究6:64～71

补　遗

商周之际三角援青铜戈与蜀人随武王伐纣　印群　齐鲁学刊2008年6:34～38

西北地区

青海古代文化与内蒙古北方草原文化艺术风格的碰撞　柳春诚　鄂尔多斯青铜器国际学术研讨会论文集733～742
黄金制品所见中亚草原与中国早期文

化交流　马健　西域研究 3:50～64
欧亚草原有角神兽牌饰研究　林沄　西域研究 3:34～44
新疆青铜时代考古研究现状述评　宋亦箫　西域研究 1:84～97
新疆东黑沟遗址石筑高台、居址研究　张凤　西部考古（第四辑）181～195
从东黑沟出土的有角神兽牌饰谈起　林沄　鄂尔多斯青铜器国际学术研讨会论文集 30～45
新疆巴里坤岳公台——西黑沟遗址群初步认识　刘瑞俊　西北大学学报（哲学社会科学版）2:48～52
新疆地区安德罗诺沃文化相关遗存探析　邵会秋　边疆考古研究（第8辑）81～97
天山北路墓地一期遗存分析　李水城　俞伟超先生纪念文集·学术卷 193～202
吐鲁番洋海墓地出土的飞去来器　罗丰　考古与文物 3:83～89
洋海墓地新近收缴文物引出的问题　李水城　吐鲁番学研究 1:1～4
新疆鄯善洋海青铜时代居民颅骨创伤研究　张林虎、朱泓　边疆考古研究（第8辑）327～335
新疆焉不拉克文化古代居民人种学研究　魏东　边疆考古研究（第8辑）317～326
乌鲁木齐萨恩依墓地出土人牙齿及骨损伤的研究　付昶、王博　吐鲁番学研究 1:5～20
动物纹艺术与欧亚草原之路　晁舸　丝绸之路 22:5～10
对卡约文化青铜器一种分期意见的看法　张文立　边疆考古研究（第8辑）74～80

九　秦代

秦汉代郡平邑城址初探　张志忠　文物世界 1:17～19
论秦汉陵墓的从葬之制　王学理　洛阳汉魏陵墓研究论文集 34～47
长安地区秦、汉、西晋时期中小型墓葬的演变　肖健一　洛阳汉魏陵墓研究论文集 190～197
尊者无形：秦汉陵墓随葬人俑的思考——中国古代文明的一个重要特点　赵化成、虞丽琦　俞伟超先生纪念文集·学术卷 344～353
早期秦文化“源于东而兴于西”的考古学观察　田亚岐、王炜林　新果集——庆祝林沄先生七十华诞论文集 376～388
出土秦文献文字研究综述　赵立伟　华夏考古 3:108～119
秦代统一文字的考古发现与研究　徐龙国　里耶古城·秦简与秦文化研究——中国里耶古城·秦简与秦文化国际学术研讨会论文集 232～248
秦代武库初探　徐龙国　考古与文物 3:67～73
秦咸阳城遗址考古发现的回顾及其研究的再思考　刘庆柱　里耶古城·秦简与秦文化研究——中国里耶古城·秦简与秦文化国际学术研讨会论文集 29～47
从里耶古城论秦汉物质文化的统一性与地域性　白云翔　里耶古城·秦简与秦文化研究——中国里耶古城·秦简与秦文化国际学术研讨会论文集 48～59
里耶古城遗址反映的几个问题　龙京沙　里耶古城·秦简与秦文化研究——中国里耶古城·秦简与秦文

化国际学术研讨会论文集 74～83
里耶古城J1埋藏过程试探　刘瑞　里耶古城·秦简与秦文化研究——中国里耶古城·秦简与秦文化国际学术研讨会论文集 84～97
戏、丽邑与丽山园——兼论秦始皇帝陵丽邑的功能与作用　孙伟刚　考古与文物 4：67～71
秦陵地宫水银及相关问题的研究　段清波　里耶古城·秦简与秦文化研究——中国里耶古城·秦简与秦文化国际学术研讨会论文集 249～262
试论秦始皇陵葬制的突破　张卫星　考古与文物 5：68～74
秦始皇陵陪葬坑焚烧原因再认识　蒋文孝　文博 5：35～39
秦始皇陵封土高度问题试探　武丽娜　文博 5：40～43
岐山县博物馆收藏的秦代陶器考释　庞文龙、徐水卫　周秦文明论丛（第二辑）208～213
线粒体DNA证据显示秦始皇修陵劳工来自不同的地方　张君等　中国文物报 7月10日7版

一〇　汉　代

汉代京城、帝陵的考古发掘与研究　焦南峰　俞伟超先生纪念文集·学术卷 317～343
六安市郊墓群、西汉王陵与王城　李德文　道远集——安徽省文物考古研究所五十年文集 210～218
汉武帝对北方地区的经营及其影响　郑承燕　内蒙古文物考古 1：76～91
“三辅”地区汉代城址与“环状政区”观念　陈博、孙璐　文博 2：30～33
由满城汉墓铜钫铭文“工丙造”说开去　陈静　中国文物报 4月24日7版
南越国“西于王”事迹钩沉　郑君雷　新果集——庆祝林沄先生七十华诞论文集 412～420
城址考古路漫漫——纪念武夷山城村汉城发掘50周年　杨琮　福建文博增刊 28～35
汉代丧归制度初步研究　杜林渊　江汉考古 3：85～94
汉代墓葬用柏及其原因分析　靳宝　中原文物 3：44～47
汉墓简牍记载的葬服研究　郑曙斌　湖南省博物馆馆刊（第五辑）450～458
汉代的玉棺与镶玉漆棺　李银德　两汉文化研究（第三辑）42～54
试论玉敛葬现象——兼论徐州汉墓出土的玉衣　李国安、李桂云　两汉文化研究（第三辑）83～93
试论徐州汉代丧葬用玉的演变　李军、李艳华　两汉文化研究（第三辑）94～101
两汉时期的盗墓与防盗墓略论　钱国光　两汉文化研究（第三辑）171～178
谈谈汉代帝陵制度变化的几个阶段　马永嬴　洛阳汉魏陵墓研究论文集 48～56
从“将作大匠”看西汉帝陵的变化　马永嬴　考古与文物 4：72～75
毕沅《关中胜迹图志》对西汉帝陵名位判定之得失及其他　刘红　碑林集刊（十四）213～218
西汉帝陵的考古发现与研究　刘庆柱、李毓芳　洛阳汉魏陵墓研究论文集 1～27
西汉帝陵发掘研究概要　焦南峰　历史文物 192：14～21

渭北西汉帝陵布局设计之观察　杨哲峰　文物 4：61～68

汉景帝阳陵研究的回顾与展望　晏新志等　文博 1：25～33

治世足迹——从阳陵文物看文景时期的社会与生活面貌　郭沛一　历史文物 193：22～32

汉阳陵馆藏西汉刑具概述　程艳妮　文博 3：53～56

《汉书·成帝纪》"中陵"含义新考　刘瑞　考古与文物 3：78～82

徐州西汉楚王陵陪葬墓建筑形制初探　徐建国　两汉文化研究（第三辑）143～159

论西汉梁王陵的墓地布局与墓葬形制结构　王良田　洛阳汉魏陵墓研究论文集 57～62

关于神禾原大墓墓主及相关问题的讨论　段清波　考古与文物 4：53～61

东汉帝陵有关问题的探讨　韩国河　洛阳汉魏陵墓研究论文集 63～73

东汉帝陵变制原因探析　韩国河　洛阳汉魏陵墓研究论文集 74～78

东汉帝陵有关陪葬墓问题的思考　卢青峰　洛阳汉魏陵墓研究论文集 107～113

东汉帝陵封土考辨　蔡运章　洛阳汉魏陵墓研究论文集 92～95

东汉诸侯王墓考古发现与研究　刘振东　洛阳汉魏陵墓研究论文集 79～87

"陂池"——东汉帝陵封土的新形制　严辉　洛阳汉魏陵墓研究论文集 96～99

邙山东汉帝陵地望的探索之路　严辉　洛阳汉魏陵墓研究论文集 100～106

北京地区汉代墓葬分期与年代研究　胡传耸　北京文博 1：69～77

简析西汉崖洞墓的防盗设施　赵赟　文博 3：12～16

高台墓地的发现与发掘　张万高　荆州重要考古发现 176～187

泸州地区崖墓刍议　晏满玲　四川文物 4：87～96

湖南望城风篷岭一号汉墓的年代与墓主　黎石生　故宫博物院院刊 1：148～155

徐州北洞山汉墓年代与墓主探讨　葛明宇　考古 9：81～89

徐州横穴崖洞墓风源考　王涛　两汉文化研究（第三辑）160～170

徐州汉代夫妻合葬墓初论　刘尊志　南方文物 4：107～113

河南荥阳薛村墓地汉代合葬墓探微　周立刚、楚小龙　江汉考古 4：87～95

洛阳地区汉墓所见"多人葬"问题——以烧沟和西郊墓群为中心　杨哲峰　洛阳汉魏陵墓研究论文集 180～189

三门峡南交口东汉墓发掘的启示　魏兴东　中国文物报 12 月 11 日 7 版

专家考评河南安阳安丰东汉大墓为曹操高陵　李政、张俊梅　中国文物报 12 月 30 日 1 版

三门峡南交口东汉墓发掘的若干启示　魏兴涛　古代文明研究通讯 42：35～37

试论汉代画像墓葬的种类与表现手法　黄剑华　华夏考古 1：129～140

沂南汉画像石墓设计文化研究　张适　湖南省博物馆馆刊（第五辑）430～438

谈南阳杨官寺汉画像石墓的年代问题　张勇、田丽　中原文物 6：50～54

营城子壁画墓浅议　刘立丽　东北史地3:23~25
营城子东汉壁画墓补议　刘立丽　东北史地4:29~34
甘肃考古发现的汉、魏晋时期伏羲、女娲图像　赵莉　丝绸之路22:24~25
两汉时代神灵信仰世界中的西王母　黄光琦　文博5:53~57
汉代长鼻胡人图像初探　陈健文　欧亚学刊（第九辑）239~265
从重庆巫山麦沱M47看三峡地区汉代葬俗及精神信仰　曾繁模　长江文明（第三辑）30~45
楚地的汉代风俗——记郧县龙门堂两汉时期人们对夭折婴幼儿的呵护　邓辉　楚文化研究论集（第八集）96~104
狮子山楚王陵兵马俑群军事文化艺术特性辨识　徐旭、边策　两汉文化研究（第三辑）102~114
徐州地区汉代科技成就四题　奚三彩等　两汉文化研究（第三辑）55~70
西汉汝阴侯墓所出太一九宫式盘相关问题的研究　孙基然　考古6:77~87
从满城汉墓出土文物谈灿烂的汉代文明　吴杏全　文物春秋5:9~15
满城汉墓出土之灯具研究　吴杏全　文物春秋1:59~65
浅谈汉代的灯具　赵唯　寻根5:83~93
成都跃进村汉墓出土的人马陶灯　苏奎　中国历史文物1:51~57
火树银花——树形灯　李智瑛　收藏家7:77~80
河南保安山二号墓凹槽作用考辨　刘照建　中国历史文物2:68~71
西安张家堡新莽墓出土九鼎及其相关问题　张小丽　文物5:53~55
王晖石棺略说　高子期　四川文物5:64~66
三门峡南交口东汉墓镇墓瓶朱书文考略　郝本性、魏兴涛　文物3:57~61
湖北房县出土摇钱树考　李菲、刘斌　四川文物4:59~61
略论“天门悬璧”图中璧的象征意义　牛天伟　四川文物1:92~94
“器”与“道”——汉代陶灶造型、装饰及其意蕴　周俊玲　文物世界6: 24~29
东北地区鸭形陶壶研究　张伟　文物6:62~68
河套地区汉代陶明器类型学及分期、分区研究　丁利娜　文物研究（第16辑）83~104
浙江汉墓出土炊爨明器浅析　李晖达　浙江省文物考古研究所学刊（第九辑）335~349
咸阳文物保护中心收藏的一件汉代陶灶　许玲、许鹏　中国文物报5月27日6版
钫、锺及魂瓶的文化象征　林小娟、李红　东南文化4:68~71
略论汉墓出土的滑石器　赵荦　郑州航空工业管理学院学报：社科版28卷3:56~58
原始禁忌·镇墓兽·文化习俗——许昌汉代大型石雕天禄辟邪初探　宋奇　中国文物报7月8日6版
汉初岭南地区铁器使用的社会机理探析　曲用心　广西民族大学学报：哲社版31卷5:112~116
广西西林铜棺墓出土的铜面具并非傩

具辨　蓝日勇　青铜文化研究（第三辑）19～22
再论云南晋宁石寨山刻纹铜片上的图画文字　樊海涛　考古1:65～72
内蒙古达茂旗百灵庙砂凹地墓群鲜卑人骨研究　张全超、朱泓　边疆考古研究（第8辑）336～342
凤凰山西汉古尸的出土与研究　滕壬生　荆州重要考古发现167～175

一一　三国两晋南北朝

魏晋时期赗赙制度探讨　张鸿亮　洛阳汉魏陵墓研究论文集149～179
南京江宁上坊孙吴大墓墓主试考　贺云翱　东南文化1:64～66
南京上坊孙吴大墓墓主身份的蠡测——兼论孙吴时期的宗室墓　王志高等　东南文化3:41～50
试析安徽马鞍山寺门口东吴墓的形制——兼论长江中下游地区六朝时期祔葬墓的类型　栗中斌　东南文化3:51～57
江西六朝墓葬综述　韦正　南方文物4:114～123
浅谈长江中下游地区六朝时期祔葬墓的类型　栗中斌　文物研究（第16辑）121～126
晋代墓葬制度与两晋变迁　吴桂兵　东南文化3:58～63
三国西晋青瓷堆塑罐的属性概述　沈一萍　东方博物（第三十辑）64～69
后赵邺都城建筑名物考——中世纪东亚都城制度探源之二　牛润珍　魏晋南北朝史研究：回顾与探索——中国魏晋南北朝史学会第九届年会论文集734～752
从“鸭形玻璃注”看北燕时期中西交流　高伟、翟晓兰　文博5:61～64
西晋镇墓兽与青牛、髯奴　宾娟　文博2:12～17
十六国时期的铜冶业　刘驰　魏晋南北朝史研究：回顾与探索——中国魏晋南北朝史学会第九届年会论文集333～343
北魏洛阳城的中轴线及其空间设计试论　佐川英治　魏晋南北朝史研究：回顾与探索——中国魏晋南北朝史学会第九届年会论文集724～733
北魏永固陵考察与探讨　张庆捷　而立集——山西大学考古专业成立30周年纪念文集222～234
北魏永固陵的调查与探讨　张庆捷　洛阳汉魏陵墓研究论文集122～133
北魏帝陵后陵方位研究　赵振华、余扶危　洛阳汉魏陵墓研究论文集134～148
北魏盛乐时代至平城时代墓葬的发现与研究　倪润安　文物世界6:39～46
北魏墓葬出土的对鸟纹铜饰片　王雁卿　而立集——山西大学考古专业成立30周年纪念文集235～242
胡裔墓葬与入华祆教葬俗　张小贵　边疆民族考古与民族考古学集刊（第一集）173～186
从安伽墓说起——略论入华粟特人的葬俗　邢福来　新果集——庆祝林沄先生七十华诞论文集482～487
北周史君墓“四臂守护神”图像的相关研究——兼谈与“天王俑”的关系　赵晶　陕西历史博物馆馆刊（第16辑）292～298
北周粟特人墓石刻展现的多彩画卷　周耐华　收藏10:117～119

北朝四神浮雕石棺　张丽敏　文物春秋4:67~69
一件海外回流石棺床之我见　滕磊　故宫博物院院刊4:22~32
高句丽山城瓮城的类型　郑元喆　博物馆研究3:54~59
营口地区山城调查与探讨　崔艳茹　东北史地3:26~31
高句丽殉葬习俗初探　宋娟、耿铁华　北方文物3:64~66
大同江下游高句丽封土石室墓的等级　赵俊杰　边疆考古研究（第8辑）148~162
论长川1号墓前室壁画的性质问题　徐光辉　新果集——庆祝林沄先生七十华诞论文集488~500
考古学视角下的西古城城址　宋玉彬、王志刚　新果集——庆祝林沄先生七十华诞论文集549~564
勿吉与渤海"冢上作屋"初识　李强　新果集——庆祝林沄先生七十华诞论文集542~548
"土垠"遗址再考　王炳华　西域文史（第四辑）61~82
神秘的楼兰　吴艳春　历史文物188:42~44

一二　隋唐五代

隋唐东都形制布局特点分析　石自社　考古10:78~85
隋唐长安城规划手法探析　王树声　建筑历史与理论（第十辑）3~10
隋通济渠与东都洛阳城布局　方孝廉　华夏考古3:77~85
大明宫：宫殿废墟的考古震撼历史的建筑　葛承雍　中国文化遗产4:44~55
1957~2009：半个世纪的大明宫考古与考古人　龚国强　中国文化遗产4:68~75
大明宫考古成果巡礼　李春林　中国文化遗产4:76~84
大明宫遗址早期影像　师文博　中国文化遗产4:85
唐前期"六胡州"古城位置有待继续探索——与《六胡州古城址的发现及其环境意义》作者商榷　艾冲　中国历史地理论丛1:139~145
六朝至北宋巴东县城的初步研究　陈曦　江汉考古2:81~87
西丰城子山山城始建年代再考　周向永　东北史地2:34~37
祆教圣火艺术的新发现——隋代安备墓文物初探　葛承雍　美术研究3:14~18
重读安菩墓　沈睿文　故宫博物院院刊4:6~21
试论唐昭陵陪葬墓区的"中轴线"　英卫峰、霍雅琴　考古与文物3:90~96
唐代帝陵陪葬墓盛衰原因新探　英卫峰、霍雅琴　西北大学学报（哲学社会科学版）4:59~63
浅谈"下帐"　张蕴、秦造垣　考古与文物6:46~48
唐李邕墓前遗址性质讨论　张蕴、卫峰　文物7:48~52
初唐书家殷仲容墓的发现与初步研究　李举纲、李明　第七届中国书法史论国际研讨会论文集455~460
再论唐宋墓葬里的"四神"和"天关、地轴"　程义　中国文物报12月11日6版
西安何家村唐代窖藏研究综述　韩建武　陕西历史博物馆馆刊（第16辑）40~45

唐代的银熏球与古代熏炉　王冬华　收藏3:98~99
在唐高句丽遗民遗物、遗迹的现状及其分布　拜根兴　中国历史地理论丛1:87~97
唐代艺术中戴鸟羽冠的高句丽人形象　金莱娜著　杨瑾译　陕西历史博物馆馆刊（第16辑）262~274
玄武图像的比较研究　（日）网干善教著　汪勃译　文化遗产研究集刊（第四辑）204~215
隋唐宝相花纹样及其演变　胡良仙　文物世界4:34~38
饱经沧桑的昭陵六骏　吴红艳　中国文物报4月8日3版
唐乞扶令和夫妇合葬墓出土小五铢考　党志豪　中国历史文物4:47~51
"万岁"铭灰陶陶瓮及"万岁"考　毛琦、李全立　中国文物报3月11日7版
1949年以来有关南汉的考古发现与研究成果　张其凡、陈欣　中国史研究动态2:7~11
南汉康陵的陵寝制度　张强禄　四川文物2:60~64
前蜀永陵出土玉册艺术浅析　冯夏　成都文物4:8~11
渤海都城故址研究　宋玉彬　考古6:40~49
渤海上京城建制研究　赵虹光　北方文物4:16~22
渤海上京城宫殿建制研究　赵虹光　边疆考古研究（第8辑）176~187
渤海上京城城门建制研究　赵虹光　新果集——庆祝林沄先生七十华诞论文集530~541
关于渤海"珍陵"的两点认识　王志刚等　东北史地4:35~38
俄罗斯远东地区特罗伊茨基靺鞨墓地人骨的稳定同位素分析　张全超等　人类学学报3:300~305
多元文明的汇聚地（上）——古代新疆的语言文字、贸易货币、饮食文化　伊斯拉非尔·玉苏甫、安尼瓦尔·哈斯木　历史文物186:6~21
多元文明的汇聚地（下）——古代宗教文化、文化艺术　伊斯拉非尔·玉苏甫、安尼瓦尔·哈斯木　历史文物187:6~17
从吐鲁番出土文物上的狩猎纹样看中西文化交流　张玲玲　历史文物188:37~41
吐鲁番地区古遗址分布考——以麹氏高昌国、唐西州时期的古遗址的空间把握为中心　西村阳子等　吐鲁番学研究2:28~55
出土文物展现吐鲁番唐代社会各阶层生活　吴艳春　历史文物187:50~53
吐鲁番出土泥塑骏马赏析　孙洁　历史文物188:52~57
从和田布扎克彩棺看唐~五代长安文化对西域的影响　吴艳春　新疆师范大学学报：哲社版30卷3:79~84
物质文化与性别秩序：以吐鲁番出土高昌衣物疏为中心　崔碧茹　吐鲁番学研究2:56~62
普林斯顿大学葛斯德图书馆藏高昌郡时代缺名衣物疏考　王璞　吐鲁番学研究2:63~70
西藏列山墓地相关问题的再探讨　霍巍　藏学学刊（第5辑）46~60
吐蕃马具与东西方文明的交流　霍巍　考古11:77~85
都兰出土舍利容器——镀金银棺考

许新国　中国藏学2:74~80

一三　宋辽金及以后各代

北宋东京开封府城的形制布局　孟凡人　故宫学刊（总第四辑）342~390
南宋帝陵攒宫的形制布局　孟凡人　故宫博物院院刊6:30~54
宋代的石藏葬制　刘未　故宫博物院院刊6:55~63
内与外 虚与实——五代、宋墓葬中仿木建筑的空间表达　郑以墨　故宫博物院院刊6:64~77
宋代丧葬习俗中佛教因素的考古学观察　冉万里　考古与文物4:77~85
洛阳地区出土宋代石棺刍议　卢青峰、张鸿亮　四川文物6:72~76
赣江流域宋代葬俗的考古学观察　吴敬　东南文化2:48~52
江西地区宋代墓葬的分期研究　吴敬　南方文物4:124~131
成都地区宋代砖室墓的分期研究　吴敬　四川文物4:68~75
张家川县南川宋墓研究　李雪峰　丝绸之路14:17~20
天水市王家新窑宋墓相关问题初探　庞耀先、庞萍　丝绸之路22:14~18
漏泽园砖铭所见北宋末年的居养院和安济坊　张新宇　考古4:76~84
略论成都周边宋墓中的龙形俑　易立　成都考古研究（一）下676~679
湖州“皇宋州学宝尊”铭青铜牺尊考　陈子凤　东方博物（第三十三辑）39~44
萧山衙前出土的青铜器　张学惠　东方博物（第三十三辑）45~49
甘肃会宁出土的杨茂公铜灯年代考　王科社　西部考古（第四辑）257~264
从黄石墓铜器看南宋州县儒学铜礼器　郑嘉励　浙江省文物考古研究所学刊（第九辑）350~359
新泰大生寺佛塔地宫出土珍品　张勇、曲传刚　收藏2:72
香港出土堆塑陶坛研究　刘朝晖等　南方文物1:78~86
辽上京城“两城制”的探讨　陈章龙　辽金历史与考古（第一辑）236~242
内蒙古东南部辽代城址分类举例　毕显忠　东北史地2:76~81
西方文化在辽代的传播　孙泓　辽金历史与考古（第一辑）67~90
辽代契丹墓葬研究　刘未　考古学报4:497~546
试谈辽代墓葬的研究和对契丹文化的再认识　张帆　内蒙古文物考古1:102~109
沈阳地区辽墓初探　林栋　沈阳考古文集（第2集）236~247
大同辽代墓葬中的佛教因素　李树云　而立集——山西大学考古专业成立30周年纪念文集266~270
从阜新地区辽墓发掘看契丹族葬俗特征　胡健　辽金历史与考古（第一辑）49~51
辽代四神图像的时代及相关问题　王莉　辽金历史与考古（第一辑）52~56
阜新大板宝力根寺藏辽代石椁线刻画像石　梁姝丹　辽金历史与考古（第一辑）343~352
内蒙古巴林左旗出土彩绘木棺　张兴国　文物3:93~94
对辽代器物装饰纹样研究的几点认识

刘宁 辽金历史与考古（第一辑）374～380
吐尔基山辽墓萨满金帽的文化溯源 冯恩学 新果集——庆祝林沄先生七十华诞论文集 565～571
克什克腾旗发现辽代骨雕鞍饰 韩立新 内蒙古文物考古 2:132～133
契丹人种考 朱泓 新果集——庆祝林沄先生七十华诞论文集 703～708
考古学实证下的二十四块石 王志刚 边疆考古研究（第 8 辑）188～202
北京地区金代墓葬概述 丁利娜 文物春秋 4:26～31
屯留宋村金代壁画墓考论 董新林 新果集——庆祝林沄先生七十华诞论文集 582～592
金代铜坐龙的发现与研究 杨海鹏 北方文物 1:44～49
苏天爵墓址考 孟繁清 中国史研究 1:165
羊群庙出土石雕像的族属与渊源 魏坚 新果集——庆祝林沄先生七十华诞论文集 607～618
曲阳北岳庙发现元代祭祀遗物 刘青 文物春秋 6:42～43
绚丽多彩的敦化双胜元代窖藏文物 王星中、王波 东北史地 1:53～55
虚实相合 灵动流畅——元代银果盒赏析 翁雪花 南方文物 1:152～153
西安也有一处明十三陵 赵晓红 丝绸之路 17:21～23
略说南京弘觉寺塔寺地宫出土鎏金喇嘛塔——兼与葛晓康先生商榷 杨海涛 中国历史文物 5:36～39
明代南京聚宝山琉璃窑的几个问题 陈钦龙 江苏地方志 1:30～31
河南古代镇河铁犀牛考略 王蔚波 文博 3:23～26
渤泥国王墓地考析 唐云俊、韩品峥 东南文化 2:63～67
清乾隆皇帝的裕陵妃园寝 付幸 北京文博 3:73～78
浙江嘉善泗洲塔天宫文物 朱殷治、钱俊 东方博物（第三十辑）15～30

一四 其他

商代的“宫”——中国四合院的起源 杜金鹏 纪念王懿荣发现甲骨文 110 周年国际学术研讨会论文集 444～468
灰坑用途小议 付永旭 中国文物报 5 月 29 日 7 版
车马坑的考古发现与研究 刘允东 殷都学刊 4:26～30
古代棺钉略论 祁小东 鹿鸣集——李济先生发掘西阴遗址八十周年山西省考古研究所侯马工作站五十周年纪念文集 439～445
中国古代的邮驿系统 王晓静 中国文化遗产 2:12～17
坐龙、伏龙考 戴春阳 历史文物 192:37～49
略论中国境内马镳的起源 朱延平 新果集——庆祝林沄先生七十华诞论文集 323～332
中国古代枝状灯的文化内涵 薛红艳 装饰 3:86～87
馆藏古灯选介 杨亚娣、王西梅 陕西历史博物馆馆刊（第 16 辑）255～258
摇钱树研究述评 何志国 四川文物 4:62～67
论觽 朱永刚 新果集——庆祝林沄先生七十华诞论文集 247～260

黑曜岩的考古学研究概述　刘爽等　边疆考古研究（第8辑）301～308
湘西地区出土“粮罂”浅析　于冰　湖南考古辑刊（第8集）230～235
五管瓶初论　董健丽　东南文化3：93～98
匈奴、鲜卑的金属饰牌　乔梁　俞伟超先生纪念文集·学术卷386～401
伏羲女娲文化西渐的图像学试论　王元林　敦煌壁画艺术继承与创新国际学术研讨会论文集632～646
略述河南古牛雕塑艺术　王蔚波　上海文博论丛1:37～45

叁　考古学专论

一　甲骨文

甲骨学概述　徐义华　中国文物报8月26日3版
关于卜用甲骨起源之探讨　朴载福　文博2:20～24
关于卜骨的左右问题　黄天树　纪念王懿荣发现甲骨文110周年国际学术研讨会论文集193～199
论甲骨文分类和断代的主要标准——兼论历组卜辞的时代　刘义峰　纪念王懿荣发现甲骨文110周年国际学术研讨会论文集200～214
2007年甲骨学殷商史研究综述　赵鹏　中国史研究动态1:11～17
甲骨文声符与古埃及圣书字音符构字频度的差异　陈永生　汉字文化3:51～53
甲骨文字形规整化再研究　刘志基　华东师范大学学报：哲社版41卷5:70～77
从两条卜辞同用前辞例看甲骨文的契刻　魏建震　纪念王懿荣发现甲骨文110周年国际学术研讨会论文集223～226
商代甲、金文是否已使用合文符号　（法）麦里筱　纪念王懿荣发现甲骨文110周年国际学术研讨会论文集227～231
八十年来殷墟甲骨发掘的主要收获　王蕴智　郑州大学学报：哲社版42卷3:134～136
由殷墟花东甲骨论早期动词的省变现象　朱岐祥　中国文字新三十三期75～84
殷墟龟腹甲形态研究　黄天树　北方论丛3:5～7
殷墟甲骨刻辞义位类型初探　王晓鹏　语言科学8卷2:139～146
记容批本《卜辞研究》　涂白奎　甲骨学110年：回顾与展望——王宇信教授师友国际学术研讨会论文集107～110
《北京大学珍藏甲骨文字》著录片校重　章秀霞　殷都学刊4:18～21
王宇信先生的甲骨学研究　刘正　甲骨学110年：回顾与展望——王宇信教授师友国际学术研讨会论文集3～10
王宇信对甲骨学的贡献　郭胜强、郭旭东　甲骨学110年：回顾与展望——王宇信教授师友国际学术研讨会论文集11～19
夏商世系探索　李宏飞　甲骨学110年：回顾与展望——王宇信教授师友国际学术研讨会论文集331～340
商王朝的外服职官制度　徐义华　纪念王懿荣发现甲骨文110周年国际

学术研讨会论文集 346~364

从卜辞看商代祖先在商人心目中之形象　秦照芬　纪念王懿荣发现甲骨文110周年国际学术研讨会论文集 379~387

从殷墟卜辞中的祭祀方式变化看商代祖神观念　刘小葶　中原文物 2:57~63

卜辞所见商王田猎的过程、礼俗及方法　刘桓　考古学报 3:321~348

商代国家经济体系　徐义华　甲骨学110年：回顾与展望——王宇信教授师友国际学术研讨会论文集 195~216

古文字所见之商周盐政　冯时　南方文物 1:57~71

殷商政治领域中的性别差异与“王妇领兵制”　耿超　南方文物 4:83~86

略论甫族、甫地卜辞的农耕文化　王建军　农业考古 4:40~43

甲骨卜辞所见之巫者的建筑巫术活动　（韩）赵容俊　殷都学刊 4:13~17

甲骨文所见殷商社会婚媾礼俗考　王长丰　中国文化研究冬之卷 121~138

探寻商代第一都的文字新线索——郑州出土商代牛肋骨刻辞再发现与讨论　李维明　甲骨学110年：回顾与展望——王宇信教授师友国际学术研讨会论文集 72~78

迎难而上，探寻真相——《殷墟花东H3卜辞主人“子”研究》评介　雷晓鹏　殷都学刊 4:151~154

三论殷墟花东H3卜辞中占卜主体“子”　曹定云　殷都学刊 1:7~14

殷墟花东H3卜辞“子”的主人是武丁太子孝已　杨升南　甲骨学110年：回顾与展望——王宇信教授师友国际学术研讨会论文集 154~160

兒氏家谱刻辞之“子”与花东卜辞之“子”　陈光宇　纪念王懿荣发现甲骨文110周年国际学术研讨会论文集 164~173

从殷墟花东H3卜辞排谱看商代弹侯礼　韩江苏　殷都学刊 1:15~29

殷墟花东H3卜辞“不三其一”句解　韩江苏　纪念王懿荣发现甲骨文110周年国际学术研讨会论文集 156~163

花东卜辞“子祝”说　陈炜湛　甲骨学110年：回顾与展望——王宇信教授师友国际学术研讨会论文集 41~44

从花园庄东地甲骨文看殷代的玉礼　杨州　中原文物 3:59~63

殷墟花园庄东地甲骨文所见禳祓之祭考　刘源　甲骨学110年：回顾与展望——王宇信教授师友国际学术研讨会论文集 184~194

从殷墟花东H3卜辞排谱看商代弹侯礼　韩江苏　甲骨学110年：回顾与展望——王宇信教授师友国际学术研讨会论文集 300~321

殷墟卜辞中的咸戊　连劭名　甲骨学110年：回顾与展望——王宇信教授师友国际学术研讨会论文集 161~163

殷人火祭说　王辉　甲骨学110年：回顾与展望——王宇信教授师友国际学术研讨会论文集 164~177

释殷墟甲骨的土田封疆卜辞　葛英会　甲骨学110年：回顾与展望——王宇信教授师友国际学术研讨会论

文集 140～147
殷墟卜辞中的“商”与“大邑商” 韦心滢 殷都学刊 1:34～41
试论殷墟卜辞中的“伊奭”问题 刘源 纪念王懿荣发现甲骨文 110 周年国际学术研讨会论文集 388～391
“帝五臣”、“帝五丰臣”、“帝五丰”的所指 常玉芝 纪念王懿荣发现甲骨文 110 周年国际学术研讨会论文集 365～378
关于殷王武丁的两个历史问题 杜金鹏 甲骨学 110 年：回顾与展望——王宇信教授师友国际学术研讨会论文集 178～183
殷墟卜辞“小臣𠂤”与商代传说 郑杰祥 中国历史文物 3:79～81
晚商晋南封国、方国地望考 李雪山 甲骨学 110 年：回顾与展望——王宇信教授师友国际学术研讨会论文集 217～230
关于甲骨文中商族先公上甲的研究 朱彦民 甲骨学 110 年：回顾与展望——王宇信教授师友国际学术研讨会论文集 231～242
“循卜辞”与商王之巡游——甲骨文与商代旅游研究之一 常耀华 甲骨学 110 年：回顾与展望——王宇信教授师友国际学术研讨会论文集 243～279
妇好之再认识——殷墟花东 H3 相关卜辞研究 郭胜强 甲骨学 110 年：回顾与展望——王宇信教授师友国际学术研讨会论文集 280～284
甲骨卜辞所见之巫者的丧葬巫术活动 （韩）赵容俊 甲骨学 110 年：回顾与展望——王宇信教授师友国际学术研讨会论文集 285～239
殷商王朝与“四土”诸侯的关系研究 李慧芬 甲骨学 110 年：回顾与展望——王宇信教授师友国际学术研讨会论文集 322～330
甲骨文中的“方”与商代方国 岳红琴 甲骨学 110 年：回顾与展望——王宇信教授师友国际学术研讨会论文集 294～299
商代的“方”方——晋地诸戎来源之一的甲骨学考察 罗琨 鹿鸣集——李济先生发掘西阴遗址八十周年山西省考古研究所侯马工作站五十周年纪念文集 215～227
商代配祀之拟构 （加拿大）高岛谦一 纪念王懿荣发现甲骨文 110 周年国际学术研讨会论文集 311～325
甲骨文中所反映的传说及其登上政治舞台的背景分析 李雪山、郭胜强 纪念王懿荣发现甲骨文 110 周年国际学术研讨会论文集 392～398
妇好乃长人 王硕荃 纪念王懿荣发现甲骨文 110 周年国际学术研讨会论文集 409～412
妇嫔贞娩考 王蕴智 殷都学刊 2:20～23
河神在殷商卜辞中的地位及人格化因由 曾凡 殷都学刊 3:22～27
卜辞“再冊”与《尚书》之“诰” 李宗焜 “中研院”历史语言研究所集刊第八十本第三分 333～354
甲骨文中贞人不是契刻人：以契刻贞人字体不同为例 贾双喜 图书馆工作与研究 2:79～81
加拿大安省皇家博物馆所藏的一片大胛骨之新释 刘桓 文史（第三辑）5～17
“殷材周用”与周原凤雏甲骨性质初识 徐良高 中国社会科学院古代文明研究中心通讯 17:54～57

洛阳新出西周卜辞考释及相关问题探索 唐冶泽 四川文物 3:52～57
夏代、商前期牛骨刻辞试读二例 李维明 中国文物报 2 月 27 日 7 版
郑州早商文化骨刻字符浅识 李维明 纪念王懿荣发现甲骨文 110 周年国际学术研讨会论文集 292～299
殷墟甲骨拾遗（续五） 焦智勤 纪念王懿荣发现甲骨文 110 周年国际学术研讨会论文集 244～259
花东卜辞行款走向与卜兆组合式的整理和研究 章秀霞 纪念王懿荣发现甲骨文 110 周年国际学术研讨会论文集 174～192
甲骨卜辞释读校订七则 胡云凤 纪念王懿荣发现甲骨文 110 周年国际学术研讨会论文集 94～104
甲骨缀合六例 孙亚冰 纪念王懿荣发现甲骨文 110 周年国际学术研讨会论文集 260～268
《殷墟文字乙编》新缀十五例 林宏明 纪念王懿荣发现甲骨文 110 周年国际学术研讨会论文集 269～275
宾组甲骨新缀六例 赵鹏 纪念王懿荣发现甲骨文 110 周年国际学术研讨会论文集 276～285
历组甲骨卜辞新缀四则 刘风华 甲骨学 110 年：回顾与展望——王宇信教授师友国际学术研讨会论文集 98～101
读沈氏《〈甲骨文合集补编〉校勘记》（一）（二） 彭邦炯、马季凡 纪念王懿荣发现甲骨文 110 周年国际学术研讨会论文集 69～93
非典型无二类卜辞 刘风华 纪念王懿荣发现甲骨文 110 周年国际学术研讨会论文集 215～222
“小臣墙刻辞”新释——揭示中国历史上最早的祥瑞记录 刘钊 复旦学报社会科学版 1:4～11
小臣墙骨牍的几点思考 李学勤 甲骨学 110 年：回顾与展望——王宇信教授师友国际学术研讨会论文集 37～40
“甲骨之王”卜骨略说 郭旭东 甲骨学 110 年：回顾与展望——王宇信教授师友国际学术研讨会论文集 79～84
湖北沙市周梁玉桥遗址甲骨的性质考证 朴载福 江汉考古 3:76～80
国家图书馆藏甲骨与《甲骨文合集释文》之校勘 胡辉平 文献 1:61～78
海外回流甲骨将落户福建南靖 林晓云 中国文物报 8 月 26 日 3 版
北京地区出土的西周甲骨文 齐心 纪念王懿荣发现甲骨文 110 周年国际学术研讨会论文集 424～426
甲骨文合文新释 曹锦炎 甲骨学 110 年：回顾与展望——王宇信教授师友国际学术研讨会论文集 45～49
说隹 吴玓 纪念王懿荣发现甲骨文 110 周年国际学术研讨会论文集 105～110
释化 郑慧生 纪念王懿荣发现甲骨文 110 周年国际学术研讨会论文集 116～118
甲骨文释丛（续） 党相魁 纪念王懿荣发现甲骨文 110 周年国际学术研讨会论文集 122～126
甲骨文“商”字新释 李立新 纪念王懿荣发现甲骨文 110 周年国际学术研讨会论文集 127～133
甲骨文字考释四则 方稚松 纪念王懿荣发现甲骨文 110 周年国际学术

研讨会论文集 134～144

《合集》20385 之“缶”字　任会斌　纪念王懿荣发现甲骨文 110 周年国际学术研讨会论文集 145～147

花园卜辞[illegible]字音义与古戈头名称考　王晖　纪念王懿荣发现甲骨文 110 周年国际学术研讨会论文集 148～151

花东卜辞“不黽”释义　蔡哲茂　纪念王懿荣发现甲骨文 110 周年国际学术研讨会论文集 152～155

释甲骨文“市”、“[illegible]”、“枼”诸字　王蕴智　甲骨学 110 年：回顾与展望——王宇信教授师友国际学术研讨会论文集 50～63

释“[illegible]”　党相魁　甲骨学 110 年：回顾与展望——王宇信教授师友国际学术研讨会论文集 85～93

甲骨文“彭”字新释　李立新　甲骨学 110 年：回顾与展望——王宇信教授师友国际学术研讨会论文集 94～97

𠂤组肥笔类卜辞中的“王”字补释　赵鹏　甲骨学 110 年：回顾与展望——王宇信教授师友国际学术研讨会论文集 102～106

释囟——兼说周原甲骨文中验辞　王恩田　中国文字新三十三期 29～34

甲骨文中兼类词“在”之研究　王丽、罗立方　语言学刊 5A：86～87

说殷墟甲骨文中章（璋）　杨州　首都师范大学学报：社科版 3：101～107

甲骨文“黍”字考　吴燕　东南大学学报：哲社版 11 卷增刊 198～200

试论殷墟卜辞之“周”为金文中妘姓之琱　董珊　古代文明研究通讯 41：9～26

释甲骨文中的“秉棘”　刘钊　故宫博物院院刊 2：6～12

《尚书·西伯戡黎》“殷之即丧，指乃功”释义　王进锋　四川文物 4：52～54

殷墟的镞与甲骨金文中的“矢”和“射”字　岳洪彬、岳占伟　文物 8：46～54

卜辞中所见州臣身份考　王进锋　文物春秋 3：3～9

再说宜候夨簋之“胄”字——兼答周宝宏先生　袁志洪　无锡文博 1：46～50

试释甲骨文的北方风名——兼说甲骨文“殀”字　何景成　殷都学刊 2：13～19

甲骨文“虹”字文化考释　周丙华　中国文化研究春之卷 155～161

释褱、猷——卜辞殷人国号考　王恩田　中原文物 6：60～63

释“疏”　李学勤　考古 9：90

卜辞“步”字别解　常耀华　殷都学刊 1：30～33

甲骨文词汇中的复音词　严宝刚　宁夏大学学报：人文社科版 31 卷 5：1～5

甲骨文假借字论析　王瑞英　殷都学刊 2：116～120

村南系列甲骨中的同文卜辞　刘风华　殷都学刊 3：12～21

殷周汉语名量词辨析　吴铮　殷都学刊 3：111～115

“省化”——殷周古文中一种特殊的造字现象　王建军　殷都学刊 3：116～119

说殷墟卜辞中一种特殊的“省形”　黄天树　古汉语研究 2：2～5

从楚简的通假用例来看甲骨文中的通

假　魏慈德　纪念王懿荣发现甲骨文110周年国际学术研讨会论文集 232～236

甲骨文中的动词“于”及介词“于”的起源　张玉金　纪念王懿荣发现甲骨文110周年国际学术研讨会论文集 237～243

周字形义考　葛英会　纪念王懿荣发现甲骨文110周年国际学术研讨会论文集 111～115

论出土与传世先秦文本中的生、姓、甥　赵林　纪念王懿荣发现甲骨文110周年国际学术研讨会论文集 326～345

补　遗

甲骨缀合二例及其考释　黄天树　北方论丛 2008年6：1～3

二　青铜器与铭文研究

综　述

试论中国古代青铜器学的性质　李先登　湖南省博物馆馆刊（第五辑）1～4

商周青铜器的区域特征及其形成原因初析　李伯谦　青铜文化研究（第三辑）1～5

青铜器鉴定定级标准理论与实践　杜廼松　青铜文化研究（第三辑）10～18

青铜器铸造辨伪浅说　郑捷　青铜文化研究（第三辑）70～72

中国青铜器的辨伪　罗西章、罗芳贤　周秦文明论丛（第二辑）182～186

论青铜器造型与金文审美风格内在一致性　阮良之　青铜文化研究（第三辑）73～81

周代青铜礼器的生产与流动　袁艳玲　考古 10：68～77

夏商周青铜礼器艺术的发生模式　倪玉湛　南京艺术学院学报：美术与设计版 1：41～49

中国北疆青铜器及其相关问题　高去寻　潜德幽光——高去寻院士百岁冥诞纪念集 52～63

湖南出土商周青铜器制作技术初探　廉海萍、谭德睿　湖南省博物馆馆刊（第五辑）139～145

对湖南商周青铜器之谜的一些认识　彭适凡、马健　湖南省博物馆馆刊（第五辑）100～117

试论湖南出土商周青铜卣的特点及其意义　张懋镕　湖南省博物馆馆刊（第五辑）118～121

吴国青铜器的发展与特色　肖梦龙　湖南省博物馆馆刊（第五辑）5～19

山东地区先秦时期青铜器的发现与研究　刘延常、郝导华　青铜文化研究（第四辑）24～35

商周铜盘分类分期研究　张婷　青铜文化研究（第四辑）49～64

商周人形象铜器略论　李郁宏　青铜文化研究（第五辑）35～40

两周青铜簠初步研究　张婷　青铜文化研究（第五辑）44～55

两周青铜簠初步研究　张婷　四川文物 1：45～51

试论商周筒形卣　岳洪彬、苗霞　三代考古（三）308～321

试论周代的铜匽　方辉　收藏家 6：67～72

论商周瓠壶——兼论新宁出土青铜回首龙鋬瓠壶的年代　熊建华　湖南省博物馆馆刊（第五辑）122～130

宁乡铜器群与新干铜器群比较研究

向桃初　江汉考古1:73~87
论岭南地区先秦铜器的考古发现、分布及其社会影响　曲用心　学术论坛32卷4:185~189
广西商周青铜器来源试析——商末周初中原文化对岭南文化的影响　蒋廷瑜　湖南省博物馆馆刊（第五辑）134~138
"牛尊"研习一得　熊建华　湖南考古辑刊（第8集）284~290
"弓形器"用途与来源再考　左骏、李荔　华夏考古1:125~128
铜鍪小议　张懋镕　四川文物2:53~54
东北地区直銎铜斧的类型与分期　张智勇　文物春秋4:8~19
故宫博物院藏商周青铜器与金文的学术价值　杜廼松　青铜文化研究（第五辑）17~29
鄂尔多斯青铜器博物馆藏鄂尔多斯青铜器综述　王志浩　鄂尔多斯青铜器国际学术研讨会论文集25~29
纽约大都会博物馆所藏商周青铜器的技术考察　华觉明　青铜文化研究（第三辑）56~63
新乡出土及馆藏部分商周青铜器礼器考　傅山泉　青铜文化研究（第五辑）63~71
关于对扶风红卫村出土"列卣"的思考　陕西师范大学中国青铜文化研究中心（任雪莉、张懋镕）　周秦文明论丛（第二辑）124~129
试论古代青铜纹饰的形成　郑东平　青铜文化研究（第五辑）97~102
青铜器的动物纹样刍议　李元　文物世界1:28~29
商周青铜器饕餮纹的文化原型　黄厚明　南京艺术学院学报：美术与设计版1:21~27
青铜器饕餮纹刍议　钟国昌　四川文物5:93~94
长江中游地区商周铜器上兽面纹的发展　傅聚良　湖南省博物馆馆刊（第五辑）87~99
俯首甘为孺子牛——说青铜器上的"牛"　游国庆　故宫文物月刊310:52~66
俯首甘为孺子牛——说青铜器上的"牛"的造型、纹饰与铭文　游国庆　故宫文物月刊312:40~51
浅论商周青铜器的牛首装饰艺术　王蔚波　收藏家3:41~48
斯基泰等文化对鄂尔多斯青铜器鸟（首）纹饰影响浅析　赤新　艺术探索23卷2:16~20
古代青铜器镶嵌工艺概述　马继军　青铜文化研究（第五辑）147~149
贵州安龙新出铜器——兼论贵州西南地区的青铜文化　李飞　四川文物3:62~69
从豳公盨、《子羔》篇和《容成氏》看古史记述资料生成的真实过程　谢维扬　上海文博论丛3:56~62
青铜时代：商周青铜铭文发生的文化背景　陈彦辉　学术交流3:164~167
试论商周之际字词的演变——商周文化比较研究之一　张懋镕　西部考古（第四辑）95~113
商周青铜器徽号文字与纹样共通性初探　马丽华　艺术探索23卷1:38~39
宝鸡市区附近出土商周铜器铭文研究　辛怡华　西部考古（第四辑）114~134
金文所见周代思想中的德与心性学说

连劭名　文物春秋2:11～17

两周金文“器主曰”开篇铭辞研究　陈英杰　华夏考古3:92～102

再谈殷周金文中的“雩”　张素格　中国历史文物5:52～61

金文中的“征”　商艳涛　语言科学8卷2:147～154

金文“顺”字说略　陈英杰　北方论丛5:1～3

铜器图录的编辑问题——以《周原出土青铜器》为例　游国庆　周秦文明论丛（第二辑）21～34

青铜器的鉴赏与收藏　王勇　收藏家8:51～55

胶州西皇姑庵出土的青铜器　鹿秀美　文物天地9:82～83

补　遗

宋代学者对族氏铭文的整理与研究　雒有仓　文献2008年4:119～125

夏、商殷

夏代青铜器的审美特征　朱志荣、明光昊　东岳论丛30卷9:162～165

全国出土商代有铭铜器概述　苗利娟　殷都学刊3:28～36

湘江流域的商代青铜器　施劲松　湖南省博物馆馆刊（第五辑）55～60

论商周礼制文化中的青铜鬲　梁彦民　考古与文物5:57～59

殷商铭文青铜簋的时代　严志斌、洪梅　三代考古（三）287～307

殷商铭文青铜鼎的时代　严志斌、洪梅　新果集——庆祝林沄先生七十华诞论文集199～224

安阳殷墟新出土青铜器铭文及相关问题　孔德铭　甲骨学110年：回顾与展望——王宇信教授师友国际学术研讨会论文集384～387

殷墟新出牛尊小议——兼论衡阳出土的牺尊　刘一曼　考古4:52～57

爵的“右手性”及其文化背景简析　唐锦琼　三代考古（三）273～286

再论湖南出土商代兽面纹铜铙的年代及问题　高至喜　湖南省博物馆馆刊（第五辑）44～54

略论湖南出土的青铜瓿　马今洪　湖南省博物馆馆刊（第五辑）70～73

新干大洋洲的饮食青铜温器　王宁　青铜文化研究（第五辑）30～34

乳钉雷纹饰瓿与四点配列式鼎　张昌平　上海文博论丛2:38～44

㓝尊忆往事　贾文超　青铜文化研究（第三辑）87～88

斜方格乳丁纹簋类型及其相关问题　郭妍利　中国历史文物3:46～59

彭尊研究　严志斌　中国社会科学院古代文明研究中心通讯17:43～53

饕餮纹觚　金勇　中国文物报1月7日7版

肆簋年代献疑　路国权　古代文明研究通讯43:28～31

有关鄂尔多斯青铜器的新收藏及再认识　王志浩、杨泽蒙　三代考古（三）453～455

鄂尔多斯龙首镳刍论　韩金秋　内蒙古文物考古1:63～68

从青铜器纹饰看商周文化剧变——商周青铜器纹饰变化再探　谢耀亭　兰州学刊9:214～216

浅析商周青铜器动物纹饰的社会功能——以晚商周初兽面纹为例　李先登　中原文物5:48～50

关于兽面纹内涵的探讨　杨远　殷都学刊4:22～25

湖南商周青铜器纹饰的女权特征　刘森森　湖南省博物馆馆刊（第五辑）79～86

“虎食人卣”及相关图像的史影蠡测　陈星灿　俞伟超先生纪念文集·学术卷 232～240
“亚若癸鼎”及相类铭文试释　张桂光　纪念王懿荣发现甲骨文 110 周年国际学术研讨会论文集 119～121
“箙（葡）”方国族氏研究　王长丰　文物研究（第 16 辑）305～308
作册般铜鼋铭文汇释　张秀华、邵清石　黑龙江教育学院学报 28 卷 1:100～101
“子孙永宝用”：商周青铜铭文不朽之思　陈彦辉　北方论丛 2:1～3
商代铜尊征集纪实　王从礼　荆州重要考古发现 53～55
一对新面世的商代圆雕青铜马　王勇刚　收藏 4:99～101

西　周

金文真迹的还原——墨拓判读与同铭参比：以周原出土的同铭器为例　冯幼衡　故宫学术季刊 27 卷 2:1～81
西周金文中的祖先称谓　杨小召　中国历史文物 1:80～88
西周重食文化的新认识——从甘泉县阎家沟新出青铜器谈起　陕西师范大学中国青铜文化研究中心（曹芳、马强）　考古与文物 1:32～38
西周甬钟之南北比较分析　王世民　湖南省博物馆馆刊（第五辑）159～163
西周前期黄河流域甬钟用制分析——兼析西周前期乐悬制度的演进轨迹　王友华　中国音乐学 4:112～122
楚公逆编钟的成编方式及其他　李朝远　鹿鸣集——李济先生发掘西阴遗址八十周年山西省考古研究所侯马工作站五十周年纪念文集 263～268
青铜钲浅论　马今洪　鹿鸣集——李济先生发掘西阴遗址八十周年山西省考古研究所侯马工作站五十周年纪念文集 284～292
由美国收藏的镛谈到镛的断代　方建军　音乐研究 1:80～84
“虢叔旅钟”辨伪及其他　方建军　天津音乐学院学报 1:24～26
西周时期的四耳青铜簋研究　梁彦民　江汉考古 2:75～80
皖南出土西周时期青铜器的初步研究　宫希成　湖南省博物馆馆刊（第五辑）164～168
略论江苏出土的地方特色的西周青铜器　杨海涛　湖南省博物馆馆刊（第五辑）169～173
广西早期崖洞葬的青铜器　彭书琳　青铜文化研究（第三辑）37～44
宝鸡出土的西周温器及其相关问题探讨　陈亮　周秦文明论丛（第二辑）176～181
动物形青铜器与西周社会文化意义——从宝鸡茹家庄出土“盂鑵”说起　陈丽碧　周秦文明论丛（第二辑）158～167
三门峡虢国墓地出土的青铜器　三门峡市文物考古研究所、三门峡虢国博物馆（胡小龙等）　文物 1:48～53
晋伯卣及其相关问题　李伯谦　古代文明研究通讯 40:1～5
也谈晋伯卣及其他　刘克甫　古代文明研究通讯 43:32～41
台湾所见晋侯听簋　李先登　鹿鸣集——李济先生发掘西阴遗址八十周年山西省考古研究所侯马工作站五十周年纪念文集 261～262

強国墓地精品荟萃　宝鸡青铜器博物馆（李翠香）　青铜文化研究（第三辑）45～50
強国古乐钟　李翠香　青铜文化研究（第三辑）108～110
奇特的強伯墓鼎簋　刘明科、巩宝生　收藏7:84～85
说匵——中国早期的妇女用品：首饰盒、化妆盒和香盒　李零　故宫博物院院刊3:69～86
试论西周青铜器上饰刖人形象的文化内涵　杨海涛　青铜文化研究（第五辑）14～16
端方柉禁诸器的工艺考察　华觉明、萧惠芳　青铜文化研究（第五辑）103～117
新见大师盧盨说略　王辉、吴镇烽　收藏4:96～98
豳公盨与《禹贡》成书时代　岳红琴　中原文物3:64～68
青铜器窃曲纹的来源及分型　张德良　文物4:86～91
两周青铜龙纹及相关问题　汤淑君　青铜文化研究（第三辑）28～36
西周青铜法典的现实启示　段德新　周秦文明论丛（第二辑）230～236
西周金文中的王称　刘雨　鹿鸣集——李济先生发掘西阴遗址八十周年山西省考古研究所侯马工作站五十周年纪念文集243～253
金文中"君"字之意义及其相关问题探析　陈英杰　中国文字新三十三期107～152
西周金文中的"异人同名"现象及其对断代研究的影响　韩巍　东南文化6:113～116
两周金文女子称谓"规律"再探讨——兼论"杨姞壶"的问题　张淑一　考古与文物5:63～67
论西周的南国湘侯　李学勤　湖南省博物馆馆刊（第五辑）155～158
西周金文中的族军　商艳涛　考古与文物3:97～101
再论"周人不用日名说"　张懋镕　文博3:27～29
周武王时利簋的铭文通释——兼记几件院藏西周早期铜器　吴伟　故宫文物月刊315:80～89
利簋铭文再释　吴伟　文博3:30～32
《逨鼎》铭的几个问题　郑光　周秦文明论丛（第二辑）35～60
四十二年逨鼎与册命制度　刘军社　周秦文明论丛（第二辑）66～69
从逨盘诸器铭文看西周单氏家族　张亚炜　周秦文明论丛（第二辑）70～79
册命铭文的变化与西周厉、宣铜器分界　韩巍　文物1:80～85
覞公簋与晋国早期历史若干问题的再认识　李伯谦　中原文物1:48～51
"梁姬"、"杨姞"及其相关问题　李建生　中国历史文物5:44～51
再说金文所见之益公——兼与韩巍先生商榷　杨亚长　周秦文明论丛（第二辑）61～65
再说金文所见之益公——兼与韩巍先生商榷　杨亚长　考古与文物5:60～62
跋落照堂藏毛公鼎拓本——落照堂藏拓之二　张长寿、闻广　文物2:44～52
跋落照堂藏颂鼎颂盘拓本——落照堂藏拓之三　张长寿、闻广　文物9:49～54
读《曶鼎诸铭文拓片之比勘》　杜金鹏　上海文博论丛2:45～47

曶鼎诸铭文拓片之比勘 李朝远 上海文博论丛1:6～13

论应侯视工诸器的时代 李学勤 青铜文化研究（第四辑）5～8

新见应侯见工簋铭文考释 王龙正等 中原文物5:54～58

琱生器"附庸土田"再探讨 王进锋 陕西历史博物馆馆刊（第16辑）6～14

采获簋小考 张懋镕、王勇 上海文博论丛3:92～94

夫欧申鼎、自余钟与仳阝子受钟铭文研究 李家浩 俞伟超先生纪念文集·学术卷241～253

再论王盂与荠京 丁孟 周秦文明论丛第二辑16～20

西周文盨与殷见乐舞 王进锋 中国音乐1:72～75

寡子卣铭文试读 余少红 安徽大学学报：哲社版23卷4:69～72

索氏铜器铭文中"索"字考辨及相关问题 高江涛、庞晓霞 南方文物4:92～96

叶县、保利博物馆馆藏索氏劫簋铭文与年代 李元芝、曹国朋 中原文物6:105～107

从微氏墙盘看殷遗民入周后的境遇 赵燕姣 文博1:64～68

奠登伯盨跋 张应桥、蔡运章 文物1:45～47

犭可簋铭文与西周史事新证 张光裕 文物2:53～56

周代"庶子不祭"新证 高婧聪、张利军 中国历史文物3:82～88

静方鼎等三器是西周昭王十六年铜器 刘启益 中国历史文物4:66～67

释召器铭文中的"来"字 王晓鹏 中国历史文物4:68～71

"天亡"簋试释及有关推测 李学勤 中国史研究4:5～8

乐从堂藏獄簋及新见卫簋三器铭文小记 张光裕 中山大学学报（社会科学版）5:11～17

两件新见曾国铜器铭文考述 陈伟武 中山大学学报（社会科学版）5:18～21

西周懿王时期纪年铜器续记 刘启益 中原文物5:51～53

金文"塍"字辨析——兼说西周春秋"土"、"士"两字的发展演变 吴国升 贵州师范大学学报：社科版3:130～132

师酉簋铭文中的"瓜"字 余少红 华夏考古1:141～143

释西周金文赏赐物"甲" 吴红松 东南文化6:110～112

陕西凤凰山出土商周铜器精品 张朝晖 收藏2:92～93

毛公鼎：青铜器王国里的皇帝 张懋镕 收藏8:58～59

惊世重器——陕西眉县杨家村西周窖藏铜器群 李佳楠、袁红 青铜文化研究（第四辑）142～145

流失海外的中国南方青铜铙——记日本奈良国立博物馆和天理大学文物资料馆所藏青铜铙 彭适凡 纪念王懿荣发现甲骨文110周年国际学术研讨会论文集506～509

西周青铜虎尊 王从礼 荆州重要考古发现56～57

东 周

鄂尔多斯地区春秋战国时期青铜器综论 朱凤瀚 鄂尔多斯青铜器国际学术研讨会论文集81～101

鄂尔多斯青铜器的渊源及相关问题探讨 刘国祥 鄂尔多斯青铜器国际

学术研讨会论文集 149 ~ 152
鄂尔多斯青铜器用途之再认识　杨泽蒙　鄂尔多斯青铜器国际学术研讨会论文集 137 ~ 148
中国古代及海外文献载录中的鄂尔多斯青铜器　王庆宪　鄂尔多斯青铜器国际学术研讨会论文集 552 ~ 557
安徽的青铜时代　惠立　文物天地 8:70 ~ 74
论东周诸侯国青铜器与铭文的风格特点比较　杜廼松　青铜文化研究（第四辑）65 ~ 70
东周时期的工具斧、钁、锄论述　刘彬徽　青铜文化研究（第三辑）23 ~ 27
战国汉代铜扁钟研究　高至喜　青铜文化研究第四辑 71 ~ 79
辉县琉璃阁甲乙墓出土青铜礼乐器研究　杨文胜　收藏家 10:57 ~ 68
从制作技术看战国时期江汉地区出土青铜鼎——论包山 2 号墓·天星观 2 号墓·望山 1、2 号墓出土青铜鼎　丹羽崇史著　近藤晴香译　彭小军校　三代考古（三）378 ~ 400
平安君鼎国别研究评议　吴良宝　吉林大学社会科学学报 4:81 ~ 86
战国魏“合阳鼎”新考　吴良宝　考古 7:61 ~ 63
试论青铜小口鼎　何晓琳　楚文化研究论集（第八集）385 ~ 400
南阳发现蔡侯申簠　乔保同、李长周　中原文物 2:81 ~ 84
镇江谏壁王家山东周墓出土青铜鐎盉——兼议王家山器群与南方青铜文化的交融　毛颖　青铜文化研究（第五辑）41 ~ 43
绍兴 306 号墓出土的伎乐铜屋再探　王屹峰　东方博物（第三十二辑）90 ~ 95
湖南新宁出土兽面纹瓠壶断代的商榷　周亚　湖南省博物馆馆刊（第五辑）131 ~ 133
河南叶县旧县村 4 号墓编钟印象　王子初　湖南省博物馆馆刊（第五辑）184 ~ 206
叶县旧县 4 号墓编钟组合初探　邵晓洁　湖南省博物馆馆刊（第五辑）207 ~ 213
一套亦或数套乎？曾侯乙编钟编制问题之我见　王洪军　黄钟 2:28 ~ 34
从曾侯乙编钟看古代曲悬与轩悬制度　黄敬刚　黄钟 2:35 ~ 40
论美国赛克勒所藏编钟　方建军　黄钟 2:48 ~ 50
浅谈皖南出土青铜铎　冯伟　文物研究第 16 辑 302 ~ 304
也说崇源新获楚青铜器群的时代　王辉　中国文字新三十三期 35 ~ 52
铜陵谢垅出土青铜器的年代及其相关问题　张爱冰　东南文化 6:68 ~ 74
河北邯郸赵王陵二号陵出土的战国文物　赵建朝、李海祥　文物 3:89 ~ 92
三门峡市虢国博物馆馆藏“虢姜”组器　李清丽、杨峰涛　文博 1:14 ~ 17
从东周刻纹铜器的图像管窥吴越之习俗　王汇文、毛小龙　江西社会科学 5:161 ~ 165
草原动物纹饰牌的审美特征浅析：以鄂尔多斯动物纹饰牌为依据分析其审美特征　鲍红凌　前沿 1:88 ~ 90
子犯编钟铭文补释　赵晓龙　文物世界 1:13 ~ 16
子犯编钟铭文“西之六师”试解　赵晓龙　西南交通大学学报：社科版

10 卷 1:97 ~ 99

利用战国竹简文字释读春秋金文一例 魏宜辉 史林 4:151 ~ 153

东周时期秦金文字体研究：兼谈字体断代问题 张晓明 兰州学刊 2:94 ~ 97

战国韩魏铭文考释 吴良宝 安徽大学学报：哲社版 33 卷 4:63 ~ 68

鄩氏诸器铭文及其相关历史问题 陈絜 故宫博物院院刊 2:13 ~ 26

夏字形义考 葛英会 中国历史文物 1:66 ~ 68

河南新出“阺夫人嫘鼎”铭文纪年考 王长丰、郝本性 中原文物 3:69 ~ 75

阺夫人嫘鼎铭文及相关问题 冯时 中原文物 6:64 ~ 66

安徽六安所出“毕九鼎”释读补正 刘杰 中国历史文物 1:69 ~ 70

鲍子鼎铭文考释 吴镇烽 中国历史文物 2:50 ~ 55

秦子簋盖补释 王辉 周秦文明论丛（第二辑）5 ~ 11

秦子盉与“秦子”之谜 李学勤 周秦文明论丛（第二辑）1 ~ 4

秦西垂陵区出土青铜器铭中的“秦子”问题 祝中熹 丝绸之路 2:5 ~ 10

《秦子簋盖铭文》及其相关问题考释 延娟芹 兰州大学学报：社科版 37 卷 2:49 ~ 54

秦戈铭文考释 梁云 中国历史文物 2:56 ~ 58

梁姬罐铭文试析及相关问题 李清丽 周秦文明论丛（第二辑）172 ~ 175

曾姬无卹壶铭文补释 李义海 考古与文物 2:66 ~ 70

战国信安君鼎考略 刘余力、褚卫红 文物 11:70 ~ 72

新见“楚王酓恷”考释 邹芙都 考古与文物 2:71 ~ 73

“瀼丘”即“废丘”辩证 吴镇烽 考古与文物 6:80 ~ 85

战国中山器铭“𠂤”字辨 商艳涛 文物春秋 2:18 ~ 19

攻敔王者彶叡虝剑考 吴镇烽 无锡文博 1:31 ~ 32

跋珍秦斋藏越王差徐戈 杨坤 中国文物报 2 月 6 日 7 版

记新发现的两把吴王剑 吴镇烽 江汉考古 3:81 ~ 84

敚戟的地望和年代 黄锦前 文物研究（第 16 辑）309 ~ 312

安徽桐城出土秦十九年上郡守逪戈考 刘钊、江小角 考古与文物 3:31 ~ 32

安徽凤阳县卞庄一号墓出土镈钟铭文初探 刘信芳等 考古与文物 3:102 ~ 108

钟离氏始祖“宋襄公母弟敖”新证暨“鶩鼇雝雝”释义的再探讨 胡长春 考古与文物 3:109 ~ 112

楚器瑰宝——河南博物院藏楚青铜器鉴赏 汤淑君、张得水 青铜文化研究（第四辑）137 ~ 141

陕西甘泉县博物馆收藏的两件错金狩猎纹铜车饰 王勇刚、崔风光 考古与文物 4:108 ~ 109

河南淅川出土青铜器 王蔚波 收藏 5:80 ~ 82

两件青铜鎏金带盖圆鼎 王军 收藏 7:8

补 遗

秦子镈的器主和时代 方建军 交响 2008 年 27 卷 3:5 ~ 7

秦汉及以后

汉代青铜器简说　高伟　陕西历史博物馆馆刊（第16辑）25～228

简与繁：汉代青铜器的纹饰之美　韩雪松　艺术探索23卷4∶137～138

略论岭南地区西汉早期青铜器的特征及成因　曲用心　东南文化4∶64～67

通江东汉铜洗考　李白练　四川文物1∶86～87

罗泊湾铜器漆画解读　蒋廷瑜　中国历史文物4∶20～26

对望城县风篷岭汉墓发现铭文的初步认识　何旭红　湖南省博物馆馆刊（第五辑）459～467

永州鹞子岭二号墓出土西汉铜熏炉　国红　收藏家7∶45～47

奇特罕见的温酒炉　罗红侠　文博5∶65～66

奇特罕见的温酒炉　罗红侠　中国文物报11月25日7版

咸阳博物馆收藏的汉代铜器　王亚庆　文物5∶95～96

五件汉代铜器　王丽　收藏5∶92～93

虎牛祭案的定名及用途——兼述虎、牛同“滇文化”的联系问题　王樾　中国文物报12月2日4版

六朝青铜容器的考古学研究　吴小平　考古学报2∶185～216

补　遗

拙重与轻盈：汉代青铜器的造型之美　韩雪松　齐鲁艺苑2008年5∶27～30

其他古文字研究

殷墟出土玉、石器文字例释　王蕴智　纪念王懿荣发现甲骨文110周年国际学术研讨会论文集286～291

宁波古城墙铭文砖浅释　娄学军、李本侹　东方建筑遗产·2009年卷83～90

南汉三方铭文砖考　陈鸿钧　广州博物馆建馆八十周年文集——镇海楼论稿之二69～72

齐系陶文考释　张振谦　安徽大学学报：哲社版33卷4∶57～62

郑地亳城文献补正　李维明　中原文物6∶44～49

丰宁县出土的契丹大字铭陶壶补释　张少珊、曲轶莉　北方文物2∶50～51

三　简牍、帛书、文书、写本

20世纪中国古代简帛、铭刻、文书的考古发现与研究　赵超　燕京学报新二十六期191～280

马王堆简帛异构字初探　黄文杰　中山大学学报（社会科学版）4∶66～79

秦与汉初的文书传递系统　陈伟　里耶古城·秦简与秦文化研究——中国里耶古城·秦简与秦文化国际学术研讨会论文集150～157

百年来简牍出土数量新统计　李鹏旭　丝绸之路10∶8～10

出土简帛文献注释商兑　吕亚虎　文博4∶26～30

从出土简牍看秦汉时期的行书制度　易桂花、刘俊男　中国历史文物4∶72～79

简牍资料所见秦汉奴婢的诉讼权　文霞　中国史研究3∶173～176

楚　简

楚简遣策所见葬器制度考　胡雅丽　湖南省博物馆馆刊（第五辑）363～375

论六朝巫术文化传统的源起　吴成国

中国文化研究春之卷 177～183
楚都“鄢郢”新探 黄锡全 江汉考古2:88～92
战国楚卜筮祈祷简中的“五祀” 于成龙 故宫博物院院刊2:27～38
《简牍帛书通假字字典》部分按语的补充说明 白于蓝 新果集——庆祝林沄先生七十华诞论文集 632～642
楚系简帛连绵字释例 刘信芳、单晓伟 中国文字新三十三期53～74
战国楚简所见楚系用字习惯考察 禤健聪 中国文字新三十三期 153～174
试析楚系文字中的“别”字 魏宜辉 东南文化6:117～118
从包山楚简看楚国的诉讼制度 陈绍辉 楚文化研究论集（第八集）73～82
包山楚简释地三则 吴良宝 湖南省博物馆馆刊（第五辑）359～362
包山楚简“慎”地考 吴良宝 中国文字新三十三期97～105
说“建之以常无有” 裘锡圭 复旦学报社会科学版1:1～3
郭店楚简《君子》新证 连劭名 湖南省博物馆馆刊（第五辑）348～358
郭店简以“孝”释“仁”平议 梁立勇 湖北大学学报：哲社版36卷1:34～37
郭店楚简中的“道”与“衍” 高华平 哲学研究5:75～84
读《望山楚简文字编》札记 许道胜 湖南大学学报：社科版23卷2:20～24
“内礼”还是“大礼”——《上博楚竹书（四）·内礼》篇题考辨 陈卫星 华夏考古3:103～107
《上博（五）·苦成家父》简9“带”字考释 苏建洲 中国文字新三十三期91～96
上博六《用曰》篇校读札记 凡国栋 江汉考古4:121～124
上博藏战国楚竹书《用曰》篇的编联与注解 晏昌贵 楚文化研究论集（第八集）105～119
上博六《景公疟》编联试析 李天虹 新果集——庆祝林沄先生七十华诞论文集643～650
上博简《郑子家丧》之“利木”试解 杨泽生 中山大学学报（社会科学版）6:50～53
上博七《郑子家丧》补释 李天虹 江汉考古3:110～113
上博七《君人者何必安哉》试释 黄人二 故宫博物院院刊6:132～139
《容成氏》中的“端”和“屦” 单育辰 湖南省博物馆馆刊（第五辑）376～378
《容成氏》“执兵钦疒暴，兼目寸于民”试解 孙飞燕 湖北大学学报：哲社版36卷1:24～27
上博楚简道家文献《恒先》篇通解及章节拟构 顺真 中州学刊2:151～157
楚竹书《恒先》新证 连劭明 中原文物2:75～80
据上海博物馆藏竹书校读《大戴礼记》一则 曹建墩 中原文物1:99～101
上博简《孔子诗论》第十七简新论 张朵 中州学刊4:194～196
“五至”异文考释 张三夕 北方论丛3:8～11
楚竹书《申公臣灵王》与《平王与王

子木》两篇补论　徐少华　江汉考古4:125～129
清华简：先秦历史悬疑有待揭开　李学勤、刘国忠　社会科学报6月11日6版
清华简整理工作的第一年　李学勤　清华大学学报：哲社版24卷5:5～6
“清华简”的整理及重要发现　李学勤　中国文物报4月29日5版
清华简保护及研究情况综述　刘国忠　中国史研究动态9:21～27
清华简《郜夜》礼制小札　马楠　清代大学学报：哲社版24卷5:13～15
说清华简“假中于河”　李均明　中国文物报7月17日7版
也谈“昔微假中于河”　杨坤　中国文物报7月17日7版
清华简《保训》与周文王事商　刘国忠　清华大学学报：哲社版24卷5:7～11
清华楚简《保训》“惟王五十年”解　王辉　考古与文物6:65～72
清华大学藏战国竹简《宝训》校读　黄人二　考古与文物6:73～79
读清华简《保训》释文　李零　中国文物报8月21日7版
《保训》的撰作年代——兼谈《保训》“复”字　杨坤　中国文物报11月27日6版
读清华简《宝训》　武家璧　古代文明研究通讯42:22～34
清华大学藏战国竹简《保训》释文　清华大学出土文献研究与保护中心　文物6:73～75
论清华简《保训》的几个问题　李学勤　文物6:76～78
清华简《保训》释读补正　李学勤　中国史研究3:5～8
《保训》与周文王的治国理念　李均明　中国史研究3:9～12
释《保训》简“测阴阳之物”　沈建华　中国史研究3:13～18
关于《保训》“中”的几点意见　赵平安　中国史研究3:19～24
说清华楚简《保训》篇中的“中”字　李零　中国文物报5月20日7版
周文王称王史事辨　刘国忠　中国史研究3:25～30
葛陵楚简“我王之岁”的年代　武家璧　中国文物报6月5日7版
葛陵楚简历日“癸嫘”应为“癸巳”解　武家璧　中原文物2:71～74
楚文字柬释二则　王辉　楚文化研究论集（第八集）120～128
释曾侯乙墓竹简“騩”、“犢”及“豥”三字　陈嘉凌　中国文字新三十三期199～206
试说楚简中的《说命》佚文　李学勤　学习与探索1:207～208

秦　简

《秦律十八种·徭律》析出《兴律》说质疑　李力　中国文字新三十三期85～89
秦简第二人称代词时间性和地域性研究　胡伟　殷都学刊2:121～124
岳麓书院藏秦简中的行书律令初论　陈松长　中国史研究3:31～38
秦律令中的“新黔首”与“新地吏”　于振波　中国史研究3:69～78
从出土文献看城旦春刑名的适用范围　薛瑞泽　中原文物6:67～73
也谈云梦睡虎地秦简《魏律》——从有关姜太公的经历说起　代生　史林4:154～156

从睡虎地秦简看县令史与文书档案管理　刘向明　中国历史文物3:72~78

天水放马滩秦简整理与研究现状述评　孙占宇　中国史研究动态12:12~16

周家台秦墓简牍释读补正　王贵元　考古2:70~74

里耶一号井的封检和束　湖南省文物考古研究所（张春龙）　湖南考古辑刊（第8集）65~70

从简牍看秦代乡里的吏员设置与行政功能　卜宪群　里耶古城·秦简与秦文化研究——中国里耶古城·秦简与秦文化国际学术研讨会论文集103~113

从湘西里耶秦简看秦官文书制度　汪桂海　里耶古城·秦简与秦文化研究——中国里耶古城·秦简与秦文化国际学术研讨会论文集141~149

里耶秦简"传送委输"者的身份　黄展岳　里耶古城·秦简与秦文化研究——中国里耶古城·秦简与秦文化国际学术研讨会论文集114~121

里耶秦简与秦帝国的情报传达　藤田胜久　里耶古城·秦简与秦文化研究——中国里耶古城·秦简与秦文化国际学术研讨会论文集158~171

卒史覆狱试探——以里耶秦简J1⑧134为线索　（日）籾山明　里耶古城·秦简与秦文化研究——中国里耶古城·秦简与秦文化国际学术研讨会论文集122~126

秦律之赀刑与赎刑浅论——读里耶秦牍文书　何双全、陈松梅　里耶古城·秦简与秦文化研究——中国里耶古城·秦简与秦文化国际学术研讨会论文集127~140

里耶秦简所见的户籍和人口管理　张春龙　里耶古城·秦简与秦文化研究——中国里耶古城·秦简与秦文化国际学术研讨会论文集188~195

里耶"户籍简"与战国末期的基层社会　陈絜　历史研究5:23~40

里耶秦简所见的秦代户籍格式和相关问题　田旭东　四川文物1:52~54

里耶秦简：户籍档案的探讨　黎明钊　中国史研究2:5~23

读里耶秦简"校券"补记　彭浩　里耶古城·秦简与秦文化研究——中国里耶古城·秦简与秦文化国际学术研讨会论文集196~200

从秦简所见"祭"与"祠"窥析秦代地域文化——里耶秦简"祠先农"简引发的思考　宋艳萍　里耶古城·秦简与秦文化研究——中国里耶古城·秦简与秦文化国际学术研讨会论文集201~209

从里耶秦简"祠先农"看秦的祭祀活动　田旭东　里耶古城·秦简与秦文化研究——中国里耶古城·秦简与秦文化国际学术研讨会论文集210~217

里耶秦简研读三题　蔡万进　里耶古城·秦简与秦文化研究——中国里耶古城·秦简与秦文化国际学术研讨会论文集172~180

里耶秦简中的两个小问题　黎石生　里耶古城·秦简与秦文化研究——中国里耶古城·秦简与秦文化国际学术研讨会论文集181~187

岳麓书院所藏秦简综述　陈松长　文物3:75~88

岳麓书院秦简考校　陈伟　文物10:85~87

岳麓书院藏秦简《数》的主要内容及

历史价值　肖灿、朱汉民　中国史研究 3:39～50
从岳麓书院藏秦简《数》看周秦之际的几何学成就　朱汉民、肖灿　中国史研究 3:51～58
读岳麓书院秦简《为吏治官及黔首》札记　肖永明　中国史研究 3:59～68

汉　简

从出土简牍看汉代的马食　赵岩　农业考古 1:285～290
出土西汉文献语料研究　胡伟、张玉金　殷都学刊 4:102～107
从居延到黑城（亦集乃）——中国西部开发中的历史经验一瞥　徐苹芳　燕京学报新二十六期 15～23
香港大学冯平山图书馆藏居延汉简整理文件调查记　邢义田　古今论衡 20:19～60
新、旧居延汉简校读二例　张俊民　考古与文物 2:74～75
居延汉简《相宝剑刀》册研究综述　韩华、狄晓霞　丝绸之路 20:13～17
《居延汉简》中的戍吏经商、雇佣现象　李树春、梁瑞　殷都学刊 1:45～50
《武威汉简·仪礼》释文校勘九则　陈荣杰　考古 4:62～63
简论敦煌悬泉汉简《康居王使者册》及西汉与康居的关系　郝树声　敦煌研究 1:53～58
悬泉汉简中有关西域精绝国的材料　张德芳　丝绸之路 24:5～7
马王堆汉墓“汈”字考释的重要性　周世荣　中国文物报 9 月 2 日 7 版
张家山汉简《奏谳书》、《盖庐》校补　萧旭　湖南省博物馆馆刊（第五辑）409～412
弥足珍贵的张家山汉简　滕壬生　荆州重要考古发现 198～203
张家山汉简《奏谳书》“杜泸女子甲和奸”案年代分析　陈治国　中国历史文物 5:67～71
孔家坡汉简《日书》选释　陈炫玮　中国文字新三十三期 207～222
随州孔家坡汉简《历日》及其年代　武家璧　江汉考古 1:120～126
罕见的松柏汉代木牍　朱江松　荆州重要考古发现 209～212
荆州松柏木牍及相关问题　袁延胜　江汉考古 3:114～119
印台墓地出土大批西汉简牍　郑忠华　荆州重要考古发现 204～208
印台汉简《日书》初探　刘乐贤　文物 10:92～96
谢家桥一号汉墓《告地书》牍的初步考察　刘国胜　江汉考古 3:120～122
读云梦睡虎地 M77 汉简《葬律》　彭浩　江汉考古 4:130～134
水泉子汉简初识　张存良、吴荭　文物 10:88～91
《额济纳汉简》所见出行巫术浅析　吕亚虎　殷都学刊 2:41～46
北京大葆台汉墓竹简释义——汉代聚落自名的新证据　侯旭东　中国历史文物 5:62～66
广州南越国宫署遗址所出西汉木简释读二题　汤志彪、周群　社会科学战线 5:243～245

三国简

湖南长沙走马楼三国吴简研究的回顾与反思　何立民　江汉考古 2:119～139
关于长沙吴简“关”字解读及标点问

题——《长沙走马楼三国吴简》释文探讨之三　王素　魏晋南北朝史研究：回顾与探索——中国魏晋南北朝史学会第九届年会论文集 712～716

《长沙走马楼三国吴简·竹简［壹]》所见诸病及相关问题　黎石生　湖南省博物馆馆刊（第五辑）468～477

走马楼吴简所见公乘、士伍诉论　沈刚　魏晋南北朝史研究：回顾与探索——中国魏晋南北朝史学会第九届年会论文集 717～723

走马楼吴简所见"乡"的再研究　孙闻博　江汉考古 2:113～118

走马楼吴简所见户里的规模　于振波　江汉考古 1:127～133

走马楼户籍简的"中"字注记　张荣强　中国历史文物 5:72～76

走马楼三国吴简所见"叛走"简　幐义　沈刚　江汉考古 1:134～138

说走马楼简文"细小"　王子今　江汉考古 2:108～112

唐　简

和田新出汉语～于阗语双语木简考释　荣新江、文欣　敦煌吐鲁番研究第十一卷 45～69

帛　书

楚帛书研究的新进展　刘彬徽　楚文化研究论集（第八集）129～134

论马王堆出土《地形图》之九嶷山图及其技术传承　姜生　中国历史地理论丛 3:108～114

马王堆帛书《系辞》研究综述　于兵　湖南省博物馆馆刊（第五辑）235～240

马王堆汉墓帛书《相马经》研究三十年　王树金　湖南省博物馆馆刊（第五辑）241～248

跋敦煌莫高窟所出北魏太和十一年刺绣发愿文　罗新　文史（第四辑）21～29

文书与写本

和田出土文献刊布与研究的新进展　荣新江　敦煌吐鲁番研究第十一卷 1～10

湖北省博物馆藏敦煌遗书目录　王倚平　敦煌吐鲁番研究第十一卷 451～487

三十年来敦煌文献整理的重大进展　刘进宝　社会科学战线 7:122～126

国家图书馆刘廷琛旧藏敦煌遗书　林世田、萨仁高娃　敦煌吐鲁番研究第十一卷 489～498

敦煌遗书《茶酒论》与茶文化内涵的探索　吴家阔　农业考古 2:18～24

侯马盟书"内室"商榷　赵世刚　鹿鸣集——李济先生发掘西阴遗址八十周年山西省考古研究所侯马工作站五十周年纪念文集 296～298

释"宗主""宗盟"——兼论《侯马盟书》所反映的春秋末年社会结构的演变　赵瑞民、郎保利　鹿鸣集——李济先生发掘西阴遗址八十周年山西省考古研究所侯马工作站五十周年纪念文集 335～341

浅析佉卢文在鄯善地区流行的原因　张秀萍　丝绸之路 22:11～13

有关和田出土 8～9 世纪于阗语世俗文书的答劄记（一）　吉田丰著　广中智之译　荣新江校　敦煌吐鲁番研究第十一卷 147～182

有关和田出土 8～9 世纪于阗语世俗文书的札记（二）　吉田丰著　荣新江、广中智之译　西域文史（第三辑）79～108

和田新出《唐于阗镇守军勘印历》考

释 文欣 西域历史语言研究集刊（第二辑）111～123

从敦煌吐鲁番文书看唐前期的均田制 张升森 丝绸之路24:8～10

吐鲁番契约所见汉字大写数字的起源 董永强 丝绸之路4:54～55

吐鲁番租佃契约研究 尚辉 丝绸之路12:49～51

吐鲁番出土文书词语新考 董永强 丝绸之路24:11～12

应更加重视敦煌文书资料本身的特殊性 黄正建 中国史研究3:99～102

吐鲁番所出唐代月料、程料、客使料文书初探——以吐鲁番阿斯塔那506号墓料钱文书为中心 黄楼 敦煌吐鲁番研究第十一卷249～267

吐鲁番新出一组阚氏高昌时期供物、差役帐 裴成国 西域历史语言研究集刊（第二辑）79～110

《太公家教》成书年代新探——以吐鲁番出土文书为中心 刘安志 中国史研究3:143～150

从新出吐鲁番文书看唐前期的勾徵 丁俊 西域历史语言研究集刊（第二辑）125～157

吐鲁番出土T. Ⅲ号回鹘文木杵文书研究 李树辉 西域文史（第四辑）125～150

吐鲁番出土IB4672号回鹘文木杵文书研究 李树辉 吐鲁番学研究1:35～58

吐鲁番文书中的汉文文学资料叙录 朱玉麒 吐鲁番学研究2:89～98

敦煌古藏文P. T. 55《解梦书》研究 郑炳林、陈于柱 兰州学刊5:1～3

对俄藏敦煌放僮书的研究 乜小红 敦煌研究1:87～90

关于俄藏“揖王入高昌城事”文书的几个问题 王素 吐鲁番学研究2:19～27

普林斯顿大学葛斯德图书馆藏两件天山县鸜鹆仓牒考释 凌文超 吐鲁番学研究2:79～88

发现于新疆策勒县的唐代汉文文书残页考释及研究 李吟屏 西域研究2:76～82

莫高窟北区出土回鹘蒙古文《般若心经》抄本残片 敖特根 西域历史语言研究集刊（第二辑）257～266

敦煌学视野下的黑水城文献研究 孙继民 南京师大学报：社科版3:64～70

英藏黑水城马匹草料文书考释 杜建录 宁夏社会科学5:97～98

黑城所出《至正廿四年司吏刘融买肉面等物呈文》考释 朱建路 元史论丛（第十一辑）305～311

黑水城出土夏金榷场贸易文书研究 杨富学、陈爱峰 中国史研究2:77～99

试析鸽子洞元朝“失剌斡耳朵九春殿”文书 牛长立 内蒙古社会科学30卷5:49～54

汉、藏译《佛说圣大乘三归依经》对勘——俄藏黑水城文书TK121、122号研究 沈卫荣 西域历史语言研究集刊（第二辑）267～276

黑水城出土藏传佛教实修文书《慈乌大黑要门》初探 黄杰华 中国藏学3:114～120

莫高窟发现的染料色谱——俄藏敦煌文献дх. 02822颜色部考 李茹、马强 敦煌壁画艺术继承与创新国际学术研讨会论文集537～545

敦煌残卷篇名考五则　曾良、任西西　艺术百家2:12~16
敦煌写本伪造问题管见　（日）池田温著　李济沧译　中国史研究3:79~90
敦煌吐鲁番所出唐写本《论语郑氏注》新证　连劭名　西域文史（第四辑）109~124
敦煌本唐人草书大乘百法明门论疏残卷简介　马德　收藏家1:53~54
关于古藏文写本的研究方法的再探索　巴桑旺堆　中国藏学3:61~81
敦煌经籍写卷补遗——以《俄藏敦煌文献》第11至17册为范围　黄亮文　敦煌吐鲁番研究第十一卷335~344
《英国图书馆藏斯坦因收集品中的新疆出土古藏文写本》导言　武内绍人译　杨铭、杨壮立校　西域研究1:66~77
敦煌本回鹘文《阿毗达磨俱舍论实义疏》研究　杨富学、萨仁高娃　元史论丛（第十一辑）67~77
黑水城所出《天庆年间裴松寿处典麦契》考释　陈静　文物春秋2:62~66
黑城出土元代签补站户文书F116:W543考释　王亚莉　宁夏社会科学3:98~101
黑城夏元时期契约文书的若干问题：以谷物借贷文书为中心　许伟伟　宁夏社会科学3:95~97
望城蚂蚁山明墓出土部分经书浅议　黄朴华、肖静华　湖南省博物馆馆刊（第五辑）524~526
麦积山石窟艺术研究所藏古藏文经卷考录　张延清、李晓红　敦煌研究5:94~95

补　遗

伯希和西域探险团对库车地区的考察及所获汉文文书　耿昇　西北第二民族学院学报：哲社版2008年6:5~13

四　碑　刻

综　述

略谈刻石工具对早期碑刻文化的历史作用　贺华、金岷彬　碑林集刊（十四）139~144
于右任先生为故乡捐藏石考　武天合　碑林集刊（十四）157~168
美国加州大学伯克利分校东亚图书馆藏中国金石拓片略述　赵力光　碑林集刊（十三）1~8
嵩山石刻文化　王雪宝　中华文明与嵩山文明研究（第一辑）224~231
《辽宁省博物馆藏碑志精粹》标点辨误　蔡子鹤、陈杏留　北方文物1:82~84
试论乌江流域民族地区历代碑刻文献的和谐思想　彭福荣　贵州民族研究2:151~157

秦、汉

汉画像石文字考释　欧阳摩一　东南文化4:115~118
石鼓文拓本汇校——并录湘博善本　李海全　湖南省博物馆馆刊（第五辑）483~490
秦人第一鼓　官波舟　中国文物报3月25日7版
《秦人第一鼓》释文辩证　张中一　中国文物报11月18日4版
试论碑在两汉间的演化　李凯　碑林集刊（十三）22~27
汉代祥瑞文化与“天人感应”说之关系　刘洁　文博4:53~58

汉碑中所见汉代的农业　袁延胜　农业考古 1:48～52
《西狭颂》摩崖现状考　蔡副全　文博 4:40～47
论蔡邕碑文的“谀墓”——与王银忠先生商榷　徐海容　西安文理学院学报：社科版 12 卷 3:24～28
说《肥致碑》碑首文字的释读　刘桓　中国文物报 7 月 22 日 7 版
从《景云碑》看景氏起源及汉代以前的迁徙　李乔　中原文物 4:55～61

三国、两晋、南北朝

东魏《邑义五百余人造像碑》考释　钟稚鸥、马德鸿　故宫博物院院刊 3:121～130
法生造像碑初拓本简释　张萍　丝绸之路 24:16～18
洛阳偃师水泉石窟摩崖碑记释读　贺玉萍　文物 11:73～74
西岳庙发现西晋《华百石都训造》碑　吕智荣　碑林集刊（十三）137～142
中国古代金石著作中的北朝刻经情况　赵超　碑林集刊（十四）200～208
关中北朝造像碑龛楣道教图像考释　张方、郑文　敦煌研究 1:26～32
“比丘僧纂造释迦多宝碑”考释　秦艳兰　文物世界 6:30～35
敬史君碑相关问题研究　史正浩　中原文物 1:84～86

隋、唐、五代

越南现存《大隋九真郡宝安道场之碑文》考释　王承文　文史（第四辑）59～86
西安市东郊枣园苏村出土唐代齐瓚墓前碑石　西安市文物保护考古所（王久刚）　文物 8:83～86
新出唐《齐瓚碑》略考　陈财经、王建中　碑林集刊（十三）80～87
正定巨碑出土八年后的考证　樊志勇　文物春秋 5:59～65
曲阳发现《唐恒岳故禅师影堂纪德之碑》　王丽敏、田韶品　文物春秋 6:57～60
关于《孔子庙堂碑》的年代问题　（日）荒金治　第七届中国书法史论国际研讨会论文集 109～117
闽粤所见唐刻叙录　苏安德　第七届中国书法史论国际研讨会论文集 251～253
唐李邕《麓山寺碑》概述　刘刚　第七届中国书法史论国际研讨会论文集 309～315
澄城新见唐文明元年《西州司马吴信碑》考略　王其祎、周晓薇　考古与文物 6:49～55
新见唐刻《佛遗教经》残石考　路远　考古与文物 1:65～73
西安、洛阳唐两京出土景教石刻比较研究　葛承雍　文史哲 2:17～23
《大秦景教流行中国碑》若干史实考析　杨共乐　史学史研究 2:120～121
《中条山靖院道堂铭碑》考　景宏波　文物世界 1:47～48
《悯忠寺宝塔颂》考释——兼论安禄山、史思明宗教信仰的多样性　尤李　文史（第四辑）107～132
古寺藏珍——记陕西泾阳太壶寺的两方碑刻　李举刚、段志凌　上海文博论丛 4:20～23
吉木萨尔二工河古突厥文刻铭的调查与思考　罗新　西域文史（第三辑）197～205
肃北大黑沟摩崖石刻考释　吴浩军、

李春元　敦煌研究 4:80～82

宋、辽、金、元

宋刻智永《真草千字文》碑　路远　陕西历史博物馆馆刊（第 16 辑）155～162
《芮城县寿圣寺戒师和尚润公塔铭》考析　刘海波　文物世界 3:24～25
新出宋《京兆府学新建七贤堂记》残石　路远　碑林集刊（十四）117～120
莫高窟第 244 窟于阗太子题记再审查　梅林　敦煌研究 2:4～7
绍兴宋六陵出土的明敕葬宋理宗顶骨碑考略　周燕儿　东方博物（第三十三辑）24～27
《盘山祐唐寺创建讲堂碑铭并序》校释　陈雍　新果集——庆祝林沄先生七十华诞论文集 593～606
浅述辽代山西地区的佛教和寺院——以朔州“辽天庆八年经幢”为中心　陈晓伟　文物世界 2:40～44
契丹文字石刻　金适　中国文物报 8 月 5 日 8 版
女真文诞生地初现女真大字碑　金适　中国文物报 3 月 4 日 7 版
金代石刻概述　景爱　北方文物 4:88～92
赤峰博物馆征集四块金代石刻　刘冰　内蒙古文物考古 2:93～96
从《姚天福神道碑》钩沉金元时期雁北的葡萄种植业问题　高晓波　文物世界 3:26～27
元龙兴寺东律院洪辩大师舍利塔铭小考　杜平　文物春秋 1:73～74
从《玉宸观记》碑看元代北岳恒山道教　庞雪平　文物春秋 6:7～9
元代《宣授善和大师塔铭》碑浅析　庞雪平、魏敏　文物春秋 6:65～67
蒙元时期北京地区全真道碑刻钩沉　王晓颖　北京文博 1:48～51
对元大都出土八思巴字文物的思考　张秀荣　北京文博 2:69～73
庆阳北石窟寺摩崖石碑《宗派图》考释　董华锋、宋文玉　考古与文物 1:84～88
亦都护高昌王世勋碑的重要价值　党菊红　陇右文博 1:51～56
青州文宣王碑额探考　李森、傅冬华　中国文物报 2 月 18 日 6 版
从《真定路十方万岁禅寺庄产碑》看正定历史上另一座临济宗寺院　刘友恒　文物春秋 3:64～69

补　遗

对河南济渎庙所藏净明道碑刻的释读　张广保　中国道教 2008 年 6:52～53
溧水元代容国公容国夫人墓碑摭谈　许婷婷　南京艺术学院学报：美术与设计版 2008 年 6:63～66

明、清

明代大同镇之败虎堡考略——兼论败虎堡石碑题字“永宁”所体现的蒙汉关系　翟禹、薄音湖　内蒙古文物考古 1:118～127
长城工牌考释　张晓东、冯庆　丝绸之路 22:22～23
明乔宇登恒山诗辨惑　吕兴娟　文物春秋 6:10～12
《大明诏旨》碑探秘　王丽敏、高晓静　文物春秋 6:68～70
白云庵残碑考　陈树文　成都文物 1:21～24
明《三神庙碑记》碑考介　李森、傅冬华　中国文物报 3 月 11 日 7 版
《明吏部尚书蹇义神道碑铭》校点及相关考释　方刚等　四川文物 4:

78～83
汉阳陵两方明代御制祝文碑略谈 赵超 文博2:52～56
无锡东林书院又见《停云馆帖》石刻二方并请知情君子破解疑问 周道振 无锡文博3:53～54
我说三公祠步弓石 于芷 无锡文博3:55～57
白旗堡建立牧养碑记考 李鑫 沈阳考古文集（第2集）248～250
考析赵执信撰书的两件传世碑刻 董贵胜、李森 北方文物1:99～102
清代古浪张氏碑刻考释 杨文科 陇右文博1:57～60
陕西浦城博物馆藏朝武当仝会牌探析 胡春涛 四川文物5:85～89
陶公新建昌马河大桥碑记考释 吴浩军 丝绸之路10:15～16
成县杜甫草堂刘埘刘墫诗碑考 蔡副全 丝绸之路10:17～18
《御制平定金川勒铭勒乌围之碑》解析 黄清华 四川文物2:79～83
一通奖谕真定县民的圣旨碑 马国莉等 文物春秋2:67～68

附 墓志及地券

墓志的起源及其定型化 窪添庆文 魏晋南北朝史研究：回顾与探索——中国魏晋南北朝史学会第九届年会论文集674～694
关于墓志形制的几个问题 刘天琪 丝绸之路18:14～17
墓志所见姓氏得姓补考 景亚鹂 碑林集刊（十四）405～411
墓志琐谈——读《西安碑林博物馆新藏墓志汇编》 陈忠凯 碑林集刊（十四）412～423
古代墓志盖“题铭书刻”及相关问题——兼谈隋唐墓志盖题铭的分类与式样 刘天琪 第七届中国书法史论国际研讨会论文集83～103
达州出土的四方买地券考略 王平 四川文物2:65～69
“买地券”中历日校补举隅 陈杏留 四川文物4:76～77

汉、魏、晋、南北朝

陕西高陵出土的东汉建和三年朱书陶瓶 刘卫鹏 文物12:82～86
《新出魏晋南北朝墓志疏证》隋前录文补阙 赵阳阳 碑林集刊（十四）209～212
《汉魏南北朝墓志汇编》词语拾遗 刘志生 华南理工大学学报：社科版11卷3:64～66
敦煌魏晋镇墓文研究 储晓军 敦煌研究1:59～63
东魏《慧光墓志》考 赵生泉 文物春秋5:41～47
《北齐赵炽墓志》试释 宋燕鹏、赵学锋 文物春秋5:48～52
甘肃高台十六国墓券的再释读 刘卫鹏 敦煌研究1:47～52
高台骆驼城前秦墓出土墓券考释 寇克红 敦煌研究4:91～96
唐以前河东裴氏墓志丛札 卫文革 山西师大学报：社科版36卷2:71～75
北朝墓志的定型与异型 赵海丽 碑林集刊（十四）219～231
南朝买地券综论 易西兵 东南文化3:64～70
六朝墓文字砖的归类分析 华国荣 南京文物考古新发现——南京历史文化新探203～208
刘宋临澧忠侯刘袭墓志疏证 邵磊 南京文物考古新发现——南京历史文化新探214～226

新见北魏《杨津墓志》考 王庆卫、王煊 碑林集刊（十四）1~6

《源模墓志》书迹以及志文所及北魏源氏的几个相关问题 殷宪 第七届中国书法史论国际研讨会论文集 254~267

《袁月玑墓志》研究 马志强 魏晋南北朝史研究：回顾与探索——中国魏晋南北朝史学会第九届年会论文集 703~711

王昌父子墓志与北周京兆王氏 崔世平 考古与文物 2:76~80

隋、唐、五代

隋墓志刻饰图案中的稀见纹样——以《隋代墓志铭汇考》为基本案例 周晓薇、王菁 考古与文物 1:74~83

洛阳龙门新村出土隋代墓志 洛阳市文物工作队（潘付生） 文物11:89~90

隋代东都洛阳城四郊地名考补——以隋代墓志铭为基本素材 周晓薇等 中国历史地理论丛 3:75~91

新见隋《高壑墓志》考释 王建域 碑林集刊（十四）13~15

隋郝伏愿墓志考释 段双印、马旭东 碑林集刊（十四）16~19

《隋代墓志铭汇考》补 王其祎、王庆卫 碑林集刊（十三）189~202

隋《阴云墓志》考 杨宏毅 碑林集刊（十三）239~247

隋《宇文述墓志》述略 贺华 碑林集刊（十三）262~267

考释青州出土的两通隋代墓志 李森 华夏考古 3:86~89

隋代司马融墓志考 罗火金、刘刚州 中原文物 3:94~97

略论隋唐十二生肖墓志的起源与装饰风格 刘天琪 美苑：鲁迅美术学院学报 2:84~86

简述西安碑林藏一批山西墓志装饰纹样 张婷 碑林集刊（十四）274~278

千唐志斋新获唐代佛教墓志初探 王素 故宫学刊（总第四辑）505~521

《吐鲁番出土砖志集注》辨误 赵宠亮 西域历史语言研究集刊（第二辑）159~171

唐代在室女丧葬问题探讨 万军杰 唐史论丛（第十一辑）364~374

谈谈唐代的亡宫墓志 王元军 第七届中国书法史论国际研讨会论文集 104~108

从唐独弧昱墓志看北朝隋唐独弧部史事 王书钦 碑林集刊（十四）34~69

新出柳公权撰《韩复墓志》考释 赵力光 文物 11:91~96

唐《李荣墓志》考略 王丽敏等 文物春秋 6:61~64

唐乞扶令和墓志铭考释 付兵兵 中国历史文物 4:52~58

唐成德军节度使李宝臣残碑考释 冯金忠、陈瑞青 中国历史文物 4:59~65

新出土唐代诗人廖有方墓志考论 胡可先 中山大学学报（社会科学版）5:37~44

诗人、义士、交趾人廖有方——从一方新出土唐墓志说起 张安兴 碑林集刊（十三）64~69

新出唐墓志所见西域史事二题 樊波、李举纲 西域研究 4:43~47

唐吐蕃回鹘并存时期的西北边境——以《李良僅墓志铭》为中心

(日)村井恭子　文史第四辑 133～149

新见四方唐代洛阳粟特人墓志考　毛阳光　中原文物6:74～80

洛阳新出唐代粟特人墓志考释　毛阳光　考古与文物5:75～80

吐鲁番新出赵同墓志初探　孟宪实、刘丽　西域文史(第三辑) 187～195

关于吐鲁番新出阚氏王国张祖墓表的几个问题　王素　文物1:41～44

新出唐陇西李氏兄弟墓志考　李雪芳　碑林集刊(十三)70～73

偃师杏园唐墓中陇西李氏家族墓相关问题初探　刘可维　碑林集刊(十四)282～297

唐李府君墓志考　高智伟　北京文博1:38～42

在唐日本留学生井真成墓志的发现与最新研究　王维坤　碑林集刊(十四)99～116

《井真成墓志》所反映的唐朝制度　韩昇　复旦学报社会科学版6:67～75

《廖游卿墓志》补考　唐雯　碑林集刊(十四)20～25

新发现的《唐裴荣墓志》考释　马志祥　碑林集刊(十四)26～31

读《皇甫瑗墓志》　杨娟　碑林集刊(十四)32～33

唐代温佶碑与温邈墓志铭的族系问题考证　张鸣、杨东晨　碑林集刊(十四)397～404

中古长安韦氏家族考古及墓志补遗　吕卓民　西部考古(第四辑) 203～223

唐大历才子苗发撰《韦损墓志》考释　李举纲　碑林集刊(十三) 105～108

百济遗民《祢寔进墓志》介绍　(韩)金荣官著　金宪镛译　碑林集刊(十三)38～45

唐《李□倩墓志》考释　李阳　碑林集刊(十三)46～49

唐《武威郡夫人段氏墓志》研究　景亚鹂　碑林集刊(十三)50～57

唐《李秀炎墓志》考证　郑红莉　碑林集刊(十三)58～63

唐《郭佐思墓志》考释　柳秀芳　碑林集刊(十三)74～79

新见唐太子侍医《程伦墓志》　魏秋萍　碑林集刊(十三)88～90

新见《大唐安国相王孺人晋昌唐氏墓志》考释　吴业恒　碑林集刊(十三)91～94

唐《故虢王妃扶余氏墓志》考　张蕴、汪幼军　碑林集刊(十三) 95～104

《张九龄墓志》再探　朱万章　第七届中国书法史论国际研讨会论文集 118～123

从两方唐代墓志探索两座皇后陵　李健超　洛阳汉魏陵墓研究论文集 209～211

唐张浣、李寘尤墓志考释　段毅　陕西历史博物馆馆刊(第16辑) 163～167

唐张说墓志简疏　赵振华　唐史论丛(第十一辑)375～382

唐萧龄之墓志考释　毛阳光　唐史论丛(第十一辑)383～388

出土墓志所见长治地区的清河崔氏　朱林芳　魏晋南北朝史研究:回顾与探索——中国魏晋南北朝史学会第九届年会论文集695～702

唐《崔俭墓志铭》考　张大为、谢高

文 西部考古（第四辑）251～256
唐乐邦穗墓志考释 鲁晓帆 北京文博2:63～68
唐窦及墓志考释 张汉文等 考古与文物3:13～17
新见唐《程处侠墓志》初考 袁明 中国文物报9月2日7版
唐高质、高慈父子墓志研究 赵振华 东北史地2:21～33
一通稀见的唐代单面复刻墓志考释 张鑫、邹蓓蓓 文物春秋5:53～58
西安碑林新藏《唐万善寺尼那罗延墓志》考疏 李纲举、张安兴 中原文物3:98～101
唐卢正容墓志及线刻墓门考释 刘小磊、田丽 中原文物4:62～66
宗师大作地献遗珍——颜真卿撰书的《唐故工部尚书赠予太子太师郭公墓志铭》校评考订 沈厚鋆 中国文物报12月23日5版
读北周信州总绾（管）达符忠墓志 陈财经 碑林集刊（十四）7～12
五代时期卢价墓志考 罗火金 中国历史文物2:72～79
《五代前蜀李氏墓志铭》再考 周阿根 碑林集刊（十三）122～125
跋五代李从曮妻朱氏墓志 王凤翔 文物世界1:23～27
《李茂贞墓志》录文校补 周阿根 文物春秋3:56～58

宋、辽、金

"关学"领袖张载家族人物新史料——《宋故清河县君张氏夫人墓志》研读 王其祎、周晓薇 碑林集刊（十四）70～83
宋代姚舜明墓志考 宋美英 东方博物（第三十辑）119～123
安徽潜山县出土宋代潘景唐墓志 余淑华 文物研究（第16辑）245～247
试论三门峡郊北宋陕州漏泽园铭砖的纪年和编号 张新宇 考古与文物6:56～62
《王康墓志》《向氏墓志》《张氏墓志》浅释 谢飞、张志忠 文物8:87～96
洛阳北宋富弼夫妇墓志研究 赵振华、史家珍 中原文物1:87～92
辽孟初墓志考补正 李宇峰 辽金历史与考古（第一辑）13～18
契丹小字金代《萧居士墓志铭》考释 郭添刚等 文史（第一辑）227～256
契丹大字《萧袍鲁墓志》考释 刘凤翥 辽金历史与考古（第一辑）3～12
契丹丁求谨墓志及相关问题略考 焦晋林 北京文博1:43～47
辽许从赟墓志略考 曹彦玲、王银田 文物世界6:47～49
北京石景山出土金代吕嗣延墓志考释 孙勐 北方文物3:79～85

补 遗

《王逋墓志铭》考释 谢飞、张志忠 河北大学学报：哲社版2008年33卷6:8～11

明、清

明故夏阳县主墓志考释 秦造垣 考古与文物1:89～90
明故进阶镇国将军、都指挥同知张贵墓志铭考释 马顺平、穆朝娜 丝绸之路2:11～13
金冕墓志铭考析 张有财 丝绸之路12:39～40
陕西洛川出土明代《宋法墓志》及买地券释读 刘忠民 碑林集刊（十

三）109～113

明《曹司牧墓志》初探　刘静敏　文物春秋5:66～70

明怀柔伯施聚夫妇、施鉴墓志考释　夏寒　中国历史文物2:80～88

蓬莱新发现戚继光及家族的三种石刻史料　袁晓春　碑林集刊（十四）91～98

明汪浩墓志杂考　王宏、王光明　南京文物考古新发现——南京历史文化新探264～267

安徽繁昌县发现的明代吴琛墓志　彭可市、黄柏挺　文物研究（第16辑）248～251

明代董汝瀚、董李父子墓志考析　李森　史学集刊1:37～43

明兵部左侍郎张海夫妇墓志考释　魏训田、杨玉梅　文献1:139～147

明《守愚子寿藏记》考　曲金丽　文物春秋3:70～73

赵用贤《浙江按察司佥事进阶朝请大夫延陵赵公暨配许孺人合葬墓志铭》考评　陈学文　无锡文博3:26～28

一副由状元撰书的墓志铭　黄兴南　无锡文博3:60

王船山先生墓志铭小考　刘冬华　湖南省博物馆馆刊（第五辑）533～535

夏县《柳宰相墓记》探评　马重阳　山西师大学报：社科版36卷2:76～78

清初靳应选夫妇墓墓志铭考释　侯璐、赵春明　文物春秋4:70～78

河南新乡石刻综述　傅山泉　华夏考古3:69～76

法门寺《清乔公墓志铭》探析　毛小东　文博4:59～62

补　遗

明代熊明遇之母王太孺人墓志的发现及其价值　邓爱红　南昌大学学报：人文社科版2008年39卷5:91～96

五　玉　器

2000～2007年重要出土玉器综论　杨建芳　玉文化论丛2——杨建芳师生古玉研究会玉文化论丛系列之二1～51

简论中国玉器发展的三个阶段　翟艳艳　文物研究（第16辑）328～332

礼玉礼用——出土玉器在礼制与使用习俗间的互证及意义　张明华　上海文博论丛1:21～31

中国传世古玉辨伪的文献考察（三～六）　杨伯达　文物天地2:88～89、4:92～95、5:75～79、7:74～77

古玉沁色成因简述　郭祐麟　历史文物196:6～21

古玉"糖沁"浅析　李惠新　收藏4:84～85

石器微痕分析法在甄别伪古玉方面的应用前景　李宏　北京文博1:60～63

关于线切割、砣切割和砣刻——兼论使用砣具的年代　杨建芳　文物7:53～67

琢碾微痕探索在古玉研究中的功用　陈启贤　文物7:68～73

安徽出土玉器及价值提要　张宏明　玉文化论丛2——杨建芳师生古玉研究会玉文化论丛系列之二208～211

东周秦汉玉、石圭分布及使用浅议

孙闻博　古代文明研究通讯 43：42～46
实用器·组玉佩·装饰物：觿、玉觿与玉冲牙的文化阐释　杨玉彬　中国文物报 6 月 17 日 5 版
玉觿与玉冲牙　杨玉彬　收藏家 6：35～41
玉琮的文献记载与研究综述　薛琳　无锡文博 1：23～27
玉石覆面研究　袁胜文、石文嘉　中原文物 3：76～81
先秦古玉的凤鸟纹　杨柳　文物天地 4：98～99
中国和田玉玉文化三大文化基因论　杨伯达　文博 1：3～13
论中国古代玉文化　李丽　语言学刊 2A：97～98
我们的共识、追求与宗旨——在良渚论坛·中华玉文化中心第二届年会上的讲话　张忠培　中国文物报 12 月 25 日 6 版
湖南省博物馆藏传世玉器精品鉴识　禾青　湖南省博物馆馆刊（第五辑）379～384

新石器时代

中国史前玉器和谐功能初探　郭泮溪　东岳论丛 30 卷 2：104～109
黄河下游地区的史前玉器　梁中合　新果集——庆祝林沄先生七十华诞论文集 64～74
苏皖平原地区的史前玉璜研究　杨晶　玉文化论丛 2——杨建芳师生古玉研究会玉文化论丛系列之二 52～66
宁镇地区新石器时代玉器简论　田名利　玉文化论丛 2——杨建芳师生古玉研究会玉文化论丛系列之二 182～192
史前玉雕鸟翼兽眼与复合鹰纹研究　林继来　玉文化论丛 2——杨建芳师生古玉研究会玉文化论丛系列之二 145～181
江阴地区史前玉器的发现与研究　公羽　江阴文博 2：33～38
独山玉史前史的文化内涵研究　江富建　农业考古 1：21～26
河南灵宝西坡出土玉器浅论　马萧林等　玉文化论丛 2——杨建芳师生古玉研究会玉文化论丛系列之二 126～138
关于大汶口文化带柄饰的玉石钺　杨晶　新果集——庆祝林沄先生七十华诞论文集 47～58
莱夷玉文化板块探析——胶县三里河大汶口文化玉器解读　杨伯达　故宫博物院院刊 6：99～111
考古出土的红山玉（上、中、下）　周晓晶　文物天地 6：14～19、7：66～71、9：63～67
考古视角下的红山玉　刘国祥、王苹　文物天地 6：20～25
红山文化玉器线切割、钻孔技术实验报告　席永杰、张国强　北方文物 1：110～112
解开红山文化玉箍形器之谜　邓淑苹　故宫文物月刊 311：96～109
红山玉的玉料之源　于明　文物天地 6：40～42
红山玉之我鉴　古方　文物天地 6：38～39
北京故宫藏红山玉举隅　徐琳　文物天地 6：26～32
玉出红山脉 神游西辽河——天津博物馆藏红山文化玉器巡礼　徐春苓　文物天地 6：33～37
薛家岗玉器加工工艺的微痕迹初探

王荣等　文物保护与考古科学4：48～58

草鞋山玉器地质考古学研究——中国古玉器地质考古学研究之五　闻广、荆志淳　玉文化论丛2——杨建芳师生古玉研究会玉文化论丛系列之二110～125

从反山出土“玉琮王”看良渚文化玉琮的形制变化　顾幼静　东方博物（第三十二辑）82～89

良渚文化玉琮的埋藏学研究　薛琳　无锡文博3：22～25

良渚玉琮的节和琮的切割等相关问题讨论　方向明　中国文物报1月16日7版

昆山少卿山遗址新发现的良渚玉璧刻符　王华杰、左骏　东南文化5：77～82

良渚文化玉璧制作工艺初探　刘卫东等　东南文化6：47～53

良渚玉器纹饰研究之一——眼睛（球）的发端　方向明　玉文化论丛2——杨建芳师生古玉研究会玉文化论丛系列之二193～207

良渚玉器的图像和刻纹——龙首纹和神人兽面像　方向明　浙江省文物考古研究所学刊（第九辑）171～194

论良渚文化玉器纹饰的审美特质　王淑兰　装饰2：120～121

良渚文化玉器纹饰与陶器刻符论析　任平　美术观察5：97～100

余杭博物馆良渚玉璧上的鸟纹　吕芹　中国文物报7月15日5版

神异灵鸟——良渚文化玉器别裁　蒋卫东　收藏家4：57～62

神巫之玉文明之源——凌家滩　张敬国　玉文化论丛2——杨建芳师生古玉研究会玉文化论丛系列之二139～144

凌家滩墓地出土玉龟和龟形器研究　黄建秋　道远集——安徽省文物考古研究所五十年文集116～122

肖家屋脊遗址出土的石家河文化玉器　刘德银　荆州重要考古发现23～33

枣林岗遗址出土的石家河文化玉器　院文清　荆州重要考古发现34～37

齐家文化玉器研究　王裕昌　陇右文博1：12～16

甘肃齐家文化玉器研究　李晓斌、张旺海　陇右文博2：21～32

对齐家文化玉璧玉琮的新认识　古方　收藏6：90～93

齐家玉器是“古玉文化的核心”　陈作发　收藏12：78～79

论晋南曲沃羊舌村出土的史前玉神面　林继来、马金花　考古与文物2：56～65

山西芮城清凉寺墓地出土玉器浅说　马金花　文物世界3：3～7

陕西历史博物馆藏石峁玉器赏析　高嵘　文博4：78～82

乾隆题诗兽面纹玉圭　张广文　文物天地10：111

夏、商、周

论夏代玉器的审美特征　朱志荣、石迪　学术研究3：134～137

夏家店下层文化中的二里头文化玉器因素举例　邓聪　三代考古（三）171～175

试析大甸子玉器与红山及其他文化的关系　廖泱修　玉文化论丛2——杨建芳师生古玉研究会玉文化论丛系列之二67～109

殷墟玉器琢制工艺概述　陈志达　玉

文化论丛2——杨建芳师生古玉研究会玉文化论丛系列之二 212~218
玄鸟原型的图像学探源——六论“四重证据法”的知识考古范式 叶舒宪 民族艺术3:84~93
商代玉蝉 穆朝娜 文物春秋4:20~25
山西闻喜上郭两周墓地出土玉器探析 马金花 玉文化论丛2——杨建芳师生古玉研究会玉文化论丛系列之二 219~232
虢国墓地出土玉器的六瑞与六器 许海星 收藏家9:57~62
陕西出土商周玉龙 刘云辉 收藏12:72~77
西周龙凤人物玉雕的主题探讨 黄尚明 西部考古（第四辑）154~157
周原出土玉器简述 张恩贤、张晓军 周秦文明论丛（第二辑）196~207
山西洪洞永凝堡西周墓出土的玉石器 张素琳 鹿鸣集——李济先生发掘西阴遗址八十周年山西省考古研究所侯马工作站五十周年纪念文集 276~283
晋侯墓地玉器的工艺 张奎 鹿鸣集——李济先生发掘西阴遗址八十周年山西省考古研究所侯马工作站五十周年纪念文集 269~275
南阳春秋楚墓出土玉器研究 任义玲 楚文化研究论集（第八集）432~444
侯马西高祭祀遗址出土龙形玉佩特征及年代分析 马金花 鹿鸣集——李济先生发掘西阴遗址八十周年山西省考古研究所侯马工作站五十周年纪念文集 382~389
鸿山越玉赏析 张敏 收藏家8:25~32

汉及以后

两汉用玉思想研究之二——神仙长生思想 徐琳 故宫学刊（总第四辑）415~438
仙境与凡尘——略论两汉玉器 董寓榕 收藏10:174~175
永城芒砀山出土西汉梁国玉器初探 郑清森 中原文物3:82~88
两汉出廓玉璧 臧翠翠 装饰6:118~119
两汉韘式玉佩分期研究 石荣传 四川文物4:55~58
汉代夔龙凤鸟纹玉璧的用途及意义 古方、张崇檀 收藏12:80~83
试论汉代玉枕 赵赟 文物世界6:15~23
小巧精致的松绿石司南佩 王亚庆 中国文物报2月18日5版
萧王庄汉墓玉器赏析 胡广跃 文物天地7:72~73
西汉楚王墓出土玉龙 赵赟 收藏3:88~90
春水玉赏析 杨玉彬 收藏家9:45~52
清宫旧藏唐宋元玉器类比分析示范 赵桂玲 文物春秋4:32~40
试论唐代金玉结合的器物 董洁 陕西历史博物馆馆刊（第16辑）229~234
宋赵仲湮墓出土玉器精品 陈建平 收藏3:92~93
辽金花鸟玉器 崔智博 中国文物报2月20日5版
长安发现的金代皇后冠饰玉练鹊“纳言” 刘云辉 收藏3:91
元代玉押 崔智博 中国文物报6月3日5版

“玉炉顶”还是“玉帽顶” 赵旻 文物天地 12:76~80
明代伪古玉的生产与辨伪研究 周晓晶 湖南省博物馆馆刊（第五辑）527~532
怀宁所藏明清佩玉的时代特征与含意 金晓春 文物研究（第16辑）333~336
明清玉牌的鉴别 张尉 收藏家 2:11~14
乾隆朝玉器简论（上、下） 齐玫 收藏家 5:51~56、6:51~58
“乾隆工”玉器代表作骊龙护珠白玉壶 严凤亭 文物天地 12:74~75
圆明园出土的玉嵌饰 陈辉 中国文物报 4月29日5版
山东即墨市博物馆藏清代玉器 王灵光 文物 7:96

六 货 币

综 述

2008年中国钱币学研究综述 秦慧颖等 中国钱币 2:66~74
中国古代铸钱工艺及其对传统铸造业发展的贡献 周卫荣 文物科技研究（第六辑）49~63
翻砂工艺——中国古代铸钱业的重大发明 周卫荣 中国钱币 3:14~17
黑龙江地区出土的古代铜钱 王世杰 博物馆研究 3:60~64
书法篆刻艺术——中国古钱文化的精华 戴志强 中国钱币 2:3~12

商、周

殷墟出土贝化断代 戴志强 甲骨学110年：回顾与展望——王宇信教授师友国际学术研讨会论文集 353~355
周原大型青铜器残片何其多——兼论西周的称衡量货币 罗西章、罗红侠 周秦文明论丛（第二辑）187~195
齐国货币的铸行与齐商银行的设立与发展 张光明、高云 纪念王懿荣发现甲骨文110周年国际学术研讨会论文集 531~543
浅谈大丰市刘庄镇出土的战国楚金版 熊涵东等 中国钱币 2:34~35
北京广安门内燕蓟古城遗址出土数万枚战国刀币布币 程纪中、梁学义 中国钱币 2:30~32
大尖首刀地名考略 张海军 收藏 1:132~133
“涂水”方足布 张崇宁 鹿鸣集——李济先生发掘西阴遗址八十周年山西省考古研究所侯马工作站五十周年纪念文集 390~391

补 遗

再论齐六字刀的铸行年代及问题 陈隆文 管子学刊 2008年3:76~79

汉、南北朝

西汉白金货币再探 赵晓明 南方文物 3:168~169
汉半两钱范考 鹿秀美 中国文物报 4月1日7版
南阳郡国五铢及相关问题 郭小霞、陈娟 中原文物 5:59~62
广府城新出王莽“大布黄千”钱范及相关问题 胡强 文物春秋 3:53~55
一枚厚重的“汉佉二体钱” 储怀贞等 新疆钱币 1:55
西域和阗汉佉二体钱的年代 谭立平等 历史文物 187:60~69
汉佉二体钱版式及形制初探 陈勇斗 新疆钱币 4:1~4
试论南齐五铢 谢林 中国钱币 3:

34～38
磁县东魏茹茹公主墓出土的拜占庭金币和南北朝史料中的“金钱” 林英 中国钱币4:58～61
百济武宁王陵随葬萧梁铁五铢钱考察 邵磊 中国钱币3:39～47

唐、五代

唐开元通宝钱背月纹的“外来影响说”刍议 林钧永 新疆钱币4:10～12
唐“开元通宝”钱“仰月纹”述考 曾维华 江西社会科学5:143～146
西安何家村窖藏古钱币纵览 韩建武等 收藏2:108～111
对新疆出土唐代钱币铸法的认识及其他相关问题杂谈 戴政 新疆钱币1:4～6
再论唐代新疆铸造的开元通宝和乾元重宝钱币 戴政 新疆钱币3:10～12
北庭发现的“汉、粟双体文开元通宝钱”辨伪 钱伯泉 新疆钱币1:1～3
汉粟双体“开元通宝”背文圣天突骑施可汗钱探讨 储怀贞、黄宪 新疆钱币2:1～3
对“高昌吉利”钱探讨之我见 杨文清 新疆钱币1:7～11
龟兹无文小铜钱 叶真铭 新疆钱币2:34
回鹘钱币再探 伊斯拉非尔·玉苏甫、安尼瓦尔·哈斯木 新疆钱币3:4～9
高昌回鹘国回鹘文铜钱研究 钱伯泉 新疆钱币4:5～9
高昌回鹘国回鹘文铜钱研究 钱伯泉 中国钱币3:48～52
古峰庄出土金锭的初探 任晓霞 中国文物报7月15日7版
大历元宝、建中通宝钱鉴赏 戴政 新疆钱币2:35～36

宋及以后

山东胶州发现大量宋代铁钱 鹿秀美 文物9:96
宋代“烧验讫”金砖 屠燕治 中国钱币3:74～75
宋代钱币文化与特点浅析 艾尼瓦尔·艾合买提 新疆钱币4:58～59
识读“关子”版及其印章 盛锦朝 文物研究（第16辑）322～327
浅议“太平”古钱之版别、版式 朱伟 中国文物报7月8日2版
从史料记载和考古发掘看辽南京地区的流通货币——兼论宋钱北流之缘由 柳彤 北京文博1:78～84
两枚西辽时期东喀喇汗王朝古维吾尔文的方孔铜钱 钱伯泉 新疆钱币3:13～14
略论西夏天盛元宝钱币版别及武威西夏钱币考古的重要价值 于光建等 丝绸之路22:19～21
成吉思汗钱币鉴赏 蒋海明 新疆钱币3:53～55
新发现的“元祐折二”钱 高大松 中国钱币3:73
西夏钱币的流布区域及相关问题 杨富学、陈爱峰 陇右文博2:49～80
大明通行宝钞考 王俪阎 中国钱币3:58～64
叶尔羌汗国的银币与找零贴小钱 储怀贞等 新疆钱币4:37～39
叶尔羌汗国厚重铜币及其相关问题初探 李江霖、李霭然 新疆钱币2:4～7
一枚“过节花钱” 蔺西峰 新疆钱币2:64

中国古近代改作伪钱现象考察　杨君　中国钱币 1:17～25
中国古近代翻铸伪钱现象考察　杨君　中国钱币 2:22～29
中国古代和近代钱币鉴定的理论与方法考略　杨君　中国钱币 3:18～33
清代太平关银锭考释　王一名　丝绸之路 24:19～21
押胜钱中"八仙"钱铸造年代考　戴良佐　新疆钱币 4:60～61
变异红钱及其相关问题的探讨　李江霖、李霭然　新疆钱币 1:12～14
对"新疆红钱"定位的一点看法　蔡杰华　新疆钱币 1:15～18
清代叶尔羌局及其铸钱研究——清代新疆铸钱局研究之二　王永生　中国钱币 4:3～11
清代新疆乌什局红钱铸造特征研究　高宇翔　新疆钱币 4:13～14
饷银四钱与饷银五钱混配使用模具考证　贾子辰　新疆钱币 1:54～55
宝伊局小平钱版式新探　邱璞玉　新疆钱币 4:47～50
为平定张格尔叛乱铸造货币考　王永生　中国历史文物 5:40～43
版式多样的新疆"当五"红钱　丁芝　新疆钱币 1:49～53
浅谈红钱背文"错位"现象　唐养文　新疆钱币 2:8～11
乾隆背"九"、光绪"九年十"红钱纪念币　李宪章　新疆钱币 3:49
浅谈道光年间乾隆红钱中一些改版、错版、变异的成因　戴政　新疆钱币 4:15～18
咸丰宝迪铜钱的特殊风采　李宪章　新疆钱币 4:45～46
清代伊犁"宝伊局"与"咸丰当百"大钱　李泽平　新疆钱币 2:37～42
咸丰"宝伊当四"红钱　李宪章　新疆钱币 1:42～43
一枚嵌在瓷器圈足内的"咸丰当四"大样钱　蒋海明　新疆钱币 4:43～44
清宝苏局咸丰当十阔缘钱版式初探　王连根、王权　中国钱币 1:26～29
奇台集币拾零（三）　邱德美　新疆钱币 1:44～48
"光绪宝伊局红钱珍品"质疑　唐养文　新疆钱币 4:55～57
一枚"红铜质"宝源局光绪重宝当十钱币　周燕伟　新疆钱币 2:43～44

七　铜　镜

龙镜研究——中国铜镜史研究之一　傅举有　湖南省博物馆馆刊（第五辑）329～347
"锡汞齐"与"水银沁"镜　董亚巍　青铜文化研究（第五辑）132～142
铜镜源流与鉴藏浅说　胥孝平　周秦文明论丛（第二辑）261～265
铜陵博物馆藏镜选粹　刘宝林　青铜文化研究（第四辑）94～100
十偃市博物馆藏铜镜　龚德亮、杨海莉　江汉考古 4:135～139
精美的龙纹镜　董波　文物世界 1:61～63
六安出土铜镜赏　汪欣　收藏家 2:43～50
灵宝市文物管理所藏部分铜镜　胡小平　中原文物 3:102～105
春秋战国汉代的特种工艺镜（上、下）　傅举有　收藏家 3:51～58、4:13～19
多钮几何纹铜镜的出现与消失　（韩）李清圭著　成璟瑭译　鄂尔

多斯青铜器国际学术研讨会论文集 77~80
试论折叠菱纹镜的图形与布局　潘钰　湖南考古辑刊（第8集）205~210
罕见的战国透雕蟠螭纹铜镜　杨海涛　青铜文化研究（第四辑）90~93
平朔出土几面精品战汉铜镜　冯国梁　鹿鸣集——李济先生发掘西阴遗址八十周年山西省考古研究所侯马工作站五十周年纪念文集 446~449
湖南出土汉代连弧纹铜镜研究　邓秋玲　湖南省博物馆馆刊（第五辑）439~449
汉禽兽镜中的蟾蜍物像　杨玉彬　收藏 5:83~86
汉镜十二地支与唐镜十二生肖　王纲怀　收藏 5:87~91
汉镜中的凤鸟与朱雀物像　杨玉彬　收藏 6:78~84
汉禽兽镜中的四灵物象演变　杨玉彬　收藏 9:126~130
汉“四灵”博局镜物像观察　杨玉彬　文物研究（第16辑）105~120
汉镜中的规矩纹博局铭博戏图与八极　张宏林、冯谋泰　收藏家 9:72~76
神兽镜中识天禽　张宏林　收藏家 7:33~36
从绍兴传世的尚方御镜试探新朝山阴的尚方铸镜作坊　张宏林　东方博物（第三十辑）70~77
旺苍县馆藏“青盖作”龙虎对峙神兽镜研究　唐志工等　四川文物 1:88~90
湖州白龙山出土的两面汉镜　刘建安　四川文物 5:126~127
介绍两件馆藏汉代铜镜　邵凤芝　文物春秋 1:69~70
西藏带柄铜镜补论　吕红亮　藏学学刊（第5辑）33~45
《六安出土铜镜》镜铭汇释（续）　韩自强、杨玉彬　中国文物报 2月20日5版
铜镜铭文“其师命长”的考察　苏奎　考古 3:64~72
武汉博物馆藏汉代铜镜铭文辨赏　夏建建　收藏家 10:29~34
西汉镜农政铭考释　王纲怀　中国文物报 4月8日7版
昭明铜华重圈铭文铜镜　冯春艳　中国文物报 10月14日5版
青铜三螭纹阳燧考辨　林章芹　文物春秋 4:59~60
乳钉吉语连弧瑞兽规矩四神——汉代关中出土铜镜鉴览　王亚庆　中国文物报 10月14日5版
咸阳博物馆新修复的三面珍贵铜镜　王亚庆　中国文物报 5月22日6版
角王巨虚铭文镜及其铸制时期　张宏林、冯谋泰　收藏家 1:36~40
日本三角缘神兽镜和中国东汉三国时期画像镜、神人神兽镜的布局及设计思想探讨　杨金平　文博 2:57~63
关于在中国调查三角缘神兽镜的基本思路与方法——三论洛阳发现的三角缘神兽镜　张懋镕等　文博 5:30~34
中国古铜镜在日本早期国家政权的作用——兼论日本出土的三面画文带神兽镜　杨金平　东南文化 1:67~71
关于神兽镜的若干问题思考　王牧　东方博物（第三十辑）78~84
唐代盘龙镜　傅举有　广州博物馆建

馆八十周年文集——镇海楼论稿之二 58 ~ 68
唐铜镜纹饰形式美研究　尹春洁　装饰 10:113 ~ 115
形制创新的唐代葵花镜　宋康年　中国文物报 7 月 29 日 5 版
锐意革新的唐代铜镜　宋康年　收藏 10:92 ~ 94
关于海兽葡萄镜的几个问题　张咏梅　中国文物报 7 月 29 日 5 版
马鞍山博物馆藏早期葡萄镜　杨玉彬　收藏 2:89 ~ 90
唐镜中的舞马　王纲怀　收藏 6:86 ~ 87
对一面古铜镜的考证　从星　中国文物报 4 月 8 日 6 版
唐代铜镜之美——陕西历史博物馆藏铜镜　高嵘　收藏家 6:47 ~ 50
日本正仓院藏镜（一）　王纲怀　收藏家 12:44 ~ 48
两面精美的初唐铜镜　韩建武　收藏家 5:39 ~ 40
湖州镜及两宋官民铸镜业的互动　沈如春　东方博物（第三十辑）93 ~ 101
从江阴北宋墓出土桃形竖钮铜镜谈此类铜镜的内涵及定名　翁雪花　湖南省博物馆馆刊（第五辑）499 ~ 505
宋代新形制镜类——商标铭文桃形镜系列　王连根、王权　中国文物报 4 月 29 日 7 版
承德县博物馆馆藏古代铜镜　吴晓林　有色金属 61 卷 3:147 ~ 150
照人，也折射历史——介绍沧州博物馆馆藏宋金铜镜　刘金霞　中国文物报 10 月 14 日 7 版
宋芙蓉花纹铜镜鉴赏　长源　收藏家 3:85 ~ 86
带广告的南宋湖州镜　王惠霞、赵丙焕　中国文物报 7 月 8 日 8 版
罕见的提线木偶戏纹铜镜　贾文忠　中国文物报 7 月 29 日 5 版
南宋南昌韦家铜镜　王宁　收藏家 1:27 ~ 32
一件金代“吴牛喘月”镜考　李菲　文博 5:70 ~ 71

补　遗

浅议汉唐铜镜艺术之比较　康煜　电影评介 2008 年 21:81 ~ 92

八　度量衡

官尺·营造尺·鲁班尺——古代建筑实践中用尺制度初探　李浈　建筑历史与理论（第十辑）11 ~ 21
“陶抄”的考古情景分析　许永杰　新果集——庆祝林沄先生七十华诞论文集 97 ~ 108
陶寺文化长度基元初探　何驽　鹿鸣集——李济先生发掘西阴遗址八十周年山西省考古研究所侯马工作站五十周年纪念文集 142 ~ 155
楚钧益砝码释读与战国衡制　陈隆文　中原文物 1:93 ~ 98
谈汉阳陵南区从葬坑出土的铜量器　石宁　陕西历史博物馆馆刊（第 16 辑）221 ~ 224
从谭家金饼看汉代斤值的测定　徐涛　考古与文物 3:74 ~ 77
敦煌西晋骨尺　杨俊　陇右文博 1:46 ~ 47
吉林省博物院藏“天成元年”铜权及其相关问题　田丽梅　青铜文化研究（第四辑）101 ~ 103
天水市麦积区元权　汪明　陇右文博 1:50

乾隆嘉量考略　李正华　收藏家5：41～42

九　玺印与封泥

从一方古铜印看中国印章起源的早期形制　王莉　中国文物报3月4日7版
红斑绿锈 神采奕奕——谈古玺印的鉴定与收藏　徐畅　收藏家8：11～20
秦郡县封泥的历史地理学意义　庞任隆　文博3：43～52
常德楚墓出土战国文字摭疑　谭远辉　湖南考古辑刊（第8集）201～204
古玺印字词零释（八篇）　田炜　中国文字新三十三期175～182
新出三方汉颁发给匈奴官印考　（日）秋山进午著　袁香译　鄂尔多斯青铜器国际学术研讨会论文集415～423
河南博物院藏汉代封泥印章　李玲　中原文物2：94～97
河南荥阳苜蓿洼墓地出土的几枚汉印　于宏伟、刘良超　考古与文物4：110～111
昭陵博物馆藏两方古印　李浪涛　碑林集刊（十四）279～281
正定铁印考释　王廷洽　文物春秋4：64～65
王猛煤精组印鉴析　梁小平　文博5：67～69
漫话北周天元皇太后金印　李晶寰　中国文物报6月10日2版
锦州市博物馆收藏的金代铜印及初探　刘鲡　辽金历史与考古（第一辑）368～373
“高氏之宝”印章考释　辛蔚　内蒙古文物考古1：128～133
两宋“尚书省印”之研究回顾暨五项商榷　彭慧萍　故宫博物院院刊1：44～59
治中之印及赛金古城址行政级别考　A. Л. 伊夫里耶夫著　盖莉萍译　北方文物4：108～110
关于八思巴字“圣人·宝贝·吉祥”印　照那斯图　西域历史语言研究集刊（第二辑）25～27
谈耿昭忠与安岐的两方“珍祕”印　杨元铮　故宫博物院院刊1：60～63
曲阳出土的一批古印章　吕兴娟　文物春秋6：76～80
故宫藏明清名家篆刻伪讹丛考（三）——邓以蛰先生捐献的四件篆刻作品　王幼敏　故宫博物院院刊3：113～120
清宫藏雍正帝宝玺　恽丽梅　文物天地11：90～93

一〇　铜　鼓

考古学与铜鼓研究　蒋廷瑜　青铜文化研究（第四辑）9～16
环北部湾地区铜鼓文化的起源与分布　谭滟莎　广西地方志4：50～57

补　遗

从铜鼓纹饰看我国南方各民族先民的审美追求　黄怡鹏　广西师范学院学报：哲社版2008年29卷4：18～22

一一　兵　器

略谈青铜兵器的发展演变　唐涛、于享　收藏3：94～97
夏商周时期戈戟之柲研究　井中伟　考古2：55～69

关于燕下都短内戈的几个问题　成璟瑭　文物春秋 3:10~13
铜戈起源考　井中伟　考古与文物 3:28~30
青铜剑史话　沈融　文汇报 9 月 13 日 8 版
从青铜兵器看夏商时期中原地区在早期文明中的地位　郭妍利　纪念王懿荣发现甲骨文 110 周年国际学术研讨会论文集 492~498
东北系青铜武器的初步研究　成璟瑭　鄂尔多斯青铜器国际学术研讨会论文集 600~610
东北系青铜短剑辽西起源新论　吕军　新果集——庆祝林沄先生七十华诞论文集 311~322
东北地区先秦时期青铜镞研究　石岩、贾素娟　北方文物 3:3~8
青铜镞在先秦时期的多元化作用　石岩　新果集——庆祝林沄先生七十华诞论文集 296~310
河南淅川下王岗遗址出土铜矛观摩座谈会纪要　高江涛　中国文物报 3 月 6 日 7 版
关于河南淅川下王岗出土铜矛观摩座谈会发言的更正　李水城　中国文物报 5 月 29 日 7 版
二里头遗址出土兵器初探　郭妍利　江汉考古 3:66~75
商代青铜兵器的分布格局简论　郭妍利　考古与文物 3:18~27
商代中国西南青铜剑的来源　段渝　巴蜀文化研究集刊（第五卷）283~291
商代中国西南青铜剑的来源　段渝　社会科学研究 2:175~181
关于三角援铜戈起源问题的新认识　李新秦　周秦文明论丛（第二辑）154~157
吴城文化刀之研究　彭明瀚　湖南省博物馆馆刊（第五辑）61~69
朱开沟遗址出土的青铜武器及相关问题　李健民　鄂尔多斯青铜器国际学术研讨会论文集 116~122
朱开沟遗址遗存及其卡拉苏克刀和短剑具体年代的确定（摘要）　（俄）瓦列诺夫·安德烈　鄂尔多斯青铜器国际学术研讨会论文集 123~124
卡拉苏克式短剑的形成和发展　（日）松本圭太　鄂尔多斯青铜器国际学术研讨会论文集 338~382
皖南出土青铜矛研究　管丹平、朱华东　东方博物（第三十一辑）23~29
西周时期的人首管銎钺——兼谈西周铜钺的功能　高西省　周秦文明论丛（第二辑）145~153
《尚书·顾命》“执戈上刃”的考古学研究　井中伟　新果集——庆祝林沄先生七十华诞论文集 225~234
南阳新出“辅伯作兵戈”的年代和族属　徐少华　考古 8:79~83
甘肃出土异形青铜兵器　祝中熹　收藏 4:92~96
山东地区出土东周青铜矛初步研究　刘晓婧　文物世界 5:23~27
皖南周代青铜剑初论　朱华东　青铜文化研究（第五辑）56~62
宁夏固原地区出土春秋战国时期“触角式”青铜短剑初探　马强、乔国平　陕西历史博物馆馆刊（第 16 辑）17~26
叶县旧县四号春秋墓出土青铜兵器研究　井中伟　文物 11:63~69
军都山玉皇庙墓地青铜削刀研究　王

继红 鄂尔多斯青铜器国际学术研讨会论文集 672～708
益阳楚墓出土青铜兵器的分期及相关问题 潘茂辉 湖南省博物馆馆刊（第五辑）214～224
神奇的楚国双矢并射连发弩 陈跃钧 荆州重要考古发现 138～142
“南方文明”的南方——越南东山文化人形柄铜短剑初探 陈光祖 “中研院”历史语言研究所集刊第八十本第一分 1～42
战国勾践剑与吴王夫差矛 谭维四 荆州重要考古发现 124～128
珍秦斋藏元年相邦疾戈跋 王辉 湖南省博物馆馆刊（第五辑）400～403
越王者旨於睗剑 梁晓艳 东方博物（第三十二辑）96～99
越王鹿郢剑 张世松 荆州重要考古发现 129～131
越王州勾剑 滕壬生 荆州重要考古发现 132～133
越王不光剑 滕壬生 荆州重要考古发现 134～137
富阳文物馆藏的几件先秦青铜器 周仁花 东方博物（第三十一辑）30～32
介绍一件晋阳令铜戈 黄锡全 鹿鸣集——李济先生发掘西阴遗址八十周年山西省考古研究所侯马工作站五十周年纪念文集 392～394
治兵偶札 孙敬明 新果集——庆祝林沄先生七十华诞论文集 619～625
“玄舍”戈考释 邹芙都 江汉考古 4:85～86
高陵君弩机考 刘余力等 中国历史文物 1:49～50
秦汉冷兵器 王恺 两汉文化研究（第三辑）71～82
汉弩拾遗 沈融 中国文物报 2 月 20 日 7 版
汉“元朔五年弩”鐖郭铭文述疑 辛德勇 故宫博物院院刊 2:39～47
簠斋藏弩机考略 曹菁菁 文献 1:79～89
刍议仿铁兵铜兵 沈融 中国文物报 7 月 17 日 7 版
中尚方弩机考略 徐占勇 文物春秋 4:61～63
武成永固大将军炮考 李正华 收藏家 2:92～94
雍正帝武备观与御用兵器 毛宪民 文物天地 11:86～89

一二 服 饰

近年敦煌染织服饰研究成果现状概述 贾一亮 2009 敦煌学国际联络委员会通讯 115～125
佛装与僧装的概念以及穿着形式 陈悦新 汉藏佛教美术研究——第三届西藏考古与艺术国际学术讨论会论文集 499～509
佛衣样式中的“半披式”及其在南北方的演绎 费泳 敦煌研究 3:25～34
佛衣与僧衣概念考辨 陈悦新 故宫博物院院刊 2:48～72
佛衣样式中的“褒衣博带式”及其在南北方的演绎 费泳 故宫博物院院刊 2:73～88
云冈、龙门、巩县、响堂山石窟的佛衣类型 陈悦新 考古 4:64～75
说“韝” 刘钊 新果集——庆祝林沄先生七十华诞论文集 670～685
“绕腕双条脱” 朱箔 中国文物报 1 月 2 日 7 版

山西省境内出土的带钩　张红旗　鹿鸣集——李济先生发掘西阴遗址八十周年山西省考古研究所侯马工作站五十周年纪念文集 417～438
一枚带钩写定了一段春秋史——钩扣约束寻（1）　王仁湘　中国文物报 11 月 27 日 6 版
窃国者侯，窃钩者——诛！——钩扣约束录（2）　王仁湘　中国文物报 12 月 25 日 6 版
新疆博物馆新收藏的纺织品　王明芳　文物 2:83～89
浅谈玉梳篦　崔云　收藏家 8:21～24
先秦楚地居民服饰用玉简论——以东周楚国服饰为中心　陈文华、张硕　楚文化研究论集（第八集）422～431
从出土的东周带扣看其起源与传播　李志芳　而立集——山西大学考古专业成立 30 周年纪念文集 214～221
鄂尔多斯式铜带扣研究　王仁湘　鄂尔多斯青铜器国际学术研讨会论文集 435～466
鄂尔多斯金冠源流考　陈凌　鄂尔多斯青铜器国际学术研讨会论文集 178～192
毛庆沟墓地腰带饰品浅析　曹建恩、孙金松　鄂尔多斯青铜器国际学术研讨会论文集 153～163
论鄂尔多斯铜器中的“云纹”饰牌　韦心滢　鄂尔多斯青铜器国际学术研讨会论文集 125～136
中国北方的弓形金属项饰　乔梁　新果集——庆祝林沄先生七十华诞论文集 281～295
秦汉匈奴服饰研究　赵斌、张睿丽　西部考古（第四辑）158～180
从“秦汉—罗马文明展”看两大文明的服饰差异　赵阳路　装饰 9:72～73
汉代女子服饰类型分析　徐蕊　中原文物 2:85～93
两汉时期东北地区和长城地带的三种耳坠　潘玲　新果集——庆祝林沄先生七十华诞论文集 421～436
魏晋南北朝的妇女袿衣　黄良莹　历史 194:14～19
浅析图像资料在古代服饰研究中的局限性：以北朝服饰研究为例　宋丙玲　南京艺术学院学报：美术与设计版 4:51～54
北齐东安王娄睿墓服饰研究　陶正刚　俞伟超先生纪念文集·学术卷 422～435
长川一号壁画中所见高句丽服饰研究　郑春颖　边疆考古研究（第 8 辑）163～175
敦煌莫高窟仕女造型与服饰艺术　朱彦　新美术 30 卷 5:95～97
敦煌壁画中的妇女饰黄妆——妆饰文化研究之七　卢秀文　唐史论丛（第十一辑）334～342
敦煌壁画中妇女的插梳方式　王义芝　历史文物 194:6～13
敦煌壁画中妇女的插梳方式及美学内涵　王义芝　四川文物 5:6～10
敦煌莫高窟唐代壁画中的花钿首饰研究　田华　装饰 6:114～115
敦煌石窟中的女供养人首饰——发簪　卢秀文　敦煌研究 2:23～30
唐代变形宝相花纹锦鞋　谓知　中国文物报 10 月 23 日 8 版
渤海国“暗摸靴”研究　赵哲夫、韩亚男　北方文物 2:47～49
突厥王冠与吐蕃王冠　霍巍　考古与文物 5:81～88

吐鲁番出土随葬衣物疏中“朱衣笼冠”考　周艳萍　吐鲁番学研究 1:29～34
吐鲁番随葬衣物疏中所见“尖”考释　李娜颖　吐鲁番学研究 2:71～78
宋代以来的琉璃簪和琉璃钗　陆锡兴　上海文博论丛 1:32～36
宋元金银佩饰图说　扬之水　收藏家 4:63～69
辽代璎珞及其盛行原因的探讨　许晓东　辽金历史与考古（第一辑）333～342
别样风情的女真金耳饰　杨海鹏　收藏家 4:42～44
腰线袍与辫线袄——关于古代蒙古文化史的个案研究　党宝海、杨玲　西域历史语言研究集刊（第二辑）29～47
明定陵出土帝后服饰（一～四）　王秀玲　收藏家 9:17～24、10:9～17、11:29～36、12:9～14
明代巾、簪之琐论　陆锡兴　南方文物 2:89～96
从《醒世姻缘传》看明代晚期服饰　江兰英　南方文物 2:97～104
明代金银首饰图说（续二）　扬之水　收藏家 2:27～34
画楼金簪锁云鬟——中国国家博物馆藏明益庄王妃万氏金簪赏析　王湛　收藏家 1:48～52
明代顺阳王墓所见金簪　辛革　中原文物 4:90～94

一三　其　他

中国古代琥珀艺术——商至元　许晓东　故宫博物院院刊 6:112～131
琥珀及中国古代琥珀原料的来源　许晓东　故宫学刊（总第四辑）439～461
马镫起源及其在中古时期的传播新论　陈凌　欧亚学刊（第九辑）180～214
“觚不觚”再释　李凯　四川文物 5:90～92

肆　田野考古

鲁西南、苏北田野考察记　朱继平等　中国人文田野（第三辑）102～127
浓墨重彩：2008 年度全国十大考古新发现　中国文化遗产 2:76～81
2008 年度全国十大考古新发现　中国文物报 4 月 3 日 6～7 版
2008 年度全国十大考古新发现珍品拾粹　中国文物报 4 月 8 日 5 版

一　北京市

北京考古六十年　北京市文物研究所（夏连保）　北京文博 3:23～29
周口店遗址第 1 地点开展抢救性清理发掘　高星、张晓凌　人类学学报 4:431～432
周口店遗址第一地点抢救性清理发掘正式开始　张乐　中国文物报 6 月 26 日 1 版
周口店发现“北京人”用火遗迹　周文　中国文物报 8 月 12 日 1 版
北京良乡出土战国晚期瓦当　中国文物报 9 月 25 日 4 版
建国以来北京地区汉代考古成果综述　靳宝　北京文博 2:87～91
密云县新城云西污水处理厂发现的几座古代墓葬　北京市文物研究所

（邹晓天） 北京文博1:22～25
北京房山长阳发掘汉代墓葬 张智勇 中国文物报11月20日4版
北京大兴新城北区12号地发现唐至辽金墓葬 冯双元等 中国文物报7月10日4版
北京大兴辽金墓葬发掘取得重要收获 于璞等 中国文物报4月8日2版
北京市大兴区辽金时代塔林考古发掘概况 北京市文物研究所、大兴区文物管理所（于璞） 北京文博1:26～31
北京辽金时代塔林考古发掘取得重要收获 于璞等 中国文物报3月20日2版
北京发现规模最大辽金塔林 孙漪娜 中国文物报1月9日1版
北京市延庆县应梦寺遗址发掘简报 北京市文物研究所、延庆县文物管理所（郭京宁等） 北京文博2:49～55
通州新城基业项目墓葬发掘简报 北京文物研究所（张智勇、周宇） 北京文博1:32～37
丰台西客站南广场墓葬发掘简报 北京市文物研究所（张智勇、刘风亮） 北京文博2:41～48
北京华能热电厂墓地发掘简报 北京市文物研究所（李永强等） 北京文博3:36～42
北京市密云县石桥小区商住楼工程考古发掘简报 北京市文物研究所、密云县文物管理所（于璞等） 北京文博2:56～62
朝阳区北顶娘娘庙东侧清代墓葬发掘简报 北京市文物研究所（于璞、朱志刚） 北京文博3:43～52
北京门头沟区发现清代琉璃窑址 张旭 中国文物报6月24日2版
北京丫髻山碧霞元君祠遗址发掘简报 北京市文物研究所（张中华） 文物春秋1:44～50
北京云居寺发现清代残碑 续晓玉 中国文物报4月24日2版

二 天津市

天津大港三普发现多处遗址 田继业 中国文物报12月18日4版
京沪高速铁路天津段建设工程考古获新发现 盛立双等 中国文物报3月13日2版

三 河北省

河北临城和沙河发现14处旧石器遗址 省局 中国文物报3月20日2版
河北廊坊：首次发现仰韶文化遗址 李明琴、袁青梅 中国文物报8月28日4版
河北磁县南城遗址发掘获重要发现 河北省文物研究所 中国文物报2月20日2版
邢台临城县风景岗晚商遗址发掘简报 石从枝 纪念王懿荣发现甲骨文110周年国际学术研讨会论文集544～561
河北邢台市威县首次发现商代遗址 文管 中国文物报4月3日2版
河北张家口发现商代遗址 陈晓东等 中国文物报5月27日2版
河北石家庄新发现重要文物遗迹 市文 中国文物报2月6日2版
邯郸百家村两座战国墓 河北省文物研究所（佟宇喆等）文物春秋4:

41～44
曲阳县独古庄村发现战国古井　马志刚　文物春秋6:40～41
曲阳旧县衙出土窖藏钱币　陈成刚　文物春秋6:44～46
记河北唐山发现的刀币　喜泉等　中国钱币2:13～17
玉田县白各庄发现晋代墓葬　安春明　文物春秋1:34～36
曲阳北魏崔楷墓　田韶品　文物春秋6:35～39
廊坊市馨钻界小区辽代墓群发掘报告　廊坊市文物管理处（苑晓光等）　文物春秋2:30～41
河北康保发现两处辽金城址　雷建红等　中国文物报9月11日4版
邯郸市南湖小区古墓葬发掘简报　邯郸市文物保护研究所（尹建兵）文物春秋1:37～43
河北丰宁发现元代碑刻　刘朴等　中国文物报2月13日2版
河北南皮齐屯子发现元代建筑基址　黄信等　中国文物报6月12日4版
河北正定发现古碑　省局　中国文物报4月15日2版

四　山西省

从侯马“新田”等四处古遗址发掘的丰硕成果看文物普查与保护工作的历史价值　张德光　鹿鸣集——李济先生发掘西阴遗址八十周年山西省考古研究所侯马工作站五十周年纪念文集453～458
山西夏县辕村遗址发掘简报　中国国家博物馆田野考古研究中心等（王月前等）　考古11:3～24
垣曲苗圃遗址发掘报告　山西大学文博学院、山西省考古研究所（王晓娟、王晓毅）　而立集——山西大学考古专业成立30周年纪念文集103～191
山西垣曲发现新石器时代古村落遗址　吕东风　中国文物报3月6日2版
山西绛县周家庄遗址考古取得重要收获　戴向明等　中国文物报4月3日2版
山西屯留西李高遗址发掘　山西省考古研究所（王晓毅、杨林中）　文物春秋3:14～25
山西曲沃羊舌晋侯墓地发掘简报　山西省考古研究所、曲沃县文物局（吉琨璋等）　文物1:4～14
嘉父山墓地发掘收获　嘉父山考古队（张新智、阎金铸）　文物世界6:3～9
右玉汉中陵古城遗址调查取得阶段性成果　张喜斌　中国文物报10月9日4版
山西屯留县西庄发现一座汉墓　王晓毅、杨林中　考古4:90～93
山西屯留西李高汉墓发掘　山西省考古研究所（王晓毅等）　文物世界2:11～16
山西离石马茂庄建宁四年汉画像石墓　王双斌　文物11:84～88
山西临猗发现北朝造像碑和唐开元经幢　王碧新、文宏武　中国文物报1月7日1版
山西岢岚县发现隋朝筑长城刻石　文宣　中国文物报9月18日2版
太原太山龙泉寺基址发掘调查取得重要成果　龙真等　中国文物报1月14日2版
山西芮城发现唐纪年佛教石刻造像　张俊良　中国文物报8月28日4版

沁源县段家庄发现宋代砖雕墓　王小红、王进先　文物世界5:8~12

长治县任家庄出土一批宋代砖雕　李永杰、崔国琳　文物世界4:15~18

山西垣曲发现金元时期陶窑　姚海河、吕东风　中国文物报5月22日2版

山西长治市魏村金代纪年彩绘砖雕墓　长治市博物馆（王进先等）考古1:59~64

山西屯留县康庄工业园区元代壁画墓　山西省考古研究所等（杨林中等）　考古12:39~46

山西新绛发现明代城门楼　王大奇等　中国文物报4月22日2版

山西新绛发现明早期木构建筑　王大奇等　中国文物报6月3日2版

山西晋中发现寺庙遗址　李星　中国文物报7月31日2版

五　内蒙古自治区

敖汉旗杜力营子新石器时代遗址调查简报　敖汉旗博物馆（田彦国等）　内蒙古文物考古2:1~12

内蒙古敖汉旗小河西遗址简述　杨虎、林秀贞　北方文物2:3~6

内蒙古敖汉旗榆树山、西梁遗址房址和墓葬综述　杨虎、林秀贞　北方文物2:7~12

内蒙古敖汉旗榆树山、西梁遗址出土遗物综述　杨虎、林秀贞　北方文物2:13~21

内蒙古乌拉特后旗岩画调查简报　王晓琨、魏坚　考古与文物4:30~35

赤峰市二道井子夏家店下层文化聚落遗址考古获重大发现　曹建恩、孙金松　中国文物报12月25日5版

赤峰市红山夏家店下层文化石城址调查报告　赵爱民等　内蒙古文物考古1:1~12

砚台山遗址（B2区）发掘简报　赤峰市博物馆（马凤磊等）　内蒙古文物考古2:13~23

内蒙古莫力达瓦旗尼尔基四方山发现古墓　莫力达瓦达斡尔族自治旗民族博物馆（杜恩辉等）　北方文物1:19

内蒙古和林格尔县新店子墓地发掘简报　内蒙古文物考古研究所（曹建恩等）　考古3:3~13

内蒙古凉城县小双古城墓地发掘简报　内蒙古文物考古研究所（曹建恩等）　考古3:15~26

内蒙古凉城县忻州窑子墓地发掘简报　内蒙古文物考古研究所（曹建恩等）　考古3:28~47

内蒙古和林格尔盛乐经济园区墓葬群考古发掘又获重要成果　陈永志等　中国文物报1月21日2版

额济纳旗砾石沙梁墓葬清理简报　内蒙古自治区文物考古研究所等（傅兴业）　内蒙古文物考古2:24~27

扎鲁特旗达米花鲜卑遗址调查报告　内蒙古文物考古研究所、扎鲁特旗文物管理所（李树国等）　内蒙古文物考古1:19~23

试析鄂托克旗凤凰山1号汉墓　张海斌　鄂尔多斯青铜器国际学术研讨会论文集754~764

托克托县古城村墓葬发掘简报　内蒙古文物考古研究所、托克托县博物馆（宋国栋）　内蒙古文物考古2:28~34

内蒙古巴林左旗辽代祖陵陵园遗址　中国社会科学院考古研究所内蒙古第二工作队、内蒙古文物考古研究

所（董新林等） 考古7:46~53
凉城县古城梁遗址发掘简报 内蒙古文物考古研究所（党郁、孙金松） 内蒙古文物考古1:24~36
喀喇沁旗二道沟辽墓清理简报 李凤举 北方文物1:32~33
内蒙古元上都发掘取得重要收获 塔拉等 中国文物报12月18日4版

六 辽宁省

辽宁长海县小珠山新石器时代遗址发掘简报 中国社会科学院考古研究所等（金英熙、贾笑冰） 考古5:16~25
沈阳炮师千松园遗址2003年发掘报告 沈阳市文物考古研究所（赵晓刚、付永平） 沈阳考古文集（第2集）1~41
沈阳“皇太极商业广场”考古发掘 沈阳市文物考古研究所（李晓钟） 沈阳考古文集（第2集）42~69
辽宁岫岩城南遗址 鞍山市岫岩满族博物馆（卜常益） 北方文物2:32~42
沈阳上伯官汉墓2005年发掘报告 沈阳市文物考古研究所（付永平） 沈阳考古文集（第2集）75~81
辽宁朝阳袁台子发现汉魏鲜卑牌饰陶范 于俊玉、孙玉铁 北方文物2:43~45
大连营城子墓群考古获重要发现 吴青云 中国文物报8月14日4版
沈阳下伯官屯汉墓2007年发掘报告 沈阳市文物考古研究所（肖达顺） 沈阳考古文集（第2集）70~74
沈阳大南街古代遗存发掘报告 沈阳市文物考古研究所（付永平、沈丹林） 沈阳考古文集（第2集）82~91
沈阳热闹路天主教修女院古代墓群2007年考古发掘报告 沈阳市文物考古研究所（赵晓刚、沈彤林） 沈阳考古文集（第2集）92~120
辽宁辽阳苗圃汉魏墓地考古发掘获重要成果 李龙彬、李海波 中国文物报1月23日2版
辽宁营口发现汉墓群 白宝玉等 中国文物报2月20日2版
辽宁本溪平顶山高句丽山城调查 梁志龙等 东北史地5:3~7
朝阳纺织厂唐墓发掘简报 朝阳市博物馆（寇玉峰等） 边疆考古研究（第8辑）365~388
千山出土窖藏汉—辽、金古钱币内涵初探 王莉 辽金历史与考古（第一辑）57~66
昌图县腰窝棚辽金遗址试掘报告 周向永、张大为 辽金历史与考古（第一辑）27~40
大连西甸子辽代遗址发掘简报 张翠敏等 辽金历史与考古（第一辑）19~26
辽宁朝阳西三家辽代遗址发掘简报 辽宁省文物考古研究所（徐韶钢） 北方文物1:34~40
辽宁建平县丰山村辽耶律霞兹墓地发掘简报 韩宝兴、李宇峰 辽金历史与考古（第一辑）41~48
沈阳新乐遗址辽墓发掘简报 刘翠红 沈阳考古文集（第2集）160~167
法库县小房身村南沟辽代墓葬 沈阳市文物考古研究所、法库县文物管理办公室（张兴华、刘焕民） 沈阳考古文集（第2集）124~131
法库县孤家子辽墓发掘报告 沈阳市

文物考古研究所（赵晓刚） 沈阳考古文集（第2集）132~139

法库县李贝堡辽墓群2007年度抢救性考古发掘报告 沈阳市文物考古研究所（赵晓刚、付永平） 沈阳考古文集（第2集）140~159

沈阳广宜街辽代石棺墓发掘报告 沈阳市文物考古研究所（沈彤林等） 沈阳考古文集（第2集）168~180

辽宁辽阳发现金元时期大型建筑址 白宝玉 中国文物报3月18日2版

朝阳市开发区仁济药材工地元代墓群发掘简报 朝阳市博物馆（李国学等） 北方文物1:50~57

沈阳“市府广场”南明代、清代墓葬发掘报告 沈阳市文物考古研究所（沈彤林） 沈阳考古文集（第2集）181~195

辽宁丹东地区发现明代将军碑 于生龙 中国文物报1月28日2版

辽宁本溪县出土的明代石狮 魏海波 博物馆研究2:56

辽宁本溪县后金时期九龙山城的调查 魏海波、乔程 考古4:94~96

东北大学清墓考古发掘报告 沈阳市文物考古研究所（肖达顺） 沈阳考古文集（第2集）196~200

沈阳清墓出土“天聪通宝”满文大钱 沈阳市文物考古研究所（付永平） 沈阳考古文集（第2集）201~205

七 吉林省

抚松新屯子西山旧石器遗址试掘报告 陈全家等 人类学学报2:147~153

吉林省蛟河市苏尔哈古人类文化遗址调查 王忠忱 博物馆研究1:77~78

吉林洮南四海泡渔场家属区遗址的复查与初步认识 王立新等 边疆考古研究（第8辑）353~364

长春九台市南窑遗址发掘简报 吉林省文物考古研究所等（聂勇、徐坤） 博物馆研究4:53~56

吉林双辽市后太平青铜时代墓地 吉林省文物考古研究所等（梁会丽等） 考古5:36~48

双辽市东辽河右岸2007年考古调查简报 梁会丽、隽成军 东北史地1:49~52

吉林双辽市发现一件鹿形青铜器 梁会丽 考古8:66

2008年集安市国内城社区办公楼地点高句丽居住址的发掘 吉林省文物考古研究所、集安市文物局（解峰等） 北方文物3:9~14

吉林省集安市实验小学发掘地点考古发掘简报 吉林省文物考古研究所、集安市博物馆（王与刚等） 北方文物4:3~5

集安禹山540号墓清理报告 吉林省文物考古研究所（王志刚、宋明雷） 北方文物1:20~31

吉林珲春市八连城内城建筑基址的发掘 吉林省文物考古研究所、吉林大学边疆考古研究中心（王培新等） 考古6:15~22

吉林和龙市龙海渤海王室墓葬发掘简报 吉林省文物考古研究所、延边朝鲜族自治州文物管理委员会办公室（李强） 考古6:23~39

吉林敦化市六顶山墓群2004年发掘简报 吉林省文物考古研究所、敦化市文物管理所（王洪峰、杜运发）

考古6:3~14

吉林双辽仕家子遗址发掘报告　李光日等　东北史地5:8~12

吉林省农安草房王遗址发掘简报　吉林省文物考古研究所等（徐坤等）　北方文物4:23~30

吉林白城永平遗址　吉林省考古研究所　中国文物报10月9日3版

吉林敦化市江东、林胜“二十四块石”遗迹的调查和发掘　吉林省文物考古研究所、敦化市文物管理所（王志刚等）　考古6:57~61

吉林省扶余县西车家店金代遗址的发掘　吉林省文物考古研究所、扶余县博物馆（王聪等）　北方文物3:15~24

吉林省德惠市朱城子七队遗址发掘简报　吉林省文物考古研究所、德惠市文物管理所（李丹等）　北方文物3:27~32

吉林省扶余县陶西林场遗址发掘简报　吉林省文物考古研究所、扶余县博物馆（刘玉成等）　北方文物3:33~46

吉林省德惠市李春江遗址发掘报告　吉林省文物考古研究所、德惠市文物管理所（梁会丽等）　北方文物3:47~61

吉林省梨树县八棵树金代遗址发掘报告　吉林省文物考古研究所等（李东等）　北方文物4:31~35

吉林省德惠市迎新遗址考古发掘报告　吉林省文物考古研究所、德惠市文物管理所（王志刚等）　北方文物4:36~47

八　黑龙江省

黑龙江省泰来县发现两座新石器时代墓葬　魏笑雨　北方文物4:15

泰来县发现了新石器时代墓葬　魏笑雨　中国文物报8月7日2版

黑龙江讷河大古堆墓地发掘简报　黑龙江省文物考古研究所（王长明等）　文物6:4~25

黑龙江省宁安市东康遗址采集的陶器　周英杰　北方文物4:30

黑龙江省博物馆收藏的两件石斧　张尧　北方文物4:59

黑龙江宝清炮台山汉魏城址试掘简报　黑龙江省文物考古研究所（田禾等）　文物6:43~50

黑龙江方正于家屯汉代遗址发掘简报　黑龙江省文物考古研究所（田禾等）　文物6:26~42

渤海上京城第四阶段考古发掘主要收获　黑龙江省文物考古研究所（李晓奇等）　文物6:51~61

渤海上京城发现的泥佛像　王世杰　北方文物2:46

黑龙江省肇源县大青山遗址发现一批建筑构件　黑龙江大学考古学专业调查组（段光达等）　北方文物3:25~36

讷河发现五子登科青花瓷碗　王世杰　北方文物3:63

九　上海市

2008年度上海松江广富林遗址发掘取得重大成果　广富林考古队　中国文物报1月2日5版

福泉山遗址新发现良渚晚期土筑台地墓地和高等级贵族大墓　福泉山遗址考古队　中国文物报7月3日4版

上海市金山区招贤浜遗址发掘简报　上海博物馆考古部（陈杰）　南方

文物2:28~37
嘉定南翔寺山门、古井遗址考古清理　何继英、陈杰　上海文博论丛4:14~19

一〇　江苏省

附录:南京地区重要考古发现　南京文物考古新发现——南京历史文化新探268~282
改革开放以来江苏考古的新成果与新理念　江苏省考古学会（张敏）　东南文化1:33~39
南京市第三次全国文物普查取得阶段性成果　中国文物报12月25日9~12版
江苏无锡红山邱承墩新石器时代遗址发掘简报　江苏省考古研究所、无锡市锡山区文物管理委员会（张敏）　文物11:4~21
苏州草鞋山遗址考古发掘新收获　孙明利、王霞　苏州博物馆建馆五十周年纪念文集20~28
江苏宜兴骆驼墩遗址发掘报告　南京博物院、宜兴市文物管理委员会（周润垦等）　东南文化5:26~44
江苏溧阳神墩遗址发掘简报　南京博物院等（田名利等）　东南文化5:45~58
江苏宜兴西溪遗址发掘纪要　南京博物院、宜兴市文物管理委员会（田名利等）　东南文化5:59~62
江苏江阴南楼遗址、佘城遗址房址初探　文伟　江阴文博2:12~19
梁王城遗址第三次发掘收获重大　林留根等　中国文物报2月20日5版
常州新岗遗址发掘为太湖流域史前文化研究再添新资料　黄建康等　中国文物报11月20日4版
江苏姜堰天目山西周城址发掘报告　南京博物院等（朱国平等）　考古学报1:129~154
丹阳吴国城址：吴国考古的重大发现　李则斌等　中国文物报5月29日4版
江苏淮安发现一批东周、秦汉墓葬　李倩等　中国文物报3月20日2版
江苏金坛裕巷土墩墓群一号墩的发掘　南京博物院（杭涛、盛之瀚）　考古学报3:413~434
江苏丹阳葛城遗址勘探简报　镇江博物馆考古队（杨宝成）　江汉考古3:25~40
江苏淮安市运河村一号战国墓　淮安市博物馆（尹增淮、王剑）　考古10:3~20
南京秦淮区宝塔顶10号院战国墓发掘简报　南京市博物馆（周保华、龚巨平）　东南文化4:27~29
南京湖熟汉代朱氏家族墓地　南京市博物馆、江宁县文化局（华国荣）　南京文物考古新发现——南京历史文化新探3~15
南京市湖熟镇窑上村汉代墓葬发掘简报　南京市博物馆、南京市江宁区博物馆（王光明等）　东南文化4:30~36
仪征新集螃蟹地七号汉墓发掘简报　仪征市博物馆（刘勤等）　东南文化4:44~50
江苏徐州市大孤山二号汉墓　徐州博物馆（吴公勤）　考古4:41~51
新莽蟠虺纹纪年陶壶　黄兴南、张君文　无锡文博1:68
徐州户部山东汉至金代墓葬发掘简报　徐州博物馆（刘尊志）　考古与文物2:45~55

南京市东汉建安二十四年龙桃杖墓　南京市博物馆（龚巨平、周保华）　考古 1:38～44
南京栖霞区红梅村汉墓发掘简报　南京市博物馆、栖霞区文化局（龚巨平、周保华）　南京文物考古新发现——南京历史文化新探 16～19
江苏邗江甘泉顺利东汉墓清理简报　李健广　东南文化 4:51～58
江苏铜山县班井四号墓发掘简报　徐州博物馆（刘尊志、吴公勤）　中原文物 3:18～23
南京江宁上坊大型孙吴墓考古发掘的主要收获　南京市博物馆、江宁区博物馆（王志高等）　南京文物考古新发现——南京历史文化新探 20～23
南京丁墙村"天册元年"东吴墓　南京市博物馆、雨花台区文化局（贾维勇等）　南京文物考古新发现——南京历史文化新探 24～28
南京窑岗村 30 号孙吴墓发掘简报　南京市博物馆、南京市雨花台区文化局（陈钦龙、徐华）　东南文化 1:57～63
南京江宁镇上湖孙吴墓清理简报　江宁区博物馆（周维林）　南京文物考古新发现——南京历史文化新探 29～33
南京江宁孙吴"天册元年"墓发掘简报　南京市江宁区博物馆（许长生、周维林）　东南文化 3:26～31
南京滨江开发区 15 号路六朝墓清理简报　南京市江宁区博物馆（周维林、许长生）　东南文化 3:36～40
南京栖霞区大山口六朝墓葬发掘简报　南京市博物馆（李翔、周保华）　南京文物考古新发现——南京历史文化新探 77～82
南京雨花台区丁墙村、鼓楼区峨嵋岭六朝早期墓发掘简报　南京市博物馆（王光明等）　南京文物考古新发现——南京历史文化新探 94～97
南京高淳发现六朝早期窑址　南京市博物馆、高淳县文保所（王宏、葛鹏云）　南京文物考古新发现——南京历史文化新探 34～35
南京小行西晋、五代墓葬　南京市博物馆、雨花台区文化局（岳涌、孙辰）　南京文物考古新发现——南京历史文化新探 62～65
南京六合横梁西晋墓发掘报告　南京市博物馆、六合区文化旅游局（岳涌等）　南京文物考古新发现——南京历史文化新探 66～70
南京市郭家山 11 号墓发掘简报　南京市博物馆（岳涌等）　东南文化 3:32～35
南京江宁区周岗镇尚义采石场西晋纪年墓　南京市博物馆、江宁区博物馆（王光明、王宏）　南京文物考古新发现——南京历史文化新探 83～88
南京张王庙晋墓发掘简报　南京市博物馆（龚巨平、沈利华）　南京文物考古新发现——南京历史文化新探 89～93
南京雨花台区长岗村李家洼六朝墓群　南京市博物馆、雨花台区文化局（祁海宁、张金喜）　南京文物考古新发现——南京历史文化新探 36～42
南京油坊桥两座六朝墓葬的清理　南京市博物馆（祁海宁、张永媚）　南京文物考古新发现——南京历史文化新探 73～76

南京南郊景家村六朝墓葬　南京市博物馆、江宁区博物馆（骆鹏、李翔）　南京文物考古新发现——南京历史文化新探 43～54
南京尹西村六朝墓发掘报告　南京市博物馆、雨花台区文化局（岳涌、孙辰）　南京文物考古新发现——南京历史文化新探 55～61
南京淳化防化团、孝陵卫大栅门东晋墓　南京市博物馆（邵磊、王光明）　南京文物考古新发现——南京历史文化新探 98～102
南京梅家山发现东晋墓上建筑遗迹　徐华等　中国文物报 8 月 14 日 4 版
宁杭高铁宜兴段考古发掘报告　无锡市文化遗产保护和考古研究所（薛琳）　无锡文博 3∶11～16
南京理工大学南朝墓发掘简报　南京市博物馆（阮国林、王晖）　南京文物考古新发现——南京历史文化新探 71～72
南京铁心桥镇马家店村南朝墓清理简报　南京市博物馆、雨花台区文化局（王志高、马涛）　南京文物考古新发现——南京历史文化新探 105～111
南京迈皋桥南朝墓出土十二生肖画像砖　南京市博物馆（姜林海）　南京文物考古新发现——南京历史文化新探 103
南京燕子矶南朝墓出土长颈瓶　南京市博物馆（姜林海、张九文）　南京文物考古新发现——南京历史文化新探 104
南京浦口定山寺遗址考古发掘取得重要阶段性成果　祁海宁、王宏　中国文物报 7 月 24 日 4 版
江苏淮安发现大型唐井　李诚　中国文物报 4 月 29 日 2 版
南京尧化门五代墓清理简报　南京市博物馆、栖霞区文化广播电视局（王志高）　南京文物考古新发现——南京历史文化新探 112～114
南京雨花门发现的南唐大型砖构建筑遗迹　南京市博物馆（王志高、马涛）　南京文物考古新发现——南京历史文化新探 115～117
江苏淮安韩信城遗址调查试掘与文化性质再认识　淮安市博物馆（尹增淮、刘光亮）　东南文化 4∶59～63
南京浦口区星甸北宋墓　南京市博物馆、浦口区文化馆（姜林海）　南京文物考古新发现——南京历史文化新探 118～121
南京江宁上坊宋墓　南京市博物馆、江宁区博物馆（骆鹏等）　南京文物考古新发现——南京历史文化新探 122～130
南京方山定林寺建筑遗址发掘简报　南京市博物馆等（龚巨平、沈利华）　南京文物考古新发现——南京历史文化新探 131～136
江苏大伊山发现海船岩画　冯兴海　中国文物报 7 月 24 日 2 版
南京邓府山发现元末明初墓葬　南京市博物馆（马涛等）　南京文物考古新发现——南京历史文化新探 137～138
南京江宁竹山元墓　江宁区博物馆（许长生）　南京文物考古新发现——南京历史文化新探 139～141
江苏张家港发现元代古建筑　虞祥林　中国文物报 5 月 27 日 2 版
南京板仓华侨新村明墓发掘简报　南京市博物馆（祁海宁、张九生）　南京文物考古新发现——南京历史

文化新探 142 ~ 144
南京南郊明郢国夫人樊氏墓　南京市博物馆、雨花台区文化局（贾维勇等）　南京文物考古新发现——南京历史文化新探 145 ~ 148
南京小行明蔡国公夫人武氏墓　南京市博物馆、雨花台区文化局（姜林海、张金喜）　南京文物考古新发现——南京历史文化新探 149 ~ 154
南京南郊尹西村明墓　南京市博物馆、雨花台区文化局（马涛、魏杨菁）　南京文物考古新发现——南京历史文化新探 155 ~ 157
南京南郊两座明墓　南京市博物馆、雨花台区文化局（马涛、岳涌）　南京文物考古新发现——南京历史文化新探 158 ~ 162
南京雨花台区工农村明代墓葬　南京市博物馆、雨花台区文化局（王志高、王泉）　南京文物考古新发现——南京历史文化新探 167 ~ 171
长泾叶家宕明墓发掘简报　江阴博物馆（高振威、周利宁）　江阴文博 1:4 ~ 13
江苏江阴叶家宕明墓发掘简报　江阴博物馆（高振威、周利宁）　文物 8:30 ~ 45
楚州河下古镇的龙泉窑瓷片堆积遗址　陈锦惠等　文物天地 9:84 ~ 87
南京草场门发现明代下水道　南京市博物馆（王晖、阮国林）　南京文物考古新发现——南京历史文化新探 163 ~ 165
南京小行明墓出土陶质蛐蛐罐　南京市博物馆（姜林海、张金喜）　南京文物考古新发现——南京历史文化新探 166
京杭运河淮安枢纽段考古勘探与发掘取得重要收获　尹增淮等　中国文物报 1 月 2 日 2 版

一一　浙江省

跨湖桥遗址的发现与发掘　施加农　跨湖桥文化论集 3 ~ 8
我参加的 1990 年跨湖桥遗址发掘　方向明　跨湖桥文化论集 16 ~ 28
跨湖桥遗址发掘前湘湖发现文物情况调查　柴海生、于立岳　跨湖桥文化论集 264 ~ 266
寻找湮没的文明——湖州千金镇古遗址调查手札　闵泉　浙江文物 3:27 ~ 28
长兴县发现张家桥大型古文化遗址　梁奕建　浙江文物 4:29
河姆渡文化稻作农业发展水平又获重要证据　郑云飞等　中国文物报 2 月 6 日 2 版
余杭玉架山发现良渚文化环壕聚落遗址　楼航等　浙江文物 6:16
平湖发现一处良渚文化遗址　张蜀益、田敏　浙江文物 6:29
浙江余杭灯笼山遗址发掘取得重要收获　丁品、方忠华　中国文物报 1 月 16 日 2 版
海宁小兜里遗址发掘获重要收获为嘉兴地区良渚文化显贵墓地研究及棺椁形制探索提供了新资料　方向明等　中国文物报 8 月 28 日 4 版
浙江萧山蜀山遗址发掘简报　林华东　跨湖桥文化论集 267 ~ 282
安吉发现商周时期石室土墩墓群　周意群　浙江文物 1:34
平湖发现春秋战国时期遗址　田敏　浙江文物 3:30
浙江安吉笔架山春秋战国墓葬发掘简报　浙江省文物考古研究所、安吉

县博物馆（黄昊德等） 东南文化 1:48~56

湖州杨家埠古墓发掘获新成果 胡继根等 中国文物报5月15日4版

义乌发现一处保存较好的东汉砖室墓 楼洪伟 浙江文物6:29

奉化发现东汉时期窑址 罗鹏 浙江文物4:47

临安小山弄西晋纪年墓发掘简报 临安市文物馆（倪亚清） 东方博物（第三十一辑）74~81

永康发现东晋古墓 应军 浙江文物4:47

临海戎旗古墓葬发掘简报 浙江省文物考古研究所、临海市博物馆（黄昊德、祝利英） 东方博物（第三十一辑）82~87

平阳发现十八尊石刻造像 罗祖雄 浙江文物3:29

东阳发现宋明时期古墓葬群 吕海萍 浙江文物6:47

灵隐景区发现宋代古墓 杨金东 浙江文物3:29

金华陶朱路村宋墓出土文物 陈小雪 东方博物（第三十三辑）6~12

杭州富阳泗洲发现宋代造纸遗址 唐俊杰 中国文物报1月7日2版

新昌发现一处宋代民间窑址 曹鑫江 浙江文物3:30

建德发现两处宋代窑址 尧志刚 浙江文物4:28

诸暨桃花岭南宋纪年墓研究 宋美英 东方博物（第三十三辑）13~23

温州发现南宋薛叔似墓 梁岩华 浙江文物1:33

景宁发现元代银坑洞及摩崖石刻 项莉芳 浙江文物6:30

嘉兴王店李家坟明墓清理报告 吴海红 东南文化2:53~62

义乌发现一处明代青花瓷窑址 金国祯 浙江文物1:34

安吉发现一处明代水利设施 邱宏亮 浙江文物3:29

台州发现明代烽火台 罗小萍 浙江文物4:30

舟山水下考古又有新发现 贝逸文 浙江文物6:30

舟山发现古代水利设施 白书升 浙江文物4:30

遂昌发现一处清代宅院 金伟明 浙江文物1:35

奉化发现精美晚清民居 奉化市文保所 浙江文物2:35

桐庐发现清代缸窑遗址 陈淑珍 浙江文物5:28

舟山发现清代摩崖石刻 沈璐 浙江文物5:30

江山发现一处清代中期石刻 周晓东 浙江文物4:30

一二 安徽省

安徽芜湖月堰遗址新石器时代墓葬发掘简报 安徽省文物考古研究所（叶润青） 文物8:4~20

安徽固镇县垓下遗址2007~2008年度发掘主要收获 安徽省文物考古研究所、固镇县文物管理所（贾庆元、王志） 文物研究（第16辑）150~155

安徽怀宁孙家城遗址第二次发掘主要收获 朔知等 中国文物报4月17日4版

安徽合肥市南淝河流域先秦遗址调查报告 巢湖流域先秦遗址调查课题组（张小雷等） 文物研究（第16辑）132~149

安徽广德县经济开发区赵联土墩墓发掘简报　安徽省文物考古研究所（王峰）　文物研究（第16辑）156～163

安徽蚌埠市双墩一号春秋墓葬　安徽省文物考古研究所、蚌埠市博物馆（阚绪杭等）　考古7:39～45

春秋钟离国墓的发掘收获　阚绪杭等　东南文化1:40～47

安徽蚌埠市双墩一号春秋墓发掘收获与意义　安徽省文物考古研究所、蚌埠市博物馆（阚绪杭等）　文物研究（第16辑）164～176

双墩一号春秋钟离国君墓　周群等　文物天地8:80～85

安徽凤阳卞庄一号春秋墓发掘简报　安徽省文物考古研究所、凤阳县文物管理所（周群、唐更生）　文物8:21～29

安庆出土罐藏楚国蚁鼻钱　章新亮等　中国钱币2:33

安徽淮北相城战国城址发掘获重要成果　杨忠文等　中国文物报9月25日4版

安徽天长出土一批战国青铜器　天长市博物馆、天长市文物管理所（杨以平等）　文物6:79～86

天长汉墓群抢救发掘纪实　邓朝源　道远集——安徽省文物考古研究所五十年文集9～15

稀世珍品见天日，千秋不朽匠人心——回忆天长三角圩汉墓考古发掘重大收获　杨德标　道远集——安徽省文物考古研究所五十年文集16～22

安徽广德县经济开发区赵联、北冲汉墓群发掘简报　安徽省文物考古研究所（侯卫东）　文物研究（第16辑）191～201

安徽霍邱徐台汉墓发掘报告　周崇云　东南文化4:37～43

安徽固镇县垓下遗址　唐杰平等　中国文物报7月10日4版

安徽六潜高速公路六安、霍山段汉—清代墓葬发掘简报　安徽省文物考古研究所（彭余江、余飞）　文物研究（第16辑）183～190

安徽涡阳县王土楼东汉墓清理简报　涡阳县文物管理所（张红）　文物研究（第16辑）177～179

安徽阜阳市刘家坟汉墓出土的一组青铜器　罗虎　文物研究（第16辑）180～182

阜阳刘家坟汉墓出土的一组青铜器　杨玉彬　文物世界4:7～8

回顾马鞍山东吴朱然墓的发掘　杨鸠霞　道远集——安徽省文物考古研究所五十年文集23～32

安徽当涂县刘山村发现一座东晋墓葬　栗中斌等　考古3:94～96

安徽广德县经济开发区赵联、北冲六朝墓发掘简报　安徽省文物考古研究所（陈超）　文物研究（第16辑）202～212

运河考古的重大发现和意义——皖北近年大运河考古成果综述　贾庆元　道远集——安徽省文物考古研究所五十年文集219～223

淮北柳孜运河遗址出土的“羽人”瓦当　海洲　四川文物5:128

安徽定远县山王宋代遗址发掘简报　安徽省文物考古研究所（罗虎）　文物研究（第16辑）237～244

安徽合肥市北郊宋代仿木结构砖墓清理简报　合肥市文物管理处（路文举、夏腾）　文物研究（第16辑）

229～234
安徽巢湖市新奥公司宋代墓清理简报 巢湖市文物管理所（向尚、向阳） 文物研究（第16辑） 235～236
安徽濉溪县董楼宋墓发掘简报 安徽省文物考古研究所、濉溪县文物保护管理所（贾庆元） 华夏考古 2:34～41
安徽涡阳发现清代壁画“老子出关图” 潘子丰、任晓锋 中国文物报2月4日2版

一三 福建省

福建云霄发现史前太阳石及岩画 中国文物报5月22日2版
福建地区水下考古20年 栗建安 福建文博增刊36～42

一四 江西省

江西宜丰县秋形垴商周遗址发掘简报 江西省文物考古研究所、江西宜丰县博物馆（吴泉辉等） 南方文物2:38～50
江西德安县文物普查发现多处商周遗址 邱文彬 中国文物报12月4日4版
江西靖安李洲坳东周墓发掘简报 江西省文物考古研究所、靖安县博物馆（徐长青等） 文物2:4～14
江西修水山背汉晋墓葬发掘 江西省文物考古研究所等（余江安等） 南方文物4:52～55
江西泰和碧溪木梓山古墓群发掘简报 江西省文物考古研究所、江西泰和县博物馆（程小辉、张文江） 南方文物4:64～68
江西崇义发现东汉墓 王受文 中国文物报4月8日2版
江西峡江发现千年古井 县普办 中国文物报2月4日2版
江西临川明代纪年墓清理简报 徐培根等 南方文物3:47～48

一五 山东省

山东滨州市滨城区五处古遗址的调查 滨城文物管理所、北京大学中国考古学研究中心（叶红等） 华夏考古1:26～38
山东章丘西河遗址后李文化遗存又有新发现 刘延常等 中国文物报7月24日4版
西公桥大汶口文化遗存之研究 何德亮 华夏考古3:37～47
日照再次发现新石器时代贝丘遗址 王仕安 中国文物报3月27日2版
山东博兴县利戴遗址清理简报 博兴县文物管理所（张淑敏） 华夏考古1:1～10
山东彭家庄遗址发现岳石文化墓葬和制陶作坊区 孙波等 中国文物报4月1日2版
鲁北——胶东盐业考古调查记 李水城等 华夏考古1:11～25
山东莱州市朱朗埠墓群发掘报告 烟台市博物馆（林仙庭等） 华夏考古1:39～64
山东微山县微山岛汉代墓葬 微山县文物管理所（杨建东） 考古10:21～48
山东邹城发现“四面人脸”画像石刻 李涛等 中国文物报3月18日2版
山东邹城发现羲皇井 郑建芳、邓庆猛 中国文物报3月27日2版

济南市十亩园遗址发掘报告　济南市考古研究所（房道国等）　东方考古（第6集）383～435

山东垦利发现一处宋金聚落遗址　刘淑芬　中国文物报10月23日4版

山东泰山经石峪摩崖刻经及周边题刻的考察　山东省石刻艺术博物馆、德国海德堡学术院（高育民等）　考古1:45～58

兖州兴隆塔北宋地宫发掘简报　山东省博物馆等（肖贵田等）　文物11:42～62

山东兖州发现明代琉璃厂遗址　王斌　中国文物报7月1日2版

山东蓬莱发现珍贵水下文物　袁晓春、李建萍　中国文物报6月26日2版

山东微山发现明朝运河告示碑　王蕾　中国文物报6月10日2版

一六　河南省

河南许昌灵井“许昌人”遗址考古发现与探索　河南省文物考古研究所（李占扬）　华夏考古3:3～7

河南新密市黄帝宫新石器时代遗址调查　河南省文物考古研究所等（蔡全法、魏新民）　华夏考古2:3～11

2008年河南省南水北调工程文物保护项目淅川下王岗遗址发掘新收获　中国社会科学院考古研究所山西队、河南省南阳市文物局（何驽、高江涛）　中国社会科学院古代文明研究中心通讯17:70～74

洛阳市伊川县大庄遗址发掘简报　洛阳市第二文物工作队（吴业恒、张建文）　西部考古（第四辑）3～22

河南南阳淅川沟湾遗址考古发掘取得重要收获　靳松安等　中国文物报2月4日2版

河南西平小洪河流域发现文化遗址部落群　李翠华　中国文物报3月13日2版

郑州市发现一处仰韶文化晚期遗址　索全星等　中国文物报7月10日4版

河南淅川龙山岗发掘取得重要收获　梁法伟　中国文物报10月23日4版

河南孟津发现6000年前石锯　徐有钦　中国文物报4月15日2版

河南新密市新砦遗址2002年发掘简报　中国社会科学院考古研究所河南新砦队、郑州市文物考古研究院（赵春青等）　考古2:3～15

河南新密市新砦遗址东城墙发掘简报　中国社会科学院考古研究所河南新砦队、郑州市文物考古研究院（赵春青等）　考古2:16～31

河南新密市新砦遗址浅穴式大型建筑基址的发掘　中国社会科学院考古研究所河南新砦队、郑州市文物考古研究院（赵春青等）　考古2:32～47

河南荥阳关帝庙遗址考古发现与认识　河南省文物考古研究所（李素婷）　华夏考古3:8～13

郑州市老坟岗商代遗址发掘简报　郑州市文物考古研究院（姜楠等）　中原文物4:4～20

河南安阳市殷墟刘家庄北地2008年发掘简报　中国社会科学院考古研究所安阳工作队（岳洪彬、岳占伟）　考古7:24～38

2004～2005年殷墟小屯宫殿宗庙区的

勘探和发掘 中国社会科学院考古研究所安阳工作队（岳洪彬等） 考古学报 2:217～246

河南安阳市殷墟孝民屯东南地商代墓葬 1989～1990 年的发掘 中国社会科学院考古研究所安阳工作队（唐际根、郭鹏） 考古 9:15～40

河南安阳市殷墟范家庄东北地的两座商墓 中国社会科学院考古研究所安阳工作队（何毓灵） 考古 9:41～53

河南安阳市殷墟小屯西地商代大墓发掘简报 中国社会科学院考古研究所安阳工作队（岳洪彬、岳占伟） 考古 9:54～69

河南安阳榕树湾一号商墓 安阳市文物考古研究所（孔德铭等） 考古 5:26～35

河南荥阳西司马遗址晚商墓地发掘简报 郑州市文物考古研究院、荥阳市文物保护管理所（于宏伟等） 中原文物 3:4～9

河南安阳市黄张遗址两周时期文化遗存发掘简报 中国社会科学院考古研究所黄张发掘队、河南省文物管理局南水北调文物保护办公室（牛世山等） 考古 4:16～29

河南荥阳娘娘寨遗址发掘出两周重要城址 张松林等 中国文物报 2 月 18 日 2 版

河南三门峡虢国墓地 M2008 发掘简报 河南省文物考古研究所、三门峡市文物考古研究所（杨海青等） 文物 2:18～31

河南荥阳娘娘寨城址西周墓葬发掘简报 郑州市文物考古研究院（张家强） 文物 9:4～20

南阳市万家园 M181 发掘简报 南阳市文物考古研究所（蒋宏杰等） 中原文物 1:4～11

叶县古城遗址考古发掘主要收获 赵文军等 楚文化研究论集（第八集）329～331

河南登封告成春秋墓发掘简报 郑州市文物考古研究院、登封市文物管理局（王彦民等） 文物 9:21～42

河南洛阳市润阳广场 C1M9950 号东周墓葬的发掘 洛阳市文物工作队（周立、潘海民） 考古 12:18～31

河南新郑胡庄韩王陵考古发现概述 河南省文物考古研究所（马俊才） 华夏考古 3:14～18

河南南阳徐家岭 M11 新出阤夫人嫘鼎 王长丰、乔保同 中原文物 3:10～11

南阳发现楚国贵族墓 乔保同等 文物天地 3:82～85

南阳市新发现春秋楚国贵族墓 柴中庆等 中国文物报 5 月 15 日 4 版

新郑胡庄墓地发掘获重大发现 马俊才、张明立 中国文物报 3 月 27 日 5 版

河南泌阳县下河湾冶铁遗址调查报告 河南省文物考古研究所（宋国定） 华夏考古 4:16～28

河南许昌市仓库路战国和汉代墓葬发掘简报 许昌市文物工作队（姚军英等） 华夏考古 4:3～15

丹江口库区鳖盖山墓群发掘简报 无锡市考古研究所等（刘宝山） 中原文物 6:4～21

丹江口库区鳖盖山墓群发掘简报 无锡市考古研究所（薛琳） 无锡文博 1:10～13

河南郑州普罗旺世住宅小区战国汉代

墓群再发掘　信应君等　中国文物报9月25日4版
郑州信和置业普罗旺世住宅小区M126战国墓　郑州市文物考古研究院（信应君等）　中原文物3:12~17
河南淇县大马庄战国墓发掘简报　西安市文物保护考古所、河南省文物局南水北调文物保护办公室（张翔宇等）　西部考古（第四辑）37~50
洛阳王城广场战国墓（西区M37）发掘简报　洛阳市文物工作队（周立）　文物11:22~29
河南三杨庄遗址发掘取得新收获　刘海旺、朱汝生　中国文物报1月28日2版
河南洛阳市发现一件西汉铭文铜灯　赵晓军等　考古12:89~91
理论提升质量　责任重于泰山——洛南东汉帝陵调查、勘测与考古发掘工作汇报　史家珍、严辉　中国文物报10月2日7版
河南三门峡南交口汉墓（M17）发掘简报　河南省文物考古研究所（魏兴涛等）　文物3:4~18
河南新乡市金灯寺汉墓发掘简报　郑州大学历史学院考古系、河南省文物管理局南水北调保护办公室（靳松安等）　华夏考古1:73~86
河南镇平县程庄墓地汉代墓葬发掘简报　郑州大学历史学院考古系等（部向平等）　华夏考古4:29~39
河南省新乡市老道井墓地东同古墓区汉墓清理简报　郑州大学历史学院考古系、河南省文物局南水北调文物保护办公室（赵海洲）　四川文物6:11~18
扶沟出土汉画像石墓门　张桂云　中原文物5:111
灵宝市发现一面东汉规矩四神纹铜镜　陈建丽　中原文物5:112
河南荥阳晋墓、唐墓发掘简报　郑州市文物考古研究院（张文霞、张家强）　文物9:43~48
河南卫辉大司马墓地晋墓（M18）发掘简报　河南省文物局南水北调文物保护办公室、四川大学考古学系（于孟洲等）　文物1:15~21
洛阳新发现的两座西晋墓发掘简报　洛阳市第二文物工作队（吴业恒等）　文物3:19~35
河南偃师西晋支伯姬墓发掘简报　洛阳市第二文物工作队、偃师商城博物馆（刘淑敏等）　文物3:36~40
洛阳厚载门街西晋墓发掘简报　洛阳市文物工作队（武海、马春梅）　文物11:30~41
郑州一座西晋墓出土的青瓷器　魏青利、任广岭　文物世界5:20
洛阳三十里铺西晋纪年墓出土钱币　张鸿亮、卢青峰　中国钱币2:36~39
河南三门峡市北朝和隋代墓葬清理简报　三门峡市文物考古研究所（宁文阁等）　华夏考古4:40~51
河南洛阳市汉魏故城新发现北魏宫城二号建筑遗址　中国社会科学院考古研究所、日本独立行政法人国立文化财机构奈良文化财研究所（钱国祥等）　考古5:3~6
河南洛阳市北魏洛阳城津阳门内大道遗址发掘简报　中国社会科学院考古研究所洛阳汉魏故城队（刘涛等）　考古10:49~58

洛阳衡山路北魏墓发掘简报　洛阳市第二文物工作队（张建文等）　文物3:41~46

河南安阳固岸墓地考古发掘收获　河南省文物考古研究所（潘伟斌、聂凡）　华夏考古3:19~23

隋唐洛阳城定鼎门遗址发掘成果喜人　李永强等　中国文物报4月17日4版

郑州上街峡窝唐墓发掘简报　郑州市文物考古研究院、郑州市上街区文化新闻出版局（汪旭等）　文物1:22~26

河南省储备局四三一处国库唐墓发掘简报　郑州市文物考古研究所、巩义市文物保护管理所（李扬、郝红星）　文物春秋3:26~29

郑州市绿都城小区唐墓发掘简报　郑州市文物考古研究院（刘彦锋等）　中原文物2:4~6

洛阳市龙康小区C7M1422唐墓发掘简报　洛阳市文物工作队（黄吉博、商春芳）　中原文物2:7~10

河南偃师三座唐墓发掘简报　赵会军、郭宏涛　中原文物5:4~16

郑州高新区贾庄宋金墓葬发掘简报　郑州市文物考古研究院（索全星等）　中原文物4:21~30

河南中博股份有限公司宋金墓发掘简报　郑州市文物考古研究院（信应君等）　中原文物6:29~33

新乡金灯寺宋墓发掘简报　郑州大学历史学院考古系、河南省文物局南水北调文物保护办公室（靳松安等）　中原文物1:12~18

河南焦作白庄宋代壁画墓发掘简报　焦作市文物工作队（邢心田等）　文博1:18~24

河南焦作小尚宋冀闰壁画墓发掘简报　焦作市文物工作队（韩长松等）　文物世界5:13~19

洛阳发现北宋宰相富弼及家族墓地　史家珍、吴业恒　中国文物报5月15日4版

河南濮阳发现宋代烽火台　市局　中国文物报4月17日2版

河南荥阳市新店金元水井清理简报　荥阳市文物保护管理所、郑州大学历史学院考古系（刘岐山等）　华夏考古4:52~58

一幅金代农村集镇的生活画面——河南叶县文集遗址　王利彬、王龙正　文物天地6:84~93

河南新乡市老道井明代101号墓发掘简报　郑州大学历史学院考古系、河南省文物局南水北调文物保护办公室（韩国河等）　华夏考古3:24~27

郑州黄岗寺明墓发掘简报　郑州市文物考古研究院（张文霞）　东方博物（第三十一辑）88~93

河南新密发现大型明代墓葬　钱立森等　中国文物报2月11日2版

荥阳故城内发现荥泽城隍庙嘉靖碑铭　张振明　文物天地2:90

一七　湖北省

丹江口北泰山庙旧石器遗址发掘简报　周振宇等　人类学学报3:246~261

湖北丹江口新发现旧石器时代早期地点　李超荣　人类学学报4:433

远古人类走向平原的遗迹——鸡公山旧石器时代遗址　刘德银　荆州重要考古发现5~13

丹江口库区又现旧石器时代遗址　李

超荣　中国文物报10月9日4版
从环壕聚落到古城聚落——阴湘城遗址　贾汉清　荆州重要考古发现38～44
走马岭古城址　戴修政　荆州重要考古发现45～48
湖北省郧县胡家窝遗址发掘报告　湖北省文物局南水北调办公室、武汉大学考古系（李俊等）　江汉考古3∶3～17
湖北石首发现新石器时代遗址群　彭涛　中国文物报2月25日2版
大洪山南麓史前聚落调查——以石家河为中心　湖北省文物考古研究所（孟华平等）　江汉考古1∶3～23
江汉平原东北发现两座新石器时代城址　刘辉　江汉考古1∶57～58
竹山县霍山遗址采集精致石器　陈树祥　江汉考古1∶60～61
鄂西南地区的古代文化链环——荆南寺遗址　王宏　荆州重要考古发现49～52
湖北襄樊市黄家村遗址周代灰坑的清理　襄樊市文物考古研究所（王先福、范文强）　考古11∶26～37
湖北十堰郧县余嘴遗址与余嘴2号旧石器点考古发掘　中国文物报11月20日3版
郧西庹家湾遗址发现东周两汉文化遗存　梁柱　中国文物报12月4日4版
湖北钟祥黄土坡东周秦代墓发掘报告　荆州博物馆、钟祥市博物馆（郑忠华）　考古学报2∶247～294
湖北郧县大坪遗址发掘成果丰硕　白国柱　中国文物报6月12日4版
桐柏县几处古文化遗址调查简报　武汉大学历史地理研究所、南阳市文物考古研究所（徐少华等）　江汉考古3∶18～24
湖北十堰潘口水电站三处古遗址的发掘　湖北省文物考古研究所（黄文新等）　江汉考古4∶3～17
楚都纪南城考古记　谭维四　荆州重要考古发现58～67
楚章华台的发现与发掘　陈跃钧　荆州重要考古发现68～73
湖北江陵发现楚国大型游宫基址群　荆文　中国文物报10月23日4版
湖北潜江龙湾遗址又有新发现　潜普　中国文物报2月6日2版
湖北荆州熊家冢墓地2006～2007年发掘简报　荆州博物馆（王明钦等）　文物4∶4～25
熊家冢墓地　贾汉清　荆州重要考古发现143～152
熊家冢墓地调查收获　陈跃均、张世松　楚文化研究论集（第八集）332～342
雨台山楚墓群的发现与研究　陈跃钧　荆州重要考古发现101～107
楚封君大墓——天星观1号墓　王从礼　荆州重要考古发现74～84
楚封君夫人墓——天星观2号墓　张正发　荆州重要考古发现85～100
战国丝绸宝库——马山1号墓　滕壬生　荆州重要考古发现108～119
失望中的惊喜——秦家山玉覆面出土记　王明钦　荆州重要考古发现153～160
院墙湾出土的战国玉器　田勇　荆州重要考古发现161～166
武汉江夏丁家咀发现战国楚墓并出土竹简　李永康　江汉考古3∶128
武汉首次发现大型战国楚墓及有字楚简　刘治云　中国文物报7月24日

4 版

湖北荆州谢家桥一号汉墓发掘简报　荆州博物馆（王明钦、杨开勇）　文物 4:26～42

谢家桥 1 号汉墓　杨开勇　荆州重要考古发现 188～197

湖北郧县发现疑似汉代锡县故址　中国文物报 4 月 10 日 2 版

湖北巴东义种地墓葬发掘报告　湖北省文物局三峡办、武汉市文物考古研究所（邓辉）　江汉考古 4:18～40

湖北沙洋发现东汉时期墓群　省普办　中国文物报 1 月 28 日 2 版

湖北浠水胡油铺唐墓发掘简报　浠水县博物馆（岑东明等）　江汉考古 4:41～48

湖北巴东县银盘墓群发掘报告　湖北省文物考古研究所、南京大学历史系考古专业（黄建秋、张学锋）　南方文物 4:56～63

襄樊太平店发现一合唐代墓志　王先福、杨一　江汉考古 1:59

湖北红安舒家坳北宋石室墓的清理　湖北省文物考古研究所等（黄文新等）　江汉考古 1:51～56

湖北随州发现明清塔林　市普　中国文物报 5 月 6 日 2 版

湖北荆州明湘献王墓发掘简报　荆州博物馆（王明钦、丁家元）　文物 4:43～60

湖北罗田发现沿用至今的明代古堰　县普办　中国文物报 1 月 21 日 2 版

湖北武当山发现明代名士董裕诗刻碑　省普办　中国文物报 2 月 13 日 2 版

湖北通山发现清代古街市　县普办　中国文物报 4 月 8 日 2 版

一八　湖南省

三湘考古惊羡天下——新中国 60 周年湖南考古巡礼　郭伟民、高成林　中国文物报 9 月 18 日 6～7 版

湖南省首次发现旧石器和古人类化石回眸　吴铭生　湖南省博物馆馆刊（第五辑）265～267

常德市鼎城区新屋咀旧石器地点发掘简报　湖南省文物考古研究所（莫林恒、廖昊）　湖南考古辑刊（第 8 集）2～6

怀化新晃县石鸽溪、庵田、长乐坪旧石器地点发掘简报　湖南省文物考古研究所（莫林恒、徐佳林）　湖南考古辑刊（第 8 集）7～16

长沙南托大塘遗址发掘报告　长沙市博物馆（黄纲正、王立华）　湖南考古辑刊（第 8 集）17～30

临湘托坝遗址试掘报告　湖南省文物考古研究所等（尹检顺）　湖南考古辑刊（第 8 集）31～41

湖南汉寿马栏咀遗址发现取得重要成果　赵亚锋　中国文物报 2 月 13 日 2 版

环洞庭湖低海拔湿地史前聚落——湖南湘阴青山遗址文化面貌独特、文化因素复杂　尹检顺、徐佳林　中国文物报 4 月 24 日 4 版

益阳市羊舞岭遗址发掘简报　益阳市文物处（潘茂辉）　湖南考古辑刊（第 8 集）44～57

石门发现一件玉人首　石门博物馆（袁建）　湖南考古辑刊（第 8 集）42～43

湖南安化城埠坪遗址发掘简报　湖南省文物考古研究所（何赞）　湖南考古辑刊（第 8 集）58～64

湖南省汨罗市玉笥山商代遗址发掘简报 岳阳市文物考古研究所（郭胜斌等） 湖南省博物馆馆刊（第五辑）268~278
湖南潇水流域聚落考古取得重大突破 柴焕波 中国文物报11月20日4版
湖南省芷江四方园遗址试掘报告 张涛 湖南省博物馆馆刊（第五辑）279~289
宁乡灰黄公路考古发掘获重要成果——对炭河里遗址的范围、布局等认识有较大突破 高成林 中国文物报12月18日4版
湖南省平江县官塘牛形山东周、西汉墓第二次发掘报告 岳阳市文物考古研究所（黄军认） 湖南省博物馆馆刊（第五辑）306~318
湖南省汨罗市归州山东周、南朝墓发掘简报 岳阳市文物考古研究所、汨罗市文物管理所（赵磬） 湖南省博物馆馆刊（第五辑）319~325
湖南省汨罗市高泉山一号墓发掘简报 岳阳市文物考古研究所、汨罗市文物管理所（郭胜斌等） 湖南省博物馆馆刊（第五辑）290~296
湖南省汨罗市司法局建设工地古墓葬发掘简报 汨罗市文物管理所（胡铁南） 湖南省博物馆馆刊（第五辑）297~301
湖南省汨罗市归州山古墓群第二次发掘简报 湖南省文物考古研究所、汨罗市文物管理所（胡铁南） 湖南省博物馆馆刊（第五辑）302~305
湖南郴州苏仙桥遗址发掘简报 湖南省文物考古研究所、郴州市文物处（张春龙） 湖南考古辑刊（第8集）93~117
衡南上门山东汉、南朝墓发掘简报 湖南省文物考古研究所、衡南县文物局（高成林） 湖南考古辑刊（第8集）84~92
湖南衡东新芙汉墓发掘报告 衡东县文物局（秦光政、吴顺东） 湖南考古辑刊（第8集）71~83
湖南衡东大浦西晋南朝墓发掘简报 衡东县文物局（秦光正、吴顺东） 湖南考古辑刊（第8集）118~121
湖南永州惊现二处唐代摩崖石刻 杨宗君 中国文物报11月13日4版
湖南洪江发现宋代军事城址 易盛玮 中国文物报6月19日2版
湖南常德发现明代荣怀穆王朱厚动墓 龙朝彬 中国文物报5月1日2版

一九 广东省

广东台山新村沙丘遗址：方法与创新 魏峻 中国文物报10月2日5版
广东珠海市淇澳岛小沙澳湾商时期遗址调查 广东省珠海市博物馆（郭雁冰等） 南方文物3:49~54
广东肇庆市康乐中路七号汉墓发掘简报 广东省文物考古研究所（尚杰） 考古11:38~47
厦深铁路潮州段发现唐代潮州窑青瓷 黄舒泓 广东文物2:77~78
“南海Ⅰ号”永远在起航 孙漪娜 中国文物报10月30日5版
广东封开发现明清时期古水圳 潘坤云 中国文物报2月20日2版
广东封开发现明清古建筑群 姚锦鸿、潘坤云 中国文物报5月13日2版

广东阳春发现明代古墓葬　潘东朝　中国文物报5月22日2版

广东怀集发现明代石拱桥　植中坚　中国文物报4月10日2版

广东仁化发现明朝圣旨　刘强　中国文物报3月27日2版

二〇　广西壮族自治区

广西梧州市木铎冲遗址墓葬发掘简报　广西文物考古研究所、广西梧州市博物馆（周学斌、谢光茂）　南方文物4:69~74

二一　海南省

西沙群岛华光礁一号沉船遗址水下考古纪事　张辉　道远集——安徽省文物考古研究所五十年文集33~36

二二　重庆市

三峡库区冉家路口旧石器遗址2007年发掘报告　彭菲等　人类学学报1:130~146

三峡库区池坝岭旧石器遗址2007年发掘简报　马宁等　人类学学报3:262~275

重庆奉节藕塘新石器时代遗址　山西大学考古学系等（赵杰、宋艳花）　考古与文物5:3~10

重庆云阳县明月坝遗址商周遗存发掘简报　四川大学历史文化学院考古学系（于孟洲等）　四川文物2:3~9

重庆巫山下湾遗址发掘简报　武汉市文物考古研究所等（许志斌等）　江汉考古2:3~23

三峡库区忠县石匣子古墓群的考古发掘与研究　杨华等　重庆师范大学学报：哲社版2:80~86

重庆忠县石匣子和洞天堡战国墓地发掘简报　重庆师范大学历史与文博学院、北京大学考古文博学院（杨华）　考古12:32~38

重庆忠县崖脚楚墓2000年发掘简报　北京大学考古文博学院三峡考古队、重庆市忠县文物保护管理所（蒋颖等）　四川文物1:1~13

重庆巫山土城坡墓地2004年发掘简报　武汉市文物考古研究所、巫山县文物管理所（陈艳）　江汉考古2:24~55

重庆丰都天平丘西汉墓发掘简报　四川大学历史文化学院考古系、重庆市文化局三峡办（乔栋）　考古与文物2:36~44

重庆奉节赵家湾墓地2004年发掘简报　武汉大学考古与博物馆学系、武汉大学科技考古中心（王然、李洋）　江汉考古1:24~50

重庆忠县将军村汉至六朝时期家族墓群　重庆市文物考古所　中国文物报3月27日5版

二三　四川省

汶川灾后重建考古新发现述析汶川布瓦考古札记　蒋成、陈剑　成都文物4:12~17

四川宣汉罗家坝遗址1999年度发掘简报　四川省文物考古研究院等（陈卫东等）　四川文物4:3~14

大邑晋原新城考古调查报告　成都市文物考古研究所、大邑县文物保护管理所（索德浩、刘雨茂）　成都文物4:18~21

行程万里审视盲点填补空白：第三次康巴民族考古综合考察获重大成果

万娇、张伟　中国文物报 1 月 2 日 1、4 版
成都市新都区忠义遗址发掘简报　成都文物考古研究所、新都区文物管理所（王波、陈云洪）　四川文物 3∶15～20
四川会理城河下游考古调查报告　四川省文物考古研究院等（唐翔等）　四川文物 4∶15～22
成都在“三普”重要新发现——郫县三观村遗址发现宝墩和十二桥文化遗存　刘雨茂等　中国文物报 12 月 25 日 5 版
温江鱼凫王墓及相关墓葬调查报告　成都文物考古研究所、温江文物保护管理所（李涛、索德浩）　成都文物 3∶25～27
商代青铜单翼铃在三星堆遗址陆续出土　敖天照　四川文物 2∶69
四川甘孜晏尔龙石棺葬墓地发掘获新成果　唐飞、金国林　中国文物报 1 月 9 日 2 版
四川西昌市棲木沟遗址 2006 年度发掘简报　成都文物考古研究所等（周志清等）　四川文物 3∶3～14
四川昭觉县好谷村古墓群的调查和清理　凉山彝族自治州博物馆等（赵德云等）　考古 4∶30～40
自贡市黄泥土山崖墓群清理简报　四川省文物考古研究院等（任江等）　四川文物 1∶14～26
成都江南馆街唐宋街坊遗址　成都市文物考古研究所（谢涛、何锟宇）　成都文物 3∶1～5
成都市江南馆街发现唐、宋时期街坊遗址　谢涛、何锟宇　中国文物报 1 月 2 日 5 版
四川通江发现唐代石窟　王波　中国文物报 5 月 1 日 2 版
四川三台县永明镇杨凳寺宋墓清理简报　四川省文物考古研究院等（王锡鉴等）　四川文物 3∶28～31
四川彭州宋代青铜器窖藏　成都市文物考古研究所、彭州市博物馆（谢涛、毛求学）　文物 1∶54～70
平昌县首次发现窖藏银锭　范涛　四川文物 2∶96
四川金堂怀安军城址发现重要城市设施　成都文物考古研究所（刘雨茂、索德浩）　中国文物报 6 月 12 日 4 版
四川安岳县老鸹山南宋墓清理简报　王玉　考古与文物 1∶14～27
华蓥市永兴镇驾挡丘宋墓群发掘简报　四川省文物考古研究院等（唐云梅）　四川文物 1∶27～33
泰安酒坊遗址　黄家祥　文物天地 1∶88～90
四川邻水发现明墓群　刘敏　中国文物报 5 月 6 日 2 版
四川达州发现古代岩画　杨潇、罗龙洪　中国文物报 6 月 24 日 2 版
四川通川发现清代石道　罗龙洪、杨潇　中国文物报 4 月 1 日 2 版
四川达州发现清代川陕古道　王平、张霞　中国文物报 4 月 22 日 2 版

二四　贵州省

赤水市“三普”首次发现新石器时代至汉代遗址　张改课等　中国文物报 7 月 3 日 4 版
贵州省贞丰县孔明坟遗址：一处新石器时代石器制造场　张改课等　中国文物报 7 月 3 日 4 版
贵州鲁容沙坝遗址出土大量磨制石器及石器加工工具　张兴龙等　中国

文物报 11 月 20 日 4 版
贵州毕节青场遗址发掘取得重要收获　张合荣　中国文物报 4 月 17 日 2 版
贵州省思南县首次发现商周至汉代遗址　张改课等　中国文物报 8 月 14 日 4 版
贵阳发现清代诰命夫人墓　郑林生　中国文物报 1 月 21 日 2 版

二五　云南省

云南剑川县海门口遗址　云南省文物考古研究所等（闵锐）　考古 7:18～23
云南剑川县海门口遗址第三次发掘　云南省文物考古研究所等（闵锐）　考古 8:3～22
云南大理市海东银梭岛遗址发掘简报　云南省文物考古研究所等（闵锐、万娇）　考古 8:23～41
云南沧源首次发现洞穴崖画　吉学平等　中国文物报 2 月 27 日 2 版
云南晋宁县小平山遗址试掘简报　云南省文物考古研究所、晋宁县文物管理所（徐文德、蒋志龙）　考古 8:54～66
云南鲁甸县野石山遗址发掘简报　云南省文物考古研究所等（刘旭）　考古 8:42～53
澄江金莲山墓地发掘有重要收获　蒋志龙、何林珊　中国文物报 12 月 4 日 4 版
云南省巧家县小东门墓地清理简报　昭通市文物管理所、巧家县文物管理所（丁长芬、周强铭）　四川文物 6:3～10
云南泸西县大逸圃秦汉墓地发掘简报　云南省文物考古研究所（杨帆等）　四川文物 3:21～27

二六　西藏自治区

西藏墨脱县发现多处磨制石器地点　陈祖军　中国文物报 11 月 13 日 4 版
西藏昌都地区芒康、察雅两县考古调查新发现 2 处吐蕃石刻遗存　陕西省考古研究院等（席琳等）　中国文物报 11 月 13 日 4 版

二七　陕西省

2008 年陕西省考古研究院考古调查发掘新收获　陕西省考古研究院　考古与文物 2:13～26
陕西商洛市东龙山遗址仰韶与龙山时代遗存发掘简报　陕西省考古研究院、商洛市博物馆（杨亚长、王昌富）　考古 12:3～17
陕西高陵县杨官寨新石器时代遗址　陕西省考古研究院（王炜林等）　考古 7:3～9
陕西彬县水北遗址发掘报告　陕西省考古研究院、咸阳市文物考古研究所（田亚岐等）　考古学报 3:379～412
陕西户县发现史前文化遗址　庞博　中国文物报 7 月 8 日 2 版
2007～2008 年度案板遗址龙山时代遗存发掘简报　陕西省考古研究院、西北大学文化遗产与考古学研究中心（钱耀鹏等）　西部考古（第四辑）23～36
陕西横山县瓦窑渠寨山遗址发掘简报　陕西省考古研究院、榆林市文物保护研究所（李恭）　考古与文物 5:11～17

陕西城固发现先秦古城遗址　陈立智、单庆华　中国文物报1月2日2版
周公庙田野考古：理念、方法与收获　周公庙考古队　中国文物报10月2日6版
陕西淳化枣树沟脑遗址发掘又获新发现　陈洪海等　中国文物报4月10日2版
岐山周公庙遗址去年出土大量西周甲骨材料　周公庙考古队　中国文物报2月20日5版
梁带村西周木俑的清理与维护　雷少　文博3:71~75
陕西韩城市梁带村芮国墓地M28的发掘　陕西省考古研究院（吕智荣、张天恩）　考古4:3~15
秦阿房宫的考古收获　李毓芳、王自力　里耶古城·秦简与秦文化研究——中国里耶古城·秦简与秦文化国际学术研讨会论文集223~231
西安汉长安城直城门遗址2008年发掘简报　中国社会科学院考古研究所汉长安城工作队（张剑锋等）　考古5:49~60
西安南郊荆寺二村西汉墓发掘简报　西安市文物保护考古所（王久刚）　考古与文物4:3~12
陕西咸阳市西汉成帝延陵调查记　刘卫鹏、岳起　华夏考古1:65~72
汉阳陵的考古钻探与发掘　王保平　历史文物193:6~13
西安凤栖原西汉墓地田野考古发掘收获　陕西省考古研究院　考古与文物5:111~112
西安曲江发现西汉大型壁画墓　程林泉等　中国文物报2月20日5版
陕富水汉代崖墓考古发掘获重大发现　王昌富、杨亚长　中国文物报5月29日4版
西安张家堡新莽墓发掘简报　西安市文物保护考古所（张小丽等）　文物5:4~20
陕西靖边东汉壁画墓　陕西省考古研究院等（王望生）　文物2:32~43
陕西省旬阳县大河南东晋墓清理简报　旬阳县文物管理所、旬阳县博物馆（刘国强等）　文博2:3~11
十六国至北朝时期长安城宫城宫门遗址发掘有新收获　张建锋、刘振东　中国文物报5月29日4版
西安咸阳国际机场专用高速公路十六国墓发掘简报　陕西省考古研究院（王东、马永赢）　文博4:3~11
北周郭生墓发掘简报　陕西省考古研究院（马永赢、王东）　文博5:3~9
西安南郊北魏北周墓发掘简报　西安市文物保护考古所（王久刚）　文物5:21~49
西安南郊隋李裕墓发掘简报　陕西省考古研究院（李明、刘呆运）　文物7:4~20
西安发现珍贵隋代透光白瓷　赵争耀　中国文物报3月11日6版
唐嗣虢王李邕墓前遗址发掘简报　陕西省考古研究院（张蕴、卫峰）　文物7:21~25
陕西铜川市唐窦及墓发掘简报　陕西省考古研究院、铜川市考古研究所（马志军等）　考古与文物3:3~12
唐薛元嘏夫妇墓发掘简报　陕西省考古研究院（段毅）　考古与文物6:3~10

黄土下的多彩世界——西安韩家湾唐代小型壁画墓发掘记（李举纲、袁明） 中国文物报8月7日6版

何家村盛唐遗宝重见天日纪实 吴镇烽 文博2:85~90

西安西大街古井出土唐代遗物 西安市文物保护考古所（张全民） 文物5:50~52

大明宫考古轶事 何岁利 中国文化遗产4:86~89

陕西唐陵大遗址保护项目：思路、方法与措施 陕西省考古研究院唐陵考古队 中国文物报10月2日6版

九泉下的名门望族——陕西蓝田北宋吕氏家族墓地 张蕴等 中国文物报9月11日4版

陕西甘泉金代壁画墓 王勇刚 文物7:26~42

西安雁塔南路发现一元代墓葬 张小丽、袁长江 中国文物报10月9日4版

西安南郊明上洛县主墓发掘简报 陕西省考古研究院（段毅、王啸啸） 考古与文物4:13~29

陕西户县发现明代青龙寺 庞博 中国文物报4月17日2版

二八 甘肃省

甘肃张家川史前文化遗址及相关问题考 王文斌 丝绸之路8:15~16

甘肃宁县发现齐家文化遗址 省普办 中国文物报2月18日2版

甘肃武山发现齐家文化聚落遗址 令陆胤 中国文物报3月4日2版

甘肃省临潭县陈旗磨沟遗址 谢炎 中国文物报9月11日3版

甘肃临潭县磨沟齐家文化墓地 甘肃省文物考古研究所等（谢焱等） 考古7:10~17

甘肃临潭磨沟齐家文化墓地发掘简报 甘肃省文物考古研究所、西北大学文化遗产与考古学研究中心（毛瑞林等） 文物10:4~24

张家川马家塬战国墓地2007~2008年发掘简报 早期秦文化联合考古队、张家川回族自治县博物馆（王辉等） 文物10:25~51

甘肃永昌水泉子汉墓发掘简报 甘肃省文物考古研究所（吴荭、张存良） 文物10:52~61

甘肃武威凉州区磨嘴子汉墓清理发掘简报 武威市文物考古研究所（朱安） 陇右文博1:3~9

甘肃永昌水泉子汉墓群 吴荭等 中国文物报4月24日4版

敦煌发现汉代烽燧遗址出土简牍19枚 张晓亮、杨俊 中国文物报4月1日2版

武威市第一粮库魏晋墓发掘简报 武威市文物考古研究所（钟雅萍） 陇右文博2:9~13

甘肃张家川南川宋墓发掘简报 甘肃省文物考古研究所、张家川回族自治县博物馆（赵吴城等） 考古与文物6:11~16

临夏市红园广场宋墓清理简报 临夏回族自治州博物馆（陈毛旭） 陇右文博1:10~11

二九 青海省

青海玉树州发现大面积石刻文物 三普办 中国文物报7月24日2版

三〇 宁夏回族自治区

宁夏西吉县保林汉墓清理简报 宁夏

文物考古研究所、西吉县钱币博物馆（耿志强、夏晓玉）　陇右文博 2:3～8
宁夏西吉县宋代砖雕墓发掘简报　耿志强等　考古与文物 1:3～13
宁夏青铜峡市发现营盘梁遗址　黄金成　中国文物报 7 月 31 日 2 版

三一　新疆维吾尔自治区

2008 年和田考察行程日志　朱玉麒等　西域文史（第三辑）127～151
新疆伊犁州特克斯县发现岩画　中国文物报 6 月 17 日 2 版
略说新疆文物考古新发现　张玉忠　收藏家 2:3～10
对新疆克州三普中新发现墓葬的一些思考　黄益飞　中国文物报 11 月 13 日 3 版
新疆巴里坤县东黑沟遗址 2006～2007 年发掘简报　新疆文物考古研究所、西北大学文化遗产与考古学研究中心（王建新等）　考古 1:3～27

伍　美术考古

浅析汉画十字穿环装饰图案的象征意义　米冠军　收藏家 5:47～50
试析岭南汉代画像艺术　田苹　华夏考古 3:64～68
以青州为例看山东的可移动彩绘陶质、石质文物　王瑞霞、周麟麟　文博 6:371～386

补　遗

图像与观念：艺术考古前沿问题研究　廖明君、黄厚明　民族艺术 2008 年 4:20～27

一　雕　塑

画像石·画像砖

秦汉“仙话”与汉代画像中的升仙题材　黄剑华　长江文明（第三辑）11～29
汉代画像中“魂归天门”观念探讨　黄剑华　上海文博论丛 3:63～69
汉画像石墓祥瑞图像研究　王涛　南京文物考古新发现——南京历史文化新探 175～186
汉画像石中的古代罩鱼法　刘磐修　两汉文化研究（第三辑）308～316
汉画像石墓门扉图像的艺术性论析　孙学锋　成都文物 4:5～7
试论汉画像石的衰落　刘蕾　两汉文化研究（第三辑）381～388
胡汉战争画像与胡汉战争　于炳文　俞伟超先生纪念文集·学术卷 354～375
汉画蒲车玩具考略　王伟　艺术探索 23 卷 2:24～26
汉画像石《孔子见老子图》考述　李强　华夏考古 2:125～129
汉画像石题记中堂、阙、墓造价探析　欧阳摩一　四川文物 1:76～79
汉画“玃盗女”图补说——芦山樊敏阙“龙生十子”图辨误　唐长寿　四川文物 2:51～52
“汉代河图”画像石初探　李志强　中国文化研究春之卷 31～43
汉画中九头人面兽探微　金爱秀　贵州大学学报：社科版 27 卷 1:52～57
从陕北“狩猎”题材汉画像石看秦汉时期陕北的地理风貌　程艳妮　陕西历史博物馆馆刊（第 16 辑）217～220

陕北神木大保当汉画像石形质初探 邱楠等 丝绸之路20:17~2
陕北汉墓画像石门扉图像探析 宋莉 四川文物5:67~74
陕北神木大保当汉画像石文化内涵与艺术特色浅析 邱楠等 陕西历史博物馆馆刊(第16辑)299~304
陕北画像石艺术思维的走向——以绥德延家岔守墓神祇信仰为中心的考察 王娟 装饰10:120~121
晋西奏乐画像石分析 刘宇统、刘文进 丝绸之路8:17~19
山东嘉祥宋山汉永寿三年石刻题记注释 刘道广 艺术百家2:93~99
简论临沂汉画像石的题材内容 周晓莉 丝绸之路14:21~22
山东嘉祥画像石与河南南阳画像石之比较研究 李跃红 装饰10:122~124
南阳汉画像石的发展与分期 徐永斌 中原文物1:52~55
河南许昌汉画像石 陈文利 收藏5:102~103
浅析汉画像石的构图风格 宋歌 中原文物5:63~65
河北徐水汉墓画像石 吴磬军 收藏5:97~101
淮北日月同辉与龙戏图汉画像石 王玲玲 文物研究(第16辑)313~316
徐州汉画像石祠堂和祠堂画像 武利华 两汉文化研究(第三辑)270~288
徐州汉画像石引魂升仙图考释 夏凯晨 两汉文化研究(第三辑)289~295
略论徐州汉画像石的雕刻风格 姚浩 两汉文化研究(第三辑)341~348
从徐州白集汉墓画像石的装饰性看汉画像石内容与建筑形式的关系 李国华 两汉文化研究(第三辑)349~356
徐州新征集的汉画像石研究 杨孝军 东南文化4:103~107
徐州汉画像石中牛图像研究 杨孝军 文物世界3:28~32
茅村汉画像石墓历史价值刍议 陈开诚 两汉文化研究(第三辑)357~363
试论泗水捞鼎图及其隐寓 郝莉荣 两汉文化研究(第三辑)376~380
邳州汉画像石概述 贾庆华 两汉文化研究(第三辑)389~396
洛阳新发现一组汉代壁画砖 曹建强 文博4:12~16
许昌市博物馆藏汉画像砖 陈文利、李丽娜 华夏考古4:146~150
陕西平利汉代画像砖考论 沙忠平 四川文物5:75~78
“弋射收获”画像考 罗二虎 民族艺术2:92~99

造 像

可移动佛教造像的研究现状 雷玉华、康中明 成都文物3:10~18
中国佛教造像中的供养人像——佛教美术史研究的新视点 石松日奈子著 牛源译 中原文物5:74~85
北魏时期河北地区佛教造像艺术研究 刘建华 新果集——庆祝林沄先生七十华诞论文集451~465
神工鬼斧——侧写院藏北魏佛坐像及其造像脉络 王钟承 故宫文物月刊320:72~81
川青藏交界地区藏传摩崖石刻造像与题记分析——兼论吐蕃时期大日如

来与八大菩萨造像渊源　谢继胜　中国藏学 1:123~141
藏传佛教造像艺术的结构体系及其象征意义　罗桑开珠　中央民族大学学报（哲学社会科学版）1:126~134
两种毗卢遮那佛造型:智拳印与最上菩提印毗卢佛造像探讨　赖天兵　中国藏学 3:177~186

金铜造像

河北省博物馆藏十六国至北齐铜造像概述　林章芹　文博 4:68~73
浅议藏传佛教艺术中的金铜造像艺术　李雪扬　丝绸之路 10:59~61
馆藏青铜造像选介　张晓艳　陕西历史博物馆馆刊（第 16 辑）258~261
唐捶揲鎏金铜佛像与青龙寺　王冬华　收藏 10:95
元朝西藏金铜造像分类及风格研究　张亚莎　中国藏学 4:84~91
明代释迦摩尼铜佛坐像　王亚庆　中国文物报 1 月 14 日 5 版
咸若馆供藏擦擦佛整理研究——兼及与《诸佛菩萨圣像赞》之比较　文明、罗文华　故宫博物院院刊 5:26~55

石刻造像

"曹家样"考　周文婷　上海文博论丛 3:86~90
曲阳北岳庙收藏的石雕文物鉴赏——兼及曲阳石雕的发展史　田丽静、王明涛　文物春秋 6:50~56
陕西药王山摩崖造像倚坐菩萨考释　白文　四川文物 5:79~84
南朝普陀山法雨寺造像的再探讨　金申　中原文物 1:62~65
南朝普陀山法雨寺造像的再探讨　金申　历史文物 187:54~59
扑朔迷离的南朝普陀山法雨寺造像　金申　文物天地 2:82~84
西安市高陵县发现的北朝佛道造像和唐代佛教造像　西安市文物保护考古所等（冉万里等）　西部考古（第四辑）51~68
龙门石窟北朝造像若干问题的探讨（三）　（日）曾布川宽著　傅江译　中国佛教艺术（第 3 辑）5~13
试析巩县石窟北魏造像风格和变化　李光明　中原文物 1:56~61
山东青州广福寺遗物调查　王瑞霞、刘华国　敦煌研究 4:67~79
山东青州龙兴寺北齐单体立佛题材考证　李森　宗教学研究 2:85~87
青州龙兴寺佛教造像造型研究　王卫华　美术 10:104~109
河北迁安市万军山三世佛造像碑考察记　温玉成　中原文物 5:66~73
改写中国佛教美术史的重大发现——简述龙兴寺出土佛教石造像的艺术成就　夏名采　无锡文博 1:4~7
山东平原出土北齐天保七年石造像　张立明、蔡连国　文物 8:69~71
西安窦寨村北周佛教石刻造像　西安市文物保护考古所（杨军凯）　文物 5:86~94
四川绵阳碧水寺藏"开元寺石佛"调查　四川省文物考古研究院等（于春、王锡鉴）　四川文物 2:16~21
四川绵阳市碧水寺摩崖造像的相关问题　于春、王婷　四川文物 3:73~79
甘肃张掖市马蹄寺千佛洞凉州瑞像再考　张善庆　四川文物 3:80~84
黄骅市博物馆藏北朝石造像选介　张

凤英　文物春秋 4:66
都江堰东汉石像出土记　冯广宏　成都文物 1:45～47
方城佛沟摩崖造像调查与研究　王景荃　中原文物 1:66～72
四川广元皇泽寺新发现的唐代石刻摩崖造像　罗宗勇、王剑平　文物 8:72～82
敦煌莫高窟中唐代佛教塑像内容及其艺术特征　张萌萌　丝绸之路 14:69～71
简述大足石刻护法神造像　邓灿　四川文物 3:85～88
清河出土的武周时期女相佛造像探究　张丽敏　文物春秋 2:59～61
古长安宝庆寺的石刻造像　李慧　碑林集刊（十四）129～138
从道宣的戒坛设计到法藏的华严寺造像——以碑林藏神龙二年（706 年）造像座为中心　季爱民　唐史论丛（第十一辑）199～211
新津龙岩寺唐代摩崖造像　喻红　成都文物 1:27～28
四川绵阳碧水寺唐代摩崖造像调查　四川省文物考古研究院等（于春、王婷）　文物 2:57～78
湖南江永摩崖造像的几点断想　沈柏村　湖南考古辑刊（第 8 集）302～306
从藏汉交流的风格形态看飞来峰元代造像与西夏艺术的关系　赖天兵　敦煌研究 5:74～78
杭州飞来峰第 68 号龛罗汉托塔考释　司开国　中国佛教艺术（第 3 辑）31～35
从佛国到人间——杭州飞来峰第 68 号龛造像浅析　司开国　世界宗教文化 2:43～45
瓶窑南山摩崖三龛造像　赖天兵　东方博物（第三十一辑）50～54

泥塑造像

陕西出土的十六国、北魏佛造像与犍陀罗艺术　裴建平　碑林集刊（十三）15～21
从考古发现看疏勒与龟兹佛教艺术之交流　篠原典生　中原文物 1:77～83
甘肃华亭石拱寺 8 窟前壁造像题材考释　茹实　陇右文博 1:48～49
北朝时期麦积山雕塑造型研究　刘山花、董书兵　敦煌壁画艺术继承与创新国际学术研讨会论文集 427～441
莫高窟第 419 窟彩塑之艺术语言研究　徐艺　敦煌壁画艺术继承与创新国际学术研讨会论文集 246～258
四川通江出土宋代彩釉陶佛头像　李白练　四川文物 6:77～78
药王·道童·雨师——宋耀州窑雨师赤松子瓷塑考辨　杜文　收藏家 5:63～68
温州白象塔北宋彩塑艺术之美　陈平　东方博物（第三十二辑）110～113
善化寺五方佛塑像的创建年代及其相关问题研究　张明远　敦煌研究 4:55～66
大同华严寺辽代彩色泥塑赏析　张丽　文物世界 4:64～69

陶　俑

传递千古的风韵——湖南出土的楚汉木俑（上、下）　傅举有　收藏家 10:41～49、11:65～72
幽幽两千年，秦俑情难了——秦兵马俑第三次发掘　崔欣　丝绸之路 15:19～21

绿脸俑的猜想 杨晓芳 中国文物报3月11日6版
对“兵马俑”说的质疑和挑战 王立嘉 中国文物报5月20日7版
试论河南汉代彩绘陶俑艺术 王蔚波 四川文物5:31~36
再说“汉俑”——以汉景帝墓出土俑为例 成耆仁 历史文物193:14~21
咸阳杨家湾兵马俑及相关问题初探 刘晓东 文博2:25~29
汉阳陵博物馆藏陶俑概述 石宁 文博2:70~75
河南永城市酂城汉墓出土陶俑 刘晓红 华夏考古4:144~145
洛阳北魏彩绘陶俑 郭画晓 文物世界5:3~7
甘肃出土的隋唐胡人俑 林健 文物1:71~79
漫谈古代西域俑塑——由吐鲁番阿斯塔那墓出土俑塑谈起 孙洁 历史文物187:30~35
丝路传奇——新疆考古出土“俑”的特征与其艺术性 成耆仁 历史文物188:45~50
唐代镇墓天王俑的佛教世俗化因素考略——兼谈两京地区的差异 杨洁 四川文物5:37~42
略论成都近郊宋墓中的龙形俑 易立 四川文物2:84~86
云南大理明代王氏墓和韩政墓陶塑艺术辨析 李艾东 民族艺术研究1:64~67

陵墓雕刻

江苏徐州出土的汉代陵墓石雕 杨孝军 四川文物1:80~85
唐帝陵石雕马的装饰纹样与唐代设计美学 李健、殷伟群 农业考古6:241~243
关于南朝陵墓神道石兽的名称问题 杨晓春 东南文化3:71~76
天禄辟邪新考——从角数规律看南朝帝陵石兽的名称 宋震昊 东南文化3:77~82
南朝帝陵石兽与龙 高敏、叶康宁 文物世界2:37~39
探析东钱湖南宋史氏墓道石像生的艺术特色 张磊 电影评介15:79~81

其 他

试论我国北方地区史前女性塑像与雕像 马金花 内蒙古文物考古2:58~65
化生与摩侯罗的源流 杨琳 中国历史文物2:21~33
新疆喀什出土“胡人饮酒场景”雕刻片石用途新考 葛承雍 西域文史（第四辑）101~107
内蒙古将军衙署博物院藏一组珍贵的佛教石刻文物 郭涛 内蒙古文物考古1:134~135

三 石窟寺艺术

丝绸之路上的佛教石窟 介永强 丝绸之路6:105~107
关于敦煌石窟研究的一些思考 樊锦诗 中国史研究3:91~94
山西高平石堂会石窟 李裕群、衣丽都 文物5:67~85
关于龟兹供养人像的考察（上） 中川原育子著 彭杰译 新疆师范大学学报：哲社版30卷1:101~109
云冈石窟第5、6窟相关问题探讨 员小中 文物世界3:33~36
陕西岐山蔡家坡石窟考古调查报告 陕西省考古研究院等（田有前、张

建林） 考古与文物5:18～26

广元石窟彩绘初探 唐志工等 四川文物6:59～66

龙门石窟的彩绘装饰 马朝龙、李随森 文博6:403～406

论龙门石窟路洞降魔变地神图像 张善庆 中原文物1:73～76

龙门石窟对中国佛教雕塑艺术的影响 郑霞 文物世界6:36～38

水帘洞石窟与麦积山石窟的关系以及在学术研究上的地位与价值 魏文斌 敦煌壁画艺术继承与创新国际学术研讨会论文集611～628

泾州地区北朝石窟分期试论 暨远志 考古与文物6:36～45

尉迟迥与拉梢寺大佛 杜斗城 丝绸之路10:5～7

楼底村1号窟与王母宫石窟稍细密并行线衣纹考察 夏朗云 丝绸之路16:39～42

北石窟寺研究成果述论 崔惠萍 丝绸之路16:34～38

敦煌石窟的中心佛坛窟 张景峰 敦煌研究5:31～39

莫高窟早期图案中的忍冬纹样 霍秀峰 敦煌壁画艺术继承与创新国际学术研讨会论文集281～314

莫高窟早期建筑图像的记号解读 王洁 敦煌研究5:40～47

敦煌石窟历史的重构——敦煌吐蕃期洞窟诸现象之省思 沙武田 汉藏佛教美术研究——第三届西藏考古与艺术国际学术讨论会论文集47～77

感知莫高窟第290窟的空间与造型 陈琦、陈海涛 敦煌壁画艺术继承与创新国际学术研讨会论文集237～245

敦煌莫高窟第465窟建窟史迹再探 霍巍 中国藏学3:187～194

敦煌莫高窟第138窟供养人画像再认识 张景峰、顾淑彦 艺术百家3:17～23

关于榆林窟第25窟营建时代的几个问题 沙武田 藏学学刊（第5辑）79～104

大足石刻：一部承载儒释道三教融合思想的文化巨著 江涛 中国文化遗产2:54～64

安岳卧佛院调查札记 雷玉华、付成金 成都文物1:1～12

Cave Temples in Dunhuang & the Period of Tibetan Rule（781～847）: the Vimalakirti Debate, the Mahaparinirvana of the Buddha Heather Stoddard 汉藏佛教美术研究——第三届西藏考古与艺术国际学术讨论会论文集23～45

甘肃省合水县几处晚期石窟调查简报 臧全红、董广强 敦煌研究5:53～60

敦煌西夏石窟研究琐言 刘玉权 敦煌研究4:8～11

乡宁县营里千佛洞石窟调查简报 许文胜 文物世界2:17～23

四 古代建筑

综 述

我国古代建筑的结构学探讨 陈天声 文物建筑（第3辑）56～65

中国古代建筑的线性特征 陈龙海 殷都学刊2:146～149

居丘、起坟与筑台 萧红颜 建筑历史与理论（第十辑）59～67

重视早期建筑考古与复原的研究 侯卫东 刘敦桢先生诞辰110周年纪

念暨中国建筑史学史研讨会论文集 135～138
汉代建筑若干问题试析（下） 张家泰 文物建筑（第3辑）1～26

专题研究

古建筑屋角演变与角梁构造关系探析 李小宁 浙江省文物考古研究所学刊（第九辑）396～417
中国建筑翼角起翘形制源流考 岳青等 中国历史文物1:71～79
小腰考 孙彦 考古4:58～61
高句丽墓葬壁画中斗拱的特点 邱羿、朴玉顺 文物建筑（第3辑）40～48
海原县西关清真寺出土元代门墩考释 李进兴 中国文物报12月25日6版
紫禁城宫殿建筑中的垂花门 郑燕梅 文物4:80～85
永嘉古建筑上的柱础 陈晓燕 东方博物（第三十一辑）113～117
试论临淄齐瓦当的装饰艺术 董雪、李娜 管子学刊1:55～57
中山国瓦当初探 申云艳 考古11:70～76
介绍安徽出土战国、汉代时期的瓦当 汪景辉 道远集——安徽省文物考古研究所五十年文集194～209
大同北魏太官粮窖遗址出土的战国秦汉瓦当 张喜斌等 洛阳汉魏陵墓研究论文集212～217
大同北魏太官粮窖遗址出土的战国秦汉瓦当 张喜斌等 文物世界6:10～14
简论燕下都瓦当承载的文化信息 吴磐军 文物春秋1:21～27
雍城秦汉瓦当制作方法的发展演变 景宏伟 周秦文明论丛（第二辑）219～223
秦代瓦当初探 申云艳 里耶古城·秦简与秦文化研究——中国里耶古城·秦简与秦文化国际学术研讨会论文集282～288
卷云纹夹贝瓦当 刘铁峰 中国文物报7月15日8版
晋文公庙出土瓦当诠释 阎雅梅 文物世界5:56～57
瓦当“椽头饰”说疑议——以四川汉代崖墓资料为例 王子今 四川文物1:65～69
南京出土六朝椽当初研 贺云翱 文物5:56～66
北魏莲花化生瓦当研究 王秀玲 文物世界2:32～36
俄罗斯滨海边区渤海女真遗址出土的屋面瓦垄檐口圆形瓦当装饰 Astashenkova E.V.著 刘泽墉译 邓泽群、谭浩然校 ’09古陶瓷科学技术7国际讨论会论文集539～545
三峡地区出土唐宋瓦当的类型和时代 李映福 文物3:62～74
泰安岱庙瓦当的造型艺术和历史文化价值 赵祥明 文物世界1:56～60
陕北汉画像石所见庑殿式建筑图像分析 郑红莉 碑林集刊（十四）145～156
徐州汉画像石中的建筑形象表现刍议 翟显中 两汉文化研究（第三辑）364～375
汉代明器所反映的民居建筑 周桂发 文化遗产研究集刊（第四辑）44～79
从费县东汉墓画像石刻看秦汉时期的楼台亭阁建筑 周晓莉 南方文物4:190～191

说河西的塹——以敦煌吐鲁番出土材料为中心　刘再聪　华夏考古 2:130~140
嵩山汉三阙　张家泰　中国文化遗产 3:19~25
佛教寺院的类型、空间布局及其图像　李裕群　而立集——山西大学考古专业成立 30 周年纪念文集 271~332
隋唐以前中国佛教寺院的空间布局及其演变　李裕群　边疆民族考古与民族考古学集刊（第一集）287~311
南宋江南禅寺布局的形式与特点　张十庆　东方建筑遗产·2009 年卷 183~194
浅论临夏拱北建筑艺术　张有财　丝绸之路 4:74~75
莲花纹饰在高句丽建筑装饰中的应用　杨子明　文物建筑（第 3 辑）66~73
太谷传统民居中的宅院大门　田惠民　文物世界 3:39~43
从考古材料谈长城的起源　张长海　文物世界 2:77~80
三十年来楚方城研究综述　蒋波　楚文化研究论集（第八集）228~234
明长城数据解读　中国文物报 4 月 22 日 6~7 版

调查与研究

北京·河北·山西

英华殿大木结构实测研究　李越等　故宫博物院院刊 1:6~21
保和殿大木构架类型与特点　崔瑾　收藏家 10:69~74
门头沟区明长城资源调查报告　顾大勇　中国文物报 12 月 4 日 3 版
北朝长城现状调查　于晓磊　中国文化遗产 1:40~44
北朝长城东部遗迹综合考察与分析课题研究　赵宏利等　中国文化遗产 5:58~61
山西运城文昌塔建筑考察与分析　王月前　中国历史文物 3:33~45
山西古建筑的艺术审美特征　程实　文物世界 2:54~57
山西省北齐长城调查研究　王杰瑜　中国文物报 5 月 8 日 8 版
从后土祠庙貌碑看宋代后土祠在中国古代建筑史上的地位　贾红艳　文物世界 5:43~45
晋东南地区二仙庙宇建筑平面分析　张薇薇　文物世界 2:24~31
山西长子慈林镇布村玉皇庙　徐怡涛、苏林　文物 6:87~96
忻州市境内的明代长城　张永正　文物世界 5:28~32
山西省奇构梁架（一）——左权关帝庙戏台　滑辰龙　东方建筑遗产（2009 年卷）207~214

浙江·福建·河南

安吉牛头山石构遗存发现记　汪琴、程亦胜　浙江文物 1:41~42
浙江丽水灵鹫寺石塔　吴志标　东方博物（第三十辑）6~14
浙江德清宋代桥梁技术与装饰工艺　孙荣华　文博 3:84~90
海盐镇海塔及出土文物　李林　东方博物（第三十三辑）28~38
论保国寺北宋大殿的特点与价值　余如龙　东方建筑遗产（2009 年卷）103~110
泰顺传统建筑木作技术研究　孔磊、刘杰　建筑历史与理论（第十辑）85~102
皂坑村古建筑群　陈芳红　浙江文物

1:38～40
平阳顺溪大屋建筑构造与特色探析 陈云根 浙江省文物考古研究所学刊（第九辑）447～459
宁波明代民居建筑鉴析 林浩 东方建筑遗产（2009年卷）71～82
保国寺观音殿与宁波传统民居之比较 沈惠耀 东方建筑遗产（2009年卷）117～128
宁波传统民居建筑特征初探 施小蓓 东方建筑遗产（2009年卷）91～100
义乌黄山八面厅的建筑特色 黄斌 浙江省文物考古研究所学刊（第九辑）428～439
宋元泉州石建筑技术发展脉络 闫爱宾 海交史研究1:73～112
福建顺昌宝山寺大殿 楼建龙、王益民 文物9:65～72
莆禧古城墙 陈文忠 南方文物3:165～166
关于河南早期长城调查若干问题的思考 杨华南 中国文物报2月27日3版
河南楚长城初探 衡云花 楚文化研究论集（第八集）216～227
塔中之塔——嵩岳寺塔形制探微 徐永利 建筑历史与理论（第十辑）103～114
洛阳河南府文庙戟门、大成殿建筑特征探析 吕军辉 中原文物6:91～98

甘肃·陕西·山东·广东

简论甘肃境内长城墙体类型 潘玉灵、梁建宏 丝绸之路20:22～24
青城镇古建筑概述 李全武 丝绸之路4:64～67
平凉市崆峒山宝塔概述 宋钢 丝绸之路2:14～16
甘肃山丹境内明长城遗存及勘察保护 韩建成 丝绸之路12:30～33
阿房宫及其规模考 项福库 丝绸之路4:61～62
勤政爱民 开元盛世——唐长安兴庆宫勤政务本楼研究 窦鹏 丝绸之路4:56～58
陕西韩城庆善寺 徐新云等 中国历史文物4:80～88
山东第三次全国文物普查获重大发现——莱芜发现鲁长城遗迹 方辉等 中国文物报6月12日2版
中国历史上最古老的长城——齐长城 何德亮 中原文物2:64～70
齐长城资源调查取得阶段性成果 李振光等 中国文物报2月6日1版
潮州开元寺天王殿大木构架建构特点分析 李哲扬 建筑历史与理论（第十辑）45～56
广东鹤山发现大型古建筑群 李锦飞 中国文物报1月2日2版

辽宁·内蒙古·四川·重庆

也谈义县奉国寺大雄殿大木尺度设计方法——与温玉清先生讨论 刘畅、孙闯 故宫博物院院刊4:33～49
鞍山地区金代古塔初探 贾杰等 辽金历史与考古（第一辑）320～325
内蒙古苏尼特右旗德王府勘测报告 李中核 内蒙古文物考古1:37～44
广安明代兴国寺始建年代及相关问题 刘敏 四川文物2:76～78
重庆忠县汉阙与四川渠县汉阙之比较研究 陈绪春 装饰1:141～143
浅析重庆市万州区洄澜塔结构特点及建造工艺 甄学军 文物建筑（第3辑）85～88

江苏·安徽·湖南·云南

南京牛首山弘觉寺郑和德塔考证补遗　葛晓康　中国历史文物3:70~71

安徽寿县报恩寺建筑布局探析　方力军　文物研究（第16辑）283~285

湖南明清时期汉民居分区探索　符炫、吴顺东　湖南考古辑刊（第8集）308~322

昆明太和宫金殿研究　张剑葳、周双林　文物9:73~87

五　陶瓷与窑址

东南亚陶瓷与考古学　John Miksic 著　王淑津整理　故宫文物月刊314:50~61

考古学陶瓷研究的实验方法（以俄罗斯远东作为个案研究区域）　Irina S. Zhushchikhovskaya 著　谭浩然、刘泽墉译　李伟东、谭浩然校　'09古陶瓷科学技术7国际讨论会论文集815~825

三十年来中国陶瓷考古发现与研究述略　易立　中华文化论坛144~154

六十年来中国古陶瓷文献学研究述评　陈宁　中国陶瓷12:93~97

古陶瓷产地研究检视　罗运兵　文物研究（第16辑）261~266

龙窑生产中的几个问题　沈岳明　文物9:55~64

中国白瓷　鲜明　成都文物3:47~53

中国古陶瓷饰纹发展史导论（上）　子仁　美术观察3:97~103

青花瓷画艺术探源　林尊源　南方文物1:87~93

宋元外销瓷研究的回顾与反思　熊翠燕　四川文物2:70~75

漫谈夹耳盖罐及域外加彩的中国瓷器　马文宽　收藏家4:31~36

宋代官窑的主要特点——兼谈元汝州青瓷器　秦大树　文物12:59~75

再探中国瓷质香炉的文化意义（上、下）　高阿申　收藏家11:53~59、12:49~54

古陶瓷釉质鉴定（一~四）　毛晓沪　收藏家4:83~88、5:77~82、6:73~77、7:81~87

瓷枕探析　蔡毅　华夏考古4:116~122

磁州窑瓷枕二十四孝纹饰解读　后晓荣　四川文物5:55~57

千年窑火不熄的陶瓷圣地——磁州窑历史概述　郭光华　收藏1:34~39

磁州窑系诸窑概况　徐华烽　收藏1:40~44

河南登封瓷窑遗址浅析　宋奇　中原文物3:48~50

河南内乡邓窑及邓窑瓷器　李桂阁　中原文物6:22~28

陈炉——千年窑火不绝的青瓷小镇　陈士娟　丝绸之路13:17~20

陕西出土瓷器巡礼　王小蒙　收藏3:58~63

景德镇瓷器款识的历史变迁　谢志明等　中国陶瓷12:85~88

浅谈淄博民窑瓷器的发展与特点　孙宜　中国文物报3月4日7版

北京地区出土瓷器简述（上、中、下）　马希桂、马旭　收藏家1:17~26、2:15~26、3:23~31

关于四川三台出土"官"款白瓷的几个问题　易立　四川文物1:60~64

耀州窑青瓷的美学理念及风格变迁　王小蒙　四川文物5:49~54

跨越千年话建窑　榕青、建安　文物天地3:21~25

雅俗之间吉州窑　彭明瀚、赵可明　文物天地 3:38～46
德化瓷器丰富多彩的装饰艺术　连明森　文物天地 9:77～79

汉及以前

“瓷之源”探索的重大突破——在浙江德清第二届瓷之源学术讨论会上的发言　李伯谦　古代文明研究通讯 43:52～55
试论商周时期浙江地区的原始瓷器　孟国平　浙江省文物考古研究所学刊（第九辑）242～262
硬陶文化的比较研究　顾幼静　东方博物（第三十一辑）101～106
战国原始瓷双头提梁壶功能考　郑建明　浙江省文物考古研究所学刊（第九辑）283～291
浅探汉代陶瓷艺术的文化内涵　沈玲、谭骏　中国陶瓷 1:68～70
试论汉代的高温釉陶　胡继根　浙江省文物考古研究所学刊（第九辑）318～334
汉代盐豉方合赏析　李丽霞、徐婵菲　中原文物 2:109～110
陶器轮制法的辨识　贾宾　中国文物报 12 月 25 日 7 版

三国两晋南北朝

北方地区出土鸡首壶小议　杨学晨　陕西历史博物馆馆刊（第 16 辑）27～33
宜兴六朝青瓷　黄兴南　无锡文博 1:33～37
安吉三国青瓷胡人骑羊尊　汪琴　文物天地 5:80～81
魏晋南北朝时期的莲纹艺术　李春至　中国文物报 3 月 18 日 5 版
北朝青瓷莲花尊与淄博陶瓷文化源流考　李勇　中国文物报 4 月 1 日 6 版

隋唐五代

滨海地区遗址靺鞨陶瓷容器的表面处理　Piskareva Y. E. 著　刘泽墉译　邓泽群、谭浩然校　’09 古陶瓷科学技术 7 国际讨论会论文集 553～558
中国瓷器对伊拉克阿拔斯王朝前期伊斯兰陶器的影响　马文宽　’09 古陶瓷科学技术 7 国际讨论会论文集 570～576
汉唐风韵岳州窑　陶景书　收藏 10:60～62
对洪州窑研究的一些思考　程小辉、张文江　东方博物（第三十三辑）50～58
长沙窑“菠萝纹”图形研究　郑晋　湖南考古辑刊（第 8 集）236～240
长沙窑青釉褐彩“张家茶坊”瓶铭文考释　周世荣　湖南考古辑刊（第 8 集）298～301
中国早期白瓷、唐青花起源又有新说——2009 年中国早期白瓷与白釉彩瓷学术研讨会综述　阮富春　中国文物报 11 月 11 日 5 版
浅探早期青花瓷　衡云花、刘晓红　湖南省博物馆馆刊（第五辑）491～498
漫谈唐代青花瓷器（上、下）　张松林　收藏家 2:35～42、3:67～70
浅论唐青花装饰技法与艺术风格　孙欣　收藏家 12:31～36
弘化公主墓出土的白釉瓷壶　黎李　陇右文博 2:42～43
西安出土的唐“盈”字款邢窑白瓷　赵希利　收藏 9:117～119
千年余晖——印尼井里汶沉船里的晚唐、五代定窑白瓷　林亦秋　收藏

11:32~37
秘色瓷相关宋代文献记载新思考——宋人对秘色瓷的认识　李喜宽著　朴贵花译　东方博物（第三十辑）46~51
从唐三彩看大唐盛世气象　刘谦功　中国文化研究夏之卷139~143
生气勃勃的盛唐气象——以洛阳唐三彩为例　叶四虎、王耀辉　上海文博论丛4:34~41
浅谈杜甫草堂遗址出土唐三彩净瓶　杨渝泉　成都文物1:19~20
浅谈大运河出土的一件唐代执壶的釉色与寿州窑瓷釉发展的联系　武可　文物研究（第16辑）317~321
唐代寿州窑的兴与衰　黄松　收藏2:70~71
也谈“三文”茶瓶　钱德军　中国文物报4月29日7版
耀州窑部分标本商榷与赏析（一、二、三、四、五）　田宾锋　中国文物报4月8日7版、4月15日7版、4月29日7版、5月6日7版、5月22日7版
试论五代宋初耀州青瓷的类型与分期——以墓葬、塔基出土物为中心　易立　考古与文物2:81~92
五代黄堡（耀州）窑的剪纸漏花与木叶纹瓷器　欧阳希君　’09古陶瓷科学技术7国际讨论会论文集638~645

补　遗

黄冶窑唐三彩原料产地的研究　董军领等　原子核物理评论2008年25卷4:380~384

宋、辽、金、西夏

珠光青瓷——中国古代外销瓷中的瑰宝　余光仁、余明泾　收藏3:64~67
中国出土的高丽青瓷　马争鸣　东方博物（第三十三辑）59~65
中国发现的高丽青瓷　小林仁著　陈馨译　收藏11:44~50
宋瓷的审美追求　方李莉　文物天地1:10~15
宋代陶瓷研究中的几大谜案　杨静荣　文物天地1:16~17
宋官窑的发现和相关问题　李钰　文物天地1:18~21
北宋官窑早期窑址的发现与研究　朱文立、朱钰峰　’09古陶瓷科学技术7国际讨论会论文集646~649
河南新出宋金名窑瓷器特展座谈会热议北宋官窑　李珍萍　中国文物报10月30日7版
当阳峪窑为北宋供御名窑新证　原雪辉　收藏3:72~74
尘封近千年的皇家用瓷——宋太宗元德李皇后陵出土瓷器（上、下）　王蔚波　收藏10:54~59、11:51~54
唐宋时期定瓷的生产及其影响　米玲、王彦岭　河北学刊29卷5:95~97
宋金红绿彩瓷的佛学意味　原雪辉、张杨　收藏7:38~39
德清出土的宋元时期瓷器　施兰　东方博物（第三十一辑）94~100
北宋吕大临家族墓出土大量珍贵瓷器　耕生　收藏3:167
吉州窑陶瓷装饰艺术试析　胡巍　华夏考古3:90~91
浙江境内宋元青白瓷窑址研究　牟宝蕾　东方博物（第三十三辑）66~73
青白瓷的始烧与命名　黄平等　中国

陶瓷 10:72~74
从铜锣山等几处窑址的发掘看宋代景德镇窑业状况 张文江、何敬 东方博物（第三十辑）52~63
宋初景德镇青白瓷来源及分布研究 江凌、詹嘉 丝绸之路 24:26~28
论宋代景德镇青白瓷窑具上画押铭文 刘忠山、陈雨前 中国陶瓷 1:71~72
论宋代景德镇青白瓷釉色的美学品格 刘永红 中国陶瓷 3:71~73
海外出土的宋代漳州窑及其周边地区生产的陶瓷器 （日）森朝子 福建文博增刊 104~112
宋珍珠地划花陶瓷器表面装饰工艺新探 王莉 陕西历史博物馆馆刊（第 16 辑）235~239
宋代磁州窑：大众化的艺术 秦大树 文物天地 3:12~20
磁州窑装饰艺术探源 张伟英等 中国陶瓷 5:74~76
磁州窑的唐诗枕 王时磊、李寒梅 收藏家 12:55~57
磁州窑瓷枕上的篆书装饰 李江 收藏 1:48~49
无处不生“香”——谈磁州窑行炉 张美芳 收藏 1:45~46
何为“磁州天目” 张国英 收藏 1:47
磁州窑器物上的花卉纹饰 王静 收藏 1:64~65
磁州窑白地黑绘枕的文人情怀 李秋晨 文物世界 1:6~8
“刘家造”白地黑剔花龙纹瓶真伪之辨 刘志国 收藏 1:50~52
一件珍贵的绿釉民谚枕 李彩霞 中国文物报 7 月 15 日 7 版
福建南平茶洋窑的“黑釉瓷器” 张文崟 中国文物报 2 月 18 日 5 版
内蒙古地区出土耀州窑瓷器 张红星 内蒙古文物考古 2:85~92
宋代耀州窑 禚振西 文物天地 3:32~37
宋代南平建窑曜变（星）建盏天目茶碗的研制 孙建兴等 ’09 古陶瓷科学技术 7 国际讨论会论文集 775~782
龙泉窑青瓷的技艺特征 沈胜利 ’09 古陶瓷科学技术 7 国际讨论会论文集 801~806
龙泉窑淡青釉青瓷 钟琦 收藏 2:73~75
龙泉溪口窑刍议 孙元雄 浙江文物 4:42~43
记台湾北海岸埤岛桥与大坌坑遗址的龙泉青瓷新资料 王淑津 故宫文物月刊 311:28~35
日本出土的龙泉窑青瓷 森达也 故宫文物月刊 311:20~27
龙泉青瓷美如玉 蔡琴 文物天地 3:30~31
湮没在历史深处的住田街青瓷窑 青瓷邨 收藏 6:61~63
宋代越窑青瓷 蔡乃武 文物天地 3:26~29
禹州钧台窑新发现宋钧举隅 李晓莉 收藏 3:68~71
黄金有价钧无价——浅谈宋代钧瓷及后世仿品 高英爽 收藏家 8:41~43
天青紫霞之变——从乳钉鼓式洗看宋钧窑艺术特征与修改标识 张桂芳 中国文物报 8 月 5 日 8 版
解读葛府窑 赵一新等 ’09 古陶瓷科学技术 7 国际讨论会论文集 610~618

安徽繁昌窑研究新进展　杨玉璋等　东南文化 3:83~87
繁昌窑的兴衰　翟艳艳　东南文化 3:88~92
浅说吉州窑捏塑瓷品　梁芳苓　陇右文博 2:37~38
北宋登封窑的审美思想　李景洲　文物天地 5:89
解析汝瓷釉层冰片形成机理　张义　'09古陶瓷科学技术 7 国际讨论会论文集 329~333
柳暗花明说哥窑　李刚　文物天地 1:30~34
叶喆民先生谈汝窑瓷器　马怡运　文物天地 1:22~25
基于最小二乘支持向量机算法的南宋官窑出土瓷片分类　付略等　'09 古陶瓷科学技术 7 国际讨论会论文集 250~261
"'进''清河'"、"苑丙子"款南宋时期生活用瓷——浅议古代名窑与陶瓷祭器　陈沪庆　'09 古陶瓷科学技术 7 国际讨论会论文集 632~637
有关南宋后期官窑的几个问题　（韩国）李喜宽　故宫博物院院刊 3:6~23
南宋官窑及其对浙江青瓷的影响　傅晓云　文艺研究 11:148~149
我看南宋官窑　李刚　文物天地 1:26~29
南宋官窑觚形器的工艺内涵　徐霁明、李伟东　'09 古陶瓷科学技术 7 国际讨论会论文集 783~786
南宋官窑 1 件器物的名称及功能问题的几点见解　金志伟等　'09 古陶瓷科学技术 7 国际讨论会论文集 619~625
南宋官窑釉色发白瓷器综合探讨　金志伟等　'09 古陶瓷科学技术 7 国际讨论会论文集 626~631
扑朔迷离的修内司官窑　唐俊杰、邓禾颖　收藏 4:58~61
南宋郊坛下官窑遗址出土标本　邓禾颖　收藏 12:32~37
辽代宗教瓷器述论　董健丽　北方文物 2:52~57
辽宁阜新关山辽墓出土瓷器的窑口与年代　万雄飞　边疆考古研究（第 8 辑）203~217
赤峰北部辽代窑址出土陶瓷残片及窑具的成分分析　崔剑锋等　边疆考古研究（第 8 辑）309~316
试析北京地区发现的辽代广口重唇罐　孙建国　文物春秋 3:59~63
金元磁州窑瓷枕花鸟装饰浅析　张丽萍　收藏 1:62~63
不施丹青也动人——金代磁州窑瓷枕上的婴戏图　俎少英　收藏 1:60~61
河南南召高庄金代钧瓷窖藏　李伟男、范云刚　中国文物报 3 月 11 日 5 版
南召"高庄钧瓷窖藏"金代钧瓷胎浅识　李伟男　中国文物报 7 月 22 日 5 版
"官钧"说源　王志军　文物天地 1:42~48
入窑一色出窑万彩——金代钧瓷　马广彦　收藏 5:78~79
釉上多色彩绘瓷的辉煌——红绿彩　望野　收藏 7:26~31
山西的红绿彩瓷　孟耀虎　收藏 7:43~45
红如朱绿如翠——扒村窑红绿彩　徐华烽　收藏 7:46~47

红绿彩瓷艺术纵横谈　杜文　收藏 7∶48～53
定窑宽芒口瓷器装烧工艺探识　白庆林　文物世界5∶49～51
西夏制瓷手工业述论　彭善国　内蒙古文物考古1∶110～117
西夏瓷探秘（上、下）　杭天　收藏 6∶64～67、9∶114～116
武威塔儿湾出土的西夏瓷壶　党菊红　陇右文博2∶81～84
多彩多姿的西夏扁壶　李进兴　中国文物报3月25日7版
追寻西夏文明的碎片　路生　丝绸之路15∶5～8

元、明、清

回青的科学解释　陈尧成　'09古陶瓷科学技术7国际讨论会论文集351～360
浅谈元明清龙泉窑装饰技法差异　祝利英　浙江省文物考古研究所学刊（第九辑）360～363
元明清瓷器纹饰“番莲花”研究　王怡苹　东方博物（第三十辑）31～40
碎金流霞——北京毛家湾出土瓷器珍品　杨俊艳　收藏家10∶3～8
元代陶瓷的审美解析　方李莉　文物天地4∶10～15
碧绿——明代龙泉窑青瓷　蔡玫芬　故宫文物月刊311∶6～19
镇江出土的唐、元青花瓷器　刘丽文、肖梦龙　'09古陶瓷科学技术7国际讨论会论文集650～656
对土伊两国藏元青花瓷器的再认识　杨俊艳　文物天地9∶68～73
元青花的仿制与真伪鉴定　罗学正、许昆红　'09古陶瓷科学技术7国际讨论会论文集807～814
关于元青花生产状况的几点思考　陈扬　北京文博3∶62～65
元代青花瓷装饰艺术的研究　丁斌、王莹　中国陶瓷1∶75～77
浅谈景德镇元青花与元代思想文化的关联　王茜、彭怀松　中国陶瓷3∶68～70
高安窖藏元青花和釉里红非同一窑场所产　董亮、江凌　中国文物报3月18日5版
元青花“十八学士登瀛洲”纹饰浅读　陶禅　中国文物报5月27日7版
元青花怎么了？　何小龙　中国文物报6月24日6版
试论元青花的两大误区　陶禅　中国文物报10月28日7版
元青花无人物　丁山　收藏家6∶3～10
元青花无官器　丁山　收藏家7∶17～23
至正型青花瓷辅助纹饰的艺术特征　宁钢、沈塔　文艺研究9∶153～155
元代青花瓷与景德镇　朱亦梅　丝绸之路18∶18～19
转变期青花瓷器的风格突变与繁荣　黄静　四川文物1∶55～59
元青花的前世今生　王志军　文物天地4∶16～21
元朝重臣张珪与保定出土元代宫廷酒器　林梅村　故宫博物院院刊3∶24～41
元代磁州窑的“梨花白”酒器　王兴、王时磊　文物天地4∶82～83
磁州窑四系瓶的流行时代与文化内涵　马小青　收藏6∶56～60
古今仿定辨识　穆青　文物天地1∶35～41
北京出土的扑满　李志贤　中国钱币

3:70~71
越南出水明清时期外销陶瓷　张凯　收藏家3:11~16
徽章与纹章瓷探讨　詹嘉　'09古陶瓷科学技术7国际讨论会论文集712~719
明清官窑大器发展的四个高峰时期　王健华　故宫博物院院刊3:52~68
转变期民窑青花瓷特征及其成因　童冬生、谢志明　中国陶瓷10:80~81
明清景德镇民窑兔纹研究　曹建文、徐小娇　四川文物5:58~63
清净通明 吉祥八宝——古陶瓷纹饰琐谈　龙霄飞　收藏家9:83~88
近年水下考古所见紫砂器　黄健亮　收藏5:58~62
明代至清代早期紫砂的考古发现　黄健亮　收藏12:38~41
漫话粤东地区的陶瓷产地　肖沐荣　收藏2:78~79
北京毛家湾出土的明代龙泉官窑瓷器　李永强　收藏家1:14~16
"空白期"不空白　李辉柄　'09古陶瓷科学技术7国际讨论会论文集676~687
从一件珐琅炉谈明万历朝掐丝珐琅工艺及风格　张荣　文物天地1:78~80
明洪武青花瓷的呈色研究　高阿申　'09古陶瓷科学技术7国际讨论会论文集663~675
明洪武青花瓷的呈色研究（上、下）　高阿申　收藏家3:79~84、4:71~76
明代禹州烧造红绿彩瓷器　郭学雷　收藏7:32~37
明御窑凤纹探析　丁鹏勃　中国历史文物2:42~49
大明处州官器问题谈——兼谈大窑枫洞岩窑址的性质　徐军　浙江省文物考古研究所学刊（第九辑）364~371
万国津梁之基——浅谈日本冲绳出土之龙泉青瓷　彭盈真　故宫文物月刊311:36~45
域外因素影响下的明代景德镇制瓷工艺技术之变　江凌等　中国陶瓷10:75~77
晚明景德镇民窑瓷器的艺术特征　王莹、王屹　南京艺术学院学报：美术与设计版5:76~77
伦敦大维德中国美术馆藏何朝春作德化瓷观音像年代与作者再鉴定　戴翠华　故宫博物院院刊3:42~51
湖北荆州出土明代永乐白釉盖罐　贺燕琼　南方文物3:170~171
龙泉青瓷窑址新发现　钱汉东　收藏2:76~77
景泰蓝的起源及鉴赏　李强　收藏家6:78~84
清宫旧藏官窑大器　王健华　'09古陶瓷科学技术7国际讨论会论文集720~727
清宫旧藏葫芦形器及所折射出的"福"文化　董健丽、高晓然　南方文物1:94~97
北京新出土唐英妾可姬瓷骨灰罐　李仅录　东方博物（第三十辑）41~45
嘉兴博物馆藏耕图瓷板　葛金根　收藏家12:65~70
承德避暑山庄出土的清代瓷片　商晓军　文物春秋3:74~77
丰盛吉祥的清代官窑碗　梁晓新　文物天地6:94~97

清代钧瓷窑变现象揭秘　任星航、任纪卫　'09古陶瓷科学技术7国际讨论会论文集787～789
清代早期民窑青花瓷的特征　宋康年　中国文物报7月8日7版
清嘉庆缠枝莲青花大缸　高鹏忠　丝绸之路7:68～69
康熙青花人物纹及其成因浅析　万钧　中国历史文物1:58～65
康熙青花大碗考识　王莉　文物世界4:3～6
康熙时期瓷器上基本形态特征研究　章婷等　中国陶瓷12:89～92
从"十八学士图"棒槌瓶谈康熙青花瓷绘中的文人图案　高晓然　文博1:80～86
大清帝国的康熙瓷　霍华、刘胜　文物天地8:14～19
文人崇尚的康熙青花瓷器　陆明华　文物天地8:20～25
康熙五彩瓷器管窥　陈润民　文物天地8:26～31
康熙颜色釉瓷器的品种与工艺　冯小琦　文物天地8:32～36
清代雍正官窑单色釉的成就　唐小萍　北京文博3:66～72
从唐英〈陶成纪事碑〉看雍正官窑的仿古与创新　余佩瑾　故宫文物月刊319:64～75
雍正王朝与景德镇官窑瓷（上、下）　张宁、张敏　收藏家5:13～18、6:18～24
乾隆宫廷掐丝珐琅器　苏强　文物天地1:81～87
从色地画珐瑯与洋彩瓷器——谈文物定名问题　廖宝秀　故宫文物月刊321:34～59
瓷中极品——珐琅彩瓷器　吕成龙　收藏家1:55～60

补　遗

揭开成化斗彩"差紫"之谜　杜锋、苏宝茹　中国科学.E辑2008年38卷9:1487～1494

窑址的调查与发掘

浙江德清亭子桥战国窑址发掘简报　浙江省文物考古研究所、德清县博物馆（郑建明等）　文物12:4～24
山东宁阳发现唐元瓷窑址　李涛　中国文物报2月27日2版
衡州窑调查简报　衡阳市博物馆、衡阳市文物处（郑均生、陈默）　湖南考古辑刊（第8集）122～126
安徽歙县王塘尾五代至北宋窑址发掘简报　安徽省文物考古研究所（秦让平）　文物研究（第16辑）213～228
和林格尔县榆林城窑址发掘　内蒙古文物考古研究所（李少兵、索秀芬）　内蒙古文物考古1:13～18
凤翔青渠古瓷窑考察初步收获　杜文、禚振西　文博5:10～16
尘封的辉煌——西坝窑古陶瓷新发现　曹洪　收藏4:76～77
湖南益阳羊舞岭窑址群调查报告　湖南省文物考古研究所、益阳市文物管理处（张兴国）　湖南考古辑刊（第8集）127～142
四川青神县坛罐窑调查　成都中医药大医学医史博物馆（伍秋鹏）　四川文物2:10～15
四川乐山西坝窑址发掘成果丰硕　胡昌钰、任江　中国文物报4月15日2版
江西浮梁凤凰山宋代窑址发掘简报　江西省文物考古研究所、浮梁县博

物馆（张文江等） 文物 12：25～38

缙云大溪滩窑址群地面调查简报 黄彩红、陈福亮 东方博物（第三十三辑）82～88

乐清大坟庵窑址的调查与认识 温州市文物保护考古所、乐清市文物馆（梁岩华、余群鸣） 东方博物（第三十三辑）74～81

内蒙古阿鲁科尔沁旗辽代窑址调查 彭善国、周兴启 边疆考古研究（第8辑）389～395

河南汝州市东沟瓷窑址发掘简报 河南省文物考古研究所（郭木森） 华夏考古 2：12～33

云和县横山周窑址发掘简报 浙江省文物考古研究所、云和县文物管理委员会（刘毅） 东方博物（第三十三辑）89～99

近年来景德镇元代青花窑址调查与研究 曹建文、徐华烽 故宫博物院院刊 6：78～88

江苏宜兴发现大量明清紫砂窑遗址 潘纪纲、周婷 中国文物报 1 月 16 日 2 版

平和窑研究 余光仁、欧阳希君 ’09古陶瓷科学技术 7 国际讨论会论文集 688～698

华安东溪窑址的横室阶级窑 栗建安 ’09 古陶瓷科学技术 7 国际讨论会论文集 707～711

江西景德镇观音阁明代窑址发掘简报 北京大学考古文博学院等（刘新园等） 文物 12：39～58

四川清代早期规模较大的民间窑场 刘雨茂等 中国文物报 4 月 24 日 4 版

藏品介绍

河南博物院新藏一批汉至唐文物选介 张建民、熊丽萍 中原文物 4：105～110

汾阳市博物馆藏品撷英 王仲璋 文物世界 1：3～5

邢窑刻款罐三件及其他 孟耀虎 文物世界 2：45～47

耀州窑宫廷瓷赏析 黄凤昇、段方 收藏家 10：18～20

张家口市博物馆馆藏瓷器选介 贾芸等 文物春秋 1：66～68

唐三彩凤鸟纹扁壶 曲金丽 文物春秋 5：75

曲阳定窑遗址古墓发现的刻铭白瓷碗 杨敬好 文物春秋 6：74～75

咸阳出土的耀州窑青瓷 刘晓东 收藏 5：70～72

瓷瓶最美玉壶春——中国古代文物审美思考 马大东 收藏家 6：85～88

江西省博物馆藏龙泉青瓷 赖金明 收藏家 7：37～44

美国芝加哥艺术学院藏中国陶瓷艺术品 周炜 收藏家 1：63～66

北京故宫收藏的宋代名窑瓷器 冯小琦 文物天地 1：52～55

范金琢玉——海外藏耀州青瓷珍品 黎淑仪 收藏 4：62～66

瓷苑妙品：安徽宿松县博物馆藏宋瓷品鉴 张振华 南方文物 4：192～193

馆藏水吉窑黑釉兔毫盏及仿品 王莉 考古与文物 6：63～64

北宋白釉刻花菊瓣纹盒赏析 杨勇伟 文物世界 5：58～59

磁州窑白地黑彩鱼藻纹瓷钵 宋康年 中国文物报 6 月 10 日 2 版

本溪市博物馆藏辽金瓷器精品选介 郭晶 辽金历史与考古（第一辑）359～362

南宋龙泉窑船形砚滴赏析　蔡乃武　东方博物（第三十二辑）114～118
辽西博物馆藏辽代鸡冠壶　周颖　辽金历史与考古（第一辑）353～358
辽代白釉贴花莲生贵子双榴联体笔洗　王为群　文物春秋1:71～72
磁州窑的漳滨逸人制枕　王兴、王时磊　收藏家8:44～50
一件罕见的八方折釉红绿彩瓷枕　蒋炳昌　收藏家11:37～38
常德地区馆藏元、明、清瓷器管窥　彭佳　湖南省博物馆馆刊（第五辑）517～523
来自草原的大元瓷器　肖志华　文物天地4:76～81
介绍几件甘肃省出土的元青花瓷　贾建威　考古与文物4:112
辽宁省博物馆收藏的元青花瓷　李慧净　收藏5:74～76
安徽出土的元青花　王丹丹、卞坚　文物天地4:22～27
虽残犹珍的元青花鸳鸯卧莲玉壶春　梁姝丹等　收藏5:73
被漏记的两件元青花玉壶春瓶　李华杰　中国文物报7月22日5版
青阳出土的带座元青花玉兔纹净瓶　王军　收藏3:75
武汉大学考古资料陈列室所藏陶瓶　黎海超　考古9:91
苍莽天穹 蛟龙赶珠——颐和园藏蓝釉白龙纹梅瓶　卢侃　文物天地3:68～69
磁州窑“时苗留犊图枕”考　徐继红　中国文物报3月11日6版
鸿禧美术馆藏“德化白瓷”　舒佩琦　福建文博增刊89～101
合肥明墓出土玉壶春瓶　金鑫　收藏10:47
明代青花梅瓶鉴赏　张萍　丝绸之路9:68
海帆留踪——荷兰倪汉克捐赠明清贸易瓷　何申　文物天地12:70～73
辽宁省博物院清代彩绘瓷集萃（上）——青花、素三彩　李慧净　收藏10:48～53
辽宁省博物馆清代彩绘瓷集萃（下）——粉彩、釉里红、五彩　李慧净　收藏11:38～43
陕西历史博物馆藏康熙仿成化款瓷器述要　王莉　文博4:74～78
清宫旧藏雍正颜色釉瓷器　徐巍　文物天地11:102～106
清乾隆豆青釉蟠螭纹盖盒赏析　王冬媚　博物馆研究4:91
怀宁发现的晚清白釉刻瓷粉彩琮式瓶　许向英　文物研究第16辑342～343

六　绘　画

岩　画

具茨山岩刻古文化等考查纪要　周昆叔等　中华文明与嵩山文明研究（第一辑）212～223
浅析河南具茨山岩画的方形网格岩刻　宋秀兰　文物研究（第16辑）127～131
古代北方民族岩画创作艺术管见——以阿拉善右旗曼德拉山岩画为例　袁永春、宁国强　内蒙古文物考古2:55～57
试论左江岩画中日芒星与祭日、祀日及“日”字的起源　李远宁、黄春荣　学术论坛32卷3:69～78
试论甘肃马鬃山区岩画的文化因素　席琳　考古与文物4:96～102
华南早期岩画中的社群集会　杜辉

南方文物 3:89～102
永昌牛娃山岩画　岳晓东　陇右文博 2:33～36
仙居岩画述论　张峋　东南文化 6:75～80
白杨林黄河岩画考　刘再明　丝绸之路 10:12～14
对青海省海南地区岩画的时代、族属及相关问题的思考　周庆措　文博 4:17～20
嘉峪关黑山岩画中的塔形图及其相关问题　杨惠福、许栋　考古与文物 4:91～95
山西吉县峪口南沟钉虎岩画解读　阎雅梅　文物世界 6:53～57

壁　画

地下画卷：中国古代墓室壁画　罗世平　美术研究 3:19～31
试论汉墓壁画中的猪首怪人　张应桥　文博 4:21～25
汉墓出土的山水图像——对中国山水画起源问题的再思考　黄佩贤　四川文物 1:70～75
汉画像所见农业生产技术之进步　王同海　农业考古 1:44～47
中江塔梁子崖墓壁画榜题补释　赵瑞民　四川文物 4:84～86
西藏佛传绘画中的哺乳太子图　李翎　中国历史文物 2:34～41
敦煌早期壁画中"西域式"人物造型　赵声良　民族艺术 1:109～115
论敦煌壁画中的格式塔优化现象　胡同庆　敦煌研究 2:16～22
北朝时期的敦煌石窟华盖图像　范丽娟、韩卫盟　敦煌壁画艺术继承与创新国际学术研讨会论文集 315～334
敦煌石窟早期壁画绘制方法小议　关晋文　敦煌壁画艺术继承与创新国际学术研讨会论文集 367～373
敦煌北凉、北魏时期石窟壁画的制作　马玉华　敦煌壁画艺术继承与创新国际学术研讨会论文集 374～386
克孜尔菱格画的形态学类型与艺术风格——以菱格画的本体语言为契机　史晓明　敦煌壁画艺术继承与创新国际学术研讨会论文集 387～397
关于克孜尔石窟壁画"屈铁盘丝"式线条的研究　刘韬　敦煌壁画艺术继承与创新国际学术研讨会论文集 272～280
克孜尔石窟部分流失壁画原位考证与复原　赵莉　中国文化遗产 3:88～99
龟兹石窟壁画美术风格类型和年代研究　王征　敦煌壁画艺术继承与创新国际学术研讨会论文集 418～426
丝路商队驼载"穹庐"、"毡帐"辨析　葛承雍　中国历史文物 3:60～69
大同北魏壁画墓绘画题材浅谈　古顺芳　而立集——山西大学考古专业成立 30 周年纪念文集 243～257
北齐徐显秀壁画的艺术特色　渠传福　而立集——山西大学考古专业成立 30 周年纪念文集 258～265
北凉北魏时期敦煌壁画的技法及色彩构成　马玉华　敦煌研究 3:16～24
太原北齐徐显秀墓"羽翼兽"试析　何京　文物春秋 2:24～29
新发现庞留唐墓壁画初探　屈利军　文博 5:25～29
压在"画框"上的笔尖：试论墓葬壁画与传统绘画史的关联　郑岩　新美术 30 卷 1:39～51
论唐代墓室壁画仕女形象艺术风格的演进　张静　艺术百家 5:217～220

观无量寿经变画的图像分析　胡绍宗　四川文物 5:11～14
“龙女索夫”壁画与阿旃陀石窟壁画的风格渊源关系　张健波、康晓静　吐鲁番学研究 1:86～90
伏虎罗汉、行脚僧、宝胜如来与达摩多罗——11 至 13 世纪中国多民族美术关系史个案分析　谢继胜　故宫博物院院刊 1:76～96
论敦煌壁画三兔藻井的源流及其美学特征　胡同庆　敦煌壁画艺术继承与创新国际学术研讨会论文集 190～208
莫高窟第 148 窟南北龛天井图像解说　刘永增　敦煌壁画艺术继承与创新国际学术研讨会论文集 518～536
敦煌壁画中的于阗装饰佛瑞像及其相关问题　张小刚　敦煌研究 2:8～15
敦煌壁画中的杖具——笞杖、球杖考　胡同庆　敦煌研究 5:25～30
榆林 25 窟一佛八菩萨图研究　陈粟裕　故宫博物院院刊 5:56～82
北宋金元墓葬壁饰所见“二十四孝”故事与高丽《孝行录》　董新林　华夏考古 2:141～152
关于宋金墓葬中孝行图的思考　邓菲　中原文物 4:75～81
苏州云岩寺塔彩绘浮塑图像的考察　张朋川、宁方勇　文物 7:74～78
天道左旋，地道右旋——河南登封黑山沟北宋砖雕壁画墓图像构成　易晴　中原文物 4:67～74
高平开化寺北宋大方便佛报恩经变壁画内容考释　谷东方　故宫博物院院刊 2:89～150
隆兴寺摩尼殿壁画初探（上）　刘友恒等　文物春秋 5:20～27
豫北和晋南宋金墓杂居形象的比较研究　张帆　中原文物 4:82～89
陕西韩城宋墓壁画考释　康保成、孙秉君　文艺研究 11:79～88
浅谈辽代墓室壁画从中期到晚期的发展——以陈国公主与驸马合葬 3 号墓和库伦 1 号墓墓道壁画为例　刘希言　北方文物 1:41～43
辽墓壁画出行归来图探索　张春旭、马德龙　美苑：鲁迅美术学院学报 4:86～89
金墓壁画的考古发现与美术史研究　张鹏　民族艺术 5:6～10
莫高窟第 409 窟与高昌回鹘供养人像比较研究　贾应逸、侯世新　敦煌壁画艺术继承与创新国际学术研讨会论文集 511～517
获嘉明代线描壁画墓　李慧萍　中原文物 5:86～88
瞿昙寺壁画中的双身佛　贾鸿键　青海社会科学 3:153～157
关于北美收藏的山西寺院壁画的研究与问题　常青　敦煌壁画艺术继承与创新国际学术研讨会论文集 586～610
兴化寺壁画与晋南元代寺观壁画群的几个问题　孟嗣徽　汉藏佛教美术研究——第三届西藏考古与艺术国际学术讨论会论文集 223～259
永乐宫重阳殿扇面墙“小《朝元图》”内容考辨　李杰、薛奎　鹿鸣集——李济先生发掘西阴遗址八十周年山西省考古研究所侯马工作站五十周年纪念文集 450～452
青龙寺腰殿壁画的图式关系及装饰语言　伊宝、史宏蕾　文艺研究 11:150～151
科学文化视域中的元代洪洞水神庙壁画艺术　徐岩红　山西大学学报哲

学社会科学版 6:6~9

浅谈炳灵寺第四窟明代壁画　赵雪芬、高庆军　丝绸之路 4:71~73

陕西佳县白云观真武壁画的初步研究　白文　文博 5:72~76

四川白垭寺藏传佛教壁画调查报告——壁画的内容与时代　罗文华　汉藏佛教美术研究——第三届西藏考古与艺术国际学术讨论会论文集 369~388

补　遗

"竹林七贤"墓葬壁画的图像学意义　姚义斌　南京艺术学院学报：美术与设计版 2008 年 6:46~50

关于集安高句丽古墓壁画造型艺术的探讨　王子林等　长春师范学院学报：人文社科版 2008 年 27 卷 6:185~187

其　他

包山二号墓漆画为婚礼图考　张闻捷　江汉考古 4:76~84

中国古代的墓主画像——考古艺术史笔记　李零　中国历史文物 2:12~20

中国古代帛画研究述评　杨钢　装饰 9:127~129

长沙战国楚墓帛画图考　黄震云　中国文化研究夏之卷 111~114

论 T 形帛画的艺术创意　游振群　湖南省博物馆馆刊（第五辑）225~228

马王堆汉墓《导引图》研究综述　王卉　湖南省博物馆馆刊（第五辑）258~264

新疆出土的二世纪印花棉布佛画探研　陈清香　历史文物 187:36~49

从吐鲁番阿斯塔那古墓群中出土绢画探唐代贵族女子风华　杨式昭　历史文物 187:18~29

辽代丝绸彩绘的技法与艺术　赵丰、袁宣萍　文博 6:348~353

元代刻印西夏文佛经版画及艺术特征　陈育宁、汤晓芳　元史论丛（第十一辑）78~87

永乐宫彩画初步分析　常亚平等　文物世界 4:51~56

西安碑林藏吕纪《九鸶图》石刻画辨析　杨兵　文博 4:31~35

安徽省博物馆藏《甲申浙东海防图》　黄秀英　文物 9:88~95

麦积山瑞应寺藏清代纸牌水陆画的初步整理　夏朗云　文物 7: 79~95

补　遗

千古画谜——再探曾侯乙墓漆画　唐朝晖　艺术评论 2008 年 11:95~97

七　书　法

从升平五年潘氏衣物滑石券看东晋民间书法　刘刚　湖南省博物馆馆刊（第五辑）478~482

从南京出土墓志看东晋、南朝书体之特点　阮国林、王晖　南京文物考古新发现——南京历史文化新探 209~213

八　工艺美术

陕西历史博物馆藏骨杂器概述　韩建武　收藏家 9:77~82

漆　器

中国古代漆器研究述评　王海燕　南京艺术学院学报：美术与设计版 5:71~75

漆器艺术中的瑰宝——易犀　史爱、杨静　文物世界 6:68~71

中国古代雕漆的发展　张荣　文物天

地3:70~77

楚墓出土夹纻胎漆器考述 聂菲 楚文化研究论集（第八集）353~367

关于湖南地区楚汉漆器的生产、管理和产地问题的再讨论 聂菲 湖南省博物馆馆刊（第五辑）385~399

荆州天星观二号楚墓出土一件漆木器的复原及探讨 赵晓斌 楚文化研究论集（第八集）401~410

秦代漆器研究 洪石 里耶古城·秦简与秦文化研究——中国里耶古城·秦简与秦文化国际学术研讨会论文集263~281

安徽潜山出土漆器漆膜测试分析与髹漆工艺探讨 姚政权等 道远集——安徽省文物考古研究所五十年文集249~254

湖南省博物馆藏西汉“轪侯家”彩绘云龙纹漆沐盘初探 崔蕊满 湖南省博物馆馆刊（第五辑）229~232

关于“汈”及“汈工”的再探索 后德俊 湖南省博物馆馆刊（第五辑）413~419

贵县罗泊湾一号汉墓漆器产地分析 陈振裕 湖南省博物馆馆刊（第五辑）420~429

浅谈敦煌籍帐文书中的漆器和小木器皿 杨森、张宏 敦煌研究2:31~36

剔犀漆器如意云纹探析 张毅 湖南省博物馆馆刊（第五辑）508~516

漆器镶嵌螺钿木胎攒盘 高鹏忠 丝绸之路11:69

雍正朝御制漆器 张丽 文物天地11:98~101

乾隆御用戗金彩漆器赏析 杨勇 收藏家7:68~70

金银器

张家川马家塬墓地出土金管饰的研究 黄维等 文物10:78~84

广州地区出土的汉代金器 麦英豪 广州博物馆建馆八十周年文集——镇海楼论稿之二39~57

论青海大通上孙家寨汉晋墓出土银壶的异域风格 仝涛 考古5:70~79

早期游牧民族的金银器 林利 收藏11:78~83

唐代金银器考究 松本伸之著 葛雅莉译 陇右文博2:39~41

唐代金银器社会角色的文化诠释 冉万里 西北大学学报（哲学社会科学版）4:52~58

唐代金银器工艺对宋代金银器的影响 赵瑞廷 内蒙古大学学报：哲社版41卷5:113~117

唐代镂空刻花涂金银香球及其西传 马文宽 故宫博物院院刊3:87~94

吐蕃系统金银器研究 霍巍 考古学报1:89~128

一批流散海外的吐蕃文物的初步考察 霍巍 汉藏佛教美术研究——第三届西藏考古与艺术国际学术讨论会论文集1~13

四川地区宋代金银器研究 谢涛 成都考古研究（一）下584~603

石门县博物馆藏宋、元金银器精品选介 龙西斌等 湖南省博物馆馆刊（第五辑）506~507

邓州福胜寺塔地宫出土金银器 唐新 收藏7:90~91

宋代金银器高浮雕凸花和立体装饰 周卫星 装饰5:80~81

北宋慧光塔鎏金玲珑银塔小记 浙江省博物馆武林馆区 浙江文物6:26

荆州博物馆馆藏部分金器 贺燕琼

江汉考古1:100~105
明代金银酒器图说　扬之水　收藏家6:59~66
清朝太上皇帝御赐养老银牌及相关问题　孟耀虎　收藏家1:45~47

家　具

隋唐以后木作工具的变迁与家具的发展　李浈　文物建筑（第3辑）27~39
古代家具百花园中的奇葩——两件元、明家具摭谈　牛宏成　中国文物报6月24日7版
从几件实例探讨中国古典紫檀家具　伍嘉恩　文物天地3:86~91
杉木和明朝宫廷漆饰家具　朱宝力　文物天地3:92~93
避暑山庄博物馆的几件屏风　沈云伟　文物春秋2:69~71
从实物谈红木家具出现的年代　张辉　文物天地5:92~94

文房四宝

古代文房考略　高蒙河　新果集——庆祝林沄先生七十华诞论文集651~659
连云港市博物馆出土新石器时代刻划工具、汉代硬笔毛笔实例　项剑云　中国文物报7月8日7版
毛笔的起源——文房四宝起源研究之一　高蒙河　中国文物报11月27日6版
战国和秦代毛笔——文房四宝起源研究之二　高蒙河　中国文物报12月11日6版
由里耶秦牍考察毛笔的性能　横田恭三　里耶古城·秦简与秦文化研究——中国里耶古城·秦简与秦文化国际学术研讨会论文集218~222
关于括囊砚的再讨论　江小民　文物12:76~81
诸暨博物馆镇馆之宝——宋代文房用具　章波顺　浙江文物2:23
古砚风采——赏析馆藏"宋代棺形抄手端砚"　武宝民　江阴文博1:32~33
关于安徽祁门出土北宋"文府"墨及其他　董建　中国文物报7月15日7版
明清文房考略　高蒙河　文化遗产研究集刊（第四辑）20~28
明清德化窑文具　沈飞　收藏10:63~65
龙蛇郁律端溪石 风月萧条董井苔——百汉碑砚及百汉碑砚拓　刘禄山　收藏家11:39~44

纺织工艺

中国古代纺织品凤纹造型与风格　曹婷　丝绸之路24:77~78
凤鸟·扶桑·太阳崇拜——楚刺绣品纹饰新释　院文清　楚文化研究论集（第八集）368~384
江陵马山一号楚墓凤纹图形研究　周能　湖南考古辑刊（第8集）291~297
敦煌的胡锦与番锦　赵丰、王乐　敦煌研究4:38~46
一幅巨作，几点猜测——关于元代刻丝大威德金刚曼荼罗　尚刚　汉藏佛教美术研究——第三届西藏考古与艺术国际学术讨论会论文集261~267

其　他

琉璃浅谈　高丁丁　文物世界5:35~36
珐琅器浅谈　郭桂珍　文物世界3:8~10
雍正朝珐琅器中所见的仿古品味　施静菲　故宫文物月刊319:76~83

略论明清唐卡绘画中的玻璃器皿　林姝　汉藏佛教美术研究——第三届西藏考古与艺术国际学术讨论会论文集 339～362

优雅的化身——雍正朝玻璃器　E. B. 库尔提斯著　涂巧慧、施静菲译　故宫文物月刊 318:62～71

旋云飞霞——谈雍正朝玛瑙的鉴赏　陈玉秀　故宫文物月刊 319:84～91

陆　古代科学技术

一　综　述

从甘肃出土文物重新认识中国古代四大发明　尤宝铭　丝绸之路 20:25～27

二　化　学

中国西南地区海贝和象牙的来源　段渝　巴蜀文化研究集刊（第五卷）292～298

中国蓝和中国紫研究概述　马清林等　文物科技研究（第六辑）64～76

关于两件出土的元代蒸馏器的再讨论　杨晓春　元史论丛（第十一辑）327～335

三　天文与历法

从历法演变看中国古代的时间观　刘爽　新果集——庆祝林沄先生七十华诞论文集 723～731

远古文明天文历法起源于华域——从贾湖、跨湖桥、老官台文化的闪光到河姆渡、仰韶和马家窑文化的辉煌　柳志青、柳翔　跨湖桥文化论集 239～263

陶寺观象台遗址的天文学分析　刘次沅　天文学报 50 卷 1:107～116

古新星记录中的几个问题——在“中国古天文联合研究中心”成立会议上的学术报告　武家璧　古代文明研究通讯 40:38～58

殷代历法：中国现存最早的推步历　刘学顺　殷都学刊 2:24～28

西周历法纪时词合天、合历、合古训，重建月相历法新天　黄盛璋　周秦文明论丛（第二辑）266～292

补　遗

陶寺观象台遗址的天文功能与年代　武家璧、刘次沅　中国科学 G 辑：物理学力学天文学 2008 年 38 卷 9:1265～1272

四　冶　铸

中国古代青铜合金演变的初步探讨　贾莹、苏荣誉　多视野下的中国科学技术史研究——第十届国际中国科学史会议论文集 184～203

人类文明史途中一个重要的里程碑——铜　李京华　青铜文化研究（第三辑）6～9

中国古代铅锡焊料的分析　孙淑云、梅建军　北京科技大学学报 31 卷 1:54～61

古代陶范原料配方含有草木灰的化学判断方法　李迎华等　岩矿测试 2:63～66

水法炼铜——胆铜法与张潜碑　后德俊　青铜文化研究（第四辑）107～110

皖南古铜矿冶遗址在长江文化研究中的地位和作用　陆勤毅　青铜文化

研究（第三辑）51～55
浅议古代失蜡铸件的辨认——兼评周卫荣等之误判说　谭德睿　青铜文化研究（第五辑）118～124
技术史的理论与实践——技术发展与社会需求　周卫荣　青铜文化研究（第五辑）125～131
中国古代失蜡工艺求真——兼述失蜡工艺特征与青铜器鉴定　周卫荣　江汉考古 3:123～127
失蜡工艺的起源与失蜡铸造的工艺特征——兼谈失蜡工艺问题研究的进展与意义　周卫荣　古代文明研究通讯 40:23～37
失蜡工艺的起源与失蜡铸造的工艺特征——兼谈失蜡工艺问题研究的进展与意义　周卫荣　南方文物 4:39～45
国外古代失蜡铸造工艺研究综述　陈刚等　南方文物 2:109～113
云南德钦藏族传统铜佛像熔模铸造工艺调查——兼论藏族传统失蜡铸造法的存在　袁凯铮、李晓岑　中国藏学 2:67～73
早期黄铜器与中国冶金技术的起源　金正耀　青铜文化研究（第五辑）72～75
商时期青铜铸造业的起源和发展　贝格立著　奚国盛译　彭劲松校　南方文物 1:135～141
文化互动视野中的西岔陶范　施劲松　三代考古（三）439～441
山西垣曲商城出土部分铜器的科学研究　崔剑锋等　考古与文物 6:86～90
殷墟青铜礼器铸造工艺研究综论　刘煜　华夏考古 1:102～113
试论殷墟孝民屯大型铸范的铸造工艺和器形——兼论商代盥洗礼仪　岳洪彬、岳占伟　考古 6:72～76
从盘龙城发掘报告看商代范铸技术的科学性　董亚巍、后德俊　青铜文化研究（第三辑）64～69
三星堆青铜文明与铸造技术探析　黄剑华　青铜文化研究（第五辑）3～9
周原地区商周时期铸铜业刍论　雷兴山、种建荣　古代文明研究通讯 43:19～27
许公宁墓蟠虺纹透空饰件复制研究　陈洪良等　南方文物 4:46～50
汉代平板陶范竖式浇铸法铸钱工艺的研究　廉海萍等　文物保护与考古科学 3:8～14
宋代钱监也铸镜　王宁　中国钱币 3:53～57
梁带村两周墓地出土青铜器初步检测分析　陈坤龙等　考古与文物 6:91～95
侯马铸铜业废弃物所反映的生产功能区　常怀颖　古代文明研究通讯 40:13～22
浑源牺尊铸造技术考察及相关技术的讨论　廉海萍　鹿鸣集——李济先生发掘西阴遗址八十周年山西省考古研究所侯马工作站五十周年纪念文集 305～318
楚王盉——已知中国最早的失蜡铸件兼论失模法及其工艺演变　华觉明、萧蕙芳　青铜文化研究（第四辑）80～89
中国早期冶铁相关问题小考　孙危　考古与文物 1:60～64
梁带村遗址 M27 出土铜铁复合器的制作技术　陈建立等　中国科学 E 辑：技术科学 39 卷 9:1574～1581
狮子山楚王陵铁甲衣与西汉炒钢技术

李晓雷　两汉文化研究（第三辑）115～128

从郑州古荥汉代冶铁遗址出土文物浅谈汉代冶铁技术在世界冶金史上的地位和影响　弓春菊、多化良　中国文物报 4 月 17 日 7 版

郑州古荥汉代冶铁遗址鼓风问题再探　孙凯、张振明　中国文物报 6 月 5 日 7 版

补　遗

侯马陶范表层处理技术初探　孙升等　铸造 2008 年 57 卷 10：1037～1040

广西贵港地区早期冶铁遗址初步考察　黄全胜、李延祥　有色金属 2008 年 60 卷 1:137～142

五　纺　织

先秦两汉织机的发展与布幅的变化——兼论海南岛汉代的广幅图　刘兴林　中国历史文物 4:27～37

扎滚鲁克墓地出土缋罽研究　王博、王明芳　新疆师范大学学报：哲社版 30 卷 3:85～91

汉代丝织业发展的考古学观察　张家升　东南大学学报：哲社版 11 增刊:165～167

六　农　业

从古蜀与美索不达米亚灌溉系统比较看古代文明的可持续发展　邹一清　巴蜀文化研究集刊（第五卷）317～322

中国古代城乡粪肥收集与处理的若干启示　李恩军　古今农业 2:52～57

中原地区先秦农耕文化述论　周广川等　农业考古 4:10～15

南阳黄山遗址优越的农耕环境与独山玉文化研究　刘国旭、江富建　农业考古 1:16～20

新石器时代伊洛地区的原始农业及发展条件　韩香花　农业考古 3:11～16

舞阳贾湖炭化稻米粒型再研究　张居中等　农业考古 4:35～39

山东先秦考古遗址植硅体分析与研究（1997～2003）　靳桂云　海岱地区早期农业和人类学研究 20～40

山东莒县、胶州植物考古调查　靳桂云等　东方考古（第 6 集）344～349

诸城薛家庄遗址炭化植物遗存分析结果　靳桂云等　东方考古（第 6 集）350～353

鲁东南几处先秦遗址调查采样浮选结果分析　陈雪香等　东方考古（第 6 集）354～357

杨家圈遗址稻作遗存的调查和初步研究　宇田津彻朗等　海岱地区早期农业和人类学研究 1～12

海岱龙山文化黑陶碳素的稳定同位素比分析　三原正三等　海岱地区早期农业和人类学研究 13～19

辽东半岛南部农业考古调查报告——植硅体证据　靳桂云等　东方考古（第 6 集）306～316

湖南不同时期炭化水稻的研究　顾海滨、赵志军　东方考古（第 6 集）358～366

跨湖桥文化先民栽培的可能是陆稻　张崇根　跨湖桥文化论集 90～101

裴李岗文化农业物质基础——褐红色古土壤　周昆叔等　中华文明与嵩山文明研究（第一辑）243～248

长江中游史前农业经济发展水平研究　刘俊男　农业考古 1:32～38

从龙虬庄遗址个案看史前家猪饲养与农业发展的相关性　罗运兵　东南文化 6:33～38

上海出土新石器时代稻谷和农具　孙维昌　农业考古 1:53～59

"侵我田"卜辞与商代农业　王进锋　青海社会科学 1:107～111

汉唐粮食亩产反映的度量衡问题　张仁杰　古今农业 2:47～51

从考古资料窥测汉代旱、水田的生产与经营　张凤　四川文物 6:54～58

农业起源

植物考古学与稻作农业起源研究　赵志军　湖南考古辑刊（第 8 集）242～249

考古遗址出土稻谷遗存的鉴定方法及应用　赵志军、顾海滨　湖南考古辑刊（第 8 集）257～267

中国稻作起源的动因　笪浩波　江汉考古 1:62～72

也谈我国上古时期的小麦——兼与李永先先生商榷　陈雪香　东岳论丛 30 卷 6:102～105

中国植物考古学新进展：植硅体分析方法在中国北方旱作农业起源研究中取得重大突破　杨晓燕　中国文物报 5 月 29 日 7 版

关于中国稻作起源证据的讨论与商榷　刘莉等著　蓝万里译　刘莉校　南方文物 3:25～37

稻作农业起源研究中的植物考古学　傅稻镰、秦岭著　胡雅琴译　秦岭校　南方文物 3:38～45

栽培稻与稻作农业的起源——《南方文物》"栽培稻与稻作农业的起源"专栏主持辞　赵志军　南方文物 3:55～58

栽培稻与稻作农业起源的新资料和新发展　赵志军　南方文物 3:59～63

华南和西南地区农业出现的时间及相关问题　张弛、洪晓纯　南方文物 3:64～71

考古遗址出土野生和栽培稻的鉴定问题　吕烈丹　南方文物 3:72～74

照叶树林的农业文明之光　中尾佐助　农业考古 4:16～21

漫步在中国古栽培稻走过的小路上　张文绪　农业考古 4:22～26

水稻驯化进程与驯化率：长江下游田螺山遗址出土小穗轴基盘研究　傅稻镰著　黄超译　王玉琪校　农业考古 4:27～30

世界首株水稻出于万年　洪涛、杨艳　农业考古 4:31～34

海岱地区史前时期稻作农业的产生、发展和扩散　栾丰实　海岱地区早期农业和人类学研究 41～55

小麦东传与欧亚草原通道　赵志军　三代考古（三）456～459

葡萄、葡萄酒的起源及传入新疆的时代与路线　陈习刚　古今农业 1:51～61

汉画牛耕图像探析　吴自立　新美术 30 卷 1:98～101

农业工具

刍议石质"耘田器"——兼议食盐对良渚文化社会经济方面的作用　程世华　农业考古 1:145～152

南阳黄山遗址独山玉生产工具在农业活动中的地位　江富建　农业考古 4:170～174

南阳黄山遗址原始农业遗存文化论略——试以其农业生产工具为例　曾昭阁　农业考古 4:175～179

浙江跨湖桥与陕西关桃园出土骨耜比较研究　徐日辉　跨湖桥文化论集

131～136
岐山县博物馆藏先秦青铜农具　王文耀　收藏3：103～104
试论吴越时期的铜农具和兵器　廖志豪　苏州博物馆建馆五十周年纪念文集46～48
山东济南新发现汉代铁农具　刘剑、何利　农业考古1：153～157
两汉徐州农业相关问题浅析　刘尊志　两汉文化研究（第三辑）129～142
中国古代的殖民与陂塘稻田模型　（日）渡部武著　曹建强译　古今农业4：43～45
日本犁中所见的朝鲜犁、中国犁及混血型犁　（日）河野通明著　钱文忠、张合旺译　古今农业4：38～42

七　畜牧业

论中国甘青地区新石器时代家养动物的来源及特征　傅罗文等　考古5：80～86
关中地区史前动物考古学研究的几个问题　罗运兵　考古与文物5：89～94
马的管理与驯化：科技考古的最新成果　李水城等　中国文物报6月5日7版
古DNA分析中国家马的起源　蔡大伟　中国文物报12月11日7版
从甲骨文字"刍""牧"论及商代的经济生活　郭旭东　华夏考古1：144～152
中国家鸡的起源从公元前141年开始吗　韩起　中国文物报11月27日7版

八　水　利

豫晋峡谷黄河漕运遗迹　孙丽娟　文物建筑（第3辑）131～139
关中水利工程龙首渠之普查与研究　黄永美　文博3：80～83
敦煌壁画中的水井图像考　胡同庆　历史文物194：20～29
淮安地区京杭运河及相关水利遗产研究初探　张廷皓　中国文物报1月23日7版
京杭运河水运、水利工程及其遗址特性讨论　张廷皓、于冰　文物4：69～79

九　医药卫生

蚌埠双墩一号春秋墓出土创伤药残留物　杨益民、方晓阳　中国文物报3月27日7版
丝绸之路与中古外来解毒学知识的传播　陈明　文史（第二辑）73～94
中外医药文化交流视域下的西州药材市场　姚崇新　文史（第四辑）87～105

一〇　交通及交通工具

中外古文献所见中国西南的早期国际交通　段渝　巴蜀文化研究集刊（第五卷）268～282
由古文字资料管窥早期伊洛南阳间之地理交通　马保春　中原文物3：36～43
崤函古道交通线路的形成与变迁　李久昌　丝绸之路6：7～21
丝绸之路西安至泾川段线路研究　赵斌　丝绸之路6：22～25
陕西凤翔境内古丝绸之路考略　杨曙明　丝绸之路6：26～30
丝绸之路之陕西、甘肃中东部线路的形成与发展　李健超　丝绸之路6：31～32

丝绸之路陇右南道山段的交通路线　雍际春、苏海洋　丝绸之路6:33~35

唐代河西走廊交通道路考　李并成　丝绸之路6:36~38

丝绸之路青海段交通线综考　苏海洋、雍际春　丝绸之路6:39~42

丝路葱岭道初步调查　王炳华　丝绸之路6:43~51

简论唐代丝绸之路的前后期变化　袁黎明　丝绸之路6:57~61

北宋时期西北地区民族分布与交通格局的改变　杨方方　丝绸之路6:62~66

明清陕甘交通道路的新发展与丝绸之路变迁　张萍、吕强　丝绸之路6:67~75

塔里木河下游地区交通变化所反映的历史环境变迁　韩春鲜、肖爱玲　丝绸之路6:81~86

从考古看丝绸之路祁山道的形成　苏海洋、雍际春　丝绸之路14:5~8

"世界第一舟"——萧山跨湖桥遗址独木舟及其遗迹　楼卫　浙江文物5:26

独木舟——新石器时代东北亚地区海上文化交流的工具　（韩）姜寅虎　跨湖桥文化论集153~170

史前航海舟船的民族考古学探索　吴春明　海交史研究2:59~67

跨湖桥独木舟三题　蒋乐平　跨湖桥文化论集29~34

独木舟与水文化的萌芽——从跨湖桥发现的中华第一舟说起　吴振华　跨湖桥文化论集102~107

说左纛——秦陵铜车马研究札记　聂新民　青铜文化研究（第四辑）104~106

一一　其　他

马王堆汉墓《驻军图》研究述评　喻燕姣　湖南省博物馆馆刊（第五辑）249~257

关于广州元代延祐浮箭漏的几个问题　华同旭　广州博物馆建馆八十周年文集——镇海楼论稿之二73~77

古代的计时器　谓知　中国文物报9月25日8版

汉代牛形铜缸灯小议　袁鑫　湖南省博物馆馆刊（第五辑）404~408

汉代铜灯　张萌　中国文物报7月8日8版

省油灯浅析　王波、陈芳　成都文物3:19~24

2008年中国的盐业考古　李水城　南方文物1:54~56

山东地区早期盐业的文献叙述　燕生东　中原文物2:51~56

商代的制盐业　杨升南　纪念王懿荣发现甲骨文110周年国际学术研讨会论文集300~310

三峡地区的船形杯及其制盐功能分析　白九江、邹后曦　南方文物1:72~76

补遗

三峡地区的船形杯及其制盐功能分析　白九江、邹后曦　重庆师范大学学报：哲社版2008年6：87~93

柒　古代文化生活

一　音　乐

古磬溯源　申永峰、吴磊　收藏家

4:53~56
“方孔石器”是古代乐器 索全星 中原文物 5:35~37
从贾湖龟甲到南越响陶——摇响器的辉煌历程 孔义龙、曾美英 艺术探索 23 卷 3:29~31
青海喇家遗址出土玉石器的音乐声学测量及初步探讨 幸晓峰等 考古 3:83~93
陶寺文化与铜铃 宫本一夫 鹿鸣集——李济先生发掘西阴遗址八十周年山西省考古研究所侯马工作站五十周年纪念文集 156~159
古乐器錞于的音乐特性探析 赵玲 天津音乐学院学报 3:86~90
青铜编钟研究源流略考 陈薇 船山学刊 4:157~158
考古出土商代青铜乐器综论 王秀萍 甲骨学 110 年：回顾与展望——王宇信教授师友国际学术研讨会论文集 402~407
莒乐考 孙敬明 东方考古（第 6 集）234~243
周代出土铜钟及五音浅议 刘青彬 文物研究（第 16 辑）75~82
“周公制礼作乐”与西周青铜钟的产生 李先登 周秦文明论丛（第二辑）12~15
虢仲纽钟的音乐学断代 王友华 文物 4:92~96
太室埙、韶埙新探 方建军 中央音乐学院学报 3:90~92
叶县旧县 4 号墓编钟的音律分析 王子初、邵晓洁 楚文化研究论集（第八集）457~479
越国乐器研究 费玲伢 南方文物 2:71~79
晋侯苏编钟所见的西周巡狩行为 李凯 文物春秋 5:3~8
论曾侯乙编钟与编磬 杨晓东 丝绸之路 20:11~12
槌落铿锵舞应灵动——曾侯乙编钟的演奏 张翔等 青铜文化研究（第五辑）83~93
从先秦摇响器看南越王墓摇响器的新生 孔义龙、曾美英 天津音乐学院学报 2:86~91
大型绘石编磬的发现 滕壬生 荆州重要考古发现 120~123
鸿山乐器五说 王子初 中国历史文物 5:18~35
试论汉代乐舞百戏中的楚文化因素 林丽霞 楚文化研究论集（第八集）445~456
南安丰州乐器纹墓砖的出土与泉州南乐起源新探 陈建中 福建文博增刊 84~88
十六国北朝时期的女乐 刘卫鹏、张淑娟 碑林集刊（十四）321~336
日藏入华粟特人石床榻舞蹈图 张庆捷 俞伟超先生纪念文集·学术卷 436~447
卧箜篌起源探微 李娜 天津音乐学院学报 3:72~78
唐代乐舞俑手中的六种乐器 刘振清 中国文物报 6 月 10 日 7 版
四川泸州宋墓杂剧、大曲石刻考 冯健 四川文物 6:68~71
考古出土辽代乐器定名正误 梅鹏云 边疆考古研究（第 8 辑）218~245
圆筒类拉弦乐器马尾弓出现时间的再思考 徐晓霞 天津音乐学院学报 3:79~85
明代箜篌的形制及其运用 谢瑾 中央音乐学院学报 3:93~100

补　遗

出土乐器测音研究的几个问题　方建军　音乐艺术2008年4:94~98

殷墟出土编铙研究的若干浅见　张伟　中央音乐学院学报2008年4:57~62

和田约特干出土的猴弹乐器陶俑类型分析：以俄藏彼得罗夫斯基收集品为中心　广中智之　新疆师范大学学报：哲社版2008年29卷4:62~66

二　舞　蹈

从甲骨文中之羽与龠看先秦乐舞　赵广晖　纪念王懿荣发现甲骨文110周年国际学术研讨会论文集406~408

陕北汉代画像石中所见舞蹈图试析　郑红莉　陕西历史博物馆馆刊（第16辑）305~309

三　体　育

浅析中国古代投壶游戏　王义芝、宋琪　丝绸之路10:11~12

南阳汉画像中蕴涵的汉代传统休闲体育文化　刘其龙　四川体育科学1:18~20

汉画像形体技巧倒立图像考释　姜雪婷　体育文化导刊6:113~116

蹴鞠汉画像石分类分布研究　刘朴　山东体育学院学报25卷8:38~42

六博棋盘与六博戏　王长启、陈红玲　收藏10:120~121

宋代陶塑玩具上所见“七圣刀”幻术　杜文　中原文物3:106~108

四　饮食文化

食用蛙肉的历史　陈雪香　中国文物报1月2日7版

长沙市博物馆藏西汉云气纹八铺首青铜杯　张雪　收藏家1:61~62

茶匙　郭丹英、陈钢　收藏家5:43~46

茶馊　郭丹英、陈钢　收藏家9:53~56

佛、道、儒三教对唐代茶文化发展的影响　任新来　文博2:46~51

龙山时代日照地区的酒文化　张雪晨　农业考古1:245~248

捌　少数民族考古及民族志

跋山涉水觅亲知——谈我的民族考古学田野调查和研究工作　汪宁生　中国人文田野（第三辑）2~28

民族志中见到的陶器防渗技术　彭小军　中国文物报7月3日7版

二次葬的民族考古学观察——河南偃师灰嘴村葬俗小记　陈星灿　中国人文田野（第三辑）128~134

公元前4~前2世纪楼烦的方位及其对中原和南方地区文化的影响　（俄）A. A. 科瓦列夫著　水涛译　鄂尔多斯青铜器国际学术研讨会论文集383~414

欧亚草原的非金属牌饰　（日）高滨秀　鄂尔多斯青铜器国际学术研讨会论文集430~434

一　西北地区

匈奴贵族墓葬的特点（摘要）　（蒙）德·额尔德尼巴特尔著　孙瑞、冀林立译　鄂尔多斯青铜器国

际学术研讨会论文集 424～429
蒙古国后杭爱省浩腾特苏木胡拉哈山谷匈奴墓的发掘　内蒙古自治区文物考古研究所等（塔拉等）　考古 6:50～56
试论匈奴在东西文化交流中的贡献　傅宁　鄂尔多斯青铜器国际学术研讨会论文集 743～753
外贝加尔匈奴遗存的年代　潘玲　华夏考古 4:102～115
匈奴墓葬研究　单月英　考古学报 1:35～68
蒙古匈奴贵族墓地初步研究　安纬、奚芷芳　考古学报 1:69～88
匈奴帝国建立前后的文化分布与传播　翟晓兰　文博 1:39～41
匈奴墓葬出土铜镜及毁镜习俗源流考　马利清　中央民族大学学报（哲学社会科学版）6:76～82
论匈奴墓葬出土器物中的“舶来品”　（蒙）彻·阿木尔图布信著　哈斯额尔德尼译　鄂尔多斯青铜器国际学术研讨会论文集 625～634
乌孙故地及相关问题考略　戴春阳　敦煌研究 1:38～46
东天山地区早期游牧文化聚落考古研究　王建新、席琳　考古 1:28～37
内蒙古准格尔旗大饭铺墓地族属和年代再探　马利清、宋远茹　北方文物 1:16～18
鄂尔多斯的鲜卑遗存　乔梁　鄂尔多斯青铜器国际学术研讨会论文集 467～475

二　西南地区

试析贵州水族墓葬的民族特征　宋先世　边疆民族考古与民族考古学集刊（第一集）144～153
藏族文字起源与考古发现　赵慧民　边疆民族考古与民族考古学集刊（第一集）167～172
苗疆“牯脏节”：祖先，祭祀，牛牲　王红光、刘文锁　边疆民族考古与民族考古学集刊（第一集）247～268
藏族人类起源传说的教育人类学阐释　王毅、倪胜利　中国藏学 4:98～102
西藏芒康盐井盐田——茶马古道上一处活态的文化遗产　李政　中国文物报 9 月 18 日 5 版
赫章可乐墓地套头葬研究　梁太鹤　考古 12:56～68
关于夜郎文化的多元性　宋先世　南方文物 4:144～148
从环滇池墓区看上古滇族的聚落形态及其社会性质——以昆明羊甫头滇文化墓地为中心　谢崇安　四川文物 4:28～34
岷江上游石棺葬的分期与年代　何锟宇　四川文物 4:43～51
从铜鼓兴衰看古代壮族青铜文化的发展历程　韦姗杉　文物春秋 2:20～23
先秦巴蜀地区百濮和氐羌的来源　段渝　巴蜀文化研究集刊（第五卷）219～224
藏彝走廊地区的石棺葬及相关人群系统研究　石硕　藏学学刊（第 5 辑）1～32
襄人与羌胡——四川中江塔梁子东汉崖墓榜题补释　霍巍　文物 6:69～72
牦牛青铜器与牦牛文化　伊尔·赵荣璋　中国藏学 4:103～107

三　东北地区

关于肃慎史地研究中考古材料的运用——《肃慎起源及迁徙地域略考》商榷　郑君雷　边疆民族考古与民族考古学集刊（第一集）30～38

简析古夫余族的生活习俗及审美情趣　刘景文　新果集——庆祝林沄先生七十华诞论文集437～450

鲜卑墓葬研究　韦正　考古学报3：349～378

鲜卑“毁器”葬俗研究　孙危　边疆考古研究（第8辑）139～147

早期鲜卑考古学主要发现与研究述评　吴松岩　东北史地1：56～61

七郎山墓地再认识　吴松岩　内蒙古文物考古1：92～101

靺鞨文化的生物考古学新探——以特洛伊茨基靺鞨墓地为例　张全超、冯恩学　中央民族大学学报（哲学社会科学版）4：111～115

靺鞨文化遗存浅析　刘晓东　北方文物4：6～15

四　东南地区

台湾民族考古学的回顾　陈伯祯　边疆民族考古与民族考古学集刊（第一集）231～244

“裸国”印象　吴春明　南方文物3：103～115

俚人文化特征初论　冯孟钦　边疆民族考古与民族考古学集刊（第一集）92～103

玖　宗教遗迹与遗物

紫禁城太和殿所供符板及其宗教思想研究　罗文华　故宫博物院院刊5：6～25

一　原始宗教

中国先秦的巫术特征考察　赵容俊　东方考古（第6集）244～261

人面鸟喙像意义的探索　黄尚明　江汉考古1：88～91

具茨山之名解读　许顺湛　中原文物4：38～39

二　佛　教

秦始皇时代佛教已传入中国考　韩伟　文博2：18～19

西藏阿里象泉河流域卡孜河谷佛教遗存的考古调查与研究　四川大学中国藏学研究所（霍巍等）　考古学报4：547～577

解读《巴协》中“藏式佛像”之说　白日·洛桑扎西　汉藏佛教美术研究——第三届西藏考古与艺术国际学术讨论会论文集15～22

大黑天图像样式考　李翎　汉藏佛教美术研究——第三届西藏考古与艺术国际学术讨论会论文集529～537

佛教美术上的仁兽　金申　汉藏佛教美术研究——第三届西藏考古与艺术国际学术讨论会论文集539～544

中国古代和韩国古代的佛教舍利容器　杨泓　考古1：73～84

炳灵寺石窟中的佛教艺术之最　孙淑梅、高庆军　丝绸之路17：57～60

浅议炳灵寺石窟释迦、多宝造像　丁万华、黄平　丝绸之路18：20～22

天国使者——佛教飞天形象的源流与演变　梁晓新　文物天地12：98～102

中国早期佛像的重要发现——论重庆新发现的纪年钱树佛像　罗二虎　俞伟超先生纪念文集·学术卷 376~385

中国南朝对百济佛教文化的影响　杨泓　中国文物报 2 月 20 日 7 版、2 月 27 日 7 版

浅谈山东北朝佛教造像　杨波　收藏家 3:35~40

咸阳古渡遗址出土的隋唐佛教造像　王一名　丝绸之路 22:28~29

新疆和田达玛沟佛寺考古新发现与研究　巫新华　文物 8:55~68

兖州兴隆寺沿革及相关问题　肖贵田、杨波　文物 11:75~83

保明寺钟考　于弢　文物春秋 5:71~74

传入中国的阿育王像　金申　文物天地 4:96~97

唐宋时期三佛图像类型分析——以四川、陕北石窟三佛组合雕刻为中心　李静杰　故宫学刊总（第四辑）308~341

香积寺唐代奉献小塔　赖依缦　故宫文物月刊 314:78~91

试论唐代长安佛教寺院的等级问题　宿白　文物 1:27~40

雷峰塔地宫出土的纯银阿育王塔　黎毓馨　东方博物（第三十二辑）106~109

阿育王塔实物的发现与初步整理　黎毓馨　东方博物（第三十一辑）33~49

吴越国王造阿育王塔　金申　中国文物报 3 月 11 日 5 版

敦煌藏经洞出土五代绢画降魔图像解读　李静杰　汉藏佛教美术研究——第三届西藏考古与艺术国际学术讨论会论文集 87~105

神性与人性——一尊罕见的宋代石雕像　梁晓新　文物天地 7:80~84

南京大报恩寺遗址真身塔地宫出土“莲花如意形法器”应为“宝子手炉”　刘可维　中国文物报 2 月 13 日 7 版

从考古资料看辽代沈阳地区的佛教　姜念思　辽金历史与考古（第一辑）273~278

从考古、石刻资料看契丹（辽）的佛教　（日）古松崇志著　姚义田译　辽金历史与考古（第一辑）279~289

五重舍利宝塔研究中的几个问题　文军　文博 1:46~53

千年天宫开、佛祖舍利在——朝阳北塔辽代天宫出土文物瞻仰　杜斌　无锡文博 1:8~9

微缩的佛世界——擦擦　王杨　收藏 10:122~123

略说西夏塔形擦擦与铜模　李进兴　中国文物报 6 月 24 日 7 版

从胜利幢到雨伞——谈元代居庸关过街塔基门券两壁之四天王造型　林春美　汉藏佛教美术研究——第三届西藏考古与艺术国际学术讨论会论文集 269~279

拉萨药王山南崖牛头造像考　张骏逸　汉藏佛教美术研究——第三届西藏考古与艺术国际学术讨论会论文集 151~164

古陶瓷纹饰琐谈——八仙的故事　龙霄飞　收藏家 5:71~76

山西隰县小西天大雄宝殿壁塑佛传故事考　孙志虹　文博 3:60~66

藏文题记观世音铜像考——兼论却英多吉题记造像的制作年代　胡国强

汉藏佛教美术研究——第三届西藏考古与艺术国际学术讨论会论文集 389～395
清宫中正殿及其收藏的藏传佛教文物　马云华　收藏家 12:58～64

三　道　教

汉中宋代镇墓神物释证　程义、程惠军　四川文物 5:43～48
试析汉画像中的早期民间道教　王明丽　中原文物 3:89～93
北京地区道教考古发现与初步研究　孙勐　北京联合大学学报：人文社科版 7 卷 3:89～93
北京地区道教考古发现与初步研究　孙勐　中国道教 4:42～45
陕西富县新发现明代道士墓塔　赵克礼、陈邦年　文博 1:34～38

四　其他宗教

从洋海墓地的萨满巫师墓解析新疆萨满教遗存　吕恩国、张永兵　吐鲁番学研究 2:1～18
藏族的"鲁"文化探析　华锐·东智　中国藏学 4:92～97
虞弘墓祭火图像宗教属性辨析　张小贵　欧亚学刊（第九辑）266～278
洛阳景教经幢与唐东都"感德乡"的胡人聚落　张乃翥　中原文物 2:98～106

拾　历史地理与名胜古迹

古北岳恒山调查纪略　张建锁、马志强　文物春秋 6:21～34
秦亭新考　王文斌　丝绸之路 4:63～64
吴之邗城非干国考辨　王冰　中国历史地理论丛 1:120～128
楚武城考　尹俊敏　楚文化研究论集（第八集）147～152
秦南郡置县考　后晓荣　西部考古（第四辑）196～202
荆州松柏木牍所见西汉南郡的历史地理问题　袁延胜　中国历史地理论丛 3:40～45
铁笼山地理位置考　包鹏　丝绸之路 8:20～22
克孜尔石窟深藏的秘密　黄适远　丝绸之路 3:60～63
世界文化遗产视野中的锁阳城遗址　李并成　丝绸之路 4:5～7
北魏柔玄镇地望考述　魏隽如、张智海　北方文物 1:85～90
修德寺与修德寺塔　王丽敏等　文物春秋 6:13～20
探古高句丽　袁修美　丝绸之路 3:33～34
石堡城遗址考察纪实　王昱　青海社会科学 5:120～125
敦煌两关丝路杂谈——以阳关博物馆成立五周年暨《敦煌诗选》出版座谈会发言为中心　初世宾　丝绸之路 6:5～14
开封繁塔探析　张武军　文物建筑（第 3 辑）79～84
辽代夹山考　武成、燕晓武　内蒙古文物考古 2:78～84
辽东京道失考州县新探——《辽代失考州县辨证》之一　冯永谦　辽金历史与考古（第一辑）202～235
辽代迁徙后所置渌州故城考　魏耕云　北方文物 1:91～94

城四家子古城为辽代长春州金代新泰州　宋德辉　北方文物 2:92～95

智度寺塔游人题迹　张长占、刘淑敏　文物春秋 5:32～40

泉州印度神庙之谜　刘剑　丝绸之路 3:21～23

正定梁氏家族古建筑　杜平　文物春秋 5:28～31

试析六尺巷遗址的历史渊源、文化精髓及现实意义　吴玲　丝绸之路 4:18～20

拾壹　中外关系与文化交流

再论日本高松冢古坟的年代及所葬何人的问题　王仲殊　考古 3:73～80

解读十八世纪中国外销瓷误读现象　袁艺　收藏家 9:35～40

宜兴紫砂之海外贸易与文化交流　黎淑仪　东南文化 2:68～75

越窑青瓷在日本和韩国的显著影响和作用　岛田文雄著　谭浩然译　'09古陶瓷科学技术 7 国际讨论会论文集 604～609

奈良赤城古坟出土铜镜佛像及来源探微　何志国　民族艺术 2:100～104

从公元七至十六世纪扶壁栱形制演变看中日建筑渊源　徐怡涛　故宫博物院院刊 1:37～43

环杭州湾地区史前文化与早期东亚海洋文化交流圈　刘恒武　跨湖桥文化论集 171～179

唐王朝由内地通往东北渤海及朝鲜半岛和日本的交通路线与文化交流　魏存成　新果集——庆祝林沄先生七十华诞论文集 521～529

新安沉船中的金属工艺品——以其特点及新安船航线的性质为中心　（日）久保智康著　刘丹译　福建文博增刊 113～126

新安船装载的紫檀木和国际贸易　（韩）金柄堇　海交史研究 2:68～74

试析东北地区东部和朝鲜半岛旧石器时代晚期细石叶工业之间的文化关系　王春雪等　内蒙古文物考古 2:35～49

长沙窑蓝釉与铜红釉器及宗教纹饰——黑石号沉船的发现　林亦秋　'09 古陶瓷科学技术 7 国际讨论会论文集 559～569

翻唇神兽：东方的“格里芬”　郭物　欧亚学刊（第九辑）215～238

德里塔格拉克宫所藏十四世纪中国瓷器　埃伦·S·斯马特著　叶倩译　上海文博论丛 1:62～69

再看滇国墓葬中出土的几件文物　于兰　思想战线 35 卷 3:125～126

韩国粉青沙器的白化妆土工艺及其与中国陶瓷的关系　（韩国）郑洙丫　故宫博物院院刊 6:89～98

十四至十七世纪受中国影响的越南青花瓷　王伟　收藏家 8:83～91

从早期佛像看佛教艺术东传及中西方文化交流　王琦　丝绸之路 14:62～68

六方连续纹样考　田立坤　新果集——庆祝林沄先生七十华诞论文集 466～481

中古时期西南地区的粟特、波斯人踪迹　姚崇新　边疆民族考古与民族考古学集刊（第一集）104～125

福建陶瓷与西方地区　柯玫瑰著　谭

浩然译 ’09古陶瓷科学技术7国际讨论会论文集699~706
先秦前硅酸盐质文物的中、外文化和技术交流 干福熹 ’09古陶瓷科学技术7国际讨论会论文集728~734
白虎参宿与欧亚草原 郭物 边疆民族考古与民族考古学集刊（第一集）17~29
联珠纹饰与中西文化交流——以西安出土文物为例 韩香 唐史论丛（第十一辑）188~198
论“鍮石” 王银田、饶晨 敦煌研究4:103~108
东南亚发现之中国陶瓷 John Miksic著 翁宇雯整理 故宫文物月刊314:42~49
明清时期景德镇瓷器在欧洲文明进程中的作用 詹嘉等 中华文化论坛34~44
从东北亚地区发现的壁画等考古资料看古代西域文化的传播 孙泓 东北史地1:68~71
陶瓷下西洋：早期中葡贸易中的外销瓷 香港城市大学中国文化中心“陶瓷下西洋”研究小组 中国文物报11月27日6版
外销欧洲的中国纹章瓷 江凌、董亮 收藏家10:50~52
先秦南方丝绸之路与巴蜀对外文化交流的材料和研究 邹一清 巴蜀文化研究集刊（第五卷）247~259
南方丝绸之路早期商品交换方式变更考——从滇人是否使用贝币谈起 刘弘 巴蜀文化研究集刊（第五卷）260~267
瓷器中的西方艺术——清代外销瓷的风格转变及原因 罗玮娜 广州博物馆建馆八十周年文集——镇海楼论稿之二151~156
秘鲁收藏的中国外销瓷及其影响研究 向玉婷 收藏家7:53~60

拾贰 学术消息与文博工作

一 学术会议

第四届东亚考古学大会综述 丛德新 考古2:87~93
“考古与艺术史的交汇”国际学术研讨会纪要 张鹏 文物2:94~96
新材料、新问题、新方法——“考古与艺术史的交汇”国际学术研讨会综述 刘婕 美术研究1:14~16
“第八届中国社会科学院考古学论坛·2008年中国考古新发现”纪要 李学来 考古7:54~60
古代文明国际论坛暨考古研究所与斯坦福大学第一届双边学术讨论会纪要 黄超 中国社会科学院古代文明研究中心通讯18:6~9
中国古代文明与国家起源学术研讨会在清西陵召开 谷丛 中国社会科学院古代文明研究中心通讯18:1~5
中国社会科学院考古学论坛在京召开 孙波 中国文物报1月16日2版
中国考古学会第十二次年会在哈尔滨召开 尚咏黎 北方文物4:107
中国考古学会第十二次年会在哈尔滨召开 李政 中国文物报8月19日1版
中国考古学会常务理事会会议召开

古秘 中国文物报3月13日1版
期刊建设与考古学的发展暨纪念《考古》创刊500期学术研讨会纪要 洪石 中国文物报3月27日7版
2008～2009年度全国考古工作会召开 李政、孙秀丽 中国文物报11月4日1版
陕西省考古研究院2008年工作成果丰硕 庞博 中国文物报1月28日2版
"纪念山西省考古研究所侯马工作站建站五十周年"开幕式上的讲话 高可 鹿鸣集——李济先生发掘西阴遗址八十周年山西省考古研究所侯马工作站五十周年纪念文集 205～206
古陶瓷科学技术国际座谈会在故宫举行 文冰、郭桂香 中国文物报3月27日1版
全球化下的古陶瓷科技研究——2009年古陶瓷科学技术国际讨论会侧记 郭桂香、文冰 中国文物报4月10日8版
"出土饱水竹木漆器及简牍保护学术研讨会"纪要 赵桂芳 文物3:95～96
2009东亚古遗址保护国际学术研讨会纪要 张金萍 东南文化2:29～30
2009东亚古遗址保护国际学术研讨会在无锡召开 郭桂香 中国文物报4月17日1版
思想碰撞技术交流——中国文物保护技术协会第六次学术年会散记 郭桂香 中国文物报7月24日8版
保护、继承与发展——2009东亚文化遗产保护国际研讨会暨东亚文化遗产保护学会简述 郭桂香 中国文物报11月20日6版
2009东亚文化遗产保护技术国际研讨会在京召开 冯朝晖 中国文物报10月21日1版
"2009大遗址保护良渚论坛"举行 良渚博物院 浙江文物3:4～6
第二届大遗址保护高峰论坛在洛阳召开 孙秀丽、李政 中国文物报11月4日1版
第七届全国文物修复技术研讨会在宁波召开 文冰 中国文物报6月10日2版
古陶瓷学会2008年泉州年会暨中国古外销陶瓷学术研讨会综述 项坤鹏 故宫博物院院刊2:151～156
中国早期白瓷与白釉彩瓷专题研讨会综述 项坤鹏 故宫博物院院刊6:145～150
周口店遗址保护、发掘专家论证会在北京召开 周管 中国文物报5月8日1版
纪念北京猿人第一头盖骨发现80周年国际古人类学术研讨会暨第一届亚洲第四纪研究学术大会在北京召开 张乐 第四纪研究29卷6:1172
华北地区旧—新石器时代过渡考古的新收获——"华北地区旧—新石器时代过渡"研讨会纪要 崔天兴 古代文明研究通讯41:36～43
双墩遗址刻划符号暨早期文明起源国际学术研讨会在蚌埠举行 李珍萍 中国文物报10月28日2版
蚌埠双墩遗址刻划符号暨早期文明起源国际学术研讨会综述 李珍萍 中国文物报10月30日7版
"纪念西阴遗址发掘八十周年学术研讨会"开幕式上的讲话 张忠培 鹿鸣集——李济先生发掘西阴遗址八十周年山西省考古研究所侯马工

作站五十周年纪念文集 3～4
"纪念西阴遗址发掘八十周年学术研讨会"开幕式上的讲话　严文明　鹿鸣集——李济先生发掘西阴遗址八十周年山西省考古研究所侯马工作站五十周年纪念文集 5～7
"纪念西阴遗址发掘八十周年学术研讨会"闭幕布式上的讲话　张忠培　鹿鸣集——李济先生发掘西阴遗址八十周年山西省考古研究所侯马工作站五十周年纪念文集 8～9
交流考古科研成果推动青铜文化研究——2006 年青铜工业与早期文明国际学术研讨会综述　铜文　青铜文化研究（第五辑）183～185
"中原与北方早期青铜文化的互动"学术考察活动纪要　陈国梁、赵海涛　三代考古（三）421～422
以学界的互动把握青铜文化的互动——"中原与北方早期青铜文化的互动"学术考察笔谈　许宏　三代考古（三）423～424
纪念三星堆遗址发现八十周年专家座谈会综述　吴维羲　四川文物 6：82～85
"鄂尔多斯青铜器国际学术研讨会"纪要　杨泽蒙　内蒙古文物考古 1：139～146
"鄂尔多斯青铜器国际学术研讨会"纪要　杨泽蒙　鄂尔多斯青铜器国际学术研讨会论文集 13～21
首届"先商文化学术研讨会"纪要　赵新平等　古代文明研究通讯 42：7～12
首届"先商文化学术研讨会"纪要　徐海峰等　中国文物报 11 月 27 日 7 版
殷墟发掘 80 周年学术纪念会综述　唐际根　中国社会科学院古代文明研究中心通讯 17：58～69
"纪念王懿荣发现甲骨文 110 周年国际学术讨论会"简讯　刘义峰　中国历史文物 5：88
"凤鸣岐山——周文化国际学术研讨会"纪要　常怀颖、张钊　古代文明研究通讯 41：44～49
凤鸣岐山——周文化国际学术研讨会综述　常怀颖、张钊　中国文物报 5 月 1 日 7 版
周公庙考古工作汇报暨新出西周甲骨座谈会纪要　周公庙考古队　中国文物报 3 月 27 日 7 版
"山西·曲沃曲村—天马遗址发掘三十周年晋文化论坛"纪要　常怀颖　古代文明研究通讯 41：50～54
钟鸣寰宇，律动千秋：纪念曾侯乙编钟出土 30 周年国际学术研讨会综述　李幼平　黄钟 2：18～22
新资料·新视野·新方法——藏彝羌走廊暨中国西部石棺葬文化研讨会综述　陈剑　四川文物 6：86～89
"中国里耶古城·秦简与秦文化国际学术研讨会"纪要　洪石等　里耶古城·秦简与秦文化研究——中国里耶古城·秦简与秦文化国际学术研讨会论文集 17～25
秦俑秦陵秦文化——秦俑博物馆开馆 30 周年国际学术研讨会暨秦俑学第 7 届年会综述　李政　中国文物报 10 月 16 日 7 版
秦俑及彩绘文物保护与研究国际学术研讨会在西安召开　冯朝晖　中国文物报 3 月 27 日 1 版
汉唐西域考古：尼雅、丹丹乌里克遗址国际学术研讨会在京召开　孙漪娜、孙秀丽　中国文物报 11 月 25 日 2 版

“敦煌、吐鲁番文献与西北地域”国际学术会议论文评议 王素 吐鲁番学研究 1:21~28

第三届吐鲁番学国际学术研讨会暨欧亚游牧民族的起源与迁徙国际学术研讨会综述 汤士华、陈爱峰 2009 敦煌学国际联络委员会通讯 140~152

第三届吐鲁番学国际学术研讨会暨欧亚游牧民族的起源与迁徙国际学术研讨会综述 汤士华、陈爱峰 西域研究 1:128~132

第三届吐鲁番学国际学术研讨会暨欧亚游牧民族的起源与迁徙国际学术研讨会会议综述 桂宝丽 中国史研究动态 10:25~28

多维视野下的丝绸之路研究——丝绸之路国际学术研讨会论点摘编 马晓玲 中国文物报 9 月 4 日 5 版

古代回鹘考古学文化研究国际学术研讨会综述 萨仁必力格 中国文物报 12 月 11 日 7 版

“古代回鹘考古学文化研究国际学术研讨会”会议纪要 萨仁毕力格等 内蒙古文物考古 2:134~141

“西汉南越国考古与汉文化国际学术研讨会”纪要 洪石、易西兵 考古 6:88~96

“唐代日本留学生井真成墓志学术研讨会”纪要 张宏彦、翟霖林 西部考古（第四辑）335~338

洪州窑考古发现 30 周年纪念暨学术研讨会纪要 张文江、袁泉 南方文物 1:154~155

“中国古陶瓷学会 2009 年元青花专题研讨会”纪要 郑宏、张露 故宫博物院院刊 4:155~157

中国古陶瓷学会召开元青花专题研讨会 王征 中国文物报 5 月 27 日 2 版

二 文博展览

早期中国——中华文明起源展 中国文物报 9 月 30 日 9~12 版

上博赴伦敦展出的青铜器 李柏华 文物天地 8:62~69

三 博物馆介绍

风云半百往事悠悠——记侯马工作站初建二三事 张守中 鹿鸣集——李济先生发掘西阴遗址八十周年山西省考古研究所侯马工作站五十周年纪念文集 459~461

改革开放三十年河南考古谱新篇 河南省文物考古研究所 中国文物报 1 月 23 日 8 版

四 学术信息

2008 年度全国十大考古新发现初评揭晓 孙秀丽、李政 中国文物报 3 月 6 日 1 版

2008 年度全国十大考古新发现评选结果揭晓 李政、孙秀丽 中国文物报 4 月 1 日 1 版

良渚古城遗址获 2007 至 2008 年度田野考古奖二等奖 张建华 浙江文物 5:4

我国科技考古研究的新进展 塔拉等 文物保护与考古科学 1:76~80

拾叁 书刊评介

一 总 述

书信中的历史——《传薪有斯人》读

书记　陈洪波　华夏考古 3：145～152

《考古 500 期》　施劲松　中国文物报 4 月 17 日 7 版

中国铅同位素考古的重要收获　李伯谦　中国文物报 1 月 21 日 4 版

科技考古方兴未艾——四本科技考古专著读后感　袁靖　中国文物报 2 月 4 日 4 版

《考古学：发现我们的过去》译后记　余西云　中国文物报 4 月 15 日 4 版

发现与发明——为《历史选择中国模式》而作　许永杰　中国文物报 5 月 6 日 4 版

实物视角下的古中江流域文化——读《溧水文物集粹》　贺云翱　中国文物报 7 月 22 日 4 版

《中国文物保护与修复技术》：文物保护理论与实践的六十年总结　中国文化遗产研究院　中国文物报 8 月 14 日 6 版

对"考古"的"考古"　刘庆柱　中国文物报 8 月 21 日 8 版

了解当代考古学思想的独特视野——宾福德《追寻人类的过去》序　（英）科林·伦福儒　中国文物报 9 月 4 日 8 版

探窥中国考古学史　陈星灿　中国文物报 10 月 2 日 8 版

运用 GIS 做一点中国考古学研究　滕铭予　中国文物报 11 月 13 日 8 版

打开一扇回望峡江的窗口　单霁翔　中国文物报 12 月 11 日 8 版

动物考古研究的科学化——读《考古遗址出土动物骨骼测量指南》　周牧萱　华夏考古 4：132～135

《性别研究与中国考古学》评介　南沙娜　考古 8：94～96

中国考古类型学研究的典范之作——读《瓦鬲的研究》　杨晶　南方文物 1：33～36

考古学史首先是思想观念的发展史——布鲁斯·特里格《考古学思想史》第二版读后感　陈淳　南方文物 1：37～45

构建中国考古学方法论体系——张忠培《地层学与类型学的若干问题》导读　高蒙河　南方文物 2：19～26

对甘宁青三省区考古成果的一次回顾——评《甘宁青考古八讲》　邵明杰　丝绸之路 4：59～60

对铜镜实用功能的忽视——与《镜与中国传统文化》作者商榷　范淑英　四川文物 5：95～99

宿白先生论敦煌遗书研究开始于中国——读《敦煌七讲》　姜伯勤　中国史研究 3：95～97

读沈长云等著《中国古代国家起源与形成研究》　赵世超　中国史研究动态 12：27～28

二　史前考古

全面公布考古材料的典范——读《登封王城岗考古与研究（2002～2005）》　陈星灿　中国文物报 4 月 1 日 4 版

田螺山遗址——河姆渡文化新视窗　鲍贤伦　中国文物报 6 月 3 日 4 版

千呼万唤鄂西北地区考古又添新篇——房县七里河考古发掘报告出版　朱俊英、易珊珊　中国文物报 9 月 4 日 8 版

《蒙城尉迟寺（第二部）》与尉迟寺遗址第二阶段发掘工作述评　张弛　考古 5：87～96

《新乐遗址博物馆馆藏文物集粹》出版 周阳生 中国文物报6月10日4版

重读《仰韶文化研究》——严文明先生仰韶文化研究的理论与实践 韩建业 南方文物3:19~24

《解读奥尔杜威——Bed I遗址的埋藏学研究》评述 张双权 人类学学报2:215~216

《打制石器——石器的制作与理解》评介 李锋、王春雪 人类学学报3:327~328

一个从“礼”探索中国文明起源的模式——读《文明起源的中国模式》 陈雍 文物2:90~93

太湖西北部新石器时代考古报告的又一力作——《高城墩》读后记 方向明 东南文化5:121~126

站在良渚之外看良渚——刘恒武的《良渚文化综合研究》 刘斌 中国文物报5月27日4版

三 夏商周考古

读乌恩岳斯图先生遗著《北方草原考古学文化比较研究——青铜时代至早期匈奴时期》 王大方 鄂尔多斯青铜器国际学术研讨会论文集22~24

读《蜀文化》 李明斌 中国文物报2月11日4版

读《蜀文化》 李明斌 成都文物1:63~65

《新密新砦》与早期夏文化探索 韩建业 中国文物报5月20日4版

《最早的中国》创作之心路历程 许宏 中国文物报8月7日8版

玉振金声二里头 扑朔迷离夏王朝——读许宏博士新著《最早的中国》有感 易华 中国文物报10月16日8版

中商文化和考古学商史编年的新视野——畏友唐际根教授《考古与文化遗产论集》一书述评 京都静源 殷都学刊3:152~156

序《中国殷墟骨文化》 王宇信 殷都学刊4:149~150

青铜时代的中国文明——评《殷墟青铜器》 李旭 殷都学刊4:155~156

殷墟发掘80周年学术纪念会综述 唐际根 中国社会科学院古代文明研究中心通讯17:58~69

随枣走廊的一千零一夜——《曾国青铜器研究》读后 于薇 古代文明研究通讯43:47~51

揭示中国古代北方草原青铜文明宝库的考古专著——《小黑石沟——夏家店上层文化遗址发掘报告》出版发行 王大方 内蒙古文物考古2:142

赵都邯郸城研究的新成果 严文明 中国文物报7月8日4版

《荆门罗坡岗与子陵岗》采撷 金柏平 湖南省博物馆馆刊（第五辑）326~328

锲而不舍 金石可镂——评《随州擂鼓墩二号墓》 朱俊英 中国文物报4月8日4版

战国秦汉西南地区考古的新收获与新思考——读《赫章可乐二〇〇〇年发掘报告》 杨勇 考古10:91~96

重读《青铜器学步集》 张懋镕 上海文博论丛2:73~75

一部展示吴文化的好书 李伯谦 中国文物报4月8日4版

四 秦汉及以后

简评《汉魏摇钱树初步研究》 刘庆

柱　考古与文物2:112

先秦两汉时期铁器的生产应用与社会发展进程问题——读《先秦两汉铁器的考古学研究》　唐际根　华夏考古4:136~143

东亚视野下的中国古代铁器研究——《中国古代の铁器研究》评介　缪雅娟　中国文物报6月24日4版

评《南越宫苑遗址——1995、1997年考古发掘报告》　刘庆柱　考古12:85~88

里耶与岭南——读《里耶发掘报告》札记之二　杨哲峰　中国文物报10月30日7版

探索西安地区汉墓发展变化全面而系统的考古资料——《西安东汉墓》　刘庆柱　中国文物报5月27日4版

马鞍山地区六朝墓葬考古发现及研究成果的集中展示——《马鞍山六朝墓葬发掘与研究》序　王志高　中国文物报10月2日8版

评《粟特人在中国——历史、考古、语言的新探索》　张桢　考古与文物2:106~111

事死如生盖棺未必定论　齐东方　中国文物报8月21日8版

忆渤海考古——写在《渤海上京城》报告出版之际　许永杰　中国文物报11月27日8版

一次历史之航　刘文锁　中国文物报10月30日8版

评《徐水西黑山》　刘未　文物春秋4:79~80

简评《元上都》　冯恩学　中国文物报2月18日4版

南京城墙的全面系统研究——《南京城墙志》序　单霁翔　中国文物报2月11日4版

明代帝王陵墓研究的成功之作——读刘毅先生《明代帝王陵墓制度研究》一书有感　韩国河　中原文物1:110~112

五　古文字与文书

王宇信《中国甲骨学》评介　齐心、高凯军　甲骨学110年：回顾与展望——王宇信教授师友国际学术研讨会论文集32~33

《甲骨文商史丛考》评　马季凡　中国文物报12月25日8版

重评《两周金文辞大系图录考释》　刘正　南方文物4:29~38

楚简研究的新成果——读《楚地出土战国简册［十四种］》　胡平生　中国文物报12月11日8版

《楚地出土战国简册（十四种）》评介　冯胜君　中国史研究动态12:28~31

荣新江、李肖、孟宪实《新获吐鲁番出土文献》　王素　敦煌吐鲁番研究第十一卷507~515

《新获吐鲁番出土文献》读后　郝春文　敦煌研究1:112~114

吐鲁番出土文献整理的典范之作——评《新获吐鲁番出土文献》　张涌泉、陆娟娟　敦煌研究3:120~123

字斟句酌，精益求精——《新获吐鲁番出土文献》评介　王启涛　吐鲁番学研究2:146~151

池田温《敦煌文书的世界》　赵和平　敦煌吐鲁番研究第十一卷516~524

体大思精嘉惠学林——读《古文字通假字典》　杨怀源　考古与文物6:104~107

《北朝佛教石刻拓片百品》对金石著

录编写的启发　赵超　中国文物报11月13日8版

有口皆碑成为定论——《中国佛道造像碑研究》序　梁白泉　中国文物报7月15日4版

中古景教史迹研究添奇葩——《景教遗珍：洛阳新出唐代景教经幢研究》推介　曾玲玲　中国文物报8月21日8版

《内蒙古辽代石刻文研究》（增订本）评介　刘凤翥　中国文物报2月18日4版

《俄藏黑水城所出〈宋西北边境军政文书〉整理与研究》出版　郝良真　中国文物报10月2日8版

六　美术考古

聚瓦磬之鸣以恢弘文化——读吴磬军《燕下都瓦当文化考论》新书　穆强　中国文物报1月21日4版

一部鉴别古玉器的鸿文巨著——《古玉鉴别》评介　卢兆荫　中国文物报2月11日4版

图像与铭文考古学的新视野——读《另一种古史》　王牧　中国文物报1月14日4版

一炷馨香文化守望——《光耀满乾坤——李峪青铜器解读》序　陶喻之　中国文物报12月25日8版

格调别致雅俗共赏——读《国宝春秋·青铜篇》有感　张懋镕　中国文物报4月1日4版

一部晋国青铜器研究的高质量著作——《晋国青铜艺术图鉴》　李伯谦　中国文物报5月15日4版

宗周礼乐的现代诠释——读《吉金铸国史——周原出土西周青铜器精粹》　孙庆伟　青铜文化研究（第三辑）124～128

对皖南商周青铜器的几点新认识　李伯谦　青铜文化研究（第五辑）155～156

皖南商周青铜器研究的新视角　邹厚本　青铜文化研究（第五辑）157～159

皖南商周青铜器整理和研究的意义　陆勤毅、杨立新　青铜文化研究（第五辑）160～162

皖南商周青铜器发现与研究　宫希成　青铜文化研究第五辑163～167

中日文化交流的历史见证——读《日本蓬莱纹铜镜研究》有感　薛翘　中国文物报5月20日4版

静观千年法门遗珍——《法门寺文物图饰》评论　葛承雍　中国文物报7月15日4版

明代瓷器研究的最新力作——读《上海博物馆藏品研究大系·明代官窑瓷器》　刘朝晖　中国文物报2月18日4版

清代陶瓷史的一项划时代研究——周思中《清宫瓷胎画珐琅研究：1716～1789》读后　张甘霖　中国文物报7月22日4版

东夷文明研究的最新力作——读《东方古星象岩画研究》　古峰　中国文物报9月4日8版

读水野清一、长广敏雄《云冈石窟》　陈悦新　文物1:86～95

考古与文史研究相结合的典范——《湖南宋元窖藏金银器发现与研究》序　徐苹芳　中国文物报5月6日4版

七　其　他

让我们进入史前人的物质和情感世

界——介绍一本英国军人所写的澳洲土著民族志　陈星灿　中国文物报8月7日8版

《甲胄复原》序　杨泓　中国文物报4月1日4版

一本难得一见的跨学科专著——《艺术品中的铜和青铜》简评　梅建军　中国文物报9月25日6版

考古考“龙种”——读朱乃诚先生《中华龙：起源和形成》有感　王仁湘　中国文物报10月30日8版

评《伊斯兰世界文物在中国的发现与研究》　冯今源　考古2:94~96

中亚：古代中西钱币文化交汇的热土——读李铁生教授新作《古中亚币》有感　林钧永　新疆钱币1:62~63

（编辑：辛爱罡、丁翠萍）

新发表古代铭刻资料简目

（原形字用“□”号代替。期刊名称后的数码依次为期和页，中国文物报后的数码依次为期和版）

一　甲骨文

商

甲骨文

甲骨碎片上刻有：“己屮”、“辛丑卜用犬子更父”、“日（或夕）”、“一”（2件）、“告”、“不”、“二”、“子”或“巳”、“曹于丁”、“二”等。

（2004年至2005年河南安阳市殷墟小屯宫殿宗庙区发现　考古学报2:240～241）

二　金　文

商

AII式觚（M1327:11）

圈足内铭2字：“㫃□”。

CI式觚（M1275:3）

圈足内铭2字：“父丙”。

I式爵（M1325:2）

鋬内铭2字：“父丁”。

II爵（M1295:1）

鋬内铭：“”。

（以上1989年至1990年河南安阳殷墟孝民屯村东南地墓葬发现　考古9:28～29）

鼎（M4:7）

腹壁内侧铭2字：“狗宁”。

卣（M4:4）

内底铭2字：“狗宁”。

簋（M4:5）

圈足对铭：“狗宁”、“狗宁”。

爵（2件）（M4:8、10）

鋬下腹铭2字：“狗宁”。

（以上2005年河南安阳殷墟范家庄东北地墓葬发现　考古9:44～48）

西周

簋

盖器对铭各4行35字：“隹八月公陕殷年公Ⴘ何贝十朋廼令何慐三族为何室用丝毁　婴公休用乍且乙障彝”。

（私家收藏　文物2:53～55）

簋（2件）

一件有盖，另件盖佚。器、盖同铭，唯行款不同。盖内铭6行，器内底铭4行，共38字：“王曰采隻命女乍嗣土易　女戠衣赤⊗市緣旂用　事采隻对天子休用乍义　女障簋其万人永宝用”。

（上海文博3:92～93）

盨（2件）

两器内底和顶部同铭3行13字（重文二）：“奠登白乍　宝须子＝孙＝永宝用”。

（建国前河南洛阳老城东北邙山坡出土　河南洛阳市宜阳县文化馆藏　文物1:46）

鬲（M2008:13）

颈内侧铭1行10字：“虢宫父乍行鬲用从永征”。

匜（M2008:42）

器内底铭3行9字：“虢宫父　乍也用　从永征”。

鬲（SG:049）

颈内侧铭1行10字：“虢宫父乍行鬲用从永征”。

盘（SG:060）

内底铭2行9字：“虢宫父乍　般用从永征”。

（以上1990年3月河南三门峡市上村岭虢国墓地发现　文物2:20～24）

戈

援本下铭3字：“元□□”。

（2001年河南三门峡市虢国墓地发现　文物1:48）

春秋

列鼎（6件）

6器内壁同铭2行8字：“虢姜乍旅　鼎永宝用”。

鬲（4件）

4器铭文相同，颈部内侧铭1行8字：“虢姜乍旅鬲永宝用”。

方甗

甑腹内壁铭2行8字：“虢姜乍旅甗永宝用”。

圆壶（2件）

2器同铭，子口外侧及器口内壁铭4行8字：“虢姜　乍旅　壶永宝用”。

盘

器底铭2行8字：“虢姜乍旅般永宝用”。

匜

器底铭3行13字：“虢□□父乍□匜其万年　永宝用”。

（以上2008年河南三门峡市虢国博物馆征集　文博1:14～17）

盘

盘底铭4行21字：“隹正月初吉丁亥　鄧子□賸叔□　盥□□□□子孙永”。

（1988年12月至1996年底湖北钟祥市文集镇康集村黄土坡墓葬发现　考古学报2:277）

壶（M1:142）

器内沿铭2行4字：“鲁侯　乍壶”；盖内铭1行4字：“鲁侯乍壶”。

（1995年4月河南登封市告成镇袁窑村墓葬发现　文物9:27～34）

簠（M1:376）

器内底铭3行19字：“隹正月初吉丁亥　童麗君柏睪其　吉金乍其飤匿”。

戟（M1:47）

胡铭1行7字：“童麗公柏之用戟”。

纽钟

一面钲铭：“唯王正月初吉丁亥童麗君柏作其行钟童麗之金”。

镈钟

镈钟铭64字：“隹正月初吉丁亥，余□𢍰于之孙童麗公柏之季子康睪其吉金，自乍龢钟。之𨻰譪譪逦逦，柏之季康是良，台从我师行，台乐我甫覭，其眉寿无疆，子子孙孙永保是敞”。

（以上2006年12月至2008年8月安徽蚌埠市淮上区小蚌埠镇双墩村及凤阳县板桥镇卞庄墓葬发现　考古7:42~43；又见文物8:24~27；东南文化1:42、45；文物研究第16辑：172；考古与文物3:102~112）

簠（2件）

器底中部同铭2行6字：“蔡侯申之飤簠”。

（2008年6月至10月河南南阳市八一路墓葬发现　中原文物2:81~82）

剑

两纵近茎处铭2行12字：“攻敌王者彶叡　虘自乍元用剑”。

剑

两纵铭2行12字：“攻敌王虘𢦏此　郐自乍其元用”。

（以上2008年12月江苏无锡博物院征集　江汉考古3:81、83、彩版二；又见无锡文博1:31、封二）

战国

鼎

盖铭3处16字：“信安君□□”、“信安　下官　器貣”、“安君　昮阴侯”，器腹铭4字：“信安下官”。

（传山西出土　2008年河南洛阳理工学院文物馆征集　文物11:70~71）

戈

内上铭3字（合文一）：“左玄舍”。

（1963年12月西南大学历史博物馆购于四川成都市蜀华文物商店　江汉考古4:85）

戈

内上铭3行18字：“十九年上郡守　逪造高工师　灶丞猪工隶臣渠”。

（1996年5月安徽桐城市孔城镇岗头村墓葬发现　考古与文物3:31~32）

鼎

器肩沿上铭2字：“王后”。

樽

器铭2字：“少府”。

戈

戈上铭2字：“左库”。

（以上2006年至2009年河南新郑市城关乡胡庄村墓葬发现　华夏考古3:18、彩版一三、彩版一四）

弩机

悬刀侧面铭1行9字：“十九年高陵君工起金”。

（甘肃天水市出土　2008年河南洛阳理工学院文物馆征集　中国历史文物1:48~49）

汉

灯

座铭6行23字：“栎阳高平　宫金烛豆　容大半升　重二斤七　两名曰百　五十一”。

（2007年河南洛阳文物收藏学会征集　考古12:89~90）

钫

圈足底铭：“庙容四斗一升重十七斤四两第九”、“重十七斤四两”。

（江苏徐州市大孤山二号西

汉墓出土　考古4:47~48)

钫

口沿铭2字:"食官"。

(2002年11月江苏仪征市新集镇国庆村螃蟹地墓葬发现　东南文化4:45)

鼎

器耳铭5字:"九斤十五两"。

(2006年6月陕西兴平市西吴镇上官道村墓葬发现　文物5:95)

尺

尺身一面铭1行18字:"长安铜尺卅枚第廿元延二年八月十八日造"。

(1972年浙江萧山市衙前镇洛思山发现　萧山博物馆藏　东方博物第三十三辑:48~49)

宋

牺尊

腹底铭2行6字:"皇宋州　学宝尊"。

(1964年至1965年之交安徽湖州市吴兴县安定书院地段发现　东方博物第三十三辑:39、41)

鼎

内壁口部铭1行6字:"汉鼎佳其子孙"。

甗

甗足平顶内侧铭3行10字:"圆篆甗　汉□男平　永宝用"。

盒形构件

器正面铭4字:"赵辅端造"。

(以上1996年3月四川成都市彭州市窖藏发现　文物1:59、62、66、68)

元

权(2枚)

权身正面铭:"大德九年兴元路官造"。

权身正面铭:"官造"。

(以上甘肃天水市麦积区博物馆藏　陇右文博1:50)

明

钟

钟体各区分别铸有人名及"大明天顺六年夏月吉日铸造洪钟一口……"发愿文、"大明嘉靖十二年三月二十一日"铭文及捐资者名录。

钟

钟体铭:"敕赐顺天保明寺"、"隆庆六年十月吉日造"和捐资者名录。

(以上北京市石景山区西黄村发现　文物春秋5:72~73)

清

钟(铁)

钟体上部铭:"风调雨顺国泰民安";钟面铭:"大清国山东兖州府邹县城西南乡纪沟村……乾隆九年二月初三日金火匠人陈永禄造"。

(2009年山东邹城市太平镇东纪二村发现　中国文物报1723:2)

附:金银器刻铭

战国银箍(3件)

箍上铭:"王后"。

箍上铭:"王后官"。

箍上铭:"太后"。

(以上2006年至2009年河南新郑市城关乡胡庄村墓葬发现　华夏考古3:18、彩版一四)

清银镯

内侧錾刻4字："元吉"、"足纹"。

清银簪

簪首内侧錾刻2字，不识。

清鎏金银簪

簪上錾刻2字："天化"。

（以上2007年11月14日至11月18日北京市朝阳区北顶娘娘庙东侧墓葬发现　北京文博3:43、47、49）

清银簪

簪背面錾刻2字："振元"。

（2007年9月至10月北京市朝阳区王四营乡华能热电厂墓地发现　北京文博3:40～42）

三　玺　印

（凡未注明质料者均为铜质）

汉

曩可印

譬生

（以上1999年10月至11月山东莱州市大原镇东朱杲村朱郎埠墓葬发现　华夏考古1:55、62）

王霸之印（M2:9）

王霸（M2:8）

（江苏徐州市大孤山二号西汉墓出土　考古4:48～49）

王□私印

楚定

奉亲睆印

山宫私印

左宫

福樂

部曲将印

（以上河南荥阳市豫龙镇苜蓿洼自然村墓葬发现　考古与文物4:110）

关中侯印（金）

关中侯印（金）

关内侯印（金）

富寿侯印（金）

裨将军印章（银）

虎牙将军章（银）

武猛中郎将（银）

校尉丞印

奉车都尉

白马令印

梁令之印

李潭之印

王辅

李忠之印

王顺

郑兴私印

彭昆钊印

宗康之印、宗康、火元（母子孙鎏金套印）

陈国范说（套印）

李晃印信（套印）

（以上河南博物院藏　中原文物2:94～97）

三国

趣出之契（铁）

（近年河北正定县西门里基建工地发现　文物春秋4:65）

十六国

前秦六面印（煤精）

臣猛　王猛　王猛白笺　王猛言事　王猛白事　印完

（1999年陕西华山脚下王猛台发现　私人收藏　文博5:67～69）

附：汉封泥

新安右尉

（河南博物院藏　中原文物

2:94)

四　墓　志

南北朝

北魏韦辉和墓志

首题："魏故员外散骑侍郎韦君墓志铭"。

正光三年（522年）卒。

永熙二年（533年）葬。

北魏韦乾墓志

无首题。

永熙二年（533年）卒。

次年迁葬。

（以上2001年陕西西安市南郊长安区韦曲镇塔坡村京科花园小区墓葬发现　文物5:46~48)

北魏晦墓志（盖佚）

无首题。

正光四年（523年）卒。

（1985年至1995年河南三门峡市墓葬发现　华夏考古4:47~48)

北魏崔楷墓志盖

盖称："魏故仪同三司崔公铭"。

志盖四周铭志文。

卒年未详。

（2007年12月河北曲阳县下河乡下河村墓葬发现　文物春秋6:37)

东魏慧光墓志

首题："魏故昭玄沙门大统［墓］志铭"。

元象元年（538年）三月十四日卒。

（近年河南安阳市北郊出土2002年夏藏于河北正定县墨香阁　文物春秋5:42)

北周郭生墓志（有盖）

盖称："大周故郭府君之墓志"。

首题："魏故武功郡守郭府君墓志"。

西魏大统十一年（551年）六月十日卒。

556年葬。

建德五年（576年）改葬。

（2007年4月至8月陕西咸阳市渭城区正阳镇柏家嘴村北二道塬墓葬发现　文博5:8)

隋

隋朱神达墓志

额称："故朱府君墓志铭"。

首题："故乐陵郡功曹兼荆州长史朱君墓志"。

开皇四年（584年）七月七日卒。

隋盆墓志

无首题。

开皇九年（589年）六月廿六日卒。

（以上20世纪山东青州市博物馆收藏　华夏考古3:86~88)

隋司马融墓志（拓片）

首题："大隋使持节仪同三司洋州刺史鲷阳公墓志"。

开皇五年（585年）五月廿五日卒。

仁寿元年（601年）十一月廿九日迁葬。

（2008年5月河南孟州市西北石庄乡雷河村附近发现　中原文物3:95)

隋李裕墓志（有盖）

盖称："大业猗氏公李君墓志"。

首题："大业猗氏公李君之墓志"。

仁寿四年（604年）六月十七日卒。

（2006年12月12日至18日陕西西安市南郊长安区郭杜镇墓葬发现　文物7:19）

隋卫侗墓志（有盖）

盖称："隋故记室卫君墓志铭"。

首题："隋故上开府记室参军事卫公墓志铭"。

大业八年（612年）卒。

（2000年8月河南洛阳市龙门新村墓葬发现　文物11:89～90）

唐及五代

唐乞扶令和墓志

首题："隋故使持节柱国西河郡开国公乞扶令和墓志铭"。

大业六年（610年）九月廿四日卒。

（2006年8月至10月河南新乡市卫辉市大司马村墓葬发现　中原文物4:53）

唐薛元嘏墓志（有盖）

无盖称。

首题："唐故泸州都督府司马内阳公薛府君墓志铭并序"。

墓主麟德二年（665年）九月八日卒。

其妻永徽四年（653年）十月廿日卒。

乾封年间合葬。

（2007年4月陕西西安市长安区郭杜镇大居安村墓葬发现　考古与文物6:8～10）

唐窦及墓志（有盖）

盖称："大唐故窦府君之铭记"。

首题："唐故石州离石府右果毅都尉窦府君墓志铭并序"。

总章二年（669年）七月廿九日卒。

（2005年8月至11月陕西铜川市耀州区坡头镇冯兰村华能铜川电厂基建工地墓葬发现　考古与文物2:10～11、13～14）

唐吴信墓碑

额称："大唐故吴府君之碑铭"。

首题："大唐故西州司马上骑都尉吴府君之碑铭并序"。

墓主调露二年（680年）十一月廿二日卒。

其妻永淳元年（682年）十一月十二日卒。

文明元年（684年）十一月十三日合葬。

（二十世纪末出土　陕西澄城县博物馆藏　考古与文物6:49～51）

唐卢正容墓志（有盖）

盖称："大唐故卢府君墓志铭"。

首题："大唐故朝议郎行润州司户参军事范阳卢府君墓志铭并序"。

长安四年（704年）正月十一日卒。

（2001年河南伊川县彭婆乡发现　中原文物4:62～63）

唐李荣墓志

首题："唐故开府仪同三司太常卿渭源郡王李公墓志铭并叙"。

贞元十二年（796年）□□十四日卒。

（2006年河北曲阳县燕赵镇郑留营村发现　文物春秋6:61～62）

唐尼那罗延墓志（盖佚）

首题："唐故万善寺尼那罗延墓志铭并序"。

元和十四年（819 年）四月四日卒。

（2008 年 1 月陕西西安市西郊污水处理厂家属院建设工地发现　中原文物 3:99）

唐崔大义妻李氏墓志（有盖）

盖称："大唐故李夫人之墓铭"。

首题："唐故莱州昌阳县令崔大义妻李夫人墓志铭并序"。

贞观二十一年（647 年）六月廿六日卒。

贞观二十一年（647 年）七月十二日与夫崔大义合葬。

唐薛丹墓志（有盖）

盖称："唐故太子宾客赠工部尚书河东薛府君墓志"。

首题："唐故中散大夫守太子宾客上柱国赐紫金鱼袋赠工部尚书河东薛府君墓志"（自撰）。

长庆元年（821 年）卒。

唐薛丹妻李氏墓志（有盖）

盖称："唐故陇西县君李夫人墓志铭"。

首题："唐故中散大夫守太子宾客上柱国赐紫金鱼袋赠工部尚书河东薛府君夫人陇西县君李氏墓志铭"。

长庆三年（823 年）七月十四日卒。

（以上 1998 年至 2001 年河南偃师市城关镇前杜楼村墓葬发现　中原文物 9:14～15）

唐康敦墓志

首题："大唐故处士安公康夫人墓志并序"。

垂拱二年（686 年）六月五日卒。

（2007 年洛阳博物馆征集）

唐何澄墓志（拓片）

首题："有唐故寻阳郡何府君墓志铭并序"。

贞元十八年（802 年）三月九日卒。

唐何澄妻墓志（拓片）

首题："唐故庐江郡夫人墓志铭并序"。

元和七年（812 年）三月廿日卒。

（2008 年洛阳文物市场发现）

（以上近年河南洛阳地区发现　中原文物 6:74～77）

唐韩复墓志（有盖）

盖称："唐故左庶子韩公墓志"。

首题："唐故通议大夫守太子左庶子上柱国韩府君墓志铭并序"。

大中五年（851 年）六月十八日卒。

志文为韩复堂舅柳公权所撰。

志盖背面残存"佛告"、"维摩诘"等字，为利用佛经刻石改制。

（2008 年陕西西安碑林博物馆征集　文物 11:91～93）

唐张浣墓志（有盖）

盖称："大唐故张府君墓志铭"。

首题："张府君墓志铭并序"。

大中五年（851 年）三月一日卒。

唐张浣妻遵化县主墓志（盖佚）

首题："唐故渭州别驾张府君夫人遵化县主墓志铭并序"。

大中十三年（859 年）十月十三日卒。

（以上 2006 年陕西西安市桔郡小区建设工地墓葬发现　陕西历史博物馆馆刊 16:163～164）

唐郭璠墓志

首题："唐故太原郭府君合祔墓志铭并序"。

咸通十三年（872 年）卒。

咸通十五年（874 年）与妻合葬。

（2008 年 8 月至 9 月山东兖州兴隆塔地宫出土 文物 11：50～58）

唐赵氏墓志（有盖）

无盖称。

首题："播州刺史检校右仆射赵府君墓志铭"。

乾宁三年（896 年）正月二十六日卒。

（湖北襄樊市樊城区太平店镇发现 2008 年 4 月襄樊市考古所征集 江汉考古 1：59）

唐墓志盖

盖称："墓君墓志"。

（2008 年 3 月至 4 月河南郑州市西环路绿都城小区建筑工地墓葬发现 中原文物 2：10）

五代后周卢价墓志（有盖）

盖称："大周故范阳卢公墓志"。

首题："大周故礼部尚书致仕卢公墓志铭并序"。

显德六年（959 年）正月十日卒。

（2007 年 9 月 20 日河南焦作市中站区后辛庄张氏村墓葬发现 中国历史文物 1：72～73）

宋

宋潘景唐墓志（盖佚）

首题："殁故荥阳郡潘氏府君墓志铭并序"。

乾德四年（966 年）卒。

（1993 年 10 月 7 日安徽潜山县梅城镇太平村发现 潜山县博物馆藏 文物研究第 16 辑：243～246）

宋冀闰墓志

首题："宋故冀闰墓志铭"。

大观元年（1107 年）六月廿二日卒。

（2007 年 9 月 22 日至 10 月 4 日河南焦作市中站区府城办事处小尚村墓葬发现 文物世界 5：19）

宋王蘧子王康墓志

首题："宋故将仕郎苏州昆山县尉王君墓志铭并序"。

大观四年（1110 年）七月卒。

宋王蘧妻向氏墓志（有盖）

盖称："宋齐安郡君向氏墓铭"。

首题："宋故齐安郡君向氏墓志铭"。

元丰二年（1079 年）三月卒。

元祐三年（1088 年）葬。

政和元年（1111 年）与王蘧合葬。

宋王蘧续妻张氏墓志（有盖）

盖称："宋建安郡君张氏墓铭"。

首题："宋故建安郡君张氏墓志铭"。

崇宁三年（1104 年）六月卒。

政和元年与王蘧、向氏合葬。

（以上河北临城县文物保护管理所于磁窖沟村一带征集 文物 8：87～92）

宋姚舜明墓志（有盖）

志盖为铁质。

盖称："宋故左中大夫充徽猷阁待制提举江州太平观文安县开国男食邑三百户赐紫金鱼袋姚公之墓"。

首题："宋左中大夫徽猷阁待制提举江州太平观文安县开国男食邑三百户赐紫金鱼袋姚公墓"。

绍兴五年（1135 年）九月十三日卒。

宋姚舜明妻张氏墓志

首题："宋硕人张氏墓"。

绍兴十五年（1145 年）八月二十九日卒。

（以上 1984 年 10 月浙江诸暨县东和乡上姚村征集　诸暨博物馆藏　东方博物第三十辑：119～122）

宋武氏墓志

无首题。

淳熙八年（1181 年）六月四日卒。

宋廖氏墓志

无首题。

庆元元年（1195 年）九月卒。

宋廖氏墓志

无首题。

宝庆三年（1227 年）七月二十六日卒。

（以上 1980 年、1982 年 7 月浙江诸暨县陶朱山桃花岭墓葬发现　东方博物第三十三辑：19、22）

宋张隐墓志（有盖）

盖称未详。

首题："宋张隐君墓志铭"。

嘉泰元年（1201 年）四月二十二日卒。

嘉泰二年（1202 年）葬。

宋张隐妻邹氏墓志

志文多漫漶。

首题："宋故邹夫人墓志铭"。

志石背面铭："宋故邹夫人墓志跋"。

卒年未详。

（以上 2002 年 10 月 15 日四川安岳县岳阳镇万寿村老鸹山墓葬发现　考古与文物 1:21、27）

宋舒氏墓志（残）

志文仅存："宋故朝散郎舒公墓志铭"。

卒年未详。

（2004 年 3 月浙江金华市金东区东孝街道陶朱路村墓葬发现　东方博物第三十三辑：12）

明

明萧氏墓志（有盖）

盖称："明故怀柔伯太夫人萧氏之墓"。

首题："明故怀柔伯妻太夫人萧氏墓志铭"。

成化七年（1471 年）六月七日卒。

（2007 年 9 月至 10 月北京市朝阳区王四营乡华能热电厂墓葬发现　北京文博 3:42）

明上洛县主圹志（有盖）

盖称："大明上洛县主圹志石"。

首题："大明上洛县主圹志铭"。

成化六年（1470 年）二月十四日卒。

成化七年（1471 年）葬。

（2007 年 6 月至 8 月陕西西安市南郊墓葬发现　考古与文物 4:27）

明吴琛墓志

首题："故嘉议大夫都察院右副都御使吴公墓志铭"。

成化十一年（1475 年）八月廿五日卒。

明吴琛妻章氏墓志（残）

首题未详。

卒年未详。

（以上 1982 年安徽繁昌县赤沙乡汪冲村发现　文物研究第 16 辑：248～250）

明故夏阳县主圹志（有盖）

盖称："大明夏阳县主圹志铭"。
首题："明故夏阳县主志铭"。
弘治四年（1491 年）九月十八日卒。
弘治六年（1493 年）八月葬。
（1988 年陕西西安市陕西省标准化研究所基建工地发现 陕西省考古研究所藏 考古与文物 1∶89）

明艾妙音墓志
额称："明故邵孺人艾氏墓志铭"。
无首题。
正德二年（1507 年）七月十一日卒。
（2008 年 3 月 19 江西抚州市临川区临川大道临桂花苑建筑工地墓葬发现 南方文物 3∶48）

明吴见如墓志（有盖）
盖称未详。
首题未详。
崇祯五年（1532 年）卒。
文徵明曾孙震孟撰文 周延儒篆盖 蒋允仪书丹。
（江苏宜兴文管会藏 无锡文博 3∶60）

明李湘妻陈氏砖圹志
首题："明敕封先妣孺人陈氏圹志"。
万历十七年（1589 年）六月十二日卒。
万历二十年（1592 年）十二月十六日"葬于先君圹左"。
（2006 年 12 月浙江嘉兴市秀洲区王店镇李家坟墓葬发现 东南文化 2∶60）

明曹司牧墓志（有盖）
盖称："明亚中大夫陕西苑马寺卿兼按察司佥事曹公之墓"。
首题："明亚中大夫陕西苑马寺卿兼按察司佥事寄予曹公墓志铭"。
崇祯五年（1632 年）七月一日卒。
（2004 年河北乐亭县齐庄出土 乐亭县博物馆藏 文物春秋 5∶67～68）

明段聪墓志
额称："守愚子寿藏记"。
首题同。
卒年未详。
（1969 年秋河北廊坊市大厂回族自治县城关公社后店村墓葬发现 文物春秋 3∶71）

清

清靳应选墓志（有盖）
盖称："皇清诰封光禄大夫工部营缮司员外郎前通政使司右参议魁吾靳公墓志铭"。
首题同。
康熙十九年（1680 年）四月卒。

清靳应选妻纳喇氏墓志（有盖）
盖称："皇清诰赠一品太夫人靳母纳喇太君墓志铭"。
首题同。
崇祯十四年（1641 年）卒。
康熙二十一年（1682 年）三月与靳应选合葬。
（以上 2007 年 1 月河北保定市满城县东于河村墓葬发现 文物春秋 4∶70～74）

清乔天枢墓志（盖佚）
首题："清故待赠郡庠生悬斗乔公墓志铭"。
康熙二十五年（1686 年）二月二十□日卒。
（2008 年 3 月 15 日陕西扶风县旧城法门寺二十四院遗址发

现　文博4:59）

清杜瑞徽夫人幹氏墓碑

首题：“皇清诰命夫人显妣幹太夫人之墓”。

宣统元年（1909年）葬。

（2009年贵州贵阳市金阳新区上寨村花鱼井杜家山墓葬发现　中国文物报1693:2）

附：买地券

汉龙桃杖买地券（砖）

券文朱书4行54字。

建安廿四年（219年）十月六日立券。

（2007年2月至6月江苏南京市中华门外长干里大报恩寺遗址发现　考古1:41）

三国缪承买地券

券文4行71字。

建衡元年（269年）□□月立券。

（2007年8月26日江苏南京市江宁区滨江开发区天成路墓葬发现　东南文化3:39）

北魏张仪息买地券

券文3行，共24字：“大魏大统六年岁次庚申十月廿八日癸酉张仪息买寿墓田”。

（1985年至1995年河南三门峡市墓葬发现　华夏考古4:47）

宋罗一娘买地券

券文9行，共计167字。

天圣七年（1029年）二月十四日葬。

宋谢氏买地券

券文13行，共计239字。

淳熙十三年（1186年）九月十七日立券。

（以上四川达州市渠县历史博物馆、万源市文物管理所藏　四川文物2:65～66）

金买地券（2方）

券文朱书15行，共计241字。

明昌六年（1195年）五月十二日立券。

（2008年6月至12月山西汾阳市西南东龙观墓葬发现　文物2:30、32）

明王氏买地券

券文11行，共计185字。

成化元年（1465年）十一月初二日立券。

明吕镇元买地券

券文9行，共计126字。

成化二十一年（1485年）正月二十六日卒。

（以上四川达州市墓葬发现　四川文物2:66～67）

明上洛县主幽堂券

额称：“幽堂券”。

券文21行，共计315字。

成化七年（1471年）二月立券。

（2007年6月至8月陕西西安市南郊墓葬发现　考古与文物4:26～27）

明荆文德买地券

券文23行，满行41字，共计671字。

万历三年（1575年）八月十五日立券。

（2004年4月2日河南郑州市黄岗村墓葬发现　东方博物第三十一辑：93）

五　碑　刻

唐碑

景云二年（711年）立石。

（2008年5月山西太原市太山龙泉寺基址发现 中国文物报1691:2）

唐齐璿墓碑

额称未详。

首题："大唐故太中大夫益州大都督府长史赠礼部尚书高阳公齐府君碑铭并序"。

万岁登封元年（696年）三月卒。开元十年（722年）以后立石。

（2005年4月陕西西安市东郊枣园苏村出土 文物8:83～85）

唐碑

额称："唐上都荐福寺临坛大戒德律师之碑"。

首题："上都荐福寺临坛大戒德律师之碑"。

大历六年（771年）立石。

（陕西泾阳县太壸寺藏 上海文博4:21）

唐《中条山靖院道堂铭碑》

王颜撰 袁滋书

贞元十四年（798年）十二月廿五日立石。

（山西芮城县大王镇后坪村发现 芮城县博物馆藏 文物世界1:47）

唐《唐恒岳故禅师影堂纪德之碑》

永贞元年（805年）十二月立石。

（河北曲阳县原慧炬寺旧址发现 文物春秋6:57～60）

宋《游师雄题赵光辅画壁》碑

游师雄正书。

绍圣元年（1094年）立石。

（陕西泾阳县太壸寺藏 上海文博4:22）

宋兴隆寺塔地宫纪事碑

碑首："中书门下牒兖州"。

（2008年8月至9月山东兖州兴隆塔地宫发现 文物11:75～76）

辽碑（残）

碑阳为契丹大字，碑阴为楷书汉字，保留有："天赞五年"、"升天皇帝"、"孝胡王子"、"一鼓☐呈后太子☐为群方☐"等文字。

（2003年至2004年内蒙古巴林左旗辽代祖陵陵园遗址出土 考古7:52）

金《香岩禅院之记》碑

大定十六年（1176年）立石。

（2005年4月至5月河北曲阳县古北岳恒山发现 文物春秋6:26）

金碑

碑铭女真大字，汉译为："文字之道夙夜匪懈"。

（黑龙江哈尔滨市阿城区巨源镇城子村发现 中国文物报1704:7）

元碑

额称："宣授善和大师塔铭"。

首题："敕赐慈济院宣授善和大师德行塔铭"。

至元十二年（1275年）五月二十日卒。

（近年河北曲阳县文德乡慈顺村发现 文物春秋6:66）

元《重显子返真碑》

延祐元年（1314年）立石。

（2005年4月至5月河北曲阳县古北岳恒山发现 文物春秋6:25）

元碑（残）

额称："真定路十方万岁禅寺庄

产碑”。

至顺元年（1330 年）十月立石。

（20 世纪 70 年代河北正定县文物保管所征集　文物春秋 3：64～66）

元碑

至正元年（1341 年）五月日立石。

（2009 年河北丰宁县发现　中国文物报 1699:2）

明蹇义神道碑

首题：“……□□□□□□□大夫太师□□□□公神道□铭”。

宣德十年（1435 年）正月丁亥卒。

（2008 年重庆市北部新区大竹林镇五云村天官坟附近发现　四川文物 4:79～80）

明“圣旨”碑

碑文为明英宗皇帝奖谕真定县民赈济之事。

正统六年（1441 年）五月十三日立石。

（2004 年 7 月 15 日河北正定县文物保管所征集　文物春秋 2:68）

明《重修智胜寺记》碑

碑阴额题：“壁殷”。

嘉靖二年（1523 年）立石。

明《钦差分守倒马关地方参将都指挥佥事林创修大岭口营房记》碑

嘉靖四十三年（1564 年）立石。

明《柏岩寺重兴记》碑

正德十一年（1516 年）立石。

明《重修北岳庙记》碑

嘉靖二年（1523 年）立石。

明《部院严谕》碑

万历四十年（1612 年）五月十五日立石。

（以上 2005 年 4 月至 5 月河北曲阳县古北岳恒山发现　文物春秋 6:22～23、26～28）

明碑

嘉靖二十年（1541 年）十二月立石。

（2009 年山东微山县赵庙乡发现　中国文物报 1732:2）

明葬宋理宗顶骨碑

额称：“大明敕葬宋□□□骨之碑”。

（2006 年 7 月下旬浙江绍兴县茶场发现　东方博物第三十三辑：25）

明《重修龙王堂记》碑

万历十八年（1590 年）立石。

（2009 年河北正定县牛家庄村发现　中国文物报 1716:2）

明碑

额称：“三神庙碑记”。

万历四十一年（1613 年）刻石。

（山东青州市庙子镇九公台村发现　中国文物报 1706:7）

明墓碑

碑铭：“□公□□之墓”。

“万历四十□□春吉日”。

（2009 年辽宁丹东市宽甸地区灌水镇八里村发现　中国文物报 1695:2）

明碑

内容为明名士董裕于万历年间拜祭武当山的诗刻。

（2009 年湖北武当山遇真宫东道院内发现　中国文物报 1699:2）

明碑

碑阳额称：“创修三圣神祠”。

碑阴额题："碑阴题名"。

崇祯七年（1634年）十二月十日立石。

（2009年山东巨野县大义镇棠林管区西闫庄村东发现 中国文物报1692:2）

清"四子赞"碑

张玉书书丹。

康熙二十八年（1689年）闰三月十六日立石。

（2009年5月山东新泰市中老文庙旧址发现 中国文物报1741:2）

清"西域寺置地记碑"（残）

乾隆二十一年（1756年）立石。

（2009年4月7日北京居云寺发现 中国文物报1719:2）

清《重新修建南尖行宫碑记》碑

道光三十年（1850年）立石。

清《重修崇天寺记》碑

光绪年间立石。

清《重修神仙山碑记》碑

光绪三十二年（1906年）立石。

（以上2005年4月至5月河北曲阳县古北岳恒山发现 文物春秋6:23）

清《永言孝思》碑

宣统元年（1909年）立石。

（2009年河北正定县牛家庄村发现 中国文物报1716:2）

清"旌表张门节孝三世同操合建碑"

额题："圣旨"。

光绪三十二年（1906年）三月上旬立石。

清碑

碑铭："皇清诰授通奉大夫赏戴花翎布政使衔顺天府府君张公之神道"。

清张氏墓碑

碑铭："皇清敕封文林郎晋封奉政大夫安徽祁门县知县平山祖考之墓"。

清张起鹓夫妻墓碑

碑铭："皇清敕授通奉大夫显考子斑府君诰封夫人显妣尹太夫人之墓"。

光绪八年（1882年）十二月立石。

清张维寅夫妻墓碑

碑铭："皇清诰授中宪大夫显考强寿行一清斋府君恭人旌表节孝显妣稀寿唐太宜人"。

道光二十六年（1846年）二月立石。

清张博九夫妻墓碑

碑铭："皇清诰授朝议大夫显考博九府君敕封安人诰赠太恭人显妣贾太恭人之墓"。

光绪八年（1882年）十一月立石。

清杨恭人墓碑

碑铭："皇清诰封恭人显妣杨恭人之墓"。

光绪八年（1882年）十一月立石。

清张瑸墓碑

碑铭："皇清例授登仕佐郎先考行四讳瑸字也云府君之墓"。

咸丰十一年（1861年）立石。

（以上甘肃古浪县古浪镇发现 陇右文博1:57~58）

清《西南村朝武当仝会立碑记》碑

康熙二十七年（1688年）冬立石。

（陕西浦城县博物馆藏 四川文物5:85）

附一：题记刻铭

汉墓室题记

墓室东壁书："小婢□"。

（2008 年 11 月陕西西安市南郊曲江新区翠竹园小区综合楼基建工地墓葬发现　文物 1:31）

汉墓室题记

中央石柱隶书刻铭 37 字："汉故华阴令西河土军千秋里孙大人显安万岁之宅兆，建宁四年十二月丁□□十日丙申造"。

（1995 年山西离石市马茂庄村墓葬发现　文物 11:88）

汉石牌铭

石牌分别铭："魏武王常所用挌虎大戟"、"魏武王常所用挌虎大刀"等。

汉石枕铭

石枕铭："魏武王常所用慰项石"。

（以上 2009 年 12 月河南安阳市安丰乡西高穴村墓葬发现　中国文物报 1789:1）

北朝摩崖石刻

摩崖壁刻《金刚经》。

（2006 年山东泰山经石峪摩崖发现　考古 1:46～53）

北魏摩崖石刻

崖壁碑铭造像题记 235 字。

（河南洛阳市偃师水泉石窟窟门南侧上方摩崖重新调查发现　文物 11:73）

北魏石窟题记

第 1 窟正壁西龛柱大八关斋题刻 19 字，西壁下部刻世俗供养人题名，前壁窟门两侧及上方刻施主题名。

第 3 窟东壁龛南侧龛柱题记 1 则，前壁窟门上方刻比丘名及施主题名。

（以上 2006 年 8 月山西高平市石堂会村石窟发现　文物 5:70～82）

北周石窟题记

石窟门框左有题记 11 字，右有题记 15 字。

东壁龛右有题记 32 字，龛旁有题记 7 字，龛右下有题记 21 字。

西壁龛下第一层供养人浮雕题记 40 字；第二层供养人浮雕题记 61 字；第三层供养人浮雕题记 2 则，共 41 字；第四、五层供养人题记 9 则，共 156 字；第六层供养人浮雕题记 6 则，共 138 字；第七、八层供养人浮雕题记 226 字；第九、十层供养人浮雕题记 101 字。

小千佛龛龛旁有 5 则题记，多为邑子加姓名或清信加姓名，涉及七百多人 90 多姓，题记共 3500 多字。

（近年山西乡宁县营里村千佛洞石窟发现　文物世界 2:17～22）

隋石刻铭

石铭："开皇十九年七月一日樂州元氏县王□黎长□领丁卅人筑长城廾步一尺西至□□□□□□□"。

（2007 年山西岢岚县大庙沟发现　中国文物报 1761:2）

唐经幢铭

幢身七面铭《佛说尊胜陀罗尼咒》及序，一面铭题额及发愿文。

开元年间造立。

（2009 年山西临猗县北辛乡大巍山山顶发现　中国文物报 1689:2）

唐经幢铭

幢身七面铭《佛顶尊胜陀罗尼

经》，末署："乾符肆年岁次丁酉贰月癸卯朔十五日丁巳建，随州江禹锡书并述记"；一面铭题记1则。

（1996年夏山西汾阳市北廓村发现　汾阳博物馆藏　文物世界1:4）

宋兴隆塔地宫题榜

地宫墨书题榜7处，均为地名、姓氏或姓名，如"吴"、"施"、"徐"、"江南"。

宋石函铭

石函铭："梵王众"、"帝释众"、"天王众"、"波旬众"、"诸王众"、"比丘众"6条题榜。

（2008年8月至9月山东兖州市兴隆塔地宫发现　文物11:45～51）

宋摩崖题刻

摩崖铭"政和丁酉春"题刻8行64字。

（2006年山东泰山经石峪摩崖调查发现　考古1:46～53）

宋墓室题记

墓室内龛后壁牌位中铭："□□□寿堂"。

墓室内龛后壁牌位中铭："张中興寿堂"。

（2001年10月四川华蓥市永兴镇鲤鱼村驾挡丘墓葬发现　四川文物1:28～29）

宋墓室题记

墓门右上方门楣刻2字："政和"。

（2001年10月安徽濉溪县马桥乡董楼行政村蒋店自然村墓葬发现　华夏考古2:36）

宋塔基铭

13号塔基经幢铭："燕山府左街持净院"、"宣和六年"、"负柩归于析津县招贤乡西綦里附先大师之茔"。

（2008年11月10日至12月15日北京市大兴区康庄建房工地塔林遗址发现　北京文博1:26）

辽经幢铭（残）

幢身铭《佛顶尊胜陀罗尼经》19行及"大辽国山西云和尚……"题记1则。

（2007年8月山西朔州市平鲁区败虎堡村发现　文物世界2:41）

辽塔基铭

12号塔基经幢铭："清宁六年"题记1则。

（2008年11月10日至12月15日北京市大兴区康庄建房工地塔林遗址发现　北京文博1:26）

金塔基铭

15号塔基经幢铭："大金燕京左街持净院"、"皇统九年二月"。

19号塔基经幢铭："大金中都左街持净院、"贞元三年"。

（2008年11月10日至12月15日北京市大兴区康庄建房工地塔林遗址发现　北京文博1:26）

金墓室题记

南壁墨书："画相二十四孝铭"。

第1砖赵孝宗图墨书题记48字。

第3砖田真图墨书题记37字。

第4砖鲍山图墨书题记49字。

第5砖郯子图墨书题记45字。

第6砖元觉图墨书题记65字。

东壁第1砖韩伯瑜泣杖图墨书题

记50字。

第2砖陆绩图墨书题记48字。

第3砖曹娥图墨书题记46字，刘殷行孝墨书题记45字。

第4砖刘明达图墨书题记46字。

第5砖孟宗图墨书题记46字。

第6砖杨香女孝行墨书题记47字。

西壁第1砖老莱子图墨书题记47字。

第2砖莱顺图墨书题记48字。

第3砖鲁义姑图墨书题记47字。

第4砖曾参图墨书题记46字。

第5砖鲍出图存墨书题记15字。

第6砖大舜耕田图墨书题记51字。

北壁第1砖闵子骞图墨书题记52字。

第2砖郭巨图墨书题记47字。

第3砖王武子妻图墨书题记52字。

第4砖王祥图墨书题记41字。

第6砖丁兰图墨书题记49字，又有天德三年题记16字。

（以上1994年山西长治市故漳乡魏村墓葬发现　考古1：61～63）

金墓室题记

M1东壁墨书："朱俊"、"男朱孜"、"少氏"、"高氏"、"明昌四年十一月初一日工毕"。

M1西壁墨书："朱孜"、"男喜郎"、"高氏"、"刘氏"、"郭氏"、"明昌四年十一月初一日工毕"。

M1南壁墨书："明昌元年二年三年三百钱一斗粟 明昌四年初熟"、"明昌四年十一月初一日砖匠工毕砖匠张侥 妆画王信 出工钱人朱孜"。

M3西壁墨书："大金大定贰拾玖年拾壹月拾伍日……"题记1则。

M4南壁朱书："大定廿九年十一月初七日记"。

（以上2008年4月至11月陕西甘泉县城关镇袁庄村墓葬发现　文物7：29～36、41）

元舍利塔铭

塔身正面上部铭："龙兴寺东律院"，下部铭："……大元国至元二十四年岁次丁亥四月日……"73字。

（1979年河北正定县太平庄村征集　文物春秋1：73）

元墓室题记

墓室南壁墓门题："永安"，左有至治元年题记17字；北壁有墨书"幽居"、"净幽轩"、"清风轩"题记；东壁有墨书"藏青"、"蘭轩"、"松轩"题记及大德十年韩公墓记243字、至大二年墓记112字；西壁有墨书"德秀"、"通利轩"、"德正轩"题记及大德十年韩公墓铭296字。

（以上2004年山西屯留县康庄工业园区墓葬发现　考古12：40～42）

明石刻铭

东井栏铭："□治十一年五月吉丹"，西井栏铭："大明国直隶苏州嘉定县依仁乡十二都十三都信女太□□□真助银壹两弘治十四年□月□日重建"。

（2008年上海市嘉定区南翔镇南翔寺遗址发现　上海文博4：15）

明《停云馆帖》石刻（二方）

石为饶介之书残石一小方，陈敬初书残石一方，文徵明西苑诗十首末刻石一方。

（近年江苏无锡东林书院大修后发现　无锡文博 3∶53）

明墓塔铭

塔身四面有铭文，字迹多漫漶，第一面铭："马公墓塔记……弘治十七年……"，第二面至第四面铭："正一法官马洞成坟塔记嘉靖二十五年十一月之吉……"及道士、施主、修塔工匠姓名。

（2009 年陕西富县发现　文博 1∶35～36）

明清摩崖石刻

崖石明代题刻 34 处。有嘉靖壬戌岱宗余胜题刻 28 字、《诗·般》及题记 168 字、汪玉题二典三谟之文题刻 19 行 514 字，嘉靖间汪坦和中翰去尾和雀口题诗 6 行 51 字、经峪题刻 2 行 6 字、《大学》刻文，隆庆间暴经石题刻存 5 字、水帘题刻存 14 字、高山流水之亭横额，高山流水亭石壁记 32 行 471 字，漱玉桥题刻 44 字，万历六年经正题刻 11 行 51 字，海虞钱岱联 19 字，万历戊子春暴经峪水帘题诗碑 5 行 64 字，王审题听泉枕题记，宋岱岳魄刻文，万历辛卯晒经石水帘题诗 7 行 75 字，姜镜题濯缨处题刻，万历甲午夏源头活水横额及款记 15 字，万颗明珠题刻 9 字，万历戊戌新乾坤清趣横额及款记 22 字，万历间新安吴汝显题刻 20 字，天启间于可久题游经石峪黄华洞题刻 58 字，崇祯七年清磬题刻 20 字、冷然清韵题刻存 18 字，鲁观题刻 9 字，试剑石题刻 10 字，鼓琴深趣题刻 15 字，崇祯十五年水石阴森题刻 37 字，张有光题人不点头题刻 14 字，铭心淘虑题刻 20 字，何起瑞题跳珠溅玉题刻，开法藏台题诗存 8 行 29 字，枕流漱石题刻 15 字，清咸丰丁巳梵呗清音题刻 20 字。

（以上 2006 年山东泰山经石峪摩崖调查发现　考古 1∶46～53）

清石铭

井圈上面刻十天干，其间插刻"宫"、"商"、"角"、"徵"、"羽"；外壁刻十二地支，及与之相配对的十二律。

（2005 年 7 月福建厦门市博物馆征集　福建文博增刊：81～82）

清字库塔铭

塔身铭："字藏"。

（2009 年湖北黄石市下陆区团城山街道办事处青龙山社区大屋湾发现　中国文物报 1698∶2）

附二：造像刻铭

北齐石造像铭

底座后立面铭天保七年发愿文 19 行 196 字，基座后立面铭天保七年发愿文 11 行 82 字，又有题记 6 则。

（2007 年 9 月山东德州市平原县坊子乡东高村出土　文物 8∶69～71）

北齐造像铭

像背及两侧铭："大齐天统四年十月十日"。

像背及两侧铭："大齐天保五年二月廿五日"造像铭 103 字。

东魏造像铭

像背铭："武平七年"造像铭 25 字。

像背铭："大魏武定五年　岁在丁卯四月十四日"发愿文34字。

（以上河北黄骅市博物馆藏　文物春秋4:66、78）

东魏造像碑铭

碑阳佛龛下铭："……武定二年九月一日"发愿文约282字，碑阴铭造像人姓名5行，碑左右两侧铭供养人姓名。

（原存于山西新绛县樊村，现藏于山西博物院　文物世界6:30～34）

唐造像铭

座铭："大周长安三年岁次　癸卯四月壬辰朔日　乙亥"发愿文81字。

（2006年10月河北清河县谢炉镇陈二庄村发现　文物春秋2:60）

六　有铭砖

汉有铭砖

砖铭："卅"、"八十二"。

（1997年9月至1998年12月河南三门峡市湖滨区交口乡南交口村墓葬发现　文物3:13、17）

汉有铭砖（M3:3）

砖铭："有□"。

（2006年山西夏县辕村墓葬出土　考古11:21）

汉有铭砖

砖铭："永元十三年"。

（2004年8月重庆市巫山县旧城原巫峡镇巫山土城坡墓葬发现　江汉考古2:45）

汉画像有铭砖

砖铭："咸阳令"、"纪梁"、"侍郎"、"宋王车"、"文王十子"、"饮酒人"等。

（以上2008年12月河南安阳县安丰乡西高穴村墓葬发现　中国文物报1789:1）

三国东吴时期有铭砖

砖铭："天册元年七月十八日兒侯师李横作甓"、"师李横作甓侯"、"天册元年七月"、"兒侯"等。

（以上2008年9月江苏南京市江宁区东山街道上坊永安社区（原城壚村）墓葬发现　东南文化3:27～28）

晋有铭砖

砖铭："元康三年八月十日钱君立冢"、"元康三年"。

（1998年12月浙江临安市小山弄墓葬发现　东方博物第三十一辑：79、81）

晋有铭砖

砖铭："永康元年二月廿一日安文明妻支伯姬丧"。

（2003年冬至2004年春河南偃师市首阳山镇墓葬发现　文物3:40）

晋有铭砖

砖铭："咸和八年九月廿□日□□"、"興宁三年□八月徐壬"。

（2008年8月至9月安徽广德县赵联村和北冲村墓葬发现　文物研究第16辑：207～208）

晋有铭砖

砖铭："壬□三月廿日裴氏女"。

砖铭："男木器裴玄治儿道文"。

（2007年9月河南洛阳市墓葬发现　文物3:33）

晋有铭砖

砖铭："晋故鹰扬将军魏兴西部

都尉西城令隐昌亭侯旬阳终”。

砖铭：“永和五年岁在已酉八月十日下坪终氏造”。

砖铭：“大吉利富且贵永无穷子孙万世”。

（以上2007年4月22日陕西安康市旬阳县城关镇大河南墓葬发现　文博2∶4）

后赵有铭砖

砖铭：“石安□生”。

砖铭：“石安［宗］受”。

砖铭：“石安贺［子］”。

（2008年陕西西安市汉长安城直城门遗址出土　考古5∶59）

北魏有铭砖

砖残存：“普泰二年闰□□十八日□家县民……息道仁……”。

砖铭：“建义元年九月十日刘安囤铭”。

砖铭：“□和□年三月……董元负铭”。

砖铭残存：“我妻吕相姬……”。

砖铭：“太昌元年六月廿一日张洛铭”。

砖铭：“吕相姬铭记”。

（以上1985至1995年河南三门峡市墓葬发现　华夏考古4∶47～49）

北周有铭砖

砖铭：“天和二年岁次丁亥八月庚子七日丙午马□奴□□□言铭”。

砖铭：“大象元年八月七日故人张兴回孙铭□伯项”。

（以上1985年至1995年河南三门峡市墓葬发现　华夏考古4∶47～48）

南朝刘宋有铭砖

砖铭：“大明六年八月……”、“元嘉十九年九月十八日”等。

（2006年5月至7月浙江台州市临海市戎旗村墓葬发现　东方博物第三十一辑：82～83、85）

北宋居养院、安济坊有铭砖

共见政和三年、四年、五年、七年，崇宁四年，崇宁宣和间、大观元年、二年、三年有铭砖数十块。

（20世纪50至90年代，重庆云阳、河南滑县万集村、洛阳老城北、三门峡上村岭向阳村墓葬出土　考古4∶76～80）

宋有铭砖

砖铭：“丙申七月召……道……邵子杨……至道二年……”、“大中祥符二年九月二日记”。

（2008年9月浙江杭州富阳市高桥镇泗洲村凤凰山北麓宋代造纸遗址发现　中国文物报1689∶2）

金有铭砖

砖铭：“寅字号窖一坐成黄粟二佰五十□ 系泰州长春县户百姓刘玮泰□ □年壬月卅日入中当该仓使王□□ 仓子刘还魂杨花牛□ □ □ □ □ □ □事刘子元杨林”。

（2007年6月吉林白城市洮北区德顺乡四家子古城发现　北方文物2∶92）

元有铭砖

砖面朱书八思巴文和汉文，内容为“准提真言”等法门的咒语。

（2003年9月浙江海盐县城武原镇千佛阁后镇海塔旧址发现　东方博物第三十三辑：29、31）

元有铭砖

砖铭：“郎作”。

（2001年9月至12月湖北巴东县官渡口镇西瀼口村义种地墓葬发现　江汉考古4:21）

明末清初有铭砖

砖铭："保安州沙城民一月琉璃匠人"。

（2009年2月10日至3月10日北京市延庆县张山营镇靳家堡北山山顶应梦寺遗址发现　北京文博1:55）

七　陶器文字

新石器时期陶文

罐（3件）沿面上有刻符。

（2003年3月上海市金山区亭林镇招贤浜遗址发现　南方文物2:30）

西汉陶文

陶仓（2件）肩部墨书："……輴（?）……千石……"或"……粟……"。

（2008年11月陕西西安市南郊曲江新区翠竹园小区综合楼基建工地墓葬发现　文物1:28）

西汉陶文

罐肩部刻2字："史福"。

（1999年10月至11月山东莱州市大原镇东朱杲村朱郎埠墓葬发现　华夏考古1:59）

汉陶文

陶盐豉方合正面刻划："鲁豉"、"齐"、"齐盐"。

（2007年河南洛阳市私人收藏　中原文物2:109）

汉陶文

陶仓窗左侧铭："屯峕大吉利内谷"；右侧铭："屯上鸟名凤皇宜富昌辟央"。

（1992年5月江苏邗江县甘泉乡姚湾村顺利组墓葬发现　东南文化4:54）

汉镇墓陶瓶（5件）

器腹朱书5行28字："东方甲乙神青 龙曾青九两 制中央令母守 子祸不起从今 日始如律令"。

器腹朱书5行28字："南方丙丁神朱 爵（雀）丹沙七两 制西方令母 守子祸不起 从今日始如律 令"。

器腹朱书6行28字："中央戊已神如 陈雄黄女（七）两制北方令母制子祸不 起从今日始 如律令"。

器腹朱书5行25字："西方庚辛神 白虎礜石八两 祸不起令母 制子从今日 如如律令"。

器腹朱书5行25字："北方壬癸慈石 六两制南方 令母守子祸 不起从今日始 如律令"。

（以上1997年9月至1998年12月河南三门峡市湖滨区交口乡南交口村墓葬发现 文物3:13～15）

汉镇墓陶瓶

瓶肩朱书"壓墓"。腹部朱书一道符，符下书3行12字："天符地节 转咎移央 更至他鄉"。符左朱书建和三年镇墓文10行88字。

（2005年陕西高陵县出土，秦咸阳宫遗址博物馆征集　文物12:82～84）

汉陶文

耳杯（M7：32、40）底铭："民"。

（2004年广东肇庆市康乐中路东汉墓出土　考古11:44～45）

三国孙吴时期瓷铭

罐外底阴刻："当值（?）还都"。

（江苏南京市雨花台区窑岗村墓葬发现　东南文化1:58～59）

唐陶文

陶瓮肩部铭2字：“万岁”。

（2009年河南周口市扶沟县崔桥镇发现　中国文物报1706:7）

五代瓷铭

碗外腹、内底和底足处分别刻：“刘飛八年五月廿日官治□”、“誠治”、“官□”。

（1988年河北曲阳县定窑遗址内北镇墓葬发现　河北曲阳县文物保管所藏　文物春秋6:74～75）

宋瓷铭

碗圈足内墨书：“后”。

（2008年6月至12月山西汾阳市西南东龙观墓葬发现　文物2:36）

宋瓷铭

洗底刻1字：“天”

匣钵内底刻1字：“史”。

（以上2003年春河南汝州市大峪乡东沟村窑址发现　华夏考古2:20、27、彩版七、彩版一三）

宋元瓷铭

部分器底印有：“河滨遗范”、“清凉河滨”、“金玉满堂”等书款。

（1986年浙江丽水市缙云县壶镇镇大溪滩村窑址发现　东方博物第三十三辑：88）

金瓷铭

碗足内墨书：“寺”。

盘圈足内墨书2字，不可辨识。

八角方枕底面墨书：“三佰”。

（以上2008年6月至12月山西汾阳市西南东龙观墓葬发现　文物2:29、33）

金陶文（21件）

骨灰盒前部分别刻：“守江”、“守志”、“比丘僧守京”、“先师達”、“比丘僧守□”、“比丘僧守先”、“比丘僧守疊”、“比丘僧守中”、“亘守于□□”、“祖师立和上”、“守洪”、“用”、“信僧守義”、“太”。

（以上1996年7月江苏徐州市户部山墓葬发现　考古与文物2:51～54）

金元瓷铭

碗（5件）足内墨书“严”、“徐□□徐□”、“□西”、“严三□”、“崔”。

碗内心书：“大□”。

碗内心书：“寿”。

盘底款：“李子□”。

（以上2006年2月至4月河南荥阳市王村镇新店村发现　华夏考古4:55～56）

金瓷铭

碗底刻：“花”。

（2008年7月22日至9月9日吉林扶余县陶赖昭镇陶西村陶西林场遗址发现　北方文物3:42）

明瓷铭

器底铭款：“大明年造”、“上品佳器”、“大明宣德年制”、“大明万历年制”、“大明嘉靖年制”、“大明隆庆年造”、“大明隆庆年制”、“大明万历年造”、“大明弘治年造”、“大明成化年制”、“大明成化年造”、“成化年造”、“万福攸同”、

"宣德年造"、"长命富贵"、"丙子年造"、"丙子年制"、"壬子年造"、"正德年造"、"嘉靖年造"、"嘉靖年制"、"富贵佳器"、"庚申年制"、"陈造佳器"、"善"、"万古长青"、"癸丑年制"、"梅□置用"、"颍川郡古泉记"、"福寿康宁"、"海不扬波"、"天文年造"、"甲寅年造"、"蓝氏自造"、"福"、"正"、"□□嘉□□制"、"宣德年制"及梵文。

陶具铭："新旧"、"廿"。

(以上2007年9月至12月江西景德镇观音阁明代窑址出土 文物12:42~55)

明陶文

陶棋一面刻划1字："車"

(2006年5月至10月河南新乡市凤泉区潞亡坟乡老道井墓葬发现 华夏考古3:26)

明瓷铭

杯外底模印1字，不识。

(2004年4月2日河南郑州市黄岗寺村墓葬发现 东方博物第三十一辑：89、92)

明瓷铭

器内底铭"福"字。

(2008年8月江苏市长泾镇叶家宕村长文河南岸墓葬采集 文物8:36)

附一：瓦当铭

汉瓦当

有："都司空瓦"、"长乐未央"、"延年益寿"、"长生无极"、"与天无极"。

(2008年陕西西安汉长安城直城门遗址出土 考古5:59)

汉瓦当

残存有"疆"字。

(2006年至2007年陕西西安市北郊张家堡新莽墓葬出土 文物5:13~18)

汉瓦当

有"平城"。

(2007年夏秋山西大同市操场城北街北魏太官粮窖遗址发现 文物世界6:12)

汉瓦当

有"长生无极"。

(2002年11月至12月陕西咸阳市渭城区周陵镇严家沟村西北汉成帝延陵发现 华夏考古1:70、72)

附二：杂器铭

汉漆器铭

漆耳杯外底边针刻"王"字。

漆盘内底针刻"王"字。

漆樽盖内、内底各针刻"王"字及烙印文字。

汉竹简

墨书隶书："右方木器卅六牒"(38号)、"六寸卑虒二枚"(66号)、"中卮二皆毋盖(70号)"。

汉竹牍

墨书隶书76字。

(以上2007年11月湖北荆州沙市区关沮乡清河村谢家桥汉墓出土 文物4:39~41)

汉锦铭

锦间织有"广"、"山"。

(2005年11月甘肃武威市凉州区新华乡磨嘴子墓葬发现 陇右文博1:9)

东汉至西晋纺织品文字

裤筒织锦文字"恩泽下岁大孰宜子孙富贵寿。"

锦方枕、锦衣文字"大长乐明光

承福受右”。

组带文字“宜子孙”。

锦袋文字“无”、“寿为”。

（以上 2003 年至 2004 年新疆维吾尔自治区博物馆收藏　乌鲁木齐市刑警大队移交文物　文物 2:84～87）

金砚铭（石）

砚背面抄手处有一戳记：“泽州路家丹粉萝土澄泥砚记”。

（2008 年 6 月至 12 月　山西汾阳市西南东龙观墓葬发现　文物 2:32～33）

金陶砚

砚底残存 3 字，可辨识 2 字：“李讓”。

（2008 年 7 月 22 日至 9 月 9 日吉林扶余县陶赖昭镇陶西村陶西林场遗址发现　北方文物 3:41）

明谥册铭

明湘献王木谥册铭，一副 2 块，各 6 行，共 132 字。

明王妃木谥册铭，一副 2 块，各 4 行，共 92 字。

明湘献王木谥宝铭：“湘献王宝”。

（1998 年湖北荆州市大晖观明湘献王墓出土　文物 4:56～59）

明木棺铭

棺盖墨书：“明故庶母徐孺人灵柩”。

（2006 年 12 月浙江嘉兴市秀洲区王店镇李家坟墓葬发现　东南文化 2:55）

明绢袋铭

袋身正面下侧钤印：“东泉□□”。

（2006 年 12 月浙江嘉兴市秀洲区王店镇李家坟墓葬发现　东南文化 2:58）

明麻布袍

墨书“周中房青”。

明毛笔帽（2 件）

均刻“周”字。

明纸衣物疏

墨书 122 字，文末有押。

明纸受生牒

墨书 44 字，其上钤“寿禄福持之印”符箓。

明纸信札 1 通

缄封处有“奉上”，两面墨书 104 字。

明《千字文》纸页

墨书 25 字。

（以上 2008 年 8 月江苏江阴市长泾镇叶家宕村长文河南岸墓葬出土　文物 8:31～41；又见江阴文博 1:7）

清唐英妾可姬骨灰罐（瓷）

器颈铭《往生净土神咒》及“雍正十二年孟冬月吉旦立”；器底款：“可姬埋玉”。

（1995 年 7 月北京市朝阳区金盏乡长店村发现　北京东城区文物管理处藏　东方博物第三十辑：41～42）

清记事牌（木）

木牌正反两面墨书，记乾隆十四年（1749 年）十一月十七日结成莲社，至壬申（1752 年）十二月初四日上顶合尖安宝重修镇海塔的经过。

（2003 年 9 月浙江海盐县城武原镇千佛阁后镇海塔旧址发现　东方博物第三十三辑：33～34）

（编辑：金文馨）